U0456609

國家社會科學基金西部項目（13XZX015）結項成果
四川大學社科處資助

大學中庸研讀

高小强 著

目　録

大學研讀

中庸研讀

序　言

原本我打算做的《禮記儒家通論十篇研讀》的排序乃是：首先，以《大學》爲初學入德之門，學者賴以立大志、定規模，因而《大學研讀》第一。道理不學不明，但學該怎樣學，教該如何教，故《學記研讀》第二。儒家歷來禮樂並重，以行禮樂教化，學者須明白其中的道理，故《樂記研讀》第三。經孔子删削理董贊修而成就的《六經》，乃儒家之"萬世教科書"，故《經解研讀》第四。儒家决無空頭的學問，學以致用，知行合一，故《儒行研讀》第五。君子之德根於心，見於儀表，故《表記研讀》第六。爲上者之言行好惡，所以爲民之所則效，不可不慎也，故《緇衣研讀》第七。非禮勿視，非禮勿聽，非禮勿言，非禮勿動，君子以禮自坊而坊民，故《坊記研讀》第八。禮樂運行，待聖人而後成就"大同"，故《禮運研讀》第九。融會貫通而極《中庸》之歸趣，建立大本，經綸大經，而讀天下之書，論天下之事，故《中庸研讀》第十。

但是，在逐漸研究的過程中，我不得不將《大學》《中庸》從中析出，讓其復歸於《四書》系統，單獨成爲《大學中庸研讀》，因爲只有這樣，我以爲，這兩篇的意義與價值才最能得到體現，而它們在原《禮記》當中，却不外諸篇之一，得不到如此的彰顯。誠如丁紀所言：《大學》《中庸》在《四書》中，與《孟子》一起，共同構成《論語》之輔翼。而《大學》爲《論語》或整個《四書》底定一種義理規模，從而使

《四書》達成一種經的完滿結撰。與《禮記》對照：《禮記》的經是《儀禮》，《四書》的經是《論語》；《禮記》的經在《禮記》外面，《四書》的經在《四書》裏面。經在外，所以《禮記》是"記"；經在内，所以《四書》直可作經看。[①] 所以，《大學》《中庸》在《四書》中與其在《禮記》中，無論在價值、意義及地位上，皆是完全不可同日而語的。即使如船山所言，凡此《大學》《中庸》二篇，"今既專行，爲學者之通習，而必歸之《記》中者，蓋欲使五經之各爲全書，以見聖道之大，抑以知凡戴氏所集四十九篇，皆《大學》《中庸》大用之所流行，而不可以精粗異視也"[②]。這也必是在朱子成就了《四書》以後，方纔可能做得出來的論斷。所以，《大學》《中庸》必首當在《四書》中，方可顯示出其最大的意義與價值，方纔可能體會出，誠如船山所斷言的那樣，整部《禮記》以至《六經》"皆《大學》《中庸》大用之所流行"也。當然這點恐怕是那些只認同《禮記·大學》《中庸》本的經學家及一些心學家所不會同意的。不過，我在《四書》系統中研讀《大學》《中庸》，就可以主體依照朱子的《章句》《或問》《語類》等，並首要輔之以朱子學者如胡炳文、景星、吕留良、汪紱，以及船山等，來展開深入的研讀，同時，亦參照其他一些學者尤其經學家與心學家等的相關研究，以著重辨析與辨清他們的得失，而再次確證《四書》作爲《六經》之階梯這一論斷的顛撲不破性。所以，在《大學中庸研讀》完成後，若可能的話，我還會接着做《論語研讀》及《孟子研讀》。

《大學中庸研讀》整部著作有一個總目録、一個序言、一個後記，而每一篇研讀都有一個分目録，分目録所列舉的題目，是依據其相應的文本内容或者前人的歸納總結，等等而擬定的，或對讀者的閱讀會有一定的指導與幫助。而就《研讀》的具體做法及内容而言，每一篇都大致分作三個部分：一、"誦讀"，二、"題解"，三、"集説"。"誦讀"是未

---

① 丁紀《大學在四書序列中的位置》，《四川大學學報（哲學社會科學版）》，2014 年第 1 期，51—62 頁。

② 〔明〕王夫之撰《禮記章句》卷三十一，《中庸》，《船山全書》第四册，1246 頁，長沙：岳麓書社，1996 年。

經標點斷句的經文原文，通過反復誦讀，以“明句讀”，而初步熟悉原典，初曉經文義理。同時，亦交代經典本文中存在的所謂衍文、異文以及闕文等情形，甚至，如《大學》還存在“定本”與“舊本”之别，則《研讀》以定本爲準，“誦讀”主列定本，但亦將舊本附列其後，以供參讀與參考。進而“題解”，通過盡量收羅前賢大儒等關於本篇主旨大要的既有論述，進行對比研究，進一步澄清與明瞭本篇主旨，以及本篇所具有的重大價值與意義，還有，本篇的作者、成篇年代，等等問題，以期指導我們的研讀，提振與增强我們研讀本篇的决心與信心。而“集説”乃《研讀》之主體部分，亦更是盡可能網羅前賢大儒之説，逐段逐節地解讀經文，以期“離經辨志”，通曉經義，以至於能够盡力做到“博學之，審問之，慎思之，明辨之，篤行之。有弗學，學之弗能弗措也；有弗問，問之弗知弗措也；有弗思，思之弗得弗措也；有弗辨，辨之弗明弗措也；有弗行，行之弗篤弗措也。人一能之己百之，人十能之己千之。果能此道矣，雖愚必明，雖柔必强”，而最終達到“知類通達”之大成。不過，無論“題解”，還是“集説”，其引用羅列的内容，都著重在義理或意義上，倘若其文字過長，我或者就會取其意義而提要壓縮文字。我理解這本是傳統學問通行的做法。再者，分别在“題解”與每段“集説”的最後，做出“謹案”，歸納相應的内容，辨析、判分以至取捨各家相互分歧的説法，間或也發表一些個人看法，目的只在於溝通經義與現實，嘗試通經以致用。總而言之，我們工作的目的是盡心盡力、竭盡吾才地解讀我們的傳統經典，立己達己，以至立人達人，以及，既爲我們自己、也爲現代的人們尋求未來的出路。孔子講：“學而不思則罔，思而不學則殆。”學在思中學，思在學中思，方爲正學真思，憑空的遐想，隨意的感想，以至“攻乎異端”之思，等等，都難説是真實的獨立思考。豈不聞孔子之言，“吾嘗終日不食，終夜不寢，以思，無益，不如學也”。故惟有反復地誦習研讀經典，輔之以研讀注疏訓詁，其實這也就是中華傳統經學的研究方法，在此基礎上，方纔可能會有真知灼見。常常會聽人説“得魚忘筌，得意忘言”一類的話，但我們不是“生而知之者”，甚至也難説是“學而知之者”，頂多算是個“困而學之者”吧，即使通過“言”（經文）一時獲得了“意”（義理），那也不敢説就已是完整圓滿的“意”，反倒極有可能是片面不完善，甚而滿是歧義的“意”。我們惟有通過對經文反復“如切如磋，如琢如磨”的探討，方纔可能逐漸全面地把握住經文的義理，以至獲得真實完整圓滿的“意”。而且，體認與把握義理，正是爲了落實與踐履義理，在我們一生的落實與踐履當中，還得不斷地回頭反省與檢驗，我們所踐履的能否與經文的本義相符相合。此真可謂“仁以爲己任，不亦重乎？死而後已，不亦遠乎”？所以，一般而言，我們真不該“得意忘言”，而該“得意銘言”才對。况且，我們還都該始終保有清醒的意識，在對傳統經典譬如禮書的研究方面，由於衆所周知的緣由，我們不僅遠不及古人，甚至也極難同近世清末民初的學人比肩，我們當著重把功夫下在對於經典的研讀上，並儘量參考已有的研究成果，多做深入的思索，有一分根據説一分話，而斷不該貿然輕易地下結論品頭論足。

本書是一部力圖網羅與辨析歷來衆説的研究專著，從學術研究與義理透闢理解的角度看，是有益與必要的。不過，倘若讀者僅僅想初步地瞭解《大學》《中庸》經典的義理的話，則完全没必要閲讀全書，而只需閲讀經典本文與朱子的《章句》解釋即可。若還要更多的話，那就再讀讀作者的“謹案”，足矣。本書之所以做正體字本，純粹出於大量直接引用古籍的便宜考慮。以後倘若需要的話，完全轉化成簡體字本，也並非不可以。

重點還是，我們當謹記與秉承聖人孔子“述而不作，信而好古”的教誨，爲此，我曾著專文指出，華夏晚周“禮壞樂崩”，道、政、學三統合一之道統分裂，從而令道統再也不可能直接傳承，於是諸子百家皆不預設道統的宗旨與目標而紛紛另謀出路，這一被後世譽爲“哲學的突破”的思潮，實則會令我華夏之世界式的連續性的文明從此亦中止斷裂，所幸惟聖人孔子及其儒家堅持“述而不作，信而好古”的原則，全然反諸子之道而行之，以志在恢復王道傳統，也就是仁政道義的傳統，爲此，孔子删《詩》、敘《書》、訂《禮》、正《樂》、贊《易》，成就了“上五經”，全面展示出“先王之陳迹”中的“所以迹”，亦即王道道義。尤其同時孔子還作《春秋》，寓褒貶於其中，以代行不明的賞罰。雖然褒貶與賞罰其義一也，然而賞罰足勵當世，而褒貶則用以垂憲百代。就這樣通過復興道學與重建學統，而令華夏自古以來的道、政、學三統合一之道統，重又獲得了繼續傳承的可能。我們今日經歷了近兩個世紀的所謂西學東漸以至全盤西化之風甚囂塵上，國人亦是一度重蹈昔日諸子百家的覆轍，恐令華夏文明再次面臨中止斷裂的危機。而在肯定没有聖人，或許也没有賢人的時代，我們如何可能接續孔子所重建的道學學統，令道、政、學三統合一的道統，令華夏五千多年的文化與文明的傳統不得在我們的手上中斷以至消亡?① 這是擺在我們面前的非常重大而嚴峻的問題，我們該如何應對？我們與其或者毫無根底，或者摒棄根底地四處瞎碰亂撞，而行所謂"創造""創新"，不如本著孔子"述而不作，信而好古"的教誨，重返與重建我們的根底，那就是首先重返與重建"四書五經"之學統。因爲道、政、學三統合一之道統，其中"道"當然爲"天道""聖人之道"以及天地人世間的"王道"，"政"即爲包含德、禮、政、刑之"仁政"，而"學"則必定是關於天道、聖人之道、王道、仁政之學，也就是經由孔子、朱子而成就的"四書五經"之學。而且，"功未成則樂未作，而用先王之樂；治未定則禮未制，而用先王之禮"，承繼聖人之法，倡明聖人之道，復興道、政、學三統合一之道統，乃當今吾輩之天

---

①　據近幾十年的考古發現，中國各地五千年前的文化遺址，出土的大量文物皆早於五千年，倘若我們敢於用自己的而非西人的考古及文明判定標準——實際上，我們的判定標準才稱得上是最嚴格、最準確、最公允的判定標準——來做出判定的話，則我們這裏所説的"華夏五千多年的文化與文明的傳統"，就應當譬如被河南雙槐樹文化遺址、浙江良渚文化遺址、安徽淩家灘文化遺址等，確定與提前到至少五千三百多年前；被山東大汶口文化遺址提前到六千多年前；被浙江河姆渡文化遺址、河南廟底溝文化遺址和仰韶村文化遺址、湖南高廟文化遺址和城頭山文化遺址、湖北柳林溪文化遺址、安徽雙墩文化遺址等，又提前到六千至七千多年前；甚至，被河南裴李崗文化遺址、賈湖文化遺址等，提前到七千至九千多年前了。因而我們完全可以説"華夏九千多年的文化與文明的傳統"。或者，我們雖仍依慣例説"五千多年"，但我們心裏須絶對明白，那必定是"九千多年"以至"一萬餘年"，甚至，還更久長，有學者就提出了"五萬餘年""十萬餘年"的主張。無論怎樣，我們都樂觀其能够最終成爲學界共識。

職。而我的全部工作與努力也皆志在於斯。[①]

---

① 詳請參閲拙作《“述而不作，信而好古”——我們今日如何可能傳承道、政、學三統合一之道統》，《切磋七集》，88—112 頁，北京：華夏出版社，2018 年；《論四書·大學及“格物致知”説的意義》，《切磋八集——四川大學哲學系儒家哲學合集》，16—42 頁，北京：華夏出版社，2019 年；以及本書後面“中庸‘題解’‘謹案’”。

大學研讀

目　録

一、誦讀

大學之道在明明德在親①民在止於至善知止而后有定定而后能靜靜而后能安安而后能慮慮而后能得物有本末事有終始知所先後則近道矣（經一章上）

古之欲明明德於天下者先治其國欲治其國者先齊其家欲齊其家者先修其身欲修其身者先正其心欲正其心者先誠其意欲誠其意者先致其知致知在格物物格而后知至知至而后意誠意誠而后心正心正而后身修身修而后家齊家齊而后國治國治而后天下平自天子以至於庶人壹是皆以修身爲本其本亂而末治者否矣其所厚者薄而其所薄者厚未之有也（經一章下）

康誥曰克明德大甲曰顧諟天之明命帝典曰克明峻德皆自明也湯之盤銘曰苟日新日日新又日新康誥曰作新民詩曰周雖舊邦其命惟新是故君子無所不用其極（傳之首、二章）

詩云邦畿千里惟民所止詩云緡蠻黃鳥止於丘隅子曰於止知其所止可以人而不如鳥乎詩云穆穆文王於緝熙敬止爲人君止於仁爲人臣止於敬爲人子止於孝爲人父止於慈與國人交止於信詩云瞻彼淇澳菉竹猗猗有斐君子如切如磋如琢如磨瑟兮僩兮赫兮喧兮有斐君子終不可諠兮如切如磋者道學也如琢如磨者自修也瑟兮僩兮者恂慄也赫兮喧兮者威儀也有斐君子

① 當作“新”。

終不可諠兮者道盛德至善民之不能忘也詩云於戲前王不忘君子賢其賢而親其親小人樂其樂而利其利此以没世不忘也子曰聽訟吾猶人也必也使無訟乎無情者不得盡其辭大畏民志此謂知本（傳之三、四章）

此謂知本此謂知之至也[①]

所謂致知在格物者言欲致吾之知在即物而窮其理也蓋人心之靈莫不有知而天下之物莫不有理惟於理有未窮故其知有不盡也是以大學始教必使學者即凡天下之物莫不因其已知之理而益窮之以求至乎其極至於用力之久而一旦豁然貫通焉則衆物之表裏精粗無不到而吾心之全體大用無不明矣此謂物格此謂知之至也（傳之五章）

所謂誠其意者毋自欺也如惡惡臭如好好色此之謂自謙故君子必慎其獨也小人閒居爲不善無所不至見君子而后厭然揜其不善而著其善人之視己如見其肺肝然則何益矣此謂誠於中形於外故君子必慎其獨也曾子曰十目所視十手所指其嚴乎富潤屋德潤身心廣體胖故君子必誠其意（傳之六章）

所謂修身在正其心者身[②]有所忿懥則不得其正有所恐懼則不得其正有所好樂則不得其正有所憂患則不得其正心不在焉視而不見聽而不聞食而不知其味此謂修身在正其心（傳之七章）

所謂齊其家在修其身者人之其所親愛而辟焉之其所賤惡而辟焉之其所畏敬而辟焉之其所哀矜而辟焉之其所敖惰而辟焉故好而知其惡惡而知其美者天下鮮矣故諺有之曰人莫知其子之惡莫知其苗之碩此謂身不修不可以齊其家（傳之八章）

所謂治國必先齊其家者其家不可教而能教人者無之故君子不出家而成教於國孝者所以事君也弟者所以事長也慈者所以使衆也康誥曰如保赤子心誠求之雖不中不遠矣未有學養子而后嫁者也一家仁一國興仁一家讓一國興讓一人貪戾一國作亂其機如此此謂一言僨事一人定國堯舜帥天下

---

① 此處後一“此謂知本”，原舊本緊隨在經一章之後、誠意章之前，疑爲衍文；“此謂知之至也”，或之前又有闕文，以下“格物致知”傳章，即朱子依據二程而對此處闕文所作的補文。

② 或作“心”。

以仁而民從之桀紂帥天下以暴而民從之其所令反其所好而民不從是故君子有諸己而后求諸人無諸己而后非諸人所藏乎身不恕而能喻諸人者未之有也故治國在齊其家詩云桃之夭夭其葉蓁蓁之子于歸宜其家人宜其家人而后可以教國人詩云宜兄宜弟宜兄宜弟而后可以教國人詩云其儀不忒正是四國其爲父子兄弟足法而后民法之也此謂治國在齊其家（傳之九章）

所謂平天下在治其國者上老老而民興孝上長長而民興弟上恤孤而民不倍是以君子有絜矩之道也所惡於上毋以使下所惡於下毋以事上所惡於前毋以先後所惡於後毋以從前所惡於右毋以交於左所惡於左毋以交於右此之謂絜矩之道（傳之十章之一）

詩云樂只君子民之父母民之所好好之民之所惡惡之此之謂民之父母詩云節彼南山維石巖巖赫赫師尹民具爾瞻有國者不可以不慎辟則爲天下僇矣詩云殷之未喪師克配上帝儀監於殷峻命不易道得衆則得國失衆則失國是故君子先慎乎德有德此有人有人此有土有土此有財有財此有用德者本也財者末也外本内末争民施奪是故財聚則民散財散則民聚是故言悖而出者亦悖而入貨悖而入者亦悖而出（傳之十章之二）

康誥曰惟命不於常道善則得之不善則失之矣楚書曰楚國無以爲寶惟善以爲寶舅犯曰亡人無以爲寶仁親以爲寶秦誓曰若有一个[①]臣斷斷兮無他技其心休休焉其如有容焉人之有技若己有之人之彥聖其心好之不啻若自其口出寔能容之以能保我子孫黎民尚亦有利哉人之有技媢疾以惡之人之彥聖而違之俾不通寔不能容以不能保我子孫黎民亦曰殆哉唯仁人放流之迸諸四夷不與同中國此謂唯仁人爲能愛人能惡人見賢而不能舉舉而不能先命[②]也見不善而不能退退而不能遠過也好人之所惡惡人之所好是謂拂人之性菑[③]必逮夫身是故君子有大道必忠信以得之驕泰以失之生財有大道生之者衆食之者寡爲之者疾用之者舒則財恒足矣仁者以財發身不仁者以身發財未有上好仁而下不好義者也未有好義其事不終者也未有府庫財非其財者也孟獻子曰畜馬乘不察於雞豚伐冰之家不畜牛羊百乘之家不

---

① 或作“介”。

② 或作“慢”，一作“怠”。

③ 即“災”。

畜聚斂之臣與其有聚斂之臣寧有盗臣此謂國不以利爲利以義爲利也長國家而務財用者必自小人矣彼爲善之[1]**小人之使爲國家菑害並至雖有善者亦無如之何矣此謂國不以利爲利以義爲利也**[2]（傳之十章之三）

① 此句"彼爲善之"上下，疑有闕文誤字。

② 〔宋〕朱子《大學章句》，《四書章句集注》，3—13頁，北京：中華書局，2016年。案：朱子該是在二程的《大學》改正本的基礎之上而最終成就的《大學》定本。在明道先生，尚把"明明德"與"新民"傳章以及"止於至善"傳章前半部分置於經一章的"三綱"領與"八條目"之間。到伊川先生便將它們從經一章中拿出來而置於其後，從而形成了《大學》經傳的基本格局，只不過"止於至善"傳章後半部分仍處在傳十章中，同時"本末"傳章還被放在經一章與傳一章之間。（參閲《河南程氏經説》卷第五，《二程集》第四册，1126—1132頁，北京：中華書局，1981年）

《禮記·大學》第四十二（舊本）

大學之道在明明德在親民在止於至善知止而后有定定而后能靜靜而后能安安而后能慮慮而后能得物有本末事有終始知所先後則近道矣古之欲明明德於天下者先治其國欲治其國者先齊其家欲齊其家者先修其身欲修其身者先正其心欲正其心者先誠其意欲誠其意者先致其知致知在格物物格而后知至知至而后意誠意誠而后心正心正而后身修身修而后家齊家齊而后國治國治而后天下平自天子以至於庶人壹是皆以修身爲本其本亂而末治者否矣其所厚者薄而其所薄者厚未之有也①此謂知本②此謂知之至也所謂誠其意者毋自欺也如惡惡臭如好好色此之謂自謙故君子必慎其獨也小人閒居爲不善無所不至見君子而后厭然揜其不善而著其善人之視己如見其肺肝然則何益矣此謂誠於中形於外故君子必慎其獨也曾子曰十目所視十手所指其嚴乎富潤屋德潤身心廣體胖故君子必誠其意③詩云瞻彼淇澳菉竹猗猗有斐君子如切如磋如琢如磨瑟兮僩兮赫兮喧兮有斐君子終不可諠兮如切如磋者道學也如琢如磨者自修也瑟兮僩兮者恂慄也赫兮喧兮者威儀也有斐君子終不可諠兮者道盛德至善民之不能忘也詩云於戲前王不忘君子賢其賢而親其親小人樂其樂而利其利此以没世不忘也④康誥曰克明德大甲曰顧諟天之明命帝典曰克明峻德皆自明也⑤湯之盤銘曰苟日新日日新又日新康誥曰作新民詩曰周雖舊邦其命惟新是故君子無所不用其極⑥詩云邦畿千里惟民所止詩云緡蠻黄鳥止于丘隅子曰於止知其所止可以人而不如鳥乎詩云穆穆文王於緝熙敬止爲人君止於仁爲人臣止於敬爲人子止於孝爲人父止於慈與國人交止於信⑦子曰聽訟吾猶人也必

---

① 以上當屬經一章。

② 以上疑爲衍文，這之前當有錯簡至後面的文字。

③ 以上當屬“釋誠意”章。

④ 以上當屬釋“止於至善章”下。

⑤ 以上當屬“釋明明德”章。

⑥ 以上當屬“釋新民”章。

⑦ 以上當屬“釋止於至善”章上。

也使無訟乎無情者不得盡其辭大畏民志此謂知本①所謂修身在正其心者身有所忿懥則不得其正有所恐懼則不得其正有所好樂則不得其正有所憂患則不得其正心不在焉視而不見聽而不聞食而不知其味此謂修身在正其心所謂齊其家在修其身者人之其所親愛而辟②焉之其所賤惡而辟焉之其所畏敬而辟焉之其所哀矜而辟焉之其所敖惰而辟焉故好而知其惡惡而知其美者天下鮮矣故諺有之曰人莫知其子之惡莫知其苗之碩此謂身不修不可以齊其家所謂治國必先齊其家者其家不可教而能教人者無之故君子不出家而成教於國孝者所以事君也弟者所以事長也慈者所以使衆也康誥曰如保赤子心誠求之雖不中不遠矣未有學養子而后嫁者也一家仁一國興仁一家讓一國興讓一人貪戾一國作亂其機如此此謂一言僨事一人定國堯舜率天下以仁而民從之桀紂率天下以暴而民從之其所令反其所好而民不從是故君子有諸己而后求諸人無諸己而后非諸人所藏乎身不恕而能喻諸人者未之有也故治國在齊其家詩云桃之夭夭其葉蓁蓁之子于歸宜其家人宜其家人而后可以教國人詩云宜兄宜弟宜兄宜弟而后可以教國人詩云其儀

① 以上當屬“釋本末”章。以下全與《大學章句》本同。據説，程朱以後移動《大學》本文者數十家，像王柏、黄震、董槐、葉夢鼎、宋濂、方孝孺、蔡清、程敏政、崔銑、顧憲成、高攀龍、劉宗周、張履祥、胡渭、張伯行，等等。而現代新儒家唐君毅先生參照古往今來關於《大學》文本的看法及修訂，乃重新編訂《大學》如下：大學之道，在明明德，在新（依朱子改“親”爲“新”）民，在止於至善。古之欲明明德於天下者，先治其國；欲治其國者，先齊其家；欲齊其家者，先修其身；欲修其身者，先正其心；欲正其心者，先誠其意；欲誠其意者，先致其知；致知在格物。物格而后知至，知至而后意誠，意誠而后心正，心正而后身修，身修而后家齊，家齊而后國治，國治而后天下平。（此爲《大學》之“三綱”及“八目”之次第，如朱子説爲《大學》之經文亦可。）《康誥》曰：“克明德。”《大甲》曰：“顧諟天之明命。”《帝典》曰：“克明峻德。”皆自明也。（此釋“自明其明德”。）湯之《盤銘》曰：“苟日新，日日新，又日新。”《康誥》曰：“作新民。”《詩》曰：“周雖舊邦，其命惟新。”是故，君子無所不用其極。（此釋“新民”，即由自明其明德而明明德於天下也。）《詩》云：“邦畿千里，惟民所止。”《詩》云：“緡蠻黄鳥，止于丘隅。”子曰：“於止，知其所止，可以人而不如鳥乎！”《詩》云：“穆穆文王，於緝熙敬止！”爲人君，止於仁；爲人臣，止於敬；爲人子，止於孝；爲人父，止於慈；與國人交，止於信。（此釋“止於至善”，即謂明明德新民之事，在止於至善也。）知止而后有定，定而后能静，静而后能安，安而后能慮，慮而后能得。物有本末，事有終始，知所先後，則近道矣。自天子以至於庶人，壹是皆以修身爲本。其本亂而末治者否矣。其所厚者薄，而其所薄者厚，未之有也。此謂知本，此謂知之至也。（此釋“致知格物”。）所謂誠其意者，毋自欺也。……大畏民志，此謂知本。（此釋“誠意”，以下全據舊本。）（參閲氏著《中國哲學原論·導論篇》，191—198頁，北京：中國社會科學出版社，2005年）

② 本章“辟”字或作“譬”，以下彷此。

不忒正是四國其爲父子兄弟足法而后民法之也此謂治國在齊其家所謂平天下在治其國者上老老而民興孝上長長而民興弟上恤孤而民不倍是以君子有絜矩之道也所惡於上毋以使下所惡於下毋以事上所惡於前毋以先後所惡於後毋以從前所惡於右毋以交於左所惡於左毋以交於右此之謂絜矩之道詩云樂只君子民之父母民之所好好之民之所惡惡之此之謂民之父母詩云節彼南山維石巖巖赫赫師尹民具爾瞻有國者不可以不慎辟則爲天下僇矣詩云殷之未喪師克配上帝儀監于殷峻命不易道得衆則得國失衆則失國是故君子先慎乎德有德此有人有人此有土有土此有財有財此有用德者本也財者末也外本内末争民施奪是故財聚則民散財散則民聚是故言悖而出者亦悖而入貨悖而入者亦悖而出康誥曰惟命不于常道善則得之不善則失之矣楚書曰楚國無以爲寶惟善以爲寶舅犯曰亡人無以爲寶仁親以爲寶秦誓曰若有一介[①]臣斷斷兮無他技其心休休焉其如有容焉人之有技若己有之人之彦聖其心好之不啻若自其口出寔能容之以能保我子孫黎民尚亦有利哉人之有技媢疾以惡之人之彦聖而違之俾不通寔不能容以不能保我子孫黎民亦曰殆哉唯仁人放流之迸諸四夷不與同中國此謂唯仁人爲能愛人能惡人見賢而不能舉舉而不能先命[②]也見不善而不能退退而不能遠過也好人之所惡惡人之所好是謂拂人之性菑必逮夫身是故君子有大道必忠信以得之驕泰以失之生財有大道生之者衆食之者寡爲之者疾用之者舒則財恒足矣仁者以財發身不仁者以身發財未有上好仁而下不好義者也未有好義其事不終者也未有府庫財非其財者也孟獻子曰畜馬乘不察於雞豚伐冰之家不畜牛羊百乘之家不畜聚斂之臣與其有聚斂之臣寧有盗臣此謂國不以利爲利以義爲利也長國家而務財用者必自小人矣彼爲善之小人之使爲國家菑害並至雖有善者亦無如之何矣此謂國不以利爲利以義爲利也[③]

---

① 或作“个”。

② 或作“慢”。

③ 〔漢〕鄭玄注、〔唐〕孔穎達正義《禮記正義》下册，卷第六十六至六十七，2236—2268頁，《大學》第四十二，上海：上海古籍出版社，2008年；同時依據影印南宋越刊八行本《禮記正義》下册，1597—1621頁，《大學》第四十二（北京：北京大學出版社，2014年）做對勘校對。譬如“知止而後有定”等“後”字，皆據之修訂爲“后”。惟“先後”，“前後”等“後”字，仍爲“後”。等等。

二、題解

〇朱子《大學章句序》曰：《大學》之書，古之大學所以教人之法也。蓋自天降生民，則既莫不與之以仁義禮智之性矣。然其氣質之稟或不能齊，是以不能皆有以知其性之所有而全之也。一有聰明睿智能盡其性者出於其間，則天必命之以爲億兆之君師，使之治而教之，以復其性。此伏羲、神農、黄帝、堯、舜所以繼天立極，而司徒之職、典樂之官所由設也。[①]

三代之隆，其法寖備，然後王宫、國都以及閭巷，莫不有學。人生八歲，則自王公以下至於庶人之子弟，皆入小學，而教之以灑掃、應對、進退之節，禮樂、射御、書數之文。及其十有五年，則自天子之元子、衆子，以至公、卿、大夫、元士之適子，與凡民之俊秀，皆入大學，而教之以窮理、正心、修己、治人之道。此又學校之教，大小之節所以分也。

夫以學校之設，其廣如此；教之之術，其次第節目之詳又如此；而其所以爲教，則又皆本之人君躬行心得之餘，不待求之民生日用彝倫之外，是以當世之人無不學。其學焉者，無不有以知其性分之所固有，職

① 胡炳文曰：當此之時，其法未備，司徒之職統教百姓，典樂之官專教胄子而已。(〔元〕胡炳文撰《四書通・大學朱子序》,〔清〕納蘭性德輯《通志堂經解》第15册，399頁，揚州：江蘇廣陵古籍刻印社，1996年。)

分之所當爲，而各俛焉以盡其力。此古昔盛時所以治隆於上，俗美於下，而非後世之所能及也！

及周之衰，賢聖之君不作，學校之政不修，教化陵夷，風俗頽敗，時則有若孔子之聖，而不得君師之位以行其政教，於是獨取先王之法，誦而傳之以詔後世。若《曲禮》《少儀》《内則》《弟子職》① 諸篇，固小學之支流餘裔，而此篇者，則因小學之成功，以著大學之明法，外有以極其規模之大，而内有以盡其節目之詳者也。三千之徒，蓋莫不聞其説，而曾氏之傳獨得其宗，於是作爲傳義，以發其意。及孟子没而其傳泯焉，則其書雖存，而知者鮮矣！

自是以來，俗儒記誦詞章之習，其功倍於小學而無用；異端虚無寂滅之教，其高過於大學而無實。其它權謀術數，一切以就功名之説，與夫百家衆技之流，所以惑世誣民、充塞仁義者，又紛然雜出乎其間。使其君子不幸而不得聞大道之要，其小人不幸而不得蒙至治之澤，晦盲否塞，反復沉痼，以及五季之衰，而壞亂極矣！

天運循環，無往不復。宋德隆盛，治教休明。於是河南程氏兩夫子出，而有以接乎孟氏之傳。實始尊信此篇而表章之，既又爲之次其簡編，發其歸趣，然後古者大學教人之法、聖經賢傳之指，粲然復明於世。雖以熹之不敏，亦幸私淑而與有聞焉。顧其爲書猶頗放失，是以忘其固陋，采而輯之，閒亦竊附己意，補其闕略，以俟後之君子。極知僭踰，無所逃罪，然於國家化民成俗之意、學者修己治人之方，則未必無小補云。②

---

① 前三篇出自《禮記》，後一篇出自《管子》，皆説孩子當修習養成並遵守的禮儀，被朱子收入其《儀禮經傳通解》，其中卷第三《内則》第五，卷第十《弟子職》第十八、《少儀》第十九，卷第十一《曲禮》第二十，分别載《朱子全書》第二册，137－178、407－423、424—461 頁，上海：上海古籍出版社，合肥：安徽教育出版社，2002 年。

② 《大學章句序》，《四書章句集注》，1—2 頁。讀《大學》，同時亦可參閲《禮記·學記》，因爲這兩篇原典都是關於古代大學的，如果説《大學》全篇所展開的“大學之道”，亦即三綱八目，乃是有關於大學的總綱與根本宗旨的話，那麽，《學記》亦用自身的方式重申了這個“大學之道”，亦即通過大學培養學子的過程，讓學子逐漸學會“離經辨志”，“敬業樂群”，“博習親師”，“論學取友”以及“知類通達，强立而不反”，從而達成“足以化民易俗，近者説服而遠者懷之”的最終目的。此外，《學記》還進一步論述了具體如何實施“大學始教”，亦即大學之開學典禮；“大學之教”，亦即大學總的教學方式；“大學之法”，亦即大學教

學之所由興、所由廢，大學教學之得與失及其對治之方；乃至還突出强調與總論了師爲人本，學爲事本，所謂“尊師重道”與“學以致道”的原則，等等。（詳情請參閲拙文《禮記·學記研讀》上、下，《切磋四集——四川大學哲學系儒家哲學合集》，236—264頁；《切磋五集——四川大學哲學系儒家哲學合集》，188—231頁，北京：華夏出版社，2014年、2015年）這點也尤其爲學者陳澧所證實，他亦曾講：“《大學》篇首云‘大學之道’，《學記》亦云‘此大學之道也’，可見《學記》與《大學》相發明。‘知類通達’，物格知至也；‘强立不反’，意誠、心正、身修也；‘化民易俗，近者説服，遠者懷之’，家齊國治天下平也；其‘離經辨志，敬業樂群，博習親師，論學取友’，則格物致知之事也。”（〔清〕陳澧撰《東塾讀書記》，97—98頁，上海：世界書局，1936年）再者，古人大學是直接與小學銜接的。一般尤其王公貴族子弟八歲入小學，學制七年，“學小藝”“見小節而踐小義”。小學的體制有兩種，天子及諸侯國都王宫東南的小學，是貴族子弟學校；另外一種就是各地方的小學，分都城外一百里内的“鄉學”和都城外一百里至二百里内的“遂學”。從最基層的“家有塾”，在鄉爲“閭側有塾”，在遂爲“里側有塾”，稱之爲“私學”，或者講類似於今日的學前教育。不過塾學由退休大夫及士人擔任教師，不僅要教幼童學習，而且也要負責閭、里人們的終身教育。由塾再升入在鄉的州黨之序，在遂的縣鄙之序，進一步再升入鄉庠或者遂庠，序、庠即小學。這就是朱子所講的“人生八歲，則自王公以下，至於庶人之子弟，皆入小學，而教之以灑掃、應對、進退之節，禮樂、射御、書數之文”。這之後十五歲，“則自天子之元子、衆子，以至公、卿、大夫、元士之適子，與凡民之俊秀，皆入大學，而教之以窮理、正心、修己、治人之道”（《大學章句序》，《四書章句集注》，1頁），亦即“學大藝”，“見大節而踐大義”。據説，八歲入小學，十五入大學，此太子之禮也，是爲《白虎通》的記載。此外，《尚書大傳》曰：公卿之太子，元士之嫡子，年十三入小學，年二十入大學，此王子入學之期也。又曰：諸子姓既成者，至十五入小學，其蚤成者十八入大學。景星以爲年數互有不同，疑自天子太子而下爲之節，而朱子獨以《白虎通》論爲斷者，舉其重也。再者，子曰“吾十有五志於學”，朱子注曰“即大學之道”。《學記》古者大學之教，一年入學，比年考校，五年小成，九年大成，所謂辨志，所謂知類通達，强立不反者，亦與十五志學，三十而立之言合，則知朱子以年十五爲斷者，示學者一定之準則也。[參閲〔元〕景星撰《大學中庸集説啓蒙·大學》（〔清〕永瑢、紀昀主編，景印文淵閣《四庫全書》第204册，968頁，臺北：臺灣商務印書館，1986年]，也就是説，由小學七年，到《學記》所説的大學九年“大成”，計十六年。而我們今日小學六年、中學六年以及大學四年，也正好是十六年。不過教學内容上姑且不論，單就時間上的安排而言也是倒置的。即使再加上碩士、博士六年，也還遠不能相比於程子所説的“古之士者，自十五入學至四十方仕，中間自有二十五年學，又無利可趨，則所志可知。須去趨善，便自此成德。後之人自童稚間已有汲汲趨利之意，何由得向善？其古人必使四十而仕，然後志定。只營衣食却無害，惟利禄之誘最害人”（《河南程氏遺書》卷第四十五，《二程集》第一册，166頁）。古之大學設在國郊，天子都城大學曰辟雍，四面環水；諸侯都城大學曰“泮宫”或“頖宫”，東西門以南通水，北無也，規模簡單，僅此一院。王城大學除辟雍外，依教學内容，分别設教於成均、東序、上庠、瞽宗共五院。亦即周之五學：辟雍居中，特尊，爲王受成獻功及鄉射之學；水南爲成均，本五帝學校名稱，故“成均五帝之學”，“掌成均之法以治建國之學政，而合國之子弟教焉”；水北爲上庠，本虞舜學校名稱，冬讀《書》，“學《書》於有虞氏之學，《典謨》之教所興焉”；水東爲東序，本禹夏學校名稱，“春夏學干戈，秋冬學羽籥，皆於東序”，亦即“學舞於夏后氏之學”；水西爲瞽宗，本殷商學校名稱，秋學禮，“學禮樂於殷之學，功成治定與己同也”。周制大學學員之來源，大致有三：一爲國子，即王太子以及公卿大夫之子，由小學而升入大學者。二爲鄉遂大夫所推選賢者、能者，經司徒論其秀者，升入大學。三爲侯國所貢之優秀者。（錢玄著《三禮辭典》，110—111頁，南京：

〇又曰：子程子曰："《大學》，孔氏之遺書，而初學入德之門也。"於今可見古人爲學次第者，獨賴此篇之存，而《論》《孟》次之。學者必由是而學焉，則庶乎其不差矣。[①]

〇又曰：學之大小，固有不同，然其爲道則一而已。是以方其幼也，不習之於小學，則無以收其放心，養其德性，而爲大學之基本。及其長也，不進之於大學，則無以察夫義理，措諸事業，而收小學之成功。是則學之大小所以不同，特以少長所習之異宜，而有高下淺深先後緩急之殊，非若古今之辨、義利之分，判然如薰蕕冰炭之相反而不可以相入也。又，是其歲月之已逝者，則固不可得而復追矣，若其功夫之次第條目，則豈遂不可得而復補耶？蓋吾聞之，敬之一字，聖學所以成始而成終者也。爲小學者，不由乎此，固無以涵養本原，而謹夫灑掃應對進退之節，與夫六藝之教。爲大學者，不由乎此，亦無以開發聰明，進德修業，而致夫明德新民之功也。是以程子發明格物之道，而必以是爲説焉。不幸過時而後學者，誠能用力於此，以進乎大，而不害兼補乎其小，則其所以進者，將不患於無本而不能以自達矣。其或摧頹已甚，而不足以有所兼，則其所以固其肌膚之會、筋骸之束，而養其良知良能之本者，亦可以得之於此，而不患其失之於前也。顧以七年之病，而求三年之艾，非百倍其功，不足以致之。又，敬者，一心之主宰，而萬事之本根也。知其所以用力之方，則知小學之不能無賴於此以爲始；知小學之賴此以始，則夫大學之不能無賴乎此以爲終者，可以一以貫之而無疑矣。蓋此心既立，而由是格物致知

江蘇古籍出版社，1998年）古人學校乃至大學教育在根本宗旨上與今人截然相異：古人首重道德品行，修身養性，成己成人，是爲了培養仕人，而知識技能的培育往往都圍繞這個根本宗旨而展開；今人教育尤其大學教育本末倒置，以專業技能爲主體，嚴重輕忽人文素質培育，這些受教者可以成爲"專家"，却絶難知曉國家民族之大義以及人類的根本目的，等等。今日有識之士重新呼喚人文素質教育，只可惜一個多世紀以來的流弊，積重難返，要想克服，除了復興我們偉大的教育傳統，則别無他途，因爲傳統的教育其實就是最典型、最高貴的人文素質教育。據説，古人讀小學者被稱爲鄉學生，剛入學者稱秀士，畢業者稱選士。小學的入學與畢業考試或稱試驗由鄉大夫主持。而大學生的入學試驗與畢業試驗是由司徒主持，通過入學試驗的爲俊士，通過畢業試驗的爲造士。

① 《大學章句》，《四書章句集注》，3頁。

以盡事物之理，則所謂尊德性而道問學；由是誠意正心以修其身，則所謂先立其大者而小者不能奪；由是齊家治國以及乎天下，則所謂修己以安百姓，篤恭而天下平。是皆未始一日而離乎敬也，然則敬之一字，豈非聖學始終之要也哉?①

〇又曰：學問須以《大學》爲先，次《論語》，次《孟子》，次《中庸》。又，若理會得此四書，何書不可讀！何理不可究！何事不可處！又，某要人先讀《大學》，以定其規模；次讀《論語》，以立其根本；次讀《孟子》，以觀其發越；次讀《中庸》，以求古人之微妙處。又，果然下工夫，句句字字，涵泳切己，看得透徹，一生受用不盡。書只是明得道理，却要人做出書中所説聖賢工夫來。若果看此數書，他書可一見而決矣。又，《論》《孟》《中庸》，待《大學》貫通浹洽，無可得看後方看，乃佳。道學不明，元來不是上面欠却工夫，乃是下面元無根脚。若信得及，脚踏實地，如此做去，良心自然不放，踐履自然純熟。非但讀書一事也。又，先讀《大學》，可見古人爲學首末次第。且就實處理會却好。又，可將《大學》用數月工夫看去。此書前後相因，互相發明，讀之可見，不比他書。又，今且須熟究《大學》作間架，却以他書填補去。又，《大學》是修身治人底規模。又，明此以南面，堯之爲君也；明此以北面，舜之爲臣也。又，《大學》是一箇腔子，而今却要去填教實著。又，《大學》重處都在前面。後面工夫漸漸輕了，只是揩磨在。又，看《大學》前面初起許多，且見安排在這裏。又，《大學》一字不胡亂下，亦是古人見得這道理熟。信口所説，便都是這裏。又，《大學》總説了，又逐段更説許多道理。聖賢怕有些子照管不到，節節覺察將去，到這裏有恁地病，到那裏有恁地病。又，今人不曾做得小學工夫，一旦學《大學》，是以無下手處。今且當自持敬始，使端慤純一靜專，然後能致知格物。又，而今無法。嘗欲作一説，教人只將《大學》一日去讀一遍，看他如何是大人之學，如何是小學，如何是“明明德”，如何是“新民”，如何是“止於至善”。日日如是讀，月去日來，自見所謂

① 《大學或問》上，《朱子全書》第六册，505—507頁。

“温故而知新”。須是知新，日日看得新方得。却不是道理解新，但自家這箇意思長長地新。又，小學涵養此性，大學則所以實其理也。忠信孝弟之類，須於小學中出。然正心、誠意之類，小學如何知得。須其有識後，以此實之。大抵《大學》一節一節恢廓展布將去，然必到於此而後進。既到而不進，固不可；未到而求進，亦不可。且如國既治，又却絜矩，則又欲其四方皆準之也。此一卷書甚分明，不是滚作一塊物事。又，《大學》是爲學綱目。先通《大學》，立定綱領，其他經皆雜説在裏許。通得《大學》了，去看他經，方見得此是格物、致知事；此是正心、誠意事；此是修身事；此是齊家、治國、平天下事。又，致知、格物，《大學》中所説，不過“爲人君，止於仁；爲人臣，止於敬”之類。古人小學時都曾理會來。不成小學全不曾知得。然而雖是“止於仁，止於敬”，其間却有多少事。如仁必有所以爲仁者，敬必有所以爲敬者，故又來《大學》致知、格物上窮究教盡。又，此聖人作今《大學》，便要使人齊入於聖人之域。又，《大學》所載，只是箇題目如此。要須自用工夫做將去。又，《大學》教人，先要理會得箇道理。若不理會得，見聖人許多言語都是硬將人制縛，剩許多工夫。若見得了，見得許多道理，都是天生自然鐵定底道理，更移易分毫不得。而今讀《大學》，須是句句就自家身上看過。少間自理會得，不待解説。如《語》《孟》《六經》，亦須就自家身上看，便如自家與人對説一般，如何不長進！聖賢便可得而至也。

又曰：讀《大學》，且逐段捱。看這段時，似得無後面底。看第二段，却思量前段，令文意聯屬，却不妨。又，看《大學》，固是著逐句看去。也須先統讀傳文教熟，方好從頭仔細看。若全不識傳文大意，便看前頭亦難。又，讀後去，須更温前面，不可只恁地茫茫看。須“温故而知新”。須是温故，方能知新。又，後來看熟，見許多説話須著如此做，不如此做自不得。又，須逐段讀教透，默自記得，使心口相應。又，只是更要熟讀，熟時，滋味自别。又，《大學》稍通，正好著心精讀。前日讀時，見得前未見得後面，見得後未接得前面。今識得大綱統體，正好熟看。讀此書功深，則用博。緣此書却不多，而規模周備。凡讀書，初一項須著十分工夫了，第二項只費得九分工夫，第三項便只費六七分工夫。少刻讀漸多，自貫通他書，自不著得多工夫。又，今之學者看文字，且須壓這心在文字上。逐字看了，又逐句看；逐句看了，又逐段看，未有曉不得者。又，此一書之間，要緊只在“格物”兩字，認得這裏看，則許多説自是閑了。初看須用這本子，認得要害處，本子自無可用。若《大學》，却只統説。論其功用之極，至於平天下。然天下所以平，却先須治國；國之所以治，却先須齊家；家之所以齊，却先須修身；身之所以修，却先須正心；心之所以正，却先須誠意；意之所以誠，却先須致知；知之所以至，却先須格物。本領全只在這兩字上。又須知如何是格物，許多道理，自家從來合有不合有？定是合有。定是人人都有。人之心便具許多道理：見之於身，便見身上有許多道理；行之於家，便是一家之中有許多道理；施之於國，便是一國之中有許多道理；施之於天下，便是天下有許多道理。“格物”兩字，只是指箇路頭，須是自去格那物始得。又，如《大學》，只説箇做工夫之節目，自不消得大段思量，纔看過，便自曉得。只是做工夫全在自家身心上，却不在文字上。説窮理，只就自家身上求之，都無别物事。只有箇仁義禮智，看如何千變萬化，也離這四箇不得。如信者，只是有此四者，故謂之信。信，實也，實是有此。論其體，則實是有仁義禮智；論其用，則實是有惻隱、羞惡、恭敬、是非，更假僞不得。更自一身推之於家，實是有父子，有夫婦，有兄弟；推之天地之間，實是有君臣，有朋友。都不是待後人旋安排，是合下元有此。存之爲仁義禮智，發出來爲惻隱、羞惡、恭敬、是非。人人都有此。以至父子兄弟夫婦朋友君臣，亦莫不皆然。聖賢出來撫臨萬物，各因其性而導之。所以能使萬物各得其所者，惟是先知得天地本來生生之意。又，看聖賢説話，所謂坦然若大路然。又，凡觀書，且先求其意，有不可曉，然後以注通之。如看《大學》，先看前後經亦自分明，然後看傳。又，看《大學》，且逐章理會。須先讀本文，念得，次將《章句》來解本文，又將《或問》來參《章句》。須逐一令記得，反覆尋究，待他浹洽。既逐段曉得，將來統看温尋過，這方始是。須是靠他這心，若一向靠寫底，如何得。只要熟，不要貪多。又，聖人不令人懸空窮理，須要格物者，是要人就那上見得道理破，便實。只如《大學》一書，有正經，有注解，有《或問》。看來看去，不用《或問》，只看注解便了；久之，又只看正經便了；又久之，自有一部《大學》在我胸中，而正經亦不用矣。然不用某許多工夫，亦看某底不出；不用聖賢許多工夫，亦看聖賢底不出。又，《大學章句》次第得皆明白易曉，不必《或問》。但致知、格物與誠意較難理會，不得不明辨之耳。又，且從頭逐句理會，到不通處，却看《章句》。《或問》乃注脚之注脚，亦不必深理會。又，學者且去熟讀《大學》正文了，又子細看《章句》。《或問》未要看，俟有疑處，方可去看。工夫都在許多思慮不透處。又，我平生精力盡在此書。先須通此，方可讀書。又，某於《大學》用工甚多。又，《大學》一日只看二三段時，便有許多修處。

又曰：只是一箇陰陽五行之氣，滚在天地中，精英者爲人，渣滓者爲物；精英之中又精英者，爲聖，爲賢；精英之中渣滓者，爲愚，爲不肖。又，只是才生得一箇恁地底人，定是爲億兆之君師，便是天命之也。他既有許多氣魄才德，决不但已，必統御億兆之衆，人亦自是歸他。如三代已前聖人都是如此。及至孔子，方不然。然雖不爲帝王，也閇他不得，也做出許多事來，以教天下後世，是亦天命也。又，只人心歸之，便是命。《中庸》云："大德必得其位"，孔子却不得。氣數之差至此極，故不能反。又，天只生得許多人物，與你許多道理。然天却自做不得，所以生得聖人爲之修道立教，以教化百姓，所謂"裁成天地之道，輔相天地之宜"是也。蓋天做不得底，却須聖人爲他做也。又，所謂規模之大，凡人爲學，便當以"明明德，新民，止於至善"，及"明明德於天下"爲事，不成只要獨善其身便了。須是志於天下，所謂"志伊尹之所志，學顏子之所學也"。所以《大學》第二句便説"在新民"。又，明德，新民，便是節目；止於至善，便是規模之大。又，（問：釋氏之學，何以説爲"高過於《大學》而無用"?）吾儒更著讀書，逐一就事物上理會道理。他便都掃了這箇，他便恁地空空寂寂，恁地便道事都了。只是無用。德行道藝，藝是一箇至末事，然亦皆有用。釋氏若將些子事付之，便都没奈何。[①]

○吕大臨曰：《大學》之書，聖人所以教人之大者，其序如此。蓋古之學者，有小學，有大學。小學之教，藝也，行也；大學之教，道也，德也。禮樂、射御、書數，藝也；孝友、睦婣、任恤，行也。自致知至於修身，德也；所以治天下國家，道也。古之教者，學不躐等，必由小學，然後進於大學。自學者言之，不至於大學所止則不進；自成德者言之，不盡乎小學之事則不成。子夏之門人，從事乎灑掃應對，在聖人亦莫不然，恂恂便便，曲盡於鄉黨朝廷之間，勃如躩如，襜如翼如，從容乎進退趨揖之際，蓋不如是，不足謂之成德矣。後之學者，窮一經至於皓其首，演五字至於數萬言，沉没乎章句詁訓之間，没世窮年，學不知所用，一身且不能治，况及天下國家哉！此不及乎大學者也。荒唐繆悠，出於範圍之中，離於倫類之外，慢疏親戚，上下等差，以天地萬物爲幻妄，視天下國家以爲不足治，卒歸於無所用而已，此過乎大學者也。此道之所以不明且不行。秦漢之弊，政薄俗陋，百世而不革；楊墨莊老之道肆行於天下，而莫知以爲非，巍冠博帶，高談闊論，偃然自以爲先生君子，誣罔聖人，欺惑愚衆，皆大學不傳之故也。

○楊時曰：《大學》一篇，聖學之門户，其取道至徑，故二程先生多令初學者讀之，蓋《大學》自正心誠意至齊家治國平天下只一理，此《中庸》所謂合内外之道，不合則所守與所行自判而爲二矣。又，《大學》之書，其聖學之門乎，不由其門而欲其堂奥，非余之所知也。[②]

○陳淳曰：《大學》一書，古之大人所以爲學之法也。於今可見古人

---

① 以上〔宋〕黎靖德編《朱子語類》卷第十四，《大學》一，綱領，序，第一册，249—260頁，北京：中華書局，1994年。集録朱子《大學章句》《或問》《語類》等的，至少前有〔宋〕真德秀撰《四書集編·大學》（《通志堂經解》第15册），再有〔宋〕趙順孫撰《四書纂疏·大學》（《通志堂經解》第15册，内中還含有“讀《大學章句》綱領”），以及〔元〕景星《大學中庸集説啓蒙·大學》（景印文淵閣《四庫全書》第204册，961—1006頁，内含有“讀《大學》法”），可資參考。而丁紀君依據《朱子語類》之《大學》一，綱領，擬定《大學》讀法，發明“透辟文理之法”、“滋長精神之法”以及“踏實躬行之法”，等等。（參閲丁紀著《大學條解》，一、《大學》讀法，25—28頁，北京：中華書局，2012年）

② 〔宋〕衛湜撰《禮記集説》卷一百四十九，《大學》第四十二，《通志堂經解》第13册，448頁。

爲學次第，規模廣大而内外兼該，節目分明而始終有序，蓋群經之綱領，而初學入德之門户，所最先焉者也。其首言“明明德，新民，止於至善”三者，則又此篇之綱領。而自格物、致知、誠意、正心、修身，以至於齊家、治國、平天下凡八事，則又綱領之條目也。學者果先從事於此而有得焉，則於其他經，端若舉綱張目、振領挈裘，秩然有條而不紊矣。抑此書首三言者，固當無所不盡，而所謂明明德者，又通爲一篇之統體。而止於至善，則又總爲一篇之極致。繼言八事者，固不容有一闕。

又曰：《大學》者，古之大人所以爲學之法也。其大要惟三綱、八條，大抵規模廣大而本末不遺，節目詳明而始終不紊，實群經之綱領，而學者所當最先講明者也。其次，則《論語》二十篇，皆聖師言行之要所萃，於是而學焉，則有以識操存涵養之實。又其次，則《孟子》七篇，皆諄諄乎王道仁義之談，於是而學焉，則有以爲體驗充廣之端。至於《中庸》一書，則聖門傳授心法，程子以爲其味無窮，善讀者味此而有得焉，則終身用之有不能盡者矣。然其爲言，大概上達之意多，而下學之意少，非初學者所可驟語。又必《大學》《論》《孟》之既通，然後可以及乎此，而始有以的知其皆爲實學，無所疑也。①

〇真德秀曰：臣始讀《大學》一書，見其自格物致知、誠意正心、修身齊家至於治國平天下，其本末有序，其先後有倫，蓋嘗撫卷三嘆曰：爲人君者不可以不知《大學》，爲人臣者不可以不知《大學》，否則，爲人君無以清出治之源，爲人臣無以盡正君之法。既又考觀帝王之治，未有不本諸身而達之天下者，然後知此書所陳，實百聖傳心之要典，而非孔氏之私言也。三代而下，此學失傳，其書雖存，概以傳記目之而已，求治者既莫之或考，言治者亦不以望其君，蓋自秦漢以後，獨唐韓愈、李翺嘗舉其説，見於《原道》《復性》之篇，而立朝論議曾弗之及，其亦不知爲聖學之淵源，治道之根柢也，況其他乎！臣嘗妄謂《大學》一書，君天下者之律令格例也，本之則必治，違之則必亂。近

① 〔宋〕陳淳撰《北溪大全集》卷十六，《大學發題》，景印文淵閣《四庫全書》第1168册，622頁；《北溪字義》，78—79頁，北京：中華書局，1983年。

世大儒朱熹嘗成《章句》《或問》，以析其義，寧皇之初入侍經帷，又嘗以此書進講，願治之君儻取其書玩而繹之，則凡帝王爲治之序、爲學之本，洞然於胸次矣。臣不佞竊思所以羽翼是書者，故剟取經文二百有五字載於是編，而先之以《堯典》《皐謨》《伊訓》與《思齊》之詩、《家人》之卦者，見前聖之規模不異乎此也；繼之以子思、孟子、荀況、董仲舒、揚雄、周敦頤之説者，見後賢之議論不能外乎此也。（以上論帝王爲治之序。）堯、舜、禹、湯、文武之學，純乎此者也；商高宗、周成王之學，庶幾乎此者也；漢唐賢君之所謂學，已不能無悖乎此矣；而漢孝元以下數君之學，或以技藝，或以文辭，則甚謬乎此者也。（以上論帝王爲學之本。）上下數千載間，治亂存亡皆繇是出，臣故斷然以爲君天下之律令格例也。雖然，人君之學，必知其要，然後有以爲用力之地，蓋明道術、辨人材、審治體、察民情者，人君格物致知之要也。（明道術之目有四：曰天性人心之善，曰天理人倫之正，曰吾道異端之分，曰王道霸術之異。辨人材之目亦有四：曰聖賢觀人之法，曰帝王知人之事，曰姦雄竊國之術，曰憸邪罔上之情。審治體之目有二：曰德刑先後之分，曰義利重輕之别。察民情之目亦有二：曰先靈向背之由，曰田里戚休之實。）崇敬畏、戒逸欲者，誠意正心之要也。（崇敬畏之目有六：曰修己之敬，曰事天之敬，曰臨民之敬，曰治事之敬，曰操存省察之功，曰規儆箴戒之助。戒逸欲之目有五：曰沉湎之戒，曰荒淫之戒，曰盤游之戒，曰奢侈之戒，而先之以總論者，所以兼戒四者之失也。）謹言行、正威儀者，修身之要也。（二事無其目。）重妃匹、嚴内治、定國本、教戚屬者，齊家之要也。（重妃匹之目有四：曰謹選立之道，曰賴規儆之益，曰明嫡媵之辨，曰懲廢奪之失。嚴内治之目有四：曰宫闈内外之分，曰宫闈預政之戒，曰内臣忠謹之福，曰内臣預政之禍。定國本之目有四：曰建立之計宜蚤，曰諭教之法宜豫，曰嫡庶之分宜辨，曰廢奪之失宜監。教戚屬之目有二：曰外家謙謹之福，曰外家驕溢之禍。）四者之道得，則治國平天下在其中矣。每條之中，首以聖賢之明訓，參以前古之事蹟，得失之鑑，炳然可觀。其書之指皆本《大學》前列二者之綱，後分四者之目，所以推衍《大學》之義也，故題之曰《大學衍義》云。

又曰：聖人之道有體有用：本之一身者，體也；達之天下者，用也。堯舜三王之爲治，《六經》《語》《孟》之爲教，不出乎此。而《大學》一書，繇體而用，本末先後，尤明且備，故先儒謂於今可見古人爲學次第者，獨賴此篇之存，而《論》《孟》次之。蓋其所謂格物、致知、誠意、正心、修身者，體也；其所謂齊家、治國、平天下者，用也。人主之學必以此爲據依，然後體用之全可以默識矣。又，本書有目又有細目，每條之中，首之以聖賢之典訓，次之以古今之事迹，諸儒之釋經論史，有所發明者録之，臣愚一得之見亦竊附焉。雖其銓次無法，論議無取，然人君所當知之，理所當爲之事，粗見於此。陛下親政之始，而臣書適成，爲卷四十有三，爲帙二十有二。①

○胡炳文曰：《經》曰"古之欲明明德於天下"，《序》曰"古之大學所以教人之法"，見得自古以來凡治與教只是此"大學之道"。又，《書》曰"若有恒性"，六經言性自此始。成湯伐夏之初，誥天下尚且從性上説來，况教人以大學之道乎！所以《序》中"法"字凡五言之，而"性"字亦凡五言之。蓋所以爲大學教人之法者，不過欲人復其仁義禮智之性而已。性即《經》所謂"明德"，所謂"至善"，《傳》所謂"明命"。朱子《四書》釋仁曰"心之德，愛之理"，義曰"心之制，事之宜"，禮曰"天理之節文，人事之儀則"，皆兼體用，獨智字未有明釋。愚嘗欲竊取朱子之意以補之曰"知則心之神明，所以妙衆理而宰萬物者也"。又，一部《大學》只是知與行：氣屬天，主知；質屬地，主行。氣之禀有清濁之不齊，故不能皆有以知其性之所有；質之禀有純駁之不齊，故不能皆有以全其性之所有。又，聰明睿知者，氣最清則知之至；能盡其性者，質最純則行之至。天必命之以爲億兆之君師，君以治之，

---

① 〔宋〕真德秀撰《大學衍義·序·劄子》，景印文淵閣《四庫全書》第704册，498—500頁。《大學衍義》提要曰：是書因《大學》之義而推衍之，大旨在於正君心，肅宫闈，抑權倖。皆陰切時事以立言，先去其有妨於治平者，以爲治平之基，故《大學》八條目僅舉其六，然自古帝王正本澄源之道，實亦不外於此。（同上書，497—498頁）與程朱從原則窮格致誠正修齊之理立論不同。然真氏對帝王影響甚大，尤以韓國爲然。其貢獻乃在政治史上而不在哲學史上。明代邱濬以此書闕治國平天下之事，乃撰《大學衍義補》（一百六十卷）以填其缺。兩書均有輯要，影響不小。（陳榮捷撰寫"大學"辭條，韋政通主編《中國哲學辭典大全》，76頁，北京：世界圖書出版公司，1989年）

師以教之，皆不過使之復其性而已。三代以前，爲人君者只從大學之道做出許多事業，君師之責叢於一身。三代以後，《大學》不明，間有因才質之美以成事者，終無明明德新民之功，君道有略得之者，師道絶無矣。又，《六經》皆是教人爲學，然學之次第，未有如此書之首尾有倫也，故學者當以爲入德之門，由是而堂而奥不差矣。朱子曰："敬者，聖學之所以成始而成終也。"學者必以是爲主焉，則不差矣。又，邵甲曰：他書言平天下本於治國，治國本於齊家，齊家本於修身者有矣。言修身本於正心者，亦有矣。若夫推正心之本於誠意，誠意之本於致知，致知之在於格物，則他書未之言也，六籍之中，惟此篇而已。①

○船山《大學衍》曰：《大學》一書有鄭氏《禮記》傳本，有韓愈古文石經，其序次各别，朱子因程子所定而更爲此篇。蓋諸經之傳，皆有錯闕，而《禮記》爲尤甚，讀者以意逆志而察夫義理之安，以求通聖賢之旨，非爲鑿也。是篇按聖經之文以審爲學之次第，令學者曉然於窮理盡性、守約施博之道，可謂至矣。愚謂十傳之文，鱗次櫛比，意得而理順，即令古之爲傳者參差互發，不必壹皆如此，而其命意則實有然者，得朱子爲之疏通而連貫之，作者之意實有待以益明，是前此未然而昉於朱子，固無不可之有，况《禮記》之流傳舛誤，鄭氏亦屢有釐正而不僅此乎！是篇之序，萬世爲學不易之道也。自姚江王氏者出而《大學》復亂，蓋其學所從入，以釋氏不立文字之宗爲虚妄悟入之本，故以《章句》八條目歸重格物爲非，而不知以格物爲本始者經也，非獨傳也，尤非獨朱子之意也。既不揣而以此與《章句》爲難，乃挾鄭氏舊本以爲口實，顧其立説又未嘗與鄭氏之言合，鹵莽滅裂，首尾不恤，而百年以來，天下翕然宗之，道幾而不喪，世亦惡得而不亂乎？其以"親民"之"親"爲"如字"者，則亦釋氏悲憫之餘瀋而墨子二本之委波，至於訓"格"爲"式"，則又張九成與僧宗杲之邪説而已。其徒效之，猖狂益甚，乃有如羅汝芳之以"自謙"爲"遜讓"者，文義不通，見笑塾師，而恬不知耻，斯其道聽塗説而允爲德之棄，固人心之所公非，不可誣已。夫

① 《四書通・大學朱子序・大學通》，《通志堂經解》第15册，399、402頁。

道之必有序，學之必有漸，古今之不能違也。特所謂先後者，初非終一事而後及其次，則經、傳、章句本末相生之旨亦無往而不著，王氏之徒特未之察耳。若廢實學，崇空疏，蔑規矩，恣狂蕩，以無善無惡盡心意知之用，而趨入於無忌憚之域，則釋氏之誕者固優爲之，悉必假聖賢之經傳以爲盜芋乎？今因《章句》之旨而衍之如下，以救什一於千百，能言距楊、墨者則以俟之來哲。又，以要言之，知止於至善乃入德之門。①

又曰：既對小學而名大，又爲天子教胄之學，悉爲不可讀如泰乎！又，依程子改讀如字者不能通乎太少之旨，而讀如泰者自函夫充實光輝之義，正當從鄭音。②

又曰：《大學》一書，本以言學，凡所言者皆立教之法，爲學之方。《注》所云大人者，亦對小子之小學而言。即以大人爲《易》及《孟子》所言之大人，亦是學爲大人之事。（猶孟子言大人之事備矣。）③

○吕留良曰：《大學》自程子更定，復得朱子章句，即使原本未必盡合，正以精益精，聖人復起，不可易已。後之學者，未有能篤信而力行之，故其效罕睹，何嘗有從其説而得過者乎？乃陽儒陰釋之徒，惡格物之説害己，彎弓反射，輒以古文石經爲辭，然理卒不可毁也。其後索性敢道《大學》非聖人書，嗚呼！悖叛至此，大亂之道也！④

○汪紱曰：此篇曾子之徒所作，而簡編錯亂，宋以前未有表章之

---

① 〔明〕王夫之著《禮記章句》卷四十二，《大學》，《船山全書》第四册，1467—1468頁。

② 〔明〕王夫之著《四書稗疏・大學》，《船山全書》第六册，17頁。

③ 〔明〕王夫之著《四書箋解》卷一，《大學》，《船山全書》第六册，107頁。

④ 〔清〕吕留良撰、〔清〕陳鏦編《四書講義》卷一，《大學》一，上册，2—3頁，北京：中華書局，2017年。吕氏弟子陳鏦等編輯本書，並在“弁言”中講：面對陽明之狂，“羅整菴、陳清瀾亦嘗極力辨之，而本領不足，所見猶粗，無以攻其堅而撲其焰；從此講學諸儒，未嘗不號宗朱，而究其底裏，總無能出良知之精蘊，蓋陸氏之言，復盈天下，而朱子之學之不明久矣。先生當否塞之後，慨然以斯道爲己任，於諸儒語録、佛老家言，無不究極其是非，而於朱子之書，信之最篤，好之最深。病夫世之溺於異學而不知所返也，故其教人，大要以格物窮理、辨别是非爲先。以爲姚江之説不息，紫陽之道不著。又以爲闢邪當先正姚江之非，而欲正姚江之非，當真得紫陽之是”。“又以爲欲使斯道復明，舍此幾箇讀書識字秀才，更無可與言者，而舍四子書之外，亦無可講之學。是以晚年點勘文字，發明《章句集注》，無復勝義，而凡説之不合於朱子者，辨析毫芒，不使稍混。天下讀其書者，如撥雲霧而睹青天，其復見所謂廓如者乎，而不幸先生已即世矣”。“讀者誠由是書以求朱子之書，則孔孟之道可得而復明矣！”

者，惟韓子《原道篇》始援此立言，及宋仁宗天聖八年，始以此篇賜新第王拱辰等，而二程夫子實始尊信此篇，朱子又述二程之緒，而更有考訂，補《格致傳》一章，爲之《章句》《或問》，此篇遂與《中庸》並列《四子》。顧自格致之説出，而陸學競相與異同，近世更有舍朱子而遠述注疏者。先清簡公曰："嘗考漢所石刻《十三經》，其《大學篇》章次，又與鄭本互異，則鄭本之原不足據明矣。聖賢學問，相信以心，毋或爲異學所撼也夫。"

又，性者，元亨利貞之理；而禀者，陰陽五行之氣也。氣，陽氣之所成，知覺之類；質，陰氣之所成，運動之類也。又，天降生民而與之以仁義禮智之性，所謂天命之性，率性之道也。"大學所以教人之法"，即修道之教也。聖人者，此天之所使以陰騭下民而開道統之原，以立萬民之命者也。六經言教，始於《舜典》之命契爲司徒，命夔典樂教胄子。禮達於百姓民庶，而樂只於胄子者，禮以節文乎事之所當然，而樂則從容和順以見得乎其所以然，蓋大學之成，而至善之地故也。首段原教所由起。又，言三代教法之備也。唐虞而後言學者，始詳於《説命》，至《周禮》而教官之屬六十，大司樂之職亦加詳焉，綱舉目張，法無不備矣。自"三代之隆"至"所能及也"，述教之盛。"大學之明法"指經一章。"作爲傳義"則指其傳十章矣。又，言教之衰而遂原《大學》之書所由作。"權謀術數"，如管、商、申、韓、孫、吴、蘇、張之徒，如漢之雜霸爲治，及鼂錯星命日者之類，皆使人營心福利而敗壞先王之禮樂教化，均之爲惑世誣民充塞仁義者也。由聖君之不作，道學之傳泯，故異説得以争鳴而壞亂至此也。記誦辭章之習，逐末而忘本，逐末故繁而忘本，則亦並其末而失之，故無用。虚無寂滅之學，求本而遺末，求本故過高而遺末，則亦並其本而戕之，故無實。總之，吾儒之道，本末一原，顯微無間。執一以求，則未有不流於偏而賊道者。至於權謀術數百家衆技之説，則又皆起於人欲之私與夫私智之鑿，其以視夫格致誠正之修，又正反矣，此所以均之爲惑世誣民充塞仁義也。此言異説興而正學益晦矣。又，終敍己所以《補傳》《章句》之意，其辭雖謙，而其爲斯道張皇捍衛之心亦至深且遠矣。乃又輯《曲禮》《少儀》《内則》《弟子職》爲小學全書，以資童蒙講習而立大學之基，則朱子之道雖未獲大行於當時，而先王教人之法之詳，道德精微之奥，亦至朱子而無復遺憾矣。然《章句》《或問》之詳密精醇，雖有目所共睹，而究非淺人俗學之所能喻其精微而不可易者，苟非其人，道不虚行也，悲夫！

又，《大學》一書領天德之要而會王德之全，約之以一心而推之乎天下，微入於性命不睹不聞之域，而顯之則成功，文章巍焕之至，則《論》《孟》《六經》皆無能越其範圍。然一經十傳，語簡義微，雖曰初學入德之門，究非初學之所悉能領會。讀者當經傳參看，又須謹顧經指，使不走作。而經有經之脈絡，傳有傳之脈絡，又須要還他各成片段，其不能通處，乃細玩之《章句》；若再有所疑，乃參之《或問》，及博之群説，要以朱注爲宗。又須以經傳作主，更須反到身上，自家作檢點印證，不可死靠外邊講説，始能有得。一經十傳脈絡貫通，誠以身體而心得焉，則四子六經皆歸一貫，自此之外固無他學終身受用不盡矣。唐虞三代之盛，循其法，不必有其書。三代之衰，其法不行，故孔氏作此書以留其法，法實唐虞三代之法，而其書則孔氏之遺書也。學者最患規模不立，如此則無所持循，而異端俗學功利百家之説皆足以亂其心志，故學者雖未及乎《論》《孟》《六經》，且須由此入門。即既讀《論》《孟》《六經》，亦須靠此規模内充實，方得不差，由此操修，以達天德。①

---

① 〔清〕汪紱撰《禮記章句》卷十，《大學》第四十二，《續修四庫全書》第100册，603—604頁，上海：上海古籍出版社，1995年；《四書詮義》上，敍、自敍、例言、卷一，《大學章句序》《大學》，《叢書集成三編》第10册，347—358頁，臺北：新文豐出版公司，1996年。關於作者及其著述，其舅江廷鏞曰：余甥燦人，秉質聰明而制行篤實，生平無所不學，而鋭志研求者祇在六經四書，深見夫朱注本顯明也，而以深刻參之，則必悖；本周到也，而以膚淺會之，則必疏；本包舉也，而以一義主之則離宗。所以内注無一字可易，而圈外則或只旁通其説，故其發明經義一宗朱子，立言創論不繁不支，至於論古則融會《左史》之全書，採典則貫穿《三禮》之記載，樂律則合聲音器數以折衷，辨陸王之末塞必析之於疑似之間，闢佛老之淫邪必明指其源流之失。是又欲心朱子之心，言朱子之言，行朱子之行，以聖賢實義體備於身而繼往開來者，因不得已而有《四書詮義》之著。（“敍”）而作者自敍曰：紱自厭棄舉業以來，其於四子之書體驗有年，雖質本愚蒙，而研求亦幾一得，顧以時下講章無慮百家，業擅專門猶將十室，何庸更執一説以益覆瓿？乃同堂講習之餘，又見夫錯説糾紛，幾使學者茫無所適，遂令鄙見耿耿於懷，爰是不能自已，復會群言，辨僞糾謬，期見古人之心，以貽躬修之助。初意只鋤繁穢不爲講家，又以不愜人心難於通貫，故於各章亦略爲挨文順講，文義之細，時復訓繹，而辭旨明白無他異説者，則亦徑略之。然是編之成，與時下講章

〇丁紀曰：《大學》是否需要爲之改本，一在於“古本”有無闕佚，二在於“古本”有無舛亂，三在於“古本”有無訛字。陽明以爲三者皆無，故主“古本”。據《魯齋集·回趙星渚》記，以爲僅有二，故只將“知止而后有定”一段作爲“致知傳”而挪移到後面。[①]伊川及朱子以爲三者皆有，故作定本。此分歧非僅關乎文本，實關進學自修之路數法門問題。聖人告以綱領與條目，惟獨不教人格治之法？若以誠意章爲諸條目之首，遂據以判斷《大學》關鍵在誠意，可謂之“以傳定經”；而朱子雖爲之補傳，乃“以經定傳”也，其不同如此。陽明因“格竹子”無所得而疑及朱子格物致知之説，從而之後只説致知、致良知義，固亦非不然。至於要盡廢格物之義，不顧《大學》通教，朱子精神會極、心血之所在，是則謬矣！又，與《禮記》本相比，《四書》本《大學》並非惟古是尚，乃以據理崇聖爲原則。在《四書》中，它與《孟子》《中庸》一起，共同構成《論語》之輔翼；它爲《論語》或整個《四書》底定一種義理規模，從而使《四書》達成一種經的完滿結撰。而其中格物致知的思想，對於理會《論語》之下學上達、博文約禮、克己復禮，《孟子》之盡心知性等等學説的含義，提供了富有啓發性的“樣子”。《大學》在《禮記》的序列裏，和它在《四書》的序列裏，地位迥乎不同。《大學》文本的歷史大概經過三個階段，第一，前《禮記》時期，從産生到進入《禮記》。《大學》必是從聖門裏面流傳出來，必是在自孔至孟不百年間

强半齟齬，况以學究迂言，强聒乎攘臂文壇之耳，南轅北適，不合審矣。顧性非經書，無能消日，耆心在籍，復敝筆研，聊以自娱，非問世也。第經賊文袄，吾知自免，古人可起，不易吾言！且文以理生，經從心得，藉使理無少謬，文亦何患不工？而天下只有此理，人心寧遂不同，安在其必不合於時？則學者或取而玩焉，亦未必無當於時文也。顧以時文而講經，則亦終非吾志云。（“自敍”）又曰：陽爲遵注，陰從他説，對之必急辨是非，非只衛朱，亦以衛道也。凡涉陸學者，則急爲辨析，非敢阿好朱子，亦以衛道也。有誤因外注而反背内注者，亦急爲辨之，非有阿私，亦以衛注且衛經也。凡圈外注不能無疵者，要自不能不辨，非敢辨注，正以衛注且衛經也。語録有異同，或後人有摘語録語而謂予不考者，綫不敢知，豈敢畔朱以衛注也。闕文疑義不强解，所以衛經又衛道也。有將四書六經相爲牴牾者，則必辨析其説，非唯衛四子，且衛他經也。兹於合當考究處，亦備考其説，非敢夸多，亦以明經且衛經也。痛掃經賊且文袄，非好立異，以衛經亦以衛道也。痛斥佛老異説，非好辨自雄，亦欲衛人心以衛道也。闡明義理，不落定式，非欲擺脱講章蹊徑，亦期以衛經衛道而止也。（“例言”）

① 謹案：今儒唐君毅亦然，見氏著《中國哲學原論·導論篇》，193—194頁。

爲曾子、公明高、子思數輩儒者所既就已具者，然後對孟子發生了深刻的影響，此於讀《孟子》一書顯然可見。自孟至戴的兩百年間，則無法保證《大學》文本什麽改變都没有發生過，那麽顯然，古本論者所尊信的本子，時間上充其量只能説“最不晚”而已，要非“最古”“最早”；孟子眼中所見，顯然更當得上“《大學》古本”之名。較之古本論者的“尚古”“信古”，程朱却是“疑古不疑聖，據理以明經”。第二，從作爲《禮記》的一篇，以進入《四書》爲結果。從韓愈、李翺，到二程子，再到朱子，《大學》之根本地位由以定。以實現《四書》本爲目的，實現對《禮記》本的一種超越，而表現爲向孟子所見本貼合、復歸，從道理上講，它較《禮記》本更容易成立、更不至偏離聖義，因得以此進行一種光明正大的自我説明與辯護。第三，“後《四書》時期”。真正體現此段歷史之精神的學者，亦無論其持定本論、古本論，皆視身體力行《大學》所示爲第一要義。則就完全不同於有《禮記》本之後八百餘年裏聽其僅僅存乎載籍的情形，而重現了孟子之前《大學》地位作用的景象。其所以如此者，根本上可以説乃由朱子對於《大學》的工作決定之。因而對朱子定本的態度，其中關乎是否肯致力於復聖門所出之舊、回孟子所見之真的問題。與《禮記》對照：《禮記》的經是《儀禮》，《四書》的經是《論語》；《禮記》的經在《禮記》外面，《四書》的經在《四書》裏面。經在外，所以《禮記》是“記”；經在内，所以《四書》直可作經看。惟是“一個”經，人若要做“四個”看時，《論語》之外的三個却又不具有經的身份。《大學》入乎《四書》，既以讀《論語》爲其“本事”，則對於《大學》之條次與更定，就不僅要問是否爲《大學》文本及意藴本身所允許，也要看到此爲《論語》所要求。而要回歸“古本”，雖非不可，然須明白一點：此其所論，已非關《四書》，只是回到《禮記》偶然所成四十九篇之系統中去論《大學》而已。論《四書》之《大學》，必須是從朱子地位起步。[①]

---

① 丁紀著《大學條解》（下），十七、所謂“大學古本”之問題，81—85頁；《〈大學〉在〈四書〉序列中的位置》，《四川大學學報（哲學社會科學版）》，2014年第1期，51—62頁。

○鄭玄曰：《大學》者，以其記博學可以爲政也。

○孔穎達曰：此於《別録》屬《通論》。此《大學》之篇，論學成之事，能治其國，章明其德於天下，却本明德，所由先從誠意爲始。①

○陸子静曰：《大學》曰："大學之道，在明明德，在新民，在止於至善。"此言《大學》指歸。"欲明明德於天下"，是入《大學》標的。格物致知，是下手處。《中庸》言博學、審問、慎思、明辨，是格物之方。②

---

① 《禮記正義》卷第六十六，《大學》第四十二，下册，2236頁。鄭、孔二位是用的《禮記·大學》本，亦即舊本，首章（朱子稱經一章）之後，即是長長的誠意章。（參見前面"誦讀"）

② 《陸九淵集》卷二十一，《雜著學説》，262—263頁，北京：中華書局，1980年。是否此時的象山尚未將格物致知視爲支離？或者，象山對格物致知還可能有類似於後來陽明那樣的理解？或者，象山視格物致知爲支離，的確是在吕東萊主持"鵝湖之會"前後的事？在鵝湖之會的論學詩中，象山兄弟攻擊朱子强調格物致知爲"陸沉"、爲"支離"，亦即復齋詩曰："留情傳注翻榛塞，著意精微轉陸沉。"而象山詩曰："易簡功夫終久大，支離事業竟浮沉。"對此，朱子三年之後的和詩曰："舊學商量加邃密，新知培養轉深沉。却愁説到無言處，不信人間有古今。"（《宋元學案》卷五十七，《梭山復齋學案》，《黄宗羲全集》第五册，263—264頁，杭州：浙江古籍出版社，2005年）足見雙方在格物致知問題上的分歧之大。對此，丁紀先生曾撰專文《鵝湖詩與四句教》來分析論述，他指出：所謂"著意精微"，精對粗言，微對著言，"道心惟微"曰微，"顯微無間"曰微，"惟精惟一"曰精，"精義入神"曰精，學問之道，無非化粗入精、自微之著而已。復齋以爲將至於"陸沉"者固非指此，其意蓋兼上句而言之，"著意精微"乃謂"留情傳注"者欲由傳注一途趨於沉潛縝密，乃至欲由"古聖相傳"之室岑以造乎"千古不磨"之基址，復齋以此爲蓁塞不通、爲顛倒沉淪也。象山對之以"易簡工夫"，似謂此工夫既無須"留情傳注"，亦無須"著意精微"。然若"易簡"而不"精微"，是苟簡也；易而微、簡而精，所謂易簡者必精微，苟簡而以爲盡乾坤之道，陋矣！實則，雖象山學者，亦不能不"著意精微"。如黄宗賢以"不純禪"稱象山、以"純禪"稱楊慈湖，自不純而純，此非象山學者之"著意精微"乎？又如，陸桴亭曰："'渾然至善，未嘗有惡'，語極精微，然'著意精微'便有弊病，此處已隱隱逗出'無善無惡'。'無善無惡'語更精微，却已隱隱走入釋氏'離一切心，即汝真性'一邊去。"自此言之，所謂心學也者流而爲陽明之學，亦非不由"著意精微"致之。則後世往往以朱、陸對分"留情傳注"與"著意精微"之病者亦自有故，惟此已非復齋之"原義"矣。然則"留情傳注"與"著意精微"，不在於其爲傳注、爲精微，其爲病也蓋有二：一視其以何等心而入乎傳注，視其之所謂精微到底欲精個什麼、微個什麼，如精微以趨乎異端，則無論精粗微著，概無可取，而精微以造極入密，則惟精惟微，必此之求；二在於"留情"與"著意"，其心才有留情、著意，遇事便添便助，此所以"述而不作"與"留情傳注"不同、"惟精惟一"與"著意精微"不同，述作氣象，空空如也，執中之道，毫不著意。好簡易而厭支離、好籠統而厭分析，可以想見陸象山、王陽明之相投契也。要之，知"留情傳注""著意精微"其或爲一種支離，不知空却德性、蕩心肆行其爲另一大支離，乃欲以支離去支離，不可得也。而"以文會友"故"舊學商量加邃密"，"以友輔仁"故"新知培養轉深沉"，邃密深沉之成、蓁塞陸沉之免，在乎商量培養，不

〇黎立武曰：聖賢身繫道統，莫不有書，以明授受之旨。《大學》，其曾子之書乎！曾子傳道在一貫，悟道在忠恕，造道在《易》之《艮》，曾子嘗曰“君子思不出其位”，此《艮·象》也，學《大學》者，其以是求之。《大學》之道，其要有三：曰“明明德”，曰“新民”，曰“止至善”。申之以“知止”，又申之以“於止，知其所止”者，所謂致其知，知之至也，是知止善爲三要之基，其大法存乎止。《大學》之事，其條有八，始之以致知格物而道以明，終之以齊家治國平天下而道以行，中之以誠意正心修身者，其本也，存諸我爲“誠於中”，推諸物爲“心誠求之”，是知誠意爲八條之的。其大旨存乎誠，誠所以盡性，止所以存誠，止其所止，非所謂貫於一乎？修身以上明明德之事也，非所謂忠乎？齊家以下新民之事也，非所謂恕乎？八條未陳，三要既舉，首揭知止片言，繼之以定、静、安，繼之以慮而得。定、静、安則止得其所可知，慮而得則意誠而心正，可知又非所謂“思不出位”乎？治平二章，皆發明恕義，謂“有諸己而後求諸人，無諸己而後非諸人”，且拳拳乎藏身不恕之戒，充而廣之以極夫仁人之道。吾觀《大學》以修身爲本，故知有得於思不出位之《艮》也，雖然，止不徒止，又曰，“時止

在乎棄絶傳注精微之途徑、惟一仰乎“千古不磨”且自以爲“易簡”也。故朱子之於復齋，雖斷其“上子静舡了”，而猶諄諄告語者，忠之友也；且既能上舡，不望其亦能下舡乎？“不信人間有古今”，即無歷史文化之意識，如人我意識、聖凡意識等等概皆無由成立。自謂“千古不磨”之心既開，反使此等之意識黯淡閉鎖，其心果開乎？所開果何心耶？如其後學有欲憑此基址而更建立室岑者，却不得不另尋諸如“坎陷”之法、諸如“轉化”之途，曲折繳繞，終見此之爲艱澀困頓，而不得真以爲“易簡”也。再者，陽明曰：“陸氏之學，孟氏之學也。”借孟子爲象山强辯，亦其自辯也。而不知孟子之學、象山之學、陽明之學皆不同。孟子之學，本之性善，發之四端良知，充之則“萬物皆備於我”。良知之於性也，若水火之始然始達；至於萬物皆備之爲充之盡之也，則若燎乎曠原、放乎東海，而皆總乎一善。其微著之相兆、終始之相應、體用之相涵，莫不如珠之走盤、如環之扣環，圓轉通暢，無相斷絶。如象山之言乎“心即理也”“宇宙便是吾心，吾心即是宇宙”者，尚在兩達之途。以所見於其鵝湖詩者而論，所謂“斯人千古不磨心”，若欲一味决去“古聖相傳”、傳注精微之類，固將與陽明同趨，而歸於無善無惡之地矣；然若每必以其先見乎“孩提知愛長知欽”“墟墓興哀宗廟欽”者而言之，則亦不至以性善爲藩籬而必欲决破之矣。然則自象山之學出發，謂其必歸向孟子者固不然，謂其既與陽明爲同調亦非是。蓋孟子乃一絶對之性善論者，象山則爲一或然之性善論者，陽明則是一絶對之無善無惡論者，所謂陸王異同，除前此種種而外，此亦其一大方面也。（參閲《鵝湖詩與四句教》，《切磋七集——四川大學哲學系儒家哲學合集》，119－120、124－126、143－144頁，北京：華夏出版社，2018年）

則止，時行則行，動静不失其時，其道光明”。時止則止，誠性内徹，理明慾净，不累於形骸，故曰“艮其背，不獲其身”。時行則行，誠明外融，八荒我闥，不累於境物，故曰“行其庭，不見其人”。由一身之外言之，庭之於家國天下一也，聖人舉而措之，皆行其庭之事也。内則自明明德，外則明明德於天下，動静一道光明，可知《艮》之妙旨。蓋如此，其在《虞書》，精一之旨，曰“允執厥中”；幾康之戒，曰“安汝止”。隆古三聖人，口傳心授，爲百王出治大法，曰中曰止，之外無他道也。《易》以止，《大學》以知止，蓋至孔門而大明焉。此書讀者所先以爲明白簡易，然道關於天下國家者，至大統繫乎古今，原傳者至重，殆未敢以淺窺。由聖賢之微言，遡帝王之心法，道理有不由造化出者乎？故以曾子所造言之，吾知《大學》之道出於《易》。[①]

〇袁俊翁曰：《大學》一書，先儒嘗以三綱領八條目釋之章旨，固昭如矣。然明明德一語，尤爲此書一大統會。明明德者，固明在己之明德；新民者，所以明在人之明德；止至善者，又言明在己在人之明德皆當止於至善也。八節目之中，修身以上，明在己之明德也；齊家以下，明在人之明德也。故經文首舉八節目，謂古之欲明明德於天下者，正以

---

① 〔宋〕黎立武撰《大學發微》，景印文淵閣《四庫全書》第200册，737—739頁。朱子認爲《大學》中“經”的部分是“孔子之言而曾子述之”，“傳”的部分是“曾子之意而門人記之”，《中庸》是“孔門傳授心法”而由“子思筆之於書以授孟子”。所以《大學》《論語》《孟子》《中庸》四者合起來，代表了由孔子經過曾參、子思再傳到孟子這樣一個儒家道統。單就《大學》爲什麼是曾子所作，朱子也曾有過説明，即《大學》“正經辭約而理備，言近而指遠，非聖人不能及也，然以其無他左驗，且意其或出於古昔先民之言也，故疑之而不敢質。至於傳文，或引曾子之言，而又多與《中庸》《孟子》者合，則知其成於曾氏門人之手，而子思以授孟子無疑也。蓋《中庸》之所謂明善，即格物致知之功；其曰誠身，即誠意、正心、修身之效也。《孟子》之所謂知性者，物格也；盡心者，知至也；存心、養性、修身者，誠意、正心、修身也。其他如謹獨之云，不慊之説，義利之分，常言之序，亦無不吻合焉者。故程子以爲孔氏之遺書，學者之先務，而《論》《孟》猶處其次焉，亦可見矣”（《大學或問》上，《朱子全書》第六册，514—515頁）。黎立武在此又對比《論語》以及《易・艮》中所表現的曾子的思想，以論證《大學》爲曾子所作，因而可視爲是對朱子論證的重要補充。再者，《尚書・虞書・益稷篇》：禹曰“安汝止，惟幾惟康”。止者，心之所止也。人心之靈，事事物物，莫不各有至善之所而不可遷者。人惟私欲之念，動揺其中，始有昧於理而不得其所止者。安之云者，順適乎道心之正，而不陷於人欲之危，動静云爲，各得其當，而無有止而不得其止者。惟幾，所以審其事之發。幾，事之微也。惟幾者，無事而不戒勅也。惟康，所以省其實之安，亦即“庶事康哉”，衆事皆安之義。（朱子授旨，蔡沈撰《書集傳》卷一，《朱子全書外編》第一册，35、42頁，上海：華東師範大學出版社，2010年）

見下文八節目皆出於明明德之事；特其間不能不微有人己之間耳。①

〇史伯璿曰：《大學》一書，學者所以學至於聖人之法程也，自三代以前能盡是道而造其域者，可數也。孔孟既没，因其書而得其傳者，惟周、程、張、朱數君子而已。是知雖曰“人皆可以爲堯舜”，然氣質不齊，用力不易，所以得造其域者亦鮮。至於教人之法則，不容自貶，以御學者之不能也。蓋其法不如是，不可以由之以造聖人之極至耳。②

〇邱濬曰：臣惟《大學》一書，儒者全體大用之學也，原於一人之心，該夫萬事之理，而關係乎億兆人民之生。其本在乎身也，其則在乎家也，其功用極於天下之大也。聖人立之以爲教，人君本之以爲治，士子業之以爲學，而用以輔君是。蓋六經之總要，萬世之大典，二帝三王以來，傳心經世之遺法也。孔子承帝王之傳，以開百世儒教之宗，其所以立教垂世之道。爲文二百有五言，凡夫上下古今百千萬年，所以爲學爲教爲治之道，皆不外乎是。曾子親受其教，既總述其言，又分釋其義，以爲《大學》一篇。漢儒褋之《禮記》中，至宋河南程顥兄弟，始表章之，新安朱熹爲之《章句》《或問》，建安真德秀又剟取經傳子史之言以填實之，各因其言以推廣其義，名曰《大學衍義》，獻之時君，以端出治之本，以立爲治之則，將以垂之後世，以爲君天下者之律令格式也。然其所衍者，止於格物致知、誠意正心、修身齊家，蓋即人君所切近者而言，欲其舉此而措之於國天下耳。此臣所以不揆愚陋，竊仿真氏所衍之義，而於齊家之下，又補以治國平天下之要也，其爲目凡十有二：曰正朝廷（其目六），曰正百官（其目十有一），曰固邦本（其目十有一），曰制國用（其目十有一），曰明禮樂（其目六），曰秩祭祀（其目七），曰崇教化（其目十有一），曰備規制（其目十有六），曰慎刑憲（其目十有四），曰嚴武備（其目十有六），曰馭夷狄（其目九），曰成功化（其目一）。先其本而後末，繇乎内以及外，而終歸於聖神功化之極，

---

① 〔元〕袁俊翁撰《四書疑節》卷五，《大學》，景印文淵閣《四庫全書》第203册，800—801頁。

② 〔元〕史伯璿撰《四書管窺》卷一，《大學》，景印文淵閣《四庫全書》第204册，679頁。

所以兼本末合内外，以成夫全體大用之極功也。真氏前書本之身家以達之天下，臣爲此編則又將以致夫治平之效以收夫格致誠正修齊之功，因其所餘而推廣之，補其略以成其全，故題其書曰《大學衍義補》云。非敢並駕先賢，以犯不韙之罪也。臣嘗讀真氏之序有曰："爲人君者不可以不知《大學》，爲人臣者不可以不知《大學》"，而繼之以"爲人君而不知大學，無以盡正君之法"，是蓋就其本體而言爾。若即其功用而究竟之，君臣所當知者，則固有在也。粤自古昔聖賢爲學之道，帝王爲治之序，皆必先知而後行，知之必明其義，行之必舉其要。是以欲行其要者，必先知其義，苟不知其義之所在，安能得其要而行之哉！故臣之此編，始而學之，則爲格物致知之方；終而行之，則爲治國平天下之要。宫闕高深，不出殿廷而得以知夫邑里邊鄙之情狀；艸澤幽遐，不履城闉而得以知夫朝廷官府之政務。非獨舉其要資出治者，以御世撫民之具，亦所以明其義廣正君者，以輔世澤民之術。前書主於理，而此則主乎事。真氏所述者，雖皆前言往事，而實專主於啓發當代之君，亦猶孔孟告魯、衛、齊、梁之君，而因以垂後世之訓。臣之此編較之前書，文雖不類，意則貫通，第文兼雅俗，事雜儒吏，其意蓋主於衆人易曉，而今日可行，所引之事，類多重復，所修之辭，不能雅馴，弗暇計也。①

〇陽明《大學古本序》（戊寅）曰：《大學》之要，誠意而已矣。誠意之功，格物而已矣。誠意之極，止至善而已矣。止至善之則，致知而已矣。正心，復其體也；修身，著其用也。以言乎己，謂之明德；以言乎人，謂之親民；以言乎天地之間，則備矣。是故至善也者，心之本體也。動而後有不善，而本體之知，未嘗不知也。意者，其動也。物者，其事也。至其本體之知，而動無不善。然非即其事而格之，則亦無以致其知。故致知者，誠意之本也。格物者，致知之實也。物格則知至意誠，而有以復其本體，是之謂止至善。聖人懼人之求之於外也，而反覆其辭。舊本析而聖人之意亡矣。是故不務於誠意而徒以格物者，謂之支；不事於格物而徒以誠意者，謂之虚；不本於致知而徒以格物誠意

① 〔明〕邱濬撰《大學衍義補》，景印文淵閣《四庫全書》第712册，3—5頁。

者，謂之妄。支與虛與妄，其於至善也遠矣。合之以敬而益綴，補之以傳而益離。吾懼學之日遠於至善也，去分章而復舊本，傍謂之什，以引其義。庶幾復見聖人之心，而求之者有其要。噫！乃若致知，則存乎心；悟致知焉，盡矣。①

〇劉宗周曰：然則戴氏之傳《大學》，早已成一疑案矣，後之人因而致疑也，故程子有更本矣，朱子又有更本矣，皆疑案矣。然自朱本出，而《格致補傳》之疑，更垂之千載而不决。陽明子曰："'格致'未嘗缺傳也，盍從古本。"是乃近世又傳有曹魏《石經》，與《古本》更異，而文理益覺完整，以决"格致"之未嘗缺傳彰彰矣。余初得之，酷愛其書。今見海鹽吴秋圃著有《大學通考》，輒辨以爲贋鼎。余謂："言而是，雖或出於後人也何病？况其足爲古文羽翼乎！"吾友高忠憲頗信古文，亦以爲"格致"未嘗缺傳也，因本高中玄相國所定，次"誠意"一章於"此謂知本"之下，則在今古之間乎！余嘗爲之解其略，見者韙之，而終不敢信以爲定本。於是后之儒者人人而言《大學》矣。合而觀

① 〔明〕《王陽明全集》卷七，上册，《文録》四，242—243頁，亦參見下册，卷三十二，《補録》，1197頁（案：後者系原作，而前者有改動），上海：上海古籍出版社，1992年。陽明晚年還有"四句教"詩，據説可與格物、致知、誠意、正心相對應，即：無善無惡心之體（正心，因爲"心者身之主"），有善有惡意之動（誠意，因爲"意者心之發"），知善知惡是良知（致知，因爲"知者意之體"），爲善去惡是格物（格物，因爲"物者意之用"）。丁紀以爲：此"四句教"，可謂倒讀《大學》，適以見陽明所謂"古本《大學》"之筋骨也。第一句所言正心之事，然其所謂"心之體"，似不待正而自已無善無惡矣。第二句所言誠意之事，然其所謂"意之動"，似無論意誠不誠，總是有善有惡；或一旦意誠，則心歸本體，亦無所謂意、無所謂"意之動"矣。第三句所言致知之事，致的是個良的知，亦即惟善無惡之知。第四句所言格物之事，格的只是個"意之所在"而已。要之，陽明言此四者，不是《大學》所謂"欲正其心者，先誠其意；欲誠其意者，先致其知；致知在格物"，而是"欲誠其意者，先正其心；欲致其知者，先誠其意；致知以格物"；不是《大學》所謂"物格而後知至，知至而後意誠，意誠而後心正"，而是"物格以見其知至，知至以見其意誠，意誠以見其心正"而已。（參閱《鵝湖詩與四句教》，《切磋七集——四川大學哲學系儒家哲學合集》，148頁）或者，這裏首句表本體，或者依陽明説法只是太虛，亦即周子所謂"無極"。不過，這怎麽與《大學》"修身在正其心"之"正心"直接關聯起來呢？而第三句表良知，亦是本體，若首句爲無極的話，則這裏能否説爲"太極"呢？太虛、良知不外本體之一體兩面，猶如"無極而太極"。良知固然知善知惡，然而良知又會被遮蔽，反倒由一己之私意私欲淆亂了善惡之判分，於是《大學》主張"明明德"，亦即通過格物、致知、誠意、正心、修身等來清明或復明良知，所以不獨致知才爲此。而若説"爲善去惡是格物"的話，則致知、誠意、正心、修身等都是。不過《大學》既列出三綱八目，想必不會僅僅這樣籠統地説之，而是要尤其對八目工夫，一一細數之，以真實地促成吾等明明德，而新民或親民，以至止於至善吧！

之，《大學》之爲疑案也久矣。《古本》《石本》皆疑案也，程本、朱本、高本皆疑案也，而其爲“格致”之完與缺、疏格致之紛然異同，種種皆疑案也。嗚呼，斯道何繇而明乎！宗周讀書至晚年，終不能釋然於《大學》也。積衆疑而參之，快手疾書，得正文一通，不敢輒爲之解，聽其自解自明，以存古文之萬一，猶之乎疑也，而滋庬矣，因題之曰《參疑》。

又，大學，古天子辟雍之學名，而其義則所爲大人之學也。大學教人之法，已盡於《學記》及錯簡《文王世子》等篇。此篇則直發其道之所在如此，正所爲學其理之謂也。又大學對異端曲學而言，其語齊、治、均平而不本於身，語格、致、誠、正而不通於世，故幻之爲佛老，放之爲莊列，卑之爲管商，偏之爲楊墨，執之爲子莫，而百家小説又紛然雜出乎其間，皆所謂截流斷港，支離窒礙之已甚，其病至於惑世誣民，率天下而爲禽獸異類者此也。惟《大學》直提人道全局，了無欠缺，理一而分殊，守約而施博，其階級次第實出於天道之自然而不假造作，蓋自繼天立極之聖堯舜以來，相傳至於今日，皆此學此道，而惟孔子集其成，其門弟子遂譜之以教萬世。後之入道，舍是篇無由入。或安而學之，或勉而學之，或困而學之，及其學以至乎道，一也；或學焉而聖，或學焉而賢，或學焉而士，雖學之所至不同，而其望道而趨，亦一也。舍是則異端曲學而已。縱言之，盈天地間無一人可廢此學，無一時可廢此學，無一事可廢此學。自有天地，便有此道場，自有人生，當有此學問，而是篇特中天下而立，永爲學問鵠的，雖《六經》可以盡廢。嗚呼！人而甘爲小人與異端曲學則已，如欲爲大人，請從事《大學》而可。

又，漢儒賈逵云：“子思窮居於宋，懼聖道之不明，乃作《大學》以經之，《中庸》以緯之。”今細繹二書，《中庸》原是《大學》注疏，似出一人之手，經緯之説，殊自可思，而篇中又有“曾子曰”一條，意其遺言多本之曾子，而曾子復得之仲尼所親授，故程子謂孔氏遺書，而朱子遂謂首篇爲孔子之意而曾子述之，後篇爲曾子之意而門人記之，有以也。門人高弟，非子思而何？《中庸》一書，多仲尼之言而子思述之，則《大學》一書，多孔曾之言而子思述之，亦何疑焉！今姑據朱子之意，首篇爲正經，以還孔曾，後六篇爲正傳，以還子思，而合之總爲訓《大學》而設，則亦還其爲《大學》之記而已。

又，《大學》一篇是人道全譜。試思吾輩坐下只此一身，漸推開去，得家、國、天下，漸約入來，得心、意、知。然此知不是懸空起照，必寄之於物，纔言物，而身與家、國、天下一起都到面前，更無欠剩。即爾諸生身上，此時知在起居，便有起居之物理可格；知在飲食，便有飲食之物理可格。推此以往，莫不皆然。物無不格，則知無不至，至於意得誠，至於心得正，至於身得修，至於家得齊，至於國得治，至於天下得平，而先後之序，自不容紊，真是天造地設規模，一了百當道理，非人道全譜而何?①

〇陳確曰：《大學》首章，非聖經也。其傳十章，非賢傳也。程朱未始質言孔子，亦云“無他左驗”，恐亦有惑焉而未之察也。《大學》，其言似聖而其旨實竄於禪，其詞游而無根，其趨罔而終困，支離虛誕，此游、夏之徒所不道，决非秦以前儒者所作可知。苟終信爲孔、曾之書，則誣往聖，誤來學，其害有莫可終窮者，若之何無辨！辨曰：首言“大學”云者，非知道者之言也。子言之矣，“下學而上達”，夫學，何大小之有！大學、小學，僅見《王制》，亦讀“太”。作大學者，疑即本此，亦猶宋人之作小學也云耳。雖然，吾又烏知小學之非即大學也？吾又烏知小學之不更勝大學也？夫道一而已矣，古《易》稱蒙養即聖功。古人爲學，自少至老，只是一路，所以有成。今迺别之爲大學，而若將有所待也，則亦終於有待而已矣。古學之不可復，其以此也。②

〇李二曲曰：《大學》，孔門授受之教典，全體大用之成規也。兩程表章，朱子闡繹，真文忠公衍之於前，邱文莊公補之於後，其於全體大

---

① 〔明〕劉宗周著《大學古文參疑·序》《大學古記約義·大學·章句》《大學雜言》，《劉宗周全集》第一册，607—608、640—643、654 頁，杭州：浙江古籍出版社，2007 年。

② 〔清〕陳確撰《大學辨》，《陳確集》下，《别集》卷十四，552—553 頁，北京：中華書局，2009 年。謹案：一位理學人物，竟對《大學》徹底質疑與否定，連疑古人物譬如崔述都遠不如，那他究竟屬於二曲先生所斥責的“適用而不本於明體”之霸儒呢，抑或“既不明體，又不適用”之俗儒呢？

用之實，發明無餘藴矣。吾人無志於學則已，苟志於學，則當依其次第，循序而進，亦猶農服其先疇，匠遵其規矩，自然德成材達，有體有用，頂天立地，爲世完人。吾人自讀《大學》以來，亦知《大學》一書爲明體適用之書，《大學》之學乃明體適用之學。當其讀時，非不終日講體講用，然口講而衷離，初何嘗實期明體，實期適用，不過藉以進取而已矣。是以體終不明，用終不適，無惑乎茫昧一生，學鮮實際。明體適用，乃吾人性分之所不容已，學而不如此，則失其所以爲學，便失其所以爲人矣。《朱注》謂“大學者，大人之學”，則知學而不如此，便是小人之學。清夜一思，於心甘乎？甘則爲之，否則不容不及時振奮，以全其性分之當然。明體而不適於用，便是腐儒；適用而不本於明體，便是霸儒；既不明體，又不適用，徒汩没於辭章記誦之末，便是俗儒；皆非所以語於《大學》也。吾人既往溺於習俗，雖讀《大學》，徒資口耳，今須勇猛振奮，自拔習俗，務爲體用之學。澄心反觀，深造默成以立體；通達治理，酌古準今以致用，體用兼該，斯不愧鬚眉。①

〇《欽定禮記義疏》卷末案：《戴記》中《學》《庸》二書以《古本》參之《今本》，其節次每有異同，而《大學》尤多。前後互易之處，考其源流：先是程子移“克明德”至“止於信”於“古之欲明明德於天下”節之前，移“聽訟”節於“節彼南山”節之後。至伊川程子乃定爲《今本》，朱子自云因程子所定者是也。顧經與傳未經區别，而“此謂知本”二句，猶莫知所屬。迨朱子《章句》分經一章，傳十章，又於誠意章前補完格物致知一傳，而以“此謂知之至也”爲其結語，其“此謂知本”句則明其爲衍文。朱子所云更考經文，别爲序次者是也，自是而《今本》遂别於《古本》矣。要之，朱子原未嘗以自出之新裁削相沿之舊籍也，如傳之首章、第三章、第四章，各於章末識云：此章《舊本》誤在某處。而於傳之第七章仍識云：自此以下俱以舊文爲正。夫屏沿習之見，以抉經籍之藴者，善會前聖之精也；創獨有之論，而亦不廢先儒

① 〔清〕李顒撰《四書反身録·大學》，《二曲集》卷二十九，400—401頁，北京：中華書局，2006年。

之云者，留質後賢之意也。今之學者執朱子之簡編，而竟忘朱子之本意，夫豈朱子之所待於將來者哉！茲當釐定三禮，於二書之斷節、分章、解經、釋注悉從《古本》，而朱子《集注》次於其後。惟於每章每節之分合各殊，前後互異者，仍以《今本》之節次附識焉，俾學者有以溯其源流，徵其同異，不特《注疏》羽翼之功得垂於不朽，即朱子當日涵泳聖言，參伍衆説，其折衷之虚懷，百世而下猶將見焉。若乃以朱子《補傳》爲未安，而歸正經文"知止"以下至"則近道矣"於"聽訟，吾猶人也"之右爲傳第四章，以釋致知格物，謂《大學》原無闕文，此則董氏槐、葉氏夢鼎、王氏相之説也，而車氏清臣、方氏正學咸是之。又或爲良知之解以攻《集注》，若王氏陽明則竄入於異學矣。諸如此類，概置之不論不議焉而已。惟《注疏》暨朱子《章句》則一字不遺，亦仍《今本》留識舊簡之意也夫。[①]

○《日講四書解義》曰：《大學》一篇，爲古帝王立學垂教之法，孔子詳舉其次第以示人，曾子復分爲十傳以解之，規模廣大而本末不遺，節目詳明而終始不紊，在初學爲入德之門，而極其至則内聖外王不越乎是，故曰"大學"。[②]

○胡渭曰：是書之作，欲爲《大學》重開生面也。所更定者，唯合《康誥·盤銘》爲一章，標格致義於邦畿章内，安頓"此謂知本"二句於"止於信"之下，如是而已。然而向之疑爲衍，疑爲闕，因而割裂推移者，今已頭不欠，尾不剩，渾然天成，毫髮無恨矣。是書之作，實由於此。至誠意章後，不過博採諸家，折中朱子以成此書，非作書本意所重。又，《大學》一篇，凡言學者三："大學之道"，學兼知行而言，"道學也""學養子"，專指知一邊。以條目言之，格物致知，即《中庸》博學審問慎思明辨之事。誠意正心修身，皆《中庸》篤行之事，故程子

① 〔清〕《欽定禮記義疏》卷七十三，《大學》第四十二，景印文淵閣《四庫全書》第126册，408—409頁。若《欽定禮記義疏》是以舊本《大學正義》爲序，而盡録朱子之《大學章句》的話，那麽，本研讀則是全依《章句》爲序，並參之以《或問》《語類》等，而酌情選録《正義》等其他。

② 〔清〕喇沙里、陳廷敬等編《日講四書解義》卷一，《大學》，景印文淵閣《四庫全書》第208册，8頁。

曰：五者廢其一，非學也，此兼知行之説也；又有以學與行對言者，則學該問，思，辨，“好學近乎知，力行近乎仁”，夫人幼而學之，壯而欲行之是也；有以學與思對言者，則學該問，思該辨，“學而不思則罔，思而不學則殆”是也；有以學與習對言者，則學該問，習該思，辨，行，“學而時習之”是也。大抵學以知言者十之九，以行言及兼知行言者十之一，隨文生義，要不失聖賢立言之本指而已。[①]

〇沈無回曰：讀《大學》與《中庸》不同，《中庸》闡道之微言，而《大學》經世之實用也。故始於格物而終於天下平，由粗以及精，自内以及外，雖其本未嘗不本於先天，其極未嘗不通於天載，而立言之旨不重焉。其要使下學率而循之，啓入聖之門，上達舉而措之，成開物成務之功用耳矣。[②]

〇陸隴其曰：吾輩今日學問只是遵朱子，朱子之意即聖人之意，非朱子之意即非聖人之意，斷斷不可錯認了。但有一説未有朱子《章句》《或問》時，這章書患不明白。既有朱子《章句》《或問》，這章書不患不明白。只怕在口裏説過了，不曾實在自家身心上體認，則書自書，我自我，何益之有？聖賢諄諄切切，决不是專爲人作時文地步也，切宜猛省！[③]

〇程大中曰：自宋仁宗天聖中以《大學》賜新第王拱辰，以《中庸》賜新第王堯臣等，世始知尊信二書，及朱子《章句》出，而孔門心法乃較著於世，凡摭拾小故議朱子者，皆妄也。又，今本《章句》，蓋伊川先生所序次，而彙爲經一章傳十章，則朱子所定也，古人爲學次第具見於此。論者謂格致章未嘗亡，紛紛之議，至今未息，殆所謂文人好相詆者耶！[④]

---

① 〔清〕胡渭撰《大學翼真》卷一，“大學”二字音義，景印文淵閣《四庫全書》第208册，910—911頁。

② 〔清〕陸隴其撰《四書講義困勉録》卷一，《大學》，景印文淵閣《四庫全書》第209册，7頁。

③ 〔清〕陸隴其撰《松陽講義》卷一，“大學之道”章，景印文淵閣《四庫全書》第209册，842頁。

④ 〔清〕程大中撰《四書逸箋》卷三，《大學》，景印文淵閣《四庫全書》第210册，683、684頁。

○陸奎勳曰：《大學》襍[①]入《戴記》千餘年，河南兩程子始尊信而表章之，内聖外王，規模已具，嘉惠後學，厥功非淺。朱子爲之《章句》及《或問》，竭畢生慎思明辨之功。雖於古經不盡仍舊，然皆通觀前後文勢而爲之定訛改錯。此如洪水之後，再見平成，小儒妄詆，多見其不自量也已。[②]

○崔述曰：《大學》之文繁而盡，又多排語，計其時當在戰國，非孔子曾子之言也。然其傳則必出於曾子，何以知之？《論語》孔子曰："吾道一以貫之。"曾子曰："夫子之道，忠恕而已矣。"今《大學》所言皆忠恕之事。"欲修其身者，先正其心；欲正其心者，先誠其意"，忠也；"欲治其國者，先齊其家；欲齊其家者，先修其身"，恕也。"如惡惡臭，如好好色"，忠也；"心不在焉，視而不見，聽而不聞"，以其不忠也。"有諸己而後求諸人，無諸己而後非諸人"，恕也；"所惡於上，毋以使下；所惡於下，毋以事上"，戒其不恕也。忠恕二言，《大學》之道盡矣，蓋曾子得之於孔子，而後人又衍之爲《大學》者也。故今於《曾子》篇不載作《大學》之事而仍推其意如此。[③]

○劉沅曰：大學之道，聖人所以陶成天下，使咸爲聖賢，無愧於天親者也。天地父母混合而有此身，異於禽獸者，以其有德。德者何？天理而已。天之理，而人得之以爲性。實有曰誠，共由曰道，以其爲生生之本曰仁，全之則爲聖人，失之則爲禽獸。人人所有，亦人人所能，第非師不授，非恒久不能竟其功。唐虞三代所以道一風同者，大學之教，上以此育才，下以此修身，無智愚皆知也。周衰俗弊，道乃不在君相，而在師儒。孔子不遇於時，僅得私以誨其弟子，而又慮不能永傳，遂爲此篇以授曾子。流傳至宋，程子昆季倡爲改竄，而朱子繼之，此書遂非其舊。然聖人之書，非等尋常文字可有可無，固將使人實體於身，爲成己成人之本。此書綜前聖之法，爲後學之津梁，字字皆有實功，次第不

---

① zá，五彩相合。

② 〔清〕杭世駿撰《續禮記集説》卷九十七，《大學》，《續修四庫全書》第102册，701—702頁。

③ 〔清〕崔述撰《洙泗考信餘録》卷一，15—16頁，上海：商務印書館，1937年。

容稍紊，豈可未踐其功，遽以私心竄易？且闕疑者，考古之要也。孔曾憂世牖民，乃爲是書，身心性命之理，日用倫常之道，全備於玆。即嘗從事其閒，而一簣未成，亦難臆揣。矧以一得之偏，廢聖人之精言乎？濂溪之學本由禪宗，程朱相沿，以養後天之心爲明明德，又不知存心養性必止於至善之地；其養心之學，至高不過如告子，其次不過如原思，夫子志學而至從心，孟子有諸己至化神，其工夫次第尚未一一實踐，何乃輕議聖人之學，擅爲改竄遺經？愚《大學恒解》恪遵欽定《義疏》古本解釋，以全孔曾之舊，非必反先儒，誠慮學聖人者，無從循序深造耳。第文字簡略，未能暢所欲言，且千年廢棄之書，一旦復舊，學者狃於常説，不能遽通其義，必滋聚訟，因復爲此册，名曰《質言》，樸實説理，期於人人可知。欲發明聖人，自不得曲從朱子。學者誠得明師，如此書所言知止至善，而格致而誠正，以至心正身修，履其功，見其效，而於此心尚不能閑存道義，尚不能實體，則愚將爲天地明神所譴罰，豈徒有妄言之失哉？

又，《大學》一書，二程弟兄首倡竄改，朱子繼之，當時亦未行世，真西山作《大學衍義》進呈，全祖朱子立論，時王賞録，民間遂相遵從。繼而門生故吏多得志者，益用廣播，暨今遂爲不刊之籍。然而西山未得明師，全不明大學始終之事，只以朱子爲是，故其議論雖多，實未嘗切《大學》本文一一剖析。大學之道本人人可能者晦矣。原西山本意，欲引君當道，意非不佳，而未得《大學》的傳，遂生枝葉。人臣欲格君心，豈徒口舌？亦告之以力行《大學》而已。誠意之事，所謂致和也。止至善之事，所謂致中也。第妄改聖人之書，使至平至常之道鮮有力行，而分動静爲兩途，成己成人爲兩事，其爲人心風俗之蔽，可勝嘆乎？愚故不避訶譴而正解之，然一家私言聊以告門人小子，非敢問世也。幸勿外洩，以重愚罪焉。①

① 〔清〕劉沅撰《大學古本質言》，序，1—2頁；贅論，75—77頁，上海：華東師範大學出版社，2012年。劉氏一再聲稱“欲發明聖人，自不得曲從朱子”，因而其宗奉舊本篤定不改，然而劉氏具體又是如何看待朱子的呢？他講：“朱子以知覺運動之心爲德，故曰虛靈不昧，不知心雖虛靈而非聖人純一之德，則不昧天理者少，所以言明德而錯認心即是性，則本原已錯也。”“先儒以後天之心爲性，故曰虛靈不昧即是明德，不知虛靈者心，純一者性，迥不

○陳澧曰：司馬温公謂《學記》《大學》《中庸》《樂記》，爲《禮記》之精要。（見《書儀》卷四）且以《學記》在《大學》之前。《大學》篇首云“大學之道”，《學記》亦云“此大學之道也”，可見《學記》與《大學》相發明。“知類通達”，物格知至也；“强立不反”，意誠、心正、身修也；“化民易俗，近者説服，遠者懷之”，家齊國治天下平也；其“離經辨志，敬業樂群，博習親師，論學取友”，則格物致知之事也。又，《學記》《中庸》《大學》，《别録》皆屬《通論》。《中庸》《大學》，後世所謂理學，古人則入於《禮記》者，《仲尼燕居》云：“子曰：禮也者，理也。”《樂記》云：“禮者，理之不可易者也。”故理學即禮學也。（《直齋書録解題》云：“獨《大學》《中庸》，爲孔氏之正傳，然初非專爲禮作也。”此習聞道學家之説而未識古義也。）《大學》一篇，朱子分爲經一章、傳十章，爲後儒所訾議。澧案《豳風·七月》首章鄭箋云：“此章陳人以衣食爲急，餘章廣而成之。”古人之文有以餘章廣成首章之意者，若朱子但於首章之下云餘章廣而成之，而不分經傳，則後人不能訾議矣。[①]

○劉咸炘曰：有宋諸子乃表章《大學》《中庸》，以尋孔、曾、思、孟相傳之緒，始有本末可觀。其明儒道之統系以别於諸子，功亦大矣。曾子之學則宋儒所表章。子思受業曾子，事無可疑，而孟子多述曾子之言，且明論曾子之高於子夏，欲知曾子之明儒統，其必由《大學》《孝經》乎？明乎《大學》《孝經》而孔、曾、思、孟之傳乃顯，荀卿之褊狹乃見矣。朱子有關《大學》之言本不謬，蓋者疑詞也，非直以爲孔子作。《論語》《易傳》悉是孔子門人所記，《曾子》一書亦曾子門人所記。

相同。”“朱子沿周程之學，以禪家養空寂之心爲明明德，而覺其不能有爲，故添出格物之説，使人物物而窮理，不知聖人之明德者，從心不踰矩而治天下如視掌。”而劉氏所理解的格物，即“格去物欲”，“只是知止時持志養氣，到了定静安景象，則物欲去矣”，“格物止是定静之時一念不生，覺此心虚無清净，自然外物不擾於中”云云。（同前書，5—7、17、31頁）却不知劉氏是從哪裏讀得的朱子？所謂心即性或者心即理，正是朱子嚴厲批判象山的主張，而朱子則始終堅持心即虚靈的氣，性即理，心統性情，又何來以知覺之心甚或以禪家空寂之心爲明德？不知這是否蜀中學人獨學而閉門造車所致？相反倒是劉氏將格物僅僅理解爲扞格物欲，恐怕才與佛家養空寂之心相類。另外，稍後劉氏之孫劉咸炘本已贊賞與推崇朱子學問，但一到《大學》便又只有回返其祖的做法了，實在遺憾吶！

① 《東塾讀書記》，97—99頁。

孔子已有《論語》，而其精言亦多在記中，即使《大學》非《曾子》之一篇，要爲曾子之言而門人述之，無足疑也。夫《大學》《孝經》，儒門大義所在也，皆當貴重也，而其體則皆記也，皆門人所記也。宋儒止言《大學》首章蓋孔子作，較之漢儒以《孝經》顯稱“曾子侍”者爲孔子作，亦已慎矣，而考據家佞漢惡宋，於《孝經》則不論漢儒之過尊，於《大學》則必以宋儒之表章爲過，此何理乎？據《論語》以觀孔子之道術，人皆知其歸於仁與禮，禮用於衆務而仁本於一心。然仁、禮之何以爲道術綱紀，爲仁、復禮之功詣如何，則徒觀《論語》，未易明也。自《大學》出而條理次第始昭焉。《大學》之要，昔人謂爲三綱領八條目，而其言之宗則在修身爲本，意、心統於身而家、國、天下本於身也。曾子述孝之義曰：“身者，天地父母之身，修身，所以事天地父母。”孝則八目皆攝焉，格、致、誠、正、修乃孝之功，齊、治、平亦不過充孝之量耳，故《大學》曰“自天子至庶人，壹是皆以修身爲本”，而《孝經》則曰“自天子至庶人，皆以孝爲本”。子思作《中庸》進一步明確明德者性也，性本於天命，道本於率性，人皆有性，故皆當修道，此其據也。修道者致中和而至於通乎上天之載，則其詣也。孔子曰爲仁，其言渾渾爾，曾子貫意、心以至天下，故以明明德統之，子思對性、道、教之岐説而辨定之，則援天以言性，又直指其性質曰中和，蓋漸趨於明矣，孟子更以善字注性，推善以貫鄉、國、天下，而納衆義焉。蓋自《大學》《孝經》出而自身至天下，縱之條理明，自《中庸》出而自天至人，横之界域明，自孟子則直指其要曰性善，於是乃可一言以蔽之曰：人至天，身至天下，一性而已。孔子時異説少，道著於事，無行不與，予欲無言，故其言渾而散；曾子時微言絶矣，傳渾散之言者將失其本末，故當整括言之以立其宗；子思時異説漸多，似是而非者皆足以相混，故當周備言之以正其域；孟子時異説愈盛，不獨正域而已，且將攻敵者以自明，是當簡要言之以別白其旨，此聖人之同而異，異而同也。時也，義也。《大學》之旨，吾先大父《質言》辨之以古本爲是，八目實六目也，誠意、正心、修身三目乃修行之次第，若齊家、治國、平天下三目則是推施之次第，儒者之道本於一身，以性爲貫。《論語》發其端，《大學》縱貫其次第，《中庸》橫包其範圍，孟子直指其要領，而《孝經》則定其會歸，此誠儒家之大義也。[①]

〇張心澂曰：日本人武内義雄曰：《大學》篇記述大學教育之目的，從其引《古文尚書》之《太甲》一點而思之，諒亦在武帝之後。又《禮記·王言》以七教爲治民之本，教定則本正矣，與《大學》之本末説相合。《王言》之"及其明德也"之及字，是服字古文之訛，與《大學》三綱領之"明明德"相當。"上之親下也如腹心，則下之親上也如保子之見慈母"，與《大學》之"親民"相當。而"止於至善"一綱，或《王言》三至（至禮至賞至樂）抽象所得之結果。《大學》之三綱領與《王言》比較，則《大學》從《王言》出。《王言》恐是孝文時所作，由此再進一步，想《大學》是武帝時所作。又《大學》八條目中，平天下治國齊家修身之説見於《孟子》（天下之本在國……），《孟子》又云："誠身有道，不明乎善，不誠於身矣。"修身之道，即是誠身。"明乎善"，乃所以求誠身之法。《中庸》最著力説誠，《大學》受其影響，增設"誠意"一條。"明乎善"即"致知格物"也。《大學》當出於《孟子》《中庸》之後，增置"正心"者，是受董仲舒之影響。董氏《對賢良策》有云："正心以正朝廷……遠近莫敢不一於正。"（江俠庵曰："正心之説已見《孟子》'一正心而國定矣'。"）然則《大學》之作成在董以後，换言之，不能不在武帝以後。若如舊説，以爲曾子門人所作，則與《孟子》《荀子》等思想發達之順序殊不自然。視爲漢代所作，則極自然。（《先秦經籍考》）又，明豐坊僞造魏三字《石經·大學》。有考證者引賈逵之言曰："孔伋居於宋，懼先聖之學不明，而帝王之道墜，故作《大學》以經之，《中庸》以緯之。"吴應賓曰：《石經·大學》非真《石經》也。後人信之，均誤信僞《石經》也。[②]

〇梁漱溟曰：古人往矣，吾不及見；吾所及見番禺伍庸伯先生（觀淇）、麻城嚴立三先生（重），真近世之醇儒也。兩先生志慮真切，踐履

① 《劉咸炘學術論集·哲學編》（上），《左書》卷一上，《大學孝經貫義》，85—95頁，桂林：廣西師範大學出版社，2010年。

② 張心澂著《僞書通考》，444—445頁，民國叢書第三編，上海：上海書店出版社。

篤實，不後古人；而從其精思力踐之所詣，乃大有貢獻於斯學，足以補宋儒、明儒之所未及。此即指其能解決上述問題，以最切近平妥之功夫道路昭示學者，救正朱子、陽明過去解釋《大學》之失，實爲八百年來未有之創獲。前賢如朱子、陽明之失莫不出在“格物致知”上，即今我所推重伍、嚴二先生，其所以立說不同，又何嘗不在此邪？兩先生於書文，不擅改古本（伍先生）或基本上未改（嚴先生），是即主觀造作最小；而其解釋書文通順近理之程度却最高。此一面也。更重要一面，則在其内容所示功夫道路切近平妥，有勝朱子、陽明。所以尤其朱子以“即物窮理”，陽明以“致良知”爲說，伍、嚴兩先生並皆非之。然兩先生自身又實有不同，但不外殊途同歸矣。不過，我比較傾向於伍先生之說。

〇伍庸伯曰：我採用《大學》古本。古本《大學》由首至尾是一篇很通順的文章，段落次序很清楚，不必要改動章句。所以我不取朱子的改本。《十三經注疏》將《大學》分爲六大段：《格致》《誠意》《正修》《修齊》《齊治》《治平》。我們就照它的分段來研究講解。（漱案：清道光中溧陽狄子奇著《大學質疑》一書，其所參考之家數至多，所抉擇者亦具有見地。伍先生嘗舉之以示吾儕。狄氏信用古本，稱其“條理脈絡原極分明”，故所有改本一律不取。）

〇嚴立三曰：《注疏》言此篇有關於爲政，誠是也。然鄭氏釋以記博學三字，足知漢人於務知見以外决不知有存養之功，其陋可以概見。孔氏言論學成之事，語意融通，尚能爲之救正矣。朱子謂孔子獨取先王之法誦而傳之，外有以極其規模之大，内有以盡其節目之詳，是也。蓋此篇爲師儒一代性宗之教典，此師儒一代小大之教，二千餘年中國教化之盛，皆師儒之力也。《大學》一篇，固師儒唯一修德講學之書也。然自君后，世卿、師儒，歷代以來修己安人之道，則莫能外乎是。嗚呼！文久而滅，節族久而絶。《大學》修德論道之文，廢置無人講求，今年四十以下而無聞焉者皆是矣！吾黨之士，亦有起而圖之者乎！[①]

① 《禮記大學篇伍嚴兩家解説》，《梁漱溟全集》第四卷，14—22、24、54—55、59—62頁，濟南：山東人民出版社，1991年。

〇熊十力曰：《大學》蓋六經之綱要，儒家之實典也。其義必本於古者太學之教條，而吾夫子又斟酌損益，總括六經綱領旨趣，以歸完善。其先或口説流傳，至曾子之門人，而寫成篇章。須知，此篇囊括萬有，廣大悉備，非孔子不能説非親承一貫之旨者不能記。此篇蓋嘗見稱於《孟》《莊》二子之書。莊生稱孔子以内聖外王，實本於此。《孟子·離婁上》云"人有恒言，皆曰天下國家。天下之本在國，國之本在家，家之本在身"，此則明明轉述"古之欲明明德於天下者"云云。孟子後於宣聖，不過百年。由此徵之，可知《大學》之傳，出於孔子無疑。汝曹不悟六經宗要，讀《大學》，可悟其宗要。不得六經體系，讀《大學》，可得其體系。不識六經面目，讀《大學》，可識其面目。不會六經精神，讀《大學》，可會其精神。又，《大學》、《儒行》二篇，皆貫穿群經，而撮其要最，詳其條貫，揭其宗旨，博大閎深。蓋皆以簡少之文，而攝無量義也。二三子讀經，從此入手，必無茫然不知問津之感。讀盡六經之後，又復回玩二篇，當覺意思深遠。與初讀時，絶不相同。夫學不本於經，即無根柢。又，經旨廣博，《大學》爲之總括。三綱八目，範圍天地，乾坤可毁，此理不易。[①]

〇蒙文通曰：《大學》者，後荀卿而張孟子者也。曰止，曰静，曰慮，曰得，皆荀卿揭櫫以論者也。曰"心有所憤懥則不得其正"云云，此荀氏所汲汲於解蔽而倡虚壹而静、養之以清者也。曰"心不在焉"云云，此正荀卿所謂"心不使焉，則白黑在前而目不見，雷鼓在側而耳不聞"。斯即依荀氏之所以言心者以言心，則心之必有待於正。而曰"欲正其心，先誠其意"，意者心之本，幾先而微者也，正孟子之所謂本心，"乍見孺子"之心也。豈惟"愛親、敬兄"者是，"好好色，惡惡臭"者亦是。"不屑不顧"者是意，"爲宫室妻妾"則非意也，是放心也。"所欲有甚於生"，"所惡有甚於死"，著於意而不容已焉，夫然後"由是則生而有不用也，由是則可以辟患而有不爲也"，夫是之謂"誠意"，意誠則"自慊"。好惡者，昔人之所以言情，以好惡而明仁義之所由生，豈

---

① 熊十力著《讀經示要》，84—85、97頁，北京：中國人民大學出版社，2006年。

曰性善而情亦善？森然於中而不容自欺者意也，此“誠者，天之道也”。“勿自欺”斯爲誠意，此“思誠者，人之道也”。以言乎“舍生取義”，則尚可容舍擇於其間，知與行猶爲二。以言乎“好好色，惡惡臭”，則無所容於舍擇，而知行已合一。視荀言心，“容，其擇也無禁必自見”，不啻已霄壤之殊乎！然曰心，曰意，曰知，曰物，亦荀卿揭櫫以論者也。荀卿曰“心不可劫使易意，是之則受，非之則辭”，推心以及於不可易之意，亦荀氏之言也。而荀氏於心，必養之以虛静，是已自疑其好惡之不必於中節。《大學》則信意之可依以爲仁義，意無有不正，意本而心末、意誠而心正也，尚何待於養，惟不自欺已耳，此《大學》之絶異於荀卿者也。荀卿必“養之以清”，此荀卿之自誣其意也，而求之心，心不可以爲本，又先之以清，而後心可以察理審、觀物明。此孟之説徑而切，荀之説隔而疏，《大學》之即意誠而心正爲善發孟子、爲能宗孟子者也。孟子説“氣也，而反動其心”，以言乎心則有動，以言乎意則不易。此正《大學》之宗孟子而有進於孟子，用荀卿而善撥正荀卿者也。荀之言學，亟重於知。荀氏之學，察理於物，故懼心有所傾、知有所蔽，而清、虛之功爲先。《大學》以禮義即生於吾意之好惡，皎皎於中，自不容有所蔽，復何事於清、虛。《大學》言“知止而后有定，定而后能静”，殆正以駁荀氏虛静之旨。而言“格物”者，又正以救物誘、裁物之言也。孟子以不屑不顧之實以言心，而荀之言心，徒以知覺虛靈之用也；《大學》以好好色、惡惡臭言意，意誠而心正。荀氏既以受是而辭非言意，又必先有以理其心而後意之是非可道。則亦徒知意之作用，而不以意之好惡即天與之善。是荀言意之不同於《大學》，亦猶其言心之不同於孟子，此《大學》之能得思、孟之統者乎！《大學》言意，知者意之知，而物者意之物，知與物無或離，故好與惡無或泯。以知接物而好惡者意，一格物而知已致、意已誠、心已正，本自一是，一了俱了。若荀氏之説，則理在物而未易知，意誠也而物未必格。《大學》爲好惡之知，而荀卿爲明察之知，此正陽明所謂“德性之知”與“聞見之知”，是所謂知者又不同。荀言役物，以惡於物之足以撓己，《大學》言“格物”，以明物與知之不可二。荀惡知之有蔽，《大學》言“致知”，以明知不可蔽，推致其固有之明於事物之間而已耳。此《大學》用荀氏，而義則大異於荀氏者也。[①]

〇馮友蘭曰：《大學》，朱熹以爲係曾子所作，王柏以爲係子思所作，蓋皆以意度之，以前未有其說也。《大學》首章三綱八目惟格物致知下文未詳細論及，因而成爲後世的問題。荀子爲戰國末年之儒家大師。荀子又多言禮，故大小戴《禮記》中諸篇，大半皆從荀學之觀點以言禮。其言教育者，《大戴禮記》中直録荀子《勸學篇》。《小戴禮記》中之《學記》，亦自荀子之觀點以言教育。《學記》以"知類通達，强立而不反"，"足以化民易俗，近者悦服而遠者懷之"，爲"大學之道"；《大學》以"格物、致知、誠意、正心、修身、齊家、治國、平天下"爲"大學之道"，二者主要意思相同。而且《大學》亦用荀學之觀點解釋"大學之道"，如荀子曰"止諸至足"，《大學》曰"止於至善"，其義一也。荀子以聖爲"至足"。又曰"聖也者，盡倫者也"，《大學》所説"爲人君止於仁"等，即盡倫之義。《大學》所謂絜矩之道，即荀子"操五寸之矩，盡天下之方"之道也。"知道"，《大學》欲修其身必正其心，荀子則心必"虛壹而静"，方能知道。《大學》"心不在焉"云云，則荀子《解蔽篇》所論"古人心譬如槃水，正錯而勿動，則湛濁在下，而清明在上"，若心不專一，則亂而不正也。《大學》所言"誠於中，形於外"及"慎獨"等語，均見《荀子》。不過荀子所謂"獨"，乃專一之意。《大學》於此，似以"慎獨"爲使内外一致之意，與荀子小異。《大學》"致知在格物"的思想亦可見荀子之《解蔽篇》"凡觀物有疑，中心

---

① 蒙文通著《儒家哲學思想之發展》，《蒙文通文集》第一卷《古學甄微》，80—83 頁，成都：巴蜀書社，1987 年。謹案：蒙氏以爲：孟子以本心明性善，而並言放心，夫心固如是也。荀卿並人心、道心以言心，不知心之本善，遂以言性之惡。此中，關鍵問題在於，孟子之本心該就是道心，就是"天命之謂性"之性，當然本善。而人心爲何？該就是形氣之私者。那麼，孟子之"放心"又意味着什麼呢？那就是以人心或形氣之私障蔽了本心或道心。可是，蒙氏却視《大學》之"意者心之本，幾先而微者也，正孟子之所謂本心，'乍見孺子'之心也"。而且，"《大學》則信意之可依以爲仁義，意無有不正，意本而心末、意誠而心正也，尚何待於養，惟不自欺已耳"。再有，"《大學》爲好惡之知，而荀卿爲明察之知，此正陽明所謂'德性之知'與'聞見之知'，是所謂知者又不同"。所以，"一格物而知已致、意已誠、心已正，本自一是，一了俱了"。此足見，蒙氏深受陽明及其《大學》舊本的影響與左右，所以，我們對陽明的批評，該在相當程度上也適宜於蒙氏。

不定，則外物不清"，等等。①

〇郭沫若曰：照我的看法，《大學》一篇屬於孟學，而無寧是"樂正氏之儒"的典籍。因爲在孟派裏面樂正克是高足；以樂正爲氏是學官的後裔，先代既爲學官，當有家學淵源，故論大學之道；樂正克，孟子稱之爲"善人"，爲"信人"，又説"其爲人也善"，而《大學》僅僅1743字的文章便一共有11個善字露面。它是以性善説爲出發點的。"格物"者"假物"，假借於物之意，這樣才有知識，而知識才能達到盡頭，這就是致知以至知至，到這時候便是孟子所謂"萬物皆備於我"了，也就是《中庸》所謂"能盡其性者，則能盡物之性"了。只是思、孟是從成功而言，《大學》是由入手而言，故爾有順有逆。修齊治平四條目，亦分明是由孟子"天下之本在國"云云演繹而來。甚至《大學》首章，差不多也就是《堯典》首節文字的翻譯，而《堯典》正是出於思、孟之徒的。②

〇鍾泰曰：然《大學》果否出曾子之手，世多疑之。今《大戴禮》有《曾子立事》等十篇，與《大學》不類。而孟子之書稱道曾子亦無引及《大學》之文。要之《大學》言正心誠意，與《中庸》言明善誠身，皆孔門之微言大義。孟、荀書外，可見孔門之正學者，惟此而已。③

〇唐君毅曰：宋初雖已有《大學》單行本，及失傳之司馬光《大學廣記》等書，然至二程子，乃始特表彰《大學》。朱子乃訂爲《四書》首卷，視爲學者入德之門。吾昔嘗觀宋明至今中國儒學之發展，實大體有類於繞《大學》中所謂八目之次第一周。朱子承伊川而大論格物窮理之義，而緣之以言致知、誠意、正心及修、齊、治、平之事，可謂以格物爲始教。自陸象山以發明本心，爲先立乎其大者，王陽明乃於吾人本心之知善知惡，好善惡惡而不昧處，指出良知，而以良知即天理即本心，而單提致良知之教，以攝格物之義及儒學之諸要端。此可謂改而以《大學》之致知標宗。直至東林學派顧憲成等，疑

---

① 馮友蘭著《中國哲學史》上册，437—446頁，北京：中華書局，1984年。

② 郭沫若著《十批判書》，131—141頁，北京：東方出版社，1996年。

③ 鍾泰著《中國哲學史》，58頁，北京：東方出版社，2008年。

於陽明之良知本體無善無惡之言，劉蕺山繼於良知之好善惡惡之幾上，指出意根，謂此意爲知之主宰而言學聖當以誠意慎獨爲宗，遂由格物致知之教，轉而以誠意爲宗。爲宋明心性之學内聖之學最後之一大師。至明末清初之大儒，如王船山、顧亭林、黄梨洲等，則其精神所往，皆由内聖之學轉至外王之學。既歷大學之八條目一周，乃再歸於清末以來，以格致之學之名，爲引入西方科學之資，宛若二千數百年前之爲《大學》一文者，及朱子之列《大學》爲《四書》之首卷，即意在預定此規模次第，以供此八百年來中國思想之潮流，循之以進行。雖曰偶合，亦足爲奇，而《大學》一文之重要，亦可姑假此以言之。就中朱子與陽明二家之釋《大學》之争，若各還歸於二家之思想以觀，皆自有千古，而各在儒學史上，樹立一新義，亦未嘗不與《大學》之思想，有相銜接之處。但此皆不在《大學》之明文，而惟在其隱義。此隱義之提出，亦實一思想之發展，而非必即《大學》本文或《大學》著者之心中之所有，實不當徒視爲其注釋。如此，朱子、陽明對儒學之貢獻，以更彰顯其千古不磨之處。此亦即吾人之所以兼尊崇《大學》及朱子、陽明之道也。[①]

○任銘善曰："大學之道"謂自庶人修身至於大夫齊家，諸侯治國，天子平天下之道。推學之義以至於修身爲政，故曰"大"。"在親民"之"親"，當依程子讀爲"新"。修身者，明明德也；齊家治國平天下者，新民也；盡己及人，無所不用其極，止於至善也。而其功則曰格物、致知、誠意、正心也。曾子曰："夫子之道，忠恕而已矣。"明明德，忠也；新民，恕也。子曰："夫仁者，己欲立而立人，己欲達而達人。能近取譬，可謂仁之方也已。"《大學》一篇之旨盡於此矣。蓋亦七十子門人所記。

又，嘗有疑乎《大學》朱子之義而就吾師鐘鐘山先生質焉。先生曰："《大學》無缺文，亦無錯簡，然則程朱非而陽明是邪？又不然。程朱欲明主敬窮理之旨，不得已而更之；陽明欲成良知之説，亦不得已而

① 《中國哲學原論·導論篇》，181—184頁。

反之。其迹不同，皆以明道而已。”予既讀《大學》而嘆昔賢之爲之也勤，思欲記其失墜，以俟來日。今述次《〈大學〉存翫》，一依舊本者，吾師之命然也。子曰：“己欲立而立人，己欲達而達人，能近取譬，可謂仁之方也已。”《大學》一篇之旨，蓋盡于此矣。嗚乎！此所以謂之孔氏之遺書也乎？[①]

○蔣伯潛曰：《大學》之作者，已不可考；然嘗引曾子語，（曾曰：“十目所視，十手所指，其嚴乎！”）則似出於孔子再傳弟子之手；因曾子在孔子弟子中，年最少也。此篇爲儒家之政治理論，以德治爲主旨。《論語》記孔子之言，一則曰：“爲政以德。譬如北辰，居其所而衆星拱之。”再則曰：“道之以德，齊之以禮，有恥且格。”三則曰：“政者，正也，子率以正，孰敢不正？”四則曰：“苟正其身矣，於從政乎何有？不能正其身，如正人何？”《大學》論政，即從孔子德治之主張，引申而成有系統之文章者也。

又，按鄭玄《禮記目録》僅言子思作《中庸》，而不及《大學》之作者，虞松刻石經於魏，表引漢賈逵的話：“孔伋窮居於宋，懼家學之不明，作《大學》以經之，《中庸》以緯之。”這是説《大學》也是子思所作了，至朱子，方斷定出於曾子，所以清代的漢學家多不信他。但子思是曾子的弟子，安知朱子所説曾子門人記《大學》之傳者，不就是子思呢？這一篇，可以説是儒家最有系統的一篇文章，以“明明德”爲“新民”之本，以格、致、誠、正、修、齊，爲治平之基，把道德論和政治論打成一片，熔人生哲學和政治哲學於一爐，以發揮其“德治”的主張，組織至爲嚴密，孫中山先生論道德，話政治，也有許多論據本於此篇。故雖是二千餘年以前的作品，在現代仍有研究的價值的。[②]

○陳榮捷曰：《大學》原爲《禮記》之一篇，然其在理學地位，則

---

① 任銘善著《禮記目録後案》，90頁，濟南：齊魯書社，1982年；《〈大學〉存翫》，《無受室文存》，3頁，杭州：浙江大學出版社，2005年。

② 蔣伯潛著《十三經概論》，372頁，上海：上海古籍出版社，1983年；《四書新解》上，4頁，上海：華東師範大學出版社，2017年。

甚懸殊，與別不同。韓愈《原道》與李翺《復性書》中均引之以爲儒家之基礎。仁宗天聖八年（1030 年）賜進士王拱宸《大學》軸，《大學》乃離《禮記》而獨立。司馬光首先將它視爲獨立的篇章，予以注釋，此注現已散佚。程顥、程頤兄弟都曾重編此文，朱子也是如此，但此外，他還增加了一篇《補傳》，且將全文分成經一章，傳十章，認爲前者乃孔子之言，由門人曾子述之；傳十章則爲曾子之意，而由其門人記之。此文在晚近八百年來所以特顯重要，乃因朱子所致。他將此文與《論語》《孟子》《中庸》合編在一起，名爲“四書”，並爲之作注。爾後，它們都成爲經典，而且從 1313 年到 1905 年，一直是科舉考試的基石。在重要性及影響力方面，都已取代了其他經典的地位。中文裏的“大學”，意指大人之學，與童蒙之學相對而言。童蒙之學講究日常的行爲儀態要中規中矩等等；而大人之學則講究修齊治平之道。因此，其目的是要培養成一位君子，或者就如“大”字之字面所示的，是要成爲一位大人。又，《大學》這部蕞爾經典的重要性，遠超出其狹小篇幅所能設想之外。儒家教育、道德與政治的規劃，可扼要的總括在其間所說的“三綱”：明明德、新民、止於至善；以及“八目”：格物、致知、誠意、正心、修身、齊家、治國、平天下等裏面。又有甚者，它對儒家核心觀念的“仁”也頗有發揮。孔子自言其道一以貫之，而忠恕則爲其核心原則，因爲此乃仁之兩種面相。八目可説是講求如何使仁發揮具體日用，且如何在個體與社會間維持均勻和諧之藍圖。由於如此重要，所以晚近八百來年，它乃成爲儒家的重要經典之一，其影響力無遠弗屆。即使從哲學觀點觀察，它仍不失其地位。雖然它没有檢討形上學的問題，但却主張格物乃道德及社會生活的起點，此點與孔子重學的主張完全吻合無間。還有它關於内外、本末、終始當嚴加分別的主張，其他的儒家經典從來没有表現得如此清晰有力。此一問題甚爲重要，因爲它不僅是程式性的，而且還牽涉到基本的價值比較問題。此外，新儒家學者對慎獨的概念極爲注目，無人能予以忽視，有些人的哲學體系甚至是環繞它展開的。由於此一經典在實踐或在理論上都相當重要，所以從十四世紀初期起，直至二十世紀，它很自然地成爲中國人受教育時所不可或缺的一本書。①

〇徐復觀曰：先秦儒家的人性論，到了孟荀而已大體分別發展成熟；由《大學》一篇而得到了一個富有深度的綜合，也可以説是先秦儒家人性論的完成。首先，《大學》本身只言心，更從心的落實一步而提出一個“意”來，此乃表示它是繼承孟荀以後所應當有的發展。其次，《大學》三綱八目把道德與知識，組成一個系統。這便完成了孟荀兩人的綜合。再次，因爲正心，誠意，是極於治國平天下，於是道德的無限性，意即是由孔子所提出的“仁”的無限性，可以不上伸向天命，而直接向外擴展於客觀世界之中。《大學》的作者問題，是無從解決的。不過從其特性來看，我以爲它是秦統一天下以後，西漢政權成立以前的作品。有某一個今日無從知道姓名的偉大儒者，爲了反抗法家，乃將儒家的思想，有計劃地整理綜合而成的教本。孟荀同言禮義，但《大學》乃屬於孟子以心爲主宰的系統，而非屬於荀子以法數爲主的系統。所以對《大學》的解釋，主要也應當以孟學爲背景。孟學出於孔子、曾子、子思；亦即是應當以先秦整個儒家思想，爲了解《大學》的背景。又，程伊川教人，從《大學》入手。朱元晦的學問及其立教，更是以《大學》爲中心而展開的。王陽明的學問及其立教，也是以《大學》爲中心而展開的。由王陽明所提出的《大學》新本古本的争論，完全是思想上的争論，而非文獻學上的争論。首先，陽明堅持“親民”，以爲只有以養民爲内容的親民，才是統治者對人民的真正的試金石，而無法行其僞。不過，“大學”乃教育之地；大學之道，又是以教爲内容；則《大學》之偏重於言教，乃當然之事。以及朱元晦依程子將“身有所忿懥”，改爲

① 陳榮捷編著《中國哲學文獻選編》，96—97頁，南京：江蘇教育出版社，2006年；“大學”辭條，韋政通主編《中國哲學辭典大全》，74—77頁。據説，程朱以後移動本文者數十家。如王柏、黄震、董槐、葉夢鼎、宋濂、方孝孺、蔡清、程敏政、崔銑、顧憲成、高攀龍、劉宗周、張履祥、胡渭，張伯行等以至近人唐君毅皆有改本。朱子之後，推進《大學》最有力者，宋元明各一人。宋儒真德秀（西山先生）之《大學衍義》。元代大儒許衡（魯齋先生）之《大學直解》與《大學要略》。明代王陽明之《大學問》。（參閲陳榮捷撰寫“大學”辭條）

“心有所忿懥”，此亦無可疑。至於朱子的經傳之分，使其能互相對應有條理，亦爲義所應爾。惟其中“《詩》云，瞻彼淇澳”至“此以没世不忘也”，恐怕並非朱子亦屬釋止於至善的，而系釋“壹是皆以修身爲本”的。①

○侯外盧曰：關於曾子思想的資料，《漢志》著録《曾子》十八篇，自隋以降即已全部散亡；所謂“曾子作《大學》”云云，本是公認的宋儒無據之談；今存阮元的《曾子》十篇注釋，與渭南嚴氏孝義家塾輯刊的《曾子》十二篇讀本，取材多未足以爲信史。所以，我們今日探討曾子思想，仍不得不以《論語》爲唯一的根據。又，就《大戴禮》② 輯録的《大學》《中庸》來説，學者多信《中庸》乃是子思之手筆，《大學》則編簡錯雜，不易斷定；清儒陳乾初、汪中都説《大學》非聖人之言，也非曾子所作；郭沫若考定其爲孟子弟子樂正克所作。③

○勞思光曰：《學記》與《大學》均是以糅合先秦儒家兩種“學”之觀念——孟子重内在自覺之擴充，荀子重外在師法之範疇——爲宗旨者，《學記》基本上取荀子立場，爲初步糅合；《大學》則分取孟荀兩家之説，其糅合較爲成功也。不過後來宋明儒所談論之《大學》，皆遠離原文之旨趣。《大學》之主旨，在於建立一明確理論，説明“政治生活受德性決定”之主張，此乃糅合孟荀之説而成，而又强調心性之傾向。可知此書之作，必在此二説皆大盛以後。以荀卿立説之時代考之，又可知此書之時代不能出於秦初至漢初一段時間矣。④

○吕友仁曰：對於朱熹的更動古本，《四庫提要》云：“《大學》一篇，移掇尤甚。譬如增減古方以治今病，不可謂無裨於醫療，而亦不可謂即扁鵲、倉公之舊劑也。”本篇著重闡釋個人道德修養與社會治亂的關係。文中提出了實現天下大治的八個步驟，即格物、致知、誠意、

① 徐復觀著《中國人性論史·先秦篇》，231—245、256—261 頁，上海：上海三聯書店，2001 年。

② 案：或該爲《小戴禮》。

③ 侯外盧等著《中國思想通史》第一卷，364、371 頁，北京：人民出版社，1957 年。

④ 勞思光著《新編中國哲學史》二卷，35、38—44 頁，桂林：廣西師範大學出版社，2005 年。

正心、修身、齊家、治國、平天下。其中修身是有决定意義的一步，其前的四個步驟是修身方法的途徑，其後的三個步驟是修身的必然結果。從篇中所説的家、國、天下的概念來看，本篇大約是戰國時期的作品。①

〇宋天正曰：《大學》，本爲《小戴禮記》中的一篇，宋以前並不單行，北宋仁宗天聖八年，以《大學》賜給進士王拱宸等，這或許就是《大學》單行的開始。後二程子有《大學》兩定本，至南宋淳熙間，朱熹把它和《中庸》從《禮記》中取出，與《論語》《孟子》合而爲《四書》，復爲之釐定《章句》與《集注》。《大學》凡有三本：一爲古本《大學》；其間節次稍有不相承者，蓋古人文法疏簡，辭或不屬，而意實可通，要於立言之旨無害。二爲石經《大學》；節次不及古本，且中間竄入顔淵問仁至非禮勿動句，疑好事者爲之。三爲程明道先生與其弟伊川先生《大學》兩定本，節次均不同。今本《章句》，爲伊川所序次；而彙爲經一章，傳十章，則爲朱子所定。②

〇王鍔曰：《大學》的成篇年代應該在戰國前期。朱子分《大學》經傳並補傳，令《大學》體例清楚，條理秩然；且具有根據；《大學》與《論語》等書記載的曾子的言論與思想也相一致；《大學》的經傳體例與馬王堆帛書《五行》完全一致，其慎獨思想亦相通。而《五行》系子思的作品；《大學》“格物致知”思想淵源有自，對荀子有較大的影響。③

〇謹案：“四書五經”之説成於宋儒，尤其到了朱子更成就了與《五經》並重的《四書》學，朱子認爲：《大學》“是書垂世立教之大典，通爲天下後世而言者也。《論》《孟》應機接物之微言，或因一時一事而發者也。是以是書之規模雖大，然其首尾該備，而綱領可尋，節目分明，而工夫有序，無非切於學者之日用。《論》《孟》之爲人雖切，然而

① 吕友仁著《禮記講讀》，229 頁，上海：華東師範大學出版社，2009 年；《禮記全譯》，1084—1085 頁，貴陽：貴州人民出版社，1998 年。

② 宋天正著《大學今注今譯》，1—2 頁，台北：台灣商務印書館，1977 年。

③ 王鍔著《禮記成書考》，57—62 頁，北京：中華書局，2007 年。

問者非一人，記者非一手，或先後淺深之無序，或抑揚進退之不齊，其間蓋有非初學日用之所及者。此程子所以先是書而後《論》《孟》，蓋以其難易緩急言之，而非以聖人之言爲有優劣也。至於《中庸》，則又聖門傳授極致之言，尤非後學之所易得而聞者，故程子之教未遽及之，豈不又以爲《論》《孟》既通，然後可以及此乎？蓋不先乎《大學》，無以提挈綱領而盡《論》《孟》之精微；不參之《論》《孟》，無以融貫會通而極《中庸》之歸趣；然不會其極於《中庸》，則又何以建立大本，經綸大經，而讀天下之書，論天下之事哉？以是觀之，則務講學者，故不可不急於《四書》，而讀《四書》，又不可不先於《大學》，亦已明矣"。

大概這之後所形成的華夏童蒙讀物《三字經》，則又將這裏的讀書治學次第，簡明扼要地表達爲"凡訓蒙，須講究。詳訓詁，名句讀。爲學者，必有初。小學終，至《四書》"，以及"《孝經》通，《四書》熟。如《六經》，始可讀。《詩》《書》《易》，《禮》《春秋》。號《六經》①，

① 所謂"號六經"，因爲其中的《樂經》後來不傳，至於原因何在，甚至於究竟本身有無獨立的《樂經》，至今尚衆説紛紜。不過，一般都以爲《禮記·樂記》是《樂經》的傳記，這是對的。只不過迄今爲止都没有見到過《樂經》，於是究竟有無存在過《樂經》，及其與《樂記》的關係也都成了問題。有以爲《樂經》亡於秦火；有以爲《周禮·大司樂》即《樂經》，而《樂記》爲之記；有以爲《詩經》即《樂經》；有以爲《樂經》之樂官（《周禮》）、樂歌（《詩經》）、樂義（《樂記》）都在，惟樂譜亡失；甚至還有以爲《樂記》就是《樂經》，等等。（詳情可參閱《禮記講讀》，158—162 頁；孫星群著《言志·咏聲·冶情——〈樂記〉研究與解讀》，20—44、350—351、360—364 頁，北京：人民出版社，2012 年；《禮記成書考》，99—101 頁）像吴澄也曾斷定，《禮經》之僅存者，猶有今《儀禮》十七篇，《樂經》則亡矣，其經疑多是聲音樂舞之節，少有辭句可讀誦記識故。秦火之後無傳，諸儒不過能言樂之義而已。（《禮記纂言》卷三十六，《樂記》，景印文淵閣《四庫全書》第 121 册，649 頁）現代學者項陽也以爲：《樂經》應該特指在周代被奉爲經典的、作爲雅樂核心存在、所備受推崇的"六代樂舞"，這裏的"樂經"是"經典樂舞"的含義。如此《樂經》之失便可釋然。何以爲失，主要是秦代以下的統治者出於多種考量不再將周所推崇的六代君主作爲必須承祀的對象。這肇始於"始皇帝"，一統天下者就是自己，幹嗎還要承祀别人?! 由於"六代樂舞"是國家祭祀在特定時間、場合，由特定承載群體所展示的樂舞行爲，如果統治者將這種樂舞展示的環境和場合祛除，没有了專習並以致用的承載群體，用不了太長時間，這種具有明確指向性、對場所與環境有著强烈依賴性、只能在國家最高祭祀中所用、作爲"小衆"的樂舞失傳也就勢在必然了。從這種道理上講，如果説六代樂舞"毁於秦火"，那這火就是始皇帝膨脹之"火"，他從制度上祛除周公定制，這對六代樂舞的打擊是致命的。我們看到，秦漢以下的文獻中没有了將六代樂舞在各種國家祭祀場合集中使用的記載，這大概就是"樂經失傳"的道理。然而，六代樂舞所體現的那種禮樂文化觀念却並未被秦火所滅。而是世世代代地傳承了下

當講求”，“經既明，方讀子。撮其要，記其事。五子者，有荀揚。文中子，及老莊”，“經子通，讀諸史。考世系，知終始”，等等[①]。總之，爲學次第，古人頗爲講究。小學的識字書寫，禮樂射御書數六藝，灑掃應對以及做人的基本規矩等自不待言，跟着就是大學的《四書》（或者亦含《孝經》），孔孟之道亦即仁義之道盡在其中，不僅是促進我們明白事理而向善、成人的根本，而且是促成我們樹立起判斷是非善惡之根本準繩，判定學問高下、純粹與否之最高標準，然後再研讀《六經》。《六經》雖爲儒家經典，然而未經孔子修訂之前，它們尚未明確地成爲經典，清代學人皮錫瑞斷言“經學開闢時代，斷自孔子刪定‘六經’爲始。孔子以前，不得有經”，“讀孔子所作之經，當知孔子作‘六經’之旨。孔子有帝王之德而無帝王之位，晚年知道之不行，退而刪定‘六經’，以教萬世。其微言大義實可爲萬世之準則”。“此萬世之公言，非一人之私論也。孔子之教何在？即在所作‘六經’之內。故孔子爲萬世師表，‘六經’即萬世教科書”。[②]

來。（《光明日報》，2008 年 6 月 23 日 12 版）不過，即使如此，尋找與復原“六代樂舞”，此對於精深傳承禮樂文化觀念與精神還是具有莫大意義的。或許正是因此，像學者王錦生就探尋得出：河南博物院藏有被譽爲“我國最早的官定儒家經本”的“熹平石經”殘石三件，其中二塊殘碑文字全都與“音”“律”以及樂器（編鐘）有關。這二件殘石所刻内容似乎就是早已失傳的儒家經籍《樂經》。而據荊州博物館王明欽館長介紹，2021 年，考古工作者在王家嘴墓的楚墓中發現 3200 餘枚戰國簡牘，其中 160 枚左右所記載的很可能是“戰國六經”之一《樂》經中的内容，如果最終被證實，將會爲《樂》經的存在提供史料實證。這批暫時被命名爲《樂譜》的簡牘，主要由天干和一部分簡潔符號組成，蘊含著豐富的節奏韻律，它們的出土使後世得以一探 2000 多年前禮樂文明的燦爛輝煌。（“古籍”公衆號，2024 年 4 月 1 日）所以在一般意義上，我們還是説《六經》，而具體研讀則《五經》，也就是説，我們並未放棄繼續尋找《樂經》，既然好多已喪失的經典，譬如《齊論語》等，過去也都只見記載，不見書本身，而今日通過考古的最新發現，都找出來了，那麼，《樂經》有没有重見天日的那一天呢，我們始終不放棄希望。

① 這就是蒙文通先生所主張的“以經治史”，或者如張之洞先生所言“必先通經以明我中國先聖先師立教之旨，考史以識我中國歷代之治亂、九州之風土，涉獵子、集以通我中國之學術文章”，云云，（張之洞著《勸學篇》，22 頁，上海：上海書店出版社，2002 年）深明經典之大義，方才可能在浩如煙海的史料當中，立住脚根，把定方向，釐清是非，申明褒貶，深啓後昆，才不至於迷失其中，没了出頭之日。只可惜近世以來的西學愈益强勁東漸，致使我傳統經學瓦解、潰敗乃至幾乎消亡，才有了後人普遍淪爲所謂“以文治史”以至“以史治史”的格局。

② 〔清〕皮錫瑞著《經學歷史》，1—6 頁，北京：中華書局，2004 年。

《六經》之教，《禮記·經解》篇有一個很好的概括，即："其爲人也，温柔敦厚，《詩》教也；疏通知遠，《書》教也；廣博易良，《樂》教也；絜静精微，《易》教也；恭儉莊敬，《禮》教也；屬辭比事，《春秋》教也。故《詩》之失愚；《書》之失誣；《樂》之失奢；《易》之失賊；《禮》之失煩；《春秋》之失亂。其爲人也，温柔敦厚而不愚，則深於《詩》者也；疏通知遠而不誣，則深於《書》者也；廣博易良而不奢，則深於《樂》者也；絜静精微而不賊，則深於《易》者也；恭儉莊敬而不煩，則深於《禮》者也；屬辭比事而不亂，則深於《春秋》者也。"[①] 而要做到這些以及真正明白《六經》之所以成其爲經典，尤其對於我們今人，没有《四書》所成就的根本標準與最高原則，則難有這種可能。《六經》尚且如此，遑論諸子及其他了。[②]

所以，我提出"以仁義爲核心，以《四書》爲導引，以《六經》爲根基"之人文教育的完備系統的主張。仁或者仁義是由孔子確立爲總德，從而成爲華夏文化與文明的核心觀念與根本特質，而無論是成就於孔子的《六經》，還是集纂於朱子的《四書》，都是圍繞仁義這個核心觀念展開的，譬如朱子《大學章句序》開篇就講："《大學》之書，古之大學所以教人之法也。蓋自天降生民，則既莫不與之以仁義禮智之性矣。然其氣質之禀或不能齊，是以不能皆有以知其性之所有而全之也。一有聰明睿智能盡其性者出於其間，則天必命之以爲億兆之君師，使之治而教之，以復其性。此伏羲、神農、黄帝、堯、舜所以繼天立極，而司徒之職、典樂之官所由設也。"而之所以要以《四書》爲導引，宋儒尤其朱子就深爲明白，若不如此，則無以達成《經解》篇所强調的真實的《六經》之教，更何况今日之人幾乎中斷了文化傳統，衰亡了傳統經學，想要直接面對《六經》，恐怕早已是萬難的事了；即使强行爲之，恐怕亦萬難避免過或不及之偏頗。所以，我們最好採納二程及朱子的建議，先研讀《四書》，而後再研讀《六經》，甚至若對於

① 《禮記正義》卷第五十八，下册，1903—1904頁。

② 詳請參閲拙文《禮記·經解研讀》，《切磋三集——四川大學哲學系儒家哲學合集》，162—190頁，北京：華夏出版社，2013年。

一般人就只研讀《四書》也就足够了。而研讀《四書》則當首先研讀《大學》，這是毫無疑問的。此亦正如胡炳文所指出："三代以前，爲人君者只從大學之道做出許多事業，君師之責叢於一身。三代以後，《大學》不明，間有因才質之美以成事者，終無明明德新民之功，君道有略得之者，師道絶無矣。""《六經》皆是教人爲學，然學之次第，未有如此書之首尾有倫也，故學者當以爲入德之門，由是而堂，而俱不差矣。"以及邵甲所指出的："他書言平天下本於治國，治國本於齊家，齊家本於修身者有矣。言修身本於正心者，亦有矣。若夫推正心之本於誠意，誠意之本於致知，致知之在於格物，則他書未之言也，六籍之中，惟此篇而已。"

細細對比《禮記・大學》本與《四書・大學》本，應當能够判斷出，前者既有闕文，又有錯簡以及錯字，所以我完全同意程子與朱子對《大學》文本的修訂與補文，贊成丁紀先生爲此所申述的理由，即程朱是"疑古不疑聖，據理以明經"和"以經定傳"，而非如漢唐經學家以及宋明心學家僅僅因襲《禮記・大學》本，却不外"以傳定經"罷了。即便他們認爲《禮記》及《大學》都是經，因而不存在所謂"以傳定經"的問題，不過他們無論如何也不能否認，《大學》首章是整篇的總説與概要，後面的細説一般應當與首章一致吧。像清代學者陳澧就曾講："《豳風・七月》首章，鄭箋云：'此章陳人以衣食爲急，餘章廣而成之。'古人之文有以餘章廣成首章之意者，若朱子但於首章之下云餘章廣而成之，而不分經傳，則後人不能訾議矣。"其實，大多經學家當然視《禮記》爲經，平列地看待《禮記》中的每一篇，一般並未對《大學》《中庸》等有特別的重視，他們在注疏上也並未特別花力氣下功夫於此，因而在他們那裏，有關《大學》的錯簡、闕文等問題，多半都還没有明確地意識到。宋明心學家如象山、陽明等却很重視《大學》，這點或許可見程朱的影響，不過遺憾的是，他們尤其陽明未能正視朱子的工作與貢獻，大概是由於早年錯誤地格竹子格出的毛病，因而執意地視"格物"爲"支離"等等，這反過來又直接導致了陽明學"空疏"的弊病，以及陽明後學的狂悖與放恣，等等。[①] 他們哪裏還可能料到，程朱的修訂極有可能恢復了孟子時代所見到過的《大學》文本啊！這點倘若熟讀《孟子》，該也是能够顯明地感受得到的。譬如，《大學》終篇反復聲稱“國不以利爲利，以義爲利也”，“是故君子先慎乎德。有德此有人，有人此有土，有土此有財，有財此有用。德者本也，財者末也”。故“未有上好仁而下不好義者也，未有好義其事不終者也，未有府庫財非其財者也”。而《孟子》開篇就也反復對梁惠王講：“王何必曰利？亦有仁義而已矣。”“未有仁而遺其親者也，未有義而後其君者也。王亦曰仁義而已矣，何必曰利？”朱子以爲：“此章言仁義根於人心之固有，天理之公也。利心生於物我之相形，人欲之私也。循天理，則不求利而自無不利；殉人欲，則求利未得而害已隨之。所謂毫釐之差，千里之繆。此《孟子》之書所以造端托始之深意，學者所宜精察而明辨也。”而程

① 學者鍾泰曾講：“然則陽明之學，其真切處，故在存天理去人欲上。若言致良知，言知行合一，特就存天理去人欲之把柄頭腦處，爲學者指點耳。自後之學陽明者，拋却存天理去人欲一段工夫，而專以良知、知行合一之説騰爲口論。於是王學之弊，遂爲世所詬病。然豈陽明之意乎？故吾以爲咎王學者，當咎其空疏，不當咎其放恣。何者？空疏，陽明之教之所不免；放恣，則陽明之教亦不之許也。”（氏著《中國哲學史》，283 頁）陽明大弟子德洪也曾檢討説：“師既没，音容日遠，吾黨各以己見立説。學者稍見本體，即好爲徑超頓悟之説，無復有省身克己之功。謂‘一見本體，超聖可以跂足’，視師門誠意格物、爲善去惡之旨，皆相鄙爲第二義。簡略事爲，言行無顧，甚者蕩滅禮教，猶自以爲得聖門之最上乘。噫！亦已過矣。自便徑約，而不知已淪入佛氏寂滅之教，莫之覺也。”（《王陽明全集》卷二十六，下册，973 頁）時至今日，現代新儒家追隨陽明，亦難正視朱子的工作與貢獻，甚至牟宗三先生還評判程朱爲非正宗儒家，僅僅是“別子爲宗”，是他律道德論者，等等。對此我曾經指出：就我個人的體會，程朱的相關論述不僅將心、性、情三者辨析得非常清楚，同時又通過“性即理也”和“心統性情”將三者貫通爲一，尤其由“涵養須用敬，進學在致知”的工夫而“成人”，成就君子人格乃至成賢成聖。據此，程朱無論從學説學理、還是從道德實踐上説，豈可能不是正宗儒家！再者，把朱子説成是他律道德論者，給人感覺尤其怪異。不禁令人想起康德之後的舍勒也曾攻擊康德是“對人格之極端他律”。（參閲〔德〕舍勒著，倪梁康譯《倫理學中的形式主義與質料的價值倫理學：爲一門倫理學人格主義奠基的新嘗試》下册，454 頁，北京：生活·讀書·新知三聯書店，2004 年）但遺憾的是，就連牟先生的弟子都知道，舍勒對康德的批評是建立在對康德的嚴重誤解和對康德的“自律”學説之核心思想，即意志之自我立法的忽略的基礎之上的，因而其基本上早已脱離了康德“自律倫理學”之軌轍。（詳請參閲李明輝撰《四端與七情：關于道德情感的比較哲學探討》，37—59 頁，上海：華東師範大學出版社，2008 年）斗膽問問牟、李師徒，你們會不會也是這樣嚴重地誤解與忽視了朱子啊?！事實反倒是，至少象山、陽明之後學却難免空疏、私智、私欲乃至狂悖放恣之嫌而偏離了儒家正統。現代新儒家切不可重蹈覆轍啊！（亦請參閲拙作《天道與人道——以儒家爲衡準的康德道德哲學研究》，87—88 頁，北京：華夏出版社，2013 年）

子亦以爲："君子未嘗不欲利，但專以利爲心則有害。惟仁義則不求利而未嘗不利也。當是之時，天下之人惟利是求，而不復知有仁義。故孟子言仁義而不言利，所以拔本塞源而救其弊，此聖賢之心也。"强調義利之辨而主張"以義爲利"，正是孟子秉承儒家秉承《大學》的一貫傳統，而這在《孟子》亦是一以貫之的。孟子對墨者宋牼亦明確講，切勿以利，而當"以仁義説秦楚之王，秦楚之王悦於仁義，而罷三軍之師，是三軍之士樂罷而悦於仁義也。爲人臣者懷仁義以事其君，爲人子者懷仁義以事其父，爲人弟者懷仁義以事其兄，是君臣、父子、兄弟去利，懷仁義以相接也。然而不王者，未之有也。何必曰利？"所以，朱子以爲："此章言休兵息民，爲事則一，然其心有義利之殊，而其效有興亡之異，學者所當深察而明辨之也。"① 一心爲利而全不顧仁義，這就是"以利爲利"，甚至"以利爲義"，亦即假仁義之名而變本加厲地"以利爲利"，以至牟取暴利而傷天害理，終究難免國破家亡的結局，而利又安在呢？相反，一心爲義，"以義爲利"，從而落實仁政王道，則家齊國治天下平，義在，利亦在，所以"仁者無敵"於天下。因而孟子還特别强調，"堯舜之道，不以仁政，不能平治天下"，"是以惟仁者宜在高位。不仁而在高位，是播其惡於衆也"。"聖人，人倫之至也。欲爲君盡君道，欲爲臣盡臣道，二者皆法堯舜而已矣。不以舜之所以事堯事君，不敬其君者也；不以堯之所以治民治民，賊其民者也。孔子曰：'道二：仁與不仁而已矣。'""三代之得天下也以仁，其失天下也以不仁。天子不仁，不保四海；諸侯不仁，不保社稷；卿大夫不仁，不保宗廟；士庶人不仁，不保四體。""愛人不親反其仁，治人不治反其智，禮人不答反其敬。行有不得者，皆反求諸己，其身正而天下歸之。"以及最終歸結爲，"人有恒言，皆曰'天下國家'。天下之本在國，國之本在家，家之本在身。"朱子以爲，"雖常言之，而未必知其言之有序也。故推言之，而又以家本乎身也。此亦承上章而言之，《大學》所謂'自天子至於庶人，壹是皆以修身爲本'，爲是故也。"也就是説，"以修身爲本"，以齊

① 《孟子·梁惠王上》第一章、《告子下》第四章，《四書章句集注》，202、347頁。

家爲厚爲重，方可達成治國平天下。因而，“人人親其親、長其長而天下平”。“事孰爲大？事親爲大；守孰爲大？守身爲大。”“孰不爲事？事親，事之本也；孰不爲守？守身，守之本也。”朱子以爲：“事親孝，則忠可移於君，順可移於長。身正，則家齊、國治、而天下平。”① 那麽，具體何以守身、修身呢？在《大學》，簡潔講，即格物致知誠意正心修身，以至齊家治國平天下。在《中庸》，則爲知仁勇三達德，而“好學近乎知，力行近乎仁，知恥近乎勇。知斯三者，則知所以修身；知所以修身，則知所以治人；知所以治人，則知所以治天下國家矣”。好學即格物致知，力行即誠意正心修身等，所謂“博學之，審問之，慎思之，明辨之，篤行之”。而知恥即“有弗學，學之弗能弗措也；有弗問，問之弗知弗措也；有弗思，思之弗得弗措也；有弗辨，辨之弗明弗措也；有弗行，行之弗篤弗措也；人一能之己百之，人十能之己千之”（第二十章）。而《孟子》則是通過對“四端”的特别揭示，以對接孔子及《大學》《中庸》的修身傳統，即“人皆有不忍人之心。先王有不忍人之心，斯有不忍人之政矣。以不忍人之心，行不忍人之政，治天下可運之掌上。所以謂人皆有不忍人之心者，今人乍見孺子將入於井，皆有怵惕惻隱之心。非所以内交於孺子之父母也，非所以要譽於鄉黨朋友也，非惡其聲而然也。由是觀之，無惻隱之心，非人也；無羞惡之心，非人也；無辭讓之心，非人也；無是非之心，非人也。惻隱之心，仁之端也；羞惡之心，義之端也；辭讓之心，禮之端也；是非之心，智之端也。人之有是四端也，猶其有四體也。有是四端而自謂不能者，自賊者也；謂其君不能者，賊其君者也。凡有四端於我者，知皆擴而充之矣，若火之始然，泉之始達。苟能充之，足以保四海；苟不充之，不足以事父母”。亦即朱子所謂：“四端在我，隨處發見。知皆即此推廣，而充滿其本然之量，則其日新又新，將有不能自已者矣。能由此而遂充之，則四海雖遠，亦吾度内，無難保者；不能充之，則雖事之至近而不能矣。此章所論人之性情，心之體用，本然全具，而各有條理如此。學者於

① 《孟子・離婁上》第一至五、十一、十九章，《四書章句集注》，283、290 頁。

此，反求默識而擴充之，則天之所以與我者，可以無不盡矣。”[①] 學者不斷自覺地體悟與擴充仁義禮智四端的過程，即是格物致知誠意正心修身等的過程，即是好學力行知耻等的過程。再有一點，尤其關於《大學》之“正心”，或《中庸》之“戒慎恐懼”，孟子則尤以“存心”“持志”“養氣”來與之對應。[②] 等等。由此來看，孟子時代所見過的《大學》文本，恐怕不是同《大學》舊本，而是同程朱《大學》修訂本更爲吻合。

至於古人的大學以及小學教育，在朱子《大學章句序》中以及前面我所做的相應的脚注中都有介紹與指明，此處不再贅言。然而，不能不説的是，我們華夏偉大的教育傳統，時至今日也幾乎陷入中斷的危機，如何可能重新接續與復興這個偉大的教育傳統，是我們亟須思考的問題，同時也更該是我們不可推卸的責任。如今的大學也在上《四書》課了，可是我們的學生却從未接受過傳統的“學小藝”“見小節而踐小義”的小學教育，他們中的大多數人甚至連《三字經》這類傳統的童蒙讀物都未曾讀過，這該怎麽辦才好呢？還好，這事朱子也爲我們考慮到了，他曾經講道：“今人不曾做得小學工夫，一旦學《大學》，是以無下手處。今且當自持敬始，使端慤純一静專，然後能致知格物。”以及朱子還更詳細地説道：“是其歲月之已逝者，則固不可得而復追矣，若其功夫之次第條目，則豈遂不可得而復補耶？蓋吾聞之，敬之一字，聖學所以成始而成終者也。爲小學者，不由乎此，固無以涵養本原，而謹夫灑掃應對進退之節，與夫六藝之教。爲大學者，不由乎此，亦無以開發聰明，進德修業，而致夫明德新民之功也。是以程子發明格物之道，而必以是爲説焉。不幸過時而後學者，誠能用力於此，以進乎大，而不害兼補乎其小，則其所以進者，將不患於無本而不能以自達矣。其或摧頹已甚，而不足以有所兼，則其所以固其肌膚之會、筋骸之束，而養其良知良能之本者，亦可以得之於此，而不患其失之於前也。顧以七年之病，

---

① 《孟子·公孫丑上》第六章，《四書章句集注》，240 頁。

② 詳請參閱本篇傳之七章“釋正心修身”之“謹案”。

而求三年之艾，非百倍其功，不足以致之。”朱子的話，若歸納起來就兩條，其一，自始至終滿懷敬意，不僅在求學中，在自修中，而且在生命的每時每刻都不能失却了敬意，如孔子所講：“君子有三畏：畏天命，畏大人，畏聖人之言。”畏，也就是敬，所謂敬畏是也。因而仿照德國大詩人荷爾德林名句而有：敬畏地挺立於天地之間。有人以爲説“誠”足矣，何以要言“敬”呢？我想大家該明白，惟聖人“誠則明矣”，而學者却只可能“明則誠矣”，所謂“明”，亦即格物窮理，能不始終滿懷敬意嗎？其二，要想彌補缺失，就必須切實地做到《大學》所謂格物、致知、誠意、正心、修身、齊家等工夫，必須如《中庸》所言那般“博學之，審問之，慎思之，明辨之，篤行之。有弗學，學之弗能弗措也；有弗問，問之弗知弗措也；有弗思，思之弗得弗措也；有弗辨，辨之弗明弗措也；有弗行，行之弗篤弗措也；人一能之己百之，人十能之己千之”，以及“尊德性而道問學，致廣大而盡精微，極高明而道中庸。温故而知新，敦厚以崇禮”，等等。

朱子説“《大學》重處都在前面”，而吾等的本領全只在“格物”這兩字上。顯然，“明明德”，《大學》的首要綱領是最重的，而“明明德”的首要工夫就是“格物致知”，而“致知在格物”，因而不首起格物，致知以下的工夫就難以開展而落到實處，就不可能實現明明德，以至新民，止於至善，等等。所以對情儒家經典的研讀，當從《大學》開始；而《大學》工夫，當從格物開始。至於如何開始格物，如何格物，如何格物以至止於至善，亦即以至物格，且留待後面詳説。

三、集説

大學之道，在明明德，在親[①]民，在止於至善。知止而后有定，定而后能静，静而后能安，安而后能慮，慮而后能得。物有本末，事有終始，知所先後，則近道矣。

〇朱子曰：程子曰："親，當作新。"大學者，大人之學也。明，明之也。明德者，人之所得乎天，而虚靈不昧，以具衆理而應萬事者也。但爲氣禀所拘，人欲所蔽，則有時而昏；然其本體之明，則有未嘗息者。故學者當因其所發而遂明之，以復其初也。新者，革其舊之謂也，言既自明其明德，又當推以及人，使之亦有以去其舊染之污也。止者，必至於是而不遷之意。至善，則事理當然之極也。言明明德、新民，皆當至於至善之地而不遷。蓋必其有以盡夫天理之極，而無一毫人欲之私也。此三者，大學之綱領也。又，后，與後同，後放此。止者，所當止之地，即至善之所在也。知之，則志有定向。静，謂心不妄動。安，謂所處而安。慮，謂處事精詳。得，謂得其所止。又，明德爲本，新民爲末。知止爲始，能得爲終。本始所先，末終所後。此結上文兩節之意。[②]

---

① 當作"新"。

② 《大學章句》，經一章，《四書章句集注》，3頁。

〇又曰：天道流行，發育萬物，其所以爲造化者，陰陽五行而已。而所謂陰陽五行者，又必有是理而後有是氣，及其生物，則又必因是氣之聚而後有是形。故人物之生必得是理，然後有以爲健順仁義禮智之性；必得是氣，然後有以爲魂魄五臟百骸之身。周子所謂“無極之真，二五之精，妙合而凝”者，正謂是也。然以其理而言之，則萬物一原，固無人物貴賤之殊；以其氣而言之，則得其正且通者爲人，得其偏且塞者爲物，是以或貴或賤而不能齊也。彼賤而爲物者，既梏於形氣之偏塞，而無以充其本體之全矣。惟人之生乃得其氣之正且通者，而其性爲最貴，故其方寸之間，虚靈洞徹，萬理咸備，蓋其所以異於禽獸者正在於此，而其所以可爲堯舜而能參天地以贊化育者，亦不外焉，是則所謂明德者也。然其通也或不能無清濁之異，其正也或不能無美惡之殊，故其所賦之質，清者智而濁者愚，美者賢而惡者不肖，又有不能同者。必其上智大賢之資乃能全其本體，而無少不明，其有不及乎此，則其所謂明德者已不能無蔽而失其全矣。又，然而本明之體，得之於天，終有不可得而昧者，是以雖其昏蔽之極，而介然之頃一有覺焉，則即此空隙之中，而其本體已洞然矣。是以聖人施教，既已養之於小學之中，而後開之以大學之道。其必先之以格物致知之説者，所以使之即其所養之中，而因其所發，以啓其明之之端也；繼之以誠意、正心、修身之目者，則又所以使之因其已明之端，而反之於身，以致其明之之實也。夫既有以啓其明之之端也，而又有以致其明之之實，則吾之所得於天而未嘗不明者，豈不超然無有氣質物欲之累，而復得其本體之全哉！又，今吾既幸有以自明矣，則視彼衆人之同得乎此而不能自明者，方且甘心迷惑没溺於卑污苟賤之中而不自知也，豈不爲之惻然而思有以救之哉！故必推吾之所自明者以及之，始於齊家，中於治國，而終及於平天下，使彼有是明德而不能自明者，亦皆有以自明，而去其舊染之污焉，是則所謂新民者，而亦非有所付畀增益之也。然德之在己而當明，與其在民而當新者，則又皆非人力之所爲，而吾之所以明而新之者，又非可以私意苟且而爲也。是其所以得之於天而見於日用之間者，固已莫不各有本然一定之則，程子所謂“以其義理精微之極，有不可得而名”者，故姑以至善目之。而傳所謂君之仁、臣之敬、子之孝、父之慈、與人交之信，乃其目之大者也。衆人之心，固莫不有是，而或不能知，學者雖或知之，而亦鮮能必至於是而不去，此爲大學之教者，所以慮其理雖粗復而有不純，己雖粗克而有不盡，且將無以盡夫修己治人之道，故必指是而言，以爲明德、新民之標的也。欲明德而新民者，誠能求必至是而不容其少有過不及之差焉，則其所以去人欲而復天理者，無毫髮之遺恨矣。大抵《大學》一篇之指，總而言之，不出乎八事，而八事之要，總而言之，又不出乎此三者，此愚所以斷然以爲《大學》之綱領而無疑也。又，今親民云者，以文義推之則無理，新民云者，以傳文考之則有據，程子於此，其所以處之者亦已審矣。又，“知止而后有定”云云，此推本上文之意，言明德新民所以止於至善之由也。又，知止云者，物格知至，而於天下之事，皆有以知其至善之所在，是則吾所當止之地也。能知所止，則方寸之間，事事物物，皆有定理矣；理既有定，則無以動其心而能静矣；心既能静，则無所擇於地而能安矣；能安，則日用之間，從容閒暇，事至物來，有以揆之而能慮矣；能慮則隨事觀理，極深研幾，無不各得其所止之地而止之矣。又，明德、新民，兩物而内外相對，故曰本末；知止、能得，一事而首位相因，故曰終始。誠知先其本而後其末，先其始而後其終也，則其進爲有序，而至於道也不遠矣。[①]

〇又曰：《大學》首三句説一箇體統，用力處却在致知、格物。又，天之賦於人物者謂之命，人與物受之者謂之性，主於一身者謂之心，有得於天而光明正大者謂之明德。又，明德是指全體之妙，下面許多節目，皆是靠明德做去。又，“明明德”，明只是提撕也。又，學者須是爲己。聖人教人，只在《大學》第一句“明明德”上。聖人教人持敬，只是須著從這裏説起。其實若知爲己後，即自然著敬。又，“明明德”乃是爲己工夫。又，爲學只“在明明德”一句。一念竦然，自覺其非，便是明之之端。又，《大學》“在明明德”一句，當常常提撕。能如此，便有進步處。蓋其原自此發見。人只一心爲本。存得此心，於事物方知有

① 《大學或問》上，《朱子全書》第六册，507—511頁。

脈絡貫通處。又，“在明明德”，須是自家見得這物事光明燦爛，常在目前，始得。須是勇猛著起精神，拔出心肝與它看，始得！又，若人之明德，則未嘗不明。雖其昏蔽之極，而其善端之發，終不可絶。但當於其所發之端，而接續光明之，令其不昧，則其全體大用可以盡明。且如人知己德之不明而欲明之。只這知其不明而欲明之者，便是明德，就這裏便明將去。又，“明明德”，如人自云，天之所與我，未嘗昏。只知道不昏，便不昏矣。又，“明明德”，是明此明德，只見一點明，便於此明去。學者貴復其初，至於已到地位，則不著个“復”字。又，人皆有个明處，但爲物欲所蔽，剔撥去了。只就明處漸明將去。然須致知、格物，方有進步處，識得本來是甚麽物。又，明德未嘗息，時時發見於日用之間。又，明德，謂得之於己，至明而不昧者也。又，人本來皆具此明德，德内便有此仁義禮智四者。只被外物汩没了不明，便都壞了。所以大學之道，必先明此明德。《大學》一書，若理會得這一句，便可迎刃而解。又，明德，也且就切近易見處理會，也且慢慢自見得。如何一日便都要識得！又，明德是自家心中具許多道理在這裏。本是个明底物事，初無暗昧，人得之則爲德。緣爲物欲所蔽，故其明易昏。人心惟定則明。所謂定者，非是定於這裏，全不修習，待他自明。惟是定後，却好去學。看來看去，久後自然徹。看來這个亦不是甚昧，但恐於義理差互處有似是而非者，未能分别耳。又，蓋人心至靈，有什麽事不知，有什麽事不曉，有什麽道理不具在這裏。何緣有不明？爲是氣稟之偏，又爲物欲所亂。學者便當因其明處下工夫，一向明將去。人心莫不有知，所以不知者，但氣稟有偏，故知之有不能盡。所謂致知者，只是教他展開使盡。看《大學》，先將經文看教貫通。如看《或問》，須全段相參酌，看教他貫通。又，只要你實去體察，行之於身。須是真个明得這明德是怎生地明，是如何了得它虚靈不昧。須是真个不昧，具得衆理，應得萬事。如格物、致知、誠意、正心、修身五者，皆“明明德”事。格物、致知，便是要知得分明；誠意、正心、修身，便是要行得分明。固是在讀書上。然亦不專是讀書，事上也要理會。書之所載者，固要逐件理會。又，但要識得這明德是甚物事，便切身做工夫，去其氣稟物欲之蔽。能存得自家個虛靈不昧之心，足以具衆理，可以應萬事，便是明得自家明德了。固是要讀書。然書上有底，便可就書理會；若書上無底，便著就事上理會；若古時無底，便著就而今理會。蓋所謂明德者，只是一個光明底物事。所謂明之者，致知、格物、誠意、正心、修身，皆明之之事，五者不可闕一。若闕一，則德有所不明。蓋致知、格物，是要知得分明；誠意、正心、修身，是要行得分明。然既明其明德，又要功夫無間斷，使無時而不明，方得。惟知無不盡，物無不格，意無不誠，心無不正，身無不修，即是盡明明德之功夫也。又，但須去致極其知，因那理會得底，推之於理會不得底，自淺以至深，自近以至遠。又，只理會明德是我身上甚麼物事。此明德是天之予我者，莫令污穢，當常常有以明之。又，且就明德上説，如何又引別意思證？讀書最不要如此。

又曰：就此八者理會得透徹，明德、新民都在這裏。而今且去熟看那解，看得細字分曉了，便曉得大字，便與道理相近。逐一只是虛心去看萬物之理，看日用常行之理，看聖賢所言之理。又，明德，謂本有此明德也。其良知、良能，本自有之，只爲私欲所蔽，故暗而不明。所謂“明明德”者，求所以明之也。“在新民”，明德而後能新民。若大段新民，須是德十分明，方能如此。若小小效驗，自是自家這裏如此，他人便自觀感。又，雖説是明己德，新民德，然其意自可參見。“明明德於天下”，自新以新其民，可知。又，“道之以德”，是“明明德”；“齊之以禮”，是以禮新民，也是“修道之謂教”。有禮樂、法度、政刑，使之去舊污也。

又曰：必到極處，便是道理十分盡頭，無一毫不盡，故曰至善。又，至善是極好處。又，至善是个最好處。若十件事做得九件是，一件不盡，亦不是至善。又，直是要到那極至處而後止。故曰：“君子無所不用其極”也。又，善，須是至善始得。又，事理當然之極也。所謂“止其所”者，即止於至善之地也。又，明德是下手做，至善是行到極處。又，《大學》只前面三句是綱領。良心便是明德，止是事事各有个止處。大學須自格物入，格物從敬入最好。只敬，便能格物。敬是個瑩徹底物事。又，至善是明德中有此極至處。只是又當知如何而爲止於仁，如何而止於敬，如何而止於慈孝，與國人交之信。這裏便用究竟一个下工夫處。過與不及，皆不濟事。但仁敬慈孝，誰能到得這裏？聞有不及者矣，未聞有過於此者也。這个道理，本是天之所以與我者，不爲聖賢而有餘，不爲愚不肖而不足。但其間節目，須當講學以明之，此所以讀聖賢之書，須當知他下工夫處。又，"明明德"是知，"止於至善"是守。又，事事皆有至善處。"善"字輕，"至"字重。又，雖不可使知之，亦當使由之，不出規矩準繩之外。又，"止於至善"，是包"在明明德，在新民"。又，明德、新民，二者皆要至於極處。須是要止於極至處。又，明德中也有至善，新民中也有至善，皆要到那極處。至善，隨處皆有。至善，只是以其極言。不特是理會到極處，亦要做到極處。又，明德，是我得之於天，而方寸中光明底物事。統而言之，仁義禮智。以其發見而言之，如惻隱、羞惡之類；以其見於實用言之，如事親、從兄是也。如此等德，本不待自家明之。但從來爲氣禀所拘，物欲所蔽，一向昏昧，更不光明。而今却在挑剔揩磨出來，以復向來得之於天者，此便是"明明德"。我既是明得个明德，見他人爲氣禀物欲所昏，自家豈不惻然欲有以新之，使之亦如我挑剔揩磨，以革其向來氣禀物欲之昏而復其得之於天者。此便是"新民"。然明德、新民，初非是人力私意所爲，本自有一箇當然之則，過之不可，不及亦不可。且以孝言之，孝是明德，然亦自有當然之則。不及則固不是，若是過其則，必有刲[①]股之事。須是要到當然之則田地而不遷，此方是"止於至善"。又，明德、新民，皆當止於至善。不及於止，則是未當止而止；當止而不止，則是過其所止；能止而不久，則是失其所止。明德新民，皆當止於極好處。止者，止於是而不遷之意。且教自家先明得盡，然後漸民以仁，摩民以義。又，或問："明德可以止於至善，新民如何得他止於至善？"曰："若是新民而未止於至善，亦是自家有所未到。若使聖人在上，便自有个處置。"又問："夫子非不明德，其歷諸國，豈不欲春秋之民皆止於至善？到他不從，聖人也無可奈何。"曰："若使聖人得位，則

① kuí，割意。

必須綏來動和。”[1] 又云：“此是説理，理必須是如此。且如‘致中和，天地位，萬物育’。然堯有九年之水，想有多少不育之物。大德必得名位禄壽，也豈箇箇如此！只是理必如此。”又，明明德，便要如湯之日新；新民，便要如文王之“周雖舊邦，其命維新”。各求止於至善之地而後止也。又，“在明明德，在新民，在止於至善”，却是做工夫處。又，至者，天理人心之極致。蓋其本於天理，驗于人心，即事即物而無所不在。

又曰：須是灼然知得物理當止之處，心自會定。又，物格、知至也無頓斷。都知到盡處了，方能知止有定。這道理無它，只怕人等待。事到面前，便理會得去做，無有不得者。又，“知止而后有定”，須是事事物物都理會得盡，而後有定。又，定，是見得事事物物上千頭百緒皆有定理；静，只就自家一箇心上説。又，定是理，静在心。既定於理，心便會静。又，凡立説須寬，方流轉，不得局定。又，安，只是無臲卼[2]之意。才不紛擾，便安。二字自有淺深。又，但静是就心上説，安是就身上説。又，既静，則外物自然無以動其心；既安，則所處而皆當。又，能安者，以地位言之也。在此則此安，在彼則彼安；在富貴亦安，在貧賤亦安[3]。又，知止，只是識得一箇去處。既已識得，即心中便定，更不他求。“定而后能静，静而后能安”，亦相去不遠，但有深淺耳。又，定、静、安頗相似。定，謂所止各有定理；静，謂遇物來能不動；安，謂隨所寓而安，蓋深於静也。又，定、静、安三字大略相類。然定是心中知“爲人君止於仁，爲人臣止於敬”。心下有箇定理，便别無膠擾，自然是静。如此，則隨所處而安。又，定，對動而言。初知所

---

① 《論語·子張》第二十五章：夫子之得邦家者，所謂立之斯立，道之斯行，綏之斯來，動之斯和。其生也榮，其死也哀，如之何其可及也。朱子曰：立之，謂植其生也。道，引也，謂教之也。行，從也。綏，安也。來，歸附也。動，謂鼓舞之也。和，所謂於變時雍。言其感應之妙，神速如此。榮，謂莫不尊親。哀，則如喪考妣。程子曰：“此聖人之神化，上下與天地同流者也。”（《四書章句集注》，192—193頁）亦即所謂“近者悦，遠者來”也。

② nièwù，不安的樣子。

③ 船山對此頗有微辭，他以爲，“所處而安”，是安於所學，雖有不合者，更無畏難而生危疑之心。此句最忌將富貴、貧賤、患難等語胡混。（《四書箋解》卷一，《大學》，《船山全書》第六册，108頁）

止，是動底方定，方不走作，如水之初定。静則定得來久，物不能撓，處山林亦静，處廛市亦静。安，則静者廣，無所適而不安。静固安，動亦安，看處甚事皆安然不撓。慮者，思之精審也。又，先是自家心安了，有事來，方始思量區處得當。然這也從知止説下來。若知其所止，自然如此，這却不消得工夫。若知所止，便見事事决定是如此，决定著做到如此地位，欠闕些子，便自住不得。又，既知此理，更須是審思而行。又，若知至了，及臨時不能慮，則安頓得不恰好。又，能安者，隨所處而安，無所擇地而安。能慮，是見於應事處能慮。又，慮，是思之重復詳審者。又，慮，是研幾。又，又要"明明德於天下"，不止是要了自家一身。又，言能知止，則有所定；有所定，則知其理之確然如是。一定，則不可移易，任是千動萬動，也動摇他不得。既定，則能静；静，則能安；安，則能慮；慮，能得其所止之實矣。又，知止至能得，蓋才知所止，則志有定向；才定，則自能静；静，則自能安；安，則自能慮；慮，則自能得。要緊在能字。又，能字自有道理。是事至物來之際，思之審，處之當，斯得之矣。又，知止，只是先知得事理如此，便有定。能静能安，及到事至物來，乃能慮。"能"字自有意思。謂知之審而后能慮，慮之審而后能得。又，物格、知至，則天下事事物物皆知有箇定理。所見既定，則心不動摇走作，所以能静。既静，則隨所處而安。看安頓在甚處，如處富貴、貧賤、患難，無往而不安。静者，主心而言；安者，主身與事而言。能慮，則是前面所知之事到得，會行得去。又，只上面是方知，下面是實得耳。不如此，不實得。如此，上面知止處，其實未有知也。通此五句，才做得"致知在格物"一句。又，安主事而言，不安便不能思。定、静、安都相似。未到安處，思量未得。慮是思之周密處。又，這數句，只是要曉得知止。却緊要只是"在止於至善"；而不説知止，則無下工夫處。又，知止，如射者之於的；得止，是已中其的。至言仁則當如堯，言孝則當如舜，言敬則當如文王，這方是得止。又，知止是知事事物物各有其理。到慮而后能得處，便是得所以處事之理。知止，如人之射，必欲中的，終不成要射做東去，又要射做西去。慮而后能得，便是射而中的矣。又，知止，是知事物所當止之理。到得臨事，又須研幾審處，方能得所止。如《易》所謂“惟深也故能通天下之志”，此似知止；“惟幾也故能成天下之務”，此便是能慮。知止是先講明工夫，能慮是臨事審處之功。又，知止，只是知有這箇道理，也須是得其所止方是。若要得其所止，直是能慮方得。能慮却是緊要。能慮，是見得此事合當如此，便如此做。又，真箇是知得到至善處，便會到能得地位。如何要去明明德，如何要去新民，如何要得止於至善，正當理會。知止、能得，這處却未甚要緊。聖人但說箇知止、能得樣子在這裏。又，至善雖不外乎明德，然明德亦有略略明者。須是止那極至處。又，真知所止，則必得所止，雖若無甚間隔，其間亦有少過度處。健步勇往，勢雖必至，然移步亦須略有漸次也。又，知與行，工夫須著並到。知之愈明，則行之愈篤；行之愈篤，則知之益明。二者皆不可偏廢。然學問、慎思、明辨、力行，皆不可闕一。又，工夫全在知止。若能知止，則自能如此。又，知止至能得，是說知至、意誠中間事。又，知在外，得便在我。[①]

〇又曰：放心者，或心起邪思，意有妄念，耳聽邪言，目觀亂色，口談不道之言，至於手足動之不以禮，皆是放也。收者，便於邪思妄念處截斷不續，至於耳目言動皆然，此乃謂之收。既能收其放心，德性自然養得。又，持敬以補小學之闕。又，自小學不傳，伊川却是帶補一“敬”字。又，“敬”字是徹頭徹尾工夫。自格物、致知至治國、平天下，皆不外此。又，若是敬時，自然“主一無適”，自然“整齊嚴肅”，自然“常惺惺”[②]，“其心收斂不容一物”。又，如某所見，伊川說得切當。且如整齊嚴肅，此心便存，便能惺惺。又，“主一無適”，又說箇“整齊嚴肅”；“整齊嚴肅”，亦只是“主一無適”意。且自看整齊嚴肅時如何這裏便敬。常惺惺也便是敬。收斂此心，不容一物，也便是敬。如

---

① 《朱子語類》卷第十四，《大學》一，經上，第一册，260—281頁。

② 船山似對“惺惺”之說亦有微辭，他以爲，“虛靈不昧”之“虛”者，本未有私欲之謂也。(不可云如虛空。)“靈”者，曲折洞達而咸善也。(《尚書》靈字，只作善解，孟子所言仁術，此也，不可作機警訓。)“不昧”有初終、表裏二義：初之所得，終不昧之；於表有得，裏亦不昧。(不可云常惺惺。)只此三義，“明”字之旨已盡，切不可以光訓“明”。(《讀四書大全說》卷一，聖經，《船山全書》第六册，395頁)

惻隱、羞惡、是非、辭遜是正心，才差去，便是放。若整齊、嚴肅，便有惻隱、羞惡、是非、辭遜。又，“主一無適”與“整齊嚴肅”只是箇敬。極而至於堯舜，也只常常是箇敬。若語言不同，自是那時就那事説，自應如此。且如《大學》《論語》《孟子》《中庸》都説敬；《詩》也，《書》也，《禮》也，亦都説敬。各就那事上説得改頭換面。要之，只是箇敬。如未出門、使民時是這箇敬；當出門、使民時也只是這箇敬。到得出門、使民了，也只是如此。又，整齊嚴肅雖非敬，然所以爲敬也。嚴威儼恪，亦是如此。又，上蔡説：“敬者，常惺惺法也。”不如程子整齊嚴肅之説爲好。蓋人能如此，其心即在此，便惺惺。又，大抵敬有二：有未發，有已發。所謂“毋不敬”，“事思敬”，是也。雖是有二，然但一本，只是見於動静有異，學者須要常流通無間。又，吾儒喚醒此心，欲他照管許多道理；佛氏則空喚醒在此，無所作爲，其異處在此。又，心主這一事，不爲他事所亂，便是不容一物也。

又曰：健是稟得那陽之氣，順是稟得那陰之氣，五常是稟得五行之理。人物皆稟得健順五常之性。又，物之生，必因氣之聚而後有形，得其清者爲人，得其濁者爲物。又，理者，如一寶珠，在聖賢，則如置在清水中，其輝光自然發見；在愚不肖者，如置在濁水中，須是澄去泥沙，則光方可見。今人所以不見理，合澄去泥沙，此所以須要克治也。至如萬物亦有此理。天何嘗不將此理與他。只爲氣昏塞，如置寶珠於濁泥中，不復可見。又，聰明曉事者，智也而或不賢，便是稟賦中欠了清和温恭之德。又有人極温和而不甚曉事，便是賢而不智。爲學便是要克化，教此等氣質令恰好耳。又，初言人之所以異於禽獸者，至下須是見己之所以參化育者。到，大有地步在。但學者須先知其如此，方可以下手。今學者多言待發見處下手，此已遲却。纔思要得善時，便是善。又，初間説人人同得之理，次又説人人同受之氣。然其間却有撞著不好底氣以生者，這便被他拘滯了，要變化却難。天地之氣，有清有濁。若值得晦暗昏濁底氣，這便稟受得不好了。既是如此，又加以應接事物，逐逐於利欲，故本來明德只管昏塞了。故《大學》必教人如此用工，到後來却會復得初頭渾全底道理。又，那箇覺，是物格知至了，大徹悟。

到恁地時，事都了。若是介然之覺，一日之間，其發也無時無數，只要人識認得操持充養將去。又，真知是知得真箇如此，不只是聽得人説，便喚做知。覺，則是忽然心中自有所覺悟，曉得道理是如此。人只有兩般心：一箇是是底心，一箇是不是底心。只是才知得這是箇不是底心，只這知得不是底心底心，便是是底心。便將這知得不是底心去治那不是底心。知得不是底心便是主，那不是底心便是客。便將這箇做主去治那箇客，便常守定這箇知得不是底心做主，莫要放失，更那别討箇心來喚做是底心！又，程子所謂“以心使心”，便是如此。人多疑是兩箇心，不知只是將這知得不是底心去治那不是底心而已。又，若論此心發見，無時而不發見，不特見孺子之時爲然也。便是物欲昏蔽之極，也無時不醒覺。只是醒覺了，自放過去，不曾存得耳。又，但此理不比磨鏡之法。忽然閃出這光明來，不待磨而後現，但人不自察耳。又，大抵至善只是極好處，十分端正恰好，無一毫不是處，無一毫不到處。又，今之人，多是理會得半截，便道了。待人看來，喚做好也得，喚做不好也得。又，故《大學》必使人從致知直截要理會透，方做得。不要恁地半間半界，含含糊糊。且看孟子，那箇事恁地含糊放過！有一字不是，直争到底。這是他見得十分極至，十分透徹，如何不説得？又，至善只是明德極盡處，至纖至悉，無所不盡。

又曰：自謂能明其德而不屑乎新民者，如佛、老便是；不務明其明德，而以政教法度爲足以新民者，如管仲之徒便是；略知明德新民，而不求止於至善者，如前日所論王通便是。又，須是無所不用其極，方始是。看古之聖賢别無用心，只這兩者是喫緊處：明明德，便欲無一毫私欲；新民，便欲人於事事物物上皆是當。又，此亦是聖人一大事也。千言萬語，只是説這箇道理。聖人只是常欲扶持這箇道理，教他撑天柱地。又，德既明，自然是能新民。然亦有一種人不如此，此便是釋、老之學。此箇道理，人人有之，不是自家可專獨之物。既是明得此理，須當推以及人，使各明其德。又，陸子静從初亦學佛，嘗言：“儒佛差處是義利之間。”某應曰：“此猶是第二著，只它根本處便不是。當初釋迦爲太子時，出遊，見生老病死苦，遂厭惡之，入雪山修行。從上一念，便一切作空看，惟恐割棄之不猛，屏除之不盡。吾儒却不然。蓋見得無一物不具此理，無一理可違於物。佛説萬理俱空，吾儒説萬理俱實。從此一差，方有公私、義利之不同。”

又曰：定、静、安三項若相似，説出來煞不同。有定，是就事理上説，言知得到時，見事物上各各有箇合當底道理。静，只就心上説。這段須看意思接續處。又，“慮”字看來更重似“思”字。又，定、静、安，皆相類，只是中間細分別恁地。①

〇程子曰：明德者，明此理也。又，親，當作新，言既自明其德，而使人用此道以自新也。（伊川）又，至善者，義理之精微，無可得而名，姑以至善目之也。又，止於至善，反己守約是也。（明道）又，止於至善，如子止於孝，父止於慈之類，非謂務觀物理於外，泛然如游騎無所歸也。又，明德新民豈分人我，此成德者之事也。（明道）又，知止則自定，萬物撓不動，非是别將定來助知止也。又，得而後動與慮而後動異，得在己，如自使手舉物無不從者；慮則未在己，如手持物，知其不利。又，人之學莫大於知本末終始，致知在格物，則所謂本也，始也；治天下國家，則所謂末也，終也。治天下國家，必本諸身，其身不正，而能治天下國家者，無之。（伊川）

〇吕大臨曰：大學者，大人之學也，窮理盡性而已。性者，合内外之道，以天地萬物爲一體者也。人倫物理，皆吾分之所固有；居仁由義，皆吾事之所必然。物雖殊類，所以體之則一；事雖多變，所以用之則一。知此，然後謂之明，明則窮理者也；至此，然後謂之誠，誠則盡性者也。“在明明德”者，窮理以自明其明德者也；“在親民”者，推吾明德，以明民之未明，所謂先知覺後知，先覺覺後覺者也。己則不明，而以明民，則不知；自明其德，而不以明民，則不仁。二者皆非大人之事，不可與窮理盡性者也。“在止於至善”者，所謂誠也，善之至者，無以加於此也。爲人君，止於仁；爲人臣，止於敬；爲人子，止於孝；爲人父，止於慈；與國人交，止於信。所止者，皆善之至者也。所居之

---

① 《朱子語類》卷第十七，《大學》四，《或問》上，經一章，第二册，370—381頁。

位不同，則所止之善不一，其所以止於至善，則一也。蓋學至於誠，則天之道也，非有我之得私也，故不勉而中，不思而得，從容中道。雖善不足以明之，然天下之善，何以加此？故所止者，止於是而已。人之所以不定者，以其不知所止而已，猶行者之未得舍，則不能不求其他。故人莫不欲知所止，所止未在於至善，則終亦莫之定矣。夫學至於誠，則莫非天道之自然，盛行不加，窮居不損，先聖後聖，若合符節，可以不勉不思，自中於道，豈容人之智力措於其間哉？知此，則其心定矣，故曰"知止而後有定"；定則無所事，故能静；無所事，則莫非吾分之所固有，吾事之所必然，故能安；安則有諸己而不去，然後可以用之，而謀慮生焉；以此謀慮，則未有不得者也。窮理，則本末終始莫不有序，昭然成列，而不可亂也。知天下皆吾體也，則不得不以吾身爲本，以天下爲末；知盡性者，必以明明德於天下爲主，則不得不以致知爲始，以明明德於天下爲終。知此，則可以進道，故曰"近"。德至此，則與道爲一，夫何遠近之有哉？

○真德秀曰：明德乃天賦與之德性也，本自光明，緣人始生之初所稟之氣不同，有稟得清明純粹之氣者，則爲聖爲賢；有稟得半清半濁之氣者，則爲中人；全稟昏濁之氣者，則爲愚不肖。此所謂氣稟所拘也。及生而爲人，既有知識，與外物接，則耳欲聲，目欲色，鼻欲香，口欲味，私欲一勝，則本心爲其所乘，遂流於不善，而所謂明德者亦從而昏矣，此所謂物欲所蔽也。人能講學窮理，則可以復其本然之性，故曰明明德也。又，《大學》之止至善，正是孟子美與大之地，位久而不息，則大而化之至於聖矣。蓋功夫到此，已是十分，更無可用力者，但優游涵泳以俟其自化爾。故《易》曰"窮神知化，德之盛也"。横渠曰"大可能也，化不可能也"。蓋化則不可用力矣。又，知止者，謂知爲君必止於仁，爲臣必止於敬，爲子必止於孝，爲父必止於慈，方知得此理，未曾實到其地。能得者，謂爲君已仁，爲臣已敬，爲子已孝，爲父已慈，是實到其地矣。又，定、静、安三字相類，但有淺深，學者用工且從定字起。如此心摇動不定，如何講得學問，窮得義理？此心既定，方可漸到静與安之地；此心未定，便要得静與安，無是理也。[①]

○胡炳文曰：鄭氏以《大學》爲博學，吕大臨謂聖人所以教人之大者，朱子以爲因小學之成功著大學之明法。小學是小子之學，大學是大人之學，以年之大小言。又，要而言之，則明明德又爲三者之綱領，乃《大學》一書之大綱領也。又，金氏曰：不結曰此是大學之道，而曰則近道矣，蓋道者當行之路，行着便是道上，"知所先後"方是知得，方見得在面前了，未踏在道上，所以只曰近。[②]

○景星曰：此三句爲《大學》一篇綱領，若更推其極，又只"在明明德"一句。大學之道，言大人爲學之方也。此道字便是方字，與孟子"深造之以道"之道字同。三"在"字，《章句》訓當字，言大人爲學之方，當明明德，當新民，當止於至善也。又，《學記》言"大學之教"，此言"大學之道"，二字當並看，下文言"近道"，亦與此道字相應。道之無過不及處，即是中。又，定、静、安屬知，慮、得屬行，此五節是功效次第，不是工夫節目，其相去但有淺深爾，與《中庸》動、變、化相類。又，事物對言，則物自物，事自事；專言物，則事在其中。物有形，事無迹。明德新民以人己對言，故曰物；知止五者是一事終始，故曰事。此物字，指心、身、家、國、天下而言，此事字，指正、修、齊、治、平而言。[③]

○船山曰：首章　此章明分爲二段，只依注爲萬不可易。前一段括大學之旨，分爲三，見其並至而不可偏廢，而學有其序以順成，以"物有本末"一節結之。後一段列序其爲學之方有八，互相因以相成，而八者有其樞要，以"自天子"二節結之。切忌將"知所先後"起下，而有"知所後"不通之胡談，後廣釋之。

又曰："大學"節　"大學之道"四字，已函有八條目在内，三"在"字言其大旨在於此也。"明德"，身心意知之德也。"虚靈"，知之

---

① 《禮記集説》卷一百四十九，《大學》第四十二，《通志堂經解》第13册，488—490頁。

② 《四書通·大學通》，《通志堂經解》第15册，402—403頁。

③ 《大學中庸集説啓蒙·大學》，景印文淵閣《四庫全書》第204册，969—972頁。

德；"不昧"，意之德；"具衆理"，心之德；"應萬事"，身之德。明之者，格致誠正修以著其全體大用也。習即是染，反其習以向善即是新。"止於至善"者，明德則必使身心意知之無不明，新民則必使家國天下之無不新。明德非但以修己，即以齊治平而理皆得；新民非但務治人，必根本明德以化民成俗。"必至於是"，是盡心力以求至；"不遷"，是持守其大全而不使久缺。此節言大學之所以格致誠正修齊治平畢致其功者，以明德必欲明，民必使新，所止者必至善也。切不可於明、新、止字上下工夫語。

又曰："知止"節　"知止"是省文，實謂"知止於至善"也。知乃大學之教，使學者知以此爲學，非止至善之上别有求知之方法。定、静、安、慮，是爲學時功候。"志有定向"，是志學時便向至善上下工夫；"心不妄動"，是專一安静，不浮慕而坐馳；"所處而安"，是安於所學，雖有不合者，更無畏難而生危疑之心。此句最忌將富貴、貧賤、患難等語胡混。"處事精詳"，事即明德新民之事，處者學其所以處之之理。"得"乃全乎至善之學而以待用，皆是學時節次，與《孟子》"居之安"三句略同。此節之意，以方學而即以至善爲止，疑於太高，故申言必先知所必至，然後明新之理無不得，故不可以近小拘蔽之也。

又曰："物有本末"節　上言三者並重，而此以學之序言。"物有本末"結首節，新民必明德以新之，故必止於至善。"事有終始"結知止節，必止至善而後德無不明，民無不新。"物有本末"二句，時解有云推開泛論者，不通，須依《注》直指明、新、知、得。明德所以謂之物者，以身心意知亦是待治之物，如言有物有則。"事有終始"之先後，與本末之先後不同。此言終者，終其所始，不以其善成於終者立規模於前，則後所得者善不至，不可迫求小有得而苟成其終也。①

又曰："虚靈不昧"之"虚"者，本未有私欲之謂也。（不可云如虚空。）"靈"者，曲折洞達而咸善也。（《尚書》靈字，只作善解，孟子所言仁術，此也，不可作機警訓。）"不昧"有初終、表裏二義：初之所

---

① 《四書箋解》卷一，《大學》，《船山全書》第六册，107—109頁。

得，終不昧之；於表有得，裏亦不昧。（不可云常惺惺。）只此三義，“明”字之旨已盡，切不可以光訓“明”。又，新安引《書》“舊染污俗，咸與惟新”以釋此，則是過泥出處而成滯累。如湯之自銘“日新”也，豈亦染桀之污俗乎？况《書》云“咸與惟新”，只是除前不究意，與此何干？又，“止於至善”須一氣讀下，歸重“至善”一“至”字。言必到至善地位，方是歸宿，而既到至善地位，不可退轉也。此中原無太過，只有不及。又，不知格物、致知、正心、誠意以明明德，安得有太過？《補傳》云“即凡天下之物，莫不因其已知之理而益窮之，以求至乎其極”，何等繁重！《誠意傳》云“如惡惡臭，如好好色”，何等峻切！而有能過是以爲功者乎？又，“在”云者，言大學教人之目雖有八，其所學之事雖繁重廣大，而約其道則在三者也。又，自“知止”到“能得”，徹首徹尾，五者次見而不舍。合而言之，與學相終始；分而言之，格一物亦須有五者之效方格得，乃至平天下亦然。①

又曰：古者大學之法，所以立教者備矣，而夫子取其旨趣而著明之，使學者之所以入德也。謂夫大學者，所以教人修己治人而成大人之德業者也。又，大學之道，則所以復吾性具知之理，以曉然於善而遠於惡，而勿使有所纍、有所蔽也。又，大學之道，則所以推斯民觀化之原，革其非心而生其善氣，而教日隆，治日美也。又，乃其明德之學，無一理之不求明，無一念之不求審，無一事之不求當；其新民之學，責之已者必備，用其情者必正，立之教者必順；將以何爲也哉？蓋以止於至善也。蓋德之明，民之新，善也。而德之明必全乎性之善，民之新必底於化之成，明新合一而極乎内聖外王之理者，則至善也。苟限於小善，移於異教，而致悖其全體。大學之道，則所以該吾善必盡之功，全於在躬，而遍於天下，勿使有所限、有所移也。又，夫至善誠未易止也，吾亦非謂學焉而即能得所止也，然而不可不知有至善而思止之也。蓋始之所求者小成之美，則終不知至善之當止而終身無可成之德業矣。又，由此言之，則既欲與大學之道相近而不相背者可知矣。知止而後規

① 《讀四書大全説》卷一，聖經，《船山全書》第六册，395—398頁。

模以立，學術以審，終始相因矣。又，夫末生於本，則先立其本而後末可通焉；始必念其終，則先正其始而後可大其終焉，學者先後之序可知矣。其有能知所先後者乎？不以明德之功爲約，新民之功爲博，而疑學問之不可以該事功；不以能得之效有待，知止之功已迫，而疑小成之可進而求大德？則其於學也，爲之有序而立之有基，其於大學之道，不致相遠，而無難知難行矣。[①]

〇吕留良曰：其實此"大學"字却指"爲學"之"學"，乃古昔教人之法之義，故注云"大人之學"，其非地制之"大學"可知。除却俗學，今之講章時文也；異學，今之陽儒陰釋以講學者，即是《大學》之道。又，《大學》無重心義，以其本天也。蓋心非即"明德"，心所具者乃"明德"耳，單説心，即本心之學，非聖學也。"明德"兼身心性情，合體用而言，不止心體。不説"明德""新民"是爲己爲人之學，而云成己成物則得，爲人非聖學也，兩様夾雜不得。"止至善"者，如學聖必孔子，治法必唐、虞、三代。"止至善"只説知，不説行，行即在"明""新"内也。故下文急接"知止"，乃爲入門下手之要，即《中庸》告君"誠身"，必先"明善"也。《大學》三綱領，而江西頓悟，是知有"明明德"，而不知其有"至善"也；永康事功，是知有"新民"，而不知其有"至善"也。方知聖人於"明""新"下急著此一綱領，吃緊爲人處，是聖學之定盤星、指南針，若少此一綱領，則上兩綱領都無根柢。然此一綱領至實却至虚，最難見，故最難信。上兩綱領知行並重，此一綱領却單重在知。"至善"只是難知，知得自然行得，行處只在上兩綱領内，不須更説。故"知止"一節，緊帖定第三句綱領説。有此一節，則此一綱領已了畢，以下八條目，只就上兩綱領中條析次第言之。若云必知止至善，自然定静安慮而得止至善，以一"止"字，總括"止於至善"四字，蓋急轉口省文也。異説講"止"字皆離却"至善"，故錯入禪去；然亦有不離"至善"講而愈錯者。其不但所謂"止"字懸空，連"至善"先懸空。緣他所謂"至善"，離却"明""新"事理而

① 《四書訓義》(上)卷一，《大學》，《船山全書》第七册，43—46頁。

言。聖經之所謂“至善”，正在“明”“新”事理上求絲毫不差之極處耳。故予謂此節“止”字必要靠實“至善”説，“至善”必要靠實“明”“新”説，方有著落。“物格”“知至”，則知所止矣，“意誠”以下，則皆得所止之序也。“格物致知”，是“知止”前功夫。知止，是説曉得極頭處，不是識得箇路徑。定、静、安、慮、得，是“知止”後自然相因而見，然五者之中，“慮”字一節自别，是臨事時研幾審處，正是“知止”發用爲知，得緊要關頭，比上三事更重更難，但“慮”之所以窮幽極微，使事理盡處無不到，則非“安”不能也。“知先後”“知”字，與“知止”“致知”兩“知”字不同，此處較輕。本末終始，聖人細細區分，正欲人會歸精一。①

〇汪紱曰：一章分二段，前統言大學教人之法，而“物有本末”節，於綱領中指出先後之序以結之。後即於綱領中詳其節目，以示人知所用功。而“自天子”二節，又於條目中指出修身爲本，而反言以結之，亦即所以終“物有本末”一節之意也。“大學之道”“道”字只依許氏作修爲方法看，三“在”字有總括大凡意，要其大綱則止此三者，無他“在”也。又，止至善事分寓于八條目中而“止”字工夫未出，故此獨申止至善一句，曰知曰得，即亦止至善中之條目也。以“止”字代“至善”二字，見天下事物在己在人皆自具一至中至當之境，人所當止而確乎不可移易也。知止者，識其事之所當然而明其理之所以然。知止即下之知至，但知至擴開横説，知止一嚮直説；知至是所知既至，知止是知得那止也。格致工夫在知止前，定、静、安、慮，皆知止中效驗。下之誠、正、修、齊工夫，則皆從能慮後著脚，而意誠心正身修以至於齊治平，則皆能得止之事也。知以物盡，志以知定，此皆平素豫定之功；心以志静，身以心安，静者不爲外物所摇，安者從容閒適之意，俱是知中境界。慮則事至物交之會應接之初，能著一番熟思審處，能慮是知止中效驗，而慮字則有工夫，故能得緊接慮字。能得雖跟知止來，亦須必由慮過也。又，首節首標明德，次節首標知止，已見先後。但恐人

① 《四書講義》卷一，《大學》一，上册，3—9頁。

糊塗看過，故再特提出次序以結之。明新至善事理之當然，道也。知所先後則從事有方，而明新至善可以循至，故曰“近道”。此“道”字原非“大學之道”“道”字，知所先後而近道，則正是大學之道。不知所先後則已失修爲之方也。又此“知”字甚淺，不獨在知止前，而且在格致工夫前，曉得要先知止，然後去做格致工夫。若將此“知”字與知止、知至等“知”字混看，則並將知止知至“知”字亦都淺了。①

〇丁紀曰：其第一層（即經上），揭“三綱領”之旨，所以爲學問上達之歸穴也。又，（朱子）所謂“明之”，非欲添一絲之“明”於人所得於天者，只是遮撥障蔽，以見此德之本明而已。“明之”既言“復”，“明德”則如人之“初心”。“具衆理”，理由此出；“應萬事”，答應萬物：皆在我也。又，“明德”我有，或獨知之，不足以信於人；而印之於天下國家、人我身心、知見事物等一切之上，可知“明之”不但爲“明德”做遮撥、復原之内向式工作，亦有“顯耀光暢”之意也。而天下國家等既爲所顯耀，又可知物雖莫不有理，而不必言“明德”，則天下不有德，國家不有德，身不有德，亦不可謂心爲德，不可謂意爲德，不可謂知爲德，不可謂物爲德，然而能施德化而造德境，皆決於我將此本有“明德”一力推去也。“明明德”前一“明”字有“顯耀光暢”義，而後一“明”字乃“光明澄澈”義。“明明德”者，將此澄澈之物普耀於諸物也。又，於“明明德”，人不但皆能以“自明”，亦須知此“明德”之爲自存、自在者也。經本有此意而傳無之，可見經圓而傳則未免有所偏。又，“親”當作“新”，蓋以傳之二章屢曰“新”而未嘗一言“親”字，所謂以傳證經也。“舊染之污”即前所謂“氣稟所拘、人欲所蔽”之類。又，止，朱子解曰“必至於是而不遷”，則“止”字須兼兩義：“必至”，蓋謂躋蹬之不已也；“不遷”，蓋謂安處之不去也。是，指至善而言。至善，朱子解曰“事理當然之極”，至者，極也；善者，當然也。又，我意，“知止”之“止”固是“止於至善”之“止”，然此似言一而兼三，總“三綱領”而言之，蓋“三綱領”無非學者所當止之地

① 《四書詮義》上，卷一，《大學》，《叢書集成三編》第10册，358—361頁。

也。又，就有德言，此節與《論語》總章二〇相仿佛："知止而后有定"如十五志學、三十而立，"定而后能静"如四十不惑，"静而后能安"如五十知天命，"安而后能慮"如六十耳順，"慮而后能得"如七十從心所欲不逾矩。又，就學者言，經之二節可謂對於"八條目"之預演："知止"如格物、致知，"定"如誠意，"静"如正心，"安"如修身，"慮"如齊家、治國，"得"如平天下。惟若就有德言之，"知止"爲既至、既止，由此而定、静、安、慮、得，乃地位高者之以高俯下，而非欲至、將至者之以下取上，則其中五"而后"，非對先言後，非有過程性，乃不俟周折而現者，若謂知止當即有定、定當即能静、静當即能安、安當即能慮、慮當即能得，與經之五節七"而后"取義有不同。言知、言定、言静、言安，則有學者、有德者之不同；言慮、言得，"其至則一"，亦無所謂學者與有德者之不同矣。又，"明德"實即"明明德"之至善，天下無一民不以歸止此明德而得自新則"新民"之至善，然則"明明德""新民"其中無不有至善，至善在"明明德""新民"中而成爲一種内在目的性。要之，所謂"至善"也者，乃是對彼至善者一種表德之辭，而"明明德""新民"中既有之至善皆此"明德"而已，則可謂：至善乃是明德之表德辭、"虚詞"，明德則是至善之"實詞"，明德即所謂至善者。"三綱領"舉其一，則三者無不在其中，所謂舉一而賅三，而非三者一一之關係也。（又如經之三節）何以謂之"近道"？"明德"即此"道"也，"至善"即此"道"也，"明明德"造乎此道，"新民"由乎此道，此道既非合一個先後而成，亦非由合一個先後而得道之近似者。可知"知先後"之"知"，不同于"知止"之"知"，以其所"知"不同也（"致知"之"知"，取"知止"之"知"義）。"知先後"非"知道"，亦非"知道之近似者"，然而于事物之先後一定，先者先之，後者後之，此是逐漸入道之法，所謂"近道"也。"知先後"則曰"近道"，固不得以"先後"爲"道"，然"知道"得自論先後始。"知先後"如此，則非論道、論綱領，可知程朱以先後説"三綱領"關係處，多是權説，爲啓發語，欲使人自先後之論而發起自肯之心也。[①]

○鄭玄曰：明明德，謂顯明其至德也。止，猶自處也。得，謂得事之宜也。近，“附近”之近。

○孔穎達曰：此經“大學之道”，在於明明德，在於親民，在止於至善，積德而行，則近於道也。又，言大學之道，在於章明己之光明之德。謂身有明德而更章顯之。此其一也。又，言大學之道，在於親愛於民。是其二也。又，言大學之道，在止處於至善之行。此其三也。言大學之道，在於此三事矣。又，既知止於至善，而後心能有定，不有差貳也。又，心定無欲，故能静，不躁求也。又，以静，故情性安和也。又，情既安和，能思慮於事也。又，既能思慮，然後於事得宜也。又，若於事得宜，而天下萬物有本有末，經營百事有終有始也。又，既能如此，天下百事萬物，皆識知其先後也。又，若能行此諸事，則附近於大道矣。[②]

○葉適曰：明德者，人之本也，治己待人，遇事接物，以至於死生變故之際，皆有至明而不可亂者。自衆人而視聖賢，疑其所獨至者，出於尋常知慮之外，以爲不可及。而不知聖賢由乎天人之常理而無所加損焉，理無不明，而學者必蒙自蒙以發明，如雲霧之除，膏火之光，昏夜之旦，日月之出，光輝洞達表裏無間，此《大學》之所以爲明也。[③]

○黎立武曰：《大學》者，大成之學也。《學記》云“知類强立，謂之大成”，是以化民易俗，此大學之道也。道亦大矣，學所以明道也，行道也，豈小成哉？故曰大成之學。又，善之爲義至矣，此書終始以之曰至善，曰爲善，曰不善，曰僞善，明乎此，則一書大旨昭然。又，究而言之，明明德而止至善者，建用皇極之道；新民而止至善者，會歸有

---

① 《大學條解》，29、30、32、33、38、39—41、47—49 頁。案：丁紀將經一章分爲兩層七節，第一層即經上，包含第一節，“大學”至“至善”；第二節，“知止”至“能得”；第三節，“物有”至“道矣”。第二層即經下，包含第四節，“古之”至“格物”；第五節，“物格”至“天下平”；第六節，“自天子”至“爲本”；第七節，“其本”至“有也”。二、“經章之層次”，28—29 頁）

② 《禮記正義》卷第六十六，《大學》第四十二，下册，2236、2240 頁。

③ 《禮記集説》卷一百四十九，《大學》第四十二，《通志堂經解》第 13 册，490 頁。

極之道。至矣哉！又，“知止而後有定”云云，上承三是存乎止，下開八條存乎知，道存乎止至善，明道存乎致知，下文所謂致其知、知之至者，正在乎此，所謂“不明乎善，不誠乎身”是也。夫明、新之在乎止至善者，“誠則明也”；止至善之存乎知止者，“明則誠也”。故於此首揭知止二字，以及定、静、安、慮、得之序，乃一篇之樞要，在《易》之《艮》“思不出位”之象也。又，“物有本末”指心、身、家、國、天下而言；“事有終始”指格、致、誠、正、修、齊、治、平而言。由心身而推之天下，自本而末也；由平治而遡之格物，終必有始也。先字總下六先，后字總下七后，行之則盡道，知之則近道也。道者，總三要八條言之，所謂大學之道也。[1]

〇陽明之《大學問》曰：“《大學》者，昔儒以爲大人之學矣。敢問大人之學何以在於‘明明德’乎？”陽明子曰：“大人者，以天地萬物爲一體者也，其視天下猶一家，中國猶一人焉；若夫間形骸而分爾我者，小人矣。大人之能以天地萬物爲一體也，非意之也，其心之仁本若是；其與天地萬物而爲一也。豈惟大人，雖小人之心亦莫不然，彼顧自小之耳。是故見孺子之入井，而必有怵惕惻隱之心焉，是其仁之與孺子而爲一體也；孺子猶同類者也，見鳥獸之哀鳴觳觫，而必有不忍之心焉，是其仁之與鳥獸而爲一體也；鳥獸猶有知覺者也，見草木之摧折而必有憫恤之心焉，是其仁之與草木而爲一體也；草木猶有生意者也，見瓦石之毁壞而必有顧惜之心焉，是其仁之與瓦石而爲一體也。是其一體之仁也，雖小人之心亦必有之。是乃根於天命之性，而自然靈昭不昧者也，是故謂之明德。小人之心既已分隔隘陋矣，而其一體之仁猶能不昧若此者，是其未動於欲而未蔽於私之時也；及其動于欲，蔽於私，而利害相攻，忿怒相激，則將戕物圮[2]類，無所不爲，其甚至有骨肉相殘者，而一體之仁亡矣。是故苟無私欲之蔽，則雖小人之心，而其一體之仁猶大人也；一有私欲之蔽，則雖大人之心，而其分隔隘陋猶小人矣。故夫爲

① 《大學本旨》，景印文淵閣《四庫全書》第200册，740—742頁。

② pǐ，毁壞。

大人之學者，亦惟去其私欲之蔽，以自明其明德，復其天地萬物一體之本然而已耳；非能於本體之外而有所增益之也。”

曰：“然則何以‘在親民’乎?”曰：“明明德者，立其天地萬物一體之體也；親民者，達其天地萬物一體之用也。故明明德必在於親民，而親民乃所以明其明德也。是故親吾之父，以及人之父，以及天下人之父，而後吾之仁實與吾之父、人之父，與天下人之父而爲一體矣，實與之爲一體，而後孝之明德始明矣！親吾之兄，以及人之兄，以及天下人之兄，而後吾之仁實與吾之兄、人之兄，與天下人之兄而爲一體矣，實與之爲一體，而後弟之明德始明矣！君臣也，夫婦也，朋友也，以至於山川鬼神鳥獸草木也，莫不實有以親之，以達吾一體之仁，然後吾之明德始無不明，而真能以天地萬物爲一體矣。夫是之謂明明德於天下，是之謂家齊國治而天下平，是之謂盡性。”

曰：“然則又烏在其爲‘止至善’乎?”曰：“至善者，明德親民之極則也。天命之性，粹然至善，其靈昭不昧者，此其至善之發見，是乃明德之本體，而即所謂良知者也。至善之發見，是而是焉，非而非焉，輕重厚薄，隨感隨應，變動不居，而亦莫不自有天然之中，是乃民彝物則之極，而不容少有議擬增損於其間也；少有擬議增損於其間，則是私意小智，而非至善之謂矣。自非慎獨之至，惟精惟一者，其孰能與於此乎？後之人惟其不知至善之在吾心，而用其私智以揣摸測度於其外，以爲事事物物各有定理也，是以昧其是非之則，支離決裂，人欲肆而天理亡，明德親民之學遂大亂於天下。蓋昔之人固有欲明其明德者矣，然惟不知止於至善，而騖其私心於過高，是以失之虛罔空寂，而無有乎家國天下之施，則二氏之流是矣；固有欲親其民者矣，然惟不知止於至善，而溺其私心於卑瑣，是以失之權謀智術，而無有乎仁愛惻怛之誠，則五伯功利之徒是矣。是皆不知止於至善之過也。故止至善之於明德親民也，猶之規矩之於方圓也，尺度之於長短也，權衡之於輕重也。故方圓而不止於規矩，爽其則矣；長短而不止於尺度，乖其劑矣；輕重而不止於權衡，失其准矣；明明德親民而不止於至善，亡其本矣。故止於至善以親民，而明其明德，是之謂大人之學。”

曰："'知止而后有定，定而后能静，静而后能安，安而后能慮，慮而后能得'，其説何也?"曰："人惟不知至善之在吾心，而求之於其外，以爲事事物物皆有定理也，而求至善於事事物物之中，是以支離决裂，錯雜紛紜，而莫知有一定之向。今焉既知至善之在吾心，而不假于外求，則志有定向，而無支離决裂、錯雜紛紜之患矣。無支離决裂、錯雜紛紜之患，則心不妄動而能静矣。心不妄動而能静，則其日用之間，從容閒暇而能安矣。能安，則凡一念之發，一事之感，其爲至善乎？其非至善乎？吾心之良知自有以詳審精察之，而能慮矣。能慮則擇之無不精，處之無不當，而至善於是乎可得矣。"

曰："物有本末：先儒以明德爲本，新民爲末，兩物而内外相對也。事有終始：先儒以知止爲始，能得爲終，一事而首尾相因也。如子之説，以新民爲親民，則本末之説亦有所未然歟?"曰："終始之説，大略是矣。即以新民爲親民，而曰明德爲本，親民爲末，其説亦未爲不可，但不當分本末爲兩物耳。夫木之幹，謂之本，木之梢，謂之末，惟其一物也，是以謂之本末。若曰兩物，則既爲兩物矣，又何可以言本末乎？新民之意，既與親民不同，則明德之功，自與新民爲二。若知明明德以親其民，而親民以明其明德，則明德親民焉可析而爲兩乎？先儒之説，是蓋不知明德親民之本爲一事，而認以爲兩事，是以雖知本末之當爲一物，而亦不得不分爲兩物也。"①

○王應麟曰："親民"當作"新民"，猶《金縢》之"新"逆當作"親"也，皆傳寫之誤。又，《章句》云"志有定向"，《或問》云"事事物物皆有定理"，其説似不同，當以《章句》爲正。②

○劉宗周曰：明德本在我，而學以明之者，必以知止爲竅門，進之

---

① 《王陽明全集》卷二十六，下册，967—970頁。錢穆先生以爲：陽明先生《大學問》闡發《大學》三綱領，可謂已括盡了他自己講學宗旨，學者最當細闡。至其分别解説格致誠正諸條目，尤其關於誠意格物兩項，王學後學極多異解，莫衷一是。學者當從此文看陽明先生自己意見，用與《傳習録》相證。至其是否即《大學》本文原義，此屬另一問題，治王學者，可暫置勿重也。(錢穆著《中國思想論叢》第七册，123頁，臺北：東大圖書公司，1979年)

② 《續禮記集説》卷九十七，《大學》，《續修四庫全書》第102册，703頁。

於慮以通微，則至善棲真之地，正明德起照之地也。物，即是格物之物；知，即是致知之知；先後，即前章先后字面；道，即《大學》之道。

又，《大學》之道，盡性而已。性量大，故其學亦大，而三者足以該之云。親如字。繼而詳言所以入道之功如此。至善，性體也，物之本也。其所從出者皆末也。止至善，事之始也，明明德以親民，其終也。知止之要，知所先後而已。

又，道以物身之謂學，學以率性之謂道。學何以稱大？明明德於天下，故大也。明明德於天下者，自明其明德也。必云明德者，天有明命，人有明德也。明之者，如其明而止也。民言“親”，何也？通之以一體之明，故親也。“在止於至善”，何也？繼之者善也，於天爲明命，於人爲明德也，明之至者，善之至者也，不遷其明焉，善斯止矣。即止善即明明德，即明明德即親民，三物一物，三事一事，《大學》之要，止至善而已矣。學以止爲究竟法，必以知止爲入門法。道之所該，莫非物也，而本末分；學之所該，莫非事也，而終始分。始終本末之數睹，而先後之數可知矣。知乎此者，以一本握《大學》之樞，而始之，而終之，漸進於止焉，明、親一貫在是矣。又，止至善之學，如射之有的，一性命中；如器之有規矩，萬法皆齊。未嘗不以力至，而中非爾力；未嘗不以迹踐，而妙不盡迹。微乎！微乎！非上聖曷臻斯極乎！然纔言學，便無有舍此以入者，雖有下學，不離知止。此《大學》之道所以約而易操也。

又，人生通天徹地，只此一點靈明。就此一點靈明，參出本體，曰“明德”；就此一點靈明，做出工夫，曰“明明德”；就此一點靈明所遍合處，即是“親民”；就此一點靈明所究竟處，即是“止至善”。故下文繼之曰“知止”，曰“知先”，曰“知至”，皆靈明之入路也。靈明之用大矣哉！故學以致知爲要。由知而慮，分明迸出一箇光明無盡藏，故自明同，明皆在其中。“知止”二字，括盡《大學》工夫。“有定”以下，皆破竹之勢，迎刃而解者。定、静、安、慮，一層進一層，遞出止善消息。此是儒者一條真血痕脈路，而以能得爲究竟，弗得草草放過。《大學》認定始終本末，是入道之訣。《大學》要義，言本體，喫緊得箇“善”字；言工夫，喫緊得箇“止”字；言本體功夫一起俱到處，喫緊得箇“知”字；言本體功夫一齊歸管處，喫緊得箇“身”字。止至善，止諸躬也。時止則止，時行則行，動静不失其時，其道光明也。止諸躬者，修身爲本也。致知者，致吾知止之知也。收攝到極處，殆止於至善，則知至矣。①

〇李二曲曰：“明德”“良知”二者無分别。徒知而不行，是明而不德，不得謂之良。徒行而不知，是德而不明，不得謂之知。就其知是知非，一念炯炯，不學不慮而言，是謂“良知”；就其著是去非，不昧所知，以返不學不慮而言，是謂“明德”。二者，一而二，二而一也。又，心之爲體，本虚本明，本定本静，衹緣不知所止，遂不能止其所止。須是真參實悟，知其所止而止；止則情忘識泯，虚明不動，如鏡中象，視聽言動，渾是天機。知止不難，實止爲難。學問之要，全在定心；學問得力，全在心定。心一定，静而安，寂然不動，感而遂通，廓然大公，物來順應，猶鏡之照，不迎不隨，此之謂“能慮”，此之謂“得其所止”。静中静易，動中静難。動時能静，則静時能静可知矣。②

〇劉沅曰：周衰，禮教多失，夫子恐其失傳，乃綜其大要以授曾子，而實止周初大學教人之法耳。“明明”二字相連，謂明而又明也。“德”即天理。未從事大學，德不盡明也。明之之道静存動察也：静而

---

① 《大學古文參疑》《大學古記》《大學古記約義·經旨·至善》《大學雜言》，《劉宗周全集》第一册，610、625、643—646、654—656頁。謹案：宗周在《大學古文參疑》中改造《大學》舊本，而將《大學》分作八章，即：第一章“三綱八目”；第二章“釋格物致知”；第三章“釋誠意”；第四章“釋修身之先義”；第五章“釋齊家之先義”；第六章“釋治國之先義”；第七章“釋平天下之先義”；第八章“釋明明德於天下”，以暢全經之旨。只是他所謂第八章，是將舊本“誠意”傳章之後的“明明德”、“親民”以及部分“止於至善”傳章放在最後而構成的。而在《大學古記》中，他又復將《大學》分作七章，即：第一章“統釋《大學》之教”；第二章“申致知在格物之義”；第三章“申誠意之義”，而致知、正心皆舉其中；第四章“申修身先正心之義”；第五章“申齊家先修身之義”；第六章“申治國先齊家之義”；第七章“申平天下在治國之義”。而取消了之前的第八章。此外，就是在具體論述中，亦不免問題多多，譬如這裏所説的“《大學》之道，盡性而已”，“止至善，事之始也，明明德以親民，其終也”，“《大學》之要，止至善而已矣”，“‘知止’二字，括盡《大學》工夫”，等等，好多都有道理上模糊不清之嫌。

② 《四書反身録·大學》，《二曲集》卷二十九，401—403頁。

致中，“止於至善”也，“克己”，“存心養性”，“養浩然之氣”，皆是此理；動而致和，“誠意”也，亦非禮勿視聽言動，敬慎忠信，等等。至善爲太極之所，止至善爲明明德要功。夫子言“知止”，即孟子所云“養浩然”。養氣之法即止至善之功。定静安三字内便有格物事在内。慮非多思，只是斟酌可否，求其得宜耳，此中便有學問思辨致知之功。[①]

○伍庸伯曰：《格致》章由“大學之道”起，至“此謂知之至也”止，共分五節。此亦分“明德”“知止”“本末”三節爲三綱。第四節内格物致知誠意正心修身齊家治國平天下爲八目。末第五節爲本章總結。首先，明德點出人的本心，而如何在社會中明明德，這便是格致章的主題。明明德、新民、止於至善，乃《大學》功夫的三個階段，亦即成己、成物、成己成物之極，總不過功夫造詣深淺不同而已。一個人去明明德的内容，即知道自己要去做明明德的功夫是“知止”。精神之用有了定向，身心有著落。雜念减少而静。暢於四肢，百體從令爲安。清除微細惑習，有如過濾，就是慮。得是得明德。

○嚴立三曰：凡稱先王之道，聖人之道，堯舜之道，夫子之道者，皆大人之道，亦即大學之道也。又，至善，仁也。止，猶守也，固執也，拳拳服膺而弗失之也。止於至善者，即《論語》“造次必於是，顛沛必於是，無終食之間違仁”之意。[②]

○熊十力曰：《大學》開端，舉三綱領，實是一事，“明明德”是也。而析言以三者，義有獨重，不得不從明明德中，别出言之。明字，便含有存養察識許多工夫在。明德者，《易·晉卦象傳》曰：“君子以自照明德。”明德，指目本心也。本心有自知自證之用，故云自照。陽明之良知，即本心，亦即明德。後之傳章言“皆自明也”。自明之自字，最吃緊。自明即是反己體認。反己愈力，而本心之全體大用，愈益呈顯。《大學》一篇，總結六經之旨，而開端直曰“明明德”。又申之曰“自明也”。嗚乎！此六經之心印也。漢唐諸儒，守文而已，知不及此。

① 《大學古本質言》，4—17頁。
② 《禮記大學篇伍嚴兩家解説》，《梁漱溟全集》第四卷，24—27、63頁。

程朱諸師特表章此篇，列爲四子書之一。朱子以“虛靈不昧”釋明德，則已直指心地，異乎康成之空泛無著落。此聖學之絶而復續也。朱子注云“具衆理”，則心不即是理，但具有此理而已。王船山疏解朱注，於具字看得吃緊，船山蓋反對陽明者。陽明却云“心即理”，即者，明不二。此爲程朱後學與陽明聚訟最烈之一問題。在新民，新字意義極深遠。日新者，自明也，明明德也。開發新生命，新生命者，自其昔喪而今復，謂之新。開發者，自其破暗而始獲，故云爾。夫自新，必新民而後無憾。新民，即明明德中事。夫新民之義，宏遠極矣。而以新作親，雖以陽明之睿智，猶樂沿用古本，吾不知其何爲如此。夫作新民者，本乎同體。不待言親，而親固在其中矣。若由親民，再説向新去，便費推演。聖人之言，何至若是。證以《論語》子曰：“仁者，己欲立而立人，己欲達而達人。”己立己達，自明自新也；立人達人，新民也。又曰：“默而識之，學而不厭，誨人不倦，何有於我哉？”默識，學不厭，是自明自新事；誨不倦，是作新民事。又曰：“學而時習之，不亦説乎？有朋自遠方來，不亦樂乎？”學習之説，自明自新也；朋來而樂，作新民也。可見自新其德，以作新民，乃聖學根本精神所在。《大學》傳於宣聖無疑矣。且教化者，治之本也。教所以作新民。止至善，陽明徑指出至善是良知。而後之八條目，一層一層，逐次總歸到致知上。向後格物一層，便以致知爲本。致知之知，即是良知。前三綱領，總歸止至善。至八條目中，致良知，方揭示止至善下手處。良知是一切知識之源，辨物析理等等，皆是良知自然之明。夫明德與至善，異名同實也。同實者何，皆目本心也，亦即陽明所云良知也。明德一詞，系就本有良知而言。至善一詞，系就良知通體呈顯而言。明新之功無間，真積力久，而後良知通體顯發。與前此有所錮蔽者不同，故名以至善。[①]

〇馬一浮曰：“明明德”即是忠。忠者，中也，不落二邊（不及是有邊，過是無邊）。“親民”即是恕。恕者，如也，物我一如。大以充周爲義，學乃覺悟之稱。大則同天，學以階聖。道者，諸聖之所游履，凡

① 《讀經示要》，52—66 頁。

愚昧而莫遵，故今顯示軌塗，導使趣入。若於言下知歸，便可馳求頓息。蓋大學之道者，即是大覺之道也。此道本自圓成，了即相應，但以積迷恒背，日用不知，須假言詮，教令修證，是故當説。學即始覺，大即本覺；學是方便，大即實智。約性言大，約修言學。始本權實性修，此二不二，體用合舉，故云大學。學依大起，大是所學，即大之學，依主釋也。大因學顯，學是能大，即學是大，持業是也。“止至善”是大，“明德”“親民”是學。又“德”與“民”並是大，“明”“親”即是學。至善即是大，止之即是學。若依儒典會釋，大是元亨，學即利貞。大是易知，學即簡能。又成象名大，效法名學。大即盛德，學即大業。“繼之者善”是學，“成之者性”是大。大即是仁，學即是智。又“見仁見智”是學，“全仁全智”是大。大即是中，學即是庸。（約中、庸能盡其性，即是“明明德”。盡人物之性，即是“親民”。贊化育，參天地，即是“至善”。又至誠即是至善。）大是天道，學是人道。復禮爲學，歸仁爲大。學故有教，大故無類。如是廣釋，不可窮盡，比類可知。所言“在”者，謂不離當處也。“明德”者，性具妙德，本絶染污。“民”者，名起形興，依正安立。“至善”者，如如之智，理極無上。永離幻垢，故謂之明；一性無殊，故謂之親；常住不動，故謂之止。民、德同體，明、親同功，性相一如，動静一際。同體之體，即爲至善。無功之功，即名爲止。不可離民、德别有至善，亦不可離明、親别有止。即一而三，在三而一，大學之道，妙盡於斯。①

○唐君毅曰：“物有本末，事有終始，知所先後，則近道也”，表明物與事固有别，譬如明德、民、家、國、天下等爲物，而明明德、新民、齊家、治國、平天下等爲事，此具體之物之間有本末關係，而吾人對之有所事事時，即當先事於本，後事於末。此即物有本末，事有終始之所以相對成文也。而於之能知所先後，實爲《大學》之一要義所存，則“知所先後”一語之重要，不亞於知止。然而，朱、王二家對《大

① 馬一浮著《大學玄疏殘稿》，《馬一浮集》第一册，814—815頁，杭州：浙江教育出版社，1996年。

學》本文中之事物二字，皆未能得其正解。二家皆以物同於事。此蓋上沿鄭玄之注謂“物猶事也”而來。則物之本末之次序，與事之始終之先後之次序之重要，則亦爲二家所忽視。而於此能大致得其正解者衆矣，譬如宋儒黎立武、以及陽明之後泰州學派王心齋、陽明江右學派之羅念庵、楚中之陽明學派之蔣道林、明儒李見羅、東林學派之顧憲成、高攀龍等、清儒李二曲、戴望、阮元，等等。①

〇徐復觀曰："在明明德"的"明德"，自宋儒起，開始認爲這説的是"虛靈不昧"的心體，似與原義有出入。實際大概也只能作明智的行爲解釋，而不是指的是心；明明德，是推明自己明智的行爲，而不是推明自己的心；否則下面分明提到"正心"之心，何以在開章明義處，不直言心而言明德？而在對"在止於至善"的解釋，朱子以"事理當然之極"釋至善，而王陽明則以爲"至善是心之本體"，這是兩人思想的大分水嶺。然而，繼"在明明德，在親民"下來的"在止於至善"的至善，只能依朱説，事物當然之極的後面，有心的本體，止於至善，究繫心之本體的客觀化。②

〇任銘善曰：大學之道何？學者，學藝履節。其藝則如《内則》所謂學禮舞夏，《班志》所謂先聖禮樂也。其數則若《學記》所謂一年視離經辨志，三年視敬業樂群，五年視博習親師，七年視論學取友，九年知類通達，强立而不反也。其道則化民成俗，近服遠懷，而于斯篇尤著其綱領條目之詳焉。蓋古者學校之制雖不可知，大學小學之名亦後世乃有之，然爲學之大道，固千百世之所同然者矣。何以謂之道也？夫子之道忠恕而已矣，忠恕一貫之理，蓋曾子僅得聞焉，而下學上達，有始有卒之教，固無外乎此者，故明明德，忠也；新民，恕也，則亦無以外乎此矣。明者自明也，明德者，成德也。德者，以其得之于天之謂德，以其資生之謂性。成德者，所謂成性也，蓋天之生人，自有其剛健篤實輝光之德，而明之之功，則曰日新之耳。政之所及之謂民，人人有其所固

① 《中國哲學原論·導論篇》，196—201頁。
② 《中國人性論史·先秦篇》，248、265、269頁。

有者，而有所蒙蔽而喪其明焉，是以以其復已之明者而使人人皆有以復其明則是新之也。至善者，純粹之稱，乾之元，皇之極，天地之中也，中焉止矣。又，知止何？學焉以知其天良至善之所當止者也。有定者，有以定之，則其趣向不二，然後徐進于静安慮得。古之學者爲已也，蓋孔子十有五而志于學，固學止之也，所爲志者，不逾矩而已。三十而立，四十而不惑，則有定矣，能静矣，五十而知天命，六十而耳順，則能安矣，七十而從心所欲，則能慮矣。至于不逾矩，則其十五所志者至是而遂焉，斯得之矣。又，傳之有先後而得之循本末，夫然後有始有卒，一以貫之矣。[①]

〇謹案：此爲朱子所定"經一章上"，開宗明義展示《大學》之三綱領：明明德、新民、止於至善，緊接的"經一章下"將説八條目，三綱領藴涵八條目。尤其要注意的是，三綱領八條目都不是各自完全獨立的三個或者八個階段，而是相互有機融攝與貫通的。譬如明明德就不會只是在與事隔絶的心靈上來訴求，否則就無以區别佛家之"面壁""坐禪"，道家之"心齋""坐忘"等等了，明明德就是在新民當中來實施的，只不過我們始終都要謹記，明明德是明己之明德，是新己，爲本；新民是明人之明德，是新人，爲末。而這樣的明明德，這樣的新民，做到極好，也就是止於至善。所以止於至善亦不外於明明德與新民，也就是明明德、新民爲先，止於至善爲後。如同丁紀所説："'明德'實即'明明德'之至善，天下無一民不以歸止此明德而得自新則'新民'之至善，然則'明明德''新民'其中無不有至善，至善在'明明德''新民'中而成爲一種内在目的性。"所以，"'三綱領'舉其一，則三者無不在其中，所謂舉一而賅三，而非三者一一之關係也"。而知"止於至善"爲始，則能得"止於至善"爲終。從終極上來講，只有明明德達於止於至善了，方才可能有新民的止於至善。

所謂"物有本末，事有終始，知所先後，則近道矣"。順便説説，這裏的"近道"之"道"應當就是開篇所説的"大學之道"，而不直接

① 《〈大學〉存翫》，《無受室文存》，3—5 頁。

就是孔穎達泛泛而論的所謂“大道”。這點船山論述得再清楚不過了，他講：“夫末生於本，則先立其本而後末可通焉；始必念其終，則先正其始而後可大其終焉，學者先後之序可知矣。其有能知所先後者乎，不以明德之功爲約，新民之功爲博，而疑學問之不可以該事功；不以能得之效有待，知止之功已迫，而疑小成之可進而求大德？則其於學也，爲之有序而立之有基，其於大學之道，不致相遠，而無難知難行矣。”或者如丁紀所斷定的，“‘明德’即此‘道’也，‘至善’即此‘道’也，‘明明德’造乎此道，‘新民’由乎此道”，所以，“‘知先後’非‘知道’，亦非‘知道之近似者’，然而於事物之先後一定，先者先之，後者後之，此是逐漸入道之法，所謂‘近道’也”。三綱領之間，朱子有一概括最好，即：“明德，是我得之於天，而方寸中光明底物事。統而言之，仁義禮智。以其發見而言之，如惻隱、羞惡之類；以其見於實用言之，如事親、從兄是也。如此等德，本不待自家明之。但從來爲氣稟所拘，物欲所蔽，一向昏昧，更不光明。而今却在挑剔揩磨出來，以復向來得之於天者，此便是‘明明德’。我既是明得个明德，見他人爲氣稟物欲所昏，自家豈不惻然欲有以新之，使之亦如我挑剔揩磨，以革其向來氣稟物欲之昏而復其得之於天者。此便是‘新民’。然明德、新民，初非是人力私意所爲，本自有一箇當然之則，過之不可，不及亦不可。且以孝言之，孝是明德，然亦自有當然之則。不及則固不是，若是過其則，必有刲股之事。須是要到當然之則田地而不遷，此方是‘止於至善’。”

至於“新民”，漢以來的多半經學家以及心學家象山尤其陽明等主張一仍其舊，堅持説是“親民”，對此，值得來做一番辨析。單就文字上説，“親”可通“新”，反之亦然。所以説“親民”，也就可以解爲“新民”。不過《大學》後面説的“苟日新，日日新，又日新”，“作新民”，以及“周雖舊邦，其命惟新”，其中的“新”字，恐怕就不能一味地換作“親”字了。而這恰好正是程朱視爲關於“新民”的傳章，而且其中還直接出現了“作新民”的字樣。再者，《大學》之“親”字出現的其餘三處，像“君子賢其賢而親其親”，“人之其所親愛而辟焉”，“亡人無以爲寶，仁親以爲寶”，都幾乎不具有“親民”的意味，那麼，專論“親民”的傳章又在哪呢？再有，我們在“齊家、治國、平天下”傳章中，主要讀出來的是，君子經明明德，亦即經格物致知誠意正心修身，通過“新己”而爲家人、國人以及天下之人做出了表率，從而教育、教化以及促成他們也能够明己之明德，這不就是“新民”嗎！不也就是所謂“君子有諸己而后求諸人，無諸己而后非諸人。所藏乎身不恕，而能喻諸人者，未之有也”嗎！以及不也就是所謂“未有上好仁而下不好義者也，未有好義其事不終者也，未有府庫財非其財者也”嗎！之所以説明明德爲本，新民爲末，是説没有明明德，没有新己，就不可能做到新民、新人。因爲君子新民是以明明德爲根基，以忠道爲動機的，所謂“己欲立而立人，己欲達而達人”，也就是“君子有諸己而后求諸人”，《大學》所謂“絜矩之道”也。己不欲立何以立人，己不欲達何以達人，所以是明明德新己爲本。《大學》中也並不缺乏“親民”的意味，不過，顯而易見，“親民”却没有像“新民”那樣，成爲一個原則綱領，而是由“新民”所自然蘊含，自然流露出來，所以朱子要斷言：“今親民云者，以文義推之則無理，新民云者，以傳文考之則有據，程子於此，其所以處之者亦已審矣。”而陽明之所以仍要堅持“親民”之説，其主要理由不外乎是，明明德乃立一體之仁之體，而親民乃達一體之仁之用，體用爲一，因而明德與親民乃爲一事，而非如明德與新民則爲兩事及兩物而内外相對也。不過，透過陽明無論是對“明明德”的論述，所謂立起一體之仁之體，還是對“親民”的論述，所謂達及一體之仁之用，我發現，他實際上只是説出了君子“一日克己復禮，天下歸仁焉”的意味，也就是不外乎“修己以敬”而已，儘管這是《大學》的重中之重，但畢竟不是其唯一的意味，《大學》還該有“修己以安人”乃至“修己以安百姓”。後者，我們至少可以斷定，陽明的論述是極不充分的，甚至就是輕忽的。其原因應該主要在於陽明不分青紅皂白地執意於親民，而對新民欠缺哪怕最低程度的體認。况且明明德與新民被陽明斥責爲體用不一的問題，在船山却認爲並不存在，因爲“其明德之學，無一理之不求明，無一念之不求審，無一事之不求當；其新民之學，責之已者必備，用其情者必正，立之教者必順；將以何爲也哉？蓋以止於至善也。蓋德之明，民之新，善也。而德之明必全乎性之善，民之新必底於化之成，明新合一而極乎内聖外王之理者，則至善也”。因而船山甚至批評陽明，其以“親民”之“親”爲“如字”者，則以釋氏悲憫之餘瀋而墨子二本之委波。總之，“在新民”的意義，當是上承“明明德”以自覺而覺他，這與湯之《盤銘》“苟日新，日日新，又日新”和《康誥》“作新民”等正相吻合。這中間自然當包含親民，諸如《大學》所説“爲人君，止於仁”，“慈者，所以使衆也”，“如保赤子”，“‘樂只君子，民之父母’，民之所好好之，民之所惡惡之，此之謂民之父母”，以及“國不以利爲利，以義爲利也”等等都是。而孝敬、別義、慈愛等等皆親民，亦皆新民，自新而新他，自覺而覺他！

至於“止於至善”何以真實的可能？據《大學章句》的要求：“止者，必至於是而不遷之意。至善，則事理當然之極也。言明明德、新民，皆當至於至善之地而不遷。蓋必其有以盡夫天理之極，而無一毫人欲之私也。”顯然這唯有聖人才能够真實地做到，即便聖人做到明明德止於至善，那新民呢，若“博施於民而能濟衆”或“修己以安百姓”等，堯舜以至孔子“其猶病諸”，則新民之止於至善，豈不更難上加難了？不過我們要明白，説明明德、新民，皆當至於至善之地而不遷，此是説理，理必須如是。再者，“看古之聖賢別無用心，只這兩者是喫緊處：明明德，便欲無一毫私欲；新民，便欲人於事事物物上皆是當”。“此亦是聖人一大事也。千言萬語，只是説這箇道理”。“聖人只是常欲扶持這箇道理，教他撑天柱地”。然而，這個道理却絶對不是西方的所謂“烏托邦”，或陶淵明的所謂“桃花源”，而是在聖人治下，點點滴滴一直不斷地推進，終究是可以實現的。即使“夫至善誠未易止也，吾亦非謂學焉而即能得所止也，然而不可不知有至善而思止之也。蓋始之所求者小成之美，則終不知至善之當止而終身無可成之德業矣”。

在“止於至善”這個問題上，陽明以爲至善即是吾之良知，必定存於吾心，因而若要在事事物物中求其道理，那就是用其私智以揣摸測度於其外，以至支離決裂，莫知定向，甚而至於人欲肆而天理亡，明德親民之學遂大亂於天下，云云。同時他將明德説成是“天地萬物一體之體”或者“一體之仁”，顯然這就該是“人之得乎天”的本體或良心。“明明德”，陽明解爲“復其天地萬物一體之本然”，朱子亦説：學者當因明德或本體之不息之明而明之，以復其初也。那麼“至善”呢，陽明説是“明德親民之極則”，朱子亦説“是明德中有此極至處”，“只是明德極盡處”，“明德中有至善，新民中也有至善，皆要到那極處”，等等。從以上對比可以看出，陽明關於“明德”“至善”的理解與朱子出入並不大，可是當陽明把至善進一步説成是“天命之性”，“明德之本體”，即所謂良知，必定存於吾心等等時，便不能不令人感到突兀，甚至感覺話説得有些隨意過頭了。揣摩陽明的用意，他大概是想始終保持所謂一内外，所以定要把“至善”説成是存於吾心的良知。但是，他這樣做至少導致了兩個難題，其一、“明德”又爲何呢？他用來説“至善”的諸如天命之性，存於吾心的良知或良心，等等，恰好説的就是“明德”。而他説的所謂“明德之本體”又是何意呢？難道“至善”是本體，“明德”就只是“至善”的作用或顯現嗎？君子明明德，倘若讓其明德呈現爲至善而不遷，那就是止於至善了。不過，新民或親民以及天地萬物皆有可能呈現爲至善而不遷，皆有可能止於至善吶！所以至善該就是明明德、新民或親民，以及天地萬物的極至處或者説十分端正恰好處。要説本體，一體之仁的明德才是本體。其二、若要在事事物物中求其道理，那就是用其私智以揣摸測度於其外了嗎？事事物物包括各色人物等皆有自己的極至處或十分端正恰好處，以及爲達成這個極至處而有着各自可能的路徑等，這就是所謂事事物物中的“道理”。這是因爲，一方面，天地萬物皆具有天命之性，所謂一體之仁是也。這從根本上決定了天地萬物本吾一體，决定了“萬物並育而不相害，道並行而不相悖”的可能，決定了君子能够運用中正無私、周詳精微的智慧來思慮與把握事事物物中的“道理”。另一方面，氣稟上的人物正通偏塞之别、人人清濁純雜厚薄之别，等等，決定了事事物物各自“道理”呈現的各種可能性。首先，君子明明德就要認清自己的氣稟之濁、之雜、之薄、之曲等等，以便能够做到“其次致曲，曲能有誠，誠則形，形則著，著則明，明則動，動則變，變則化，唯天下至誠爲能化”，(《中庸》第二十三章)而終究達成止於至善的可能。其次，君子同時在新民中要逐一認清他人首先是家人的氣禀之濁、之雜、之薄、之曲等等，以便讓他們也都能够明己之明德而最終達成止於至善的可能，以至於最終在聖人治下，“致中和，天地位焉，萬物育焉”(《中庸》第一章)，讓天地萬物皆能够達成止於至善的可能，等等。這一切不通過在事事物物中求其“道理”，能行嗎？因而“止於至善”不是心中現存而固有的，而是尤其需要君子著意求取與達成的。即便“明德”爲吾等内心所固有，尚且還必須反求諸己以敞亮、體會與體現之，更何况“至善”以及“止於至善”呢！關鍵在於，我們無論爲最終達成止於至善而求心，而格物也罷，本身就可以是“格物不外，求心不内”的，其間並無所謂内外的對立。反倒陽明太在乎與固執於“一内外”，却似乎始終都没能明白這個道理。好比佛家永遠都在破除所謂執著，却始終執意於出家出世，而絲毫不自知一般。

還有一種意見，把“知止而后有定”至“則近道矣”以及“自天子”至“此謂知之至也”視爲釋致知格物，以此申説朱子之“格物致知”補傳之不必要。這種做法的主要依據在於，以爲朱子沿用鄭玄的注釋，以“物”同於“事”，而未把德、民、家、國、天下等視爲“物”，把明德、新民、齊家、治國、平天下等視爲“事”，因而錯解了“物有本末，事有終始”，於是“格物”之“物”也落了空，才會有補傳一事。而且朱子也曾説過“知止而后有定”五者，“通此五句，才做得‘致知在格物’一句”。而船山亦有説：“自‘知止’到‘能得’，徹首徹尾，五者次見而不舍。合而言之，與學相終始；分而言之，格一物亦須有五者之效方格得，乃至平天下亦然。”儼然“知止而后有定”等五者都成了格物的過程及其功效了。不過，即便如此，我們還是禁不住要問，八條目傳章，惟獨本章完全不出現該條目的字眼，譬如“所謂致知在格物者”？而且，這兩段文字在原本經一章中，説到“止於至善”，便有“知止”，亦即知止於至善等等來與之相應。列舉完八條目後，又有“自天子以至於庶人，壹是皆以修身爲本”等等作結，它們一道構成了對《大學》整體内容的概括，哪裏是僅僅在説格物致知呢！况且，丁紀先生也恰恰是這樣看的，他不僅以爲“知止”之“止”“固是‘止於至善’之‘止’，然此似言一而兼三，總‘三綱領’而言之，蓋‘三綱領’無非學者所當止之地也”，而且以爲此一節“可謂對於‘八條目’之預演：‘知止’如格物、致知，‘定’如誠意，‘静’如正心，‘安’如修身，‘慮’如齊家、治國，‘得’如平天下”，等等。應該説經一章實是一個有機涵容、條理通貫的整體，把它們如此生硬地剥拽出來，真的就比增補一“格物致知”傳章爲更優更妥嗎？即便就把“物”視爲德、民、至善，甚至意、心、身、家、國、天下等等，它們不就正是“天下之物”嗎，而我們“格物”不正是要一一辨明其中的道理嗎？而這點恰恰是朱子最看重的，我們可以留待下面尤其“格物致知”傳章再來詳論。

古之欲明明德於天下者，先治其國；欲治其國者，先齊其家；欲齊其家者，先修其身；欲修其身者，先正其心；欲正其心者，先誠其意；欲誠其意者，先致其知；致知在格物。物格而后知至，知至而后意誠，意誠而后心正，心正而后身修，身修而后家齊，家齊而后國治，國治而后天下平。自天子以至於庶人，壹是皆以修身爲本。其本亂而末治者否矣，其所厚者薄，而其所薄者厚，未之有也。

〇朱子曰：上（兩段）經一章，蓋孔子之言，而曾子述之。（凡二百五字）其傳十章，則曾子之意而門人記之也。舊本頗有錯簡，今因程子所定，而更考經文，别爲序次如下。（凡千五百四十六字。凡傳文，雜引經傳，若無統紀，然文理接續，血脈貫通，深淺始終，至爲精密。熟讀詳味，久當見之，今不盡釋也。）又，明明德於天下者，使天下之人皆有以明其明德也。心者，身之所主也。誠，實也。意者，心之所發也。實其心之所發，欲其一於善而無自欺也。致，推極也。知，猶識也。推極吾之知識，欲其所知無不盡也。格，至也。物，猶事也。窮至事物之理，欲其極處無不到也。此八者，《大學》之條目也。又，物格者，物理之極處無不到也。知至者，吾心之所知無不盡也。知既盡，則意可得而實矣。意既實，則心可得而正矣。修身以上，明明德之事也。齊家以下，新民之事也。物格知至，則知所止矣。意誠以下，則皆得所止之序也。又，壹是，一切也。正心以上，皆所以修身也。齊家以下，則舉此而措之耳。又，本，謂身也。所厚，謂家也。此兩節結上文兩節之意。①

○又曰：此言大學之序，其詳如此，蓋綱領之條目也。格物致知，所以求知至善之所在；自誠意以至於平天下，所以求得夫至善而止之也。所謂明明德於天下者，自明德而推以新民，使天下之人皆有以明其明德也。人皆有以明其明德，則各誠其意，各正其心，各修其身，各親其親，各長其長，而天下無不平矣。又，若夫知則心之神明，妙衆理而宰萬物者也，人莫不有，而或不能使其表裏洞然，無所不盡，則隱微之間，真妄錯雜，雖欲勉强以誠之，亦不可得而誠矣，故欲誠意者，必先有以致其知。致者，推致之謂，如"喪致乎哀"之致，言推之而至於盡也。至於天下之物，則必各有所以然之故，與其所當然之則，所謂理也，人莫不知，而或不能使其精粗隱顯，究極無餘，則理所未窮，知必有蔽，雖欲勉强以致之，亦不可得而致矣。故致知之道，在乎即事觀理，以格夫物。格者，極至之謂，如"格于文祖"之格，言窮之而至其極也。此《大學》之條目，聖賢相傳，所以教人爲學之次第，至爲纖

① 《大學章句》，經一章，《四書章句集注》，3—4頁。丁紀以爲：朱子所謂"實其心之所發"便是"無自欺"，至於肯"一於善"，已一毫無自欺之虞，而更言之，反説向下；似當曰"實其心之所發，欲其一於善而已矣"。(《大學條解》，九、"八條目"之"誠意"，56—57頁）鄭康成以爲：壹是，專行是也。（《禮記正義》卷第六十六，《大學》第四十二，下册，2237頁）船山也認爲：壹，專壹也。原不與一相通。"壹是"猶言專此，對齊、治、平而言也，即下文本末厚薄之旨。若以爲一切之辭，則既云一切，又云皆，非贅詞乎！《中庸》"其爲物不貳"，貳，間也，不間即不息也。若以不貳爲不二，則即上一言而盡之旨亦爲復矣。(《四書稗疏·大學》，《船山全書》第六册，18頁）又，丁紀以爲："就經之七節，朱子解曰'所厚，謂家也'，疑；我意，此若曰'厚之而欲其薄，或薄之而欲其厚'，蓋言常理，人既於本末關係有紊，其用心又往往顛倒，而欲其事之成，乃謂其'未之有也'。"（《大學條解》，六、"三綱領"之關係，49頁）查孔穎達亦是以爲，此覆説"本亂而末治否矣"之事也。譬若與人交接，應須敦厚以加於人。今所厚之處，乃以輕薄，謂以輕薄待彼人也。其所薄者厚，謂己既與彼輕薄，欲望所薄之處以厚重報己，未有此事也。言事厚之與薄，皆以身爲本也。（《禮記正義》卷第六十六，《大學》第四十二，下册，2242頁）

悉。然漢、魏以來，諸儒之論，未嘗有及之者，至唐韓子乃能援以爲說，而見於《原道》之篇，則庶幾其有聞矣。然其言極於正心誠意，而無曰致知格物云者，則是不探其端，而驟語其次，亦未免於擇焉不精、語焉不詳之病矣，何乃以是而議荀、揚哉？又，篇首三言者，《大學》之綱領也。而以其賓主對待先後次第言之，則明明德者，又三言之綱領也。至此後段，然後極其體用之全而一言以舉之，以見夫天下雖大，而吾心之體無不該，事物雖多，而吾心之用無不貫。蓋必析之有以極其精而不亂，然後合之有以盡其大而無餘，此又言之序也。又，以身對天下國家而言，則身爲本而天下國家爲末。以家對國與天下而言，則其理雖未嘗不一，然其厚薄之分亦不容無等差矣。故不能格物致知，以誠意正心而修其身，則本必亂而末不可治。不親其親，不長其長，則所厚者薄而無以及人之親長，此皆必然之理也。孟子所謂"於所厚者薄，無所不薄"，其言蓋亦本於此云。又，天之明命，有生之所同得，非有我之得私也。是以君子之心，豁然大公，其視天下，無一物而非吾心之所當愛，無一事而非吾之所當爲，雖或勢在匹夫之賤，而所以堯、舜其君，堯、舜其民者，亦未嘗不在其分内也。又况大學之教，乃爲天子之元子、衆子，公侯、卿大夫、士之適子，與國之俊選而設，是皆將有天下國家之責而不可辭者，則其所以素教而預養之者，安得不以天下國家爲己事之當然，而預求有以正其本、清其源哉！又，正經辭約而理備，言近而指遠，非聖人不能及也，然以其無他左驗，且意其或出於古昔先民之言也，故疑之而不敢質。至於傳文，或引曾子之言，而又多與《中庸》《孟子》者合，則知其成於曾氏門人之手，而子思以授孟子無疑也。蓋《中庸》之所謂明善，即格物致知之功；其曰誠身，即誠意、正心、修身之效也。《孟子》之所謂知性者，物格也；盡心者，知至也；存心、養性、修身者，誠意、正心、修身也。①

① 《大學或問》上，《朱子全書》第六册，511－514頁。朱子還説："《原道》中舉《大學》，却不説'致知在格物'一句。蘇子由《古史論》舉《中庸》'不獲乎上'後，却不説'不明乎善，不誠乎身'二句，這兩箇好做對。司馬温公説儀秦（案：即張儀、蘇秦）處，説'立天下之正位，行天下之大道'，却不説'居天下之廣居'。看得這樣底，都是箇無頭學問。"（《朱子語類》卷第一百三十七，"戰國漢唐諸子"，第八册，3271－3272頁）

〇又曰：眼前凡所應接底都是物。事事都有箇極至之理，便要知得到。若知不到，便都没分明；若知得到，便著定恁地做，更無第二著、第三著。又，若事事窮得盡道理，事事占得第一義，做甚麽剛方正大！且如爲學，决定是要做聖賢，這是第一義，便漸漸有進步處。又，但窮理上須是見得十分徹底，窮到極處，須是見得第一著，方是，不可只到第三第四著便休了。又，致知所以求爲真知。真知，是要徹骨都見得透。又，如讀書而求其義，處事而求其當，接物存心察其是非、邪正，皆是也。又，致知乃本心之知。又，致知有甚了期！又，致知工夫，亦只是且據所已知者，玩索推廣將去。具於心者，本無不足也。

又曰：須是窮盡事物之理，須是窮盡得到十分，方是格物。又，須是四方八面去格。又，格，是到那般所在。也有事至時格底，也有事未至時格底。又，格物者，如言性，則當推其如何謂之性；如言心，則當推其如何謂之心，只此便是格物。又，窮理格物，如讀經看史，應接事物，理會箇是處，皆是格物。又，格物，須是從切己處理會去。又，須窮極事物之理到盡處，便有一箇是，一箇非，是底便行，非底便不行。凡自家身心上，皆須體驗得一箇是非。又，君臣父子兄弟夫婦朋友，皆人所不能無者。但學者須要窮格得盡。事父母，則當盡其孝；處兄弟，則當盡其友。如此之類，須是要見得盡。若有一毫不盡，便是窮格不至也。又，格物，是窮得這事當如此，那事當如彼。又，格物，須真見得决定是如此。又，如今説格物，只晨起開目時，便有四件在這裏，不用外尋，仁義禮智是也。如才方開門時，便有四人在門裏。又，人之所以爲人，只是這四件，須自認取意思是如何。利之所不當得，或雖當得，而吾心有所未安，便要謙遜辭避，不敢當之。以至等閑禮數，人之施於己者，或過其分，便要辭將去，遜與别人，定是如此。事事物物上各有箇是，有箇非，是底自家心裏定道是，非底自家心裏定道非。就事物上看，是底定是是，非底定是非。到得所以是之，所以非之，却只在自家。此四者，人人有之，同得於天者，不待問别人假借。如今若認得這四箇分曉，方可以理會别道理。

又曰：如何一頓便要格得恁地！且要見得大綱，且看箇大胚模是恁地，方就裏面旋旋做細。若難曉易曉底，一齊都要理會得，也不解恁地。但不失了大綱，理會一重了，裏面又見一重；一重了，又見一重。以事之詳略言，理會一件又一件；以理之淺深言，理會一重又一重。只管理會，須有極盡時。"博學之，審問之，慎思之，明辨之"，成四節次第，恁地方是。又，遇事接物之間，各須一一去理會始得。但隨事遇物，皆一一去窮極，自然分明。他理會底，聖人亦理會，但他理會底意思不是。彼所爲者，他欲人説，"他人理會不得者，我理會得；他人不能者，我能之"，却不切己也。又，而今只且就事物上格去。如讀書，便就文字上格；聽人説話，便就説話上格；接物，便就接物上格。精粗大小，都要格它。久後會通，粗底便是精，小底便是大，這便是理之一本處。而今只管要從發見處理會。而今且大著心胸，大開著門，端身正坐以觀事物之來，便格它。又，世間之物，無不有理，皆須格過。古人自幼便識其具，且如事君事親之禮，鐘鼓鏗鏘之節，進退揖遜之儀，皆目熟其事，躬親其禮。及其長也，不過只是窮此理，因而漸及於天地鬼神日月陰陽草木鳥獸之理，所以用工也易。今人皆無此等禮數可以講習，只靠先聖遺經自去推究，所以要人格物主敬，便將此心去體會古人道理，循而行之。如事親孝，自家既知所以孝，便將此孝心依古禮而行之；事君敬，便將此敬心依聖經所説之禮而行之。一一須要窮過，自然浹洽貫通。又，聖人只説"格物"二字，便是要人就事物上理會。且自一念之微，以至事事物物，若静若動，凡居處飲食言語，無不是事，無不各有箇天理人欲。須是逐一驗過，雖在静處坐，亦須驗箇敬、肆。敬便是天理，肆便是人欲。居處，便須驗得恭與不恭；執事，便須驗得敬與不敬。又，人也不解無箇發明處。才有些發見處，便從此挨將去，漸漸開明。只如一箇事，我才發心道，"我要做此事"，只此便是發見開明處了，便從此做將去。又，而今學者所以學，便須是到聖賢地位，不到不肯休，方是。但用工做向前去，但見前路茫茫地白，莫問程途，少間自能到。

又曰：《大學》不説窮理，只説箇格物，便是要人就事物上理會，如此方見得實體。所謂實體，非就事物上見不得。又，"窮理"二字不若格物之爲切，便就事物上窮格。又，格物，不説窮理，却言格物。蓋言理，則無可捉摸，物有時而離；言物，則理自在，自是離不得。又，所謂窮理者，事事物物，各自有箇事物底道理，窮之須要周盡。蓋天理在人，終有明處。須從明處漸漸推將去，窮到是處，吾心亦自有準則。又，格物窮理，有一物便有一理。窮得到後，遇事觸物皆撞著這道理。而今説格物窮理，須是見得箇道理親切了，未解便能脱然去其舊習。其始且見得箇道理如此，那事不是，亦不敢爲；其次，見得分曉，則不肯爲；又其次，見得親切，則不爲之，而舊習都忘之矣。又，《大學》説一“格物”在裏，却不言其所格者如何。學者欲見下工夫處，但看《孟子》便得。又，理有正，有權。今學者且須理會正。又，識得，即事事物物上便有大本。不知大本，是不曾窮得也。若只説大本，便是釋老之學。

又曰：致知、格物，只是一箇。又，格物，是逐物格將去；致知，則是推得漸廣。又，格物，是物物上窮其至理；致知，是吾心無所不知。格物，是零細説；致知，是全體説。又，知在我，理在物。又，只是知不盡，須是要知得透底。知得此理盡，則此箇意便實。又，致知、格物，只是一事，非是今日格物，明日又致知。格物，以理言也；致知，以心言也。又，只是推極我所知，須要就那事物上理會。又，學者要緊在求其放心。若收拾得此心存在，已自看得七八分了。如此，則本領處是非善惡，已自分曉。又，人之一心，本自光明。常提撕他起，莫爲物欲所蔽，便將這箇做本領，然後去格物、致知。如《大學》中條目，便是材料。聖人教人，將許多材料來修治平此心，令常常光明耳。但只要自家常醒得他做主宰，出乎萬物之上，物來便應。易理會底，便理會得；難理會底，思量久之也理會得。又，知者，吾自有此知。此心虚明廣大，無所不知，要當極其至耳。亦須知得要本。又，致知分數多。如博學、審問、慎思、明辨，四者皆致知，只力行一件是行。言致，言格，是要見得到盡處。凡萬物萬事之理皆要窮。但窮到底，無復餘蘊，方是格物。又，致知、格物，便是“志於道”。“據於德”，却是討得箇匡格子。又曰：格物、致知，是極粗底事；“天命之謂性”，是極精底事。但致知、格物，便是那“天命之謂性”底事。下等事，便是上等工夫。又，此心愛物，是我之仁；此心要愛物，是我之義；若能分別此事之是，此事之非，是我之智；若能別尊卑上下之分，是我之禮。又，格物者，欲究極其物之理，使無不盡，然後我之知無所不至。物理即道理，天下初無二理。又，所謂格物，只是眼前處置事物，酌其輕重，究極其當處，便是，亦安用存神索至！只如吾胸中所見，一物有十分道理，若只見三二分，便是見不盡。須是推來推去，要見盡十分，方是格物。既見盡十分，便是知止。又，格物云者，要窮到九分九釐以上，方是格。又，格物，所以窮理。格物，是格盡此物。格盡物理，則知盡。

又曰：只是聖人合下體段已具，義理都曉得，略略恁地勘驗一過。其實大本處都盡了，不用學，只是學那没緊要底。如《中庸》言：“及其至也，雖聖人有所不知不能焉。”人多以至爲道之精妙處。若是道之精妙處有所不知不能，便與庸人無異，何足以爲聖人！這至，只是道之盡處，所不知不能，是没緊要底事。他大本大根元無欠闕，只是古今事變，禮樂制度，便也須學。又，上而無極、太極，下而至於一草、一木、一昆蟲之微，亦各有理。又，物格後，他内外自然合。蓋天下之事，皆謂之物，而物之所在，莫不有理。又，自家知得物之理如此，則因其理之自然而應之，便見合内外之理。目前事事物物，皆有至理。又，知至，謂天下事物之理知無不到之謂。要須四至八到，無所不知，乃謂至耳。又，須是其外無不周，内無不具，方是知至。又，知止就事上説，知至就心上説。知止，知事之所當止；知至，則心之知識無不盡。又，格物，只是就事上理會；知至，便是此心透徹。又，若知得切了，事事物物至面前，莫不迎刃而解。又，又須是以天下之心審自家之心，以自家之心審天下之心，使之上下四面都平均齊一而後可。又，只理會自家知底無不盡，便了。又，知至，如《易》所謂極深，“惟深也，故能通天下之志”，這一句略相似。能慮，便是研幾，如所謂“惟幾也，故能成天下之務”，這一句却相似。又，前面只是大綱且如此説，後面却是學者用力處。又，今日見得義當爲，決爲之；利不可做，決定是不做，心下自肯自信得及，這便是物格，便是知得至了。又，《大學》物格、知至處，便是凡聖之關。須是物格、知至，方能循循不已，而入於聖賢之域，縱有敏鈍遲速之不同，頭勢也都自向那邊去了。物格、知至後，雖有不善，亦是白地上黑點；物未格，知未至，縱有善，也只是黑地上白點。

又曰：格物是夢覺關。（格得來是覺，格不得只是夢）誠意是善惡關。（誠得來是善，誠不得只是惡）誠意是轉關處，誠意是人鬼關！（誠得來是人，誠不得是鬼）又，致知、誠意，是學者兩箇關。致知乃夢與覺之關，誠意乃惡與善之關。又，知至、意誠，是凡聖界分關隘。未過此關，雖有小善，猶是黑中之白；已過此關，雖有小過，亦是白中之黑。過得此關，正好著力進步也。又，誠意一節，正是聖凡分別關隘去處。若能誠意，則是透得此關；透此關後，滔滔然自在去爲君子。致知者，須是知得盡，尤要親切。知之者切，然後貫通得誠意底意思，如程先生所謂真知者是也。又，意誠只是要情願做工夫，若非情願，亦强不得。未過此一關，猶有七分是小人。又，意誠、心正，過得此關，義理方穩。意不誠底，是私過；心不正底，是公過。又，深自省察以致其知，痛加剪落以誠其意。又，知與意皆出於心。知是知覺處，意是發念處。又，致知，無毫釐之不盡。守其所止，無須臾之或離。所以貴致知，窮到極處謂之"致"。惟致知，則無一事之不盡，無一物之不知。以心驗之，以身體之，逐一理會過，方堅實。又，蓋聖人之學，本末精粗，無一不備，但不可輕本而重末也。又，人莫不有知，但不能致其知耳。致其知者，自裏面看出，推到無窮盡處；自外面看入來，推到無去處；方始得了，意方可誠。致知、格物是源頭上工夫。意有未誠，也須著力。不應道知已至，不用力。又，知若至，則意無不誠。若知之至，欲著此物亦留不住，東西南北中央皆著不得。又，須是格物精熟，方到此。居常無事，天理實然，有纖毫私欲，便能識破他，自來點檢慣了。又，窮來窮去，末後自家真箇見得此理是善是惡，自心甘意肯不去做，此方是意誠。須且致其知，工夫積累，方會知至。又，"知至而後意誠"，須是真知了，方能誠意。惟其胸中了然，知得路逕如此，知善之當好，惡之當惡，然後自然意不得不誠，心不得不正，所以貴格物。如佛、老之學，它非無長處，但它只知得一路。其知之所及者，則路逕甚明，無有差錯；其知所不及處，則皆顛倒錯亂，無有是處，緣無格物工夫也。自始至終，意常要誠。但知未至時，雖欲誠意，其道無由。又，欲知知[①]之真不真，意之誠不誠，只看做不做如何。真箇如此做底，便是知至、意誠。又，知則知其是非。到意誠實，則無不是，無有非，無一毫錯，此已是七八分人。又，此是當初一發同時做底工夫，及到成時，知至而後意誠耳。又，克己之功，乃是知至以後事。"惟聖罔念作狂，惟狂克念作聖"[②]。一念纔放下，便是失其正。自古無放心底聖賢，然一念之微，所當深謹，纔說知至後不用誠意，便不是。

又曰：誠意，方能保護得那心之全體。又，只爲一，便誠；二，便雜。"如惡惡臭，如好好色"，一故也。"小人閒居爲不善，止著其善"，二故也。只要看這些便分曉。又，意誠後，推盪得渣滓靈利，心盡是義理。又，心，言其統體；意，是就其中發處。正心，如戒懼不睹不聞；誠意，如慎獨。又，誠只是實。雖是意誠，然心之所發有不中節處，依舊未是正。亦不必如此致疑，大要只在致知格物上。如物格、知至上鹵莽，雖見得似小，其病却大。自修身以往，只是如破竹然，逐節自分明去。今人見得似難，其實却易。人入德處，全在致知、格物。工夫全在致知、格物上。又，心無形影，教人如何撐拄。須是從心之所發處下手，先須去了許多惡根。須去了自欺之意，意誠則心正。誠意最是一段中緊要工夫，下面一節輕一節。致知，知之始；誠意，行之始。又，心之所以不正，只是私意牽去。意才實，心便自正。又，格物者，知之始也；誠意者，行之始也。意誠則心正，自此去，一節易似一節。又，致知、誠意兩節若打得透時，已自是箇好人。又，格物者，窮事事物物之理；致知者，知事事物物之理。無所不知，知其不善之必不可爲，故意

---

① 疑爲"至"或"止"，或者後"知"爲贅。

② 《尚書·周書·多方篇》，言聖而罔念，則爲狂矣。愚而能念，則爲聖矣。亦即：聖固未易爲也。狂而克念，則作聖之功，知所向方，太甲其庶幾矣。而聖固無所謂罔念也。禹戒舜曰："無若丹朱傲，惟慢遊是好。"一念之差，雖未至于狂，而狂之理，亦在是矣。此人心惟危，聖人拳拳告戒，豈無意哉！（《書集傳》卷五，《朱子全書外編》第一册，220頁）

誠。意既誠，則好樂自不足以動其心，故心正。又，格物、致知、正心、誠意，不可著纖毫私意在其中。（椿録云：“便不是矣。”）致知、格物，十事格得九事通透，一事未通透，不妨；一事只格得九分，一分不透，最不可。凡事不可著箇“且”字。“且”字，其病甚多。

又曰：大學於格物、誠意，都煅煉成了，到得正心、修身處，只是行將去，都易了。又，知則主於别識，意則主於營爲。知近性，近體；意近情，近用。又，若論淺深意思，則誠意工夫較深，正心工夫較淺；若以小大看，則誠意較緊細，而正心、修身地位又較大，又較施展。又，誠意、正心、修身，意是指已發處看，心是指體看。意是動，心又是該動静。身對心而言，則心正是内。能如此修身，是内外都盡。若不各自做一節功夫，不成説我意已誠矣，心將自正！則恐懼、好樂、忿懥引將去，又却邪了。不成説心正矣，身不用管！則外面更不顧，而遂心迹有異矣。須是“無所不用其極”。又，人之無狀污穢，皆在意之不誠。必須去此，然後能正其心。及心既正後，所謂好惡哀矜，與修身齊家中所説者，皆是合有底事。但當時時省察其固滯偏勝之私耳。又，心之本體何嘗不正。所以不得其正者，蓋由邪惡之念勃勃而興，有以動其心也。更是大學次序，誠意最要。學者苟於此一節分别得善惡、取舍、是非分明，則自此以後，凡有忿懥、好樂、親愛、畏敬等類，皆是好事。大學之道，始不可勝用矣。又，正心只是去其害心者。又，惟聖人能提出此心，使之光明，外來底物欲皆不足以動我，内中發出底又不陷了。又，心纔不正，其終必至於敗國亡家。又，誠意以敬爲先。又，正心是就心上説，修身是就應事接物上説。但正心，却是萌芽上理會。若修身與絜矩等事，都是各就地頭上理會。又，修身是對天下國家説。修身是本，天下國家是末。凡前面許多事，便是理會修身。“其所厚者薄，所薄者厚”，又是以家對國説。又，問：“《大學解》：‘所厚，謂家。’若誠意正心，亦可謂之厚否？”曰：“不可。此只言先後緩急。所施則有厚薄。”

又曰：若論了得時，只消“明明德”一句便了，不用下面許多。聖人爲學者難曉，故推説許多節目。今且以明德、新民互言之，則明明德者，所以自新也；新民者，所以使人各明其明德也。然則雖有彼此之間，其爲欲明之德，則彼此無不同也。譬之明德却是材料，格物、致知、誠意、正心、修身，却是下工夫以明其明德耳。於格物、致知、誠意、正心、修身之際，要得常見一箇明德隱然流行於五者之間，方分明。又，《大學》三綱領，做工夫全在此三句内。大抵閑時喫緊去理會，須要把做一件事看，横在胸中，不要放下。若理會得透徹，到臨事時，一一有用處。且如知止，只是閑時窮究得道理分曉，臨事時方得其所止。此徹上徹下，知得一事，亦可謂之知止。只是合禮處，便是天理。所以聖人教人致知、格物，亦只要人理會得此道理。外面事要推闡，故齊家而后治國，平天下；裹面事要切己，故修身、正心，必先誠意。致知愈細密。又，格物、致知，是求知其所止；誠意、正心、修身、齊家、治國、平天下，是求得其所止。物格、知至，是知所止；意誠、心正、身修、家齊、國治、天下平，是得其所止。今當就其緊要實處著工夫。又，格物所以致知，物才格，則知已至，故云在，更無次第也。又，聖人教人窮理，只道是人在善惡中，不能分别得，故善或以爲惡，惡或以爲善；善可以不爲不妨，惡可以爲亦不妨。聖人便欲人就外面攔截得緊，見得道理分明，方可正得心，誠得意。不然，則聖人告顏子，如何不道非禮勿思，却只道勿視聽言動？如何又先道“居處恭，執事敬”，而後“與人忠”？“敬”字要體得親切，似得箇“畏”字。（惟“畏”庶幾近之。以“畏”訓“敬”，平淡中有滋味。）

又曰：看來“欲”與“先”字，差慢得些子，“在”字又緊得些子。又，“固是。他合下便説‘古之欲明明德於天下’，便是就這大規模上説起。只是細推他節目緊要處，則須在致知、格物、誠意迤邐做將去”云云。又，《大學》自致知以至平天下，許多事雖是節次如此，須要一齊理會。聖人亦是略分箇先後與人知，不是做一件净盡無餘，方做一件。又，但知至了，意誠便易。且如這一件事知得不當如此做，末梢又却如此做，便是知得也未至。若知得至時，便决不如此。若是知得未至時，意决不能誠。規模合下皆當齊做。然這裏只是説學之次序如此，説得來快，無恁地勞攘，且當循此次序。又，致知、格物，是窮此理；誠意、正心、修身，是體此理；齊家、治國、平天下，只是推此理。要做三節看。又，《大學》一篇却是有兩箇大節目：物格、知至是一箇，誠意、修身是一箇。才過此二關了，則便可直行將去。又，物格、知至，是一截事；意誠、心正、身修，是一截事；家齊、國治、天下平，又是一截事。自知至交誠意，又是一箇過接關子；自修身交齊家，又是一箇過接關子。又，自格物至修身，自淺以及深；自齊家至平天下，自内以及外。又，格物時是窮盡事物之理，這方是區處理會。到得知至時，却已自有箇主宰，會去分别取舍。初間或只見得表，不見得裏；只見得粗，不見得精。到知至時，方知得到；能知得到，方會意誠，可者必爲，不可者决不肯爲。到心正，則胸中無些子私蔽。洞然光明正大，截然有主而不亂，此身便修，家便齊，國便治，而天下可平。又，格物、致知，比治國、平天下，其事似小。然打不透，則病痛却大，無進步處。治國、平天下，規模雖大，然這裏縱有未盡處，病痛却小。格物、致知，如“知及之”；正心、誠意，如“仁能守之”。到得“動之不以禮”處，只是小小未盡善。又，自明明德至於治國、平天下，如九層寶塔，自下至上，只是一箇塔心。四面雖有許多層，其實只是一箇心。明德、正心、誠意、修身，以至治國、平天下，雖有許多節次，其實只是一理。須逐一從前面看來，看後面，又推前面去。又，皆是合當爲者。經文既自明德説至新民，止於至善，下文又却反覆明辨，以見正人者必先正己。又，爲其職分之所當爲也。①

〇又曰：以修身言之，都已盡了。但以明明德言之，在己無所不盡，萬物之理亦無所不盡。如至誠惟能盡性，只盡性時萬物之理都無不盡了。故盡其性，便盡人之性；盡人之性，便盡物之性。又，《大學》“明明德於天下”，只是且説箇規模如此。學者須是有如此規模，却是自家本來合如此，不如此便是欠了他底。只是見得自家規模自當如此，不如此不得。到得做不去處，却無可奈何。規模自是著恁地，工夫便却用寸寸進。外極規模之大，内推至於事事物物處，莫不盡其工夫，此所以

① 《朱子語類》卷第十五，《大學》二，經下，第一册，304—314頁。

爲聖賢之學。又，“心之神明，妙衆理而宰萬物”。神是恁地精彩，明是恁地光明。心無事時，都不見；到得應事接物，便在這裏；應事了，又不見：恁地神出鬼没！理是定在這裏，心便是運用這理底，須是知得到。知得到了，直是如飢渴之於飲食。而今不讀書時，也須收斂身心教在這裏，乃程夫子所謂敬也。“整齊嚴肅”，雖只是恁地，須是下工夫，方見得。又，大凡道理皆是我自有之物，非從外得。所謂知者，便只是知得我底道理，道理固本有，用知，方發得出來。知與思，二者只是一事。知如手，思是使那手去做事，思所以用夫知也。又，“心者，具衆理而應萬事。”此言“妙衆理而宰萬物”，“妙”字便稍精彩，但只是不甚穩當，“具”字便平穩。

又曰：（就所以然之故，與其所當然之則。）所以然之故，即是更上面一層。如父之所以慈，子之所以孝，蓋父子本同一氣，只是一人之身，分成兩箇，其恩愛相屬，自有不期然而然者。其它大倫皆然，皆天理使之如此，豈容强爲哉！[①] 且以仁言之：只天地生這物時便有箇仁，它只知生而已。從他原頭下來，自然有箇春夏秋冬，金木水火土。（初有陰陽，有陰陽，便有此四者。）故賦於人物，便有仁義禮智之性。仁

① 但船山對此説頗有微辭，他甚至講：“如此迂誕鄙陋之説，必非朱子之言而爲門人所假託附會者無疑。”（詳請參見《讀四書大全説》卷一，《大學》，《船山全書》第六册，402—403頁）仔細對比船山與朱子之説，可以斷定還是船山略微粗疏了。因爲朱子這裏所講的兩個層面：所以然之故而不可易與所當然之則而不容已，被船山歸結爲了一個。譬如爲人子者當孝，這是出於天理良知的，是所當然之則而不容已的，是是人就能知能行的。至於具體該如何行孝，則是該有所考慮的。船山所論僅止於此，這對於絶大多數人，他們只要“知此事”，“且要見得‘所當然’是切要處”，或許也已足够了。不過朱子所論却不止於此，朱子還要進一步探討“更上面一層”，亦即所以然之故而不可易者，這是君子以上者皆須思考的，他們由上面而更進一步“若果見得不容已處，則自可默會矣”，從而“覺此理”，而“須是知其所自來”。父慈子孝是理所當然的，此是所當然之則而不容已者，然而爲什麽父慈子孝是理所當然的，這裏所探討的才是所以然之故而不可易者。朱子簡要地以“父子本同一氣”而天理使然作答。當然還是可以繼續追問，譬如養父子呢？雖然本非一氣，然而養父子亦具父子之名，故必視同於“本同一氣”的父子，等等。後面更上面一層的難題，不爲船山所注意，故船山的批評不能成立。我們再來看看真德秀的《西山問答》。問：其所當然而不容已與其所以然而不容易？答：所當然如爲君當仁，爲臣當敬，爲子當孝，爲父當慈，與國人交當信之類，此乃道理合當如此，不如此則不可，故曰所當然也。然仁、敬、孝、慈、信之屬，非是人力强爲，有生之初，即禀此理，是乃天之所與也，故曰所以然。所當然是知性（知其理當如此也），所以然是知天（謂知其理所自來也）。（《西山文集》卷三十）是不是對此會有更清楚的理解了呢。

屬春，屬木。且看春間天地發生，藹然和氣，如草木萌芽，初間僅一針許，少間漸漸生長，以至枝葉花實，變化萬狀，便可見他生生之意。非仁愛，何以如此。緣他本原處有箇仁愛温和之理如此，所以發之於用，自然慈祥惻隱。孟子説"惻隱之端"，惻隱又與慈仁不同，惻隱是傷痛之切。蓋仁，本只有慈愛，緣見孺子入井，所以傷痛之切。義屬金，是天地自然有箇清峻剛烈之氣。所以人稟得，自然有裁制，便自然有羞惡之心。禮智皆然。蓋自本原而已然，非旋安排教如此也。又，"爲己者，無所爲而然也"。只是見得天下事皆我所合當爲而爲之，非有所因而爲之。然所謂天下之事皆我之所當爲者，只恁地强信不得。須是學到那田地，經歷磨鍊多後，方信得過。又，這須要自看，逐日之間，小事大事，只是道我合當做，便如此做，這便是無所爲。才説要人知，便是有所爲。又，無所爲，只是見得自家合當做，不是要人道好。若因要人知了去恁地，便是爲人。又，有所爲者，是爲人也。這須是見得天下之事實是已所當爲，非吾性分之外所能有，然後爲之，而無爲人之弊耳。天下事惟其直而已。若安於義理之慮，但見義理之當爲，便恁滴水滴凍做去，都無後來許多事。①

〇程子曰：涵養須用敬，進學則在致知。（伊川）又，知者吾之所固有，因物有遷，則迷而不知。迷而不知，則天理滅矣。故聖人欲格物以致其知也。又，格，至也。格物，言窮理也。但立誠意去格之，其遲速，却在人明暗也。明者，格物速；暗者，格物遲。又，凡一物有一理，須是窮至其理。窮亦多端，或讀書講明道理，或論古今人物別其是非，或應接事物，皆窮理也。又問：格物者，物物而格之乎？將格一物，而萬理皆知也？曰：雖顔子亦但聞一知十而已，豈敢自謂如此。及其達理之後，則雖億萬可通矣。學者須是遍求，若能今日格一物，明日又格一物，積習既多，然後脱然有貫通處。（伊川）又，物不必事物，然後謂之物也。自一身之中至萬物之理，理會得多，相次自然豁然有箇覺處。又，所務於窮理者，非謂盡窮了天下萬物之理，又非謂窮得一理

① 《朱子語類》卷第十七，《大學》四，《或問》上，經一章，第二册，381—385頁。

便到，只是要積累多後，自然見知。又，格物之理，不若察之於身尤切。又，格物窮理，非是盡要窮天下之物。所謂窮理也，但於一事上窮得盡，則其他可以類推矣。至如言孝，須窮所以爲孝者如何。所謂窮理也，如一事上窮不得，即且別窮一事，或先其易者，或先其難者，各隨人淺深，譬如千蹊萬徑，皆可適國，但得一道，入得斯可矣。所以能窮者，只爲萬理皆是一理，至於一事一物，雖小皆有是理。（伊川）又，入道莫如敬，未有致知而不在敬者。又，《大學》論意誠已下，皆窮其意而明之。獨格物則曰：物格而后知至。此蓋可以意得而不可以言傳也。自格物而充之，然後可以至於聖人。不知格物而先欲誠意、正心、修身，未有能中於理者也。又，未致知便欲誠意，則是躐等也。學者固當勉强，然不致知，怎生行得？勉强行者，安能持久？除非燭理明，自然樂循理，性本善，循理而行，是順理。事本亦不難，但爲人不知，旋安排著，道難也。知有多少般數，然有深淺。學者須是真知，才知得，便泰然行將去也。又，知至則當至之，知終則當遂終之，須以知爲本，知之則行之必至。無有知之而不能行，知而不行，是知得淺。知至而至之，幾之事，故常至。知終而終之，故可與存義。知至是致知，博學、明辨、審問、慎思，皆致知知至之事。篤行便是終之，如始條理，終條理，因其始條理，故能終條理，猶知至即能終之。

〇周子曰：治天下有本，身之謂也；治天下有則，家之謂也。本必端，端，本誠心而已矣；則必善，善，則和親而已矣。家難而天下易，家親而天下疏也。治天下觀於家，治家觀於身而已矣。身端，心誠之謂也；誠心，復其不善之動而已矣。

〇張子曰：一國一家一身，皆在處其身。能處一身，則能處一家。能處一家，則能處一國。能處一國，則能處天下。心爲身本，家爲國本，國爲天下本。心能運身，心所不欲，身能行乎？又，致知在格物。格，去也。格去物，則心始虛明，見物可盡，然後極天下之慮，而能思善也。致知者，乃爲學之大本。夫學之始，亦必先知其一貫之道，其造則固有序也。格物，外物也。外其物，則心無蔽，無蔽，則虛靜，虛靜，故思慮精明而知至也。

○吕大臨曰："致知在格物"，格之爲言至也，致知，窮理也。窮理者，必窮萬物之理，同至於一而已。所謂格物也，合内外之道，則天人物我爲一；通晝夜之道，則生死幽明爲一；達哀樂好惡之情，則人與鳥獸魚鼈爲一；求屈伸消長之變，則天地山川草木人物爲一。孔子曰"吾道一以貫之"，又曰"天下同歸而殊塗，一致而百慮"，又曰"天下之動，貞夫一者也"。故知天下通一氣，萬物通一理。此一也，出於天道之自然，人謀不與焉。故《大學》之序，必先致知，致知之本，必知萬物同出於一理。

○謝良佐曰：格物，窮理也。物物皆有理，自然之理也。窮理則是尋個是處。格物必至於知至，故必知至，然後能意誠。窮理之至，自然不勉而中，不思而得，從容中道。所謂格物窮理須是識得天理，始得。所謂天理者，自然道理無一毫杜撰。天理與人欲相對，有一分人欲，即滅却一分天理；有一分天理，即勝得一分人欲。人欲纔肆，天理滅矣。任私用意，杜撰做事，所謂人欲肆也。

○楊時曰：學始於致知，終於知止而止焉。"致知在格物"，而物固不可勝窮也，反身而誠，則天下之物在我矣。又，夫聖人，人倫之至也，豈有異於人乎哉！堯舜之道曰孝悌，不過行止疾徐而已，皆人之所日用，昧者不知也。爲是道者，必先乎明善，然後知所以爲善也。明善在致知，致知在格物。號物之多至於萬，則物蓋有不可勝窮者，反身而誠，則舉天下之物在我矣。又，《答胡處晦書》曰：示喻欲持忍字。某竊謂學者以致知格物爲先，知之未至，雖欲擇善而固執之，未必當於道也。又，《大學》所論誠意、正心、修身、治天下國家之道，其源乃在乎格物，推之而已。若謂誠意便足以平天下，則先王之典章文物皆虚器也。故明道先生嘗謂"有《關雎》《麟趾》之意，然後可以行周官之法度"，正謂此耳。又，正得心，其效自是如此。心一念之間，毫髮有差，便是不正。要得常正，除非聖人始得。且如吾輩還便敢道，心已得其正否？此須於喜怒哀樂未發之際，能體所謂中；於喜怒哀樂已發之後，能得所謂和。致中和，則天地位，萬物育，其於平天下也何有！

○真德秀曰：《堯典》諸書，皆自身而推之天下，至於先之以格物、致知、誠意、正心，而後次之以修其身，則是《大學》始發前聖未言之藴，示學者以從入之端，厥功大矣。又，格，訓至，言於事物之理，窮究到極至處也。窮理既到至處，則吾心之知識，日復一日既久且熟，則於天下之理，無不通曉，故曰物格而后知至也。此一段聖人教人最緊要處。①

〇胡炳文曰：章首三“在”，一篇之要領，“明明德”一句，又三“在”之要領。所以，前一截説綱領以“在明明德”一句先之；後一截説條目亦以“明明德於天下”一句先之。不曰“平天下”，而曰“明明德於天下”，人皆自明其明德，則天下平矣。又，《中庸》言“誠身”，《大學》但言“誠意”。誠身是連誠意、正心、修身都説了，是説身之所爲者實，此則欲心之所發者實。又，即事以窮理，明明德第一功夫也，故不曰“欲致其知者，先格其物”，而曰“致知在格物”。此一“在”字又與章首三“在”字相應。《大學》綱領所在，莫先於“在明明德”；而明明德工夫所在，又莫先於在格物。②

〇景星曰：前云因其所發而遂明，此云實其心之所發。性發爲情，其初無不善，即當加明之之功；心發爲意，便有善有不善，不可不加夫誠之之功。聖賢教人多就發處用功，一從本體上説，一從念頭上説。又，獨致知便在格物，“在”字與章首三“在”字相應，比“欲”“先”字又緊。此節工夫所難在致知誠意上，先儒謂致知是夢覺關，誠意是善惡關，過得此二關，已後工夫一節易一節。獨格物工夫尤難，物即事也，天下之事一事必有一理，《大學》教人先即事以窮理，自然有以推極其知。理即至善之所在，能事事物物窮到至善之地，便是格物。格物即所以致知，格物是零碎説，致知是就全體説，纔去格事物之理，便是致吾心之知。蓋心外無理，理外無事，知在我而理在物，故格物即是致知。知是心之靈，不可作虚字看，朱子所謂“心之神明，妙衆理而宰萬

① 《禮記集説》卷一百四十九、一百五十，《大學》第四十二，《通志堂經解》第 13 册，491—492、496 頁。謹案：張子解“格物”爲“格去物”，爲“外其物”，頗獨特，懷疑他理解的“致知”恐怕也就是“致良知”吧？

② 《四書通・大學通》，《通志堂經解》第 15 册，403 頁。

事”者是也。又，上文“知止”則止字重，就事上説，言知其所當止也；此“知至”則至字重，就心上説，言其知識無不盡也。物格謂理之散在萬物者無不格，知至謂理之會於一心者無不知。又，物字説得開闊，天下之物皆是，一物之中必有一箇當然不可易之則，所謂至善也。知字説得細密，却是就人心知覺處推之以極其至，“知至”二字乃孔子之言，見《易·乾》卦，自心身至於家國天下，無一事不要知其至處。又，周子曰：治天下有本，身之謂也；治天下有則，家之謂也。家難而天下易，家親而天下疎，由近而遠其勢自然如此，此非教人薄於遠，正是教人厚於近也。上文家言齊者，正倫理；此言厚者，篤恩義也。上節是正結八條目，此節是反結八條目。①

〇船山曰：（所謂經一章）《坊記》《表記》《緇衣》三篇皆同此體，知者通之爾。又，“明其明德”，非必欲其如君子之明，革其舊染之污而近性矣。如實言之則曰“新”，而淺深異致，性無二理，則亦可曰“明德”。審此益知“親”之必當作“新”。又，事物者，身之所必應，天下之所待治於我，必知明而後處當者。理之極處，所謂天則，復禮者，復此也。又，“本”，莖也。本由根生，“正心”“誠意”“致知”，培其根也。“格物”者，水土之養也，根之所自滋也。舍水土之滋無生理，舍格物而本亦不立，道亦不生矣。又，“厚”者，慎好惡以謹家教也。家爲厚，國、天下爲所薄，天理自然之序，益知於民不可以言“親”。②

〇又曰：壹，專壹也；原不與一相通。“壹是”猶言專此，對齊、治、平而言也，即下文本末厚薄之旨。若以爲一切之辭，則既云一切，又云皆，非贅詞乎！《中庸》“其爲物不貳”，貳，間也，不間即不息也。若以不貳爲不二，則即上一言而盡之旨亦爲復矣。③

〇又曰：欲明明德二節，此二節俗解分一節知先，一節知後，乃至不通之説。且道如何是知後，豈如事君後其食，作不要緊丟放後面乎！如不曾修身，且莫修身而急於正心，（餘仿此。）身既不修，便陷大惡，

---

① 《大學中庸集説啓蒙·大學》，景印文淵閣《四庫全書》第204册，972—974頁。

② 《禮記章句》卷四十二，《大學》，《船山全書》第四册，1471—1474頁。

③ 《四書稗疏·大學》，《船山全書》第六册，18頁。

又何有於心之不正乎！《大學》“後”“后”二字異用。“後”者，且勿急而姑待異日之意：對“前”字，則“先”作在前解，而“后”者始得之意，言物格知始得至，（餘仿此。）纔完了致知之功；不對“前”字，不以時言，則“先”字亦是從彼處下工夫，爲此工夫地之意。況云“物格而后知至”云云，乃以效之必然者言之，非云物格而後知至有次序，不可不知所後，且勿致知，待物已格而後求致知也。本文“欲”字則已有上一截工夫矣，但不得純全，故須下一截工夫以成之。以是思之，“知所後”之不通明矣。又，致知格物變文言“在”者，以若云先格其物，則“其”字不妥；若云“先格物”，又不成句耳。時文云“不言先而言在”云云，不通。又，齊家以教而教可通於國，治國以政而政可通於天下，玩《傳》則不錯。身以言、行、動言，心以所持之志言，意以偶發之念言，知以知是知非言。正其心，常持其志使一於善也。聖賢之學，其於知也，止以知是非爲大用。致知者，析理之是非，無毫髮之差也。故必格物以因事辨理，而後是非昭著；是非昭著，則意之方動，其爲善爲惡，無不審而知所慎也。此解最明，當詳辨之。又，正心誠意是自心密用，非學所及，故以物格知至爲知止，是可盡力以學事；意誠以下，自得之功，故以爲得止。大抵大學之教，以《詩》《書》禮樂爲功，而格物致知，自誠意以至平天下，節節俱要，故《注》以此爲止至善。①

○又曰：若統論之，則自格物至平天下，皆止一事。（如用人理財，分明是格物事等。）若分言之，則格物之成功爲物格，“物格而后知至”，中間有三轉折。藉令概而爲一，則廉級不清，竟云格物則知自至，竟删抹下“致”字一段工夫矣。若云格物以外言，致知以内言，内外異名而功用則一，夫物誠外也，吾之格之者而豈外乎？功用既一，又云“致知在格物”，則豈可云格物在格物，致知在致知也？又，至如《或問》小注所引《語録》，有謂“父子本同一氣，只是一人之身分成兩個”爲物理，於此格去，則知子之所以孝，父之所以慈。如此迂誕鄙陋之説，必非朱子之言而爲門人所假託附會者無疑。即此一事求之，便知吾心之

---

① 《四書箋解》卷一，《大學》，《船山全書》第六册，109—110頁。

知，有不從格物而得者，而非即格物即致知審矣。又，是故孝者不學而知，不慮而能，慈者不學養子而後嫁，意不因知而知不因物，固矣。唯夫事親之道，有在經爲宜，在變爲權者，其或私意自用，則且如申生、匡章之陷於不孝，乃藉格物以推致其理，使無纖毫之疑似，而後可用其誠。此則格致相因，而致知在格物者，但謂此也。又，天下之物無涯，吾之格之也有涯。吾之所知者有量，而及其致知也不復拘於量。是以《補傳》云"至於用力之久，而一旦豁然貫通焉"，初不云積其所格，而吾之知已無不至也。知至者，"吾心之全體大用無不明"也。則致知者，亦以求盡夫吾心之全體大用，而豈但於物求之哉？大抵格物之功，心官與耳目均用，學問爲主，而思辨輔之，所思所辨者皆其所學問之事。致知之功則唯在心官，思辨爲主，而學問輔之，所學問者乃以決其思辨之疑。"致知在格物"，以耳目資心之用而使有所循也，非耳目全操心之權而心可廢也。又，《大學》於治國平天下，言教不言養。蓋養民之道，王者自制爲成憲，子孫守之，臣民奉之。入官守法，仕者之所遵，而非學者之事，故《大學》不以之立教。所云厚薄，如《論語》"躬自厚而薄責於人"之旨，即所謂"其家不可教而能教人者無之"也。其云以推恩之次第言者，非是。[①]

〇又曰：夫既知大學之道之所在，則規之也大而務之也專，所謂詳而有要者，要歸不迷矣。而三者之事相因而成，則其條目之次序又有可言者。大學之道，以教天下之學者，而古之人先已學焉而備其道矣。古之人知明德爲新民之本，則明明德而德自遍及於天下也。天下皆有其明德，而吾必以吾之明德明之也。明明德於天下，而後善無不至焉。先治其國而後建諸侯，一道同風之事，可相因而行焉。教立則一家之中親疏賢愚，皆整齊以從吾之匡正，而後教可達於國也，則政亦可行於國也。情正則吾身所行，厚薄喜怒皆中節以盡道之當然，而後情可宜於家也，則教亦可成於家也。唯先其本以治其末，而本得而末自理，此明德新民自然之先後，而古之人知之審矣。又，吾立身之始，有爲身之主者心

---

① 《讀四書大全説》卷一，《大學》，《船山全書》第六册，402—404頁。

也。當物之未感，身之未應，而執持吾志，使一守其正而不隨情感以迷，則所以修身之理，立之有素矣。古之欲正其心者，必先於動意有爲之幾，皆誠於善，而無一念之不善奪其本心焉。古之欲誠其意者，必先於善惡可知之理力致其辨，而無一理之不明，引意以妄焉。又，夫致知，則意知所誠，心知所正，身知所修矣。此大學始事之急圖也。而古人之致知，非虛守此靈明之體而求白也，非一任吾聰明之發而自信也，以爲凡吾之理皆一因乎萬物固然之理，則物物有當然之則；凡天下之物接於吾身者，皆可求其得失順逆之則，以寓吾善惡邪正之幾，故有象可見，有形可據，有原委始終之可考，無不盡吾心以求格，則詩書禮樂之教，人官物曲之事，皆必察焉，而大學之爲學，於斯焉極矣。此學之始事必於格物，而詳略大小精粗得失無不曲盡，故足以爲身心意知之益而通乎天下國家之理。始終之次序，安可忽哉！又，夫自身而心，而意，而知，以極乎物，莫不極致其功，而知格物之爲大始，則詳於求格者，知至善之必於此而備也，於是而格之功已深，則物可得而格矣。物之既格，吾之所以處夫萬物者，皆一因於理：而如是則善，不如是則不善，知無不至矣。知之既至，吾之所以擇夫善惡者，皆明辨其幾，而無疑於善，無疑於不善，意無不誠矣。意之既誠，吾之動乎幾微者皆一如其志而純一於善，不搖於不善，心無不正矣。心之既正，吾之所以發爲言動者，皆根心以行，而爲之有本，持之有主，身無不修矣。夫自格物以至於修身，內外交盡而初終一致，非明德之至善者乎？而必有其始，乃有其終，其先後不可誣矣。又，自家而國，而天下，爲之有本而推之自通，明德廣孚而化行俗美，豈非新民之至善者乎？而必有其本，乃有其末，其先後益不可紊矣。又，故古之大人，於格致不厭其詳焉，於誠正不畏其嚴焉。施之於天下國家者，皆以吾格致誠正之修，得其理而順應之，其爲學之功有如此。又，夫家較國與天下而近者，所當厚者也，必盡吾情理以齊之者也。薄於其家而唯吾之好惡是殉焉，乃欲施於國與天下與我疏遠者而厚致其治教之宜，則未之有也。國與天下且不能不待於家，而況身爲萬事之本乎！則古人明明德於天下，其次序之必循有如此者。故大學之教，有要歸焉，極乎詳而有要也；有次序焉，極乎博以反約也。於方學之日，已取天下國家之理，而修之於淵默，必致格致誠正之功而密用其涵養。有志於大人之學者，其尚循此道以自勉乎！[①]

○吕留良曰："致知"是平日間事，是意未發時工夫。誠意必先致知，即《中庸》所謂"不明乎善，不誠乎身"、"明則誠矣"之意。"知"與"意"關，是逐節推去，其實"知"是一大截，實貫到底，不單粘"意"也。又，陽明所謂"無善無惡心之體"云云，並言證諸五經四子無不合，而獨與朱子牴牾。其實，合其説者，止一告子而已。堯舜曰"危微精一"，孔子曰"繼善成性"，孟子曰"性善"，與其言不合明矣，不獨牴牾朱子。因而其所言，乃其欺天罔人，以聾瞽後世之術耳，豈誠然乎？若以本體爲無善無惡，必將並去其善而後可以復本體也，則凡所謂擇善固執，樂善不倦者，不幾皆本體之障乎？此正聖學與異端分界之處，此處一差，以下都無是處，不可以不辨也。又，孟子"良知""良"字，不過指不必學慮而自然可見，以明仁義爲人心之同，猶其言乍見孺子入井可以觀仁，非以乍見爲仁之至，以不慮爲知之極也。若"知至"之"知"，則知性知天，而心無不盡之謂，與良知之義不同。良知正以不致見其良，致知正以不恃其良爲致，三字牽合不攏，牽合則其義各失。又，知與物，致與格，是拆不開事，故不言"先"而言"在"。逐箇"而后"各有工夫，不是一"知至"便了。又，"物格而后知至"，此一箇"而后"，比下六箇"而后"較輕。[②]

○汪紱曰：此即申上段之意而詳其工夫，數"先"字見序之不可紊，而數"而后"，見功之不可闕，亦上節本末終始先後之意。但此處"先"字與"知所先""先"字略同，下處只是復説。此處"后"字不甚用力。知虚而物實，格物是將天下事物之理件件收拾入心，故格物便是致知。然事物當然之理本即吾心具備之理，非此理真由外得，但此心之知不從事物上印證，知亦不見，故須於事物上件件印證過來，此知方實。"格"字，窮致之訓，《或問》已詳。（愚謂格本木格，而格形必方，

---

① 《四書訓義》（上）卷一，《大學》，《船山全書》第七册，46—50頁。
② 《四書講義》卷一，《大學》一，上册，12—19頁。

故有正字之訓。格外者不得入，故有扞格之訓。）格内者又必須要滿，故有窮致之訓。而今人猶有又作扞格外物解者，試思便是物誘亦只須節制，豈可扞格？扞格外物，此心之知何據，豈非釋氏之絶六根説乎？又，再復説以申必先之意，數“而后”字有輕重不同。如“物格而后知至”，“心正而后身修”，“而后”二字即無工夫。而家齊以下，亦無另項工夫矣，其他則皆有另項工夫。（末句）二層只是一意（“以修身爲本”），非以身家對舉。蓋本亂則其所厚者必薄，所厚者且薄，則豈有反厚於所薄之理。聖經一章似爲古大學教人之法作發凡起例一般，而凡例之中，則明新爲經，至善爲緯。又於明新中標出明德爲本，如經之受軸一般；於至善中標出知止爲始，如緯之起梭處一般。故能將人己事物許大事業組織作一片，而一絲不亂，一縫不綻，蓋非孔子不能言，非曾子亦不能述也。[①]

〇丁紀曰：其第二層（經下），明“八條目”之序，所以爲學者下學之步趨也。又，關於格物，朱子既曰“窮至”，又曰“極處無不到”，則所謂“至”者，一須“面向事物本身”，與事物親身交道；二須於事物熟爛，而使之了無餘藴也。既曰“猶‘事’”，又曰“事物之理”，則所謂“物”者，一非但寓目爲物，凡有關乎物之舉措作爲亦皆物也；二則非欲止於物而已，務須止於物之所以爲物者也。又，關於致知，朱子既曰“推極”，又曰“所知無不盡”，則所謂“致”者，一在於推類而知，知類似知新；二在於充其已知，此則如温故而出者也。既曰“猶‘識’”，又曰“吾之知識”，則所謂“知”者，一指彼所謂識而後知者，二則亦當然包含吾所固有之知如所謂良知者也。又，所謂意誠，只在致知，意隨知行，除誠慤向之，别無事事。又，關於修身，身者，上對心而言，任事之具也；下對家而言，己也。“身”實包意、心等而爲言，合意、心等成一個“身己”也。“修身爲本”，乃言一切人等皆以自修爲當務之急也。又，家齊：家有仁風，而家人各止於所當止也。又，國治：國安定而有禮，民好善而樂生。又，天下，猶言“天之下”，凡親、

① 《四書詮義》上，卷一，《大學》，《叢書集成三編》第10册，361—364頁。

民、物一切所居之域則爲天下。無一夫之不獲，無一物不得其所，可謂天下平矣。又，修身乃“八條目”之關節點，本末先後以此而分。或謂，修身之前乃内聖之事，修身之後乃外王之事。故可曰：修身爲齊治平之本，誠意爲修身之本，致知爲誠意之本。本之又本，見致知爲“八條目”之大本也，爲其全部、惟一之大事也。然而欲致知，却只在於格物。格物乃致知之全部事，除却格物，别無致知事。然而格物亦惟在於致知。格物到致知地步，則物窮理現，而物亦停當得宜，所謂物格也；而知非逐物，物非役知，知、理合一，所謂知至也。故言事，則只是格物一件事；言功，則只是致知一件功。誠意、正心、修身、齊家、治國、平天下，皆格物之事也；意誠、心正、身修、家齊、國治、天下平，皆致知之功也。其事則須力而行之，其功則不可力而致之。自格物可得之造果，一曰物格，二曰知至，三曰本有之知無不明，四曰充極可以至聖人。“八條目”内而言之，通而言之，所謂推本之言，先後次第乃在其中。又，所謂綱領者，“克己復禮爲仁”也。“明明德”如“克己”，“新民”如“復禮”，“止於至善”如“爲仁”。而“八條目”如非禮勿視聽言動，實踐之道也。我意，“三綱領”者，全非平天下以前事；其所以得爲“八條目”之綱領者，不在於其有先後之分，而在於“八條目”内在、本然之序也。大概一條目之中“三綱領”皆在也。凡物既格、知既至者，即已明明德，即已新民，即已止於至善，直上直下透徹。經之四節“欲明明德於天下”一語，最有以見“三綱領”“八條目”之關係大概。“明明德於天下”，則所謂平天下，則新民，則止於至善，則天下平矣。此已可謂一語而兼四：兼三綱領，以及第八條目而言也。而平天下在格物，則又不但兼四，“八條目”亦無不在此一語中。而格物於“三綱領”及平天下等既具此等地位，則人生尋常所接之物，無不具有世界意義；學者格物之常課常功，亦無不發生一種平天下之作用。可不謹而重之乎！[①]

〇鄭玄曰：知，謂知善惡吉凶之所終始也。又，格，來也。物，猶

① 《大學條解》，29、53、55、57、61、63、65、71、73—81頁。

事也。其知於善深則來善物，其知於惡深則來惡物，言事緣人所好來也。此“致”或爲“至”。又，壹是，專行是也。

○孔穎達曰：總包萬慮，謂之爲心。情所憶念，謂之意。若欲正其心，使無傾邪，必須先至誠在於憶念也。若能誠實其意，則心不傾邪也。又，欲精誠其己意，先須招致其所知之事。言初始必須學習，然後乃能有所知，曉其成敗，故云“先致其知”也。又，此經明初以致知，積漸而大至明德。前經從盛以本初，此經從初以至盛，上下相結也。若能學習，招致所知。格，來也。已有所知，則能在於來物。若知善深，則來善物；知惡深，則來惡物。言善事随人行善而來應之，惡事随人行惡亦來應之，言善惡之來，緣人所好也。又，物既來，則知其善惡所至。善事來則知其至於善，若惡事來則知其至於惡。既能知至，則行善不行惡也。又，既能知至，則意念精誠也。又，上言誠意、正心、齊家、治國，今此獨云“修身爲本”者，細别雖異，其大略皆是修身也。又，本亂，謂身不修也。末治，謂國家治也。言已身既不修，而望家國治者，否矣！否，不也，言不有此事也。又，此覆説事厚之與薄，皆以身爲本也。本，謂身也。既以身爲本，若能自知其身，是知本也，是知之至極也。[①]

○司馬光曰：人之情莫不好善而惡惡，慕是而羞非，然善且是者蓋寡，惡且非者實多，何哉？皆物誘之也，物迫之也。於是依仁以爲宅，遵義以爲路，誠意以行之，正心以處之，修身以帥之，則天下國家何爲而不治哉！《大學》曰：致知在格物。格，猶扞也，禦也。能扞禦外物，然後能知至道矣。

○胡安國曰：格，度也，猶曰品式也，所謂物之則也。又，夫窮理盡性，乃聖門事業。物物而察，知之始也，中人所可能者。一以貫之，知之至也，非上知不與焉。且置是事，而以致知格物爲先，物物而察，則知益明，心益廣，道可近矣。然物物而察者，又豈逐物而不知反哉？又豈以己與物爲二哉？故知循理者，士也。物物皆備，反身而誠，則心

① 《禮記正義》卷第六十六，《大學》第四十二，下册，2237、2240—2242頁。

與理不違，故樂循理者，君子也。天地合德，四時合序，則心與理爲一，無事乎循矣，故一以貫之，聖人也。豈易言哉！儒者則以致知爲始，以窮理爲要，知至理得，不昧本心，如日方中，萬象皆見，則不疑其所行，而内外合也，故自修身至於天下國家無所處而不當矣。夫適千里者，必得路頭，而路有險夷通塞，故知窮理，心如户牖，既夷且通；息念坐禪，心如墻壁，既險且塞，擇斯二者，將孰從乎？

〇胡宏曰：故儒之道，即事即物，不厭不棄，必身親格之，以精其知焉。格之之道，立志以定其本，而居敬以持其志，志立乎事物之表，而敬行乎事物之内，則物可格而知可精矣。

〇錢時曰："致知在格物"，是物也，混成無虧，範圍無外，是謂大極，是之謂一。至精至粹，至明至靈，至大至中，而謂之至善者也。壹者，志壹之壹，斷斷乎是無他道也，以是爲本，乃知所先。

〇葉適曰：此章極體用而言之也。天下一本也，堯舜文武一人也。人之生也，固有位天地，育萬物之功。天未嘗私其道於一人也，其充之有小大，學之有至不至而已。是故明明德於天下，而要之以堯舜文武之功，此學者之所當然也。聖人兼致天下之知，而無所不盡於萬物之理，其遠至於不可歷而止，其深至於不可測而識，是知之用大矣哉！今夫人朝夕從事於物也，目之所視，耳之所聽，是物未嘗不在也；意之所向，心之所思，是物未嘗不具也。由之而不著焉，習矣而不察焉，而人與物蓋不相通矣。其甚者亂天理，恣人欲，執一物以害萬物，而卒至於忘物，是故物不格，則知不至，所謂正心誠意推而行之，皆莫得其要矣。

〇張九成曰：格物者，何也？格言窮，物言理也。内而一念，外而萬事，微而萬物，理皆在焉。吾能一念之間，一事之上，一物之微，皆窮其始，窮其終，窮其所由起，又窮其所由歸。自一念而窮之，以通天下之念；自一事而窮之，以通天下之事；自一物而窮之，以通天下之物。往來闔闢顯晦幽明，其理森然炳然，可燭照而數計者，此所謂格物而物格也。格物則一念之微，一事之微，一物之微，有兆於象，有發於萌者，無不默而識之，此之謂知至。知至則惡念不生，惡事不積，惡物不滋，而吾所趣鄉者，所願欲者，所思慮者，無非在天理中矣，此之謂意誠。

○陸佃曰：誠内也，修外也。修，誠之失也。誠，無成虧也。有成有虧而後修之。《易》曰：損德之修也。格，猶極也。言致知在極物，物極而後知至。

○張栻曰：《大學》物格而知至，是大《易》知至至之而知終者也，蓋極夫知之事也，過此則唯終之而已，聖之事也。又，格物，猶格於上帝；物格，猶祖考來格。格物與物格不同，格物是學者下工夫處；物格，透也。人爲事物所迷亂，而不知其體之所存，須是事事物物上身親切之，要見得此體分明，所謂格物也；物格則會萬殊於一理，而知我之爲我矣。得此體，然後意誠、心正、身修、而家可齊，國可治，天下可平。

○沈清臣曰：格若大人能格君心之非之格。大人之格君非，豈用力也哉？其充實而有光輝之謂大，自然照破其非，心則不期格而自格矣。誠能一切照破，於物則真知自然至矣。仁義禮智，百行萬善，與夫天地萬物之理，舉無不知也。

○東萊吕氏曰：聖賢千言萬句，會其有極，歸其有極，皆在乎致知。致知是見得此理，於視聽言動，起居食息，父子夫婦之間，深察其所以然，識其所以然，便當敬以守之。又，《大學》固是以致知爲本，然人之根性有利鈍，未能致知，要須有箇棲泊處，敬之一字即是。

○胡銓曰：格有三義，《書》曰“格汝舜”，《緇衣》曰“民有格心”，來也；《書》曰“惟先格王”，至也；《語》曰“有恥且格”，正也。此云物格，亦謂正也。致知，明道也。明道者，必明於物理使一出於正，是格物也。

○邵甲曰：若夫推正心之本於誠意，誠意之本於致知，致知之在於格物，則他書未之言也，六籍之中唯此章而已。致，極也，猶喪致乎哀之致。格，至也，猶格於上下之格。格至於此，則知極其致矣。然則所謂物者，何也？指斯道而言也。伊川先生所謂今人看《易》，皆不識得“易”是何物？正此意也。是物也，堯舜禹相授名之曰“中”，湯亦曰“中”，武王名之曰“極”，夫子名之曰“仁”，又名之曰“中庸”，其在

《易》名之曰“大極”，此章名之曰“明德”，又名之曰“至善”，一而已矣。其爲物也，清明廣大，無際無方，天得此而清也，地得此而寧也，人得此而秀也，舉萬彙之殊，無非得此而生也。君子患不能格此大物耳，能格此物，則天地萬物本吾同體。意而不誠，欲欺誰乎？心而不正，是賊誰乎？心苟正矣，身不患其不修。身苟修矣，家不患其不齊。自家形國，自國而推之天下，舉而措之，蓋不可勝用也。親者所厚也，疏者所薄也，能厚其所愛，然後能推以及其所不愛。於所厚者薄，將何所往而不薄哉！

○吴知愚曰：格之爲義不一，唯孟子言大人格君心之非，以正爲訓，於義近之。蓋致知在正物，物正而后知至，所以孟子論大人之格君，終之以一正君而國定，是以正訓格也。然此不言正物而言格物者，蓋欲學者於物交物之際，而用其力焉，故謂之格物。物格則正，不格則不正，所以孟子言耳目之官不思而蔽於物，物交物則引之而已，引之則大者不立，小者奪之，此心無自而明，安能致其知乎？是知物交物而不爲所引者，是所謂格物者也。是知所謂格物之物，指兩物相交而言，惟其引之則惑，所以貴乎格也。《樂記》又曰“物至知知，然後好惡形焉”，於此而不知格，則好惡無節於内，知誘乎外，天理滅矣，是焉得爲知乎！此致知所以在格物也。《易》之《艮》，止也；《彖》明止義，有曰：“‘上下敵應’不相與也。”知上下敵應不相與之爲止，則知物交物而不爲所引，其爲格物也，明矣。蓋不爲物引則止，即格物之義也。所以《大學》推明止義爲尤詳。《書》言“安汝止”，“欽厥止”，無非格物之功用。①

○黎立武曰：格物即“物有本末”之物，致知即“知所先后”之

① 《禮記集説》卷一百四十九至一百五十，《大學》第四十二，《通志堂經解》第13册，491—493、495—496頁。謹案：以上司馬光解“格物”或近於張子。又，錢時把“物”一下説到“太極”“一”“至善”，則又何以格物致知呢？又，葉適所謂與物不通，“忘物”等，似在説《大學》所謂“心不在焉”的情形？又，陸佃將“格”訓爲“極”，不知是否妥帖？又，張拭關於格物與物格的説法，頗爲新奇？又，“東萊吕氏”，亦即吕本中（居仁）與吕祖謙（伯恭）兄弟，但原本没有特别標明兩者中的哪一位，故照寫。又，邵甲把格物直接等同於求仁等，是否妥當？吴知愚僅以“正”訓“格”，妥當否？

知，蓋通徹物之本末，事之終始，而知用力之先後耳。又，今於物必曰格，於知必曰致者，何哉？《詩》云："天生蒸民，有物有則。"物之本存乎有物之則，不格則不能知；有物之則存乎止善，不致其知，則不能得所止也。又，天下國家之本在身，故揭一言曰"壹是皆以修身爲本"，是爲八條總會。所謂格物、致知、誠意、正心，乃修身中事；而齊家、治國、平天下，又修身所推也。[①]

○陽明《大學問》曰：古之欲明明德於天下者，亦至於先修其身，以吾子明德親民之説通之，以既可得而知矣。敢問欲修其身，以至於致知在格物，其工夫次第又何如其用力歟？陽明曰：此正詳言明德、親民、止至善之功也。蓋身、心、意、知、物者，是其工夫所用之條理，雖亦各有其所，而其實只是一物。格、致、誠、正、修者，是其條理所用之工夫，雖亦皆有其名，而其實只是一事。何謂身心之形體？運用之謂也。何謂心身之靈明？主宰之謂也。何謂修身？爲善而去惡之謂也。吾身自能爲善而去惡乎？必其靈明主宰者欲爲善而去惡，然後其形體運用者始能爲善而去惡也。故欲修其身者，必在於先正其心也。然心之本體則性也，性無不善，則心之本體本無不正也。何從而用其正之之功乎？蓋心之本體本無不正，自其意念發動，而後有不正。故欲正其心者，必就其意念之所發而正之，凡其一念而善也，好之真如好好色；發一念而惡也，惡之真如惡惡臭，則意無不誠，而心可正矣。然意之所發，有善有惡，不有以明其善惡之分，亦將真妄錯雜，雖欲誠之，不可得而誠矣。故欲誠其意者，必在於致知焉。致者，至也，如云"喪致乎哀"之致。《易》言"知至至之"，"知至"者，知也，"至之"者，致也。"致知"云者，非若後儒所謂充擴其知識之謂也，致吾心之良知焉耳。良知者，孟子所謂"是非之心，人皆有之"者也。是非之心，不待慮而知，不待學而能，是故謂之良知。是乃天命之性，吾心之本體，自然良知明覺者也。凡意念之發，吾心之良知無有不自知者。其善歟，惟吾心之良知自知之，其不善歟，亦惟吾心之良知自知之。是皆無所與於

---

① 《大學本旨》，景印文淵閣《四庫全書》第200册，742—743頁。

他人者也。故雖小人爲不善，既已無所不至，然其見君子，則必厭然揜其不善，而著其善者，是亦可以見其良知之有不容於自昧者也。今欲別善惡以誠其意，惟在致其良知之所知焉爾。何則？意念之發，吾心之良知既知其爲善矣，使其不能誠有以好之，而復背而去之，則是以善爲惡，而自昧其知善之良知矣。意念之所發，吾之良知既知其爲不善矣，使其不能誠有以惡之，而復蹈而爲之，則是以惡爲善，而自昧其知惡之良知矣。若是，則雖曰知之，猶不知也，意其可得而誠乎？今於良知之善惡者，無不誠好而誠惡之，則不自欺其良知而意可誠也已。然欲致其良知，亦豈影響恍惚而懸空無實之謂乎？是必實有其事矣。故致知必在於格物。物者，事也，凡意之所發必有其事，意所在之事謂之物。格者，正也，正其不正以歸於正之謂也。正其不正者，去惡之謂也。歸於正者，爲善之謂也。夫是之謂格。《書》言"格於上下""格於文祖""格其非心"，格物之格實兼其義也。良知所知之善，雖誠欲好之矣，苟不即其意之所在之物而實有以爲之，則是物有未格，而好之之意猶爲未誠也。良知所知之惡，雖誠欲惡之矣，苟不即其意之所在之物而實有以去之，則是物有未格，而惡之之意猶爲未誠也。今焉於其良知所知之善者，即其意之所之之物而實爲之，無有乎不盡。於其良知所知之惡者，即其意之所在之物而實去之，無有乎不盡。然後物無不格，吾良知之所知者，無有虧缺障蔽，而得以極其至矣。夫然後吾心快然無復有餘憾而自謙矣，夫然後意之所發者，始無自欺而可以謂之誠矣。故曰："物格而后知至，知至而后意誠，意誠而后心正，心正而后身修。"蓋其功夫條理雖有先後次序之可言，而其體之惟一，實無先後次序之可分。其條理功夫雖無先後次序之可分，而其用之惟精，固有纖毫不可得而缺焉者。此格致誠正之説，所以闡堯舜之正傳而爲孔氏之心印也。[①]

〇劉宗周曰：《大學》以訓古帝王立學之教也，故即以古之人承之，明明德於天下而遞及於家，轉見親民之義，以見己之明德與天下國家並無二體也。繇修身而推之誠意，所謂"止於至善"也，然必以知止爲始

① 《王陽明全集》卷二十六，下册，971—972頁。

事。三綱以著《大學》之教，而八目以申三綱之義。又，“古之欲明明德於天下者，先治其國”云云，知此之謂知先。“物格而后知至”云云，知此之謂知後。知所先後，則知至能得，明德親民，一以貫之。此盡性之全學也。格物莫要於知本，知本者，知修身爲本而本之也。又，循八者而反於本，則其本始真；循八者而達於末，則其末始備。知所先後，知此而已。知其所先而先之，先無可先，直通帝降之初；知其所后而后之，后無可后，渾參覆載之量。此堯、舜、禹、湯、文、武所以繼天立極，而孔門傳授之，以教萬世者也。大哉學乎！後之入大學者如之何？亦曰知性而已矣。知止，所以知性也。知至至之，可與幾也。知終終之，可與存義也。故學，致知焉盡之矣。又，自“平天下”至“齊家”，是遠之近；自修身至致知，是風之自；致知在格物，是微之顯。又，三綱是主意，而“知止”一節是工夫，即致知之功也。“物有本末，知所先後”，正“致知在格物”處。故“古之”節承上文，而列主意工夫之所在，以見合一之旨。誠正以上，皆主意也，一“欲”字貫下；致知，格物工夫也，一“在”字合之。從“物格”貫到“天下平”，結盡一章大旨。[①]

○李二曲曰：宇宙内事，皆己分内事，“古之欲明明德於天下者”，是盡己分内事。古人以天下爲一家，億兆爲一身，故“欲明明德於天下”。今則一身一家之外，便分彼此，明明德於一鄉一邑，猶不敢望，況明明德於一國、明明德於天下乎？古人爲學之初，便有大志願、大期許，故學成德就，事業光明俊偉，是以謂之“大人”。今之有大志願、大期許者，不過尊榮極人世之盛；其有彼善於此者，亦不過硜硜自律，以期令聞廣譽於天下而已。世道生民，究無所賴，焉能爲有？焉能爲亡？“古之欲明明德於天下者”，是己欲立而立人，己欲達而達人；即欲即仁，此欲何可一日無？吾人非無所欲，然不過欲己富，欲己貴，欲己壽考，欲己不朽；即欲即私，此欲何可一日有？吾人立志發願，須是砥

① 《大學古文參疑》《大學古記》《大學古記約義·經旨》《大學雜言》，《劉宗周全集》第一册，608—609、625—626、644—645、659—660頁。

德礪行，爲斯世扶綱常、立人極，使此身爲天下大關係之身，庶生不虚生，死不徒死。“格物”乃聖賢入門第一義，入門一差，則無所不差，毫釐千里，不可以不慎。“物”即身、心、意、知、家、國、天下；“格”者，格其誠、正、修、齊、治、平之則。《大學》本文分明説“物有本末，事有終始”，其用功先後之序，層次原自井然，“古之欲明明德於天下”與“物有本末”是一滚説。“格物”二字，即《中庸》之“擇善”，《論語》之“博文”，虞廷之“惟精”。“博文”原以“約禮”，“惟精”原以“執中”，“格物”原以“明善”。大人之學，原在“止至善”，故格物以明善。善非他，乃天之所以與我者，即身、心、意、知之則，而家、國、天下之所以待理者也。本純粹中正，本廣大高明。涵而爲“四德”，發而爲“四端”，達而爲“五常”。見之於日用，則忠信篤敬，九思九容，以至三千三百，莫非則也。如此是善，不如此是惡，明乎此，便是“知致”（謹案：疑當爲“知至”，以下仿此）。知致則本心之明，皎如白日，善惡所在，自不能揜，爲善去惡，自然不肯姑息，此便是“意誠”。以此正心則心正，以此修身則身修，以此治國則國治，以此平天下則天下平，即此便是“止至善”，便是“明明德於天下”。虚靈不昧，日用云爲之際，逐事精察，研是非之幾，析義利之介，在在處處，體認天理，則誠正之本立矣。夫然後由内而外，遞及於修齊之法，治平之略。凡經世大猷、實務要著，一一深究細考，酌古準今，務盡機宜，可措諸行，庶有體有用、天德王道一以貫之矣。夫是之謂“大學”，夫是之謂“格物”。果反觀默識，洞徹本原，始信我之所以爲我。惟是此知，天賦本面，一朝頓豁，此聖胎也。戒慎恐懼，保而無失，則意自誠、心自正，齊治均平於是乎出。有天德自然有王道，夫焉有所倚？知爲一身之本，身爲天下國家之本，能修身便是“立天下之大本”。在上則政化起於身，不動而敬，不令而從；在下則教化起於身，遠邇歸仁，風應響隨。[1]

○姚際恒曰：本孟子“天下之本在國，國之本在家，家之本在身”

① 《四書反身録·大學》，《二曲集》卷二十九，403—406頁。

爲説，而增以誠意正心致知格物，則大有可疑焉。孔孟皆言正身未言正心，即使孟子言正人心，亦因人心陷于楊墨而邪。誠字亦同正字，聖賢皆止屬身。再者儒家没有空言致知的，而格物二字晦澀之甚，格字義最多，《爾雅》訓來，《説文》訓正訓式；《玉篇》訓至；《廣韻》訓量訓度；又《詩》"神保是格"，爲感悟義；又音閣，《禮》扞"格"；《史記》"廢格"及"阻格"、"格鬭"、"格殺"諸義，尤無定解。細測其意，格字不外孟子"格君心之非"之格，而物字不外"物交物"之物，此不免禪家之嫌。①

〇劉沅曰：大學之道以明明德爲主，明明德以止至善爲要。曰齊者，各盡其道而已。五倫以三綱爲重，君綱之外父綱夫綱，家有其二，然所謂綱者，以道修身，爲妻子則，非但以其分之尊也。一父母，一兄弟，一夫婦也。修身必先守身，身修即誠身，盡性至命，與天合德，而何不能挽迴氣數？心宰乎身，養大體，養浩然之氣，必使形著動變化之功一一實得於身，而令身之渣滓全無，與心合而爲一，故明明德即是養氣之學，不動心即是正其心。正心之詣非聖人不可當。下學則必先從誠意入手，平日則先有格物致知一段功夫，以知止至善也。致知者，知日用人倫，言行動静之理耳。心中起念，隨起隨收，毋使接續，此静而格物之法；非禮勿視聽言動，集義，爲仁，此動而格物之法。内外交致其功，志氣清明，義理自然昭著，所以致知在格物也。又，"知至"之"至"非謂"極至"，而訓"達"也，由此至彼之意。又，本謂身也，厚薄猶言重輕。夫子言其本亂與薄者厚，謂自輕其身。厚其身正所以清其源，厚待其身即所以爲成己成物之量，故知此即爲"知本"，即爲"知之至也"。聖人豈教人求道於身外，泛泛而求物理哉？

上聖經一章，夫子綜聖王教人之法以授曾子，如璞玉渾金已無遺義矣。因周衰俗弊，上無以作則，下無以率循，惟孔門師弟私相傳習。曾子恐人不知下學用功之要，又補足其義，不料後人竟改竄原文，遂使

---

① 《續禮記集説》卷九十七，《大學》，《續修四庫全書》第102册，706—708頁。

《大學》次第功效等於煙霧。[①]

〇陳澧曰：朱子《大學》章句云“明德者，人之所得乎天，而虚靈不昧”，《語類》則云“光明正大者，謂之明德”（卷十四）。澧謂此勝於虚靈不昧之説矣。《章句》又云“明明德於天下者，使天下之人，皆有以明其明德”，此亦似未安也。明明德於天下，即平天下也。朱子云“傳之十章，釋治國平天下。此章之意，務在與民同好惡而不專其利”，何嘗云此章之意，務在使天下之人皆有以明其虚靈不昧之德乎？與民同好惡而不專其利，乃是明其光明正大之德於天下也。光明正大之解，不可易也。又，“物有本末，事有終始，知所先後，則近道矣。”朱子《章句》云結上文，王氏復禮《四書集注補》，以爲起下文。引高中元私記云，本末二字，即下文本亂末治字。下文六先字，即此先字。七後字，即此後字。蓋此條總言其意，而下二條，詳列其目也。“自天子以至於庶人，壹是皆以修身爲本。其本亂末治者否矣，其所厚者薄，而其所薄者厚，未之有也！此謂知本，此謂知之至也。”《集注補》云，此謂知本，正應修身爲本，非衍文也。人能知本，非知之至而何？故後文只單疏誠意，無煩補格致也。此二條不從朱注，實可以備一解也。[②]

〇廖平曰：《大學》以修身爲本，凡修、齊、治、平四等科目爲主，故止有四傳。後儒於修身上加四目，最爲大誤。“修身”條目在中小學即六藝。《大學》之本，承中小學而言，其本已服習於前，《大學》專詳治人之學。“格物、致知”乃進學之等級，即本末終始先後之法，非條目，故其名辭不見於他書。漢宋諸儒所有解釋皆誤。“誠意”章古本緊接經文之下，與四傳不同列。經言所謂“誠其意”者，上不與“致知”連，下不與“正心”連，與後師所加十五字不合，故知十五字爲後儒記注。誠意即《中庸》天學之“誠”，誠中形外，即誠則形。“誠意”由人企天，爲天人之交。漢儒言《大學》，猶不失先儒本意。宋人饜聞佛説，遂以天學移於修身之前，説玄説妙，談性談心，皆屬顛倒。唐以前學重

① 《大學古本質言》，17—40頁。

② 《東塾讀書記》，99—100頁。似乎無論陳澧，還是他所引用的王復禮，或許都未能注意到《大學》章一中的“后”“後”之别。

力行，宋以後重致知，故墜落禪寂。人學先：“欲明明德於天下者”至“先正其心”。原文當至此而止，“欲正其心者，先誠其意”九字，爲後師記識語，誤以正心誠意連合。人學後：“心正而后身修”至“天下平”。天學先：欲致其知者，先格其物。天學後：“物格而后知至，知至而后意誠。”原文當止此，下“意誠而后心正”，以心、意相連，當爲後師所孱。删後師記識二句十五字，即“欲誠其意者，先致其知”九字，“意誠而后心正”五字。[1]

○伍庸伯曰：孟子講：“人有恒言，皆曰天下國家。天下之本在國，國之本在家，家之本在身。”亦即身爲家、國、天下之本。而居中活動者則在心，心的活動表見在意，不外好、惡、迎、拒。格物之物，即“物有本末”之物；致知之知，即“知所先後”之知。身、家、國、天下即物，修、齊、治、平即事。只須把其間物的本末、事的終始弄明白，便是“物格而致知”了。“修身爲本”就是要它（本末）條理還其條理；而明明德則所以主宰還其主宰。

○嚴立三曰：聖人之所以和平天下者，能感人心而已耳。然苟有意、必、固、我之見，横梗于胸，則將見萬物皆敵於我，惡得有大人之度。爾詐我虞，機變百出。率天下以暴，人失其性，誠所謂滅天理而窮人欲矣。是故推己盡己之功，可不急務乎。[2]

○熊十力曰：所謂正心，此心字，爲本心耶？爲非本心耶？愚謂心即本心。正者，猶《易·鼎》之《象》曰“君子以正位”之正。下文言“有所忿懥、恐懼、好樂、憂患，則不得其正者”，言欲動情勝，由本心失位故也。《管子》曰“心之在體，君之位也”，心既放失，即是失位，故待於正，正者，正其君之位也。心無不正，心之所發意亦無不正。倘若不正，非是意，乃與意俱起之私欲也，人心也。意者，良知之發用；而良知，則意之本體也。《大學》於心言正，正者只是要心在君位，毋

---

① 《孔經哲學發微》，李耀僊主編《廖平選集》上，332—336頁，成都：巴蜀書社，1998年。若依廖平的主張，恐怕對於《大學》文本改動得更多，尤其，格物窮理，視爲小學所教，恐怕不僅於理難合，與《學記》亦難一致。

② 《禮記大學篇伍嚴兩家解説》，《梁漱溟全集》第四卷，27—32、66頁。

爲情欲所奪而已。然要心在君位，必須有誠意工夫。然誠意要在毋自欺，毋自欺工夫還須發明心體始做得，故復提出致知。知者，良知。此即心之自體，若不自識心體而推極之，即主宰未呈現，未有不徇欲以自欺者，而欲心在君位，其何可能？前言正心之心，尚是虛説，至致知，才落實指出心之自體即是良知。誠意之誠者，謂保任之功，真切不懈也。致知之知，若是知識之知，則正心誠意何可推本於致知乎？文中的各個“先”字，均非時間義，只是著重的意思。其所謂良知者，吾人與天地萬物共有之本體也，在人亦名曰心，俱云本心。去人欲，存天理，才是致知實功。《大學》之知，即《易》乾元之知。《易》爲群經之母，《大學》所自出。余以爲致知之説，陽明無可易；格物之義，宜酌采朱子。格，量也，度也，非至也。總之，以致知立本，而從事格物，則一切知識，莫非良知之妙用。物格者，良知之明，周通乎萬物。物得爲知之所量度，以積累日增而至于其極。所謂知至，極盡良知之妙用也。若只於靜中從事致知，務涵養本體，而罕於動應之地，注重格物工夫，則其本體或良知之明，雖未嘗不炯然在中，但空守其明，却未嘗量度於庶物而得其則，則未能極盡良知之妙用，而審事恒疏，應物常誤。又，八條目雖似平説，其實以修身爲本。人情莫不厚愛己身，而對家國天下，皆較己身爲薄。所厚之身不知修，反倒於所薄之家國天下而厚之，此必不可得也。故修身爲本，是聖學樞要。《大學》致知，即盡性之謂。總括六經旨要，而注重格物。雖以涵養本體爲宗極，而於發展人類之理性或知識，固未嘗忽視也。經學畢竟可以融攝科學，元不相忤。人類如只注重科學知識，而不求盡性，則將喪其生命。[①]

○任銘善曰：格物何？是篇所不言也，是篇所論者大學之道，故修身者明德之目，齊治平者新民之目，誠意以爲體，致知以爲功，而其物則所不及焉者也。格字之義，鄭君曰來也，以爲格汝舜格汝禹字也，朱子曰至也，以爲格于上下格于文祖字也。皆是也，而訓至爲尤切，至如

① 《讀經示要》，67—84 頁。熊十力依順陽明，將“明明德”之“明德”、“止於至善”之“至善”以及“正心”之“心”、“致知”之“知”等，通通都説爲本心良知或本體。此值得商榷。

家至日見之至。蓋禮樂不去身，言行寡尤悔。博學切問，温故知新，是爲格物，下學之所務也，雖然，論大學之道，固未及乎物，而致知之功則舉在乎是而已，故曰致知在格物。孔子之對哀公治民之道，先之以明善，明善者，致知也，申之以博學、審問、慎思、明辨、篤行，五者皆明善之功也，格物也。比而觀之，豈不同條而共貫哉。信夫聖門授受之不失不二，而一以實事爲先務也。[1]

○徐復觀曰：《大學》上提出欲正其心者先誠其意，這是繼孟子以心善言性善後的一大發展。本來《大學》所説的正心，應分作兩階段看：第一階段的正心，乃是本心自己的發露，以保持心在生命中應有的地位；此是正心的工夫，可以不涉及誠意。而誠意是正心的第二階段。誠意在孔子爲“主忠信”，在《中庸》爲“慎獨”，在孟子則爲“持志”。持志與誠意，本是同一層次的工夫；而誠意較持志的工夫，更爲細密。因此，誠意是先秦儒家修養工夫發展的頂點。《大學》接着説“欲誠其意者，先致其知”。誠意也和正心一樣，應分作兩階段看。第一階段的誠意，是意自身念念相續的堅持。有如陸象山所常説的“正其端緒”。也即是第二階段的正心，如朱元晦所説“實其心之所發”。完全保持善心之所發的本來面目，意之所在，即心之所在，此之謂欲正其心者，先誠其意。第二階段的誠意，是由念念相續的堅持以貫徹於行爲之上。朱元晦以“推極吾之知識”釋“致知”，我覺得這與原義相合。實踐的行爲，必須與客觀事物相結合；這便由正其端緒，發展而爲知識問題。知識對於道德：一是爲道德釐清對象，使不致誤其所發。二是對道德提供以合理的手段，使不致因壞的手段而轉移了本來良好的動機。由此可知道德與知識，在實踐上之不可分；所以孔子的思想，雖以仁爲出發點，爲終結點；但同時非常重視學，重視知。《大學》裏“欲誠其意者先致其知”，正是直承孔子之教。“致知在格物”的“物”字，繫大共名；而在此處，乃指“事”而言。但“格”字，歧義頗多。鄭玄釋“來”，朱元晦釋“至”，王陽明釋“正”。鄭注過迂；朱王各有精到之義，而未必

① 《〈大學〉存翫》，《無受室文存》，6頁。

與原義相合。《大學》格物的原義，似乎應當作“感通於物”來解釋。《大學》之所謂物，是指天下、國、家、身而言。格物，即是感通於天下、國、家、身；即是對於天下、國、家、身，發生效用；亦即發生平、治、齊、修之“事”的效果。而《大學》説“致知在格物”，其致知在止於盡倫盡制，即是致知在感通於天下、國、家、身之“物”，而使其能盡平、治、齊、修之“事”。致知以此爲鵠的，而不泛濫於辯士之途。於是舊日之所謂八條目，應爲七條目了。而由正心——誠意——致知，是由内在的道德主體的建立，以通向客觀知識的追求。由格物對致知的要求，同時亦繫一種限定，是使知識的追求，回向人生問題——天下、國、家、身——的解决。這樣，便將内圣與外王、道德與知識，融成一片了。又，《大學》從平天下以至正心誠意，這是由外向内的展開。由正心誠意以至致知格物，這又是由内向外的展開。由外向内的展開，是由客觀世界要請道德主體的建立。由内向外的展開，是由道德主體要請知識的轉換。陽明因輕視事物之理，以爲求事物之理即是義外，故以致知爲致良知；以格物爲推至良知於事物之上，格其不正以歸於正；於是誠意、致知、格物，皆是一個層次上的工夫；這種解釋，不僅不合於《大學》思想的結構，不合於孔門重學重知之旨；且其自身亦有問題。這是因爲他把自己的思想，安放於《大學》思想結構之中，以至兩相搭掛而來的。反之，朱元晦特別强調“敬”字，而《大學》之所以不曾言“敬”，乃在於誠意之“誠”，較“敬”的工夫，更是由内貫通於外的全般提起，全般用力。①

〇謹案：經一章下交待了八條目，實際上正如船山所説：“‘大學之道’四字，已涵有八條目在内，三‘在’字言其大旨在於此也。”而其中“三在”之“明明德”，一般而言，涵蓋前五目，即格物、致知、誠意、正心、修身，“新民”涵蓋後三目，即齊家、治國、平天下，“止於

---

① 《中國人性論史·先秦篇》，249—256、270—273 頁。尤其，徐復觀以爲《大學》言“誠”，即無需言“敬”了，因爲誠“更是由内貫通於外的全般提起，全般用力”。其實誠與敬不僅由内向外，而且也是由外而内的，二者相輔相成。没有“非禮勿視、聽、言、動”，“出門如見大賓，使民如承大祭”等等之敬，誠亦難有憑空的可能。

至善”則涵蓋全部八目。船山還專門對個别字詞作了辨析，譬如“后”與“後”，爲什麽説“物格而后知至”云云，其實前面“知止而后有定”等也是，“后”者始得之意，乃以效之必然者言之，並非簡單的“前後”之“後”的意思。而“‘欲’字則已有一截工夫矣，但不得純全，故須下截工夫以成之”。如此我們再來理解八目之序，三綱領也一樣，就不必定是先做好前面而再做後面，而可以説是幾乎同時發生與進行的，只是從結果或效果上看，在前的没做好，在后的就也做不好。朱子也是這樣看的，他説“《大學》自致知以至平天下，許多事雖是節次如此，須要一齊理會。聖人亦是略分箇先後與人知，不是做一件净盡無餘，方做一件”，而是“規模合下皆當齊做”。所以，陽明所謂“此正詳言明德、親民、止至善之功也。蓋身、心、意、知、物者，是其工夫所用之條理，雖亦各有其所，而其實只是一物。格、致、誠、正、修者，是其條理所用之工夫，雖亦皆有其名，而其實只是一事”，朱子並非不知曉，他也强調：“若論了得時，只消‘明明德’一句便了，不用下面許多。聖人爲學者難曉，故推説許多節目。”不過，陽明雖理解了八目實無先後秩序之可分，却只强調了八目之缺一不可，没有能真實地領會與説出可能的“后”“後”之别，至於條目之間的承接轉折等，陽明恐怕也難説真實地考慮清楚了，船山的一番話大概就是針對陽明而發的，他講：“若統論之，則自格物至平天下，皆止一事。（如用人理財，分明是格物事等。）若分言之，則格物之成功爲物格，‘物格而后知至’，中間有三轉折。藉令概而爲一，則廉級不清，竟云格物則知自至，竟删抹下‘致’字一段工夫矣。若云格物以外言，致知以内言，内外異名而功用則一，夫物誠外也，吾之格之者而豈外乎？功用既一，又云‘致知在格物’，則豈可云格物在格物，致知在致知也？”

事實上，陽明對於各條目亦大多籠統説之，條目之間界限比較模糊，尤其把致知就僅視爲致吾心之良知，强調非所謂充擴其知識之謂也。這顯然是針對朱子而言的，然而朱子所説究竟是何意呢，陽明有無會錯了朱子之意呢？朱子最典型的是在《章句》中所説，“致知”爲“推極吾之知識，欲其所知無不盡也”，相應地説“格物”爲“窮至事物之理，欲其極處無不到也”，若直截了當地講，就是不知則已，一知就必須知得通透；不格則已，一格就必須窮盡事物之理到十分。所謂“致知、格物，十事格得九事通透，一事未通透，不妨；一事只格得九分，一分不透，最不可”。所以説：“致知、格物，只是一箇。”“格物，是逐物格將去；致知，則是推得漸廣。”“格物，是物物上窮其至理；致知，是吾心無所不知。格物，是零細説；致知，是全體説。”“知在我，理在物。”“致知、格物，只是一事，非是今日格物，明日又致知。格物，以理言也；致知，以心言也。”“只是推極我所知，須要就那事物上理會。致知，是自我而言，格物，是就物而言。”船山還純從功能上對於兩者作出進一步的辨析，亦即：“大抵格物之功，心官與耳目均用，學問爲主，而思辨輔之，所思所辨者皆其所學問之事。致知之功則唯在心官，思辨爲主，而學問輔之，所學問者乃以决其思辨之疑。‘致知在格物’，以耳目資心之用而使有所循也，非耳目全操心之權而心可廢也。”因而朱子講，“格物所以致知，物才格，則知已至，故云在，更無次第也”。窮理窮盡得十分，則所知無不盡也，終究是所以求知至善之所在。而且，“格物、致知，比治國、平天下，其事似小。然打不透，則病痛却大，無進步處。治國、平天下，規模雖大，然這裏縱有未盡處，病痛却小。格物、致知，如‘知及之’；正心、誠意，如‘仁能守之’。到得‘動之不以禮”處，只是小小未盡善’”也。由此足見格物致知之緊迫、之重要、之根本，是我們能否盡善，能否令八條目完美實現，以及能否最終抵達止於至善之地的首要前提。

若直接從本末先後關係上來講，丁紀認爲：修身乃“八條目”之關節點，本末先後以此而分。或謂，修身之前乃内聖之事，修身之後乃外王之事。故可曰：修身爲齊治平之本，誠意爲修身之本，致知爲誠意之本。本之又本，見致知爲“八條目”之大本也，爲其全部、惟一之大事也。然而欲致知，却只在於格物。格物乃致知之全部事，除却格物，别無致知事。然而格物亦惟在於致知。格物到致知地步，則物窮理現，而物亦停當得宜，所謂物格也；而知非逐物，物非役知，知、理合一，所謂知至也。故言事，則只是格物一件事；言功，則只是致知一件功。誠意、正心、修身、齊家、治國、平天下，皆格物之事也；意誠、心正、身修、家齊、國治、天下平，皆致知之功也。其事則須力而行之，其功則不可力而致之。惟如此，我們方才能够真正做到所謂“知及之”“仁能守之”“莊以莅之”，以及“動之以禮”，以至方才可能實有“得之”“守之”“民知敬之”，以及盡善也。[①] 可是，陽明却把“致知”僅僅理解爲致良知，把“格物”解釋爲正其不正以歸於正，是去惡爲善，於是它們就幾乎與誠意、正心乃至修身等等混同爲一了。而且這樣還改變了原八條目的工夫次序：格物—致知—誠意，而成了致知—誠意—格物。不過，有關條目之工夫次序，船山説得頗爲明白，亦即：“夫自身而心，而意，而知，以極乎物，莫不極致其功，而知格物之爲大始，則詳於求格者，知至善之必於此而備也，於是而格之功已深，則物可得而格矣。物之既格，吾之所以處夫萬物者，皆一因於理：而如是則善，不如是則不善，知無不至矣。知之既至，吾之所以擇夫善惡者，皆明辨其幾，而無疑於善，無疑於不善，意無不誠矣。意之既誠，吾之動乎幾微者皆一如其志而純一於善，不揺於不善，心無不正矣。心之既正，吾之所以發爲言動者，皆根心以行，而爲之有本，持之有主，身無不修矣。夫自格物以至於修身，内外交盡而初終一致，非明德之至善者乎？而必有其始，乃有其終，其先後不可誣矣。”

其實，《大學》之明明德也就是孟子所謂“求其放心”，以及陽明所謂“致良知”，然而這却不只是通過單純的内省，而且是通過由格物到修身全部前五目的工夫來實現的，也就是説明明德，或者説求其放心，或者就説致良知，是尤其貫穿在整個前五目甚至全部八目以至止於至善當中的，而並不是僅僅致知一目才爲之的。只不過每一目工夫都有各自

① 《論語·衛靈公》第三十二章：子曰：“知及之，仁不能守之；雖得之，必失之。知及之，仁能守之。不莊以莅之，則民不敬。知及之，仁能守之，莊以莅之。動之不以禮，未善也。”朱子解釋道：知足以知此理，而私欲間之，則無以有之於身矣。知此理而無私欲以間之，則所知者在我而不失矣。然猶有不莊者，蓋氣習之偏，或有厚於内而不嚴於外者，是以民不見其可畏而慢易之。而總歸動員民衆不以禮法，亦非盡善。總之，學至於仁，則善有諸己而大本立矣。莅之不莊，動之不以禮，乃其氣禀學問之小疵，然亦非盡善之道也。故夫子歷言之，使知德愈全則責愈備，不可以爲小節而忽之也。（《四書章句集注》，168—169 頁）

的側重，簡單講，格物致知以辨清善惡，誠意則真切地在意念上好善惡惡與存善去惡，正心是在心上，修身則是在事上爲善去惡，等等。如此讓吾心之明德或良心或良知整全而圓滿地呈現出來，從而可能達於止於至善之地。亦即朱子所説："人之一心，本自光明。常提撕他起，莫爲物欲所蔽，便將這箇做本領，然後去格物、致知。如《大學》中條目，便是材料。聖人教人，將許多材料來修治平此心，令常常光明耳。但只要自家常醒得他做主宰，出乎萬物之上，物來便應。易理會底，便理會得；難理會底，思量久之也理會得。"所以，船山亦説："古人之致知，非虚守此靈明之體而求白也，非一任吾聰明之發而自信也，以爲凡吾之理皆一因乎萬物固然之理，則物物有當然之則；凡天下之物接於吾身者，皆可求其得失順逆之則，以寓吾善惡邪正之幾，故有象可見，有形可據，有原委始終之可考，無不盡吾心以求格，則《詩》《書》禮樂之教，人官物曲之事，皆必察焉，而《大學》之爲學，於斯焉極矣。此學之始事必於格物，而詳略大小精粗得失無不曲盡，故足以爲身心意知之益而通乎天下國家之理。始終之次序，安可忽哉！"

前面有提到陽明的四句教爲：無善無惡心之體（正心），有善有惡意之動（誠意），知善知惡是良知（致知），爲善去惡是格物（格物）。這裏再來做進一步的分析，所謂"無善無惡"，這個説法肯定不妥，不過若體會爲"絶對至善"，則可以暫且存而不論。但是，僅用"心之體"説"正心"，這是否充分？對此，心學家或許不會以爲有問題，然而理學家一定會認爲有問題。因爲理學家堅持"性即理也"和"心統性情"，"正心"所自正之"心"説的就是這顆主宰之心，而非僅僅本身就絶對至善之心，而從"修身在正其心"傳章來看，也能充分證實這點。宗周不反對"無善無惡心之體"説法，以爲"蓋云善本不與惡對耳。然無對之善，即是至善，有善可止，便非無善，其所云心體，是'人生而静'以上之體，此處不容説，説有説無皆不得。"然而他仍然認爲："《大學》言'止至善'，是工夫邊事，非專言心體也。"而工夫的始點，當然首在格物致知，所以一切分歧的原點，還是始於有關格物致知的認識，可以説，凡是篤信《禮記·大學》本者，都會或多或少地表現出輕忽格物致知，像陽明就表現爲混同與吞噬，而經學家鄭玄、孔穎達等則僅僅將之理解爲“其知於善深則來善物，其知於惡深則來惡物”云云，幾乎就一筆帶過了。理學先驅韓愈雖因重新發現《大學》而居功至偉，但朱子亦明確指出，“然其言極於正心誠意，而無曰致知格物云者，則是不探其端，而驟語其次，亦未免於擇焉不精，語焉不詳之病矣”，此亦如程子所言，惟“自格物而充之，然後可以至於聖人。不知格物而先欲誠意、正心、修身，未有能中於理者也”。“未致知便欲誠意，則是躐等也。學者固當勉强，然不致知，怎生行得？勉强行者，安能持久？除非燭理明，自然樂循理，性本善，循理而行，是順理。事本亦不難，但爲人不知，旋安排著，道難也。知有多少般數，然有深淺。學者須是真知，才知得，便泰然行將去也”。“須以知爲本，知之則行之，必至。無有知之，而不能行，知而不行，是知得淺”。再者，朱子强調，如若舍格物致知，便免不了終於成了“無頭學問”，占不得第一義，或者即使占得了第一義，也見不得、亦做不得第一著。因爲致知、格物是源頭上工夫，“眼前凡所應接底都是物。事事都有箇極至之理，便要知得到。若知不到，便都没分明；若知得到，便著定恁地做，更無第二著、第三著。止緣人見道理不破，便恁地苟簡，且恁地做也得，都不做得第一義”。“若事事窮得盡道理，事事占得第一義，做甚麼剛方正大！且如爲學，决定是要做聖賢，這是第一義，便漸漸有進步處”。“但窮理上須是見得十分徹底，窮到極處，須是見得第一著，方是，不可只到第三第四著便休了”。所以，格物就是“夢覺關”，格得來是覺，格不得只是夢；而誠意即是“善惡關”，誠得來是善，誠不得只是惡。是“轉關處”，是“人鬼關”，誠得來是人，誠不得是鬼。而物格“知至、意誠，是凡聖界分關隘。未過此關，雖有小善，猶是黑中之白；已過此關，雖有小過，亦是白中之黑”。都是在尤其强調格物致知的極端重要性，總之，“格物、致知，是求知其所止；誠意、正心、修身、齊家、治國、平天下，是求得其所止。物格、知至，是知所止；意誠、心正、身修、家齊、國治、天下平，是得其所止”，全部八條目惟第一第二條目爲求知以至得知所止，我們怎敢輕忽！正是因爲我們辨理不明，我們才該加緊加倍格物致知，同時，也要如聖人告誡的那樣就外面攔截得緊，非禮勿視聽言動，從而終究能够見得道理分明，方可正得心，誠得意。而聖人“不道非禮勿思”，其原因就在於此。而丁紀在談及三綱領與八條目之關係時，甚至認爲：“物格而后知至”，知至、意誠、心正、身修、家齊、國治、天下平壹是皆爲格物之至善矣；格物可至意誠、心正，則格物亦爲明明德之事；格物可至天下平，則格物亦爲新民之事。凡物既格、知既至者，即已明明德，即已新民，即已止於至善，直上直下透徹。而格物於“三綱領”及平天下等既具此等地位，則人生尋常所接之物，無不具有世界意義；學者格物之常課常功，亦無不發生一種平天下之作用。可不謹而重之乎！反觀陽明尤其陽明後學，不僅輕忽格物致知，以爲是支離，而且也似乎不屑於就外面攔截，於是由空疏而走向了狂悖，今日學者萬不可重蹈覆轍啊！

况且，所謂“無善無惡心之體”，但怕就正是陽明學最大癥結之所在。陽明爲何不肯爽性地就此著個“至善”字，反蹊蹺地説向無善無惡去？恐怕也並非偶然。據丁紀先生的分析，陽明之“四句教”，不能不字字病、句句病，一切皆病矣。首句所謂“心之體”者，後世或以爲言性，或以爲言心，此蓋陽明本人有以致歧也。即他本身在“心之體”與“本心”之間，原無分辨。次句，“心之體”何以忽爾有此“意之動”？蓋陽明惟視爲本心舍亡之象，則概歸乎一動之妄了。由此反觀第一句之所謂“無善無惡”，乃“心之體”不作意、不作念，處於一種“前意念狀態”，然後一切意念所生之物自無從而起，善、惡遂亦不起，此之爲“無善無惡”也。無善亦無惡，無事亦無物，然則“心之體”者何？一無而已。因而對陽明，所言善惡之意念化而非指向“善本身”或“惡本身”，一如其始終不能建立真實之事物觀、真實之倫理觀，此亦難以建立真實之善惡觀，終是最大之癥結也。第三句，陽明學號爲良知本體之學，若此“良知”即屬本體之知，則其何以放出一段“有善有惡”之意？何以不能禁此善惡之生，乃由之流爲善惡也？蓋是“良知”當“心之體”可以“無知”説之，當“意之動”乃得以見爲“良知”模樣，若此，“良知”固非人之本來面目，“無知”則“良知”之本來面目也。於是，此其病有三，一曰“良知”不良，二曰“良”外有“善”，三曰“良知”軟弱。第四句，此善惡之爲物也，本於“無善無惡”之“心之體”、生於“有善有惡”之“意之動”，其爲善惡也則不必爲真善惡，然則“爲善去惡”云者，將何以避免欲“爲善”反“爲惡”、欲“去惡”反“去善”之倒錯？然其説“良知”既尚多可疑，故於此間本體、工夫之論亦説得頗爲動搖不定。然則良知、是非之心却又須從於好惡，良知之所以爲良知者倒須於好惡中見，此時若須“來講此學”，却以講一種“好惡之學”之爲宜也。前後語意適相掉轉。人謂陽明直悟本體而廢工夫，由此觀之，其言格致，都不肯爲知字留地步，蓋知與行、本體與工夫，亦無廢一存一之可能，一者廢，則餘者不日並廢其必矣。由此，丁紀重申：在善惡問題上，儒家自有其嚴格、確定之底線、大本，性善即此大本之所在，“無善無惡”説一出，即已徹底逾出儒家此一底線，而不必更論其對“無善無惡”説作何内容方面之理解、“詮釋”或程度方面之認受、堅持，亦即，已不存在對“無善無惡”用之好、用之壞之區分必要，已皆足以牽動儒者最大之敏感與反對態度，對此，僅以“接近”或“涉及”底線、分界線爲説是遠不足够的。陽明不過要救一種向外面去捉物爲善之病，故下以“無善無惡”之藥，然性善並無捉物爲善之病，乃庸醫爲藥生病而已，其於善也亦何知！故曰，性善乃儒者之生命線，性善還是“無善無惡”乃儒與非儒之根本判準線。而儒者通過反思批判陽明學，尤其反對其“無善無惡”説，乃是儒家重新認定其基本價值原則、重建底線，亦儒家信仰共同體精神特徵之重新自我認定與焕發之歷程。彼無志乎儒，我以儒爲志；彼“無善無惡”、善不足以動其衷，我服膺貼合、惟善是求，而首當表現爲對“宗門第一義”性善之維護；去抽象而返具體、去寬泛而返充盈、去刻板而返生動，彼以教條爲者，我樣樣皆以爲活法。一切反之，庶乎儒矣。苟若“無善無惡”矣，則曰“無善無惡是至惡”，可乎？苟若“無善無惡”，格物而以“爲惡去善”當之，不以“爲善去惡”爲惟一當然，亦似無所不可矣。然則爲彼學者將何以爲應？“無善無惡乃至善”之類狡辭，或將紛然瓦解矣。儒之爲儒，惟以明倫察物之爲事，其理想原則之明定落實，蓋無過乎此一言者，爲人道之所保證，爲中國之所維繫，然而有倡言輕此廢此者，則决絶以去取，必不以“儒學内部”關係視之也。陽明之説“良知”，正不免才氣、聰明之屬，而非純乎其爲良爲知也。且二氏臭味既“時時逗漏”，便亦不得不時時揜覆。揜之以儒言，於儒既不貼切，言之亦非出由衷也。[①]

再者，與治國平天下相比，則該以修身（涵蓋前四目）爲本，以齊家爲重。經一章曰：“自天子以至於庶人，壹是皆以修身爲本。其本亂而末治者否矣，其所厚者薄，而其所薄者厚，未之有也!”對此，朱子解釋道“正心以上，皆所以修身也。齊家以下，則舉此而措之耳”，“本，謂身也。所厚，謂家也”。在《或問》中，朱子進一步説道：“以身對天下國家而言，則身爲本而天下國家爲末。以家對國與天下而言，則其理雖未嘗不一，然其厚薄之分亦不容無等差矣。故不能格物致知，以誠意正心而修其身，則本必亂而末不可治。不親其親，不長其長，則所厚者薄而無以及人之親長，此皆必然之理也。孟子所謂‘於所厚者薄，無所不薄’，其言蓋亦本於此云。”《語類》亦著重强調“修身是對天下國家説。修身是本，天下國家是末。凡前面許多事，便是理會修身”，而“其所厚者薄，所薄者厚”，又是以家對國説。朱子之所以如此説，除了經傳本身的依據外——這點後面還會説，亦參憑了前人的看法，譬如張子就講過“一國一家一身，皆在處其身。能處一身，則能處一家。能處一家，則能處一國。能處一國，則能處天下。心爲身本，家爲國本，國爲天下本”。周子亦言，“治天下有本，身之謂也；治天下有則，家之謂也”，“家難而天下易，家親而天下疏也。治天下觀於家，治家觀於身而已矣”。朱子之後的邵甲亦接著朱子講，“親者所厚也，疏者所薄也，能厚其所愛，然後能推以及其所不愛。於所厚者薄，將何所往而不薄哉”！而景星是接續周子而言，以爲家、國、天下“由近而遠其勢自然如此，此非教人薄於遠，正是教人厚於近也。上文家言齊者，正

① 參閲《鵝湖詩與四句教》，《切磋七集——四川大學哲學系儒家哲學合集》，156—164、177—184頁。

倫理；此言厚者，篤恩義也”。船山亦贊成朱子，以爲，“厚”者，慎好惡以謹家教也。家爲厚，國、天下爲所薄，天理自然之序，益知於民不可以言“親”。不過，亦有不同於或不同意朱子的，之前的有孔氏，就以爲，此不過僅僅“覆説‘本亂而末治否矣’之事也，皆以身爲本也”。之後的汪紱亦説“（末句）二層只是一意（‘以修身爲本’），非以身家對舉。蓋本亂則其所厚者必薄，所厚者且薄，則豈有反厚於所薄之理”。以及丁紀亦以爲：“就經之七節，朱子解曰‘所厚，謂家也’，疑；我意，此若曰‘厚之而欲其薄，或薄之而欲其厚’，蓋言常理，人既於本末關係有紊，其用心又往往顛倒，而欲其事之成，乃謂其‘未之有也’。”熊十力則更强調“修身爲本，是聖學樞要”，而“八條目雖似平説，其實以修身爲本。人情莫不厚愛己身，而對家國天下，皆較己身爲薄。所厚之身不知修，反倒於所薄之家國天下而厚之，此必不可得也”。綜上而言，經文似乎在這裏或可兩讀。然而，倘若我們由“明明德爲本，新民爲末”，再到“以修身爲本”，以齊家治國平天下爲末，再接着講所厚所薄，或者就該是繼續針對“爲末”而言，亦即針對齊家治國平天下而言。我們再從傳文來看，傳之三章特别强調文王“爲人子，止於孝；爲人父，止於慈”，以及後賢後王仰慕前聖先王而“賢其賢而親其親”。而尤其傳八、九、十章，齊家皆貫穿其中，像“人莫知其子之惡，莫知其苗之碩”，等等。而論治國，則“所謂治國必先齊其家者，其家不可教而能教人者，無之。故君子不出家而成教於國：孝者，所以事君也；弟者，所以事長也；慈者，所以使衆也”，所謂“孝、弟、慈，所以修身而教於家者也；然而國之所以事君事長使衆之道不外乎此。此所以家齊於上，而教成於下也”，以及“如保赤子”，“一家仁，一國興仁；一家讓，一國興讓”，“宜其家人”，“宜其兄弟，而后可以教國人”，“其爲父子兄弟足法，而后民法之也”，等等。而論平天下，則“所謂平天下在治其國者：上老老而民興孝，上長長而民興弟，上恤孤而民不倍”，而“老老，所謂老吾老也”，長長，長吾長也，等等，而“言此三者，上行下效，捷於影響，所謂家齊而國治也。亦可以見人心之所同，而不可使有一夫之不獲矣。是以君子必當因其所同，推以度物，使彼我之間各得分願，則上下四旁均齊方正，而天下平矣”，以及“樂只君子，民之父母”，“亡人無以爲寶，仁親以爲寶”，“以能保我子孫，黎民尚亦有利哉”，“畜馬乘不察於雞豚，伐冰之家不畜牛羊，百乘之家不畜聚斂之臣，與其有聚斂之臣，寧有盜臣”，“此謂國不以利爲利，以義爲利也”，等等。以上傳文，皆無不指向與無不圍繞經章“其所厚者薄，而其所薄者厚，未之有也”來説，足證“所厚，謂家也”，謂親也。然而，自近世以來愈益受西學東漸的嚴重影響，今人不乏僅視德行及家庭爲私人事務者，個人究竟怎樣，婚姻家庭如何，幾乎失却了傳統修身齊家實踐的根本保障，往往單憑一己的隨性任情而爲，於是個人修養以及婚姻家庭都遭遇到了巨大的危機。一些人奉行所謂人權至上，實則常常是把一己之私欲當作人權。姑且不論資本主義治下的“現代文明”究竟如何，單論這種做法，則無疑是對人類婚姻家庭制度、對基本倫理綱常的公然悖逆與嚴重破壞，這正是上文所講的，其修身之本亂，則家、國、天下皆無以爲治；而親與家，所厚者薄，則無所不薄，亦即“不親其親，不長其長，則所厚者薄而無以及人之親長，此皆必然之理也”。故以修身爲本，以齊家爲重，正是以孝悌之道爲核心的倫理綱常，是人類賴以生存的天道天理，所以天道天理正與孝悌之道爲一。《論語》講：“其爲人也孝悌，而好犯上者鮮矣；不好犯上而好作亂者，未之有也。”以此而論，那些公開大張旗鼓地敗壞人類倫理綱常，敗壞婚姻家庭制度的人及國家，通通都屬犯上作亂者。他們僅僅爲了一己私欲私情而絲毫也不顧及至親的痛苦感受，一意孤行悖逆孝悌之道，悖逆天道天理，悖逆數千年來人類的文明傳統，這就是犯上！而肆無忌憚地放縱本能人欲，這就是作亂！人類究竟要向何方去啊？此時此刻，重温《大學》三綱八目的主張，再看看《詩》云：“緡蠻黃鳥，止于丘隅。”子曰：“於止，知其所止，可以人而不如鳥乎？”切望大家都能以此捫心自問，著實地反省啊！

《康誥》曰：“克明德。”《大甲》曰：“顧諟天之明命。”《帝典》曰：“克明峻德。”皆自明也。

湯之《盤銘》曰：“苟日新，日日新，又日新。”《康誥》

曰："作新民。"《詩》曰："周雖舊邦，其命維新。"是故君子無所不用其極。

〇朱子曰：上傳之首章，釋明明德。傳之二章，釋新民。又，《康誥》，《周書》。克，能也。《大甲》，《商書》。顧，謂常目在之也。諟，古是字，猶此也，或曰審也。天之明命，即天之所以與我，而我之所以爲德者也。常目在之，則無時不明矣。《帝典》，《堯典》，《虞書》。峻，《書》作俊，大也。結引所《書》，皆言自明己德之意。

又，盤，沐浴之盤也。銘，名其器以自警之辭也。苟，誠也。湯以人之洗濯其心以去惡，如沐浴其身以去垢。故銘其盤，言誠能一日有以滌其舊染之污而自新，則當因其已新者，而日日新之，又日新之，不可略有間斷也。又，鼓之舞之之謂作，言振起其自新之民也。又，《詩·大雅·文王》之篇。言周國雖舊，至於文王，能新其德以及於民，而始受天命也。自新新民，皆欲止於至善也。①

〇又曰：以經統傳，以傳附經，則其次第可知，而鄭説與程説之不然審矣。又，文王之心，渾然天理，亦無待於克之而自明矣。然猶云爾者，亦見其獨能明之，而他人不能，又以見夫未能明者之不可不致其克之之功也。又，人受天地之中以生，故人之明德非他也，即天之所以命我，而至善之所存也。又，言堯能明其大德也。又，《康誥》通言明德而已。《太甲》則明天之未始不爲人，而人之未始不爲天也。《帝典》則專言成德之事，而極其大焉。其言之淺深，亦略有序矣。

又，古之聖賢，兢兢業業，固無時而不戒謹恐懼，然猶恐其有所怠而忽忘之也。是以於其常用之器，各因其事而刻銘以致戒焉。欲其常接乎目，每警乎心，而不至於忽忘也。昔成湯所以反之而至於聖者，正惟有得於此，故稱其德者，有曰"不邇聲色，不殖貨利"，又曰"以義制事，以禮制心"，有曰"從諫弗咈，改過不吝"，又曰"與人不求備，檢

① 《大學章句》，傳之首、二章，《四書章句集注》，4—5頁。邵甲曰：日日盥頮（huì，洗臉），人所同也。日日沐浴，恐未必然。《内則篇》記子事父母，不過五日燂（qián，燒熱）湯請浴，三日具沐而已。斯銘也，其殆刻之盥頮之盤歟？（《四書通·大學通》，《通志堂經解》第15册，403頁）

身若不及”，此皆足以見其日新之實。至於所謂“聖敬日躋”云者，則其言愈約而意愈切矣。然本湯之所以得此，又其學於伊尹而有發焉。故伊尹自謂與湯“咸有一德”，而於復政太甲之初，復以“終始惟一，時乃日新”爲丁寧之戒。故復推其嘗以告於湯者告之，欲其日進乎此，無所間斷，而有以繼其烈祖之成德也，其意亦深切矣！其後武王亦然。又，此自其本而言之，蓋以是爲自新之至，而新民之端也。又，武王之封康叔也，以商之餘民，染紂污俗而失其本心也，故作《康誥》之書而告之以此，欲其有以鼓舞而作興之，使之振奮踴躍，以去其惡而遷於善，舍其舊而進乎新也。然此豈聲色號令之所及哉？亦自新而已矣。又，言周之有邦，自后稷以來千有餘年，至於文王，聖德日新，而民之視效在君，而天之視聽在民，君德既新，則民德必新，民德既新，則天命之新亦不旋日矣。又，極即至善之云也。用其極者，求其至於是而已矣。[①]

〇又曰：克，只是真箇會明其明德。又，自人受之，唤做“明德”；自天言之，唤做“明命”。今人多鶻鶻突突，一似無這箇明命。若常見其在前，則凜凜然不敢放肆，見許多道理都在眼前。又，這箇道理，未見得時，若無頭無面，如何下得工夫。才剔撥得有些通透處，便須急急躡蹤躦鄉前去。又，文王能使天下無一民不新其德，即此便是天命之新。又，天豈曾有耳目以視聽！只是自我民之視聽，便是天之視聽。又，若一件事，民人皆以爲是，便是天以爲是；若人民皆歸往之，便是天命之也。又，諟，是詳審顧諟，見得子細。又，所謂“顧諟天之明命”，“無他，求其放心而已”。又，天之明命，是天之所以命我，而我之所以爲德者也。然天之所以與我者，雖曰至善，苟不能常提撕省察，使大用全體昭晰無遺，則人欲益滋，天理益昏，而無以有諸己矣。又，非謂有一物常在目前可見，也只是長存此心，知得有這道理光明不昧。方其静坐未接物也，此理固湛然清明；及其遇事而應接也，此理亦隨處發見。只要人常提撕省察，念念不忘，存養久之，則是理愈明，雖欲忘

---

① 《大學或問》上，《朱子全書》第六册，515—518頁。

之而不可得矣。孟子曰："學問之道無他，求其放心而已矣。"所謂求放心，只常存此心便是。存養既久，自然信向。決知堯舜之可爲，聖賢之可學，如菽粟之必飽，布帛之必煖，自然不爲外物所勝。若是若存若亡，如何會信，如何能必行。又，千書萬書，只是教人求放心。聖賢教人，其要處皆一。苟通得一處，則觸處皆通矣。又，各正性命，保合太和，聖人於《乾卦》發此兩句，最好。人之所以爲人，物之所以爲物，都是正箇性命。保合得箇和氣性命，便是當初合下分付底。又，"人心惟危，道心惟微"，也是天之明命。

又，"苟日新"一句是爲學入頭處。而今爲學，且要理會"苟"字。苟能日新如此，則下面兩句工夫方能接續做去。而今學者只管要日新，却不去"苟"字上面著工夫。"苟日新"，苟者，誠也。又，苟，誠也。要緊在此一字。又，"苟日新"。須是真箇日新，方可"日日新，又日新"。又，人誠能有日新之功，則須日有進益。若暫能日新，不能接續，則前日所新者，却間斷衰頽了，所以不能"日日新，又日新"也。又，新與舊，非是去外面討來。昨日之舊，乃是今日之新。又，蓋天之所以與我，便是明命；我之所得以爲性者，便是明德。命與德皆以明爲言，是這箇物本自光明，顯然在裏，我却去昏蔽了他，須用日新。説得來，又只是箇存心。所以明道云："聖賢千言萬語，只是欲人將已放之心約之使反覆入身來，自能尋向上去，下學而上達也。"又，新民必本於在我之自新也。某年十七八時，讀《中庸》《大學》，每早起須誦十遍。今《大學》可且熟讀。又，上之人既有以自明其明德，時時提撕警策，則下之人觀瞻感發，各有以興起其同然之善心，而不能已耳。[①]

〇又曰：此"克"字雖訓"能"字，然"克"字重於"能"字。"能"字無力，"克"字有力。凡字有訓義一般，而聲響頓異，便見得有力無力之分，如"克"之與"能"是也。又，體與用不相離。且如身是體，要起行去，便是用。又，今所謂顧諟者，只是心裏常常存著此理

① 《朱子語類》卷第十六，《大學》三，傳一、二章 釋明明德、新民，第二册，315—319 頁。

在。一出言，則言必有當然之則，不可失也；一行事，則事必有當然之則，不可失也。不過如此耳，初豈實有一物可以見其形象耶！又，自天之所命，謂之明命，我這裏得之於己，謂之明德，只是一箇道理。人只要存得這些在這裏。須要常存得此心，則便見得此性發出底都是道理。若不存得這些，待做出，那箇會合道理！又，只是言人之性本無不善，而其日用之間莫不有當然之則。則，所謂天理也。人若每事做得是，則便合天理。天人本只一理。若理會得此意，則天何嘗大，人何嘗小也！又，天即人，人即天。人之始生，得於天也；既生此人，則天又在人矣。凡語言動作視聽，皆天也。只今説話，天便在這裏。顧諟，是常要看教光明燦爛，照在目前。

又，成湯工夫全是在“敬”字上。又，敬便豎起，怠便放倒。以理從事，是義；不以理從事，便是欲。這處敬與義，是箇體、用，亦猶《坤卦》説敬、義。①

〇吕大臨曰：古者大人之學，未嘗不先自明其德，然後及於天下，故引《康誥》《太甲》《堯典》之言，以明文王湯堯，皆自明也。新之爲言，革其故也。理義者，人心之所同然，唯大人爲先得之。德之不明也，以民之未知乎此也；德之不行也，以民之未得乎此也。先知覺後知，先覺覺後覺，則易昏爲明，易惡爲善，變化氣質，如螟蛉之肖蜾蠃，是豈不爲新乎？雖然自明明德者亦日新也，合内外之道，故自新然後新民也。湯之《盤銘》，自新者也。《康誥》《文王》之詩，新民者也。君子治己治人，其究一也，故曰“無所不用其極”。②

〇胡炳文曰：“顧諟”猶言看此，此吾之本心也，此天之所以與我者也，此即所謂至善也，目常在此而不失，心常在此而不忘。“顧諟”二字有省察意，亦有存養意，蓋此心要常常警覺而操存之也。又，曰

---

① 《朱子語類》卷第十七，《大學》四，《或問》上，傳一、二章，第二册，385－387頁。

② 《藍田吕氏遺著輯校》，《禮記解·大學》第四十二，376頁，北京：中華書局，1993年。謹案：吕氏儘管運用的也是舊本《大學》，却分明地將“明明德”“新民”等的傳章内容區分開來，没有僅僅混同於“誠意”傳章之内，實屬難得。或許也該對朱子最終分清《大學》經傳内容，提供了有益的啓示。

“克明”，曰“顧諟”，是明之之功，釋上一“明”字。“明命”是本明之性，釋下一“明”字。而末則結之曰“皆自明也”，“自”字最緊要，在《大學》則爲自慊，在《中庸》則爲自成、自道，在《易》則爲《乾》之自强、《晉》之自昭。其機皆由乎我，而由人乎哉？又，前章言“顧諟”，是時時提撕警覺其在我者；此所謂“作”，是又時時提撕警覺其在民者。又，上章釋明明德，故此章之首曰日新又新，所以承上章之意；下章釋止於至善，故此章之末曰“無所不用其極”，又所以開下章之端。文理接續，血脉貫通，此亦其一也。①

○景星曰：此章首言“克明德”，是自明之始事；終言“克明峻德”，是自明之終事；中言“顧諟天之明命”，是自明之工夫。雜引三《書》，而斷以一言，《章句》謂文理接續，血脉貫通，此類可見。又，此節工夫全在“苟”字“又”字上，苟字是志念真確於其始，又字是工夫不斷於其終，“日日新”是中間接續意。又，釋新民章内，五新字皆非新民之新，《盤銘》言自新，《康誥》是民之自新，《詩》言天命之新，然新民之意却在“作”字上，學者宜熟玩。②

○船山曰：天道至教，無時而不發現於日用之間，故曰“明明在上，赫赫在下”，陰騭變化，利用厚生正德，無非教也。心有不存，目有不在，則上天不已之命，至密之教，所失多矣。異端不察，乃疑有生初一物，終身在成形之内，求諸光景，冀得見之，其愚不可瘳也。又，“明明德”者，君子作聖之全功，以存理爲至；“新”者，自治治人之合德，故以遏欲爲急。明明德於天下，豈能令民之行著習察於天理之微密，但不爲人欲所陷溺斯得矣。君子所與民同功者，此而已也。己德民情之有本末，而爲學之本末亦分焉。復性，本也；去惡，末也。③

○又曰：其所以明之者，如堯之“欽明”是正心誠意，“文思”是格物致知，“允恭克讓”是修身，要皆以之明其明德；而“睦九族”則家以齊，“平章百姓”則國以治，“於變時雍”則天下平，要皆自明之德

① 《四書通·大學通》，《通志堂經解》第 15 册，403—404 頁。

② 《大學中庸集説啓蒙·大學》，景印文淵閣《四庫全書》第 204 册，975—977 頁。

③ 《禮記章句》卷四十二，《大學》，《船山全書》第四册，1475—1476 頁。

克盡耳。又，人之身心，一念放下不用功於學，則有生以來所見所聞流俗之習氣相引而入於利欲，此即是舊染之惡污。一事有一事之理，一物有一物之理，格致誠正以盡其理，則終身爲之，日有所進而其德新矣。言新之義如此。[①]

○又曰：當有生之初，天以是命之爲性；有生以後，時時處處，天命赫然以臨於人，亦只是此。又，君德可言新，於民不可言明。明是復性，須在心意知上做工夫。若民，則勿論誠正，即格物亦斷非其所能。新只是修身上，止除却身上一段染污，即日新矣。但在湯所謂染污者細，民之所染污者麤。[②]

○又曰：何以首言明德乎？乃學至於聖人之學而無以加矣，道至於帝王之道而抑無以加矣，乃吾博考之《書》而無不然者。故《經》云"在明明德"，誠大人之學所奉爲本務者也。又，夫革民之舊染而使之維新，此王者出政敷治之所爲，而何與於學者之事？乃民不能新，非率之以新，未易新也；民即欲新，非興之以新，不即新也。考於商周之大人而知之矣。故自新之至，必如成湯之與日無窮者而後教可成；新民之至，必如文王之鼓舞不倦者而後帝可配。[③]

○吕留良曰："峻"字本不甚重，然帝堯分量，自與湯文不同；"克明"爲帝王所同，要的確是堯之"克明"，須從"峻"字見得。

又，"日日"，是言不間，主繼續義，"又日"，是言持久意，主提振義。自周以後，生民未經一新，雖漢唐盛世，亦幾刑措。然非至善之新，雖新而不用其極，則聖人新民之道，究未嘗一日行於天下。"極"即至善也，"用"即止也，無所不兼"自新""新民"也。見不到至善，未可謂之新民。"無所不用其極"，包羅甚廣，見無事不在裏，無人不在裏也。此"極"字兼"至"（"無極""太極"之類）與"中"（"皇極"之類）兩義，然畢竟"至"義爲主，"中"正是"至"，未嘗不是，却又須一轉。聖賢言道必本於"天極"，從"天"起下面，自不走作。聖人

---

① 《四書箋解》卷一，《大學》，《船山全書》第六册，111頁。

② 《讀四書大全説》卷一，《大學》，《船山全書》第六册，405—406頁。

③ 《四書訓義》（上）卷一，《大學》，《船山全書》第七册，52—55頁。

新民之極，三代後惟朱子得之耳。[1]

〇汪紱曰：曰“德”，則具於心；曰“明命”，則見其本於天；曰“峻德”，則見其本體之大而無外，是明德本體已隱躍可見。“自”字自當對民言，即明德爲本之意。“明”字却是工夫。但盧氏“爲仁由己”之説，將自字看重，恐將明字反輕。有作性分中本自明者，則尤其良知邪説。[2]

〇丁紀曰：“顧諟”音近於“顧恤”，義或亦近之。“明命”，自天言之故曰“命”，自人言之則曰“性”，以其在於人而爲人所得則曰“德”，其實一也。所謂“明明德”者，前一“明”字尤重。人之明德之存幾賴乎人能常常盡其明之之功也。可見“明明德”操之在我。又，君子自强不息法乎天，由“苟日新”爲善始，“日日新”以爲恒道，雖以會極“又日新”爲“可能”，“又日新”之爲“不可能”如中庸，則亦惟其“可能”者爲所當爲不輟其功而已矣，“又日新”其望諸天。又，所謂“無所不用其極”者，用“又日新”之“極”，則“苟日新，日日新”得以履行；用作之、新之之“極”，則“民”得以有爲；用“新命”之“極”，則“舊邦”得以寧固。惟君子可以“用其極”，然後可以各成其用；不能“用其極”者，恐只是苟。又，傳之首章三語並列，傳之二章三語逐一遞進。於其身、於其民、於其邦，“無所不用其極”。其各有其極而又會歸一極。[3]

〇鄭玄曰：皆自明明德也。克，能也。顧，念也。諟，猶正也。峻，大也。諟，或爲“題”。又，盤銘，刻戒於盤也。極，猶盡也。君子日新其德，常盡心力，不有餘也。

〇孔穎達曰：此一經廣明意誠則能明己之德。周公封康叔而作《康誥》，戒康叔能明用有德。此記之意，言周公戒康叔以自明其德，與《尚書》異也。又，顧，念也。諟，正也。伊尹戒大甲云：爾爲君，當

---

① 《四書講義》卷二，《大學》二，上册，23—27頁。

② 《四書詮義》上，卷一，《大學》，《叢書集成三編》第10册，365—366頁。

③ 《大學條解》，三、“三綱領”之“明明德”，四、“三綱領”之“親（新）民”，29—38頁。

顧念奉正天之顯明之命，不邪僻也。又，《帝典》，謂《堯典》之篇。《尚書》之意，言堯能明用賢俊之德。此記之意，言堯能自明大德也。此經所云《康誥》《大甲》《帝典》等之文，皆是人君自明其德也，故云“皆自明也”。又，此一經廣明誠意之事。苟，誠也，誠使道德日益新也。日日益新，恒常日新。皆是丁寧之辭也，此謂精誠其意，修德無已也。又，成王既伐管叔、蔡叔，以殷餘民封康叔。《誥》言殷人化紂惡俗，使之變改爲新人。此記之意，自念其德，爲新民也。又，此《大雅·文王》之篇。其詩之本意，言周雖舊是諸侯之邦，其受天之命，唯爲天子而更新也。此記之意，其所施教命，唯能念德，而自新也。極，盡也。言君子欲日新其德，無處不用其心盡力也。言自新之道，唯在盡其心力，更無餘行也。①

〇方慤曰：苟日新者，言日新之有始也。日日新者，言日新之有繼也。又日新者，言日新之有加也。既有始，又有繼，又有加，則日新其德於是。

〇葉夢得曰：新之至於又新者，德之在己也。作新民，德之在人也。其命新者，德之在天也。蓋君子之德，至於受天之命，而後極其明德也。

〇東萊吕氏曰：《易》曰“天行健，君子以自强不息”者，新之謂也。“於穆不已”，天之所以爲天也。“純亦不已”，文王之所以爲文也。其不已者，新之謂也。新者，天之道也，日月之運行，萬物之發生，無窮已也。“君子無所不用其極”者，知此道也，其自新也，以堯舜之道爲必可行，以堯舜之德爲必可至。其新民也，使是君爲堯舜之君，使是民爲堯舜之民，所謂無所不用其極也，然非不息不已，則不能至此。

〇周諝曰：《易》曰“窮理盡性”，窮其在己之理，然後能窮其在物之理；盡其在己之性，然後能盡其在物之性。未有不自明其在己者，而能明其在物者也，此君子所以貴乎自明，新之無已而至於極，則聖人

---

① 《禮記正義》卷第六十六，《大學》第四十二，下册，2239、2244—2245頁。孔穎達全依舊本，於是有傳一章“此一經廣明意誠則能明己之德”，傳二章等“此一經廣明誠意之事”云云。

也，此君子所以用其極。

〇陳祥道曰：賢者以其昭昭使人昭昭，然則欲明明德於天下，必先自明也。新民者，必先自新也。至於所止不同，亦皆至善也。

〇葉適曰：人之於德，皆自明也，豈有明之者哉！火有不息之光，泉有不竭之流。人之欲自明也，窮天下之欲不能蔽；其達而行之也，合天下之力不能遏。如水火焉，益深益熱，而不可禦也。聖賢親身行之，則知自明之爲功矣。徒口耳記問而已者，若之何哉？新與明皆學者功用之要也，新則明，明則新。[①]

〇劉宗周曰：修身之功，其要以明明德而已。曰自明，而明之於天下已在其中，正見天下之不離自也，故曰“修身爲本”。新者，去舊以從新之謂，所以得明也。自新以新民而新命見。極，即善之至處。[②]

〇王應麟曰：古之人文以達意，非有意于傳也。湯《盤銘》以《大學》傳，《虞人箴》《祈招詩》《讒鼎銘》以《左氏》傳，楚狂《滄浪之歌》以孔孟之書傳。

〇姚際恒曰：“無所不用其極”，“極”字老莊用之，聖人所不道。老子曰“復歸于無極”，莊子曰“在太極之先而不爲老”。[③]

〇劉沅曰：夫子言大學而曰明德，又曰明明，曾子恐人忽視夫子之意，故引三《書》言文與湯堯皆是明明德。克，能也，自强不息之意；顧諟，心目常常内照，畏天命也；峻則極其至矣；此“明”字功夫次第，結之曰“皆自明也”，言一毫不能旁貸，必誠，心自明之。克明顧諟，誠敬二字即在其中。又，如何“明明”，湯之“日新又新”，《康誥》“作”，振興奮發無已時，即明而又明也。《詩》言文王新命便是德明之至。自古聖人無時、無念、無事不如此，所以明而又明，德極其明。[④]

---

① 《禮記集説》卷一百五十一，《大學》第四十二，《通志堂經解》第13册，500頁。謹案：葉適講“人之於德，皆自明也，豈有明之者哉”，一般固然不錯。於“誠則明矣”的聖人，絶無絲毫疑問。然而哪怕對於學而知之的聖人，譬如商湯王，終究來説是自明，但若無與大賢伊尹相互的切磋砥礪，恐怕自明的實現也難，更毋庸説大賢以下以及困而學之者，離了聖賢的啓發，能否真實地自明，的確該是一個問題吧。

② 《大學古記》，《劉宗周全集》第一册，627—628頁。

③ 《續禮記集説》卷九十七，《大學》，《續修四庫全書》第102册，711—712頁。

④ 《大學古本質言》，49—51頁。

○伍庸伯曰：明德就唐虞夏商周舉出古之欲明明德於天下者的典故（史實）來，涵有光明、靈動、崇高等義，自己知，自己行，故云“皆自明也”，即《中庸》“誠者自成也，而道自道也”。自新與新民是相通的。明明德要到相當階段（如上第三、四層級）乃可以作新民。精進不已，己立、立人，自新、新民也。

○嚴立三曰：按此所謂德，明命，峻德，皆言民之秉彝，即人心之善，生而固有之者。全篇德、善、仁往往互用。引古語所以證明爲仁由己之意，皆自明者，言非外求也。又，按此所舉日新又新鼓舞振起去舊維新諸語，極言進德不懈，以至於化民興邦，皆所以發揮至字之義。故總結之曰，無所不用其極。極，至也。①

○任銘善曰：信能明其所得諸天之成德也，克者必能之辭，故西山真氏以爲要切處在克之一字也。顧諟者，亦明之而已。天之明命，天命之謂信也，所受于天之成性，顧而正之，使無或蔽于物欲而偏焉，而撫綏之功成于此矣。《易》曰，君子以自昭明德。又，日新其德而庶幾萬邦惟懷，日新又新，久而不忒，此仲虺所以爲慎終惟始之戒也。爲民日新之教。康叔必先之以明德盡心，文王亦重之曰聿修厥德，則日新之功所以及人者，必求能盡己然後可也。極，中也，《中庸》所謂用其中于民也，至善之謂也，明德則推而及之天下，新民則先求盡乎在己。結之以用極之語，以明三在之爲二事，而有以貫綜之。繼是而申所以爲止其所者，則于大學之道之大綱可以無疑矣。抑二章引《詩》《書》以爲徵信，亦不能無其不易之序焉，蓋康叔之德，甫及于孟侯之封，大甲則庶幾勉王事，堯之德乃使萬邦協和，自有保合首出之象，魏魏乎上則于天也。湯之《盤銘》僅以自警，文王新命乃及萬世。穀梁子曰，君子之于物，無所苟而已。諒哉言乎。②

《詩》云：“邦畿千里，惟民所止。”《詩》云：“緡蠻黄鳥，

---

① 《禮記大學篇伍嚴兩家解説》，《梁漱溟全集》第四卷，41—42、68—69頁。

② 《〈大學〉存翫》，《無受室文存》，9—10頁。

止於丘隅。”子曰：“於止，知其所止，可以人而不如鳥乎！”《詩》云：“穆穆文王，於緝熙敬止！”爲人君，止於仁；爲人臣，止於敬；爲人子，止於孝；爲人父，止於慈；與國人交，止於信。《詩》云：“瞻彼淇澳，菉竹猗猗。有斐君子，如切如磋，如琢如磨。瑟兮僩兮，赫兮喧兮，有斐君子，終不可諠兮！”如切如磋者，道學也；如琢如磨者，自修也；瑟兮僩兮者，恂慄也；赫兮喧兮者，威儀也；有斐君子，終不可諠兮者，道盛德至善，民之不能忘也。《詩》云：“於戲前王不忘！”君子賢其賢而親其親，小人樂其樂而利其利，此以没世不忘也。

子曰：“聽訟，吾猶人也，必也使無訟乎！”無情者不得盡其辭。大畏民志，此謂知本。

〇朱子曰：上傳之三章，釋止於至善。此章内自引《淇澳》詩以下，舊本誤在《誠意》章下。傳之四章，釋本末。此章舊本誤在“止於信”下。又，《詩·商頌·玄鳥》之篇。邦畿，王者之都也。止，居也，言物各有所當止之處也。又，緡，《詩》作緜。《詩·小雅·緜蠻》之篇。緡蠻，鳥聲。丘隅，岑蔚之處。子曰以下，孔子説詩之辭。言人當知所當止之處也。又，《詩·文王》之篇。穆穆，深遠之意。於，嘆美辭。緝，繼續也。熙，光明也。敬止，言其無不敬而安所止也。引此而言聖人之止，無非至善。五者乃其目之大者也。學者於此，究其精微之藴，而又推類以盡其餘，則於天下之事，皆有以知其所止而無疑矣。又，菉，喧，諠，《詩》作绿，作咺，作諼。恂，鄭氏讀作峻。《詩·衛風·淇澳》之篇。淇，水名。澳，隈也。猗猗，美盛貌。興也。斐，文貌。切以刀鋸，琢以椎鑿，皆裁物使成形質也。磋以鑢鍚[①]，磨以沙石，皆治物使其滑澤也。治骨角者，既切而復磋之。治玉石者，既琢而復磨之。皆言其治之有緒，而益致其精也。瑟，嚴密之貌。僩，武毅之

① lǜyāng，銼刀。

貌。赫喧，宣著盛大之貌。諠，忘也。道，言也。學，謂講習討論之事，自修者，省察克治之功。恂慄，戰懼也。威，可畏也。儀，可象也。引《詩》而釋之，以明明明德者之止於至善。導學自修，言其所以得之之由。恂慄、威儀，言其德容表裏之盛。卒乃指其實而嘆美之也。又，《詩·周頌·烈文》之篇。於戲，嘆辭。前王，謂文、武也。君子，謂其後賢後王。小人，謂後民也。此言前王所以新民者止於至善，能使天下後世無一物不得其所，所以既没世而人思慕之，愈久而不忘也。此兩節咏嘆淫泆，其味深長，當熟玩之。

又，猶人，不異於人也。情，實也。引夫子之言，而言聖人能使無實之人不敢盡其虚誕之辭。蓋我之明德既明，自然有以畏服民之心志，故訟不待聽而自無也。觀於此言，可以知本末之先後矣。[①]

〇又曰：引《文王》之詩，此因聖人之止，以明至善之所在也。蓋天生烝民，有物有則，是以萬物庶事，莫不各有當止之所。但所居之位不同，則所止之善不一。故爲人君，則其所當止者在於仁，云云，是皆天理人倫之極致，發於人心之不容已者，而文王之所以爲法於天下可傳於後世者，亦不能加毫末於是焉。但衆人類爲氣稟物欲之所昏，故不能常敬而失其所止。惟聖人之心，表裏洞然，無有一毫之蔽，故連續光明，自無不敬，而所至者，莫非至善，不待知所止而後得所止也。故傳引此詩，而歷陳所止之實，使天下後世得以取法焉。學者於此，誠有以見其發於本心之不容已者而緝熙之，使其連續光明，無少間斷，則其敬止之功，是亦文王而已矣。《詩》所謂“上天之載，無聲無臭。儀刑文王，萬邦作孚”，正此意也。又，舉其德之要而總名之，則一言足矣。論其所以爲是一言者，則其始終本末，豈一言之所能盡哉！得其名而不得其所以名，則仁或流於姑息，敬或墮於阿諛，孝或陷父，而慈或敗子，且其爲信，亦未必不爲尾生、白公之爲也。又，復引《淇澳》之詩，上言止於至善之理備矣，然其所以求之之方，與其得之之驗，則未之及，故又引此詩以發明之也。夫“如切如磋”，言其所以講於學者，

① 《大學章句》，傳之三、四章，《四書章句集注》，5—6頁。

已精而益求其精也；“如琢如磨”，言其所以修於身者，已密而益求其密也。此其所以擇善固執，日就月將，而得止於至善之由也。又，切磋琢磨，求其至於盛德至善而已矣。骨角脈理可尋，而切磋之功易，所謂始條理之事也；玉石渾全堅確，而琢磨之功難，所謂終條理之事也。又，賢其賢者，聞而知之，仰其德業之盛也；親其親者，子孫保之，思其覆育之恩也；樂其樂者，含哺鼓腹，而安其樂也；利其利者，耕田鑿井，而享其利也。此皆先王盛德至善之餘澤，故雖已没世，而人猶思之，愈久而不能忘也。上文之引《淇澳》，以明明德之得所止言之，而發新民之端也。此引《烈文》，以新民之得所止言之，而著明明德之效也。

又，聖人德盛仁熟，所以自明者，皆極天下之至善，故能大有以畏服其民之心志，而使之不敢盡其無實之辭，是以雖其聽訟無以異於衆人，而自無訟之可聽，蓋己德既明，而民德自新，則得其本之明效也。或不能然，而欲區區於分争辨訟之間，以求新民之效，其亦末矣。此傳者釋經之意也。①

〇又曰：緝熙，是工夫；敬止，是功效收殺處。又，至善，只恰好底便是。又，大倫有五，此言其三，蓋不止此。“究其精微之藴”，是就三者裏面窮究其藴；“推類以通其餘”，是就外面推廣，如夫婦、兄弟之類。又，“至善”一章，工夫都在“切磋琢磨”上。又，《傳》之三章，緊要只是“如切如磋，如琢如磨”。如切，可謂善矣，又須當磋之，方是至善；如琢，可謂善矣，又須當磨之，方是至善。又，恰似剥了一重，又有一重。學者做工夫，消磨舊習，幾時便去教盡！須是只管磨礲，教十分浄潔。最怕如今於眼前道理略理會得些，便自以爲足，便不著力向上去，這如何會到至善田地！又，大率切而不磋，亦未到至善處；琢而不磨，亦未到至善處。“瑟兮僩兮”，則誠敬存於中矣。未至於“赫兮喧兮”，威儀輝光著見於外，亦未爲至善。此四句是此段緊切處，專是説至善。又，“君子賢其賢”，如堯舜文武之德，後世尊仰之，豈非賢其所賢乎！“親其親”，如周后稷之德，子孫宗之，以爲先祖先父之所

① 《大學或問》上，《朱子全書》第六册，519—521頁。

自出，豈非親其所親乎！又，使他無訟，在我之事，本也。恁地看，此所以聽訟爲末。

又，聖人固不會錯斷了事。只是它所以無訟者，却不在於善聽訟，在於意誠、心正，自然有以薰炙漸染，大服民志，故自無訟之可聽耳。[①]

〇又曰："僩"字，舊訓寬大。所以某注中直以武毅言之。且如"恂"字，鄭氏讀爲"峻"。及讀《莊子》，見所謂"木處則惴慄恂懼"，然後知鄭氏之音爲當。又，如孔子所謂："德之不修，學之不講，聞義不能徙，不善不能改，是吾憂也。"惟其憂之，所以爲聖人。所謂"生而知之者"，便只是知得此而已。又，"如切如磋"，取此而喻君子之於至善，既格物以求知所止矣，又且用力以求得其所止焉。正心、誠意，便是道學、自修。"瑟兮僩兮，赫兮喧兮"，到這裏，睟面盎背，發見於外，便是道學、自修之驗也。又，道學是起頭處，自修是成就處。中間工夫，既講求又復講求，既克治又復克治，此所謂已精而求其益精，已密而求其益密也。又，始終條理都要密，講貫而益講貫，修飭而益修飭。又，瑟僩赫喧，那不是做工夫處，是成就了氣象恁地。"穆穆文王"，亦是氣象也。[②]

〇真德秀曰：如切如磋，道學也，主知而言；如琢如磨，自修也，主行而言。此言致知力行之功，當並進也，知到十分精處，而行處有一分未密，亦未得爲至善。須是知極其至，行亦極其至，方謂之至善。又，以君道言之，有一毫未至於仁，不可以言止。知仁之當爲，或出焉，或入焉，亦不可以言止。何謂仁？克己復禮，仁之體也；愛人利物，仁之用也。爲人君者，内必有以去物欲之私，使視聽言動無一不合乎禮；外必有以廣民物之愛，使鰥寡孤獨，無一不遂其生，此所謂仁也。必有是體，然後其用行焉，故聖人論仁，莫先於克己也。人君爲天

---

① 《朱子語類》卷第十六，《大學》三，傳三、四章，釋"止于至善""本末"，第二册，319—323頁。

② 《朱子語類》卷第十七，《大學》四，《或問》上，傳三章，第二册，388—389頁。賀疑有誤。或者當爲"'如切如磋，如琢如磨'，便是道學、自修"。

下民物之主，癢痾疾痛，孰非同體，故君道必主於仁，而爲仁必極其至，所謂止於至善也。自古帝王獨稱堯舜爲至仁者，以其兼體用之全，無纖微之間故也。又，文王“於緝熙敬止”，此敬字，舉全體而言，無不敬之敬也。爲人臣止於敬，專指敬君而言，乃敬中之一事也。文王之敬，包得仁、敬、孝、慈、信。

○程子曰：且舉此一事，其它皆要知本。聽訟則必使無訟，是本也。（伊川）

○張子曰：大畏民志，大畏服其民志，使民誠服，猶神武而不殺也。威德素著，則民自畏服，無情者不敢盡其辭，則知過必改，不可幸免，故無訟也。此則三不欺，聖人皆有之，愛則不忍，明則不能，威則不敢。

○吕大臨曰：孔子“上好信，則民莫敢不用情”，故誠其意則使民服，民不得而欺矣。大畏民志者，心服之謂也，中心悦而誠服，如七十子之服仲尼。雖巧言如簧，苟無其實，爲天下所不容，此無情者所以不得盡其辭，而可使無訟，是謂誠意之效，故曰知本。[①]

○胡炳文曰：此傳不特釋止於至善，並知止、能得一節都釋了，故首引孔子之言曰“知其所止”，而《章句》於下文亦以知所止與所以得之之由言之。又，前章顧諟是敬，日新又新亦是敬，但不露出一敬字。此曰敬止，聖學之要盡之矣。又，至善者當然之則，雖治骨角玉石者，亦有當然之則，切而磋琢而磨者，求合乎此則而已。學是知此則，修是行此則。瑟是所知所行極其縝密而無毫髮之疎漏也，僴是所知所行極其剛果而無須臾之怠弛也，恂慄者蓋惴惴焉，惟恐知之有疎漏，行之有怠弛，而於當然之則有未合也。又，前王能使後王不忘其親，思親猶子孫之常情也，必使後之賢者不忘其賢，始足以見新民之至善，故先言賢其賢，而後言親其親；能使後民不忘其利，懷利猶小民之常情也，必使後之民不忘其樂，始足以見新民之至善，故先言樂其樂，而後言利其利。

① 《禮記集説》卷一百五十一，《大學》第四十二，《通志堂經解》第13册，499、501—502頁。

平天下一章不過好惡與義利兩端而已，我能好民之所好，故後之民猶樂我之樂，我能利民以爲利，故後之民猶利我之利，不特民不敢忘，而民自不能忘，此人心天理之真也。明明德是自明我之天，新民是使民自明其天，至善而没世不忘，人心之天自有感於吾心之天，天者何，當然之則是也。又，此章釋明明德、新民、止於至善，兼釋知止、能得，又兼八者條目。其中，學是致知格物之事，自修是誠意正心修身之事，親其親以至利其利是化及於家國天下。又，《易·訟卦》曰"有孚，窒惕"，正與"無情者不得盡其辭"相應，蓋有孚是有實者，無情是無實者，使無實者不得盡其辭，則有實者不至於窒，便是使民無訟。然欲使民無訟，本於無情者不得盡其辭；無情者不得盡其辭，又本於大畏民志；大畏民志，又本於明明德。今不曰明德爲本，而但曰此謂知本，蓋此未足以盡明德新民之本末，姑舉此言亦可謂之知本也。《章句》曰"觀於此言，可以知本末之先後矣"，隱然自有此意。[1]

〇景星曰：此節重在止字，邦畿天下之中，至善事理之中，借粗以明精。言王畿居天下之中，故惟民所止；至善爲事理之中，故學者所當止也。又，饒氏曰：明德新民兩章釋得甚略，此章釋得甚詳，工夫又備，可見篇首三句，又重在此一句。[2]

〇船山曰："學"，格致之功。"自修"，致知誠意之功。"恂慄"，持志之慎而不失也，正心之事。"威儀"，修身之事。學修恂慄威儀，德已成而進修之心不已，親賢樂利，皆其誠意洋溢於後世而非但以法，故言之不足，必咏嘆淫佚而後庶幾盡之。程子曰："有《關雎》《麟趾》之精意而後《周官》之法度可行。"此意味之深長而非熟玩不得者也。又，"先"以功言，"後"以效言。不可舍本而求其末以圖效之大，而本之既先，亦非無事於末而末自治，讀者當以意通之。天下之大，民事之衆，非可盡如訟之可無也，傳亦言本末相因之理而已。[3]

〇又曰："菉竹"。菉，王芻，《本艸》名鴨跖艸，俗呼竹葉菜；竹，

---

① 《四書通·大學通》，《通志堂經解》第15册，404—405頁。

② 《大學中庸集説啓蒙·大學》，景印文淵閣《四庫全書》第204册，977、980頁。

③ 《禮記章句》卷四十二，《大學》，《船山全書》第四册，1479—1481頁。

萹蓄，一名石竹，一名夾竹桃花。①

〇又曰："緝熙"是明德至密無間之功；此二字要緊。有此緝熙之聖功，乃以見之事爲，無不慎而皆底於至善。"瞻彼節"，正在《詩》所言上見其必止於至善之功。又，有以聽訟爲末，無訟爲本者。無訟止是新民，不可云本，固已。聽訟亦以彰善癉惡，不可謂非新民之事；使無訟亦只是新民之極致，不可云本。大畏民志，而民之志大畏，則亦是末。此章俱是止講有本則末自應，本在言外。乃由此思之，則知新民之必有本矣。②

〇又曰："敬"字有二義：有所施敬而敬之敬是工夫，若但言敬而無所施，乃是直指心德之體。故先儒言"主敬"，言"持敬"，工夫在"主""持"二字上。敬爲德體，而非言畏言慎之比。緝熙者，明新之功。敬止者，明新之效。此"恂慄"字，與上"敬"字略同，皆以言乎已成之德。唯此君子之"恂慄"爲"瑟兮僩兮"，所以爲存中氣象之至善。止此一氣象，其嚴密武毅者則屬"恂慄"，其宣著盛大者則屬"威儀"。後者多在衣冠舉動上見，前者則就神情氣魄上見。而兩者皆必根於心，方是至善。③

〇又曰：一念之悟，亦以爲自見其心，而全體不備，則道不可大；小康之治，亦以爲能變其俗，而大用不行，則化不可久。故至善者，古今聖賢之所必止，則亦學道者之所當止也。夫理之必至於是而不可遷者，天下之事亦有然者。又，自夫子之言觀之，擇之於先，而後安之於後，則學者之宜知所止，不愈明乎？此其道唯聖人爲能極盡其德，以得其所知之理，則《詩》言文王者是也。又，夫文王以其常明之德，居敬之心，而克安其止者，於何見之？即於其盡道以應乎人倫物理者見之。此《詩》之以"止"贊文王之德爲至極而不可加也。而學者欲得文王之止，必知夫明德之極功，如《詩》之咏君子者而後可也；必知夫新民之極致，如《詩》之咏前王者而後可也。又，夫明德之事，始於格物致

---

① 《四書稗疏·大學》，《船山全書》第六册，18頁。

② 《四書箋解》卷一，《大學》，《船山全書》第六册，112—113頁。

③ 《讀四書大全説》卷一，《大學》，《船山全書》第六册，406—408頁。

知，而《詩》之言“如切如磋”者；要在誠意，而《詩》之言“如琢如磨”者；以正心爲修身之主，故《詩》言“瑟兮僩兮”者；以修身爲天下國家之本，則《詩》言之“赫兮喧兮”者。夫明德之功，極乎學修内外而交盡，德斯盛矣。此非止乎明德之至善者之軌則哉！學者而能修此，則仁敬孝慈信之道自備，而文王之安止者可幾矣。“於戲前王不忘”《詩》，此非止乎新民至善之軌則乎哉！而學者能知此，則必君臣、父子、國人之交盡其理，而文王之安止，抑可幾矣。又，上之人以其在躬之清明，端好惡而奉明旦，則民雖愚而戴主德之無私，赫赫明明，自震動之於無言之表，而後志不敢妄動，辭不敢虚陳，而無訟矣。唯如此也，則志，民之志也，而畏之者上之德也；無訟者，民之新也，而使無訟者德之明也。故夫子之言，知本之言也，知本之爲先務而末之所自生也。然則明德爲本，新民爲末，不信然哉！[1]

〇吕留良曰：首節説理之當然，次節説人須知止，尚是虚虚指點，到第三節明指個止至善榜樣，而其中要領條目工夫境界事理咸具。第四節言“所以止”。第五節皆從頌美中見其至善。五“止”皆從“敬止”分出。五倫中惟父子兄弟從仁來，故不論是非，若君臣、朋友二倫，却從義生，義則專論是非，是而義合則爲君臣朋友，非而義離則引退，義絶則可爲寇讐，故曰父子主恩，君臣主敬。天下無不是之父母，不可謂天下無不是之君上，但人臣一身，生殺惟君，不可以私怨而生懟叛之心，此昌黎二句之不朽於古今也。又，章内五引《詩》，皆借《詩》之語句發明“止至善”道理耳。玩“如切如磋，如琢如磨”兩句中，便有日新不已之妙，方是“明明德”者“止於至善”之學修，非泛然學修之可當也。“有斐君子”，是渾成贊詞，自“切磋琢磨”至“瑟僩赫喧”，學成德備，方有此“有斐君子”之稱。“明明德”至“民不能忘”，“新民”至“没世不忘”，方見“至善”全節，精神都注在兩結句。惟至善爲人心所同，故前王萬世不忘。

又，中間含著“我之明德既明”，此所以大畏民志者，方爲本。“無

① 《四書訓義》（上）卷一，《大學》，《船山全書》第七册，58—64頁。

訟”亦不是本，“使無訟”之故乃本耳。此章只重“本”字，不重“知”字。此“知”字與經中“知所先後”“知”字相應，與“致知”“知”字無涉。《大學》經程朱考定，如地平天成，即與鴻荒時境界有不盡合，分外分明亭當，萬世永賴；後來紛紛，動援古本石經，狡焉思逞，都是無知妄作耳。①

〇汪紱曰：傳三章亦引古作證，而逐段結束以至善統承明新，而功分知得，故必逐段説明也。天下事事物物莫不有個至處，形必肅乂哲謀，倫必孝弟忠信，治必禮樂兵農，都要到天理至極而無一毫人欲之私，然後爲至善。借《詩》“緡蠻”云云，以起“知”字。借《詩》“穆穆”云云，標至善之準，再以下乃分明新言之。然“敬止”二字中有能得之意，“緝熙”乃所以能得工夫，亦不得云非言得止也，“熙”即虛靈不昧明德本體，“緝熙”則知至行盡至誠不息，以能全此虛靈不昧之體，不至有時而昏。“緝熙”二字已便是敬字上，蔡所謂“常惺惺”也。“敬止”二字却又就成功言無不敬。“敬”即一理渾然，“止”即泛應曲當，故下文只承“止”字，而“敬”字在其中。朱子云“緝熙”是工夫，“敬止”是功效，是也。格致誠正許多工夫俱包在“緝熙”二字内，其得止之許多事功施爲效驗俱包在“敬止”二字内。“止於仁”，“止於敬”，言仁之至，敬之至，非但以仁敬爲至善。骨角脈理可尋，切磋主於剖析；玉石渾堅難治，琢磨主於功治。此學修之分矣。學爲知止工夫，修爲能得工夫，恂慄威儀得所止矣。理全於心曰盛德，發而中節曰至善。

又，前三傳釋綱領已畢，而聖經“物有本末”節，於綱領三中提出本始當先，所以示人入學工夫次序，是不可以無傳。然知止爲始意，已可見於止至善傳中，故此章獨釋本末，以作綱領結束，下六傳便照序順推，此傳便爲十傳當中樞紐也。②

〇丁紀曰：傳之三章釋止於至善。凡五引《詩》，分别明“新民”與“明明德”之止於至善。像鳥止於丘隅爲避害，人則止於千里邦畿爲

---

① 《四書講義》卷二，《大學》二，上册，28—35 頁。

② 《四書詮義》上，卷一，《大學》，《叢書集成三編》第 10 册，366—368 頁。

依王德而親仁就善也。人之欲學文王、學聖人，不過學個“知止”。於一事上止得，於别一事上又止得，以事言之則不同，以止言之不過各止於其職分之所當爲，然後性分亦無不在其中。雖條目林立，各有所當，要歸一極，無非至善。又，我意，朱子解“至善”，一曰“事理當然之極”，一曰“物各有所當止之處”，一曰“天下後世無一物不得其所”，物各有當、人各盡分，此固至善本有之旨；然至善之爲會極一統、熔鑠衆殊者，此尤不得不知。《易·艮》彖曰：“艮，止也。”以物各有當、人各盡分言之，則《艮》象曰“君子以思不出其位”；以會極一統、熔鑠衆殊言之，則《艮》彖曰“止其所也”。亦即至至善之所，再進無可進，或勉强爲之，無非使善極隱淪而已；然此非謂至善有一定所，一向在某一去處，故“止”字不可用把持。凡一物之頭尾、一事之始終，便有至善門徑，《艮》彖所以曰：“時止則止，時行則行，動静不失其時，其道光明。”①

○鄭玄曰：於止，於鳥之所止也。就而觀之，知鳥擇岑蔚安閒而止處之耳。言人亦當擇禮義樂土而自止處也。《論語》曰：“里仁爲美。擇不處仁，焉得知?”緝熙，光明也。此美文王之德光明，敬其所以自止處。又，此心廣體胖之詩也。澳，隈崖也。菉竹猗猗，喻美盛。斐，有文章貌。諠，忘也。道，猶言也。恂，字或作“峻”，讀如“嚴峻”之峻，言其容貌嚴栗也。民不能忘，以其意誠而德著也。《爾雅》云：“骨曰切，象曰磋，玉曰琢，石曰磨。”又，聖人既有親賢之德，其政又有樂利於民，君子小人各有以思之。又，情，猶實也。無實者多虚誕之辭，聖人之聽訟與人同耳。必使民無實者不敢盡其辭，大畏其心志，使誠其意，不敢訟。本，謂誠其意也。

○孔穎達曰：此一經廣明誠意之事，言誠意在於所止，故上云“大學之道，在止於至善”。此《商頌·玄鳥》之篇，言殷之邦畿方千里，唯人所居止。此記斷章，喻其民人而擇所止，言人君賢則來也。又，此《詩·小雅·緡蠻》之篇，刺幽王之詩。言緡蠻然微小之黄鳥，止在於

---

① 《大學條解》，五、“三綱領”之“止于至善”，38—46頁。

岑蔚丘隅静密之處，得其所止。以言微小之臣依托大臣，亦得其所也。又，此《大雅・文王》之篇，美文王之詩。緝熙，謂光明也。止，辭也。詩之本意云：文王見此光明之人則恭敬之。此記之意，“於緝熙”言嗚呼！文王之德，緝熙光明，又能敬其所止，以自居處也。又，此一經廣明誠意之事，故引《詩》言學問、自新，顔色、威儀之事，以證誠意之道也。此《詩・衛風・淇奥》之篇，衛人美武公之德也。菉，王芻也。竹，萹竹也。視彼淇水之隈曲之内，生此菉之與竹，猗猗然而茂盛，以淇水浸潤故也。言視彼衛朝之内，上有武公之身，道德茂盛，亦蒙康叔之餘烈故也。引之者，證誠意之道。記者又引《爾雅》而釋之。又，言初習謂之學，重習謂之修，亦謂《詩》本文互而相通也。又，論道武公盛德至極美善，人之愛念，不能忘也。即以武公用意精誠，德著於人，人不忘也。又，此一經廣明誠意之事。此《周頌・烈文》之篇也，美武王之詩。以文王、武王意誠於天下，故詩人嘆美之，云此前世之王，其德不可忘也。後世貴重之，君子皆美此前王能賢其賢人而親其族親也。後世卑賤小人，美此前王能愛樂其所樂，謂民之所樂者，前王亦愛樂之；能利益其人之所利，民爲利者，前王亦利益之。言前王施爲政教，下順人情，不奪人之所樂利之事，故云“小人樂其樂而利其利”也。由前王意能精誠，垂於後世，故君子小人皆所美念，以此之故，終没於世，其德不忘也。又，此一經廣明誠意之事，言聖人不惟自誠己意，亦服民使誠意也。孔子稱斷獄猶如常人，無以異也，言吾與常人同也。必也使無理之人不敢争訟也。無實虚誕之人無道理者，不得盡竭其虚僞之辭也。大能畏脅民人之志。言人有虚誕之志者，皆畏懼不敢訟。言民亦誠實其意也。然能使無訟，則是異於人也。但用意精誠，求其情僞，所以使無訟也。此從上“所謂誠意”以下，言此“大畏民志”以上，皆是誠意之事。意爲行本，能精誠其意，是曉知其本，故云“此謂知本也”。①

---

① 《禮記正義》卷第六十六至六十七，《大學》第四十二，下册，2238—2240、2243—2246、2249、2255頁。鄭玄、孔穎達全依舊本，舊本誠意章緊接經一章后，而他們又將緊隨其後的傳一、二、三、四章皆歸入了誠意章，故而以之爲皆是關乎誠意的。

○葉夢得曰：道學求諸人，自修求諸己，恂慄者誠於内，威儀者文於外。求諸人，求諸己，所以有至善也，故曰“發慮憲，求善良”。誠於内，文於外，所以有盛德也，故曰“動容周旋中禮，盛德之至善”，則民歸之不忘也，故曰“有斐君子，終不可諠兮”，有盛德至善，則民無間於君子小人，皆在所不忘也。然而君子懷德，故賢其所賢者，義也；親其所親者，仁也。小人懷惠，故樂其所樂者，亦義也；利其所利者，亦仁也。

○林光朝曰：謂君子所以不能忘前王者，謂其賢者則知其賢，其可親者則親之。小人所以不能忘前王者，謂民之所樂，前王亦與之同其樂；民之所利，前王亦與之同其利。君子小人不能一日忘之也。

○方慤曰：子路之折獄，不及孔子之無訟；《召南》之聽訟，不及《周南》之無犯。此所以爲聖賢之辨歟。夫訟者，以其兩辭之情僞未辨也，至若無情之人不得盡其辭，豈復有訟乎！非夫大畏民志，固不能若是，《易》於《訟》言，“有孚，窒惕”，蓋謂是矣。

○邵甲曰：夫所謂大畏民志者，豈必峻厲威刑使之畏懼而不敢犯哉！蓋其羞愧之心潛動於中，則稍犯不韙，措躬無地。《中庸》所謂“不怒而民威於鈇鉞”是也。①

○黎立武曰：曰“止於至善”，曰“知止”，《大學》一書之樞要也。故此章明止之義甚備。又，此章明篇首大學之道。按《孔叢子》：孔子觀《詩》，喟然嘆曰：吾於《淇澳》見學之可爲君子也。竹之爲物，中虛外直，喻君子之誠中形外也。又，夫修身，本也，誠者又修身之本也，知之至者，莫尚乎此，故曰“此謂知本”。②

○劉宗周曰：知先之説，歸之知止而已。知止，所以知本也。咏邦畿之詩，則知民之所止矣。賢者以其昭昭，能使人昭昭，如王畿爲會極之地，而四國之衆，各知所向方也。仍歸之自知而已。“緝熙”二字即文王之知止處，未有止而不本於知者。仁、敬、孝、慈、信即明德，即

---

① 《禮記集説》卷一百五十一，《大學》第四十二，《通志堂經解》第13册，499、502頁。

② 《大學本旨》，景印文淵閣《四庫全書》第200册，745頁。

至善之所在。文王之止仁、止敬，真是格物到極處。然合之皆所以修身，而本之義自見。德無常師，主善爲師。善無常主，協於克一。主一無適爲敬，敬即是止法，故文王曰“敬止”，又曰“欽厥止，安汝止”。此本體工夫一齊俱到處。引《淇澳》，修身之功盡見於此矣。學以始之，學原不廢講習討論，只是爲明、親、至善而設，恂慄以實之，威儀以徵之，民不能忘以終之，而自修始無餘藴，是合格、致、誠、正、修、齊、治、平以言修也。承上文“民不能忘”，而要之於没世，則明明德於天下允矣。然非修身之功如上文所云，何以有此！君子、小人以臣庶而言，賢其可賢，云云，則君子、小人皆與吾爲一體而已。德之明即民德之明矣，雖没世之後，其忍忘諸？此盛德至善之徵也。無訟之化孰使之？身使之也。非徒以修者使之，實以所止者使之也。[①]

○姚際恒曰：《文王》詩此“止”字，疏云“辭也”，以助辭作實字用，將來闡發無數，“止”字極可笑。古人引《詩》或不切本旨則有之，未有如是之引《詩》法也。又，“如切如磋者”至“民之不能忘也”，全用《爾雅》釋訓文，按《爾雅》周末人所作，《大學》又在其後也。《大學》平衍之文，蓋正因《爾雅》之文，故引此《詩》耳，取其言道學以證《大學》之道，取其言自修以證自明，取其言盛德至善以證明德止至善，取其言民不能忘以證新民。若自作其文以發明，前文斷無此體也。又，引孔子“聽訟”之文，較《論語》多出二句，則是强制作用，恐非以德化民，自然輸誠悦服景象，未免蛇足。若孔子果有此二句，《論語》不應删之。

○杭世駿曰：《爾雅》云：“骨曰切，象曰磋，玉曰琢，石曰磨。”[②]

○劉沅曰：人不盡可歸，而地則凡君長所居即其民所嚮往，以此比喻至善之地，凡理皆歸於此耳。文王以其止至善而功極於至純，與天合德，深遠莫測。輯純而不已，熙純而晶瑩，皆釋“穆穆”二字。敬者，心與天通，事天益恭，所謂“小心翼翼，厥德不回”也。敬止，内之安

---

① 《大學古文參疑》《大學古記》《大學雜言》，《劉宗周全集》第一册，610—614、626—628、660—667頁。

② 《續禮記集説》卷九十七，《大學》，《續修四庫全書》第102册，709—713頁。

止。德極於至純，祇是止至善極於至一。又，“如切如磋”，學以致知也。“如琢如磨”，言格物也。“瑟兮僩兮”，言誠意也。“赫兮喧兮”，言德潤身也。曾子引《詩》止借以明格致誠功一串耳。大學之教方明明德時即要親民，人情物理既熟而以天理權衡之。達而在上如伊周，窮而在下如孔孟，皆能曲成天下，蓋曾子雖止覆解上文不能忘意，而已將明德親民並納入其中矣。又，末節引“子言聽訟”，仍發明毋自欺之義，其意曰：毋自欺則誠，誠則其身已修，天下無情之人皆可感化，而修齊治平統於此矣。誠字原於孔子，而曾子得誠身之傳，特標誠意一章爲首，細細發明，使千秋後世力行其學，必以一誠爲主，又釋正心下四章，通計五章。此《大學》一書爲曾子之書，而孔子聖經乃益明也。①

〇伍庸伯曰：文王是知止、安身而止至善的典範。古稱文王“視民如傷”，就揭出其内心的仁愛來。又，説君子道學、自修、恂慄、威儀、盛德、至善。道學求知須是日益，而自修躬行，修脯即臘肉，有幹縮減損之義，却要日損，即去人欲，存天理也。恂慄，正是《中庸》“戒慎恐懼”，亦即“如常惺惺”，“常知常行”。威儀，有如孟子的“踐形”境界，“睟面盎背，四體不言而喻”者，或《詩》云“抑抑威儀，惟德之符”。到盛德至善，却已是聖人境界。又，“無情者不得盡其辭”，即見出人之自反而無情者恧縮於内，是明德見端。《中庸》上“内省不疚，無惡於志”，此云“大畏民志”，即人都不敢惡於志也。這豈不將使其無訟乎？《論語》上“吾未見能見其過，而内自訟者也”，人唯知本則自訟，自訟則無訟。孔子是主張人之自訟的。

〇嚴立三曰：按此節所舉《詩》云子曰各語，皆以極言止之重要。所言仁敬等五端，則止之實例耳，皆人倫之極則，以爲前文三綱歸結於止至善之證。一念通物即是善，通而極之即是至善，慎守而弗失之即是止至善。大本既立，仁敬孝慈因事而爲之名而已。按又引《詩》以説明君子自勉之功，以及證明群衆感通之效。其要在於推己盡己，故民化

① 《大學古本質言》，46—49、51—54 頁。劉氏依舊本而有，自經一章後直至正心修身章前，皆爲所謂“誠意章”第二。

之。蓋上文本亂末治之反證。按再引《詩》以證明上文所厚所薄之義，以及推己盡己之效耳。又，聖莫過於孔子，情僞相感好惡相攻者莫如訟。故引孔子聽訟之言爲證。無情者大畏而不得盡其辭，其洞徹物情可謂至極，聽訟則必使無訟，其感應之深切亦可稱無以復加。即此可見齊家、治國、平天下，舉而措之，皆餘事耳。如此尚不得謂之知本乎![①]

〇任銘善曰：王政之所先及而民于是焉處之，是知所止矣。其知至善而止之者，固亦性然者焉。而不知擇仁止善者，是失其是非本心而已。其德之明而所止無不敬從，不失不遷焉，是文王之穆穆也。夫敬則有以知其内而形于外者，無不中節，而于君臣父子朋友莫不能止于其理之當然而無過不及焉。故知止敬也，止之義也。《易》曰："敬義立而德不孤。"謂明德之明而天下之民無不新也。引《詩》以明止善之義，而君子用中之道益彰，是爲大學之道之極則也已。又，如切如磋，格物也。道學之道，治也，如"道千乘之國"之道。一曰由也，如"道五常之行""道問學"之道。如琢如磨，知至也，自修猶曰修己以敬也。在乎位者爲君子，故賢賢親親以兼天下而一有衆也。處乎下者爲小人，故樂樂利利以善其身而獨行道也。利讀爲"利者義之和"字，樂者，樂道也。[②]

〇謹案：以上乃三綱領傳章，朱子以爲還有一"本末"傳章。依舊本却全是接在誠意傳章之後，錯簡雜亂，以至尤其被鄭注孔疏等籠統地

① 《禮記大學篇伍嚴兩家解説》，《梁漱溟全集》第四卷，38—43、69—71頁。謹案：伍庸伯與嚴立三皆用《大學》舊本，但伍氏除改"親民"爲"新民"外而一仍其舊，他以爲"格致"章是近道之認識，"誠意"章是近道之實踐，各有"明""新""止"三綱，完全不用移動。他在原《大學》"格致""誠意""正修""修齊""齊治""治平"六段的基礎上，再總分爲三個部分：一、格致（理論認識）；二、誠意（功夫實踐）；三、正、修、齊、治、平（臨事收功）。嚴氏却稍有不同而略有調整，首章亦爲"格致"，除了總體交代三綱八目外，還把舊本歸入"誠意"章的、朱子稱作傳一、二、三、四章的内容又都歸給了"格致"章，因而他在此還接着説："如此尚不得謂之知本，尚不得謂之物格知至乎。知本句，總括全章當先務本之義以爲收束。知之至句，明述本之所在，應前文八目歸本於格致之功，且以引起下章之文。故下文續舉誠意而別論之。"總之，"唯三綱歸本於止至善，而止善又合於格致之實功以爲言"，"是言善亦即所以言格致，故綱目之歸爲一，而首章之文實不可分也。《大學》全篇之義不離乎善，故全篇之義亦不外於格致之功"，"統《論》《孟》及一切傳記之文，無不根於此義，故前賢謂《大學》爲入德之門"。

② 《〈大學〉存歃》，《無受室文存》，8—9、10—11頁。

説成是皆在解釋與論説“誠意”，故命之曰“誠意章第二”，於是經一章就被理所當然地看作在專講“格致”，而成爲“格致章第一”了。以下還有“正修章第三”、“修齊章第四”、“齊治章第五”以及“治平章第六”。由此，有學者譬如黎立武、伍庸伯等還把三綱領解釋爲“明德”、“知止”（即知明明德）、“本末”，而把《大學》開篇即明確説的“大學之道，在明明德、在新民、在止於至善”，説成僅僅是“三要”或者“大學功夫的三個階段”，所謂成己、成物、成聖而已。以及把“格物”僅解釋爲格“物有本末”，而“致知”也僅解釋爲致“知所先後”，因而以爲朱子之“格物窮理”説，“未免離題太遠”。以及他們還認爲《大學》也就是教人如何做人的，那就要“明明德”，而如何在社會中明明德，這便是“格致”章研究的内容。其實，《大學》固然首要在於教人如何做人，但《大學》還要教人如何治國平天下，亦即如何做仕，如何做君，等等。而説格物窮理離題太遠者，是否真的體會了朱子，抑或也如陽明格竹子一般，全然不明就裏呢？尤其，杜撰出所謂新的《大學》三綱領，能否真實貫通《大學》全篇呢？而把真實的《大學》三綱領僅僅説成是功夫的三個階段，所謂階段，其間能分得開嗎？况且舊本誠意章亦説三綱領，兩處没有任何關係嗎？若有，那又會是什麽樣的聯繫呢？不過，《大學》經一章明顯是在總説《大學》，哪裏僅僅是在説“格致”呢？若是能把這點認可下來，又經朱子“以經統傳，以傳附經”，亦即“以經定傳”的整理，《大學》整個篇章“則其次第可知”，一下子就都明白曉暢了，又何須始終執迷在舊本中，如此牽强攪擾呢？

經一章既然提出三綱八目，傳章自然要對之作出解釋，首先就是對三綱領的解釋。傳章引《書》引《詩》，依循古來爲我所用的通例，譬如或許正像鄭注孔疏所説，“克明德”，原本“周公封康叔而作《康誥》，戒康叔能明用有德。此記之意，言周公戒康叔以自明其德，與《尚書》異也”。而“克明俊德”，出自“《帝典》，謂《堯典》之篇。《尚書》之意，言堯能明用賢俊之德。此記之意，言堯能自明大德也”。“穆穆文王，於緝熙敬止”，乃引自“《大雅·文王》之篇，美文王之詩”，“詩之本意云：文王見此光明之人則恭敬之。此記之意‘於緝熙’言嗚呼！文王之德，緝熙光明，又能敬其所止，以自居處也”，等等。三綱領傳章，其中著重表彰了三位聖王，即堯、湯、文王，堯和文王是生而知之的聖人，湯是學而知之的聖人，都堪爲學者的楷模典範。

《尚書·堯典》記載：“帝堯曰放勳。欽明文思安安，允恭克讓，光被四表，格于上下。克明俊德，以親九族。九族既睦，平章百姓。百姓昭明，協和萬邦，黎民於變時雍。”[①] 船山以爲：“其所以明之者，如堯之‘欽明’是正心誠意，‘文思’是格物致知，‘允恭克讓’是修身，要皆以之明其明德；而‘睦九族’則家以齊，‘平章百姓’則國以治，‘於變時雍’則天下平，要皆自明之德克盡耳。”孔子也曾贊嘆道：“大哉堯之爲君也！巍巍乎！唯天爲大，唯堯則之。蕩蕩乎！民無能名焉。巍巍乎！其有成功也；焕乎，其有文章！”[②] 因爲“夫五帝之治莫盛于堯，而其本則自克明俊德始，故《大學》以明明德爲新民之端，然則《堯典》者，其《大學》之宗祖歟”。而“《堯典》諸書皆自身而推之天下，至於先之以格物致知，誠意正心，而後次之以修其身，則自《大學》始發前聖未言之蘊，示學者以從入之塗，厥功大矣”！[③]

若説“堯舜，性者也；湯武，反之也”，亦即“性者，得全於天，無所污壞，不假修爲，聖之至也。反之者，修爲以復其性，而至於聖人也”[④]。而湯王之反之或身之，却亦得益於伊尹，亦即“湯之於伊尹，學焉而後臣之”，“成湯之聖，蓋由學人，而其所以有一德者，伊尹輔佐之力也”[⑤]。此亦正如朱子所説：“古之聖賢兢兢業業，固無時而不戒謹恐懼，然猶恐其有所怠而忽忘之也。是以於其常用之器，各因其事而刻

① 此言堯推其德，自身而家、而國、而天下，所謂放勳者也。敬體而明用也。文著見而思深遠也。其德性之美，皆出於自然而非勉强，所謂性之者也。信恭能讓，彰顯四方，達至天地。九族則舉近以該遠，五服異姓之親，亦在其中也。均明百姓而皆能自明其德也。黎民皆變惡爲善而和睦和諧相處。（《書集傳》卷一，《朱子全書外編》第一册，1—2頁）

② 《論語·泰伯》第十九章。

③ 真德秀《大學衍義》卷一，《帝王爲治之序》，景印文淵閣《四庫全書》第704册，502、504頁。

④ 《孟子·盡心下》，《四書章句集注》，373頁。

⑤ 《大學衍義》卷二，《帝王爲學之本》，景印文淵閣《四庫全書》第704册，513頁。

銘，以致戒焉。欲其常接乎目，每警乎心，而不至於忽忘之也。昔成湯所以反之而至於聖者，正惟有得於此，故稱其德者，有曰‘不邇聲色，不殖貨利’，又曰‘以義制事，以禮制心’，又曰‘從諫弗咈，改過不吝’，又曰‘與人不求備，檢身若不及’，此皆足以見其日新之實。至於所謂‘聖敬日躋’云者，則其言愈約而意愈切矣。然本湯所以得此，又其學於伊尹而有發焉。故伊尹自謂與湯‘咸有一德’，而於復政太甲之初，復以‘終始惟一，時乃日新’爲丁寧之戒。是復推其嘗以告于湯者告之，欲其日進乎此，無所間斷，而有以繼其烈祖之誠德也，其意亦深切矣！”所以説“成湯工夫全是在‘敬’字上”。其實豈止成湯如此，像“武王之始克商也，訪《洪範》於箕子，其始踐阼也。又訪《丹書》於太公，可謂急於聞道者矣，而太公望所告，不出敬與義之二言。蓋敬則萬善俱立，怠則萬善俱廢，義則理爲之主，欲則物爲之主，吉凶存亡之所由分。上古聖人已致謹於此矣，武王聞之，惕若戒懼，而銘之器物，以自警焉。蓋恐斯須不存，而怠與欲得乘其隙也。其後孔子贊《易》於《坤》之六二，曰“敬以直内，義以方外”，先儒釋之曰“敬立而内直，義形而外方”。蓋敬則此心無私邪之累，内之所以直也；義則事事物物各當其分，外之所以方也。自黄帝而武王，自武王而孔子，其皆一道歟”。[①]

再有，三綱領傳章兩引《文王》詩，則是對文王的充分肯定，當年夫子畏於匡，也曾説：“文王既没，文不在茲乎？天之將喪斯文也，後死者不得與於斯文也；天之未喪斯文也，匡人其如予何？”[②] 夫子自認系文王的傳人，所謂“仲尼祖述堯舜，憲章文武”[③] 是也。《詩・大雅・文王》曰：“文王在上，於昭于天。周雖舊邦，其命維新。有周不顯，帝命不時。文王陟降，在帝左右。”朱子以爲：“此章言文王既没，而其神在上，昭明于天，是以周邦雖自后稷始以封，千有餘年，而其受

① 《大學衍義》卷二，《帝王爲學之本》，景印文淵閣《四庫全書》第704册，517頁。
② 《論語・子罕》第五章。
③ 《中庸》第三十章。

天命，則自今始也。”[①] 只因文王能新其德以及於民，而始受天命也。因而船山以爲，“故自新之至，必如成湯之與日無窮者而後教可成；新民之至，必如文王之鼓舞不倦者而後帝可配。”至於“穆穆文王，於緝熙敬止”，“此其道唯聖人爲能極盡其德，以得其所知之理，則《詩》言文王者是也”，“夫文王以其常明之德，居敬之心，而克安其止者，於何見之？即於其盡道以應乎人倫物理者見之”，“此《詩》之以‘止’贊文王之德爲至極而不可加也”。亦如真德秀言，文王“此敬字，舉全體而言，無不敬之敬也”，“文王之敬，包得仁、敬、孝、慈、信”。文王之爲周邦之君而止於仁，則令“周雖舊邦，其命維新”。文王之爲商紂之臣而止於敬，則“三分天下有其二，以服事殷。周之德，其可謂至德也已矣”[②]。文王之爲人子而止於孝，爲人父而止於慈，則“無憂者其惟文王乎！以王季爲父，以武王爲子，父作之，子述之”[③]。文王之與國人交而止於信，則“西伯曰文王，遵后稷、公劉之業，則古公、公季之法，篤仁，敬老，慈少。禮下賢者，日中不暇食以待士，士以此多歸之”[④]。以及，“文王四乳，是謂大仁，天下所歸，百姓所親”[⑤]。以至於最終，“上天之載，無聲無臭。儀刑文王，萬邦作孚”[⑥]。也就是朱子所說，“惟聖人之心，表裏洞然，無有一毫之蔽，故連續光明，自無不敬，而所至者，莫非至善，不待知所止而後得所止也。故《傳》引此《詩》，而歷陳所止之實，使天下後世得以取法焉。學者於此，誠有以見其發於本心之不容已者而緝熙之，使其連續光明，無少間斷，則其敬止之功，是亦文王而已矣”。具體而言，學者當歷經“如切如磋者，道學也”，亦即格物致知以至物格知至；“如琢如磨者，自修也”，亦即自修之首的誠

---

① 參閲朱子撰《詩集傳》，《朱子全書》第一册，652 頁。

② 《論語·泰伯》第二十章。

③ 《中庸》第十八章。

④ 〔漢〕司馬遷撰《史記》卷四，《周本紀》第四，第一册，116 頁，北京：中華書局，1982 年。

⑤ 〔漢〕高誘注《淮南子·修務訓》，《諸子集成》第七册，337 頁，北京：中華書局，1954 年。

⑥ 《詩·大雅·文王》。

意以至意誠；“瑟兮僩兮者，恂慄也”，亦即正心以至心正；“赫兮喧兮者，威儀也”，亦即修身以至身修；“有斐君子，終不可諠兮者，道盛德至善，民之不能忘也”，亦如《孔叢子》所載，孔子讀《詩》，喟然而嘆曰：吾“於《淇澳》，見學之可爲君子也”①。而由此更進一步“君子賢其賢而親其親，小人樂其樂而利其利，此以没世不忘也”，亦即齊家以至家齊，治國以至國治，平天下以至天下平。此亦如胡炳文所言：“此章釋明明德新民止於至善，兼釋知止能得，又兼八者條目，其中學是致知格物之事，自修是誠意正心修身之事，親其親以至利其利是化及於家國天下。”還有對於其中的兩個“不忘”，吕留良以爲：“‘明明德’至‘民不能忘’，‘新民’至‘没世不忘’，方見‘至善’全節，精神都注在兩結句。惟至善爲人心所同，故前王萬世不忘。”而這一切豈是單單誠意能够涵蓋的！乃至“聽訟，吾猶人也”，這不外“道之以政，齊之以刑，民免而無耻”；“必也使無訟乎”，方才是“道之以德，齊之以禮，有耻且格”，這才叫“知本”，以德爲本，把明明德與新民做到止於至善的境地，方爲根本。也就是船山所説，“聽訟亦以彰善癉惡，不可謂非新民之事；使無訟亦只是新民之極致”②，因而或許這可以視之爲對止于至善傳章的補充，亦即黎立武所謂，“夫修身，本也，誠者又修身之本也，知之至者，莫尚乎此，故曰‘此謂知本’”，而無須單列爲本末傳章。《大學》經一章總説三綱八目，而傳章分説之，中間再插一本末傳章，頗不類。加之，既然如胡炳文所以爲的，此章可以“兼釋知止能得，又兼八者條目”，因何不可以再兼釋本末呢？或者如丁紀所以爲的，“此謂知本”，似非經之三節“物有本末”之“本”，人必使如夫子，乃所以用心乎根本者也；而無論畏此明明德之人，或畏其身所現之明德，皆以綱領爲本也。故“知本”如“知止”，傳之四章似當曰“釋知本”，以結傳之前三章，此與經之三節結經之前兩節作用相當，而不特以釋經之三節是求也。

---

① 傅亞庶撰《孔叢子校釋》卷一，《記義》第三，54 頁，北京：中華書局，2011 年。

② 《四書箋解》卷一，《大學》，《船山全書》第六册，113 頁。

另外，尤其關於“《詩》云：‘於戲前王不忘！’君子賢其賢而親其親，小人樂其樂而利其利，此以没世不忘也”，丁紀以爲：“合君子、小人而言之則爲‘民之不能忘’之‘民’，則可以其民之賢者爲君子，其民之不賢者爲小人也。賢其賢，前一‘賢’字意動用法；其，指前王。以下‘親其親’‘樂其樂’‘利其利’結構同此。”“文王於緝熙敬止，故其德賢而可親、利而可樂，君子尊賢、親賢，小人獨樂、樂利，所以君子見其可親，小人見其可樂，而皆有以銘志不忘者。君子敬德，小人感惠，所以新民者，不但君子以新，小人以爲所新，其爲止至善者如此。”這樣的解釋似也能一貫，但尤其“親其親”的本意就可能體現不出來了。依朱子《章句》的解釋：“此言前王所以新民者止於至善，能使天下後世無一物不得其所，所以既没世而人思慕之，愈久而不忘也。”《或問》説得更爲詳盡明白：“賢其賢者，聞而知之，仰其德業之盛也；親其親者，子孫保之，思其覆育之恩也；樂其樂者，含哺鼓腹，而安其樂也；利其利者，耕田鑿井，而享其利也。此皆先王盛德至善之餘澤，故雖已没世，而人猶思之，愈久而不能忘也。上文引《淇澳》，以明明德之得所止言之，而發新民之端也。此引《烈文》，以新民之得所止言之，而著明明德之效也。”《語類》亦尤其表明，“‘君子賢其賢’，如堯舜文武之德，後世尊仰之，豈非賢其所賢乎！‘親其親’，如周后稷之德，子孫宗之，以爲先祖先父之所自出，豈非親其所親乎”！就“子孫保之”與“子孫宗之”這層意思，我們在《中庸》第十七章能再次看到，即“舜其大孝也與！德爲聖人，尊爲天子，富有四海之内。宗廟饗之，子孫保之”。那麽，也就是説，“親其親”的意義，在朱子的解釋中，也獲得了完全的落實。而這也正與前面説的“穆穆文王，於緝熙敬止”，尤其説其“爲人子，止於孝；爲人父，止於慈”是相貫通的。其實，整個傳三章以至傳四章都是一個連貫的體系，這我們在前面已大致説了，在此不妨再做一下簡要的强調，釋止於至善，也就是釋明明德、新民，亦即釋格物致知等八條目的止於至善，而傳者皆是以文王爲光輝典範，君子或者講後賢後王效法文王，努力做到格物而后物格，物格而后知至，知至而后意誠，意誠而后心正，心正而后身修，到此，可以説是明明德而后明德明，接下來自然是新民而后民新，亦即身修而后家齊，家齊而后國治，國治而后天下平了，這同樣是效法文王“爲人君，止於仁；爲人臣，止於敬；爲人子，止於孝；爲人父，止於慈；與國人交，止於信”，而有“君子賢其賢而親其親，小人樂其樂而利其利”，於是，親其親也就是老吾老，幼吾幼，“仁親以爲寶”，就是“宜其家人”，“宜其兄弟”，“其爲父子兄弟足法”，以及又及人之老，人之幼，“而后可以教國人”，“而后民法之也”，這也就是“君子不出家而成教於國”，“堯舜帥天下以仁，而民從之”，“上老老而民興孝，上長長而民興弟，上恤孤而民不倍”，“民之所好好之，民之所惡惡之，此之謂民之父母”，“得衆則得國”。若反之，則“桀紂帥天下以暴，而民從之”，“失衆則失國”，“好人之所惡，惡人之所好，是謂拂人之性，菑必逮夫身”，等等。而傳四章再爲此做一個補充性的强調，所謂“大畏民志”，亦即朱子所説：“蓋我之明德既明，自然有以畏服民之心志，故訟不待聽而自無也。”亦即“君子有諸己而后求諸人，無諸己而后非諸人”，“未有上好仁而下不好義者也，未有好義其事不終者也，未有府庫財非其財者也”，一句話，新民而民新也。

瀏覽“集説”，至少有孔穎達、葉夢得、胡炳文、任銘善、或許還有船山、林光朝等的相關看法，與朱子接近。至於“明德新民兩章釋得甚略”，而止於至善章“釋得甚詳，工夫又備”，究其原因，饒氏以爲，可見篇首三句，又重在此“止於至善”一句上。

所謂致知在格物者，言欲致吾之知，在即物而窮其理也。蓋人心之靈莫不有知，而天下之物莫不有理，惟於理有未窮，故其知有不盡也。是以大學始教，必使學者即凡天下之物，莫不因其已知之理而益窮之，以求至乎其極。至於用力之久，而一旦豁然貫通焉，則衆物之表裏精粗無不到，而吾心之全體大用無不明矣。此謂物格，此謂知之至也。

○朱子曰：上傳之五章，蓋釋格物、致知之義，而今亡矣。閒嘗竊取程子之意以補之。[①]

〇程子曰：學莫先於致知，能致其知，則思日益明，至於久而後有覺爾。《書》所謂“思曰睿，睿作聖”，董子所謂“勉强學問，則聞見博而知益明”，正謂此也。學而無覺，則亦何以學爲也哉？又，誠敬固不可以不勉，然天下之理不先知之，亦未有能勉以行之者也。故《大學》之序，先致知而後誠意，其等有不可躐者。苟無聖人之聰明睿智，而徒欲勉焉以踐其行事之迹，則亦安能如彼之動容周旋無不中禮也哉？惟其燭理之明，乃能不待勉强而自樂循理爾。夫人之性，本無不善，循理而行，宜無難者，惟其知之不至，而但欲以力爲之，是以苦其難而不知其樂耳。知之而至，則循理爲樂，不循理爲不樂，何苦而不循理以害吾樂耶？若曰知不善之不可爲而猶或爲之，則亦未嘗真知而已矣。（朱子曰：此兩條者，皆言格物致知所以當先而不可後之意也。）

〇又曰：莫先於正心誠意，然欲誠意，必先致知，而欲致知，又在格物。致，盡也。格，至也。凡有一物，必有一理，窮而至之，所謂格物者也。然而格物亦非一端，如或讀書，講明道義，或論古今人物，而别其是非，或應接事物，而處其當否，皆窮理也。又，一物格而萬理通，雖顔子亦未至此，惟今日而格一物焉，明日又格一物焉，積習既多，然後脱然有貫通處耳。又，自一身之中，以至萬物之理，理會得多，自當豁然有箇覺處。又，格物，非欲盡窮天下之物，但於一事上窮盡，其他可以類推。至於言孝，則當求其所以爲孝者如何？若一事上窮不得，且别窮一事，或先其易者，或先其難者，各隨人淺深。譬如千蹊萬徑，皆可以適國，但得一道而入，則可以推類而通其餘矣。蓋萬物各具一理，而萬理同出一原，此所以可推而無不通也。又，物必有理，皆所當窮，若天地之所以高深，鬼神之所以幽顯是也。若曰天吾知其高而已矣，地吾知其深而已矣，鬼神吾知其幽且顯而已矣，則是已然之詞，又何理之可窮哉？又，如欲爲孝，則當知所以爲孝之道，如何而爲奉養

---

① 《大學章句》，傳之五章，《四書章句集注》，6—7頁。原本只餘“此謂知本，此謂知之至也”，程子以爲前句爲衍文。朱子以爲後句之上别有闕文，此特其結語耳，所以補之。

之宜，如何而爲温清之節，莫不窮究然後能之，非獨守夫孝之一字而可得也。又，物我一理，纔明彼即曉此，此合内外之道也。語其大，天地之所以高厚，語其小，至一物之所以然，皆學者所宜致思也。又，求之情性，固切于身，然一草一木，亦皆有理，不可不察。又，致知之要，當知至善之所在，如父止於慈，子止於孝之類，若不務此，而徒欲泛然以觀萬物之理，則吾恐其如大軍之遊騎，出太遠而無所歸也。又，格物，莫若察之於身，其得之尤切。（朱子曰：此十條者，皆言格物致知所當用力之地，與其次第功程也。）

〇又曰：格物窮理，但立誠意以格之，其遲速則在乎人之明暗耳。又，入道莫如敬，未有能致知而不在敬者。又，涵養須用敬，進學則在致知。又，致知在乎所養，養知莫過於寡欲。又，格物者，適道之始，思欲格物，則固已近道矣，是何也？以收其心而不放也。（朱子曰：此五條者，又言涵養本原之功，所以爲格物致知之本者也。凡程子之爲説者，不過如此，其於格物致知之傳詳矣。今也尋其義理既無可疑，考其字義亦皆有據。至以他書論之，則《文言》所謂“學聚問辯”，《中庸》所謂“明善擇善”，孟子所謂“知性知天”，又皆在乎固守力行之先，而可以驗夫大學始教之功爲有在乎此也。愚嘗反覆考之，而有以信其必然，是以竊取其義，以補傳文之闕，不然，則又安敢犯不韙之罪，爲無證之言，以自託於聖經賢傳之間乎？）

〇朱子曰：吾聞之也，天道流行，造化發育，凡有聲色貌象而盈於天地之間者，皆物也。既有是物，則其所以爲是物者，莫不各有當然之則，而自不容已，是皆得於天之所賦，而非人之所能爲也。外而至於人，則人之理不異於己也；遠而至於物，則物之理不異於人也；極其大，則天地之運，古今之變，不能外也；盡於小，則一塵之微，一息之頃，不能遺也。但其氣質有清濁偏正之殊，物欲有淺深厚薄之異，是以人之與物，賢之與愚，相與懸決而不能同耳。以其理之同，故以一人之心，而於天下萬物之理無不能知；以其稟之異，故於其理或有所不能窮也。理有未窮，故其知有不盡，知有不盡，則其心之所發，必不能純於義理，而無雜乎物欲之私。昔者聖人蓋有憂之，是以於其始教，爲之小學，而使之習於誠敬，則所以收其放心，養其德性者，已無所不用其至矣。及其進乎大學，則又使之即夫事物之中，因其所知之理，推而究之，以各到乎其極，則吾之知識，亦得以周遍精切而無不盡也。若其用力之方，則或考之事爲之著，或察之念慮之微，或求之文字之中，或索之講論之際。使於身心性情之德，人倫日用之常，以至天地鬼神之變，鳥獸草木之宜，自其一物之中，莫不有以見其所當然而不容已，與其所以然而不可易者。必其表裏精粗無所不盡，而又益推其類以通之，至於一日脱然而貫通焉，則於天下之物，皆有以究其義理精微之所極，而吾之聰明睿智，亦皆有以極其心之本體而無不盡矣。此愚之所以補乎本傳闕文之意，雖不能盡用程子之言，然其指趣要歸，則不合者鮮矣，讀者其亦深考而實識之哉！又，是以聖人設教，使人默識此心之靈，而存之於端莊静一之中，以爲窮理之本；使人知有衆理之妙，而窮之於學問思辯之際，以致盡心之功。巨細相涵，動静交養，初未嘗有内外精粗之擇，及其真積力久，而豁然貫通焉，則亦有以知其渾然一致，而果無内外精粗之可言矣。又，今曰禦外物而後可以知至道，則是絶父子而後可以知孝慈，離君臣然後可以知仁敬也，是安有此理哉？惟其徒有是物，而不能察於吾之所以行乎其間者，孰爲天理，孰爲人欲，是以無以致其克復之功，而物之誘於外者，得以奪乎天理之本然也。今不即物以窮其原，而徒惡物之誘乎己，乃欲一切扞而去之，則是必閉口枵腹，然後可以得飲食之正，絶滅種類，然後可以全夫婦之别也。又，程子之説，切於己而不遺於物，本於行事之實而不廢文字之功，極其大而不略其小，究其精而不忽其粗，學者循是而用力焉，則既不務博而陷於支離，亦不徑約而流於狂妄，既不舍其積累之漸，而其所謂豁然貫通者，又非見聞思慮之可及也。是於説經之意，入德之方，其亦可謂反復詳備，而無俟於發明矣。若其門人，雖曰祖其師説，然以愚考之，則恐其皆未足以及此也。程子之言，其答問反復之詳且明也如彼，而其門人之所以爲説者乃如此，雖或僅有一二之合焉，而不免於猶有所未盡也。又，此以反身窮理爲主，而必究其本末是非之極至；彼以徇外誇多爲務，而不覈其表裏真妄之實。然必究其極，是以知愈博而心愈明；不覈其實，是以識愈多而心愈窒。此正爲己爲人之所以分，不可不察也。[①]

○又曰：心與性自有分别。靈底是心，實底是性。靈便是那知覺底。張子曰："心，統性情者也。"此説得最精密。性便是那理，心便是盛貯該載、敷施發用底。表便是外面理會得底，裏便是就自家身上至親至切、至隱至密、貼骨貼肉處。又，彼所謂易簡者，苟簡容易爾，全看得不子細。"乾以易知"者，乾是至健之物，至健者，要做便做，直是易；坤是至順之物，順理而爲，無所不能，故曰簡。此言造化之理。易簡有幾多事在，豈容易苟簡之云乎！又，知先自有。才要去理會，便是這些知萌露。才思量著，便這箇骨子透出來。只是如今須著因其端而推致之，使四方八面，千頭萬緒，無有些不知，無有毫髮窒礙。又，致知，則理在物，而推吾之知以知之也；知至，則理在物，而吾心之知已得其極也。理固自有表裏精粗，人見得亦自有高低淺深。到物格、知至，則表裏精粗無不盡。又，表者，人物之所共由；裏者，吾心之所獨得。又，"博我以文"，是要四方八面都見得周匝無遺，是之謂表。至於"約我以禮"，又要逼向身己上來，無一毫之不盡，是之謂裏。又，如管仲之仁，亦謂之仁，此是粗處。至精處，則顔子三月之後或違之。[②]

○又曰："能致其知，則思自然明，至於久而後有覺"，是積累之多，自有箇覺悟時節。"勉强學問"，所以致其知也。"聞見博而智益明"，則其效著矣。"學而無覺，則亦何以學爲也哉?"此程子曉人至切處。又，既知則自然行得，不待勉强。却是"知"字上重。又，知，便要知得極。致知，是推致到極處，窮究徹底，真見得决定如此。又，人各有箇知識，須是推致而極其至。不然，半上落下，終不濟事。須是真知。若明得盡，私意自然留不得。若半青半黄，未能透徹，便是尚有渣滓，非所謂真知也。又，"致知，是推極吾之知識無不切至"，"切"字亦未精，只是一箇"盡"字底道理。見得盡，方是真實。又，物理無窮，故他説得來亦自多端。如讀書以講明道義，則是理存於書；如論古

① 《大學或問》下，《朱子全書》第六册，524—532 頁。

② 《朱子語類》卷第十六，《大學》三，傳五章"釋格物致知"，第二册，323—326 頁。

今人物以别其是非邪正，則是理存於古今人物；如應接事物而審處其當否，則是理存於應接事物。所存既非一物能專，則所格亦非一端而盡。但當今日格一件，明日又格一件，積習既久，自當脱然有箇貫通處。此一項尤有意味。又，學問却有漸，無急迫之理。須是逐旋做將去。不成只用窮究一箇，其他更不用管，便都理會得。豈有此理！爲此説者，將謂是天理，不知却是人欲。又，也須見得後，方始操得。須是格物。蓋物格則理明，理明則誠一而心自正矣。程子謂："今日格一件，明日又格一件，積習既多，然後脱然有貫通處。"某嘗謂，他此語便是真實做工夫來。又，窮理者，因其所已知而及其所未知，因其所已達而及其所未達。人之良知，本所固有。然不能窮理者，只是足於已知已達，而不能窮其未知未達，故見得一截，不曾又見得一截，此其所以於理未精也。然仍須工夫日日增加。今日既格得一物，明日又格得一物，工夫更不住地做。又，所以格物便要閑時理會，不是要臨時理會。閑時看得道理分曉，則事來時斷置自易。格物只是理會未理會得底，不是從頭都要理會。若道理明，則這樣處自通透。又，若以爲隨事討論，則精神易弊，不若但求之心，心明則無所不照。但是，不去隨事討論後，聽他胡做，話便信口説，脚便信步行，冥冥地去，都不管他。所以格物，便是要閑時理會，不是要臨時理會。若是平時看得分明時，卒然到面前，須解斷制。若理會不得時，也須臨事時與盡心理會。十分斷制不下，則亦無奈何。然亦豈可道曉不得後，但聽他！所謂格物，也是格未曉底，已自曉底又何用格。如伊川所謂"今日格一件，明日格一件"，也是説那難理會底。又，"積習既多，自當脱然有貫通處"，乃是零零碎碎湊合將來，不知不覺，自然醒悟。其始固須用力，及其得之也，又却不假用力。須是慢慢做去。又，"夫人一身之中以至萬物之理，理會得多，自當豁然有箇覺處"。此一段，尤其切要，學者所當深究。到得豁然處，是非人力勉强而至者也。又，今人務博者却要盡窮天下之理，務約者又謂"反身而誠"，則天下之物無不在我者，皆不是。如一百件事，理會得五六十件了，這三四十件雖未理會，也大概是如此。又，如何要一切知得！然知至只是到脱然貫通處，雖未能事事知得，然理會得已極多。

只是貫通，便不知底亦通將去。又，但如今下手，且須從近處做去。若幽奥紛拏，却留向後面做。所以先要讀書，理會道理。蓋先學得在這裏，到臨時應事接物，撞着便有用處。格物不可只理會文義，須實下工夫格將去，始得。又，伊川論致知處云："若一事上窮不得，且別窮一事。"這是言隨人之量，非曰遷延逃避也。蓋於此處既理會不得，若專一守在這裏，却轉昏了。須著别窮一事，又或可以因此而明彼也。又，須是且就合理會底所在理會。延平説，是窮理之要。又，理固是一理，然其間曲折甚多，須是把這箇做樣子，却從這裏推去，始得。又，萬物皆有此理，理皆同出一原。但所居之位不同，則其理之用不一。聖人所以"窮理盡性而至於命"，凡世間所有之物，莫不窮極其理，所以處置得物物各得其所，無一事一物不得其宜。除是無此物，方無此理；既有此物，聖人無有不盡其理者。所謂"惟至誠贊天地之化育，則可與天地參者也"。又，近而一身之中，遠而八荒之外，微而一草一木之衆，莫不各具此理。然雖各自有一箇理，又却同出於一箇理爾。所以謂格得多後自能貫通者，只爲是一理。又，此處是緊切。學者須當知夫天如何而能高，地如何而能厚，鬼神如何而爲幽顯，山岳如何而能融結，這方是格物。又，這理是天下公共之理，人人都一般，初無物我之分。不可道我是一般道理，人又是一般道理。將來相比，如赤子入井，皆有怵惕。知得人有此心，便知自家亦有此心，更不消比並自知。

又曰：格物所以致知。於這一物上窮得一分之理，即我之知亦知得一分；於物之理窮二分，即我之知亦知得二分；於物之理窮得愈多，則我之知愈廣。其實只是一理，"才明彼，即曉此"。所以《大學》説"致知在格物"，又不説"欲致其知者在[①]格其物"。蓋致知便在格物中，非格之外别有致處也。格物之理，所以致我之知。又，須當察之於心，使此心之理既明，然後於物之所在從而察之，則不至於泛濫矣。又，聖人云："吾少也賤，故多能鄙事。"又云："君子多乎哉？不多也。"又云："多聞，擇其善者而從之，多見而識之，知之次也。"聖人恐人走作這心

① 或當爲"先"。

無所歸著。故程子云："如大軍之遊騎，出太遠而無所歸也。"又，就切近處，且逐旋理會。莫急於教人，然且就身上理會。凡纖悉細大，固著逐一理會。然更看自家力量了得底如何。又，但如今且從頭做將去。若初學，又如何便去討天地高深、鬼神幽顯得？且如人說一件事，明日得工夫時，也便去做了。逐一件理會去，久之自然貫通。但除了不是當閒底物事，皆當格也。物既格，則知自至。

又曰：前既說當察物理，不可專在性情；此又言莫若得之於身爲尤切，皆是互相發處。誠意不立，如何能格物！所謂立誠意者，只是要著實下工夫，不要若存若亡。遇一物，須是真箇即此一物究極得箇道理了，方可言格。若"物格而后知至，知至而后意誠"，《大學》蓋言其所止之序，其始則必在於立誠。又，致知，是主善而師之也；敬，是克一而協之也。又，敬則心存，心存，則理具於此而得失可驗，故曰："未有致知而不在敬者。"又，然亦須格物，不使一毫私欲得以爲之蔽，然後胸次方得虛明。只一箇持敬，也易得做病。若只持敬，不時時提撕著，亦易以昏困。須是提撕，才見有私欲底意思來，便屏去。且謹守着，到得復來，又屏去。時時提撕，私意自當去也。又，伊川教人只說敬，敬則便自見得一箇是非。又，今若只理會正心、誠意，却有局促之病；只說致知、格物，古人語言自是周浹。致與格，只是推致窮格到盡處。凡人各有箇見識，不可謂他全不知。但不推致充廣，故其見識終只如此。須是因此端緒從而窮格之。未見端倪發見之時，且得恭敬涵養；有箇端倪發見，直是窮格去。涵養於未發見之先，窮格於已發見之後。又，古人由小便學來如"視無誑"，如"洒掃、應對、進退"，皆是少年從小學，教他都是誠敬。今人小學都不曾去學，却欲便從大學做去。且如今格一物，若自家不誠不敬，誠是不欺不妄，敬是無怠慢放蕩，纔格不到，便棄了，又如何了得！工夫如何成得！程先生云："主一之謂敬。"此理又深。今人所作所爲，皆緣是不去立志。又，"涵養須用敬，進學則在致知"。二者偏廢不得。致知須用涵養，涵養必用致知。又，蓋古人才生下兒子，便有存養他底道理。父兄漸漸教他讀書，識義理。今人先欠了此一段，故學者先須存養。然存養便當去窮理。若說道，俟我存養得，却去窮理，則無期矣。因言人心至靈，雖千萬里之遠，千百世之上，一念才發，便到那裏。神妙如此，却不去養他，自旦至暮，只管展轉於利欲中，都不知覺！又，事到面前，須與他分别去。到得無事，又且持敬。看自家這裏敬與不敬如何，若是不敬底意思來，便與屏徹去。久之，私欲自留不得。且要切己做工夫。且如今一坐之頃，便有許多語話，豈不是動。才不語話，便是静。一動一静，循環無已，便就此窮格，無有空闕時，不可作二事看。某向時亦曾説，未有事時且涵養，到得有事却將此去應物，却成兩截事。今只如此格物，便只是一事。又，"養知莫過於寡欲"，便是這話難説，又須是格物方得。若一向靠着寡欲，又不得。又，"致知在乎所養，養知莫過於寡欲"。二者自是箇兩頭説話，本若無相干。但得其道，則交相爲養；失其道，則交相爲害。又，"養知莫過於寡欲"，此不分先後。未知之前，若不養之，此知如何發得。既知之後，若不養，則又差了。又，致知者，推致其知識而至於盡也。將致知者，必先有以養其知。有以養之，則所見益明，所得益固。欲養其知者，惟寡欲而已矣。欲寡，則無紛擾之雜，而知益明矣；無變遷之患，而得益固矣。

又曰："格物"一章，正《大學》之頭首，宜熟復，將程先生説更逐段研究。大抵程先生説與其門人説，大體不同。又，"致知"一段，此是最初下手處，理會得此一章分明，後面便容易。程子於此段節目甚多，皆是因人資質説，故有説向外處，有説向内處。要知學者用功，六分内面，四分外面便好，一半已難，若六分外面，則尤不可。又，"致知"一章，此是《大學》最初下手處。若理會得透徹，後面便容易。要之，内事外事，皆是自己合當理會底，但須是六七分去裏面理會，三四分去外面理會方可。若是工夫中半時，已自不可。況在外工夫多，在内工夫少耶！此尤不可也。又，今以十事言之，若理會得七八件，則那兩三件觸類可通。若四旁都理會得，則中間所未通者，其道理亦是如此。聖賢於難處之事，只以數語盡其曲折，後人皆不能易者，以其於此理素明故也。所謂格物者，常人於此理，或能知一二分，即其一二分之所知者推之，直要推到十分，窮得來無去處，方是格物。又，用誠敬涵養爲格物致知之本。又，外物亦是物。格物當從伊川之説，不可易。洒掃應對中，要見得精義入神處，如何分内外！又，看文字，須看他緊要處。且如大段落，自有箇緊要處，正要人看。“格物”一章，前面説許多，便是藥料。它自有箇炮爁炙煿道理，這藥方可合，若不識箇炮爁炙煿道理，如何合得藥！藥方亦爲無用。又，學生稟云：致知、格物之旨，千言萬語，只是欲學者此心常在道理上窮究。“求之文字，索之講論，考之事爲，察之念慮”等事，皆是也。既是如此窮究，則仁之愛，義之宜，禮之理，智之通，皆在此矣。推而及於身之所用，則聽聰，視明，貌恭，言從。又至於身之所接，則父子之親，君臣之義，夫婦之别，長幼之序，朋友之信，以至天之所以高，地之所以厚，鬼神之所以幽顯，又至草木鳥獸，一事一物，莫不皆有一定之理。今日明日積累既多，則胸中自然貫通。如此，則心即理，理即心，動容周旋，無不中理矣。先生所謂“衆理之精粗無不到”者，詣其極而無餘之謂也；“吾心之光明照察無不周”者，全體大用無不明，隨所詣而無不盡之謂。《書》之所謂睿，董子之所謂明，伊川之所謂説虎者之真知，皆是。此謂格物，此謂知之至也。先生曰：是如此。

問：“此生之道，其實也是仁義禮智信？”曰：“只是一箇道理，界破看，以一歲言之，有春夏秋冬；以乾言之，有元亨利貞；以一月言之，有晦朔弦望；以一日言之，有旦晝暮夜。”又，某之意，只是説欲致其知者，須先存得此心。此心既存，却看這箇道理是如何。又推之於身，又推之於物，只管一層展開一層，又見得許多道理。又，如“足容重，手容恭，目容端，口容止，聲容静，頭容直，氣容肅，立容德，色容莊”，這便是一身之則所當然者。曲禮三百，威儀三千，皆是人所合當做而不得不然者，非是聖人安排這物事約束人。又，“上帝降衷”。衷，只是中也，是恰好處。如折衷，是折兩者之半而取中之義。又，然“中”字大概因過不及而立名，如“《六藝》折衷於夫子”，蓋是折兩頭而取其中之義。後人以衷爲善，却説得未親切。又曰：“衷”字，看來只是箇無過不及，恰好底道理。天之生人物，箇箇有一副當恰好、無過不及底道理降與你。衷，只是中；今人言折衷者，以中爲準則而取正也。“天生烝民，有物有則”，“則”字却似“衷”字。天之生此物，必有箇當然之則，故民執之以爲常道，所以無不好此懿德。凡看道理，須是細心看他名義分位之不同。通天下固同此一理，然聖賢所説有許多般樣，須是一一通曉分别得出，始得。如“降衷于下民”，這緊要字却在“降”字上。故自天而言，則謂之降衷；自人受此衷而言，則謂之性。如云“天所賦爲命，物所受爲性”，命，便是那“降”字；至物所受，則謂之性，而不謂之衷。所以不同，緣各據他來處與所受處而言也。“惟皇上帝降衷于下民”，此據天之所與物者而言。“若有常性”，是據民之所受者而言。“克綏厥猷”，猷即道，道者性之發用處，能安其道者惟后也。如“天命之謂性，率性之謂道，修道之謂教”三句，亦是如此。古人説得道理如此縝密，處處皆合。某嘗説，古之諸聖人亦是爲此一大事。前聖後聖，心心一符，如印記相合，無纖毫不似處。後來横渠説得極精，云：“心統性、情者。”如“降衷”之“衷”同是此理。然此字但可施於天之所降而言，不可施於人之所受而言也。又，天降衷者，衷降此。以降言，爲命；以受言，爲性。又，中，只是恰好處。上帝降衷，亦是恰好處。極不是中，極之爲物，只是在中。又，天地之中與程子天然自有之中，只是一意，蓋指大本之中也。又，天地之中，是未發之中；天然自有之中，是時中。天地之中是指道體，天然自有之中是指事物之理。又，這箇便是難説。唤做難，又不得；唤做易，又不得。唤做易時，如何自堯舜禹湯文武周孔以後，如何更無一箇人與相似？唤做難，又才知覺，這箇理又便在這裏。這箇便須是要子細講究，須端的知得，做將去自容易。若知得到，許多蔽翳都没了。如氣稟物欲一齊打破，便日日朝朝，只恁地穩穩做到聖人地位。

又曰：聖人所以將格物、致知教學者，只是要教你理會得這箇道理，便不錯。一事上皆有一箇理。當處事時，便思量體認得分明。久而思得熟，只見理而不見事了。如讀聖人言語，讀時研窮子細，認得這言語中有一箇道理在裏面分明。久而思得熟，只見理而不見聖人言語。所以聖人教學者理會道理，要他真箇見得了，方能做得件件合道理。今日格一件，明日格一件。遇事時，把捉教心定，子細體認，逐旋捱將去，不要放過。積累功夫，日久自然見這道理分曉，便處事不錯，此與偶合者天淵不同。去私欲、氣稟之累，只得逐旋戰退去。若要合下便做一次排遣，無此理，亦不濟得事。須是當事時子細思量，認得道理分明，自然勝得他。氣稟物欲亦自相連著。氣稟、物欲生來便有，要無不得，只逐旋自去理會消磨。大要只是觀得理分明，便勝得他。又，念慮方動，便須辨别那箇是正，那箇是不正。這只就始末上大約如此說。只是眼前切近起居飲食、君臣父子兄弟夫婦朋友處，便是這道理。只就近處行到熟處，見得自高。聖人便只說“下學上達”，即這箇便是道理，别更那有道理。只是這箇熟處，自見精微。“堯舜之道，孝弟而已矣。”亦只是就近處做得熟，便是堯舜。聖人與庸凡之分，只是箇熟與不熟。又，今人未嘗看見“當然而不容已”者，只是就上較量一箇好惡爾。如真見得這底是我合當爲，則自有所不可已者矣。又，如事親當孝，事兄當弟之類，便是當然之則。然事親如何却須要孝，從兄如何却須要弟，此即所以然之故。又，莫不有以見其所當然而不容已，與其所以然而不可易者。下句只是指事而言。凡事固有“所當然而不容已”者，然又當求其所以然者何故。其所以然者，理也。理如此，固不可易。人須是自向裏入深去理會。此箇道理，才理會到深處，又易得似禪。須是理會到深處，又却不與禪相似，方是。大凡爲學，須是四方八面都理會教通曉，仍更理會向裏來。《大學》之道，所以在致知、格物。格物，謂於事物之理各極其至，窮到盡頭。須是内外本末，隱顯精粗，一一周遍，方是儒者之學。又，窮理須窮究得盡。得其皮膚，是表也；見得深奥，是裏也。知其粗不曉其精，皆不可謂之格。又，是從已理會得處推將去。如此，便不隔越。又，理必有用，何必又說是心之用！夫心之體具乎是理，而理則無所不該，而無一物不在，然其用實不外乎人心。蓋理雖在物，而用實在心也。理遍在天地萬物之間，而心則管之；心既管之，則其用實不外乎此心矣。然則理之體在物，而其用在心也。此是以身爲主，以物爲客，故如此說。要之，理在物與在吾身，只一般。又，萬物生於天地，人如何少得它，亦如何使它無得？意只是如此。

又曰：吕大臨謂：“凡物皆出於一，又格箇甚麼？”固是出於一，只緣散了，千岐萬徑。今日窮理，所以要收拾歸於一。又，窮理蓋是合下工夫，恕則在窮理之後。又，上蔡説："窮理只尋箇是處，以恕爲本。"窮理自是我不曉這道理，所以要窮，如何説得"恕"字？他當初説"恕"字，大概只是説要推我之心以窮理，便礙理了。龜山説"反身而誠"，却大段好。須是反身，乃見得道理分明。他又却説："萬物皆備於我，不須外面求。"此却錯了。謝子尋箇是處之説甚好，與吕與叔"必窮萬物之理同出於一爲格物，知萬物同出乎一理爲知至"，其所見大段不同。但尋箇是處者，須是於其一二分是處，直窮到十分是處，方可。又，惟伊川言"不可只窮一理，亦不能遍窮天下萬物之理。"某謂，須有先後緩急，久之亦要窮盡。如《正蒙》，是盡窮萬物之理。又，胡文定宛轉歸己之説，這是隔陌多少！又，（觀物察己）其意謂"察天行以自强，察地勢以厚德"。如此，只是一死法。又，文定所謂物物致察，只求之於外。若宛轉之説，則是理本非己有，乃强委曲牽合，使入來爾。許多説，只有上蔡所謂"窮理只是尋箇是處"爲得之。龜山"反身而誠"之説，都無一箇著實處。又，格物以身，伊川有此一説。然大都説非一。五峰既出於一偏而守之，亦必有一切之效，然不曾熟看伊川之意也。又，五峰説"立志以定其本，居敬以持其志。志立乎事物之表，敬行乎事物之内，而知乃可精"者，這段語本説得極精。然却有病者，只説得向裏來，不曾説得外面，所以語意頗傷急迫。蓋致知本是廣大，須用説得表裏内外周遍兼該方得。其曰"志立乎事物之表，敬行乎事物之内"，此語極好。而曰"而知乃可精"，便有局促氣象。他便要就這裏便精其知。殊不知致知之道不如此急迫，須是寬其程限，大其度量，久久自然通貫。他語只説得裏面一邊極精，遺了外面一邊，所以其規模之大不如程子。且看程子所説："今日格一件，明日格一件，積久自然貫通。"此言該内外，寬緩不迫，有涵泳從容之意，所謂"語小天下莫能破，語大天下莫能載"也。又，人之爲事，必先立志以爲本，志不立則不能爲得事。雖能立志，苟不能居敬以持之，此心亦泛然而無主，悠悠終日，亦只是虚言。立志必須高出事物之表，而居敬則常存於事物之中，令此敬與事物皆不相違。言也須敬，動也須敬，坐也須敬，頃刻去他不得。又，伊川只云："漸漸格去，積累多自有貫通處。"説得常寬。五峰之説雖多，然似乎責效太速，所以《傳》言其急迫。又，理即是此心之理，檢束此心，使無紛擾之病，即此理存也。五峰只説立志居敬，至於格物，却不説。其言語自是深險，而無顯然明白氣象，非急迫而何！古人格物、致知，何曾教人如此。若看得滋味，自是歡喜，要住不得。自"無穿窬之心"，推之至於"以不言餂"之類；自"無欲害人之心"，推之舉天下皆在所愛。至如一飯以奉親，至於保四海，通神明，皆此心也。又，著力處大段在這裏，更熟看，要見血脈相貫穿。程子格物幾處，更子細玩味，説更不可易。程子説攧撲不破。知未到精處，方是可精，此是説格物以前底事。後面所説，又是格物以後底事。中間正好用工曲折處，都不曾説，便是局蹙了。又，格物須是到處求。"博學之，審問之，慎思之，明辨之"，皆格物之謂也。若只求諸己，亦恐見有錯處，不可執一。又，這箇道理，自孔孟既没，便無人理會得。只有韓文公曾説來，又只説到正心、誠意，而遺了格物、致知。及至程子，始推廣其説，工夫精密，無復遺憾。然程子既没，諸門人説得便差，都説從別處去，與致知、格物都不相干，只不曾精曉得程子之説耳。只有五峰説得精，其病猶如此。又，諸公致知、格物之説，皆失了伊川意，此正是入門欵。於此既差，則他可知矣。又，凡遇一事，即當且就此事反復推尋以究其極。待此一事融釋脱落，然後別窮一事，久之自當有洒然處。這話不如伊川説"今日明日"恁地急。這説是教人若遇一事，即且就上理會教爛熟離析，不待擘開，自然分解。久之自當有洒然處，自是見得快活。某常説道，天下事無他，只是箇熟與不熟。又，程子之言誠善。窮一事未透，又便別窮一事，亦不得。彼謂有甚不通者，不得已而如此耳。不可便執此説，容易改换却，致工夫不專一也。又，凡遇一事，當且就此事反覆推尋以究其理。爲學之初，只得如此。然也須知道聖賢也有處與他相似，其實却不如此，中間有多少商量。舉此一端，即便可見。[①]

① 《朱子語類》卷第十八，《大學》五，《或問》下，傳五章，第二册，390—423 頁。

○胡炳文曰："人心之靈莫不有知"，此"知"字是良知之知，得於天性；"理有未窮"，"知有不盡"，此"知"字是致知之知，得於學力。經不曰欲致其知者先格其物，獨變文曰"致知在格物"，格即是致，不格未見其至，欲致其知，舍格物非所以爲知。又，《補傳》此語含三意：一謂人自幼即知愛親敬兄，是其已知者得於天性，今入大學即加學問，即其已知者推而極之；一謂小學收放心養德性，其爲學已略有所知，今必使之即夫事物之中，因其所知推究各至其極；一謂大學用力之方，且所已知者晚益窮之，昨日已知者今日益窮之。又，饒氏曰：自表而裏，自粗而精，然裏之中又有裏，精之中又有至精，透得一重，又有一重。且如爲子必孝，爲臣必忠，顯然易見，所謂表也；然所以爲孝，所以爲忠，則非忠孝一言之所能盡。且以孝言之，如居致敬，養致樂，病致憂，喪致哀，祭致嚴，皆是孝，裏面節目所謂裏也。然所謂居致敬者，又若何而致敬，如進退周旋，慎齋升降，出入揖遜，不敢噦噫嚏咳，不敢欠伸跛倚，寒不敢襲，癢不敢搔之類，皆是致敬中之節文，如此，則居致敬又是表，其間節文之精微曲折，又是裏也。然此特敬之見於外者然耳，至於洞洞[①]屬屬[②]，如執玉奉盈而弗勝，以至視於無形，聽於無聲，則又是那節文裏面骨髓，須是格之又格，以至於無可格，方是極處。精粗亦然，如養親一也，而有所謂養口體養志。口體雖是粗，然粗中亦有精，養志雖是精，然精中更有粗，須是表裏精粗無不到，方爲格物。又，具衆理是全體，應萬事是大用。[③]

○羅欽順《與王陽明書》（庚辰夏）曰：切詳《大學》古本之復，蓋以人之爲學，但當求之於内，而程朱格物之説，不免求之於外，聖人之意，殆不其然。於是遂去朱子之分章，而削其所補之《傳》，直以支離目之，曾無所用。夫當仁不讓，可謂勇矣。竊惟聖門設教，文行兼資，"博學於文"，厥有明訓。顔淵稱夫子之善誘，亦曰"博我以文"。文果内耶，外耶？是固無難辨者。凡程朱之所爲説，有戾於此者乎？如

① 恭敬虔誠貌。

② zhǔ，專一謹慎貌。

③ 《四書通·大學通》，《通志堂經解》第15册，405頁。

必以學不資於外求，但當反觀内省以爲務，則正心誠意四字，亦何不盡之有？何必於入門之際，便困以格物一段工夫也？顧經既有此文，理當尊信，又不容不有以處之，則從而爲之訓曰："物者，意之用也。格者，正也，正其不正，以歸於正也。"其爲訓如此，要使之内而不外，以會歸一處。亦嘗就以此訓推之，如曰："意用於事親，即事親之事而格之，正其事親之事之不正者，以歸於正，而必盡夫天理。"蓋猶未及知字，已見其繳繞迂曲而難明矣。審如所訓，兹惟《大學》之始，苟能即事即物，正其不正以歸於正，而皆盡夫天理，則心亦既正矣，意亦既誠矣。繼此，誠意、正心之目，無乃重復堆疊而無用乎？

"大哉乾元，萬物資始"，"至哉坤元，萬物資生"。凡吾之有此身，與夫萬物之爲萬物，孰非出於乾坤？其理固皆乾坤之理也。自我而觀，物固物也，以理觀之，我亦物也，渾然一致而已，夫何分於内外乎！所貴乎格物者，正欲即其分之殊，而有見乎理之一，無彼無此，無欠無餘，而實有所統會。夫然後謂之知至，亦即所謂知止，而大本於是乎可立，達道於是乎可行，自誠、正以至於治、平，庶乎可以一以貫之而無遺矣。然學者之資禀不齊，工夫不等，其能格與否，或淺或深，或遲或速，詎容以一言盡哉？

惟是聖門《大學》之教，其道則無以易，此學者所當由之以入，不可誣也。外此或誇多而鬥靡，則溺於外而遺其内；或厭繁而喜徑，則局於内而遺其外。溺於外而遺其内，俗學是已；局於内而遺其外，禪學是已。凡爲禪學之至者，必自以爲明心見性，然於天人物我，未有不二之者，是可謂之有真見乎？使其見之果真，則極天下之至賾而不可惡，一毛一髪皆吾體也，又安背叛君父，捐妻子，以自陷於禽獸之域哉！今欲援俗學之溺，而未有以深杜禪學之萌，使夫有志於學聖賢者，將或昧於所從，恐不可不過爲之慮也。[①]

○羅欽順（戊子冬）又曰："物者意之用也，格者正也，正其不正以歸於正也。"此執事格物之訓也。向蒙惠教，有云："格物者，格其心

---

① 〔明〕羅欽順撰《困知記》，108—110頁，北京：中華書局，1990年。

之物也，格其意之物也，格其知之物也。正心者，正其物之心也。誠意者，誠其物之意也。致知者，致其物之知也。”自有《大學》以來無此議論，此高明獨得之妙，夫豈淺陋之所能窺也耶！然誨諭之勤，兩端既竭，固嘗反復推尋，不敢忽也。夫謂“格其心之物，格其意之物，格其知之物”，凡其爲物也三。謂“正其物之心，誠其物之意，致其物之知”，其爲物也一而已矣。就三物而論，以程子格物之訓推之，猶可通也；以執事格物之訓推之，不可通也。就一物而論，則所謂物者，果何物耶？如必以爲“意之用”，雖極安排之巧，終無可通之日。此愚之所不能無疑者一也。

又執事嘗“意在於事親，即事親是一物。意在於事君，即事君是一物”，諸如此類，不妨説得行矣。有如《論語》“川上”之嘆，《中庸》“鳶飛魚躍”之旨，皆聖賢吃緊爲人處，學者如未能深達其義，未可謂之知學也。試以吾意著於川之流、鳶之飛、魚之躍，若之何“正其不正以歸於正”耶？此愚之所不能無疑者二也。

又執事答人論學書有云：“吾心之良知，即所謂天理也。致吾心良知之天理於事事物物，則事事物物皆得其理矣。致吾心之良知者，致知也。事事物物各得其理者，格物也。”審如所言，則《大學》當云“格物在致知”，不當云“致知在格物”；當云“知至而後物格”，不當云“物格而後知至”矣。且既言“精察此心之天理，以致其本然之良知”，又言“正惟致其良知，以精察此心之天理”。然則天理也，良知也，果一乎，果非一乎？察也，致也，果孰先乎，孰後乎？此愚之所不能無疑者三也。

○羅欽順《答允恕弟》（己丑夏）又曰：格物之義，程朱之訓明且盡矣，當爲萬物無疑。人之有心固然亦是一物，然專以格物爲格此心，則不可。《説卦傳》曰：“觀變於陰陽而立卦，發揮於剛柔而生爻，和順於道德而理於義，窮理盡性以至於命。”後兩句皆主卦爻而言，“窮理”云者，即卦爻而窮之也。蓋一卦有一卦之理，一爻有一爻之理，皆所當窮，窮到極處，却止是一理。此理在人則謂之性，在天則謂之命。心也者，人之神明，而理之存主處也。豈可謂心即理，而以窮理爲窮此心哉！良心發見，乃感應自然之機，所謂天下之至神者，固無待於思也。然欲其一一中節，非思不可，研幾工夫正在此處。故《大學》之教雖已"知止""有定"，必"慮而後能得"之，其工夫之詳密可知矣。若此心粗立，猶未及於知止，感應之際乃一切任其自然，遂以爲即此是道，其不至於猖狂妄行者幾希！凡象山之爲此言，誤人多矣，其流禍迄今益甚，士之好高欲速者更倡迭和，駸駸乎有丕變於夷之勢。世道升降將必由之，余惟恐攻之之不力，而無以塞其源，殊不覺其言之已甚也。[①]

○船山曰：理因物而有，無物則亦未有理矣。故欲窮理者必即物而窮之。老氏不知其合吾心之節，謂之"前識"；釋氏不知其爲顯仁之體，謂之"法塵"。於天下之物無不知明而處當，是之謂至善，故知止爲始，而格物爲始教。"已知"者，性之所不學而知，與小學之所當習也。性之知，知其用，未知其體；小學之所知，知其粗表，未知其精裏，故必益窮之。"用力"者，循事省察以驗其實，講習討論以精其義。而一旦豁然貫通焉，下學而上達，易簡而天下之理得矣。以格物爲始教而爲至善之全體，非朱子之言也，經之意也。君子之所謂知者，吾心喜怒哀樂之節，萬物是非得失之幾，誠明於心而不昧之謂爾，非君子之有異教也。人之所以爲人，不能離乎君民親友以爲道，則亦不能舍夫人官物曲以盡道，其固然也。《補傳》之旨，與夫子博文約禮之教，千古合符，精者以盡天德之深微，而淺者亦不亟叛於道，聖人復起，不易朱子之言矣。[②]

○又曰：小注謂"已知之理"，承小學説來，此乃看得朱子胸中原委節次不妄處。只此（小學）灑掃應對進退、禮樂射御書數，約略旁通，已括盡修齊治平之事。自此以外，天下之物，固莫不有理，而要非

① 《困知記》，112—114頁。其中，戊子冬書正爲再答陽明之《答羅整庵少宰書》，整庵書後附言曰："初作此書，將以復陽明往年講學之約，書未及寄，而陽明下世矣。惜哉！鄙説數段，皆記中語也，念非一家私議，因録。"而《答允恕弟》書，雖批評的是象山，但亦切中陽明之弊。

② 《禮記章句》卷四十二，《大學》，《船山全書》第四册，1481—1484頁。只是其中"理因物而有，無物則亦未有理矣"之説，微有不安。

學者之所必格。[1]

○吕留良曰：格致之説，異流聚訟。其有得者，總無出乎程子前後十六條之所有。於此有一二條不融貫，則此理不能明白無疑。陽明謬説格竹致疾，以非聖誣民耳。朱子答陳齊仲書云："爲格物之學，不窮天理、明人倫、講聖言、通世故，乃兀然存心於一草木、一器用之間，是何學問？如此而望有所得，是炊沙而欲成飯也。"然則陽明格竹，正朱子之所斥責者，何反以不狂爲狂乎？須知有不足格不必格者，於此見王伯安格竹子之謬矣。誠能尋取《或問》《章句》之津涯，則彼之所云格其心之物，格其意之物，格其知之物，正其物之心，誠其物之意，致其物之知，皆拋閃支離，不成説話，正其所謂認理爲外，認物爲外襲，陷於告子義外之説，而不自知以學術殺天下後世，其禍列於洪水猛獸者，可即以此歸之矣。[2]

○汪紱曰：原首句只是上章結語復句，而"此謂知之至也"句則"致知"結語，且二句相連在"誠意"傳之上，則其章次在此而爲釋"格物致知"傳可知，二句中間必有釋格物致知説話，蓋傳亡而結語僅存矣。若依舊説，則只一"知本"便可謂"知之至"，"知之至"若是易言乎？蓋"知本""知"字甚淺，當不得"知至"之"知"，其爲闕文錯簡無疑也。"大學之道""知止"爲始，此學者入手工夫，此處一錯，毫釐千里，而格致安可無傳？此朱子之所以不敢不補也。"即物窮理"一"即"字最切實，非必馳心高遠求所難知，只即日用事物常行之閒而求其當然之則與所以然之理。若身在事中，心遊物外，求所不必知，以矜博洽，則非所以致知，深之爲異端，淺之爲俗學矣。然心之知虚而物之理實，不考之於事物之著，則此理終無可憑。人心之知要必印證事物而所知始真。凡初窮此理時，亦只覺合當如此，固未見與心性干涉，及其功既久，略見個所以然，則自覺此理從心性中流出，内外合一，及洞徹時，却竟是吾心素具之理。又，敬貫始徹終而有淺深内外疏密，自灑掃

① 《讀四書大全説》卷一，《大學》，《船山全書》第六册，408頁。
② 《四書講義》卷二，《大學》二，上册，36—37頁。

應對進退時已須主敬，格物非敬不可，到正心時乃敬之最深最密處，非待正心而始用著敬字也。又，究之知有未至，則行亦終未盡善；所知稍偏，縱饒做到聖人，也只成夷惠偏詣；况不窮理而冥行自遂，鮮不陷於異端，危害必非淺鮮也。惟所知既精，所行乃一由是，力行以實之，涵養以純之，則忽忽不知以入於聖人大中至正之域，故《大學》領天德而備王道，其根基必自格致始。格致一傳，非朱子其孰能補之![1]

〇錢穆曰：《大學》程朱以來一千年，群然尊奉以爲寶典。獨惜其八條目中最後一條，即爲學者下手功夫之最先一步，“所謂致知在格物者”，其格物一義，在《大學》本篇之内，若未有詳細説明，遂引起此千年間學者之種種争辨。對於朱子《補傳》後人之種種争議，竊謂其間有兩大别，一則《大學》原文是否有缺而有待於爲之補傳；二則朱子補傳是否有當於《大學》本意。竊謂朱子當時雖懸舉此一番窮格物理之大理論，惟朱子《大學章句》明明注曰：“物，事也。”如事父母是一事，事父母當孝，乃屬已知之理，豈不當隨時隨地因而益窮之。使我誠能盡吾之孝，此即所謂至乎其極矣。至於齊家治國平天下，皆屬事之範圍，皆當因其已知之理隨時隨地而格，以求各至乎其極。一旦豁然貫通者，乃此三綱領八條目莫不在吾心而一以貫之。朱子乃爲每一人每一事言，終生當下此工夫，非謂第一步是此工夫，此下乃有誠正修齊治平種種工夫也。至於自然物理，自亦包舉在内。朱子之氣魄與精力，亦已同時窮格，惟自有先後緩急輕重大小之别。而朱子以後之學者，更無如朱子之氣魄與精力，朱學乃漸漸流變而爲書本文字之義解與訓詁。故不得以朱子陳義之高病朱子。

據説，朱子因聞某一道人言，竹子夜長速，日長慢，因於某佛院窮夜格此事，此所謂無不因其已知之理而益窮之也。陽明格庭前竹子，不知究欲格何事。未能細讀《補傳》，漫然不知如何格法，則宜其七日而病矣。抑陽明對《大學》格物二字，亦並不能明白作解釋。朱子《補傳》，心知物理，兩面分説，陽明則打成一片説之。而與《大學》原意

① 《四書詮義》上，卷一，《大學》，《叢書集成三編》第10册，369—371頁。

無涉。繼陽明而起，對《大學》格物別創新解而爲當時所推崇者，有泰州王心齋。其言曰："格物即物有本末之物，身與天下國家一物也。格知身之爲本而家國天下爲末，行有不得者，皆反求諸己，反己是格物的工夫。故欲齊治平在於安身。"此在當時謂之"淮南格物説"。今按此説擺脱了朱子陽明心知物理之辨，而專就人事上説之，宜若與《大學》本意爲近。然於《大學》格物二字之義訓，則仍未透切。朱子謂格物乃窮至事物之理，既言人事，自亦不當忽略物理。即孝子之夏清冬温，豈不仍兼自然物理在内。故知朱子之説，宜與《大學》本文原義無大違礙。今心齋所説，則至少仍在朱子注物事也一訓詁之範圍以内。惟《大學》本文是已將物之本末先後明白確定，故心齋所言似亦未可信守。

《樂記》"物至知知"四字，尤與《大學》"物格知至"四字可以互相發明。人心之知，即是知此外來之物。陽明謂見父自然知孝，父即是一物，下語粗疏。古人決不如是想。應云事父當知孝，事父是一事，不可云父即是一物。孝是一理，即一知。而此知則當窮理後而知。儒家不拒外物之來，只重在我心之能思而得其理，此即朱子《大學·補傳》之格物窮理也。惟朱子於事理外又補上物理，此乃是思想之遞後而益進。朱子《格物補傳》或可謂已更進於《大學》本文之原義，然此不足以病《補傳》。又，古人常以射事喻德行。格物者，即止於其所應立之處，格即止也，物即其應止之所。竊謂後儒瞿汝稷、萬充宗此解《大學》格物，實即《大學》止至善之義，或者説止至善工夫。止至善即知命之學也。人莫不有孝心，而終歸於不孝者，在彼以爲是遭遇之不良。以《大學》之道論之，則是知之未致，意之不誠也。亂世人心，亦未嘗無其禀彝，亦未嘗喪其明德，亦未嘗不知人之當致當仁當孝當慈。所謂亂世，則只是一相待相持之局而已。相待即不相親。親民之效不睹，則明德之明無期。何者當先？曰，先在我。何者爲本？曰，本在我。修身是也。

陽明言誠意，然依《大學》之序，必先致知乃能誠意。陽明則言致良知。良知特知中之一端，豈有修齊治平之理，千緒萬端，皆可不學而知乎？朱子言窮格物理，始是致知工夫，亦即學也。陽明僅言誠意，僅言致良知，不言致知，則何事而復有孔子之學不厭而教不倦？朱子言格物窮理，是即孟子盡心工夫也。不格物，不窮理，斯此心即不盡。豈可徒恃良知而不務盡心？陽明致良知之教，雖力主切近易簡，而其門人後學，如聶雙江之歸寂，劉蕺山之慎獨，終是有山林枯槁氣象。而王心齋之安身，則更屬偏狹。又，《大學》言格物，則爲致知工夫，固不得謂止至善即是致知工夫也。稍早於萬充宗，顧亭林《日知録》亦類似以止至善釋格物，是顧氏亦疑朱子《補傳》所謂即天下之物而格，將如陽明格庭前竹子，故忒標異解，以防其弊。然則縱謂《大學》無闕文，亦必有闕義。朱子《格物補傳》，至少補出了《大學》之闕義。讀《大學》，不得不讀朱子《補傳》，其義抑甚顯。縱謂陸王論學得其大綱之本，然朱子格物窮理，亦爲之補出了細節之末。固不得謂有綱即不許有目，有本即不許有末也。後世凡疑朱子《補傳》，其實亦率仍陸王義疑之，非有太多歧説也。[①]

〇丁紀曰：格物：格，朱子解曰“至也”。所謂“至”者，一須“面向事物本身”，與事物親身交道，二須於事物熟爛，而使之了無餘蘊也。物，猶事也。所謂“物”者，一非但寓目爲物，凡有關乎物之舉措作爲亦皆物也，二則非欲止於物而已，務須止於物之所以爲物者也。又，人始格物，乃以與物有對之身入物，當此之時，雖格物之人，不免於一“物”之地位，蓋以其不自知人所以爲人之理，復不知人、物之真實關係也；至物格時分，又不但物物停當，人亦停當得理，則既不復對物，又以知人性、物理不異，然後脱然得以成其爲人矣。又，所謂“致”者，一在於推類而知，知類似知新，一在於充其已知，此則如温故而出者也。所謂“知”者，一指彼所謂識而後知者，二則亦當然包含吾所固有之知如所謂良知者也。“致知”之“知”兼體用、内外而言。如“有知”其體，可謂“内知”；“能知”其用，可謂“外知”。“致知”謂之“致”而解曰“推極”者，則於内外之知，尤重内知，蓋以内馭外，以知推知，運之亦在我。[②]

---

① 錢穆著《大學格物新釋》，《中國學術思想史論叢》第二册，341—355頁，臺北：東大出版公司，1980年。

② 《大學條解》，七、“八條目”之“格物”，八、“八條目”之“致知”，53—56頁。

〇李翺曰：物者萬物也，格者來也，至也。物至之時，其心昭昭然明辨焉，而不應於物者，是致知也，是知之至也。知至故意誠，意誠故心正，心正故身修，身修而家齊，家齊而國理，國理而天下平。此所以能參天地者也。《易》曰："與天地相似，故不違；知周乎萬物，而道濟天下，故不過；旁行而不流，樂天知命，故不憂；安土敦乎仁，故能愛；範圍天地之化而不過，曲成萬物而不遺，通乎晝夜之道而知故，神無方而易無體。一陰一陽之謂道。"此之謂也。①

〇陽明《答羅整庵少宰書》曰：來教謂某"《大學》古本之復，以人之爲學但當求之於内，而程朱格物之説不免求之於外，遂去朱子之分章而削其所補之《傳》"。非敢然也。學豈有内外乎？《大學》古本，乃孔門相傳舊本耳。朱子疑其有所脱誤而改正補緝之。在某則謂其本無脱誤，悉從其舊而已矣。且舊本之傳數千載矣，今讀其文詞，既明白而可通；論其工夫，又易簡而可入，亦何所按據而斷其此段之必在於彼，彼段之必在於此，與此之如何而缺，彼之如何而補？而遂改正補緝之，無乃重於背朱而輕於叛孔已乎？

來教謂"如必以學不資於外求，但當反觀内省以爲務，則正心誠意四字亦何不盡之有？何必於入門之際，便困以格物一段工夫也？"誠然，誠然！若語其要，則修身二字亦足矣，何必又言正心？正心二字亦足矣，何必又言誠意？誠意二字亦足矣，何必又言致知，又言格物？惟其工夫之詳密，而要之只是一事，此所以爲精一之學，此正不可不思者也。夫理無内外，性無内外，故學無内外。講習討論，未嘗非内也；反觀内省，未嘗遺外也。夫謂學必資於外求，是以己性爲有外也，是義外也，用智者也；謂反觀内省爲求之於内，是以己性爲有内也，是有我也，自私者也，是皆不知性之無内外也。故曰"精義入神，以致用也；利用安身，以崇德也"，"性之德也，合内外之道也"，此可以知格物之學矣。格物者，《大學》之實下手處，徹首徹尾，自始學至聖人，只此

① 〔唐〕李翺撰《復性書》中，《李文公集》卷二，景印文淵閣《四庫全書》第1078册，109頁。

工夫而已，非但入門之際有此一段也。夫正心誠意、致知格物，皆所以修身而格物者，其所以用力實可見之地。故格物者，格其心之物也，格其意之物也，格其知之物也；正心者，正其物之心也；誠意者，誠其物之意也；致知者，致其物之知也。此豈有内外彼此之分哉！理一而已。以其理之凝聚而言，則謂之性；以其凝聚之主宰而言，則謂之心；以其主宰之發動而言，則謂之意；以其發動之明覺而言，則謂之知；以其明覺之感應而言，則謂之物。故就物而言謂之格；就知而言謂之致；就意而言謂之誠；就心而言謂之正。正者，正此也；誠者，誠此也；致者，致此也；格者，格此也。皆所謂窮理以盡性也。天下無性外之理，無性外之物。學之不明，皆由世之儒者認理爲外，認物爲外，而不知義外之説，孟子蓋嘗闢之，乃至襲陷其内而不覺，豈非亦有似是而難明者歟？不可以不察也。凡執事所以致疑於格物之説者，必謂其是内而非外也；必謂其專事於反觀内省之爲，而遺棄其講習討論之功也；必謂其一意於綱領本原之約，而脱略於支條節目之詳也；必謂其沉溺於枯槁虚寂之偏，而不盡於物理人事之變也。凡某之所謂格物，其於朱子"九條"之説，皆包羅統括於其中；但爲之有要，作用不同，正所謂毫釐之差耳。然毫釐之差而千里之繆，實起於此，不可不辨。執事所以教反覆數百言，皆以未悉鄙人格物之説。若鄙説一明，則此數百言皆可以不待辨説而釋然無滯。故今不敢縷縷以滋瑣屑之瀆。然鄙説非面陳口析，斷亦未能了了於紙筆間也。秋盡東還，必求一面，以卒所請，千萬終教！①

〇劉宗周曰：其實曉得《大學》真頭腦，則格致誠正不作二觀，分言之可，合言之亦可。格物之要，誠正以修身而已矣。盈天地間皆物也。自其分者而觀之，天地萬物各一物也；自其合者而觀之，天地萬物一物也，一物本無物也。無物者，理之不物於物，爲至善之體而統於吾心者也。雖不物於物，而不能不顯於物：耳得成聲，目得成色，所以致吾心之聰、之明，亦即致吾心之良知也。良知之於物，如鑑之於妍媸，

① 《王陽明全集》卷二，上册，《語録》二，75—78頁。

衡之於高下，而規矩之於方圓，不離物而辨是非也。故“格物”即格其反身之物，不離修者是，而“致知”即致其所性之知，不離止者是。孔門之學，無往而不以格致爲第一義者，曰“博文約禮”，其定本也；他日自道曰：“多聞，擇其善者而從之，多見而識之，知之次也。”此謂知之至也。其曰“次”，夫子自道也。而格致之弊，滯耳目或離耳目而言知也，從而狥物至於一草一木亦用工夫，或遺物求心而逃之無善無惡，均過也。故陽明以朱子爲支離，後人又以陽明等爲佛老，兩者交譏而相矯之，不相爲病。入《大學》之道者，宜折衷於斯。又，朱子格物之説，雖一草一木，亦須格得十分透徹。文成初學其學，遂就亭前竹子，用力數日，而不得其説，至於病，因反求之心，漸有悟於知行合一之旨，而《大學》古本出焉。自今觀之，朱子言一草一木亦格其切于身者，如周子庭前草，謂其“與自家生意一般”便是。文成本欲詆其説，故專就一草一木上用工夫，安得不困！格物之説，古今聚訟有七十二家，約之亦不過數説。“格”之爲義，有訓“至”者，程朱也；有訓“改革”者，楊慈湖也；有訓“正”者，王文成也；有訓“格式”者，王心齋也；有訓“感通”者，羅念菴也。其義皆有所本，而其説各有可通，然從“至”爲近。余向嘗以“邦畿”四節爲釋“格致”，試以朱子補傳通之，曰“天下之物，莫不有理”，即“邦畿”節意，言物各有當止之理也。“人心之靈，莫不有知”，即“緡蠻”節意，言人各知所止也。“《大學》始教，即凡天下之物，莫不因其已知之理而益窮之，以求至乎其極”，即“穆穆文王”節意。言仁、敬、孝、慈、信皆人心已知之理，必如文王之敬止而後有以造其極也；即君臣、父子、國人之物而窮仁敬孝慈信之理，推之萬物，莫不皆然，所爲即物窮理也。“至於用力之久，一旦豁然貫通焉，則衆物之表裏精粗無不到，而吾心之全體大用無不明矣”，即“聽訟”節意，言無訟而必由於畏志，此豈可以聲音笑貌爲哉！徹見吾至善之全體而明新一貫大用隨之，所得於知本之學深也。“此謂物格，此謂知之至也”，表裏精粗，即本末之謂，如聽訟物之粗者，而無訟其精也；無訟物之表，而使無訟其裏也。格物者格此而已，致知者知此而已。[①]

○陳澧曰：朱子云，格，至也。物，猶事也。澧案此古訓也。（《爾雅·釋詁》云，格，至也。《毛詩·烝民傳》云，物，事也。）又云，窮至事物之理。則於至字上加“窮”字，物字下加“之理”二字。蓋格物但當訓爲至事，至事者，猶言親歷其事也，亦兼讀書閲歷言之也。致知者，猶言增長見識也。凡人欲增長見識，舍讀書閲歷，更無他法，故曰“致知在格物也”。朱子《答黄直卿書》云，天下事一一身親歷過，更就其中屢省而深察之，方是真實窮理。朱子此説，乃格物致知之確解也。身親歷過者，格物也。屢省深察者，致知也。（格物致知，猶言實事求是。實事者，格物也。求是者，致知也。朱子《上蔡謝先生祠記》，稱其以求是論窮理爲精當。）朱子又云，格物之論，伊川意雖謂眼前無非是物，然其格之也，亦須有緩急先後之序，豈遽以爲存心於一草木一器用之間，而忽然懸悟也哉！兀然存心於一草木一器用之間，此是何等學問，如此而望有所得，是炊沙而欲其成飯也。（《答陳齊仲書》）王陽明謂格庭前竹子致疾，（見《傳習録》）即所謂存心於一草一木也，早爲朱子所嗤矣。又，朱子之補《大學》，不必補也，然所補之説，則無可議也。議之者，約有二端，一則謂“即凡天下之物”，爲無先務也。然不讀其下句云“因其已知之理”乎！如已知孝於父，益窮其孝之理而孝於祖，孝於曾祖、高祖。已知友於兄弟，益窮其友之理，而友於從兄弟、再從兄弟。此所謂因其已知而益窮之也。一則以“一旦豁然貫通”，爲不知何日也。然不讀其上句云“至於用力之久”乎？用力久者，必有貫通之一旦。朱子安能爲後人定其何日？而後人反疑其何日，適見其未嘗用力之久而已矣。[②]

○熊十力曰：陽明説《大學》之格物有曰：致吾心之天理於事事物物，是格物。富哉斯言！深遠哉斯言！夫惟心無私欲私意之累，而爲純乎天理之心，其神智清明，則其感通乎天地萬物也，自能謹於操術，以

---

① 《大學古記約義·格致》《大學雜言》，《劉宗周全集》第一册，647—649、656—660頁。

② 《東塾讀書記》，99—100頁。

求明瞭事物之規律，深徹事物之内藴，不至失物之真，庶幾知之明而行之利哉。此陽明之學，所爲以致良知立宗也。即便學人以雜染之心而能格物者，正由其本有良知在，惜有雜染以蔽之，未能盛顯耳。然當其專精於觀物窮理時，一念不雜，此際亦是天理之心呈露，故得明於物理也。獨惜其天理之心，不能常保，則雖明於物理，亦衹是知識而已。知識固爲善所必需，而知識亦可以爲不善，世人或不察也。若是學人皆得常保其純乎天理之心，以主宰乎知識，將皆以其格物之知，舉措之天下爲事業，自無不協於大公而利貞矣。然則致良知之學自今已往又何可廢歟？良知即天理也，以良知爲一切知識之帥，則一切知識皆成爲良知之發用，即一切知識無有不善也。嗚呼！此理平常而實深遠。《易》言《乾》之德用，曰知，曰大明，此陽明所本也。致良知之致字，具有無窮力量。致者，推擴義。吾人雖固有良知，若不用力將它推擴出來，俾其發展盛大，則私欲私意等雜染便潛滋暗長，而良知障蔽不得顯矣，故不可無致知之功。如吾人有時知善之當爲而卒不果爲。知善當爲者，吾人之良知也；不果爲者，吾人苟偷而不肯致良知也。私欲私意等雜染便乘此苟偷不致之機而起，以後雜染日盛，良知幾於無有矣，此人生墜陷之大慘劇也。①

○唐君毅曰：對朱子的改動，宋明以來學者多有懷疑。其實，除將“康誥曰克明德”至“與國人交止於信”三章，移置於前，確乎有據外；其餘將誠意章之“詩云瞻彼淇澳”至“没世不忘也”，及“子曰：聽訟吾猶人也”至“此謂知本”二章，移置於前，則並無堅强之理由。而不移置此二章，致使兩個“此謂知本”相連，則不致使《大學》原文，見有闕佚，亦即大可無作《補傳》之必要。况且朱子之《補傳》内容，亦與《大學》本文不相貼切。至於王陽明之説《大學》之致知爲致良知，其説與朱子相較，實更易解釋“知至而后意誠”及“欲誠其意者必先致其知”二語。此實較朱子之惟論致知之待於格物窮理，而未及於致知與

① 熊十力著《原儒》下卷，《原内聖》第四，《十力叢書》之一，31—32頁，上海：龍門聯合書局，1956年。

誠意之關係者，更能適合於《大學》之文句所涵之義。然亦非能全與《大學》本文相契合也。明儒李見羅以爲大學之格物致知之所以無傳，是因爲“除却家、國、天下、身、心、意、知，無別有物矣；除却格、致、誠、正、修、齊、治、平，無別有知矣”。此似亦與《大學》本文不契。①

○徐復觀曰：《大學》的格物，可能是對致知的一種要求，同時也是一種限制。若果然如此，則所謂致知在格物的格物，即不外於以修身爲本，推而至於齊家治國平天下。身、家、國、天下即是物；修、齊、治、平之效即是格物；修、齊、治、平之道即是致知。所以《大學》對於誠意以上，皆有分別的説明，獨對於致知格物，無所説明；因爲修身以上的説明，即是致知格物的説明，而不須另有所説明。故也無須補傳補義。不過，朱元晦對致知格物的補傳補義，是含有兩大意義：第一，他把求知識的知性，及求知識的對象，很清楚的表達出來。第二，把求知的對象，從“倫理”、“事理”擴充到“物理”，而學問的性格乃全，且亦爲孔子思想所蘊蓄而未能完全展出的。儘管未必爲《大學》原義所有，但亦可謂爲《大學》原義的引申拓展，並不必爲《大學》原義所拒絕，實表示了學術上的一大發展，其功爲不可没。而在對致知格物的解釋上，又是朱王的大分歧點。陽明以知是良知，即道德的主體。他堅持性理，却因此而拒絕物理，輕視事理在實現性理時的重大意義，及輕視人在事理上所應加的一番研求的工夫，則畢竟是他的整個思想中的缺點。他由此而解釋《大學》，並批評朱元晦，當然是不適當的。②

○謹案：格物致知乃明善之要，“如切如磋，道學也”，“博學於文”，“尊德性而道問學”之“道問學”，以及“博學之，審問之，慎思之，明辨之”，皆説的是這件事。朱子聲稱“格物致知”章是他“閒嘗竊取程子之意以補之”，在《大學或問》中，朱子詳列程子的論述，總結出三個方面的意義，即：

一、“皆言格物致知所以當先而不可後之意也”。其實這方面的意思

---

① 《中國哲學原論·導論篇》，185—191、199頁。

② 《中國人性論史·先秦篇》，261—264、266—269頁。

非常清楚，學者若不首先明善明理，辨清善惡是非，如何可能真切地做到好善惡惡以及存善去惡呢?

二、“皆言格物致知所當用力之地，與其次第功程也”。概要言之，無論讀書學習，臧否古今人物，應事接物，反躬内省，等等，皆是在格物窮理。我們雖不可能窮格天下所有之物，但我們格一物，就必須窮盡其道理，格至九分甚至九分九也不行，非十分不可。天下萬物理一分殊，道通爲一，但分殊之理窮究得越廣泛，越深入，越精微，對“理一”就越會有深入切己的體會，所以如果真要分出對外的認識與對内的自省的話，那麽後者當占六成，前者占四成，不過，最終毋庸置疑，必定是合外内之道的“理一”。

三、“又言涵養本原之功，所以爲格物致知之本者也”。這裏涉及涵養與格物致知的關係，正如同涵養與誠意的關係一樣，其實質都是《中庸》所謂“未發”與“已發”的關係。在《大學》則表現爲“正心”與格物致知，“正心”與誠意的關係。一方面，格物致知以及誠意必當先而不可後；另一方面，涵養或正心又必然是格物致知以及誠意之本。依據程子所説“涵養須用敬”，則平日無時不存的敬意，也就是涵養，也就是正心，從而保障了心之未發的中正而不偏不倚，也才能够真實地保障一旦已發的格物致知以及誠意的無過與無不及。至於涵養之養成，除了平日始終如一的敬意外，還該包括小學之教誨與磨礪之功，正如朱子所强調的，“昔者聖人蓋有憂之，是以於其始教，爲之小學，而使之習於誠敬，則所以收其放心，養其德性者，已無所不用其至矣。及其進乎大學，則又使之即夫事物之中，因其所知之理，推而究之，以各到乎其極，則吾之知識，亦得以周遍精切而無不盡也”。而船山亦以爲：所謂“欲正其心者，先誠其意”等等的“欲”字，則已有一截工夫矣，但不得純全，故須下截工夫以成之。

同時必須强調，惟“物格而后知至，知至而后意誠，意誠而后心正”，等等。亦即，從“止於至善”的結果來説，必先有格物、致知、意誠的止於至善，方才終有正心的止於至善。錢穆先生專論格物致知，頗有見地，他講：“朱子乃爲每一人每一事言，終生當下此工夫，非謂第一步是此工夫，此下乃有誠正修齊治平種種工夫也。至於自然物理，自亦包舉在內。朱子之氣魄與精力，亦已同時窮格，惟自有先後緩急輕重大小之別。”又講：“儒家不拒外物之來，只重在我心之能思而得其理，此即朱子《大學·補傳》之格物窮理也。惟朱子於事理外又補上物理，此乃是思想之遞後而益進。朱子《格物補傳》或可謂已更進於《大學》本文之原義，然此不足以病《補傳》。”所以説“然則縱謂《大學》無闕文，亦必有闕義。朱子《格物補傳》，至少補出了《大學》之闕義。讀《大學》，不得不讀朱子《補傳》，其義抑甚顯”。丁紀在論述“八條目”之關係時，亦特别强調：“平天下惟一之大事在治國，治國惟一之大事在齊家，齊家惟之大事在修身，修身惟一之大事在正心，正心惟一之大事在誠意，誠意惟一之大事在致知，僅就其事之大者而極言之，則致知乃‘八條目’全部、惟一之大事也，所以謂本之又本而至於此。”“然而欲致知，却只在於格物”，“格物乃致知之全部事，除却格物，别無致知事”，所以亦曰：平天下只一件事，“在格物”；治國只一件事，“在格物”；齊家只一件事，“在格物”；修身只一件事，“在格物”；正心只一件事，“在格物”；誠意只一件事，“在格物”；致知只一件事，“在格物”。格物一氣到底，則天下平矣。然而格物亦惟在於致知，格物只是要致知也。“格物到致知地步，則物窮理現，而物亦停當得宜，所謂物格也；而知非逐物，物非役知，知、理合一，所謂知至也”。“故言事，則只是格物一件事；言功，則只是致知一件功。誠意、正心、修身、齊家、治國、平天下，皆格物之事也；意誠、心正、身修、家齊、國治、天下平，皆致知之功也”。再若推本言之，如言“物”，則意、心、身、家、國、天下皆物也；如言“格”，則誠、正、修、齊、治、平皆格也；如言“致”，則誠之、正之、修之、齊之、治之、平之皆欲得其理也；如言“知”，則既誠、既正、既修、既齊、既治、既平皆終於得其理也。《大學》經朱子補傳，輯入《四書》，與《論語》等合爲一體，方才真實地成就爲儒門經典。

孔子之教乃成德之教，成人之教，孔子之學乃爲己之學、成人之學。也就是説，孔子的教與學都是爲了成德與成人，也就是説，這種學應當是成德與成人之前提條件，無學，無以爲成德、成人。那麼，何以爲教，何以爲學?《詩》云:“瞻彼淇澳，菉竹猗猗。有斐君子，如切如磋，如琢如磨。瑟兮僩兮，赫兮喧兮。有斐君子，終不可諠兮!”《大學》講:“如切如磋者，道學也;如琢如磨者，自修也;瑟兮僩兮者，恂慄也;赫兮喧兮者，威儀也;有斐君子，終不可諠兮者，道盛德至善，民之不能忘也。”其中，尤其道學、自修，亦即講習討論之事與省察克治之功，乃儒家之爲己之學與成德之教，明明德者之止於至善，其所以得之之由也。

我可以設想最極端的情形，那就是一個人從未正式地受過學。我之所以説“正式地”，是因爲在一個基本常態的社會裏，一個人從小到大，是必然會或多或少地受到民族文化傳統的影響乃至哺育，這也是學，不過是一種非正式的、被動的學，他或者繼續不自覺地“困而不學”，或者終於自覺地“困而學之”而“小人学道则易使也”，甚至“苟日新”，以至“日日新，又日新”。但若是始終“困而不學”的話，則他頂多能成爲一位老實本分的人，而不可能成爲儒家意義上的成人。最好的老實人也就在常態社會與常態情形下能够謹守本分，一旦社會發生劇變或者他自己的生活境遇發生大的變故，就難説了。其間，甚至會有“小人窮斯濫矣”的可能。這是因爲他做人以及做人的原則不是自覺與自律的，而是被動與他律的，孔子講的“色厲而内荏，譬諸小人，其猶穿窬之盜也與”?“鄉原，德之賊也”，“道聽而塗説，德之棄也”，“鄙夫可與事君也與哉?其未得之也，患得之;既得之，患失之。苟患失之，無所不至矣”，等等[①]，恐怕就是這類人窮斯濫矣時的真實寫照。

那麼一個資質較好且體悟到自己本心良知的人，還需不需要向學，需不需要格物致知工夫呢?我的回答是仍然需要，而且，其需要程度一點也不會亞於前者，若不向學，不下工夫於格物致知，如何稱得上“困而學之者”以至“學而知之者”呢。而且，一個人怎麼才能判定自己所體會到的本心良知，不是自己極其隱蔽的私欲之改頭换面的表達呢?我

① 《論語·陽貨》第十二、十三、十四、十五章。

當然承認凡人就本己自足，不假外求而覺悟，然而孔子儒家之學也就正是爲己之學，並非外求的爲他之學，爲己之學乃自己覺悟自己，自己判定自己，爲此，就更需要切實地向學，更需要踏實地下格物致知的工夫，否則，極有可能，一個人都已在“攻乎异端，斯害也已”了[①]，却仍不自知，或者已稍有自知，却再不願接受批評指正，不以爲然而還非要爲自己强辯，以至於如陽明最終走向了“無善無惡”的本體説上了，從而徹底踰出儒家性善的底線，造就出多少空疏放恣狂悖之徒啊！陸門以及陽明後學中真不乏這樣的人。

再有，一位“生而知之者”是否也需要向學呢？答曰：也需要。因爲一位這樣的人，也就是聖人，他“自誠明”，“誠則明矣”，德無不實而明無不照者，唯天下至誠，能盡其性，能盡人之性，能盡物之性，可以贊天地之化育，可以與天地參矣。《中庸》進而言：“仲尼祖述堯舜，憲章文武；上律天時，下襲水土。辟如天地之無不持載，無不覆幬，辟如四時之錯行，如日月之代明。萬物並育而不相害，道並行而不相悖，小德川流，大德敦化，此天地之所以爲大也。”此言聖人之德與天地之道，兩者實則爲一。[②] 不過，出於天地氣數的變化原因，天道之常理常態往往不能落實於天地萬物當中，甚或不能落實於聖人身上，而處於一種非常理非常態的狀態，如此，則聖人何爲呢？聖人孔子即使不得位，不得禄，不得壽，也不會停下始終如一地盡其性，盡人之性，盡物之性，贊天地之化育，與天地參矣的脚步。所以，聖人會始終執守中庸中和之道，維護人倫之常尤其孝悌之道，而且始終“述而不作，信而好古”，這不就是上面子思所説的“仲尼祖述堯舜，憲章文武”，子貢所説的“文武之道，未墜於地，在人。賢者識其大者，不賢者識其小者，莫不有文武之道。夫子焉不學？而亦何常師之有”？孔子自己也時時地在説在做：“吾十有五而志於學”。子入大廟，每事問。或曰：“孰謂鄹人之子知禮乎？入大廟，每事問。”子聞之曰：“是禮也。”“十室之邑，必

---

① 《論語·爲政》第十六章。

② 《中庸》第二十、二十一、三十章，《四書章句集注》，32—33、38 頁。

有忠信如丘者焉，不如丘之好學也。”“默而識之，學而不厭，誨人不倦，何有於我哉?”“德之不修，學之不講，聞義不能徙，不善不能改，是吾憂也。”子在齊聞韶，(學之，)三月不知肉味。曰：“不圖爲樂之至於斯也!”“加我數年，五十以學《易》，可以無大過矣。”“其爲人也，發憤忘食，樂以忘憂，不知老之將至云爾。”“我非生而知之者，好古，敏以求之者也。”“蓋有不知而作之者，我無是也。多聞擇其善者而從之，多見而識之，知之次也。”子與人歌而善，必使反之，而後和之。“若聖與仁，則吾豈敢? 抑爲之不厭，誨人不倦，則可謂云爾已矣。”“不怨天，不尤人。下學而上達。知我者其天乎!”等等[①]。聖人固然也是在鼓勵我們學者奮力向學，同時也不乏自謙的表達，誠如朱子所説：“孔子刪《詩》《書》，定《禮》《樂》，贊《周易》，修《春秋》，皆傳先王之舊，而未嘗有所作也，故其自言如此。蓋不惟不敢當作者之聖，而亦不敢顯然自附於古之賢人；蓋其德愈盛而心愈下，不自知其辭之謙也。然當是時，作者略備，夫子蓋集群聖之大成而折衷之。其事雖述，而功則倍於作矣，此又不可不知也”。孔子所成就的《六經》經典，乃爲華夏之萬世教科書。同時，也正如尹氏所説：“孔子以生知之聖，每云好學者，非惟勉人也，蓋生而可知者義理爾，若夫禮樂名物，古今事變，亦必待學而後有以驗其實也。”[②] 也就是説，聖人亦必待學而後“修道之謂教”，新民新人，齊家治國平天下，以至止於至善也。

爲此，茲再舉一例，《中庸》第六章，子曰：“舜其大知也與! 舜好問而好察邇言，隱惡而揚善，執其兩端，用其中於民，其斯以爲舜乎!”朱子曰：“蓋凡物皆有兩端，如小大厚薄之類，於善之中又執其兩端，而量度以取中，然後用之，則其擇之審而行之至矣。然非在我之權度精切不差，何以與此。此知之所以無過不及，而道之所以行也。”張子曰：“只是要博學，學愈博則義愈精微。舜‘好問’‘好察邇言’，皆所以

---

① 《論語·述而》第一章；《子張》第二十二章；《爲政》第四章；《八佾》第十五章；《公冶長》第二十七章；《述而》第二、三、十三、十六、十八、十九、二十七、三十一、三十三章；《憲問》第三十七章。

② 《四書章句集注》，93、98頁。

‘盡精微’也。”[①] 吕留良曰：“明道必須知，知必不自用而取諸人，此‘中庸’意也。以舜之知，然且不自用而取諸人，所以爲大知，此夫子之意也。要之舜之生知而又如此，故成聖人，學者但能博學審問、慎思明辨以求知，亦可以至聖人，其歸一也。”[②] 而針對人言“舜自有知之本，不專靠問察”，汪紱駁斥道：“天下之理不外淺近，然要無不待學問而知，縱生安聖人亦必無一生落地便能言能行，不待讀書而識字，不待學習而通天下之故之理，是人生道理何一不由於學。羲皇之世無書可讀，無前可師，而觀天察地，鳥獸草木亦須在物理上窮格，何莫非學問。但聞一善言，見一善行，若决江河沛然莫禦，便是聖人生安處，不得云不靠問察也。好問好察是博學審問之事，執兩用中是慎思明辨之事，雖曰聖人不思而得，然曰執曰用，亦必非漠不關心，惟睿思作聖入耳得心而無不通，不用研求之力耳。‘好’字正心契神合，情性流露處亦便見生安處，問是問之人，察則察於己，然非必即察其所問，蓋他人淺近之言入聖人耳中，都便是至理所在也。”所以，“不可將舜看高，若謂舜自有知之本不靠問察，而又必如舜之大知而後道行，則人必自謂不能如舜，以安於愚者之不及；或又希舜之大知而遺問察之功，是絶斯人於道外，斯道益無能行之日矣，豈不大害事也。”[③]

聖人孔子一生向學，是學者的最高典範。《論語》開篇即殷殷囑咐：“學而時習之，不亦説乎？有朋自遠方來，不亦樂乎？人不知而不愠，不亦君子乎？”[④] 而學首要的就是格物致知，“如切如磋，如琢如磨”，“以文會友”，“以友輔仁”，我們不僅要自覺，而且還要覺他；不僅要明明德，而且也要新民，以至止於至善；不僅要格物致知誠意正心修身齊家，而且也要治國平天下；不僅要立德、立功，而且要立言，亦即要推進爲己之學。所以，孟子所説的“先立乎其大”，應當是在爲己之學當

① 《中庸》第六章，《四書章句集注》，20 頁；《中庸輯略》卷上，第六章，30 頁，《朱子全書外編》第一册。

② 《四書講義》卷二十四，《中庸》一，中册，536 頁。

③ 《四書詮義》上，卷二，《中庸》，《叢書集成三編》第 10 册，409—411 頁。

④ 《論語·學而》第一章。

中立；象山説先求本心，也應當是在爲己之學中求；而陽明的致良知，還是應當在爲己之學中致。否則，無論何人都無以立，無以求，無以致。即使立到，求到，致到也無以保障那是否真正的“大”，真正的本心，真正的良知，而不是一個人極其隱蔽的私欲之改頭换面的表達！

此外，道問學還應當擴及到作爲經驗的“見聞之知”乃至今日的各門科學之學問，或總稱“擴大之道問學”。只不過若説尊德性而道問學（爲己之學）之間是幾乎不可分離的密切相關，尊德性是目的，道問學是實現這個目的必經的過程。首先必有尊德性的目的和道問學的過程；其次尊德性之目的不僅只有在道問學的過程中才能最終得以實現，而且就連尊德性之目的的日益清晰與純粹也只有在道問學的過程中才能逐漸實現的。所以此兩者是一而二、二而一的關係，所謂“知行合一”是也，可總稱爲“德性之知”。那麽，德性之知與擴大之道問學會是什麽關係呢？無疑是應當由德性之知主宰擴大之道問學，由德性之知爲之定向，甚至必要時爲之作出限制與界線。後者可以有自身獨立的發展，但任何時候、任何情況下都不得違背德性之知，都不得與德性之知背道而馳。或者應當説，這皆是道問學及德性之知本身可能的應有之義，所以，完全無需乎諸如“坎陷”之法、諸如“轉化”之途，那般曲折繳繞與艱澀困頓。

總之，格物致知也就是“尊德性而道問學”以及擴大之道問學，亦即：“所謂致知在格物者，言欲致吾之知，在即物而窮其理也。蓋人心之靈莫不有知，而天下之物莫不有理，惟於理有未窮，故其知有不盡也。是以大學始教，必使學者即凡天下之物，莫不因其已知之理而益窮之，以求至乎其極。至於用力之久，而一旦豁然貫通焉，則衆物之表裏精粗無不到，而吾心之全體大用無不明矣。此謂物格，此謂知之至也。”誠如船山所言，此“《補傳》之旨，與夫子博文約禮之教，千古合符，精者以盡天德之深微，而淺者亦不亟叛於道，聖人復起，不易朱子之言矣”。

所謂誠其意者，毋自欺也，如惡惡臭，如好好色，此之謂自謙，故君子必慎其獨也！小人閒居爲不善，無所不至，見君子而後厭然，揜其不善，而著其善。人之視己，如見其肺肝然，則何益矣。此謂誠於中，形於外，故君子必慎其獨也。曾子曰："十目所視，十手所指，其嚴乎！"富潤屋，德潤身，心廣體胖，故君子必誠其意。

〇朱子曰：上傳之六章，釋誠意。經曰："欲誠其意，先致其知。"又曰："知至而后意誠。"蓋心體之明有所未盡，則其所發必有不能實用其力，而苟焉以自欺者。然或已明而不謹乎此，則其所明又非己有，而無以爲進德之基。故此章之指，必承上章而通考之，然後有以見其用力之始終，其序不可亂而功不可闕如此云。又，誠其意者，自修之首也。毋者，禁止之辭。自欺云者，知爲善以去惡，而心之所發有未實也。謙，快也，足也。獨者，人所不知而己所獨知之地也。言欲自修者知爲善以去其惡，則當實用其力，而禁止其自欺。使其惡惡則如惡惡臭，好善則如好好色，皆務决去，而求必得之，以自快足於己，不可徒苟且以殉外而爲人也。然其實與不實，蓋有他人所不及知而己獨知之者，故必謹之於此以審其幾焉。又，閒居，獨處也。厭然，消沮閉藏之貌。此言小人陰爲不善，而陽欲揜之，則是非不知善之當爲與惡之當去也；但不能實用其力以至此耳。然欲揜其惡而卒不可揜，欲詐爲善而卒不可詐，則亦何益之有哉！此君子所以重以爲戒，而必謹其獨也。又，引此曾子語以明上文之意。言雖幽獨之中，而其善惡之不可揜如此。可畏之甚。又，胖，安舒也。言富則能潤屋矣，德則能潤身矣，故心無愧怍，則廣大寬平，而體常舒泰，德之潤身者然也。蓋善之實於中而形於外者如此，故又言此以結之。[①]

---

① 《大學章句》，傳之六章，《四書章句集注》，7—8頁。據説，朱子有關"自欺"的看法受到後世伍庸伯先生的質疑，其理由在於"《大學》誠意慎獨是反之的功夫，故不從爲善説，而説毋自欺"。朱子之説未免把"意"字當作"志"字解。（《禮記大學篇伍氏學説綜述》，《禮記大學篇伍嚴兩家解説》，《梁漱溟全集》第四卷，123頁）暫且不提朱子是否辨清所謂"意"與"志"，就以質疑批評者認爲，朱子採用了《中庸》"内省不疚，無惡於志"來説誠意慎獨，便與反之功夫不切合云云而論，伍、梁二位又當如何理解《中庸》末章這段話："《詩》云：'潛雖伏矣，亦孔之昭！'故君子内省不疚，無惡於志。君子之所不可及者，其唯人之所不見乎？"不就正是在回應其首章"莫見乎隱，莫顯乎微，故君子慎其獨也"嗎？换句話説，《中庸》一頭一尾的這兩段話，不就正是都在説《大學》所謂"慎獨"嗎？

○又曰：天下之道二，善與惡而已矣。然揆厥所元，而循其次第，則善者天命所賦之本然，惡者物欲所生之邪穢也。是以人之常性，莫不有善而無惡，其本心莫不好善而惡惡。然既有是形體之累，而又爲氣禀之拘，是以物欲之私，得以蔽之，而天命之本然者，不得而著。其於事物之理，固有瞢然不知其善惡之所在者，亦有僅識其粗，而不能真知其可好可惡之極者。夫不知善之真可好，則其好善也，雖曰好之，而未能無不好者以拒之於内；不知惡之真可惡，則其惡惡也，雖曰惡之，而未能無不惡者以挽之於中。是以不免於苟焉以自欺，而意之所發有不誠者。夫好善而不誠，則非惟不足以爲善，而反有以賊乎其善；惡惡而不誠，則非惟不足以去惡，而適所以長乎其惡。聖人於此，蓋有憂之，故爲大學之教，而必首之以格物致知之目，以開明其心術，使既有以識夫善惡之所在，與其可好可惡之必然矣，至此而復進之以必誠其意之説焉，則又欲其謹之於幽獨隱微之奥，以禁止其苟且自欺之萌。而凡其心之所發，如曰好善，則必由中及外，無一毫之不好也；如曰惡惡，則必由中及外，無一毫之不惡也。夫好善而中無不好，則是其好之也，如好好色之真，欲以快乎己之目，初非爲人而好之也；惡惡而中無不惡，則是其惡之也，如惡惡臭之真，欲以足乎己之鼻，初非爲人而惡之也。所發之實，既如此矣，而須臾之頃，纖芥之微，念念相承，又無敢有少間斷焉，則庶乎内外昭融，表裏澄澈，而心無不正，身無不修矣。若彼小人，幽隱之間，實爲不善，而猶欲外託於善以自蓋，則亦不可謂其全然不知善惡之所在，但以不知其真可好可惡，而又不能謹之於獨，以禁止其苟且自欺之萌，是以淪陷至於如此而不自知耳。此章之説，其詳如此，是固宜爲自修之先務矣。然非有以開其知識之真，則不能有以致其好惡之實，故必曰“欲誠其意者，先致其知”。又曰“知至而后意誠”。然猶不敢恃其知之已至，而聽其所自爲也，故又曰“必誠其意，必謹其獨，而毋自欺焉”。則大學功夫，次第相承，首尾爲一，而不假他術以雜乎其間，亦可見矣。又，慊之爲字，有作嗛者，而字書以爲口銜物也，然則慊亦但爲心有所銜之義，而其爲快、爲足、爲恨、爲少，則以所衡之異而别之耳。[①]

〇又曰："誠其意"，只是實其意。又，説許多病痛，都在"誠意"章，一齊要除了。下面有些小爲病痛，亦輕可。若不除去，恐因此滋蔓，則病痛自若。又，君子小人之分，却在"誠其意"處。誠於爲善，便是君子，不誠底便是小人，更無别説。又，物既格，知既至，到這裏方可著手下工夫。看下面許多，節節有工夫。又，若知之已至，則意無不實。惟是知之有毫末未盡，必至於自欺。且如做一事當如此，決定只著如此做，而不可以如彼。若知之未至，則當做處便夾帶這不當做底意在。當如此做，又被那要如彼底心牽惹，這便是不實，便都做不成。又，自欺是箇半知半不知底人。知道善我所當爲，却又不十分去爲善；知道惡不可作，却又是自家所愛，舍他不得，這便是自欺。又，須是表裏如一，便是不自欺。然所以不自欺，須是見得分曉。又，自欺，非是心有所慊。外面雖爲善事，其中却實不然，乃自欺也。又，只是自家知得善好，要爲善，然心中却覺得微有些没緊要底意思，便是自欺，便是虚僞不實矣。顔子"有不善未嘗不知"，便是知之至；"知之未嘗復行"，便是意之實。又，所謂自欺者，非爲此人本不欲爲善去惡。但此意隨發，常有一念在内阻隔住，不放教表裏如一，便是自欺。但當致知，分别善惡了，然後致其慎獨之功，而力割去物欲之雜，而后意可得其誠也。又，人之爲善，須是十分真實爲善，方是自慊。又，《孟子》慊訓滿足意多，《大學》訓快意多。然横渠亦是訓足底意思多，《大學》訓快意多。又，"誠意"章皆在兩箇"自"字上用功。又，但此處是箇牢關。今能致知，知至而意誠矣。驗以日用間誠意，十分爲善矣。有一分不好底意思潛發以間於其間，此意一發，便由斜徑以長，這箇却是實，前面善意却是虚矣。又，是合下好惡時便是要自慊了，非是做得善了，方能自慊也。自慊正與自欺相對，不差毫髮。所謂"誠其意"，便是要"毋自欺"，非至誠其意了，方能不自欺也。所謂不自欺而慊者，只是要自快足我之志願，不是要爲他人也。誠與不誠，自慊與自欺，只争這些子

① 《大學或問》下，《朱子全書》第六册，532—534頁。

毫髮之間耳。又，自慊則一，自欺則二。自慊者，外面如此，中心也是如此，表裏一般。自欺者，外面如此做，中心其實有些子不願，外面且要人道好。只此便是二心，誠僞之所由分也。

又曰：過此關，方得道理牢固。須無一毫自欺，方能自慊。必十分自慊，方能不自欺，故君子必慎獨。知若未至，何由得如此？蓋到物格、知至後，已是意誠八九分了。又，惟知至者見得實是實非，灼然如此，則必戰懼以終之，此所謂能慎獨也。此聖人教人徹上徹下，不出一"敬"字也。又，知至後，意固自然誠。但其間雖無大段自欺不誠處，然亦有照管不著所在，所以貴於慎其獨。又，這是先窮得理，先知得到了，更須於細微處用工夫。又，"知至而后意誠"，已有八分。恐有照管不到，故曰慎獨。又，致知者，誠意之本也；慎獨者，誠意之助也。致知，則意已誠七八分了，只是猶恐隱微獨處尚有些子未誠實處，故其要在慎獨。又，"誠意"章上云"必慎其獨"者，欲其自慊也；下云"必慎其獨"者，防其自欺也。

又曰：《大學》看來雖只恁地滔滔地説去，然段段致戒，如一下水船相似，也要柂，要楫。又，自欺只是于理上虧欠不足，便胡亂且欺謾過去。如有得九分義理，雜了一分私意，九分好善、惡惡，一分不好、不惡，便是自欺。人須是掃去氣稟私欲，使胸次虚靈洞徹。又，誠意，只是表裏如一。又，此一箇心，須每日提撕，令常惺覺。如今《大學》一書，豈在看他言語，正欲驗之於心如何。一有不至，則勇猛奮躍不已，必有長進處。又，誠只是實，而善惡不同。實有一分惡，便虚了一分善；實有二分惡，便虚了二分善。又，"誠於中，形於外。"《大學》和"惡"字説。此"誠"只是"實"字也。惡者却是無了天理本然者，但實有其惡而已。又，所謂"誠其意"者，表裏内外，徹底皆如此，無纖毫絲髮苟且爲人之弊。所以説自慊，但自滿足而已，豈有待於外哉！表裏内外，精粗隱顯，無不慎之，方謂之"誠其意"。所謂誠意者，須是隱微顯明，小大表裏，都一致方得。又，又況經文"誠其意者，毋自欺也"，這説話極細。蓋言爲善之意稍有不實，照管少有不到處，便爲自欺。未便説到心之所發，必有陰在於惡，而陽爲善以自欺處。若如此，則大故無狀，有意於惡，非經文之本意也。所謂“心之所發，陽善陰惡”，乃是見理不實，不知不覺地陷於自欺；非是陰有心於爲惡，而詐爲善以自欺也。所謂“毋自欺”者，正當於幾微毫釐處做工夫。只幾微之間少有不實，便爲自欺。豈待如此狼當，至於陰在爲惡，而陽爲善，而後謂之自欺邪！此處語意極細，不可草草看。既能禁止其心之所發，皆有善而無惡，實知其理之當然，使無待於自欺，非勉強禁止而猶有時而發也。若好善惡惡之意有一毫之未實，則其發於外也必不能揜。既是打疊得盡，實於爲善，便無待於自欺矣。如人腹痛，畢竟是腹中有些冷積，須用藥驅除去這冷積，則其痛自止。不先除去冷積，而但欲痛之自止，豈有此理！

敬子問：“‘所謂誠其意者，毋自欺也。’注云：‘外爲善，而中實未能免於不善之雜。’某意欲改作‘外爲善，而中實容其不善之雜’，如何？蓋所謂不善之雜，非是不知，是知得了，又容著在這裏，此之謂自欺。”曰：“不是知得了容著在這裏，是不奈他何了，不能不自欺。公合下認錯了，只管説箇‘容’字，不是如此。‘容’字又是第二節，緣不奈他何，所以容在這裏。如爲善，有八分欲爲，有兩分不爲，此便是自欺，是自欠了這分數。”“荀子曰：‘心卧則夢，偷則自行，使之則謀。’某自十六七讀時，便曉得此意。蓋偷心是不知不覺自走去底，不由自家使底，倒要自家去捉它。‘使之則謀’，這却是好底心，由自家使底。”“所以説格物、致知而後意誠，裏面也要知得透徹，外面也要知得透徹，便自是無那箇物事。”又引《中庸》論誠處，而曰：“一則誠，雜則僞。只是一箇心，便是誠；才有兩箇心，便是自欺。好善‘如好好色’，惡惡‘如惡惡臭’，他徹底只是這一箇心，所以謂之自慊。若才有些子間雜，便是兩箇心，便是自欺。如自家欲爲善，後面又有箇人在這裏拗你莫去爲善；欲惡惡，又似有箇人在這裏拗你莫要惡惡，此便是自欺。如人説十句話，九句實，一句脱空，那九句實底被這一句脱空底都壞了。”

次早，又曰：“昨夜思量，敬子之言自是，但傷雜耳。某之言，却即説得那箇自欺之根。自欺却是敬子‘容’字之意。‘容’字却説得是，蓋知其爲不善之雜，而又蓋庇以爲之，此方是自欺。謂如人爲善，他心下也自知有箇不滿處，他却不説是他有不滿處，却遮蓋了，硬説我做得是，這便是自欺。却將那虛假之善，來蓋覆這真實之惡。某之説却説高了，移了這位次了，所以人難曉。大率人難曉處，不是道理有錯處時，便是語言有病；不是語言有病時，便是移了這步位了。今若只恁地説時，便與那‘小人閒居爲不善’處，都説得貼了。”

次日，又曰：“夜來説得也未盡。夜來歸去又思，看來‘如好好色，如惡惡臭’一段，便是連那‘毋自欺’也説。言人之毋自欺時，便要‘如好好色，如惡惡臭’樣方得。若好善不‘如好好色’，惡惡不‘如惡惡臭’，此便是自欺。毋自欺者，謂如爲善，若有些子不善而自欺時，便當斬根去之，真箇是‘如惡惡臭’，始得。如‘小人閒居爲不善’底一段，便是自欺底，只是反説。‘閒居爲不善’，便是惡惡不‘如惡惡臭’；‘見君子而後厭然，揜其不善而著其善’，便是好善不‘如好好色’。若只如此看，此一篇文義都貼實平易，坦然無許多屈曲。某舊説忒説闊了、高了、深了。然又自有一樣人如舊説者，欲節去之又可惜。但終非本文之意耳。”

又曰：“心廣體胖”，心本是闊大底物事，只是因愧怍了，便卑狹，便被他隔礙了。只見得一邊，所以體不能常舒泰。又，伊川問尹氏：“讀《大學》如何?”對曰：“只看得‘心廣體胖’一句甚好。”又問如何，尹氏但長吟‘心廣體胖’一句。尹氏必不會嚇人，須是它自見得。今人讀書，都不識這樣意思。此自知至處便到誠意，兩頭截定箇界分在這裏，此便是箇君子小人分路頭處。從這裏去，便是君子；從那裏去，便是小人。這處立得脚，方是在天理上行。後面節目未是處，却旋旋理會。又，上面關著致知、格物，下面關著四五項上。須是致知。能致其知，知之既至，方可以誠得意。到得意誠，便是過得箇大關，方始照管得箇身心。若意不誠，便自欺，便是小人；過得這箇關，便是君子。又，意誠，便全然在天理上行。意未誠以前，尚汨在人欲裏。[①]

---

① 《朱子語類》卷第十六，《大學》三，傳六章 釋誠意，第二册，326—341頁。其中，尤其朱子與弟子有關“毋自欺”，究爲“容”，抑或“不奈他何”的反復思量與切磋研討，不僅於理解相關義理有益，而且亦堪爲格物致知如切如磋的典範。

〇又曰：欺人亦是自欺，此又是自欺之甚者。便做九分九釐九毫要爲善，只那一毫不要爲底，便是自欺，便是意不實矣。又，人只是慊快充足，仰不愧，俯不怍，則其氣自直，便自日長，以至於充塞天地。雖是刀鋸在前，鼎鑊在後，也不怕！①

〇程子曰：人須知自謙之道，自謙者，無不足也。若有不足，則張子所謂有外之心，不足以合天心也。（伊川）又，孔子言仁只説"出門如見大賓，使民如承大祭"，看其氣象便須心廣體胖，動容周旋中禮，惟慎獨便是守之法。又，要持循他這天理，則在德須有不言而信者，更難爲形狀養之，則須直不愧屋漏與慎獨，這是箇持循氣象也。又，灑掃應對，便是形而上者，理無大小故也。故君子只在慎獨。（明道）

〇吕大臨曰：誠者，天之道也，性之德也，非人知之所能謀，非人力之所能造也。見好色則愛之，聞惡臭則惡之，發於心之自然，不思不勉者也。如知水之寒，知火之熱，知蘖之苦，知飴之甘，疾痛疴癢，心爲之感者，莫非誠也。②

〇胡炳文曰：《大學》條目有八，僅作六傳。格物致知兩者實是一事，故統作一傳。自正心以下五者，功夫次第相接，故統作四傳。惟誠意獨作一傳，然《章句》謂"誠意者，自修之首"，亦已兼正心修身而言矣。章末曰潤身，曰心廣，提出身與心二字，意可見矣。又，此"獨"字便是"自"字，便是"意"字。所以《中庸》論誠，首尾言慎獨；此章論誠意亦兩言慎獨。又，愚按《章句》此章屢改，視初本大異，蓋朱子獲麟之筆也。《中庸》釋慎獨曰"迹雖未形而幾則已動"；於此則初本曰"慊與不慊，其幾甚微"；末乃改之曰"必慎之於此，以審其幾焉"。其於"幾"字獨不改者，周子《通書》言誠必言幾，況意者吾心動而未形之幾，審其幾即所以誠其意，幾之不審，其意即墮於自欺，而不自慊矣。又，前章説致知格物，未便分君子小人。此章分别君子小人甚嚴，蓋誠意者，善惡之關。過得此關，方是君子；過不得此

---

① 《朱子語類》卷第十八，《大學》五，《或問》下，傳六章，第二册，423頁。

② 《禮記集説》卷一百五十，《大學》第四十二，《通志堂經解》第13册，496頁。

關，猶是小人。傳末章長國家而務財用之小人，即此閒居爲不善之小人也。意稍不誠已害自家心術，他日用之爲天下國家，害也必矣。《章句》前段説君子，則曰實用其力，以禁止其自欺；此段説小人，則曰“不能實用其力以至此”。細玩“實用其力”四字，只是釋“毋”之一字。毋者禁止之辭，他人如何能禁止自家心者，我之心須我禁止始得。畏屋漏如畏官庭，出門闔如嚴賓師，念頭起處人所不知，便如“十目所視，十手所指”，庶乎可不陷於小人爾。一“毋”字，三“必”字，皆是實用其力，纔説“且”之一字，便是不能實用其力。又，子思《中庸》所謂“莫見乎隱，莫顯乎微”，蓋本諸此，上文獨字即是隱微，此所謂十目十手，即是莫見莫顯。又，愚嘗謂孟子説浩氣處，與此章意合，不自欺則自反而縮，自欺則自反而不縮，厭然即是氣餒，心廣體胖即是浩然之氣。又，金氏曰：《大學》諸章之傳首辭結語皆以序言，自正心以上獨不以序言，蓋心身家國天下各是一節之事，而致知誠意二者，同爲心上之事，心統知意者也，知者心之知，意者心之發也，若自致知而推其序以至誠意，自誠意而推其序以至正心，則是一心之中又自截作三節，而心上工夫却自分成三次，豈其理邪？聖賢於此皆以序言於經，而獨不以序言於傳，蓋經言工夫次第之大綱，而傳明工夫端緒之一致，經傳固互相發也。又，饒氏曰：六經中只説“誠”無“誠意”字，誠意、正心、修身，不是三事。顔子問仁，夫子告以非禮勿視、聽、言、動，緊要在四箇勿字上，仁屬心，視聽言動屬身，勿與不勿屬意。若能勿時，則身之視聽言動便合禮，而心之仁即存，以此見心之正不正，身之修不修，只在意之誠不誠。所以《中庸》《孟子》只説誠身，便貫了誠意、正心、修身；此章雖專釋誠意，而所以正心、修身之要，實在於此，故下二章第言心不正、身不修之害，而不言所以治病之方，以具於此章故也。又，心不正何以能廣，身不修何以能胖？心廣體胖即是心正、身修之驗，然而所以心廣體胖，只在於誠其意。以此見誠意、正心爲修身之要。又，此章乃《大學》一篇緊要處，傳者於此章説得極痛切：始言慎獨，誠意之方也；中言小人不慎獨，所以爲戒也；終言誠意之效，又所以爲勸也。[①]

〇景星曰：誠之一字本於《商書》，至夫子始大明其義，至《中庸》有明善誠身之言，行之天下國家皆此誠也。明善即格物致知也，誠身即誠意正心修身也，其言慎獨工夫及誠之不可揜等語，與此章實相表裏。而尤爲明切，"惟至誠爲能盡其性"，明明德之止至善也；推而至於盡人之性，新民之止於至善也。本之心身，此誠也，行之家國天下，亦此誠也，學者宜深考。又，此章始言好惡，已開後章言好惡之端；富德對言，已寓後章言財用之意；身心二字，已含下章修身正心意。然下章止言心不正身不修之病，而治病之方實在此章謹獨上。又，《大學》八條目，每章皆連兩事而言，獨誠意前不連致知，後不連正心，單舉爲一章。蓋致知屬知，誠意屬行，知行自是兩事，當各致其力，所以誠意不連致知。誠意與正心雖皆屬行，然誠意不特爲正心之要，自修身至平天下皆以此爲要，若只連正心説，意便狹了，則無以見誠意功用之廣如此。[②]

〇船山曰：準第三章格致爲"學"、誠意正心修身爲"修"言之，則誠意爲首；若以經"欲正其心先誠其意"言之，則誠者誠其所正，正心爲本務，誠意爲加功矣。故具文當云"釋欲正其心先誠其意之義"，云"釋誠意"者，省文耳。云"自欺"，云"自慊"，皆謂心也。又云"心廣體胖"，皆以發明心意相關、誠正相因之理。以實求之，又以下四章之義例推之，此章自與正心相爲終始。[③]

〇又曰：經云"知至而后意誠"，非云致知而後誠意，其謬在誤將"先"字作"前"字解。不知此慎獨工夫，知未至之前亦然，致知以後亦然。故致知誠意俱是通梢一樣工夫，格物正心修身無不皆然，有何前後之有！此章上通正心處多，下統致知處少。慎獨乃是誠意及早下手工夫，而誠意之功在慎獨。總之，欲正其心者必誠其意，而致知者乃以求

① 《四書通·大學通》，《通志堂經解》第15册，405—406頁。

② 《大學中庸集説啓蒙·大學》，景印文淵閣《四庫全書》第204册，983—986頁。

③ 《禮記章句》卷四十二，《大學》，《船山全書》第四册，1485—1487頁。

意之必誠也。[①]

〇又曰：致知格物亦有行，誠意以下至平天下亦無不有知。又，經言先後，不言前後。前後者，昨今之謂也。先後者，緩急之謂也。又，實則以誠灌注乎意，徹表徹裏，徹始徹終，强固精明，非但於獨知而防之也。慎字不可作防字解，乃縝密詳謹之意。又，此則慎獨爲誠意扣緊之功，而非誠意之全恃乎此，及人所共知之後，遂無所用其力也。又，所謂自者，心也，欲修其身者所正之心也。蓋心之正者，志之持也，是以知其恒存乎中，善而非惡也。心之所存，善而非惡。意之已動，或有惡焉，以陵奪其素正之心，則自欺矣。（意欺心。）唯誠其意者，充此心之善，以灌注乎所動之意而皆實，則吾所存之心周流滿愜而無有餒也，此之謂自謙也。（意謙心。）又，意爲心身之關鑰，藉云戒欺求謙，則亦資以正其心，而非以誠其意。故章末云："故君子必誠其意。"（猶言故欲正其心者，必誠其意。）以使此心終始一致，正變一揆，而無不慊於其正也。（即《中庸》所謂"無惡於志"。）又，故君子欲正其心，必慎其獨。又，自一事之發而言，則心未發，意將發，心静爲内，意動爲外。又以意之肖其心者而言，則因心發意，心先意後，先者爲體於中，後者發用於外，固也。然意不盡緣心而起，則意固自爲體，而以感通爲因。故心自有心之用，意自有意之體。人所不及知而己所獨知者，意也。心則己所不睹不聞而恒存矣。又，"十目所視"一段，唯雲峰胡氏引《中庸》"莫見乎隱"一節以證此，極爲脗合。慎獨之學，爲誠意者而發，亦何暇取小人而諄諄戒之耶？[②]

〇又曰：故誠其意者，使意皆出於不妄，而心爲實心，知爲實知，意亦爲誠實之意，而後爲善去惡之幾決矣。又，一念之發雖出偶然，而善惡之幾遂分析爲兩途而不可混。故君子雖知之明，志之定，而必於所知者謹慎其幾，以戒欺而求慊，無使發見之後、雖欲愧悔，而無如此念之已形也。[③]

① 《四書箋解》卷一，《大學》，《船山全書》第六册，114—116頁。

② 《讀四書大全説》卷一，《大學》，《船山全書》第六册，409—419頁。

③ 《四書訓義》（上）卷一，《大學》，《船山全書》第七册，66—69頁。

○吕留良曰：《大學》“誠”字與《中庸》“誠”字不同：《中庸》“誠”字可以單舉，乃實理、實心、實德之美名也，兼《大學》“誠”“正”“修”等義。《大學》“誠”字貼定“意”字，但作實字解，蓋意之善不善，是致知條下事，此但説實用其力耳。實便自慊，不實便自欺，欺慊之分，獨中自知，故功在慎獨。今人都將“誠”字作“善”字解，與《中庸》義相似，因欲於獨中分别出善不善來，却誤入“致知”傳矣。且下節“誠中”“誠”字又如何説得去？又因注有“人所不知而己獨知”兩“知”字，遂亂拈“致知”，不知此兩“知”字指其地言，即《中庸》所謂“人之所不見也”。知善知惡，自是“致知”傳中事，此傳不及耳。但就人所知善惡，如當下之當好當惡，是非未嘗不明，就此明處發爲好惡之意，便當盡其好惡之力，所謂“誠意”也。“實用其力”四字，是“誠”字了義，下云“皆務決去而求必得之”，明説向行一邊矣。今人“以意覆意”“以意覺意”“初起之意”“繼起之意”“一意”“衆意”等語，皆鬼窟中作計也。好惡便是意，毋自欺而必自慊，便是誠，但欺慊分界處，其後相懸，其初甚微，他人所不見，未有自己不見者，故謂之獨。獨即自也，不曰自而曰獨，指分界之時地而言，乃誠意之緊要處，非心意間别有一物名之曰獨也。若心意間别有獨體，則誠意之上，又增出一條目矣。故慎獨是誠意中細緊一步，非誠意之外别有一條工夫，亦非慎獨即誠意也。謂意之所以不誠，皆在初發端時有所未盡，人未見處不實用力，此屬於獨，即《易》之所謂幾，乃意之起頭，非意之全體；意之全體，直徹事爲之終始，獨只是自静而動之交接關頭，誠無爲，幾善惡，善惡之夾雜從幾中生，即其有所未盡，不實用力，便是惡之萌蘖，此際更加省察，即惡端無從而入，此之謂慎。存養省察，鑿然有此兩節工夫，但分配動静不得，存養是兼統動静，省察下手却在動之微處存誠主敬，原無時不然，至動之微處，尤加審慎耳。此次候有兩節，原非平對兩事也。論學而流於邪慝，只是求直捷害之，格、致、誠、正、修，分明五節，必强求其一，則似身、心、意、知可併而物不可併，故陽明以爲善去惡爲格物，不知此只是誠意工夫，是欲廢格致而先廢誠意也。後來又以意爲心，所存主即是獨體，則又欲廢誠意而先廢正心矣。前有格物，知纔盡，後有誠意，知纔實，良知家亦竊此意作指點，却更無須格物誠意，幾何不認賊作子乎？君子之容，小人所最憎，誰肯慕者？良知家極詆禮法端方之士，以爲僞，僞者誠有之，然畢竟世間小人狂肆無禮者多，而貌爲莊敬者少，自有良知之教，小人並不須厭然矣。又，指視之嚴，猶《中庸》“莫見”二句，論道理如此，非爲怕指視而慎也。蓋吾儒本天，釋氏本心，本天者知性以盡心，以至善無惡爲極，故知天命而常存敬畏；本心者信心自大，即心爲性，以無善無惡爲極，故不知天命而不畏，其所畏却正是一箇“嚴”字。①

〇汪紱曰：首節言誠意之方而示人以慎獨，中二節言獨之不可不慎，末節言意誠之效而復以“必誠其意”結之。《學》《庸》二慎獨都只一般，但《中庸》從性命説下，故先言戒懼而後言慎獨，《大學》從工夫説上，故先言誠意而後言正心。至《中庸》末章言下學時，則亦先言慎獨矣。又，誠意者在既知爲善去惡之後而實此爲善去惡之心，此心少有未慊，便是自欺。雖既經格物致知者，意稍未誠，亦未必至如小人之甚，而傳者重舉爲戒，則謂苟不慎獨，其流必至如此，警惕之深也。若誠中形外“誠”字，却從念慮云爲上説，其分途又在意後，此一念誠則誠又是善，此一念僞則將誠有是惡也。人有誠惡者，却無誠於爲惡者。又，知至爲知之終，誠意爲行之始，誠意工夫最大，正修由是著脚，平治以是推行，故誠意作單傳。然知行相因，誠意傳於經文“先”字“而后”字未暇通貫，故總注特聯絡之，不致知，則縱使欲誠，誠處亦錯，然不以爲不知而徑行自遂便是自欺。知至意誠亦非截然兩候，但欲誠意必先致知，序不可紊；而知既至，又須誠意，功不可闕也云耳。朱子云：自欺有四樣：一揜覆於外，一苟且自慢，一有爲而爲，一始勤終怠。紱按既在能知之後，大要都非下愚，而苟且一病爲多爲人之心最害，有爲而爲則必終怠，怠則更加苟且，後來自然心不快，而畏人知，必至流於揜覆，四樣只一致。②

---

① 《四書講義》卷二，《大學》二，上册，38—48頁。

② 《四書詮義》上，卷一，《大學》，《叢書集成三編》第10册，371—373頁。

○丁紀曰：朱子講“實其心之所發，欲其一於善而無自欺也”。我意，“實其心之所發”便是“無自欺”，至於肯“一於善”，已一毫無自欺之虞，而更言之，反說向下；似當曰“實其心之所發，欲其一於善而已矣”。意誠：朱子曰“知既盡，則意可得而實矣”。只在致知，意隨知行，除誠慤向之，别無事事。又，所謂誠意，只是一個“毋自欺”，又分從兩面說：一慎獨，二自謙。又，朱子曰“人所不知而己所獨知之地也”，所謂“之地”者，亦指心地而言，非但外間方所而已。又，引曾子語“十目所視，十手所指，其嚴乎”，十目、十手，非謂有他人來窺視、指戳，皆取譬爲言，言於其閒居獨處之時，明明之心内燭，猶從中發此十目、十手之“真手眼”也。自慎獨言毋自欺，則可畏可憚。又，此好之、惡之之心，原來只是“民之秉彝”，在中自足；謂之爲意，乃在有意無意之間發此秉彝，所以自然而然，寬寬大大。是則所謂毋自欺者，亦須是心量廣大、體態寬舒，乃得謂之誠意。自自謙言毋自欺，則可快可足。[①]

○鄭玄曰：謙，讀爲“慊”，慊之言厭也。厭，讀爲“黶”，黶，閉藏貌也。又，嚴乎，言可畏敬也。胖，猶大也。“富潤屋，德潤身，心廣體胖”三者言有實於内，顯見於外。

○孔穎達曰：自此以下至“此謂知本”，廣明誠意之事。此一節明誠意之本，先須慎其獨也。欲精誠其意，無自欺誑於身，於身必須誠實也。見彼善事惡事，當須實好惡之，不言而自見。不可外貌詐作好惡，而内心實不好惡也，皆須誠實矣。謙，以經義之理言，作“謙退”之字，既無謙退之事，故讀如“慊”。慊，不滿之貌，故又讀爲“厭”。厭，自安静也。慊然，安静之貌。心雖好惡而口不言，應自然安静也。又，小人爲惡，外人視之，昭然明察矣，如見肺肝，雖暫時揜藏，亦何益矣？此小人既懷誠實惡事於中心，必形見於外，不可揜藏。又，所指、視者衆也。十目，謂十人之目。十手，謂十人之手也。既視者及指者皆衆，其所畏敬，可嚴憚乎！又，謂德能霑潤其身，使身有光榮，見

① 《大學條解》，九、“八條目”之“誠意”，56—59頁。

於外也。以有内見於外，必須精誠其意在内，心不可虚也。[①]

〇錢時曰：獨，非必暗室屋漏之謂，雖大庭廣衆，而一念之動我自知耳，於此致謹，正是做不自欺功夫。常人只謂心之隱微，人不知不見便走作了。若於此時，凛乎其嚴，便如十目所視，十手所指，如何敢欺！一箇毋字，三箇必字，立詞甚嚴，學者所宜深體。

〇胡銓曰：猶此觀之，誠其意，如好色惡臭，非由外鑠我也。自慊，自敬也。誠生乎謙敬，《易》一謙而四益，蓋謙敬之大也。

〇葉適曰：意者始發而未形，去心之全體尚未遠矣，然而有愛惡之别，有公私之異，端緒之差，源流之分，皆見於此；堯舜之爲堯舜，桀紂之爲桀紂，天下之人終日安焉而不悟，皆兆於此。故誠其意者，所以實是理於將發之初也，彼其本無不善，而異日之成有君子小人之分焉，蓋始發之際，所以自欺而揜抑之者衆矣。如惡惡臭，如好好色，中心誠，然其堅實而不破，純一而無所疑者，君子與小人同也；唯其善惡邪正之念，泛然往來於其間，二而不一，雜而不純，然後外物乘之奪其至微者而爲之主，此不可以不察也。

〇邵甲曰：爲善之意發於真實之謂誠，假於浮虚之謂僞。誠則篤實輝光，人雖潛窺密察，而在我者終不可没也；僞則心勞日拙，己雖巧覆曲護，而在人者終不可欺也。世之人固有於惡未必真知所惡，而陽爲惡之之狀者矣；於善未必真知所好，而矯爲好之之形者矣，非所謂誠也。必也惡惡如惡惡臭，而後其惡始真；好善如好好色，而後其好始實。好善惡惡真實如此，則其舍卑污而趣高明也，無異雜溷濁而遊清都也；棄人欲而從天理也，無異遠臭腐而襲芝蘭也，豈不欣乎，快所欲而足所願哉！此之謂自慊也。

〇倪思曰：自謙注及諸家皆作慊，竊謂不必改，經文只作謙可也。《謙》之《彖》曰"人道惡盈而好謙"，此好惡之正也。人能知謙之，好惡則公矣。又謙者有其實而若虚者也，不謙之人以虚爲實，務矜夸以欺人，不惟欺人，又以自欺。又，誠，一也，而有善惡之異：誠於爲善，

① 《禮記正義》卷第六十六，《大學》第四十二，下册，2237—2238、2242—2243頁。

誠也；誠於爲惡，亦誠也。誠於中必形於外，君子與小人皆然。君子知其如此，故謹其獨而誠於爲善。世有攻人之僞者，其人姦惡又甚於所攻，而其説曰：吾所爲表裏如一不欺也。誠，實也。此乃敢於爲惡者爾，彼則僞於爲善爾，乃誠於爲惡，是小人之無忌憚者。故誠則若一，而有善惡不同，不可不辨，重言必慎其獨，申其義而諄誨之也。

〇陳祥道曰：人非不知誠之爲善，欺之爲不善，而其所爲每不免於欺者，直以欺之可爲也。殊不知心不可欺，人亦不可欺，苟知心不可欺，人亦不可欺，而專於誠焉，則何所不至哉！[①]

〇黎立武曰：獨者，非止閒居屋漏之謂，意之初萌，人不知，己獨覺之時也。意動而敬以直内，凛乎指視之甚嚴者，君子而時中也；意肆而事見於外，瞭然肺肝之如見者，小人而無忌憚也。然則欺事未著於人己相形之時，欺心或萌於意必固我之際，則首言毋者，得不戒其欺於自，兩言必者，得不嚴其慎於獨哉！又，心、身、家、國章，皆兼修、齊、治、平，舉其目惟誠意章單舉於此，亦以心、身、家、國、天下，皆本於誠故也。又，所引曾子曰，或謂曾晳之言。[②]

〇劉宗周曰：此章首喝“誠意”而不言在致其知，以誠意爲專義也，亦了義也。致知爲誠意而設，如《中庸》之明善爲誠身而設也。蓋惟知本，斯知誠意之爲本而本之，本之斯止之矣。亦惟知止，斯知誠意之爲止而止之，止之斯至之矣。即誠即致，故曰專義也。獨之言自也；慎者，敬德也。繇敬入誠，伊、洛正脈也。君子小人之用心，只在一敬一肆間。誠意者，行之始也，即在學、問、思、辨時，即就格致中看出，非格致了方去誠意也。可見“格致、誠意”二而一、一而二。先後之者，畢竟學、問、思、辨應在篤行之先也。讀書一項，乃格致之資，專靠不得，亦廢不得。

又，自欺云者，自欺本心之知也。此正是知不致處。故欲誠其意

① 《禮記集説》卷一百五十，《大學》第四十二，《通志堂經解》第13册，498頁。其中，胡銓所謂“《易》一謙而四益”，語出《漢書·藝文志》，講《易·谦》“天道虧盈而益謙，地道變盈而流謙，鬼神害盈而福謙，人道惡盈而好謙”，意爲謙虛能使人得到好些益處。然而將《大學》誠意章之“自謙”之“謙”，就解爲謙，實在如船山批評的太無知。

② 《大學本旨》，景印文淵閣《四庫全書》第200册，743—744頁。

者，必先致其知，而其功歸于慎獨。獨者，藏身之地，物之本也，於此慎之，則物格而知至矣。慎其獨，慎其無形之獨也。申誠意之義，而致知、正心皆舉其中。

又，小人之學，從人分上用功，故的然日亡。君子之學，從己分上用功，故闇然日章。闇然者，獨之地也。君子之學，未嘗不從人分用功來，而獨實其根底之地，不繫人而繫之己，於此著力一分，則人分之尋丈也。學以爲己，雖人分，皆己分也。學以爲人，雖己分，亦人分也。獨者物之本，而慎獨者格之始事也。吾求之自焉，使此心常知、常定、常静、常安、常慮而常得，慎之至也。慎則無所不慎矣，得吾誠，慎之於意；得吾正，慎之於心；得吾修，慎之於身；得吾齊，慎之於家；得吾治，慎之於國；明明德於天下，慎之於天下也。慎獨也者，非但誠意之功，且即格致之功，且即明明德於天下遞先之功也。

又，好惡二字，是《大學》一篇骨子，直貫到平天下處。指、視一條，是曾子一生最得力學問。從來説主敬心法，無嚴於此者。真是字字血痕！慎獨，是格物第一義。纔言獨便是一物，此處如何用工夫？只戒謹恐懼，是格此物正當處。小人無獨，君子無閒居。肺肝之見，從人分得來；視指之加，從己分得來。敬、肆之分也。[①]

〇姚際恒曰：廣明誠意之事，然則格物致知何以獨不明之乎？蓋作者亦有難以指辭，作者尚難指辭，況能令讀者通其義乎？作者尚難指辭，後人乃補之乎？[②]

〇劉沅曰：慎之而時時力行爲"慎獨"，何以能"慎"？不忍不敢二義。不忍，不昧天良，本心之明，不自欺即是；不敢，凜畏天命，則必知天人一氣相通而後能之，故下文指出目手指視之嚴，此就好處説。又就不好處説當慎獨，小人不憚自欺，竝欲欺人，而不知皆不能欺。孔子曰"余慶余殃"，"積善成名，積惡滅身"，教人避禍求福，實教人誠意正心。[③]

---

① 《大學古文參疑》《大學古記》《大學古記約義·慎獨》《大學雜言》，《劉宗周全集》第一册，613—615、629—630、649—651、661—662頁。

② 《續禮記集説》卷九十七，《大學》，《續修四庫全書》第102册，709頁。姚氏依舊本言，故有此問。

③ 《大學古本質言》，40—46頁。

○伍庸伯曰：《論語》“修己以敬”，修己即修身。而真正代表自己的既不是身，亦不是心，却是意。意者意向，意發於心而形於身。須要修理的正是將會在内外發生或好或壞影響的這個意。意是人們恒時要有的。意是怎樣的，人就是怎樣的。誠就是心在當下，不走作。誠與敬相通，不誠即不敬。所謂誠意，那就是留心自己即須留心於意。在獨念獨處去慎，才真的是“爲己”之學。獨中用功有制於幾先之意。獨則精神易得專一。誠意章説毋自欺，而好惡，而自慊，而慎獨，很有次序，層層引入，不可倒亂，細察自知。

○嚴立三曰：格物致知善之事，誠意信之事也。如禹思天下有溺，稷思天下有饑，思天下之民，匹夫匹婦有不與被堯舜之澤者，格物以至其知也。由己溺之，由己饑之，若己推而納諸溝中，則知至而意誠矣。此一念真誠，稍縱即逝，而工夫命脈全在於是，故君子戒慎恐懼，拳拳服膺而弗失之矣。[①]

○任銘善曰：先發誠意義何？自天子至于庶人，壹是以修身爲本。修身所以明德，而修身之道在戒懼以誠其意而已，以至于明德于家國天下，亦在乎是而已，故象山陸子謂此一段總是修身齊家治國平天下之要也。然則胡爲乎不言格物致知也，言之矣，而未嘗指切也，曰毋自欺，誠意也，曰如惡如好，格物也，蓋以爲慎思明辨之功宜如是也，曰自謙，致知也。“富潤屋”十字疑在下文，此謂修身在正其心上，竄亂于此也。[②]

○謹案：在八條目傳章中，惟有誠意傳章特别，其他傳章都是兩兩

---

① 《禮記大學篇伍嚴兩家解説》，《梁漱溟全集》第四卷，32—38、71—73頁。謹案：伍氏解“如惡惡臭”爲，才感覺有自欺處即要像惡惡臭那樣去惡它，但“如好好色”呢？

② 《〈大學〉存翫》，《無受室文存》，7—9頁。任銘善先生秉承其師鍾泰先生，是認定《大學》舊本的，因而如同鄭、孔，緊接經一章，就是長長的誠意章，裏面不僅論説誠意，還論説明明德、新民、止于至善，等等，但爲什麼會是這樣呢？任氏給出的答案大概是：“竊以爲《大學》一書曰修身齊家治國平天下皆用也，而修身爲本，誠意則又修身之本也。格物致知者，誠意之功，正心者修身之功，故不先言乎誠意，則明德止善爲無著，無論齊治平矣。此所以一書綱目既列，而必先及乎此也。孔氏仲遠曰，此一經廣明誠意之事，言聖人自誠己意亦服民使誠意也。《中庸》一篇言中和之用，其綱領不外乎率性修道二事，而亦先之以戒慎恐懼者，其旨固無二矣。《易》之所謂慎密，孟子所謂持志，荀子所謂養心，俱無外乎斯意。”

相說，譬如“所謂致知在格物者”，“所謂修身在正其心者”，“所謂齊其家在修其身者”，“所謂治國必先齊其家者”，“所謂平天下在治其國者”，而只有誠意傳章是單說的，即“所謂誠其意者”[①]，因而我們是否有理由揣測，本章也該含有“所謂誠其意在致其知者”和“所謂正其心在誠其意者”的内容呢？可《大學》的確不存在這兩章，想來還是該有理由的吧。無獨有偶，元代的胡炳文及景星亦尤其注意到了這個問題，其中，胡炳文以爲：“惟誠意獨作一傳，然《章句》謂‘誠意者，自修之首’，亦已兼正心修身而言矣。章末曰潤身，曰心廣，提出身與心二字，意可見矣。”亦即：“此章雖專釋誠意，而所以正心、修身之要，實在於此，故下二章第言心不正身不修之害，而不言所以治病之方，以具於此章故也。”而景星對此給出進一步的理由是：“蓋致知屬知，誠意屬行，知行自是兩事，當各致其力，所以誠意不連致知。誠意與正心雖皆屬行，然誠意不特爲正心之要，自修身至平天下皆以此爲要，若只連正心說，意便狹了，則無以見誠意功用之廣如此。”不過，經一章的“欲誠其意者，先致其知”，“知至而后意誠”不就是連起來說的嗎！而說八條目皆不離誠意，所以就要單說誠意，那麼，八條目也皆不離格物，是不是也該單說格物呢？

所以我個人以爲還該是另有原因，亦即，因爲誠意首要的就在於好善如好好色，惡惡如惡惡臭，那麼辨别善惡就當然是其中的應有甚至首要之意，而且，唯有辨别了善惡，才可能做到好善惡惡。而辨别善惡恰好是格物致知所爲，因此誠意中必有致知，必有慎獨，必有省察。但會不會存在有儘管辨知善惡，却並不好善惡惡的呢？可以肯定是有的，像小人即是如此，此即“小人閒居爲不善，無所不至，見君子而后厭然，揜其不善，而著其善”，則小人並非全不知善惡，並非不知善之當爲與惡之當去，但小人幾乎盡爲氣稟所拘，人欲所蔽，故難以做到好善惡惡以至存善去惡，甚或還可能反其道而行之，所以可以說，小人没有真實

① 若依《大學》舊本，誠意傳章就更爲特别了，它緊接經一章之後，涵蓋了《大學》全部三綱領及本末傳章。鄭、孔以及陽明等全依舊本，不能不說是一個問題。

的省察，没有慎獨，没有誠意，小人之知也决非真知。《中庸》亦說“慎獨”，即：“莫見乎隱，莫顯乎微，故君子慎其獨也。”“《詩》云：‘潜雖伏矣，亦孔之昭！’故君子內省不疚，無惡於志。君子之所不可及者，其爲人之所不見乎？”且《中庸》亦説到誠意與致知的聯繫，即：“誠身有道，不明乎善，不誠乎身矣。”所謂誠身，誠意就是其基本，而明善乃致知所爲。若再説到“所謂正其心在誠其意者”，那麽正心，也就是讓我們的知覺之心中正不偏，其固然也要通過誠意，試想心之所發意念等，不經省察、慎獨與誠意之存善去惡的工夫，終究心何以中正不偏呢？然而，僅單憑已發的省察、慎獨與誠意，發一點，省察誠意一點，發一點，省察誠意一點，等等，多半都還是在末端處下工夫，此於心之大本處雖也不無影響，但畢竟並非直達大本的工夫，所以作用還是有限的。正是因此，故若説“所謂正其心在誠其意者”，也的確可以説，不過是否充分，就有些難説了。朱子也説：“然或但知誠意，而不能密察此心之存否，則又無以直内而修身也。”而船山雖然以爲本章就是應該涵蓋“所謂正心在誠其意者”，只説“誠意”是由於省文。不過，“誠者誠其所正，正心爲本務，誠意爲加功矣”。而“所謂自者，心也，欲修其身者所正之心也。蓋心之正者，志之持也，是以知其恒存乎中，善而非惡也。心之所存，善而非惡。意之已動，或有惡焉，以陵奪其素正之心，則自欺矣。（意欺心。）唯誠其意者，充此心之善，以灌注乎所動之意而皆實，則吾所存之心周流滿愜而無有餒也，此之謂自謙也。（意謙心。）”所以，“意爲心身之關鑰”，而“藉云戒欺求謙，則亦資以正其心，而非以誠其意。故章末云：‘故君子必誠其意。’（猶言故欲正其心者，必誠其意。）以使此心終始一致，正變一揆，而無不慊於其正也。（即《中庸》所謂‘無惡於志’。）”誠意正心缺一不可，亦即：“但知誠意而不能密察此心之存否，其敝也爲克伐怨欲之不行而不足以仁，其流且爲異端之狂心乍歇而即爲菩提。欲正其心而不能誠其意，其敝也爲非不悦道而力不足。大本既正，雖有過而不流於邪，故自正心而益求之意知爲善之至，而自誠意以進於正心修身爲《大學》之本。”尤其，我們必定該有未發而直達大本的正心工夫，這似乎有些困難。下章“所謂修身在正其心者”，是説若心不正，則所發情感意念就皆不得其正，修身亦不得其成。反倒於“正心”自身，依然没有明朗的交代。我們説無論“誠意”，還是下章所説的“心有所忿懥”等，“則不得其正”，實際上皆是在“已發”上説，依據《中庸》，“已發”講究的是能否“中節”以及能否“和”的問題，所謂“慎獨”“省察”就是要檢驗已發是否中節，而“誠意”則是要保持與擴充中節的已發，去除以至於愈益減少不中節的已發，這就叫存善去惡。如前所説，這固然可以倒過來間接地促進心之未發之中，但却不能保證從根本上成就之。心之未發之中，根本上應當由心之未發的工夫來成就，那就是《中庸》所謂“故君子戒慎乎其所不睹，恐懼乎其所不聞”，亦即“《詩》云：‘相在爾室，尚不愧於屋漏。’故君子不動而敬，不言而信”的涵養工夫。此涵養工夫，以胡銓的話説，就是：“古之君子，無所不用其正：坐毋箕坐，必正也；立毋跛立，必正也；游毋倨行，必正也；視毋淫視，必正也；聽毋傾聽，必正也；言不惰言，必正也；動不遽動，必正也。至於祭則正己，居則正位，坐則正席，射則正鵠，投壺則正爵，無所不用其正，此無他，凡以正其心也。心正則先立乎大者，而小者不能奪，忿懥恐懼好樂憂患皆其小者爾，心一爲小者所奪，則坐立視聽言動飲食顛倒失措，而天地四方易位矣，故養心不可不正。然古之聖人以蒙養正，蓋未發之謂蒙，謂喜怒哀樂未發時也，能於此時養之以正，則發而皆中節矣。若發而後禁，則扞格而難勝，故正心必曰先，謂正於未發之前。”[①] 由此我們可以得出結論，至少在我看來，或許是，《大學》之所以不説“所謂誠意在致其知者”，是因爲其自明而無須説。而之所以也未説“所謂正心在誠其意者”，則是因爲這樣説並非完整圓滿。因爲誠意以至意誠固然有利於維護與保持正心而心正，可是正心而心正自身却必須還要通過平日的涵養，方才可能得以真實的達成。

---

① 但若還要進一步問，涵養是一種什麼樣的工夫，以及如何行使這番工夫？則可以詳細參閲《中庸研讀》中我的相關論述。

所謂修身在正其心者，身有所忿懥，則不得其正；有所恐懼，則不得其正；有所好樂，則不得其正；有所憂患，則不得其正。心不在焉，視而不見，聽而不聞，食而不知其味。此謂修身在正其心。

○朱子曰：上傳之七章，釋正心修身。此亦承上章以起下章。蓋意誠則真無惡而實有善矣，所以能存是心以檢其身。然或但知誠意，而不能密察此心之存否，則又無以直内而修身也。自此以下，並以舊文爲正。又，程子曰："身有之身當作心。"忿懥，怒也。蓋是四者，皆心之用，而人所不能無者。然一有之而不能察，則欲動情勝，而其用之所行，或不能不失其正矣。又，心有不存，則無以檢其身，是以君子必察乎此而敬以直之，然後此心常存而身無不修也。①

○又曰：人之一心，湛然虛明，如鑑之空，如衡之平，以爲一身之主者，固其真體之本然，而喜怒憂懼，隨感而應，妍蚩俯仰，因物賦形者，亦其用之所不能無者也。故其未感之時，至虛至静，所謂鑑空衡平之體，雖鬼神有不得窺其際者，固無得失之可議；及其感物之際，而所應者，又皆中節，則其鑑空衡平之用，流行不滯，正大光明，是乃所以爲天下之達道，亦何不得其正之有哉？惟其事物之來，有所不察，應之既或不能無失，且又不能不與俱往，則其喜怒憂懼，必有動乎中者，而此心之用，始有不得其正者耳。惟是此心之靈，既曰一身之主，苟得其正，而無不在是，則耳目口鼻、四肢百骸，莫不有所聽命以供其事，而其動静語默，出入起居，惟吾所使，而無不合於理。如其不然，則身在於此，而心馳於彼，血肉之軀，無所管攝，其不爲"仰面貪看鳥，回頭錯應人"者，幾希矣。孔子所謂"操則存，舍則亡"，孟子所謂"求其放心，從其大體"者，蓋皆謂此，學者可不深念而屢省之哉？②

○又曰：這道理是一落索。才説這一章，便通上章與下章。如説正心、誠意，便須通格物、致知説。又，《大學》於"格物""誠意"章，

---

① 《大學章句》，傳之七章，《四書章句集注》，8頁。

② 《大學或問》下，《朱子全書》第六册，534—535頁。

都是鍊成了，到得正心、修身處，都易了。又，這事連而却斷，斷而復連。意有善惡之殊，意或不誠，則可以爲惡。心有得失之異，心有不正，則爲物所動，却未必爲惡。然未有不能格物、致知而能誠意者，亦未有不能誠意而能正心者。又，意未誠，則全體是私意，更理會甚正心！然意雖誠了，又不可不正其心。意之誠不誠，直是有公私之辨，君子小人之分。意若不誠，則雖外面爲善，其意實不然，如何更問他心之正不正！意既誠了，而其心或有所偏倚，則不得其正，故方可做那正心底工夫。又，心是大底，意是小的。心要恁地做，却被意從後面牽將去。這箇知至、意誠，是萬善之根。有大底地盤，方立得脚住。若無這箇，都靠不得。又，到得正心時節，已是煞好了。只是就好裏面又有許多偏。要緊最是誠意時節，正是分别善惡，最要著力，所以重復説道“必慎其獨”。若打得這關過，已是煞好了。到正心，又怕於好上要偏去。又，誠意是無惡。憂患、忿懥之類却不是惡。但有之，則是有所動。又，意既誠矣，後面忿懥、恐懼、好樂、憂患、親愛、賤惡，只是安頓不著在。便是“苟志於仁矣，無惡也”。又，所以伊川説：“未能誠意，且用執持。”又，意不誠，是私意上錯了；心不正，是公道上錯了。

又曰：四者豈得皆無！但要得其正耳，如《中庸》所謂“喜怒哀樂發而中節”者也。又，心有喜怒憂樂則不得其正，非謂全欲無此，此乃情之所不能無。但發而中節，則是；發不中節，則有偏而不得其正矣。又，好、樂、憂、懼四者，人之所不能無也，但要所好所樂皆中理。合當喜，不得不喜；合當怒，不得不怒。又，四者人所不能無也，但不可爲所動。若順應將去，何“不得其正”之有！如顏子“不遷怒”，可怒在物，顏子未嘗爲血氣所動，而移於人也，則豈怒而心又不正哉！又，正心，却不是將此心去正那心。但存得此心在這裏，所謂忿懥、恐懼、好樂、憂患自來不得。又，四者人不能無，只是不要它留而不去。如所謂“有所”，則是被他爲主於内，心反爲它動也。又，《大學》七章，看“有所”二字。“有所憂患”，憂患是合當有，若因此一事而常留在胸中，便是有。“有所忿懥”，因人之有罪而撻之，才撻了，其心便平，是不有；若此心常常不平，便是有。恐懼、好樂亦然。又，有事當怒，如何不怒。只是事過，便當豁然，便得其正。若只管忿怒滯留在這裏，如何得心正。又，事有當怒當憂者，但過了則休，不可常留在心。又，心不可有一物。喜怒哀樂固欲得其正，然過後須平了。又，喜怒哀樂固欲中節，然過後便須平了。蓋心無物，然後能應物。又，四者心之所有，但不可使之有所私爾。才有所私，便不能化，梗在胸中。且如忿懥、恐懼，有當然者。若定要他無，直是至死方得，但不可先有此心耳。蓋這物事才私，便不去，只管在胸中推盪，終不消釋。設使此心如太虛然，則應接萬務，各止其所，而我無所與，則便視而見，聽而聞，食而真知其味矣。看此一段，只是要人不可先有此心耳。要之，這源頭却在那致知上。知至而意誠，則"如好好色，如惡惡臭"，好者端的是好，惡者端的是惡。某常云，此處是學者一箇關。過得此關，方始是實。

又曰：然有不得其正者，只是應物之時不可夾帶私心。惟誠其意，真箇如鑑之空，如衡之平，妍媸高下，隨物定形，而我無與焉，這便是正心。又，心在這一事，不可又夾帶那一事。若自家喜這一項事了，更有一事來，便須放了前一項，只平心就後一項理會，不可又夾帶前喜之之心在這裏。又，只是這許多好樂、恐懼、忿懥、憂患，只要從無處發出，不可先有在心下。看來非獨是這幾項如此，凡是先安排要恁地，便不得。又，人心如一箇鏡，先未有一箇影象，有事物來，方始照見妍醜。人心本是湛然虛明，事物之來，隨感而應，自然見得高下輕重。事過便當依前恁地虛，方得。又，這心之正，却如稱一般。未有物時，稱無不平。才把一物在上面，便不平了。又，喜怒憂懼，都是人合有底。只是喜所當喜，怒所當怒，便得其正。若欲無這喜怒憂懼，而後可以爲道，則無是理。小人便只是隨這喜怒憂懼去，所以不好了。又，心若先有怒時，更有當怒底事來，便成兩分怒了；有當喜底事來，又減却半分喜了。先有好樂，也如此；先有憂患，也如此。又，心不可有一物，外面酬酢萬變，都只是隨其分限應去，都不關自家心事。才係於物，心便爲其所動。其所以係於物者有三：或是事未來，而自家先有這箇期待底心；或事已應去了，又却長留在胸中不能忘；或正應事之時，意有偏重，便只見那邊重，這都是爲物所係縛。聖人之心，瑩然虛明，無纖毫形迹。一看事物之來，若小若大，四方八面，莫不隨物隨應，此心元不曾有這箇物事。又，“心不在焉，則視而不見，聽而不聞，食而不知其味。”這箇，三歲孩兒也道得，八十翁翁行不得！又，才知覺，義理便在此；才昏，便不見了。又，知覺在，義理便在，只是有深淺。又，心，全德也。欠了些箇，德便不全，故不得其正。心包體用而言。欲爲這事，是意；能爲這事，是情。[1]

〇又曰：只道體正，應物未必便正。此心之體，如衡之平。所謂正，又在那下。衡平在這裏，隨物而應，無不正。“如衡之平”下，少幾箇字：“感物而發無不正。”又，“必先持志、守氣以正其心。”此只是就心上説。思慮不放肆，便是持志；動作不放肆，便是守氣。守氣是“無暴其氣”，只是不放肆。又，意雖已誠，而此心持守之不固，是以有動。到這裏，猶自三分是小人，正要做工夫。且意未誠時，譬猶人之犯私罪也；意既誠而心猶動，譬猶人之犯公罪也，亦甚有間矣。又，若是意未誠時，只是一箇虛僞無實之人，更問甚心之正與不正！唯是意已誠實，然後方可見得忿懥、恐懼、好樂、憂患有偏重處，即便隨而正之也。又，不誠是虛僞無實之人，更理會甚正！不虛僞無實，是箇好人了，這裏方擇得正不正做事。故忿懥四者，已是好人底事。事至不免爲氣動，則不免差了。[2]

〇程子曰：或謂有忿懥、恐懼、好樂、憂患，心不得其正，是無此數者，心乃正乎？程先生曰：非是要無，只是不以此動其心，學者未到不動處，須是執持其志。(伊川)

〇真德秀曰：喜怒憂懼乃心之用，非惟不能無，亦不可無。但平居無事之時，不要先有此四者在胸中。如平居先有四者，即是私意，人若有些私意塞在胸中，便是不得其正。須是涵養此心，未應物時，湛然虛静，如鑒之明，如衡之平，到得應物之時，方不差錯，當喜而喜，當怒而怒，當憂而憂，當懼而懼，恰好則止，更無過當，如此方是本心之

① 《朱子語類》卷第十六，《大學》三，傳七章 釋正心修身，第二册，341—349頁。

② 《朱子語類》卷第十八，《大學》五，《或問》下，傳七章，第二册，423—424頁。

正。或問：《大學》不要先有恐懼，《中庸》却要恐懼，何也？曰：聖賢之言，有似同而實異也。《中庸》只是事物未形之時，常常持敬，令心不昏昧而已；《大學》之恐懼，却是俗語恐怖之類，自與《中庸》有異。[①]

○胡炳文曰：心之體無不正，所謂正心者，正其心之用爾。"在正其心"，此"正"字是説直内之功夫，蓋謂心之用或有不正，不可不敬以直之也；"不得其正"，此"正"字是説直内之本體，蓋謂心之本體無不正，而人自失之也。曰"正其"，曰"其正"，自分體用。心體本如太虚，或景星慶雲，或烈風雷雨，而太虚自若，人之一心寧無喜怒憂懼，然可怒則怒，怒過不留，可喜則喜，喜已而休，喜怒憂懼皆在物而不在我，我雖日與物接而不物於物，此所以能全其本體之虚。或疑《中庸》首章先存養而後言省察，末章先省察而後言存養，《大學》誠意言省察，獨欠存養。殊不知此章正自有存養功夫：喜怒哀懼之未發也，不可先有期待之心；其將發也，不可一有偏繫之心；其已發也，不可猶有留滯之心。事之方來，念之方萌，是省察時節；前念已過，後事未來，又是存養時節，存養者，存此心本體之正；省察者，惟恐此心之用或失之不正也。宜仔細看《章句》三"察"字並四"存"字。又，心不在只是不敬，故《章句》提出敬之一字，然獨於正心章言之者，知者心之知覺，非敬無以爲致知之要；意者心之萌動，非敬無以爲誠意之方；意既誠矣，又密察此心之存否，而敬以直之，由是而修己安人安百姓，孰有不本於此心之敬者。朱子曰"敬者聖學之所以成始而成終者也"，故於此深致意焉。又，饒氏曰：忿者怒之甚，懥者怒之留。[②]

○景星曰：須看《章句》二察字，此心之靈，苟失其正，則心便不存，心不存，便不能察，故下文便接"心不在焉"去。又，上章知字意字，雖暫指心而言，然知字是就心之知覺處説，意字是就心之發念處説，至此章方直指心之全體，學者必於此心之全體，洞然虚明無所係

---

① 《禮記集説》卷一百五十一，《大學》第四十二，《通志堂經解》第13册，502—503頁。

② 《四書通·大學通》，《通志堂經解》第15册，406頁。

累，則其大用流行自無不得其正矣。又，上文四不得其正，是心不正；此視不見以下，是説身不修。蓋心乃身之主，心不存，則身不修，此謂修身在正其心。此章與下章皆言病證，不言治病之藥，《章句》於此章用一“察”字與“敬直”二字，下章用一“審”字，皆是治病之藥，以發傳文未言之意。又，言身修，視聽飲食，皆就身説。素心之一字，始於《虞書》，人心道心便是善惡關頭。惟精者，致知也，察於人心道心之間，而明於擇善也。惟一者，誠意也，專以道心爲主，而誠於爲善也。允執厥中，中則無不正矣。湯之制心，武之宅心，孔子之心不踰矩，顔淵之心不違仁，皆此心也。[①]

〇船山曰：有四情而不得其正，唯其心之未正也。雖未有四情之時，亦無正之可得，特未著耳。心未正，必察而正之。“正”者，正其體也，體正則用正，用正而行乃正，行正而身修矣。又，心常存，常存於正也。正者，仁義而已矣。常存者，不違仁而集義也，孔子曰“操則存”，此之謂爾。又，但知誠意而不能密察此心之存否，其敝也爲克伐怨欲之不行而不足以仁，其流且爲異端之狂心乍歇而即爲菩提。欲正其心而不能誠其意，其敝也爲非不悦道而力不足。大本既正，雖有過而不流於邪，故自正心而益求之意知爲善之至，而自誠意以進於正心修身爲大學之本。敬者，正之功也；正者，敬之事也。敬者，敬所正也；正者，敬以正也。敬以正而後正無怠忘勉强之病，敬所正而後敬非惺惺亡實之迷，此聖學異端之大界在正不正，而學者醇疵之别在敬不敬，要諸至善，則敬而正之，其實一也。嗚呼，正心之學不講久矣，朱子明言知誠意而不知存心之敝，以防學者之舍本而圖末，重外而輕内，以陷於異端，乃一再傳而其徒已明叛之而不知，又奚况陸子静、王伯安之徒不急背聖教以入於邪哉！然則正心之實功何若？孔子曰“復禮”，《中庸》曰“致中”，孟子曰“存心”，程子曰“執持其志”，張子曰“瞬有存，息有養”，朱子曰“敬以直之”，學者亦求之此而已。[②]

---

① 《大學中庸集説啓蒙·大學》，景印文淵閣《四庫全書》第204册，986—987頁。

② 《禮記章句》卷四十二，《大學》，《船山全書》第四册，1488—1491頁。

〇又曰：此章所言“不見不聞不知味”，未是身不修；見聞知味不可謂之身修，但言身必以心爲主耳。下章“知子之惡，知苗之碩”，亦不可謂之家齊，意亦同。又，此乃言意累其心，使心不正，故下一“則”字。不得其正非不正，乃欲正而不得耳。此章跟意來；第八章言好惡，跟心來；第九章言一人、言藏身；第十章言老老、長長、恤孤，俱是血脈貫通處。又，心不論在不在，只論正不正。此“心”字，乃好善惡惡之本志，非知覺之靈明。知覺之靈明，致知之知也，舊説俱暗昧。又，此章未嘗實説身不修，下章未嘗實説家不齊，只言心不正身不修，而不修不齊之理自見矣。[①]

〇又曰：不（以此數者）動其心，元不在不動上做工夫。其道固因乎意誠。不動者，心正也；執持其志者，正其心也。故程子直以孟子持志而不動心爲正心，顯其實功，用昭千古不傳之絶學，其功偉矣。又，以道義爲心者，孟子之志也。持其志者，持此也。夫然，而後即有忿懥等，而無不得其正。何也？心在故也。而耳目口體，可得言修矣。又，此“心”字在明德中，與身、意、知各只分得一分，不可作全體説。又，今看此書，須高著眼，籠著一章作一句讀，然後知正心工夫之在言外，而不牽文害義，以虚明無物爲正。又，“放其心”者，豈放其虚明之心乎？放其仁義之心也。夫操者，操其存乎人者仁義之心也；求者，求夫仁人心、義人路也；從者，先立夫天之所與我者也。又，故欲正其心者必誠其意，而心苟不正，則其害亦必達於意，而無所施其誠。故愚謂意居身心之交，（八條目自天下至心，是步步向内説；自心而意而知而物，是步步向外説。）而《中庸》末章，先動察而後静存，與《大學》之序並行不悖，則以心之與意，互相爲因，互相爲用，互相爲功，互相爲效，可云繇誠而正而修，不可云自意而心而身也。心之爲功過於身者，必以意爲之傳送。又，正心者，過去不忘，未來必豫，當前無絲毫放過。則雖有忿懥等，而有主者固不亂也。[②]

---

① 《四書箋解》卷一，《大學》，《船山全書》第六册，117 頁。

② 《讀四書大全説》卷一，《大學》，《船山全書》第六册，419—425 頁。

○又曰：以心居静而制動，爲身之主，而身之用皆自此而起也。今且無言正與修合一之功，而言身與心關通之故，則試就心之不正者而言之乎。夫心之不正，惟無理以爲之宰制也。乃情之未生，則正不正不可得而知；迨乎情之既起，則無主之心必因情而流矣。而心苟得其正，則皆如其當然之則，而無流於一偏、激爲太過之病。由此言之，心與身之相應最速而相合無間也，明矣。此以知心爲身之主，而正乃修之原也。修身爲本，而心尤其原也，豈不信乎！[①]

○吕留良曰：首節説不正之故，次節明身心之關。“在”字是正心工夫，是好字眼，與上有所不同。辨色、别聲、食味，人之所以生，不是不好事，只心不正，則其用皆失耳。[②]

○汪紱曰：忿懥四者皆心之用，情也，而情具於中則心之體也，心之體至虚至靈，原著不得一物而却能具萬物。喜怒哀樂未發之中，亭亭當當，直上直下，如日在中天，惟其無少偏倚，故能無微不照，事至物來，因物付物，各當其則，虚之體全而靈之用乃出也。若先著一物在心，則此物反爲心之主，此心失其至虚之體而應物交差矣。此章就用上指點，却是教人從體上持存，不只在用時節制，若用上節制，則仍只是誠意工夫耳。《章句》“惟敬以直之”句直指本體工夫，其“欲動情勝”云云却皆言用，蓋心體失養而差錯仍在用上始見也。“心不在焉”句即四個有所，心中先著一物，便失本體，本體不見，故直曰“心不在焉”。視聽三句即四個“不得其正”，心體失而其用皆無以檢也。通章傳文只用反托，未言工夫，《章句》補“敬以直之”一句，而正心工夫已備。敬可兼内外體用，而《易》曰“敬以直内”，則敬字工夫就在體作主。愚按此傳正戒慎不睹恐懼不聞工夫，蓋忿懥四者即《中庸》之喜怒哀樂，而《中庸》戒慎恐懼所以致中。所謂直内者，即戒慎不睹恐懼不聞，將此未發之中扶植亭亭當當，直上直下，不偏不倚，故曰“直内”。此傳合釋正修，蓋意誠心正外，别無修身工夫，故傳不曰“必先”而直

① 《四書訓義》(上)卷一，《大學》，《船山全書》第七册，70—71頁。

② 《四書講義》卷二，《大學》二，上册，48頁。

曰“在”，與“致知在格物”一例。若吾儒正心即以檢身，則心既正而身自無不修；苟身有未修，好惡之過則，則吾謂此仍其正心之功有未純耳。正修合傳，身心一串，然與誠意未接，亦於經文“必先”“而後”字未見通貫，故亦以總注補之。朱子云，心身在意誠後，自不大差，皆是合有的事，故誠意傳自特重。不誠意不足以真地正心，然既誠意，亦可能心之未正，用情失檢而涵養未純也，故又當正心。正心然後身有所檢，故心正而后身修，此《大學》教人逐節用功。[①]

〇丁紀曰：自朱子曰“知既盡，則意可得而實矣；意既實，則心可得而正矣”以下，亦皆可仿朱子而曰“心既正，則身可得而修矣”“身既修，則家可得而齊矣”“家既齊，則國可得而治矣”“國既治，則天下可得而平矣”。“知既盡，則意可得而誠矣”，然亦有些子誠意之事；“意既誠，則心可得而正矣”，然亦有些子正心之事。雖不煩多事，終須有爲；不然，知雖盡而誠意之功不收，意雖誠而正心之功不收；凡此以下皆然。雖各有事，惟愈不費力。朱子講：“若是不致知、格物，便要誠意、正心、修身，氣質純底，將來只便成個無見識底呆人；若是意思高廣底，將來遏不下，便都顛了。”傳之七章釋正心、修身，而重在正心。“正心”之“正”，非泛言“正確”“端正”，乃質言心之正位、正行也，正位言其體，正行言其用。心之正位須是居中，心之正行須是作主。朱子單拈一個“主”字説心，以居中方作得主定，乃以用見體也。故正心者，須念兹在兹以爲操存之道，然後身物爲御爲導，則可謂之心正，然後修身可期也。[②]

〇鄭玄曰：懥，怒貌也，或作“懫”，或爲“疐”。

〇孔穎達曰：此覆説前修身正心之事。懥，謂怒也。身若有所怒，則不得其正。言因怒而違於正也，所以然者，若遇忿怒，則違於理，則失於正也。又，言修身之本，必在正心。若心之不正，身亦不修，若心之不在，視聽與食不覺知也。是心爲身本，修身必在於正心也。[③]

---

① 《四書詮義》上，卷一，《大學》，《叢書集成三編》第10册，373—376頁。

② 《大學條解》，十、“八條目”之“正心”，59—61頁。

③ 《禮記正義》卷第六十七，《大學》第四十二，下册，2249、2255—2256頁。

〇胡銓曰：古之君子，無所不用其正：坐毋箕坐，必正也；立毋跛立，必正也；游毋倨行，必正也；視毋淫視，必正也；聽毋傾聽，必正也；言不惰言，必正也；動不遞動，必正也。至於祭則正己，居則正位，坐則正席，射則正鵠，投壺則正爵，無所不用其正，此無他，凡以正其心也。心正則先立乎大者，而小者不能奪，忿懥、恐懼、好樂、憂患，皆其小者爾，心一爲小者所奪，則坐立視聽言動飲食顛倒失措，而天地四方易位矣，故養心不可不正。然古之聖人以蒙養正，蓋未發之謂蒙，謂喜怒哀樂未發時也，能於此時養之以正，則發而皆中節矣。若發而後禁，則扞格而難勝，故正心必曰先，謂正於未發之前。

〇葉適曰：忿懥、恐懼、好樂、憂患皆物也，非心也，是物交於其心，不出於此，必入於彼，物爲之制，則心之所存者寡矣。無私主者，心也；物物而不物於物者，心也；舉喜怒哀樂無以見之，而非無者，心也。正心之至，至於不以一物累其心，則視而必見，聽而必聞，食而必知其味，推之於身，皆一心之用也。意言其所發，心言其所存。

〇李元白曰：始焉心足以制其身，今也身反以戕其心，故經不曰心有所忿懥，而特曰身有所忿懥，挈其身而言之，所以明數者之累乃生於身，而非生於心也。然身之與心常相關，而不相違，安有身爲物累，而心爲我有者乎？吾見忿怒之横生，嗜好之紛起，而恐懼憂患且交戰於方寸，則心之存焉者寡矣。故經列四者於前，而繼之曰“心不在焉”。

〇吴如愚曰：蓋所以不得其正者，以其身有之也，身有之者，血氣所使也，是私欲也。故其所忿懥則是好勇鬬很，忿忘其身者也，與一怒安其民者異也；其所恐懼則是怯懦無勇，見義不爲者也，與恐懼所不睹，臨事而懼者異矣；其所好樂則是好色好利，樂驕樂逸遊者也，其與好禮樂善者異矣；其所憂患，則是憂貧，患得失者也，其與憂民憂國，患不知患不能者異矣。此其所以不得其正也。

〇邵甲曰：昔之聖賢，固有一怒安民者矣，非無忿懥也，然當怒而怒，所可怒者在物，而不在我，故怒而不遷，所過者化；固有恐懼修省者矣，非無恐懼也，然當懼而懼，所可懼者在時，而不在我，故震雷雖驚，不喪匕鬯；唯仁者能好人，以其無所作好也，好樂如是，夫奚傷；

天下憂，吾不得不憂，在我本無所憂也，憂患如是，夫奚損。此如水中之萬象，鑑中之妍媸，物至則見，物去則寂，水之與鑑無所增減，亦無所愛憎也。未應物之前，忿懥、恐懼、好樂、憂患一毫不立，固所以爲此心之正；當接物之時，忿懥、恐懼、好樂、憂患隨感而應，亦孰非此心之正。詩人形容文王宅心之妙，必曰“無然畔援，無然歆羡”。而孔門高弟形容夫子心術之精微者，亦曰“毋意，毋必，毋固，毋我”。正以方寸之地一毫意念未始或萌如此也，則夫忿懥、恐懼、好樂、憂患四者，苟有一焉，豈不甚爲此心之累哉！①

○劉宗周曰：不言正心先誠其意者，以及心無所主便不成其在，意不誠也。正以見誠意之爲專義也。此不詳所以正心之法，蓋曰先誠其意云。又，“有所”之病，皆從物不格、知不致、意不誠來。故君子必慎其獨也。“有所”只争些子，這些子便争此心之存亡，嚴矣哉。但言修之先正，非實言正心之功也。意誠而心自正矣。以爲意誠之後，更有正心之功者，非也。②

○姚際恒曰：喜怒哀樂，人不能無，若謂有之，心便不得其正，此釋氏教人除煩惱，絶恐怖，去惡欲，離斷七情，心空性空之學，非吾儒正道也。至謂心不在便爲心不正，尤禪學之易明而易見者。聖賢言存心，言求放心，使心存仁義見于行事，亦無非仁義，而身乃得正，非只求心在便以爲正也。③

○劉沅曰：人不能外氣質而生，則欲心不爲身所累甚難，惟養浩然

---

① 《禮記集説》卷一百五十一，《大學》第四十二，《通志堂經解》第13册，503頁。其中，邵甲所謂“詩人形容文王宅心之妙，必曰‘無然畔援，無然歆羡’”，出自《詩·大雅·皇矣》，其曰：“帝謂文王：‘無然畔援，無然歆羡，誕先登于岸。’密人不恭，敢距大邦，侵阮徂共。王赫斯怒，爰整其旅，以按徂旅，以篤于周祜，以對于天下。”亦即，人心有所畔援，有所歆羡，則溺於人欲之流，而不能以自濟。文王無是二者，故獨能先知先覺，以造道之極至。蓋天實命之，而非人力之所及也。是以密人不恭，敢違其命，而擅興師旅以侵阮而往至于共，則赫怒整兵而往，遏其衆，以厚周家之福而答天下之心。蓋亦因其可怒而怒之，初未嘗有所畔援欣羡也。（《詩集傳》卷第十六，《朱子全書》第一册，667頁）

② 《大學古文參疑》《大學古記》《大學雜言》，《劉宗周全集》第一册，615—616、630、662頁。宗周所謂“意誠而心自正”，之後更無正心之功也。似把正心僅僅視爲意誠之後的工夫，未免有些拘執了。

③ 《續禮記集説》卷九十七，《大學》，《續修四庫全書》第102册，713—714頁。

之氣，由有諸己而化，使先天一元之氣充周於身，表裏精瑩。飲食起居無異於人，而心與天通，氣與天合，始爲心正。《大學》一書無存養爲仁等字，且無性字，而其實格致誠正等功即養浩然之氣在内。孟子曰“盡其心，知其性也”，盡心者，全乎心之本量，復先天之本然，即心即性即此章所謂正心矣。存有覺之心，養無爲之性，使静則渾然，動亦粹然秩然，行之久而心不動，化也，神也，與天合德，故曰“所以事天”。正心之人養浩然之氣，動静交養，内外交修，久久而後積於中者純一，著於外者咸宜，一元之理氣充周布濩，與天相契而未嘗與世相違。《大學》之功之心正時如太虚無象，而乾元之本體渾堅如金城，入乎世中，出乎世外。正心之人盡性踐形、理氣充滿，一如乎天，有何氣質之餘可以塵滓太虚？故心正而身修爲學之成。由化而神，衹是涵養益熟，安得人人而學之，亦安得人人而語之？[①]

〇伍庸伯曰：此《正修》一章的文字没有錯誤。大程子曾謂首句宜以“心”字易“身”字者，實不須要。解説此章不妨從後句入手。試問“心不在焉”，究竟是爲什麽而不正的？可以回答：這是心受了身的牽制。凡“有所忿懥”，“有所恐懼”云云，正是説身牽制著心到忿懥，恐懼……那邊去了。心著在忿懥等上，便失其靈明，從而視無見，聽無聞，食不知味。大抵情有所著，其過在身，而心乃受其病。視聽言動原屬身之事，到心不在時，身亦廢失其用。只有身心一致，相合不離，方是正常的。此章旨在點出此身心關係，假如去這身字而易以心字，則全落在心的一面了。看似文從字順，而實未爲善也。忿懥、恐懼、好樂、憂患，幾樣皆是意，而爲人們平時所恒有者，不過有輕有重，有多有少，種種不同而已。此其動向皆偏向身外走去，與明德不相應，有失於敬與誠，是自欺的意，非誠意。精神完整地當下即是敬。誠、敬互相通。誠即言其動作中的敬，敬則謂其静時之誠也。當物格知至而敬的作用發生，覺知自欺，而毋自欺焉，立時正其不正以歸於正。是毋一次即心正一次，同時於意即爲意誠一次，於身即爲身修一次。誠、正、修三

① 《大學古本質言》，54—60頁。

者連在一起來講功夫，就更易明白。《誠意》章講身心内外，此章亦講身心内外，却更細。真如同影之隨形，一分一毫不差。心有一點窒礙，身便有一點失其作用；身有一點偏失，心便不得其正。慎獨即在這身心内外上見功夫，要使心正身修，内外得力而已。慎獨功夫差一分，心就不正一分；心不正一分，身的正常作用即減一分，亦即會要誤却多少事情。我們明白身心内外形勢如此不爽分毫，故必慎其獨，必誠其意。

〇嚴立三曰：正者，是也。是者，直也。日中直射謂之是，故正亦中也。心正云者，即言乎内直之中，定静而安之境。其發而中節之和，則修身以下皆是矣。故“不將不迎，應而不藏”，至人用心如鏡之喻未可非。其要在内養之直，直養而塞乎天地之間，尚何可著可滯可有者哉。[①]

〇任銘善曰：曰“富潤屋，德潤身，心廣體胖”，謂心正而後身修也。蓋其文宜在此章，而簡錯于彼焉爾。于身之不修而見乎心之未得其正焉，于心之正否而必其體之舒泰局脊焉。反復而理蓋明矣。香溪范氏云，天君泰然，百體從令，蓋謂此也。[②]

〇謹案：上章已經説過，正心即《中庸》所謂“戒慎其所不睹，恐懼乎其所不聞”，“《詩》云：‘相在爾室，尚不愧於屋漏。’故君子不動而敬，不言而信”之涵養工夫。亦即船山所謂，“孔子曰‘復禮’，《中庸》曰‘致中’，孟子曰‘存心’，程子曰‘執持其志’，張子曰‘瞬有存，息有養’，朱子曰‘敬以直之’”云云。不過，本章却並未直接談正心，而只説了若没有做到正心，會引發的可能的後果，因而有必要在此對正心再做一些補充。有關《中庸》“致中”之涵養工夫，可參閲我的《中庸研讀》的相關論述。而這裏僅僅著重就《孟子》之“存心”“持志”“養氣”來論説這番涵養工夫。其實，朱子也曾講：“‘必先持志、守氣以正其心。’此只是就心上説。思慮不放肆，便是持志；動作不放肆，便是守氣。守氣是‘無暴其氣’，只是不放肆。”看來以《孟子》之

① 《禮記大學篇伍嚴兩家解説》，《梁漱溟全集》第四卷，45—46、73—75 頁。

② 《〈大學〉存斠》，《無受室文存》，12 頁。

“持志”、“守氣”或“養氣”來論説“正心”，應當也是成立的。孟子講：“存其心，養其性，所以事天也。”所謂“存，謂操而不舍；養，謂順而不害。事，則奉承而不違也”。程子曰：“心也、性也、天也，一理也。自理而言謂之天，自禀受而言謂之性，自存諸人而言謂之心。”① 也就是説，永無止息而始終如一地存理，順理，奉理而行，則謂之涵養。這也就是所謂“持志”，志於道，志於德，志於仁，志於義，志於理，其義一也。朱子講：“人固當敬守其志，然亦不可不致養其氣。蓋其内外本末，交相培養。”其中“養其氣”，也就是孟子所謂“我善養吾浩然之氣”，亦即：“其爲氣也，至大至剛，以直養而無害，則塞於天地之閒。其爲氣也，配義與道；無是，餒也。是集義所生者，非義襲而取之也。行有不慊於心，則餒矣。”“必有事焉而勿正，心勿忘，勿助長也。”所謂“集義，猶言積善，蓋欲事事皆合於義也”，亦即“言氣雖可以配乎道義，而其養之之始，乃由事皆合義，自反常直，是以無所愧怍，而此氣自然發生於中。非由只行一事偶合於義，便可揜襲於外而得之也。”② 對此，劉沅以爲，人不能外氣質而生，則欲心不爲身所累甚難，惟養浩然之氣，由有諸己而化，使先天一元之氣充周於身，表裏精瑩。飲食起居無異於人，而心與天通，氣與天合，始爲心正。《大學》一書無存養爲仁等字，且無性字，而其實格致誠正等功即養浩然之氣在内。也就是説，正心之人養浩然之氣，動静交養，内外交修，久久而後積於中者純一，著於外者咸宜，一元之理氣充周布濩，與天相契而未嘗與世相違。而船山説正心，恰好正是“心常存，常存於正也。正者，仁義而已矣。常存者，不違仁而集義也，孔子曰‘操則存’，此之謂爾”。集義所生，凡事，無論動静語默，舉手投足，身處何時何地，皆無不出於道義而全與道義吻合，“非禮勿視，非禮勿聽，非禮勿言，非禮勿動”，“出門如見大賓，使民如承大祭”，“居處恭，執事敬，與人忠”，“言忠信，行篤敬，雖蠻貊之邦行矣；言不忠信，行不篤敬，雖州里行

---

① 《孟子·盡心上》第一章，《四書章句集注》，356頁。
② 《孟子·公孫丑上》第二章，《四書章句集注》，232—233頁。

乎哉？立，則見其參於前也；在輿，則見其倚於衡也。夫然後行”，等等，皆可説是平日的涵養之功，而敬畏之情無不貫穿其中。此正如船山所言：“敬者，正之功也；正者，敬之事也。敬者，敬所正也；正者，敬以正也。敬以正而後正無怠忘勉强之病，敬所正而後敬非惺惺亡實之迷，此聖學異端之大界在正不正，而學者醇疵之别在敬不敬，要諸至善，則敬而正之，其實一也。”至於若論正心與修身的聯繫，船山之言亦可謂中的，即：“以心居静而制動，爲身之主，而身之用皆自此而起也。今且無言正與修合一之功，而言身與心關通之故，則試就心之不正者而言之乎。夫心之不正，惟無理以爲之宰制也。乃情之未生，則正不正不可得而知；迨乎情之既起，則無主之心必因情而流矣。”“而心苟得其正，則皆如其當然之則，而無流於一偏、激爲太過之病。”“由此言之，心與身之相應最速而相合無間也，明矣。”“此以知心爲身之主，而正乃修之原也。”“修身爲本，而心尤其原也，豈不信乎！”亦如丁紀所言：“正心”之“正”，“乃質言心之正位、正行也，正位言其體，正行言其用。心之正位須是居中，心之正行須是作主。朱子單拈一個‘主’字説心，以居中方作得主定，乃以用見體也。故正心者，須念兹在兹以爲操存之道，然後身物爲御爲導，則可謂之心正，然後修身可期也。”所謂“念兹在兹以爲操存之道”，亦即平日莊敬之涵養工夫，正是爲了心之未發而始終居中，心之始終正位。而“心有所親愛”等而正焉，則可謂已發之心之正行。有心之正位，則有心之正行；反之，心之正行又會反過來維護與貞固心之正位。這也就是《中庸》所謂“致中和”吧。也就是説，“存養省察四字，正是正心時工夫。事之方來，念之方萌，此是省察時節；前念已過，後事未來，此是存養時節。存養者，存此心本體之正；省察者，惟恐此心之用，或失之不正而求以正之也”。當然這番話實際已把誠意包含進去了。從心的角度來講，也就如景星所言，“上章知字意字，雖暫指心而言，然知字是就心之知覺處説，意字是就心之發念處説，至此章方直指心之全體，學者必於此心之全體，洞然虚明無所係累，則其大用流行自無不得其正矣”。若再將格、致、誠、正、修的工夫聯繫起來講，則大致當爲伍庸伯所言，“當物格知至而敬的作用發生，覺知自欺，而毋自欺焉，立時正其不正以歸於正。是毋一次即心正一次，同時於意即爲意誠一次，於身即爲身修一次”。“心有一點窒礙，身便有一點失其作用；身有一點偏失，心便不得其正。慎獨即在這身心内外上見功夫，要使心正身修，内外得力而已。慎獨功夫差一分，心就不正一分；心不正一分，身的正常作用即減一分，亦即會要誤却多少事情。我們明白身心内外形勢如此不爽分毫，故必慎其獨，必誠其意”。只不過這其中的“物格知至”、“心正”、“意誠”以及“身修”，應該是“格物致知”、“正心”、“誠意”以及“修身”才對。這或許是伍庸伯先生一時忽略了其中兩兩間的區别所致。再者，他將身心内外工夫歸結到慎獨、誠意，而全然不提涵養，亦是不完整的，除非他所説的慎獨實際已涵蓋了涵養，方才能够成立。譬如他在講《修齊》章時説：“静存即正心，屬知一邊；洞察即修身，屬行一邊。静存動察不出慎獨一個慎字。”静存也就是涵養，以爲亦不出慎獨之慎，足見其是將涵養與洞察皆歸入慎獨當中了。再有，他的弟子梁漱溟先生亦秉承了這點，以至以爲“必須把心歸到意上，除意之外，怠無可言心”。於是未發之正心工夫，亦即涵養，也就自然會被忽視了。這點，體現得最明白不過的是，他所説的下面這段話，即：“《中庸》先説‘道不可須臾離，可離非道’，接着説‘戒慎乎其所不睹，恐懼乎其所不聞’，而後乃點出‘慎獨’。戒慎恐懼兩句，自是用來形容其下的慎獨，而戒慎恐懼之所由來，亦即慎獨所以必要者，則正爲道之不可離也。”顯而易見，《中庸》這裏明確説出的涵養與省察兩番工夫，被伍、梁二位不加分别地打並在了一起，或許在他們那裏，也不再會有未發之中與已發之和的區别了。對平日涵養工夫的忽略，可以説是一個普遍的現象，就連朱子也是直到“中和新説”的確立，方才完全真實地正視與突出涵養工夫的。（請參閲我的《中庸研讀》）所以這就是我們在此要特别突出涵養工夫的原因。

所謂齊其家在修其身者：人之其所親愛而辟焉，之其所賤惡而辟焉，之其所畏敬而辟焉，之其所哀矜而辟焉，之其所敖惰而辟焉。故好而知其惡，惡而知其美者，天下鮮矣！故諺有之曰："人莫知其子之惡，莫知其苗之碩。"此謂身不修不可以齊其家。

〇朱子曰：上傳之八章。釋修身齊家。又，人，謂衆人。之，猶於也。辟，讀爲僻，猶偏也。五者，在人本有當然之則；然常人之情惟其所向而不加審焉，則必陷於一偏而身不修矣。又，諺，俗語也。溺愛者不明，貪得者無厭，是則偏之爲害，而家之所以不齊也。①

〇又曰：辟舊讀爲譬，而今讀爲僻，何也？舊音舊説，以上章例之而不合也，以下文逆之而不通也，是以間者竊以類例文意求之，而得其説如此。蓋曰人之常情，於此五者，一有所向，則失其好惡之平，而陷於一偏，是以身有不修，不能齊其家耳。蓋偏於愛，則溺焉而不知其惡矣；偏於惡，則阻焉而不知其善矣。是其身之所接，好惡取舍之間，將無一當於理者，而況於閨門之内，恩常揜義，亦何以勝其情愛暱比之私，而能有以齊之哉？又，此章之義，實承上章，其立文明意，大抵相似。蓋以爲身與事接，而後或有所偏，非以爲一與事接，而必有所偏。所謂心正而後身修，亦曰心得其正，乃能修身，非謂此心一正，則身不待檢而自修也。又，敖之爲凶德也，正以其先有是心，不度所施而無所不敖爾。若因人之可敖而敖之，則是常情所宜有，而事理之當然也。今有人焉，其親且舊，未至於可親而愛也；其位與德，未至於可畏而敬也；其窮未至於可哀，而其惡未至於可賤也；其言無足去取，而其行無足是非也，則視之泛然如塗之人而已爾。又其下者，則夫子之取瑟而歌，孟子之隱几而卧，蓋亦因其有以自取，而非吾故有敖之之意，亦安得而遽謂之凶德哉？又況此章之旨，乃爲慮其因有所重，而陷於一偏者發，其言雖曰有所敖惰，而其意則正欲人之於此更加詳審，雖曰所當敖惰，而猶不敢肆其敖惰之心也，亦何病哉？②

---

① 《大學章句》，傳之八章，《四書章句集注》，8—9頁。

② 《大學或問》下，《朱子全書》第六册，535—536頁。《論語·陽貨》第二十章："孺悲欲見孔子，孔子辭以疾。將命者出户，取瑟而歌。使之聞之。"朱子補充道：孺悲，魯人，嘗學士喪禮於孔子。當是時必有以得罪者。故辭以疾，而又使知其非疾，以警教之也。程子曰："此孟子所謂不屑之教誨，所以深教之也。"(《四書章句集注》，181頁)《孟子·公孫丑下》

〇又曰：忿懥、恐懼、好樂、憂患皆不能無，而親愛、畏敬、哀矜、敖惰、賤惡亦有所不可無者。但此心不爲四者所動，乃得其正，而五者皆無所偏，斯足以爲身之修也。又，是心卓然立乎此數者之外，則平正而不偏辟，自外來者必不能以動其中，自内出者必不至於溺於彼。又，心須卓立在八九者之外，（謂忿懥之類。）而勿陷於八九者之中，方得其正。聖人之心，周流應變而不窮，只爲在内而外物入不得，及其出而應接，又不陷於彼。又，忿懥之類，心上理會；親愛之類，事上理會。心上理會者，是見於念慮之偏；事上理會者，是見於事爲之失。又，那事不從心上做出來！如修身，如絜矩，都是心做得出。但正心是萌芽上理會。若修身及絜矩等事，却是各就地頭上理會。又，忿懥等是心與物接時事，親愛等是身與物接時事。又，正心、修身，今看此段大概差錯處，皆未在人欲上。這箇皆是人合有底事，皆恁地差錯了。況加之以放辟邪侈，分明是官街上錯了路！又，修身以後，大概説向接物待人去，又與只説心處不同。要之，根本之理則一，但一節説闊，一節去。又，親愛等各自有當然之則，只不可偏。如愛其人之善，若愛之過，則不知其惡，便是因其所重而陷於所偏；下面説："人莫知其子之惡，莫知其苗之碩。"上面許多偏病不除，必至於此。又，"人之其所親愛而僻焉"，如父子是當主於愛，父有不義，子不可以不争；如爲人父雖是止於慈，若一向僻將去，則子有不肖，亦不知責而教焉，不可。"人之其所賤惡而僻焉"，人固自有一種可厭者，然猶未至於可賤惡處，或尚可教，若一向僻將去，便賤惡他，也不得。"人之其所畏敬而僻焉"，如事君固是畏敬，然"説大人則藐之"，又不甚畏敬。孟子此語雖稍粗，然古人正救其惡，與"陳善閉邪"，"責難於君"，也只管畏敬不得。又，哀矜，謂如有一般大姦大惡，方欲治之，被它哀鳴懇告，却便

第十一章：孟子去齊，宿於晝。有欲爲王留行者，坐而言。不應，隱几而卧。客不悦曰："弟子齊宿而後敢言，夫子卧而不聽，請勿復敢見矣。"曰："坐！我明語子。昔者魯繆公無人乎子思之側，則不能安子思；泄柳、申詳，無人乎繆公之側，則不能安其身。子爲長者慮，而不及子思，子絶長者乎？長者絶子乎？"朱子以爲，此"言齊王不使子來，而子自欲爲王留我；是所以爲我謀者，不及繆公留子思之事，而先絶我也。我之卧而不應，豈爲先絶子乎"？（《四書章句集注》，251 頁）

恕之。這便是哀矜之不得其正處。又，親者則親愛之，賢者則畏敬之，不率者則賤惡之，無告者則哀矜之。有一般人，非賢非親，未見其爲不率，又不至於無告，則是泛然没緊要底人，見之豈不敖惰。雖聖賢亦有此心。然亦豈可一向敖惰他！一向敖惰，便是辟了。又，有一般人，上未至於可親愛，下未至於可賤惡，只是所爲也無甚好處，令人懶去接他，是爲敖惰。此敖惰，不是惡德。又，"人之其所親愛、哀矜、畏敬而辟焉"，"觀過知仁"乃是因此見其用心之厚，故可知其仁，然過則終亦未是也。又，好而不知其惡，惡而不知其美，是以好爲惡，以曲爲直，可謂之修身乎！又，《大學》最是兩章相接處好看，如所謂"修身在正其心"者。且如心不得其正，則"視而不見，聽而不聞，食而不知其味。"若視而見，聽而聞，食而知味，則心得其正矣。然於親愛、敖惰五者有所僻焉，則身亦不可得而修矣。嘗謂修身更多少事不説，却説此五者，何謂？子細看來，身之所以不修者，無不是被這四五箇壞。又云："意有不誠時，則私意爲主，是主人自爲賊了！到引惹得外底人來，四方八面無關防處，所以要得先誠其意。"又，"欲修其身者，先正其心"以至"致知在格物"，五者，其實則相串，而以做工夫言之，則各自爲一事。故"物格而后知至"以至"心正而后身修"，蓋逐一節自有一節功夫，然但只是上面一截功夫到了，則下面功夫亦不費力耳。亦有天資高底人，只頭正了，便都正去。又，《大學》所以有許多節次，正欲學者逐節用工。夫人蓋有意誠而心未正者，蓋於忿懥、恐懼等事，誠不可不隨事而排遣也。蓋有心正而身未修者，故於好惡之間，誠不可不隨人而節制也。至於齊家以下，皆是教人節節省察用功。故經序但言心正者必自誠意而來，修身者必自正心而來。又，《大學》如"正心"章，已説盡了。至"修身"章又從頭説起，至"齊家治國"章又以前説教他，何也？蓋要節節去照管。不成却説自家在這裏，心正、身修了，便都只聽其自治；又，蓋其知之不切，故爲善不是他心肯意肯，去惡亦不是他心肯意肯。這箇便是自欺，便是不誠。意才不誠，則心下便有許多忿懥、恐懼、憂患、好樂，而心便不正。心既不正，則凡有愛惡等事，莫不倚於一偏。如此，如何要家齊、國治、天下平？惟是知得切，則好善必如好好色，惡惡必如惡惡臭。是非爲人而然，蓋胸中實欲如此，而後心滿意慊。[①]

〇吕大臨曰：所謂親愛，德厚者也；所謂賤惡，德薄者也；畏敬，賢於己者也；哀矜，無所知能者也；敖惰，不率教者也。見賢思齊，則之其所親愛、畏敬而辟焉；見不賢而内自省，則之其所賤惡、哀矜、敖惰而辟焉。衆人之情，察於人而蔽於己，如以人之賢不肖反求諸己，則己可得而察也。[②]

〇胡炳文曰：心與物接，惟怒最易發而難制，所以前章以忿懥先之；身與事接，惟愛最易偏，故此章以親愛先之。至引諺曰，只是説愛之偏處，人情所易偏者，愛爲尤甚，况閨門之内，義不勝恩，情愛比昵之私，尤所難克，身所以不修，家所以不齊者，其深病皆在此。又，凡傳結語多用經文正結，惟此與經文"本亂而末治者否矣"，皆是反結。蓋才言身不修，便見得前面知不至，意不誠，心不正；言不可以齊其家，則見後面不可以治國平天下矣。修身是明明德功夫成就處，齊家是新民開端處，於此深寓警戒之意。又，饒氏曰：七章釋正心，不言其所以正之之道；八章釋修身，不言其所以修之之方。《章句》於七章以密察言，八章以加審言，即慎獨之謂也。有所忿懥好樂而能密察，是慎獨以正其心也；之其所親愛賤惡而能加審，是慎獨以修其身也。[③]

〇景星曰：上章四者是心與物接時，事自外來動於中，然不察則與之俱往；此五者是身與物接時，事是自此而及於人，然徇所向而不審，則有所偏。蓋五者各有箇當然之則，若過了這則便是辟。又，此言五者，下止言好惡，蓋親愛、畏敬、哀矜同是好，賤惡、敖惰同是惡，言

---

① 《朱子語類》卷第十六，《大學》三，傳八章 釋修身齊家，第二册，350—355 頁。船山以爲親愛、賤惡、畏敬、哀矜、敖惰五者當僅就家來講。他講"此傳之旨，乃以發修身、齊家相因之理"，(《讀四書大全説》卷一，《大學》，《船山全書》第六册，425 頁）親愛等"此數者皆吾好惡之情所必出而施之家人者也"云云。[《四書訓義（上）》卷一，《大學》，《船山全書》第七册，72—73 頁] 另外，持此看法的還有黎立武，他亦明確説："修身之道不止五者，此則對齊家言之。"(《大學本旨》，景印文淵閣《四庫全書》第 200 册，746 頁）

② 《藍田吕氏遺著輯校》，《禮記解・大學》第四十二，377—378 頁。這裏，吕大臨似也將"辟"解爲"譬"了。

③ 《四書通・大學通》，《通志堂經解》第 15 册，407 頁。

好惡二字，足以該之矣。上四者之發於心，但欲其中節；此五者及於人，但欲其不踰乎則。此章之義實承上章文義，大抵相似，蓋身修必自正心而來故也。又，諺之二句，上與正心章之好樂欲動情勝處相關，下與治平章好惡財用二節相應。又，修身二字本於《虞書》，湯"檢身若不及"，文王"聿修厥德"，孔子"修己以敬"，曾子"三省吾身"，皆是學者心既正矣，而猶有待於修身者，内外夾持動静交養由乎中，固所以應乎外制於外，亦所以養其中工夫，無一節可闕也。①

〇船山曰：任情則偏，察其情之所偏而正之者，唯其心固有喜怒哀樂之節恒於中而不忘也，故曰"而身不修矣"，推本身之所自修於心之正也。又，好惡不審而偏以致惑，身之不修也，而家之所以不齊即在此。蓋好惡者身之大用，而家國天下受之，家其先受者爾。凡十傳互相貫通，初無二理，讀者勿滯也。②

〇又曰："辟"是拂戾而悖道。言不以理，行不顧義，動不中禮，身不行道，使人不以道，俱是辟，只此便是身不修家不齊總領處。二"故"字乃所以辟之故，以不知美惡故辟，非由辟故不知美惡。其失在好惡不正上，跟正心來。又，"貪得無厭"，意亦不輕，此又帶出不修不齊一大病源處。③

〇又曰：《或問》之論敖惰，足破群疑。但朱子大概説待物之理，而此傳之旨，乃以發修身、齊家相因之理。又，如此章"親愛"等十字，其類則五，而要爲十義。又，辟者偏也，非邪也。邪生心而偏在事。欲得不辟，須有一天成之矩爲之範圍，爲之防閑，則禮是已。故曰"非禮不動，所以修身也"。又，親愛等而云"其所"，乃以謂身之所施，而非言情之所發。④

〇又曰：親愛等皆吾好惡之情所必出而施之家人者也，乃不能反之於身，節其太過，文其不及，則任情之所之而辟矣。⑤

---

① 《大學中庸集説啓蒙·大學》，景印文淵閣《四庫全書》第 204 册，988—989 頁。

② 《禮記章句》卷四十二，《大學》，《船山全書》第四册，1491—1492 頁。

③ 《四書箋解》卷一，《大學》，《船山全書》第六册，118 頁。

④ 《讀四書大全説》卷一，《大學》，《船山全書》第六册，425—428 頁。

⑤ 《四書訓義》（上）卷一，《大學》，《船山全書》第七册，72—73 頁。

○吕留良曰：自“誠意”傳後，“好”“惡”二字直説到底，是大頭腦處。聖人處之亦無不盡善，亦只是好惡無辟之至而已。齊家是第一難事，惟克己反求足以感之。但看諺下一“莫”字，可知溺愛不明，不獨指庸愚也。[①]

○汪紱曰：此傳合釋修齊，却只説身之不可不修，蓋此下三傳皆緊帶修身爲本，而一家之中觀型，尤近“惟孝，友于兄弟，施於有政”，便是齊家，修身外不必另詳齊家事也。其言身不修處又仍舊只是心之未正，親愛五者之辟皆由心所偏主，故用情過則，不能隨時觀理而陷於有蔽也。所以齊家惟恩與義，恩以聯其情，義以秩其分，皆由心制。不乎而恩之不篤者由愛之不誠而心之薄，不威者由莅之不莊而心之怠，皆身之不修，而究竟是心未正耳。[②]

○丁紀曰：修身：修，整也，如言“修整”，整飭之也。身者，上對心而言，任事之具也；下對家而言，己也。又，合意、心等成一個“身己”也。身修，處身公明而不溺於偏蔽也。傳之八章釋修身、齊家，而重在修身。修德於身則其有“德身”，以“德身”自觀其身，可謂之“以身觀身”；其餘以“德家”觀家、以“德鄉”觀鄉、以“德邦”觀邦、以“德天下”觀天下。知天下以德，德應天下，則天下爲知矣。又，好惡人如此，如《論語》總章六九所言，惟仁者能之，斯乃可謂身修。又，傳之六章好惡乃意也，謂以心向之；傳之七章好樂乃情也，謂心感物而動；此章則專言所好者、所惡者，如其子、人之子等。齊家：齊，整也，如言“整齊”，理也。家，親之所居也。此“齊家”之“齊”則欲家人各止於所當止，乃所謂不齊而齊也。一近於“止”，二近於“一”。家齊：家有仁風，而家人各止於所當止也。[③]

○鄭玄曰：之，適也。辟，猶喻也。言適彼而以心度之曰：吾何以親愛此人？非以其有德美與？吾何以敖惰此人？非以其志行薄與？反以喻己，則身修與否，可自知也。鮮，罕也。人莫知其子之惡，猶愛而不

---

① 《四書講義》卷三，《大學》三，上册，49—50 頁。

② 《四書詮義》上，卷一，《大學》，第 10 册，376—377 頁。

③ 《大學條解》，十一、“八條目”之“修身”，十二、“八條目”之“齊家”，61—63 頁。

察。碩，大也。辟，音譬，下及注同，謂譬喻也。

〇孔穎達曰：此經重明前經齊家修身之事。又，此言修身之譬也。設我適彼人、見彼有德，則爲我所親愛，當反自譬喻於我也。以彼有德，故爲我所親愛。則我若自修身有德，必然亦能使衆人親愛於我也。等等。又，若能以己子而方他子，己苗而匹他苗，則好惡可知。皆以己而待他物也。又，此不知子惡、不知苗碩之人，不修其身，身既不修，不能以己辟人，故不可以齊整其家①

〇周諝曰：《傳》曰：能近取辟，可謂仁之方也已。果能近之其身之所親愛者，以譬於人之所親愛；近之其身之所賤惡者，以譬於人之所賤惡，與夫之其所畏敬、哀矜、敖惰者皆然，則其所行者，莫非公恕之道。故好之者知其有惡之爲可惡，惡之者知其有美之爲可好。

〇葉夢得曰：所藏乎身不恕，未有能喻諸人者也。故齊家在乎用恕。孔子言仁之方，則所謂恕也。蓋好己之好，而不知人之所惡；惡己之惡，而不知人之所好。此其失在於不恕，不能近譬者也。孟子曰："所欲與之聚之，所惡勿施爾也。"好惡同於人，則己之所親愛，必思以反人之所親愛；己之所敖惰，必思以反人之所敖惰。是之謂恕也。

〇胡銓曰：譬，猶省察也。人適其所親愛、所賤惡而省察焉，則知親愛者善，而賤惡者之不善也。適所畏敬、所哀矜、所敖惰而省察焉，則知所畏敬者善，而所哀矜、敖惰者之不善也。"見善如不及，見不善如探湯"，而吾身之善不善與他人之善不善，昭然可睹矣。《易》曰："觀我生，觀民也。"觀民以察己之道，此亦觀人以省己也。

〇張九成曰：修身之道，自省而已矣。善者吾師也，不善者亦吾師也，豈非修身之道哉！夫人之所親愛者，仁人也；所賤惡者，不仁者也；所畏敬者，有德者也；所哀矜者，無辜者也；所敖惰者，愚不肖者也。方其親愛仁者，畏敬有德者，哀矜無辜者也，則反而自省曰：吾有

---

① 《禮記正義》卷第六十七，《大學》第四十二，下册，2249—2250、2256—2257 頁。在本章的本文及注疏文，凡"辟"字都直接寫作了"譬"，據點校整理者説，他們依據的是目前最佳的南宋越刊八行本，而查影印南宋越刊八行本，也的是確如此。（參閲下册，1606—1607 頁）不過查《十三經注疏》本，却又皆寫作"辟"。（下册，1674 頁，北京：中華書局，1980 年）究竟該爲"辟"，還是該爲"譬"，請參閲作者本章的"謹案"。

仁乎？有德乎？其所以罹憂患者，果無辜乎？果有仁矣，有德矣，無辜矣，則吾爲人所親愛、所畏敬、所哀矜，無疑也。方其賤惡不仁者，敖惰愚不肖者，則又反而自省曰：吾不仁如若人乎？愚不肖如若人乎？果不仁似之，愚不肖似之，則吾爲人所賤惡、所敖惰亦無疑也。譬也者，省也。如此則凡目之所見，心之所思，若親愛者、賤惡者、畏敬者、哀矜者、敖惰者，皆足以爲吾儆戒，豈非善不善皆吾師乎！是吾日用中，凡所好惡皆取之爲自省之資，念兹在兹，釋兹在兹，身之不修，無是理也！夫人之常情，明於責人，而闇於責己。儻吾見善而好之，則反而自照曰：彼能是，吾乃不能焉，是吾之惡德也，吾當日夜去其惡，而從其善。此好而知己之惡者也；見惡而惡之，則又反而自照曰：彼爲是而我乃不爲焉，是吾之美德也，吾當日夜保守此善而勿失焉。此惡而知己之美者也。

〇薛季宣曰："有一言而可以終身行之者"？"其恕乎，己所不欲，勿施於人。"君子之道無他，善推其所爲而已。譬所親愛，譬所畏敬，譬所哀矜，譬所敖惰，取譬反覆視我心之輕重，則失其正者見矣。好而不知其惡，惡而不知其善，皆有所偏也，心有所偏，則吾之是非錯繆失倫，輕重無準，失其所以成己，近而無以齊家，猶愛而不知其子，貪而不知其苗也。

〇葉適曰：所同所與者，必親愛之；所異所非者，必賤惡之；賢能者，必敬畏之；陷溺者，必哀矜之。是心之出，因物而遷，然未嘗反之，以自喻也。使其能反己以自喻，則因人之是非賢否，而可以自修其身，好惡自公，取舍自正，又安有專好獨惡而失於偏勝者哉！子不知其惡，苗不知其碩，狥己太重而失其中，是故善修身者，無他道焉，好惡取舍日交於吾前，而莫若反之以自喻而已矣。此言修身至處，其事愈明白可驗，只就人情物理見之，今所日用常行者，便是不必精微妙窮，益深測益遠也。

〇李元白曰：大抵事之能累其心者，莫甚於好惡。人之欲正於其心者，亦莫若公其好惡。然古今天下喜者多溢其美，怒者多蓋其惡，譽人者必過其實，毁人者必失其真，故見人之有善，則親愛之，畏敬之，本不爲失也。自因其所親愛、所畏敬而過有所好焉，則是其所是，而非天下之公是矣。見人之不善則賤惡之、哀矜、敖惰之，亦本不爲失也。自因其所賤惡、所哀矜、所敖惰而過有所惡焉，則非其所非，而非天下之公非矣。是非之在天下，初無兩立之理，一離於公，則必入於僻，故《大學》一書丁寧於好惡者尤詳：前論正心，既曰心"有所好樂，則不得其正"；此論修身，復曰"好而知其惡，惡而知其美"；及論治國，則曰"民之所好好之，民之所惡惡之"，又曰"惟仁者能好人，能惡人"，而又戒之曰"好人之所惡，惡人之所好"。反覆諄諄，不一而足，學者能平心以察之，反己以思之，接於耳目者，無非進德之基，無非内省之要，殆見虚明洞達，正平坦夷，無有作好，無有作惡，推此以平天下可也，豈特齊家而已哉！

○錢時曰：論齊家在修其身，却只説身之所以不修處，若説身之所以修，即是上章正心事矣。立辭嚴密，極宜細玩，且於齊家，利害愈更深切。上章只説心之所以不正處，文意亦如此。上章四箇有所字，此章六箇辟字，其實皆心之病，但上四者止是自身裏事，此六者却施於人，即處家之道也，所以不同。[①]

○黎立武曰：修身之道不止五者，此則對齊家言之。人，指家之人。之，猶於。其，謂我也。[②]

○劉宗周曰：親愛五者，即從憤懥四者生來。而憤懥四者，又却從好惡二字生來。至誠意之好惡，又却從致知格物來。故此章隱括盡之。此知不致之病，正是意不誠之病。二者皆私意之爲累也。此言不修故不齊，而不詳所以修身之法，蓋曰先誠其意云。按首章曰"壹是皆以修身爲本"，而訓不修者，必合之不正不誠，以表其義，則修身爲本，正是誠意爲本也。《易》曰："艮其身，止諸躬也。"意者，躬之地也，艮其背是也。艮其背，所以艮其身也。又，親愛五者，即喜、怒、哀、樂之及於人者。身不修，從心不正來。又，家庭中密邇之地，真是此身寫照

① 《禮記集説》卷一百五十二，《大學》第四十二，《通志堂經解》第13册，504—505頁。

② 《大學本旨》，景印文淵閣《四庫全書》第200册，746頁。

傳神處，一毫逃遁不得。獨幾至微，雖堯舜霄壤，只是幾希。至授之身心處，其爲有所之病，視聽之失，猶可藏閃，纔到家庭上，種種罪過便如天來大。省之！省之！[①]

〇姚際恒曰：之其所五句，又與正心章相類，似未可分正心修身界限也。[②]

〇劉沅曰：《大學》一書未嘗言"中"字，且不言"性"字，然至善即天地之中，止於至善即養性之學所以致中。孔曾所言無句不有"中"字，此章特就齊家指出"辟"字來。辟，偏也，不中也。身修之人化盡偏私，何尚有偏？此謂尋常用情之人大抵如此，家不齊亦由此，非謂身修之人猶如此也。[③]

〇伍庸伯曰：這一章説身與家的關係，有如身心關係一樣，不能離開；故修身功夫又與外面事務相關，一點亦分不開。修身必在事親上見。齊家要大家齊，人各自知修身爲本，而不責望於其對方，心情便不致有偏。責望他人即是心情偏了。齊字蓋有於不齊中見齊之義。父子地位是不齊的，而一樣的要各盡其本分，則又未嘗不齊也。齊家即是説，一家大小，各盡其道，大家就能都好。

〇嚴立三曰：身者何，情與外物相接之具耳。情離乎仁必罹於欲。欲者，個體之所賴，以爲生存而不絶者也。人之好惡自難平正而無失，此與家人親屬之間尤足明驗。下文子惡苗碩之莫知，其顯例也。惟情安於仁，廓然恬愉，其是非好惡，輕重去取自各當其分，若行所無事然。且仁與欲非二事也，局於己之謂欲，通於人之謂仁。情與欲與仁尤非異體也，情之曲而蔽者之謂欲，情之直而暢者之謂仁。爲欲者固往往賊其仁，爲仁者則非必不遂其欲。爲仁而後可以成乎其人矣。爲仁之功莫驗於好惡，尤莫著於家人親屬之間，此學者之所當深自警省者也。故曰"唯聖人而後可以踐形"，甚矣，人之不能踐形而枉其爲人者衆矣。然則

---

① 《大學古文參疑》《大學古記》《大學雜言》，《劉宗周全集》第一册，616—617、630—631、662—663頁。

② 《續禮記集説》卷九十七，《大學》，《續修四庫全書》第102册，715頁。

③ 《大學古本質言》，61頁。

修身以道，修道以仁之學，寧非今世之急務也哉。[①]

〇任銘善曰：或曰，瞽瞍殺人，皋陶爲士而執之。孟子曰，舜視天下猶棄敝蹝也，竊負而逃，是不亦辟于親愛也乎？曰，非此之謂也。此言舜之孝也。舜視天下如草芥，而惟父母之順可以解憂，豈謂有苗弗率，遺賢不用，四目四聰之不明不足憂乎？果如是，則舜可以爲孝子而不可以爲睿君矣。及其棄天下而逃，則是爲人子不爲人君，則且止于孝而已矣，尚何辟于親愛之有乎？故舜辟于親則必告取，伊尹辟其君則不就桀，仲尼辟其子，則必無陳亢之嘆，殷之三人，苟有辟焉，亦可以自免矣，而豈爲之哉！蓋言之各有當矣。[②]

〇謹案：鄭注孔疏將“辟”解爲“譬”以至“譬喻”，后之人紛紛跟進，也以“反求諸己”，“公恕之道”，“能近取譬”等等來進一步地説明“辟”，其意思皆一致，都是講看見别人親近有德者，於是自己有德，也會爲别人所親近，等等。似乎這個意思也能講，不過，倘若我們嚴格地結合上下文來看的話，會發現這類講法略顯浮泛，至少不能算是最佳的講法。首先從上文也就是上章來看，説的是倘若心無正位，則必無正行，因而心上無論生起何種情感，諸如忿懥、恐懼、好樂、憂患等等，皆不得其正，也就是説必有偏頗，不是過，便是不及。不得正行，身不得修，也就更談不上時中與中庸了。譬如面對倭人不爲自己的戰争罪行真誠悔罪，反倒追憶戰争罪犯，侵佔琉球，侵佔我釣魚島，等等極端無恥的行徑，我們當然要强烈地表達憤怒，不過打砸同胞的日系車，燒搶日本在中國的公司，等等，那就不僅是過分，而且是犯罪行爲了。反之，那些自以爲“客觀”“公正”“理性”的“精英”們，公然指責這一切都是“愛國賊”的行爲，則不僅僅不及，即便距離真實的“漢奸”“賣國賊”，也不遠了。不過，無論過或不及，其共同之處，却都在於心不正，意不誠，知不致，尤其或者“困而不學”，或者“攻乎異端”，皆甚爲有害。緊接着本章再談修身齊家，首先一點要清楚，這裏儘管重點

---

① 《禮記大學篇伍嚴兩家解説》，《梁漱溟全集》第四卷，46—47、75—77頁。

② 《〈大學〉存翫》，《無受室文存》，13頁。

在修身，但却是在齊家範圍來談的，誠如黎立武所説“修身之道不止五者，此則對齊家言之”。也如宗周所言：“家庭中密邇之地，真是此身寫照傳神處，一毫逃遁不得。獨幾至微，雖堯舜霄壤，只是幾希。至授之身心處，其爲有所之病，視聽之失，猶可藏閃，纔到家庭上，種種罪過便如天來大。”船山也指出：親愛等“此數者皆吾好惡之情所必出，而施之家人者也，乃不能反之於身，節其太過，文其不及，則任情之所之而辟矣”。還有像劉沅亦講“此章特就齊家指出‘辟’字來”。伍庸伯也説“修身必在事親上見”。以及嚴立三也强調“爲仁之功莫驗於好惡，尤莫著於家人親屬之間，此學者之所當深自警省者也”。而上章説心不正，則身不修；本章説身不修，則家不齊。意思十分連貫，所以本章説“人之所親愛而辟焉”等，所謂“辟焉”，與上章説“心有所忿懥”等，“則不得其正”之“不得其正”，意義上也應該是貫通的，都是不中正、偏頗、過或不及之意。只不過正如朱子所説，“忿懥之類，心上理會；親愛之類，事上理會。心上理會者，是見於念慮之偏；事上理會者，是見於事爲之失”。或者説，“忿懥等是心與物接時事，親愛等是身與物接時事”。像“人之所親愛而辟焉”，無論父母對子女的溺愛，還是所謂情人眼裏出西施，等等，皆表現爲好而不知其惡的偏頗。而人“之其所畏敬而辟焉”，通常子女對父母長輩的情感是這樣，小的時候會敬畏得恐懼，膽戰心驚，即使覺得父母有不當處，亦不敢輕輕説説。年長了又會反過來不知敬畏，拒不順從，甚至惡語相向，等等。尤其在禮壞樂崩的混亂年代，大多平常人都難免如此。惡而不知其美者，同好而不知其惡者一樣，皆如船山所説，是“好惡不審而偏以致惑，身之不修也，而家之所以不齊即在此。蓋好惡者身之大用，而家國天下受之，家其先受者爾”。也就是朱子所説，“是其身之所接，好惡取舍之間，將無一當於理者，而况於閨門之内，恩常揜義，亦何以勝其情愛暱比之私，而能有以齊之哉”？總之，全是由於身不修，心不正，意不誠，知不致，或者“困而不學”，或者“攻乎異端”，等等所致。那麽，修身而身修的標誌是什麼呢？最簡潔地講，那就是“惟仁者能好人，能惡人”[①]。齊家而家齊呢？那就是丁紀所言，“家有仁風，而家人各止於所當止也”。而身不修，則家不齊；家不齊，則國不治；國不治，則天下不平，明矣。

所謂治國必先齊其家者，其家不可教而能教人者，無之。故君子不出家而成教於國：孝者，所以事君也；弟者，所以事長也；慈者，所以使衆也。《康誥》曰“如保赤子”，心誠求之，雖不中不遠矣。未有學養子而后嫁者也！一家仁，一國興仁；一家讓，一國興讓；一人貪戾，一國作亂，其機如此。此謂一言僨事，一人定國。堯舜帥天下以仁，而民從之；桀紂帥天下以暴，而民從之；其所令反其所好，而民不從。是故君子有諸己而后求諸人，無諸己而后非諸人。所藏乎身不恕，而能喻諸人者，未之有也。故治國在齊其家。《詩》云：“桃之夭夭，其葉蓁蓁；之子于歸，宜其家人。”宜其家人，而后可以教國人。《詩》云：“宜兄宜弟。”宜兄宜弟，而后可以教國人。《詩》云：“其儀不忒，正是四國。”其爲父子兄弟足法，而后民法之也。此謂治國在齊其家。

〇朱子曰：上傳之九章，釋齊家治國。又，身修，則家可教矣；孝、弟、慈，所以修身而教於家者也；然而國之所以事君事長使衆之道不外乎此。此所以家齊於上，而教成於下也。又，此引《書》而釋之，又明立教之本不假强爲，在識其端而推廣之耳。又，一人，謂君也。機，發動所由也。僨，音奮，覆敗也。此言教成於國之效。又，此又承上文一人定國而言。有善於己，然後可以責人之善；無惡於己，然後可以正人之惡。皆推己以及人，所謂恕也，不如是，則所令反其所好，而民不從矣。喻，曉也。又，《詩·周南·桃夭》之篇。夭夭，少好貌。蓁蓁，美盛貌。興也。之子，猶言是子，此指女子之嫁者而言也。婦人

① 《論語·里仁》第三章。

謂嫁曰歸。宜，猶善也。又，《詩・小雅・蓼蕭》篇。又，《詩・曹風・鳲鳩》篇。忒，差也。此三引《詩》，皆以咏嘆上文之事，而又結之如此。其味深長，最宜潛玩。[①]

〇又曰：赤子未能自言其意，而爲之母者，慈愛之心出於至誠，則凡所以求其意者，雖或不中，而不至於大相遠矣，豈待學而後能哉？若民則非如赤子之不能自言矣，而使之者反不能無失於其心，則以本無慈愛之實，而於此有不察耳。傳之言此，蓋以明夫使衆之道，不過自其慈幼者而推之，而慈幼之心，又非外鑠而有待於强爲也。事君之孝，事長之弟，亦何以異於此哉！又，善必積而後成，惡雖小而可懼，古人之深戒也。又，此爲治其國者言之，則推吾所有，與民共由，其條教法令之施，賞善罰惡之政，固有理所當然而不可已者。但以所令反其所好，則民不從，故又推本言之，欲其先成於己，而有以責人。固非謂其專務修己，都不治人，而拱手以俟其自化；亦非謂其矜己之長，愧人之短，而脅之以必從也。又，恕字之旨，以如心爲義，蓋曰如治己之心以治人，如愛己之心以愛人，而非苟然姑息之謂也。然人之爲心，必嘗窮理以正之，使其所以治己愛己者，皆出於正，然後可以即是推之以及於人，而恕之爲道，有可言者。故《大學》之傳，最後兩章始及於此，則其用力之序，亦可見矣。至即此章而論之，則欲如治己之心以治人者，又不過以强於自治爲本。蓋能强於自治，至於有善而可以求人之善，無惡而可以非人之惡，然後推以及人，使之亦如我之所以自治而自治焉，則表端景正，源潔流清，而治己治人，無不盡其道矣，所以終身力此，而無不可行之時也。今乃不然，而直欲以其不肖之身爲標準，視吾治教所當及者，一以姑息待之，不相訓誥，不相禁戒，將使天下之人，皆如己之不肖而淪胥以陷焉，是乃大亂之道，而豈所謂終身可行之恕哉！恕字之義，本以如心而得，故可以施之於人，而不可以施之於己。蓋其爲恕雖同，而一以及人爲主，一以自治爲主，則二者之間，毫釐之異，正學者所當深察而明辨也。又，古人言必引《詩》，蓋取其嗟嘆咏歌，優游厭

① 《大學章句》，傳之九章，《四書章句集注》，9—10 頁。

飫，有以感發人之善心，非徒取彼之文，證此之義而已也。夫以此章所論齊家治國之事，文具而意足矣，復三引《詩》，非能於其所論之外，别有所發明也。然嘗試讀之，則反復吟咏之間，意味深長，義理通暢，使人心融神會，有不知手舞而足蹈者，是則引《詩》之助，與爲多焉。蓋不獨此，他凡引《詩》云者，皆以是而求之，則引者之意可見，而《詩》之爲用亦得矣。又，首言家人，次言兄弟，終言四國，亦"刑于寡妻，至于兄弟，以御于家邦"之意也。[①]

〇又曰：此是言一家事，然而自此推將去，天下國家皆只如此。一家之中，尊者可畏敬，但是有不當處，亦合有幾諫時。不可道畏敬之，便不可説著。若如此惟知畏敬，却是辟也。又，"孝者所以事君"云云，此道理皆是我家裏做成了，天下人看着自能如此，不是我推之於國。又，孝弟二者雖人所固有，然守而不失者亦鮮。唯有保赤子一事，罕有失之者。故聖賢於此，特發明夫人之所易曉者以示訓，正與孟子言見赤子入井之意同。又，"心誠求之"者，求赤子之所欲也。於民，亦當求其有不能自達。此是推其慈幼之心以使衆也。又，保赤子，慈於家也；"如保赤子"，慈於國也。保赤子是慈，"如保赤子"是使衆。又，"一家仁"以上，是推其家以治國；"一家仁"以下，是人自化之也。又，聖賢之言，簡暢周盡。修身是齊家之本，齊家是治國之本。如言"一家仁"云云之類，自是相關，豈可截然不相入也。又，"有諸己而後求諸人"，只從頭讀來，便見得分曉。這箇只是"躬自厚而薄責於人"，"攻其惡，無攻人之惡"。這是言己之爲法於人處。又，"有諸己而後求諸人，無諸己而後非諸人"，此是退一步説，猶言"温故知新而可以爲人師"，以明未能如此，則不可如此；非謂温故知新，便要求爲人師也。然此意正爲治國者言。大凡治國禁人爲惡，而欲人爲善，便求諸人，非諸人。然須是在己有善無惡，方可求人、非人也。蓋才説恕己，便已不是。若横渠云："以愛己之心愛人，則盡仁；以責人之心責己，則盡道。"語便不同。蓋"恕己"與"愛己"字不同。大凡知道者出言自别。

① 《大學或問》下，《朱子全書》第六册，536—539頁。

近觀聖賢言語與後世人言語自不同，此學者所以貴於知道也。又，“有諸己而後求諸人，無諸己而後非諸人”，是責人之恕；絜矩與“己所不欲，勿施於人”，是愛人之恕。推己及物之謂恕，聖人則不待推，而發用於外者皆恕也。“己所不欲，勿施於人”，則就愛人上説，聖人之恕，則不專在愛人上見，如絜矩之類是也。又，“所藏乎身不恕”是就接物上見得。忠，只是實心，直是真實不僞。到應接事物，也只是推這箇心去。直是忠，方能恕。若不忠，便無本領了，更把甚麽去及物！程子説：“維天之命，於穆不已”，忠也，便是實理流行；“乾道變化，各正性命”，恕也，便是實理及物。只是一箇忠恕，豈有二分！聖人與常人忠恕也不甚相遠。盡己，不是説盡吾身之實理，自盡便是實理。若有些子未盡處，便是不實。又，“治國”“平天下”兩章是恕之功用。“治國”章乃責人之恕，“平天下”章乃愛人之恕。“齊家”一章，但説人之偏處。又，“治國在齊其家”這箇道理，却急迫不得。待到他日數足處，自然通透。這箇物事，只是看得熟，自然有條理。又，看道理不要玄妙，只就粗處説得出便是。如今官司不會制民之産，民自去買田，又取他牙税錢。古者群飲者殺。今置官誘民飲酒，惟恐其不來，如何得民興於善！又，聖人是論其常，堯舜是處其變。看他“烝烝乂，不格姦”，至於“瞽瞍底豫”，便是他有以處那變處。且如他當時被那兒子恁地，他處得好，不將天下與兒子，却傳與賢，便是他處得那兒子好。若堯當時把天下與丹朱，舜把天下與商均，則天下如何解安！他那兒子如何解寧貼！如周公被管蔡恁地，他若不去致辟于商，則周如何不擾亂！他後來盡死做這一著時，也是不得已著恁地。但是而今且去理會常倫。而今如何便解有箇父如瞽瞍，有箇兄弟如管蔡。未論到那變處。[①]

〇又曰：赤子之心雖是已發，然也有未發時。赤子之心亦涵兩頭意。程子向來只指一邊言之。（又，《書》云：“爾惟德罔小，萬邦惟慶；爾惟不德罔大，墜厥宗。”）“爾惟德罔小”，正言其不可小也，則庶乎“萬邦惟慶”。正與《大學》相合。又，“有諸己而後求諸人，無諸己而

① 《朱子語類》卷第十六，《大學》三，傳九章 釋齊家治國，第二册，356—359頁。

後非諸人。”但凡説尋常人，若自家有諸己，又何必求諸人；無諸己，又何必非諸人。如孔子説“躬自厚而薄責於人”，“攻其惡，毋攻人之惡”。至於《大學》之説，是有天下國家者，勢不可以不責他。然又須自家有諸己，然後可以求人之善；無諸己，然後可以非人之惡。又，范公“以恕己之心恕人”，此句未善。聖人説恕，不曾如是倒説了。若曰“以責人之心責己，愛己之心愛人”，則是見他人不善，我亦當無是不善；我有是善，亦要他人有是善。推此計度之心，此乃恕也。於己，不當下“恕”字。又，“恕”之一字，只可説出去，不可説入來；只可以接物，不可以處己。蓋自家身上元著不得箇“恕”字，只“恕己”兩字便不是了。又，《小學》録范公語，《小學》所取寬。若欲修潤其語，當曰“以愛己之心愛人”，可也。[①]

〇程子曰：今夫赤子未能言其志意嗜欲，人所未知，其母必不能知之，然不至誤認其意者，何也？誠心愛敬而已。若使愛敬其民，如其赤子，何錯繆之有？故“心誠求之，雖不中不遠矣”。又，母之保養赤子，始何嘗學，當保養時，自然中所欲。推此心以保民，設不中其下之所欲，亦不遠矣。[②]

〇吕大臨曰：孟子曰：“爲政不難，不得罪於巨室。巨室之所慕，一國慕之。”巨室，大家也。仰而有父母，俯而有妻子，有兄有弟，有臣有妾，尊卑疏戚，一國之事具矣。嚴而不厲，寬而有閒，此家之所以正也。大家難齊也，不得罪於大家，則於治國也何有！齊桓公，五霸之盛，由不能正其家，死未及斂，而國已亂矣。故虞舜之世，天下之爲父子者定，以瞽瞍底豫而已。文王之時，天下無犯非禮，以刑于寡妻而已。舉治家之心，以加之於國，雖有大小之間，宜不遠矣，故“未有學養子而後嫁者也”。所謂“一家”“一人”者，皆謂君也。君者，國之機也。君仁，莫不仁；君義，莫不義；一正君而國定矣，其機如此。故國之本在家，家之本在身，可不慎歟！民可使心服，而不可使力服；可以

---

① 《朱子語類》卷第十八，《大學》四，《或問》下，傳九章，第二册，424—426頁。

② 《禮記集説》卷一百五十二，《大學》第四十二，《通志堂經解》第13册，505頁。

身帥，而不可以令帥。堯舜之仁，桀紂之暴，所以皆從其所好，而不從其所令也。“有諸己而后求諸人，無諸己而后非諸人”，此所以身帥而使人心服者也。其道也，自一人一家始，故所以先之也。“宜其家人”，“宜兄宜弟”，其父子兄弟之道，不待諄諄教告，家至而日見之也，至誠足以孚其心，儀刑足以親其外，國之不治未之有也！①

〇胡炳文曰：天下未嘗有無忠之恕，忠是在内底，恕是推出在外底。此一恕字，人皆知其以推己之恕言，不知“藏乎身”三字，已帶盡己之忠言也。此章“有無”二字，必自誠意章説來，可見天下未嘗有無忠之恕。况上文“心誠求之”，即是誠意之誠，非有二也。誠意者如惡惡臭，如好好色，皆務决去而求必得之：求必得之，則有諸己矣；務决去之，則無諸己矣。又，子思《中庸》引《詩》明行遠自邇之意，必先“妻子好合”，而後“兄弟既翕”。此引三《詩》，首以婦人之“宜其家人”者，而繼之以宜其兄弟，蓋家人離必起於婦人，非“刑于寡妻”者，未易至于兄弟，亦未易“御于家邦”也，其示人以治國之在齊其家也，益嚴矣。又，饒氏曰：治國平天下兩章皆説恕：此章言“有諸己而後求諸人，無諸己而後非諸人”，是要人於修己上下功夫；下章言“所惡於上，毋以使下；所惡於下，毋以事上”，是要人於及人上下功夫。兩章互相發明。②

〇景星曰：《大學》是一部忠恕，修身以上皆忠之事，齊家以下皆恕之事。傳者於此方説出恕字，其所以示人之意微矣。③

〇船山曰：故曰“身不行道，不行於妻子”，又曰“父子之間不責善，藏身恕而人自喻”，君子之教家，如此焉耳。又，孝以事父，弟以事長，皆不待學，而皆有誠求之事，故曰：“直情徑行者，夷狄之道也。”又，“有善於己”，善爲己之所欲，推以與人同欲之；“無惡於己”，惡爲己之所惡，推以與人同惡之。所謂“恕”者，如此也。④

---

① 《藍田吕氏遺著輯校》，《禮記解·大學》第四十二，378—379頁。

② 《四書通·大學通》，《通志堂經解》第15册，407—408頁。

③ 《大學中庸集説啓蒙·大學》，景印文淵閣《四庫全書》第204册，993頁。

④ 《禮記章句》卷四十二，《大學》，傳之九章，《船山全書》第四册，1492—1495頁。

○又曰：家之通於國者教也，國之通於天下者政也，故此章言教，下章言政。又，緊要在一“機”字。機，弩牙也；其撥機動處喻身。機一發而箭去，必由近以及遠，而抑必無中止之勢，喻自身而家而國，一齊穿過，不分遠近，無所不至。①

○又曰：章句“立教之本”云云，亦但從性情會通處，發明家國之一理，以見教家之即以教國耳。又，徑以孝弟慈爲“明明德”者，黄氏之邪説也。朱門支裔，背其先師之訓，淫於鵝湖者，莫此爲甚。又，於德言明，於民言新，經文固有差等。陸、王亂禪，只在此處，而屈孟子不學不慮之説以附會己見，其實則佛氏呴呴嘔嘔之大慈大悲而已。故朱子預防其弊，而言識、言推，顯出家國殊等來。家國且有分别，而况於君德之與民俗，直是萬仞壁立，分疆畫界。比而同之，亂天下之道也。又，天道不遺於夫婦，人道則唯君子爲能盡之。又，《大學》一部，恰緊在次序上，不許人作無翼而飛見解。②

○又曰：治國之事，有政焉，有教焉。而自國而天下，則所推行者政也；自家而國，則所致一者教也。蓋家之與國，政則有大小公私之殊，而教則一也。夫家國不同，而齊之治之者，同此身也，同此修身以齊治之也。其所以教家國者，同一理也，同一心也。故修身者，以同然之心、同然之理而修之，則家之人、國之人誰無此心，誰非此理，而有不效焉者乎？夫其不出家而成教者，則孝弟慈是已。孝弟慈之德雖有三者，而致其孝弟慈者惟此不忍之心，仁而已矣；惟此不争之心，讓而已矣。家與國異矣，齊與治亦各有道矣，而喻之者同此理也，帥之者同此身也，定之者同此機也，與之者同此心也。③

○吕留良曰：上有修身，下有天下，本章只完得家國，其責重修身，只是“教”“家”二字，不是又補入修身也。教者，家也。而所以教者，身也。所以教之實，則心之誠恕也，國不過理通而效達耳。平天下亦只如此，故曰“成教於國”，無教國之法也。孟子以乍見入井處指

---

① 《四書箋解》卷一，《大學》，傳九章，《船山全書》第六册，118—119頁。

② 《讀四書大全説》卷一，《大學》，傳第九章，《船山全書》第六册，429—434頁。

③ 《四書訓義》（上）卷一，《大學》，傳第九章，《船山全書》第七册，76—80頁。

四德之端，《大學》以保赤子指孝弟慈之端，都在自然發見處見得，所謂始然始達者也。因爲惟慈心最真而易曉。藏身須恕，“恕”字乃成教之要領，即下章“絜矩”相連血脈也。看《中庸》“妻子好合”二節，及《孟子》“老吾老”一節，皆從夫婦兄弟説起，蓋家之難齊，最是此二項，而二項中又重在夫婦，兄弟之尤，未有不起於閨房妯娌之際者，故此二項人教成，以教家無難，即以教國無難矣。家之齊，其效在父子兄弟；而齊之難，却在夫婦兄弟，而夫婦尤難，故齊家之本，始於夫婦。此三引《詩》却正指示齊家下手緊切工夫，節節次第有意，非隨手拈頌也。“成教於國”方是《大學》修齊治貫通切實處。看“平天下”章三言得失，亦責重修身。自“齊家”以下，各傳未嘗離根説也。但“齊家”章須將心意知納入身説，“治國”章將身納入家説，“平天下”章將身納入國説耳。①

〇汪紱曰：不曰“治”而曰“教”，猶經文“新民”之謂也。“心誠求之”提一“心”字，攝一家於一心，所以使人知心尤爲立教之本。其無待於學，所以使人知立教之本不假强爲，誠順心知孝弟慈三者推而廣之也。仁即孝弟慈之一片真心，讓即孝弟慈之一團和氣。所謂定國者亦定之以修身而已。不曰“所行”而曰“所好”，亦本身於心言之也。治國之道一如治家，而教家之本不假强爲，亦在人能察識之以充其天性之量耳，誠能察識而充滿之，則身修而家可教，家齊而成教於國矣。②

〇丁紀曰：傳之九章釋齊家、治國，亦兼言修身。極力家事，養成箇自然循道中理之心，其於父子、兄弟、夫婦固無不宜，而亦可知其於國於政，終將無所不宜也。又，齊家如此，非身修者不能。堯舜帥天下以仁，所謂“帥”者，不過以身先之，自修而爲仁德之人；至於身有仁德，然後家有仁風，國有仁政，終而“天下歸仁焉”。又，家、國之機如此，今人往往截而兩言之，是不但謀國無人，且其國爲無本之國也。又，治國：治，整也，如言“整治”，導也。國，邦君邦民之所居也。

① 《四書講義》卷三，《大學》三，上册，50—57 頁。

② 《四書詮義》上，卷一，《大學》，《叢書集成三編》第 10 册，377—379 頁。

國治：國安定而有禮，民好善而樂生。[①]

〇鄭玄曰：養子者，推心爲之，而中於赤子之嗜欲也。又，一家、一人，謂人君也。戾之言利也。機，發動所由也。僨，猶覆敗也。戾，或爲"吝"。僨，或爲"犇"。又，言民化君行也。君若好貨而禁民淫於財利，不能止也。又，有於己，謂有仁讓也。無於己，謂無貪戾也。又，夭夭、蓁蓁，美盛貌。之子者，是子也。

〇孔穎達曰：此一節覆明前經治國齊家之事。又，此成王命康叔之辭。赤子，謂心所愛之子。言治民之時，如保愛赤子，愛之甚也。又，言愛此赤子，内心精誠，求赤子之嗜欲，雖不能正中其所欲，去其所嗜欲亦不甚遠。言近其赤子之嗜欲。謂治人之道，亦當如此也。又，言母之養子，自然而愛，中當赤子之嗜欲，非由學習而來。此皆本心而爲之言，皆喻人君也。又，言人君行善於家，則外人化之，故一家一國皆仁讓也。又，謂人君一人貪戾惡事，則一國學之作亂。又，機，謂關機也。動於近，成於遠。善惡之事，亦發於身而及於一國也。又，謂人君一言覆敗其事，謂惡言也。一人定國，謂由人君一人能定其國，謂善政也。古有此言，今記者引所爲之事以結之。上云"一人貪戾，一國作亂"，是"一言僨事"也；又云一家仁讓，則一國仁讓，是知"一人定國"也。一家，則一人也，皆謂人君。以經言治家，故知是人君也。若文王"刑于寡妻，至于兄弟，以御于家邦"是也。是一人之身，先治一家，乃後治一國。又，此《周南·桃夭》之篇，論昏姻及時之事。引之者取宜其家人之事。又，此《小雅·蓼蕭》之篇，美成王之詩。詩之本文，言成王有德，宜爲人兄，宜爲人弟。此記之意，"宜兄宜弟"，謂自與兄弟相善相宜也。既爲兄弟相宜而可兄弟之意，而後可以教國人也。又，此《曹風·鳲鳩》之篇。忒，差也。正，長也。言在位之君子，威儀不有差忒，可以正長是四方之國。言可法則也。[②]

〇方慤曰：事君以忠，本乎事父之孝；事長以順，本乎事兄之弟；

---

① 《大學條解》十二、"八條目"之"齊家"，十三、"八條目"之"治國"，63—65頁。

② 《禮記正義》卷第六十七，《大學》第四十二，下册，2250—2251、2257—2259頁。

使衆以仁，本乎愛子之慈。《孝經》曰：“君子之事親孝，故忠可移於君；事兄弟，故順可移於長；居家理，故治可移於官。”正與此合，所謂“不出家而成教於國”也。

○葉夢得曰：先閨門，則宜其家人；次親族，則宜其兄弟；後國人，則民以爲法。故孟子曰：“天下之本在國，國之本在家，家之本在身。”

○林光朝曰：治天下要領不出閨門衽席之上，天下國家皆有父子兄弟，唯在我者先正，則推此而行，亦皆如是。文王之治岐也，“刑于寡妻，至于兄弟，以御于家邦”，故三百篇之《詩》，遂以《關雎》爲首。非獨文王爲然，自堯、舜、禹、湯以來，皆用此道以治天下，故在家莫親於父子兄弟，家不正，何以教人？是以君子不出一家之中，推此可以成教於國。

○胡銓曰：《家人》之《彖》，先内後外，以内爲本，内正而後家可齊也。齊有威嚴之義。凡物以猛爲本者，則患在寡恩；以愛爲本者，則患在寡威。家人主愛，故尚威嚴。其《象》曰“有嚴君焉”。其《爻》曰“嗃嗃[1]，悔厲，吉”。又曰“威如，終吉”。如此而後，威克厥愛，而家可齊矣。“‘如保赤子’，心誠求之”，謂當以誠存心也，故家人又貴乎有孚，未有威信不行乎家，而國人化之者也。

○東萊吕氏曰：恕謂推己及人也。不能推己及人，而但欲以言語曉諭人，不可得也。

○張九成曰：推孝事君，推弟事長，推慈使衆，雖或時有齟齬不合，參差不齊，然其要處不過如是而已。

○葉適曰：所謂大學者，以其學而大成，異於小學，處可以修身齊家，出可以治國平天下也。然其書開截箋解，彼此不相顧，而貫穿通徹之義終以不明。學者又逐逐焉章句分析，隨又爲説，名爲習大學，而實未離於小學，此其可惜也哉！

○項安世曰：此章當與《表記》“仁之難成”章並觀。

---

① hé，嚴酷様。

○錢時曰：恕字是一章之綱領，己行，得人亦行，得國亦行。得此，所以成教，所以興，所以從，若只是自家偏私之説，如何能喻？①

○黎立武曰：引《書》“如保赤子”而曰“心誠求之”，《大學》言誠，此最深切著明處，愚夫婦之所能知能行，蓋良知良能也，其於誠明之道亦暗合矣，苟擴充之，所謂“惟天下至誠，能盡其性，則能盡人物之性”，無二道也，實自誠意始。又，機者，意爲之始而善惡之幾也，此機之發在我而已，可不慎哉！又，所引三《詩》，即文王“刑于寡妻，至于兄弟，以御于家邦”也。②

○劉宗周曰：自上文修身五事推到齊家上，又約爲孝、弟、慈三事，本身教也。誠心之求，本之誠意也。言舉斯心以加彼，何但慈幼之一端乎？一國本之一家，一家本之一人，一人本之一言，則言之所從出者可知矣。按：《古本》上有“堯舜率天下以仁而民從之”，文意全不相屬，的宜從《石本》，則承接甚緊。又，治國有許多規模，然只是孝、弟、慈作用。“上老老而民興孝，上長長而民興弟，上恤孤而民不倍”是也。孝、弟、慈從天性流出，始於一家，達於一國，終於天下，皆性量自然之化，不學而能者。仁、讓即孝、弟、慈之教。貪與讓反，這“貪”是聚斂種子。一國本之一家、一人，一言始自一念始。桀紂之於民，未有不令以善者；小人之於善，未有不矜於著者；然而民不我從，人不我喻也。故曰修身爲本，又曰必慎其獨。又，孝、弟、慈所以教家，而成教於家者，身也。故下文喫緊言藏身之恕。以天下藏身者，恕也；而以身藏天下者，格致誠正之理也。未有學養子而嫁，不學而知也，良知也。好善惡惡，人有同心。桀紂之於民，何嘗不然？只是藏身處差了，故曰“修身爲本”，又曰“其所厚者薄而其所薄者厚，未之有也”。③

○姚際恒曰：“堯舜”句當云“堯舜帥天下以仁，而民從之；桀紂

---

① 《禮記集説》卷一百五十二，《大學》第四十二，《通志堂經解》第13冊，505—506頁。其中，東萊吕氏是本中或祖謙兄弟倆，不能確認究竟是誰，以下仿此。

② 《大學本旨》，景印文淵閣《四庫全書》第200冊，746—748頁。

③ 《大學古文參疑》《大學古記》《大學雜言》，《劉宗周全集》第一冊，617—618、631—633、663頁。

爲暴，其所令反其所好，而民不從"，義乃順。[①]

○劉沅曰：家人至親邇也，情誼本屬相通，不可以權力行之，則必抑然藹然，委屈相就。若一國之人分別尊卑，人亦疏遠，非若家人朝夕居處，漸摩頗易，况智愚不一，養教多方。若因有權位而自恃，驟然求效則反生亂，且修身之事必不能合愚賤而一時竝遵，是故治國較齊家若易者，爲其有權；而較齊家爲難者，正恐其恃權。又言家國相通之機。孝弟慈三字，仁字可以括之，而又增一"讓"字，是曾子立言細密處。本仁而施，恐有太過，不及以禮節文之恰。合乎宜即爲義，義所以行仁也；然義主於裁制，裁制無不及與過固是美事，但教家教國不是一概可以裁制者。事父事兄竭誠盡敬，不阿意曲從，是仁義兼全矣，然有不可不暫爲曲全、徐圖匡救者，裁制二字便行不去，則惟仁讓而已，教國人亦然。孟子曰："以善服人者，未有能服人者也；以善養人，然後能服天下。"仁讓之意如斯熏陶漸染，不强人以所難，不迫人以速效，先全其生，後全其性。一家讓，一國亦然，豈旦夕之功哉？心誠求之，設身處地委曲周全，自無不詳盡，故"恕"字已在"誠"字内，乃又點明之。誠乃能恕，不恕不可爲誠，而其原則以孝弟慈先盡於家也。如此，則必誠恕二字到了十分始然，治國豈能外此？抑誠也，恕也，即忠恕也。[②]

○伍庸伯曰："其機如此"之"機"，是説感應之機。好有好的感應，不好有不好的感應。從一身一家可及於一國。感應是靈敏不過的，但仍看所處地位和須要時間。故云"王道無近功"。《論語》上"如有王者必世而後仁"是也。《周易·漸卦》："象曰：山上有木，漸；君子以居賢德善俗。"山上木材生長，從外而不易見，而其實在不斷長進着，此即漸義。個人的修養功夫如是，其所感召化導於家人社會者亦復如是。又，《易經·蒙卦》："初六，發蒙。利用刑人，用説；桎梏以往，吝。象曰：利用刑人，以正法也。"後世以依律判人死刑，名爲"正

① 《續禮記集説》卷九十七，《大學》，《續修四庫全書》第102册，715—716頁。

② 《大學古本質言》，63—65頁。

法”，本於此。其實錯解了文義。這裏説的話，恰與《大學》“正是四國，其爲父子兄弟足法，而後民法之也”，有同樣意義。刑，型也，即“刑于寡妻”之刑。程子以爲刑法者誤。“説”，悦也，即“不亦説乎”之説。這是説啓發愚蒙，利用典型人物，就心悦誠服；桎梏以往，就糟糕了。《論語》上“民可使由之，不可使知之”，不是愚民政策，如有人誤解的那樣，乃是説在上者以身作則（如有些禮文），則民得而由之以興起，若必使其知道所以然，蓋難。孔子之意注重典型示範，養成風氣，而不尚知識説教。又，修身是正當地發展活動自己的身心。做人做事均在其中，豈有兩樣？一事、一事都做得對，同時，做人亦就對了。做人就在做事上見。一切視聽言動都正確得力，便是心正、身修。齊家、治國總不外乎從正確得力的視聽言動上積累以成功吧。

○嚴立三曰：《大學》所謂治國齊家即爲教國教家。身與家關係尤切，故教國必自家始，且家之道即國之道，以其存心一也。母對子愛之深，體之切，則其饑寒苦痛之所在自必有以知之矣。故治國必先齊其家，以爲之表率爲要。吾人觀本章之義而後知家之切要於人生者有三，一、群居之始。二、教化之原。三、修身之本。故生人之道，相養、相長、相教之爲務。嗚乎，吾人之喪其家久矣。固陋之儒，守其文而不知其務。殘民之賊，惡其合而利其分。日削月侵，善念汩没，人性幾亡，又安得而不離析分崩以至於此哉。故今之富强而能自立者，非治國之效，實家齊之效。淺薄功利躁暴不仁之徒，此固不足與言也。[1]

○任銘善曰：《書》載，夫舜能孝友矣，能刑妻矣，是其家既齊，而堯乃以爲試得禪繼之人，豈不以其新民之功固無二乎哉！國之本在家，則所以治之者乃充其孝弟慈之心而已。充是心也，則孝而至乎老者安之，弟而至乎朋友信之，慈而至乎少者懷之。夫子之志，亦本乎其身而推之耳。然則君子雖不必有國，而惟其能修身以盡其孝弟慈于家人，則治之道舉在乎此矣。視一國之民如其赤子，而即以其保之之慈推以及之，雖其遠近大小之間，施其術者初不能無過不及之失，然惟其以至善

① 《禮記大學篇伍嚴兩家解説》，《梁漱溟全集》第四卷，47—49、77—80頁。

爲正彀，則亦可以馴至精熟而幾乎中道矣，又何待乎正心助長，陵節以求術哉！修身者，家國天下之本，欲國人之爲善去惡，盍亦反其本矣。《易》曰："父父子子兄兄弟弟夫夫婦婦，而家道正。正家而天下定矣。"①

〇謹案：所謂齊家、治國、平天下，三者緊密相連，而三者又都同修身密切相關，此正如丁紀所言：自修而爲仁德之人，"至於身有仁德，然後家有仁風，國有仁政，終而'天下歸仁焉'"。而船山亦認爲："治國之事，有政焉，有教焉。而自國而天下，則所推行者政也；自家而國，則所致一者教也。蓋家之與國，政則有大小公私之殊，而教則一也。""夫家國不同，而齊之治之者，同此身也，同此修身以齊治之也。其所以教家國者，同一理也，同一心也。"亦即，"家之通於國者教也，國之通於天下者政也"，故傳九章言教，傳十章言政。所謂家國一教，那就是"其家不可教而能教人者，無之。故君子不出家而成教於國：孝者，所以事君也；弟者，所以事長也；慈者，所以使衆也"。以孝敬父母而移事君上，敬忠於君王與國家；以恭順兄長而移事長上，聽令順從於長輩與上司；以慈愛子女而移事民衆，善待善用屬下與民衆。也就是朱子所謂，"身修，則家可教矣；孝、弟、慈，所以修身而教於家者也；然而國之所以事君事長使衆之道不外乎此。此所以家齊於上，而教成於下也"。《易·家人》亦特別强調說："家人者，家内之道；父子之親，夫婦之義，尊卑長幼之序，正倫理，篤恩義，家人之道也。""夫人有諸身者則能施於家，行於家者則能施於國，至於天下治。治天下之道，蓋治家之道也，推而行之於外耳，故取自内而出之象，爲家人之義也。"②自古以來，我華夏皆本如此。然而，當下世界却早已深受西方資本主義及其當代"文明"的嚴重影響與危害，幾乎隔絶了修身、齊家與治國平天下間的有機聯繫，普遍把修身、齊家僅視爲私人事務，而與社會國家的公共事務並不直接相干。尤其不少西人所極力普遍張揚的所謂"人

---

① 《〈大學〉存疑》，《無受室文存》，13—16頁。

② 〔宋〕程頤撰《周易程氏傳》卷第三，《二程集》第三册，884、854、860頁。

權”，實則多半維護的却可能是一己之私欲，以至還發展出只要權利不要義務、張揚極端自私自利、影響遍及全球的“美式女權”運動，其中的諸多惡劣行為，無疑是在禍害自己，并且嚴重擾亂與敗壞人類社會的倫理綱常與公序良俗。説穿了，這體現的不就正是一種極端腐朽與墮落嗎！正是在這些思潮的衝擊之下，我們的婚姻家庭也慘遭空前毀滅性的影響，對一些人而言，婚姻多半也就僅僅成爲男歡女愛的“殿堂”，一不“愛”了，便要拆除，還美其名曰“没有愛情的婚姻，是不道德的”云云，不外乎是在爲自己朝三暮四、放縱人欲本能尋求口實罷了。

我華夏傳統歷來尤其強調婚姻長久穩定的重要性，《易・咸・序卦》有言：“有天地然後有萬物，有萬物然後有男女，有男女然後有夫婦，有夫婦然後有父子，有父子然後有君臣，有君臣然後有上下，有上下然後禮儀有所錯。”天地，萬物之本；夫婦，人倫之始。所以《易》上經首乾、坤，下經首咸繼以恒也。天地二物，故二卦分爲天地之道。男女交合而成夫婦，故咸與恒皆二體合爲夫婦之義。以及《易・恒・序卦》言曰：“夫婦之道，不可以不久也，故受之以恒，恒，久也。”咸，夫婦之道。夫婦終身不變者也，故咸之後受之以恒也。可不少現代人對此不僅渾然不知不覺，還要一味任情隨意，號稱跟著感覺走，瀟灑一生，視一切禮義廉恥爲束縛，全無意於修身養性，又怎麼可能悉心經營與維護好自己的婚姻家庭？身不修，家不齊，尤其官員，又何以治國而國治呢？《大學》講“有諸己而後求諸人，無諸己而後非諸人。所藏乎身不恕，而能喻諸人者，未之有也”，然而部分官員反其道而行之，無諸己而後求諸人，有諸己而後非諸人，自己腐敗貪得無厭，却要别人不貪不腐；自己把子女、家人送到國外，在國内做個“裸官”，却高調宣揚所謂愛黨愛國，等等。如果滿世界都成了這樣，那麼，國還能成其爲國嗎？所以伍庸伯説，“修身是正當地發展活動自己的身心。做人做事均在其中，豈有兩樣？一事、一事都做得對，同時，做人亦就對了。做人就在做事上見。一切視聽言動都正確得力，便是心正、身修。齊家、治國總不外乎從正確得力的視聽言動上積累以成功吧”。却全然不知《易・咸・序卦》有言：“有天地然後有萬物，有萬物然後有男女，有男女然後有夫婦，有夫婦然後有父子，有父子然後有君臣，有君臣然後有上下，有上下然後禮儀有所錯。”天地，萬物之本；夫婦，人倫之始。所以《易》上經首乾、坤，下經首咸繼以恒也。天地二物，故二卦分爲天地之道。男女交合而成夫婦，故咸與恒皆二體合爲夫婦之義。以及《易・恒・序卦》言曰：“夫婦之道，不可以不久也，故受之以恒，恒，久也。”咸，夫婦之道。夫婦終身不變者也，故咸之後受之以恒也。可部分現代人對此不僅渾然不知不覺，還要一味任情隨意，號稱始終跟著感覺走，瀟灑一生，視一切禮義廉恥爲束縛，全無意於修身養性，又怎麼可能悉心經營與維護好自己的婚姻家庭，他們不聽任婚姻家庭一團糟糕，就算好的了。身不修，家不齊，尤其官員，又何以治國而國治呢？《大學》講“有諸己而後求諸人，無諸己而後非諸人。所藏乎身不恕，而能喻諸人者，未之有也”，我們的部分官員倒好，反其道而行之，無諸己而後求諸人，有諸己而後非諸人，自己腐敗貪得無厭，却要別人不貪不腐；自己把子女、家人送到國外，在國内做個“裸官”，却高調宣揚所謂愛黨愛國，等等。如果滿世界都成了這樣，那麽，國還能成其爲國嗎？所以伍庸伯說：“修身是正當地發展活動自己的身心。做人做事均在其中，豈有兩樣？一事、一事都做得對，同時，做人亦就對了。做人就在做事上見。一切視聽言動都正確得力，便是心正、身修。齊家、治國總不外乎從正確得力的視聽言動上積累以成功吧。”

所謂平天下在治其國者：上老老而民興孝，上長長而民興弟，上恤孤而民不倍。是以君子有絜矩之道也：所惡於上，毋以使下；所惡於下，毋以事上；所惡於前，毋以先後；所惡於後，毋以從前；所惡於右，毋以交於左；所惡於左，毋以交於右。此之謂絜矩之道。

○朱子曰：自此至篇末傳之十章，釋治國平天下。又，老老，所謂老吾老也。興，謂有所感發而興起也。孤者，幼而無父之稱。絜，度也。矩，所以爲方也。言此三者，上行下效，捷於影響，所謂家齊而國治也。亦可以見人心之所同，而不可使有一夫之不獲矣。是以君子必當因其所同，推以度物，使彼我之間各得分願，則上下四旁均齊方正，而天下平矣。又，所謂絜矩，如不欲上之無禮於我，則必以此度下之心，而亦不敢以此無禮使之。不欲下之不忠於我，則必以此度上之心，而亦不敢以此不忠事之。至於前後左右，無不皆然，則身之所處，上下、四旁、長短、廣狹，彼此如一，而無不方矣。彼同有是心而興起焉者，又豈有一夫之不獲哉。所操者約，而所及者廣，此平天下之要道也。故章内之意，皆自此而推之。①

〇又曰：孝弟慈三者，人道之大端，衆心之所同得者也。自家以及國，自國以及天下，雖有大小之殊，然其道不過如此而已。但前章專以己推而人化爲言，此章又申言之，以見人心之所同而不能已者如此，是以君子不惟有以化之，而又有以處之也。蓋人之所以爲心者，雖曰未嘗不同，然貴賤殊勢，賢愚異稟，苟非在上之君子，真知實蹈，有以倡之，則下之有是心者，亦無所感而興起矣。幸其有以倡焉而興起矣，然上之人乃或不能察彼之心，而失其所以處之之道，則彼其所興起者，或不得遂而反有不均之嘆。是以君子察其心之所同，而得夫絜矩之道，然後有以處此，而遂其興起之善端也。又，蓋絜，度也。矩，所以爲方也。以己之心度人之心，知人之所惡者不異乎己，則不敢以己之所惡者施之於人。使吾之身一處乎此，則上下四方，物我之際，各得其分，不相侵越，而各就其中，校其所占之地，則其廣狹長短，又皆平均如一，截然正方，而無有餘不足之處，是則所謂絜矩者也。夫爲天下國家，而所以處心制事者，一出於此，則天地之間，將無一物不得其所，而凡天下之欲爲孝弟不倍者，皆得以自盡其心，而無不均之嘆矣，天下其有不平者乎？然君子之所以有此，亦豈自外至而强爲之哉？亦曰物格知至，故有以通天下之志，而知千萬人之心即一人之心，意誠心正，故有以勝一己之私，而能以一人之心爲千萬人之心，其如此而已矣。一有私意存乎其間，則一膜之外，便爲胡、越，雖欲絜矩，亦將有所隔礙而不能通

① 《大學章句》，傳之十章，《四書章句集注》，10頁。

矣。然必自其窮理正心者而推之，則吾之愛惡取舍皆得其正，而其所推以及人者，亦無不得其正，是以上下四方以此度之，而莫不截然各得其分。若於理有未明，而心有未正，則吾之所欲者，未必其所當欲；吾之所惡者，未必其所當惡。乃不察此而遽欲以是爲施於人之準則，則其意雖公，而事則私，是將見其物我相侵，彼此交病，而雖庭除之内，跬步之間，亦且參商矛盾，而不可行矣，尚何終身之望哉？是以聖賢凡言恕者，又必以忠爲本，而程子亦言忠恕兩言，如形與影，欲去其一而不可得。蓋惟忠，而後所如之心始得其正，是亦此篇先後本末之意也。然則君子之學，可不謹其序哉！又，自身而家，自家而國，自國而天下，此以勢之遠邇，事之先後，而所施有不同耳，實非有異事也。蓋必審於接物，好惡不偏，然後有以正倫理，篤恩義，而齊其家；其家已齊，事皆可法，然後有以立標準，胥教誨，而治其國；其國已治，民知興起，然後可以推己度物，舉此加彼，而平天下。此以其遠近先後，而施有不同者也。然自國以上，則治於内者，嚴密而精詳；自國以下，則治於外者，廣博而周遍，亦可見其本末實一物，首尾實一身矣，何名爲異説哉！①

○又曰：物格、知至後，其理雖明，到得後來齊家、治國、平天下，逐件事又自有許多節次，須逐件又徐徐做將去。又，此節見得上行而下效，又見得上下雖殊而心則一。又，“平天下在治其國”，此三句見上行下效，理之必然，又以見人心之所同。因何恁地上行下效？蓋人心之同然。所以絜矩之道：我要恁地，也使彼有是心者亦得恁地。全章大意，只反覆説絜矩。如專利於上，急征横斂，民不得以自養，我這裏雖能興起其善心，濟甚事！若此類，皆是不能絜矩。又，上之人老老、長長、恤孤，則下之人興孝、興弟、不倍，此是説上行下效。到絜矩處，是就政事上言。若但興起其善心，而不有以使之得遂其心，則雖能興起，終亦徒然。如政煩賦重，不得以養其父母，又安得以遂其善心！須是推己之心以及於彼，使之“仰足以事父母，俯足以育妻子”，方得。

① 《大學或問》下，《朱子全書》第六册，539—541頁。

"己欲立而立人，己欲達而達人"，是兩摺説，只以己對人而言。若絜矩，上之人所以待己，己又所以待人，是三摺説，如《中庸》"所求乎子以事父未能也，所求乎臣以事君未能也"，一類意。又，爲國，絜矩之大者又在於財用，所以後面只管説財。如今茶鹽之禁，乃是人生日用之常，却反禁之，這箇都是不能絜矩。又，能使人興起者，聖人之心也；能遂其人之興起者，聖人之政事也。又，平天下，謂均平也。"所惡於上，毋以使下；所惡於下，毋以事上。"此與《中庸》所謂"所求乎臣，以事君未能"者同意。但《中庸》是言其所好者，此言其所惡者也。又，絜，度也。不是真把那矩去量度，只是自家心裏暗度那箇長那箇短。所謂度長絜大，上下前後左右，都只一樣。心無彼己之異，只是將那頭折轉來比這頭。在我之上者使我如此，而我惡之，則知在我下者心亦似我如此，故更不將所責上底人之心來待下人。如此，則自家在中央，上面也占許多地步，下面也占許多地步，便均平正方。若將所責上底人之心來待下，便上面長，下面短，不方了。其餘亦然。又，非是言上下之分欲使之均平。蓋事親事長，當使之均平，上下皆得行。又，見曾子之傳發明"恕"字，上下四旁，無不該也。恕，亦是絜矩之意。又，絜矩之道，此乃求仁工夫，此處正要著力。若仁者，則是舉而措之，不待絜矩，而自無不平者矣。仁者，則"己欲立而立人，己欲達而達人"，不待推矣。若絜矩，正恕者之事也。又，後世不復知絜矩之義，惟務竭民財以自豐利，自一孔以上，官皆取之，故上愈富而下愈貧。夫以四海而奉一人，不爲不厚矣。使在上者常有厚民之心而推與共之，猶慮有不獲者，况皆不恤，而惟自豐殖，則民安得不困極乎！《易》"損上益下"曰《益》，"損下益上"曰《損》。所以然者，蓋邦本厚則邦寧而君安，乃所以益也。否則反是。又，絜矩，非是外面别有箇道理，只是前面正心、修身，推而措之，又不是他機巧、變詐、權謀之説。絜矩之説，不在前數章，却在治國、平天下之後。到這裏，也是節次成了，方用得。[①]

---

① 《朱子語類》卷第十六，《大學》三，傳十章 釋治國平天下，第二册，360—365頁。

〇又曰：古人小處亦可見：如“並坐不横肱”，恐妨礙左邊人，又妨礙右邊人。如此，則左右俱不相妨，此便是以左之心交於右，以右之心交於左。如我事親，便也要使人皆得事親；我敬長慈幼，便也要使人皆得敬長慈幼。君子既知人都有此心，所以有絜矩之道，要人人都得盡其心。[①]

〇胡炳文曰：此章當分爲八節，由“所謂”至“道也”爲第一節，言所以有絜矩之道。夫子十五志學，即此所謂“大學”。志學以下分知行，到末節方言不踰矩，是生知安行之極致；格物而下亦分知行，到末章方言絜矩，是致知力行之極功。矩者何？人心天理當然之則也，所謂明德是也。吾心自有此天則，聖人隨吾心之所欲，自不踰乎此則，故曰不踰矩；人心同有此天則，學者即吾心之所欲，以爲施於人之則，故曰絜矩。乍看不踰矩“矩”字似説得精，絜矩“矩”字似説得粗，要之只是一箇矩字。但不踰矩之矩，渾然在吾方寸中，是矩之體，是大德之敦化；絜矩之矩，於人己交接之際見之，是矩之用，是小德之川流。規矩皆法度之器，此獨曰矩者，規圓矩方，圓者動而方者止，不踰矩即是明德之止至善，絜矩即是新民之止至善。又，由“所惡”至“之道”爲第二節，言此之謂絜矩之道。上章舉孝弟慈，言教化；此章又舉上章所謂孝弟慈者，言教化而又言政事。言教化則我之孝弟慈，便是人之孝弟慈之矩；言政事則我欲孝欲弟欲慈，或使天下之人不得皆遂其孝弟慈，便是不能絜矩。蓋矩者此心而已，只一矩字，此心所操者約，加一絜字，此心所及者廣。然又須看“是以有此之謂”六字，人之心本無間於己，是以有絜矩之道；己之心能不間於人，此之謂絜矩之道。[②]

〇景星曰：前章慎獨是敬以直内，此節絜矩是義以方外，此後皆推廣能絜矩與不能絜矩。[③]

〇船山曰：人心之同孝弟慈也，則天下之衆民之愿欲雖至於不可紀

① 《朱子語類》卷第十八，《大學》五，《或問》下，傳十章，第二册，426—427 頁。

② 《四書通・大學通》，《通志堂經解》第 15 册，408 頁。按胡炳文的意思，將末章分爲八節，實在過於瑣碎，且其第四節的内容，還横跨了本研讀僅分爲三節中的二三節，故不取。

③ 《大學中庸集説啓蒙・大學》，景印文淵閣《四庫全書》第 204 册，996 頁。

極，而其心之所安者則無不可以理格，不待違道干譽以徇其好惡，而皆可以矩絜之矣。[①]

〇又曰：此章所言治國之道。蓋以言國與天下所同然之理，治平一致之道，則言國而天下在其中。又，再三申説，只要人主不以理財爲務。理，治也。若留意治財，則是外本内末，爲失國而致菑害之大惡。又，家之理可通之國，則國之理可通之天下，一也。本身以立教，則國人之心自感，則本身以立政，而國與天下之人心皆得，一也。内取諸心，而天下之理皆存焉。苟得其理，而天下之心皆獲焉。此是執一矩以該遠邇之道，其要則好惡而已。教亦此好惡，政亦此好惡，絜度國與天下，止此一矩，故曰"人心之所同"。又，絜矩之道，凡人凡事皆然，而君子之於國與天下，則上下是也。不宜將下事上及前後左右説到平天下上。[②]

〇又曰：第十章傳，且俱説治國，故云"有國者不可以不慎"，云"得衆則得國"，云"此謂國不以利爲利"。絜矩之道、忠信之德、外本内末、以財發身、見賢先舉、遠退不善，凡此皆治國之大經，而可通之於天下者也。若平天下之事，則自有命德討賊、制禮作樂之大政，要亦可以此通之。而其必待推者，傳所未及，且所謂"文武之政，布在方策"，而非入學者所預習也。又，自秦以後，有治而無平，則雖有王者起，亦竟省下一重事業。又，齊家恃教而不恃法，故立教之本不假外求。治國推教而必有恒政，故既以孝弟慈爲教本，而尤必通其意於法制，以旁行於理財用人之中，而納民於清明公正之道。故教與養有兼成，而政與教無殊理。則大學之道，所以新其民者，實有以範圍之於寡過之地，不徒恃氣機之感也。此則以治其國，而推之天下亦無不可矣。又，君子只於天理人情上絜着個均平方正之矩，使一國率而繇之。則好民之所好，民即有不好者，要非其所不可好也；惡民之所惡，民即有不惡者，要非其所不當惡也。又，唯恃此絜矩之道，以整齊其好惡而平施

① 《禮記章句》卷四十二，《大學》，傳之十章，《船山全書》第四册，1495—1496頁。

② 《四書箋解》卷一，《大學》，傳十章，《船山全書》第六册，120—121頁。

之，則天下之理得，而君子之心亦無不安矣。[1]

○又曰：家與國不同，而教同也；國與天下不同，而政同也。其教同者，立教之本同也；其政同者，出治之本同也。而政與教不同而理同也。其理同者，人心之順逆、天理之存亡同也。又，夫心之同然者，其理同也，則其情亦同也。又，夫上下異分，事使異道，前後異時，先後異用，左右異職，所交異宜，而以此絜彼，則理有必同，而所以絜之者唯此一心，絜之一國而矩在焉，絜之天下而矩在焉，以治以平，夫豈有不相因而並得乎？[2]

○吕留良曰："平天下"自有政事，與"治國"不同，然其矩則一也。矩從家國間見而絜之天下乃爲平天下之道，故曰"所操者約而所及者廣"。"上老老"三句只是家國已效處指出"矩"字耳。上行下效之意，上章已説盡，此但取來引起絜矩之道耳。"上老老"三句是教化所興起，"絜矩之道"是政事以遂其欲。矩是家國天下之所同，治與平不同處正在"絜"字中見，此道之所由出也。治與平分界在"道"字，此所以遂其同然興起之政事，此國與天下不同處，故必須絜矩耳，非謂即興起一國之心而是也。矩只此矩，絜處却不同，故"治國"章只説"藏身之恕"，而此章説"絜矩之道"，絜矩即恕之事，然而其道有辨矣。蓋治平教化，更無二理，只政事大有不同，故"平天下"通章只講"絜矩之道"，都在政事上説，不在教化上説。"家國近"，"近"止言教，就躬行化下言也；"天下遠"，"遠"重言道，就政事制度言也。家國非無政事，而所重却在躬行化下；到平天下時，感應工夫都在治國中做了，但恐立政制事處無以遍愜，五方異姓有宜此不宜彼者，此道之所當講也。絜矩之道是在興孝弟不倍後事。矩是理一，絜是分殊。到此方用得此道，正爲國與天下自有分殊處耳。絜矩根源在"格致誠正"，其道由家國而推，則已統《大學》綱領之全矣。孝弟慈是理義之同然，故曰"矩"；禮樂刑政制度亦理義同然，故曰"道"；從此矩推行，爲道即理

---

① 《讀四書大全説》卷一，《大學》，傳第十章，《船山全書》第六册，434—438頁。

② 《四書訓義》（上）卷一，《大學》，傳第十章，《船山全書》第七册，87—89頁。

義同然之用，故曰“絜矩之道”，蓋謂絜人心同然之理，而爲平天下之政事也。①

〇汪紱曰：此傳釋平天下，實則總結全經，故《章句》慎德忠信俱總括明德言之，以爲天下之本。又傳雖從治國説到平天下，然只首數句從治國帶起，緊落“絜矩”二字，以下便只發明絜矩，更不屑屑多黏治國治平，只一樣，不必多區分推致也。上治國傳只言教，此傳言絜矩而尤致意於不專財利，似言養爲多，豈治國單要教而可無養，平天下單重養而不及教乎？蓋亦以治平一理，教養互言，二傳可相參發耳。矩即此心之權度，不曰推心而曰絜矩者，自私之心不足以推天下，不肖之心不足以感天下。曰矩則此心已誠已正，無不均平，爲方之至，故可以此心絜之天下而無不可通也。矩字從平字生，《章句》“上下四旁，均齊方正”云云，又從矩字生，俱借字法而特精妙切實。絜矩之道不外同民好惡意。上下以君臣言，前後以父子言，左右以平交言，即孝弟慈及事君事長使衆之意，上下前後左右亦從矩字生。②

〇丁紀曰：傳之十章釋治國、平天下，而重在治國。此章於傳之各章爲最長，達六百八十餘字，幾近傳之千五百四十六字之半。我意，全章可分作三節：此爲第一節，言絜矩之道，總起全章。又，天下平，與《禮運》所言“大同”者同。只是一個齊家之道（如傳之九章所言），然而孝、弟、慈誠能大行於天下，則天下平矣，更無他事可爲。絜矩非億也。惟身修者乃可以絜人。絜矩之道，須於人所當好、當惡絜而知之、知而同之、同而成之，所謂順人之性而成人之美也。“八條目”自格致誠正至於修身，皆自一身爲言；自齊家始與人交，其間便有絜矩之道，然而所以不明言者，以家道之中，親愛爲先，縱有所不能絜矩，一個“親”字固亦救得。所以於治國之條始言之，不能絜矩，國無可治矣。然朱子謂其“所操者約，而所及者廣”，廣大悉備，不以其國爲限，所以朱子又嘗曰：“且如國既治，又却絜矩，則又欲其四方皆準之也。”

---

① 《四書講義》卷三，《大學》三，上册，61—66頁。

② 《四書詮義》上，卷一，《大學》，《叢書集成三編》第10册，379頁。

“四方”，言天下也，故所謂上下、前後、左右，充極即成一個天下；只是一個絜矩之道，不但行於中國，行天下無非此道也。[①]

〇鄭玄曰：老老、長長，謂尊老敬長也。恤，憂也。民不倍，不相倍棄也。絜，猶結也，挈也。矩，法也。君子有挈法之道，謂常執而行之，動作不失之。倍，或作“偝”。矩，或作“巨”。又，絜矩之道，善持其所有以恕於人耳。治國之要，盡於此。

〇孔穎達曰：自此以下至終篇，覆明上經平天下在治其國之事。但欲平天下，先須治國，治國事多，天下理廣，非一義可了，故廣而明之。言欲平天下，先須修身，然後及物，自近至遠，自内至外。故初明絜矩之道，次明散財於民，次明用善人遠惡人。此皆治國治天下之綱，故總而詳説也。又，孤弱之子，人所遺棄，在上君長，若能憂恤孤弱不遺，則下民學之，不相棄倍也。又，言君子有執結持矩法之道，動而無失，以此加物，物皆從之也。又，恕已接物，即絜矩之道也。[②]

〇張九成曰：修身、齊家、治國、平天下，雖所由不同，其理則一而已，其一如何？審好惡而已矣。

〇葉夢得曰：上下以位言之也，前後以事言之也，左右以人言之也。位之與事、事之與人雖不同，而其好惡則一也。

〇林光朝曰：一人在上，使天下人心固結而不可解者，必有正道焉。蓋四方萬里之遠，若非有以固結之，則如何長有天下？故《詩》以爲民之父母者，無他，唯與天下同其好惡而已。若是好惡與天下不相關，此之謂獨夫爾。

〇葉適曰：聖賢之學，自其内心之發，推之於外，修身齊家撙節端序，各有倫等，而不可亂者，皆爲矩之地也。堯、舜、禹、湯、文、武絜成矩以示天下，而天下從之，故凡天下之有未安者必求於我，而我不以其所未至者病天下也。[③]

---

① 《大學條解》，十三、“八條目”之“治國”，十四、“八條目”之“平天下”，65、71—73 頁。

② 《禮記正義》卷第六十七，《大學》第四十二，下册，2251、2259 頁。

③ 《禮記集説》卷一百五十二，《大學》第四十二，《通志堂經解》第 13 册，507—508 頁。

〇黎立武曰：子貢嘗求一言以終身，夫子止語之恕，而曰“己所不欲，勿施於人”。其後子貢有謂“我不欲人之加諸我，吾亦欲無加諸人”，則曰“非爾所及”，蓋知恕而未知忠也，無忠何以行恕，聖門之教，引而不發，欲學者深造自得之。又，《大學》發明絜矩之義，蓋物則之公，道器之合，使人有所持循而求聖賢心法。[①]

〇劉宗周曰：又承上齊家三事來，而歸之絜矩。矩者，心之位也。其所從絜者，意也。以吾之“如惡惡臭”者，絜而爲上下四旁之惡，絜矩之道，即誠意推廣之大道也。言所惡，則不必言所好矣。所惡在彼，所好在此，故曰好惡兩用而一機。又，孝弟慈三者皆治國之道，舉而推之，即平天下之道，若握矩於此，隨處比度，無不得其方者然。蓋矩之成器雖在國，而矩之運手則在心。此平天下之要道也。必言孝弟慈，所謂明明德於天下者也。以此心立於環中，而上下四方一起衡量，無少欠缺，則此心遍滿世界矣。所惡在此，即所好在彼。平天下之道，不外好惡兩端而已。又，絜矩，是致知真作用。良知中原有天然權度，不爽些子，但依此權度，四面稱量，更無欠却不齊之處。自几席之近，漸推之東西南北之遠，不假餘力，而分量圓滿。此平天下要道也。推己及人謂之恕，轉推之於人人，更無長短廣狹之殊，所爲絜矩也。矩即恕的樣子。絜矩非難，難在中心無爲，以守至正。《大學》自“致知”後，凡所好惡，已能不落方所，不陷偏僻，故推之天下而各得其平。矩是至善之式，所以安頓此心恰好處。夫子至七十時，方能從心所欲不踰矩。[②]

〇姚際恒曰：此章“上老老”三句，與上治國章相類，界限不清楚。其是上行下效之義，絜矩是四面均平之義。就政事上説，以所惡於上下前後左右是絜矩之義，可見與上行下效有别。乃以是，以君子有絜矩之道，接上爲結，絶不相蒙。絜矩之道即忠恕之事，自修身時即不可少，此奚特治國平天下乎？此皆界限之弊也。此下言“生財有大道”，“大”字未安。“以義爲利”畢竟有語弊。孔子分君子小人，義利之喻。

---

① 《大學本旨》，景印文淵閣《四庫全書》第200册，747—748頁。

② 《大學古文參疑》《大學古記》《大學雜言》，《劉宗周全集》第一册，618、633、663—663頁。

孟子言“有仁義，何必曰利”，其理自純而不襍。若以義爲利，便近于霸術，開宋儒講義理圓通法門，有關世道人心不淺。餘無疵且有名言。①

〇劉沅曰：君子知天下難平甚於國，而有絜矩之道。“絜矩”二字是曾子創爲此名，因道理無窮，難以枚舉，故以矩喻而括之。修己治人事亦無窮，以絜矩該之。其實只是一“恕”字，不過，“恕”字士庶行之易，有天下者行之難，自父母而外皆其臣僕，分誼相懸，則情狀不能周知也，故設爲上下四旁以喻其狀。平天下之絜矩非但推己及人、問心無愧已也，有無限政教在焉，故言其一二。絜矩之義即隨時處中之義，即父兄之至尊親者以思其義，則當絜矩者何窮？能絜矩而盡善者豈易？聖人以忠恕望人，未嘗謂君父可以自恕。②

〇伍庸伯曰：這仍本於上面政即是教，教外無政，那個意思一貫下來。從家國而到天下，雖範圍所及愈廣，而其中原理則一。這節是闡説其原理的。原理即絜矩之道。亦即，只要在施受彼此之間的人情上加以量度準推，則人們應如何相與的道理自見。其實這就是“己所不欲勿施於人”那個道理，所謂忠恕者是。忠恕是倫理，却本於客觀普遍不易之理而來，因而便是一原理了。明德之明，不能外於好惡之得正，以爲其入手。絜矩之道，蓋所以預矯其偏，俾其出於正也。老老（孝），長長（弟），恤孤（慈），則積極一面行動，固其所先也。《孟子》説：“古之人所以大過人者無他焉，善推其所爲而已矣。”推者，準推，即有絜矩之意。“堯舜性之，湯武反之”，其中都有推的工夫。“性之”，較爲自然不費力地推；“反之”却要很吃力地去推。

〇嚴立三曰：李塨《大學辨業》云：“蓋三代之時，天下皆諸侯分治之。天子只自治其國，禮樂政刑與民相接皆在王畿。其平天下之政，不過巡守朝會，如修禮同律等事，以慶讓諸侯而已。觀‘有國者不可以不慎’，‘得衆則得國’，‘此謂國不以利爲利，以義爲利’，只言治國，

① 《續禮記集説》卷九十七，《大學》，《續修四庫全書》第102册，717頁。

② 《大學古本質言》，67—68頁。

不言平天下。誠以天下諸侯視天子之國，欲求其平，必由於治。故曰'有國者不可以不慎，辟則爲天下僇'，正言國不治則天下不平也。如桀紂幽厲只是自亂其國，未嘗如後世暴虐遍及天下，而天下不服，群然傾畔，故國曰治，天下曰平。《孟子》謂'天下之本在國'，亦同此意。若秦人郡縣以後，則天下爲一，政教刑罰，環海之内，秉命一人，無國與天下之分，亦不必有治平先後之分。蓋治安天下之道同而時勢則異矣。"按李氏三代分治之説誠是，唯《大學》之書，固非爲三代言也。果如其説，則本章所謂"在治其國者"，僅當於天子之國。本章之所務者，亦均爲天子之行。下文惡上事上之言又何爲而發耶？郡縣而後，秉命一人，其勢已異，則今世之天下更將若何耶？夫一國不治，其勢必亂及於天下；一家不齊，其勢必害及於全國；一身不修，其勢必危及於全家。人類固屬一體而不容分離者也。孟子謂"天下之本在國"，即繼之以"國之本在家，家之本在身"，其意仍歸重於各人之一身。故又曰"人人親其親長其長而天下平"，"君子之修其身而天下平"，而不爲有國有天下者言之。謂一人而可横行於天下，匹夫不足以興化於萬邦，是桀紂之害尚可施於今，而仲尼不足以受命。上下數千年之事實，寧不足以爲之佐證哉！故《大學》之國與天下，皆言國與天下之人，其治平之者，亦基於其人。人無有不善，在位者同其公好公惡而勿拂之，則家國天下之人日進於善而其位亦固。如不足以爲之表率而逆人之情，則殃及其身而已矣。全篇立義，皆所以爲君后世卿深切之誥戒，而古今小儒每於此欲爲有國有家者探求所以治人之術，豈非悖謬之至乎！果各國之人皆自明其明德，則興孝興弟興慈之事將安所施。故治國之後，實無平天下可言也。且平天下之準則，本章實已剴切言之，所謂絜矩之道是矣。絜者，度也。矩，所以爲方也。實即己所不欲勿施於人之意。言以情絜情施受之反，則可並育而不相害，並行而不相悖。人與人如是，國與國如是，則天下不期平而平矣。舉凡家國天下之一切禮儀法度，孰能外此而有所本者哉。[①]

① 《禮記大學篇伍嚴兩家解説》，《梁漱溟全集》第四卷，49—51、80—82頁。

〇任銘善曰：雖然，不欲人之加諸我也，我亦欲無加諸人，子貢之志而夫子不許之也，則非夫明王之能盡倫充類者，安可語于此哉！①

《詩》云："樂只君子，民之父母。"民之所好好之，民之所惡惡之，此之謂民之父母。《詩》云："節彼南山，維石巖巖，赫赫師尹，民具爾瞻。"有國者不可以不慎，辟則爲天下僇矣。《詩》云："殷之未喪師，克配上帝；儀監於殷，峻命不易。"道得衆則得國，失衆則失國。是故君子先慎乎德。有德此有人，有人此有土，有土此有財，有財此有用。德者本也，財者末也，外本内末，争民施奪，是故財聚則民散，財散則民聚。是故言悖而出者，亦悖而入；貨悖而入者，亦悖而出。

〇朱子曰：《詩·小雅·南山有臺》之篇。只，語助辭。言能絜矩而以民心爲己心，則是愛民如子，而民愛之如父母矣。又，僇，與戮同。《詩·小雅·節南山》之篇。節，截然高大貌。師尹，周太師尹氏也。具，俱也。辟，偏也。言在上者人所瞻仰，不可不謹。若不能絜矩而好惡狥於一己之偏，則身弑國亡，爲天下之大戮矣。又，儀，《詩》作宜。峻，《詩》作駿。《詩·文王》篇。師，衆也。配，對也。配上帝，言其爲天下君，而對乎上帝也。監，視也。峻，大也。不易，言難保也。道，言也。引《詩》而言此，以結上文兩節之意。有天下者，能存此心而不失，則所以絜矩而與民同欲者，自不能已矣。又，先慎乎德，承上文不可不慎而言。德，即所謂明德。有人，謂得衆。有土，謂得國。有國則不患無財用矣。又，人君以德爲外，以財爲内，則是争鬭其民，而施之以劫奪之教也。蓋財者人之所同欲，不能絜矩而欲專之，則民亦起而争奪矣。又，外本内末故財聚，争民施奪故民散，反是則有德而有人矣。又，悖，逆也。此以言之出入，明貨之出入也。自先慎乎德以下至此，又因財貨以明能絜矩與不能者之得失也。②

---

① 《〈大學〉存翫》，《無受室文存》，17 頁。

② 《大學章句》，傳之十章，《四書章句集注》，10—11 頁。

〇又曰：君子有絜矩之道，故能以己之好惡，知民之好惡，又能以民之好惡，爲己之好惡。又，上言有國者不可不謹，此言其所謹而當先者，尤在於德也。德即所謂明德，所以謹之，亦曰格物、致知、誠意、正心，以修其身而已矣。又，《易・大傳》曰："何以聚人？曰財。"《春秋外傳》曰："王人者，將以導利而布之上下者也。"故財聚於上，則民散於下矣，財散於下，則民歸於上矣。鄭氏以爲君有逆命，則民有逆辭，上貪於利，則下人侵畔，得其旨矣。[①]

〇又曰：自家若意誠、心正、身修、家齊了，則天下之人安得不歸於我！如湯武之東征西怨，則自然有人有土。又，惟上之人以德爲外，而急於貨財，暴征橫斂，民便效尤，相攘相奪，則是上教得他如此。又，"爭民施奪"，是爭取於民，而施之以劫奪之教也。[②]

〇胡炳文曰：由"《詩》云"至"失國"爲第三節，就好惡言絜矩。蓋好惡二字已見誠意修身二章，特誠意是好惡其在己者，修身章推之以好惡其在人者，此章又推之以好惡天下之人者也。誠意章主慎獨，其爲好惡也，一誠無僞；此章主絜矩，其爲好惡也，一公無私。修身章是言不能慎獨，則好惡之辟不足以齊其家；此章是言不能絜矩，則好惡之辟不足以平天下。所謂血脉貫通者又於此見之，不可不詳味也。慎獨是敬以直内，絜矩是義以方外。又，由"是故"至"之矣"爲第四節，就財用言絜矩。好惡不能絜矩，任己自私，不可以平天下；財用不能絜矩，瘠民自肥，亦不可以平天下。故曰"辟"，曰"僇"，形容好惡不絜矩之失；此曰"争"，曰"奪"，曰"悖"，形容財用不絜矩之失。鄭氏訓"悖"字以爲"君有逆命，則民有逆辭。上貪於利，則下人侵畔"，朱子以爲深得其旨。嗚呼！民何嘗争，何嘗奪，争其民而教之刼奪者，誰歟？下人何嘗敢自侵畔，所以使之侵畔者，誰歟？平天下者不可不深自警省也。[③]

〇景星曰：引《詩》者三，自誠意章已言好惡，正心修身二章皆言

① 《大學或問》下，《朱子全書》第六册，541—542 頁。
② 《朱子語類》卷第十六，《大學》三，傳十章 釋治國平天下，第二册，365—366 頁。
③ 《四書通・大學通》，《通志堂經解》第 15 册，408—409 頁。

己之好惡不可偏，齊家治國平天下則言民之好惡。治國主於教人，人之心莫不好善而惡惡，則推己之心及人，亦如己之好善惡惡也。平天下主於愛人，人之心莫不欲壽，欲富，欲安逸，則推己之心以及人，所欲與之聚之，所惡勿施爾也。又，平天下章言絜矩，專指用財與用人而言，蓋義利正邪之辨，天下平與不平皆決於此。二節指用財而言，歸重於有德之君子，則能審好惡而重義輕利。①

〇船山曰：有天下者受命於天，受國於先王，其存與亡爲萬民生死安危之樞，則位之所在助道之所在，故不容不恒存得失之心自警於道，非若士大夫之於禄位禍福，修身俟命，不宜以絲毫得失繫累其心，緣此而修德也。學者不可不知。又，修身以上皆明德之事，慎以修身則好惡自公矣。又，有德則不縱欲以崇貨，民各有其恒産而財散。②

〇又曰："僇"，辱也；與戮字不同。又，"殷之未喪師"節言得失，且就得衆失衆上講。"《康誥》曰"節言得失，乃言善不善；善不善，得衆失衆之由也。"君子有大道"節乃言忠信驕泰，則又善不善之樞也。一層深一層。又，故治平之道，唯以不言財爲本。又，此德乃清心寡欲、賤貨貴德之德，故其效亦止於人、土、財、用之皆有而已。又，"財散"者，民各有其財之謂，非散財。③

〇又曰：蓋物格知至，則所好所惡者曲盡其變，不致恃其私意，而失之於偏；意誠心正，則所好所惡者一準於道，不致推私欲以利物，而導民於淫。又，自然天理應得之處，性命各正者，無不可使遂仰事俯育之情，君子之道，斯以與天地同流，知明處當，而人情皆協者也。此之爲道，在齊家已然，而以推之天下，亦無不宜。特以在家則情近易迷，而治好惡也以知；在國則情殊難一，而齊好惡也以矩。故家政在教而别無政，國教在政而政皆教，斯理一分殊之準也。又，"先慎乎德"之"德"者，非明德也，而是行焉而有得於心之謂也。則凡行而有得者，皆可謂之德矣。又，董氏彝云"明德言自修，慎德言治天下"，不徇

① 《大學中庸集説啓蒙·大學》，景印文淵閣《四庫全書》第204册，996—998頁。
② 《禮記章句》卷四十二，《大學》，傳之十章，《船山全書》第四册，1498—1499頁。
③ 《四書箋解》卷一，《大學》，傳十章，《船山全書》第六册，121—122頁。

《章句》，乃以爲有功於朱子。又，財散者，東陽許氏云“取其當得者而不過”，其論自當。又，民散云者，《詩》所謂“逝將去女，適彼樂土”者也。即此，亦以知此爲治國而言。若以天下統言之，共此四海之内，散亦無所往。故郡縣之天下，財殫於上，民有死有叛而已矣，不能散也。①

○又曰：故能絜矩者，能公好惡者也，好惡公，則民情以得，《南山有臺》之詩言之矣。又，絜矩而民情以親，不絜矩而民情以叛，民心之合離，而國勢之興亡係焉，《文王》之詩言之矣。又，道絜矩而人情得，則保有天位而得國焉。又，故君子所先慎者德而已矣，慎之於好惡之原，而知夫人心之同然者，乃天理之極致。又，德爲萬化之本原，而財乃緒餘之必有，圖其本而自可生其末。即欲計其末，亦必先培其本，而外内之權衡定矣。惟其末也，則宜置之度外而聽其自有也；惟其本也，則宜懷之中藏而必求其得也。又，上所以撫有其民者，德也；下所以安於奉上者，財也；此順也。②

○吕留良曰：自“誠意”章講好惡起，修齊治平只此一線説去。好惡自己及人，曰新民，始於齊家，終於平天下，故二傳中説好惡獨詳明。平天下而引《詩》言父母，其意正深切，非愛民寬皮套子也。“平天下”章論財用自此始，直至傳末皆言此事，故“先慎乎德”一句，“德”字便專就財用而言。本則理一，末乃萬殊，只是一箇“明德”。對“新民”言則民爲末，在“聽訟”言則訟爲末，就“財用”言則財爲末，須粘末看，又須離末看，如此“本”字，須緊從財上較出，方見親切。③

○汪紱曰：樂者慈祥惻怛强教悦安之意，民好好之，民惡惡之，正所謂“樂只”也。“赫赫”與“樂只”反，具瞻亦危辭，辟字與民之所好好之二句反，“爲天下僇”與爲民父母反，慎且説慎於好惡勿徇己私意，下慎德乃更從此慎字推深。又，提出財用，只爲不絜矩者警醒，非

① 《讀四書大全説》卷一，《大學》，傳第十章，《船山全書》第六册，438—442頁。
② 《四書訓義》（上）卷一，《大學》，傳第十章，《船山全書》第七册，89—92頁。
③ 《四書講義》卷三，《大學》三，上册，66—68頁。

君子有意財用也。看重財用慎德，假矣。又，民各自私，故散而不相維繫，此與有人有土反。[①]

○丁紀曰：此爲全章第二節，言治國四德，一謂愛民，二謂慎德，三謂得衆，四謂輕財。又，其中，愛民之義，與傳之九章所引《康誥》“如保赤子”句義相接。又，慎德之義，以下第三節第一小節又詳言此。又，“外本”則是“所厚者薄”，“内末”則是“所薄者厚”。争民，使其民争。施奪，教民以巧取豪奪之法。又，得衆輕財之義，以下第三節第二小節又詳言此。[②]

○鄭玄曰：言治民之道無他，取於己而已。又，巖巖，喻師尹之高嚴也。師尹，天子之大臣爲政者也。言民皆視其所行而則之，可不慎其德乎？邪辟失道，則有大刑。又，師，衆也。克，能也。峻，大也。言殷王帝乙以上，未失其民之時，德亦有能配天者。謂天享其祭祀也。及紂爲惡，而民怨神怒，以失天下。監視殷時之事，天之大命，持之誠不易也。道，猶言也。用，謂國用也。施奪，施其劫奪之情也。悖，猶逆也。言君有逆命，則民有逆辭也。上貪於利，則下人侵畔。《老子》曰：“多藏必厚亡。”

○孔穎達曰：此《小雅·南山有臺》之篇，美成王之詩也。只，辭也。言能以己化民從民所欲，則可爲民父母矣。善政恩惠是民之願好，己亦好之，以施於民。若發倉廩，賜貧窮，賑乏絶是也。苛政重賦，是人之所惡，己亦惡之而不行也。又，上經説恕己待民，此經明己須戒慎也。此《小雅·節南山》之篇，刺幽王之詩，言幽王所任大臣非其賢人也。喻幽王大臣師尹之尊嚴，是太師與人爲則者，在下之民，俱於汝而瞻視之，言皆視師尹而爲法。此記之意以喻人君在上，民皆則之，不可不慎。又，此一經明治國之道在貴德賤財，此《大雅·文王》之篇，美文王之詩，因以戒成王也。師，衆也。言殷自紂父帝乙之前，未喪師衆之時，所行政教，皆能配上天而行也。儀，宜也。監，視也。今成王宜

---

① 《四書詮義》上，卷一，《大學》，《叢書集成三編》第10册，379—381頁。

② 《大學條解》，十三、“八條目”之“治國”，65—67頁。

監視于殷之存亡。峻，大也。奉此天之大命，誠爲不易。言其難也。道，猶言也。《詩》所云者，言帝乙以上得衆則得國，言殷紂失衆則失國也。又，有德之人，人所附從，有人則境土寬大，有土則生殖萬物，有財則有以供國用。德能致財，財由德有，故德爲本，財爲末也。外，疏也。内，親也。君若親財疏德，則争利之人，皆施其劫奪之情也。事不兩興，財由民立。君若重財而輕民，則民散也；若散財而賙恤於民，則民咸歸聚也。若人君政教之言，悖逆人心而出行者，則民悖逆君上，而入以報答也，謂拒違君命也。若人君厚斂財貨，悖逆民心而入積聚者，不能久，衆畔親離，財散非君有也。①

〇葉適曰：甚矣，利之可畏也！聚天下不可以無利，而利聚則民必攜。聖人知其然也，散天下之財，使之疏通流演，而無壅遏偏聚之患，若此，則民聚矣。以民聚爲財之本，而以財聚爲民之病。故以道權之，以法御之，天下本無可聚之財也。其聚之者非義也，悖也。言當順以出，貨當順以入，出入各得其當，而天下治。小人則不然，言以悖出，貨以悖入，至其報應之來，速於影響，驗於符節，拱手視之，而莫能救也。

〇邵甲曰：財聚斂於上；則民失所養而離散於下；財布散於下，則民得所養而聚戴乎上。二者正相反也，鹿臺鉅橋爲世永鑒。然三代而下人主，富民之念常輕，富國之意常重，雖號爲英明，刻意爲善，而充府庫實倉廩之念，終未盡忘，其故何也？良由《大學》不講，而所以明其明德者未至耳。果能先謹乎德，使此心天理湛然常明，則民吾同胞，瘰瘝疾痛舉切吾身，發政施仁，唯恐赤子之不得其所，而何忍括民財，以聚於其上哉！②

〇劉宗周曰：民之所好，即孝、弟、慈。民好民惡，非求之民也，求之吾心之矩而已。纔差些子便僻也。凜之以天命之不易，慎之至也。先慎乎德，此平天下喫緊學問。而平天下必自格致始。格物之要，格此

① 《禮記正義》卷第六十七，《大學》第四十二，下册，2251—2252、2260—2261 頁。

② 《禮記集説》卷一百五十三，《大學》第四十二，《通志堂經解》第 13 册，509 頁。

而已。錢生曰："通乎天下曰財，聚於人主曰貨。"[①]

〇劉沅曰：有天下者養民身家均安全矣，又密其教化，使各發天良而趨於善。此中有許多經制，非絜矩之至精，豈能使一道同風？絜矩不外於好惡，好惡不辟故好而知惡，惡而知美。齊家以之，治國平天下又何待言？而其原則，非德之至明不能。[②]

〇嚴立三曰：此承上文言民之好惡可絜而知者，同其好惡則爲民之父母，反其好惡以徇一己之偏私，則身弑國亡，爲天下大戮，可不戒哉。[③]

〇任銘善曰：能推己之好惡以及之天下，視民如傷，己饑己溺皆斯心之發也。前文言天下，此言國，使衆之道固同然者，是以互言之也。《易·師》之彖曰："能以衆正，可以王矣。"其象曰："君子以容民畜衆。"朱子曰："有天下者能存此心而不失，則所以絜矩而與民同欲者自不能已矣。"欲得萬民之心在乎先明一身之明德，然後可也。《易》曰："何以守位，曰仁；何以聚人，曰財。"是王政之本也。[④]

《康誥》曰："惟命不於常！"道善則得之，不善則失之矣。《楚書》曰："楚國無以爲寶，惟善以爲寶。"舅犯曰："亡人無以爲寶，仁親以爲寶。"《秦誓》曰："若有一个臣，斷斷兮無他技，其心休休焉，其如有容焉。人之有技，若己有之，人之彥聖，其心好之，不啻若自其口出，寔能容之，以能保我子孫，黎民尚亦有利哉。人之有技，娟疾以惡之，人之彥聖，而違之俾不通，寔不能容，以不能保我子孫，黎民亦曰殆哉。"唯仁人放流之，迸諸四夷，不與同中國。此謂唯仁人爲能愛人，能惡人。見賢而不能舉，舉而不能先，命也；見不善而不

---

① 《大學古記》，《劉宗周全集》第一册，633—634頁。

② 《大學古本質言》，69—70頁。

③ 《禮記大學篇伍嚴兩家解説》，《梁漱溟全集》第四卷，83頁。

④ 《〈大學〉存講》，《無受室文存》，17—18頁。

能退，退而不能遠，過也。好人之所惡，惡人之所好，是謂拂人之性，菑必逮夫身。是故君子有大道，必忠信以得之，驕泰以失之。生財有大道，生之者衆，食之者寡，爲之者疾，用之者舒，則財恒足矣。仁者以財發身，不仁者以身發財。未有上好仁而下不好義者也，未有好義其事不終者也，未有府庫財非其財者也。孟獻子曰："畜馬乘不察於雞豚，伐冰之家不畜牛羊，百乘之家不畜聚斂之臣，與其有聚斂之臣，寧有盜臣。"此謂國不以利爲利，以義爲利也。長國家而務財用者，必自小人矣，彼爲善之。小人之使爲國家，菑害並至。雖有善者，亦無如之何矣！此謂國不以利爲利，以義爲利也。

○朱子曰：道，言也。因上文引《文王》詩之意而申言之，其丁寧反復之意益深切矣。又，《楚書》，《楚語》。言不寶金玉而寶善人也。又，舅犯，晉文公舅狐偃，字子犯。亡人，文公時爲公子，出亡在外也。仁，愛也。事見《檀弓》。此兩節又明不外本而内末之意。又，个，《書》作介。《秦誓》，《周書》。斷斷，誠一之貌。彥，美士也。聖，通明也。尚，庶幾也。娼，忌也。違，拂戾也。殆，危也。又，迸，猶逐也。言有此娼疾之人，妨賢而病國，則仁人必深惡而痛絶之。以其至公無私，故能得好惡之正如此也。又，命，鄭氏云"當作慢。"程子云："當作怠。"未詳孰是。若此者，知所愛惡矣，而未能盡愛惡之道，蓋君子而未仁者也。又，菑，古災字。拂，逆也。好善而惡惡，人之性也；至於拂人之性，則不仁之甚者也。自《秦誓》至此，又皆以申言好惡公私之極，以明上文所引《南山有臺》《節南山》之意。又，君子，以位言之。道，謂居其位而修己治人之術。發己自盡爲忠，循物無違謂信。驕者矜高，泰者侈肆。此因上所引《文王》《康誥》之意而言。章内三言得失，而語益加切，蓋至此而天理存亡之幾决矣。又，吕氏曰："國無遊民，則生者衆矣；朝無幸位，則食者寡矣；不奪農時，則爲之疾矣；量入爲出，則用之舒矣。"愚按：此因有土有財而言，以明足國之道在乎務本而節用，非必外本内末而後財可聚也。自此以至終篇，皆一意也。又，發，猶起也。仁者散財以得民，不仁者亡身以殖貨。又，上好仁以愛其下，則下好義以忠其上，所以事必有終，而府庫之財無悖出之患也。又，孟獻子，魯之賢大夫仲孫蔑也。畜馬乘，士初試爲大夫者也。伐冰之家，卿大夫以上，喪祭用冰者也。百乘之家，有采地者也。君子寧亡己之財，而不忍傷民之力，故寧有盜臣，而不畜聚斂之臣。此謂以下，釋獻子之言也。又，長，上聲。"彼爲善之"，此句上下，疑有闕文誤字。自，由也，言由小人導之也。此一節，深明以利爲利之害，而重言以結之，其丁寧之意切矣。

又，此章之義，務在與民同好惡而不專其利，皆推廣絜矩之意也。能如是，則親賢樂利各得其所，而天下平矣。凡傳十章：前四章統論綱領指趣，後六章細論條目功夫。其第五章乃明善之要，第六章乃誠身之本，在初學尤爲當務之急，讀者不可以其近而忽之也。[①]

○又曰：以天命之重，而致其丁寧之意，亦承上文言之也。蓋善則得之者，有德而有人之謂也；不善則失之者，悖入而悖出之謂也。然則命之不常，乃人之所自爲耳，可不謹哉！又，小人爲惡，千條萬端，其可惡者，不但娼疾一事而已。仁人不深惡乎彼，而獨深惡乎此者，以其有害於善人，使民不得被其澤，而其流禍之長，及於後世而未已也。然非殺人於貨之盜，則罪不至死，故亦放流之而已。然又念夫彼此之勢雖殊，而苦樂之情則一，今此惡人放而不遠，則其爲害雖得不施於此，而彼所放之地，其民復何罪焉，故不敢以己之所惡，施之於人，而必遠而置之無人之境，以禦魑魅而後已。蓋不惟保安善人，使不蒙其害，亦所以禁伏兇人，使不得稔其惡。雖因彼之善惡，而有好惡之殊，然所以仁之之意，亦未嘗不行乎其間也，此其爲禦亂之術至矣，而何致亂之有？又，仁人者私欲不萌，而天下之公在我，是以是非不謬，而舉措得宜也。又，命之爲"慢"或爲"怠"。今此

① 《大學章句》，傳之十章，《四書章句集注》，11—13頁。謹案：就朱子所説的"疑有闕文誤字"問題，據俞樾《群經平議》説："必自小人者，必用小人也。"《詩大雅・緜》，《毛傳》《鄭箋》都説："自，用也。"俞氏又説："彼，當以小人言。'彼爲善之'句，申説上文必用小人之故，言長國家而務財用所以必用小人者，以務財用之事惟彼爲善之也。善，與能同義。"（參見《四書新解》上，23頁）

二字，欲以義理、文勢決之，則皆通，欲以事證決之，則無考，蓋不可以深求矣。又，不仁之人，阿黨媢疾，有以陷溺其心，是以其所好惡，戾於常性如此，與民之父母，能好惡人者正相反，使其能勝私而絜矩，則不至於是矣。又，忠信者，盡己之心，而不違於物，絜矩之本也。驕泰，則恣己徇私，以人從欲，不能與人同好惡矣。又，此所謂有土而有財者也。夫《洪範》八政，食貨爲先，子貢問政，而夫子告之亦以足食爲首。蓋生民之道，不可一日無者，聖人豈輕之哉！特以爲國者以利爲利，則必至於剥民以自奉，而有悖出之禍，故深言其害以爲戒耳。至於崇本節用，有國之常政，所以厚下而足民者，則固未嘗廢也。又，仁者不私其有，故財散民聚而身尊；不仁者惟利是圖，故捐身賈禍以崇貨也。然亦即財貨而以其效言之爾，非謂仁者真有以財發身之意也。又，上好仁，則下好義矣，下好義，則事有終矣，事有終，則爲君者安富尊榮，而府庫之財可長保矣，此以財發身之效也。上不好仁，則下不好義，下不好義，則其事不終，是將謂天下僇之不暇，而況府庫之財，又豈得爲吾之財乎？又，聚斂之臣剥民之膏血以奉上，而民被其殃；盜臣竊君之府庫以自私，而禍不及下。又，以利爲利，則上下交征，不奪不厭；以義爲利，則不遺其親，不後其君。蓋惟義之安，而自無所不利矣。程子曰："聖人以義爲利，義之所安，即利之所在。"正謂此也。孟子分别義利，拔本塞原之意，其傳蓋亦出於此云。又，怨已結於民心，則非一朝一夕之可解矣。聖賢深探其實而極言之，欲人有以審於未然，而不爲無及於事之悔也。以此爲防，人猶有用桑羊、孔僅、宇文融、楊矜、陳京、裴延齡之徒，以敗其國者。故陸宣公之言曰："民者，邦之本，財者，民之心。其心傷，則其本傷，其本傷，則枝幹凋瘁，而根柢蹷拔矣。"吕正獻公之言曰："小人聚斂，以佐人主之欲，人主不悟，以爲有利於國，而不知其終爲害也。賞其納忠，而不知其大不忠也；嘉其任怨，而不知其怨歸於上也。"嗚呼！若二公之言，則可謂深得此章之旨者矣，有國家者，可不監哉！又，此章之義博，故傳言之詳，然其實則不過好惡、義理之兩端而已。[①]

〇又曰："娼疾以惡之"，是徇其好惡之私。又，斷斷者是絜矩，娼疾者是不能。"唯仁人放流之"，是大能絜矩底人；"見賢而不能舉，舉而不能先"，是稍能絜矩；"好人之所惡"者，是大不能絜矩。又，"舉而不能先"，先是早底意思，不能速用之意。又，"君子有大道，必忠信以得之，驕泰以失之。""平天下"一章，其事如此廣闊。然緊要處只在這些子，其粗説不過如此。若細説，則如"操則存"，"克己復禮"等語，皆是也。又，他初且言得衆、失衆，再言善、不善，意已切矣。終之以忠信、驕泰，分明是就心上説出得失之由以決之。忠信乃天理之所以存，驕泰乃天理之所以亡。又，不是特地散財以取名，買教人來奉己。只是不私其有，則人自歸之而身自尊。只是言其散財之效如此。

---

① 《大學或問》下，《朱子全書》第六册，542—546 頁。《周書·洪範》："天乃賜禹洪範九疇，彝倫攸敘。初一曰五行，次二曰敬用五事，次三曰農用八政，次四曰協用五紀，次五曰建用皇極，次六曰乂用三德，次七曰明用稽疑，次八曰念用庶徵，次九曰嚮用五福、威用六極。"亦即"治天下之大法，其類有九"。其中"三，八政：一曰食，二曰貨，三曰祀，四曰司空，五曰司徒，六曰司寇，七曰賓，八曰師。"所謂"食者，民之所急。貨者，民之所資。故食爲首，而貨次之。食貨，所以養生也。祭祀，所以報本也。司空掌土，所以安其居也。司徒掌教，所以成其性也。司寇掌禁，所以治其姦也。賓者，禮諸侯遠人，所以往來交際也。師者，除殘禁暴也。兵非聖人之得已，故居末也"。(《書集傳》卷四，《朱子全書外編》第一册，145—147 頁）據説，"《洪範·九疇》六十有五字爾，而天道人事無不該焉，原其本，皆自人君一身始。此武王之問，箕子之言，所以爲萬世蓍龜也"。(《大學衍義》卷二，《帝王爲學之本》，景印文淵閣《四庫全書》第 704 册，516—517 頁）《論語·顔淵》第七章：子貢問政。子曰："足食。足兵。民信之矣。"子貢曰："必不得已而去，於斯三者何先?"曰："去兵。"子貢曰："必不得已而去，於斯二者何先?"曰："去食。自古皆有死，民無信不立。"朱子言：愚謂以人情而言，則兵食足而後吾之信可以孚於民。以民德而言，則信本人之所固有，非兵食所得而先也。是以爲政者，當身率其民而以死守之，不以危急而可棄也。(《四書章句集注》，135—136 頁）《孟子·梁惠王上》第一章：孟子見梁惠王。王曰："叟不遠千里而來，亦將有以利吾國乎?"孟子對曰："王何必曰利? 亦有仁義而已矣。王曰'何以利吾國'? 大夫曰'何以利吾家'? 士庶人曰'何以利吾身'? 上下交征利而國危矣。萬乘之國弒其君者，必千乘之家；千乘之國弒其君者，必百乘之家。萬取千焉，千取百焉，不爲不多矣。苟爲後義而先利，不奪不饜。未有仁而遺其親者也，未有義而後其君者也。王亦曰仁義而已矣，何必曰利?"朱子以爲："此章言仁義根於人心之固有，天理之公也。利心生於物我之相形，人欲之私也。循天理，則不求利而自無不利；殉人欲，則求利未得而害已隨之。所謂毫釐之差，千里之繆。此《孟子》之書所以造端托始之深意，學者所宜精察而明辨也。"程子以爲："君子未嘗不欲利，但專以利爲心則有害。惟仁義則不求利而未嘗不利也。當是之時，天下之人惟利是求，而不復知有仁義。故孟子言仁義而不言利，所以拔本塞源而救其弊，此聖賢之心也。"(《四書章句集注》，202 頁）

又，這只是一箇。在上便喚做仁，在下便喚做義，在父便謂之慈，在子便謂之孝。"孝慈則忠"。又，所以説義之所安，即利之所在。蓋惟義之安，則自無不利矣。又，財，後世只此一事不能與民同。又，第九章十章齊家、治國，既已言化，平天下只言措置之理。上面人既自有孝弟，下面民亦有孝弟，只要使之自遂其孝弟之心於其下，便是絜矩。若拂其良心，重賦恒斂以取之，使他不得自遂其心，便是不方。左右前後皆然。言是以者，須是如此。後面説民之父母，所好所惡，皆是要與民同利之一事。所以道"以義爲利"者，"義以方外"也。又，言娼疾彦聖者，蓋有善人，則合當舉之，使之各得其所。今則不舉他，便失其所，是侵善人之分，便是不絜矩。事事亦當絜矩。又，此章大概是專從絜矩上來。蓋財者，人之所同好也，而我欲專其利，則民有不得其所好者矣。大抵有國有家所以生起禍亂，皆是從這裏來。又，寧過於予民，不可過於取民。且如居一鄉，若屑屑與民争利，便是傷廉。若饒潤人些子，不害其爲厚。又，要之，始終本末只一理。但平天下是一件最大底事，所以推廣説許多。如明德、新民、至善之理極精微。至治國、平天下，只就人情上區處，又極平易，蓋至於平而已耳。[①]

又，古人小處亦可見：如"並坐不横肱"，恐妨礙左邊人，又妨礙右邊人。如此，則左右俱不相妨，此便是以左之心交於右，以右之心交於左。又，君子既知人都有此心，所以有絜矩之道，要人人都得盡其心。上下左右前後及中央做七箇人看，便自分曉。[②]

〇程子曰：命當作怠字之誤也，先猶早也，遠謂迸諸四夷之類。自古用賢人而不能早，退小人而不能遠，以陷於禍敗者多矣。(伊川)[③]

〇吕大臨曰：自此至"驕泰以失之"，宜在"平天下在治其國"一章後。又，仁者以天下爲度者也，天下之所共好者仁也，吾所以好仁，天下之所同。惡者不仁也，吾所以惡不仁，此所以能愛人能惡人也，此所以能舉賢退不肖也，此所以能好人之好，惡人之惡，不拂人之性，而

---

① 《朱子語類》卷第十六，《大學》三，傳十章 釋治國平天下，第二册，366—369 頁。

② 《朱子語類》卷第十八，《大學》五，《或問》下，傳十章，第二册，426—427 頁。

③ 《禮記集説》卷一百五十三，《大學》第四十二，《通志堂經解》第 13 册，510 頁。

遠夫菑害者也。又，國無游民，則生之者衆矣；朝無幸位，則食之者寡矣；不違農時，則爲之者疾矣；量入爲出，則用之者舒矣。此生財之道也。以財發身，唯富足然後可以推吾濟人之惠也；以身發財，則非驕奢無以矜己之富也。此仁不仁之分也。故唯仁者能與天下同其利，上有不私之仁，下有樂輸之義，心誠樂之，如孝子之養父母，未有子富而父貧，百姓足而君不足者也。①

〇真德秀曰：義者，天理之公也；利者，人欲之私也。二者如冰炭之相反，然一於義則利自在其中，蓋義者宜也，利亦宜也。苟以義爲心，則事無不宜也。不惟宜於己，亦且宜於人。人己兩得，其宜何利如之。若以徇利爲心，則利於己必害於人，争鬭攘奪於是乎興，己亦豈能享其利哉！②

〇胡炳文曰：由"《楚書》"至"仁親以爲寶"爲第五節，當連上文善與不善看，在我者惟善則得之，在人者亦當惟善是寶，兩寶字結上文財用，"惟善""仁親"又起下文之意。蓋第三節言好惡，第四節言財用，此兩節則兼財用好惡言也，其條理之密如此。又，由"《秦誓》"至"夫身"爲第六節，就用人言好惡，有容之人於有德有才者好之，是好民之所好，而其有容也，天下之所同好也。娼嫉之人於有德有才者沮之，是惡民之所好，而其娼嫉也，亦天下之所同惡也。仁人至公無私，所以於此娼嫉者，深惡而痛絶之。慢與過，雖知所好惡而未盡好惡之道，君子而未仁者也，好惡拂人之性，則不仁之甚者也。《大學》於此提出"仁"之一字，而《章句》又以君子之未仁，小人之不仁者言之，蓋絜矩是恕之事，恕所以行仁，故特以仁結之。又，由"是故"至"失之"爲第七節，不分言好惡與財用之絜矩，但言"君子有大道"，此"道"字即章首所謂絜矩之道也。"忠信以得之"者：在己有矩之心，而發己自盡則爲忠；在物有矩之理，而循物無違則爲信。"驕泰以失之"者：驕者矜高不肯下同乎民之好惡，非絜矩之道也；泰者侈肆必至於横

---

① 《藍田吕氏遺著輯校》，《禮記解·大學》第四十二，380—381頁。

② 《禮記集説》卷一百五十三，《大學》第四十二，《通志堂經解》第13册，514頁。

斂乎民之財用，非絜矩之道也。忠信是真實之心，道以此得；驕泰是虛浮之氣，道以此失。前兩言得失人心、天命存亡之幾也；此言得失吾心、天理存亡之幾也。《章句》此一“幾”字，當與誠意章“幾”字通看。又，由“生財”至末句“利也”爲第八節，生財大道亦即絜矩之道，能使天下之人皆務本。而上之人自不節用，非絜矩矣。第六節言仁人，此節言仁者，皆因絜矩而言也。絜矩爲恕之事，恕爲仁之方，好惡不能恕，安得如仁人“能愛人，能惡人”？財用不能恕，安能如“仁者以財發身”？末又舉獻子之言者，用人亦當取其絜矩也。於好惡不能絜矩者，娼嫉之人也，於財用不能絜矩者，聚斂之臣也，皆小人不仁之甚者也，故曰“菑必逮夫身”，曰“菑害並至”，皆指其不能絜矩之禍，言之爲戒深矣！義利之辨，《大學》之書以此終，《孟子》之書以此始，道學之傳有自來矣。又，明善誠身，《中庸》言之，《孟子》又言之，其説元自《大學》致知誠意來。《章句》之末舉此二者，以見曾、思、孟之相授受，又以戒學者當以此爲先務，不可以其近而忽之，纔有忽心，即是不敬。朱子曰：“敬者，聖學之所以成始而成終也。”欲學《大學》者，可須臾毫釐之不敬哉！①

〇景星曰：一則不寶金玉而寶善人，一則不以得國爲寶，而以愛親之道爲寶，此兩節皆所謂能内本外末者，亦能絜矩者也。又，人君能好有容者而用之，惡娼疾者而舍之，此又能絜矩之大者也。又，此道字即章首絜矩之道，大道是絜矩之本。又，“生財有大道”四句乃萬世理財之大法，生財之正路，外此是邪徑也。又，此章大要不過用人理財兩事，至此乃合言之，其實能用人則能理財，只是一事。於好惡不能絜矩，無如娼疾之人；財用不能絜矩，無如聚斂之人。蓋務絜矩者義也，務財用者利也。君子喻義，人主用之，則能絜矩；小人喻利，人主用之，則不能絜矩，而專務財用矣。盧氏謂自生財至此四節，前二節自君身言，後二節自人君用人言，進君子退小人，乃與民同好惡之大者。又絜矩之要道，故此章必以進君子退小人終焉，既嚴君子小人之辨，復嚴

---

① 《四書通·大學通》，《通志堂經解》第15册，409—410頁。

義利理欲之辨，乃《大學》反本窮源之意，即本心存亡之幾，決天下治亂之幾，正以明德新民皆當止於至善故也。義利之辨，《大學》以此終，《孟子》以此始，曾、思、孟之授受於此，可以見矣。又，此章之義，務在與民同好惡而不專其利，皆推廣絜矩之意也。能如是，則親賢樂利，各得其所而天下平矣。又，夫明善誠身兩事，《中庸》《孟子》皆言之，曾、思、孟授受於此，可以見矣。朱子又於此揭以示學者，雖曰舉其急先當務，亦以明相傳之所自歟。①

○船山曰：惟慎德者而後仁。又，"忠信"所以存天理也，"驕泰"則天理亡矣。天理存亡之幾，國之存亡即於此而決，此修身之所以爲本而必根極於正心誠意也。又，章内所言皆國也，而以爲釋"平天下"者，凡此皆國與天下之通理，治與平之同功，以施之國而治，以施之天下而平，則但言國而天下在矣。若夫平天下之事，命德討罪，惇典庸禮，所以推廣絜矩之道而行之者，傳未之及，而要可以理通之矣。又，格物致知，"明善"也。正心誠意，"誠身"也。格物者格其所當知之物，誠意者誠其所必正之心，四者功用相資，而二者括之矣。是則誠意者正心加警之功，格物者致知實踐之學，不得專求之意知而忽於格正以流於異端之説，明矣。②

○又曰："寔能容之"。寔，丞職切，讀如植，止也，與實字音義俱異。"寔能容之"，言止此能容之一德，遂可以保子孫黎民，勿須他技。③

○又曰：心氣平和，無矜己自用與物相競之情，是休休；雖未有所容，而常如有容，虚己以待賢也。又，後段《秦誓》未言放逐，故特爲補之耳。又，得其道則善，失其道則不善，乃天命人情得失之本，故曰幾決。忠信乃絜矩之體，絜矩乃忠信之用。存之於心曰忠信，以忠信施之於物曰絜矩。有云大道爲絜矩之道者，非。又，"彼爲善之"句要緊。以好利，故以小人爲善。大抵此章以不好利奪民爲要，民之所好止是財

① 《大學中庸集説啓蒙·大學》，景印文淵閣《四庫全書》第204册，1000—1006頁。
② 《禮記章句》卷四十二，《大學》，傳之十章，《船山全書》第四册，1499—1504頁。
③ 《四書稗疏·大學》，《船山全書》第六册，19頁。

耳。爲國家必以義爲利，得國得命之本也。[①]

〇又曰：得失之幾，存乎君心之善不善，豈不嚴哉！知德之爲得天受命之基，則愈知財之爲末而當外矣。是道也，即霸者猶知之，而況君子乎！夫晉、楚之君臣非能慎其德，而但能知以寶爲末，以善爲本，則亦足以興。惟正吾之好惡，以明審之，以斷行之，則人性之同然，即人情之欲得者矣，《秦誓》言之矣。又，此謂唯仁人以無所私之心而生其至明，以大不忍之心而成乎至斷。故其愛君子，誠能愛也，不使有忮害者或傷之也，其惡小人也，誠能惡也，不以小不忍者或寬之也，此謂惟仁人爲能愛人、能惡人也。又，合而言之，財之聚散，人之用舍，國之治亂之幾，即天下平不平之要，而豈有二道哉！故觀於《文王》之詩，而知得失在民；觀於《康誥》之言，而知得失在善不善。乃進求夫財所以聚散，賢不肖所以用舍，因於德之慎不慎、心之仁不仁，則約而言之，在道之得失而已矣。乃抑思之，天理之存亡，大道之得失，天命人心之去留，公私而已矣。公私之别，義利而已矣。仁義亦何嘗不利，但在有國者知利之實以義爲利爾。由獻子之言思之，有家者且唯恐專利而忘義，而況有國乎？其不專利也，非不知利也，上以養民爲義，而即以養民爲利，而不可屑屑然求財貨之私己以爲利，此其理然也。以義則天命之不失，民心之不散，而可爲利。然則義利公私之别，存亡得失之機，施之一家而一家之成毁在焉，施之一國而一國之興廢在焉，施之天下而天下之安危在焉，豈有二理哉！故大學之道，本明德以新民，而必止於至善，其要歸之所在，次序之所循，聖教經言，深切而著明，信矣哉！[②]

〇吕留良曰："仁親以爲寶"一句，是直出，無轉計；是快説，無遲疑；是順口便道，無迎拒嚅囁。"休休"有淡然無欲，粹然至善意。自"誠意"章至此章，皆以好惡爲用力處，然聖人論用力都重惡一邊，看釋"絜矩"節便見。"絜矩"從"恕"字來，不欲無施，强恕之道本

① 《四書箋解》卷一，《大學》，傳十章，《船山全書》第六册，122—123頁。
② 《四書訓義》（上）卷一，《大學》，傳第十章，《船山全書》第七册，92—98頁。

如是。此申言好惡之極，至仁人方能得其正。蓋人情公私，於“所好”處看，不若於“所惡”上看，更分明極盡。通章只講“絜矩”，爲好惡空講難明，故就財上説，就人上説，總只講好惡公私之極耳。其實禮樂刑政動止云爲總包貨財舉錯之類而言，無非好惡。“君子有大道”，君子只是有平天下之位者，大道即所以居是位之術，其事理甚大，故曰“大道”。此“道”字直從經首“大學之道”“道”字生來，舉修己治人之全而言，不是絜矩之道，後者乃新民一邊事，從“仁恕”生來，忠信從“誠”生來，皆所以行此大道者。“絜矩”即“誠意”章好惡推廣言之，“忠信”即“誠意”章之自慊慎獨也，是“絜矩”前一節工夫。“生財有大道”只是生財中底道理，要正大，不可私邪纖悉耳，與上文“大道”風馬牛不相及也。然必自天子得其道，而天下之財無不理，此“平天下”之義也。“舒”字有二義，舒徐固是舒，舒暢亦是舒也。非僅節省，不止戒淫侈之謂也。惟此“生之者衆”四者不見有餘，自無不足，雖兇荒患害，皆不能貧，此方是恒足，此便是大道。君民上下，相接純是義，而其所以相接處原是仁，不容分屬也。然上但知有義，則矯恣貪虐之患生；下但知有仁，則觖望僭亂之禍作，故上專責仁，則下自安於義。與民争利便是病國，便是不絜矩。聖賢必先説利之害義，與懷義之必當去利，然後轉出義本自利，更不須講利，其理乃圓滿無弊。如孟子之仁義不遺親後君，與此傳之以義爲利收結是也。①

〇汪紱曰：俗儒猥云：《大學》末章重言理財，因謂《周禮》爲聖人理財之書，是内末也。不亦謬哉！又，大道即絜矩之道，絜矩以治人，而矩由修己，故《章句》兼修己治人釋之。忠即慊其好之惡之之心，信即循夫當好當惡之則，意無不實而情又不少偏也。慎德以誠意正心用功言，忠信以意誠心正成功言。章意總只同民好惡一意，“樂只”段言好惡當與民同而尚虚，“慎德”段乃言同民好惡在慎德而公財，“秦誓”段言不但利不可專，即凡好惡皆當同民而不可循一己之私，然至公無私同民好惡，非忠信之君子不能。又，言義即仁之用，好惡無私謂

① 《四書講義》卷三，《大學》三，上册，68—75頁。

仁，好惡合宜謂義，以對利言，故用“義”字與上節“好義”“義”字稍别，不利利而利義是理當如此，亦即不外本内末。學者於財利關頭最要看破，嗜欲澹泊，財利不縈其心，此即致知之一端，既能不以利動其心，則好惡一主於理，而爲善去惡涵養性情明德之本在是，新民之功亦不遠矣。宜傳者於篇終而反復言之，深切有如是夫。信乎《大學》一書於天德王道合一而無閒也歟！[①]

〇丁紀曰：以上爲本章第三節，其又於上節所言其中二者特加詳言之，故分爲兩個小節，第一小節，“《康誥》曰”至“驕泰以失之”。詳言慎德，又有四目，曰尚賢，曰貴仁，曰舉賢，曰斥佞，而以仁字貫穿。第二小節，“生財有大道”至“以義爲利也”。詳言輕財，又有四目，曰生財，曰不以身發財，曰散財，曰不以利爲利，而以義字貫穿（既謂仁字貫穿，又謂義字貫穿，而仁、義不連言，可見《大學》較《孟子》爲早出也）。凡此，所以爲之者，無不在絜矩之道。[②]

〇鄭玄曰：于，於也。天命不於常，言不專祐一家也。又，《楚書》，楚昭王時書也。言以善人爲寶。時謂觀射父、昭奚恤也。又，舅犯，晉文公之舅狐偃也。亡人，謂文公也。時辟驪姬之讒，亡在翟，而獻公薨，秦穆公使子顯弔，因勸之復國，舅犯爲之對此辭也。仁親，猶言親愛仁道也，明不因喪規利也。又，《秦誓》，《尚書》篇名也。秦穆公伐鄭，爲晉所敗於殽，還，誓其群臣而作此篇。斷斷，誠一之貌也。他技，異端之技也。有技，才藝之技也。皆樂人有善之甚也。美士爲彥。黎，衆也。尚，庶幾也。娟，妬也。違，猶戾也。俾，使也。佛戾賢人所爲，使功不通於君也。殆，危也。彥，或作“盤”。《尚書·傳》曰：“樂善也。”鄭注《尚書》云：“寬容皃。”何休注《公羊》云：“美大之皃。”又，放去惡人媢疾之類者，獨仁人能之。如舜放四罪而天下咸服。又，命讀爲“慢”，聲之誤也。舉賢而不能使君以先己，是輕慢於舉人也。又，拂，猶佹也。逮，及也。又，道，行所由。又，是不務

① 《四書詮義》上，卷一，《大學》，《叢書集成三編》第10册，381—385頁。

② 《大學條解》，十三、“八條目”之“治國”，68—71頁。

禄不肖，而勉民以農也。又，發，起也。言仁人有財，則務於施與以起身，成其令名；不仁之人有身，貪於聚斂以起財，務成富。又，言君行仁道，則其臣必義。以義舉事，無不成者。其爲誠然，如己府庫之財爲己有也。又，孟獻子，魯大夫仲孫蔑也。畜馬乘，謂以士初試爲大夫也。伐冰之家，卿大夫以上，喪祭用冰。百乘之家，有采地者也。雞豚、牛羊，民之所畜養以爲財利者也。國家利義不利財。盜臣損財耳，聚斂之臣乃損義。《論語》曰："季氏富於周公，而求也爲之聚斂，非吾徒也，小子鳴鼓而攻之可也！"又，言務聚財利爲己用者必忘義，是小人所爲也。又，彼，君也。君將欲以仁義善其政，而使小人治其國家之事，患難猥至，雖云有善，不能救之，以其惡之已著也。

〇孔穎達曰：《康誥》書之本意，言道爲善則得之，不善則失之，是不常在一家也。又，案《史記》云，（楚國）"理百姓，實府庫，使黎甿得所者，有令尹子西而能也；執法令，奉圭璋，使諸侯不怨，兵車不起者，有大宗子牧能也；守封疆，固城郭，使鄰國不侵，亦不侵鄰國者，有葉公子高能也；整師旅，治兵戈，使蹈白刃，赴湯蹈火，萬死不顧一生者，有司馬子發能也；坐籌帷幄之中，決勝千里之外，懷霸王之業，撥理亂之風，有大夫昭奚恤能也。是皆爲寶也。"引之者，證爲君長能保愛善人爲寶也。又，此舅犯勸重耳之辭，不受秦命，對秦使云：奔亡之人，無以貨財爲寶，唯親愛仁道以爲寶也。又，此一經明君臣進賢詘惡之事。《秦誓》，《尚書》篇名，是秦穆公悔過自誓之辭，記者引之，以明好賢去惡也。又，云群臣若有一耿介之臣，斷斷然誠實專一謹慤，無他奇異之技，惟其心休休然寬容，形貌似有包容，如此之人，我當任用也。又，云見人有技藝，欲得親愛之，如己自有也。見人有才，彦美通聖，其心中愛樂，多於口説，言其愛樂之甚也。寔，是也。若能好賢如此，是能有所包容，則我國家得安，保我後世子孫。黎，衆也。尚，庶幾也。非直子孫安，其下衆人皆庶幾亦有利益哉也。又，上明進賢之善，此論蔽賢之惡也。又，言唯仁人之君能放流此蔽善之人，使迸遠在四夷，不與同在中國。若舜流四凶而天下咸服是也。既放此蔽賢之人遠在四夷，是仁人能愛善人，惡不善之人。又，人，謂君子。君子所惡者，凶惡之事。今乃愛好凶惡，是“好人之所惡”也。君子所好，仁義善道。今乃惡此仁義善道，是“惡人之所好”也。若如此者，是謂拂戾善人之性。又，大道，謂所由行孝悌仁義之大道也。此孝悌仁義必由行忠信以得之，由身驕泰以失之也。又，此一經明人君當先行仁義，愛省國用，以豐足財物。上文“大道”，謂孝悌仁義之道。此言人君生殖其財，有大道之理，則下之所云者是也。又，爲農桑多也，減省無用之費也，百姓急營農桑事業也，君上緩於營造費用也，人君能如此，則國用恒足。又，在上人君好以仁道接下，其下感君仁恩，無有不愛好於義，使事皆得其宜也。臣下悉皆好義，百事盡能終成。譬如人君有府庫之財，必其爲所用也。又，此一經明治國家不可務於積財。若務於積財，即是小人之行，非君上之道。又，若其有聚斂之臣，寧可有盜竊之臣、以盜臣盜君府庫，但害財則害小也。言若能如上所言是國家之利，但以義事爲國家利也。又，言爲人君長於國家，而務積聚財以爲己用者，必自爲小人之行也。又，前經明遠財重義，是不以利爲利，以義爲利。此經明爲君治國，棄遠小人，亦是不以利爲利，以義爲利也。又，君欲爲仁義之道，善其政教。之，語辭，故云“彼爲善之”。又，言君欲爲善，反令小人使爲治國家之事，毒害於下，故菑害患難則並皆來至。既使小人治國，其君雖有善政，亦無能奈此患難之何。言不能止之，以其惡之已著故也。①

〇葉適曰：當重耳逋亡奔，困於憂患險阸之餘，追念父母之所以遇己者深矣。唯其克責咎悔之意，足以消怨尤喟嘆之心；仁親愛篤之誠，足以弭疏薄讒閒之禍。則桑落之下，固所以爲晉室隆昌之符也。又，天下之人好爲有形之善，而各務自爲，其始本出於善意，而其終遂至於媢疾，其禍遂至於喪邦者，衆矣。仁人其好善也篤，則其去惡也果，蓋非仁人之至善，不足以知不仁之爲害也。又，人之所好惡者，天下之心也。故其好之也，非以爲己利；其惡之也，非以爲己怨。凡以爲人而已，君子豈有私意於其間哉！夫惟好惡因物而無心，曠然率性以合於大

---

① 《禮記正義》卷第六十七，《大學》第四十二，下册，2252—2255、2261—2266頁。

道，遠禍求福無大於此矣！是故君子有大道，必忠信以得之，驕泰以失之。此最緊要，是徹頭徹尾事！此得失之常理也，忠信有必得之理，而無求得之心，不志於得而不廢其道，此所以爲忠信也。至於驕泰之失則亡矣，非敬無守也，非禮無行也，平居之用力於忠信者，所以求免乎此也。

○邵淵曰：自古人君急貨財失人心，以至於喪天命者，必有小人以功利導之，故至於此。無小人則人君決不自爲聚斂，故引《楚書》及舅犯之言，又引《秦誓》所言，尊賢容衆之君子，忌刻淺隘之小人，而小人必屏之四方，不與同處中國，蓋導其君以功利，至於失人心喪天命，皆此等人也。

○張九成曰：修身齊家治國平天下，無非以審好惡爲先。又，《大學》平天下之道也，其末皆論財利之説，何也？蓋“有德此有人，有人此有土，有土此有財，有財此有用”。不講所以用財之説，非失於侈汰，必墮於聚斂，故《大學》細極其理而以謂平天下者，更當知所以用財之道也。

○東萊吕氏曰：小人之於君子，不唯疾之、惡之、違之而已，必左右沮遏，千慮百圖，非使君子不能自達，則其心終不厭。惡之未遂，雖欲自已，有所不能。思其反，則可知君子之於善矣。

○陸佃曰：孟子曰“莫非命也”，“命”，讀如字。“見賢而不能舉，舉而不能先”，雖過也，自天觀之，命也。“見不善而不能退，退而不能遠”，雖命也，自人觀之，過也。舉賢好先，退不肖惡近。

○葉夢得曰：在下位而見賢，有不能舉，舉賢而有不能先，猶可歸之命。若夫居上位而見不善不能退，雖退而不能遠之於己，則不可歸之命，亦過矣哉！又，生之者衆，爲之者疾，用天時也；食之者寡，用之者舒，節人欲也。得其時而不敢縱欲，生財之道也。又，勞心者治人，治人者食人，故以義爲主；勞力者治於人，治於人者食人，故以利爲主。又，小人不知所以聚人，而務在於聚財，此菑害所以並至也。

○邵甲曰：前既言爲人君者當順民之好惡，此遂言臣下之好惡，不可以不察。蓋臣佐君以平治天下者也，臣果好善邪，必能進賢輔君以仁其民矣；臣不好善而反惡人之善邪，則必不能進賢以輔君，而上下俱受其害矣。又，世之人君，苟非殘忍甚不仁者，初豈有心於掊克其民哉？彼小人者，志於竊君之寵禄，而無以爲進身之謀，始唱爲興利之説，以動其君之聽，曰不如是，無以充府庫而致富强也。世主誘於其説，始信之任之，而不可回矣。故凡欲藉是以長盛其國家而切切焉以財用爲務者，必自小人始也。“彼爲善之”，一語殊不可解，朱文公云上下疑有闕文誤字是已，讀者略其辭而會其意可也。記《大學》者若曰，世主聽小人之言，其心必善之，謂真可以長國家也，不知使斯人而爲國家乃怨讟之媒，禍患之府也，及菑害並至，雖有善於營救者，亦無所措手，其將奈之何哉？所以甚言夫小人之不可聽，人主當速遠之，毋使他日有噬臍之悔也。厥後孟子得之，極口爲當時言者，有能爲君闢土地、充府庫者，今之所謂良臣，古之所謂民賊。正與此章之指，相爲發明。由是論之，爲國者，其將以利爲利乎，抑以義爲利乎？《大學》於篇終，一再言之，後之治國平天下者，可以觀矣。

〇倪思曰：前言去惡，此言舉賢。欲去惡，必舉賢可也。此章本爲去聚斂之臣，兼言舉賢者，相況取義也。言舉賢不能先，此其權在他人，尚可以命言。若見不善，不能退，退而不能遠，此則在我，不能無過，不可言命也。又，君子有大道可也，生財亦曰大道者，以見道之無所不通也。以生財言之，不以利爲利，以義爲利，是生財之大道也。若以利爲利，就使有得，不過小道耳。

〇方慤曰：“君子喻於義，小人喻於利”，故務財用者必自小人，小人所以得用者，君以爲善政也。菑害者，天菑之、人害之也。①

〇黎立武曰：曾子論弘毅之士，任重道遠而歸之仁，然則身斯道之傳，豈不以仁爲己任。是書也，一言以蔽之，曰仁，蓋一貫忠恕之全體，盡己盡物之全能，内聖外王之道也。止善之中，仁其大者，始之以君止仁，以至興仁也，率仁也，仁親也，如是爲仁人，如是爲仁者。又

---

① 《禮記集説》卷一百五十三，《大學》第四十二，《通志堂經解》第13册，510—514頁。

終之以上好仁，皆以君道言之，於國曰治，使民興仁也，以機言者，下之人感發於孝、弟、慈之化，興起其良心如機之速，何有乎不治。於天下曰平，所以仁民也，以矩言者，上之人求賢以安之，富民而教之，同好惡通願欲，若矩之爲方，何有乎不平，皆仁之事也。然有誠焉，誠中形外，而則動則化，機之神也，心誠求之，而不中不遠，矩之妙也，寔自誠意始。仁誠兩盡，《大學》之能事畢矣。①

○劉宗周曰：三引《書》，皆詳證本末之辨，以見有天下者所當知。或曰：命也，若誘之命然；過也，曰詿②誤云耳。亦通。絜矩之道，以生財爲第一義，所以生民之財也。民之財用足，而後孝、弟、慈興焉。通章皆訓治國者之道，而平天下在其中。愚按：平天下之道，只在本治國之孝、弟、慈而絜矩以廣之，與天下同好惡而已。然非先明本末之辨，無以端好惡之矩；不預端好惡之矩，無以建絜矩之極。本末之辨，財德是已，好善惡不善，試之用人而立見，始知平天下之大道，非繇格致誠正以修諸身，不可得也。反是，爲驕泰之失。而是道也，正於生財一事見其大。生財之道，凡以散財足民而已。散財足民而民好義，則人人親其親、長其長、幼其幼而天下平，其爲國之利孰大焉？末復惓惓於小人專利之戒云。一篇大旨如此。“平天下”章雖曰先治其國，而八目一齊俱到。③

○姚際恒曰：“生財有大道”，“大”字未安，“以義爲利”，畢竟有語弊。孔子分君子小人義利之喻，孟子言有仁義，何必曰利，其理自純而不襍。若以義爲利便近于霸術，開宋儒講義利圓通法門，有關世道人心不淺，餘無疵且有名言。④

○劉沅曰：畏天命，是“慎”字根源。生衆食寡四句該括自古帝王許多生財經制，後世因時制宜，其道雖多，然大致不出此四語範圍，但非慎德而能絜矩之人，不能得其道也。義與仁一也，心仁而著於言行恰

---

① 《大學本旨》，景印文淵閣《四庫全書》第200册，750頁。

② guà，誤也。

③ 《大學古記》，《劉宗周全集》第一册，634—637頁。

④ 《續禮記集説》卷九十七，《大學》，《續修四庫全書》第102册，717頁。

合其宜即爲義。以義爲利者惟知仁民，仁至而義自精矣。長國家而得賢臣共理而上下皆有財用，以義爲利也。①

〇伍庸伯曰：舉賢而先——爲政在人，人存政舉，人亡政息。故舉賢爲要，且要能先。“先”字，有人以爲是“近”字，在篆書上兩個字有些形似，學者不識，疑爲篆文“先”字之誤而改之，遂與下文不一律。（見俞曲園《古書疑義舉例》第七卷）而且與下文“遠”字對說亦通。但我們仍作“先”字解吧。心不切，怠慢了，就不能先。

〇嚴立三曰：天命無常，行仁政者則得之，否則，失之矣。又極言治國之道，信仁賢除奸佞之至要。蓋好善惡惡，人所同然。倘反其道爲之，是逆人之性而必不免於禍矣。大道謂治政安身之術也。有國者必忠厚淳樸而後身安國治。夫國皆以義爲利，外無竊奪，内無侵漁，人相愛利，明德日新，雖欲天下不平可得乎。全章要義，所以歸結於此也。孔子曰：“老者安之，朋友信之，少者懷之。”聖人之志，如斯三者而已。故在家則有孝弟慈之行，在國則有老長恤孤之政，在天下亦唯使人不獨親其親，不獨子其子，老有所終，壯有所用，幼有所長，矜寡孤獨廢疾者皆有所養而已耳。故大同之世，太平之治，一而已矣，皆人心之所同然，非聖人有以强之而致者也。蓋人心之好惡，實至公至正而有不容泯滅者，果能好惡與衆同，示人以大公，推己盡情，以爲絜矩之道，任賢，遠佞，去泰，去驕，節用愛民，講信修睦，則由家齊國治以進於大同之世，亦至易耳。此章反復推論，豈得已耶。②

〇任銘善曰：“見賢而不能舉，舉而不能先，命也”，未若仍作命字之爲長也。命字既舊文可據，而揆諸義理爲至當，驗諸事證爲甚切，且此章之文重在過也一層，所以足上章放逐之旨，則觀諸文勢又若順暢無滯者，若讀爲慢，怠，于義理雖無大躓，然既拙于文勢又無所取徵，不若仍之之爲正耳。此章明“桀紂帥天下以暴而民從之”。又，爲善之小人何？爲之言僞也，僞與德對，僞善之小人謂外本而内末，不有德者

① 《大學古本質言》，71—74頁。

② 《禮記大學篇伍嚴兩家解説》，《梁漱溟全集》第四卷，52、83—86頁。

也。人君感其善而不見其爲小人，及其務聚斂而拂人性，又不能退，不能遠，而善人亦莫之能舉，則物災人妖至，則天下亂矣。一篇之末獨發義利之文，則事益顯而意益切，而其事則先慎乎德而已。秉其要以觀全篇，亦可以知所務而無芸人放心舍近鶩遠之過矣，而一日克復天下歸仁，其功豈不鉅哉![1]

○謹案：《大學》直到治國平天下章才正式提出絜矩之道，其實，如丁紀所説，“自齊家始與人交，其間便有絜矩之道，然而所以不明言者，以家道之中，親愛爲先，縱有所不能絜矩，一個‘親’字固亦救得。所以於治國之條始言之，不能絜矩，國無可治矣”，而且，“只是一個絜矩之道，不但行於中國，行天下無非此道也”。所以朱子講：“所操者約，而所及者廣，此平天下之要道也。”胡炳文則進一步解釋道，“蓋矩者此心而已，只一矩字，此心所操者約，加一絜字，此心所及者廣”也。因而朱子以爲，“絜矩，非是外面別有箇道理，只是前面正心、修身，推而措之”，只是船山所説，“其要則好惡而已”。由格物致知辨明善惡，到誠意“好善如好好色，惡惡如惡惡臭”，再到正心，令心有所忿懥等仍得其正，以及修身齊家，人之所親愛、賤惡等而不辟，終究，好惡一應乎天理而全無私意私情，也就是説，“前章慎獨是敬以直内，此節絜矩則是義以方外，此後皆推廣能絜矩與不能絜矩”，於是船山以爲，“君子只於天理人情上絜著個均平方正之矩，使一國率而繇之”。不過，姚際恒却以爲，此章“上老老”三句，與上治國章相類，界限不清楚。其是上行下效之義，絜矩是四面均平之義。就政事上説，以所惡於上下前後左右是絜矩之義，可見與上行下效有别。乃以是，以君子有絜矩之道，接上爲結，絶不相蒙。絜矩之道即忠恕之事，自修身時即不可少，此奚特治國平天下乎？此皆界限之弊也。其實，早在朱子時，其學生就有此疑問，以爲“上老老而民興孝”，下面接“是以君子有絜矩之道也”，似不相續。朱子即明確答復道：“這箇便是相續。絜矩是四面均平底道理，教他各得老其老，各得長其長，各得幼其幼。不成自家老其

[1] 《〈大學〉存斠》，《無受室文存》，19—22頁。

老，教他不得老其老；長其長，教他不得長其長；幼其幼，教他不得幼其幼，便不得。”以後，劉宗周亦以爲，“孝弟慈三者皆治國之道，舉而推之，即平天下之道，若握矩於此，隨處比度，無不得其方者然。蓋矩之成器雖在國，而矩之運手則在心。此平天下之要道也。必言孝弟慈，所謂明明德於天下者也。以此心立於環中，而上下四方一起衡量，無少欠缺，則此心遍滿世界矣。所惡在此，即所好在彼。平天下之道，不外好惡兩端而已”。再有，劉沅亦以爲，“君子知天下難平甚於國，而有絜矩之道。‘絜矩’二字是曾子創爲此名，因道理無窮，難以枚舉，故以矩喻而括之。修己治人事亦無窮，以絜矩該之。其實只是一‘恕’字，不過，‘恕’字士庶行之易，有天下者行之難，自父母而外皆其臣僕，分誼相懸，則情狀不能周知也，故設爲上下四旁以喻其狀。平天下之絜矩非但推己及人、問心無愧已也，有無限政教在焉，故言其一二。絜矩之義即隨時處中之義，即父兄之至尊親者以思其義，則當絜矩者何窮？能絜矩而盡善者豈易？聖人以忠恕望人，未嘗謂君父可以自恕”。

《大學》在齊家治國章提出：“君子有諸己而后求諸人，無諸己而后非諸人。所藏乎身不恕，而能喻諸人者，未之有也。”朱子稱之爲“責人之恕”，而於絜矩則稱之爲“愛人之恕”。兩者雖有區别，然而作爲恕道，則皆以忠道爲本，所謂忠道，則中心盡悉貫穿仁義天理也。具備此忠道，方可真實地實施恕道，無論責人之恕，抑或愛人之恕。亦如船山所説：“忠信乃絜矩之體，絜矩乃忠信之用。存之於心曰忠信，以忠信施之於物曰絜矩。”再譬如，黎立武列舉，“子貢嘗求一言以終身，夫子止語之恕，而曰‘己所不欲，勿施於人’。其後子貢有謂‘我不欲人之加諸我，吾亦欲無加諸人’，則曰‘非爾所及’，蓋知恕而未知忠也，無忠何以行恕，聖門之教，引而不發，欲學者深造自得之”。以此爲準，世界上的尤其當下世界的許多所謂“寬恕”行爲，幾乎無不欠缺忠道作爲基礎，因而是無本無根的，要麼是糊塗而縱容犯罪，要麼恕人實則是爲了恕己。譬如美國允許全民持槍，槍擊事件時有發生，傷人者往往尚未正式認罪道歉，就有無辜死難者的親屬説出“寬恕”之類的話語，顯得很大度，“以德報怨”，其實很糊塗！甚至實際上就是在縱容犯罪。歷史上，就有人也曾這樣提出問題，或曰："以德報怨，何如?" 孔子則明確地回復道："何以報德? 以直報怨，以德報德。" 朱子以爲："於其所怨者，愛憎取舍，一以至公而無私，所謂直也。於其所德者，則必以德報之，不可忘也。或人之言，可謂厚矣。然以聖人之言觀之，則見其出於有意之私，而怨德之報皆不得其平也。必如夫子之言，然後二者之報各得其所。" 這就是爲什麽我們中國人總是愛憎分明，罪惡必受嚴懲，反之，滴水之恩，便當湧泉相報。歷史上，倭人對我中華民族犯下的戰爭罪行可謂罄竹難書，尤其二戰中的南京大屠殺，在攻陷南京城後屠殺我同胞三十多萬，可其至今都不曾真誠地認罪道歉，反倒一而再再而三地抵賴否認。其實，倭人所爲並非孤例，歐洲殖民者在北美屠殺原住民印第安人二千多萬，幾近滅種，也罕見有人爲此真誠認罪。反倒劊子手及其後代之間倒能相互體諒彼此寬恕，甚至戰後結爲軍事同盟來對付戰爭受害者的我们。這也再清楚不過地表明了，他們的所謂恕人不過是爲了恕己而已。他們大概也永遠難懂中國人的主張，即朱子所謂"'恕'之一字，只可説出去，不可説入來；只可以接物，不可以處己。蓋自家身上元著不得箇'恕'字，只'恕己'兩字便不是了。" 其實，恕之一字在中文就是"如心"之謂，因而顧元常以爲，"今人於恕之一辭，但知其爲寬之義爾；古人於恕之一辭，蓋備如心之義焉。謂恕但爲寬邪，則吾之所欲寬者己也，而因以寬於人，彼此相與於寬天下，蕩然無事縱馳之失，毋乃自是而生與? 德業毋乃自是而廢與? 且夫子異日嘗曰'無服之喪，内恕孔悲'，又豈寬之義邪? 孟子曰'强恕而行，求仁莫近焉'，仁者必有勇，有殺身以成仁，謂恕但爲寬而乃近於仁，則仁之爲道，無乃已淺邪! 夫子以恕告子貢而曰'己所不欲，勿施於人'，舉一隅之言爾，學者不以三隅反，宜其失於淺也。蓋人之情切責之意，每施於人，而不喜施於己；寬假之意，每施於己，而不常施於人。聖人不然，以其施於人者而施於己，以其施於己者而施於人，是爲如心，是夫子之所謂恕"① 也。進一步，愛人之恕與責人之恕究竟有什麽區别呢?

① 《禮記集説》卷一百二十七，《中庸》第三十一，《通志堂經解》第13册，378頁。

或許區别正在於朱子所説的，責人之恕是兩摺説，而愛人之恕是三摺説，亦即責人之恕“只以己對人而言。若絜矩，上之人所以待己，己又所以待人，是三摺説，如《中庸》‘所求乎子以事父未能也，所求乎臣以事君未能也’，一類意”。也就是説，愛人之恕在責人之恕之上，對人有更爲周全的考慮，不僅要“求人”“非人”，而且更要考慮如何才可能得以成就“求人”“非人”，即：“上之人老老、長長、恤孤，則下之人興孝、興弟、不倍，此是説上行下效。到絜矩處，是就政事上言。若但興起其善心，而不有以使之得遂其心，則雖能興起，終亦徒然。如政煩賦重，不得以養其父母，又安得以遂其善心！須是推己之心以及於彼，使之‘仰足以事父母，俯足以育妻子’，方得。”

絜矩之道尤其不僅貫穿於治國，而且其上接通於齊家，其下擴展於平天下之中，即船山所謂，“家與國不同，而教同也；國與天下不同，而政同也。其教同者，立教之本同也；其政同者，出治之本同也。而政與教不同而理同也。其理同者，人心之順逆、天理之存亡同也”。難怪論齊家治國與論治國平天下這兩章，開篇皆説孝弟慈三者，依朱子的看法，此乃“人道之大端，衆心之所同得者也。自家以及國，自國以及天下，雖有大小之殊，然其道不過如此而已”。對此，吕留良説得尤爲詳盡，即，“‘平天下’自有政事，與‘治國’不同，然其矩則一也。矩從家國間見而絜之天下乃爲平天下之道，故曰‘所操者約而所及者廣’。‘上老老’三句只是家國已效處指出‘矩’字耳。上行下效之意，上章已説盡，此但取來引起絜矩之道耳。‘上老老’三句是教化所興起，‘絜矩之道’是政事以遂其欲。矩是家國天下之所同，治與平不同處正在‘絜’字中見，此道之所由出也。治與平分界在‘道’字，此所以遂其同然興起之政事，此國與天下不同處，故必須絜矩耳，非謂即興起一國之心而是也。矩只此矩，絜處却不同，故‘治國’章只説‘藏身之恕’，而此章説‘絜矩之道’，絜矩即恕之事，然而其道有辨矣。蓋治平教化，更無二理，只政事大有不同，故‘平天下’通章只講‘絜矩之道’，都在政事上説，不在教化上説。‘家國近’，‘近’止言教，就躬行化下言也；‘天下遠’，‘遠’重言道，就政事制度言也。家國非無政事，而所重却在躬行化下；到平天下時，感應工夫都在治國中做了，但恐立政制事處無以遍愜，五方異姓有宜此不宜彼者，此道之所當講也。絜矩之道是在興孝弟不倍後事。矩是理一，絜是分殊。到此方用得此道，正爲國與天下自有分殊處耳。絜矩根源在'格致誠正'，其道由家國而推，則已統《大學》綱領之全矣。孝弟慈是理義之同然，故曰'矩'；禮樂刑政制度亦理義同然，故曰'道'；從此矩推行，爲道即理義同然之用，故曰'絜矩之道'，蓋謂絜人心同然之理，而爲平天下之政事也"。

再有，就是本章末反復重申的"國不以利爲利，以義爲利也"，實則我們由此亦可以説，家"不以利爲利，以義爲利也"，身或人"不以利爲利，以義爲利也"，以及天下"不以利爲利，以義爲利也"。因爲朱子講，"以利爲利，則上下交征，不奪不厭；以義爲利，則不遺其親，不後其君。蓋唯義之安，而自無所不利矣"。以至於船山所謂，"義利公私之別，存亡得失之機，施之一家而一家之成毁在焉，施之一國而一國之興廢在焉，施之天下而天下之安危在焉，豈有二理哉"！這樣我們方才明白，爲什麽丁紀會説，"傳之十章釋治國、平天下，而重在治國"了。甚至船山會以爲，"章内所言皆國也，而以爲釋'平天下'者，凡此皆國與天下之通理，治與平之同功，以施之國而治，以施之天下而平，則但言國而天下在矣"。也就獨有姚際恒對於"生財有大道"以及"以義爲利"等抱有微辭了，而以爲，"孔子分君子小人義利之喻，孟子言有仁義，何必曰利，其理自純而不襍。若以義爲利便近于霸術"，云云。其實，正如張九成所言："《大學》平天下之道也，其末皆論財利之説，何也？蓋'有德此有人，有人此有土，有土此有財，有財此有用'。不講所以用財之説，非失於侈汰，必墮於聚斂，故《大學》細極其理而以謂平天下者，更當知所以用財之道也。"而倪思亦言："君子有大道可也，生財亦曰大道者，以見道之無所不通也。以生財言之，不以利爲利，以義爲利，是生財之大道也。若以利爲利，就使有得，不過小道耳。"再者，劉宗周亦曾强調，"絜矩之道，以生財爲第一義，所以生民之財也。民之財用足，而後孝、弟、慈興焉"。亦即，"平天下之道，只在本治國之孝、弟、慈而絜矩以廣之，與天下同好惡而已。然非先明本末之辨，無以端好惡之矩；不預端好惡之矩，無以建絜矩之極。本末之辨，財德是已，好善惡不善，試之用人而立見，始知平天下之大道，非繇格致誠正以修諸身，不可得也。反是，爲驕泰之失。而是道也，正於生財一事見其大。生財之道，凡以散財足民而已。散財足民而民好義，則人人親其親、長其長、幼其幼而天下平，其爲國之利孰大焉？末復惓惓於小人專利之戒云。一篇大旨如此。'平天下'章雖曰先治其國，而八目一齊俱到"。其實，有關治國，孔子還有一番教誨，那就是"庶之"，"富之"與"教之"，而朱子以爲，"庶而不富，則民生不遂，故制田里、薄賦斂以富之"。可"富而不教，則近於禽獸。故必立學校，明禮義以教之"。胡氏以爲："天生斯民，立之司牧，而寄以三事。然自三代之後，能舉此職者，百無一二。漢之文明，唐之太宗，亦云庶且富矣，西京之教無聞焉。明帝尊師重傅，臨雍拜老，宗戚子弟莫不受學；唐太宗大召名儒，增廣生員，教亦至矣，然而未知所以教也。三代之教，天子公卿躬行於上，言行政事皆可師法，彼二君者其能然乎？"[①] 而《大學》"生財有大道"，"以義爲利"等等主張，正與三代之教莫不吻合。

總之，《大學》的由修身、齊家到治國、平天下，構成了中國政治獨有的和諧圖景。"所謂治國必先齊其家者，其家不可教而能教人者，無之。故君子不出家而成教於國：孝者，所以事君也；弟者，所以事長也；慈者，所以使衆也"，這是由齊家到治國。"所謂平天下在治其國者：上老老而民興孝，上長長而民興弟，上恤孤而民不倍，是以君子有絜矩之道也"，這是由治國到平天下。其實，所謂平天下者，也就是讓天下的人皆能明明德，天下的家皆可齊也。亦如嚴立三所言，"孔子曰：'老者安之，朋友信之，少者懷之。'聖人之志，如斯三者而已。故在家則有孝弟慈之行，在國則有老長恤孤之政，在天下亦惟使人不獨親其親，不獨子其子，老有所終，壯有所用，幼有所長，矜寡孤獨廢疾者皆

---

① 《四書章句集注》，144—145頁。《論語·子路》第九章：子適衛，冉有僕。子曰："庶矣哉！"冉有曰："既庶矣。又何加焉？"曰："富之。"曰："既富矣，又何加焉？"曰："教之。"

有所養而已耳。故大同之世，太平之治，一而已矣。皆人心之同然，非聖人有以强之而致者也。蓋人心之好惡，實至公至正而有不容泯滅者，果能好惡與衆同，示人以大公，推己盡情，以爲絜矩之道，任賢，遠佞，去泰，去驕，節用愛民，講信修睦，則由家齊國治以進於大同之世，亦至易耳。此章反復推論，豈得已耶”。

據説，西人的政治自古希臘起就信奉把家與國截然分離，這樣做固然避免了國家權力對家庭事務的干預，所謂羅馬名言：國家權力止於家庭的門檻。但这同時也損害直至取消了由個人修身到齊家到治國平天下這樣有機的遞嬗，尤其現代西人强調突出個人權利，幾近絶對凌駕於家庭及社會之上，於是個人打小似乎是獨立了，但却可能在成就個人完善人格方面與必要的家庭教育氛圍形成抵觸，而失却了敬意。“敬之一字”，誠如朱子所言：“聖學所以成始而成終也。爲小學者，不由乎此，固無以涵養本原，而謹夫灑掃應對進退之節，與夫六藝之教。爲大學者，不由乎此，亦無以開發聰明，進德修業，而致夫明德新民之功也。”缺失上下“壹是皆以修身爲本”的原則，又更視修身爲單純的私人或私德事務，而與政治事務相剥離，似乎政治僅僅成爲所謂“專家”們利益算計的擅場，殊不知這些未經嚴格修身齊家的人出來治國，頂多也就是一些投機取巧的政客罷了，他們難免“外本内末，争民施奪”，“以利爲利”，早晚必會“災害並至，雖有善者亦無如之何矣”。在現代國家這樣的“斗筲之人”[①] 真猶如過江之鯽，比比皆是啊！

所以，對照我們身處其中的現實，會愈益感受到《大學》的價值。《大學》“國不以利爲利，以義爲利也”的鮮明主張，至今令人振聾發聵。因爲主要由西方所推進的全球化，幾乎使大家包括我們不少國人都太習慣於“以利爲利”甚至“以利爲義”的政治形態了，以至於大家理所當然地以爲，政治也就是利益算計，求取最大利益的交易場所而已。

---

① 《論語·子路》第二十章：子貢問曰：“何如斯可謂之士矣?”子曰：“行己有耻，使於四方，不辱君命，可謂士矣。”曰：“敢問其次。”曰：“宗族稱孝焉，鄉黨稱弟焉。”曰：“敢問其次。”曰：“言必信，行必果，硜硜然小人哉！抑亦可以爲次矣。”曰：“今之從政者何如?”子曰：“噫！斗筲之人，何足算也。”所謂“斗筲之人，言鄙細也”。(《四書章句集注》，148 頁)

其實這就是西方尤其近代以來資本主義發達興盛的必然結果，資本主義以及帝國主義的唯利是圖，爲富不仁，爲强不仁，爲霸不仁，馬克思、列寧等早有充分深刻的揭示，資本主義、帝國主義及其所謂現代“文明”是極不道德的，這樣的所謂現代國家不僅唯利是圖，以利爲利，而且高舉以利爲義的旗號，讓所謂人權、自由、民主，等等，都成爲其謀求國家最大利益的手段，爲了利益而無所不用其極。我們當然不能聽憑其主宰世界，否則，人類將没有未來。西方社會主義運動，一定程度上可以説就是爲此應運而生的。不過，這仍然是由西方文明機體中孕育出來的產物，能否徹底克服其自身文明的弊病，則未免令人生疑。至少截至目前，要做出肯定或否定的斷定恐怕還爲時尚早。所以，中國人不要想依賴别人，因爲除華夏本身外，舉世古今没有人可以爲我們所依賴，中國人要堅決杜絶以利爲利以及以利爲義這種全球現行政治習以爲常的做法，始終明確而堅定不移地主張與堅守以義爲利的原則。由此，我們就必須走出自己的路子，對内廣行仁政，治國而國治，對外力行王道，平天下而天下平。

《大學》所主張的儒家的政治觀，也就是吾友丁紀君所説的一種“全面主義”、或可稱之爲“普遍道德主義”的政治觀，首先是爲政者自身的修身齊家，而作爲衆人之楷模，以行普遍的教化，因而“此種政治觀下，没有任何事務會以其特殊性而成爲與‘政治’無關之事務——道德事務尤其非‘私人事務’，而爲‘公共事務’——反之，由於‘政治’並非專家之專場，則無人不可以對此‘政治’表達恰如其分之關心，甚至，無人對任何一種具體事務之真實關切不是作爲一種政治性關切——此處特别强調關切之‘真實’感，據德行禮則能真實——因此，儒家之所謂‘政治’，幾可以説，‘生活即政治’，同時，‘政治亦生活’——真實之生活即政治，廣闊之政治即生活。此種‘政治’，以德與禮爲據，以德與禮爲所行之道，而終亦以德與禮爲其所歸。此種‘政治’中之人民，以自具之德，亦即以其主體之自覺性與道德之自主性爲引導，又内自認肯禮樂之規範而無絲毫受强制、被脅迫之感，則其爲具有尊嚴感之人民，當然也是‘政治’之主體，是‘政治’之真正擔當與實施者，而不僅爲‘政治’之對象”。[①] 近世以來，因爲西學東漸，致使我們嚴重疏離了傳統，那麽，當下如何盡可能真實地做到“有諸己而後求諸人，無諸己而後非諸人”呢？我們能否還考慮借鑒《大學》的主張來教育與培養士人與官員，促使他們力行格物、致知、誠意、正心、修身，以至齊家之教，儘皆成爲文質彬彬、即使雖無恒産而始終都有恒心之士人與官員，以及進而也就能够治國、平天下，乃至止於至善呢！但是，華夏文明的復興，中華民族的重新崛起，都不能太急於求成。大凡事情總是破壞易，建設難，而思想文化觀念與意識形態方面尤其不能例外，上百年的破壞、摧毁以至幾乎徹底顛覆，真正的復興與重建恐怕得需要更長的時間、更艱難的工夫，方才可能最終達成。然而，我們却惟有復興與重建華夏自古以來的文化傳統與共同的倫理政治基礎，也就是張之洞所歷來强調的“中體”，此正是我們的民族大義，舍此，則别無他途！

中華民族尤其自近世以來，爲了維護自己的獨立與尊嚴，備嘗艱辛與苦難，至今仍未完全擺脱艱難困苦。然而中華民族却始終不屈不撓，頑强抗争，決不甘願任隨列强主宰擺佈。因爲我們深知，完全爲列强所左右的世界是一味貪圖利益，行霸權，而少仁少義的世界，終將不免於走向毁滅。所以説崛起的中國未來能否行仁政行王道，關乎天下的興亡。我們須始終謹記一個俟諸百世而不惑、放之四海而皆準、永遠不可變更的原則，那就是與華夏主中國、主世界，而不與夷狄主中國、主世界。也就是以仁政王道主中國，主世界，主天下。最終亦令“夷狄進至於爵，天下遠近大小若一”，從而開出萬世之太平！

① 丁紀著《論語讀詮》，31—32頁，成都：巴蜀書社，2005年。

中庸研讀

目　録

一、誦讀

天命之謂性率性之謂道修道之謂教道也者不可須臾離也可離非道也是故君子戒慎乎其所不睹恐懼乎其所不聞莫見[①]乎隱莫顯乎微故君子慎其獨也喜怒哀樂之未發謂之中發而皆中節謂之和中也者天下之大本也和也者天下之達道也致中和天地位焉萬物育焉（第一部分）

仲尼曰君子中庸小人反中庸君子之中庸也君子而時中小人之（反）中庸也小人而無忌憚也子曰中庸其至矣乎民鮮能久矣子曰道之不行也我知之矣知者過之愚者不及也道之不明也我知之矣賢者過之不肖者不及也人莫不飲食也鮮能知味也子曰道其不行矣夫子曰舜其大知也與舜好問而好察邇言隱惡而揚善執其兩端用其中於民其斯以爲舜乎子曰人皆曰予知驅而納諸罟擭陷阱之中而莫之知辟也人皆曰予知擇乎中庸而不能期月守也子曰回之爲人也擇乎中庸得一善則拳拳服膺而弗失之矣子曰天下國家可均也爵禄可辭也白刃可蹈也中庸不可能也子路問强子曰南方之强與北方之强與抑而强與寬柔以教不報無道南方之强也君子居之衽金革死而不厭北方之强也而强者居之故君子和而不流强哉矯中立而不倚强哉矯國有道不變塞焉强哉矯國無道至死不變强哉矯子曰素[②]隱行怪後世有述焉吾弗爲之矣君子遵道而行半塗而廢吾弗能已矣君子依乎中庸遯世不見知而

---

① xiàn。

② 當作“索”。

不悔唯聖者能之（第二部分）

君子之道費而隱夫婦之愚可以與知焉及其至也雖聖人亦有所不知焉夫婦之不肖可以能行焉及其至也雖聖人亦有所不能焉天地之大也人猶有所憾故君子語大天下莫能載焉語小天下莫能破焉詩云鳶飛戾天魚躍于淵言其上下察也君子之道造端乎夫婦及其至也察乎天地子曰道不遠人人之爲道而遠人不可以爲道詩云伐柯伐柯其則不遠執柯以伐柯睨而視之猶以爲遠故君子以人治人改而止忠恕違道不遠施諸己而不願亦勿施於人君子之道四丘未能一焉所求乎子以事父未能也所求乎臣以事君未能也所求乎弟以事兄未能也所求乎朋友先施之未能也庸德之行庸言之謹有所不足不敢不勉有餘不敢盡言顧行行顧言君子胡不慥慥爾君子素其位而行不願乎其外素富貴行乎富貴素貧賤行乎貧賤素夷狄行乎夷狄素患難行乎患難君子無入而不自得焉在上位不陵下在下位不援上正己而不求於人則無怨上不怨天下不尤人故君子居易以俟命小人行險以徼幸子曰射有似乎君子失諸正鵠反求諸其身君子之道譬如行遠必自邇譬如登高必自卑詩曰妻子好合如鼓瑟琴兄弟既翕和樂且耽宜爾室家樂爾妻帑子曰父母其順矣乎子曰鬼神之爲德其盛矣乎視之而弗見聽之而弗聞體物而不可遺使天下之人齊①明盛服以承祭祀洋洋乎如在其上如在其左右詩曰神之格思不可度思矧可射思夫微之顯誠之不可揜如此夫子曰舜其大孝也與德爲聖人尊爲天子富有四海之内宗廟饗之子孫保之故大德必得其位必得其禄必得其名必得其壽故天之生物必因其材而篤焉故栽者培之傾者覆之詩曰嘉樂君子憲憲令德宜民宜人受禄于天保佑命之自天申之故大德者必受命子曰無憂者其惟文王乎以王季爲父以武王爲子父作之子述之武王纘②大③王王季文王之緒壹戎衣而有天下身不失天下之顯名尊爲天子富有四海之内宗廟饗之子孫保之武王末受命周公成文武之德追王大王王季上祀先公以天子之禮斯禮也達乎諸侯大夫及士庶人父爲大夫子爲士葬以大夫祭以士父爲士子爲大夫葬以士祭以大夫期④之喪達乎大夫三年之喪達乎天子父母之喪

① zhāi。
② zuǎn。
③ tài。
④ jī。

無貴賤一也子曰武王周公其達孝矣乎夫孝者善繼人之志善述人之事者也春秋修其祖廟陳其宗器設其裳[①]衣薦其時食宗廟之禮所以序昭穆也序爵所以辨貴賤也序事所以辨賢也旅酬下爲上所以逮賤也燕毛所以序齒也踐其位行其禮奏其樂敬其所尊愛其所親事死如事生事亡如事存孝之至也郊社之禮所以事上帝也宗廟之禮所以祀乎其先也明乎郊社之禮禘嘗之義治國其如示諸掌乎哀公問政子曰文武之政布在方策其人存則其政舉其人亡則其政息人道敏政地道敏樹夫政也者蒲盧也故爲政在人取人以身修身以道修道以仁仁者人也親親爲大義者宜也尊賢爲大親親之殺尊賢之等禮所生也［在下位不獲乎上民不可得而治矣］[②] 故君子不可以不修身思修身不可以不事親思事親不可以不知人思知人不可以不知天天下之達道五所以行之者三曰君臣也父子也夫婦也昆弟也朋友之交也五者天下之達道也知仁勇三者天下之達德也所以行之者一也或生而知之或學而知之或困而知之及其知之一也或安而行之或利而行之或勉强而行之及其成功一也［子曰］[③] 好學近乎知力行近乎仁知耻近乎勇知斯三者則知所以修身知所以修身則知所以治人知所以治人則知所以治天下國家矣凡爲天下國家有九經曰修身也尊賢也親親也敬大臣也體群臣也子庶民也來百工也柔遠人也懷諸侯也修身則道立尊賢則不惑親親則諸父昆弟不怨敬大臣則不眩體群臣則士之報禮重子庶民則百姓勸來百工則財用足柔遠人則四方歸之懷諸侯則天下畏之齊[④]明盛服非禮不動所以修身也去讒遠色賤貨而貴德所以勸賢也尊其位重其禄同其好惡所以勸親親也官盛任使所以勸大臣也忠信重禄所以勸士也時使薄斂所以勸百姓也日省月試既廩[⑤]稱事所以勸百工也送往迎來嘉善而矜不能所以柔遠人也繼絶世舉廢國治亂持危朝聘以時厚往而薄來所以懷諸侯也凡爲天下國家有九經所以行之者一也凡事豫則立不豫則廢言前定則不跲[⑥]事前定則不困行前定則不疚道前定則不窮在下位不獲乎上民不可得而治矣獲乎上有道不信乎朋友不獲乎上矣信

① cháng。

② 鄭氏曰："此句在下，誤重在此。"

③ 朱子謂"子曰"二字衍文。

④ zhāi。

⑤ xìlǐn，本指國家免費提供的口糧，此泛指俸禄。

⑥ jiá，跌倒。

乎朋友有道不順乎親不信乎朋友矣順乎親有道反諸身不誠不順乎親矣誠身有道不明乎善不誠乎身矣誠者天之道也誠之者人之道也誠者不勉而中不思而得從容中道聖人也誠之者擇善而固執之者也博學之審問之慎思之明辨之篤行之有弗學學之弗能弗措也有弗問問之弗知弗措也有弗思思之弗得弗措也有弗辨辨之弗明弗措也有弗行行之弗篤弗措也人一能之己百之人十能之己千之果能此道矣雖愚必明雖柔必强[①]（第三部分）

自誠明謂之性自明誠謂之教誠則明矣明則誠矣唯天下至誠爲能盡其性能盡其性則能盡人之性能盡人之性則能盡物之性能盡物之性則可以贊

---

① 第二十章可對比《孔子家語》卷四，《哀公問政》第十七。哀公問政於孔子。孔子對曰："文武之政，布在方策。其人存，則其政舉；其人亡，則其政息。天道敏生，人道敏政，地道敏樹。夫政（也）者，（猶）蒲盧也，待化以成，故爲政在於得人。取人以身，修道以仁。仁者，人也，親親爲大；義者，宜也，尊賢爲大。親親之殺，尊賢之等，禮所以生也。禮者，政之本也，是以君子不可以不修身。思修身，不可以不事親；思事親，不可以不知人；思知人，不可以不知天。天下之達道有五，其所以行之者三。曰君臣也，父子也，夫婦也，昆弟也，朋友也，五者，天下之達道。智、仁、勇三者，天下之達德也，所以行之者一也。或生而知之，或學而知之，或困而知之，及其知之一也；或安而行之，或利而行之，或勉强而行之，及其成功一也。"公曰："子之言美矣，至矣！寡人實固，不足以成之也。"孔子曰："好學近乎智，力行近乎仁，知耻近乎勇。知斯三者，則知所以修身；知所以修身，則知所以治人；知所以治人，則能成天下國家者矣。"公曰："政其盡此而已乎?"孔子曰："凡爲天下國家有九經，曰：修身也，尊賢也，親親也，敬大臣也，體群臣也，子庶民也，來百工也，柔遠人也，懷諸侯也。夫修身則道立，尊賢則不惑，親親則諸父兄弟不怨，敬大臣則不眩，體群臣則士之報禮重，子庶民則百姓勸，來百工則財用足，柔遠人則四方歸之，懷諸侯則天下畏之。"公曰："爲之奈何?"孔子曰："齊潔盛服，非禮不動，所以修身也；去讒遠色，賤財（或'貨'）而貴德，所以尊賢也；爵其能，重其禄，同其好惡，所以篤親親也；官盛任使，所以敬大臣也；忠信重禄，所以勸士也；時使薄斂，所以子百姓也；日省月考，既廩稱事，所以來百工也；送往迎來，嘉善而矜不能，所以綏遠人也；繼絶世，舉廢邦（或'國'），治亂持危，朝聘以時，厚往而薄來，所以懷諸侯也。治天下國家有九經，其所以行之者一也。凡事豫則立，不豫則廢。言前定則不跲，事前定則不困，行前定則不疚，道前定則不窮。在下位不獲於上，民弗可得而治矣；獲於上有道：不信於友，不獲於上矣；信於友有道：不順乎親，不信乎友矣；順乎親有道：反諸身不誠，不順乎親矣；誠身有道，不明乎善，不誠乎身矣。誠者，天之至道也；誠之者，人之道也。夫誠，弗勉而中，不思而得，從容中道，聖人之所以體定（或'定體'）也；誠之者，擇善而固執之者也。"公曰："子之教寡人備矣，敢問行之所始?"孔子曰："立愛自親始，教民睦也；立敬自長始，教民順也。教之慈睦，而民貴有親；教（之）以敬，而民貴用命。民既孝於親，又順以聽命，措諸天下無所不可。"公曰："寡人既得聞此言也，懼不能果行而獲罪咎。"（參閲陳士珂輯《孔子家語疏證》，117—118頁，上海：上海書店出版社，1987；王國軒、王秀梅譯注《孔子家語》，144－147頁，北京：中華書局，2009年）謹案：有以爲是《孔子家語》改寫《中庸》而來，不過朱子却以爲是子思删《孔子家語》繁文以附於篇。而"博學之"以下，《家語》無之，意彼有闕文，抑此或子思所補也歟?（《中庸章句》第二十章，《四書章句集注》，32頁）

天地之化育可以贊天地之化育則可以與天地參矣其次致曲曲能有誠誠則形形則著著則明明則動動則變變則化唯天下至誠爲能化至誠之道可以前知國家將興必有禎祥國家將亡必有妖孽見①乎蓍龜動乎四體禍福將至善必先知之不善必先知之故至誠如神誠者自成也而道自道也誠者物之終始不誠無物是故君子誠之爲貴誠者非自成己而已也所以成物也成己仁也成物知也性之德也合外内之道也故時措之宜也故至誠無息不息則久久則徵徵則悠遠悠遠則博厚博厚則高明博厚所以載物也高明所以覆物也悠久所以成物也博厚配地高明配天悠久無疆如此者不見而章不動而變無爲而成天地之道可一②言而盡也其爲物不貳則其生物不測天地之道博也厚也高也明也悠也久也今夫天斯昭昭之多及其無窮也日月星辰繫焉萬物覆焉今夫地一撮土之多及其廣厚載華嶽而不重振河海而不洩萬物載焉今夫山一卷③石之多及其廣大草木生之禽獸居之寶藏興焉今夫水一勺之多及其不測黿鼉④蛟⑤龍魚鼈生焉貨財殖焉詩云⑥維⑦天之命於穆不已蓋曰天之所以爲天也於乎不顯文王之德之純蓋曰文王之所以爲文也純亦不已大哉聖人之道洋洋乎發育萬物峻極于天優優大哉禮儀三百威儀三千待其人而後行故曰苟不至德至道不凝焉故君子尊德性而道問學致廣大而盡精微極高明而道中庸温故而知新敦厚以崇禮是故居上不驕爲下不倍國有道其言足以興國無道其默足以容詩曰既明且哲以保其身其此之謂與子曰愚而好自用賤而好自專生乎今之世反古之道如此者烖及其身者也非天子不議禮不制度不考文今天下車同軌書同文行同倫雖有其位苟無其德不敢作禮樂焉雖有其德苟無其位亦不敢作禮樂焉子曰吾説夏禮杞不足徵也吾學殷禮有宋存焉吾學周禮今用之吾從周王天下有三重焉其寡過矣乎上焉者雖善無徵無徵不信不信民弗從下焉者雖善不尊不尊不信不信民弗從故君子之道本諸身徵諸庶民考諸三王而不繆建諸天地而不悖質諸鬼神而無疑百世以俟聖人而

① xiàn。
② 或“壹”。
③ quán，通“拳”。
④ yuántuó。
⑤ 或“鮫”。
⑥ 或“曰”。
⑦ 或“惟”。

不惑質諸鬼神而無疑知天也百世以俟聖人而不惑知人也是故君子動而世爲天下道行而世爲天下法言而世爲天下則遠之則有望近之則不厭詩曰在彼無惡在此無射庶幾夙夜以永終譽君子未有不如此而蚤有譽於天下者也仲尼祖述堯舜憲章文武上律天時下襲水土辟①如天地之無不持載無不覆幬辟②如四時之錯行如日月之代明萬物並育而不相害道並行而不相悖小德川流大德敦化此天地之所以爲大也唯天下至聖爲能聰明睿③知足以有臨也寬裕温柔足以有容也發强剛毅足以有執也齊④莊中正足以有敬也文理密察足以有別也溥博淵泉而時出之溥博如天淵泉如淵見⑤而民莫不敬言而民莫不信行而民莫不説⑥是以聲名洋溢乎中國施⑦及蠻貊舟車所至人力所通天之所覆地之所載日月所照霜露所隊⑧凡有血氣者莫不尊親故曰配天唯天下至誠爲能經綸天下之大經立天下之大本知天地之化育夫焉有所倚肫肫其仁淵淵其淵浩浩其天苟不固聰明聖知達天德者其孰能知之（第四部分）

詩曰衣錦尚絅惡其文之著也故君子之道闇然而日章小人之道的然而日亡君子之道淡而不厭簡而文温而理知遠之近知風之自知微之顯可與入德矣詩云潛雖伏矣亦孔之昭故君子内省不疚無惡⑨於志君子之所不可及者其唯人之所不見乎詩云相在爾室尚不愧于屋漏故君子不動而敬不言而信詩曰奏假無言時靡有争是故君子不賞而民勸不怒而民威於鈇鉞詩曰不顯惟德百辟其刑之是故君子篤恭而天下平詩云予懷明德不大聲以色子曰聲色之於以化民末也詩曰德輶如毛毛猶有倫上天之載無聲無臭至矣⑩（第五部分）

---

① 或“譬”。

② 或“譬”。

③ 或“叡”。

④ zhāi。

⑤ xiàn。

⑥ yuè。

⑦ yì，延續也。

⑧ zhuì，墜也。

⑨ wù。

⑩ 《中庸章句》，《四書章句集注》，17—41 頁；並參考上海古籍版《禮記正義》下册，卷第六十至六十一，1987—2052 頁，《中庸》第三十一；影印南宋月刊八行本，1407—1456 頁。

二、題解

〇朱子《中庸章句序》曰：《中庸》何爲而作也？子思子憂道學之失其傳而作也。蓋自上古聖神繼天立極，而道統之傳有自來矣。其見於經，則"允執厥中"者，堯之所以授舜也；"人心惟危，道心惟微，惟精惟一，允執厥中"者，舜之所以授禹也。堯之一言，至矣，盡矣！而舜復益之以三言者，則所以明夫堯之一言，必如是而後可庶幾也。

蓋嘗論之：心之虛靈知覺，一而已矣，而以爲有人心、道心之異者，則以其或生於形氣之私，或原於性命之正，而所以爲知覺者不同，是以或危殆而不安，或微妙而難見耳。然人莫不有是形，故雖上智不能無人心，亦莫不有是性，故雖下愚不能無道心。二者雜於方寸之間，而不知所以治之，則危者愈危，微者愈微，而天理之公卒無以勝夫人欲之私矣。精則察夫二者之間而不雜也，一則守其本心之正而不離也。從事於斯，無少閒斷，必使道心常爲一身之主，而人心每聽命焉，則危者安、微者著，而動静云爲自無過不及之差矣。①

---

① 朱子亦曰：夫謂人心之危者，人欲之萌也；道心之微者，天理之奥也。心則一也，以正不正而異其名耳。惟精惟一，則居其正而審其差者也，絀其異而反其同者也。能如是，則信執其中而無過不及之偏矣。非以道爲一心，人爲一心，而又有一心以精一之也。夫謂"操而存"者，非以彼操此而存之也；"舍而亡"者，非以彼舍此而亡之也。心而自操，則亡者存；舍而不操，則存者亡耳。然其操之也，亦曰不使旦晝之所爲得以梏亡其仁義之良心云爾，非塊然兀坐以守其炯然不用之知覺而謂之操存也。若盡心云者，則格物窮理，廓然貫通，

夫堯、舜、禹，天下之大聖也。以天下相傳，天下之大事也。以天下之大聖，行天下之大事，而其授受之際，丁寧告戒，不過如此。則天下之理，豈有以加於此哉？自是以來，聖聖相承：若成湯、文、武之爲君，皋陶、伊、傅、周、召之爲臣，既皆以此而接夫道統之傳，若吾夫子，則雖不得其位，而所以繼往聖、開來學，其功反有賢於堯舜者。然當是時，見而知之者，惟顔氏、曾氏之傳得其宗。及曾氏之再傳，而復得夫子之孫子思，則去聖遠而異端起矣。子思懼夫愈久而愈失其真也，於是推本堯舜以來相傳之意，質以平日所聞父師之言，更互演繹，作爲此書，以詔後之學者。蓋其憂之也深，故其言之也切；其慮之也遠，故其説之也詳。其曰"天命率性"，則道心之謂也；其曰"擇善固執"，則精一之謂也；其曰"君子時中"，則執中之謂也。世之相後，千有餘年，而其言之不異，如合符節。歷選前聖之書，所以提挈綱維、開示藴奧，未有若是之明且盡者也。自是而又再傳以得孟氏，爲能推明是書，以承先聖之統，及其没而遂失其傳焉。則吾道之所寄不越乎言語文字之間，而異端之説日新月盛，以至於老佛之徒出，則彌近理而大亂真矣。然而尚幸此書之不泯，故程夫子兄弟者出，得有所考，以續夫千載不傳之緒；得有所據，以斥夫二家似是之非。蓋子思之功於是爲大，而微程夫子，則亦莫能因其語而得其心也。惜乎！其所以爲説者不傳，而凡石氏之所輯録，僅出於其門人之所記，是以大義雖明，而微言未析。至其門人所自爲説，則雖頗詳盡而多所發明，然倍其師説而淫於老佛者，亦有之矣。

而有以極夫心之所具之理也。存心云者，則敬以直内，義以方外，若前所謂精一、操存之道也。故盡其心而可以知性、知天，以其體之不蔽而有以究夫理之自然也。存心而可以養性、事天，以其體之不失而有以順夫理之自然也。是豈以心盡心，以心存心，如兩物之相持而不相舍哉！（《晦庵先生朱文公文集》卷六十七，《觀心説》，《朱子全書》第二十三册，3278—3279頁）又曰：伊川言"性即理也"，與横渠言"心統性情"，此二句顛破不得。（《宋元學案》卷十六，《伊川學案》下，《黄宗羲全集》第三册，782頁）所謂人心道心，换個説法即情與性，所以朱子又説：喜怒哀樂，情也。其未發，則性也，無所偏倚，故謂之中。發皆中節，情之正也，無所乖戾，故謂之和。（《中庸章句》，《四書章句集注》，18頁）而伊川則主張：是故覺者約其情使合於中，正其心，養其性，故曰性其情。愚者則不知制之，縱其情而至于邪僻，梏其性而亡之，故曰情其性。（《河南程氏文集》卷第八，《雜著・顔子所好何學論》，《二程集》第二册，577頁）

熹自蚤歲即嘗受讀而竊疑之，沉潛反復，蓋亦有年，一旦恍然似有以得其要領者，然後乃敢會衆説而折其中，既爲定著《章句》一篇，以俟後之君子。而一二同志復取石氏書，删其繁亂，名以《輯略》，且記所嘗論辯取舍之意，别爲《或問》，以附其後。然後此書之旨，支分節解、脈絡貫通、詳略相因、巨細畢舉，而凡諸説之同異得失，亦得以曲暢旁通，而各極其趣。雖於道統之傳，不敢妄議，然初學之士，或有取焉，則亦庶乎行遠升高之一助云爾。①

〇又曰：中者，不偏不倚、無過不及之名。庸，平常也。子程子曰："不偏之謂中，不易之謂庸。中者，天下之正道，庸者，天下之定理。"此篇乃孔門傳授心法，子思恐其久而差也，故筆之於書，以授孟子。其書始言一理，中散爲萬事，末復合爲一理，"放之則彌六合，卷之則退藏於密"，其味無窮，皆實學也。善讀者玩索而有得焉，則終身用之，有不能盡者矣。②

〇又曰：蓋不偏不倚，猶立而不近四旁，心之體、地之中也。無過不及，猶行而不先不後，理之當、事之中也。故於未發之大本，則取不偏不倚之名；於已發而時中，則取無過不及之義，語固各有當也。然方其未發，雖未有無過不及之可名，而所以爲無過不及之本體，實在於是；及其發而得中也，雖其所主不能不偏於一事，然其所以無過不及者，是乃無偏倚者之所爲，而於一事之中，亦未嘗有所偏倚也。是則二義雖殊，而實相爲體用，此愚於名篇之義，所以不得取此而遺彼也。庸，解爲不易或平常。惟其平常，故可常而不可易，二説雖殊，其致一也。但謂之不易，則必要於久而後見，不若謂之平常，則直驗於今之無所詭異，而其常久而不可易者可兼舉也。况中庸之云，上與高明爲對，而下與無忌憚者相反，其曰庸德之行，庸言之謹，又以見夫雖細微而不敢忽，則其名篇之義，以不易而爲言者，又孰若平常之爲切乎！所謂平常，亦曰事理之當然，而無所詭異云爾，是固非有甚高難行之事，而亦

① 《中庸章句序》，《四書章句集注》，14—16頁。

② 《中庸章句》，《四書章句集注》，17頁。

豈同流合污之謂哉！既曰當然，則自君臣父子、日用之常，推而至於堯、舜之禪授，湯、武之放伐，其變無窮，亦無適而非平常矣。中和之中，其義雖精，而中庸之中，實兼體用。且其所謂庸者，又有平常之意焉，則比之中和，其所該者尤廣，而於一篇大指，精粗本末，無所不盡，此其所以不曰中和，而曰中庸也。[①]

〇又曰：《中庸》一書，枝枝相對，葉葉相當，不知怎生做得一箇文字齊整。又，《中庸》，初學者未當理會。又，某説箇讀書之序，須是且著力去看《大學》，又著力去看《論語》，又著力去看《孟子》。看得三書了，這《中庸》半截都了，不用問人，只略略恁看過。《中庸》多説無形影，如鬼神，如"天地參"等類，説得高；説下學處少，説上達處多。若且理會文義，則可矣。又，《中庸》固是精粗本末無不兼備，然未到精粗本末無不備處。[②] 又，如讀《中庸》求義理，只是致知功夫；

① 《中庸或問》上，《朱子全書》第六册，548—549頁。朱子高足陳淳亦認爲：文公解庸爲平常。非於中之外復有所謂庸，只是這中底發出於外，無過不及，便是日用道理。平常與怪異字相對，平常是人所常用底，怪異是人所不曾行，忽然見之便怪異。（謹案：如《論語》中所列大量人和事，只是平常道理。）凡日用間人所常行而不可廢者，便是平常道理。惟平常，故萬古常行而不可易。程子謂"不易之謂庸"，説得固好，然於義未盡，不若文公平常之説爲明備。蓋平常字包得不易字意，不易字包不得平常字意，其實則一箇道理而已。又曰：釋氏之論，大概欲滅情以復性。李翱作《復性論》二篇，皆是此意。翱雖與韓文公遊，文公學無淵源，見理不明瑩，所以流入釋氏去。釋氏要喜怒哀樂百念都無，如何無得？只是有正與不正耳。正底便是天理，不正底便是人欲。大抵中和之中，是專主未發而言。中庸之中，却又是含二義：有在心之中，有在事物之中。所以文公解"中庸"二字，必合内外而言，謂"不偏不倚，無過不及，而平常之理"，可謂確而盡矣。（氏著《北溪字義》，48—49頁）

② 所以朱子曾講："某要人先讀《大學》，以定其規模；次讀《論語》，以立其根本；次讀《孟子》，以觀其發越；次讀《中庸》，以求古人之微妙處"。（《朱子語類》卷第十四，《大學》一，《綱領》，第一册，249頁）而陳淳亦講：《大學》者，古之大人所以爲學之法也。其大要惟三綱、八條，大抵規模廣大而本末不遺，節目詳明而始終不紊，實群經之綱領，而學者所當最先講明者也。其次，則《論語》二十篇，皆聖師言行之要所萃，於是而學焉，則有以識操存涵養之實。又其次，則《孟子》七篇，皆諄諄乎王道仁義之談，於是而學焉，則有以爲體驗充實之端。至於《中庸》一書，則聖門傳授心法，程子以爲其味無窮，善讀者味此而有得焉，則終身用之有不能盡者矣。然其爲言，大概上達之意多，而下學之意少，非初學者所可驟語。又必《大學》《論》《孟》之既通，然後可以及乎此，而始有以的知其皆爲實學，無所疑也。（《北溪字義》，78—79頁）吾友丁紀君則尤其强调四書，《論語》始終爲其根本。《論語》固立就一究竟根源之地在此，然《學》得之則《學》有根本，《孟》得之則《孟》有根本，《庸》得之則《庸》有根本，千條萬緒，莫非自其本而出。因而先讀《大學》，《大學》譬如《論語》啓關之鑰；既入其門，惟一大事便是讀《論語》，然夫子言語平鋪放著，又苦獨學，故次讀《孟子》，《孟子》可謂《論語》第一高明讀者書，於是讀《論語》總有一孟子伴

如慎獨修省，亦只是誠意。又，如“天命之謂性，率性之謂道，修道之謂教”，此是大綱。夫婦所知所能，與聖人不知不能處，此類是間架。

又曰：他所以名篇者，本是取“時中”之“中”。然所以能時中者，蓋有那未發之中在。所以先開説未發之中，然後又説“君子之時中”。又，未發之中是體，“時中”之“中”是用，“中”字兼中和言之。又，“中庸”之“中”，是兼已發而中節、無過不及者得名。又，庸，故是定理，若以爲定理，則却不見那平常底意思。今以平常言，則不易之定理自在其中矣。又，惟其平常，故不可易，如飲食之有五穀，衣服之有布帛。若是奇羞異味，錦綺組繡，不久便須厭了。又，庸只是中底常然而不易。又，中亦要得常，此是一經一緯，不可闕。又，中則直上直下，庸是平常不差異。中如一物豎置之，常如一物横置之。唯中而後常，不中則不能常。又，中而後能常，此以自然之理而言；常而後能有中，此以人而言。

又曰：龜山有功於學者。然就他説，據他自有做工夫處。高明，釋氏誠有之，只緣其無“道中庸”一截。又一般人宗族稱其孝，鄉黨稱其弟，故十項事其八九可稱。若一向拘攣，又做得甚事！要知中庸、高明二者皆不可廢。又，中是道理之模樣，誠是道理之實處，中即誠矣。又，智仁勇是做底事，誠是行此三者都要實。又，中、庸只是一事，就那頭看是中，就這頭看是庸。中、庸只是一箇道理，以其不偏不倚，故

隨，又於孟子其身明明見得《論語》道理該如何予以當身成立之；既入其門、既遵其路，終將歸趨於何地，故次讀《中庸》，《中庸》言道言誠，乃《論語》至深之包含、至高之結晶，而又驗諸《學》《孟》爲不謬者也，故可謂《論語》或四書之成果書，所以最後讀之。由此可見，做的一部四書出，本只爲要讀《論語》。四書之例，以體用言，則《論語》其本也，《學》《孟》《庸》其用也。［參閲《〈大學〉在四書系列中的位置》，《四川大學學報（哲學社會科學版）》，2014 年第 1 期］所以，所謂“未到精粗本末無不備處”説的就是，《中庸》作爲終極義理的闡明與領會必有賴於《大學》《論語》《孟子》而尤其必有賴於《論語》，此正如陳淳所説：“但其全篇，所以爲説下學之意少，而上達之意多，學者必於《大學》《論》《孟》既通，而後及乎此，以盡心焉，則卓然有以會其極，可與讀天下之書，論天下之事，而建立大本，經綸大經，自從容而有餘矣。”（《北溪大全集》卷十六，《中庸發題》，景印文淵閣《四庫全書》第 1168 册，623 頁）不與《論語》結爲四書，《中庸》，當然還有《大學》《孟子》不可以成之爲經。

謂之“中”；以其不差異可常行，故謂之“庸”。未有中而不庸者，亦未有庸而不中者。惟中，故平常。中，即平常也，不如此，便非中，便不是平常。又，堯舜禪授，湯武放伐，雖事異常，然皆是合當如此，便只是常事。如伊川説“經、權”字，“合權處，即便是經”。又，是他到不得已處，只得變。變得是，仍舊是平常，然依舊著存一箇變。又，中庸該得中和之義。庸是見於事，和是發於心，庸該得和。又，中立最難。大故要强立。又，游楊吕侯諸先生解《中庸》，只説他所見一面道理，却不將聖人言語折衷，所以多失。又，理學最難。可惜許多印行文字，其間無道理底甚多，雖伊洛門人亦不免如此。如解《中庸》，正説得數句好，下面便有幾句走作無道理了，不知是如何。（以上綱領）

又曰：形氣屬自家體段上，便是私有底物；不比道，便公共。故上面便有箇私底根本。且如危，亦未便是不好，只是有箇不好底根本。又，私亦未能便是不好，但不可一向狥之耳。又，形氣非皆不善，只是靠不得。由道心，則形氣善；不由道心，一付於形氣，則爲惡。養氣，養得則爲浩然之氣，不養則爲惡氣，卒徒理不得。且如今日説夜氣是甚大事，專靠夜氣，濟得甚事！又，此心之靈，其覺於理者，道心也；其覺于欲者，人心也。人心是此身有知覺，有嗜欲者，如所謂“我欲仁”，“從心所欲”，“性之欲也，感於物而動”，此豈能無！但爲物誘而至於陷溺，則爲害爾。故聖人以爲此人心，有知覺嗜欲，然無所主宰，則流而忘反，不可以據以爲安，故曰危。道心則是義理之心，可以爲人心之主宰，而人心據以爲準者也。故當使人心每聽道心之區處，方可。然此道心却雜出於人心之間，微而難見，故必須精之一之，而後中可執。然此又非有兩心也，只是義理、人欲之辨爾。（以上章句序）

又，如何説曉得一理了，萬事都在裏面？天下萬事萬物都要你逐一理會過，方得。所謂“中散爲萬事”，便是中庸。便是《中庸》中所説許多事，如智仁勇，許多爲學底道理，與“爲天下國家有九經”，與祭祀鬼神許多事。聖人經書所以好看，中間無些子罅隙，句句是實理，無

些子空缺處。(以上章句)[①]

〇又曰：《中庸》一書，子思子之所作也。昔者曾子學於孔子而得其傳矣，孔子之孫子思學於曾子，而得其所傳於孔子者焉，繼而懼夫傳之久遠而或失其真也，於是推本所傳之意，質以所聞之言，更相反覆，作爲此書。孟子之徒實受其説，孟子没而不得其傳焉。漢之諸儒雖或傳誦，然既雜乎傳記之間而莫之貴，又莫有能明其所傳之意者。至唐李翱，始知尊信其書，爲之論説，然其所謂滅情以復性者，又雜乎佛、老而言之，則亦異於曾子、子思、孟子所傳矣。至於本朝濂溪周夫子，始得其所傳之要以著於篇，河南二程夫子又得其遺旨而發揮之，然後其學布於天下。又，然嘗竊謂秦漢以來聖學不傳，儒者惟知章句訓詁之爲事，而不知復求聖人之意，以明夫性命道德之歸。至於近世先知先覺之士始發明之，則學者既有以知夫前日之爲陋矣。然或乃徒誦其言以爲高，而又初不知深求其意，甚者遂至於脱略章句，陵籍訓詁，坐談空妙，展轉相迷，而其爲患反有甚於前日之爲陋者。嗚呼，是豈古昔聖賢相傳之本意，與夫近世先生君子之所以望於後人者哉？熹誠不敏，私竊懼焉。故因數重之書，特以此言題其篇首，以告夫同志之讀此書者，使之毋跂於高，毋駭於奇，必沉潛夫句讀文義之間，以會其歸，必戒懼夫不睹不聞之中，以踐其實，庶乎優柔厭飫，真積力久，而於博厚高明悠久之域，忽不自知其至焉，則爲有以真得其傳，而無徒誦坐談之弊矣。[②]

〇程子曰：中之理至矣，獨陰不生，獨陽不生，偏則爲禽獸，爲夷狄，中則爲人。中則不偏，常則不易，惟中不足以盡之，故曰中庸。(明道)又，天地之化，雖廓然無窮，然而陰陽之度，日夜寒暑晝夜之

① 《朱子語類》卷第六十二，《中庸》一，《綱領》，《章句序》，《章句》，第四册，1480—1489頁。人心乃“形氣之私”，亦即“私有的物”，上面是否必有箇“私底根本”或者説“不好底根本”？從朱子講的“私亦未能便是不好，但不可一向狥之耳”，“形氣非皆不善，只是靠不得。由道心，則形氣善；不由道心，一付於形氣，則爲惡”來看，却是不一定的。私有底物若一向狥之，僅僅私用，則必爲私底根本，不好底根本；若不僅私用，而且公用，以至至大至公的用，則並無私底根本或不好底根本。

② 《中庸集解序》，〔宋〕石𡼖編，朱子删定《中庸輯略·附録》一，120—121頁，《朱子全書外編》第一册。

變，莫不有常。此道之所以爲中庸。（伊川）又，中者只是不偏，偏則不是中，庸只是常。猶言中者是大中也，庸者是定理也。定理者，天下不易之理也，是經也。孟子只言“反經”，中在其間。又，《中庸》之書，其味無窮，極索玩味。又，善讀《中庸》者，得此一卷書，終身用不盡也。又，《中庸》之書，決是傳聖人之學，不雜。

〇張子曰：學者信書，且須信《論語》《孟子》。《詩》《書》無舛雜，如《中庸》《大學》出於聖門，無可疑者。又，學者如《中庸》文字輩，直須句句理會過，使其言互相發明。

〇吕大臨曰：《中庸》之書，聖門學者盡心以知性，恭行以盡性，始卒不越乎此書。此書所論，皆聖人之緒言，入德之大要也。又，聖人之德，中庸而已。又，《中庸》之書，學者所以進德之要，本末具備矣。

〇楊時曰：《中庸》爲書，微極乎性命之際，幽盡乎鬼神之情，廣大精微，罔不畢舉，而獨以“中庸”名書何也？予聞之師曰：“不偏之謂中，不易之謂庸。中者天下之正道，庸者天下之定理。”推是言也，則其所以名書者，義可知也。①

〇黄榦曰：竊謂此書皆言道之體用，下學而上達，理一而分殊也。首言性與道，則性爲體而道爲用矣；次言中與和，則中爲體而和爲用矣；又言中庸則合體用而言，又無適而非中庸也；又言費與隱則分體用而言，隱爲體費爲用也。自“道不遠人”以下，則皆指用以明體；自言“誠”以下，則皆因體以明用。“大哉聖人之道”一章，總言道之體用也。“發育萬物，峻極於天”，道之體也；“禮儀三百，威儀三千”，道之用也。“仲尼”一章，言聖人盡道之體用也。“大德敦化”，道之體也；“小德川流”，道之用也。“至聖”則足以全道之用矣，“至誠”則足以全道之體矣。末言“上天之載，無聲無臭”，則用即體，體即用，造道之極至也。雖皆以體用爲言，然首章則言道之在天，由體以見於用；末章則言人之適道，由用而歸於體也。其所以用功而全夫道之體用者，則戒懼、謹獨，與夫知、仁、勇三者，及夫誠之一言而已。是則一篇之大指

① 《中庸輯略》卷上，《篇目》，1—3頁，《朱子全書外編》第一册。

也。子思之著書，所以必言夫道之體用者，知道有體用，則一動一静，皆天理自然之妙，而無一毫人爲之私也。知道之有體，則凡數術辭章，非道也；有用，則虚無寂滅，非道也。知體用爲二，則操存省察，皆不可以不用力；知體用合一，則從容中道，皆無所用其力也。善言道者，未有加於此者也。然其源流可考也，孔子之學，傳之曾子，曾子傳之子思，子思傳之孟子，皆此道也。曾子曰："夫子之道，忠恕而已矣。"忠即體，恕即用也。"維天之命，於穆不已"，非道之體乎？"乾道變化，各正性命"，非道之用乎？此曾子得之孔子，而傳之子思者也。孟子曰："惻隱之心，仁之端也；羞惡之心，義之端也；辭讓之心，禮之端也；是非之心，智之端也。"惻隱、羞惡、辭讓、是非，非道之用乎？仁、義、禮、智，非道之體乎？此又子思得之曾子，而傳之孟子者也。

又曰：子思子襲孔聖之餘訓，繼曾子之的傳，覽古先聖賢教人之旨，覽後世學者爲學之弊，作爲《中庸》之書。其提挈綱維，開示藴奥，則如言道之體用者，亦既明且盡矣。至於學者之所以用功者，又必反覆包羅而極其詳且切也。蓋嘗以其本而考之：首言戒懼、謹獨；次言知、仁、勇三德者；末言誠之一字者。此即子思子所以教人之大旨也。而若不極其詳，則學者用心，或安於偏見；不極其切，則學者用功，或止於小成。此子思子憂慮天下後世而爲是書也。①

〇陳淳曰：《中庸》一書，子思子所以得聖祖之傳而發明之，以詔後學者也。其名篇二字之義，蓋取夫不偏不倚，無過不及而平常之理，誠以天下理義，無以加此，而聖聖相傳，無以易此，故特表而出之，以爲萬世之所折衷。其爲書也，始原於天命之奥，而不出乎人心之近；終極於無聲無臭之妙，而不越乎日用之常；中散諸萬事，或爲君子之道四，或爲天下達道五，或九經，或三重，或禮儀三百，威儀三千，雖至於位天地，育萬物，參贊元化，博厚高明，皆莫非人事分内當然之實。卑不失之污淺，而高不溺於空虚，蓋真孔門傳授心法，而堯舜以來相承

① 〔宋〕黄榦撰《中庸總論》《中庸總説》，《宋元學案》卷六十三，《勉齋學案》，《黄宗義全集》第五册，434－435、437－438頁。

之本旨者。但其全篇，所以爲説下學之意少，而上達之意多，學者必於《大學》《論》《孟》既通，而後及乎此，以盡心焉，則卓然有以會其極，可與讀天下之書，論天下之事，而建立大本，經綸大經，自從容而有餘矣。抑子思子示人此篇大旨，必取智、仁、勇三者爲入道之門，以智者所以知乎此，仁者所以體乎此，而勇者所以强乎此者也。而其所以爲用功之目，則必又以博學、審問、慎思、明辨、篤行五者而弗之措焉，蓋不如是，則無以擇善而明善。其智不足矣，烏能真識《中庸》爲何味，無以固執而誠身；其仁不足矣，安能依《中庸》而實體於我，且將間斷之不常；其勇復不足矣，又何以終此理於吾身，與之爲悠久哉！子思子之言决不我欺，此又從事於是書者，所當循序而汲汲也。①

〇胡炳文曰：道統之傳朱子獨於《中庸》言之，何也？朱子嘗曰，聖人之道所以異乎老釋之徒者，以其精粗隱微體用渾然，莫非大中至正之矩，而無偏倚過不及之差，聖賢相傳只是一中字。自堯舜以及三代之隆，斯道如日中天，魑魅無所容迹，未聞有異端之説，《中庸》可無作也。至孔子時始曰"攻乎異端"，然其説猶未敢盛行。至子思時則有可憂者矣，憂異端之得肆其説，所以憂道學之不得其傳也。又，六經言道統之傳，自《虞書》始，不有《論語》表出堯曰"允執厥中"，則後世孰知舜之三言，所以明堯之一言哉！堯授舜曰"允執厥中"，如夫子語曾子以一貫；舜授禹必由精一而後執中，是猶曾子告門人必由忠恕而達於一貫也。又，人心未便是人欲，到不知所以治之，方説得人欲。上文形氣之私與性命之正對言，那私字未便是不好。此曰人欲之私與天理之公對言，此私字不好了。又，人心本危，能收斂入來，則危者安；道心本微，能充拓出去，則微者著。然功夫惟在精一，《論語》博文約禮，《大學》致知誠意，《孟子》知天事天，《中庸》擇善固執皆是也，以此見中如何執，只精一便是執之工夫。又，天下之理豈有加於此者："中"之一字聖聖相傳之道，莫加於此也；"精一"二字，聖聖相傳之學，莫加於此也。又，未論六經之功有賢於堯舜，只如此執中一語，夫子不於

---

① 《北溪大全集》卷十六，《中庸發題》，景印文淵閣《四庫全書》第1168册，622—623頁。

《論語》之終發之，孰知其爲堯之言？不於堯曰執中之後，而繼之湯武誓師之意，與其施於政事者，又孰知夫堯舜之授受者此中，而湯武之征伐者亦此中也哉？姑即一節言之，其功賢於堯舜可知矣。又，夫子以前傳道統者，皆得君師之位，而斯道以行；夫子以後傳道統者，皆不得君師之位，而斯道以明。故明堯、舜、禹、湯、文、武之道者，夫子六經之功；而明夫子之道者，曾子《大學》，子思《中庸》之功也。又，擇善固執是論賢者之學，精一是兼論聖賢之學。又，"提挈綱維"舉其大者而小者不能遺，"開示藴奥"闡其幽者而顯者不能外，此八字得《中庸》一書之大概矣。又，《大學》言心不言性，故朱子於《序》言性詳焉；《中庸》言性不言心，故此《序》言心詳焉。

〇饒魯曰：《中庸》當作六大節看，首章是一節，自"君子中庸"以下十章是一節，"君子之道費而隱"以下八章是一節，"哀公問政"以下七章是一節，"大哉聖人之道"以下六章是一節，末章是一節。第一節説中和，第二節説中庸，第三節説費隱，第四節説誠，第五節説大德小德，第六節復申首章之意。要之中間却是兩次開闔，自中和而中庸以至費隱，是放開説；自費隱而誠，是收斂説；自誠而推至道至德，又是放之以至於極；自至道至德而歸之無聲無臭，又是斂之以至於極。①

〇景星曰：此書五大節，首章總説，二章至十一章説中庸，十二章至二十章説費隱小大，二十一章至三十二章説天道人道，卒章又總説。此爲明道之書，一道字貫始終，知仁勇爲工夫。《中庸》《大學》皆成片文字，首尾備具，然規模却不同，《大學》是言學，《中庸》是言道。《大學》綱目相維，經傳明整，猶可考究；《中庸》贊道之極，有就天道言者，有就聖人言者，有就學者言者，廣大精微，開合變化，高下巨細，無所不該，讀者尤不易也。又，不偏不倚是未發之中，以心言中之體也；無過不及是時中之中，以事言中之用也。名篇本取時中之義，然其所以能時中者，乃無偏倚者之所爲也，故言用必本乎體。中庸二字合言之，惟中故可庸，中而又須可庸，是乃中庸之道。又，"不偏之謂中"

① 《四書通・中庸朱子序・中庸通》卷一，《通志堂經解》第15册，411—412頁。

一句兼動静言，不偏不易訓中庸二字，正道定理釋中庸二義，正是不偏，定是不易，道是大綱，理是細目。天以此理賦人而具於心，須有以全其所賦可也，聖人教人不過欲全其天之所賦，故云“傳授心法”。始有一理指天命之性，中散萬事指達道達德九經之屬，末合一理指無聲無臭，彌六合指達於事之用，藏於密指存諸心之體，心之體用備焉，故爲孔門傳授心法。[①]

○船山曰：《中庸》《大學》自程子擇之《禮記》之中，以爲聖學傳心入德之要典，迄於今，學宫之教，取士之科，與言道者之所宗，雖有曲學邪説，莫能違也，則其爲萬世不易之常道允矣。朱子《章句》之作，一出於心得，而深切著明，俾異端之徒無可假借，爲至嚴矣，然終不能取末涉其域者之蓬心而一一喻之也。亦有朱子後學及陽明等之不及與過之失。夫之不敏，深悼其所爲而不屑一與之辨也，故僭承朱子之正宗爲之衍，以附諸《章句》之下，庶讀者知聖經之作，朱子之述，皆聖功深造體驗之實，俾學者反求自得，而不屑從事於文詞之末，則亦不待深爲之辨，而駁儒淫邪之説亦尚息乎！凡此二篇，今既專行，爲學者之通習，而必歸之《記》中者，蓋欲使五經之各爲全書，以見聖道之大，抑以知凡戴氏所集四十九篇，皆《大學》《中庸》大用之所流行，而不可以精粗異視也。［凡三十三章。］[②]

○又曰：一部分爲五段。第一章總論大要，以静存動察爲體中庸之實學，上推其所以必然之理於天，而著其大用於天地萬物，以極其功效之費。自“君子中庸”至“唯聖者能之”，辨能體中庸之人。自“君子之道費而隱”至“哀公問政”章，廣陳中庸之道。自“自明誠”至“其孰能知之”，言能體中庸之人，備中庸之道者，惟其德。末章又總論之，示學者由動察静存而深造之，則盡性至命，而上合於天載。第二段步步趕到聖者上；第三段“鬼神”及“問政”章歸本誠上；第四段“大哉聖人之道”章言至德，“仲尼祖述”章言小德大德，皆歸本德上。此一篇

① 《大學中庸集説啓蒙·中庸》卷上，景印文淵閣《四庫全書》第204册，1012—1013頁。

② 《禮記章句》卷三十一，《中庸》，《船山全書》第四册，1245—1246頁。

之脈絡也。[①]

〇又曰：《中庸》之名，其所自立，則以聖人繼天理物，修之於上，治之於下，皇建有極，而錫民之極者言也。（二“極”字是中，“建”字“錫”字是庸。）故曰：“中庸其至矣乎！民鮮能久矣。”“中庸不可能也。”是明夫中庸者，古有此教，而唯待其人而行；而非虛就舉凡君子之道而贊之，謂其“不偏不倚，無過不及”之能中，“平常不易”之庸矣。天下之理統於一中：合仁、義、禮、知而一中也，析仁、義、禮、知而一中也。合者不雜，離者不孤。審此，則“中和”之中，與“時中”之中，均一而無二矣。朱子既爲分而兩存之，又爲合而貫通之，是已。然其專以中和之中爲體則可，而專以時中之中爲用則所未安。但言體，其爲必有用者可知；（言未發則必有發。）而但言用，則不足以見體。（“時中”之中，何者爲體耶？）“時中”之中，非但用也。中，體也；時而措之，然後其爲用也。以此知夫凡言中者，皆體而非用矣。又，“中和”之和，統乎一中以有體，不但中爲體而和非體也。“時中”之中，兼和爲言。和固爲體，“時中”之中不但爲用也明矣。中無往而

---

① 《四書箋解》卷二，《中庸》，《船山全書》第六册，124 頁。朱子大致亦作此分段，亦即：一、第一章，“子思述所傳之意以立言：首明道之本原出於天而不可易，其實體備於己而不可離，次言存養省察之要，終言聖神功化之極。蓋欲學者於此反求諸身而自得之，以去夫外誘之私，而充其本然之善，楊氏所謂一篇之體要是也。其下十章，即第二至第十一章，蓋子思引夫子之言，以終此章之義”。“蓋此篇大旨，以知仁勇三達德爲入道之門。故於篇首，即以大舜、顔淵、子路之事明之。舜，知也；顔淵，仁也；子路，勇也：三者廢其一，則無以造道而成德矣。餘見第二十章”。二、第十二章，“子思之言，蓋以申明首章道不可離之意也。其下八章，即第十三至二十章，雜引孔子之言以明之”。尤其第二十章，“此引孔子之言，以繼大舜、文、武、周公之緒，明其所傳之一致，舉而措之，亦猶是耳。蓋包費隱、兼小大，以終十二章之意。章内語誠始詳，而所謂誠者，實此篇之樞紐也”。三、第二十一章，“子思承上章夫子天道、人道之意而立言也。自此以下十二章，即第二十二至三十三章，皆子思之言，以反復推明此章之意”。尤其末章，“子思因前章極致之言，反求其本，復自下學爲己謹獨之事，推而言之，以馴致乎篤恭而天下平之盛。又贊其妙，至於無聲無臭而後已焉。蓋舉一篇之要而約言之，其反復丁寧示人之意，至深切矣，學者其可不盡心乎”！（《中庸章句》，《四書章句集注》，18、22、23、32、40 頁）以及後來的景星亦是如此，景星曰：“蓋《中庸》一書除首尾兩章皆爲一篇體要外，又當分三節看，前節言中庸，次節言費隱，後節言誠。中庸是就人事上言道之用，費隱是就天地人物上言道之用，後以天道人道上言誠，則知聖人與天地爲一。”（《大學中庸集説啓蒙·中庸》卷上，景印文淵閣《四庫全書》第 204 册，1030—1031 頁）

不爲體。未發而不偏不倚，全體之體，猶人四體而共名爲一體也。發而無過不及，猶人四體而各名一體也。固不得以分而效之爲用者爲非體也。又，以實求之：中者體也，庸者用也。中爲體，故曰“建中”，曰“執中”，曰“時中”，曰“用中”；渾然在中者，大而萬理萬化在焉，小而一事一物亦莫不在焉。庸爲用，則中之流行於喜怒哀樂之中，爲之節文，爲之等殺，皆庸也。故“性”“道”，中也；“教”，庸也。故《中庸》一篇，無不緣本乎德而以成乎道，則以中之爲德本天德，（性道。）而庸之爲道成王道，天德、王道一以貫之。又，庸，用也。自朱子以前，無有將此字作平常解者。蓋以庸爲日用則可，（日用亦更新意。）而於日用之下加“尋常”二字，則贅矣。道之見於事物者，日用而不窮，在常而常，在變而變，總此吾性所得之中以爲之體而見乎用，非但以平常無奇而言審矣。故知曰“中庸”者，言中之用也。①

〇汪紱曰：《漢書·藝文志》有《中庸説》二篇，附於《禮經》之後，梁武帝亦有《中庸講疏》一卷，宋仁宗天聖五年，以是篇賜新第王堯臣等，高宗紹興五年，御書此篇賜汪應辰以下，是此篇之特重他篇久矣。然異説紛竄，倚伏其中，芒不可擇，迨程子表章之，而朱子爲之《章句》《或問》，是篇乃特列於《四子書》云。

又曰：《虞書》之道心也、中也，皆道也；精一，學也。《中庸》性道、中和，皆道也；知仁勇、明善誠身，皆學也。道學者，以道爲學，學以致其道也。原此書所由作也，道學之傳四字，一篇血脈。而“憂”之一字，尤見子思不得已之心。孔子曰：“作《易》者，其有憂患乎！”孔子之作《春秋》，孟子之好辨，程子、朱子之羽翼《六經》，皆憂之而已。“道統之傳”即道學之傳也。但自神聖傳之曰“統”，自學者由教而入焉曰“學”。提出堯舜遡中之所自傳也，中即道統也。道統本於天而開於聖神，又考之於《書》，以見道統不越中之一言；而歸統於堯舜，以見《中庸》之書所自來也。又，本心之正即性命之正。道心雜於人心之中而微妙難見，故須精察出來使不雜；人心包裹著道心而危險易流，

① 《讀四書大全説》卷二，《中庸名篇大旨》，《船山全書》第六册，449—453頁。

故須專一守著那正道使不離。然必先察得精而後能守之一也。繹《禹謨》之言以爲《中庸》張本，因以見乎道之不可離，而工夫之不可已也。蓋事物莫不有中焉，道也而所以應之而無失其中者，則必原於性命之正焉。性命之正即天命之性也，天命之性，大本之中也，事物之中，中節之和也。又，《中庸》首標仲尼之言，而終之仲尼祖述堯舜，以執中之道統在夫子也。顔子之博文約禮，曾子之格致誠正，皆精一執中之學也。《中庸》不作，道統熄矣，故子思憂之，一書所言皆自憂生。其曰"天命之謂性"，憂人以生之謂性也；其曰"率性之謂道"，憂人以虚無之爲道也；其曰"修道之謂教"，憂人以先王之教爲强人，而異端之教又從而亂之也。以對過不及者言，故以"中"名；以對隱怪言，故以"庸"名。其言之切而説之詳，皆以存斯道之真，而距異端之似耳。又，求其巨細精粗、遠近本末無少遺漏而言近指遠者，則莫若我朱子，故其於道統之傳，雖若不敢自居而已有不得而辭者，朱子之功尤超千古而獨隆也。朱子於四子書皆有《或問》，而獨於此序言之者，《中庸》之理微而説《中庸》者則尤易謬，非精義入神與先聖同揆者，不足以道之，故《中庸》之有《或問》尤爲緊要。學者不精研於《章句》，不能得斯理之真；不參考於《或問》，不足以見群言之謬。乃今人只知看幾句講章，而《或問》《輯略》未一寓目，且並《集注》亦未能通曉其義，則朱子苦心亦徒以委之口説，傷乎其謂之何哉！又，子朱子時年六十矣，《章句》久有成書，蓋反覆精改，至是乃確乎有以自信而序而行之也，此亦可見朱子之不厭不倦而詳慎之至矣，讀者猶或出入於其閒，焉亦獨何哉！然則堯舜禹湯文武之傳存於孔子子思，而孔子子思之傳在我朱夫子，又何疑哉！顧孔子未得位，而老氏之徒而又與之並生而亂之，至朱子又未得位，而當時林、陸又從而異同之，是天之未欲平治天下也。有明之世，自餘姚始倡陸學邪説，天下靡然聽從，自是李贄黠徒、林三教主蝟起亂真，以終敗壞。嗟乎！不以身體，孰知大道之真；不有其人，亦孰任人心之責哉！

又，《中庸》之所謂"中"即《大學》之所謂"至善"，同情而異名焉耳。庸謂不易，謂平常。中爲至善，人所難能，而曰平常者何？惟其中，所以平常也。此理人所同具，物物皆然，只在日用事物常行之間而無事於高遠，原不必怪怪奇奇以驚駭乎人之耳目，而所行苟合其則，則無不足以慊人之意而了然於人之心，是非平常之道而何！既曰平常而又難能，何也？惟其平常而不可易，所以難能也。蓋苟非平常而不可易，則可以任私意以爲之而無難。而中道爲人之所共知共行，則必當循之而不可以稍越，是故難。爲人之所共知共能，而行之却難，至於恰好，譬如射的對鍼只有一線，不得些子偏斜也，而豈不難哉！此《中庸》之所以名篇也。知《中庸》之名義，而乃可以讀《中庸》之書矣。是自首章至十一章爲一截，均以工夫言，以終首章静存動察之意也。是自十二章至二十章爲一截，多以道體言，所以申明首章道不可離之意，亦即以申明第二章至十一章所以必言知仁勇爲静存動察工夫之故也。是自二十一章至終，皆承天道人道之意以立言，而實則合道體工夫反覆申明，以與首章言道原言工夫者首尾回環以終一篇之義，此《中庸》之支節脈絡貫通者然也。其原道體，則自至静以及於動，先全體而後大用，如首章之先中後和是也。言工夫則先察動而後存静，先致知而後力行，如篇中之知仁，末章之先慎獨而後屋漏是也。篇中雜引孔子之言，各自成章，然孔子之言未必有序，而《中庸》脈絡則自爲貫通，讀者須别之，勿以《中庸》脈絡入孔子之言，亦勿以孔子之言妨《中庸》脈絡爲可。夫《中庸》一書道統攸寄，學者當通篇統看，又當分章細看，然後能有以通其微妙，而又有以會其大全。若只在字句之間，文辭之末，求一得以入時文，則於《中庸》全書究無一得，而雖讀一如未讀矣，可忽乎哉！又，心法云者，察於人心以守其道心之法，非異端心學、《心經》之謂，亦非秘傳之謂也。《中庸》一書大概從原頭説下來，又從下學推上去，中間萬象無不包羅，程子“始言一理”云云，形容殆盡。[①]

〇錢穆曰：《中庸》闡述天人合一，主要有兩義，一曰誠與明，二曰中與和。又，夫此宇宙整全體之真實無妄，至博厚，至高明，至悠

① 《禮記章句》卷九，《中庸》第三十一，《續修四庫全書》第100册，578頁；《四書詮義》上，卷二，《中庸章句序》，《叢書集成三編》第10册，389—398頁。

久。人類之生育成長於其間，則卑微之至，狹陋之至，短暫之至。而人類亦有其尊嚴。人類之尊嚴何在？夫亦曰正在其亦得於此宇宙整全體之真實無妄之大誠之一曲，夫亦曰正在其亦存在表現於此整全體之大誠之内而爲其一體一端而已。而人類之尤見其爲尊嚴者，乃在其爲萬物之靈，乃在其具有心之明見，乃在其能明見夫此整全體之真實無妄之誠。然人心之明，亦只能明見此整全體之真實無妄之誠而止，終不能超於之而别有所明也。故一切存在一切表現之一切意義與價值，亦將限於此真實無妄之誠而止。萬物雖不能有其明，然其同爲此宇宙整全體中之真實無妄之誠之一曲，則與人無殊致。人心之明，亦僅明於此宇宙間一切存在與其表現之各有其意義與價值而止。若越出於此存在表現之外，或即就於此存在表現之内，而人心自恃其聰明，自信其思索，認爲别有一種所謂意義與價值者，或惟某者爲獨有其所謂意義與價值者，此皆《中庸》之所謂索隱行怪，其流將歸於小人之無忌憚。察察之明，竊竊之知，違於天而違於人，乃使愚夫愚婦無可與其知，而聖人之所不知者，彼亦自負曰予知，此决非中庸之道。决無當於《中庸》所謂明與誠。又，凡人心之明之所不睹不聞者，君子尤當致其戒慎恐懼之情。此始爲至明，亦即至誠也。又，中由和見，和由性成。故中和者，即萬物各盡其性之所到達之一種恰好的境界或狀態也。惟有此狀態，宇宙一切物，始得長住久安也。故曰致中和，天地位。天地一切生育，其本由於和合，不出於鬭争。其功成於得中，不成於偏勝。此皆所謂宇宙整全體之真實無妄之誠之所存在而表現，而與人可明見者。故曰致中和，萬物育。故宇宙至誠之所在，即是宇宙至善之所在也。天道如此，人道亦然，人心亦莫不然。又，中國儒家思想，在直下承認此悠久不息真實無妄之至誠，而尊名之曰性，曰天，曰道。性與天道，從中和來，故必悠久求全此中和。而此中和則仍在各盡雙方之性，仍在各致雙方之誠。性與誠，由中和生，在中和中化，又必在中和中發育完成，而悠久。此爲中國古人所明之所謂天人合一之道，此真所謂大明終始。其實則只是明於此一誠。故曰此道甚邇，雖夫婦之不肖，可以能知能行，而其極則察乎天地，盡包宇宙，雖聖人亦有所不能知不能行也。又，中，誠也，亦即忠也；和，明也，亦即恕也。人惟有喜怒哀樂之情，始能有誠有忠，見性見道，得明得恕。天地之中和，即所謂天地之大本達道者，就人而言，則亦僅此心之喜怒哀樂之發與未發而已。又，自然界之與人文界，亦一以貫之。曾子謂一貫於忠恕，而《中庸》則一貫之以中和。天人合一之道，至《中庸》之書而始得大明焉，此必明乎中和之説而始可窺其深微矣。又，然則深而言之，人文界之在宇宙自然界，即宇宙自然界中一未發之中也。在宇宙自然界中而有人文界，亦即宇宙自然界中一發而中節之和也。人文造端乎夫婦，人類之有夫婦，即猶禽獸之有雌雄，此乃人文界中之最自然者，亦即天人合一之道之最察著者也。自有夫婦，乃有父子。故《中庸》繼夫婦而言大孝。父子之孝慈，以視夫婦之相愛，其離於禽獸者，若漸益遠矣。然父子之有孝慈，亦生物化育中一未發之中也。當知宇宙至誠，正因有此未發之中，故能悠久而不息耳。又，蓋中庸之道，必知有兩端焉。其一端在天，若爲至遠。其一端在己，在身，則爲至邇。惟能執其兩端而用其中。而中者，即此兩端之和。中和爲天下之大本達道，而吾心之喜怒哀樂，亦以中和爲大本，爲達道焉。故惟中和者，乃爲天人兩端合一之所在。而惟中和爲至誠而自明。雖愚夫愚婦，亦求向於此至善而求達焉。則所謂知天者，亦惟知有此中和而已。所謂明善者，亦惟明有此中和而已。上帝鬼神，在中和之此一端，鳶魚萬物，在中和之彼一端，人則處於此兩端之中而參焉。

又曰：就鄙意，《中庸》與《易傳》，同爲晚出書，兩書作者乃染有道家莊老思想之影響，而求匯通儒道以別闢一新境。鄙意之所以重視《中庸》與《易傳》者正在此。性字，鄭注以仁義禮智信五常釋之，此正是東漢人意見。而不免要分割性情爲對立之兩橛。混進了道家義。又，至朱子所釋性即理也，此更顯是宋儒語，先秦時代人決無此觀念。既未把性與情嚴格劃分看成對立，亦未將理與欲嚴格劃分看成對立。[①]

○孔穎達曰：案鄭《目録》云："名曰《中庸》者，以其記中和之

① 錢穆著《中庸新義》《中庸新義申釋》，《中國學術思想史論叢》第二册，283－306、307－323頁。

爲用也。庸，用也。孔子之孫子思伋作之，以昭明聖祖之德。此於《别録》屬《通論》。”案在第二章鄭玄曰：庸，常也。用中爲常道也。而孔氏曰：君子之人用中以爲常。①

〇李翺曰：子思，仲尼之孫，得其祖之道，述《中庸》四十七篇，以傳於孟軻。軻曰“我四十不動心”，軻之門人達者公孫丑、萬章之徒，蓋傳之矣。遭秦滅書，《中庸》之不焚者，一篇存焉。於是此道廢缺，其教授者，惟節文、章句、威儀、擊劍之術相師焉，性命之源，則吾弗能知其所傳矣。於戲！性命之書雖存，學者莫能明，是故皆入於莊、列、老、釋。不知者謂夫子之徒不足以窮性命之道，信之者皆是也。②

〇黎立武曰：中者在中之義，正位居體之名也。先天大易，本無方體，所以肇太極而生兩儀，既有太極，易立乎其中，而中之體立。兩儀既判，易行乎其中，而中之體明，然則所謂中之體者，易也。易者生生之謂，生生之易曰仁，體仁之道曰誠，夫妙體之謂易，本體之謂仁，貫全體大用之謂誠，中庸之道出於易，本於仁，極於誠，至道不可以名也，故取正位居體名之曰中。庸之爲義常也，用也，常道之用，大無不該，妙不可窮。爲書十有五章：首章統論一篇之大旨；二章備著夫子之格言；三章而下明率性謂道，修道謂教之事；九章而下明至誠盡性，至誠能化之事，末乃傷今思古，以道統絶續之會、帝王授受之真寔在夫子，且反覆推明仁誠之道，以俟後之聖人；末章則窮理盡性至命之學也。其爲書也，大周乎天地，微極乎物理，幽貫乎神明，而卒歸之無聲無臭焉，廣大精微蓋本諸易。中庸之道，體用之説，寔得於心傳面命者也。程子嘗爲《中庸》作注，至是焚稿而屬兼山，以書傳之，乃知游氏、楊氏所得於師者，初年之論也。吕氏以深潜縝密稱寔，頗融貫，而其師始未然之者，未定之論也。蓋至兼山，則師弟子之講貫熟决擇審矣，然則求中庸之道於伊洛，微兼山氏，吾誰與歸？程氏學以性爲本，以《中庸》《易》爲先，蓋二書皆盡性之道，程門惟兼山深於《易》，故

① 《禮記正義》卷第六十，《中庸》第三十一，下册，1987、1990、1991 頁。

② 〔唐〕李翺撰《復性書》上，《李文公集》卷二，景印文淵閣《四庫全書》第 1078 册，108 頁。

得《中庸》之義焉。然則《中庸》大旨，寔程郭口傳心授，探本窮源而得之正位，常道之義，全體大用之名，庶乎爲定論。《中庸》之學太抵皆祖程門初年之説，且於事物取中，是不無遺論。竊謂子思以“中庸”名篇，而首揭命、性、道、教者，所以明《中庸》之旨。次釋中和大本達道者，所以錯綜《中庸》性道之義，篇目經文綱舉而目張也。今而曰篇名一義，經文又一義；中庸一中，中和又一中，何耶？孟子言稱堯舜，而性之一語，萬世格言。堯舜以天下與人而執中，片言實居其要，謂之中者，必有事焉。夫喜怒哀樂情也，其未發則性也，是中指性無疑。自中而發，無非順性命之理，而見諸庸言庸行，人道所共由者，不越乎合君臣、父子、昆弟、夫婦、朋友之交而已，是庸指道無疑。其曰不偏不倚無過不及者，蓋發而中節之名，所謂和也。是求中於用，不曰中有體乎？其曰不易也，定理也，蓋何莫由斯之義，所謂常也。是知庸爲常，不曰庸爲用乎？兹所以詳説説約而求其指歸也。《六經》《四書》名義微奧，惟見於《易》與《中庸》。貫先天後天之道曰易；該全體大用之道曰中庸，可謂易簡而天下之理得，故曰易其至矣乎，曰中庸其至矣乎！①

〇倪思曰：堯咨舜曰“允執其中”，舜授禹曰“允執厥中”，仲虺謂湯“建中于民”，孟子曰“湯執中”，文王演《易》以二五爲中，武王訪箕子，箕子陳《洪範》以皇極爲中，《周禮》以五禮坊民，僞而教之中，而未有言庸者，孔子始以中對庸言之，其在《易》之《文言》曰“龍德而正中者也”，繼之曰“庸言之信，庸行之謹”，然猶分言之也。至《論

① 〔宋〕黎立武撰《中庸指歸》，景印文淵閣《四庫全書》第200册，715—721頁。據黎立武對《中庸》的分章，是以“天命之謂性”以下爲一章，“仲尼曰”以下爲二章，“君子之道費而隱”以下爲三章，“道不遠人”以下爲四章，“君子素其位而行”以下爲五章，“君子之道辟如行遠”以下爲六章，“鬼神之爲德”以下爲七章，“哀公問政”以下爲八章，“誠者天之道也”以下爲九章，“惟天下至誠”以下爲十章，“誠者自成”以下爲十一章，“大哉聖人之道”以下爲十二章，“仲尼祖述堯舜”以下爲十三章，“惟天下至聖”以下爲十四章，“《詩》曰：‘衣錦尚絅’”以下爲十五章。皆發明郭氏之旨，所言亦具有條理。(《欽定四庫全書》提要) 至於黎立武如此分章的理由，他自己説是：“《中庸》之書浩博深遠，若不可涯其寔繩聯而珠貫也，諸家雖字論句析，然於大旨未明，讀之使人茫然，《分章》所以原作者之意。”(黎立武撰《中庸分章》，景印文淵閣《四庫全書》第200册，713—714、721頁)

語》始曰“中庸之爲德，其至矣乎，民鮮能久矣”，於是中之與庸始合爲一。子思之名《中庸》，蓋本諸孔子也。[①]

〇《欽定禮記義疏》案：《戴記》四十九篇，其四十七篇並用《正義》等六條編纂之例，獨《大學》《中庸》二篇不拘諸例，但全録注疏於前，編次朱注於後者，一以示不遺古本之源，一以示特尊朱子之義。全録注疏古本，方識鄭、孔羽翼聖籍之功，方見朱子之精心邃密，而注疏之是非得失，讀者自一目瞭然，故不拘諸例。又案：《小戴記》之有《中庸》《大學》也，自朱子《章句》出，而陳澔《集説》四十九篇中，遂衹列其目而不載其文。夫漢儒長於數，其學得聖人之博；宋儒邃於理，其學得聖人之精；二者得兼，乃見聖人之全經。然則二書之得，表章於朱子者，《注疏》羽翼之功，又安可没也哉？[②]

〇毛奇齡曰：《中庸》言道之書也。《中庸》本《禮記》之一，故其中多言禮。要之，禮皆道也，道以誠爲本，以禮爲用。

〇毛遠宗曰：按《中庸》本言道之書，然下學始事與神聖極功皆在其内。先生云：道必成于修，顧修其名也，慎獨者，修之實也。然而何以慎之？《大學》慎獨在誠意，《中庸》慎獨只在誠身。誠意者好善惡惡，不自私自利，以恕爲主，故曰有諸己求諸人，自藏恕以至絜矩，聖學與聖功無兩事焉。《中庸》亦然，慎獨誠身亦以忠恕爲下學始事，乃自明善擇善不自私自利，以極推于至誠至聖，成己成物即是極功，故《大》《中》開首皆曰慎獨去私利也。因之以《論語》忠恕一貫，《孟子》之强恕而行，萬物皆備，莫不彼此相證曠然。言下如此，則何必以主静主敬，格事物致良知紛紛聚訟。

〇陸奎勳曰：據《孔叢子》作于子思，性道文章原原本本，非小戴所能增損，朱子《章句》《或問》二書詮解極精，後學無從置喙。[③]

〇崔述曰：世傳《戴記·中庸》篇爲子思所作。余按孔子、孟子

---

① 《禮記集説》卷一百二十三，《中庸》第三十一，《通志堂經解》第13册，347頁。

② 《欽定禮記義疏》卷六十六，《中庸》第三十一之一，景印文淵閣《四庫全書》第126册，164、230—231頁。

③ 《續禮記集説》卷八十六，《中庸》，《續修四庫全書》第102册，509—510頁。

之言，皆平實切於實用，無高深廣遠之言。《中庸》獨探賾索隱，欲極微妙之致，與孔、孟之言皆不類。其可疑一也。《論語》之文簡而明，《孟子》之文曲而盡。《論語》者，有子、曾子門人所記，正與子思同時，何以《中庸》之文，獨繁而晦，上去《論語》絶遠，下猶不逮《孟子》，其可疑二也。"在下位"以下十六句，見於《孟子》，其文小異，説者謂子思傳之孟子者。然孔子、子思之名言多矣，孟子何以獨述此語？孟子述孔子之言，皆稱"孔子曰"，又不當掠之爲己語也。其可疑三也。由是言之，《中庸》必非子思所作。蓋子思以後，宗子思者之所爲書，故托之於子思，或傳之久而誤以爲子思也。嗟夫！《中庸》之文，采之《孟子》；《家語》之文，采之《中庸》，少就心於文義，顯然而易見也。又，世傳《中庸》四十九篇，而今《戴記・中庸》止有一篇，説者謂其四十八篇已亡。以余觀之，今世所傳《中庸》非一篇也。蓋戴氏删其三十餘篇，而取其未删者合爲一篇也，以其首篇言中庸，故通稱爲《中庸》。又，《中庸》不但非一篇也，亦不似出於一手者，其義有極精粹者，有平平無奇者，間亦有可疑者，即所引孔子之言亦不倫，何以參差若是？其非一人所作明甚，細玩則知之矣。[①]

〇陳柱曰：《中庸》者蓋子思述孔子之學，而益發輝光大之者歟！其稱"仲尼祖述堯舜，憲章文武"，足見孔子學問之淵源；其稱"上律天時，下襲水土"，天時者占有時間者也，水土者占有空間者也，足見孔子之教因時因地而異；其稱"萬物並育而不相害，道並行而不相悖"，足見孔子之教之大；其稱"聰明睿知，足以有臨；寬裕温柔，

① 《洙泗考信餘録》卷三，56—58頁。謹案：説《中庸》非子思所作且必作於《孟子》之後，云云，其人多矣，不過崔東壁該稱得上始作俑者，或者至少是其中之突出者。然而，不僅司馬遷《史記》卷七十四《孟子荀卿列傳》稱孟子"受業於子思之門（人）"。（《史記》第七册，2343頁）而且，再早荀子《非十二子》就已經説到了"略法先王而不知其統，猶然而材劇志大，聞見雜博，案往舊造説，謂之五行，甚僻違而無類，幽隱而無説，閉約而無解，案飾其辭而祗敬之，曰：此真先君子之言也。子思唱之，孟軻和之"。（《荀子集解》卷三，59頁，《諸子集成》第二册，北京：中華書局，1993年）此即是思孟學派之由來。況且，荀子的一些關鍵説法，還被長沙馬王堆漢墓出土《簡帛・五行》所證實。（參閲葛兆光著《中國思想史》第一卷，185—186頁，上海：復旦大學出版社，1998年）

足以有容；發强剛毅，足以有執；齊莊中正，足以有敬；文理密察，足以有别"，足以見孔子爲教之態度；其言"君子尊德性而道問學，致廣大而盡精微，極高明而道中庸，温故而知新，敦厚以崇禮"，足見孔子爲學之精神。故或者謂《中庸》之書，不翅孔子之行狀，信不誣也。子思之言，實開孟、荀二派。何者？孟子言性善，率性之説也；荀子言性惡，修道之説也。孟、荀二子之學派雖異，舉不能外乎子思《中庸》篇所言之恉，是研究儒家之學派者，於《中庸》一書，猶有不可忽者矣。[①]

〇胡適曰：大概《大學》和《中庸》兩部書都是孟子、荀子以前的儒書。但是其中也不能全無後人加入的材料。《大學》《中庸》的長處只在於方法明白，條理清楚。《大學》《中庸》都注重修身，重孝道的同時，亦注重個人，這便是一切倫理的中心點。尤其《中庸》的"誠"即是充分發達個人的本性。儒家到了《大學》《中庸》時代，已從外務的儒學進入内觀的儒學，譬如大學之誠意正心，《中庸》講未發之中與已發之和，等等。[②]

〇馮友蘭曰：今《小戴禮記》中，《中庸》所説義理，亦實與孟子之學説爲一類。則似此篇實爲子思所作。然《小戴禮記》中之《中庸》，有"今天下車同軌，書同文，行同倫"之言，所説乃秦漢統一中國後之景象。《中庸》中又有"載華嶽而不重"之言，亦似非魯人之語。且所論命，性，誠，明，諸點，皆較孟子爲詳明，似就孟子之學説，加以發揮者。則此篇又似秦漢時孟子一派之儒者所作。細觀《中庸》所説義理，首段自"天命之謂性"至"天地位焉，萬物育焉"，末段自"在下位不獲乎上"至"無聲無臭至矣"，多言人與宇宙之關係，似就孟子哲學之神秘主義之傾向，加以發揮。其文體亦大概爲論著體裁。中段自"仲尼曰，君子中庸"至"道前定則不窮"，多言人事，似就孔子之學

---

① 陳柱撰《中庸通義　中庸注參》，47—49 頁，上海：華東師範大學出版社，2011 年。

② 胡適著《中國哲學史》上册，191—196 頁，北京：中華書局，1991 年。謹案：然而，從書中胡適之將孝親與修身對立，以爲前者泯滅個性，後者注重個人，足以見出，他是屬於後面脚注裏批評的自覺全依西學手段貶損華夏傳統的人，在他貌似公允的娓娓論説中，幾乎處處可見其極盡詆毀之能事。中國的文人何至於此啊！

説，加以發揮。其文體亦大概爲記言體裁。由此異點推測，則此中段似爲子思原來所作之《中庸》，即《漢書·藝文志》儒家中之《子思》二十三篇之類。首末二段，乃後來儒者所加，即《漢書·藝文志》“凡禮十三家”中之《中庸説》二篇之類也。《中庸説》之作者，名其書爲《中庸説》，必係所謂“子思之儒”；但其中發揮孟子之學説，則又爲所謂“孟氏之儒”。蓋二派本來相近，故《荀子·非十二子篇》以之爲一派也。《中庸》大部分爲孟學，而《大學》則大部分爲荀學。此二篇在後來中國哲學中，有甚大勢力。而此二篇亦即分别代表戰國時儒家之孟荀二大學派，蓋亦非偶然也。

又曰：受道家的影響，使儒家的哲學更近於高明底，是《易傳》及《中庸》的作者。他們講到超乎形象底，而又自己知道其所講底是超乎形象底。這就是他們更近於高明之處。《中庸》的主要意思與《易傳》的主要意思有許多相同之處。例如《中庸》説中，《易傳》亦説中。《中庸》注重時中，《易傳》亦注重時。不但如此，《中庸》與《易傳》中底字句亦有相同者。《中庸》説“天命之謂性”，《繫辭》説“一陰一陽之謂道，繼之者善也，成之者性也”，這都是要説明人性的來源，及其與天底關係。而“率性之謂道”，率性就是順性，順性而行，就是人道。人道也就是天道，人德也就是天德。“修道之謂教”，將道修立起來就是教。教的功用，就是在使人知道是人所不可須臾離者，知其時時都在行道。就是使人能盡性，能盡性則能盡道。道，或許無須修；但有至道，則須修。“造端乎夫婦”，是一般人所本來行底，此無需乎修而至。“察乎天地”，則須修而至。喜怒哀樂未發之中，乃中之例證，並不必只此是中。“發而皆中節”，亦是中。所以謂之和，因爲和就是中的功用。合異各得其中，然後可成爲和。人若了解其一舉一動，都是天地之化育，則他的一舉一動就都是贊天地之化育，即可與天地參。反之，則他的一舉一動都是爲天地所化育，即只是天地中之一物，不能與天地參。《易傳》及《中庸》所説底聖人，都是“庸德之行，庸言之謹”，或曰“庸言之信，庸行之謹”，他們都是通過孟子所謂“配義與道”而達成其最高境界的。[①]

〇蔣伯潛曰：《中庸》本《小戴禮記》中之一篇，《漢書·藝文志·六藝略》中有《中庸説》，《隋書·經籍志·經部》有梁武帝《中庸講義》，則此篇之另出單行，當在《大學》之前。宋儒尤其程頤、朱子等始特加提倡。按《中庸》爲子思所作，見於《史記·孔子世家》及孔穎達《禮記正義》引鄭玄《目録》，子思名伋，孔子之孫，曾子之弟子。《漢書·藝文志·諸子略》有《子思子》，梁沈約謂《小戴禮記》中之《中庸》《表記》《坊記》《緇衣》皆取於《子思子》。（見《隋書·音樂志》引）今《子思子》已亡，本篇是否取自此書，固不可考；但爲子思所作，則自來學者都無異辭。惟清人崔述謂《中庸》必出孟子後；袁枚謂《論》《孟》言山均稱泰山，而《中庸》獨稱華嶽，疑出於西京儒生依託；獨對《中庸》作者發生疑問[②]。鄭玄以及程頤與朱子有關“庸”的不同訓解，其實是都可以相通的。本篇爲儒家人生哲學的名著，論心性多精語，宋明理學家都奉爲先儒的心傳；而所謂“中庸之道”，實足以支配我國數千年來之民族思想；所以到現代仍有研究的價值。又，《中庸》綱目：（甲）總論，首章。（乙）道之明行：（一）論道之難知難行，章二、章四；（二）論君子方能知道行道，章六、八、十、十一。（丙）道之體用，章十二：（一）道之體，章十三、十六；（二）道之用，章十七、二十。（丁）道與誠，章二十節六、章二十一、二十四、二十

① 馮友蘭《中國哲學史》上册，446—455頁；《新原道》，《三松堂全集》第五卷，67—68、81—86頁，鄭州：河南人民出版社，1986年。謹案：對於其中疑問，前者，徐復觀提供出陳槃在《中庸質疑》一文中，謂秦以前即同軌同文，似亦可參考。（參見《民主評論》第五卷第二十四期）案：實則此正是朱子等的觀點，依朱子的看法：當是之時，周室雖衰而人猶以爲天下之共主，諸侯雖有不臣之心，然方彼此爭雄，不能相尚，下及六國之未亡，猶未有能更姓改物，而定天下於一者也。則周之文軌，孰得而變之哉？（《中庸或問》下，《朱子全書》第六册，601頁）因而無須拘執於秦漢統一之時，也無須改“今”爲“若”字才能成立。而對後者，徐復觀亦認爲，這種觀點忽略了另一重大事實：在第二十六章中，對山而言“寶藏興焉”，對水而言“貨財殖焉”，這却不是秦地儒者的口吻。只有齊地儒者才能説出。而“華嶽”一名，原繫齊境華、嶽二山之名，與下文之“河海”，正相對稱。（《中國人性論史·先秦篇》，94、125—128頁）

② 對此問題，可參閲前面的相關脚注。

五、二十六。（戊）聖人之道之神化，章二十七、三十。（己）結論，末章。[①]

〇唐君毅曰：《大學》《中庸》二篇之言聖賢修養工夫或心性之學，皆同本《孟子》心性之善之義。《大學》首言大學之道，在明明德於天下，《中庸》首言率性爲道，修道爲教，皆必本於心性之善之義，而後可解。吾今亦假定此二篇，除明徵引孔子曾子之言者外，因而照應其若干問題，並亦用其若干名辭，而變其義，乃引申《孟子》之言心之旨，以繼孔孟儒學之統者之所爲。至於《中庸》之言聖賢之修養工夫，則尤密於《大學》。《中庸》雖只言性，未用心一字，然亦非無心上之修養工夫。《大學》之道，要在合內聖外王之道爲一。而《中庸》之言修養工夫，則要在貫天道人道爲一。《中庸》之中心觀念在誠，其以誠爲天之道，非如《孟子》之偶一言及，乃直言天之道亦只是一誠。此即使孟荀所偏自人工夫上言之誠，正式成爲一本體上言之誠。《中庸》之要義，由人心之能自求誠自令自命之處，見我之性；並由我之自命，見天之以命我，而祝我之性，亦爲天之所命。而《中庸》思想之時代意義則在：再溯此人性之原於天命，以見人性之宇宙之意義與形而上之意義，乃謂“思知人不可不知天”。《中庸》與《大學》，同重此去反面之不善之修養工夫，正由其對於人之道德生活之嚴肅，反面的人心之不善不誠之病等，特有所認識。然《中庸》之特言戒慎恐懼之慎獨工夫[②]，則尤有一深旨。此乃直契曾子所謂“戰戰兢兢，如臨深淵，如履薄冰”之義。德性心之能自持其德性心之一義，唯在《中庸》之慎獨之教中明見之。由《中庸》所言之德性心或性德，能自保自持，以自成自道，故可爲儒家內聖之學，奠立不拔之基。

又曰：朱子列《中庸》爲《四書》之末，正是自其爲《大學》《論語》《孟子》之義之匯歸綜結處而言；則《中庸》之成書，亦宜在孔孟

① 蔣伯潛著《中庸讀本》，1頁，“《中庸》分類索引”，1—2頁，《語譯廣解四書讀本》，上海：粹芬閣出版，1941年。

② 此處將“戒懼”與“慎獨”，亦即未發已發之兩番工夫，打並在一起說，有些令人感到意外，是唐君毅先生真不明白此爲兩番工夫，還是偶然的筆誤呢？

之後。今觀《中庸》之言性更可見其爲能釋除莊荀之流對心之性之善之疑難，以重申《孟子》性善之旨，而以一真實之誠，爲成已成物之性德，以通人之自然生命、天地萬物之生命與心知之明爲一者。其成書，固宜亦在莊荀之後也。按《中庸》言誠之語，多同孟荀言誠之義[①]。然孟荀皆未嘗以一誠，統人之一切德行而論之。故此立誠之教非聖賢之“始教”，而爲其“終教”。盡心猶可是始教，可不包括：如何去除一切不善者之間雜者之工夫，亦可不包括：自防其工夫之斷，而常存敬畏之戒慎恐懼等。盡性或具此盡性義之盡心，則必須包括此一切於其內，以使人之道德生活能成始而成終，而爲終教者也。《中庸》之盡性之教，如必連心而説，即盡此能自誠之性以盡心之教。故《中庸》之教，如歸之一語，則“盡性”而言而盡；再約之爲一言，則“誠”之一言而足。誠則無間雜而純一不已，故能成始而成終，爲物之終始。故有此誠之一言，而天德、性德、天道、聖人之道與學者之道皆備；隨處立誠，而内外始終，無所不貫。是見此《中庸》之盡性立誠之教，爲終教，亦爲圓教。

又曰：《中庸》一書，實一儒家思想之一極高明至博厚，而可垂於永久之著述。[②]

○任銘善曰：云“中和之爲用者”，此“中”字則兼中和大本達道而爲名。“庸，用也”者，古書通訓。有宋程子、朱子以平常不易説庸，于義則精，于文則未切也。《漢書·藝文志·六藝略》有《中庸説》二篇，疑即此文。作者或爲子思，然此篇義理致廣大盡精微，皆實學也。爲孔氏之學者，此其尤要者焉。“中庸”之“中”，包中和爲言；“中和”之“中”，合誠明之名。故曰“用中于民”，曰“行之者一”，一者，中也。曰“致中和”，致者，行之至也。用在已發，發而皆中節，是爲時中。《易·系辭傳》曰：“仁曰用。”即是中庸。仁中者乾之體，故曰顯；

① 據熊十力言：《中庸》言誠，從天命之性上立脚。荀子以氣質爲性，其言養心莫善於誠，《不苟篇》則其所謂僞者是也，由外鑠也。此與《中庸》言誠，奚止異以天淵，而吾子乃謂《中庸》有承於荀卿。是以紫亂朱，鄭聲亂雅樂，惡莠亂嘉禾也。（熊十力著《讀經示要》，387頁，北京：中國人民大學出版社，2006年）

② 唐君毅著《中國哲學原論·導論篇》，81—82、84—88頁；《原性篇》，38—45頁；《原道篇》上，369—372頁，北京：中國社會科學出版社，2005、2006年。

用庸者坤之順，故曰藏。《書》曰：“建用皇極。”《大學》曰：“無所不用其極。”用極者，中庸也。[①]

○張岱年曰：《中庸》大體是綜合孟、荀兩家思想，而成立一個豐富博大的人生哲學系統。今傳《中庸》或者是就子思之《中庸》加以擴充改造而成的。子思的《中庸》之中心觀念，大概即是“中庸”。而在今傳《中庸》中，“中庸”的觀念却不是最重要的觀念；而最重要的中心觀念，乃是“誠”。即以誠爲人生之最高境界，人道之第一原則。[②]

○陳榮捷曰：此書爲《禮記》的一篇，但在漢朝初期已單獨刊行。而且在漢、梁時代，都有人視此篇爲獨立的著作，並加以注解，只是這些注解現已散佚。它的情況同《大學》一樣，也是在宋朝時，才大幅度地吸引住大家的興趣。司馬光與程顥皆曾爲之作注，但此書之變爲顯赫，仍有待於朱子。他利用鄭玄《禮記正義》（在《十三經注疏》中）之古本，分成三十三章，次序無一更動，是故，原文變得更爲清晰。他相信司馬遷《史記》第四十七篇《孔子世家》的觀點：孔子的孫子子思是此書的作者。又，《中庸》與《大學》常常並提，成爲《四書》後，從一三一三到一九〇五年間，兩者都成了經典，而且都是國家考試所用的基本參考書。過去八百年間，兩者對中國的影響極大，對於新儒家而言，尤其重要，因爲他們將這兩者視爲思想動力的主要源泉。《中庸》專言性與天道，人性由天道所賦予，但只有在中和的狀態中，才能顯現出來。中和是“天下之大本”與“達道”。天道超越了時間、空間、體用與動静，但它同時又是“於穆不已”，永恒而自明的。《中庸》之“中”是指中心之中，而“庸”意指普遍的與和諧的。前者指向了人性，後者則表示人性與宇宙的關係。合併而論，則意味著人性是和諧的，而且此和諧不只使我們成爲道德的存有，它還貫穿了整個宇宙。一言以蔽之，人與宇宙成爲一體。聯結天人合一的性質是“誠”，“誠”意指誠實、真理或實在。“誠”意味着困知勉行，而且要在庸言庸行中見出。

① 《禮記目録后案》，69—70頁。

② 《中國哲學大綱》，《張岱年文集》第二卷，370頁，北京：清華大學出版社，1990年。張岱年的説法或許有失之輕易之嫌，遠不如徐復觀（見後文）。

《中庸》作爲儒門要典，從來没有喪失對實務的基本關懷。[1]

〇徐復觀曰：《中庸》出於子思，其成書乃在孟子之前。實則今日之《中庸》，原繫分爲兩篇。上篇，由第一章至第二十章前段之“道前定，則不窮”止，可以推定出於子思；餘下爲下篇，繫出於子思之門人，是上篇思想的發展。而其中的第十六至第十九以及第二十八章，都與《中庸》本文無關，是由禮家雜入到裏面去的。至於第二十章，實繫《家語》抄録《中庸》而略加增飾的。《中庸》上篇主要是解决孔子的實踐性的倫常之教，和性與天道的關係。《中庸》開篇便説“天命之謂性”，是解答性與天命究竟如何而會連貫在一起；“率性之謂道”即是解答孔子的文章（實踐），和他的性與天道，又是如何會連貫在一起。所以《中庸》上篇，是直承下來的孔門文獻。子思是把《中庸》看作孔子思想的中心。而和“中”連在一起的“庸”的觀念，却是賦予了一種新内容，新意義。是指“有普遍妥當性的行爲”，即所謂“常道”。中庸即是“善”。人人可以實踐，人人應當實踐的行爲生活，即是中庸之道，即是孔子所要建立的人道。《中庸》的具體内容，實即忠恕。而忠恕即是“庸德之行，庸言之謹”，即是中庸的實踐。中庸之道的所以難於實現，主要是因爲第一、是因人的行爲，常出於自己生理欲望的衝動，而失掉了應有的節制。第二、是因人常常不能抵抗外面政治社會環境的壓迫、誘惑，以至喪其所守，同流合污。《中庸》的下篇，是以誠的觀念爲中心而展開的。作名詞用之誠字，乃《論語》“忠信”觀念之發展，亦爲儒家言誠之始。《孟子》之言性善，乃吸收了《中庸》下篇以誠言性的思想而更進一步透出的。《中庸》下篇是以誠的觀念含攝上篇所解答的問題；這便把上篇的兩個層次，也融合爲一體了。上篇多本孔子對一般人的立教而言中庸；下篇則通過一個聖人的人格——亦即孔子，來看性命與中庸之渾淪一體，所以看來比上篇説得高遠一些。《中庸》下篇之所謂誠，也正是以仁爲内容。《中庸》上篇之所謂中庸，實際即是行仁的忠恕，下篇以誠貫注全篇，即是以仁貫注全篇，所以誠即是中

① 陳榮捷編著《中國哲學文獻選編》，105—107頁。

庸。在《中庸》下篇的自身，真正立言的重點，依然是在明善之明。第二十三章所謂“曲”是局部之善，局部之明；“致”是用力加以推擴，即是博學，審問，慎思，明辨，篤行。這才是下篇立言重點之所在。而第二十一章“誠則明矣”，是仁必涵攝有知；“明則誠矣”，是知則必歸於仁。順着仁與知所發出的，即成爲具有普遍妥當性的中庸之德之行；而此中庸之德之行，所以成己，同時即所以成物，合天人物我於尋常生活行爲之中，每一人，皆可在其自身得到最高價值的完成滿足，而無待於外；所以孔子説“中庸之爲德，其至矣乎”。同時，以誠與明、仁與知，爲人性真實内容的思想，才真能給人類以信心，才真能對人類前途提供以保證。①

〇侯外盧曰：《中庸》一書雖然不一定是子思一人的著作，但其思想則可作爲思孟學派的代表作來處理。“中庸”是戰國時的術語。戰國正是一個顯族出現而氏族貴族迴光返照的時代。之前現實的管仲、子産之“仁”道，既未能實現，則超現實的“中庸”便似乎成爲在時代暴風雨中所幻想出的安神劑。而企圖使階級鬥争消弭于無形之中，這不過是貴族階級的一種精神勝利罷了。按照《中庸》的説法，精神勝利的微處隱處在于“正己”而不求于人，然而其顯處著處居然就可以與天地同流！這是多麼輕舉宇宙的唯心觀點！《中庸》的主觀唯心主義，主觀的自我狂想與曾子的内省論顯然是一脈相承的。《中庸》形而上學的宗教思想及其體系之所以以“誠”爲最高的範疇，是與曾子的自我省察的唯心觀點以及一般的德孝觀念直接相關聯的。又，《中庸》按往舊造説的例子頗多，譬如第十二章按往舊《詩·大雅·旱麓》章，造説“言其上下察也”云云。第十六章引《大雅·抑》章“神之格思”詩句，按舊造説“鬼神之爲德，其盛矣乎”云云。第二十四章“至誠之道，可以前知”云云，可對比《洪範九疇》之第八疇“庶徵”、第七疇“稽疑”、第九疇“五福”等。《中庸》第三十一章之“五事”對比《洪範》之“五事”，即：“聰明睿知，足以有臨也。”“五曰思，思曰睿，睿作聖。

① 《中國人性論史·先秦篇》，91—102、121—137頁。

(土)”“寬裕温柔，足以有容也。”“四曰聽，聽曰聰，聰作謀。(金)”“發强剛毅，足以有執也。”“二曰言，言曰從，從作乂。(火)”“齊莊中正，足以有敬也。”“一曰貌，貌曰恭，恭作肅。(水)”“文理密察，足以有别也。”“三曰視，視曰明，明作哲。(木)”其文句雖不盡相同，而意旨實無差異。[①]

〇李澤厚曰：熊十力説“《中庸》本演《易》之書”。馮友蘭也把《易》《庸》連在一起講，説“《中庸》的主要意思與《易傳》的主要意思，有許多相同之處。它們的作者之間，有密切的關係”。但實際上，《易》(均指《易傳》)、《庸》很有不同。《中庸》承續孟子，也吸取了“道”的思想，從内在心性探討建立了同樣的世界觀。它的基本特徵是將儒學出發點立足地的“修身”賦以世界觀的形上基石，提出了“天命之謂性，率性之謂道，修道之謂教”的總綱領。從而把“人性”提到“天命”高度，進一步把“天”(“命”)與“人”(“性”)聯結起來，發展了孟子理論。它强調了人性由天賦予，所以普遍必然地是先驗的善，人必須努力實現自己的善性(“盡性”“成己”)，這也就是“道”。發奮修養以自覺意識它，便是“教”。正是《易傳》賦予“天”以與人相通的生命、情感；《中庸》則更使“人性”成爲“天命”，遵循這個“天命”便是“道”。而它們的基本共性又都是“不息”。它們都把儒學重“學”、重“教”、重人爲、重修養的内容賦予了自然的“道”和主宰的“天”。《中庸》中，荀、孟兩者有所合一，却以孟爲根本。[②]

〇勞思光曰：《中庸》作爲《禮記》的一篇，其時代及作者亦均不

---

① 侯外盧等著《中國思想通史》第一卷，378—382、374—375 頁。謹案：侯氏之説不禁令人感慨，近世以來中國一再慘敗於列强之手，一時西力、西學東漸，令國人再難直起腰板，於是徹底否定自家傳統，否定華夏歷史，全盤西化，等等，似乎就成了唯一可行的路。而包括侯氏，包括我們在内的整整數代人，幾乎都曾以極盡詆毁之方式與自家華夏文化傳統相遇，此實乃空前的悲哀。還有那些自覺或不自覺全依西學方式手段者，却同樣損害、詆毁甚至閹割華夏文化傳統及其學問學術，只略微不同的是，他們頭頂所謂“學術”的光環，也就具有更大的迷惑性，想要徹底正本清源，恐怕就更困難了。而時至今日，却不知能有幾多人對此會有一絲的反省與悔意？

② 李澤厚著《中國古代思想史論》，133—138 頁，北京：生活·讀書·新知三聯書店，2008 年。

可確定。但非子思所作，則可斷言。總之，就文體、用語、思想三方面觀之，《中庸》之内容雖頗雜亂，其大致成書時代，必在由秦至漢初一段時期。其中容或有據先秦傳説之記述，皆不足以證此書之早出。《中庸》之説，可視作漢儒型理論中最成熟、最完整者，但就儒學心性論而言，則《中庸》是一旁支，不能作爲主流之一部。①

○杜維明曰：《中庸》的文本爲人的意義提供了前後連貫、内容廣泛的洞見。受到這種洞見的啓發，儒家的道德教育，藴含着美學品味和宗教感悟，不僅僅局限於倫理學的某些狹隘的界定。又，關於《中庸》作者問題，我傾向於設想這部作品是子思學派寫出來的，因此在精神上同孟學的精神傳統相符。②

○葛兆光曰：《大學》《中庸》的作者，他們首先越發向人文方面即以人的内在“人性”爲終極依據的趨向。他們在這守成之中又有了若干更新，也就是説，將道德倫理秩序的基礎進一層推到普遍人性皆有的“心”中，把人類心中本來的誠摯向善之心看成是自然擁有的良知基礎，把人類應有的至善行爲看成是生活的終極目的，一方面使真誠與善良的本性秉承天命，一方面使人小心翼翼地把注意力集中在培養這種本性上，於是在此後就有了孟子的人性與道德的學説。其次，他們轉而與“天”溝通，在宇宙方面尋找終極合理性的趨向。《中庸》的“唯天下至聖”一段已經藴涵了後來帛書《五行》中的仁、義、禮、智、聖的“五行”説。人的品格上與天的五行相通，金木水火土是天命形之於外，仁義禮智聖是天命形之於内，聖人上與天道相通，就在於他禀五行，而普通人則只有四行，所以前者是有“德”，後者是向“善”。③

○王鍔曰：依朱子，《中庸》内容分爲三個部分，第一章以及第二至十一章爲第一部分，首章是全篇綱領，以下子思引用孔子言論，進一步闡釋首章之義。第十二章蓋子思之言，申明首章道不可離之意。而以

---

① 《新編中國哲學史》二卷，44—56頁。勞氏論説恐較武斷，不足爲據。

② 杜維明著，段德智譯，林同奇校《中庸洞見》（中英文對照本），“序”，3頁，“文本”，17—19頁，北京：人民出版社，2008年。

③ 《中國思想史》第一卷，182—186頁。

下第十三至二十章，雜引孔子之言以明之，是爲第二部分。第二十一章子思承夫子天道人道之意而立言，以下第二十二至三十三章反復推明此章之意，是爲第三部分。《中庸》是戰國前期子思的著作，這是因爲其一、漢至宋代的學者都這樣認爲，持續一千多年，應當是有根據的。其二、《中庸》曾單獨流行，在劉向以前有人爲之作《説》。這説明《中庸》在西漢以前就很有影響。其三、唐司馬貞《史記索隱》、李賢《後漢書注》所引子思子之文，見於今本《中庸》。其四、《中庸》文風與《坊記》《表記》《緇衣》基本一致，多次（達十五次之多）引用《詩經》，以證明自己的觀點。再者，第二十八章一段被認爲是秦統一後的語言，李學勤先生却將其中的"今"訓爲"若"，而成爲"若天下車同軌，書同文，行同倫"，以此釋衆人之疑。[①]

○樂愛國曰：朱子自十五六歲時開始讀《中庸》，三十歲左右而有《中庸集説》，三十五歲前後，朱子對楊時門人張九成的《中庸解》作了批評。此後他經歷了從"中和舊説"到"中和新説"的轉變；四十八歲時，朱子成《中庸章句》，並撰《中庸或問》和《中庸輯略》；六十歲時，正式序定《中庸章句》，從而構建了精到的《中庸》學體系。朱子不但繼承與發展了北宋諸子尤其二程及其後學的思想學説，而且也繼承與發展了漢唐經學家尤其鄭玄、孔穎達的注疏，其主要表現在，其一，確立並自覺接續儒家之道統。其二，鄭、孔解"中庸"爲"中和之爲用"，朱子則講"中者，不偏不倚、無過不及之名；庸，平常也"。此即"極高明而道中庸"。其三，既如漢唐儒家講人之性與物之性的差别性，又講二者的共同性，從而提升至更高遠的人與自然的統一。其四，鄭、孔解"愼獨"僅爲"愼其閒居之所爲"，等等。朱子則進一步解爲謹愼於"己所獨知"之地，直指人的行爲背後更爲精微的心靈。其五，鄭、孔解"致中和"云云爲"人君所能至極中和，使陰陽不錯，則天地得其正位，生成得理，故萬物其養育焉"。朱子却以爲，致中和就能"静而

① 《禮記成書考》，75—79頁。其實即使無須李學勤先生這樣，也照樣能够成立，參見前面相關脚注。

無一息之不中”而“吾心正”，“動而無一事之不和”而“吾氣順”，再“裁成天地之道，輔相天地之宜”，從而實現“天地位”“萬物育”。其六，鄭、孔解“君子之道費而隱”爲“道德違費則隱”。朱子則費爲“用之廣”，隱爲“體之微”，從而道兼體用、體在用中，用爲體見，體用一源。其七，鄭、孔解“誠”爲“信”而內涵於“三達德”“五達道”之中。朱子則誠爲“真實無妄”，天道人道合一，其既是“天理之本然”，又是聖人之德，並爲人性所固有，爲三達德、五達道之形上基礎，而且由誠而成己以至成物。其八，鄭、孔解末章“不顯惟德”，以“不顯”爲“顯”。朱子則以爲此本就意在不顯，正是聖人之“不顯之德”。其九，鄭、孔以《中庸》爲上下兩篇。朱子則以之爲首尾一貫之完整一篇，前半部分講“中庸”，旨在講“中即誠”；後半部分講“誠”，旨在講由“誠”而“中庸”，誠貫穿始終，爲一篇之樞紐。總之，在朱子看來，道統在於“心”，作《中庸章句》是爲了接續這個以“心”爲主軸的道統，而這個“心”就是天人合一的“誠”。朱子的學術不僅講“天下之物莫不有理”，以格物致知論爲出發點，而且還以敬爲本，在“涵養須用敬，進學則在致知”的過程中，達到天人合一的“誠”的境界。這實際上正是朱子對於道統“十六字心傳”的一種延續。①

〇楊少涵曰：《中庸》的作者是孔子嫡孫子思，成書於孟子之前，戰國初期。這幾乎成爲兩宋之前的《定論》，如《史記・孔子世家》、《漢書・藝文志》、鄭玄《禮記目録》、《孔叢子・居衛》、《隋書・經籍志》、陸德明《經典釋文序録》、李翱以及兩宋許多理學家等，可以稱之爲“傳統派”。北宋歐陽修、南宋吕祖謙、葉適、王十朋，清葉酉、袁枚、崔述、俞樾，近人胡止歸等人，認爲《中庸》是秦漢儒生僞作，託名子思，可謂“懷疑派”。南宋王柏、日人武内義雄、近人蔣伯潛、馮友蘭等人，是爲“折中派”，認爲《中庸》文本一部分爲子思述之，門人定之；一部分爲秦漢儒生重新整理，並間雜其語。三派分歧辯難的焦

---

① 樂愛國著《朱熹〈中庸〉學闡釋》，1—5、297頁，北京：北京師範大學出版社，2016年。有關朱子《中庸章句》與鄭、孔《禮記正義・中庸》篇章結構對比安排，詳請參閱該書58—71頁。

點，主要集中於以下九大疑點，即：一、“三同”，“車同軌、書同文、行同倫”。二、“華嶽”。三、“仲尼”之稱。四、文體不一前後兩分。五、遣詞用字有秦漢痕迹。六、思想虛高不類孔孟。七、晚周諸子不稱引《中庸》。八、子思“困宋”作《中庸》。九、子思終年及其作《中庸》時的歲數，等等。從他們這些辯論中可以看出，三派無論誰一時佔據上風，終歸都不能拿出足以服人的壓倒性證據。故無論如何，在當前的條件下，從文獻上來斷定《中庸》作者的具體歸屬和成書的確切時間，面對將來可能發掘的地下材料，都有很大的冒險性。又，然而，若從義理上看，《中庸》是儒學内化的早期文獻，其成書應當早出孔子之後、孟子之前。蓋一本書的語言是後代的，但思想是前人的，這種情況也是極有可能的。總之，從孔子、《中庸》到孟子，仁性實現達到了完全的自覺。①

〇謹案：《大學》與《中庸》在《四書》，乃求學之一始一終，首尾相貫，互相發明，淋漓盡致地展現孔孟之道的大綱大領。② 此正如趙南星所言：“《論語》者，編次仲尼及弟子之言也。《孟子》者，孟子之所著也。惟曾子、子思之所爲書以《大學》《中庸》。名《大學》者，言其道之大也；《中庸》者，言其道之中正而平常也。二書之大旨具矣。初學率苦二書之難通，而尤以《中庸》爲難。夫大者反易，庸者反難，二賢豈欺我哉！夫道一而已矣，言語文字則有詳略隱顯之異焉，猶厥之與

① 楊少涵著《中庸哲學研究》，381—430頁，新北：花木蘭文化出版社，2013年。

② 它們的不同方面，或者如景星所言，“《中庸》《大學》皆成片文字，首尾備具，然規模却不同，《大學》是言學，《中庸》是言道。《大學》綱目相維，經傳明整，猶可考究；《中庸》贊道之極，有就天道言者，有就聖人言者，有就學者言者，廣大精微，開合變化，高下巨細，無所不該，讀者尤不易也。”或者如現代學人陳榮捷所言：“《大學》處理的是社會、政治的事務；《中庸》則爲討論心理學與形上學的問題。《大學》探討人心，而非人性；然而《中庸》恰好相反。（‘性’字在《大學》裏僅出現過一次［第十章］；而‘心’字在《中庸》，除了朱熹與程頤的旁述外，根本未曾出現。）《大學》著重方法與程式；《中庸》則集中在實質問題上面。《大學》的基調大體是理性的；《中庸》則帶有宗教的及神秘的因素。後者與《孟子》書中所顯示的神秘層次非常近似，這兩本著作的某些段落幾乎完全相同。（《中庸》第二十章與《孟子·離婁上》第十二章、《盡心下》第十六章）。”“《中庸》在道家、佛教與儒家之間，成了溝通的橋樑，而且爲道佛之影響新儒家預先鋪路，因而開啓了新儒學運動。”亦可以略微參考。而任銘善以爲兩者間的聯繫，至少像《書》曰：“建用皇極。”《大學》曰：“無所不用其極。”用極者，中庸也。或者，也就是説，《大學》“止於至善”，至善者，中庸也。

其旃之與之也。且以二書之首章言之，‘明德’，則天命之性也，率之而爲道，不待言矣，‘新民’則修道之教也；慎獨所以誠意而正心也，中和在其中矣；家齊國治而天下平，即天地位，萬物育也。曾有一之弗合者乎?”[①] 也就是説，首先，正如汪紱所言，“《中庸》之所謂‘中’即《大學》之所謂‘至善’，同情而異名焉耳”。而《大學》言“明明德，新民，止於至善”，《中庸》則以“天命之謂性，率性之謂道，修道之謂教”和“致中和，天地位焉，萬物育焉”與之呼應。《大學》爲實現此三綱領而提出八條目：格物、致知、誠意、正心、修身、齊家、治國、平天下，其中，尤以“誠意”爲自修之首，由“誠意”而“慎獨”而“自慊”。而《中庸》論修道則特別突出涵養與省察，而尤以“慎獨”爲先，以慎獨誠意爲率性修道之始，由誠意而達至至誠，須經“博學之，審問之，慎思之，明辨之，篤行之”的過程，此五者其前四皆爲《大學》之格物致知，而就“篤行之”而言，《中庸》還進一步提出“天下之達道五，所以行之者三。曰君臣也，父子也，夫婦也，昆弟也，朋友之交也，五者天下之達道也。知、仁、勇三者天下之達德也，所以行之者一也”，和“凡爲天下國家有九經，曰：修身也，尊賢也，親親也，敬大臣也，體群臣也，子庶民也，來百工也，柔遠人也，懷諸侯也”。尤其，還進一步强調“好學近乎知，力行近乎仁，知恥近乎勇。知斯三者，則知所以修身；知所以修身，則知所以治人；知所以治人，則知所以治天下國家矣”，以及“在下位不獲乎上，民不可得而治矣；獲乎上有道：不信乎朋友，不獲乎上矣；信乎朋友有道：不順乎親，不信乎朋友矣；順乎親有道：反諸身不誠，不順乎親矣；誠身有道，不明乎善，不誠乎身矣”。我們甚至就可以把這些視爲對《大學》首章“古之欲明明德於天下者，先治其國；欲治其國者，先齊其家；欲齊其家者，先修其身；欲修其身者，先正其心；欲正其心者，先誠其意；欲誠其意者，先致其知；致知在格物。物格而后知至，知至而后意誠，意誠而后心正，心正而后身修，身修而后家齊，家齊而后國治，國治而后天下平”

① 〔明〕趙南星撰《大學中庸正説序》，景印文淵閣《四庫全書》第 207 册，358 頁。

經文的充分表達。所以，我們完全可以説，整部《大學》之三綱八目都儘在《中庸》當中，由此而令學者最終達成成己成物的極至至善之境而不遷！[①] 對此，《中庸》還尤其又給了我們一個完美而圓滿的展示："唯天下至誠，爲能盡其性；能盡其性，則能盡人之性；能盡人之性，則能盡物之性；能盡物之性，則可以贊天地之化育；可以贊天地之化育，則可以與天地參矣。"故朱子斷言："《大學》是通言學之初終，《中庸》是直指本原極致處，巨細相涵，精粗相貫，皆不可闕，非有彼此之異也。"[②] 進而言之，《中庸》之主旨"在專以發明實理之本然，欲人之實此理而無妄，故其言雖多，而其樞紐不越乎誠之一言也，嗚呼深哉"！亦如今儒唐君毅所言："故有此誠之一言，而天德、性德、天道、聖人之道與學者之道皆備；隨處立誠，而内外始終，無所不貫。是見此《中庸》之盡性立誠之教，爲終教，亦爲圓教。"

所以，朱子以爲："此篇乃孔門傳授心法，子思恐其久而差也，故筆之於書，以授孟子。其書始言一理，中散爲萬事，末復合爲一理，'放之則彌六合，卷之則退藏於密'，其味無窮，皆實學也。善讀者玩索而有得焉，則終身用之，有不能盡者矣。"《中庸》以及"中庸"之意義就在於，所謂"中"，即"於未發之大本，則取不偏不倚之名；於已發而時中，則取無過不及之義"，"是則二義雖殊，而實相爲體用，此愚於名篇之義，所以不得取此而遺彼也"。而所謂"庸"，"解爲不易或平常。惟其平常，故可常而不可易，二説雖殊，其致一也"。尤其，"所謂平常，亦曰事理之當然，而無所詭異云爾，是固非有甚高難行之事，而亦豈同流合污之謂哉！既曰當然，則自君臣父子、日用之常，推而至於堯舜之禪授，湯武之放伐，其變無窮，亦無適而非平常矣"。括而言之，即，"不偏不倚，無過不及，而平常之理"。而之所以書不名爲"中和"，

---

① 胡炳文甚至引先儒所説，《中庸》第二十章就可以"當一部《大學》，誠身是包《大學》誠意、正心、修身三節而言。心是所存，意是所發，故《章句》釋誠身必兼所存所發而言。善即是天命之性，故《章句》以人心天命之本然者釋之。上文曰知天，而此曰明善，天命無有不善，而學者當知夫至善之所在，是即《大學》所謂格物致知也。天不可不知，善不可不明，又見三德必以知爲先也"。

② 《答黄商柏》，《晦庵先生朱文公文集》卷四十六，《朱子全書》第二十二册，2131 頁。

則是因爲“中和之中，其義雖精，而中庸之中，實兼體用。且其所謂庸者，又有平常之意焉，則比之中和，其所該者尤廣，而於一篇大指，精粗本末，無所不盡，此其所以不曰中和，而曰中庸也”。亦有倪思特别指出，堯咨舜曰“允執其中”，舜授禹曰“允執厥中”，仲虺謂湯“建中于民”，孟子曰“湯執中”，文王演《易》以二五爲中，武王訪箕子，箕子陳《洪範》以皇極爲中，《周禮》以五禮坊民，僞而教之中，而未有言庸者，孔子始以中對庸言之，其在《易》之《文言》曰“龍德而正中者也”，繼之曰“庸言之信，庸行之謹”，然猶分言之也。至《論語》始曰“中庸之爲德，其至矣乎，民鮮能久矣”，於是中之與庸始合爲一。子思之名《中庸》，蓋本諸孔子也。亦有現代學人任銘善雖然以爲：“云‘中和之爲用者’，此‘中’字則兼中和大本達道而爲名。‘庸，用也’者，古書通訓。有宋程子、朱子以平常不易説庸，于義則精，于文則未切也。”不過，他亦承認，“中庸”之“中”，包中和爲言；“中和”之“中”，合誠明之名。故曰“用中于民”，曰“行之者一”，一者，中也。曰“致中和”，致者，行之至也。用在已發，發而皆中節，是爲時中。等等。

朱子贊美“《中庸》一書，枝枝相對，葉葉相當，不知怎生做得一箇文字齊整”。然而他也同時指出，“《中庸》多説無形影，如鬼神，如“天地參”等類，説得高；説下學處少，説上達處多”，“《中庸》固是精粗本末無不兼備，然未到精粗本末無不備處”。所以朱子“要人先讀《大學》，以定其規模；次讀《論語》，以立其根本；次讀《孟子》，以觀其發越；次讀《中庸》，以求古人之微妙處”。那麽，所謂《中庸》“未到精粗本末無不備處”究竟指的是什麽呢？或許從根柢上説，就是，《中庸》作爲終極義理的闡明與領會必有賴於《大學》《論語》《孟子》，而尤其必有賴於《論語》，亦即，“學者必於《大學》《論》《孟》既通，而後及乎此，以盡心焉，則卓然有以會其極，可與讀天下之書，論天下之事，而建立大本，經綸大經，自從容而有餘矣”。

朱子《中庸章句序》還尤其提及道統與道學之傳承的問題。一般而言，華夏道統就意味着道、政、學三統合一，而通過聖聖相傳，譬如堯舜禹乃可以説是通過聖王之間的相傳，這不僅由朱子引用的《虞書·大禹謨》所證實，亦即，蓋自上古聖神繼天立極，而道統之傳有自來矣。其見於經，則“允執厥中”者，堯之所以授舜也；“人心惟危，道心惟微，惟精惟一，允執厥中”者，舜之所以授禹也。堯之一言，至矣，盡矣！而舜復益之以三言者，則所以明夫堯之一言，必如是而後可庶幾也”。而且，亦由《論語·堯曰》第一章所證實，亦即：“堯曰：‘諮！爾舜！天之歷數在爾躬。允執其中。四海困窮，天祿永終。’舜亦以命禹。”而由商湯再到文武周公，周公是聖人，但僅攝政，是聖相而非聖王；再到孔子，雖是聖人，却既不是君王，亦没有攝政；再到曾子、子思及孟子，就不是聖人，而就是賢人了，像孟子就是被後世尤其稱作“亞聖”的大賢。[①] 而孟子之後，道統中斷，即使傳承也只爲賢賢相傳，時斷時續，而道、政、學三統合一的完整道統就幾乎再難有接續與傳承

① 所謂孔門四聖，即復聖顔子、宗聖曾子、述聖子思子、亞聖孟子。後人的這個概括也還是有一定依據的，譬如復聖顔子，《論語》中孔子講：“吾與回言終日，不違如愚。退而省其私，亦足以發。回也不愚。”“回也非助我者也，於吾言無所不説。”“用之則行，舍之則藏，唯我與爾有是夫！”等等。宗聖曾子，宗奉聖人或者獨得其宗，雖然孔子曾講“參也魯”，然最終曾子特以孝道著稱，而且《論語》中與孔子的一段對話最能説明曾子體貼聖人之義：子曰：“參乎！吾道一以貫之。”曾子曰：“唯。”子出。門人問曰：“何謂也?”曾子曰：“夫子之道，忠恕而已矣。”以及孔子死後，曾子曰：“吾聞諸夫子：人未有自致者也，必也親喪乎!”“吾聞諸夫子：孟莊子之孝也，其它可能也；其不改父之臣，與父之政，是難能也。”等等。(《論語·爲政》第九章，《先進》第三章，《述而》第十章，《先進》第十七章，《里仁》第十五章，《子張》第十七、十八章）述聖子思子，可見於《中庸章句序》“中庸何爲而作也?子思子憂道學之失其傳而作也”，以及“然當是時，見而知之者，惟顔氏、曾氏之傳得其宗。及曾氏之再傳，而復得夫子之孫子思，則去聖遠而異端起矣。子思懼夫愈久而愈失其真也，於是推本堯舜以來相傳之意，質以平日所聞父師之言，更互演繹，作爲此書，以詔後之學者。蓋其憂之也深，故其言之也切；其慮之也遠，故其説之也詳”，等等。至於亞聖孟子，朱子《孟子序説》引程子曰：“孟子有些英氣。才有英氣，便有圭角，英氣甚害事。如顔子便渾厚不同，顔子去聖人只毫髮間。孟子大賢，亞聖之次也。”或曰：“英氣見於甚處?”曰：“但以孔子之言比之，便可見。且如冰與水精非不光。比之玉，自是有温潤含蓄氣象，無許多光耀也。”等等。不過，還必須强調的是，所謂四聖，並非説他們已是聖人了，像顔子是最近於聖人的，尚且與聖人相去一息，未達一間，而所異於聖人者，蓋聖人則不思而得，不勉而中，從容中道，顔子則必思而後得，必勉而中。所謂“充實而有光輝之謂大，大而化之之謂聖，聖而不可知之謂神”，顔子之德，可謂充實而有光輝矣，所未至者，守之也，非化之也。以其好學之心，假之以年，則不日而化矣。故仲尼曰：“不幸短命死矣。”蓋傷其不得至於聖人也。所謂化之者，入於神而自然，不思而得，不勉而中之謂也。(《河南程氏文集》卷第八，《雜著·顔子所好何學論》，《二程集》第二册，577—578頁）顔子尚且如此，則其他三人也同樣頂多能以大賢相稱，只不過可以明確肯定的是，他們也同顔子一樣，皆“學以至聖人之道也”。

了。那麼，道統的賢賢相傳又是如何得以可能的呢？其實，一來，早在道統之聖聖相傳的同時，就存在有賢賢相傳的事實，比如《中庸章句序》所說：自堯舜禹以後，“聖聖相承：若成湯、文、武之爲君，臯陶、伊、傅、周、召之爲臣，既皆以此而接夫道統之傳”。其中如商湯王就是由賢王而成爲聖王者①，而在臣這方面也有不是聖人而爲賢人者。所以道統不僅通過聖王之間相傳，譬如堯舜禹；而且亦通過聖王與聖相相傳，譬如文武周公；通過聖相與作爲布衣的聖人相傳，譬如周公與孔子；通過聖人與賢人相傳，譬如孔子與其弟子顏子、曾子等；甚至於通過賢賢相傳，譬如曾子與子思以及孟子等。二來，如果說孔子之前都幾乎是通過在位的聖王直接相傳道、政、學三統合一的道統的話，那麼到孔子這裏就不一樣了。禮壞樂崩，道、政、學三統合一的道統分裂，道統再不能直接相傳，這就是《中庸》第二十章孔子所講的“文武之政，布在方策。其人存，則其政舉；其人亡，則其政息”的情形。② 所謂“文武之政”，其根植於“文武之道”，這是由三皇五帝歷經夏商再到文武周公的道、政、學三統合一的道統，到了晚周孔子時代，則成了“其人亡，則其政息”，這個道統再不能直接相傳。而《論語·子張》第二

① 朱子在解《大學》“湯之盤銘”時說：“古之聖賢兢兢業業，固無時而不戒謹恐懼，然猶恐其有所怠而忽忘之也，是以於其常用之器，各因其事而刻銘以致戒焉，欲其常接乎目，每警乎心，而不至於忽忘之也。”“昔成湯所以反之而至於聖者，正惟有得於此，故稱其德者，有曰‘不邇聲色，不殖貨利’，又曰‘以義制事，以禮制心’，有曰‘從諫弗咈，改過不吝’，又曰‘與人不求備，檢身若不及’，此皆足以見其日新之實。至於所謂‘聖敬日躋’云者，則其言愈約而意愈切矣。然本湯所以得此，又其學於伊尹而有發焉。故伊尹自謂與湯‘咸有一德’，而於復政太甲之初，復以‘終始惟一，時乃日新’爲丁寧之戒。”“是復推其嘗以告於湯者告之，欲其日進乎此，無所間斷，而有以繼其烈祖之誠德也，其意亦深切矣！”（《大學或問》上，《朱子全書》第六册，516—517頁）其實，不止商湯，周武亦然，孟子曰：“尧舜，性者也；汤武，反之也。”（《孟子·盡心下》第三十三章）也就是說，堯舜是生而知之的聖人，湯武是學而知之的聖人。

② 所謂“文武之政，布在方策”，乃孔子花費了極大的心血，由文武上溯至堯舜等追溯的成果，而我們今日還能見到的典籍，亦即方策除《六經》外，尚有今本《逸周書》《竹書紀年》等傳世文獻中的不少篇章，屬於孔子所說的“方策”，其包含了豐富的“周政”內容。還有一些新出土文獻，是以往我們從未見到的周初文獻，如清華簡有關文王遺言的《周訓篇》，是反映“周訓”內容的重要“方策”。這些文獻資料中有大量關於“文武之政”的記載，等等，而成就了孔子治國平天下之王道仁政的政治理想，所謂“仲尼祖述堯舜，憲章文武”等等是也。（詳情可參閱曲阜師範大學楊洪娥的碩士論文《“文武之政”与孔子的政治理想》）

十二章亦載：衛公孫朝問於子貢曰："仲尼焉學?"子貢曰："文武之道，未墜於地，在人。賢者識其大者，不賢者識其小者，莫不有文武之道。夫子焉不學？而亦何常師之有?"所謂"未墜於地，在人"云云，子貢應當是在强調，惟孔子通過重建道學即學統而承傳"文武之道"與"文武之政"，亦即承傳華夏文明的道、政、學三統合一的道統。《中庸章句序》言，"若吾夫子，則雖不得其位，而所以繼往聖、開來學，其功反有賢於堯舜者。然當是時，見而知之者，惟顔氏、曾氏之傳得其宗。及曾氏之再傳，而復得夫子之孫子思，則去聖遠而異端起矣。子思懼夫愈久而愈失其真也，於是推本堯舜以來相傳之意，質以平日所聞父師之言，更互演繹，作爲此書，以詔後之學者。蓋其憂之也深，故其言之也切；其慮之也遠，故其説之也詳"。此亦正如胡炳文所説："夫子以前傳道統者，皆得君師之位，而斯道以行；夫子以後傳道統者，皆不得君師之位，而斯道以明。故明堯舜禹湯文武之道者，夫子六經之功；而明夫子之道者，曾子《大學》，子思《中庸》之功也。"同時，這點也爲《中庸》本身第三十章等所證實，即，所謂"仲尼祖述堯舜，憲章文武；上律天時，下襲水土。辟如天地之無不持載，無不覆幬，辟如四時之錯行，如日月之代明。萬物並育而不相害，道並行而不相悖，小德川流，大德敦化，此天地之所以爲大也"。所以，汪紱亦言，"原此書所由作也，道學之傳四字，一篇血脈。而'憂'之一字，尤見子思不得已之心"。而"《中庸》首標仲尼之言，而終之仲尼祖述堯舜，以執中之道統在夫子也"。"《中庸》不作，道統熄矣，故子思憂之，一書所言皆自憂生"。

春秋戰國時期，我們的文化與文明遭遇了前所未有的危機，華夏文明能否繼續傳承，是這個時代所面臨的嚴峻難題，甚至，幾乎可以説是中華文明以至整個中華民族生死存亡的時刻。[①] 這也就是吾友曾君所指

---

① 著名現代考古學家張光直先生指出：由原始史前時期進入所謂"文明"時代，以中國爲主要代表的方式是世界式的、連續性的，因爲這之前的許多文化、社會成分皆延續下來，譬如人與世界的關係、人與自然的關係。也就是説，它仍然是通過宗教儀式行爲來掌握和决定政治行爲；文字完全也是在儀式、政治和歷法上使用的；親屬制度、氏族制度或稱宗族制度，仍與國家强烈結合，與城市密切結合，等等。而之所以稱之爲世界式的，是因爲這種傳承方式幾乎涵蓋了除兩河流域外的所有地區，如埃及、印度河流域、東南亞、大洋洲和中美洲、

出的：因爲“王者之迹熄”，而更爲根本的是王道淪喪所導致的道失於政。伴隨政學分離的是道政分裂，道、政、學之間由王官時期的三統合一，而至諸子争鳴的分裂狀態，這才是晚周衰世的最大變局。既然過去的已是陳迹，諸子之學就不免要紛紛推陳出新了。由此，除儒家之外的諸子學無預於《詩》《書》禮樂系統，有的立場大概會以爲是思想開放、哲學突破的表現，而在另一種立場看來，那就是自絶於六藝之文而各執一端、私自横議。在這種背景下，只有孔子删削六藝、手定六經而獨樹儒家。六藝之文非但未淪爲陳迹，反而成爲昌明先王之道的六經之典，六經由此而爲儒家所獨享之籍。孔子收徒授業，孜孜於恢復周文，不得已而敞開“學”以致“道”之路徑。“學”雖未離先王之道的“治民”之義，却已然證成六藝之學的“成人”之道。孔子以此所“竊取”之義，而彰明先王之“所以迹”。[①]

南美洲等等。相比之下，發端於兩河流域的蘇末社會及其後來的西方文明倒是人類文明的一個例外或異數，是人類文明的變異、變態或者説斷裂式突變的結果，它在人與自然環境的關係上，經過技術、貿易等新因素的産生而造成一種對自然生態系統束縛的破壞與突破，因而有了一個與人截然分開的、能够造物以至創造生命的神界，産生了與國家分離的廟宇，於是親屬制度被破壞，親緣關係爲地緣關係所取代，等等。（參閲張光直著《考古學專題六講》，尤其第一講“中國古代史在世界史上的重要性”，1—24 頁，北京：生活·讀書·新知三聯書店，2010 年）從《中庸》核心觀念“誠”的角度來看，以華夏爲主體的世界式連續性的文明，聖人尤其孔子秉承天道天命而“自誠明”，至誠而至明，“修道之謂教”，人文化成，却從不出離與違離“天命之謂性，率性之謂道”，而始終與天地自然萬物爲一體，先知覺後知，先覺覺後覺，啓動後知後覺者“自明誠”，一道努力盡己之性，盡人之性，盡物之性，贊天地之化育，與天地參矣。相反，西方式的斷裂性的文明雖也該由天道天命之誠而來，亦由性誠中發，然而，就以其宗教觀念而言，由於其好走尚智之路，此種宗教感情積漸遂爲智的分數佔多了，因此有一番宗教的理論，如上帝創世等等。引而愈遠，則無以誠而無以明，無以明而無以誠，及由不明而轉不誠，於是宗教與非教，不同宗教之間，以及不同教派之間不斷發生劇烈衝突，並且還由神的測度轉化成神的厭惡，因此有反宗教運動，科學與宗教、世俗政治與宗教等等亦發生劇烈衝突。中國人言：“神之格思，不可度思，矧可射思。”便不能純由理智上測度鬼神。只人類實有此心境，便即是誠。至情便是至理。若西方人明得此理，便不致有中古時期以下的宗教禍難。［參閲錢穆《中庸之明與誠》，《錢穆先生全集》（新校本），《中國學術思想史論叢》（二），167—175 頁，北京：九州出版社，2011 年］

① 參閲曾海軍《明先王之“所以迹”——爲孔子手定六經備一説》，《古典研究》，2011 年春季卷，總第五期，87—99 頁，香港古典教育基金有限公司，2011 年 3 月）典型的，譬如《莊子·天運》篇載：“孔子謂老聃曰：‘丘治《詩》《書》《禮》《樂》《易》《春秋》六經，自以爲久矣，孰知其故矣；以奸者七十二君，論先王之道而明周、召之迹，一君無所鉤用。甚矣夫！人之難説也！道之難明邪？’老子曰：‘幸矣，子之不遇治世之君也！夫《六經》，先王之陳迹也，豈其所以迹哉！今子之所言，猶迹也。夫迹，履之所出，而迹豈履哉！’”由此足

這就是我們這裏所説的，孔子正是通過重建道學、開啓學統的方式來承傳華夏歷來道、政、學三統合一之道統。這在吾友丁紀君那裏説得更爲明白曉暢，他指出：正值華夏文化與文明也行將步入歧途的關鍵時刻，所幸尚有聖人孔子在，他全然反諸子之道而行之，志在恢復王道傳統，也就是仁政道義，他删《詩》、敍《書》、訂《禮》、正《樂》、贊《易》，成就了“上五經”，全面展示出“先王之陳迹”中的“所以迹”，亦即王道道義。尤其同時他作《春秋》，寓褒貶，以代行不明的賞罰。雖然褒貶與賞罰其義一也，然而賞罰足厲當世，而褒貶則用以垂憲百代。如此一來，“一可以向慣於憑恃‘時代因素’而生活的人們指出，他們對於‘無義’之‘其事’‘其文’的這一依恃態度，已落入到若何虚妄無根乃至背義的地步上去；二在於向‘新時代’的人們指出，雖經如此巨大之時代跌宕，‘其義’猶保持其全部的可能性而不失，以此之故，雖‘其事’‘其文’皆成‘無義’，亦未果爲棄絶而淪入萬劫不復，其既爲事也、文也，則亦未必不始終保有‘其義’的轉化、實現之機；三亦在於，可以破除把‘其義’僅僅歸諸王道時代的無論善意還是惡意的誤解，從而使‘其義’獲得一種真正的普遍性、獨立性，不但將其解放於當前的‘其事’‘其文’及其關係，亦解放於王者之事意義上的‘其事’‘其文’及其關係，總使義以率事、義以率文，使‘其義’對於‘其事’‘其文’總得以保持根本的主動性”。於是，“故言六經，其中‘上五經’爲一等，《春秋》自是一等。至若言七經，《論語》又自是一等，蓋是孔子身成之經也，與‘上五經’、與《春秋》皆有不同”。此正是“天不生仲尼，萬古如長夜”。這就是説，不僅“萬古以下得沾溉文

見，老子道家等自以爲高明，實則却是在幹著中止與斷裂華夏文明傳統的勾當。而所謂“哲學的突破”之説，是源於西人雅斯貝斯的“軸心時代”説，以此用來答復中國爲何在春秋戰國時期發生了文明與文化之“創造性”轉化的問題。其實，古希臘文明之所以發生，對於西人的確是個問題，但這却不是我們的問題，不是始終都具有連續性文明的華夏的問題。華夏本有着與西人截然不同的問題，那就是，倘若任由諸子“哲學的突破”的話，則我們自遠古以來的連續性的文明或許就會如西人那樣亦發生斷裂的危險。所幸我們還有聖人孔子在，他全面秉承中華三皇五帝尤其堯舜黄金時代以來的文明與文化的成果，並以此應對現實的禮壞樂崩的危機，而繼往開來地保證了華夏文明與文化的連續性傳承，或許正是因此，才説孔子“賢於堯舜遠矣”。

明光耀，莫非自孔子所開出也”；而且，“天生仲尼，照徹萬古，歷史迷暗一掃而空，後之人張眼望去，雖上古堯舜之世，宇内海晏風清，明明朗朗的，方知古昔之人，原來既已生活於聖人治下、王化之中矣，後人知乎此，惟欽惟羡而已”。[①] 所以，我們可以説，正是孔子真實地開啓了道統之聖賢及賢賢相傳的可能，所謂“道統之傳”即道學之傳也。此亦如汪紱所言，但自神聖傳之曰“統”，自學者由教而入焉曰“學”。而“求其巨細精粗、遠近本末無少遺漏而言近指遠者，則莫若我朱子，故其於道統之傳，雖若不敢自居而已有不得而辭者，朱子之功尤超千古而獨隆也”。“然則堯舜禹湯文武之傳存於孔子子思，而孔子子思之傳在我朱夫子，又何疑哉”！因而孔子以後的學人、君子以至賢人是可以通過孔子所重建的道學學統而真實地傳承道統的，這就是我們今日亟須研讀四書五經，復興中華經學傳統的根本原因。

再者，關於《中庸》作者及其成書年代問題，當代學人楊少涵對此做了總結，以爲統共存在有“傳統派”、“懷疑派”以及“折中派”三派觀點。對此，前面已有敘述，在此不再贅述。而像典型的懷疑派，譬如清代學者崔述以爲，“《中庸》必非子思所作。蓋子思以後，宗子思者之所爲書，故托之於子思，或傳之久而誤以爲子思也”，而“孔子、孟子之言，皆平實切於實用，無高深廣遠之言。《中庸》獨探賾索隱，欲極微妙之致，與孔、孟之言皆不類。其可疑一也。《論語》之文簡而明，《孟子》之文曲而盡。《論語》者，有子、曾子門人所記，正與子思同時，何以《中庸》之文，獨繁而晦，上去《論語》絶遠，下猶不逮《孟子》，其可疑二也。‘在下位’以下十六句，見於《孟子》，其文小異，説者謂子思傳之孟子者。然孔子、子思之名言多矣，孟子何以獨述此語？孟子述孔子之言，皆稱‘孔子曰’，又不當掠之爲己語也。其可疑三也”。而折中派馮友蘭雖也肯定此篇實爲子思所作，不過却只以爲，中段自“仲尼曰，君子中庸”至“道前定則不窮”，多言人事，似就孔

① 丁紀撰《六經之所由作》，《切磋四集——四川大學哲學系儒家哲學合集》，1—18 頁，北京：華夏出版社，2014 年。

子之學説，加以發揮。其文體亦大概爲記言體裁，似爲子思原來所作之《中庸》，即《漢書・藝文志》儒家中之《子思》二十三篇之類。而首末二段，多言人與宇宙之關係，似就孟子哲學之神秘主義之傾向，加以發揮。其文體亦大概爲論著體裁。乃後來儒者所加，即《漢書・藝文志》"凡禮十三家"中之《中庸説》二篇之類也。必係所謂"子思之儒"；但其中發揮孟子之學説，則又爲所謂"孟氏之儒"。至於他也提出的證據，所謂"三同"，乃秦漢統一中國後之景象；所謂"華嶽"，亦似非魯人之語，等等。其實，早在朱子就對此有所論説，即，當是之時，周室雖衰而人猶以爲天下之共主，諸侯雖有不臣之心，然方彼此爭雄，不能相尚，下及六國之未亡，猶未有能更姓改物，而定天下於一者也。則周之文軌，孰得而變之哉？因而無須拘執於秦漢統一之時，也無須像當下的李學勤那樣改"今"爲"若"字才能成立。而針對後者，徐復觀以爲，這種觀點忽略了另一重大事實：就在第二十六章中，對山而言"寶藏興焉"，對水而言"貨財殖焉"，這却不是秦地儒者的口吻，只有齊地儒者才能説出。而"華嶽"一名，原係齊境華、嶽二山之名，與下文之"河海"，正相對稱。張岱年亦秉承馮的論斷，而以爲，《中庸》大體是綜合孟、荀兩家思想，而成立一個豐富博大的人生哲學系統。今傳《中庸》或者是就子思之《中庸》加以擴充改造而成的。子思的《中庸》之中心觀念，大概即"中庸"。而在今傳《中庸》中，"中庸"的觀念却不是最重要的；最重要的中心觀念，乃是"誠"。即以誠爲人生之最高境界，人道之第一原則。而唐君毅似亦斷定，《中庸》成書，不僅亦宜在孔孟之後，而且固宜亦在莊荀之後也。因爲《中庸》之言性更可見其爲能釋除莊荀之流對心之性之善之疑難，以重申《孟子》性善之旨，而以一真實之誠，爲成己成物之性德，以通人之自然生命、天地萬物之生命與心知之明，以爲一者。徐復觀儘管也將《中庸》分作上篇下篇，而以爲，上篇，由第一章至第二十章前段之"道前定，則不窮"止，可以推定出於子思；餘下爲下篇，繫出於子思之門人，是上篇思想的發展。而其中的第十六至第十九以及第二十八章，都與《中庸》本文無關，是由禮家雜入裏面的。上篇主要是解決孔子的實踐性的倫常之教和性與天道的關係，是直承下來的孔門文獻。子思是把“中庸”看作孔子思想的中心。下篇是以“誠”的觀念爲中心而展開的，但却是以誠的觀念含攝上篇所解答的問題；這便把上篇的兩個層次也融合爲一體了。因爲上篇多本孔子對一般人的立教而言中庸；下篇則通過一個聖人的人格——亦即孔子，來看性命與中庸之渾淪一體，所以看來比上篇説得高遠一些。下篇之所謂誠，也正是以仁爲内容。上篇之所謂中庸，實際即行仁的忠恕；下篇以誠貫注全篇，即以仁貫注全篇，所以誠即是中庸。杜維明則亦傾向於設想這部作品是子思學派寫出來的，因此在精神上同孟學的精神傳統相符。不過，像現代學人陳柱、王鍔等却仍然明確堅持傳統派的主張，陳柱不僅以爲，“《中庸》者蓋子思述孔子之學，而益發輝光大之者歟”！而且還指出，“子思之言，實開孟、荀二派。何者？孟子言性善，率性之説也；荀子言性惡，修道之説也。孟、荀二子之學派雖異，舉不能外乎子思《中庸》篇所言之指，是研究儒家之學派者，於《中庸》一書，猶有不可忽者矣”。而王鍔亦反復强調，《中庸》是戰國前期子思的著作，這是因爲其一、漢至宋代的學者都這樣認爲，持續一千多年，應當是有根據的。其二、《中庸》曾單獨流行，在劉向以前有人爲之作《説》，這説明《中庸》在西漢以前就很有影響。其三、唐司馬貞《史記索隱》、李賢《後漢書注》所引子思子之文，見於今本《中庸》。其四、《中庸》文風與《坊記》《表記》《緇衣》基本一致，多次（達十五次之多）引用《詩經》，以證明自己的觀點。等等。

於是，這又引出了有關《中庸》的結構問題，鄭、孔等主張上下兩篇説，而一般以爲《中庸》有三十三章，惟黎立武僅分出十五章，並以爲此是“原作者之意”，不過，他也以爲《中庸》含有五個部分。再早，朱子雖然只分出三個部分，亦即，一、第一章，“子思述所傳之意以立言：首明道之本原出於天而不可易，其實體備於己而不可離，次言存養省察之要，終言聖神功化之極。蓋欲學者於此反求諸身而自得之，以去夫外誘之私，而充其本然之善，楊氏所謂一篇之體要是也。其下十章，即第二至第十一章，蓋子思引夫子之言，以終此章之義”。“蓋此篇大旨，以知仁勇三達德爲入道之門。故於篇首，即以大舜、顔淵、子路之事明之。舜，知也；顔淵，仁也；子路，勇也：三者廢其一，則無以造道而成德矣。餘見第二十章”。二、第十二章，“子思之言，蓋以申明首章道不可離之意也。其下八章，即第十三至二十章，雜引孔子之言以明之”。尤其第二十章，“此引孔子之言，以繼大舜、文、武、周公之緒，明其所傳之一致，舉而措之，亦猶是耳。蓋包費隱、兼小大，以終十二章之意。章内語誠始詳，而所謂誠者，實此篇之樞紐也”。三、第二十一章，“子思承上章夫子天道、人道之意而立言也。自此以下十二章，即第二十二至三十三章，皆子思之言，以反復推明此章之意”。尤其末章，“子思因前章極致之言，反求其本，復自下學爲己謹獨之事，推而言之，以馴致乎篤恭而天下平之盛。又贊其妙，至於無聲無臭而後已焉。蓋舉一篇之要而約言之，其反復丁寧示人之意，至深切矣，學者其可不盡心乎”！其實，在這之中，首章及末章之總論、體要之意已充分顯露，所以到了景星便明確了五部分或五節説，即，“蓋《中庸》一書除首尾兩章皆爲一篇體要外，又當分三節看，前節言中庸，次節言費隱，後節言誠。中庸是就人事上言道之用，費隱是就天地人物上言道之用，後以天道人道上言誠，則知聖人與天地爲一”。黎立武大致結構與此相當，但分章略有歧義，故不取。再到船山，五部分説或五段説就完全明朗了，亦即，一部分爲五段。第一章總論大要，以静存動察爲體中庸之實學，上推其所以必然之理於天，而著其大用於天地萬物，以極其功效之費。自“君子中庸”至“唯聖者能之”，辨能體中庸之人。自“君子之道費而隱”至“哀公問政”章，廣陳中庸之道。自“自明誠”至“其孰能知之”，言能體中庸之人，備中庸之道者，惟其德。末章又總論之，示學者由動察静存而深造之，則盡性至命，而上合於天載。第二段步步趕到聖者上；第三段“鬼神”及“問政”章歸本誠上；第四段“大哉聖人之道”章言至德，“仲尼祖述”章言小德大德，皆歸本德上。此一篇之脈絡也。此外，饒魯及現代學人蔣伯潛則是主張六大節或六部分説，饒魯是以爲，第一節説中和，第二節説中庸，第三節説費隱，第四節説誠，第五節説大德小德，第六節復申首章之意。而蔣氏却是以爲，（甲）總論，（乙）道之明行，（丙）道之體用，（丁）道與誠，（戊）

聖人之道之神化，（己）結論，等等。他們倆在章節安排上亦略有差異，不過，共同的是，把第四部分再分作了兩個部分，這似不可取。因爲這裏反復交替地講“自誠明”與“唯天下至誠”之天道，和“自明誠”與致曲而誠之人道，是全然一體而不可分割的。所以，本《中庸研讀》是主要取法於由朱子到船山的篇章結構的安排。

再有，關於《中庸》文本及其注本，最典型、最具代表性的莫過於漢唐注疏與朱子的注釋。於此，《欽定禮記義疏》似取中立態度，即，全録注疏於前，編次朱注於後者，一以示不遺古本之源，一以示特尊朱子之義。全録注疏古本，方識鄭、孔羽翼聖籍之功，方見朱子之精心邃密，而注疏之是非得失，讀者自一目瞭然，故不拘諸例。夫漢儒長於數，其學得聖人之博；宋儒邃於理，其學得聖人之精；二者得兼，乃見聖人之全經。然則二書之得，表章於朱子者，《注疏》羽翼之功，又安可没也哉？當代學人樂愛國對此更作出進一步的總結，亦即，朱子自十五六歲時開始讀《中庸》，三十歲左右而有《中庸集説》，三十五歲前後，朱子對楊時門人張九成的《中庸解》作了批評。此後他經歷了從“中和舊説”到“中和新説”的轉變；四十八歲時，朱子成《中庸章句》，並撰《中庸或問》和《中庸輯略》；六十歲時，正式序定《中庸章句》，從而構建了精到的《中庸》學體系。朱子不但繼承與發展了北宋諸子尤其二程及其後學的思想學説，而且也繼承與發展了漢唐經學家尤其鄭玄、孔穎達的注疏，其主要表現在，其一，確立並自覺接續儒家之道統。其二，鄭、孔解“中庸”爲“中和之爲用”，朱子則講“中者，不偏不倚、無過不及之名；庸，平常也”。此即“極高明而道中庸”。其三，既如漢唐儒家講人之性與物之性的差别性，又講二者的共同性，從而提升至更高遠的人與自然的統一。其四，鄭、孔解“慎獨”僅爲“慎其閒居之所爲”，等等。朱子則進一步解爲謹慎於“己所獨知”之地，直指人的行爲背後更爲精微的心靈。其五，鄭、孔解“致中和”云云爲“人君所能至極中和，使陰陽不錯，則天地得其正位，生成得理，故萬物其養育焉”。朱子却以爲，致中和就能“静而無一息之不中”而“吾心正”，“動而無一事之不和”而“吾氣順”，再“裁成天地之道，輔相天地之宜”，從而實現“天地位”“萬物育”。其六，鄭、孔解“君子之道費而隱”爲“道德違費則隱”。朱子則費爲“用之廣”，隱爲“體之微”，從而道兼體用、體在用中，用爲體見，體用一源。其七，鄭、孔解“誠”爲“信”而内涵於“三達德”“五達道”之中。朱子則誠爲“真實無妄”，天道人道合一，其既是“天理之本然”，又是聖人之德，並爲人性所固有，爲三達德、五達道之形上基礎，而且由誠而成己以至成物。其八，鄭、孔解末章“不顯惟德”，以“不顯”爲“顯”。朱子則以爲此本就意在不顯，正是聖人之“不顯之德”。（謹案：此點存疑。因爲“不顯，猶言豈不顯也”。）其九，鄭、孔以《中庸》爲上下兩篇。朱子則以之爲首尾一貫之完整一篇，前半部分講“中庸”，旨在講“中即誠”；後半部分講“誠”，旨在講由“誠”而“中庸”，誠貫穿始終，爲一篇之樞紐。總之，在朱子看來，道統在於“心”，作《中庸章句》是爲了接續這個以“心”爲主軸的道統，而這個“心”就是天人合一的“誠”。朱子的學術不僅講“天下之物莫不有理”，以格物致知論爲出發點，而且還以敬爲本，在“涵養須用敬，進學則在致知”的過程中，達到天人合一的“誠”的境界。這實際上正是朱子對於道統“十六字心傳”的一種延續。

朱子對於程夫子及其弟子有關《中庸》的大量研討論説，亦是“沉潛反復，蓋亦有年，一旦恍然似有以得其要領者，然後乃敢會衆説而折其中，既爲定著《章句》一篇，以俟後之君子”。尤其，即使《章句》久有成書，朱子時年六十矣，“蓋反覆精改，至是乃確乎有以自信，而序而行之也，此亦可見朱子之不厭不倦而詳慎之至矣，讀者猶或出入於其閒，焉亦獨何哉”！朱子還與“一二同志復取石氏書，删其繁亂，名以《輯略》，且記所嘗論辯取舍之意，别爲《或問》，以附其後。然後此書之旨，支分節解、脈絡貫通、詳略相因、巨細畢舉，而凡諸説之同異得失，亦得以曲暢旁通，而各極其趣。雖於道統之傳，不敢妄議，然初學之士，或有取焉，則亦庶乎行遠升高之一助云爾”。而對此，汪紱特别指出，“朱子於四子書皆有《或問》，而獨於此序言之者，《中庸》之理微，而説《中庸》者則尤易謬，非精義入神與先聖同揆者，不足以道之，故《中庸》之有《或問》尤爲緊要。學者不精研於《章句》，不能得斯理之真；不參考於《或問》，不足以見群言之謬。乃今人只知看幾句講章，而《或問》《輯略》未一寓目，且並《集注》亦未能通曉其義，則朱子苦心亦徒以委之口説，傷乎其謂之何哉”！再有，朱子與其門弟子有關《中庸》等的答問，即《朱子語類・中庸》，等等，亦是重要的研讀文獻。所以本《中庸研讀》精研及參研的書目，首先，《中庸章句》；其次，《中庸或問》；再次，《語類・中庸》；再次，《中庸輯略》。之後，作爲重要的參讀文本，便是朱子以後的朱子弟子、朱子學者有關《中庸》的論著，像黄榦《中庸總論》《中庸總説》、陳淳《中庸發題》、胡炳文《中庸通》、景星《中庸集説啓蒙》、汪紱《中庸詮義》、錢穆《中庸新義》《中庸新義申釋》，再有船山《禮記章句・中庸》《四書箋解・中庸》《讀四書大全説・中庸》《四書訓義・中庸》，等等。以及鄭、孔《禮記正義・中庸》、李翱《復性書》、黎立武《中庸指歸》《中庸分章》、衛湜《禮記集説・中庸》、清儒《欽定禮記義疏・中庸》、杭世駿《續禮記集説・中庸》，等等。

總之，謹記前賢教誨，即，“讀此書者，使之毋跂於高，毋駭於奇，必沉潛夫句讀文義之間，以會其歸，必戒懼夫不睹不聞之中，以踐其實，庶乎優柔厭飫，真積力久，而於博厚高明悠久之域，忽不自知其至焉，則爲有以真得其傳，而無徒誦坐談之弊矣”。“學者如《中庸》文字輩，直須句句理會過，使其言互相發明”。“夫《中庸》一書道統攸寄，學者當通篇統看，又當分章細看，然後能有以通其微妙，而又有以會其大全。若只在字句之間、文辭之末求一得以入時文，則於《中庸》全書究無一得，而雖讀一如未讀矣，可忽乎哉”！

三、集説

天命之謂性，率性之謂道，修道之謂教。道也者，不可須臾離也，可離非道也，是故君子戒慎乎其所不睹，恐懼乎其所不聞。莫見乎隱，莫顯乎微，故君子慎其獨也。喜怒哀樂之未發，謂之中；發而皆中節，謂之和。中也者，天下之大本也；和也者，天下之達道也。致中和，天地位焉，萬物育焉。

○上第一章。朱子曰：子思述所傳之意以立言：首明道之本原出於天而不可易，其實體備於己而不可離，次言存養省察之要，終言聖神功化之極。蓋欲學者於此反求諸身而自得之，以去夫外誘之私，而充其本然之善，楊氏所謂一篇之體要是也。其下十章，蓋子思引夫子之言，以終此章之義。又，命，猶令也。性，即理也。天以陰陽五行化生萬物，氣以成形，而理亦賦焉，猶命令也。於是人物之生，因各得其所賦之理，以爲健順五常之德，所謂性也。率，循也。道，猶路也。人物各循其性之自然，則其日用事物之間，莫不各有當行之路，是則所謂道也。修，品節之也。性道雖同，而氣稟或異，故不能無過不及之差，聖人因人物之所當行者而品節之，以爲法於天下，則謂之教，若禮、樂、刑、政之屬是也。蓋人之所以爲人，道之所以爲道，聖人之所以爲教，原其所自，無一不本於天而備於我。學者知之，則其於學知所用力而自不能已矣。故子思於此首發明之，讀者所宜深體而默識也。又，道者，日用事物當行之理，皆性之德而具於心，無物不有，無時不然，所以不可須臾離也。若其可離，則爲外物而非道矣。是以君子之心常存敬畏，雖不見聞，亦不敢忽，所以存天理之本然，而不使離於須臾之頃也。又，隱，暗處也。微，細事也。獨者，人所不知而己所獨知之地也。言幽暗之中，細微之事，迹雖未形而幾則已動，人雖不知而己獨知之，則是天下之事無有著見明顯而過於此者。是以君子既常戒懼，而於此尤加謹焉，所以遏人欲於將萌，而不使其滋長於隱微之中，以至離道之遠也。又，喜、怒、哀、樂，情也。其未發，則性也，無所偏倚，故謂之中。發皆中節，情之正也，無所乖戾，故謂之和。大本者，天命之性，天下之理皆由此出，道之體也。達道者，循性之謂，天下古今之所共由，道之用也。此言性情之德，以明道不可離之意。又，致，推而極之也。位者，安其所也。育者，遂其生也。自戒懼而約之，以至於至静之中，無少偏倚，而其守不失，則極其中而天地位矣。自謹獨而精之，以至於應物之處，無少差謬，而無適不然，則極其和而萬物育矣。蓋天地萬物本吾一體，吾之心正，則天地之心亦正矣，吾之氣順，則天地之氣亦順矣。故其效驗至於如此。此學問之極功、聖人之能事，初非有待於外，而修道之教亦在其中矣。是其一體一用雖有動静之殊，然必其體立而後用有以行，則其實亦非有兩事也。故於此合而言之，以結上文之意。①

〇又曰：（“天命之謂性，率性之謂道，修道之爲教”）此先明性、道、教之所以名，以見其本皆出乎天，而實不外於我也。天命之謂性，言天之所以命乎人者，是則人之所以爲性也。蓋天之所以賦與萬物而不能自已者，命也；吾之得乎是命以生而莫非全體者，性也。故以命言之，則曰元、亨、利、貞，而四時五行，庶類萬化，莫不由是而出；以性言之，則曰仁、義、禮、智，而四端五典②，萬物萬事之理，無不統

① 《中庸章句》第一章，《四書章句集注》，17—18頁。

② 五典，即五常或五教，亦即父義、母慈、兄友、弟恭、子孝。《書·泰誓》下：“今

於其間。蓋在天在人，雖有性命之分，而其理則未嘗不一；在人在物，雖有氣稟之異，而其理則未嘗不同，此吾之性，所以純粹至善，而非若荀、揚、韓子之所云也。率性之謂道，言循其所得乎天以生者，則事事物物，莫不自然，各有當行之路，是則所謂道也。蓋天命之性，仁、義、理、智而已。循其仁之性，則自父子之親，以至於仁民愛物，皆道也；循其義之性，則自君臣之分，以至於敬長尊賢，亦道也；循其禮之性，則恭敬辭讓之節文，皆道也；循其智之性，則是非邪正之分別，亦道也。蓋所謂性者，無一理之不具，故所謂道者，不待外求而無所不備。所謂性者，無一物之不得，故所謂道者，不假人爲而無所不周。雖鳥獸草木之生，僅得形氣之偏，而不能有以通貫乎全體，然其知覺運動，榮悴開落，亦皆循其性而各有自然之理焉。至於虎狼之父子，蜂蟻之君臣，豺獺之報本，雎鳩之有别，則其形氣之所偏，又反有以存其義理之所得，尤可以見天命之本然，初無間隔，而所謂道者，亦未嘗不在是也。是豈有待於人爲，而亦豈人之所得爲哉！修道之謂教，言聖人因是道而品節之，以立法垂訓於天下，是則所謂教也。蓋天命之性，率性之道，皆理之自然，而人物之所同得者也。人雖得其形氣之正，然其清濁厚薄之稟，亦有不能不異者，是以賢智者或失之過，愚不肖者或不能及，而得於此者，亦或不能無失於彼。是以私意人欲或生其間，而於所謂性者，不免有所昏蔽錯雜，而無以全其所受之正；性有不全，則於所謂道者，因亦有所乖戾舛逆，而無以適乎所行之宜。惟聖人之心，清明純粹，天理渾然，無所虧闕，故能因其道之所在，而爲之品節防範，以立教於天下，使夫過不及者，有以取中焉。蓋有以辨其親疏之殺，而使之各盡其情，則仁之爲教立矣；有以别其貴賤之等，而使之各盡其分，則義之爲教行

商王受狎侮五常。”《舜典》：“敬敷五教在寬。”又，五典，朱子以此解《中庸》“天下之達道五”：“曰君臣也，父子也，夫婦也，昆弟也，朋友之交也”。達道者，天下古今所共由之路，即《書》所謂五典，孟子所謂“父子有親、君臣有義、夫婦有别、長幼有序、朋友有信”是也。(《中庸章句》第二十章，《四書章句集注》，29 頁)

矣；爲之制度文爲，使之有以守而不失，則禮之爲教得矣；爲之開導禁止，使之有以别而不差，則智之爲教明矣。夫如是，是以人無知愚，事無大小，皆得有所持循據守，以去其人欲之私，而復乎天理之正。推而至於天下之物，則亦順其所欲，違其所惡，因其材質之宜，以致其用，制其取用之節，以遂其生，皆有政事之施焉。此則聖人所以財成天地之道，而致其彌縫輔贊之功，然亦未始外乎人之所受乎天者而强爲之也。子思以是三言著於篇首，雖曰姑以釋夫三者之名義，然學者能因其所指，而反身以驗之，則其所知，豈獨名義之間而已哉！蓋有得乎天命之説，則知天之所以與我者，無一理之不備，而釋氏所謂空者非性矣；有以得乎率性之説，則知我之所得乎天者，無一物之不該，而老氏所謂無者非道矣；有以得乎修道之説，則知聖人之所以教我者，莫非因其所固有，而去其所本無，背其所至難，而從其所甚易，而凡世儒之訓詁詞章，管、商之權謀功利，老、佛之清净寂滅，與夫百家衆技之支離偏曲，皆非所以爲教矣。

又曰：（由“道也者”至“慎其獨也”）此因論率性之道，以明由教而入者，其始當如此，蓋兩事也。其先言道不可離，而君子必戒謹恐懼乎其所不睹不聞者，所以言道之無所不在，無時不然，學者當先其事之未然而周防之，以全其本然之體也。又言莫見乎隱，莫顯乎微，而君子必謹其獨者，所以言隱微之間，人所不見，而己獨知之，則其事至纖細，無不顯著，又有甚於他人之知者，學者尤當隨其念之方萌而致察焉，以謹其善惡之幾也。又，聖人之所修以爲教者，因其不可離者而品節之也；君子之所由以爲學者，因其不可離者而持守之也。是以日用之間，須臾之頃，持守功夫一有不至，則所謂不可離者雖未嘗不在我，而人欲間之，則亦判然二物而不相管矣，是則雖曰有人之形，而其違禽獸也何遠哉！是以君子戒慎乎其目之所不及見，恐懼乎其耳之所不及聞，瞭然心目之間，常若見其不可離者，而不敢有須臾之間，以流於人欲之私，而陷於禽獸之域。又，是以君子既戒懼乎耳目之所不及，則此心常明，不爲物蔽，而於此尤不敢不致其謹焉，必使其幾微之際，無一毫人欲之萌，而純乎義理之發，則下學之功，盡善全美，而無須臾之間矣。

二者相須，皆反躬爲己，遏人欲，存天理之實事。蓋體道之功，莫有先於此者，亦莫有切於此者，故子思於此，首以爲言，以見君子之學，必由此而入也。又，且此書卒章“潛雖伏矣”“不愧屋漏”，亦兩言之，正與此相首尾。但諸家皆不之察，獨程子嘗有不愧屋漏與謹獨是持養氣象之言，其於二者之間，特加與字，是固已分爲兩事，而當時聽者有未察耳。

又曰：（由“喜怒哀樂”至“萬物育焉”）此推本天命之性，以明由教而入者，其始之所發端，終之所至極，皆不外於吾心也。蓋天命之性，萬理具焉，喜怒哀樂，各有攸當。方其未發，渾然在中，無所偏倚，故謂之中；及其發而皆得其當，無所乖戾，故謂之和。謂之中者，所以狀性之德，道之體也，以其天地萬物之理，無所不該，故曰天下之大本。謂之和者，所以著情之正，道之用也，以其古今人物之所共由，故曰天下之達道。蓋天命之性，純粹至善，而具於人心者，其體用之全，本皆如此，不以聖愚而有加損也。然静而不知所以存之，則天理昧而大本有所不立矣；動而不知所以節之，則人欲肆而達道有所不行矣。惟君子自其不睹不聞之前，而所以戒謹恐懼者，愈嚴愈敬，以至於無一毫之偏倚，而守之常不失焉，則爲有以致其中，而大本之立，日以益固矣；尤於隱微幽獨之際，而所以謹其善惡之幾者，愈精愈密，以至於無一毫之差謬，而行之每不違焉，則爲有以致其和，而達道之行，日以益廣矣。致者，用力推致而極其至之謂。致焉而極其至，至於静而無一息之不中，則吾心正，而天地之心亦正，故陰陽動静各止其所，而天地於此乎位矣；動而無一事之不和，則吾氣順，而天地之氣亦順，故充塞無間，驩欣交通，而萬物於此乎育矣。此萬化之本原，一心之妙用，聖神之能事，學問之極功，固有非始學所當議者。然射者之的，行者之歸，亦學者立志之初所當知也。故此章雖爲一篇開卷之首，然子思之言，亦必至此而後已焉，其指深矣！又，觀中和一體一用之名，則安得不二？察其一體一用之實，則此爲彼體，彼爲此用，如耳目之能視聽，視聽之由耳目，初非有二物也。又，蓋其（案：指吕氏等）病根，正在欲於未發之前，求見夫所謂中者而執之，是以屢言之而病愈甚。殊不知經文所謂致中和者，亦曰當其未發，此心至虛，如鏡之明，如水之止，則但當敬以存之，而不使其小有偏倚；至於事物之來，此心發見，喜怒哀樂各有攸當，則又當敬以察之，而不使其小有差忒而已，未有如是之説也。且曰未發之前，則宜其不待著意推求，而瞭然心目之間矣；一有求之之心，則是便爲已發，固已不得而見之，況欲從而執之，則其爲偏倚亦甚矣，又何中之可得乎？且夫未發已發，日用之間，固有自然之機，不假人力。方其未發，本自寂然，故無所事於執；及其當發，則又當即事即物，隨感而應，亦安得塊然不動，而執此未發之中耶？此爲義理之根本，於此有差，則無所不差矣。（程子云“言和則中在其中”）然細推之，則程子之意，正謂喜怒哀樂已發之處，見得未發之理，發見在此一事一物之中，各無偏倚過不及之差，乃時中之中，而非渾然在中之中也。[①]

○又曰：“天命之謂性”，是專言理，雖氣亦包在其中，然説理意較多。若云兼言氣，便説“率性之謂道”不去。又，萬物皆只同這一箇原頭。聖人所以盡己之性，則能盡人之性，盡物之性，由其同一原故也。但（禽獸）只稟得來少，不似人稟得來全耳。又，“率性之謂道”，“率”字輕。“率”字只是“循”字，循此理便是道。“率”是呼喚字，蓋曰循萬物自然之性之謂道。此“率”字不是用力字。循性是循其理之自然爾。率，循也。不是人去循之。只是隨性去，皆是道。又，諸家多作行道人上説，以率性便作修爲，非也。率性者，只是説循吾本然之性，便自有許多道理。性是箇渾淪底物，道是箇性中分派條理。循性之所有，其許多分派條理即道也。“性”字通人物而言。物物各有這理，只爲氣稟遮蔽，故所通有偏正不同。然隨他性之所通，道亦無所不在也。又，“天命之謂性”，這性亦離氣稟不得。又，孟子説“性善”，全是説理。若《中庸》“天命之謂性”，已自是兼帶人物而言。又，“天命之謂性”，指迴然孤獨而言。“率性之謂道”，指著於事物之間而言。天命之性，指理言；率性之道，指人物所行言。又，萬物稟受，莫非至善者，性；率

---

① 《中庸或問》上，《朱子全書》第六册，550—552、554—556、558—559、563 頁。

性而行，各得其分者，道。性與道相對，則性是體，道是用。又，據伊川之意，人與物之本性同，及至稟賦則異。蓋本性理也，而稟賦之性則氣也。性本自然，及至生賦，無氣則乘載不去，故必頓此性於氣上，而後可以生。及至已生，則物自稟物之氣，人自稟人之氣。氣最難看，而其可驗者，如四時之間，寒暑得宜，此氣之正。當寒而暑，當暑而寒，乃氣不得正。氣正則爲善，氣不正則爲不善。又如同是此人，有至昏愚者，是其稟得此濁氣太深。又，論性不論氣，孟子也，不備，但少欠耳。論氣不論性，荀揚也，不明，則大害事。孟子只是教人勇於爲善，前更無阻礙。又，性不容修，修是揠苗。道亦是自然之理，聖人於中爲之品節以教人耳，誰能便於道上行！又，"修道之謂教"一句，如今人要合後面"自明誠"謂之教却説作自修。蓋"天命謂性"之"性"與"自誠明"之性，"修道謂教"之"教"與"自明誠"之教，各自不同。誠明之性，"堯舜性之"之"性"；明誠之教，由教而入者也。

又曰：闢異端説話，未要理會，且理會取自家事。自家事既明，那箇自然見得。又，所謂格物，便是要就這形而下之器，窮得那形而上之道理而已，如何便將形而下之器作形而上之道理得！佛家所謂"作用是性"，便是如此。他都不理會是和非，只認得那衣食作息，視聽舉履，便是道。説我這箇會説話底，會作用底，叫著便應底，便是神通妙用，更不問道理如何。儒家則須是就這上尋討箇道理方是道。又，蓋"天命之謂性"，這道理却無形，無安頓處。只那日用事物上，道理便在上面。這兩箇元不相離，凡有一物，便有一理，所以君子貴"博學於文"。看來博學似箇没緊要物事，然那許多道理便都在這上，都從那源頭上來。所以無精粗小大，都一起用理會過，蓋非外物也。都一齊理會，方無所不盡，方周遍無疏缺處。又，《大學》所以説格物，却不説窮理。蓋説窮理，則似懸空無捉摸處。只説格物，則只就那形而下之器上，便尋那形而上之道，便見得這箇元不相離，所以只説"格物"。

又曰：此道無時無之，然體之則合，背之則離也。一有離之，則當此之時，失此之道矣，故曰"不可須臾離"。又，"戒慎不睹，恐懼不聞"，即是道不可須臾離處。又，所不聞，所不見，不是合眼掩耳，只是喜怒哀樂未發時。凡萬事皆未萌芽，自家先恁地戒慎恐懼，常要提起此心，常在這裏，便是防於未然，不見是圖底意思。又，然聖人亦未嘗不戒慎恐懼。“惟聖罔念作狂，惟狂克念作聖。”又，所謂“不睹不聞”者，乃是從那盡處説來，非謂於所睹所聞處不慎也。又，戒慎恐懼是普説，言道理偪塞都是，無時而不戒慎恐懼。到得隱微之間，人所易忽，又更用慎，這箇却是喚起説。戒懼無箇起頭處，只是普遍都用。只是無時而不戒慎恐懼，只自做工夫，便自見得。又，如做得是時，别人未見得是，自家先見得是；做得不是時，别人未見得非，自家先見得非。只是明一明了，不能接續得這意思去，又暗了。又，有動於中，己固先自知，亦不能揜人之知，所謂誠之不可揜也。又，所以慎獨，則是專指獨處而言。如“莫見乎隱，莫顯乎微”，是慎獨緊切處。又，是從見聞處至不睹不聞處皆戒慎了，又就其中於獨處更加慎也。是無所不慎，而慎上更加慎也。又，“戒慎”一節，當分爲兩事，兩事皆少不得“惟精惟一”底工夫。不睹不聞時固當持守，然不可不察；慎獨時固當致察，然不可不持守。又，敬只是常惺惺法。所謂静中有箇覺處，只是常惺惺在這裏，静不是睡著了。又，上一節“不睹不聞”説存天理之本然，下一節“慎獨”説遏人欲於將萌。又，雖是存得天理，臨發時也須點檢，這便是他密處。若只説存天理了，更不慎獨，却是只用致中，不用致和了。又，公莫看得戒慎恐懼太重了，此只是略省一省，不是恁驚惶震懼，略是箇敬模樣如此。然道著“敬”字，已是重了。只略略收拾來，便在這裏。又，這獨也又不是恁地獨時，如與衆人對坐，自心中發一念，或正或不正，此亦是獨處。又，“道不可須臾離”，言道之至廣至大者；“莫見乎隱，莫顯乎微”，言道之至精至極者。又，“戒慎不睹，恐懼不聞”，非謂於睹聞之時不戒懼也。言雖不睹不聞之際，亦致其慎；則睹聞之際，其慎可知。此乃統同説，承上“道不可須臾離”，則是無時不戒懼也。然下文慎獨既專就已發上説，則此段正是未發時工夫，只得説“不睹不聞”也。“莫見乎隱，莫顯乎微，故君子必慎其獨。”上既統同説了，此又就中有一念萌動處，雖至隱微，人所不知而己所獨知，尤當致慎。又，“不睹不聞”是提其大綱説，“慎獨”乃審其微細。方不聞不睹之時，不惟人所不知，自家亦未有所知。若所謂“獨”，即人所不知而己所獨知，極是要戒懼。又，“戒慎恐懼”是由外言之以盡於内，“慎獨”是由内言之以及於外。

又曰：便是有箇頭腦。如“天命之謂性，率性之謂道，修道之謂教”。古人因甚冠之章首？蓋頭腦如此。若識得此理，則便是勉强，亦有箇著落矣。又，夫婦之與知能行是萬分中有一分，聖人不知不能是萬分中欠得一分。又，學者安得便一一恁地！也須且逐件使之中節，方得。此所以貴於“博學，審問，慎思，明辨”。無一事之不學，無一時而不學，無一處而不學，各求其中節，此所以爲難也。又，中，性之德；和，情之德。又，若論原頭，未發都一般。只論聖人動静，則全别，動亦定，静亦定。自其未感，全是未發之中；自其感物而動，全是中節之和。衆人有未發時，只是他不曾主静看，不曾知得。又，未發之前，萬理備具。纔涉思，即是已發動；而應事接物，雖萬變不同，能省察得皆合於理處。蓋是吾心本具此理，皆是合做底事，不容外面旋安排也。今説爲臣必忠、爲子必孝之類，皆是已發。然所以合做此事，實具此理，乃未發也。又，“喜怒哀樂未發謂之中”，只是思慮未萌，無纖毫私欲，自然無所偏倚。所謂“寂然不動”，此之謂中。然不是截然作二截，如僧家塊然之謂。只是這箇心自有那未發時節，自有那已發時節。謂如此事未萌於思慮要做時，須便是中是體；及發於思了，如此做而得其當時，便是和是用，只管夾雜相滚。若以爲截然有一時是未發時，一時是已發時，亦不成道理。今學者或謂每日將半日來静做工夫，即是有此病也。又，已發未發，只是説心有已發時，有未發時。方其未有事時，便是未發；纔有所感，便是已發，却不要泥著。又，大本用涵養，中節則須窮理之功。又，在中者，未動時恰好處；時中者，已動時恰好處。才發時，不偏於喜，則偏於怒，不得謂之在中矣。然只要就所偏倚一事，處之得恰好，則無過、不及矣。蓋無過、不及，乃無偏倚者之所爲；而無偏倚者，是所以能無過、不及也。又，已發之中，即時中也，中節之謂也，却易見。未發要如何分别？要之，却是伊川説“未發是在中之義”，最好。又，喜怒哀樂未發，程子“敬而無失”之説甚好。又，大抵未發已發，只是一項工夫，未發固要存養，已發亦要審察耳。無時不存養，無事不省察。又，且如今在此坐，卓然端正，不側東，不側西，便是中底氣象。又，大抵聖賢之言，多是略發箇萌芽，更在後人推究，演而伸，觸而長，然亦須得聖賢本意。不得其意，則從那處推得出來。又，横渠"心統性情"之説甚善。性是静，情是動。心則兼動静而言，或指體，或指用，隨人所看。方其静時，動之理只在。又，今且四平著地放下，要得平帖，湛然無一毫思慮。及至事物來時，隨宜應接，當喜則喜，當怒則怒，當哀樂則哀樂。喜怒哀樂過了，此心湛然者，還與未發時一般，方是兩下工夫。又，未發時著理義不得，纔知有理有義，便是已發。當此時有理義之原，未有理義條件。只一箇主宰嚴肅，便有涵養工夫。又，要知涵養省察二者可以交相助，不可交相待。又，"在中"之義，至如説"亭亭當當，直上直下"，亦有不偏倚氣象。

又曰："致"字是要得十分中、十分和。又，"致中和"，須兼表裏而言。致中，欲其無少偏倚，而又能守之不失；致和，則欲其無少差繆，而又能無適不然。又，孟子所謂"存心、養性"，"收其放心"，"操則存"，此等處乃致中也。至於充廣仁義之心等處，乃致和也。又，"致"字工夫極精密也。又，存養是静工夫。静時是中，以其無過不及，無所偏倚也。省察是動工夫。動時是和。才有思爲，便是動。發而中節無所乖戾，乃和也。其静時，思慮未萌，知覺不昧，乃《復》所謂"見天地之心"，静中之動也。其動時，發皆中節，止於其則，乃《艮》之"不獲其身，不見其人"，動中之静也。窮理讀書，皆是動中工夫。又，世間何事不係在喜怒哀樂上？即這喜怒哀樂中節處，便是實理流行，更去那處尋實理流行！又，"天地位，萬物育"，便是"裁成輔相"，"以左右民"底工夫。若不能"致中和"，則山崩川竭者有矣，天地安得而位！胎夭失所者有矣，萬物安得而育！又，若致得一身中和，便充塞一身；致得一家中和，便充塞一家；若致得天下中和，便充塞天下。有此理便有此事，有此事便有此理。如"一日克己復禮，天下歸仁"。如何一日克己于家，便得天下以仁歸之？爲有此理故也。又，在聖人之身，則天地萬物自然安泰。又，尊卑上下之大分，即吾身之天地也；應變曲折之萬端，即吾身之萬物也。[①]

○尤其關於中和説，朱子《與湖南諸公論中和第一書》又云：《中庸》未發、已發之義，前此認得此心流行之體，又因“程子凡言心者，皆指已發而言”，遂目心爲已發、性爲未發。然觀程子之書，多所不合，因復思之，乃知前日之説，非惟心、性之名命之不當，而日用功夫全無本領，蓋所失者不但文義之間而已。按《文集》《遺書》諸説，似皆以思慮未萌、事物未至之時，爲喜怒哀樂之未發。當此之時，即是此心寂然不動之體，而天命之性，當體具焉。以其無過不及，不偏不倚，故謂之中。及其感而遂通天下之故，則喜怒哀樂之性[②]發焉，而心之用可見。以其無不中節，無所乖戾，故謂之和。此則人心之正，而情性之德然也。然未發之前不可尋覓，已覺[③]之後不容安排。但平日莊敬涵養之功至，而無人欲之私以亂之，則其未發也，鏡明水止，而其發也，無不中節矣。此是日用本領工夫。至於隨事省察，即物推明，亦必以是爲本。而於已發之際觀之，則其具於未發之前者，固可嘿（即默）識。故程子之答蘇季明，反復論辨，極於詳密，而卒之不過以敬爲言。又曰：“敬而無失，即所以中。”又曰：“人道莫如敬，未有致知而不在敬者。”又曰：“涵養須是敬，進學則在致知。”蓋爲此也。向來講論思索，直以心爲已發，而日用工夫亦止以察識端倪爲最初下手處，以故闕却平日涵養一段工夫，使人胸中擾擾，無深潛純一之味，而其發之言語事爲之間，亦常急迫浮露，無復雍容深厚之風。蓋所見一差，其害乃至於此，不可以不審也。程子所謂“凡言心者，皆指已發而言”，此乃指赤子之心而言，而謂“凡言心者”，則其爲説之誤，故又自以爲未當，而復正之。固不可以執其已改之言，而盡疑諸説之誤；又不可遂以爲未當，而不究其所指之殊也。不審諸君子以爲如何？[④]

---

① 《朱子語類》卷第六十二，《中庸》一，第一章，第四册，1490—1520頁。

② 亦作“情”。

③ 亦作“發”。

④ 《晦庵先生朱文公文集》卷六十四，《朱子全書》第二十三册，3130—3131頁。依照王懋竑《朱子年譜》（38—48頁），此書爲朱子在一一六九年四十歲時所寫。湖南諸友包括張南軒（張栻，亦名張欽夫、張敬夫），朱子與之討論中和説以及其他論題，曾有廣泛的往返書

〇程子曰：言天之自然者，謂之天道；言天之付與萬物者，謂之天命。又，“民受天地之中以生”，“天命之謂性”也。“人之生也直”，意亦如此，若以生爲生養之生，却是“修道之謂教”也。又，“上天之載，無聲無臭”。其體則謂之易，其理則謂之道，其用則謂之神，其命于人則謂之性，率性則謂之道，修道則謂之教。（明道）又，“生之謂性”，止訓所禀受也；“天命之謂性”，此言性之理也。又，“天命之謂性，率性之謂道”者，天降是於下，萬物流形各正性命者，是所謂性也，循其性而不失，是所謂道也。“修道之謂教”，此則專在人事，以失其本性，故修而求復之，則入於學，若元不失，則何修之有？（伊川）

〇吕大臨曰：性與天道一也，天道降而在人，故謂之性。

〇游酢曰：夫道不可擅而有也，固將與天下共之，故修禮以示之中，修樂以導之和，此“修道之謂教”也。

劄（《朱子文集》卷三一至三三）。關於張栻傳記，參看《宋元學案》卷五十。張栻往湖南，在一一六七年朱子三十八歲時，熹與栻曾同游於湖南衡嶽。同游者尚有林擇之，朱子曾偕擇之訪張栻於湖南長沙，亦曾與擇之通信，主要討論中和説，朱子在與擇之之書中，曾提及“湖南諸友”，在另一書中，亦提及張栻（《朱子文集》卷四三）。劉蕺山曰：愚按朱子之學，本之李延平，由羅豫章而楊龜山，而程子，而周子。自周子有主静立極之説，傳之二程；其後羅、李二先生專教人默坐澄心，看喜怒哀樂之未發時作何氣象。朱子初從延平遊，固嘗服膺其説；已而又參以程子主敬之説，静字爲稍偏，不復理會。迨其晚年，深悔平日用功未免疏於本領，致有“辜負此翁”之語，固已深信延平立教之無弊，而學人向上一機，必於此而取則矣。湖南答問誠不知出於何時，考之原集，皆載在敬夫次第往復之後，經輾轉折證而後有此定論。則朱子生平學力之淺深，固於此窺其一斑，而其卒傳延平心印，以得與於斯文，又當不出此書之外無疑矣。夫“主静”一語，單提直入，惟許濂溪自開門户，而後人往往從依傍而入，其流弊便不可言。幸而得，亦如短販然，本薄利奢，叩其中藏，可盡也。朱子不輕信師傳，而必遠尋伊洛以折衷之，而後有以要其至，乃所爲善學濂溪者。（《宋元學案》卷四十八，《晦翁學案》上，《黄宗羲全集》第四册，832—833 頁）陳榮捷評述：正如劉宗周所指陳的，此書代表朱子言工夫之究竟處。在此書中，朱子特别强調修身須以平日涵養之功做爲基礎。基礎堅固，則静、默坐與敬俱有助益。這不僅是前儒之教之綜合，而且是一條新進路。（參閲《中國哲學文獻選編》，507—508 頁）所謂“凡言心者”云云，據《二程集·與吕大臨論中書》（605—609 頁），伊川先生曰：“‘喜怒哀樂未發謂之中。’赤子之心，發而未遠於中，若便謂之中，是不識大本也。”亦即“赤子之心可謂之和，不可謂之中。”“凡言心者，皆指已發而言。”又曰：“凡言心者，指已發而言，此固未當。心一也，有指體而言者，（寂然不動是也。）有指用而言者，（感而遂通天下之故是也。）惟觀其所見如何耳。”所謂“及其感而遂通天下之故”云云，據陳榮捷，此概述《易經》中的觀念。即《繫辭》上，第十章：“易無思也，無爲也，寂然不動，感而遂通天下之故。非天下之至神，其孰能與於此！”人心之妙，其動静亦如此。（參朱子《周易本義》，《朱子全書》第一册，132 頁）

○楊時曰：道者百姓日用而不知也，先王爲之防範，使過不及者取中焉，所以教也，謂之修者，蓋亦品節之而已。[①]

○程子曰：道之外無物，物之外無道，是天地之間，無適而非道也。即父子而父子在所親，即君臣而君臣在所敬，以至爲夫婦，爲長幼，爲朋友，無所爲而非道，此道所以“不可須臾離也”。然則毀人倫、去四大者，其分於道也遠矣。故“君子之於天下也，無適也，無莫也，義之與比”。若有適有莫，則於道爲有間，非天地之全也。彼釋氏之學，於“敬以直内”則有之矣，於“義以方外”則未之有也。故滯固者入於枯槁，疏通者歸於肆恣，此佛教所以爲隘也。吾道則不然，率性而已。斯理也，聖人於《易》備言之。（伊川）[②]

○又曰：不偏之謂中，道無不中，故以中形道。又，“喜怒哀樂未發謂之中”，赤子之心發而未遠乎中，若便謂之中，是不識大本也。又，“敬而無失”，便是“喜怒哀樂之未發謂之中也”。敬不可謂之中，但“敬而無失”即所以中也。又，言存養於喜怒哀樂未發之時則可，若言求中於喜怒哀樂未發之前則不可。又，於喜怒哀樂未發之前更怎生求？但平日涵養便是，涵養久，則喜怒哀樂發自中節。又，以事言之，則有時而中，以道言之，何時而不中。（伊川）[③]

○胡炳文曰：孟子性善之論自子思此首一句來，然須看開端一“天”字。程子曰，《中庸》始言一理，末復合爲一理，所謂一理者，即此一天字。又曰萬物各具一理，萬理同出一原，所謂一原者，即此一天字。按朱子曰，《穀梁》言天不以地對，所謂天者，理而已，成湯所謂上帝降衷，子思所謂天命之性是也，是爲陰陽之本，而其兩端循環不已者，爲之化焉。又按致堂胡氏曰，自賦予而言，曰天命；自稟受而言，曰天性；自流行不息而言，曰天道；自道中條理而言，曰天理；自主宰而言，曰天心；自徧覆而言，曰天體；自晷[④]度而言，曰天文；自可推

① 以上關於第一章第一節，《中庸輯略》卷上，4—9頁，《朱子全書外編》第一册。
② 以上關於第一章第二節，《中庸輯略》卷上，11頁，《朱子全書外編》第一册。
③ 以上關於第一章第三節，《中庸輯略》卷上，14—17頁，《朱子全書外編》第一册。
④ guǐ。

而言，曰天數；自甚美而言，曰天休；自可法而言，曰天則；自感應而言，曰天變；自不可犯而言，曰天威。宇宙間無有一能外於天者，子思所謂性、道、教，亦無有一不本於天者，學者能知此身此心所自來者皆天也，其學自不能已矣。又，《易》曰："一陰一陽之謂道，繼之者善也，成之者性也。"子思之論蓋本於此，但《易》先言道而後言性，此道字是統體一太極；子思先言性而後言道，此道字是各具一太極。又，《中庸》開端此三語，雖不露出中字，天命謂性即未發之中，因率性之道而品節之，即時中之中。又，道也者不可須臾離，所以君子必戒慎所不睹，恐懼所不聞，不睹不聞四字，正是釋須臾二字。人有目豈不睹，有耳豈不聞，不睹不聞特須臾之頃爾。道也者，莫見乎隱，莫顯乎微，所以君子必慎其獨，此一獨字正是説上文隱微二字，隱微却是人之所不睹不聞，而我所獨睹獨聞之時之處也。《章句》於《大學》慎獨曰"審其幾"，此曰"幾則已動"，一幾字是喫緊爲人處。上文曰"君子之心常存敬畏"，一敬字是教人用工夫處。戒懼不睹不聞，是幾未動而敬；慎獨則幾已動而敬也。又，自堯舜以至夫子，所謂中者只説已發之中，而子思獨提起未發之中言之，是謂人之本心，如文王周公皆説畫後之易，而夫子曰"易有太極"則畫前元有之易也。大哉斯言，真足以發千古之秘矣！

〇饒魯曰：性、道、教，道字重，《中庸》一書大抵是説道，性原於天而流行於事物則謂之道，修此道而教人則謂之教，所以下文便説"道也者"，如"君子之道費而隱"，"大哉聖人之道"，皆是提起道字説，以此見重在道字。又，子思不説未睹未聞，而曰不睹不聞，"不"字與"未"字不同，未睹未聞是指事未至之前而言，不睹不聞是指事已往之後而言。指事未至之前而言，是由靜處説向動處去；指事已往之後而言，是由動處説入靜處來。君子于日用應事接物之際隨處操存，到得事物既往，若無所用，其戒懼之心猶不敢忘，是用工最密處。《章句》曰："君子之心常存敬畏，雖不見聞，亦不敢忽。"當觀"常"字"亦"字，見得動處做工夫，到靜時亦不敢忽也。又，《中庸》言戒懼不睹不聞與慎其獨，《大學》只言慎其獨，不言戒懼不睹不聞，初學之士且令於動處做工夫。

〇方氏曰：戒懼是保守天理，慎獨是檢防人欲。戒懼是統體做功夫，慎獨是又於萌動處加工夫。其所不睹不聞，其字便是指己之不睹不聞處。①

〇景星曰：王氏曰：此書皆是言道之體用。第一句天是體，性是用；第二句性是體，道是用；第三句道是體，教是用。李氏曰：性道教三字爲一篇綱領，而道之一字又三句之綱領。道由性出，言道而不言性，則人不知道之本原；道由教明，言道而不言教，則人不知道之功用。故言性於道之先，言教於道之後。真氏曰：《孟子·生之謂性》章深言人物之異，此章乃兼人物而言，生之謂性以氣言，天命謂性以理言，以氣言則人物所禀不同，以理言則天之所命則一。又，戒慎恐懼雖是分言，其實只是一事，與下文慎獨却是兩節工夫。戒懼是從外説入，未與物接，静時工夫；慎獨是就内説出，是念慮初萌，動時工夫。要皆不出一敬字。但念慮動處，此是慎獨時節；無所思慮而有所睹聞自外來時，屬戒懼時節。所謂不睹不聞者，是己之不睹不聞，獨者是人之不睹不聞。此兩節上半截皆言道之定體如此，下半截皆是言工夫之方，“道也者”三字是總冠。此兩節只看兩故字，可見此節是操存工夫，所謂“惟一”是也，推而至於極是致中之事。後節是省察工夫，所謂“惟精”是也，推而至於極是致和之事。此段工夫最難，若用意便屬已發，此心要當無物而有主方得。若不思善惡，專務虚静，則流於佛老，佛老以静定爲功，惟恐物來動心，故一切截斷，然後有覺。聖人之學則不然，事來則應，事去則静，應事時固無不敬，至於無所睹聞時亦敬以存之，自然虚明而應事無不當也，學者不可不察。許氏曰：諸書未嘗言戒懼工夫，惟此書言之，蓋子思言道自性上説來，學者欲體道以全性，若無此段工夫，則此心未發時，可在道之外矣。又，上言戒懼不睹不聞，是存之於至静之中，就天理一邊説；此謹獨是察之於將萌之時，就人欲一邊説。又，蓋情發於中而有道心人心之異，曰中節者，是兼指發於道心

① 《四書通·中庸通》,《通志堂經解》第15册，412—413頁。

者。又，戒懼以致中，慎獨以致和，此是君子之學由教而入之事，故曰修道之教亦在其中。性具於心故言心正，情依於氣而行故言氣順。性情專以理言，心氣兼理氣言。天命萬物是有形氣物事，要他相感相應，須兼理氣方盡。胡氏曰：《中庸》一書本只言率性之道，而必推原天地之性；本只言時中之中，而必推原未發之中，皆謂體立而後用有以行也。又，致中自戒懼斂入，致和自慎獨推出。《章句》"約之"便是收斂向裏底意，"精之"便是辨别幾微底意。且致中和如何會天地便位萬物便育，蓋天地乃我之大父母，而吾之身本大父母之遺體，惟其一體也，故吾心可感天地之心，吾氣可感天地之氣，故其效驗如此。但致和以行事中節言，不特在我身之氣順，萬物便育，又須要所以處物之道與施於政事者，皆得其宜方是。中即天命之性，和即率性之道，致中和而位育即所謂修道之教。此位育專自有位者言之，若自無位者言，則一身一家亦各有箇天地萬物。若致得一身中和，則心正氣順，自然睟面盎背，動容周旋中禮，亦是位育；若致得一家中和，如孝感而父母安，慈化而子孫順，弟友而兄弟和，處敬而夫婦正，寬御而奴僕盡其職，以至一家之事莫不當理，皆是位育。又，此書爲造聖門之閫奥，首章乃子思子自著之格言也，其意本《商書》"惟皇降衷"處言之，真是發前古聖賢之所未發。有本原有工夫有功用，凡篇中言中言道言誠，皆率性之謂。言擇善誠身學問思辨以致其力，皆慎獨之謂。言贊化育參天地篤恭天下平，皆位育之謂。真一篇之體要也。①

〇船山曰："所不睹"者，所不睹耳，非無所睹也。"所不聞"者，所不聞耳，非無所聞也。遇物而感，觸意而興，則睹之聞之，獨知之幾也。萬事萬物之理持於心而不忘，不待睹聞而後顯見，此則所謂"所不睹""所不聞"也。"戒慎""恐懼"者，持其正而弗失之謂，此即《大學》之所謂"正心"也。"敬畏"，以言其功爾。無所睹聞而有所敬畏，蓋赫然天理之森著矣。又，唯夫天理之本然，渾淪一理而萬殊皆備，仁者見仁，知者見知，君子見其參前而倚衡，聖人見其川流而敦化，至大

① 《大學中庸集説啓蒙·中庸》卷上，景印文淵閣《四庫全書》第204册，1014—1019頁。

而不易舉也，至密而不易盡也，至變而不可執也，非豫存諸心而敬畏以持之，則物至事起，雖欲襲取以爲義而動乖其則，此則無物不有，無事不然，而不待既睹其形，既聞其聲，乃以揀是非而施戒懼者也。君子之道至此而至矣，爲異端者未有能與焉者也。不知有此，乃始求之於感應，求之於緣起，陷溺終身而不拔，不亦宜乎！又，既常戒懼，天則炯然，而後善者審，不善者著，加謹之功乃起焉。若未嘗戒懼，則一念之惡未有凶危之象，昏然莫察其是非，至於人之視己如見其肺肝，而後悔而思揜，初無有所謂獨知，則亦無從致其慎也。蓋庸人後念明於前念，而君子初幾捷於後幾，遏人欲所以全天理，而唯存天理者乃可以遏人欲，是存養爲聖學之本，而省察其加功，固有主輔之分也。又，“無所偏倚”，言其時凝聚保合之氣象耳。無所偏倚而無不存，然後其發也有所偏倚而仍無所乖戾，是以謂之“大本”。又，唯存養而後可以省察，唯致中而後可以致和，用者用其體也；唯省察而後存養不失，唯致和而後中無不致，體者用之體也。又，此章之義，中爲體，和爲用，存養爲主，省察爲輔。體用主輔合一以爲道，而内外本末歷然自分，聖學所以爲萬善之統宗而非異端之所可冒也。[①]

〇又曰：本文自天命説到教上，順理以言之。其立言之意，則自教推原到天上去，以明修道之教，本以率性，而所率之性，乃天之所以爲天而命乎人者，故修道者不可但於事爲上求合於道，必静存以體天理不息之誠，洞察以謹天理流行之機也。此章分二段，皆言以人合天之理。前三節自天命説到道、教上，以明性命於天，必修道以率之，理之本然即爲功之必然。後二節自性情中和之本體説到位天地育萬物上，以明能率性以修道，則固有之本體必極乎皆備之大用。“天命之謂性”兼人物言，若子思本旨，則止説人性，何曾説到物性上。至於“率性之謂道”亦兼物説，尤爲不可。此二句斷不可兼物説。教字與學字大要同，所以爲學之法即教也。“聖人立教”亦非本文之意，看下文及一部《中庸》便見。禮樂刑政固亦是教，而此章所言之教，即下存養省察之學，所謂

① 《禮記章句》卷三十一，《中庸》第一章，《船山全書》第四册，1249—1254 頁。

由教而入也。“莫見乎隱”節，此必有存養之功，方得莫見莫顯，玩《或問》則知之。此上言君子知道之率於性，而爲天命所時與人陟降者，故其修之之功必如此其密也。乃由理之當然，知工夫之必然。“喜怒哀樂”二節，言性情本有中和之德，以具衆理、應萬事，故能存養省察以致之，則其功效有周遍乎天地萬物之大用也。最後，“位焉”“育焉”，言君子皆有以位之育之也。“位”者，裁成輔相，以成其覆載生成之本職；“育”者，各得其所，無暴殄之傷，而全其才以成其用也。凡言天地，皆以神化言，不以穹然在上之天、積土在下之地言。自第二章以下至十一章，皆以人之不能中庸者步步説去。自小人以至遵道之君子皆不能，而以“唯聖者能之”結之，“唯”字總頂，此一段之脈絡也。“小人”是自暴之惡人，“民”則不知有中庸之庸衆。“知愚”“賢不肖”，乃欲學中庸而限於氣質之偏，不能盡力以擇執者。“索隱行怪”，乃用力擇執而偏者。“遵道之君子”，則所遵者正，而不能静存洞察以致中和者。歷數之而皆不能，故曰：“唯聖者能之。”①

〇又曰：《章句》之旨，本自程子。雖緣此篇云“育物”，云“盡物之性”，不容閒棄其實，則程、朱於此一節文字，斷章取義，以發明性道之統宗，固不必盡合《中庸》之旨者有之矣。兩先生是統説道理，須教他十全，又胸中具得者一段經綸，隨地迸出，而借古人之言以證已之是。又，審乎此，則所謂性、道者，專言人而不及乎物，亦明矣。又，自其德之體用言之，曰中庸；自聖人立此以齊天下者，曰教。自備之於至德之人者，曰聖人之道；自凝之於修德之人者，曰君子之道。要其出於天而顯於日用者，曰禮而已矣。故禮生仁義之用，而君子不可以不知天，亦明夫此爲《中庸》之極至也。又，《大學》言慎獨，爲正心之君子言也。《中庸》言慎獨，爲存養之君子言也。又，“莫見乎隱，莫顯乎微”，自知自覺於“清明在躬、志氣如神”者之胸中。即此見天理流行，方動不昧，而性中不昧之真體，率之而道在焉，特不能爲失性者言爾。則喜怒哀樂之節，粲然具於君子之動幾，亦猶夫未發之中，貫徹純全於

① 《四書箋解》卷二，《中庸》，天命之謂性章，《船山全書》第六册，124—128 頁。

至静之地。而特以静則善惡無幾，而普遍不差，不以人之邪正爲道之有無，天命之所以不息也；動則人事乘權，而昏迷易起，率性之道所以繇不行而不明也，故必待存養之有功，而後知顯見之具足也。一章首尾，大義微言，相爲互發者如此。《章句》之立義精矣。又，章首三個“之謂”，第四節兩個“謂之”，是明分支節處。又，“天命之謂性”三句，是從大原頭處説到當人身上來。“喜怒哀樂之未發”二句，是從人心一静一動上説到本原去。又，是兩段文字，自相唱和，各有原委，固然其不可紊矣。又，要以援天治人爲高舉之，以責功之不可略，推人合天爲切言之，以彰理之勿或爽；則中庸之德，其所自來，爲人必盡之道；而中庸之道，其所徵著，爲天所不違之德。一篇之旨，盡於此矣。又，“喜怒哀樂之未發謂之中”，是儒者第一難透底關。又，今詳諸大儒之言，爲同爲異，蓋不一矣。其説之必不可從者，則謂但未喜、未怒、未哀、未樂而即謂之中也。又，未發之中，誠也，實有之而不妄也。時中之中，形也，誠則形，而實有者隨所著以爲體也。實則所謂中者一爾。又，以在天而言，則中之爲理，流行而無不在。以在人而言，則庸人之放其心於物交未引之先，異端措其心於一念不起之域，其失此中也亦久矣。又，善者，中之實體，而性者則未發之藏也。又，在中則謂之中，見於外則謂之和。在中則謂之善，（延平所云。）見於外則謂之節。乃此中者，於其未發而早已具徹乎中節之候，而喜、怒、哀、樂無不得之以爲用。又，子思之旨，本以言道之易修，而要非謂夫人之現前而已具足。程、朱、延平之旨，本以言中之不易見，而要非謂君子獨有，而衆人則無。互考參觀，並行不悖，存乎其人而已。又，朱子爲貼出“各有攸當”四字，是喫緊語。喜、怒、哀、樂，只是人心，不是人欲。“各有攸當”者，仁、義、禮、知以爲之體也。仁、義、禮、知，亦必於喜、怒、哀、樂顯之。性中有此仁、義、禮、知以爲之本，故遇其攸當，而四情以生。乃其所生者，必各如其量，而終始一致。又，惟性生情，情以顯性，故人心原以資道心之用。道心之中有人心，非人心之中有道心也。則喜、怒、哀、樂固人心，而其未發者，則雖有四情之根，而實爲道心也。又，《或問》“喜、怒、哀、樂，各有攸當”二句，安在

“方其未發”上，補本文言外之意，是别嫌明微，千鈞一髮語。“渾然在中”者，即此“各有攸當”者也。到下段却云“皆得其當”，“得”字極精切。言得，則有不得者。又，不是喜怒哀樂之未發便唤作中，乃此性之未發爲情者，其德中也。又，中節則無所乖，皆中節則無所戾矣。又，蓋天地所以位之理，則中是也；萬物所以育之理，則和是也。又，本文用兩“焉”字，是言乎其功也。《章句》改用兩“矣”字，則是言乎其效也。今亦不謂聖神功化之極，不足以感天地而動萬物，而考之本文，初無此意。又，若其爲吾身所有事之天地萬物，則其位也，非但修吾德而聽其自位，聖人固必有以位之。其位之者，則吾致中之典禮也。非但修吾德而期其自育，聖人固有以育之。其育之者，則吾致和之事業也。祀帝於郊而百神享，在璿[①]璣玉衡而四時正，一存中於敬以位天也，而天以此位焉。奠名山大川而秩祀通，正溝洫田疇而經界定，一用中於無過不及以位地也，而地以此位焉。若夫於己無貪，於物無害，以無所乖戾之情，推及萬物，而俾農不奪、草不竊、胎不伐、夭不斬，以隨百穀之昌、禽魚之長者，猶必非取效於影響也。（萬物須用之，方育之，故言百穀禽魚。若兔葵、燕麥、蠛蠓、蚯蚓，君子育之何爲？又况堇草虺蛇之爲害者耶?）[②]

〇又曰：古之聖人，本其性之至善者而盡存養省察之功，爲内治密藏之極致，乃以發爲日用之所當爲者，皆得夫大中至正之道，而無過不及。存之爲誠，成之爲知仁勇，發之爲言行動，施之爲禮樂刑政。於是功化之極，與天地合德，而民物受治焉。其内外合一之至德，名之曰中庸。吾夫子體之，子思述之以詔學者。又，然則惟道之原於天而備於性，而不可離，故君子不得不有静存之功；道之無念不與天相凝承，無事不與性相終始，故君子不得不有省察之功。原本於道之所自出，而知功之不可略也，此中庸之學所由起也。又，惟吾性之爲静爲動皆函天下之理，而道爲體爲用皆不離乎性情，故有其德必有其業，而但在君子能

① xuán。

② 《讀四書大全説》卷二，《中庸》第一章，《船山全書》第六册，455—476頁。

致之也。君子以其戒慎恐懼者存養於至静之中，而喜怒哀樂未發之際，人以爲虚而無物者，君子以爲實而可守，則存養之熟，而無一時之不涵萬理於一原，則心之正也，無有不正者矣。君子以其慎獨者省察於方動之頃，而喜怒哀樂固然之節，存之於未起念之前而不紊者，達之於既起念之後而不違，則省察之密，而無一念之不通群情以各得，則氣之順也，無有不順焉矣。吾之心正，而天地之心可得而正也。以之秩百神而神受職，以之爕陰陽、奠水土而陰陽不忒、水土咸平焉，天地位矣。何也？吾之性本受之於天，則天地亦此理也，而功化豈有異乎？吾之氣順，而萬物之氣可得而順也。以之養民而澤遍遠邇，以之蕃草木、馴鳥獸而仁及草木、恩施禽獸焉，萬物育矣。何也？吾之情本因天地生物之情而以成物之性，則萬物有是情也，吾性原有是情也，而功化豈有憾乎？然則吾性之大中即天地之正理，故盡其情而德建乎天地；吾情之至和爲萬物之託命，故慎其情而德行乎萬物。推致夫道之所備，而知德之所自成也。此中庸之德所以盛也。而天曰在人中，性曰在心中，道曰在性情之中，教曰在天下，而非其人不能體也。吾將求夫能明行之者，而豈易言哉！[①]

〇吕留良曰：群言淆亂，總不知天，因疑及聖教，知天則下面都不錯。惟就這性之最上同然處看出健順五常之至善，乃天命同然之本，故曰“天命之謂性”，與孔子“繼之者善，成之者性”，孟子“道性善”，皆一綫印合之理，非有所輕重立説也。此孔子子思之言也。言“自然”，謂性之善，本固有自然，非由外鑠，此正義也；若謂一切動止，無非自然，即邪説矣。説“不已”，指此理之不已，則正義也；但空説不已，亦可扯入邪説去。“率”字只在理上説，不在人物用力上説。“率性”，只説箇道理本然如是，是指理上事，而氣在其中，所謂自然者，謂“率”字不説工夫耳。不行日用當行之路者，不過在上面過不及耳，不可離者率性故也。一部《中庸》，只明一“道”字。性者，推道之原，教者，明道之事，三句總以言道也。首句從天説來，末句從聖人看出，

① 《四書訓義》（上）卷二，《中庸》一，第一章，《船山全書》第七册，104—109 頁。

中間率性又人與物共，要之此道爲吾之所固有，只在吾身一看，則天與聖人人物總在這裏，《中庸》拆開説有此層次耳，天與聖人即吾身是，性命與教即吾身之道是。上兩句一滚出來，纔有天，便不得不生人物；纔生人物，便有此性；纔有此性，便有此當然之道，一有百有，中間更無停待安排處。故不但“命”字自然，“率”字亦自然，命與率皆天之不已，有不得不然之妙，到聖人之教，似出人爲，然必如此，乃還天命之本來，此聖人之不已，有不得不然者，亦即天之不得不然也，然此間却有一折。只爲氣質有偏勝闕欠，便不能完此理之固有，故聖人爲之品節而裁成之，不，則天命或幾乎息，而道不行於天地之間。聖人原只在自己分上設施，未嘗外假也。聖人之教與天命之性，原無二理也。性道本不可分，但性上著不得“修”字耳，實則修道而性復其中。全部《中庸》只完得修道之教也。“修道之謂教”一句，是子思全部總敍，上二句是此句楔子，此以下至終篇，皆所以修之法也，故此句須直承第一句説。禮樂刑政，即是天命之性。子思立説以辨明聖教，看上兩箇“之謂”，正爲第三箇“之謂”而設。害道者曰“三教”，教豈有三乎？則又從而甚至曰“三教合一”，嗚呼！其所謂三者，釋也，道也，秀才也，而無聖教也！其所謂合一者，釋釋也，道釋也，秀才亦釋也，而無聖教也！聖教遂亡乎？天地自若也，日月自若也，山川自若也，無存亡也。豈不知堯舜禹湯文武周公皆老儒也，道學先生也，則何儒與道學之有？作君作師，教無異官，官失其職而有孔孟耳。禮樂刑政，教無異事，事失其治而有講述耳。

又，道不可離，因爲從性命中與生俱來，非由外爍我，雖不明不行，道却未嘗頃刻離我。此雖承上注下轉接語，却是《中庸》絶大關捩，下十二章至二十章，皆發明此句之義。“戒慎”二句，是君子統體操存心法，就盡頭形容其全身，不睹不聞而戒慎恐懼，則無時無地不然也。必從睹聞説到不睹聞，斯理方圓，實吾道精微處。“莫見”“莫顯”，只在當下獨知中言，非指隱微之必至於顯見也。此節與《大學》“十目所視”節，人每説錯。此二句即十目十手其嚴之意，見幽獨之可畏如此。慎獨只在動静之交接處，又加謹耳，蓋此是惡初生處，斬根須在此也。上一節工夫是總冒，此節是細分緊關，分明兩節工夫，若作兩對説便不是。工夫鑿然兩節，但上一節是總段工夫，此節是逐處緊要工夫，提省界眼，有此兩節，做時原只是一片，不曾拈一放一也。戒慎恐懼是兼統動静工夫，此節則自静之動分界之幾也，時講與上節對分動静者非是。上節是統體處，不專説静；此節是分界頭上，亦不專説動。此章從天命大原一直説下，故慎獨在戒慎恐懼後，若學者下手次第，却須先從慎獨做起，看末章自見。

又，“和”易見，“中”難説，故“中”字就“喜怒哀樂”四字而指其未發爲言，借有象以明無象。健順五常是性，即此性之具於中而未動處謂之中，與太極之無極相似，非性之上另有一件中，猶之太極之上非更有無極也。發而皆中節謂之和，是言人心性情之德其本來道理如此，而養成者即下“致”字中事，養成乃復得此和，非本然之和也。中和只是此中和，工夫亦只是戒懼慎獨，於戒懼慎獨中做到積累純熟極盡處，纔叫得“致”，纔有位育效驗。“致”字從戒懼慎獨推至於中和之極而言，若未到極處，有一分中和，亦必有一分應驗，但要到“位育”則非致極不可耳。兩“焉”字極有理會，不是如何去位育，亦不是他自然位育，只看日星災變，山川崩竭，人物妖異，天下有道自稀少，到無道時自頻多，天人相與之際，非偶然也。不然，以法推之，何嘗不是一定之數，又何必修省補救乎？戒懼以致中，慎獨以致和，故位育分屬，此對待之理也。戒懼兼動静，慎獨在動幾，猶敦化之於川流，故萬物統乎天地，天地又統乎天，此一貫之理也。[①]

〇汪紱曰：子思子首述此章，只爲發明一“道”字，而要得道字明白，則不得不推出此道本原，故先言性出於天。又欲得盡人有造道工夫，故復言教不外於道。三個“之謂”字，皆指點示人之辭，辭嚴而意切也。天命本兼有理氣，而“天命之謂性”云，則指其不離乎氣而不雜於氣者言之，以兼氣言，則“率性之謂道”句説不去也。然率性之道專以理言，而修道之教處仍當補入氣講，故《章句》急接云“氣稟或異”，

① 《四書講義》卷二十四，《中庸》一，中册，519—531頁。

蓋不補氣稟，則教字亦説不去也。然性、道言理不兼氣，今人自知；而命、性、道、教，皆兼人物言，今人便都畔注，此自應氏始。率乎性之自然而自無不合乎事物當然之理，此即下文所謂達道之和，人道之當然而即所各得乎天道之本然者也。道率乎性，性命於天，此言道之本原出於天而不可易也。性具於心而率性即道，此言道之實體備於己而不可離也。氣稟有過不及，而道則無不中矣，而曰"修道之謂教"，何哉？曰道無事乎修，只就事物上修其過不及以合於道。率性之道，致和之教也；天命之性，致中之教也。然性、道雖兼人物，而教却只是教人，物不足以通於人，而人能盡性以盡物性也。子思言此本責成人體道耳。

又，首節三語，道術已明，子思子憂人之不知所用功也，故重提道之不可離，以示人存養省察之要道也者。戒慎不睹，恐懼不聞，確是説静存；慎獨確是説動察。朱子定説，《章句》自明。《章句》於不睹不聞曰"存天理之本然"，是緊照致中；於慎獨曰"遏人欲於將萌"，是緊照致和。戒慎恐懼只是敬畏二字，與下慎獨"慎"字原無大分别，只不睹不聞與"獨"字異。又或謂《大學》"慎獨"在咽喉把握而緊，此"慎獨"在元氣保護少鬆，此亦不然。兩慎獨都在咽喉把握，一些鬆不得，但《大學》言工夫從外邊攝入，故先誠意而後正心。此章從性命源頭説下，故先静存而後動察。要之，君子用功則必動静交養，事雖已過，敬畏常存，念慮甫生，省幾尤審。而初學用功，又必宜先從用處把握起，故末章下學入德，則亦先言省察而後存養。此其所言之序之所以不同也。人心是最活物事，不肯少休，絶無所爲無思慮時，所謂静者，只前事已過後念未起時而已，非空寂也。静中戒懼原不可忒著力，注"不敢忽"三字最好。只將此心體提著打疊乾净，如前事已過不敢留滯，後念未起不敢意必，不使不睹不聞之中稍有適莫之意而已。

"中和"二字首節已寓，此只點明，乃用功之所以然，未涉用功，或以工夫言，謬也。不以仁義禮知言性，而以喜怒哀樂之未發言性者，仁義禮知全是理，喜怒哀樂兼著氣，正要從不離於氣者之内指出不雜於氣者來，方顯得夫婦知能。又不偏不倚者，不偏於喜不偏於怒也，若仁義却説不得不偏於仁不偏於義矣，然仁義禮知亦不外喜怒哀樂上也。言所謂率性，若非和之故，則有過不及。若惻隱四端則全是和之故，無不和之故，故惟喜怒哀樂有不中節時，故須致和工夫也。已發便有喜有怒，説不得不偏，但當喜而喜當怒而怒，却於此事物之中已相脗合。和者不戾於事物之理，即本體具備之理。天下大本，天下達道，“天下”亦兼物在内，蓋中和二字須貼人言，而大本中則具萬物之理，達道中亦該接人待物之事。若漏却物字，則末節萬物二字直接不上。

又，天地有性命而盡否由人，天以全畀人，人亦一天地，故一念偏倚，則乖氣應之；一事乖張，則一物受害。中即天命之性，和則率性之道，《章句》於位育言修道之教亦在其中。其實存養省察工夫，生安不廢，如舜禹之安止幾康，文王之緝熙敬止，孔子之無所不謹，何嘗非動静交致其功？但聖人是自然之純亦不已，學者則尤必勉於存養省察以至之耳。乃或者不察，而遂以修道之教爲通章領脈，是亦謬也。中和非兩事，存察非兩截工夫。中之至自無不和，和之至亦必無不中者。天地位，則萬物亦自無不育。然性情本只一原，存察要必分兩事。不存養則静時心先不存，將甚去省察於動，然存養而不省察，則又恐無以遏欲而盡夫事理之當然；不省察則動念時且不能慎，又況静時何以用力，然省察而不存養，則又是無其本也。故必二者交致其功，總之所以全其性天，其實非有兩事，體立而後用行，蓋主静立人極，涵養須用敬，自初學已然，而工夫自得之淺深則有漸而入，立體所以爲致用之基，而既能於用上用功，則静體益宜加密，非只一主静了事。

又，上第一章。道原於天而備於已，本然之道體也；存養於静省察於動，當然之工夫也；天地以位萬物以育，自然之效驗也。子思言工夫處固是教人體道，即其言道體言效驗，亦不過欲人曉得這道而肯用其體道之功耳。但其於勉學者意未及究竟，故此下十章以知仁勇爲入道之門，皆以終此章未及言之意。[①]

〇錢穆曰：我認爲，《中庸》“天命之謂性”，此語“性”字，是兼指人性、物性而言的。而朱子把人性、物性兼視《中庸》“性”字，較

① 《四書詮義》上，卷二，《中庸》，《叢書集成三編》第10册，398—405頁。

近《中庸》本書之原義。又，因此朱子看《中庸》道字，連“覆載生成”和“寒暑災祥”都包括在内了。連“鳶飛魚躍”，也是化育流行，也莫非包括在内了。又，《中庸》本書言“道”，必分别天道、人道言。又，然《中庸》本書，則實是將人附屬於自然而言者。又，直到第三句“修道之謂教”，纔始是專落到人生界。又，故率性之“率”，仍屬自然界；修道之“修”，乃始落實到人文界。又，聖人站在人的立場，則不得不就此自然之道之全體而稍加以品節。“品”是“等次”義。譬如説虎狼是暴獸，麟鳳是仁獸。期間便生出善與惡的分别來。“節”是“制度”義，要使天地間一切變化莫對人太過了分，太踰了節。當知此等亦便是“修道之謂教”之一項目中之所有。又，聖人也只是修道而立教，品節此道以立教；也即是就於人類之天性，即自然之道，而加以一些品節而爲教。聖人之教，則仍未違離於此“天命之性”，也仍未違離於此“率性之道”。换言之，則仍未違離於“自然”。就《中庸》本書言，則亦是仍未違離於此“誠”。聖人只是由“誠”而“明”。明了些什麽？聖人所明，則不僅明此天道之誠，又於天道之誠之中，明出對於人道之“善”來。[①]

〇鄭玄曰：天命，謂天所命生人者也，是謂性命。木神則仁，金神則義，火神則禮，水神則信，土神則知。《孝經説》曰：“性者，生之質。命，人所稟受度也。”率，循也。循性行之之謂道。修，治也。治而廣之，人放傚之，是曰教。又，道，猶道路也。出入動作由之，離之惡乎從也？又，小人閒居爲不善，無所不至也。君子則不然，雖視之無人，聽之無聲，猶戒慎恐懼自修正，是其不須臾離道。又，慎獨者，慎其閒居之所爲。小人於隱者，動作言語，自以爲不見睹，不見聞，則必肆盡其情也。若有覘[②]聽之者，是爲顯見，甚於衆人之中爲之。又，中爲大本者，以其含喜怒哀樂，禮之所由生，政教自此出也。又，致，行之至也。位，猶正也。育，生也，長也。

---

① 錢穆《關於中庸新義之再申辯》，《錢穆先生全集》（新校本），《中國學術思想史論叢》（二），137、147、151、153—155頁。此文是針對徐君對作者的《中庸新義》的批評而作。

② chān，窺視。

○孔穎達曰：此節明中庸之德，必修道而行。謂子思欲明中庸，先本於道。又，天本無體，亦無言語之命，但人感自然而生，有賢愚吉凶，若天之付命遣使之然，故云“天命”。有剛柔好惡，或仁，或義，或禮，或知，或信，是天性自然，故云“之謂性”。又，依循性之所感而行，不令違越，感仁行仁，感義行義之屬，不失其常，合於道理，使得通達。又，謂人君在上，修行此道，以教於下。又，案：《易·乾·彖》云“乾道變化，各正性命”是也。皇氏云：“東方春，春主施生，仁亦主施生。”秋爲金，金主嚴殺，義亦果敢斷决也。夏爲火，火主照物而有分別，禮亦主分別。冬主閉藏，充實不虚。水有内明，不欺於物，信亦不虚詐也。金、木、水、火、土無所不載，土所含養者多，知亦所含者衆。又，賀瑒云：“性之與情，猶波之與水。静時是水，動時是波，静時是性，動時是情。案：《左傳》云‘天有六氣，降而生五行’，至於含生之類，皆感五行生矣。唯人獨稟秀氣。被色而生，既有五常仁、義、禮、知、信，因五常而有六情，則性之與情，似金與鐶印。鐶印之用非金，亦因金而有鐶印。情之所用非性，亦因性而有情。則性者静，情者動。但感五行，在人爲五常，得其清氣，備者則爲聖人，得其濁氣，簡者則爲愚人。降聖以下，愚人以上，所稟或多或少，不可言一，故分爲九等。孔子云：‘唯上知與下愚不移。’二者除外，逐物移矣。故《論語》云：‘性相近，習相遠也。’亦據中人七等也。”又，聖人修行仁、義、禮、知、信以爲教化。道，猶道路也。道者開通性命，猶如道路開通於人，人行於道路，不可須臾離也。若離道則礙難不通，猶善道須臾離棄則身有患害而生也。又，若荒梗塞澀之處，是可離棄，以非道路之所由，猶如凶惡邪僻之行，是可離棄，以亦非善道之行，故云“可離非道也”。又，言君子行道，先慮其微，若微能先慮，則必合於道，故君子恒常戒於其所不睹之處。人雖目不睹之處猶戒慎，况其惡事睹見而肯犯乎？故君子恒常戒慎之。又，言君子恒恐迫畏懼于所不聞之處。不睹不聞，猶須慎懼，况睹聞之處，恐懼可知也。又，言凡在衆人之中，猶知所畏，及至幽隱之處，謂人不見，便即恣情。人皆佔聽，察其罪狀，甚於衆人之中，所以恒須慎懼如此。以罪過愆失，無見於幽隱之處，無顯露於細微之所也。又，以其隱微之處，恐其罪惡彰顯，故君子之人，恒慎其獨居。言雖曰獨居，能謹慎守道也。又，言喜怒哀樂，緣事而生，未發之時，澹然虛静，心無所慮，而當於理。雖復動發，皆中節限，猶如鹽梅相得，性行和諧。又，言情慾未發，是人性初本；情慾雖發，而能和合道理，可通達流行。又，言人君所能，至極中和，使陰陽不錯，則天地得其正位焉，生成得理，故萬物其養育焉。①

〇李翱曰：人之所以爲聖人者，性也；人之所以惑其性者，情也。喜怒哀懼愛惡欲，七者皆情之所爲也。情既昏，性斯匿矣。非性之過也，七者迴圈而交來，故性不能充也。情不作，性斯充矣，性與情不相無也。雖然，無性則情無所生矣。是情由性而生，情不自情，因性而情，性不自性，由情以明。性者天之命也，聖人得之而不惑者也；情者性之動也，百姓溺之而不能知其本者也。聖人者豈其無情耶？聖人者，寂然不動，不往而到，不言而神，不耀而光，制作參乎天地，變化合乎陰陽，雖有情也，未嘗有情也。然則百姓者，豈其無性耶？百姓之性與聖人之性弗差也，雖然，情之所昏，交相攻伐，未始有窮，故雖終身而不自睹其性焉。② 又，人生而静，天之性也，性者天之命也。率，循也，循其源而反其性者，道也。道也者，至誠也。至誠者，天之道也。誠者定也，不動也。誠之者，人之道也。誠之者，擇善而固執之者也。

---

① 《禮記正義》卷第六十，《中庸》第三十一，下册，1987—1990頁。鄭、孔似將戒懼與慎獨説成同一回事情了。再者，孔氏將“可離非道也”解爲可離棄非善道，倒獨特。另據錢穆，他以爲對於“喜怒哀樂未發之謂中”的解釋鄭注與孔疏似有不同，亦即：鄭以“含喜怒哀樂”爲“中”，猶言“喜怒哀樂藏於此”，不言其“當理”與否也。“中”猶言内，“發”猶言外，此以内外言，不以時節先後言。孔始明説“未發之時”，則“中”“和”乃成前後兩截矣。又曰：“澹然虛静，心無所慮。”此種心境，莊老屢言之，蓋魏晉以下所盛唱，又染之以佛説，東漢儒學尚不爾。宋儒極看重《中庸》，其討論此語，大率近孔《疏》，無取鄭《注》者。但通常禮家以“慎獨”指“内心”，“已發”指“外心”，“致中和”即“合内外”之道。故知鄭注較得《中庸》本義，殊不可忽。[錢穆《思室讀書記》，《錢穆先生全集》（新校本），《中國學術思想史論叢》（二），178—180頁]

② 有李石岑以爲：這段話可看作“喜怒哀樂之未發，謂之中；發而皆中節，謂之和”的注脚。可謂能抉發中和的要旨，而性情之關係，自是益明。（邱志華主編《李石岑學術論著·中國哲學十講》，188—189頁，杭州：浙江人民出版社，1998年）

修是道而歸其本者明也。教也者，則可以教天下矣，顔子其人也。“道也者”云云，説者曰：其心不可須臾動焉故也。動則遠矣，非道也。變化無方，未始離於不動故也。“是故君子戒慎乎其所不睹”云云，説者曰：不睹之睹，見莫大焉，不聞之聞，聞莫甚焉。其心一動，是不睹之睹，不聞之聞也，其復之不遠矣。故君子慎其獨，慎其獨者，守其中也。又，聖人至誠而已矣。堯舜之舉十六相，非喜也。流共工，放驩兜，殛鯀，竄三苗，非怒也。中於節而已矣。其所以皆中節者，設教於天下故也。《易》曰：“知變化之道者，其知神之所爲乎？”《中庸》曰：“喜怒哀樂之未發謂之中，發而皆中節謂之和。中也者，天下之大本也。和也者，天下之達道也。致中和，天地位焉，萬物育焉。”《易》曰：“唯深也，故能通天下之志；唯幾也，故能成天下之務；唯神也，故不疾而速，不行而至。”聖人之謂也。[1]

〇王安石曰：《易》曰“窮理盡性以至於命”，《易》何以不先言命，而此何以首之？蓋天生而有是性、命，不修其道，亦不能明其性、命也。是《中庸》與《易》之説合，此皆因中人之性言也。故曰：“自誠明，謂之性；自明誠，謂之教。”夫教者在中人，修之則謂之教。至於聖人則豈俟乎修而至也！若顔回者，是亦中人之性也，唯能修之不已，故庶幾於聖人也。

〇魏了翁曰：成湯告民於亳曰“民有常性”。周武誓衆于盟津曰“人爲物靈”。凡皆立國之初，是爲群言之首，蓋大本要道無以先此。《大易》聖人所以開物濟民者也，首於乾坤發明性善之義，曰“大哉乾元，萬物資始”。曰“至哉坤元，萬物資生”。凡各正性命于天地間者，未有不資於元。元則萬善之長，四德之宗也。猶慮人之弗察也，於《繫辭》申之曰“一陰一陽之謂道，繼之者善也，成之者性也”。猶曰“是理也，行乎氣之先，而人得之以爲性”云爾。曰“成性存存，道義之門”，則又示人以知禮成性，道義皆由此出也。而終之曰“聖人之作

[1] 《復性書》上、中，《李文公集》卷二，景印文淵閣《四庫全書》第1078册，106—107、109—110頁。

《易》也，將以順性命之理”，是則《易》之爲書，其大本要道，顧有先於此者乎？故子思於《中庸》撮其要而言之，若曰：天所以命于人，則謂之性；率乎性而行之，則謂之道；即是道而品節之以示訓，則謂之教。嗚呼！聖賢之心，後先一揆，故《中庸》之首，則《易》與《誥誓》之首也。

〇蔡淵曰：言性、道、教之所以明也。性者，天理之混然；道者，循性之自然；教者，聖人因其自然而品節之，使學者有所持循也。又，“道也者，不可須臾離”以下，言未發時也，戒謹不睹，恐懼不聞者，所以閑邪而存其誠也；“莫見乎隱”以下，言發時也，謹獨者，所以審其念慮之初發也。又，道者率性之謂，學者於道不可頃刻而離，若其可離，則非率性之道矣。故雖不睹不聞至静之頃，亦當戒謹恐懼，而閑邪存誠也。又，自“天命之謂性”至“萬物育焉”爲一篇之體。下言德者，主中而爲言也；言道者，主和而爲言也；言至誠者，即致中和之義也。

〇顧元常曰：以“中庸”名書，而發端之詞若此，明“中庸”即天命之性，率性之道，修道之教也。此性本體清明廣大，所謂太極者也，良知良能具焉，萬善出焉，曰“中”，曰“庸”，聖人所以明此性之德爾，人之生也均稟此性。以形體言之，天亦由此理而生，由此理而運行。今而曰“天命之謂性”，不以形體論，而以義理言之也。自然之理謂之天，天之有命，理之所不容違者也，人性本於自然不得不然，故曰“天命之謂性”；人僞不萌，順理而動，聖人之能事畢矣，故曰“率性之謂道”；由是而有所述作，以綱理世變，以啓廸人心，故曰“修道之謂教”。又，或曰子思以“中庸”名篇，而此乃推言“中和”，何也？曰：道無定名，言有歸趣，故道一也。自其寂然未發形而言之，謂之“中”；自其悠久不變而言之，謂之“庸”；自其順動協應而言之，謂之“和”。豈有二道哉？

〇袁甫曰：太極未分，包括陰陽；分陰分陽，太極在中。一而萬，萬而一。故是書之作，或獨言“中”，或獨言“庸”，或並言“中庸”。獨言“中”，而“庸”未嘗不在也；獨言“庸”，而“中”未嘗不在也；

並言“中庸”，而無所不在也。

○周諝曰：喜怒哀樂之未發，正性也，故謂之“中”；發而皆中節，正情也，故謂之“和”。性以情爲用，和以中爲體。故以體言之，則“中爲天下之大本”；以用言之，則“和爲天下之達道”。中譬則見也，和譬則利也。七情言其四者，言喜則兼愛欲，言怒則兼惡也。

○真德秀曰：“致中和”而天地位萬物育。此參天地贊化育之事也，可謂難矣。然求其所以用功者，不過曰“敬”而已。蓋不睹不聞之時而戒懼者，敬也；己所獨知人所未知之時而致謹者，亦敬也。静時無不敬，即所以致中；動時無不敬，即所以致和。爲人君者但當恪守一敬，静時以此涵養，動時以此省察，以此存天理，以此遏人欲，工夫到極處，即所謂致中致和，自然天地位萬物育。如箕子《洪範》所謂“肅、乂、聖、哲、謀，而雨、暘、燠、寒、風應之”。董仲舒所謂“人君正心以正朝廷、正百官、正萬民，則陰陽和，風雨時，諸福百物莫不畢至”，皆是此理。[①]

○黎立武曰：中庸之德至矣，而其義微矣，首章以命、性、道、教，明中庸之義；以戒懼謹獨，明執中之道；以中和，明體用之一貫；以位育，明仁誠之極功。又，夫天命謂性者，太極所以行也；率性謂道者，人極所以立也；修道謂教者，皇極所以建也。此中庸之義也。又，然則致中和者，非誠之至乎！參天地贊化育者，非仁之至乎！所以明仁誠之極功也。《中庸》一篇大旨皆備於此，次章述夫子平日中庸之教，三章而下節節相生，首尾相應，推明首章之義至矣，通爲十有五章。[②]

○《日講四書解義》曰：蓋道由性而出，言道而不言性，則人不知道之本原，而或索之淺近；道由教而明，言道而不言教，則人不知道之功用，而或索之空虚。道之大原無一不本於天而備於我，所以修道之功須臾不可離也。又，天命謂性，天之生人也；戒懼慎獨，人之事天也；中和位育，人之成天也。人心即天心，故心盡而天應；人事即天事，故

---

① 《禮記集説》卷一百二十三、一百二十四，《中庸》第三十一，《通志堂經解》第13册，349—350、353、356頁。

② 黎立武《中庸分章》，景印文淵閣《四庫全書》第200册，721—723頁。

事修而天從。君天下者誠能静存動察，履中蹈和，神與性會，心與天通，則天清地寧，萬物茂育，可還至而立效，豈虚語哉。[①]

〇毛奇齡曰：言道本天而成乎人也，其以性教分誠明，而即以誠明分天道人道，皆本于此。又曰：然則修道可緩乎！（其後“依乎中庸”，“道不遠人”皆本此。）

〇毛遠宗曰：道不是路，是德之見于行者。故天有德，《中庸》“達天德”是也；性即是德，《中庸》“性之德”是也；道藉德以行，《中庸》“苟不至德至道不凝焉”是也。孟子以人路解道，此曲譬，非義訓也。且命亦不是令，孟子分明云“天不言，以行與事示之”，則示字即命字之解。

〇陳佑曰：篇首之不睹不聞即篇中之不見不顯、不動不言，皆祇有静而無動，以動即在静中，無二致也。故《中庸》言道，歷見費隱微顯諸字，及其統結，則既以“知微之顯”爲入德始事，旋以無聲無臭爲功化極境。

〇章大來曰：顯見不是睹聞，謂此不睹聞時，莫顯見于此耳，若認作動，則真睹聞矣。《禮記》三慎獨只是一致，《大學》以動爲静，《中庸》以静爲動，《禮器》專主于静。“德發揚，詡萬物”，以多爲貴，“故君子樂其發也”；“德産之致也精微”，以少爲貴，是故君子慎其獨也。獨與發對，精微與發揚對，只要是一静耳。又曰：性發爲情與性率爲道，何所分別？前者譬之水之有波，静時是水，動即是波，略無間也；後者譬之金之有鐶印，鐶印之用非金亦因金而有鐶印，道雖本于性而别有作用，質雖同而形已變矣。

〇樓宅中曰：中雖中庸之中，然包有誠字，《禮器》“因名山升中于天”，言升誠意于上天也。中者，誠也。

〇毛文輝曰：此“達道”是修道之道，非率性之道，以發皆中節，必有人發之中之，非虚舉也。[②]

---

① 《日講四書解義》卷二，《中庸》上，景印文淵閣《四庫全書》第208册，35、37頁。

② 《續禮記集説》卷八十六，《中庸》，《續修四庫全書》第102册，511—518頁。

〇唐文治曰：此章不過一百有九字，而性命道德之奥、存養省察之方、聖神功化之極、與夫王道禮樂刑政之原，悉寓其中，其題目有五。

一、性情之辨。性情與心之辨實爲學者初基，蓋性者仁義禮智信五常之德，皆寓於心。性無迹而心有形，氣以成形，則其質成或不免有所偏，且易爲物欲所蔽，故必修道而後能復其性。又，張子“心統性情”一語，渾括亦極簡當。性者生理也，故先儒又曰性生也。人秉純粹至善之性，發而爲藹然惻怛之情，情字從青，青東方之色，發露於外者也。人當春夏之交，見萬物萌芽，彌望青葱，欣欣向榮，不覺纏綿悱惻之情油然自生，是何也？以人之情應乎天地之情也，是故性本善而情亦善，性爲未發，情爲已發，而皆統攝於心，以爲體用。

二、戒慎恐懼與慎獨之辨。不睹不聞者，寂然不動者也，至静之時，戒懼爲存養之方，《易》所謂“艮其止也”，率性之功也；見隱顯微者，感而遂通者也，迹雖未形，而幾則已動，慎獨爲省察之方，《易》所謂“復其見天地之心也”，修道之功也。朱子一則曰存天命之本然，而不使離於須臾之頃；一則曰遏人欲於將萌，而不使其漸滋暗長於隱微之中。可見存養省察截然分兩事矣。

三、先儒以戒慎恐懼爲未發慎獨爲已發辨。上兩節承率性之道而言，戒懼慎獨屬於思慮者也；喜怒哀樂節，承修道之教而言，中和之德，屬於性情者也。性情思慮，雖相輔而行，而不可混合爲一。又，是以子思子特舉喜怒哀樂，以揭示性情之本原，猶子游作《禮運》，揭示七情之本原，以爲政治之根柢。此蓋聖門相傳之心法也。故思慮之於性情，其功夫亦截然分爲兩事，惟思慮清明而後性情能得其中，故子思子於君子慎獨之後，始言喜怒哀樂未發之中。

四、未發已發學説辨。子思子祖述《易傳》“無思無爲”章旨，創未發已發之學説。竊謂涵養之功，亦兼性情思慮兩端：養思慮欲其虚明廣大而不離，《易》所謂“貞吉悔亡，未感害也”，天下何思何慮是也；養性情欲其敦厚純粹而無疵，《易》所謂“利貞者，性情也”，“成性存存道義之門”是也。

五、致中和節辨疑。以位天地屬致中，育萬物屬致和，其説未免過泥。按本經言盡人性，盡物性，贊天地之化育，是即致中和位育功夫，似不必兩層分剖也。《易傳》曰“天尊地卑，乾坤定矣。卑高以陈，贵贱位矣”。“本乎天者親上，本乎地者亲下”。“天地設位，而易行乎其中”。但使尊卑上下素位安分，井然秩然，是即所謂天地位。中和者，禮樂之謂也。聖人作樂以應天，制禮以配地。制作者，致之謂也。禮樂行而血氣和平，災害不生，故曰“大樂與天地同和，大禮與天地同節”，禮樂明備，天地官矣，是爲致中和之實效。唐虞之世，地平天成，講信修睦，康樂和親，萬物熙熙皡皡，各得其所。是乃所謂位育也。[①]

陳柱曰：孔聖之道在乎中庸，中庸之本在乎慎獨。聖人懼人入于禽門，故超然獨知；戒慎乎其所不見，恐懼乎其不所聞；不爲不見改操，不爲不聞易節；雖獨居一室，弗慚其景；孤眠一榻，不媿厥衾。夫然，故精誠在躬，而中和自致；神明在心，而穢惡不來矣。“爲不善于顯明之中者，人得而誅之；爲不善于幽閒之中者，鬼得而誅之”，可不慎乎？吾獨悲夫當今之世，聖人之學，鬱而不章；中庸之道，蕩焉將没。人懷跖莽之心，家尚淫僻之行。始則互相欺詐，謂世莫我知；終則恣欲自快，謂人無我何；繼則敗廉喪恥，靦然人面而禽心焉。又，就其質而言之，則謂之性；就其體而言之，則謂之道；就其用而言之，則謂之教。修之時義大矣哉。是故人有須臾之修其道，則須臾而爲賢聖；人有須臾之離其道，則須臾而爲禽獸。故君子見顯而修微，察見而慎隱。懼其去聖賢而趨于禽獸也。又，然此道貴乎能修，而修之本在乎隱微，故戒慎恐懼乎不見不聞之時。

〇戴震曰：天道氣化流行，生生不息是也。人道以生以養，行之乎君臣、父子、夫婦、昆弟、朋友之交，是也。脩者，察其得失，而使一於善。言孔子之教之始於人道，孔子道之出於人性，而人性之本於天生，以明孔教之原於天而宜於人也。又，本亂必害於道，道失必害於本，中和雖分言之，致中和之功，一而已矣。

〇劉師培曰：性字從生，指血氣之性言也；性字從心，指心知之性

---

① 唐文治《中庸天命章五辨》，載《學術世界》第1卷第8期，1936年8月，7—9頁。

言也。性生互訓，故人性具於生初。

〇陳鐘凡云：《大學》言修身本於正心誠意，《中庸》則推其原於性命，性者天賦人類自然之本能，道者發展本能之謂，教者由明之誠，故謂之修道。

〇徐紹楨云：《廣雅·釋詁》、《廣韻·三鐘》竝云“庸，和也”，此中庸亦當訓爲中和。[①]

〇蔣伯潛曰：“天命之謂性”等三句，是一書的總綱，也就是程子所説的“始言一理”。天地的運行，萬物的化生長養，循著這“中和”二字的原則。人能把中和之道推而極之，則可以與天道同功。[②]

〇唐君毅曰：唯《大學》雖以明德爲天之明命，未明言性，故未如《中庸》首章之指出“天命之謂性”耳。《中庸》首章有此一句，已見其除涵《大學》之横通内外之旨外，更涵一縱通上下之旨。天命貫注，即謂之性，是即成《中庸》之“天命之謂性”之説矣。天命即自命，爲此自命之泉原者，即天命，而此自命，即爲此天命之所貫注。此自命爲我心之生之表現，即我之性之表現，而其中有天命貫注，則吾人可同時由吾人之性以見此天命之表現。則此“天命之謂性”一語，人皆可由其心之依道德上之普遍理想而自命，而有其心之生、心之性之表現時，當下得一親切之體證。又，故此《中庸》之“率性”之一名之本義，應爲：人之本道德理想而自命自率，以見性之表現之意。此自命自率，爲一相續不斷之歷程，即見此自命自率之自形成一道路，亦見性之表現之自形成一道路，此道路爲率性之所成，故曰“率性之謂道”也。再，此中之修道者，應亦即此性之於其自命自率之歷程中之自修。其所以須自修者，則亦此自命自率，或不能常循於一道德理想而發，或不免有違此理想之意念等爲阻礙，以斷而不能續。故須自家修治，以去其阻礙，使斷者相續。由此以觀，則此篇首三句，雖各有其義，然固所以合見天命、人性與其道及修道之教四者之一貫之旨者矣。又，凡在人未有對外在人

---

① 《中庸通義　中庸注參》，1—2、5—6、53—58 頁。

② 《中庸讀本》，2、4 頁，《語譯廣解四書讀本》。

物之喜怒哀樂情感之表現之時，其心性之自率自修，皆屬於此“中”，而此“中”，則爲人之一切對外之情感之表現之大本大原所在。[①]

○徐復觀曰：這可以説是作者有計劃寫的一個總論。而“天命之謂性，率性之謂道，修道之謂教”三句話，又是全書的總綱領，也可以説是儒學的總綱領。以“天命”爲即是人之所以爲人的性，是由孔子在下學而上達中所證驗出來的。孔子的五十而知天命，實際是對於在人的生命之内，所藴藏的道德性的全般呈露。此藴藏之道德性，一經全般呈露，即會對於人之生命，給予以最基本的規定，而成爲人之所以爲人之性。這即是天命與性的合一。孔子是在這種新的人生境界之内，而“言性與天道”。它使人感覺到，自己的性，是由天所命，與天有内在的關連；因而人與天，乃至萬物與天，是同質的，因而也是平等的。只有在這一觀念之下，人的精神，才能在現實中生穩根，而不會成爲向上漂浮，或向下沉淪的“無常”之物。“道”的意義，從各個人來説，是人之所以爲人的價值的顯現；從人與人的相互關係來説，道即是人人所共由的道路。“率性之謂道”，是説，順着人性向外發而爲行爲，即是道。即是“中庸”之道。“性”具存於各個體之中；道由群體所共由共守而見。中庸之道，既出於天命之性，則夫子之文章，與夫子之性與天道，本是一而非二。顯天命於中庸之中，這才是孔子學問的基本性格。“修道之謂教”，這是儒家對政治的一種根本規定。也就是第十三章之所謂“以人治人”。而第二十章的前半段，完全是其具體闡述。其中，修身以道之道，即率性之謂道的中庸之道。修道以仁的“修道”，即“修道之謂教”的“修道”。率性之謂道的道是仁，修道之謂教的教也是仁。忠恕乃爲仁之本，忠恕亦是爲政之本。所謂“獨”，實際有如《大學》上所謂誠意的“意”，即是“動機”；動機未現於外，此乃人所不知，而只有自己才知的，所以便稱之爲“獨”。“慎”是戒慎謹慎，這是深刻省察，並加以操運時的心理狀態。“慎獨”，是在意念初動的時候，省察其是出於性？抑是出於生理的欲望？所謂“未發”，指的是因上面所説的

① 《中國哲學原論·原道篇》上，361—365頁。

慎獨工夫，得以使精神完全成爲一片純白之姿，而未被喜怒哀樂所污染而言，即是無一毫成見。此種純白的精神狀態，在《論語》，即是“子絶四，毋意、毋必，毋固，毋我”；在這裏便謂之“中”。中不是性，但所以能够“中”，及由“中”所呈現的，却是性。性是由天所命，通物我而備萬德，所以便説“中也者，天下之大本”。自性而發的喜怒哀樂，即率性之道，故此喜怒哀樂中即含有普遍性，因而能與外物之分位相適應，便自然會“發而皆中節，謂之和”，與喜怒哀樂的對象得到諧和。“中節”，即是“中庸”。“和”即是由中庸所得的實效。中和之“中”，不僅是外在的中的根據，而是“中”與“庸”的共同根據。和亦即是庸。中和之“中”，外發而爲中庸，上則通於性與命，所以謂之“大本”。中庸有“和”的實效，故可爲天下之達道。中和的觀念即是“中庸”向内通，向上提，因而得以内通於性，上通於命的橋樑。所以“中和”是從“中庸”提煉上去的觀念。[①]

〇杜維明曰：《中庸》的立場在於：正是天命所賦予的人性界定了“道”是什麽，而後者又界定了“教”應該是什麽。君子所看不見和聽不到的恰正是道彰顯自己時所依據的内在的自我。儘管内在自我作爲聽視的對象是“隱”而“微”的，但它對於君子的真誠的反思心靈來説却又是最顯然可見的。天人合一乃《中庸》的基本主題，它構成《中庸》所有哲學論述的基礎。《中庸》第一章實際上在闡釋它所有主要關切的落實處：人道。它指向了天人之間的一種互動性。天的創化過程的一個有機部分不僅賦予人以宇宙之“中”，而且也要求人身承擔起促成實現宇宙轉化圓成的使命。因此，道不是别的，只是真正人性的實現。人道，作爲君子之道，一方面深深地植根於天所賦予的人性中，另一方面又普遍地體現於人間的日常事務中。“中”意指每個人所固有的最精微的絶對不可化除的品質。人是通過每個人身上所固有的“中”而“與天

---

① 《中國人性論史·先秦篇》，102—112頁。其中，徐著“釋慎獨”，却在引用《中庸》原文時，不知爲什麽成了“是故君子，戒慎乎其所不睹，恐懼乎其所不聞，故君子慎其獨也”，中間偏偏落下了“莫見乎隱，莫顯乎微”兩句，故而徐氏只説了省察慎獨，而全無涉及存養或涵養。接着的“釋中和”也是只將未發之中與慎獨，而非與涵養聯繫起來説的。這是徐氏本就這樣以爲，還是他的輕忽？

地參”的。“致中和”是一個無休止的學習過程。既然這樣一個過程旨在在具體的人間事務中實現宇宙之“中”，使萬物之間能够達到“和”的狀態，則最高理想便是天地之間的“同步性”以及不同存在方式的“共生性”。如果我能慎獨，我就能聽到我的真我所表達的天命所賜予我之性的那種品質，我也就因此而知道宇宙之“大本”，因爲我將知道了究竟是什麽使我得以真正地成爲人。我也就必然知道人性本身了。我也就同時可以知天了。①

○樂愛國曰：朱子在人與物統一的層面，强調其有着共同的天命之性，同時又有各自不同的道，要求依據於此而對人與物作出不同品級的節制，旨在説明“性”“道”“教”本之於天，同時又備於我。近年發現的馬王堆帛書《五行》篇以爲“慎獨”意在“内心專一”，郭店楚簡《五行》篇以“慎獨”即“慎心”，云云，是對朱子慎獨説的進一步旁證。只不過朱子從就不太贊成“君子慎其心”的説法，以爲“大抵‘獨’字，只是耳目見聞之所不及而心獨知之地耳。若謂指心而言而不謂之心，蓋恐指殺，似不然也”。朱子還要求把“敬”貫穿於戒慎恐懼之未發與慎獨之已發之始終。朱子關於“致中和，天地位焉，萬物育焉”思想學説的闡明，足以表明人與自然的和諧是人所追求的重要目標，其實現却必然取决於人整體的道德素質。②

○楊少涵曰：《中庸》提供了兩條工夫路線：一是相應於道德情感、道德本體的先天工夫路線；二是相應於感性情感、氣質感性的後天工夫路線。致中與致和、戒懼與慎獨、尊德性與道問學就是分屬兩條工夫路線的實踐方式。首先致中與致和，中是體，和是用。中是未發之大本，是道德的本體；和是已發之達道，是本體之發用流行。達到本體至中而無失，即致中，其境界是“天地位”；達到發用無過而無不及，即致和，其境界是“萬物育”。其次戒懼與慎獨，包含它們的兩句話，對之做出的語法分析表明，其應當讀作：“道也者，不可須臾離也，是故君子戒

① 《中庸洞見》（中英文對照本），3—9、21—23、141頁。

② 《朱熹〈中庸〉學闡釋》，94—146頁。

慎乎其所不睹，恐懼乎其所不聞；可離非道也，莫見乎隱，莫顯乎微，故君子慎其獨也。”可見戒懼與慎獨分別是先天工夫或未發時工夫和後天工夫或已發時工夫。戒懼工夫的對象是不睹不聞的道之體，“率性之謂道”之道之體，未發之中，未發之大本。所以戒慎恐懼就是時時秉持省察之心，處處持懷本體流失的恐懼狀態，以免於道德本體的流失。故而爲立大本之工夫，先天工夫。慎獨工夫的對象是隱微。正是“可離非道”之道“莫見乎隱，莫顯乎微”，而可離非道即道德本體發用流行中所出現的不中節、過不及現象，隱微是人欲萌動、過與不及之地，是隱暗之地和細微之事上的過與不及，而杜絶的工夫方法就是慎獨。①

○謹案：《中庸》首章爲整篇之體要或者説總論大要，尤其開篇之三言“天命之謂性，率性之謂道，修道之謂教”更可以説是《中庸》之大綱或總綱，甚至亦有人以爲，是儒學的總綱領。它高度肯定了由天道自然到人文教化的極端重要性。因爲，依朱子經典的解釋，所謂“天命之謂性”乃“天以陰陽五行化生萬物，氣以成形，而理亦賦焉，猶命令也。於是人物之生，因各得其所賦之理，以爲健順五常之德，所謂性也”。而所謂“率性之謂道”乃“人物各循其性之自然，則其日用事物之間，莫不各有當行之路，是則所謂道也”。這儘管是自然而然，以及理所當然之事，然而單憑此，如老氏一任所謂“道法自然”，則恐怕無以真實地達成“天地位焉，萬物育焉”。再從人物區别講，雖皆稟得天賦性理之全，然人得形氣之正與形氣之通，物得形氣之偏與形氣之塞，決定了人物在性理體現上的正通偏塞之别，所以一任物之自然而然以及理所當然，亦不足以真實完整地體現天命之性。再者，人雖皆稟得性理之整全與形氣之正通，然亦不免各有氣稟上的清濁明暗與厚薄長短等等之不齊，於是對於性理之體認、體現與踐行上也會有清明純粹與濁暗昏蔽以及高厚久長與否之分别，② 於是一任人之自然而然以及理所當然，

---

① 《中庸哲學研究》，228—237 頁。

② 朱子門人陳淳以爲：若就人品類論，則上天所賦皆一般，而人隨其所值，又各有清濁、厚薄之不齊。如聖人得氣至清，所以合下便能生知；賦質至粹，所以合下便能安行。如堯、舜，既得其至清至粹，爲聰明神聖；又得氣之清高而稟厚，所以貴爲天子，富有四海。至

也難以盡皆體現性理之全。

所以朱子要强調“率性之謂道”，“率”字輕。“率”字只是“循”字，循此理便是道。“率”是呼喚字，蓋曰循萬物自然之性之謂道。此“率”字不是用力字。循性是循其理之自然爾。率，循也。不是人去循之。只是隨性去，皆是道。因而率性不作修爲，那就是無論人或物皆自然而然天然地率性，而非自覺修爲地率性，其結果頂多也就是譬如呈現仁之端等，不過此端倪即人物當行的路，故謂之道。在此實際上已經發生了氣稟之拘的作用，否則，便説“修道之謂教”不去。不過，朱子對“天命之謂性”的“性”却没有絲毫地讓渡，他强調“天命之謂性”，是專言理，雖氣亦包在其中，然説理意較多。若云兼言氣，便説“率性之謂道”不去。如太極雖不離乎陰陽，而亦不雜乎陰陽。“蓋在天在人，雖有性命之分，而其理則未嘗不一；在人在物，雖有氣稟之異，而其理則未嘗不同，此吾之性，所以純粹至善，而非若荀、揚、韓子之所云也”，以及“蓋天命之性，率性之道，皆理之自然，而人物之所同得者也。人雖得其形氣之正，然其清濁厚薄之稟，亦有不能不異者，是以賢智者或失之過，愚不肖者或不能及，而得於此者，亦或不能無失於彼。是以私意人欲或生其間，而於所謂性者，不免有所昏蔽錯雜，而無以全其所受之正；性有不全，則於所謂道者，因亦有所乖戾舛逆，而無以適乎所行之宜”。胡炳文亦指出，宇宙間無有一能外於天者，子思所謂性、道、教，亦無有一不本於天者，學者能知此身此心所自來者，皆天也，其學自不能已矣。而《易》曰：“一陰一陽之謂道，繼之者善也，成之

於享國皆百餘歲，是又得氣之最長者。如夫子，亦得至清至粹，合下便生知安行，然天地大氣到那時已衰微了，所以夫子禀得不高不厚，止栖栖爲一旅人；而所得之氣又不甚長，止僅得中壽七十餘歲，不如堯、舜之高。自聖人而下，各有分數。顔子亦清明純粹，亞於聖人，只緣得氣不長，所以夭死。大抵氣之清者不隔蔽，那理義便呈露昭著。賢人得清氣多而濁氣少，清中微有些渣滓在，未便能昏蔽得他，所以聰明也易開發。自大賢而下，或清濁相半，或清底少濁底多，昏蔽得厚了。若能力學，也解變化氣質，轉昏爲明。有一般人，禀氣清明，於義理上儘看得出，而行之不篤，不能承載得道理，多雜詭譎去，是又賦質不粹。又有一般人，生下來於世味一切簡淡，所爲甚純正，但與説到道理處，全發不出來，是又賦質純粹而禀氣不清。又有一般人，甚好説道理，只是執拗，自立一家意見，是禀氣清中被一條戾氣衝拗了。看來人生氣禀是有多少般樣，或相倍蓰，或相什百，或相千萬，不可以一律齊。畢竟清明純粹恰好底極爲難得，所以聖賢少而愚不肖者多。（陳淳《北溪字義》，2—3頁）

者性也。”子思之論蓋本於此，但《易》先言道而後言性，此道字是統體一太極；子思先言性而後言道，此道字是各具一太極。

所以，關鍵在於，天地人物的純粹至善之性是如何可能整全而圓滿地體現與實現的呢？於是便必定説到“修道之謂教”上來了，朱子《大學章句序》講：“蓋自天降生民，則既莫不與之以仁義禮智之性矣。然其氣質之禀或不能齊，是以不能皆有以知其性之所有而全之也。一有聰明睿智能盡其性者出於其間，則天必命之以爲億兆之君師，使之治而教之，以復其性。此伏羲、神農、黄帝、堯、舜，所以繼天立極，而司徒之職、典樂之官所由設也。”所以“修道之謂教”，必定是也只能是聖人以至聖王方可爲之，亦即，“聖人因人物之所當行者而品節之，以爲法於天下，則謂之教，若禮、樂、刑、政之屬是也”。當然這四者的關係也就正如孔子所説：“道之以政，齊之以刑，民免而無耻；道之以德，齊之以禮，有耻且格。”[①] 所謂“道之以德，齊之以禮”，《大學》之“明明德”與“新民”是也，此以禮樂教化爲之。若仍有人作奸犯科，則萬不得已才以政刑處置，所以亦不廢政刑，但僅視其爲禮樂教化之輔助與補充方式而隸屬於教化。對此，朱子在《中庸或問》中説得更爲詳盡：“惟聖人之心，清明純粹，天理渾然，無所虧闕，故能因其道之所在，而爲之品節防範，以立教於天下，使夫過不及者，有以取中焉。蓋有以辨其親疏之殺，而使之各盡其情，則仁之爲教立矣；有以别其貴賤之等，而使之各盡其分，則義之爲教行矣；爲之制度文爲，使之有以守而不失，則禮之爲教得矣；爲之開導禁止，使之有以别而不差，則智之爲教明矣。夫如是，是以人無知愚，事無大小，皆得有所持循據守，以去其人欲之私，而復乎天理之正。推而至於天下之物，則亦順其所欲，違其所惡，因其材質之宜，以致其用，制其取用之節，以遂其生，皆有政事之施焉。此則聖人所以財成天地之道，而致其彌縫輔贊之功，然亦未始外乎人之所受乎天者而强爲之也。子思以是三言著於篇首，雖曰姑以釋夫三者之名義，然學者能因其所指，而反身以驗之，則其所知，豈

① 《論語・爲政》第三章。

獨名義之間而已哉！蓋有得乎天命之説，則知天之所以與我者，無一理之不備，而釋氏所謂空者非性矣；有以得乎率性之説，則知我之所得乎天者，無一物之不該，而老氏所謂無者非道矣；有以得乎修道之説，則知聖人之所以教我者，莫非因其所固有，而去其所本無，背其所至難，而從其所甚易，而凡世儒之訓詁詞章，管、商之權謀功利，老、佛之清净寂滅，與夫百家衆技之支離偏曲，皆非所以爲教矣。”如此看來，程子所講："‘天命之謂性，率性之謂道’者，天降是於下，萬物流形各正性命者，是所謂性也，循其性而不失，是所謂道也。”“‘修道之謂教’，此則專在人事，以失其本性，故修而求復之，則入於學，若元不失，則何修之有?”固然“修道之謂教”首在人事，修正人事可能之失而復歸於中道，然而，還必須繼而參贊天地化育，如此，方可真實地令“萬物流形各正性命”，“循其性而不失”也。

所以，中庸之“天命之謂性，率性之謂道，修道之謂教”，若依丁紀先生之“自然教”與“人文教”的思想[①]乃可作如下闡述，“天命之謂性”，可理解爲省略了受者“人物”，此乃天理天道之自然而然與不得不然，可説爲茫無涯際之“自然教”。到“率性之謂道”，省略主體“人物”，此時雖聖人未出，因而仍處於茫無涯際當中，但已較之前逐漸呈現出了一個“理所當然”的性之端倪，由此而漸次呈現出人物之别，呈現出各自所當行的路，亦即道，因而是爲“自然教”向“人文教”之過渡。而一俟聖人出“修道之謂教”立起“人文教”，人類文明活動便普遍受到人文教的關照與照亮，聖王治下的一派祥和，海晏風清，天下無一人不得其所，以至無一物不得其所，豈不正是“贊天地之化育”而“與天地參矣”，也才是真實地成就“致中和，天地位焉，萬物育焉”。然而，鄭、孔以及多數的人是明確只於人上説天命之性的，以至船山更是以爲，“天命之謂性”兼人物言，若子思本旨，則只説人性，何曾説到物性上。至於“率性之謂道”亦兼物説，尤爲不可。此二句斷不可兼物説。教字與學字大要同，所以爲學之法即教也。“聖人立教”亦非本

---

① 詳情請參閱丁紀《肇端發始見人文》，《天府新論》2014年第4期，35—42頁。

文之意，看下文及一部《中庸》便見。禮樂刑政固亦是教，而此章所言之教，即下存養省察之學，所謂由教而入也。以及，朱子《章句》之旨，本自程子。雖緣此篇云“育物”，云“盡物之性”，不容閒棄其實，則程、朱於此一節文字，斷章取義，以發明性道之統宗，固不必盡合《中庸》之旨者有之矣。兩先生是統説道理，須教他十全，又胸中具得者一段經綸，隨地迸出，而借古人之言以證己之是。不過，後來的汪紱似對此提出了反駁，亦即，然性、道言理不兼氣，今人自知；而命、性、道、教，皆兼人物言，今人便都畔注，此自應氏始。率乎性之自然而自無不合乎事物當然之理，此即下文所謂達道之和，人道之當然而即所各得乎天道之本然者也。道率乎性，性命於天，此言道之本原出於天而不可易也。性具於心而率性即道，此言道之實體備於己而不可離也。氣禀有過不及，而道則無不中矣，而曰“修道之謂教”，何哉？曰道無事乎修，只就事物上修其過不及以合於道。率性之道，致和之教也；天命之性，致中之教也。然性、道雖兼人物，而教却只是教人，物不足以通於人，而人能盡性以盡物性也。子思言此本責成人體道耳。也就是説，天下大本，天下達道，“天下”亦兼物在内，蓋中和二字須貼人言，而大本中則具萬物之理，達道中亦該接人待物之事。若漏却物字，則末節萬物二字直接不上。而且，錢穆先生亦明確認爲，《中庸》“天命之謂性”，此語“性”字，是兼指人性、物性而言的。而《中庸》本書言“道”，必分别天道、人道言。所以，《中庸》本書，則實是將人附屬於自然而言者。要直到第三句，“修道之謂教”，纔始是專落到人生界。故率性之“率”，仍屬自然界；修道之“修”，乃始落實到人文界。而且，聖人也只是修道而立教，品節此道以立教；也即是就於人類之天性，即自然之道，而加以一些品節而爲教。聖人之教，則仍未違離於此“天命之性”，也仍未違離於此“率性之道”。换言之，則仍未違離於“自然”。就《中庸》本書言，則亦是仍未違離於此“誠”。聖人只是由“誠”而“明”。明了些什麽？聖人所明，則不僅明此天道之誠，又於天道之誠之中，明出對於人道之“善”來。這也就是吕留良所説的，即，言“自然”，謂性之善，本固有自然，非由外鑠，此正義也；若謂一切動止，無非自然，即邪説矣。説“不已”，指此理之不已，則正義也；但空説不已，亦可扯入邪説去。“率”字只在理上説，不在人物用力上説。“率性”，只説箇道理本然如是，是指理上事，而氣在其中，所謂自然者，謂“率”字不説工夫耳。不行日用當行之路者，不過在上面過不及耳，不可離者率性故也。一部《中庸》，只明一“道”字。性者，推道之原，教者，明道之事，三句總以言道也。首句從天説來，末句從聖人看出，中間率性又人與物共，要之此道爲吾之所固有，只在吾身一看，則天與聖人人物總在這裏，《中庸》拆開説有此層次耳，天與聖人即吾身是，性命與教即吾身之道是。上兩句一滚出來，纔有天，便不得不生人物；纔生人物，便有此性；纔有此性，便有此當然之道，一有百有，中間更無停待安排處。故不但“命”字自然，“率”字亦自然，命與率皆天之不已，有不得不然之妙，到聖人之教，似出人爲，然必如此，乃還天命之本來，此聖人之不已，有不得不然者，亦即天之不得不然也，然此間却有一折。只爲氣質有偏勝闕欠，便不能完此理之固有，故聖人爲之品節而裁成之，不，則天命或幾乎息，而道不行於天地之間。聖人原只在自己分上設施，未嘗外假也。聖人之教與天命之性，原無二理也。性道本不可分，但性上著不得“修”字耳，實則修道而性復其中。全部《中庸》只完得修道之教也。“修道之謂教”一句，是子思全部總敍，上二句是此句楔子，此以下至終篇，皆所以修之法也，故此句須直承第一句説。禮樂刑政，即是天命之性。子思立説以辨明聖教，看上兩箇“之謂”，正爲第三箇“之謂”而設。所以説，害道者曰“三教”，教豈有三乎？則又從而甚至曰“三教合一”，嗚呼！而無聖教也！總之，聖人實是在自然教當中創立起人文教，而人文化成，然而，人文教超越、超拔於自然教，却從不出離、違離於自然教，反倒人文教一旦確立，就必會始終引領與引導自然教，以同歸於至善之境，亦即是《中庸》所謂“君子篤恭而天下平”，“致中和，天地位焉，萬物育焉”之境。這也就是以華夏爲主體的世界式連續性文明的根本特質。

其次，尤其對第一章“是故君子戒慎乎其所不睹，恐懼乎其所不聞。莫見乎隱，莫顯乎微，故君子慎其獨也”經文，我偶然查閲了至少三個白話譯解，都是把其中的三個“其”字做了分别的解釋，前兩個解爲“别人”，後一個才解爲“自己”或“自身”。例如，“所以君子警戒謹慎於别人看不到的地方，小心畏懼於别人聽不到的地方。没有比在隱暗之處最容易表現出來的了，没有比在細緻的事情上更容易顯露出來的了，因此君子特别謹慎個人獨處的時候”①。對此，我不僅産生了極大的疑惑，而且也感覺到了這之中問題的嚴重性。雖然單從文法上看，這樣釋解未嘗不可以，但是尤其從這裏的語勢上來看，則不可通。而且，更關鍵的在其所表達的義理，反復研讀朱子的《章句》，可以清晰地看到：這段話明顯地表達了兩番工夫，一是不睹不聞時的工夫，亦即未發時的戒慎恐懼，這裏著重强調的是“誠之”，君子始終如一地保持敬畏，用我的話講就是“君子始終敬畏地居於天地之間”，這番工夫的正式名稱叫作“涵養”或“存養”；另一是隱微顯見時的工夫，亦即已發時的尤其動心起念於幾微當中的慎獨，這裏著重强調的是“明之”，格物致知以明察是非善惡，從而甚至於幾微之間就能够存是去非，從善止惡，這番工夫可以特别稱之爲“慎獨”“省察”“審察”或“明察”，等等。這裏説的都是君子自身，亦即君子不睹不聞時的戒慎恐懼，君子隱微顯見時的慎獨，尚没有去管“别人”怎麽樣，儘管這也並非與别人無關，不過“古之學者爲己”，却在此得到了充分的體現。而三種譯解本以及古往今來的不少學者對此之所以没有辨清，恐怕很大程度上正是在於“今之學者爲人”的毛病。所以，他們甚至在誠之涵養處就有些迫不及待地引入“别人”，强調别人的“不睹不聞”了，那這樣君子之戒慎恐懼與君子之慎獨就成了一回事了。儘管誠之之涵養與覺知之明察也的確是緊密相連的，以至於我們甚至可以如朱子所説：“大抵未發已發，只是一項工夫，未發固要存養，已發亦要審察。無時不存養，無事不省察。”借用《中庸》後面的話，即，“誠則明矣，明則誠矣”，誠與明相輔相成，當然，作爲君子賢人之學乃是“先明乎善，而後能實其善者”，

① 王文錦著《禮記譯解》下，773 頁，北京：中華書局，2001 年。另外兩個譯解本可參見：王國軒譯注《大學　中庸》，47 頁，北京：中華書局，2006 年；宋天正著《中庸今注今譯》，6 頁，臺北：臺灣商務印書館，1977 年。

所謂“由教而入者也，人道也”，以至於最終達到盡明而至誠，這也就是“及其知之一也”與“及其成功一也”的意思了。不過，也的確是，“未發時著理義不得，纔知有理有義，便是已發。當此時有理義之原，未有理義條件。只一箇主宰嚴肅，便有涵養工夫”。“要知二者可以交相助，不可交相待”。“存養是静工夫。静時是中，以其無過不及（謹案：嚴格講，此‘無過不及’該移至下面），無所偏倚也。省察是動工夫。動時是和。才有思爲，便是動。發而中節無所乖戾，乃和也。（謹案：或可補入‘以其無過不及也’）其静時，思慮未萌，知覺不昧，乃復所謂‘見天地之心’，静中之動也。其動時，發皆中節，止於其則，乃《艮》之‘不獲其身，不見其人’，動中之静也。窮理讀書，皆是動中工夫”。等等。甚至，“然聖人亦未嘗不戒慎恐懼”，因爲，“惟聖罔念作狂，惟狂克念作聖”。而戒慎恐懼是普説，言道理逼塞都是，無時而不戒慎恐懼。到得隱微之間，人所易忽，又更用慎，這箇却是喚起説。戒懼無箇起頭處，只是普遍都用。只是無時而不戒慎恐懼，只自做工夫，便自見得。“戒慎”一節，當分爲兩事，兩事皆少不得“惟精惟一”底工夫。不睹不聞時固當持守，然不可不察；慎獨時固當致察，然不可不持守。上一節“不睹不聞”説存天理之本然，下一節“慎獨”説遏人欲於將萌。所以，在“天命之謂性，率性之謂道”，以及尤其“修道之謂教”的前提下，我們可以將這兩番工夫做出如下辨析與梳理：

“是故君子戒慎乎其所不睹，恐懼乎其所不聞”⟶“喜怒哀樂之未發，謂之中”⟶“中也者，天下之大本也”⟶致中⟶“天地位焉”

“莫見乎隱，莫顯乎微，故君子慎其獨也”⟶“發而皆中節，謂之和”⟶“和也者，天下之達道也”⟶致和⟶“萬物育焉”①

① 不過，唐文治似不贊成這樣分剖，他以爲，“以位天地屬致中，育萬物屬致和，其説未免過泥。按本經言盡人性，盡物性，贊天地之化育，是即致中和位育功夫，似不必兩層分剖也”。只是他同時也曾反復强調，諸如“可見存養省察截然分兩事矣”，“性情思慮，雖相輔

考慮再三，我最終把這段話的譯解勉强修訂爲："所以君子即便在没有見到（道或義理）之時也要警戒謹慎，在没有聽到（道或義理）之時也要小心畏懼。莫過於幽暗之中的著現，莫過於細微之事的顯明，因此君子要尤其謹慎於個人獨知的時候。"而且，據朱子講，《中庸》首章與末章實際相爲表裏，而尤其受到程子的啓發，從而他認識到，末章所謂"《詩》云：'潛雖伏矣，亦孔之昭！'故君子内省不疚，無惡於志。君子之所不可及者，其唯人之所不見乎？《詩》云：'相在爾室，尚不愧于屋漏。'故君子不動而敬，不言而信"云云，正是呼應首章"涵養"與"慎獨"工夫的。故朱子講，此承上文言"莫見乎隱、莫顯乎微"也。内省而無愧於心，此君子謹獨之事也。以及此又承上文言君子之戒謹恐懼，無時不然，不待言動而後敬信，則其爲己之功益加密矣。亦即，"潛雖伏矣"，便覺有善有惡，須用察。"相在爾室"，只是教做存養工夫。"亦孔之昭"，是慎獨意；"不愧屋漏"是戒慎恐懼意。只不過《中庸》"首章是自裏面説出外，蓋自天命之性，説到'天地位，萬物育'處。末章却自外面一節收斂入一節，直約到裏面'無聲無臭'處，此與首章實相表裏也"。所以，首章是由存養説到慎獨省察，而末章則是由慎獨省察説到存養的。"然不是截然作二截，如僧家塊然之謂。只是這箇心自有那未發時節，自有那已發時節。謂如此事未萌於思慮要做時，須便是中是體；及發於思了，如此做而得其當時，便是和是用，只管夾雜相滚。若以爲截然有一時是未發時，一時是已發時，亦不成道理"。此亦如吕留良所言，"此章從天命大原一直説下，故慎獨在戒慎恐懼後，若學者下手次第，却須先從慎獨做起，看末章自見"。其實，慎獨省察與存養，就如同格物致知誠意與正心一般，是相輔相成的，雖爲兩番工夫，却是始終相互貫通的，以至於"戒慎"二句，是君子統體操

而行，而不可混合爲一"，"故思慮之於性情，其功夫亦截然分爲兩事"，等等。尤其他也明確肯定"子思子祖述《易傳》'無思無爲'章旨，創未發已發之學説"。故"竊謂涵養之功，亦兼性情思慮兩端：養思慮欲其虚明廣大而不離，《易》所謂'貞吉悔亡，未感害也'，天下何思何慮是也；養性情欲其敦厚純粹而無疵，《易》所謂'利貞者，性情也'，'成性存存道義之門'是也"。似也並非與此兩層分剖相左。

存心法，就盡頭形容其全身，不睹不聞而戒慎恐懼，則無時無地不然也。必從睹聞説到不睹聞，斯理方圓，實吾道精微處。“莫見”“莫顯”，只在當下獨知中言，非指隱微之必至於顯見也。此節與《大學》“十目所視”節，人每説錯。此二句即十目十手其嚴之意，見幽獨之可畏如此。慎獨只在動静之交接處，又加謹耳，蓋此是惡初生處，斬根須在此也。上一節工夫是總冒，此節是細分緊關，分明兩節工夫，若作兩對説便不是。工夫鑿然兩節，但上一節是總段工夫，此節是逐處緊要工夫，提省界眼，有此兩節，做時原只是一片，不曾拈一放一也。戒慎恐懼是兼統動静工夫，此節則自静之動分界之幾也，時講與上節對分動静者非是。上節是統體處，不專説静；此節是分界頭上，亦不專説動。此章從天命大原一直説下，故慎獨在戒慎恐懼後，若學者下手次第，却須先從慎獨做起，看末章自見。甚至，如朱子所説，“無時不存養，無事不省察”，或者，可能存養中有省察，而省察中亦有存養。倘若把審察視之爲窮理，於是，“存養與窮理工夫皆要到。然存養中便有窮理工夫，窮理中便有存養工夫。窮理便是窮那存得底，存養便是養那窮得底”。又因爲“和”易見，“中”難説，故如吕留良所説，“中”字就“喜怒哀樂”四字而指其未發爲言，借有象以明無象。健順五常是性，即此性之具於中而未動處謂之中，與太極之無極相似，非性之上另有一件中，猶之太極之上非更有無極也。發而皆中節謂之和，是言人心性情之德其本來道理如此，而養成者即下“致”字中事，養成乃復得此和，非本然之和也。中和只是此中和，工夫亦只是戒懼慎獨，於戒懼慎獨中做到積累純熟極盡處，纔叫得“致”，纔有位育效驗。“致”字從戒懼慎獨推至於中和之極而言，若未到極處，有一分中和，亦必有一分應驗，但要到“位育”則非致極不可耳。戒懼以致中，慎獨以致和，故位育分屬，此對待之理也。戒懼兼動静，慎獨在動幾，猶敦化之於川流，故萬物統乎天地，天地又統乎天，此一貫之理也。

此亦正如船山所言：“惟吾性之爲静爲動皆函天下之理，而道爲體爲用皆不離乎性情，故有其德必有其業，而但在君子能致之也。君子以其戒慎恐懼者存養於至静之中，而喜怒哀樂未發之際，人以爲虚而無物者，君子以爲實而可守，則存養之熟，而無一時之不涵萬理於一原，則心之正也，無有不正者矣。君子以其慎獨者省察於方動之頃，而喜怒哀樂固然之節，存之於未起念之前而不紊者，達之於既起念之後而不違，則省察之密，而無一念之不通群情以各得，則氣之順也，無有不順焉矣。吾之心正，而天地之心可得而正也。以之秩百神而神受職，以之爕陰陽、奠水土而陰陽不忒、水土咸平焉，天地位矣。何也？吾之性本受之於天，則天地亦此理也，而功化豈有異乎？吾之氣順，而萬物之氣可得而順也。以之養民而澤遍遠邇，以之蕃草木、馴鳥獸而仁及草木、恩施禽獸焉，萬物育矣。何也？吾之情本因天地生物之情而以成物之性，則萬物有是情也，吾性原有是情也，而功化豈有憾乎？然則吾性之大中即天地之正理，故盡其情而德建乎天地；吾情之至和爲萬物之託命，故慎其情而德行乎萬物。推致夫道之所備，而知德之所自成也。此中庸之德所以盛也。而天曰在人中，性曰在心中，道曰在性情之中，教曰在天下，而非其人不能體也。吾將求夫能明行之者，而豈易言哉!"而景星亦曾講，致中自戒懼斂入，致和自慎獨推出。《章句》"約之"便是收斂向裏底意，"精之"便是辨别幾微底意。且致中和如何會天地便位萬物便育，蓋天地乃我之大父母，而吾之身本大父母之遺體，惟其一體也，故吾心可感天地之心，吾氣可感天地之氣，故其效驗如此。但致和以行事中節，言不特在我身之氣順，萬物便育，又須要所以處物之道與施於政事者，皆得其宜方是。中即天命之性，和即率性之道，致中和而位育即所謂修道之教。此位育專自有位者言之，若自無位者言，則一身一家亦各有箇天地萬物。若致得一身中和，則心正氣順，自然睟面盎背，動容周旋中禮，亦是位育；若致得一家中和，如孝感而父母安，慈化而子孫順，弟友而兄弟和，處敬而夫婦正，寬御而奴僕盡其職，以至一家之事莫不當理，皆是位育。不過，胡炳文有個説法頗爲獨特，他以爲，"子思獨提起未發之中"，亦即，"自堯舜以至夫子，所謂中者只説已發之中，而子思獨提起未發之中言之，是謂人之本心，如文王周公皆説畫後之易，而夫子曰'易有太極'則畫前元有之易也。大哉斯言，真足以發千古之秘矣"！算是姑存一説吧。

再順便説説，這裏的“君子之所不可及者，其唯人之所不見乎”，亦豈止説的是：“君子之所以令人不可达及，大概就在这种别人看不见的地方吧!”而必然説的是：“君子之所以令人不可達及，豈止僅在於别人看不見的時候呢?”這意味着君子不僅在獨處之時，而且在獨知之時，都必須做到慎其獨也。所以我以爲，這句話的標點不該是句號而應是問號才對。再者，當代年輕學人楊少涵由致中與致和、戒懼與慎獨、尊德性與道問學等等分屬兩條工夫路線的實踐方式，亦即，分屬先天工夫或未發時工夫和後天工夫或已發時工夫，因而進一步斷言，這裏的經文應當讀作：“道也者，不可須臾離也，是故君子戒慎乎其所不睹，恐懼乎其所不聞；可離非道也，莫見乎隱，莫顯乎微，故君子慎其獨也。”從而愈加一目了然地展現出，戒懼工夫的對象便是不睹不聞的道之體，“率性之謂道”之道之體，未發之中，未發之大本。所以戒慎恐懼就是時時秉持省察之心，處處持懷本體流失的恐懼狀態，以免於道德本體的流失。故而爲立大本之工夫，先天工夫。慎獨工夫的對象是隱微。正是“可離非道”之道“莫見乎隱，莫顯乎微”，而可離非道即道德本體發用流行中所出現的不中節、過不及現象，隱微是人欲萌動、過與不及之地，是隱暗之地和細微之事上的過與不及，而杜絶的工夫方法就是慎獨。至少，朱子亦曾説過，“戒慎不睹，恐懼不聞”，此乃統同説，承上“道不可須臾離”，則是無時不戒懼也。或許可以爲楊氏所説提供一條旁證。

再有，尤其關於“慎獨”的問題。有以爲《大學》和《中庸》是兩種不同的慎獨，甚至《大學》還强調了“形於外”的慎獨，於是就有了三種或三個慎獨。對此，須做出進一步的辨明。首先，我們來看看《大學》“誠意”章之初，在談到“毋自欺”與“自謙”時説到的“故君子必慎其獨也”，同《中庸》首章説到的“莫見乎隱，莫顯乎微，故君子慎其獨也”，這兩處表達的“慎獨”。儘管前者是由兩“自”言及慎獨，後者則由“隱微”言及慎獨，不過，實可以説是“其義一也”。正因如此，朱子《章句》在做説明時，才在兩處均用了同樣的表述方式，亦即“獨者，人所不知而己所獨知之地也”。此後，《大學章句》還進一步補充説：

言欲自修者知爲善以去其惡，則當實用其力，而禁止其自欺。使其惡惡則如惡惡臭，好善則如好好色，皆務决去，而求必得之，以自快足於己，不可徒苟且以殉外而爲人也。然其實與不實，蓋有他人所不及知而己獨知之者，故必謹之於此以審其幾焉。

而《中庸章句》則説：

言幽暗之中，細微之事，迹雖未形而幾則已動，人雖不知而己獨知之，則是天下之事無有著見明顯而過於此者。是以君子既常戒懼，而於此尤加謹焉，所以遏人欲於將萌，而不使其滋長於隱微之中，以至離道之遠也。

仔細對照這兩番話語，雖然不無各自引向這裏來的“前言”的不同，譬如前者從誠意説起，故强調“實與不實”；而後者是從戒慎恐懼説過來，所以説到“既常戒懼”，等等，然而“幾微”之中，“人不知而己獨知之”，故“必謹之於此以審其幾焉”或“於此尤加謹焉”，意義却是完全一致的。而且，船山還説，《大學》言慎獨，爲正心之君子言也。《中庸》言慎獨，爲存養之君子言也。其實，正心與存養兩者是同一回事。况且，《大學》接着還以小人爲反例來强調君子慎獨之重要與必要，君子慎獨而“誠於中，形於外”，所謂“德潤身，心廣體胖”，也就是孟子所謂“君子所性，仁義禮智根於心。其生色也，睟然見於面，盎於背，施於四體，四體不言而喻”[①] 也。《中庸》則以“發而皆中節謂之和”，“和也者，天下之達道也”，“致和”而“萬物育焉”來説明。不過，我個人會覺得所謂“誠於中”應當不僅僅由慎獨，而且還該由涵養，亦即“戒慎乎其所不睹，恐懼乎其所不聞”而來。其實，與小人的

① 《孟子·盡心上》第二十一章。

對比，《中庸》第二章也是，亦即："君子中庸，小人反中庸。君子之中庸也，君子而時中；小人之（反）中庸也，小人而無忌憚也。"完全不會因小人反中庸、反誠意、反慎獨等等，中庸、誠意、慎獨等自身在意義上就會有絲毫的不同。

綜上所述，慎獨就是一種工夫，也就是在幾微之中，人不知而己獨知之當中，自我戒謹省察，察明善惡是非而自覺存善去惡，存是去非，不僅《大學》與《中庸》所言及的慎獨是這樣，《大學》自身更不存在兩種慎獨的意思。由此我想到，若把慎獨説成"謹慎於個人獨處的時候"，恐仍有未安，把"獨"僅理解爲"獨處"，可能受像對於"人之視己，如見其肺肝然，則何益矣"理解上的影響，譬如有理解爲他人視自己，實際上這正是在對比小人而强調"君子必慎其獨"，所以，我以爲該是自己視自己，因而也該把"慎獨"説成"謹慎於自己獨知之時"才對。至少，我看見船山也是這樣理解的，他在强調"存養爲聖學之本"時曾説道："若未嘗戒懼，則一念之惡未有凶危之象，昏然莫察其是非，至於人之視己如見其肺肝，而後悔而思揜，初無有所謂獨知，則亦無從致其慎也。蓋庸人後念明於前念，而君子初幾捷於後幾，遏人欲所以全天理，而唯存天理者乃可以遏人欲，是存養爲聖學之本，而省察其加功，固有主輔之分也。"再説，是獨知可以涵蓋獨處，而獨處則不能涵蓋獨知。此如汪紱所言，兩慎獨都在咽喉把握，一些鬆不得，但《大學》言工夫從外邊攝入，故先誠意而後正心。此章從性命源頭説下，故先静存而後動察。要之，君子用功則必動静交養，事雖已過，敬畏常存，念慮甫生，省幾尤審。而初學用功，又必宜先從用處把握起，故末章下學入德，則亦先言省察而後存養。此其所言之序之所以不同也。當代年輕學人樂愛國研究得出，近年發現的馬王堆帛書《五行》篇以爲"慎獨"意在"内心專一"，郭店楚簡《五行》篇以"慎獨"即"慎心"，云云，是對朱子慎獨説的進一步旁證。只不過朱子從來就不太贊成"君子慎其心"的説法，以爲"大抵'獨'字，只是耳目見聞之所不及而心獨知之地耳。若謂指心而言而不謂之心，蓋恐指殺，似不然也"。

最後，再補充一點，中和與禮樂的聯繫，《禮記・樂記・樂論》篇第二指出："樂者，天地之和也；禮者，天地之序也。和，故百物皆化；序，故群物皆别"，"論倫無患，樂之情也；欣喜歡愛，樂之官也。中正無邪，禮之質也；莊敬恭順，禮之制也"，云云。鄭玄以爲"化，猶生也"，則"和，故百物皆化"，豈非《中庸》"和也者，天下之達道也"，因而致和，"萬物育焉"；而"序，故群物皆别"，首要的也就是天地之别，則豈非《中庸》"中也者，天下之大本也"，而致中，"天地位焉"。那麽，何以致中？"君子戒慎乎其所不睹，恐懼乎其所不聞"，"喜怒哀樂之未發，謂之中"，也就是"中正無邪，禮之質也；莊敬恭順，禮之制也"，因爲"著誠去僞者，禮之經也，中正無邪者，誠而已，故爲禮之質。雖以誠爲本，而誠之所發者則在於莊敬恭順之間，蓋無莊敬恭順則禮之誠於是乎滅矣，故莊敬恭順而爲禮之制也"，所以可以説制禮以致誠，終究"制禮所以致中"也。那何以致和？"莫見乎隱，莫顯乎微，故君子慎其獨也"，喜怒哀樂"發而皆中節，謂之和"，也就是"論倫無患，樂之情也；欣喜歡愛，樂之官也"，因爲"樂以和爲實，而亦所以通倫理也。所謂論倫無患者，其和足以通倫理而無繆也，故爲樂之情，情猶言實也。樂雖以和爲實，而其和之所見者則在於欣喜歡愛，無欣喜歡愛則和之理幾乎隱矣，故欣喜歡愛而爲樂之官也。官猶言樂之職也，則是情者官之所始，而官者情之所成也"，一句話，"作樂所以致和"。《中庸》第十五章引《詩》曰"妻子好合，如鼓瑟琴；兄弟既翕，和樂且耽；宜爾室家；樂爾妻帑"，正謂"欣喜歡愛，樂之官也"。而《樂記·樂情》篇第七云"窮本知變，樂之情也"，而窮盡其本，識其變通，不正是"莫見乎隱，莫顯乎微"，君子慎獨而"内省不疚，無惡於志"嗎？所以，誠如黄裳所言："先王始以五禮防萬民之僞而教之中，故其中也，喜怒哀樂之未發，無過與不及（謹案：或更宜爲'無偏無倚'）；六樂防萬民之情而教之和，故其和也，喜而爲仁，怒而爲義，哀而不傷，樂而不淫，皆中其節（謹案：或可補上'而無過無不及'）。萬民之僞弗入而廢其天，其性中矣，禮之實存焉；萬民之情弗出而徇於物，其禮和矣，樂之實存焉。然後聖人以文與器兼收其實而已，制禮所以致中，作樂所以致和。”① 這也就是唐文治所謂，中和者，禮樂之謂也。聖人作樂以應天，制禮以配地。制作者，致之謂也。禮樂行而血氣和平，災害不生，故曰“大樂與天地同和，大禮與天地同節”，禮樂明備，天地官矣，是爲致中和之實效。唐虞之世，地平天成，講信修睦，康樂和親，萬物熙熙皞皞，各得其所。是乃所謂位育也。

仲尼曰：“君子中庸，小人反中庸。君子之中庸也，君子而時中；小人之（反）中庸也，小人而無忌憚也。”

〇上第二章。朱子曰：此下十章，皆論中庸以釋首章之義。文雖不屬，而意實相承也。變和言庸者，游氏曰：“以性情言之，則曰中和，以德行言之，則曰中庸是也。”然中庸之中，實兼中和之義。又，中庸者，不偏不倚、無過不及，而平常之理，乃天命所當然，精微之極致也。惟君子爲能體之，小人反是。又，王肅本作“小人之反中庸也”，程子亦以爲然。今從之。君子之所以爲中庸者，以其有君子之德，而又能隨時以處中也。小人之所以反中庸者，以其有小人之心，而又無所忌憚也。蓋中無定體，隨時而在，是乃平常之理也。君子知其在我，故能戒謹不睹、恐懼不聞，而無時不中。小人不知有此，則肆欲妄行，而無所忌憚矣。②

〇又曰：首章夫子之意，而子思言之，故此以下，又引夫子之言以證之也。古者生無爵，死無謚，則子孫之於祖考，亦名之而已矣。周人冠則字而尊其名，死則謚而諱其名，則固已彌文矣，然未有諱其字者也。況孔子爵不應謚，而子孫又不得稱其字以别之，則將謂之何哉？若曰孔子，則外之之辭，而又孔姓之通稱，若曰夫子，則又當時衆人相呼之通號也，不曰仲尼而何以哉？又，故疑王肅所傳之本爲得其正，而未必肅之所增，程子從之，亦不爲無所據而臆决也。諸説皆從鄭本，雖非本文之意，然所以發明小人之情狀，則亦曲盡其妙，而足以警乎鄉原亂

① 《禮記集説》卷九十三，《樂記》第十九，《通志堂經解》第 13 册，205 頁。

② 《中庸章句》第二章，《四書章句集注》，18—19 頁。

德之姦矣。[①]

〇又曰：自古來聖賢講學，只是要尋討（時中）這箇物事。從來也只有六七箇聖人把得定。又，“君子而時中”，與《易傳》中所謂“中重於正，正者未必中”之意同。正者且是分别箇善惡，中則是恰好處。又，有君子之德，而不能隨時以處中，則不免爲賢知之過。又，小人固是愚，所爲固是不肖，然畢竟大抵是不好了。其有忌憚、無忌憚，只争箇大膽小膽耳。然他本領不好，猶知忌憚，則爲惡猶輕得些。程先生曰：“語惡有淺深則可，謂之中庸則不可也。”以此知王肅本爲是。又，君子而處不得中者有之，小人而不至於無忌憚者亦有之。惟其反中庸，則方是其無忌憚也。又，以性情言之，謂之中和；以禮義言之，謂之中庸，其實一也。以中對和而言，則中者體，和者用，此是指已發、未發而言。以中對庸而言，則又折轉來，庸是體，中是用。如伊川云“中者天下之正道，庸者天下之定理”是也。此“中”却是“時中”“執中”之“中”。以中和對中庸而言，則中和又是體，中庸又是用。[②]

〇程子曰：君子之於中庸也，無適而不中，則其心與中庸無異體矣。又，小人更有甚中庸？脱一“反”字。小人不主於義理，則無忌憚，無忌憚，所以反中庸也。亦有其心畏謹而不中，亦是反中庸。語惡有淺深則可，謂之中庸則不可。（伊川）又，中者且謂之中，不可捉一箇中來爲中。（明道）又，欲知中庸無如權。何物爲權？義也。然此只是説得到義，義以上更難説，在人自看如何？又，中字最難識，須是默識心通。又，識得則事事物物上皆天然有箇中在那上，不待人安排也，安排著則不中矣。又，“可以仕則仕，可以止則止，可以久則久，可以速則速”，此皆時也，未嘗不合中，故曰“君子而時中”。（伊川）又，萬物無一物失所，便是天理時中。

〇張子曰：“時中”之義甚大，須“精義入神”，始得“觀其會通，以行其典禮”，此方真是義理也。行其典禮而不達會通，則有非時中者

---

① 《中庸或問》上，《朱子全書》第六册，564—565 頁。

② 《朱子語類》卷第六十三，《中庸》二，第二章，第四册，1521—1522 頁。

矣。君子要“多識前言往行以蓄其德”者，以其看前言往行熟，則自能見得時中。

〇楊時曰：知中則知權，不知權則是不知中也。故權以中行，中因權立。《中庸》之書不言權，其曰“君子而時中”，蓋所以爲權也。[①]

〇胡炳文曰：第二章以下十章皆述夫子之説，獨此章與第三十章揭“仲尼”二字。“仲尼曰”，仲尼之言也，所言者中庸也；“仲尼祖述堯舜”以下，仲尼之行也，所行者皆中庸也。中和之論發於子思，中庸之論本於仲尼，然發而中節之和，即是時中之中，子思中和二字亦只是説仲尼一中字，故曰中庸之中兼中和之義，而《章句》必先曰無偏無倚，而後曰無過不及，可謂精矣。又，此説中庸分君子小人，首章説中和只歸之君子，蓋君子有主敬之功，故能因其性情之自然者推而極之，小人無主敬之功，故德行惟君子爲能，小人則反是。[②]

〇船山曰：此章乃大分别處。“小人”乃堯時四凶，與後世申、商、秦始皇之類。“反中庸”是立意要反，亦自有濟惡之才，故能無忌憚，肆欲妄行。“君子中庸”，“君子而時中”，乃立一君子爲標榜，以反形小人，見君子依中庸如此其至，小人反中庸如此其惡，且未實贊君子能中庸，只是提綱大概説。[③]

〇又曰：《中庸》第一章既徹底鋪排，到第二章以後，却又放開，從容廣説，乃有德之言涵泳寬和處，亦成一書者條理之必然也。自第二章以下十章，皆淺淺説，漸向深處。第二章只言君子小人之别，劈開小人在一邊，是入門一大分别。又，小人只是陷於流俗功利而有權力者，（如歐陽濮議，但以逢君；王介甫狼狽處，尤猥下）隱怪方是異端，過不及乃儒之疵者。三種人各有天淵之别。又，或以隱怪爲小人，或以賢知爲隱怪，自《章句》之失。而後人徇之，益入於棼秘而不可别白。取《中庸》全書，作一眼炤破，則曲暢旁通矣。[④]

---

① 《中庸輯略》卷上，第二章，22—24頁，《朱子全書外編》第一册。

② 《四書通·中庸通》，《通志堂經解》第15册，414頁。

③ 《四書箋解》卷二，《中庸》，“仲尼”章，《船山全書》第六册，128頁。

④ 《讀四書大全説》卷二，《中庸》第二章，《船山全書》第六册，478—480頁。

○又曰：其自入於邪而離之者爲小人；不知有道而離之者爲凡民；欲不離之焉而終離之者，爲賢智之過、愚不肖之不及；自以爲不離而離之者爲隱怪；能不離矣，而不能保其不離者，爲半塗而廢之君子。若夫從入者正，而克用其存養省察之功者，君子也。又，由夫子之言觀之，則斯道之存亡在人品之邪正，而《中庸》之大防於此辨矣。①

○吕留良曰："中庸"所謂時中，乃從戒慎恐懼而得，於君子又進一句説，故加"而"字一轉，所謂"君子而處不得中者有之"也。"時中"與"無忌憚"正相對。"中"字本天來，不本心來，惟君子無時不戒慎恐懼，故能隨時處中，若但作達權通變作用看，却正是小人之無忌憚。小人也不是一味狂獗，他也見一種影子，只是憑心起義，不知天命而不畏也，雖倖成事功，已離天則，他何嘗不自以爲時中？所謂"本領不是，一起差却"也。只加一箇"時"字，便藏得箇"庸"字，注云"中無定體，隨時而在，是乃平常之理"，正還"庸"字下落。"時中"注有二意：曰隨時處中，是逐時戒懼，就君子自修説；曰無時不中，是統體戒懼，在現成看君子説。蓋時中只在事理上看，惟戒慎恐懼，乃能體得此理，於己無時不中，即所謂常存敬畏而不使離於須臾者也。戒慎恐懼兼動静統終始而言，時中者，無適而不中，亦是統體説，不指交接頭説，不貼慎獨。"小人之中庸"句，明注小人之所以"反中庸"，有將小人説高一步，不欲增"反"字，便不是。或曰：此時看對面不同，曰對面不同，則正位亦走樣，細體認自見。②

○汪紱曰：此後"中"字多以"時中"之"中"言，就用上説，然體立而後用行，時中之中上實有大本之中在故。中則必庸，非既中而又庸；惟中故庸，非夫子有意加一庸字；道體本中，庸乃性情之德；君子能盡其性，則所存所發無非中庸，與爲一體。又此通章俱孔子之言，此十章内皆無子思語。又，中和是子思語，中庸是夫子語，故變和言庸，不必盡合，而理只一般。性中情和，此以體用言。統中庸一中字，兼有

① 《四書訓義》(上)卷二，《中庸》一，第二章，《船山全書》第七册，110—111頁。
② 《四書講義》卷二十四，《中庸》一，中册，532—533頁。

中和二字，不可以庸字當和字。中也和也都是庸道庸德。[①]

○鄭玄曰：庸，常也。用中爲常道也。反中庸者，所行非中庸，然亦自以爲中庸也。君子而時中者，其容貌君子，而又時節其中。小人而無忌憚，其容貌小人，又以無畏難爲常行，是其反中庸也。小人之中庸也，王肅本作"小人之反中庸也"。

○孔穎達曰："仲尼"至"矣夫"此一節是子思引仲尼之言，廣明中庸之行，賢者過之，不肖者不及也。中庸之道，鮮能行之。又，君子之人，用中以爲常；小人則不用中爲常。又，君子之爲中庸，容貌爲君子，心行而時節其中，謂喜怒不過節也；小人形貌爲小人，心行無所忌憚，並以此爲常。[②]

○張栻曰："中也者，天下之大本也"，須識得此，然後時中之義可得而明。不然，則幾何而不爲子莫之執也。子莫之意以謂楊子不拔一毛爲不及，而墨子摩頂放踵爲過之，我但執此二者之中耳。殊不知中無乎不在，有時三過其門而不入，有時居陋巷而不顧，此所謂時中也。其所以能時而中者，奈何以其大本立故也。大本立，則周旋萬變，而中之體不亂，故曰時中也。"惟精惟一，允執厥中"，蓋極精一之妙，則是中也。湯之執中，意亦類此。若子莫則於過與不及之間，求所謂中者而執之，不知既已昧其體矣，故曰執中無權。權者，所以妙夫中也。故學者必先求仁，知仁則中體可見，應事接物得所以權之者矣。若夫聖人則無俟于權，而無時不中矣。

○黄裳曰：君子以時中，則有時不中矣，此其所以爲中庸，更而不可拘，續而不可窮，其縱不流，其守不固。流者，執庸而不及中者也；固者，執中而不及庸者也。執庸者害道之常，此爲庸者之無忌憚也；執中者害道之變，此爲中者之無忌憚也。楊、墨失中，子莫失庸。

○喻樗曰：時中之君子以天下譽之而不喜，以天下非之而不怒，舉天下無以動其心者，"毋意，毋必，毋固，毋我"，"言不必信，行不必

① 《四書詮義》上，卷二，《中庸》，《叢書集成三編》第10册，405—407頁。

② 《禮記正義》卷第六十，《中庸》第三十一，下册，1990—1991頁。

果，惟義所在”，舉天下之事，無大小焉，無適莫焉，無可無不可焉，唯時中而已。小人唯利之從，唯名是徇，其於君子之心一切反之，聞君子之中庸也，乃欲竊取其名，居之似忠信，行之似廉潔，如紫奪朱，如鄭亂雅，如鄉原之亂德，是借以資其無忌憚者爾。

〇于成曰：全吾心之中和，乃所以爲君子之中庸。中和二字，子思自吾心體之，中庸二字，乃自吾夫子發之。無和不能以爲庸，其實一理也。

〇蔡淵曰：“君子中庸，小人反中庸”，夫子之言也。“君子而時中，小人而無忌憚也”，子思釋夫子之言也。①

〇黎立武曰：《易》曰：“蒙亨，以亨行時中也。”蒙昧而求通，純一而無僞，赤子之心也。惟大人者不失其赤子之心，方其未發，渾然在中，是爲大本之中；迨其將發，動必由中，是爲時中之中。所謂戒懼謹獨，所謂執端用中，所謂擇乎中庸，莫不致察乎危微之幾，權宜乎發未發之際，是謂不失赤子之心，是謂允執其中也。聖賢心法惟在乎此，故此章首揭時中之義。②

〇《日講四書解義》曰：君子小人之辨，只在敬肆之間而已。要之，道統之傳，必宗仲尼，垂訓立教，昭如日月。子思懼賢智之害道，又恐邪説之亂真，故引孔子之言以嚴其防，見中庸之統必歸君子，而非小人之可得而竊取也。③

〇毛奇齡曰：蓋中和者，中庸也。和者，平也。《詩》“終和且平”。有直釋和爲庸者。

〇毛遠宗曰：庸本是用字。又曰庸，常也。以庸爲平常，則平即又是和，中庸與中和、庸德，皆通達矣。④

〇陈柱曰：“中”有平義，有正義，有通義。“用”“庸”均有中義，惟中而后適于用也。惟用中而后可得于道也。故天地之道莫尚乎中。

① 《禮記集説》卷一百二十五，《中庸》第三十一，《通志堂經解》第13册，358—359頁。
② 《中庸分章》，景印文淵閣《四庫全書》第200册，724頁。
③ 《日講四書解義》卷二，《中庸》上，景印文淵閣《四庫全書》第208册，37頁。
④ 《續禮記集説》卷八十六，《中庸》，《續修四庫全書》第102册，518—519頁。

又，此“時中”，孟子所稱“孔子，聖之時者也”。

○康有爲曰：孔子之道有三統三世焉。其統異，其世異，則其道亦異。故君子當因其所處之時，觀其會通，以行其典禮，上下無常，惟變所適。道極相反，行亦相反。然適當其時則爲此時之中庸，故謂之時中。①

○蔣伯潛曰：俞樾《平經群議》説，兩“而”字皆當作“能”字解。古書“而”“能”二字常通用。②

子曰：“中庸其至矣乎！民鮮能久矣！”

○上第三章。朱子曰：過則失中，不及則未至，故惟中庸之德爲至。然亦人所同得，初無難事，但世教衰，民不興行，故鮮能之，今已久矣。《論語》無能字。③

○又曰：此章方承上章“小人反中庸”之意而泛論之，未遽及夫不能久也。第七章“擇乎中庸而不能期月守也”，自能擇中庸者言之，乃可責其不能久耳。兩章各是發明一義，不當遽以彼而證此也。又，言之固無序矣，子思取之而著於此，則其次第行列，决有意謂，不應雜置而錯陳之也。故凡此書之例，皆文斷而意屬，讀者先因其文之所斷，以求本章之説，徐次其意之所屬，以考相承之序，則有以各盡其一章之意，而不失夫全篇之旨矣。④

○胡炳文曰：子思引《論語》之言，添一“能”字，須看下章許多能字，方見子思之意。“鮮能知味”，是不能知者。“不能期月守”，是不能行者。“中庸不可能”，言非義精仁熟者，不能知，不能行。“惟聖者能之”，是專言聖人知之盡，仁之至，故獨能知，能行。至於“人一能之己百之，人十能之己千之，果能此道矣，雖愚必明，雖柔必强”，是

---

① 《中庸通義　中庸注參》，8、58—59頁。

② 《中庸讀本》，5頁，《語譯廣解四書讀本》。

③ 《中庸章句》第三章，《四書章句集注》，19頁。《論語·雍也》第二十七章：子曰：“中庸之爲德也，其至矣乎！民鮮久矣。”

④ 《中庸或問》上，《朱子全書》第六册，565頁。

愚者本不能知，能百倍其功則能知；柔者本不能行，能百倍其功則能行。後面至誠“能盡其性”，是能知之盡能行之至。唯至聖“爲能聰明睿知”，是能知；能寬裕温柔以下，是能行。惟至誠“爲能經綸天下之大經”，是能行。非聰明聖知達天德者，孰能知之，又説能知。看許多能字，則子思此章添一能字固有旨哉。[①]

○船山曰：此以凡民言之，雖不能中庸，亦不敢反，故歸咎於世教之衰。“民鮮能”非謂今人皆無能之者，乃謂盡天下之人無有一人能自拔於流俗而能之者也。[②]

○又曰：“天下之理無以加”，是贊“至”字語。“至”字有二義：極也，到也。《章句》却用至到一釋，不作至極説。所行者至於所道，則事理合轍，而即天理即人心，相應相關。又，唯道不行、不明，故民鮮能。有文王，則此道大明，而流行於家、邦、天下，民皆率繇之矣。唯有德位者或過或不及，以壞世教，而後民胥夢夢也。中庸之道，聖以之合天，賢以之作聖，凡民亦以之而寡過。國無異政，家無殊俗，民之能也。豈盡人而具川流敦化之德，成容、執、敬、别之業，乃云能哉？[③]

○又曰：夫子曰：道之至者，人之不可違者也，則中庸是已。顧必上之教明，而後天下皆習而行之。乃世教衰於上，而民無興起爲善之心，則能遵此德而以成乎人道之常者，其鮮也久矣。是天下皆迷其性，而成乎其爲無道也，可勝嘆哉！由夫子之言觀之，則凡民亦無可離道之理；而教之不明不行，在有志者之修之矣。[④]

○汪紱曰：“中庸”二字亦在用邊多，然用之失中，則本體失中可見；但體之在人，天命之性，豈至全没？亦由用處不合，則本體不見耳。既曰“中庸”，又曰“至”，“至”即《大學》所謂“至善”，見至德本不外於庸。道“其至矣乎”，非徒贊美中庸，乃慨嘆人之多過不及也。

① 《四書通·中庸通》，《通志堂經解》第15册，414頁。
② 《四書箋解》卷二，《中庸》，“中庸其至矣乎”章，《船山全書》第六册，129頁。
③ 《讀四書大全説》卷二，《中庸》第三章，《船山全書》第六册，480—481頁。
④ 《四書訓義》（上）卷二，《中庸》一，第三章，《船山全書》第七册，112頁。

"民"字兼氣拘物蔽者言，然夫子口中不曰人而曰民，自是慨世教之衰。《論語》有"之爲德"三字，則中庸就民身上言，故下句無"能"字，"民鮮久矣"言民鮮中庸之德也。此無"德"字，則中庸就事物之道言，故下句加一"能"字，言民鮮能體中庸之道也，因而民鮮中庸之德矣。《論語》是夫子本文，此是子思概括。[①]

〇鄭玄曰：鮮，罕也。言中庸爲道至美，故人罕能久行。"中庸其至矣乎"，一本作"中庸之爲德，其至矣乎"。

〇孔穎達曰：前既言君子小人不同，此又嘆中庸之美，人寡能久行。其中庸之德，至極美乎！[②]

〇李道傳曰：中庸之爲至，何也？理之極而不可加之謂至，譬如立乎天下之中，自東而西者至乎此而止，自南而北者至乎此而止，凡未至乎此與既至乎此而又過焉者，皆偏也。天之生物固莫不有當然之則，非人之私知所能益損乎其間，《大學》言"止於至善"，意亦同此。然所謂至者，初非窮高極遠之事，不過君之仁，臣之敬，子之孝，父之慈，與國人交之信，如此之類而已。但世教既衰，民鮮能之，其來已久。夫有周之末，先王之迹未遠，聖人猶有久矣之嘆，况後聖人又千數百年者乎！雖然，自物則言之，則過與不及皆不可以言至。自末世言之，則過乎則者少，不及乎則者多，學者試以事君之敬，事父之孝，與人交之信，反己而自省焉，則其至與否可見矣。[③]

〇毛遠宗曰："民"字當作"人"字，兼上下言。此民不興行，不過嘆道之不行，而修道爲教，則教道者亦從此可見耳。[④]

〇陈柱曰：就氣性而言則爲中和，就行事而言則爲中庸，二者一而

---

① 《四書詮義》上，卷二，《中庸》，第10册，407頁。

② 《禮記正義》卷第六十，《中庸》第三十一，下册，1990—1991頁。鄭氏及孔氏都將"鮮能久矣"，理解爲"罕能久行"或"寡能久行"。但朱子却以爲，此"未遽及夫不能久也。第七章"擇乎中庸而不能期月守也"，自能擇中庸者言之，乃可責其不能久耳。兩章各是發明一義，不當遽以彼而證此也"。(《中庸或問》上，《朱子全書》第六册，565頁）船山則進一步說明其中的緣由乃是"世教衰於上，而民無興起爲善之心，則能遵此德而以成乎人道之常者，其鮮也久矣"。[《四書訓義》(上）卷二，《中庸》一，第三章，《船山全書》第七册，112頁]

③ 《禮記集説》卷一百二十五，《中庸》第三十一，《通志堂經解》第13册，360頁。

④ 《續禮記集説》卷八十六，《中庸》，《續修四庫全書》第102册，519頁。

二，二而一者也。

〇唐蔚芝曰：天下過者爲横民，不及者爲懦民。世必多能中庸之國民，而後天下可望其平，故教育國民，必以中庸爲主。

〇康有爲曰：民，爲當時諸子之徒。[①]

子曰："道之不行也，我知之矣，知者過之，愚者不及也；道之不明也，我知之矣，賢者過之，不肖者不及也。人莫不飲食也，鮮能知味也。"

〇上第四章。朱子曰：道者，天理之當然，中而已矣。知愚賢不肖之過不及，則生稟之異而失其中也。知者知之過，既以道爲不足行；愚者不及知，又不知所以行，此道之所以常不行也。賢者行之過，既以道爲不足知；不肖者不及行，又不求所以知，此道之所以常不明也。又，道不可離，人自不察，是以有過不及之弊。[②]

〇又曰：測度深微，揣摩事變，能知君子之所不必知者，知者之過乎中也。昏昧蹇淺，不能知君子之所當知者，愚者之不及乎中也。知之過者，既惟知是務，而以道爲不足行，愚者又不知所以行也，此道之所以不行也。刻意尚行，驚世駭俗，能行君子之所不必行者，賢者之過乎中也。卑污苟賤，不能行君子之所當行者，不肖者之不及乎中也。賢之過者，既唯行是務，而以道爲不足知，不肖者又不求所以知也，此道之所以不明也。然道之所謂中者，是乃天命人心之正，當然不易之理，故不外乎人生日用之間，特行而不著，習而不察，是以不知其至而失之耳。故曰："人莫不飲食也，鮮能知味也。"知味之正，則必嗜之而不厭矣；知道之中，則必守之而不失矣。[③]

〇又曰：如舜之大知，則知之不過而道所以行；如回之賢，則行之不過而道所以明。舜聖矣而好問，好察邇言，則非知者之過；執兩端，

① 《中庸通義　中庸注參》，60頁。
② 《中庸章句》第四章，《四書章句集注》，19頁。
③ 《中庸或問》上，《朱子全書》第六册，566頁。

用其中，則非愚者之不及。回賢矣而能擇乎中庸，非賢者之過；服膺勿失，則非不肖者之不及。又，緣是智者過於明，他只去窮高極遠後，只要見得便了，都不理會行。如佛氏之屬，他便只是要見得。未見得時是恁地，及見得後也只恁地，都不去行。又有一般人，却只要苦行，後都不去明。如老子之屬，他便只是説不要明，只要守得自家底便了，此道之所以不明也。①

○楊時曰：若佛氏之寂滅，莊生之荒唐，絶類離倫，不足以經世，道之所以不行也，此"知者過之"也。若楊氏之"爲我"，墨氏之"兼愛"，過乎仁義者也，而足至於塞路，道之所以不明也，此"賢者過之"也。自知賢愚不肖言之，則賢知宜愈矣，至其妨於道，則過猶不及也。②

○饒魯曰：或問：愚者不及知此中，不肖者不及行此中。《費隱》章又云，夫婦之愚不肖可以與知能行，何也？曰：彼以夫婦一事言，此以道之全體言。問：賢合屬行，知合屬明，而夫子却交互説者，何故？曰：如此，則人皆曉得夫子何以曰"我知之矣"，緣天下人都不知此，夫子所以有此嘆。行不是説人去行道，是説道自流行於天下；明不是説人自知此道，是説道自著明於天下。人多差看了，須要見得知行相因。

○胡炳文曰：道至中而止，纔過之便不是中，便易流於異端。程子曰："道不行，百世無善治；學不傳，千載無真儒。"子思此章分道之不行不明，而下章即舜之知，言道之所以行，即回之賢，言道之所以明，即此意也。道不明則學不傳，故朱子曰："《中庸》一書，子思憂道學之失其傳而作也。"兼後面欲説知仁勇，此章又爲此三者發端而言：知者知之過，以道爲不足行，不仁也；賢者行之過，以道爲不足知，不知也；愚不肖者安於不及，不能勉而進，不勇也。又，前分兩股互言知行，此獨曰"鮮能知"，蓋道貴乎能知能行，然能行又未有不先於能知者也。③

---

① 《朱子語類》卷第六十三，《中庸》二，第四章，第四册，1523頁。

② 《中庸輯略》卷上，第四章，28頁，《朱子全書外編》第一册。

③ 《四書通·中庸通》，《通志堂經解》第15册，414—415頁。

○景星曰：知過愚不及本是不明，此却説“道之不行也”；賢過不肖不及本是不行，此却説“道之不明也”。此是互説，見得知行相關，要緊在知上，苟知之真，則行之正矣，故下專言知味。又，蓋以過不及皆欠真知爾，若真知義理之極，則賢者亦無過，知者亦必篤於行，而不徒知也。①

○船山曰：明行相互而言者，理之固然，誠則明，明則誠也。誠明相資以爲體，知行相資以爲用，唯其各有致功而亦各有其效，故相資以互用，則於其相互，益知其必分矣。同者不相爲用，資於異者乃和同而起功，此定理也。不知其各有功效而相資，於是而姚江王氏知行合一之説得藉口以惑世；蓋其旨本諸釋氏，於無所可行之中，立一介然之知曰悟，而廢天下之實理，實理廢則亦無所忌憚而已矣。②

○又曰：此“智愚賢不肖”，乃有志於道之學者，高出於民之上者。“智”是聰慧，“愚”是樸愿，“賢”是敏决，“不肖”是拘謹，偏則俱偏，而皆有可望道之質。“過不及”以發而不中節言，擇善不精，固執不定，以至不能中庸。③

○又曰：《或問》“揣摩事變”四字，説近平淺，却甚諦當。所謂“知者過之”，只是如此。本文一“之”字，原指道而言。賢知者亦在此道上用其知行，固與異端之别立宗風者迥别。異端則是發軔時便已南轅。故知知者之過，亦測度揣摩，就事而失其則耳。又，道之用即是教。就子臣弟友以及於制禮作樂，中閒自有許多變在。先王所修之道，固已盡其變，而特待人擇而執之。若一旦乘一時之聰明志意，以推測求合，則隨物意移，非不盡一事之致，極乎明察，而要非經遠可行之道，此知者之過也。若賢者之過，則亦如徐積之孝，不忍履石，屈原之忠，自沉於淵，乃至禮過繁而樂過清，刑過覈而政過密，亦豈如異端之絶聖智而叛君親也哉？此等區處，切須揀别，無以異端混入。④

① 《大學中庸集説啓蒙·中庸》卷上，景印文淵閣《四庫全書》第204册，1021頁。
② 《禮記章句》卷三十一，《中庸》第四章，《船山全書》第四册，1256頁。
③ 《四書箋解》卷二，《中庸》，“道之不行”章，《船山全書》第六册，129—130頁。
④ 《讀四書大全説》卷二，《中庸》第四章，《船山全書》第六册，482—483頁。

〇又曰：其識見之慧而爲智者，則唯其思致之所通，有道本止於此，而窮幽渺以之於無實，過之矣；其識見之樸而爲愚者，則唯一端之偶覺，有道不僅於此，而安淺近以無所可通，不及之矣。其過也，則以爲理更有高深者，而無事守此尋常之規矩以限其行也；其不及也，則以爲理本無其蕃變，而不必致夫精密之極以難於行也。又，其才力有餘而爲賢者，則任其一往英鋭之氣，有非道之所宜然，而好爲苟難，過之矣；其才力不逮而爲不肖者，則因其僅然可能之力，雖以道之所必然，而甘於自畫，不及之矣。其過也，則以爲唯吾所可爲而爲之，道固淺近而不足明也；其不及也，則以爲擇己所能爲而爲之，道固深遠而不易明也。又，夫四者之資，或可用，或可勉，又未嘗無意於道，而道之不明不行，實因此而甚焉。何哉？蓋未嘗即道之本然求之耳。①

〇吕留良曰：第二節如《詩》之比體，飲食是日用，味只日用中道理，此等指點最親切，是比喻，却不是比喻，兩“也”字意味深長，其音未寂，試緩念之，便得明道言《詩》之妙。上過不及，乃道之所以不明不行，此不知味，乃人所以過不及之繇。上智愚在知行之知説，此知味在覺察之知説，能覺察然後能知行耳。“知”字非知行之知，統明行而言，乃提撕省覺意，即孟子所謂“弗思耳矣”也。②

〇汪紱曰：道即上章所謂中庸。子思引此則以生稟之異，明上章所以鮮能之故，而起下知、仁、勇入道之門。夫子口中言道未言中，然曰過不及，則顯然有中字在道字内矣。又，“人莫”至“味也”，此一節是此十章轉捩處，觀“鮮能知味也”一嘆，可知民鮮能中庸者，雖由氣稟，實因不察，察則氣稟不得而拘矣。③

〇鄭玄曰：罕知其味，謂愚者所以不及也。過與不及，使道不行，唯禮能爲之中。

〇孔穎達曰：此覆説人寡能行中庸之事。言道之不行爲易，故“知者過之，愚者不及”；道之不明爲難，故云“賢者過之，不肖者不及”。

① 《四書訓義》(上)，卷二，《中庸》一，第四章，《船山全書》第七册，113—114頁。

② 《四書講義》卷二十四，《中庸》一，中册，534—535頁。

③ 《四書詮義》上，卷二，《中庸》，《叢書集成三編》第10册，407—409頁。

是以變“知”稱“賢”，變“愚”稱“不肖”，是賢勝於知，不肖勝於愚也。又，言飲食易也，知味難也。猶言人莫不行中庸，但鮮能久行之。言知之者易，行之者難，所謂愚者不能及中庸也。①

〇周諝曰：人非飲食無以生，而非道亦無以生。然人莫不資於飲食，而鮮能知其味；猶莫不資於道，而鮮能知其趣。故《易》曰“百姓日用而不知”，孟子曰“終身由之，而不知其道者衆也”。

〇張九成曰：知味者，當優游涵泳於不睹不聞之時，可也。

〇薛季宣曰：所貴乎知者，爲其能有擇也；所貴乎賢者，爲其能有見也。人之望也，所賴以先民也。愚者固不及矣，知者又過中道，道何從而行乎？不肖固不及者，賢者又過中道，道何從而明乎？孔子興道不行之嘆，蓋嘆賢而知者過猶不及，君子小人之間不能以寸。飲食而知其味之正，斯無嗜好之僻也，毋偏毋頗則近道矣。

〇郭忠孝曰：昔舜之命禹曰：“人心惟危，道心惟微，惟精惟一，允執厥中。”蓋言天下無二道，萬化無二理，要之一而已矣。自其上者觀之，則謂之知；自其下者觀之，則謂之愚。知者過之，愚者不及，其於失道均矣。惟其失道，所以不能行道，此道所以不行也。自其力行者言之，謂之賢；自其自棄者言之，謂之不肖。賢者過之，不肖者不及，其於失道均也。惟其失道，所以不能明道，此道所以不明也。二者不知所謂“惟精惟一，允執厥中”者也，是猶飲食人之常，而不能知天下之正味也。易牙之於味得其所同，曾晳之於羊棗得其所獨，爲道者棄其所同，徇其所獨，此孔子所以嘆道之不行也。

〇晏光曰：知愚之過不及，宜曰道之不明；賢不肖之過不及，宜曰道之不行。今乃反言之者，何哉？蓋知者專於明道或怠於行道，賢者專於行道或忽於明道，故爾《書》曰：“非知之艱，行之惟艱。”蓋不能知味者，以喻不能知道也，道既不能知，安能行道乎？②

〇黎立武曰：又嘆知者、愚者不知擇中庸，知不真，則行不篤，故

① 《禮記正義》卷第六十，《中庸》第三十一，下册，1990—1991頁。

② 《禮記集説》卷一百二十五，《中庸》第三十一，《通志堂經解》第13册，361頁。

道不行；賢、不肖者不能守中庸，守不固，則行不著，故道不明。[①]

〇陈柱曰：可見中庸之道，雖非人人所能知，而明禮樂以範之，却可以使之人人能行。[②]

〇蔣伯潛曰：按《四書辨疑》説此段“行”“明”二字當互易。因爲“知”“愚”就“知”言，“賢”“不肖”，就“行”言；二字互易，意更明白。且司馬光、王安石、蘇軾等引此文皆如此。[③]

子曰：“道其不行矣夫！”

〇上第五章。朱子曰：此章承上章而舉其不行之端，以起下章之意。又，由不明，故不行。[④]

〇胡炳文曰：前章“民鮮能”是兼知行言，“鮮能知味”專指知而言，故此章承上文而言曰“道其不行矣夫”，又專指行而言。[⑤]

〇船山曰：道之由不明而不行也，夫子嘗嘆之矣，曰，道者，君子之與天下共由而寡過者也，乃自今觀之，其不行矣夫！蓋人各師心以自用，而不察夫人情物理之當然；則修之己者，自謂得之，而適以失之；其施之天下也，欲以治之，而適以亂之。理非其理，而事亦非其事矣。安得一明道者而使其必行乎！[⑥]

〇汪紱曰：夫子言道不行未知果何指，“矣夫”二字，不勝慨嘆。子思引此則謂道不能自行於天下，賴知之者以行，而知者過之愚者不及都不能知以擇中，則“道其不行矣夫”。所謂承上章而舉不行之端，以起下章也。不曰人不行道，而曰道其不行，正見道之不能自行，言下有人不求明意。[⑦]

〇鄭玄曰：閔無明君教之。

---

① 《中庸分章》，景印文淵閣《四庫全書》第200册，724頁。

② 《中庸通義　中庸注参》，60—61頁。

③ 《中庸讀本》，6頁，《語譯廣解四書讀本》。

④ 《中庸章句》，《四書章句集注》，19—20頁。

⑤ 《四書通·中庸通》，《通志堂經解》第15册，415頁。

⑥ 《四書訓義》（上），卷二，《中庸》一，第五章，《船山全書》第七册，115頁。

⑦ 《四書詮義》上，卷二，《中庸》，《叢書集成三編》第10册，409頁。

〇孔穎達曰：夫子既傷道之不行，又哀閔傷之，云時無明君，其道不復行也。①

〇項安世曰："人莫不飲食也，鮮能知味也。子曰：'道其不行矣夫。'"此復自知言之人誰不行，惟其不知則不能以實行也。下引"舜之大知"，猶曰古之人有能知者，大舜也。又曰"人皆曰予知"以下，此復自言行之人誰不知，惟其不行則不能以真知也。下引"回之爲人"，猶曰古之人有能之者，顏子是也。②

〇陈柱曰：道亦指中庸之道，此嘆無明中庸之道，以範天下民者。③

子曰："舜其大知也與！舜好問而好察邇言，隱惡而揚善，執其兩端，用其中於民，其斯以爲舜乎！"

〇上第六章。朱子曰：舜之所以爲大知者，以其不自用而取諸人也。邇言者，淺近之言，猶必察焉，其無遺善可知。然於其言之未善者則隱而不宣，其善者則播而不匿，其廣大光明又如此，則人孰不樂告以善哉。兩端，謂衆論不同之極致。蓋凡物皆有兩端，如小大厚薄之類，於善之中又執其兩端，而量度以取中，然後用之，則其擇之審而行之至矣。然非在我之權度精切不差，何以與此。此知之所以無過不及，而道之所以行也。④

① 《禮記正義》卷第六十，《中庸》第三十一，下册，1990—1992頁。

② 《禮記集説》卷一百二十五，《中庸》第三十一，《通志堂經解》第13册，362頁。

③ 《中庸通義　中庸注参》，61頁。

④ 《中庸章句》第六章，《四書章句集注》，20頁。這裏亦充分體現出《論語·衛靈公》第四章，子曰："無爲而治者，其舜也與？夫何爲哉，恭己正南面而已矣。""無爲而治者，聖人德盛而民化，不待其有所作爲也。獨稱舜者，紹堯之後，而又得人以任衆職，故尤不見其有爲之迹也。恭己者，聖人敬德之容。既無所爲，則人之所見如此而已。"（《四書章句集注》，163頁）舜之無爲而治當然亦包括他"好問而好察邇言"，等等，不然，他如何可能"得人以任衆職"。而《論語·子罕》第七章，子曰："吾有知乎哉？無知也。有鄙夫問於我，空空如也，我叩其兩端而竭焉。"則孔子亦是説終始、本末、上下、精粗，無所不盡，亦即，是或善中之兩端，而非是非或善惡之兩端。尹氏曰："聖人之言，上下兼盡。即其近，衆人皆可與知；極其至，則雖聖人亦無以加焉，是之謂兩端。如答樊遲之問仁知，兩端竭盡，無餘蘊矣。若夫語上而遺下，語理而遺物，則豈聖人之言哉？"（《四書章句集注》，110—111頁）只不過

〇又曰：此亦承上章之意，言如舜之知而不過，則道之所以行也。蓋不自恃其聰明，而樂取諸人者如此，則非知者之過矣，又能執兩端而用其中，則非愚者之不及矣。此舜之知所以爲大，而非他人之所及也。兩端之説，吕、楊爲優，程子以爲執持過不及之兩端，使民不得行，則恐非文意矣。蓋當衆論不同之際，未知其庶爲過、庶爲不及、而庶爲中也，故必兼總衆説，以執其不同之極處，而求其義理之至當，然後有以知夫無過不及之在此，而在所當行。若其未然，則又安能先識彼兩端者之爲過不及，而不可行哉？[①]

〇又曰：蓋舜本自知，能合天下之知爲一人之知，而不自用其知，此其知之所以愈大。又，兩端如厚薄輕重。"執其兩端，用其中於民"，非謂只於二者之間取中。當厚而厚，即厚上是中；當薄而薄，即薄上是中。輕重亦然。又，（《或問》）合改云"故必兼總衆説，以執其不同之極處而審度之，然後可以識夫中之所在，而上一端之爲過，而下一端之爲不及"云云。如此，語方無病。又，"舜其大知"，知而不過，兼行説，"仁在其中矣"。回"擇乎中庸"，兼知説。"索隱行怪"不能擇，（不知。）"半塗而廢"不能執。（不仁。）"依乎中庸"，（擇。）"不見知而

如景星所説："《論語》竭其兩端，是言告於人者，無一毫之不盡；此執其兩端是言取諸人者，無一善之或遺。"（《大學中庸集説啓蒙·中庸》卷上，景印文淵閣《四庫全書》第204冊，1022—1023頁）然而，吕留良似不認同於此，而以爲，《中庸》此"兩端都只是善邊事，於此擇取一中，乃所謂至善也。'執'是權衡之意。此兩端不是兩頭，只兩樣相似，皆善也，於兩樣中審擇其至善之一，即謂之中，非即始暨終，由小推大之謂，混《論語》'無知'節兩端義不得，彼兩端有中間，此兩端無中間。"（《四書講義》卷二十四，《中庸》一，中冊，537頁）却不知吕氏所謂"中間"，究爲何指？再者，《論語·八佾》第十五章，子入大廟，每事問。或曰："孰謂鄹人之子知禮乎？入大廟，每事問。"子聞之曰："是禮也。"孔子自少以知禮聞，故或人因此而譏之。孔子言是禮者，敬謹之至，乃所以爲禮也。尹氏曰："禮者，敬而已矣。雖知亦問，謹之至也，其爲敬莫大於此。謂之不知禮者，豈足以知孔子哉？"（《四書章句集注》，65頁）尹氏所言固是，然而，這未嘗不也體現了夫子"好問而好察邇言"呢！《論語·衛靈公》第二十四章，子曰："吾之於人也，誰毁誰譽？如有所譽者，其有所試矣。"毁者，稱人之惡而損其真。譽者，揚人之善而過其實。夫子無是也。然或有所譽者，則必嘗有以試之，而知其將然矣。聖人善善之速，而無所苟如此。若其惡惡，則已緩矣。是以雖有以前知其惡，而終無所毁也。（《四書章句集注》，167頁）這不也就是夫子之"隱惡而揚善"，執兩擇中嗎！

① 《中庸或問》上，《朱子全書》第六冊，566—567頁。

不悔”。（執）。[①]

〇張子曰：只是要博學，學愈博則義愈精微。舜“好問”“好察邇言”，皆所以“盡精微”也。

〇吕大臨曰：“執其兩端”，乃所以用其時中，猶持權衡而稱物輕重，皆得其平。

〇楊時曰：“執其兩端”，所以權輕重而取中也。由是而用於民，雖愚者可及矣。此舜所以爲“大知”，而道之所以行也。[②]

〇饒魯曰：執是執其言，用亦是用其言也。執其兩端，則有以見其寬弘博大，兼總衆善而無遺；用其中，則有以見其精密詳審，極於至當而無偏。此所以異於他人也。

〇胡炳文曰：知仁勇，學者入德之事，下章回之仁，子路之勇，皆學者事，大舜之知自是聖人事，姑借以爲言耳。故《章句》於回與由則曰擇曰守，於舜則曰“擇之審而行之至”，不以守言也。然此章正是學者用力之始，正當以聖人自期。況舜之所謂大知者，不過取諸人以爲善爾。方其有取於衆人之言也，不主一人，而惟擇其善者揚之；及其有取於衆言之善也，又不主一説，而惟擇其合乎中者而用之。執兩端是不主於一，用中是卒用其一。擇之審，舜之精也；行之至，舜之一也。此所以爲舜之中也。顔淵曰：“舜何人也，予何人也，有爲者亦若是。”此章言舜而下章言回，學者正好將顔淵之語通看此二章。[③]

〇景星曰：執其兩端是執善中厚薄不同之兩端，便不得行，而用其中者，使民行之，非謂善惡兩端也。《論語》竭其兩端，是言告於人者，無一毫之不盡；此執其兩端是言取諸人者，無一善之或遺。[④]

〇船山曰：忽學問爲無益於知，而專己求明，是爲過。怠於學問，則不及矣。凡言過者，皆經過涉略而不入於室之謂。[⑤]

---

① 《朱子語類》卷第六十三，《中庸》二，第六章，第四册，1524—1527 頁。

② 《中庸輯略》卷上，第六章，30 頁，《朱子全書外編》第一册。

③ 《四書通·中庸通》，《通志堂經解》第 15 册，415 頁。

④ 《大學中庸集説啓蒙·中庸》卷上，景印文淵閣《四庫全書》第 204 册，1022—1023 頁。

⑤ 《禮記章句》卷三十一，《中庸》第六章，《船山全書》第四册，1257 頁。

〇又曰：此及“回之爲人”章，立一擇善固執之矩則，以明過不及者之所以失。能如舜，則不特知者知所裁，而愚者亦獲其益。能如顔子，則不特不肖者可勉而企及，賢者亦不以志廣而反失其恒。[①]

〇又曰：行道者，行此道以成化也。明道者，明此道以立教也。舜惟知人，故道行於民。顔子惟服膺而弗失，故可與明道。若賢知之過，愚不肖之不及，則已失立教之本，而况能與天下明之而行於天下哉？與天下明之而行於天下，則教不衰；而民雖愚賤，亦不至鮮能之久矣。就中顯出明行相因，只舉一舜、顔便見。而舜之行道，顔子之明道，則不待更結言之也。[②]

〇又曰：大知者，明於倫而因乎人所可共明，察於物而因乎物所可共察，則無不明也，無不察也，斯以爲大知也。又，在聖心見以爲可者，天下共知其可；在天下所共見其可者，在聖心又詳辨其可；則必其無過者也，無不及者也，得事理之中而可行者也。乃立之爲教，施之爲政，而用之於民焉。則人心之同然，即天理之極致；而辨之明，察之精，洵哉其大知也！故聖德在躬，而道凝於己；聖功及物，而化行於天下。舜之所以爲舜者，其在斯乎！由夫子之言思之，則知舜惟集天下之知以爲知，而道乃行於有虞。而中庸之道，必待大知如舜而後行，則君子所以務益其知，必有其功矣。[③]

〇吕留良曰：一人之大有限，合天下之善以爲智，故大不可量，此舜之大足以爲法也。明道必須知，知必不自用而取諸人，此“中庸”意也。以舜之知，然且不自用而取諸人，所以爲大知，此夫子之意也。要之舜之生知而又如此，故成聖人，學者但能博學審問、慎思明辨以求知，亦可以至聖人，其歸一也。舜本自知，又能合天下之知以爲知，故曰“大”也。但有聖人權度之精，而又必不自用而取諸人如此，此其智之所以尤大也。又，兩端都只是善邊事，於此擇取一中，乃所謂至善也。“執”是權衡之意。此兩端不是兩頭，只兩樣相似，皆善也，於兩

---

① 《四書箋解》卷二，《中庸》，“舜其大知”章，《船山全書》第六册，130頁。

② 《讀四書大全説》卷二，《中庸》第六章，《船山全書》第六册，483頁。

③ 《四書訓義》（上），卷二，《中庸》一，第六章，《船山全書》第七册，116—117頁。

樣中審擇其至善之一，即謂之中，非即始暨終，由小推大之謂，混《論語》“無知”節兩端義不得，彼兩端有中間，此兩端無中間。又，聖人所以不自用而取諸人，只爲中無定體，恐有未盡，而求之衆人邇言，正爲中不離庸也。可知道只得中庸，大知乃所以行中庸，此作傳微旨也。又，此章是言道所以行之故，即可悟《大學》“知止”節及《孟子》“智譬則巧”節之理。[①]

〇汪紱曰：通章合來總見大知，而所重尤在問察，不自用而取諸人，則心體至虚而合天下之知皆其知，此知之所以爲大也。然愚者不及，其失顯然，而知者之過，則人每反震而驚之，是亂天下之中者，不在於愚而多在於知也，故愚謂此章所重尤在問察。又，天下之理不外淺近，然要無不待學問而知，縱生安聖人亦必無一生落地便能言能行，不待讀書而識字，不待學習而通天下之故之理，是人生道理何一不由於學。羲皇之世無書可讀，無前可師，而觀天察地，鳥獸草木亦須在物理上窮格，何莫非學問。但聞一善言，見一善行，若决江河沛然莫禦，便是聖人生安處，不得云不靠問察也。好問好察是博學審問之事，執兩用中是慎思明辨之事，雖曰聖人不思而得，然曰執曰用，亦必非漠不關心，惟睿思作聖入耳得心而無不通，不用研求之力耳。“好”字正心契神合，情性流露處亦便見生安處，問是問之人，察則察於己，然非必即察其所問，蓋他人淺近之言入聖人耳中，都便是至理所在也。又，然舊説用民之中於民，道理本是。但經文其中“其”字原不指民，“邇言”乃言之淺近者，非淺近之人之言，“兩端”自問察中來，“其”字指言之善者，“中”又從善言中擇出，“其”字承兩端言，故不得謂用民之中於民，此以本章語脈故也。問察執擇皆格致之事，而擇審得中，則知已至

① 《四書講義》卷二十四，《中庸》一，中册，535—537頁。所謂“智譬則巧”，即《孟子·萬章下》第一章：“智，譬則巧也；聖，譬則力也。由射於百步之外也，其至，爾力也；其中，非爾力也。”朱子曰：此復以射之巧力，發明智、聖二字之義。見孔子巧力俱全，而聖智兼備，三子（案：即伯夷、伊尹、柳下惠）則力有餘而巧不足，是以一節雖至於聖，而智不足以及乎時中也。此章言三子之行，各極其一偏；孔子之道，兼全於衆理。所以偏者，由其蔽於始，是以缺於終；所以全者，由其知之至，是以行之盡。三子猶春夏秋冬之各一其時，孔子則大和元氣之流行於四時也。（《四書章句集注》，320—321頁）

中之用盡，而本以明用中於民，則本全而中節之用。又以出問察執擇皆惟精事，至用中於民，方是惟一。然又必其心之權度精切不差，然後能擇能用，此則所謂體立用行，自誠明者也。心之權度精切不差，非只生來氣質清明，亦由其心之主静立極，常存敬畏，胷中至虚，都無一物，如鑒空衡平，故事物是非疑似都不能少遁耳。顧愚謂人只怕不好問察，不能隱惡揚善，不肯執兩擇中，不怕此心之權度有差，不必讓他聖人，蓋天命之性人所同得，人人此心有中，只因私意有蔽此心不虚，故不能受善。而物理不窮，此心亦不見，果能好問好察如舜，隱惡揚善如舜，執而擇之如舜，則此心已無一物而能備萬理，何怕權度有差？故舜之所以爲大知者，誠不在能擇能用，而以其不自用而取諸人也。舜不自用固是生來如此，而夫子此言亦只以贊舜之知，然子思引此則謂道以知之無過不及，而行正要人學舜之不自用，以窮此道而得其中。不可將舜看高，若謂舜自有知之本不靠問察，而又必如舜之大知而後道行，則人必自謂不能如舜，以安於愚者之不及；或又希舜之大知而遺問察之功，是絶斯人於道外，斯道益無能行之日矣，豈不大害事也。用中已説到行上，而能用中於民，正由其知之無過不及，此章重知上。又，知行之過不及與中和之不偏不倚無過不及是兩樣，勿混。中和曰道，其無過不及在事物上見，是虚死物事；知仁曰德，其無過不及在人本身上，是虚活物事。知仁是體，知行是用。必知仁無過不及，方全得此中之不偏不倚；必知行無過不及，方合得此道之無過不及。又，故此十章雖就用上言中，而大本之中已在行間字裏，皆所以終首章存養省察之義，學者不可以不察也。又，此十章大概教人變化氣質，理人人所同，氣質是變化得的，故只説天命之謂性，率性之謂道。①

○鄭玄曰：邇，近也。近言而善，易以進人，察而行之也。兩端，過與不及也。用其中於民，賢與不肖皆能行之也。斯，此也。其德如此，乃號爲舜。舜之言充也。

○孔穎達曰：此一經明舜能行中庸之行，先察近言，而後至於中庸

① 《四書詮義》上，卷二，《中庸》，《叢書集成三編》第10册，409—411頁。

也。又，舜既能包於大道，又能察於近言，即是"大知"也。又，端，謂頭緒。謂知者過之，愚者不及。言舜能執持愚知兩端，用其中道於民，使愚知俱能行之。又，斯，此也。以其德化如此，故號之爲舜。又案：《謚法》云："受禪成功曰舜。"又云："仁義盛明曰舜。"皆是道德充滿之意，故言舜爲充也。[①]

〇劉彝曰：夫知出乎性，凡人之所有，而舜則謂之大知者，以其非止於生知，而又聚天下之知以廣其明，採天下之視以增其哲，攬天下之聰以滋其謀，故曰闢四門，明四目，達四聰也。是能興天下之大利，弭天下之大害，立天下之大法，建天下之大中，此其所以爲大也。

〇陸佃曰：大孝，行也；大知，知也。孟子曰"自耕稼陶漁以至爲帝，無非取諸人者"，然則惟邇言是聽。《詩》何以刺，均邇言也，而一以爲舜，一以爲幽王者，其在聽察之間歟。不言所以、非所以爲舜也，據蓋曰"文王之所以爲文也"。

〇李道傳曰：《中庸》達德，知爲先，仁次之，勇次之。舜好問，知也；回服膺，仁也；"子路問强"，勇也。上章言"知者過之，愚者不及"，故此章首言舜之大知，以明其無過不及，得知之中也。帝舜生知之聖，宜必有以知夫人之所不能知者，《中庸》獨以好問言之，何哉？蓋舜之大聖，正以其不自用，而取諸人耳。夫苟自用，則一己之知終有所偏，不失之過，必失之不及，其爲知小矣。舜則"自耕稼陶漁以至爲帝，無非取諸人者"，合天下之知以爲知，非大知而何！故此章始終專言好問一事，以舜之聖而好問於人，固爲不可及矣。至於邇言，則言之淺近，人所忽者，而舜必察之，斯又好問之至焉者也。邇言未必盡善也，略而不問，固不可問而不察，又不可必加察焉，然後善不善有所分。未善者不必顯其失也，故隱之；善者不可匿而不宣也，故揚之。夫如是，則不善者不吾惑，而善者無所棄，若是可以已乎，未也。言之善者，不徒揚之而已，必執其兩端而見之用焉。凡事莫不然，兩端具而中道見，於是乎舉而用之於民。然則舜於人之言既問之，又察之，又擇其

---

① 《禮記正義》卷第六十，《中庸》第三十一，下册，1992 頁。

善者而揚之，及執其兩端得其中而用之，片言之長盡爲己有，天下之知孰加於此，舜之所以聰明睿知者，不在乎他，在是而已，故曰“其斯以爲舜乎”。①

〇黎立武曰：端者，發端之始。孟子以惻隱、羞惡、辭讓、是非之心爲四端，此所謂兩端者，即人心道心之發，危微之幾也。幾動之初，知所持守，則發皆中節，以之建用皇極於天下，此舜所以爲大知歟。好問察言即聽言詢謀之旨也。②

〇《日講四書解義》曰：夫千古聰明睿智之君首推虞舜，疑有高天下而不可及者，乃虛懷若谷，不自用而取諸人如此，可見知之所以大者，在乎明目達聰，而不在恃一人之見也。③

〇陈柱曰：夫惟大知斯能以天下之知爲知，能以天下之善爲善，又烏有過不及之病哉？又按：其能不過，又在乎好問察邇，隱惡揚善，故能執其兩端之中，而用之於民，使民之愚不肖者，亦能行中庸而無放僻邪侈之患也。④

子曰：“人皆曰予知，驅而納諸罟擭陷阱之中，而莫之知辟也。人皆曰予知，擇乎中庸而不能期月守也。”

〇上第七章。朱子曰：承上章大知而言，又舉不明之端，以起下章也。又，罟，網也；擭，機檻也；陷阱，坑坎也；皆所以掩取禽獸者也。擇乎中庸，辨別衆理，以求所謂中庸，即上章好問用中之事也。期月，匝一月也。言知禍而不知辟，以况能擇而不能守，皆不得爲知也。⑤

① 《禮記集説》卷一百二十五，《中庸》第三十一，《通志堂經解》第 13 册，363—364 頁。

② 《中庸分章》，景印文淵閣《四庫全書》第 200 册，724 頁。

③ 《日講四書解義》卷二，《中庸》上，景印文淵閣《四庫全書》第 208 册，39 頁。

④ 《中庸通義　中庸注参》，8、62 頁。

⑤ 《中庸章句》第七章，《四書章句集注》，20 頁。《論語·雍也》第五章，子曰：“回也，其心三月不違仁，其餘則日月至焉而已矣。”這裏的其餘者也就是“人皆曰予知，擇乎中庸而不能期月守也”者。

○楊時曰："擇乎中庸而不能期月守"，非所謂知而不去者，則其爲知也，乃所以爲愚者之不及也。[①]

○饒魯曰：知屬貞，貞者正而固，正固二字，方訓得貞字。知得雖是正了，仍舊要固守，所以説貞者事之幹。又，分而言之，則知能擇，仁能守；合而言之，則擇固謂之知，然能擇而不能守，亦不得謂之知。此章雖引起下章"仁能守之"説，然仍舊重在知字。

○胡炳文曰：上章言舜本自大知，不自以爲知，而卒成其知；此章言人本自不知，自以爲知，而卒成不知。此兩"人"字，蓋借知禍而不知避之人，以況能擇而不能守之人也。上章舜聖人，下章回賢人，此章兩人字衆人也。上章舜能擇爲知，下章回能守爲仁，此章結上章所謂知，起下章之所謂仁。[②]

○船山曰："罟擭陷阱"，罟，獸網也。擭，揉竹木施機設繩於獸往來之徑，以罥[③]其足。陷，檻也，植木交加爲之，誘虎狼入，機發楗閉以生致之。阱則坑也。[④]

○又曰：總緣他擇乎中庸後，便靠硬做，則或過高而不可繼。蓋於制行時無加一倍謹始慎微之力，則中閒甘苦條理，不得親切，故不能守之期月而不失。是賢者之過，大端因孟浪疏麤而得，其不能守其所知也固然。若不肖者，雖知之而守之無力，又不待言矣。[⑤]

○又曰：故擇乎衆善之中，而得乎天理至當之宜，可執之爲中庸矣；初則循其所知者而行之尚不遠也，而心之不純，執之不固，至於期月之間而私意亂之，私欲乘之，未有能守之也。至於不能守，而嚮之所知者亦隨其情之偏倚而不知其所歸矣。然則知雖可以爲行之資，而行乃可以爲知之實，則甚哉力行者之難也，而知固不可恃以爲真知矣。[⑥]

○吕留良曰：此章重下半段，見明道必須智，然必仁能守，而後見

① 《中庸輯略》卷上，第七章，32頁，《朱子全書外編》第一册。

② 《四書通·中庸通》，《通志堂經解》第15册，415頁。

③ juàn。

④ 《四書稗疏·中庸》，《船山全書》第六册，20頁。

⑤ 《讀四書大全説》卷二，《中庸》第七章，《船山全書》第六册，484頁。

⑥ 《四書訓義》（上），卷二，《中庸》一，第七章，《船山全書》第七册，118頁。

其智之能擇，以起下“拳拳服膺而弗失”之義。[①]

〇汪紱曰：蓋天命之性人所同得，中庸本不難知，乃知禍而不知辟，則爲利欲所牽不能自割，以故明知故犯。知擇而不知守，則或行怪而不肯守，或自欺而不力守，以故雖知不行，俱非真不知也。又，顧既知擇則宜能守，而不能守者，則終是知之不真，故此“擇乎中庸”宜淺看。人論道理當如何做個好人，如何行些好事，亦誰不曉得説！不中之事人人能辨，但未能親身實踐去，則此中好滋味終未嘗著反，只覺拘束難人，以至不能耐守，此所謂不行則道不明也。[②]

〇鄭玄曰：言其實愚，又無恒。

〇孔穎達曰：此一經明無知之人行中庸之事。予，我也。世之愚人，皆自謂言我有知。又，小人自謂選擇中庸，而心行亦非中庸。假令偶有中庸，亦不能期帀一月而守之，如入陷阱也。[③]

〇張九成曰：人皆用知於銓品是非，而不知用知於戒謹恐懼；人皆用知於機巧術數，而不知用知於喜怒哀樂未發已發之間。惟其不留意於戒謹恐懼，故雖驅而納諸罟擭陷阱嗜欲貪鄙之中，而不自知；惟其不留意於喜怒哀樂未發已發之間，故惟中庸之理暫見，而不能期月守也。此篇直指學者用知處，故舉舜、顔之事以發明之。

〇倪思曰：以罟擭陷阱，言欲其避害也；以擇中庸而守，言欲其趨善也，是以其兩者而對言之。

〇李道傳曰：此因上章之大知，而言衆人之不知也。聖人雖不可以擇言，然如上章所云，問之，察之，隱之，揚之，執其兩端而取之，是亦擇之之事也。由學者言，則博學之，審問之，近思之，明辨之，皆所以擇乎中庸也。雖然中不可不擇，又不可不守，擇而不守，終非己物。既能擇之，又能守之，然後可以言知。夫子嘗因仁以言知矣：“擇不處仁，焉得知？”擇而不處謂之知，不可也。孟子嘗因仁義以言知矣，曰：“知之實，知斯二者弗去是也。”知而去之謂之知，不可也。夫子之所謂

① 《四書講義》卷二十四，《中庸》一，中册，537 頁。

② 《四書詮義》上，卷二，《中庸》，《叢書集成三編》第 10 册，412 頁。

③ 《禮記正義》卷第六十，《中庸》第三十一，下册，1992—1993 頁。

“處”，孟子之所謂“弗去”，《中庸》之所謂“守”，其義一也。[①]

○毛奇齡曰：期月不是帀一月，期是復時之名，故《論語》期月解作周一歲之月，自子月復至子月也。此期是一日。《左傳》叔孫旦而立期焉，是旦復至旦。期月或一日或一月，猶《論語》“日月至焉”耳。[②]

子曰：“回之爲人也，擇乎中庸，得一善則拳拳服膺而弗失之矣。”

○上第八章。朱子曰：拳拳，奉持之貌。服，猶著也。膺，胷也。奉持而著之心胷之間，言能守也。顔子蓋真知之，故能擇能守如此，此行之所以無過不及，而道之所以明也。[③]

○又曰：承上章“不能期月守”者而言，如回之賢而不過，則道之所以明也。蓋能擇乎中庸，則無賢者之過矣；服膺弗失，則非不肖者之不及矣。然則玆賢也，乃其所以爲知也歟？程子所引“屢空”，張子所引“未見其止”，皆非《論語》之本意，惟吕氏之論顔子有曰：“隨其所至，盡其所得，據而守之，則拳拳服膺而不敢失，勉而進之，則既竭吾才而不敢緩，此所以恍惚前後而不可爲象，求見聖人之止，欲罷而不能

① 《禮記集説》卷一百二十五，《中庸》第三十一，《通志堂經解》第13册，364頁。

② 《續禮記集説》卷八十六，《中庸》，《續修四庫全書》第102册，521頁。

③ 《中庸章句》第八章，《四書章句集注》，20頁。另外，《論語》中對顔子的表彰還有，子曰：“吾與回言終日，不違如愚。退而省其私，亦足以發。回也不愚。”（《論語·爲政》第九章）子謂子貢曰：“女與回也孰愈？”對曰：“賜也何敢望回。回也聞一以知十，賜也聞一以知二。”子曰：“弗如也！吾與女弗如也。”（《公冶長》第八章）哀公問：“弟子孰爲好學？”孔子對曰：“有顔回者好學，不遷怒，不貳過。不幸短命死矣！今也則亡，未聞好學者也。”子曰：“回也，其心三月不違仁，其餘則日月至焉而已矣。”子曰：“賢哉，回也！一簞食，一瓢飲，在陋巷。人不堪其憂，回也不改其樂。賢哉，回也！”（《雍也》第二、五、九章）曾子曰：“以能問於不能，以多問於寡；有若無，實若虚，犯而不校，昔者吾友嘗從事於斯矣。”（《泰伯》第五章）顔淵喟然嘆曰：“仰之彌高，鑽之彌堅；瞻之在前，忽焉在後。夫子循循然善誘人，博我以文，約我以禮。欲罷不能，既竭吾才，如有所立卓爾。雖欲從之，末由也已。”子曰：“語之而不惰者，其回也與！”子謂顔淵，曰：“惜乎！吾見其進也，未見其止也。”（《子罕》第十、十九、二十章）子曰：“回也非助我者也，於吾言無所不説。”子曰：“回也其庶乎，屢空。賜不受命，而貨殖焉，億則屢中。”（《先進》第三、十八章）顔淵問仁。子曰：“克己復禮爲仁。一日克己復禮，天下歸仁焉。爲仁由己，而由人乎哉？”顔淵曰：“請問其目。”子曰：“非禮勿視，非禮勿聽，非禮勿言，非禮勿動。”顔淵曰：“回雖不敏，請事斯語矣。”（《顔淵》第一章）

也。”此數言者，乃爲親切確實而足以見其深潛縝密之意，學者所宜諷誦而服行也。但“求見聖人之止”一句，文意亦未安耳。[①]

○又曰：顏子擇中與舜用中，舜本領大，不大故著力。[②]

○程子曰：顏子擇中庸，“得一善則拳拳”。中庸如何擇？如“博學之”，又“審問之”，又“謹思之”，又“明辨之”，所以能擇中庸也。雖然，學問思辯亦何所據乃識中庸？此則存乎致知。致知者，此則在學者自加功也。大凡於道，擇之則在乎智，守之則在乎仁，斷之則在乎勇。人之於道，則患在不能擇，不能守，不能斷。（伊川）

○張子曰：知德以大中爲極，可謂知至矣，擇中庸而固執之，乃至之之漸也。惟知學然後能勉，能勉然後日進無疆而不息可期矣。

○吕大臨曰：“擇乎中庸”，可守而不能久，“知及之”而“仁不能守之”者也。“知及之，仁不能守之”，自謂之知，安在其爲知也歟。“雖得之，必失之”。故君子之學，自明而誠。明則能擇，誠則能守。能擇，知也；能守，仁也。

○游酢曰：道之不行，“知者過之”，如舜之知，則道之所以行也。道之不明，“賢者過之”，如回之賢，則道之所以明也。[③]

○胡炳文曰：舜達而在上，擇乎中庸而用之民，聖人之道所以行也；顏淵窮而在下，擇乎中庸而不失於己，聖人之學所以傳也。子思以回繼舜之後，其意深矣。[④]

○景星曰：此章言回之仁，以繼舜之知，所謂“仁能守之”者也。上章言知而不能行，引起如顏子之守則能行也，所重在服膺弗失一句上，蓋回之仁是每事之仁，凡已擇者固仁矣，而於應天下之事，猶未免於擇，故每得一善則服膺弗失而守之固矣，此所以顏子之仁猶不能無違於三月之後也。此擇字兼知行説，惟知之明乃能擇，既擇即見之行事，擇是當應事之時，守是事過之後當守之也，服膺是守弗失，是守之

① 《中庸或問》上，《朱子全書》第六册，567頁。

② 《朱子語類》卷第六十三，《中庸》二，第八章，第四册，1527頁。

③ 《中庸輯略》卷上，第八章，33—34頁，《朱子全書外編》第一册。

④ 《四書通·中庸通》，《通志堂經解》第15册，415頁。

固也。[①]

○船山曰：舜之智，好學故大；回之仁，力行故弗失。好學，然後擇之審而行之不疑；力行，則身體而喻之深。好學力行，作聖之極功，雖聖人不能不資之，審矣。[②]

○又曰：顔子既能得之於己，則至道皆成家珍，了了識念，使以之立教，可無恍惚億中、不顯不實之病矣。顔子早逝，故不得見其明道之功，與舜之行道於天下者等，然觀夫子"喪予"之嘆，則所以期顔子者，非但取其自明也。[③]

○又曰：然則能行道以明道者，其唯仁者乎！夫顔子，則夫子所望以明斯道之傳，而致力於克復以存仁者也。又，由夫子之言思之，則知顔子唯純其心於仁，故所知者常默識於心而不昧，故聖人之道可以其心得者而發明之，而夫子望之以修明斯道之統。而中庸之道，必待仁如顔子而後明。君子所以務存乎仁，亦必有其功矣。[④]

○吕留良曰：爲上章能擇不能守者指示一箇樣子，與"舜大知"章同例。"得一善"，正見顔子所擇守無非中庸，不是著向一善上説工夫下手也。[⑤]

○汪紱曰：通章合來方見回之爲人，而所重尤在服膺弗失，守之不失，則必其有以盡夫天理之極，而不留一毫人欲之私，此爲人之所以盡仁也。又，故此能擇能守皆惟一工夫，皆屬行道内事。若以能擇對前問察，以能守對前用中，如《集成》所謂，能守畢竟從知上來，故注單曰真知之則，又與大舜章無别，不是言回之仁矣。能守本於能知，道理本是，然章意又各有當，不可混也。《章句》"真知"二字在能擇之前，而道之所以明，則在能守之後。真知且虚，道明則實。此心不爲私累，則此知自真，真知意味之美，則不妄守而必擇，不徒擇而必守。蓋能擇是

① 《大學中庸集説啓蒙·中庸》卷上，景印文淵閣《四庫全書》第 204 册，1023 頁。
② 《禮記章句》卷三十一，《中庸》第八章，《船山全書》第四册，1258 頁。
③ 《讀四書大全説》卷二，《中庸》第八章，《船山全書》第六册，485 頁。
④ 《四書訓義》(上)，卷二，《中庸》一，第八章，《船山全書》第七册，119 頁。
⑤ 《四書講義》卷二十四，《中庸》一，中册，538 頁。

去私之事，能守是全理之功。必擇以爲守，則意誠心正，而所守不二；必守其所擇，則其所擇者，實有諸己，日新不失，以盡夫此道之量，而道中之意味無不盡。又，人且就其所已知者，效顏子之服膺，不要游移，效顏子之弗失，不要懶惰，則初時雖似勉强拘束，而守得一二事不失，則滋味自會洋溢出來，既得滋味，則自鑽天也要研求，别的畢竟不要，豈肯不擇？舍死也要守住，别物都不上心，豈肯何失？又何怕道中滋味不被嘗遍，道中蘊奥不被照徹，而簞瓢陋巷不改其樂也。故道之所以明，顏子之仁終不徒在。夫子開口説個回之爲人，意便是贊他能守，但必帶擇中説起，故能擇亦須側嚮守邊。子思引此，則正欲人學顏子之服膺弗失，從實踐耐久工夫，得出蘊奥滋味來。以明道、朱子補出真知，故能擇守，以從上章轉下，然亦是且要人篤信。①

〇鄭玄曰：拳拳，奉持之貌。

〇孔穎達曰："子曰"至"能也"，此一節是夫子明顏回能行中庸，言中庸之難也。又，言顏回選擇中庸而行，得一善事，則形貌拳拳然奉持之。膺，謂胸膺。言奉持守於善道，弗敢棄失。②

〇周諝曰：舜之所以爲舜者，以其好問而好察邇言；顏回之所以爲顏回者，以其得一善則拳拳服膺而弗失之也。然用之於民則必言舜，而擇乎中庸則必言顏回者，蓋聖人達而用之者莫如舜，賢人窮而擇之者莫如顏回。於賢人則言中言庸，於聖人則止言中者，聖人則能變矣，而庸不足以言。

〇方慤曰：聖人之中庸，無適而非中庸也，又何擇之？有擇乎中庸，則賢人之事爾，故以之言顏回焉。

〇沈清臣曰：由乎中庸者，聖人也；擇乎中庸者，賢人也；叛乎中庸者，衆人也。舜由乎中庸者也，天下其可皆責其如舜哉，得如賢人者，斯可矣，故復以顏子之事明之。夫喜怒哀樂欲發之際，罹於善惡是非邪正之境，間不容髮，差之毫釐，繆以千里，其可不知所擇乎？擇之

---

① 《四書詮義》上，卷二，《中庸》，《叢書集成三編》第10册，412—414頁。

② 《禮記正義》卷第六十，《中庸》第三十一，下册，1993頁。

爲義，非區區揀擇之謂也，以吾天知之見，照夫善惡是非之機，苟得夫中節之善，則謹守而不失，其於中庸也庶幾焉，然猶未善也，至於忘夫善而舜之用中，則爲至矣。子思子欲發中庸之精粹於群聖賢事爲之際，必首證以知之事，蓋聖道之妙無不自知入也。既明舜之知如此，又辨人之知如彼，復以顔子之事勉天下之人，可謂善明中庸者。

〇倪思曰：前舉舜，取達而在上之聖人；此舉顔子，取窮而在下之賢人；以爲則法也。顔子賢而在下，率性而行，雖不能行其道於當時，而可以爲萬世學者之準的，是亦修道之教也。①

〇黎立武曰：以乾之象推之，乾之九二，體爲中，用爲庸。惟明則知所擇，惟誠則知所守。二爻之變，爲離坎得之，則爲離之明，坎之誠；失之，則爲離之罟，坎之陷。存乎知與不知而已，知莫大於舜，執兩端而用中；其次莫如顔淵，擇中庸而能守。舜達而在上，乾九五事也；顔子窮而在下，乾初九事也。故中庸兼舉以明之。②

〇馬其昶云："人""仁"同字。③

子曰："天下國家可均也，爵禄可辭也，白刃可蹈也，中庸不可能也。"

〇上第九章。朱子曰：亦承上章以起下章。又，均，平治也。三者亦知仁勇之事，天下之至難也，然不必其合於中庸，則質之近似者皆能以力爲之。若中庸，則雖不必皆如三者之難，然非義精仁熟，而無一毫人欲之私者，不能及也。三者難而易，中庸易而難，此民之所以鮮能也。④

〇又曰：若曰中庸，則雖無難知難行之事，然天理渾然，無過不及，苟一毫之私意有所未盡，則雖欲擇而守之，而擬議之間，忽已墮於過與不及之偏而不自知矣。此其所以雖若甚易，而實不可能也。故程子

① 《禮記集説》卷一百二十六，《中庸》第三十一，《通志堂經解》第 13 册，365 頁。
② 《中庸分章》，景印文淵閣《四庫全書》第 200 册，724 頁。
③ 《中庸通義　中庸注參》，64 頁。
④ 《中庸章句》第九章，《四書章句集注》，21 頁。

以克己最難言之，其旨深矣。[①]

〇又曰："中庸不可能"章是"賢者過之"之事，但只就其氣稟所長處著力做去，而不知擇乎中庸也。又，"天下國家可均"，此三者也是智仁勇之事，只是不合中庸。若合中庸，便盡得智仁勇。且如顏子瞻前忽後，亦是未到中庸處。又，卓立處方是見，到從之處方是行。又如"知命""耳順"，方是見得盡；"從心所欲"，方是行得盡。又，中庸便是三者之間，非是别有箇道理。只於三者做得那恰好處，便是中庸。不然，只可謂之三事。又，只是説中庸之難行也。急些子便是過，慢些子便不及。又，（倘若只心無一點私，以此公心應之即可。）聖人却不必言致知、格物。格物者，便是要窮盡物理到箇是處，此箇道理至難。又，（倘若只以至公之心爲大本，云云。）這箇如何當得大本！只公心不爲不善，此只做得箇稍稍賢於人之人而已。聖賢事業，大有事在。須是要得此至公之心有歸宿之地，事至物來，應之不錯方是。又，（"爲人君，止於仁"云云，但只言"止"，便是心止宿之地，又如何會錯?）此處便是錯。要知所以仁，所以敬，所以孝，所以慈，所以信。仁少差，便失於姑息；敬少差，便失於沽激。毫釐之失，謬以千里，如何不是錯！[②]

〇程子曰：克己最難，故曰"中庸不可能也"。（明道）

〇吕大臨曰：中庸者，世之所謂易也，然非聖人，其孰能之?[③]

〇胡炳文曰：即《論語》中如管仲一匡天下，天下國家可均也；如晨門、荷蓧之徒，爵禄可辭也；如召忽死于公子糾之難，白刃可蹈也。又，饒魯謂《章句》言義精仁熟似欠勇字意。竊謂擇之審者，義精也；行之至者，仁熟也。不賴勇而裕如者也。學者於義必精之，於仁必熟之，便是知仁中之勇。[④]

〇景星曰：朱子所説的"義精"是知之極，"仁熟"是行之裕，此是就應事之前説，"無一毫之私"是就應事之後説。又，若中庸，非是

---

① 《中庸或問》上，《朱子全書》第六册，568頁。

② 《朱子語類》卷第六十三，《中庸》二，第九章，第四册，1528—1529頁。

③ 《中庸輯略》卷上，第九章，35頁，《朱子全書外編》第一册。

④ 《四書通·中庸通》，《通志堂經解》第15册，415頁。

義精仁熟知行之極者不能也，蓋中庸之難，急又過了，慢又不及，所以爲難能也。此“不可能”正與前“民鮮能”相應，言天下至難之事人或能之，而中庸則鮮能也。七章能擇而不能守，是知至而行未至者，故處於知之後；此章能爲三者而不能中庸，是行至而知未至者，故處於仁之後；下文便接勇去，蓋謂知行皆當勇也，勇所以助我之知行，凡知之不能致，行之不能力，皆無勇故也。勇不在知行之外，只勇於知，勇於行。七章八章兩言擇中庸，就每事上言；此章言中庸，就全體上言。三者做得恰好便是中庸。[①]

○船山曰：“知、仁、勇”，天德也。好學，力行，知恥，人道也。人之道者，凝於人而爲性，盡性則至於命，不徒恃天德而自達天德，君子不言命也。徒恃知、仁、勇之天德，則有倚於一偏之病，能三者而量止矣。又，好學則義精，舜之能用中也；力行則仁熟，顔子之能弗失也；知恥則不以勝人爲勇而勇於自治，其人欲之私，耻一毫之尚存，君子之强而備中和之德也。[②]

○又曰：此章亦與“道其不行矣夫”“人皆曰予知”二章意同，言明行亦必須勇，知則勇於好善而擇之不倦，仁則勇於行善而守之不失；然非果能中和之大勇，則亦不能，故以下章正之，猶前舉舜、顔之意。[③]

○又曰：此一章書，明放着“子路問成人”一章是顯證據。“天下國家可均”，“冉求之藝”也；“爵禄可辭”，“公綽之不欲”也；“白刃可蹈”，“卞莊子之勇”也。“文之以禮樂”，則“中庸”是已。到中庸上，須另有一鑪錘在，則予以善成其藝、廉、勇之用，而非僅從均之、辭之、蹈之之中，斟酌較好，便謂中庸。使然，則本文只平説可均、可辭、可蹈，固徹上徹下而爲言，何所見其有太過不及而非中也哉？[④]

○又曰：夫中庸之德，必智如舜、仁如顔子，而後能體中庸以盡君

① 《大學中庸集説啓蒙·中庸》卷上，景印文淵閣《四庫全書》第204册，1024－1025頁。

② 《禮記章句》卷三十一，《中庸》第九章，《船山全書》第四册，1259頁。

③ 《四書箋解》卷二，《中庸》，“天下國家”章，《船山全書》第六册，131頁。

④ 《讀四書大全説》卷二，《中庸》第九章，《船山全書》第六册，486頁。

子之實，再無過不及之差。乃學者智未能如舜、仁未能如顔子，而欲自勉於知行，則必有奮發自强之力，以決擇於理欲公私之交而執持之，則在乎勇矣。乃天下不無智者也，不無仁者也，不無勇者也，而苟成乎智仁勇之一德，遂足以體中庸乎？而尚未也。夫子嘗言之矣，曰，中庸之德，非智不知，非仁不守，非勇不能果於行。而智、仁、勇一德之成，遂足以勝之乎？①

〇吕留良曰：道是中庸，却説“不可能”，則過者止矣；道是不可能，却只是“中庸”，則不及者跂矣。②

〇汪紱曰：上章有知仁意，未有勇字意，此章出一勇字似突，而勇實不外於知仁，此只以三事影射説，故知仁勇且分三項，而中庸之勇則不過義之必精，仁之必熟耳。又，然知行氣也，中庸理也。以理主此知覺則知不偏，以理主此能幹則行不倚，以理主此氣力，則浩然剛大而塞兩間，配道義，是以理主氣，斯成其知仁勇之德而中庸之體以立。又，此中庸不可能，即從上三句有偏處説，原非以難阻人。又，夫子言此只嘆人之鮮合於中，與“鮮能久矣”章一意。子思引此則統承上數章，見知行之不可偏，以起下人當自勝其人欲之私意，不可將“中庸不可能”句泛看。③

〇鄭玄曰：言中庸難，爲之難。

〇孔穎達曰：天下，謂天子。國，謂諸侯。家，謂卿、大夫也。又，言在上諸事雖難，猶可爲之，唯中庸之道不可能也。爲知者過之，愚者不及。言中庸難，爲之難也。④

〇劉彝曰：故才如管仲，可以均天下國家矣，未必有中庸之德也；廉如仲子，可以辭爵禄矣，未必有中庸之德也；勇如子路，可以蹈白刃矣，未必有中庸之德也。則常久之道在乎其心之不忘，在乎其守之弗失，在乎其自强之不息，然後庶乎其可能也。

① 《四書訓義》（上），卷二，《中庸》一，第九章，《船山全書》第七册，120頁。

② 《四書講義》卷二十四，《中庸》一，中册，538頁。

③ 《四書詮義》上，卷二，《中庸》，《叢書集成三編》第10册，414—415頁。

④ 《禮記正義》卷第六十，《中庸》第三十一，下册，1993—1994頁。

〇譚惟寅曰：聖人於此示人以天理所在，非謂中庸之道難知而難行也。"能"之一字，最爲學者大害，蓋人之於中庸，纔有能之之心，則其所爲所行皆近乎好名，皆出乎有意，皆入乎妄作，爲善之功狹矣，其能常久不息乎！惟中庸每事皆任天理，故不以能爲之心爲之，天理所在，即吾所行也，天理所不在，即吾所不行也，事事循理，而吾無所用其能焉，夫然後可以久於其道，而萬善所歸，皆萃於我，聖人之示人，其旨深矣！此"能"字與"民鮮能久矣"，"丘未能一焉"，意義不同，夫言非一端而已，各有所當也。

〇顧元常曰：此設爲之辭，以明中庸之爲難事耳，聳天下之聽，示此道之重也。中庸，人心固有之理，曷爲而難能若是？蓋私欲一毫之萌，則非能中庸者也，而私欲未易息絶也。且以七十子之善學，僅曰"日月至焉而已矣"，踰日踰月，則未免私欲一念之萌；挺然傑出者惟顔子，而曰"三月不違仁"，三月之久，亦未免私欲一念之萌；至於生而知之、安而行之，有若孔子，猶曰"我學不厭"，又曰"吾嘗終日不食，終夜不寢，以思，無益，不如學也"；文王，則曰"亹亹！至於不顯"，亦若有所臨，無射，亦若有所保；舜，則曰"業業而無怠無荒"，伯益且勤於致戒。聖人之用其力若此，凡皆以中庸之難能也。①

〇毛遠宗曰：特是三者固極難，三者欲得中則猶難耳！既舉此三者，則中與不中，即當從此三者内見得。此中須有著，非泛設也。②

子路問强。子曰："南方之强與？北方之强與？抑而强與？寛柔以教，不報無道，南方之强也，君子居之。衽金革，死而不厭，北方之强也，而强者居之。故君子和而不流，强哉矯！中立而不倚，强哉矯！國有道，不變塞焉，强哉矯！國無道，至死不變，强哉矯！"

---

① 《禮記集説》卷一百二十六，《中庸》第三十一，《通志堂經解》第13册，366—367頁。

② 《續禮記集説》卷八十六，《中庸》，《續修四庫全書》第102册，522頁。

〇上第十章。朱子曰：子路好勇，故問强。又，抑，語辭。而，汝也。又，寬柔以教，謂含容巽順以誨人之不及也。不報無道，謂横逆之來，直受之而不報也。南方風氣柔弱，故以含忍之力勝人爲强，君子之道也。又，衽，席也。金，戈兵之屬。革，甲冑之屬。北方風氣剛勁，故以果敢之力勝人爲强，强者之事也。又，而此四者，汝之所當强也。矯，强貌。《詩》曰"矯矯虎臣"是也。倚，偏著也。塞，未達也。國有道，不變未達之所守；國無道，不變平生之所守也。此則所謂中庸之不可能者，非有以自勝其人欲之私，不能擇而守也。君子之强，孰大於是。夫子以是告子路者，所以抑其血氣之剛，而進之以德義之勇也。①

〇又曰：亦承上章之意，以明擇乎中庸而守之，非强不能，而所謂强者，又非世俗之所謂强也。南方之强，不及强者也；北方之强，過乎强者也；四者之强，强之中也。②

〇又曰："南方之强"，雖未是理義之强，然近理也。人能"寬柔以教，不報無道"，亦是箇好人，故爲君子之事。又，中而不硬健，便難獨立，解倒了。若中而獨立，不有所倚，尤見硬健處！又，國有道，則有達之理，故不變其未達之所守。若國無道，則有不幸而死之理，故不變其平生之所守。不變其未達之所守易，不變其平生之所守難。③

〇程子曰：南方人柔弱，所謂强者，是理義之强，故君子居之。北方人强悍，所謂强者，是血氣之强，故小人居之。凡人血氣，須要以理

---

① 《中庸章句》第十章，《四書章句集注》，21頁。對於子路之勇，《論語》中，孔子已有多次的告誡，譬如《論語·公冶長》第六章：子曰："道不行，乘桴浮於海。從我者其由與?"子路聞之喜。子曰："由也好勇過我，無所取材。"《述而》第十章：子謂顔淵曰："用之則行，舍之則藏，唯我與爾有是夫!"子路曰："子行三軍，則誰與?"子曰："暴虎馮河，死而無悔者，吾不與也。必也臨事而懼，好謀而成者也。"《先進》第十三章：閔子侍側，誾誾如也；子路，行行如也；冉有、子貢，侃侃如也。子樂。"若由也，不得其死然。"第十四章：子曰："由之瑟奚爲於丘之門?"門人不敬子路。子曰："由也升堂矣，未入於室也。"第二十一章：子曰："求也退，故進之；由也兼人，故退之。"等等。王炎曰：夫子常患不得中行而與之，師堂堂，曾皙嘐嘐，子路行行，皆不合乎中庸。夫子於門人一言一藥，如子路者，嘗以"好勇過我"儆之，以"兼人"抑之，以"不得其死"戒之，以"死而無悔"責之。然其習氣融釋不盡，以强爲問，則"行行"之勇猶在也，夫子是以設三端問之。(《四書通·中庸通》，《通志堂經解》第15册，415頁)

② 《中庸或問》上，《朱子全書》第六册，568頁。

③ 《朱子語類》卷第六十三，《中庸》二，第十章，第四册，1529—1531頁。

義勝之。（伊川）

〇吕大臨曰：得君子之中，乃汝之所當强也。“柔而立，寬而栗”，故能“和而不流”；剛而寡欲，故能“中立而不倚”；“富貴不能淫”，故“國有道，不變塞焉”；“貧賤不能移，威武不能屈”，故“國無道，至死不變”。

〇楊時曰：公孫衍、張儀一怒而諸侯懼，安居而天下息，可謂强矣，而孟子曰“妾婦之道也”。至於“富貴不能淫，貧賤不能移，威武不能屈”，然後謂之大丈夫。故君子之强，至於“至死不變”，然後爲至。①

〇饒魯曰：四者亦有次第，一件難似一件，“中立而不倚”難於“和而不流”，“國有道，不變塞”又難於上二者，“國無道，至死不變”，即所謂“遯世不見知而不悔，惟聖者能之”，此是最難處。

〇胡炳文曰：第一章自天命率性説中和二字説得大，此就人之氣質説中和二字説得小。流字倚字變字皆與强字相反，不流不倚不變三不字，分明有骨力，是之謂自强。又，南北以勝人爲强，其强也，囿於風氣之中。君子以自勝爲强，其强也，純乎義理而出乎風氣之外，此變化氣質之功，所以爲大，而非禮弗履，所以爲大者之壯也。②

〇景星曰：此子思引夫子告子路當强之目，以合舜之知、回之仁爲三達德，非子路之所已能者。“子路行行”，夫子屢有以儆戒之。又，此君子謂其行事有合君子之道者，非成德之君子。以爲南方之强而爲君子之事，此南方柔而不及於中者也，而北方剛而過於中者也。又，自勝其私欲是勇，擇是知守是行，勝私欲而能擇是勇於知，勝私欲而能守是勇於行。血氣之剛是小勇，德義之勇是大勇。又，如此四“强哉矯”，雖是贊嘆其强之辭，正是勇之做工夫，使之合於中庸者也。③

〇船山曰：“衽”，倪氏以爲衣衽。衽爲裳際明矣。“衽金革”，言以

① 《中庸輯略》卷上，36—37頁，第十章，《朱子全書外編》第一册。其中，伊川所説南方之强是“理義之强”，恐誤。

② 《四書通·中庸通》，《通志堂經解》第15册，416頁。

③ 《大學中庸集説啓蒙·中庸》卷上，景印文淵閣《四庫全書》第204册，1025—1026頁。

金革爲褋，蓋謂甲爾。披堅則執鋭，執鋭則致死，戰士之服也。[①]

〇又曰：此上六章言知不大、仁不至、勇不誠者，雖有志於明行中庸之道，而皆不能。[②]

〇又曰：知、仁是性之全體，勇是氣之大用。以知、仁行道者，功在存理。以勇行道者，功在遏欲。至於和不流，中立不倚，則克勝人欲，而使天理得其正也。須知此一節，只寫出大勇氣象；其所以能爲勇者，未嘗言也。[③]

〇又曰：夫學者而欲體中庸，知仁勇之一德皆不足恃，而勉於爲者亦必藉於勇焉。乃勇亦有辨矣。勇於任意者，道有所不伸；勇於任氣者，理有所不順；則亦過不及之差，而離道愈遠，道之不明不行滋甚。蓋亦必中和爲德本，而後可以任道焉。説在夫子之論强矣。又，抑而知習俗之不可以移人，而變化氣質之自能全吾性之堅貞以無所屈，爲學者任道之全功，而將知此以務而之所當勉與？又，由夫子之言觀之，則知勇之爲德，固智仁之基，而能乎中庸者之所藉以入道；乃或過，或不及，則亦意氣有權而性愈失，又非但如知行之過不及而已也。此中庸之所以不爲易能與！故舜底平成之治，均天下矣，而用中之智精，非特恃其智也。顔子同舍藏之志，可辭爵禄矣，而守中之仁固，非但恃其仁也。子路死於其事，蹈白刃矣，而但恃其勇，則未免流倚，而終遠乎中庸。則中庸之難，不益信哉！[④]

〇吕留良曰："和"與"中立"，與"國有道、無道"例看，不重，重在"不流""不倚"，下半橛乃是君子之强處。立言有淺深，道理初無内外，如此節"和"與"中立"，自與首章"中和"迥然兩義，牽扯附會不得。[⑤]

〇汪紱曰："君子"四句各見一中庸之道："和而不流"，與人之中

① 《四書稗疏·中庸》，《船山全書》第六册，20—21頁。
② 《四書箋解》卷二，《中庸》，"子路問强"章，《船山全書》第六册，132頁。
③ 《讀四書大全説》卷二，《中庸》第十章，《船山全書》第六册，489頁。
④ 《四書訓義》（上）卷二，《中庸》一，第十章，《船山全書》第七册，122—124頁。
⑤ 《四書講義》卷二十四，《中庸》一，中册，539頁。

庸；“中立而不倚”，處己之中庸，此無少偏倚，無少差謬也；“國有道，不變塞焉”，大行此中庸；“國無道，至死不變”，窮困此中庸，此其守不失，無適不然也。然四句又須合來，方見中庸之道，見其與人守己居常處變，莫不有以盡夫天理之極，而不使有一毫人欲之私，所以爲君子之强。此皆以成功言其工夫，則惟在自勝其人欲之私，蓋其與人守己，都不嚮世人討消息，而只以自盡其當然，一出一處，都不嚮世道上作較量，而只以自守其固然，是不求勝人而只求自勝，自强之至也。謂之“而强”者，人得天地之氣以生，則天地之氣即我之氣，而與理爲體，其爲氣也，至大至剛，以直養而無害，則塞乎天地之閒，無所謂厚薄輕重之殊也。格物以窮乎事之理，推致以盡乎心之知，使私欲不得以雜之，擇中之事也；存養於静以全其理之本然，省察於動以無失乎理之當然，使私欲不得而閒之，守中之事也。知以擇之，仁以守之，則理全而氣以無害，静存則中虚而擇守益精，動察則幾嚴而擇守益實。氣以無害則配義與道，而足以行之以持久而不息，故能合人己窮達而無不盡合於中庸，是知盡仁至勇力而道之所由以行以明也。然非有假於外也，亦全夫吾之所得於天者，蓋當躬而自足，則亦自有而自當爲之者也耳。此章勉子路，意只在“抑而强與”一句。此四者之强皆以理，理即中也。《章句》“能擇而守”“能”字，正對上章“中庸不可能也”“能”字，呼應甚緊。[①]

○鄭玄曰：强，勇者所好也。又，抑，辭也。而之言女也，謂中國也。又，南方以舒緩爲强。不報無道，謂犯而不校也。又，衽，猶席也。北方以剛猛爲强。又，此抑女之强也。流，猶移也。塞，猶實也。國有道，不變以趨時；國無道，不變以辟害，有道無道一也。矯，强貌。塞，或爲“色”。

○孔穎達曰：此一節明中庸之道，亦兼中國之强。子路聞孔子美顔回能擇中庸，言己有强，故問之，問强中亦兼有中庸否。庾氏云：“問强中之中庸者，然此問之，亦如《論語》云‘子謂顔淵曰：“用之則行，

① 《四書詮義》上，卷二，《中庸》，《叢書集成三編》第10册，415—416頁。

舍之則藏，唯我與爾有是夫！”子路曰“子行三軍，則誰與”’之類是也。”又，抑，語助也。而之言女也。女，子路也。子路之强，行中國之强也。又，南方，謂荆揚之南，其地多陽，陽氣舒散，人情寬緩和柔，假令人有無道加己，己亦不報，和柔爲君子之道，故云“君子居之”。又，衽，卧席也。金革，謂軍戎器械也。北方沙漠之地，其地多陰，陰氣堅急，故人性剛猛，恒好鬬争，故以甲鎧爲席，寢宿於中，至死不厭，非君子所處，而强梁者居之。然唯云南北不云東西者，鄭冲云：“是必南北互舉，蓋與東西俗同，故不言也。”又，此“故君子”以下皆述中國之强也。流，移也。矯，亦强貌也。不爲南北之强，故性行和合而不流移，心行强哉，形貌矯然。又，中正獨立而不偏倚，志意强哉，形貌矯然。又，若國有道，守直不變，德行充實，志意强哉，形貌矯然。又，若國之無道，守善至死，性不改變，志意强哉，形貌矯然。又，“此抑女之强也”，何以知之？上文既説三種之强，又見南方之强，又見北方之强，唯抑而之强未見，故知此經所云者，是抑女之强也。云“流，移也”者，以其性和同，必流移隨物，合和而不移，亦中庸之德也。云“國有道，不變以趨時”者，國雖有道，不能隨逐物以求榮利，今不改變己志以趨會於時也。云“矯，强貌”者，矯是壯大之形，故云“强貌”也。①

○陸佃曰：和而不流，柳下惠是與；中立不倚，伯夷是與；國有道不變塞焉，國無道至死不變，伊尹是與。三聖人者皆有矯焉，故曰“强哉矯”，若孔子集大成者也，無矯也無弊也。

○張九成曰：南方、北方與夫子路之强，皆血氣也，非中庸也。然“衽金革，死而不厭”，謂之血氣之强，可也；“寬柔以教，不報無道，君子居之”，是亦足矣，乃謂血氣之强，何哉？蓋强當從戒謹不睹，恐懼不聞中來，則此强爲中庸之强；若乃山川風氣使之如此，而中無所得，豈非血氣乎！子路天資好勇，其鼓琴流入北鄙，其言志則曰軍旅，此北方之强，故曰“而强者居之”。然則何以爲中庸之强？曰“和而不

① 《禮記正義》卷第六十，《中庸》第三十一，下册，1994—1995頁。

流”，此喜怒哀樂之中節也，故其强矯然不撓；中立不倚，此喜怒哀樂未發時也，故其强亦矯然不撓。故其見用於有道之世，不變於厄塞之節，無道之世脅之以死，亦不變其節，其强皆矯然不撓。夫不變者，不流、不倚之發也。矯之爲言，剛毅之貌，非矯揉之矯也。子路聞之，得不悼其平時之無益，而潛養之不可已乎！

〇陳亮曰：子路問强，夫子開端以啓發，因强以明理，所以變動子路之强也。南方之强，孟施舍以之；北方之强，北宫黝以之，要之，皆守氣也。君子之强即曾子之大勇，孟子浩然之氣，此守約之理。“强哉矯”，有卓立氣象，孟子所謂至大至剛，蓋有見於此。

〇項安世曰：舜，聖人也，故言其與人者；顔子，學者也，故言其守身者；子路，困而學者也，故言其矯揉氣質者。《孟子·人告以有過》章，其次序亦如此。

〇晉陵錢氏曰：南北之方，土風不同，其不知中庸則一，然君子處南方之强，而世之號爲强者乃處北方之强，則所貴於强，不在剛猛。矯，猶抑也。哉，疑辭也。“强哉矯”，猶言强其矯也。君子於中庸知而行之，非矯抑而然也。塞，實也。國有道，不變其實，以趨時；國無道，不變其實，以辟害。此中庸之强，非矯抑所能。

〇李道傳曰：凡人和而不節，或至於同流而合污，惟强者爲能和而不狥乎物；中者本無所倚，或至於力弱而易撓，惟强者爲能獨立而不懼；國有道而富貴，或不能不改其平日之素，惟强者不變於此身之通塞；國無道而貧賤，或不能久安乎義命之常，惟强者終身不見是而無悶。此非有弘毅之力，堅决之見，篤信天理，盡克己私，豈能守是四者而勿失然？則所謂中庸之不可能者，此也。①

---

① 《禮記集説》卷一百二十六，《中庸》第三十一，《通志堂經解》第13册，368頁。其中，項安世所謂《孟子》，“人告以有過”章，即《孟子·公孫丑下》第九章：燕人畔。王曰：“吾甚慚於孟子。”陳賈曰：“王無患焉。王自以爲與周公，孰仁且智？”王曰：“惡！是何言也？”曰：“周公使管叔監殷，管叔以殷畔。知而使之，是不仁也；不知而使之，是不智也。仁智，周公未之盡也，而况於王乎？賈請見而解之。”見孟子問曰：“周公何人也？”曰：“古聖人也。”曰：“使管叔監殷，管叔以殷畔也，有諸？”曰：“然。”曰：“周公知其將畔而使之與？”曰：“不知也。”“然則聖人且有過與？”曰：“周公，弟也；管叔，兄也。周公之過，不亦

○樓宅中曰：矯即强也。《荀子》率群臣百吏而相與强之，曰“橋君”。矯、橋通字，即堅持之意。[①]

○陈柱曰：余謂此乃指中庸之强而言。《易》者寡過之書，中庸之學也。聖人之道在乎中庸，是以南北之强，皆亡取焉也。雖然，寬柔以教，不報無道，徒以柔自居，此其道雖偏于柔，要亦不失爲仁者，故曰“君子居之”；“衽金革，死而不厭”，務欲以剛勝人，此則行偏乎剛，常易流爲殘暴，故曰“强者居之”。若夫“和而不流”，則“嘉會足以合禮”矣；“中立而不倚”，則“利物足以和義”矣；“國有道，不變塞”，則“體仁足以長人”矣；“國無道，至死不變”，則“貞固足以幹事”矣。此《易》之四德，乃中庸之强也。古來學説每分二派：一曰北派，一曰南派。北派尚剛，南派尚柔。墨子者，集北派之大成者也。老子者，集南派之大成者也。北派主有爲，南派主無爲。有爲莫如義，故墨子尚義；無爲之道則反乎是，故老子賤義尚柔。若夫孔子則生於北方，本屬北派，頗與墨子相同，故世皆稱孔墨。然其問禮於老子，嘆其猶龍，是又調和乎南北派者也。故孔子之道莫尚乎中和，其删訂六經，亦不外是而已。是孔子之學，固集南北之大成者也。然强者制人，柔弱者制於人，非夫大同之世，一切平等，則非剛强不足以自立，故孔子之道主剛强者爲多。

○唐蔚芝曰：寬柔以教，以寬柔爲教也。老子曰：“以天下之至柔，

宜乎？且古之君子，過則改之；今之君子，過則順之。古之君子，其過也，如日月之食，民皆見之；及其更也，民皆仰之。今之君子，豈徒順之，又從爲之辭。”朱子釋之曰：言周公乃管叔之弟，管叔乃周公之兄，然則周公不知管叔之將畔而使之，其過有所不免矣。或曰：“周公之處管叔，不如舜之處象何也？”游氏曰：“象之惡已著，而其志不過富貴而已，故舜得以是而全之；若管叔之惡則未著，而其志其才皆非象比也，周公詎忍逆探其兄之惡而棄之耶？周公愛兄，宜無不盡者。管叔之事，聖人之不幸也。舜誠信而喜象，周公誠信而任管叔，此天理人倫之至，其用心一也。又，責賈不能勉其君以遷善改過，而教之以遂非文過也。林氏曰：“齊王慚於孟子，蓋羞惡之心，有不能自已者。使其臣有能因是心而將順之，則義不可勝用矣。而陳賈鄙夫，方且爲之曲爲辯説，而沮其遷善改過之心，長其飾非拒諫之惡，故孟子深責之。”（《四書章句集注》，249—250頁）而另“晉陵錢氏”，查衛湜《禮記集説名氏表》未果，相近的只有“嚴陵錢氏”，即錢文子。不知是不是把“嚴陵”誤寫作了“晉陵”？若是的話，那或許就該是“錢文子”。不過，尚不能確定，故仍暫寫作“晉陵錢氏”。

① 《續禮記集説》卷八十六，《中庸》，《續修四庫全書》第102册，523頁。

馳騁天下之至剛。”斂藏退守，南方之强似之。又云：君子者不囿于方隅者也。

〇康有爲曰：孔子體之，以教子路，爲中庸之强。[1]

子曰：“素（索）隱行怪，後世有述焉，吾弗爲之矣。君子遵道而行，半塗而廢，吾弗能已矣。君子依乎中庸，遯世不見知而不悔，唯聖者能之。”

〇上第十一章。朱子曰：子思所引夫子之言，以明首章之義者止此。蓋此篇大旨，以知仁勇三達德爲入道之門。故於篇首，即以大舜、顔淵、子路之事明之。舜，知也；顔淵，仁也；子路，勇也：三者廢其一，則無以造道而成德矣。餘見第二十章。又，素，按《漢書》當作索，蓋字之誤也。索隱行怪，言深求隱僻之理，而過爲詭異之行也。然以其足以欺世而盗名，故後世或有稱述之者。此知之過而不擇乎善，行之過而不用其中，不當强而强者也，聖人豈爲之哉！又，遵道而行，則能擇乎善矣；半塗而廢，則力之不足也。此其知雖足以及之，而行有不逮，當强而不强者也。已，止也。聖人於此，非勉焉而不敢廢，蓋至誠無息，自有所不能止也。又，不爲索隱行怪，則依乎中庸而已。不能半塗而廢，是以遯世不見知而不悔也。此中庸之成德，知之盡、仁之至、不賴勇而裕如者，正吾夫子之事，而猶不自居也。故曰“唯聖者能之”而已。[2]

〇又曰：獨《漢書·藝文志》劉歆論神仙家流引此，而以素爲索，顔氏又釋之以爲求索隱暗之事，則二字之義既明，而與下文“行怪”二字，語勢亦相類，其説近是。蓋當時所傳本猶未誤，至鄭氏時乃失之耳。[3]

〇又曰：索隱是“知者過之”，行怪是“賢者過之”。又，漢儒災異

① 《中庸通義　中庸注參》，9—13、66—68頁。

② 《中庸章句》第十一章，《四書章句集注》，22—23頁。

③ 《中庸或問》上，《朱子全書》第六册，569頁。

猶自有説得是處。如戰國鄒衍推五德之事，後漢讖緯之書，便是隱僻。又，“遵道而行，半塗而廢”，只爲他知處不曾親切，故守得不曾安穩，所以半塗而廢。若大知之人，一下知了，千了萬當。所謂“吾弗能已”者，只是見到了自住不得耳。[①]

〇程子曰：“素隱行怪”，是過者也。“半途而廢”，是不及者也。“不見知而不悔”，是中者也。[②]

〇饒魯曰：此知足以擇乎中庸，而仁不足以守之，蓋君子而未仁者也。又，首章原天命之性以立言，以性無不善無不中也。次章而下則以君子小人，知愚賢不肖，南方北方相形言之，以氣質有善有不善，有中有不中也。惟性無不善無不中，故前言戒懼慎獨者，所以使人涵養其本然之性情；惟氣質有善有不善，有中有不中，故後言擇守强矯者，所以使人變化其未純之氣質。知仁勇三者，行乎存養省察之中，則氣質之偏不能爲之累，而一動一静之間，始無適而不得其性情之正矣。

〇胡炳文曰：此章兩君子與上章同，此君子亦是泛説，下文“君子依乎中庸”方是説成德。又，第五章爲知仁勇開端，則言知者賢者之過，愚者不肖者之不及。此章結之，則言聖者之中庸，首尾相應如此。兼之前此説鮮能、不能、不可能，此則結之曰“惟聖者能之”，又以見中庸非終不可能也。夫子弗爲於彼，便自弗能已於此，即此弗能已處，便見非夫子不能。夫子自是聖人，故不以聖人之能自居，學者未至於聖人，不可不以聖人之能自期。“人不知而不愠”，而夫子曰“不亦君子乎”；“遯世不見知而不悔”，而夫子曰“惟聖者能之”，於此互看當有得也。又，自第二章至此，大要欲人由知仁勇以合乎中。知則能知此中，仁則能體此中，勇則能勉而進於此中。然夫子於舜之知讚之也，於回之仁許之也，於由之勇抑而進之也，即此三章觀之，夫子之言自無有不合乎中者，學者所當深體而默識也。自第二章至此章，爲第二大節。[③]

〇景星曰：説知，然知而不能擇乎中，而知、仁、勇俱失之過者

① 《朱子語類》卷第六十三，《中庸》二，第十一章，第四册，1531—1532 頁。
② 《中庸輯略》卷上，38 頁，《朱子全書外編》第一册。
③ 《四書通・中庸通》，《通志堂經解》第 15 册，416 頁。

也。索隱是知者之過，行怪是賢者之過，不能擇乎中庸，故聖人不爲也。説仁，然知雖足以擇乎中庸而仁不能守，而知、仁、勇俱失之不及者也。此君子是泛言之君子也。蔡氏曰：此章再辨知、仁、勇而總結之也。索隱非君子之知，行怪非君子之仁，半塗而廢非君子之勇，君子之知、仁、勇，則"依乎中庸，遯世不見知而不悔"者是也。又，中庸之道至精至微至公至正，非知者不足以知，非仁者不足以行，非須臾可離，非一蹴可到，故惟勇者然後有以自强而不息焉。①

〇船山曰："索隱行怪"是異端。"索隱"病在索字，立意深求，不知率性之本然。"行怪"病在怪字。隱字無病。②

〇又曰：《章句》於"隱"下添一"僻"字，亦贅入。隱對顯而言，只人所不易見者是，僻則邪辟而不正矣。五德之推，讖緯之説，僻而不正，不得謂隱。凡言隱者，必實有之而特未發見耳。此"隱"字不可貶剥，與下"費而隱""隱"字亦大略相同，其病自在"索"上。索者，强相搜求之意。③

〇又曰：乃有不僅爲賢智之過，自以爲不離乎道，而適以成乎離，則較賢知之過而過更大；既不若愚不肖之不及，抑知道之不可離，而終且疑之，則視愚不肖雖能及而不及亦均。則甚哉，無過不及，而全乎天理之當然，以無須臾之離道者之難也。非聖人其孰能與於斯乎！又，世之爲道者，以性命之旨甚隱，而不知至隱者即在顯著之中，乃從而索之焉，若别有其隱之藏，而離乎日用以得之也。於是而知者既非常道，遂因而行之，其爲行也，離乎人倫物理，而爲情所不安、理所不有之事，其行怪矣。又，而斯道也，其理根極乎性命，然而無玄妙之解足以新耳目；其事備極乎功化，然而無卓異之爲足以越尋常。其居之無奇而成之不易也，於是乎半途而廢矣。又，大中之節，即在吾喜怒哀樂未發之中；日用之常，皆載夫不睹不聞隱微之理。養之而已，無庸索也；慎之

---

① 《大學中庸集説啓蒙·中庸》卷上，景印文淵閣《四庫全書》第 204 册，1027—1028 頁。

② 《四書箋解》卷二，《中庸》，"索隱行怪"章，《船山全書》第六册，132 頁。

③ 《讀四書大全説》卷二，《中庸》第十一章，《船山全書》第六册，490—492 頁。

不遑，何容怪也？又，非大智則不能喻天理之流行而不舍者如斯也，非純仁則不能安吾性之緜密而可守者如斯也。其力於任道而持之堅固，是大勇也，而不待奮發其志氣以交争於天理人欲之界。蓋唯聖者乎而後能之。夫聖未可能，而作聖有功，吾亦終身於中庸焉耳。由夫子之言觀之，則所謂"中庸不可能"者，唯聖人而後能之也。舜之智，顔子之仁，君子之勇，合一而成德，而所以統智、仁、勇而一之者，亦必有其所以然之實矣。甚哉，中庸之難能也！吾將進而詳中庸之道。[①]

〇吕留良曰：告子遺説，至宋而忽猖；子静一宗，至明而大熾。告子子静，當時幸有孟朱闢之力、辨之明，然且後世有述如此，若良知立教，至今曾未有孟朱者出，雖《困知記》《讀書劄記》《象山學辨》《閑闢録》《學蔀通辨》諸書，未嘗不指斥其非，然皆如蜀漢之討賊，其號非不正，而力不足以勝之，其流毒惑亂，正未知所届耳。愿天下有識有志之士，共肩大擔，明白此事。又，聖學大段全在"依乎中庸"内，"遯世不見知而不悔"，正是"依乎中庸"達天自得之妙。又，自"仲尼曰君子中庸"章至此，爲一大起結，總以明中庸之義。言過言不及，中庸之所以失也；言知言仁言勇，中庸之所以明而行也；知必如舜，仁如顔淵，勇如子路，分言德之成也；統知仁勇之全者，其惟孔子，故開端以"民鮮能"起，此以惟"聖者能之"結，照應分明。中間"鮮能知味"，起舜之大知；"不能期月守"，起回之爲人；"中庸不可能"，起子路問强，皆一"能"字作線，直至"聖者能之""能"字總收。以"仲尼曰"起，言中庸爲孔子之教也；以此章結，言必孔子而後謂之能中庸也，故此章純是説孔子，不是泛講過不及兩種人與空贊君子也。上兩節重在"吾弗爲""吾弗能已"兩句，若三節末句颺開，却正是孔子全相，收拾上八章過不及知仁勇在内。[②]

〇汪紱曰：前數章言知仁勇爲入道之門，此則合而言之，以歸中庸之統於戒懼慎獨能擇能守之君子，末節正與首章二章首尾環映也。顧

---

① 《四書訓義》(上)，卷二，《中庸》一，第十一章，《船山全書》第七册，125—127頁。

② 《四書講義》卷二十四，《中庸》一，中册，540—541頁。

“索隱行怪”者，可云賢知之過；而“遵道而行，半塗而廢”者，不得坐以愚不肖之名。蓋第四章以生禀言，所以起行明之端；此章則皆嘗有事於知行者以所造所行言，所以終行明之詣也。第是半塗而廢則亦終於不知不行，而與愚不肖之人同歸暴棄矣，不亦可哀也乎！重提君子者，此君子即首章次章存養省察交致其功之君子也。子思引“唯聖者能之”，收以前許多“能”字結穴。“民鮮能久矣”，大概説“鮮能知味”，則所以鮮能中庸之故，由率其生禀之偏，而日用之間又不肯加察也。“不能期月守”，雖或能察而知不真，不肯實用其力也。“中庸不可能”，又大概説以不能自勝其人欲之私，故不能變化氣質而鮮能中庸也。“唯聖者能之”，則知盡仁至勇大而中庸之統在是矣，位育之功所從出也。又，此十章俱言知行工夫，所以終首章“是故君子”二段之意。此章合言知仁勇，爲此篇首段一結束言工夫大概已略備，下九章則又舉道體而形容以推廣之，又所以申明“道不可離”之意，而言所以必於知仁勇之故也，至第二十章又與此十章一環映矣。①

〇鄭玄曰：素，讀如“攻城攻其所傃”之傃②。傃，猶鄉也。言方鄉辟害，隱身而行佹譎，以作後世名也。弗爲之矣，耻之也。又，廢，猶罷止也。弗能已矣，汲汲行道，不爲時人之隱行。又，言隱者當如此也。唯舜爲能如此。

〇孔穎達曰：“子曰”至“天地”此一節論夫子雖隱遯之世亦行中庸，又明中庸之道，初則起於匹夫匹婦，終則徧於天地。又，素，鄉也。謂無道之世，身鄉幽隱之處，應須静默，若行怪異之事，求立功名，使後世有所述焉，而如此之事，我不能爲之。以其身雖隱遯，而名欲彰也。又，“素讀爲‘攻城攻其所傃’之傃”者，司馬法文。言身隱而行佹譎，以作後世之名，若許由洗耳之屬是也。又，“不爲時人之隱行”者，謂作佹譎求名是也。君子以隱，終始行道，不能止也。又，言君子依行中庸之德，若值時無道，隱遯於世，雖有才德不爲時人所知，

① 《四書詮義》上，卷二，《中庸》，《叢書集成三編》第10册，416—420頁。
② sù。

而無悔恨之心。如此者，非凡人所能，唯聖者能。然若不能依行中庸者，雖隱遯於世，不爲人所知，則有悔恨之心也。又，《史記》云："舜耕於歷山，漁於雷澤，陶於河濱。"是"不見知而不悔"。[①]

〇周諝曰：無功而禄謂之素飡，則無德而隱謂之素隱；修身以俟命，謂之行法，則不修身以逆命，謂之行怪。

〇林光朝曰：隱者本非美事，素隱者徒然隱也，如長沮、桀溺、荷蓧丈人、晨門之徒，往而不反，故孔子以"隱"字目之，以謂"欲潔其身而亂大倫"。夫人之生便有五典之分，若退居巖穴之下，是無上下之分，如此等人在國爲叛臣，在家爲逆子。伯夷、叔齊或以爲隱者，非隱者也！夫子當時亦稱道之。夫天生一人便要辦天下之事，自上古以來作舟車，爲宫室，闢田疇，便有紀綱法度，無非天工，人其代之，豈可徒隱？行怪者爲怪異之行，使後世之人學之。

〇沈清臣曰：先儒類以"君子遵道而行"之文，屬"半塗而廢"；"君子依乎中庸"之文，屬"遯世不見"。恐非通論。嘗因文會理，蓋夫子因言弗爲行怪釣名之事，故以"君子遵道而行"斷之；因言弗爲"半塗而廢"之事，故以"君子依乎中庸"斷之。是二者皆君子之事也。至於時止則止，時行則行，動静不失其時，則聖人之事也，故以"惟聖者能之"斷之，則文順理明。

〇林坰曰：觀夫子以"隱居放言"爲"我則異於是"，則知我弗爲之説；觀夫子以"今女畫"責冉求，則知我弗能已之説。此章講明中庸之旨，首舉二者以開其端，而後終之以聖人之能事。蓋中者，無過不及之名；庸者，常行之道。"素隱行怪"，過而反庸者也，豈得爲庸？"半塗而廢"，安於不及者也，豈足爲中？是必"依乎中庸"，則無過而反常之事；是必"遯世不見知而不悔"，則無安於不及之憂。是理也，非從容中道，純亦不已，孰能與此？故曰"惟聖者能之"。[②]

---

① 《禮記正義》卷第六十，《中庸》第三十一，下册，1996—1997頁。後來朱子《中庸章句》所分開的第十一章與第十二章，在鄭、孔時原本是混爲一節的，故有上述説法。

② 《禮記集説》卷一百二十六，《中庸》第三十一，《通志堂經解》第13册，369—370頁。

〇黎立武曰："遯世不見知而不悔"，依乎九二之中庸，"初九，潛龍勿用"之事也，故曰"聖者能之"。通六節而觀，則中庸之至德，中庸之難能，與夫聖賢之所以執中用中者，淺深次第歷歷可見。[①]

〇毛遠宗曰：歷引子言，總只證君子中庸四字。[②]

〇戴震曰："依乎中庸"，於人倫日用之常道，無不盡也。"用之則行，舍之則藏"，故不見知不悔。

〇康有爲曰：素隱，如老學之隱退曲全；行怪，如墨子之生不歌、死無服。凡諸子皆是。《易》曰："不易乎世，不成乎名，遯世無悶，不見是而無悶，樂則行之，憂則違之，確乎其不可拔。"此學道而成聖者也。

〇馬其昶云：惟庸行無赫赫之名。惟庸行可久。[③]

〇蔣伯潛曰：倪思《中庸集義》認爲"素"即"平素""素常"之意，與下文"素其位而行"之"素"字同義。"素隱"是以隱居爲素常。則"素隱行怪"，正指老莊派之退隱曲全，寧爲曳尾之龜、斷尾之雞、陳仲子之食李三咽、食鵝一哇之類。"素隱行怪"是太過，"半途而廢"是不及。[④]

〇謹案：《中庸》首章總體交代了中庸之道，從"修道之謂教"到"致中和，天地位焉，萬物育焉"來看，顯然惟聖者方能見得盡與行得盡中庸之道。餘下第二至十一章則逐一説明，小人之反中庸，民於中庸鮮能久矣，知愚賢不肖之過不及，既見不得亦行不得中庸，即使知賢者偶爾見到也萬難持守，况且還有他們中的極端者往往更熱衷甚至一味沉溺於"索隱行怪"當中，全然不知迷途當返，甚至"天下國家可均"之知、"爵禄可辭"之仁、"白刃可蹈"之勇。固然至難不易，然於中庸却仍不可能，因爲"若中庸，則雖不必皆如三者之難，然非義精仁熟，而無一毫人欲之私者，不能及也。三者難而易，中庸易而難，此民之所以

---

① 《中庸分章》，景印文淵閣《四庫全書》第200册，725頁。

② 《續禮記集説》卷八十六，《中庸》，《續修四庫全書》第102册，524頁。

③ 《中庸通義　中庸注參》，9—13、68—70頁。

④ 《中庸讀本》，11頁，《語譯廣解四書讀本》。

鮮能也”。所以，汪紱説，子思在第十一章引“唯聖者能之”，收以前許多“能”字結穴。“民鮮能久矣”，大概説“鮮能知味”，則所以鮮能中庸之故，由率其生稟之偏，而日用之間又不肯加察也。“不能期月守”，雖或能察而知不真，不肯實用其力也。“中庸不可能”，又大概説，以不能自勝其人欲之私，故不能變化氣質而鮮能中庸也。“唯聖者能之”。則知盡仁至勇大而中庸之統在是矣，位育之功所從出也。而所謂知仁勇三達德，大知必兼大仁大勇，譬如大舜；仁而兼知勇，譬如“學以至聖人之道”的顔回；不過好勇好强者子路就難説必兼仁知了。况且知仁勇三達德還得不雜一絲一毫人欲之私，方可謂大知大仁大勇，方可真明得盡與行得盡中庸之道也。所以，惟大知如舜者能够明且明得盡，行且行得盡；惟大賢如回者能够明且明得盡以及能擇能守能行中庸之道。[①] 所以，胡氏以爲，“然夫子於舜之知讚之也，於回之仁許之也，於由之勇抑而進之也，即此三章觀之，夫子之言自無有不合乎中者，學者所當深體而默識也”。而吕留良以爲，“統知仁勇之全者，其惟孔子”，他講：自“仲尼曰君子中庸”章至此，爲一大起結，總以明中庸之義。言過言不及，中庸之所以失也；言知言仁言勇，中庸之所以明而行也；知必如舜，仁如顔淵，勇如子路，分言德之成也；統知仁勇之全者，其惟孔子，故開端以“民鮮能”起，此以惟“聖者能之”結，照應分明。中間“鮮能知味”，起舜之大知；“不能期月守”，起回之爲人；“中庸不可能”，起子路問强，皆一“能”字作線，直至“聖者能之”“能”字總收。以“仲尼曰”起，言中庸爲孔子之教也；以此章結，言必孔子而後謂之能中庸也，故此章純是説孔子，不是泛講過不及兩種人與空贊君子也。上兩節重在“吾弗爲”“吾弗能已”兩句，若三節末句颺開，却正

---

① 朱子講：“顔子蓋真知之，故能擇能守如此，此行之所以無過不及，而道之所以明也。”而依伊川的看法，夫子之所以獨稱顔回爲好學，乃因惟顔回志於“學以至聖人之道也”。且“顔子之與聖人，相去一息”，“顔子之德，可謂充實而有光輝矣，所未至者，守之也，非化之也。以其好學之心，假之以年，則不日而化矣。故仲尼曰：‘不幸短命死矣。’蓋傷其不得至於聖人也。所谓化之者，入於神而自然，不思而得，不勉而中之谓也。孔子曰‘七十而从心所欲不逾矩’是也”。（《河南程氏文集》卷第八，《雜著·顔子所好何學論》，《二程集》第二册，577—578 頁）故而顔子被後世特稱爲“復聖”。

是孔子全相，收拾上八章過不及知仁勇在内。

再者，就各章具體問題而言，則有第二章“仲尼”之稱之質疑，由此而有以爲非子思所言。不過，朱子明確斷定，“首章夫子之意，而子思言之，故此以下，又引夫子之言以證之也。古者生無爵，死無謚，則子孫之於祖考，亦名之而已矣。周人冠則字而尊其名，死則謚而諱其名，則固已彌文矣，然未有諱其字者也。况孔子爵不應謚，而子孫又不得稱其字以别之，則將謂之何哉？若曰孔子，則外之之辭，而又孔姓之通稱，若曰夫子，則又當時衆人相呼之通號也，不曰仲尼而何以哉”？對此，胡炳文還又補充道，獨此章與第三十章揭“仲尼”二字。“仲尼曰”，仲尼之言也，所言者中庸也；“仲尼祖述堯舜”以下，仲尼之行也，所行者皆中庸也。再者，這裏“變和言庸者”，朱子引游氏的話，“以性情言之，則曰中和，以德行言之，則曰中庸是也”，其實一也。然中庸之中，實兼中和之義。而所謂“時中”，也正是“中和”之意。程子以爲，“可以仕則仕，可以止則止，可以久則久，可以速則速”，此皆時也，未嘗不合中，故曰“君子而時中”。而朱子甚至以爲，“自古來聖賢講學，只是要尋討（時中）這箇物事。從來也只有六七箇聖人把得定”。張子亦以爲，“時中”之義甚大，須“精義入神”，始得觀其會通，以行其典禮，此方真是義理也。于成、胡炳文等還主張，“中和之論發於子思，中庸之論本於仲尼，然發而中節之和，即是時中之中，子思中和二字亦只是説仲尼一中字，故曰中庸之中兼中和之義”。再有，就經文“小人之中庸也”而言，王肅以爲，該作“小人之反中庸也”。程子更是力主，小人更有甚中庸？脱一“反”字。小人不主於義理，則無忌憚，無忌憚，所以反中庸也。亦有其心畏謹而不中，亦是反中庸。語惡有淺深則可，謂之中庸則不可。朱子亦從之，而且還推測説，“故疑王肅所傳之本爲得其正，而未必肅之所增，程子從之，亦不爲無所據而臆决也”。船山亦以爲，此章乃大分别處。只言君子小人之别，劈開小人在一邊，是入門一大分别。見君子依中庸如此其至，小人反中庸如此其惡。吕留良亦以爲，“小人之中庸”句，明注小人之所以“反中庸”，有將小人説高一步，不欲增“反”字，便不是。甚至連鄭、孔也除了指出王肅的主張，還特別强調，所謂“小人之中庸”云云，是覆説“小人反中庸”之事。只不過仍以爲，“反中庸者，所行非中庸，然亦自以爲中庸也”。或者説，乃“僞中庸”也，像喻樗所言，“小人唯利之從，唯名是徇，其於君子之心一切反之，聞君子之中庸也，乃欲竊取其名，居之似忠信，行之似廉潔，如紫奪朱，如鄭亂雅，如鄉原之亂德，是借以資其無忌憚者爾”。不過，無論以爲小人“自以爲中庸”，還是其“僞中庸”，恰恰都是“小人之反中庸”，而全然不宜説“小人之中庸”。否則，説法上的差之毫釐，或許會導致義理把握上的失之千里。

第三章，較《論語》多出一“能”字，胡炳文提示大家，子思引《論語》之言，添一“能”字，須看下章許多能字，方見子思之意。“鮮能知味”，是不能知者。“不能期月守”，是不能行者。“中庸不可能”，言非義精仁熟者，不能知不能行。“惟聖者能之”，是專言聖人知之盡仁之至，故獨能知能行。至於“人一能之已百之，人十能之已千之，果能此道矣，雖愚必明，雖柔必强”，是愚者本不能知，能百倍其功則能知；柔者本不能行，能百倍其功則能行。後面至誠“能盡其性”，是能知之盡能行之至。唯至聖“爲能聰明睿知”，是能知；能寬裕温柔以下，是能行。惟至誠“爲能經綸天下之大經”，是能行。非聰明聖知達天德者，孰能知之，又説能知。看許多能字，則子思此章添一能字固有旨哉。汪紱以爲，《論語》有“之爲德”三字，則中庸就民身上言，故下句無“能”字，“民鮮久矣”言民鮮中庸之德也。此無“德”字，則中庸就事物之道言，故下句加一“能”字，言民鮮能體中庸之道也，因而民鮮中庸之德矣。《論語》是夫子本文，此是子思概括。再者，鄭氏及孔氏居然都將“鮮能久矣”理解爲“罕能久行”或“寡能久行”。足見上文所説“差之毫釐，謬以千里”，不誣。而朱子就以爲，“此章方承上章‘小人反中庸’之意而泛論之，未遽及夫不能久也。第七章‘擇乎中庸而不能期月守也’，自能擇中庸者言之，乃可責其不能久耳。兩章各是發明一義，不當遽以彼而證此也”。之所以如此，在於“過則失中，不及則未至，故惟中庸之德爲至。然亦人所同得，初無難事，但世教衰，民不興行，故鮮能之，今已久矣”。甚至如船山斷言，此“乃謂盡天下之人無有一人能自拔於流俗而能之者也”。汪紱以爲，然夫子口中不曰人而曰民，自是慨世教之衰。所謂“民”字兼氣拘物蔽者言。李道傳則頗爲感嘆，夫有周之末，先王之迹未遠，聖人猶有久矣之嘆，况後聖人又千數百年者乎！因而，唐蔚芝反過來斷言，“世必多能中庸之國民，而後天下可望其平，故教育國民，必以中庸爲主”。我們曾經指出，朱子贊美“《中庸》一書，枝枝相對，葉葉相當，不知怎生做得一箇文字齊整”。在此，朱子再次强調，《中庸》“言之固無序矣，子思取之而著於此，則其次第行列，决有意謂，不應雜置而錯陳之也。故凡此書之例，皆文斷而意屬，讀者先因其文之所斷，以求本章之説，徐次其意之所屬，以考相承之序，則有以各盡其一章之意，而不失夫全篇之旨矣”。此亦正是我們研讀《中庸》之不二法門。

第四章，蔣伯潛引《四書辨疑》説，此段“行”“明”二字當互易。因爲“知”“愚”就“知”言，“賢”“不肖”就“行”言；二字互易，意更明白。且司馬光、王安石、蘇軾等引此文皆如此。朱子就此章首先明斷，“道者，天理之當然，中而已矣”。而汪紱亦斷言，“道即上章所謂中庸”。那麽，若過或不及，則道之必不行不明。然《四書辨疑》的質疑，即，賢合屬行，知合屬明，却爲何夫子交互説者？饒魯以爲，“如此，則人皆曉得夫子何以曰‘我知之矣’，緣天下人都不知此，夫子所以有此嘆。行不是説人去行道，是説道自流行於天下；明不是説人自知此道，是説道自著明於天下。人多差看了，須要見得知行相因”。景星亦以爲，“此是互説，見得知行相關，要緊在知上，苟知之真，則行之正矣，故下專言知味”。猶朱子所言，“知道之中，則必守之而不失矣”。船山亦以爲，“明行相互而言者”，“各有功效而相資”，正是對此之無知，“於是而姚江王氏知行合一之説得藉口以惑世；蓋其旨本諸釋氏，於無所可行之中，立一介然之知曰悟，而廢天下之實理，實理廢則亦無所忌憚而已矣”。况且，胡炳文還强調，“子思此章分道之不行不明，而下章即舜之知，言道之所以行，即回之賢，言道之所以明，即此意也”。更“兼後面欲説知仁勇，此章又爲此三者發端而言：知者知之過，以道爲不足行，不仁也；賢者行之過，以道爲不足知，不知也；愚不肖者安於不及，不能勉而進，不勇也”。綜上，所以不取《四書辨疑》等之意。再順便説説，孔氏又將本章末句解爲“猶言人莫不行中庸，但鮮能久行之”，再次應證“差之毫釐，謬以千里”也。

第五章，孔子再發“道其不行矣夫”的感嘆。朱子以爲，“由不明，故不行”。“此章承上章而舉其不行之端，以起下章之意”。汪紱却以爲，夫子言道不行未知果何指，“矣夫”二字，不勝慨嘆。子思引此則謂道不能自行於天下，賴知之者以行，而知者過之愚者不及都不能知以擇中，則“道其不行矣夫”。不曰人不行道，而曰道其不行，正見道之不能自行，言下有人不求明意。陈柱則明確指出，道亦指中庸之道，此嘆無明中庸之道，以範天下民者。而鄭、孔亦是此意，即，“云時無明君，其道不復行也”。船山亦頗感嘆，“安得一明道者而使其必行乎”！

第六章，究爲何種“兩端”？鄭玄以爲“過與不及”兩端，孔氏以爲“愚知兩端”。朱子似皆不同意，因爲他曾指出，“兩端之説，吕、楊爲優，程子以爲執持過不及之兩端，使民不得行，則恐非文意矣。蓋當衆論不同之際，未知其庶爲過、庶爲不及、而庶爲中也，故必兼總衆説，以執其不同之極處，而求其義理之至當，然後有以知夫無過不及之在此，而在所當行。若其未然，則又安能先識彼兩端者之爲過不及，而不可行哉”？因而他以爲，“兩端，謂衆論不同之極致。蓋凡物皆有兩端，如小大厚薄之類，於善之中又執其兩端，而量度以取中，然後用之，則其擇之審而行之至矣。然非在我之權度精切不差，何以與此。此知之所以無過不及，而道之所以行也”。我們看到，無論朱子之前的張子、吕、楊，還是之後的饒魯、胡氏、景星、吕氏、汪紱，以及李道傳、黎立武等，幾乎都是這樣看的。汪紱還特別指出，“兩端”自問察中來，“其”字指言之善者，“中”又從善言中擇出，“其”字承兩端言，故不得謂用民之中於民，此以本章語脈故也。總之，朱子以爲，“舜本自知，能合天下之知爲一人之知，而不自用其知，此其知之所以愈大”。這裏或充分體現出《論語》所説“無爲而治者，其舜也歟？夫何爲哉，恭己正南面而已矣”。舜“好問而好察邇言”，方能“得人以任衆職”以至“恭己正南面而已矣”。再有，子入大廟，每事問。或曰：“孰謂鄹人之子知禮乎？入大廟，每事問。”子聞之曰：“是禮也。”豈非夫子“好問而好察邇言”乎！以及，子曰：“吾之於人也，誰毁誰譽？如有所譽者，其有所試矣。”聖人善善之速，而無所苟如此。若其惡惡，則已緩矣。這不就是“隱惡而揚善”，執兩擇中乎！還有，子曰：“吾有知乎哉？無知也。有鄙夫問於我，空空如也，我叩其兩端而竭焉。”同樣的“兩端”，只不過如景星所説：“《論語》竭其兩端，是言告於人者，無一毫之不盡；此執其兩端是言取諸人者，無一善之或遺。”聖人雖時地不同，却持守中庸中和之道皆始終如一。

第七章，朱子以爲，“承上章大知而言，又舉不明之端，以起下章也”。吕留良以爲，此章重下半段，見明道必須智，然必仁能守，而後見其智之能擇，以起下“拳拳服膺而弗失”之義。或許，此正是《論語》所講的，“知及之，仁不能守之；雖得之，必失之”。亦即，“知足以知此理，而私欲間之，則無以有之於身矣”之意①。再有，“回也，其心三月不違仁，其餘則日月至焉而已矣”。這裏的其餘者也就是“人皆曰予知，擇乎中庸而不能期月守也”者。所以，汪紱以爲，“顧既知擇則宜能守，而不能守者，則終是知之不真，故此擇乎中庸宜淺看”。胡炳文甚至以爲，“上章言舜本自大知，不自以爲知，而卒成其知；此章言人本自不知，自以爲知，而卒成不知”。張九成以爲，“惟其不留意於喜怒哀樂未發已發之間，故雖中庸之理暫見，而不能期月守也”。然而，孔氏却以爲，“此一經明無知之人行中庸之事”。“小人自謂選擇中庸，而心行亦非中庸。假令偶有中庸，亦不能期匝一月而守之，如入陷阱也”。其實，孔門弟子即便冉求、宰我等也難以以小人况之，但怕孔氏仍未能免受前面所謂“小人之中庸也”拘執誤導。另外，毛奇齡以爲，期月不是匝一月，期是復時之名，期月或爲一歲。但此期是一日。故此期月或一日或一月，猶《論語》“日月至焉”耳。正與我們這裏所説的一致。

第八章，朱子以爲，“顔子蓋真知之，故能擇能守如此，此行之所

---

① 《論語·衛靈公》第三十二章，《四書章句集注》，168頁。

以無過不及，而道之所以明也”。而顏子之所以“其心三月不違仁”，則如景星所言，“蓋回之仁是每事之仁，凡已擇者固仁矣，而於應天下之事，猶未免於擇，故每得一善則服膺弗失而守之固矣，此所以顏子之仁猶不能無違於三月之後也”。所以，胡炳文以爲，“舜達而在上，擇乎中庸而用之民，聖人之道所以行也；顏淵窮而在下，擇乎中庸而不失於己，聖人之學所以傳也。子思以回繼舜之後，其意深矣”。倪思亦以爲，“前舉舜，取達而在上之聖人；此舉顏子，取窮而在下之賢人，以爲則法也。顏子賢而在下，率性而行，雖不能行其道於當時，而可以爲萬世學者之準的，是亦修道之教也”。朱子也講，“顏子擇中與舜用中，舜本領大，不大故著力”。而之所以可以如此，則不外汪紱所言，“通章合來方見回之爲人，而所重尤在服膺弗失，守之不失，則必其有以盡夫天理之極，而不留一毫人欲之私，此爲人之所以盡仁也”。因而，“人且就其所已知者，效顏子之服膺，不要游移，效顏子之弗失，不要懶惰，則初時雖似勉强拘束，而守得一二事不失，則滋味自會洋溢出來，既得滋味，則自鑽天也要研求，別的畢竟不要，豈肯不擇？舍死也要守住，別物都不上心，豈肯何失？又何怕道中滋味不被嘗遍，道中蘊奥不被照徹，而簞瓢陋巷不改其樂也。故道之所以明，顏子之仁終不徒在”。船山亦講，“而中庸之道，必待仁如顏子而後明。君子所以務存乎仁，亦必有其功矣”。尤其沈清臣强調指出，“子思子欲發中庸之精粹於群聖賢事爲之際，必首證以知之事，蓋聖道之妙無不自知入也。既明舜之知如此，又辨人之知如彼，復以顏子之事勉天下之人，可謂善明中庸者”。

第九章，饒魯謂《章句》言義精仁熟似欠勇字意。但胡氏以爲，“擇之審者，義精也；行之至者，仁熟也。不賴勇而裕如者也。學者於義必精之，於仁必熟之，便是知仁中之勇”也。景星則以爲，“勇不在知行之外，只勇於知，勇於行”也。汪紱亦以爲，“勇實不外於知仁”，“而中庸之勇則不過義之必精，仁之必熟耳”。船山却結合《論語》“子路問成人”章做論述，亦即，此一章書，明放著“子路問成人”一章是顯證據。“天下國家可均”，“冉求之藝”也；“爵禄可辭”，“公綽之不欲”也；“白刃可蹈”，“卞莊子之勇”也。“文之以禮樂”，則“中庸”

是已。到中庸上，須另有一鑪錘在，則予以善成其藝、廉、勇之用，而非僅從均之、辭之、蹈之之中，斟酌較好，便謂中庸。使然，則本文只平説可均、可辭、可蹈，固徹上徹下而爲言，何所見其有太過不及而非中也哉！朱子不僅説，“天下國家可均”，此三者也是智仁勇之事，只是不合中庸。若合中庸，便盡得智仁勇。同時，朱子還以顔子以及夫子爲例來説明，且如顔子瞻前忽後，亦是未到中庸處。卓立處是見，到從之處方是行。而夫子“知命”“耳順”，方是見得盡；“從心所欲”，方是行得盡。劉彝以爲，中庸之“常久之道在乎其心之不忘，在乎其守之弗失，在乎其自强之不息，然後庶乎其可能也”。却不知因何譚惟寅偏視“能”之一字，最爲學者大害？他的理由或許是，“蓋人之於中庸，纔有能之之心，則其所爲所行皆近乎好名，皆出乎有意，皆入乎妄作，爲善之功狹矣，其能常久不息乎？惟中庸每事皆任天理，故不以能爲之心爲之，天理所在，即吾所行也，天理所不在，即吾所不行也，事事循理，而吾無所用其能焉，夫然後可以久於其道，而萬善所歸，皆萃於我”。不禁令人想起孔子的教誨，“人能弘道，非道弘人”。“天理所在，即吾所行也”，“事事循理”，等等，便是“人能弘道”，不如此，難道要“道能弘人”不成？

第十章，朱子以爲，四者之强，君子之强，强之中也，孰大於是。因而“夫子以是告子路者，所以抑其血氣之剛，而進之以德義之勇也”。亦即程子所説，“凡人血氣，須要以理義勝之”。亦如胡氏所言，“南北以勝人爲强，其强也，囿於風氣之中。君子以自勝爲强，其强也，純乎義理而出乎風氣之外，此變化氣質之功，所以爲大，而非禮弗履，所以爲大者之壯也”。景星亦以爲，“血氣之剛是小勇，德義之勇是大勇”。“此子思引夫子告子路當强之目，以合舜之知、回之仁爲三達德，非子路之所已能者”。而且，“如此四‘强哉矯’，雖是贊嘆其强之辭，正是勇之做工夫，使之合於中庸者也”。孔子講：“仁者必有勇，勇者不必有仁。”同樣道理，大知必有大仁、大勇；大仁必有大知、大勇。因而，如船山所説，“故舜底平成之治，均天下矣，而用中之至精，非特恃其智也。顔子同舍藏之志，可辭爵禄矣，而守中之仁固，非但恃其仁也。

子路死於其事，蹈白刃矣，而但恃其勇，則未免流倚，而終遠乎中庸。則中庸之難，不益信哉"！汪紱以爲，"君子"四句各見一中庸之道："和而不流"，與人之中庸；"中立而不倚"，處己之中庸，此無少偏倚，無少差謬也；"國有道，不變塞焉"，大行此中庸；"國無道，至死不變"，窮困此中庸，此其守不失，無適不然也。然四句又須合來，方見中庸之道，見其與人守己居常處變，莫不有以盡夫天理之極，而不使有一毫人欲之私，所以爲君子之强。此章勉子路，意只在"抑而强與"一句。此四者之强皆以理，理即中也。不過，鄭玄却以爲，"而之言女也，謂中國也"。因而孔氏進一步補充道，"女，子路也。子路之强，行中國之强也"。此"故君子"以下皆述中國之强也。説君子之强乃"行中國之强也"，也未嘗不可，但説"子路之强，行中國之强也"，就得有所考慮了。這定當是夫子對子路的期待，而非子路的現實。子路當是屬於"君子而不仁者有矣夫"，"日月至焉而已矣"，因而"勇者不必有仁"者，等等。所以，張九成説得對，"南方、北方與夫子路之强，皆血氣也，非中庸也"。而子路聞之君子之强，"得不悼其平時之無益，而潛養之不可已乎"。項安世亦以爲，"舜，聖人也，故言其與人者；顏子，學者也，故言其守身者；子路，困而學者也，故言其矯揉氣質者"。而陳亮亦是這樣看的，即，"子路問强，夫子開端以啓發，因强以明理，所以變動子路之强也"。而"君子之强即曾子之大勇，孟子浩然之氣，此守約之理。"强哉矯"，有卓立氣象，孟子所謂至大至剛，蓋有見於此"。陳柱則以爲，"《易》者寡過之書，中庸之學也"。所以，若"和而不流"，則"嘉會足以合禮"矣；"中立而不倚"，則"利物足以和義"矣；"國有道，不變塞"，則"體仁足以長人"矣；"國無道，至死不變"，則"貞固足以幹事"矣。此《易》之四德，乃中庸之强也。

第十一章，"素隱行怪"之"素"字，朱子以爲，"素，按《漢書》當作索，蓋字之誤也。索隱行怪，言深求隱僻之理，而過爲詭異之行也。然以其足以欺世而盗名，故後世或有稱述之者。此知之過而不擇乎善，行之過而不用其中，不當强而强者也，聖人豈爲之哉"。索隱是"知者過之"，行怪是"賢者過之"。而船山以爲，"索隱行怪"是異端。

“索隱”病在索字，立意深求，不知率性之本然。“行怪”病在怪字。隱字無病。與下“費而隱”“隱”字大略相同，其病自在“索”上。索者，强相搜求之意。鄭、孔却以爲，素，讀如“攻城攻其所傃”之傃。傃，猶鄉也。言方鄉辟害，隱身而行佹譎，以作後世名也。若許由洗耳之屬是也。由此，而後來者大多作“素”講，或者爲白、空之意，如周諝以爲，“無德而隱謂之素隱”，而“不修身以逆命，謂之行怪”。林光朝以爲，“隱者本非美事，素隱者徒然隱也，如長沮、桀溺、荷蓧丈人、晨門之徒，往而不反，故孔子以‘隱’字目之，以謂‘欲潔其身而亂大倫’”。或者爲“平素”“素常”之意，倪思以爲，與下文“素其位而行”之“素”字同義。“素隱”是以隱居爲素常。康有爲以爲，“素隱，如老學之隱退曲全；行怪，如墨子之生不歌、死無服。凡諸子皆是”，等等。其實“索隱”與“行怪”該是一對並行的結構，都是動賓組合，若成爲“素隱”，則不是了，故不取。再者，獨沈清臣以爲，先儒類以“君子遵道而行”之文，屬“半塗而廢”；“君子依乎中庸”之文，屬“遯世不見”，恐非通論。嘗因文會理，蓋夫子因言弗爲行怪釣名之事，故以“君子遵道而行”斷之，因言弗爲“半塗而廢”之事，故以“君子依乎中庸”斷之；是二者皆君子之事也。至於時止則止，時行則行，動静不失其時，則聖人之事也，故以“惟聖者能之”斷之，則文順理明。那麽，若依沈氏，則十一章經文就當成爲：子曰：“素（索）隱行怪，後世有述焉，吾弗爲之矣，君子遵道而行。半塗而廢，吾弗能已矣，君子依乎中庸。遯世不見知而不悔，唯聖者能之。”也就是説，想不“索隱行怪”，就必“遵道而行”。欲不“半途而廢”，就必“依乎中庸”。這些皆爲君子之事，最終做到“遯世不見知而不悔”，方達聖人境界。這樣的好處在於，把君子同聖人最終統一了起來，君子便是一步一步地去達成聖人。或許清人毛遠宗會贊同此説，因爲他曾講，“歷引子言，總只證君子中庸四字”。再者，程子雖仍讀爲“素”，然而他所説，“素隱行怪”，是過者也；“半途而廢”，是不及者也；“不見知而不悔”，是中者也。或許，亦有利於沈氏觀點。况且，此與夫子的想法也並不違背，亦不妨參考。再就本章而言，朱子强調，“子思所引夫子之言，以明首章之義者止此。蓋此篇大旨，以知仁勇三達德爲入道之門。故於篇首，即以大舜、顔淵、子路之事明之。舜，知也；顔淵，仁也；子路，勇也：三者廢其一，則無以造道而成德矣”。饒魯以爲，“知仁勇三者，行乎存養省察之中，則氣質之偏不能爲之累，而一動一静之間，始無適而不得其性情之正矣”。胡炳文以爲，“自第二章至此，大要欲人由知仁勇以合乎中。知則能知此中，仁則能體此中，勇則能勉而進於此中”。景星以爲，“中庸之道至精至微至公至正，非知者不足以知，非仁者不足以行，非須臾可離，非一蹴可到，故惟勇者然後有以自强而不息焉”。船山以爲，“舜之智，顔子之仁，君子之勇，合一而成德，而所以統智、仁、勇而一之者，亦必有其所以然之實矣。甚哉，中庸之難能也”！

當然，顔子肯定堪爲君子之學的典範，亦爲大賢以下者，如子路、曾子等，以及爲天下所有願意成爲君子、成爲賢聖的士人的楷模。大賢以下者終究又如何可能明且明得盡，行且行得盡中庸之道呢？這也正是《中庸》第二十三章，即“其次致曲，曲能有誠，誠則形，形則著，著則明，明則動，動則變，變則化，唯天下至誠爲能化”所要專門解答的問題。誠如朱子專門針對此章所言：“人性雖同，而氣禀或異。自其性而言之，則人自孩提，聖人之質悉已完具；以其氣而言之，則惟聖人爲能舉起全體而無所不盡，上章所言至誠盡性是也。若其次，則善端所發，隨其所禀之厚薄，或仁或義，或孝或弟，而不能同矣。自非各因其發見之偏，一一推之，以至乎其極，使其薄者厚而異者同，則不能有以貫通乎全體而復其初，即此章所謂致曲，而孟子所謂擴充其四端者是也。”[①] 譬如曾子，特重於孝道，《論語・先進》第十七章，説“參也魯”，魯，遲鈍也。相傳《孝經》即爲曾子所作，上面説：“身體髮膚，受之父母，不敢毁傷，孝之始也。”《論語・泰伯》第三章載：“曾子有疾，召門弟子曰：‘啓予足！啓予手！《詩》云‘戰戰兢兢，如臨深淵，如履薄冰’。而今而後，吾知免夫！小子！”然而《孝經・諫諍章》曾子

---

① 所言上章，即《中庸》第二十二章：“唯天下至誠，爲能盡其性；能盡其性，則能盡人之性；能盡人之性，則能盡物之性；能盡物之性，則可以贊天地之化育；可以贊天地之化育，則可以與天地參矣。”

之問，即“敢問子從父之令，可謂孝乎”？却透露出曾子尚未完全明確“父有争子，則身不陷於不義。故當不義，則子不可以不争於父。故當不義則争之，從父之令，又焉得爲孝乎”之理。[①] 不過曾子後來也的確做到了“所以就其善端之偏而推極其全”，也就是説，“或仁或義，或孝或弟，更互而發，便就此做致曲工夫”，雖然“曲不是全體，只是一曲。人能一一推之，以致乎其極，則能通貫乎全體矣”。所以説“曾子却是致曲，一一推之，至答一貫之時，則渾合矣”。[②] 也就是説，庶幾亦能明且明得盡與行且行得盡中庸之道了，甚至於“唯天下至誠爲能化”，而不異於聖人矣。

我們説了“中庸”，又説了“中和”，還説到了“時中”，等等，它們中皆含有“中”，因而我們是否該在此對“中”做出一個概要的辨義，[③] 以便我們能够更好地明與行中庸之道，以至未來亦如顔子、曾子一般渾合矣，庶幾亦能明且明得盡與行且行得盡中庸之道呢！亦即：

其一、“中庸”與“中和”。朱子以爲，以性情言之，謂之中和；以禮義言之，謂之中庸，其實一也。以中對和而言，則中者體，和者用，此是指已發、未發而言。以中對庸而言，則又折轉來，庸是體，中是用。如伊川云“中者天下之正道，庸者天下之定理”是也。此“中”却是“時中”“執中”之“中”。以中和對中庸而言，則胡炳文以爲，“中庸之中兼中和之義，而《章句》必先曰無偏無倚，而後曰無過不及，可謂精矣”。汪紱以爲，“中和是子思語，中庸是夫子語，故變和言庸，不

---

① 荀子云：“孝子所以不從命有三：從命則親危，不從命則親安，孝子不從命乃衷；從命則親辱，不從命則親榮，孝子不從命乃義；從命則禽獸，不從命則修飾，孝子不從命乃敬。故可以從而不從，是不子也；未可以從而從，是不衷也。明於從不從之義，而能致恭敬、忠信、端慤以慎行之，則可謂大孝矣。”（《荀子集解》卷二十，《子道》篇第二十九，347 頁，《諸子集成》第二册）

② 《論語·里仁》第十五章：子曰：“參乎！吾道一以貫之。”曾子曰：“唯。”子出。門人問曰：“何謂也？”曾子曰：“夫子之道，忠恕而已矣。”程子曰：“聖人教人各因其才，吾道一以貫之，惟曾子爲能達此，孔子所以告之也。曾子告門人曰：‘夫子之道，忠恕而已矣’，亦猶夫子之告曾子也。《中庸》所謂‘忠恕違道不遠’，斯乃下學上達之義。”（《四書章句集注》，72—73 頁）

③ 詳情請參閲鄧曉可《“中庸”辨義》，《切磋三集——四川大學哲學系儒家哲學合集》，114—139 頁，北京：華夏出版社，2013 年。

必盡合，而理只一般。性中情和，此以體用言。統中庸一中字，兼有中和二字，不可以庸字當和字。中也和也都是庸道庸德”。

其二、“中”與“性”。中不即是性，却指示了性之所在（“位”），性之“形象”，故“中也者，天下之大本”，中不直接是大本，但中經過轉换則可謂大本，中體和用亦是在這個意義上説的。或如吕留良所言，“中”字本天來，不本心來，惟君子無時不戒慎恐懼，故能隨時處中。而汪紱以爲，“道體本中，庸乃性情之德；君子能盡其性，則所存所發無非中庸，與爲一體”。張栻以爲，“故學者必先求仁，知仁則中體可見，應事接物得所以權之者矣”。求仁，即盡其性也。

其三、“中”與“誠”。“誠”即是“中”所指示的那個實理。就其分辨而言，則中指道理之不偏不倚，誠指道理之真實無妄；就其同而言，則此真實無妄之理即此不偏不倚者。二者雖不能等而言之，亦不能隔離而言之。且亦可見“誠”能够給予“中”實在之意義。而這個實在的意義在“性”以前爲生生不已、流行不息者，在“性”以後則使物“各正性命”。因此，我們不僅要從不偏不倚處看到大本的純粹至善、寂然不動，亦要看到其真實無妄、生生不息之義。這並非“中”賦予“大本”的意義，而是“大本”賦予“中”的意義。

其四、“中”與“極”。“極”者，至極之義，標準之名，常在物之中央，而四外望之，以取正焉者也。故以極在中之準的則可，而便訓極爲中則不可。亦即“中”不能直接是“太極”，“太極”是指“中”之爲中的標準、主宰。所謂“極高明而道中庸”，雖無二致却有體用之分。

其五、“中”與“止”。中者，時中，顯示恰好之意，於時之理無過不及；止者，顯示物必有則、至理之所在。然能止所當止，方能時中；中便是止所當止顯示出來的恰好處。故所謂時中者，隨其時，止所當止也。此即朱子所謂，“蓋中無定體，隨時而在，是乃平常之理也。君子知其在我，故能戒謹不睹、恐懼不聞，而無時不中”也。亦即汪紱所謂，“時中之中上實有大本之中在故”。或如張栻所謂，“其所以能時而中者，奈何以其大本立故也。大本立，則周旋萬變，而中之體不亂，故曰時中也”。

其六、“中”與“正”。中即正，然中重於正，但正在中先。或如朱子所言，“正者且是分别箇善惡，中則是恰好處”。亦即，就理義而言，正乃中的基礎，中即處事合宜則無不正。就行事而言，“正”是先有一個骨子，然後方能有斟酌度量，從而能處事合宜也，才能“中”。故雖中道正道不二，然中行正行未必一也。

其七、“中”與“權”。“權”只是時措之宜。“君子而時中”，時中便是權，所以爲中之用或用中也，或者説，權能爲執中之方也。楊時以爲，知中則知權，不知權則是不知中也。故權以中行，中因權立。《中庸》之書不言權，其曰“君子而時中”，蓋所以爲權也。吕留良以爲，“時中”注有二意：曰隨時處中，是逐時戒懼，就君子自修説；曰無時不中，是統體戒懼，在現成看君子説。

其八、“在中”與“求中”。“在中”之心非形質化的心，乃主宰之心。“求中”，則是將心作爲對象去把握，心既形質化，又失却了主宰之意味。故存養非“求中”，此非但失却用上工夫，從此失中亦可見體上工夫之失也。所以，程子以爲，“中字最難識，須是默識心通”。“識得則事事物物上皆天然有箇中在那上，不待人安排也，安排著則不中矣”。亦如張栻所言，“惟精惟一，允執厥中”，蓋極精一之妙，則是中也。湯之執中，意亦類此。若子莫則於過與不及之間，求所謂中者而執之，不知既已昧其體矣。

其九、“中”與“敬”。敬而無失，即敬之中道而行，即“必有事焉”則無忘，“勿正”則勿助長，此便是喜怒哀樂未發謂之中。敬不可謂中，但敬而無失，即所以中。未發已發不相隔絶，戒慎恐懼與誠意慎獨當有兩節事，致中與致和的工夫亦是兩種工夫，只是敬貫之也。致中和之功而至致中和之境，敬皆通貫其中。

君子之道費而隱。夫婦之愚，可以與知焉，及其至也，雖聖人亦有所不知焉；夫婦之不肖，可以能行焉，及其至也，雖聖人亦有所不能焉。天地之大也，人猶有所憾。故君子語大，天下莫能載焉；語小，天下莫能破焉。《詩》云："鳶飛戾天，魚躍于淵。"言其上下察也。君子之道，造端乎夫婦；及其至也，察乎天地。

〇上第十二章。朱子曰：子思之言，蓋以申明首章道不可離之意也。其下八章，雜引孔子之言以明之。又，費，用之廣也。隱，體之微也。又，君子之道，近自夫婦居室之間，遠而至於聖人天地之所不能盡，其大無外，其小無内，可謂費矣。然其理之所以然，則隱而莫之見也。蓋可知可能者，道中之一事；及其至而聖人不知不能，則舉全體而言，聖人固有所不能盡也。侯氏曰："聖人所不知，如孔子問禮問官之類；所不能，如孔子不得位、堯舜病博施之類。"愚謂人所憾於天地，如覆載生成之偏，及寒暑災祥之不得其正者。又，《詩·大雅·旱麓》之篇。鳶，鴟類。戾，至也。察，著也。子思引此詩以明化育流行，上下昭著，莫非此理之用，所謂費也。然其所以然者，則非見聞所及，所謂隱也。故程子曰："此一節，子思喫緊爲人處，活潑潑地，讀者其致思焉。"①

〇又曰：然非獨聖人有所不知不能也，天能生覆而不能形載，地能形載而不能生覆，至於氣化流行，則陰陽寒暑，吉凶災祥，不能盡得其正者尤多，此所以雖以天地之大，而人猶有憾也。蓋夫婦之際，隱微之間，尤見道之不可離處，知其造端乎此，則其所以戒謹恐懼之實，無不至矣。《易》首《乾》《坤》而重《咸》《恒》，《詩》首《關雎》而戒淫泆，《書》記釐降，《禮》謹大婚，皆此意也。又，隱之爲言，正以其非

① 《中庸章句》第十二章，《四書章句集注》，22—23頁。《中庸》前面第二章指出"君子之中庸也，君子而時中"。第十章"君子和而不流"，"中立而不倚"，"國有道，不變塞焉"，"國無道，至死不變"。第十一章（依沈氏斷句）"索隱行怪，後世有述焉，吾弗爲之矣，君子遵道而行。半途而廢，吾弗能已矣，君子依乎中庸。"等等。我們至少可以斷定，行君子之道就是行中庸之道，且最終必歸於中庸之道。船山亦言：謂之"君子之道"者，君子以此道體中庸之全體大用也。（《四書箋解》卷二，《中庸》，"費而隱"章，《船山全書》第六册，133頁）以及"自其德之體用言之，曰中庸；自聖人立此以齊天下者，曰教。自備之於至德之人者，曰聖人之道；自凝之於修德之人者，曰君子之道。要其出於天而顯於日用者，曰禮而已矣。故禮生仁義之用，而君子不可以不知天，亦明夫此爲中庸之極至也。"（《讀四書大全説》卷二，《中庸》第一章，《船山全書》第六册，461頁）

言語指陳之可及耳，故獨舉費而隱常默具乎其中，若於費外別有隱而可言，則已不得爲隱矣。又，道之流行發見於天地之間，無所不在，在上則鳶之飛而戾于天者此也，在下則魚之躍而出于淵者此也，其在人則日用之間，人倫之際，夫婦之所知所能，而聖人之所不知不能者，亦此也。此其流行發見於上下之間者，可謂著矣。子思於此指而言之，惟欲學者於此默而識之，則爲有以洞見道體之妙而無疑。而程子以爲“子思喫緊爲人處”者，正以示人之意，爲莫切於此也。其曰“必有事焉而勿正，心之意同活潑潑地”，則又以明道之體用，流行發見，充塞天地，亘古亘今，雖未嘗有一毫之空闕，一息之間斷，然其在人而見諸日用之間者，則初不外乎此心，故必此心之存，而後有以自覺也。“必有事焉而勿正，心活潑潑地”，亦曰此心之存，而全體呈露，妙用顯行，無所滯礙云爾，非必仰而視乎鳶之飛，俯而觀乎魚之躍，然後可以得之也。抑孟子此言，固爲精密，然但爲學者集義養氣而發耳。至於程子借以爲言，則又以發明學者洞見道體之妙，非但如孟子之意而已也。蓋此一言，雖若二事，然其實則必有事焉半詞之間已盡其意，善用力者，苟能於此超然默會，則道體之妙，已躍如矣，何待下句而後足於言耶！聖賢特恐學者用力之過，而反爲所累，故更以下句解之，欲其雖有所事，而不爲所累耳，非謂必有事焉之外，又當別設此念，以爲正心之防也。又，“活潑潑地”，吾之所言，雖與彼同，而所形容，實與彼異。若出於吾之所謂，則夫道之體用，固無不在，然鳶而必戾于天，魚而必躍于淵，是君君、臣臣、父父、子子，各止其所，而不可亂也。若如釋氏之云，則鳶可以躍淵，而魚可以戾天矣，是安可同日而語哉？且子思以夫婦言之，所以明人事之至近，而天理在焉，釋氏則舉此而絶之矣，又安可同年而語哉？又，大抵此章若從諸家以聖人所不知不能爲隱，則其爲説之弊，必至於此而後已。嘗試循其説而體驗之，若有以使人神識飛揚，眩瞀迷惑，而無所底止，子思之意，其不出此也必矣。[①]

① 《中庸或問》上，《朱子全書》第六册，569—573頁。“天地萬物之本，夫婦人倫之始，所以上經首《乾》《坤》，下經首《咸》繼以《恒》也。”“咸，夫婦之道。夫婦終身不變者也，故咸之後受之以恒也。”（《周易程氏傳》卷第三，《二程集》第三册，854、860頁）孔子

〇又曰：聖人不能知不能行者，非至妙處聖人不能知不能行。天地間固有不緊要底事，聖人不能盡知。緊要底，則聖人能知之，能行之。又，道無所不在，無窮無盡，聖人亦做不盡，天地亦做不盡。此是此章緊要意思。又，“鳶飛魚躍”云云，蓋是分明見得道體隨時發見處。察者，著也，非“察察”之“察”。察，只是著。天地明察，亦是著也。又，孟子言“勿忘、無助長”本言得粗。程子却説得細，恐只是用其語句耳。如明道之説，却不曾下“勿”字，蓋謂都没耳。所謂“勿忘、無助長”者，亦非立此在四邊做防檢，不得犯著。蓋謂俱無此，而皆天理之流行耳。“活潑潑地。”所謂活者，只是不滯於一隅。又，鳶飛魚躍，只是言其發見耳。釋氏亦言發見，但渠言發見，却一切混亂。至吾儒須辨其定分，君臣父子皆定分也。鳶必戾於天，魚必躍於淵。又，“天有四時，春秋冬夏，風雨霜露，無非教也。地載神氣，神氣風霆，風霆流形，庶物露生，無非教也。”便覺有悚動人處！孔子謂“天何言哉？四時行焉，百物生焉”，“吾無行而不與二三子”是也。又，孟子所謂“必有事焉”者，言養氣當用工夫，而所謂工夫，則集義是也，非便以此句爲集義之訓也。至程子則借以言是心之存，而天理流行之妙自見耳，只此一句已足。然又恐人大以爲事得重，則天理反塞而不得行，故又以“勿正心”言之，然此等事易説得近禪去。釋氏須要把道理來倒説，如鳶可以躍淵等，方是玄妙。又，如今許多道理，也只得恁地説。然所以

曰：“《關雎》樂而不淫，哀而不傷。”此詩得性情之正，聲氣之和也。周之文王有聖德，又得聖女姒氏以爲之配，有幽閒貞静之德。妃匹之際，生民之始，萬福之源。婚姻之禮正，然後品物遂而天命全。（《詩集傳》，《朱子全書》第一册，402、403 頁）《書・虞書・堯典》載：“帝曰：‘咨！四岳，朕在位七十載，汝能庸命巽朕位。’岳曰：‘否德，忝帝位。’曰：‘明明揚側陋。’師錫帝曰：‘有鰥在下，曰虞舜。’帝曰：‘俞！予聞，如何？’岳曰：‘瞽子。父頑，母嚚，象傲，克諧。以孝烝烝，乂不格姦。’帝曰：‘我其試哉！’女于時，觀厥刑于二女，釐降二女于嬀汭，嬪于虞。帝曰：‘欽哉！’”（《書集傳》，6—7 頁，《朱子全書外編》第一册）而《儀禮》有《士昏禮》，《禮記》有《昏義》。“天地合而後萬物興焉。夫昏禮，萬世之始也。”“將合二姓之好，上以事宗廟，而下以繼後世也，故君子重之。是以昏禮納采、問名、納吉、納徵、請期，皆主人筵几於廟，而拜迎於門外，入，揖讓而升，聽命於廟，所以敬慎重正昏禮也。”“執摯以相見，敬章别也。男女有别，然後父子親；父子親，然後義生；義生，然後禮作；禮作，然後萬物安。無别無義，禽獸之道也。”（参閲朱子《儀禮經傳通解》卷第二，《朱子全書》第二册，83—136 頁）

不如古人者，只欠箇古人真見爾。又，存養與窮理工夫皆要到。然存養中便有窮理工夫，窮理中便有存養工夫。窮理便是窮那存得底，存養便是養那窮得底。又，“上下察”與“察乎天地”，兩箇“察”字只一般。此非觀察之“察”，乃昭著之意，如“文理密察”，“天地明察”之“察”。經中“察”字，義多如此。又，夫婦者，人倫中之至親且密者。苟於是而不能行道，則面前如有物蔽焉，既不能見，且不能行。所以孔子有言：“人而不爲《周南》《召南》，其猶正墻面而立也歟！”又，須更看所謂“優優大哉！禮儀三百，威儀三千”處。聖人之道，彌滿充塞，無少空闕處。若於此有一毫之差，便於道體有虧欠也。若佛則只説道無不在，無適而非道；政使於禮儀有差錯處，亦不妨，故它於此都理會不得。莊子却理會得，又不肯去做。然其才亦儘高，正所謂“知者過之”。又，又須看“經禮三百，威儀三千”。聖人説許多廣大處，都收拾做實處來。佛老之學説向高處，便無工夫。聖人説箇本體如此，待做處事事著實，如禮樂刑政，文爲制度，觸處都是。緣他本體充滿周足，有些子不是，便虧了它底。佛是説做去便是道，道無不存，無適非道，有一二事錯也不妨。①

○程子曰：天下之理，聖人豈有不盡者？蓋於事有所不遍知不遍能也。至纖細委曲處，如農圃百工之事，孔子亦豈能知哉？（伊川）又，“鳶飛”“魚躍”，“言其上下察也”，此一段子思喫緊爲人處，與“必有事焉而無正”之意同，活潑潑地。會得時活潑潑地，會不得只是弄精神。（明道）

○謝良佐曰：此正是子思喫緊道與人處，若從此解悟，便可入堯舜氣象。

○侯仲良曰：聖人所“不知”“不能”，如孔子問禮於老聃，訪官名於郯子，謂異世之禮制，官名之因革，所尚不同，不可强知故也。又如大德，位禄名壽，舜之必得，而孔子不得。又如博施濟衆，修己以安百姓，欲盡聖人溥博無窮之心，極天地之所覆，無不被其澤者，雖堯舜之

① 《朱子語類》卷第六十三，《中庸》二，第十二章，第四册，1533—1541頁。

仁，亦在所病。又如“民可使由之，不可使知之”，日用之費，民固由之矣，其道則安能人人知之？雖使堯、舜、周、孔所過者化，其化者不越所過者爾，又安能使窮荒極遠未過者皆化哉？此亦聖人之所“不能”也。①

○胡炳文曰：《中庸》言道字皆自率性之道説來，此所謂君子之道即是率性之道。費，用之廣也，是説率性之道；隱，體之微也，是説天命之性。纔説費，隱即在其中，纔説率性之道，天命之性即在其中，非有二也。故近自夫婦居室之間，遠而至於聖人天地之所不能盡，而道無不在是，即朱子所謂天下無性外之物，而性無不在者也。性無不在，費也；而性之所以爲性，則隱也。如鳶飛魚躍，鳶率鳶之性必飛，魚率魚之性必躍，其飛其躍費也，而所以飛所以躍者隱也。於此見物物有自然之天，物物有天命之性。首章言天命之性，率性之道，自第二章以至第十章無非率性之道，亦無非因其天命之性也，天地間無非是此性之著見處。“造端乎夫婦”，則是盡性之始事，朱子曰幽闇之中，衽席之上，或褻而慢之，則天命有所不行，非知性命之理者，不足以語此。又，道體每於動處見，本自活潑潑地，聖賢教人每欲人於動處用功，亦是活潑潑地。鳶飛魚躍，道之自然，本無一毫私意，勿忘勿助，學者體道之自然，亦著不得一毫私意。

○饒魯曰：首章由體以推用，故先中而後和；此章由用以推體，故先費而後隱。蓋中間十章極論君子中庸之事，皆道之用故也。②

○景星曰：費隱以太極陰陽之理氣分體用兼事理言，用則事之當然，體則理之所以然。又，知行二字又承上章知行而言。曰夫婦能知能行者，是萬分中有一分，乃費之小者也；曰聖人不知不能者，是萬分中

---

① 《中庸輯略》卷上，第十二章，39—40頁，《朱子全書外編》第一册。《論語·子張》第二十二章，子貢講：“夫子焉不學？而亦何常師之有？”據韓愈《師説》，“聖人無常師。孔子師郯（tán）子、萇弘、師襄、老聃”等。《左傳·昭公十七年》云：“郯子來朝，公與之宴，昭子問官。仲尼聞之，見于郯子而學之。”《孔子家語·觀周》篇云：“孔子至周，問禮于老聃，訪樂于萇弘。”《史記·孔子世家》云：“孔子學琴于師襄子。”又見《漢詩外傳》卷五、《家語·辨樂》篇。（《韓愈全集校注》第三卷，1509、1512頁，成都：四川大學出版社，1996年）

② 《四書通·中庸通》，《通志堂經解》第15册，417頁。

欠一分，乃費之大者也。後章費之大小，又承此説去。夫婦愚不肖之能知能行，此是就衣服飲食起居日用上説，最人所易見而能知行者也，舉此見道之費無所不在而不可離也。若下章道不遠人爲費之小者，又自此推去。又，蓋《中庸》一書除首尾兩章皆爲一篇體要外，又當分三節看，前節言中庸，此節言費隱，後節言誠。中庸是就人事上言道之用，費隱是就天地人物上言道之用，後以天道人道上言誠，則知聖人與天地爲一。蓋首章言中和，以見此道之統攝於其心，則以戒懼慎獨爲存養省察之功；次言中庸，以見此道著見於事物，則以知仁勇爲致知力行之功；此言費隱，以見此道充塞乎天地，自違道不遠，以極乎達孝，隨處致察，以全中庸之道，皆所以求至於誠也。①

〇船山曰："君子之道"，君子所修而爲教者也。天地之道普萬化，而宰之者鬼神之德，誠也。誠體物而不可見聞，微也。君子之道備衆理，而宰之者性情之德，誠之者也。戒慎恐懼於所不睹不聞，慎於獨知，體中和於喜怒哀樂之未發，微也。又，自此章以下至第二十章，皆言依乎中庸之道。自第二十一章至篇末，皆言唯聖者能之之德。言道則見其不可離，言德則所以不離之也。②

〇又曰：自此以下至"哀公問政"章，皆言中庸之道，以申明難能之意。謂之"君子之道"者，君子以此道體中庸之全體大用也。又，"君子之道"而聖人"不知""不能"者，道日新而漸已明備，時未至，事未起，論未定，理未出也。若"問禮""問官"，聖人求知而知之，非不知；"博施"本非道之所有，非不能也。又，總之，言有憾者，以言君子之道能使無憾。又，有物則有事，有事則有理。氣機之流行，即有元亨利貞之天德，爲仁義禮智之性體；有形有象之可見聞，即爲知之所當致，行之所當力，明白昭著，在人之能察而已。③

〇又曰：君子修之以位天地，故天地亦有不能如君子所位之時。

---

① 《大學中庸集説啓蒙·中庸》卷上，景印文淵閣《四庫全書》第 204 册，1028－1031 頁。

② 《禮記章句》卷三十一，《中庸》第十二章，《船山全書》第四册，1263－1265 頁。

③ 《四書箋解》卷二，《中庸》，"費而隱"章，《船山全書》第六册，133－134 頁。

又，故君子但於存心上體認得此段真理，以效之於所當知、所當能之事，則已足配其莫載之大，莫破之小，而經綸滿盈；實未須於鳶之飛、魚之躍，有所致其修也。又，“君子之道”而聖人有所不知不能者，自修道而言，則以人盡天，便爲君子之事。又，然到第二十七章，又以此爲“聖人之道”，則以言乎聖人之行而明者，以君子所修爲則；君子之修而凝者，以聖人之所行所明爲則也。又，乃君子推而小之，以至於一物之細、一事之微，論其所自來與其所自成，莫非一陰一陽、和劑均平之搆撰；論其所體備，莫不有健順五常，咸在其中而無所偏遺。健順五常，合成一大料藥，隨奿[①]一丸，味味具足，斯則以爲天下莫能破也。如此，方得與“天下”親切。[②]

○又曰：故欲推君子所至之德，必先明乎君子所修之道而詳言之。斯道也，聖者而後能者也，而君子修明之，則凡體中庸之君子，皆有所事矣。又，故君子之道，事之所至，理必至焉。近而不略，遠而不遺，大而不缺，小而不忽，豈不至費矣乎？乃其用之費也，皆有所以然之理，本乎天而不可以人之意見測之，根於性而不可以習聞習見之數求之；不睹之中有其形焉，不聞之中有其聲焉。則其費也，皆有隱者存矣。又，今夫隱，則固不可以言索者矣。請言其費，而所以然之隱，即在其中，亦可知也。又，故前之聖人已開示無餘，而後之君子又有日新之義，然則其可知者將焉有窮乎？又，故聖人因乎時以建一世之極，而君子貞乎常以盡古今之變，然則其必行者又焉有竟乎？則君子之道，其費也固如此夫！又，故君子之語道也，語其大者，亦就事理之可受者而統言之也；然而天下之理，無有一理焉可以該括容受，而謂此理之外無餘也，盡天下之心力以舉之，莫能載矣。語其小者，亦就物之分爲一曲者而節言之也；然而天下之理，非於所分之後或有間斷止息，而謂此理之有殊也，盡天下之聰明以辨之，莫能破矣。又，然則道之本然，天地所不能盡，而有人之大用；人所不能盡，而有天地之廣生；天地人所不

① fàn，闕。

② 《讀四書大全説》卷二，《中庸》第十二章，《船山全書》第六册，492—496頁。

能盡，而於物見其功化。又，道本流行於萬事萬物而不遺夫至小，故夫婦之愚不肖與知與能者，道之見端也；君子即於此而造端焉，王道本乎人情，而上達因乎下學也。又，故曰，君子之道費，誠費也。而即此思之，則夫婦之日用而不知，聖人之行生而無言，天地之見幾於鳶魚，而不見其所以化育之迹，則又豈非隱乎？故曰“費而隱”，然則非聖人而不可能也，不益信哉！①

○吕留良曰：隱只在費中，故曰“費而隱”，以下數章都只説費，而隱之意自見，非有兩片可分也。又，“夫婦”兩字，只從居室而言，聖賢學問俱從此起，此纔是“夫婦之愚，可以與知”，不是云愚人可以與知也。又，從氣機交接生動處，指出道體流形，上下充塞，此中有戒懼慎獨根源在。“喫緊爲人，活潑潑地”與“必有事焉”同參，不是兩重公案也。又，《中庸》特下“夫婦”二字，不是泛然，天地者，造物之大夫婦也，聖人却看得此爲天理之極大極微處，戒懼慎獨正於此下手，於此能人欲净盡，天理流行，則其餘倫物，皆無難盡難通之處矣。夫婦一倫，人道之始，四倫皆從此生，故聖人於此最重。自人欲横流，於閨門衽席尤甚，無不以此事爲人欲之私，若不可以掛齒者，不知聖人正以此爲天理之正，禮義之從出，而戒懼慎獨之所必謹。從“夫婦”二字推其極曰天地，此天地只貼夫婦本義講，極精。又，到末下一總結，正是包羅貫串，將上面言語不能到處，處處斡補密實，無少闕欠。其著意在“造端”與“及至”，中間連合一串，無非實地。又，“鳶魚”節是觸著磕著，頭頭都是，隨手舉似；末節是原始要終，全身盡露，語句體勢固不同，然皆就道體上説，申明不可離意，而不離道之功已在言表。“造”字“察”字都非用力字，“造端”對“及其至也”，“察”即與上“察”字同，謂昭著呈露也。又，蓋此章只明道不可離，而不離道之意即在其中看。“夫婦”二字已具有事業功夫在，自應有戒慎中和之意。又，此章總説道體，下八章又就此章節節推明，各有本義，無一復疊。各章言做工夫處，而道之不可離自明，章句各有界分，不可混也。總是

① 《四書訓義》（上）卷三，《中庸》二，第十二章，《船山全書》第七册，130—133 頁。

不依《章句》，便不成文字。[①]

〇汪紱曰：於此復舉道體之無在而無乎不在者言之，申明道之所以不可離之故，正所以見道之不容不體，而知仁勇不可廢其一也。章首不曰中庸之道，而曰君子之道者，君子二字亦跟首章戒懼慎獨君子來，言君子所必體而不離之道，見道非君子無以行，明君子而離道亦無以成其爲君子。非竟以道屬之君子，亦非以君子二字當中庸二字。又，究之費言道之用，道之用自是率性；隱言道之體，道之體只是性。但此道在我在人在物皆是，而此以在人物之道言，不單屬君子性命上。又，皆言道之費而隱在其中也，斯道率性而是，本不難知難行，故愚不肖可以與知能行，及其至而聖人有所不知不能，此亦不必在愚不肖知能之外，即如仁本人人所能知能行，而盡仁之量至於博施濟衆，則堯舜猶病，等等。蓋聖人能盡其知能於道，此所以爲聖人，而道不盡於聖人之知能，則時勢所限，要不害其爲聖。道生天地之説，朱子已明駁之，蓋道原於天；純以理言，理則無盡，皆天而已。用顯於氣，以氣載理，而用流於萬殊，則隨在恒見，理之難盡，此有憾之所以然也。惟隱，故費所爲，費而隱也。知行二字仍帶知仁勇言，直言君子者，非以君子二字當道字，以惟君子見其然，若他人便不著不察矣。又，大抵子思天道爛熟，隨手拈來，略一指點，全體都活見。又，自居室常行一事一物，以及盡天下事物，凡化育之流行於天地間者，莫不各具一當然之理，則天地聖人所不能盡者，亦已包在内。又，此章明道所以不離之故，言天下事物莫不有道，且不足以盡道，不可説作莫不是道。以下八章，道不遠人章，言道在庸行而不可離。素位而行章，言道即所居而不可離。行遠自邇章，言體道當自卑邇始。鬼神章，又言道之無物不有無時不然。大舜章，言庸行之達天德。無憂、達孝二章，言家庭之及天下。問政章，又作總收，以歸詳於體道工夫。十五章以前，即夫婦知能；十五章以後，即推及其至。總之，見道不可離之意，惟其無物不有無時不然，所以不可離，又惟其皆性之德而具於心，所以可達之天下。道不可離，故君子必

① 《四書講義》卷二十五，《中庸》二，中册，544—550頁。

致體道之功；天下所同，故無不可至之理。體道工夫不外知仁勇，而知仁勇必要於誠，要於誠則必其静存動察，而所謂誠者，則又不過吾天命之性之本然，存養省察知擇仁守而致其勇，不過以誠之而已。此《中庸》二段之脈絡，又與首章首尾一環映也。[①]

〇鄭玄曰：言可隱之節也。費，猶佹也。道不費則仕。又，與，讀爲“贊者皆與”之與。言匹夫匹婦愚耳，亦可以其與有所知，可以其能有所行者，以其知行之極也，聖人有不能如此。舜好察邇言，由此故與？又，憾，恨也。天地至大，無不覆載，人尚有所恨焉，况於聖人，能盡備之乎？又，語，猶説也。所説大事，謂先王之道也。所説小事，謂若愚不肖夫婦之知行也。聖人盡兼行。又，察，猶著也。言聖人之德，至於天則鳶飛戾天，至於地則魚躍于淵，是其著明於天地也。又，夫婦，謂匹夫匹婦之所知所行。

〇孔穎達曰：言君子之人，遭值亂世，道德違費，則隱而不仕。若道之不費，則當仕也。又，言天下之事，千端萬緒，或細小之事，雖夫婦之愚，偶然與知其善惡，若芻蕘之言有可聽用，故云“與知”。又，言道之至極，如造化之理，雖聖人不知其所由，故云。又，以行之至極故也。前文據其知，此文據其行。以其知、行有異，故别起其文。但知之易，行之難。知之易，故上文云“夫婦之愚”；行之難，故經云“夫婦之不肖”，不肖勝於愚也。又，知之與行之，皆是至極，既是至極，故聖人有不能也。又，“與，讀爲‘贊者皆與’之與”者，《士冠禮》文。其饗冠者，“贊者皆與”，謂干與也。云“舜好察邇言，由此故與”者，即愚夫愚婦有所識知故也。與，語助也。又，言天地至大，無物不養，無物不覆載，如冬寒夏暑，人猶有怨恨之。猶如聖人之德，無善不包，人猶怨之，是不可備也。中庸之道，於理爲難，大小兼包，始可以備也。又，語，説也。大，謂先王之道。言君子語説先王之道，其事既大，天下之人無能勝載之者。若説細碎小事，謂愚不肖事既纖細，天下之人無能分破之者。言事似秋毫，不可分破也。聖人兼行大小之事。小

① 《四書詮義》上，卷三，《中庸》，《叢書集成三編》第10册，421—424頁。

事則愚夫愚婦所知行，大事則先王之道。前文云“雖聖人有所不知、不能”，此云大事聖人兼行之者，前云“有所不知、不能”，謂於小事不勝匹夫匹婦耳，非謂大事不能也，故此云盡兼行之。又，此《大雅·旱麓》之篇，美文王之詩。引之者，言聖人之德，上至於天則鳶飛戾天，是翺翔得所；聖人之德，下至於地則魚躍于淵，是游泳得所。言聖人之德，上下明察。《詩》本文云“鳶飛戾天”，喻惡人遠去；“魚躍于淵”，喻善人得所。此引斷章，故與詩義有異也。又，言君子行道，初始造立端緒，起於匹夫匹婦之所知所行者。然而，及其至極之時，明察於上下天地也。[①]

○方愨曰：君子之道顯諸仁，則充實光輝，至大不可圉，豈復有量哉？此語大，所以天下莫能載也；藏諸用，則微妙無迹，至精無形，豈復有質哉？此語小，所以天下莫能破也。

○陳知柔曰：此一章最切吾體中庸之道，只在日用之間，而不可他求。雖在日用之間，而有至微至妙之理焉。“及其至也”一語，指道之極處言也，極處即中也，在《書》爲“皇極”，在《禮》爲“中庸”，若過與不及，便非中矣。

○鄭耕老曰：無一事一物而遺乎此理者，豈不費乎？舉天下行之，而鮮有知其道，豈不隱乎？唯費而隱乃爲君子之道。

○林光朝曰：聖人豈直不知不能哉？知到不知處，能到不能處，此聖人所以爲聖人也。六合之外，聖人存而不論，是不知也；寂然不動，感而遂通天下之故，此不能也。若夫胸中更有知有能，則其知道淺矣，故聖人以不知不能爲到處。

○張九成曰：君子之道即中庸也，中庸不離喜怒哀樂已發未發之間，此日用所不免，豈非費乎？費當爲費用之費，雖夫婦之愚不肖，豈

---

① 《禮記正義》卷第六十，《中庸》第三十一，下册，1996—1999 頁。尤要注意的是，鄭注孔疏本將“君子之道費而隱”之“費”解爲“猶佹也”，即詭異，所謂“道不費則仕”。而將“隱”解爲隱者之隱，所謂“可隱之節也”。亦即，“言君子之人，遭值亂世，道德違費，則隱而不仕。若道之不費，則當仕也”。並聯繫到上章“君子依乎中庸，遯世不見知而不悔，唯聖者能之”，在彼鄭氏居然注爲“言隱者當如此也。唯舜爲能如此”，而以爲這裏是接著在説隱退之事，於是把這兩章合爲了一節。

有無喜怒哀樂者，此所謂可以與知，可以能行者。然由戒謹不睹，恐懼不聞，以養喜怒哀樂使爲中爲和，以位天地，育萬物，雖聖人猶皇皇汲汲，自謂有所不知，有所不能焉，豈非隱乎？蓋自以爲知，自以爲能，則止矣，止非中庸也。唯若有所不知，有所不能，則戒謹恐懼，其敢一日而已乎？此理微矣，力行者能識之。

〇陳亮曰：惟費故隱，横渠曰"聚則明，散則隱"。道以知爲始，以不知爲至，《詩》曰"不識不知，順帝之則"；道以能行爲始，以不能爲至，《易》曰"不疾而速，不行而至"。"天地之大也，猶有所憾"，《易》曰"天地設位，聖人成能"。語大，道之全體；語小，道之致用。"鳶飛戾天，魚躍于淵"，鼓萬物而無乎不在者，天理也，故君子無所不至，其察乎，夫婦可以與知、可以能行之地也，天地有所不知、有所不能之地也。造端於可以與知、可以能行之地，此精義入神，利用安身之事也；致察於有所不知、有所不能之地，此過此以往，窮神知化之事也。要之，可以與知，便是有所不知之端；可以能行，便是有所不能之端。君子之學動有依據，不如異端之倏然直指，泛然無著也。[①]

〇黎立武曰：道者性而已，然而有率性焉，有盡性焉。夫婦之愚不肖而能知能行者，率性而已。率性者，夫人而可能，由愚不肖推之，則"鳶飛戾天，魚躍于淵"，萬物亦循其性之自然耳；聖人之不能知不能行者，盡性之事也。盡性者，聖人而猶病，由聖人而推之，則天地之大，人猶有憾，是天地亦有不能盡者。道之全體本乎一性，而塞乎兩間，大無外，小無内也，故因愚不肖而論聖人之知能，因鳶魚而致天地之明察，可謂費而隱矣，旨微哉！[②]

〇毛奇齡曰：自此至哀公章，又子思自啓一義而歷引子言，以明之篇首言修道者，合微顯隱見，只慎獨以進于誠，故此又申言中庸之道，謂道本費隱，有顯見有隱微，君子就其顯見中，第致其道之在己者，而誠已見焉。且就其隱微中，並致其道之達于天下者，而誠之功用亦

① 《禮記集説》卷一百二十七，《中庸》第三十一，《通志堂經解》第13册，372—373頁。

② 《中庸分章》，景印文淵閣《四庫全書》第200册，725頁。

見焉。

○姚際恒曰：按隱字乃異端之尤。上章孔子曰“素隱行怪”，隱與怪並言可見矣，上章方述孔子之語闢隱怪，而下章即曰“君子之道費而隱”，謂之子思之言得乎？不必他辨矣。又，引魚鳶之詩亦一例語義，鳶魚物也，以其言道，獨多皆在非有非無之間致爲微秒，故僞《中庸》中惟此與宗門之旨最契。又，渠蓋不知僞《中庸》之文直是亂道。

○王草堂曰：“活潑潑地”，豈儒者説經而可有此？昔有人爲此問尹和靖，和靖云，便是學者不善紀錄故有此。是程子此語當時固已疑之，且不外禪門參句。[①]

○陈柱曰：君子之道，謂中庸之道也。費者，明也，廣也；隱者，細也，匿也。又，道之所至，聖人所當盡也。聖人所當盡者愈夥，故其不知不能者亦愈夥。然則聖人之所不知不能，乃聖人之所大知大能與。又，中庸之道，在於人倫日用，故人人不能破除。及其至也，止於至善，然而善無止境。造端乎夫婦，故莫能破也；察乎天地，故莫能載也。

○戴震曰：後儒以隱爲道之體，是別有所指以爲道，非聖賢之所謂道也。

○唐蔚芝曰：夫婦之愚可以與知，良知也；夫婦之不肖可以能行，良能也。及其至而聖人有所不知不能，蓋物理繁賾，人工物曲之巧幻，等等。[②]

○蔣伯潛曰：“與”去聲，參預也。[③]

○謹案：就本章子思所説“‘鳶飛戾天，魚躍于淵’言其上下察也”云云，程子及朱子以爲此乃“子思喫緊爲人處，活潑潑地”，與孟子“必有事焉而勿正，心勿忘，勿助長也”之意同。但清代的一些學者，諸如姚際恒、王草堂等却全不認同，以爲“不外禪門參句”，甚至稱之爲“僞《中庸》之文直是亂道”，云云。不禁想起《論語·子罕》第十

---

① 《續禮記集説》卷八十七，《中庸》，《續修四庫全書》第102册，525、527—529頁。

② 《中庸通義　中庸注参》，13、70—72頁。

③ 《中庸讀本》，12頁，《語譯廣解四書讀本》。

六章，子在川上，曰：“逝者如斯夫！不舍晝夜。”這“川流”難道不是“活潑潑地”，其與“鳶飛戾天，魚躍于淵”，何異！朱子講：“天地之化，往者過，來者續，無一息之停，乃道體之本然也。然其可指而易見者，莫如川流。故於此發以示人，欲學者時時省察，而無毫髮之間斷也。”程子講：“此道體也。天運而不已，日往則月來，寒往則暑來，水流而不息，物生而不窮，皆與道爲體，運乎晝夜，未嘗已也。是以君子法之，自强不息。及其至也，純亦不已焉。”尤其，“自漢以來，儒者皆不識此義。此見聖人之心，純亦不已也。純亦不已，乃天德也。有天德，便可語王道，其要只在謹獨”[①]。以及孔子謂“天何言哉？四時行焉，百物生焉”，“吾無行而不與二三子”是也。由此看來，清人識此義者亦罕有，而偏將其與釋老混爲一談，其實，朱子早就説過：“‘活潑潑地’，吾之所言，雖與彼同，而所形容，實與彼異。若出於吾之所謂，則夫道之體用，固無不在，然鳶而必戾于天，魚而必躍于淵，是君君、臣臣、父父、子子，各止其所，而不可亂也。若如釋氏之云，則鳶可以躍淵，而魚可以戾天矣，是安可同日而語哉？且子思以夫婦言之，所以明人事之至近，而天理在焉，釋氏則舉此而絶之矣，又安可同年而語哉？”須是看所謂“優優大哉！禮儀三百，威儀三千”處。聖人之道，彌滿充塞，無少空闕處。若於此有一毫之差，便於道體有虧欠也。聖人説箇本體如此，待做處事事著實，如禮樂刑政，文爲制度，觸處都是。緣他本體充滿周足，有些子不是，便虧了它底。若佛則只説道無不在，無適而非道；政使於禮儀有差錯處，亦不妨，故它於此都理會不得。莊子却理會得，又不肯去做。然其才亦儘高，正所謂“知者過之”。不過，爲此，我們還需要做出進一步的辨析澄清，而澄清的關鍵，或許就在於如何理解上面所説的“心”字，以及由此而引出的有關涵養正心等問題，這不僅有助於我們對《中庸》戒懼涵養工夫，對《大學》正心工夫的深入體認，而且也有助於我們辨清學者之道與聖人之道的差别與關聯，本身這番“如切如磋”式的討論，也是我們格物致知、窮理盡性的

① 《四書章句集注》，113—114 頁。

實踐。最終，也會大有利於我們辨清在這個問題上同釋老的根本區別，甚至辨清同象山陽明等的本質差別。恰好，就此問題，我同學生曾經有過較爲深入的往復筆談，特此呈現於下，以供讀者參考。

討論緣起於同學在其《博士研究計劃》中引用朱子《中庸或問》相關的那段話時，將“必有事焉而勿正，心活潑潑地”，寫作了“必有事焉而勿正心，活潑潑地”，等等。我向學生指出這是“原则性的错误”。

○同學在回復我的郵件中詢問道：關於“必有事焉而勿正心，活潑潑地”一句的原則性錯誤，不知道是否您指的是句讀的問題？按《中庸或問》的句讀爲“必有事焉而勿正，心活潑潑地”，學生引用時有意改了句讀。

這段話學生没引完，這段話一開頭，是弟子引程子的話問朱子，原文如下。曰：“然則程子所謂‘鳶飛魚躍，子思喫緊爲人處’，與‘必有事焉而勿正，心之意同活潑潑地’何也?”（《中庸或問》，571 頁）朱子答時第一次引用没有不同，第二次引用變成了“必有事焉而勿正，心活潑潑地”，少了“之意”兩字。“鳶飛戾天，魚躍于淵”一句，按《中庸章句》朱子引程子説法是“此一節，子思喫緊爲人處，活潑潑地，讀者其致思焉。”，又有不同。也不知道是引用的程子不同説法的兩處，還是朱子有所删節，學生未查實。

學生理解的意思是不“活潑潑地”的文字表達出了“活潑潑地”的意思，所以“心活潑潑地”的説法學生就覺得有點奇怪，而多了“之意”那句，學生更覺得是在説“必有事焉而勿正心”這一句話説得“活潑潑地”。這只是學生的疑惑，尚不足爲據。

這一段話的最後，學生的計劃中正好用省略號代替了，全文是：“聖賢特恐學者用力之過，而反爲所累，故更以下句解之，欲其雖有所事，而不爲所累耳，非謂必有事焉之外，又當别設此念，以爲正心之防也。”加深了學生認爲這裏當以“正心”斷句的想法。所以學生又去看了“必有事焉”這一條《孟子集注》和《語類》，《集注》中朱子説：“必有事焉而勿正，趙氏、程子以七字爲句。近世或並下文‘心’字讀之者亦通。”這裏説程子以七字爲句成了《或問》的反證。《語類》中比較多，略引幾條：

鄭天禧問："'必有事焉而勿正'，當作絶句否？"曰："元舊是恁地讀。"(《朱子語類匯校》册三，1341 頁)

"必有事焉而勿正心"，此言"正心"，自與《大學》"欲修其身，必先正其心"語脈自不同，此"正"字是期待其效之意。(1341 頁)

"必有事焉而勿正心"，"勿正心"，勿期其浩然也。……(1342 頁)

大約朱子雖然最終定以七字爲句，但平時論起亦不很嚴格，而《語類》中記録的話或有早於《集注》定稿時的，所以也混著斷句，但不管"心"字屬上句還是下句，"正"字的意思和《集注》中並無區別。"勿正心"的意思《語類》中已經引到；"心勿忘"，"勿忘其所有事"(《集注》)，"心"字的意思弱。學生依稀記得曾看到，雖然意思没什麽區别，却將"心"字屬下句，是有怕學者誤讀爲《大學》"正心"的意思在，但一下子找不到在哪裏了。所以結合這些説法，再根據《或問》上下文的意思，學生有意將句讀改了。

若原則性問題您不是説的句讀，敢請您再明示。

〇余又回函：這句話原本出自《孟子》："必有事焉而勿正，心勿忘，勿助長也。"朱子注釋道："必有事焉而勿正，趙氏、程子以七字爲句。近世或並下文心字讀之者亦通。必有事焉，有所事也，如有事於顓臾之有事。正，預期也。《春秋傳》曰'戰不正勝'，是也。如作正心義亦同。此與《大學》之所謂正心者，語意自不同也。此言養氣者，必以集義爲事，而勿預期其效。其或未充，則但當勿忘其所有事，而不可作爲以助其長，乃集義養氣之節度也。"[①] 朱子在此給出兩可的讀法，或"勿正"，或"勿正心"。前者意爲勿期必，後者或者意爲勿存期必之心，意義相通或相同。當程子把這句話轉借來説"鳶飛戾天，魚躍于淵"時，在《中庸輯略》中是："'鳶飛''魚躍'，'言其上下察也'，此一段子思喫緊爲人處，與'必有事焉而無正'之意同，活潑潑地。會得時活潑潑地，會不得只是弄精神。"而在朱子《中庸或問》中却是："必有事

① 《孟子·公孫丑上》第二章，《四書章句集注》，233—234 頁。

焉而勿正，心之意同活潑潑地”，或者“必有事焉而勿正，心活潑潑地”。正是在此你把後句改寫成了“必有事焉而勿正心，活潑潑地”。或許説是原則性的錯誤，有些過。不過，這樣也的確把程子及朱子想要表達的意思有些弄擰了，因爲朱子實際上已經明言：“抑孟子此言，固爲精密，然但爲學者集義養氣而發耳。至於程子借以爲言，則又發明學者洞見道體之妙，非但如孟子之意而已也。”所以，在《孟子》，既可以是“必有事焉而勿正，心勿忘，勿助長也”，又可以是“必有事焉而勿正心，勿忘，勿助長也”。而在程子及朱子這裏，就只可以是“必有事焉而勿正，心之意同活潑潑地”，或者“必有事焉而勿正，心活潑潑地”，它們的意思都是：這顆“必有事焉”或者“必有事焉而勿正”之心或心之意是同“鳶飛魚躍”一樣“活潑潑地”。簡單講，在這裏已經不是在説所謂“期必之心”，而是在説洞見道體之心。所以朱子才説“以明道之體用，流行發見，充塞天地，亘古亘今，雖未嘗有一毫之空闕，一息之間斷，然其在人而見諸日用之間者，則初不外乎此心，故必此心之存，而後有以自覺也”，以及“此心之存，而全體呈露，妙用顯行，無所滯礙云爾，非必仰而視乎鳶之飛，俯而觀乎魚之躍，然後可以得之也”。而你依據朱子對《孟子》的解釋來理解與修改程子及朱子在這裏對於《孟子》的借用，顯然没有領會這裏借用的轉義，殊不知其在彼處可，在此處則必不可。

〇同學又道：“必有事焉而勿正，心（之意）活潑潑地”，學生一開始没改句讀時也是試圖理解爲洞見道體之心，因爲“期必之心”自然是不活潑潑的，只有“洞見道體之心”才能説“活潑潑地”的意思。在《或問》中，朱子認爲孟子此句其實“必有事焉”便足矣，連“而勿正”也多了，“此一言雖若二事，然其實則‘必有事焉’半詞之間已盡其意，善用力者，苟能於此超然默會，則道體之妙，已躍如矣，何待下句而後足於言耶!”孟子之所以加後面三句，在説用力，説集義養氣，而程子在説集義養氣所能至之極，道體之妙，所以“活潑潑地”固然是説“洞見道體之心”，但正因如此，學生才覺得不順，因爲學生會認爲，只有不活潑潑地的心才需要説活潑潑呀，但這樣又把意思拉回孟子去了，但

“洞見道體之心”本就是“活潑潑地”，怎麽還需要去説呢？“心”字反倒像贅語一樣。正如您所引程子《中庸輯略》中本無“心”字，而朱子引的時候有了“心”字，朱子雖然加了“心”字，但並不會和程子的意思有不同，而“而勿正”“而勿正心”既然意思區别不大，但就洞見道體之心理解“心活潑潑地”學生會覺得别扭，所以才乾脆將“心”字放回上句去，消解放在下句意思的凸顯。學生之所以放不下“心活潑潑地”讀起來的别扭，亦或在於對文意理解不够。

〇余又道：是否天地萬物生生不息，活潑潑地，還需要説天地萬物嗎？心同天地萬物一般活潑潑地，還需要説心嗎？就如同《易經》所謂“天行健，君子以自强不息”“地勢坤，君子以厚德載物”，也無須説“君子”一般，就説“自强不息”，“厚德載物”足矣？然而我們不能忘了，無論聖人經典、四書五經，還是大賢如孟子、程子、朱子等，多半都是在對着學者講話，强調與突顯學者窮理與踐行的工夫。倘若僅對孟、程、朱等大賢而言，的確如朱子所説“必有事焉”半詞之間足矣。然而對於初學者，初入德之門者，甚至對於一般學者，也能如此直接地説嗎？這中間是不是有點象山陽明的意思了？我不知道是否程子本身言辭中無“心”字，恰是朱子加上去的？依我們上面所言，這個“心”字是否該有的呢？而程子，這裏就是明道，他是否感受同你一般，以爲“心”是不必説的呢？若真的是這樣，則從明道到象山以及陽明，就不會是偶然的了呢？就我而言，回到孟子，我會堅持就該而且最好就只能説成是“必有事焉而勿正，心勿忘，勿助長也”，而不是“必有事焉而勿正心，勿忘，勿助長也”。因爲，其一，本身“正”字用在此，就讓我不太情願，不過所謂“預期”或者“期必”大概是從“正”字之“定”義，“必”義或“止”義中引伸出來，尚説得過去，但是把“正心”用在此，説成是“期必之心”，那才是何以堪呢？朱子還專門爲此補上一句“此與《大學》之所謂正心者，語意自不同也”。我不知道“正心”的這種用法是否通行？倘若並不通行，我們大可不必這樣來解《孟子》。其二，在“必有事焉而勿正，心勿忘，勿助長也”中，已經直接蘊涵了“必有事焉而勿正”之心、“勿忘，勿助長也”之意，我以爲，正是這點啓發了明道説出"'鳶飛''魚躍'，'言其上下察也'，此一段子思喫緊爲人處，與'必有事焉而無正'之意同，活潑潑地。會得時活潑潑地，會不得只是弄精神"一類話語，進一步啓發了朱子對於明見道體之心的自存與自覺的强調，等等。反之，"必有事焉而勿正心，勿忘，勿助長也"，恐怕就没有如前者那麽直接了。

○同學又道：您説的"大賢如孟子、程子、朱子等，多半都是在對着學者講話，强調與突顯學者之窮理與踐行的工夫。倘若僅對孟、程、朱等大賢而言，的確如朱子所説'必有事焉'半詞之間足矣。然而對於初學者、初入德之門者，甚至對於一般學者，也能如此直接地説嗎?"學生没有間言。正如寫《朱子禮學管窺》課業論文時，學生讀到有弟子因程子所言"禮即理也"便欲將"復禮"换作"復理"，朱子以爲不可："蓋説復禮，即説得著實；若説作'理'則懸空，是個甚物事。"學生不是很瞭解陽明象山的意思，但學生理解您説的意思，自覺不會有意落入空言大道而輕實踐工夫的弊病去，甚至説，因爲禮學重實踐的緣故，學生對懸空説理一貫抱有很大的警惕，問題多出在學生的表達上，所以學生一定試圖澄清自己的意思。

且先就《中庸》"鳶飛戾天，魚躍于淵"一句來説，學生理解，並非是直接説工夫的，而是説的造道之域，説得極高，而如首章"戒慎乎其所不睹，恐懼乎其所不聞"，戒慎恐懼才是直接説工夫，"鳶飛戾天，魚躍于淵"是此工夫造道極致後所見的無事無物無非道體流行發見之妙用。所以單就着"鳶飛戾天，魚躍于淵"來説，要比孟子説"必有事焉"時對學者强調集義養氣工夫要高，但孟子所言的工夫，所指向的極致必能實見得鳶飛魚躍，而鳶飛魚躍所引發的工夫便有集義養氣，這樣意思才算是勉强説得完整一些。學生所以覺得洞見道體之心本就活潑潑的，不需要再説"心"，只是就着程子將"必有事焉"引到"鳶飛戾天，魚躍于淵"這一處，側重着説高妙的那層意思，並不是要輕看甚至抹殺其中的實踐工夫。若之前的郵件表現出了這個意思，學生以後會注意這方面的表達與措辭。

○余又道：其實問題還不僅僅在於踐行工夫，而首先還在於格物致知窮理盡性，若在這上面欠缺，踐行工夫亦難圓滿。譬如孔門曾點，能説出“莫春者，春服既成。冠者五六人，童子六七人，浴乎沂，風乎舞雩，咏而歸”的志向，受到了夫子的肯定，朱子也説：“曾點之學，蓋有以見夫人欲盡處，天理流行，隨處充滿，無少欠闕。故其動静之際，從容如此。而其言志，則又不過即其所居之位，樂其日用之常，初無舍己爲人之意。而其胸次悠然，直與天地萬物上下同流，各得其所之妙，隱然自見於言外。”程子亦講：“曾點、漆雕開，已見大意。”[①] 而所謂“已見大意”，自然是不盡知，至於行，其又遠不可與顔淵相比擬。亦如朱子所説，儘管“見處極高，只是工夫疏略”，“其實細密工夫却多欠闕，便似莊列。如季武子死，倚其門而歌，打曾参僕地，皆有些狂怪”[②]。之所以工夫疏略、欠闕，是否尤其與他雖然“已見大意”，但或許以此自得而始終僅見大意相關呢？當“子在川上。曰‘逝者如斯夫！不舍晝夜’”[③] 時，我們敢斷定無疑，聖人必然見得盡且行得盡天道，聖人之道必與天道爲一。不過當子思説出“鳶飛”“魚躍”時，是否真如你所説，是戒懼慎獨“工夫造道極致後所見的無事無物無非道體流行發見之妙用”，還是仍然僅見天道流行之大意呢？但我們相信，即使屬於後者，子思却没有自得自滿於此，没有停下他明理盡性的脚步。子思在《中庸》尤其第三部分，是何等完美圓滿地爲我們展示出天道與聖人之道，到最後他仍然不忘提醒自己，也提醒我們，對此，“苟不固聰明聖知達天德者，其孰能知之”？其實，象山陽明等也並非欠缺工夫，他們反對的恰恰是朱子的格物致知，説那是支離决裂，而以爲先立乎其大，先求本心，一致良知即爲聖賢，等等，可是象山所謂堯舜時哪有經可讀，陽明所謂“無善無惡心之體”，才正暴露了他們在窮理盡性上的錯失或偏頗！所以，孟子説“先立乎其大”，是否首先就應當在爲己之學當中立，象山説先求本心也應當首先是在爲己之學中求，而陽明的致良知還是應當首先在爲己之學中致。否則，無論何人都無以立，無以

---

① 《論語·先進》第二十五章，《四書章句集注》，130—132 頁。

② 《朱子語類》卷第四十，《論語·先進》篇下，第三册，1026—1027 頁。

③ 《論語·子罕》第十六章。

求，無以致。而且這種立、求、致，是該貫徹學者一生的學與行當中的，誠如曾子所言："士不可以不弘毅，任重而道遠。仁以爲己任，不亦重乎？死而後已，不亦遠乎？"[①] 否則，我們即使自以爲立到、求到、致到，也難以保障那是否真正的"大"、真正的本心、真正的良知，而不是一個人極其隱蔽的私欲的改頭換面的表達！倘若道理不能真正充分地明晰，能保證行爲工夫不會錯失甚至不會背道而馳南轅北轍嗎？

不知道以上所説，是否切中於你，或者也只是我感覺這之中可能存在著的問題，提出來供你參考。

〇同學又道：學生之前理解的知、行關係，比如《語類》中説，"論先後，知先；論輕重，行重。"又如《論語》中説"行有餘力，則以學文"，從先後來説，肯定是對道理的真正充分明晰，才能保證行爲工夫的圓滿；從輕重上説，道理一定要踐行得落實，力行工夫又能反過來驗證對於道理的明晰程度，明理與實踐工夫是交互相連而又有輕重先後的關係，且並不是截然的兩件事。學生從來不敢想哪一天能説自己明理明得盡、力行行得够了，也從沒想過什麽時候能見到大意，《近思録》一開始便説古之學者爲己，今之學者爲人，學生至少是常常作爲警醒，您説學生會落入陽明、象山的意思若意味着學生會落入爲人之學，學生會認爲這是尤其嚴重且根本的問題，敢請您一定再細説。

〇余又道：其實，我並没有不同意你的看法，只是我對你所説的"學生所以覺得洞見道體之心本就活潑潑的，不需要再説'心'，只是就著程子將'必有事焉'引到'鳶飛戾天，魚躍于淵'這一處，側重着説高妙的那層意思，並不是要輕看甚至抹殺其中的實踐工夫"云云，要做出適當的限定罷了，這或許是我們之間的主要分歧。你的看法於聖人以及不異於聖人者，没有問題，不僅無須言心，而且活潑潑都無須説，甚至於就可以根本無言，因爲"天何言哉？四時行焉，百物生焉，天何言哉"？"吾無行而不與二三子者，是丘也"。然而倘若對於學者，則必須

① 《論語·泰伯》第七章。

言心，不可省去，因爲“回也，其心三月不違仁，其餘則日月至焉而已矣”[①]。所謂違仁，要麽由於心不在焉，要麽由於心意偏頗，大賢如顔回者尚且如此，所以學者的心之主宰作用自始至終都必須自覺自存，而不可須臾離棄，否則，“心不在焉，視而不見，聽而不聞，食而不知其味”，亦即“心有不存，則無以檢其身，是以君子必察乎此而敬以直之，然後此心常存而身無不修也”[②]。存心以至於正心，就必須戒懼涵養，必須誠意慎獨，以至必須明善窮理，否則，便無以存心正心，無以修身養性，等等。或許這就是爲什麽朱子偶爾會説明道言之過高，所謂過高，我理解，也就是將言説聖人或者言説不異於聖人者的話語，不經意間錯置到了學者的頭上，以至於開啓了象山陽明及其後學的志大空疏放恣之風。對於聖人之道亦即天道與人道的言説，子思的《中庸》，尤其其中的第三部分，頗爲典範，既分殊有致，説天道聖人之道亦即誠者之至高無上，同時又説人道學者之道亦即誠之者或致曲者“擇善而固執之者也”；而且聯繫有方，後者之所以要“擇善而固執之者也”，那就是爲了“學以至聖人之道也”。這該是我們每位學者的大志向，惟有如此，才稱得上如顔回一般好學。

不知我説得是否清楚了？不過，我必須得聲明，我並未想説你會落入象山陽明甚至爲人之學的可能，其實象山陽明亦很難以爲人之學概括之。但是，不真實地辨清義理，學問與踐行，恐怕難以維繫其始終中正不偏及無過無不及。這是我想表達的意思，而且不該是僅僅對你而言。其實，《語類》有關《中庸》第九章，徐孟寶的問題亦同這裏類似，朱子的答復於我們實具有莫大的啓發意義，故全文附録於下。

徐孟寶問：“中庸如何是不可能？”朱子曰：“只是説中庸之難行也。急些子便是過，慢些子便不及。且如天下國家雖難均，做得便均得；爵禄雖難辭，舍得便辭得；蹈白刃亦然。只有中庸却如此不得，所以難也。”徐曰：“如此也無難。只心無一點私，則事事物物上各有箇自然道

① 《論語·陽貨》第十九章、《述而》第二十三章、《雍也》第五章。

② 《大學》傳七章，《四書章句集注》，8頁。

理，便是中庸。以此公心應之，合道理順人情處便是，恐亦無難。”曰：“若如此時，聖人却不必言致知、格物。格物者，便是要窮盡物理到箇是處，此箇道理至難。揚子雲說得是：‘窮之益遠，測之益深。’分明是。”徐又曰：“只以至公之心爲大本，却將平日學問積累，便是格物。如此不輟，終須自有到處。”曰：“這箇如何當得大本！若使如此容易，天下聖賢煞多。只公心不爲不善，此只做得箇稍稍賢於人之人而已。聖賢事業，大有事在。須是要得此至公之心有歸宿之地，事至物來，應之不錯方是。”徐又曰：“‘爲人君，止於仁；爲人臣，止於敬；爲人子，止於孝’，至如‘止於慈，止於信’。但只言‘止’，便是心止宿之地，此又皆是人當爲之事，又如何會錯？”曰：“此處便是錯。要知所以仁，所以敬，所以孝，所以慈，所以信。仁少差，便失於姑息；敬少差，便失於沽激。毫釐之失，謬以千里，如何不是錯！”

子曰：“道不遠人。人之爲道而遠人，不可以爲道。《詩》云：‘伐柯伐柯，其則不遠。’執柯以伐柯，睨而視之，猶以爲遠。故君子以人治人，改而止。忠恕違道不遠，施諸己而不願，亦勿施於人。君子之道四，丘未能一焉：所求乎子，以事父未能也；所求乎臣，以事君未能也；所求乎弟，以事兄未能也；所求乎朋友，先施之未能也。庸德之行，庸言之謹，有所不足，不敢不勉，有餘不敢盡；言顧行，行顧言，君子胡不慥慥爾！”

○上第十三章。朱子曰：道不遠人者，夫婦所能；丘未能一者，聖人所不能，皆費也。而其所以然者，則至隱存焉。下章放此。又，道者，率性而已，固衆人之所能知能行者也，故常不遠於人。若爲道者，厭其卑近以爲不足爲，而反務爲高遠難行之事，則非所以爲道矣。又，《詩·豳風·伐柯》之篇。柯，斧柄。則，法也。睨，邪視也。言人執柯伐木以爲柯者，彼柯長短之法，在此柯耳。然猶有彼此之別，故伐者視之猶以爲遠也。若以人治人，則所以爲人之道，各在當人之身，初無彼此之别。故君子之治人也，即以其人之道，還治其人之身。其人能改，即止不治。蓋責之以其所能知能行，非欲其遠人以爲道也。張子所謂“以衆人望人則易從”是也。又，盡己之心爲忠，推己及人爲恕。違，去也，如《春秋傳》“齊師違穀七里”之違。言自此至彼，相去不遠，非背而去之之謂也。道，即其不遠人者是也。施諸己而不願亦勿施於人，忠恕之事也。以己之心度人之心，未嘗不同，則道之不遠於人者可見。故己之所不欲，則勿以施之於人，亦不遠人以爲道之事。張子所謂“以愛己之心愛人則盡仁”是也。又，求，猶責也。道不遠人，凡己之所以責人者，皆道之所當然也，故反之以自責而自修焉。庸，平常也。行者，踐其實。謹者，擇其可。德不足而勉，則行益力；言有餘而訒，則謹益至。謹之至則言顧行矣；行之力則行顧言矣。慥慥，篤實貌。言君子之言行如此，豈不慥慥乎，贊美之也。凡此皆不遠人以爲道之事。張子所謂“以責人之心責己則盡道”是也。①

① 《中庸章句》第十三章，《四書章句集注》，23—24頁。所謂“忠恕”，亦見《論語·里仁》第十五章。子曰：“參乎！吾道一以貫之。”曾子曰：“唯。”子出。門人問曰：“何謂也？”曾子曰：“夫子之道，忠恕而已矣。”朱子曰：“聖人之心，渾然一理，而泛應曲當，用各不同。曾子於其用處，蓋已隨事精察而力行之，但未知其體之一爾。夫子知其真積力久，將有所得，是以呼而告之。曾子果能默契其指，即應之速而無疑也。”又，“盡己之謂忠，推己之謂恕。而已矣者，竭盡而無餘之辭也。夫子之一理渾然而泛應曲當，譬則天地之至誠無息，而萬物各得其所也。自此之外，固無餘法，而亦無待於推矣。曾子有見於此而難言之，故借學者盡己、推己之目以著明之，欲人之易曉也。蓋至誠無息者，道之體也，萬殊之所以一本也；萬物各得其所者，道之用也，一本之所以萬殊也。以此觀之，一以貫之之實可見矣。或曰：‘中心爲忠，如心爲恕。’於義亦通。程子曰：‘以己及物，仁也；推己及物，恕也，違道不遠是也。忠恕一以貫之：忠者天道，恕者人道；忠者無妄，恕者所以行乎忠也；忠者體，恕者用，大本達道也。此與違道不遠異者，動以天爾。’又曰：‘“維天之命，於穆不已”，忠也；“乾道變化，各正性命”，恕也。’又曰：‘聖人教人各因其才，吾道一以貫之，惟曾子爲能達此，孔子所以告之也。曾子告門人曰：“夫子之道，忠恕而已矣”，亦猶夫子之告曾子也。’《中庸》所謂‘忠恕違道不遠’，斯乃下學上達之義。”（《四書章句集注》，72—73頁）這點亦爲譚惟寅所認同，他講：“昔曾子指忠恕便爲夫子之道，而子思却因忠恕以見道之不遠，何也？曾子所指，誠者之事也，天之道也；子思所記，誠之者之事也，人之道也。夫子嘗曰：有一言而可以終身行之者，‘其恕乎！己所不欲，勿施於人’，此正合子思所記之説，乃學者以人求天之事也。”（《禮記集説》卷一百二十七，《中庸》第三十一，《通志堂經解》第13册，377頁）不過，船山却以爲：“‘違道不遠’者，忠恕所以行道者，非即道。小注因‘一貫’章生許多枝葉，不知彼言‘忠恕而已矣’。曰‘吾道’，曰‘夫子之道’，道字乃爲學之方，非言道之本體，故盡之於忠恕，與此所指不同。講章有以忠恕通貫一章者，不通。”（《四書箋解》卷二，《中庸》，“道不遠人”章，《船山全書》第六册，135頁）船山的這種區分，能成立嗎？

〇又曰：然自人而言，則夫婦之所能知能行者，人之所切於身而不可須臾離者也；至於天地聖人所不能及，則其求之當有漸次，而或非日用之所急矣。然則責人而先其切於身之不可離者，後其有漸而不急者，是乃行遠自邇、升高自卑之序，使其由是而不已焉，則人道之全，亦將可以馴致。又，諸家說《論語》者，多引此章以明一以貫之之義，說此章者，又引《論語》以釋違道不遠之意。一矛一盾，終不相謀，而牽合不置，學者蓋深病之。然盡己推己，乃忠恕之所以名，而正爲此章違道不遠之事。若動以天，而一以貫之，則不待盡己，而至誠者自無息；不待推己，而萬物已各得其所矣。曾子之言，蓋指其不可名之妙，而借其可明之粗以明之，學者默識於言意之表，則亦足以互相發明，而不害其爲同也。又，夫四者固有衆人之所能，而聖人乃自謂未能者，亦曰未能如其所以責人者耳。此見聖人之心，純亦不已，而道之體用，其大天下莫能載，其小天下莫能破，舜之所以盡事親之道，必至乎瞽叟厎豫者，蓋爲此也。[①]

〇又曰："人之爲道而遠人"，如"爲仁由己"之"爲"；"不可以爲道"，如"克己復禮爲仁"之"爲"。又，能改即是善矣，更何待別求善也？天下只是一箇善惡，不善即惡，不惡即善。如何說既能改其惡，更用別討箇善？只改底便是善了。這須看他上文，它緊要處全在"道不遠

姑且無論。再有，所謂"君子之道四，丘未能一焉"，必爲夫子自謙以勵人之辭。又如，《論語·述而》第三十二章。子曰："文，莫吾猶人也。躬行君子，則吾未之有得。"朱子曰："言不能過人，而尚可以及人。未之有得，則全未有得，皆自謙之辭。而足以見言行之難易緩急，欲人之勉其實也。謝氏曰：'文雖聖人無不與人同，故不遜；能躬行君子，斯可以入聖，故不居，猶言君子道者三我無能焉。'"第三十三章。子曰："若聖與仁，則吾豈敢？抑爲之不厭，誨人不倦，則可謂云爾已矣。"公西華曰："正唯弟子不能學也。"朱子曰："此亦夫子之謙辭也。聖者，大而化之。仁，則心德之全而人道之備也。爲之，謂爲仁聖之道。誨人，亦謂以此教人也。然不厭不倦，非己有之則不能，所以弟子不能學也。晁氏曰：'當時有稱夫子聖且仁者，以故夫子辭之。苟辭之而已焉，則無以進天下之材，率天下之善，將使聖與仁爲虛器，而人終莫能至矣。故夫子雖不居仁聖，而必以爲之不厭、誨人不倦自處也。'可謂云爾已矣者，無他之辭也。公西華仰而嘆之，其亦深知夫子之意矣。"（《四書章句集注》，101 頁）又《憲問》第三十章：子曰："君子道者三，我無能焉：仁者不憂，知者不惑，勇者不懼。"子貢曰："夫子自道也。"朱之曰："自責以勉人也。"又，"自道，猶云謙辭。"（《四書章句集注》，157 頁）

① 《中庸或問》上，《朱子全書》第六册，573—574、576 頁。

人”一句。言人人有此道，只是人自遠其道，非道遠人也。人人本自有許多道理，只是不曾依得這道理，却做從不是道理處去。今欲治之，不是別討箇道理治他，只是將他元自有底道理，還以治其人。及我自治其身，亦不是將它人底道理來治我，亦只是將我自思量得底道理，自治我之身而已，所以説“執柯伐柯，其則不遠”。故《中庸》一書初間便説“天命之謂性，率性之謂道”，此是如何？只是説人人各具此箇道理，無有不足故耳。它從上頭説下來，只是此意。又，“施諸己而不願，亦勿施於人”，此與“己所不欲，勿施於人”一般，未是自然。所以“違道不遠”，正是學者事。“我不欲人之加諸我也，吾亦欲無加諸人”，此是成德事。又，忠恕兩箇離不得。方忠時，未見得恕；及至恕時，忠行乎其間。“施諸己而不願，亦無施諸人”，非忠者不能也。故曰：“無忠，做恕不出來。”①

〇程子曰：忠恕“一以貫之”，忠者天道，恕者人道，忠者無妄，恕者所以行乎忠也。忠者體，恕者用，“大本”“達道”也。（明道）

〇張子曰：以責人之心責己則盡道，所謂“君子之道四，丘未能一焉”者也。以愛己之心愛人則盡仁，所謂“施諸己而不願，亦勿施於人”者也。以衆人望人則易從，所謂“以人治人，改而止”者也。此君子所以責己、責人、愛人之三術也。

〇吕大臨曰：忠恕不可謂之道，而道非忠恕不行，此所以言“違道不遠”者。庸者，常道也。事父孝，事君忠，事兄悌，交朋友信，“庸德”也，必行而已。有問有答，又唱又和，不越乎此者，“庸言”也，無易而已。

〇楊時曰：孟子言舜之“怨慕”，非深知舜之心不能及。此據舜惟

① 《朱子語類》卷第六十三，《中庸》二，第十三章，第四册，1541—1543 頁。《論語·公冶長》第十一章，子貢曰：“我不欲人之加諸我也，吾亦欲無加諸人。”子曰：“賜也，非爾所及也。”朱子曰：“子貢言我所不欲人加於我之事，我亦不欲以此加之於人。此仁者之事，不待勉强，故夫子以爲非子貢所及。程子曰：‘我不欲人之加諸我，吾亦欲無加諸人，仁也；施諸己而不願，亦勿施於人，恕也。恕則子貢或能勉之，仁則非所及矣。’愚謂無者自然而然，勿者禁止之謂，此所以爲仁恕之别。”（《四書章句集注》，78—79 頁）所謂仁者之事，亦即這裏的成德事，至少譬之“瑚璉之器”時的子貢尚有差距。

患“不順於父母”，不謂其盡孝也。《凱風》之詩曰：“母氏聖善，我無令人。”孝子之事親如此，此孔子所以取之也。孔子曰：“君子之道四，丘未能一焉。”若乃自以爲能，則失之矣。

〇侯仲良曰：無恕不見得忠，無忠做恕不出來。誠有是心之謂忠，見於功用之謂恕。[①]

〇胡炳文曰：上章言性無不在，其廣大也如此；此章言性只在人日用常行之間，其篤實也又如此。蓋道者率性而已，人而率其人之性，自有人之道，此所謂“道不遠人”是也。不思人之所以爲人，道之所以爲道，而爲道遠於人，非率性之道也。又，《論語》説忠恕，是曾子借此二字形容聖人至妙處；此則是子思就此二字説歸聖道至實處。推愛己之心愛人，推己及物之恕也，而忠即行乎其間；以責人之心責己，發己自盡之忠也，而恕即不外乎此。

〇饒魯曰：道是天理，忠恕是人事，天理不遠於人事，故曰“道不遠人”。人事盡，則可以至天理，故曰“忠恕違道不遠”。[②]

〇景星曰：“爲道”只是行道。一云兩“爲道”字不同，上猶言行道，下不可以爲道，只是不可唤做道。又，故治人者只消以衆人自身所有之道而治之，其人能改即止，不必將他人道理去治他，亦不是分我所有之道以與他，但責之以其所能知能行，不欲其遠人以爲道也。改謂改其不合於則者，止謂不過其則也。又，凡己之責人皆當然之事，能反之

---

① 《中庸輯略》卷上，第十三章，41—43頁，《朱子全書外編》第一册。孟子所謂“怨慕”，載《孟子·萬章上》第一章。萬章問曰：“舜往于田，號泣于旻天，何爲其號泣也?”孟子曰：“怨慕也。”“天下之士悦之，人之所欲也，而不足以解憂；好色，人之所欲，妻帝之二女，而不足以解憂；富，人之所欲，富有天下，而不足以解憂；貴，人之所欲，貴爲天子，而不足以解憂。人悦之、好色、富貴，無足以解憂者，惟順於父母，可以解憂。”“大孝終身慕父母。五十而慕者，予於大舜見之矣。”《告子下》第三章：“《小弁》之怨，親親也。親親，仁也。”“《凱風》，親之過小者也；《小弁》，親之過大者也。親之過大而不怨，是愈疏也；親之過小而怨，是不可磯也。愈疏，不孝也；不可磯，亦不孝也。孔子曰：‘舜其至孝矣，五十而慕。’”所謂《小雅·小弁》，周幽王娶申后，生太子宜臼；又得褒氏，生伯服，而黜申后，廢宜臼。於是宜臼之傅爲作此詩，以敍其哀痛迫切之情也。而《邶風·凱風》，衛有七子之母，不能安其室，七子作此以自責也。(《四書章句集注》，307—308、346頁）而所謂聖，叡。令，善也。以聖善稱其母，而自謂無令人，其自責也深矣。

② 《四書通·中庸通》，《通志堂經解》第15册，417頁。

以自責，則恕之道行矣。三“以”字訓用字，當重看，言責子當孝，於我便當思量用此道以事父，我恐亦未能也。君兄朋友亦然，皆不過反己自責之意，正與《大學》絜矩一節相似。夫婦之倫不可自反，故不及。下文庸德庸言兩句，又謂欲盡上四事之道，不過在乎尋常言行之間爾。行與謹對言者，蓋以德不足當勉於行，言有餘當謹而不敢盡，如此則言行相顧，豈非篤實之君子乎。且人之動而形於外者，惟言行二端而已，言行人身之用，故於人之爲道，以慎言行終之。又，此通下三章，皆言費之小。此章之意專在不可遠人以爲道上，故四節皆不出修己治人之事，是就下學用功淺處説，故曰費之小，下二章亦此意。[①]

〇船山曰：憚存養省察之難，則託於高遠以自覆，而藉口於卑近之可厭，此異端之通病也。又，蓋教則即人而治之，政則以我之好惡而推之，故微有自此達彼之别耳。泥者不察，遂有聖人忠恕、學者忠恕之分，不知安、勉雖别，而爲道則一，使學者而不以聖人之忠恕爲忠恕，則直不可謂之忠恕矣。故曰："道二，仁與不仁而已矣。"又，以人治人，不願勿施，庸德庸言之中有至隱者，何也？動之體密而静之幾微也。以下二章，皆可以此推之。[②]

〇又曰：此章言盡天下之人皆道之法則所著，"素其位"章言盡天下之境皆道之酬應所宜，"辟如行遠"章即日用之事爲道之所極。又，人有人之情，人有人之理。遠人以爲道者，不求之於情理，而高者託於虚空，卑者滯於名法，皆無當於事理而不可行也。又，"以人治人"者，民則可由不可知，士則可使知之，中人以上然後可以語上，各因其人之才質也。又，所治者，在己下之人也。"施"則兼在己下與己等之人，故朋友亦可言施，但在己下者分數多耳。若下節君父兄長，其敢言施乎！[③]

〇又曰：大抵此章之旨，本言費之小者，故極乎淺易。又，《中庸》

---

① 《大學中庸集説啓蒙·中庸》卷上，景印文淵閣《四庫全書》第204册，1031—1034頁。

② 《禮記章句》卷三十一，《中庸》第十三章，《船山全書》第四册，1265—1268頁。

③ 《四書箋解》卷二，《中庸》，"道不遠人"章，《船山全書》第六册，134—136頁。

以觀物而論天理之行，《論語》以存心而備萬物之理。《中庸》致廣大，而《論語》觀會通。[①]

〇又曰：故君子有鑒於伐柯之猶遠也，而以推之於治人之道，就人之所可知者使知之，其可知而不知也，然後施之以法；就人之所能行者使行之，其能行而不行也，然後督之以威。又，仁期於必世，而禮樂待於百年，未嘗以君子自盡之學修，取愚氓而强教之也。由此觀之，則夫人之可知可能者，即治人之道，是盡天下之人皆道之所著也，而豈遠乎哉？又，由此思之，則即君、父、兄、友日相與處之人，而子、臣、弟、友之道，即君子篤實之道，人無不知求也，亦無不宜勉也。心之同然，即理之共著，人己相形，而不易能之德在焉，夫豈遠乎哉？[②]

〇吕留良曰：夫萬物皆備於我，惟聖人然後可以踐形，固不可以該庸衆，然民可使由之，如爲子必於孝，爲弟之必於悌，豈可云不至於大不孝、大不悌便已耶？正緣此理是固有之良，無不可能之事，故人皆可爲堯舜，不是孟子權術誑語。"以衆人望人"，只中庸而已，中庸盡處便是聖人。又，看一箇"人"字，便見道理是箇公共底，故曰"本天"，可知外面道理，無非我裏邊道理。又，通章總爲"道不遠人"四字發明。"以人治人，改而止"，正要人人各盡其當然，不令其遠人以爲道耳。又，《論語》"夫子之道"，聖人之忠恕也；此章"不欲""勿施"，學者之忠恕也。由學者之忠恕，做到聖人，便與道合矣，故彼曰"夫子之道"，而此曰"違道不遠"也。"施諸己"二句，似只説得恕而忠行乎其間，蓋修道以仁，求仁以忠恕，忠恕之體用，固忠先而恕後，而兩者推行用力關頭，却在恕邊見。恕可見忠，忠不可見恕也。"庸德"以下總是説君子，而自勉意在其中，既以自勉，則勉人固不必言矣。[③]

〇汪紱曰：蓋斯道原謂之中庸，則皆人物之性之自具而自當爲，初未嘗有强人之事，故君父兄友在人爲甚近，孝弟忠信在人爲甚易，而道初不外是也，若舍庸行之常而騖爲高遠，是非率性而離道遠矣。又，蓋

① 《讀四書大全説》卷二，《中庸》第十三章，《船山全書》第六册，497—501 頁。

② 《四書訓義》（上）卷三，《中庸》二，第十三章，《船山全書》第七册，136—138 頁。

③ 《四書講義》卷二十五，《中庸》二，中册，551—553 頁。

人同此心，心同此理，原不必遠人爲道，故能推己及人，則已違道不遠。若果反而自求，則此理已自難盡，何暇遠求？又，君子有教，亦不過就人所當行者而品節之，使復全其性之所本有耳。“改而止”，無多求之意也。又，衆人，猶言人人所同，非謂庸衆流俗之人。又，夫道在庸行而不外於人心，反諸心而求之，則見此道人人所同，處己待人之間，其當然之理顯然可見，何必高遠？惟念念自盡以推之及人，則雖未能與道爲一以底於純，而道已可循至，相去不遠。又，忠恕不專是愛人，則亦不專是治人，以忠恕治人説得去，以忠恕治己，“恕”字便説不去。又，言不遠人者之難盡，而更無暇於遠人也，蓋道不外於子臣弟友，盡道不外於孝弟忠信，此所謂道不遠人也。然四者不越日用常行之間，而其所當然之道實著不得半點差池，纔認定便合，纔轉步便離，合之則是，離之則非，言之甚易，行之實難，有不容一刻不勉者，況舍此而他求，其離道不益遠哉！彼舍此而欲遠人爲道者，亦未識此中之難盡故耳。又，章内無隱字意，然子臣弟友之則甚著，而孝忠弟信之理無形，此天命之性也，故曰至隱存焉。[①]

○鄭玄曰：言道即不遠於人，人不能行也。又，則，法也。言持柯以伐木，將以爲柯，近以柯爲尺寸之法。此法不遠，人尚遠之，明爲道不可以遠。又，言人有罪過，君子以人道治之，其人改，則止。赦之，不責以人所不能。又，違，猶去也。又，聖人而曰我未能，明人當勉之無已。又，庸，猶常也。言德常行也，言常謹也。聖人之行，實過於人，有餘不敢盡，常爲人法，從禮也。又，君子，謂衆賢也。慥慥，守實，言行相應之貌。

○孔穎達曰：“子曰”至“儌幸”，此一節明中庸之道去人不遠，但行於己，則外能及物。又，言中庸之道，不遠離於人身，但人能行之於己，則是中庸也。言人爲中庸之道，當附近於人。謂人所能行，則己所行可以爲道，若違理離遠，則不可施於己，又不可行於人，則非道也，故云。又，此《豳風·伐柯》之篇，美周公之詩。言欲行其道於人，其

---

① 《四書詮義》上，卷三，《中庸》，《叢書集成三編》第10册，424—427頁。

法亦不遠，但近取法於身，何異持柯以伐柯，人猶以爲遠，明爲道之法，亦不可以遠。即所不願於上，無以交於下，所不願於下，無以事上，況是在身外於他人之處，欲以爲道，何可得乎？明行道在於身而求道也。又，言人有過，君子當以人道治此有過之人，改而止。若人自改而休止，不須更責不能之事。若人所不能，則己亦不能，是行道在於己身也。又，忠者，内盡於心。恕者，外不欺物。恕，忖也，忖度其義於人。違，去也。言身行忠恕，則去道不遠也。又，諸，於也。他人有一不善之事，施之於己，己所不願，亦勿施於人，人亦不願故也。又，言此四者，欲明求之於他人，必先行之於己。欲求其子以孝道事己，己須以孝道事父母。恐人未能行之，夫子聖人，聖人猶曰"我未能行"，凡人當勉之無已。又，譬如己是諸侯，欲求於臣以忠事己，己當先行忠於天子，及廟中事尸，是全臣道也。又，庸，常也。謂自修己身，常以德而行，常以言而謹也。又，謂己之才行，有餘於人，常持謙退，不敢盡其才行以過於人。又，慥慥，守實，言行相應之貌。胡，猶何也。既顧言行相副，君子何得不慥慥然守實，言行相應之道也。[①]

〇譚惟寅曰："以人治人，改而止"，君子忠恕之道，其在斯乎！忠者盡己，恕者盡物，與中庸之道無異致也。中庸之道合内外彼己而爲一，故以忠恕求中庸，極爲切近。昔曾子指忠恕便爲夫子之道，而子思却因忠恕以見道之不遠，何也？曾子所指，誠者之事也，天之道也；子思所記，誠之者之事也，人之道也。夫子嘗曰：有一言而可以終身行之者，"其恕乎！己所不欲，勿施於人"，此正合子思所記之説，乃學者以人求天之事也。孟子從而爲之説曰："萬物皆備於我矣。反身而誠，樂莫大焉。强恕而行，求仁莫近焉。"此亦言誠之者之事，以人求天者也。以人求天，行之不已，其至則與天道爲一。學者欲求至於聖人，當自體忠行恕，而積之可也。何謂體忠行恕？下言"君子之道四，丘未能一

① 《禮記正義》卷第六十，《中庸》第三十一下册，1999—2001頁。鄭注孔疏本將兩章合爲了一節，故如此説。而對"有餘不敢盡"，鄭注"聖人之行，實過於人，有餘不敢盡，常爲人法，從禮也"。孔疏"謂己之才行，有餘於人，常持謙退，不敢盡其才行以過於人"。或許鄭注可取，亦即無論聖人賢人皆循禮而行，無過而無不及也。

焉”，即夫子開示體忠行恕之微旨也。曰“丘未能一”云者，所以示學者内不敢自欺，外薄責於人，此乃體忠行恕之微旨也。

〇沈清臣曰：“君子之道四，丘未能一”，夫子所謂未能，非未能也，惟其於是四者深體而力行之，故有未能之嘆也。

〇真德秀曰：恕者，恕之謂，非寬厚之謂也，如我能爲善，亦欲他人如我之善；我無惡，亦欲他人如我之無惡；我欲立，亦欲人之立；我欲達，亦欲人之達；大概是視人如己，推己及物之謂。

〇顧元常曰：今人於恕之一辭，但知其爲寬之義爾；古人於恕之一辭，蓋備如心之義焉。謂恕但爲寬邪，則吾之所欲寬者己也，而因以寬於人，彼此相與於寬，天下蕩然無事，縱馳之失毋乃自是而生與，德業毋乃自是而廢與！且夫子異日嘗曰“無服之喪，内恕孔悲”，又豈寬之義邪？孟子曰“强恕而行，求仁莫近焉”，仁者必有勇，有殺身以成仁，謂恕但爲寬而乃近於仁，則仁之爲道無乃已淺邪！夫子以恕告子貢而曰“己所不欲，勿施於人”，舉一隅之言爾，學者不以三隅反，宜其失於淺也。蓋人之情切責之意，每施於人，而不喜施於己；寬假之意，每施於己，而不常施於人。聖人不然，以其施於人者而施於己，以其施於己者而施於人，是爲如心，是夫子之所謂恕。①

〇黎立武曰：忠恕者，中庸之異名。盡己，忠也；推己，恕也。其本體曰仁，其大本曰誠。仁者己立立人，己達達人；誠者盡性以盡人物之性是也。然《論語》言“夫子之道，忠恕而已矣”，此言“忠恕違道不遠”，何也？曾子教人明道者也，以全體大用之名言之，是指出忠恕之義；子思教人爲道者也，以盡己推己之事言之，是爲行忠恕者言，施己施人，蓋爲道而行忠恕者也。由忠恕行，雖或違於道，亦不中不遠矣，孟子曰“强恕而行，求仁莫近焉”。前章言“君子之道造端乎夫婦”，此言“君子之道四”，而五倫備矣。②

〇毛遠宗曰：《中庸》言性情不言心意，唯此與《大學》有諸己求

---

① 《禮記集説》卷一百二十七，《中庸》第三十一，《通志堂經解》第 13 册，377—378 頁。

② 《中庸分章》，景印文淵閣《四庫全書》第 200 册，726 頁。

諸人，藏恕而喻人俱合，始知《論語》忠恕，《孟子》强恕，所謂千聖百王合一之道，端在是耳。[1]

〇陈柱曰：若夫所爲之道，素隱行怪，遠於人倫日用，則不可爲道矣。又，忠恕違道不遠，不遠非近之謂，乃與道相合而絶不相離之辭。又，忠恕違道不遠，言忠恕不違于道也。又，夫忠從中從心，謂中於心也；恕從如從心，謂如其心也。人同此心，心同此理，是所謂良心也。忠恕者推其良心而行者也。又，然質而言之，忠恕之道，以聖人治己，故治己也嚴，而修身之道立；以衆人治人，故治人也寬，而愛人之道著。又，父慈，子孝，兄友，弟恭，行之於身則爲庸德，宣之於口則爲庸言。然德雖庸，行之於身而易忽；言雖庸，告之於人而易誇。忽，故於德也常不足；誇，故於言也常有餘。則君子是言彌謹而德彌宏也。又，忠恕有消極積極之分，合兩者，則君子治己治人之道可以明矣。

〇康有爲曰：推己及人，乃孔子立教之本，與民同之。自主平等，乃孔子立治之本，故子思特揭之。[2]

君子素其位而行，不願乎其外。素富貴，行乎富貴；素貧賤，行乎貧賤；素夷狄，行乎夷狄；素患難，行乎患難；君子無入而不自得焉。在上位不陵下，在下位不援上，正己而不求於人則無怨。上不怨天，下不尤人。故君子居易以俟命，小人行險以徼幸。子曰："射有似乎君子；失諸正鵠，反求諸其身。"

〇上第十四章。朱子曰：子思之言也。凡章首無"子曰"字者放此。又，素，猶見在也。言君子但因見在所居之位而爲其所當爲，無慕乎其外之心也。又，言素其位而行也。言不願乎其外也。又，易，去聲，平地也。居易，素位而行也。俟命，不願乎外也。徼，求也。幸，謂所不當得而得者。又，正，音征。畫布曰正，棲皮曰鵠，皆侯（案：

① 《續禮記集説》卷八十七，《中庸》，《續修四庫全書》第102册，531頁。
② 《中庸通義　中庸注參》，15—17、73—76頁。

箭靶也）之中，射之的也。子思引此孔子之言，以結上文之意。[①]

〇又曰：此章文義，無可疑者，而張子所謂當知無天下國家皆非之理者，尤爲切至。[②]

〇又曰："行險僥倖"，本是連上文"不願乎其外"説。言强生意智，取所不當得。[③]

〇張子曰：責己者當知無天下國家皆非之理，故學至於"不尤人"，學之至也。

〇游酢曰：道無不行，則"無入而不自得"矣。蓋道之在天下，不以易世而有存亡，故無古今，則君子之行道，不以易地而有加損，故無得喪。[④]

〇饒魯曰：素位而行即曾子"君子思不出其位"之意，見得子思得曾子之傳。

〇胡炳文曰：上章言道在邇，爲道而遠人者，失之；此章言道在内，願乎其外者，失之。子思所謂不願乎其外，即夫子所謂獨行願，孟子所謂不願膏庾文繡也。分内之事，君子惟行其所當行；分外之得，君子不願其所不可願。蓋富貴貧賤夷狄患難皆有命焉，爲君子者，唯當如子於父母之命，順受之而已。居見在所居之位，行見在所當行之事，心逸日休，將無入而不自得焉，自得者，性分之樂在内，不在外也。蓋天地間非吾性分之所固有，職分之所當爲者，皆外也。或在上位，外也，何必陵下；或在下位，外也，何必援上；或不得於天，或不得於人，外

---

① 《中庸章句》第十四章，《四書章句集注》，24 頁。而《論語》中夫子就有不少類似的教誨，譬如，子曰："貧而樂，富而好禮者也。"（《學而》第十五章）"富與貴是人之所欲也，不以其道得之，不處也；貧與賤是人之所惡也，不以其道得之，不去也。君子去仁，惡乎成名？君子無終食之間違仁，造次必於是，顛沛必於是。"（《里仁》第五章）"君子坦蕩蕩，小人長戚戚。"（《述而》第三十六章）"君子居之（於九夷），何陋之有？"（《子罕》第十三章）"居處恭，執事敬，與人忠。雖之夷狄，不可棄也。"（《子路》第十九章）"君子上達，小人下達。""不怨天，不尤人。下學而上達。知我者其天乎！"（《憲問》第二十四、三十七章）"君子固窮，小人窮斯濫矣。""言忠信，行篤敬，雖蠻貊之邦行矣"。"躬自厚而薄責於人，則遠怨矣。""君子求諸己，小人求諸人。"（《衛靈公》第一、五、十四、二十章）等等。

② 《中庸或問》上，《朱子全書》第六册，577 頁。

③ 《朱子語類》卷第六十三，《中庸》二，第十四章，第四册，1543 頁。

④ 《中庸輯略》卷上，第十四章，44 頁，《朱子全書外編》第一册。

也，何必怨天尤人。君子正己則素位而行，無求於人，則不願乎其外；居易則素位而行，俟命則不願乎其外。小人者此心膠膠擾擾，惟願乎其外，不知命之所在，不可以知力加也，所可加者，徒能行險以徼一旦之幸，然命有不可幸而致者，天下事亦未有盡如吾所願者。前輩所以云君子本分爲君子，小人枉了爲小人者，此也。又，不曰君子有似乎射，而曰"射有似乎君子"，君子無求勝之心，射不足以似之，所可似者，射有不中，不怨勝己，如君子有所不得，不怨天不尤人也。①

〇景星曰：上章就身上説，此章就位上説，比身稍開一步，下章就家上説，比此又開一步。②

〇船山曰：爲其所當爲，則不失己而自得矣。若富貴而無憂勤之心，貧賤而無貞固之守，患難而無冰淵之戒，夷狄而無羞惡之志，小有補救，貪生持禄，忻然自得，則逐流喪己，小人而無忌憚矣。③

〇又曰：正鵠，射的張布謂之侯，侯中者謂之鵠，鵠中者謂之正，正方二尺；正中者謂之槷④，槷方六寸。天子諸侯之侯用皮，大夫以下用布，鵠則皆皮也。正者，當鵠之中畫之也。故鄭氏《射義》注云："畫曰正，棲皮曰鵠。"棲皮者，既張侯，乃安置鵠於侯中，如鳥之棲於木也。正或作鴊。鴊、鵠皆小鳥，而鴊尤微細。以正鵠名棲皮者，取其命中之難以矜巧耳。⑤

〇又曰：道之費也，盡天下之境而道皆在焉。境則有順逆矣，人之行乎境者則有得失矣。境之順而道行乎順，境之逆而道行乎逆，行之得而處得者有道，行之失而處失者有道；無不周也，無不宜也，則君子之道是已。又，夫惟素位而行，則自無妄起之情，以希冀乎位外，亦惟不願乎外，則可盡心力之正，以備道於位中，故君子之心所居者恒平易也。坦然於所當行，而直遂以自致，其爲順爲逆之命，則俟其自至，而不生非望之心。又，由是言之，境之順也，境之逆也，君子之行乎境

---

① 《四書通·中庸通》，《通志堂經解》第 15 册，418 頁。

② 《大學中庸集説啓蒙·中庸》卷上，景印文淵閣《四庫全書》第 204 册，1034 頁。

③ 《禮記章句》卷三十一，《中庸》第十四章，《船山全書》第四册，1268 頁。

④ niè。

⑤ 《四書稗疏·中庸》，《船山全書》第六册，21 頁。

也，或得也，或失也，君子之道，皆於己求之而道在焉，不可以見道之費入於至小而無間乎？①

○吕留良曰："位"字極有定，却極無定。君子素位之道，立乎位之上，故能止乎位之中，雖所處只一位，而凡位之理無不備，纔能素位而行，故下文曰"無入不自得"。朝爲耕農，夕爲天子，其素不二也。"不願乎其外""不"字須斬釘截鐵始得，惟直窮到義利公私之間，此纔是"不"字真實本領。《或問》謂無不足於吾心，此纔是"自得"真實詮解。又，怨尤病根總在"願"字生來。要不願，先須正己念頭，一鞭辟向裏，則内邊自有汲汲處，外面無非坦坦處，故曰"無怨"。《中庸》於"無怨"下，又加"怨尤"二句，正爲願外者搜根刮骨，將"怨"字萌荄斬盡，"無"字全體光瑩，乃見不願外極頭。"上""下"即《大學》之上下前後左右相似，不止在出處一項説。只重"正己"二字。"不求人"即上文已見。所以能不求者，惟其己在也；所以不得求者，惟正己之爲急也。然正己又正要不求於人，不求於人乃見其正己之盡，功夫鞭辟到一路如此，看"而"字一轉，更覺有味。聖人絶大本領，只得一箇"反求"，從"人所不見"，"不愧屋漏"，直到"無聲無臭"上事，更無别樣方法，蓋反求則循理，循理則步步著實，處處精細周到，與世間走空鬭捷之學，真是天淵。②

○汪紱曰：此章言道隨所居之位而不可離也，上章子臣弟友亦可言位，而特以道屬事物言有無物不有意；此章富貴貧賤等，則錯舉時位常變以見隨時處中，乃無時不然意也，然常變所貞不外子臣弟友之道，亦二章相經緯耳。蓋斯道貴於時中，則隨所遇之常變不齊，而莫不有當然之節，爲人所當自盡，故位之中不可少有所欠，則位之外不可稍有所踰，要之盡其在己而已。又，"無入"二字只總收四者所居之位，四者已概盡，即下節上位下位，亦不外富貴貧賤。"陵下""援上"，求於人也。怨生於求，求生於不能正己，皆願外也。總之，反求諸身，斯道可

① 《四書訓義》（上）卷三，《中庸》二，第十四章，《船山全書》第七册，140—142頁。
② 《四書講義》卷二十五，《中庸》二，中册，554—555頁。

全於我而不離耳。居易即安土敦仁，仁之至也；俟命即樂天知命，知之盡也。不願乎外即存其未發之中而不淆也，素位而行即率其中節之和而不戾也，是亦静存動察，知仁勇之事也。又，素位亦夫婦所知能也，而至於居易俟命，則君子亦若有終身難盡之憂矣，皆費也；然位所當盡之事，其則甚著，而其所以然之理則亦無形，是天命之性也，亦至隱存焉也。[①]

〇鄭玄曰：素，皆讀爲“傃”。不願乎其外，謂思不出其位也。自得，謂所鄉不失其道。又，援，謂牽持之也。無怨，人無怨之者也。《論語》曰：“君子求諸己，小人求諸人。”又，易，猶平安也。俟命，聽天任命也。險，謂傾危之道。又，反求於其身，不以怨人。畫曰正，棲皮曰鵠。正、鵠皆鳥名也。一曰：正，正也；鵠，直也。大射則張皮侯而棲鵠，賓射張布侯而設正也。

〇孔穎達曰：素，鄉也。鄉其所居之位而行（其）所行之事，不願行在位外之事。《論語》云“君子思不出其位”也。鄉富貴之中，行道於富貴，謂不驕不淫也；鄉貧賤之中，則行道於貧賤，謂不諂不懾也；鄉夷狄之中，行道於夷狄，夷狄雖陋，雖随其俗而守道不改；鄉患難之中，行道於患難，而臨危不傾，守死於善道也。又，言君子所入之處，皆守善道。“在上位不陵下”，此“素富貴，行富貴”也。若身處富貴，依我常正之性，不使富貴以陵人。若以富貴陵人，是不行富貴之道。“在下位不援上”者，此“素貧賤，行貧賤”也。援，牽持也。若身處貧賤則安之，宜令自樂，不得援牽富貴。若以援牽富貴，是不行貧賤之道。“正己而不求於人，則無怨”此“素夷狄，行夷狄”也。若身入夷狄，夷狄無禮義，當自正己而行，不得求於彼人，則彼人無怨己者。《論語》云：“言忠信，行篤敬，雖之夷狄，不可棄。”“上不怨天，下不尤人”此“素患難，行患難”也。尤，過也，責也。苟皆應之患難，則亦甘爲，不得上怨天，下尤人。故《論語》云“不怨天，不尤人”是也。又，易，謂平安也。言君子以道自處，恒居平安之中，以聽待天命

① 《四書詮義》上，卷三，《中庸》，《叢書集成三編》第10册，427—429頁。

也。而小人以惡自居，恒行險難傾危之事，以徼求榮幸之道。《論語》曰“不仁者不可以久處約”是也。又，諸，於也。求，責也。正，謂賓射之侯。鵠，謂大射之侯。言射者失於正鵠，謂矢不中正鵠，不責他人，反鄉自責其身。言君子之人，失道於外，亦反自責於己。①

〇胡瑗曰：博施濟衆，舉賢援能，是富貴之中道也；不爲苟進，不求苟得，此貧賤之中道也；言忠信，行篤敬，此行夷狄之中道也；患難有二，或一身之患難，或天下之患難。處天下之患難，生重於義，則舍義而取生；義重於生，則舍生而取義。一身之患難，但自守其道不變其志。此行患難之道也。入，猶向也。

〇沈煥曰：富貴、貧賤、夷狄、患難，不是位，正是外也。《易》之“正位居體”，《孟子》“居天下之正位”，乃位也。人處富貴、貧賤、患難、夷狄之變，便忘却正位，馳逐於外而不反。所謂行乎富貴，行乎貧賤，行乎夷狄，行乎患難，此位不變也，無入看去何處也，不用揀擇，不須把捉，非孔子不至此境。

〇譚惟寅曰：凡此皆君子立命之説，顔子之“屢空”，孟子之“不動心”，皆有得於是。學者唯知所以立命，然後存心養性有用力之地；儻不知立命，則將心馳於是非、利害、榮辱、禍福之竟，而忿懥、恐懼、喜樂、憂患日交戰於胸中，又何以存其心養其性邪？命者，貴賤、貧富、死生、壽夭，皆禀於天者也。一心之中坦然平易，凡貴賤、貧富、死生、壽夭之在天者，但俟其來而順受之，初無豪髪芥蔕於胸次，故曰“君子居易以俟命”。

〇沈清臣曰：位，非名位之謂也，立太極，奠三才，列萬物，止其所止之謂也。孟子曰：“君子所性，雖大行不加焉，雖窮居不損焉，分定故也。”《中庸》所謂“素其位而行，不願乎其外”者，此理也。惟其性分所止無不具足，極天下之富貴、貧賤、夷狄、患難，皆不足爲吾加損也。

---

① 《禮記正義》卷第六十，《中庸》第三十一，下册，1999—2003頁。鄭注孔疏本將本章末句歸給了下一節。

〇倪思曰：素者，其舊所居，已然者也；入者，今方自此而入也。假如生於富貴，是其素富貴也；或貧賤之士逢時而得富貴，是其入富貴也。下之三者皆然。[①]

〇陈柱曰：素，鄉也。鄉其位而行其道，不問乎其外之得失也。又，修身在己，故爲居易；富貴外物，故當俟命。[②]

〇蔣伯潛曰：素，是“現在”的意思。古代射時所張的箭靶，叫做“侯”。侯之中，縫上一塊皮，叫做“鵠”。鵠之中，畫中一個中心，叫做“正”。[③]

君子之道，辟如行遠必自邇，辟如登高必自卑。《詩》曰：“妻子好合，如鼓瑟琴；兄弟既翕，和樂且耽；宜爾室家，樂爾妻帑。”子曰：“父母其順矣乎！”

〇上第十五章。朱子曰：辟、譬同。又，《詩·小雅·常棣》之篇。好，去聲。鼓瑟琴，和也。翕，亦合也。耽，《詩》作湛，亦音耽，亦樂也。帑，子孫也。又，夫子誦此詩而贊之曰：人能和於妻子，宜於兄弟如此，則父母其安樂之矣。子思引《詩》及此語，以明行遠自邇、登高自卑之意。[④]

〇又曰：章首二句，承上章而言，道雖無所不在，而其進之則有序也。其下引《詩》與夫子之言，乃指一事以明之，非以二句之義爲止於此也。[⑤]

〇吕大臨曰：不得乎親，不可以爲人；不順乎親，不可以爲子。故君子之道莫大乎孝，孝之本莫大乎順父母。故仁人孝子欲順乎親，必先乎妻子不失其好，兄弟不失其和，室家宜之，妻孥樂之，致家道成，然

---

① 《禮記集説》卷一百二十八，《中庸》第三十一，《通志堂經解》第13册，379—380頁。惟胡瑗所説“處天下之患難，生重於義，則舍義而取生”，似微有不安？

② 《中庸通義　中庸注參》，18、78頁。

③ 《中庸讀本》，16—17頁，《語譯廣解四書讀本》。

④ 《中庸章句》第十五章，《四書章句集注》，25頁。

⑤ 《中庸或問》上，《朱子全書》第六册，578頁。

後可以養父母之志而無違也。[①]

○胡炳文曰：《章句》以“安樂之”三字釋順字，有味。蓋上文皆言兄弟妻子相安之意，人子以父母之心爲心，必使一家安，而後父母之心安之，必使一家樂，而後父母之心樂之爾。嗚呼！爲人子者而使父母之心或有不安之、不樂之者，亦將何以爲人子哉！[②]

○景星曰：自費隱之後至此凡三章，十三章言修己治人，必恕以行之，十四章專言修己而不責人，此章則言自近及遠，皆近裏就實，爲學者所當用工，故曰費之小。[③]

○船山曰：此譬君子之道積漸而成，步步卑邇，即步步高遠，理勢之必然者也。“宜室家，樂妻帑，順父母”，日日如此，事事如此，人人如此，是一家和氣翔洽，成大順之體，不覺全乎孝友，雍睦於中，不可一事乖戾，如行遠登高之半塗而躓。[④]

○又曰：吾嘗聞夫子之説《詩》而得其意矣。《詩》云：“妻子好合，如鼓瑟琴”，情之和而無一事之戾也；“兄弟既翕，和樂且耽”，愛之洽而無一念之忤也。“和樂且耽”，則“宜爾室家”矣，其宜之也，非旦夕之式好也；“如鼓瑟琴”，則“樂爾妻帑”矣，其樂之也，非偶然之調洽也。閨門之離合，每在細微曲折之中；天性之休嘉，不容有毫髮参差之隙。而夫子稱之曰，於斯時也，一家之中，和氣充盈於内外，至愛緜密於尊卑，無所拂焉，無所逆焉，而爲之父母者，不已相安於慈和之中，大慰其性生之樂，其順矣乎！[⑤]

○吕留良曰：高遠卑邇指兩頭，兩頭都是道，此“費隱”章義也。高遠却即在卑邇，此“不遠人”章義也。高卑遠邇各有本分所當盡，不得居卑邇而妄騖高遠，此“素位”章義也。以上數章皆在兩頭定處盡處説，此章却就卑之於高，邇之於遠中間，推行交接上不定不盡處説，著

① 《中庸輯略》卷上，第十五章，47 頁，《朱子全書外編》第一册。
② 《四書通·中庸通》，《通志堂經解》第 15 册，418 頁。
③ 《大學中庸集説啓蒙·中庸》卷上，景印文淵閣《四庫全書》第 204 册，1036 頁。
④ 《四書箋解》卷二，《中庸》，“辟如行遠”章，《船山全書》第六册，137 頁。
⑤ 《四書訓義》（上）卷三，《中庸》二，第十五章，《船山全書》第七册，143—144 頁。

力在首節兩“必自”，言道之高遠無窮而爲之有序，只在卑邇上用力，逐步積躦上去，行得一步卑邇，便到一步高遠，卑邇不定，高遠亦不定，卑邇不盡，高遠亦不盡。步步有高遠，步步在卑邇上做，自然高遠。又，自“道不遠人”至此三章，皆近裏就實，指示學者用力處，以發明“費隱”章義，然各章主意不同。“道不遠人”，因上章説道體，恐人求之闊遠，故指向身心上來；“素位”章，是就地位上言；此章是進道推行之序，其義絶不相蒙。和妻子，宜兄弟，而父母順，三代以下，如浦江《鄭氏規範》，實存得此理，歷宋至今，不特有家者之所無，即有國有天下者未能或之及也。①

〇汪紱曰：上二章俱以卑邇者言道，所以爲太過者箴。然終恐無以厭賢知者高遠之心也，故此章總上二章而言之，以見邇之可遠，卑之可高，上達有必至之功，下學有推行之漸，是不惟不當徒事乎高遠，而亦可以無事乎高遠，人固當先事乎卑近，而亦非與人以安於卑近也。又，《詩》及孔子之言未有高遠事，然道盡於此而誠動於彼，已足爲邇之可遠、卑之可高之證。又，此章越在切近處指示，而活潑生動至宜深玩，家庭之近亦至費也，而道盡於此，效臻於彼，所以然者，亦至隱存焉矣。②

〇鄭玄曰：自，從也。邇，近也。行之以近者卑者始，以漸致之高遠。琴瑟，聲相應和也。翕，合也。耽亦樂也。古者謂子孫曰帑。此詩言和室家之道，自近者始。又，謂其教令行，使室家順。

〇孔穎達曰：“子曰”至“矣夫”，以上雖行道在於己身，故此一節覆明行道在身之事，以射譬之。又，言以漸致高遠。不云近者遠始，卑者高始，但勤行其道於身，然後能被於物，而可謂之高遠耳。又，此《小雅・常棣》之篇，美文王之詩。記人引此者，言行道之法自近始，猶如詩人之所云，欲和遠人，先和其妻子、兄弟，故云“妻子好合”，情意相得，如似鼓彈瑟與琴，音聲相和也；兄弟盡皆翕合，情意和樂，

① 《四書講義》卷二十五，《中庸》二，中册，556—558 頁。

② 《四書詮義》上，卷三，《中庸》，《叢書集成三編》第 10 册，429—431 頁。

且復耽之。耽之者，是相好之甚也。又，因上和於遠人，先和室家，故此一經次之。謂父母能以教令行乎室家，其和順矣乎！言中庸之道，先使室家和順，乃能和順於外，即上云“道不遠，施諸己”也。[①]

〇郭忠孝曰：《易》曰“夫乾，確然示人易矣；夫坤，隤[②]然示人簡矣”，推是而言聖人之道與天下之至理，皆易知易從。而天下莫能從之者，凡以行之不自邇自卑故也。惟其自邇自卑，所以易知易從，而終於必達其成德也，反在於真積力久不息之後，所以莫能知莫能從，此中庸之難能也。[③]

〇戴震曰：康本將此章移在“君子之道四”之上，云：此章舊錯“素位章”下、“鬼神章”上，於義不倫；今移在此，庶與下子臣弟友相銜不紊焉。[④]

子曰：“鬼神之爲德，其盛矣乎！視之而弗見，聽之而弗聞，體物而不可遺。使天下之人齊明盛服，以承祭祀。洋洋乎！如在其上，如在其左右。《詩》曰：‘神之格思，不可度思！矧可射思！’夫微之顯，誠之不可揜如此夫。”

〇上第十六章。朱子曰：不見不聞，隱也。體物如在，則亦費矣。此前三章，以其費之小者而言。此後三章，以其費之大者而言。此一章，兼費隱、包大小而言。又，程子曰：“鬼神，天地之功用，而造化之迹也。”張子曰：“鬼神者，二氣之良能也。”愚謂以二氣言，則鬼者陰之靈也，神者陽之靈也。以一氣言，則至而伸者爲神，反而歸者爲鬼，其實一物而已。爲德，猶言性情功效。又，鬼神無形與聲，然物之終始，莫非陰陽合散之所爲，是其爲物之體，而物所不能遺也。其言體物，猶《易》所謂幹事。又，齊之爲言齊也，所以齊不齊而致其齊也。

---

① 《禮記正義》卷第六十，《中庸》第三十一，下册，2002—2003 頁。注意：鄭注孔疏本是將“子曰：‘射有似乎君子’”云云，歸給了本節，故有“以射譬之”之説。

② tuí，柔順。

③ 《禮記集説》卷一百二十八，《中庸》第三十一，《通志堂經解》第 13 册，381 頁。

④ 《中庸通義　中庸注参》，79 頁。或者可聊備一説。

明，猶潔也。洋洋，流動充滿之意。能使人畏敬奉承，而發見昭著如此，乃其體物而不可遺之驗也。孔子曰“其氣發揚于上，爲昭明焄蒿[①]悽愴。此百物之精也，神之著也”，正謂此爾。又，《詩·大雅·抑》之篇。格，來也。矧，况也。射，厭也，言厭怠而不敬也。思，語辭。又，誠者，真實無妄之謂。陰陽合散，無非實者。故其發見之不可揜如此。[②]

○又曰：鬼神之義，孔子所以告宰予者，見於《祭義》之篇，其説已詳，而鄭氏釋之，亦已明矣。其以口鼻之嘘吸者爲魂，耳目之精明者爲魄，蓋指血氣之類以明之。程子、張子更以陰陽造化爲説，則其意又廣，而天地萬物之屈伸往來，皆在其中矣。蓋陽魂爲神，陰魄爲鬼，是

① xūnhāo，香氣散發，引申爲死亡。

② 《中庸章句》第十六章，《四書章句集注》，25 頁。所謂“其言體物，猶《易》所謂幹事”，《易·乾·文言》：“元者善之長也，亨者嘉之會也，利者義之和也，貞者事之幹也。”“君子：體仁足以長人，嘉會足以合禮，利物足以和義，貞固足以幹事。君子行此四德者，故曰乾，元、亨、利、貞。”程子曰：“元亨利貞，乾之四德，在人則元者衆善之首也，亨者嘉美之會也，利者和合於義也，貞者幹事之用也。”“體法於乾之仁，乃爲君長之道，足以長人也。體仁，體元也。比而效之謂之體。”“得會通之嘉，乃合於禮也。不合禮則非理，豈得爲嘉？非理安有亨乎？”“和於義乃能利物。豈有不得其宜，而能利物者乎？”“貞（一作正）固所以能幹事也。”“行此四德，乃合於乾也。”（《周易程氏傳》卷第一，《二程集》第三册，699—700 頁）朱子曰：“元者，生物之始，天地之德莫先於此，故於時爲春，於人則爲仁，而衆善之長也。亨者，生物之通，物至於此莫不嘉美，故於時爲夏，於人則爲禮，而衆美之會也。利者，生物之遂，物各得宜，不相妨害，故於時爲秋，於人則爲義，而得其分之和。貞者，生物之成，實理具備，隨在各足，故於時爲冬，於人則爲知，而爲衆事之幹。幹，木之身，枝葉所依以立者也。”“以仁爲體，則無一物不在所愛之中，故足以長人。嘉其所會，則無不合禮。使物各得其所利，則義無不和。貞固者，知正之所在而固守之，所謂知而弗去者也，故足以爲事之幹。”“非君子之至健，無以行此，故曰‘乾：元、亨、利、貞’。”（《周易本義》，《朱子全書》第一册，146 頁）又曰：“‘四德之元，猶五常之仁，偏言則一事，專言則包四者。’此段只於《易》‘元者善之長’與《論語》言仁處看。若‘天下之動，貞夫一者也’，則貞又包四者。‘《周易》一書，只説一個利’，則利又大也。‘元者，善之長也’，善之首也。‘亨者，嘉之會也’，好底會聚也。義者，宜也，宜即義也；萬物各得其所，義之合也。‘幹事’，事之骨也，猶言體物也。”“‘貞者事之幹。’伊川説‘貞’字，只以爲‘正’，恐未足以盡貞之義。須是説‘正而固’，然亦未推得到知上。看得來合是如此。知是那默運事變底一件物事，所以爲事之幹。”（《朱子語類》卷第六十八《易》四，《乾》上，第五册，1609、1705 頁）所謂“齊之爲言齊也”云云，《禮記·祭統》第二十五：“及時將祭，君子乃齊。齊之爲言齊也，齊不齊而致其齊也。”孔穎達疏：“謂四時應祭之前未旬時也。方將接神，先宜齊整身心，故齊也。”“言齊者，齊也，所以正此不齊之事。謂未齊之時，心慮散蕩，心所嗜欲，有不齊正。及其齊也，正此不齊之事，以致極齊戒之道。”（《禮記正義》卷第五十七，下册，1870—1871 頁）

以其在人也，陰陽合，則魄凝魂聚而有生；陰陽判，則魂升爲神，魄降爲鬼。若又以其往來者言之，則來者方伸而爲神，往者既屈而爲鬼。蓋二氣之分，實一氣之運，故陽主伸，陰主屈，而錯綜以言，亦各得其義焉。又，而結之曰"誠之不可揜如此"，則是以爲鬼神之德所以盛者，蓋以其誠耳，非以誠自爲一物，而別爲鬼神之德也。又，天下之物，莫非鬼神之所爲也，故鬼神爲物之體，而物無不待是而有者。然曰爲物之體，則物先乎氣，必曰體物，然後見其氣先乎物而言順耳。幹，猶木之有幹，必先有此，而後枝葉有所附而生焉，貞之幹事，亦猶是也。[①]

〇又曰：此言鬼神實然之理，猶言人之德。不可道人自爲一物，其德自爲德。又，乃是有這鬼神了，方有此物；及至有此物了，又不能違夫鬼神也。將鬼神做主，將物做賓，方看得出是鬼神去體那物，鬼神却是主也。又，鬼神主乎氣而言，只是形而下者。但對物而言，則鬼神主乎氣，爲物之體；物主乎形，待氣而生。蓋鬼神是氣之精英，所謂"誠之不可揜"者。誠，實也。言鬼神是實有者，屈是實屈，伸是實伸。屈伸合散，無非實者，故其發見昭昭不可揜如此。又，萬物皆有鬼神，以人具是理，故於人言。"體物"是與物爲體，"幹事"是與事爲幹，皆倒文。又，精氣就物而言，魂魄就人而言，鬼神離乎人而言。不曰屈伸往來，陰陽合散，而曰鬼神，則鬼神蓋與天地通，所以爲萬物之體，而物之終始不能遺也。又，鬼神只是就陰陽上説，末後又却以祭祀言之，此是就其親切著見者言之也。若不如此説，則人必將風雷山澤做一般鬼神看，將廟中祭享者又做一般鬼神看。故即其親切著見者言之，欲人會之爲一也。又，惟是齊戒祭祀之時，鬼神之理著。又，論來只謂之陰陽亦可也。然必謂之鬼神者，以其良能功用而言也，始見鬼神之德。又，《祭義》"宰我問鬼神"一章最精密，包括得盡，亦是當時弟子記録得好。

又，死便是屈，感召得來，便是伸。又，人之死氣會消，這伸底又是別新生了。祖宗氣只存在子孫身上，祭祀時只是這氣，便自然又伸。

① 《中庸或問》上，《朱子全書》第六册，578—579頁。

自家極其誠敬，肅然如在其上，是甚物？那得不是伸？此便是神之著也。所以古人燎以求諸陽，灌以求諸陰。祖考精神，便是自家精神。又，然亦須自家有以感之，始得。上下章自恁地説，忽然中間插入一段鬼神在這裏，也是鳶飛魚躍底意思。皆實理也。又，但以一屈一伸看，一伸去便生許多物事，一屈來更無一物了，便是"良能""功用"。死則謂之"魂魄"，生則謂之"精氣"，天地公共底謂之"鬼神"，是恁地模樣。又，只是這一箇氣。入毫釐絲忽裏去，也是這陰陽；包羅天地，也是這陰陽。都是實，無箇虛底。有是理，便有是氣；有是氣，便有是形，無非實者。又，只是這箇氣。所謂"昭明、焄蒿、悽愴"者，便只是這氣。昭明是光景，焄蒿是蒸准衮，悽愴是有一般感人，使人慘慄，如所謂"其風肅然"者。"立天之道，曰陰與陽；立地之道，曰柔與剛；立人之道，曰仁與義"，便是"體物而不可遺"。又，天地之間，只是此一氣耳。來者爲神，往者爲鬼。譬如一身，生者爲神，死者爲鬼，皆一氣耳。又，"鬼神者，二氣之良能"，是説往來屈伸乃理之自然，非有安排布置，故曰"良能"也。又，今且只就形而下者説來，但只是他皆是實理處發見。故未有此氣，便有此理；既有此理，必有此氣。又，言鬼神，自有迹者而言之；言神，只言其妙而不可測識。又，以二氣言，則鬼者，陰之靈也；神者，陽之靈也。以一氣言，則至而伸者爲神，反而歸者爲鬼。一氣即陰陽運行之氣，至則皆至，去則皆去之謂也。二氣爲陰陽對峙，各有所屬。如氣之呼吸者爲魂，魂即神也，而屬乎陽；耳目鼻口之類爲魄，魄即鬼也，而屬乎陰。"精氣爲物"，精與氣合而生者也；"遊魂爲變"，則氣散而死，其魄降矣。以一氣言，則方伸之氣，亦有伸有屈。其方伸者，神之神；其既屈者，神之鬼。既屈之氣，亦有屈有伸。其既屈者，鬼之鬼；其來格者，鬼之神。又，鬼神有無，聖人未嘗決言之。如言"之死而致死之，不仁；之死而致生之，不知"，"於彼乎？於此乎"之類。又，誠是實然之理，鬼神亦只是實理。若無這理，則便無鬼神，無萬物，都無所該載了。"鬼神之爲德"者，誠也。德只是就鬼神言，其情狀皆是實理而已。又，氣之方來皆屬陽，是神；氣之反皆屬陰，是鬼。日自午以前是神，午以後是鬼。月自初三以後是神，十六以後是鬼。又，天地造化，皆是鬼神，古人所以祭風伯雨師。又，風雷鼓動是神，收斂處是鬼。魄屬鬼，氣屬神。人初生時氣多魄少，後來魄漸盛；到老，魄又少，所以耳聾目昏，精力不强，記事不足。又，“歸根”本老氏語，畢竟無歸，這箇何曾動？人死時，這知覺不是散，是盡了，氣盡則知覺亦盡。又，“祖考精神，便是自家精神”，此句已是説得好。祖孫只一氣，極其誠敬，自然相應。又，死而不亡、鬼神，若是見理明者，自能知之。明道所謂：“若以爲無，古人因甚如此説？若以爲有，又恐賢問某尋。”其説甚當。又，蓋《中庸》論君子之道，則即人之所行言之，故但及其費，而隱自存。論鬼神之道，則本人之所不見不聞而言，故先及其隱，而後及於費。鬼神之道，便是君子之道，非有二也。[①]

〇程子曰：鬼神只是一箇造化，“天尊地卑，乾坤定矣”，“鼓之以雷霆，潤之以風雨”是也。又，夫天，專言之則道也，分而言之，則以形體謂之天，以主宰謂之帝，以功用謂之鬼神，以妙用謂之神，以性情謂之乾。又，鬼神，理會得精氣爲物，遊魂爲變，與原始要終之説，便能知也。鬼神之道，只恁説與賢，雖會得，亦信不過，須是自得也。（伊川）

〇張子曰：鬼神，往來屈伸之義。故天曰神，地曰祇，人曰鬼。又，氣之性，本虚而神，則神與性乃氣所固有。此鬼神所以“體物而不可遺”也。

〇吕大臨曰：鬼神者無形，故視之不見；無聲，故聽之不聞。然萬物之生，莫不有氣，氣也者，神之盛也；莫不有魄，魄也者，鬼之盛也。故人亦鬼神之會爾。此“體物而不可遺”者也。鬼神者，周流天地之閒，無所不在，雖“寂然不動”，而有感必通，雖無形無聲，而有所謂昭昭不可欺者，故“如在其上，如在其左右”也。“弗見”“弗聞”，可謂“微”矣，然“體物而不可遺”，此謂之“顯”。周流天地之閒，昭昭而不可欺，可謂“誠”矣，然因感而必通，此之謂“不可揜”。

---

① 《朱子語類》卷第六十三，《中庸》二，第十六章，第四册，1543—1552 頁。

〇謝良佐曰：余當時亦曾問明道先生有鬼神否，明道曰："待向你道無來，你怎生信得，及待向你道有來，你但去尋討看。"又，自家要有便有，自家要無便無，始得。鬼神在虛空中辟塞滿，觸目皆是，爲他是天地間妙用，祖考精神便是自家精神。①

〇胡炳文曰：誠者，《中庸》一書之樞紐，而首於此章見之。漢儒皆不識誠字，宋李邦直始謂"不欺之謂誠"，徐仲車謂"不息之謂誠"，至子程子則曰"無妄之謂誠"，子朱子又加以"真實"二字，誠之說盡矣。六經言誠自《商書》始，《書》但言鬼神享人之誠，而《中庸》直言鬼神之誠，其旨微矣。鬼神者造化陰陽之氣，誠者所以爲造化陰陽之理也。實有是理則實有是氣，其體甚微，其用甚顯。視不見，聽不聞，微也，前之所謂隱也；"體物而不可遺"，顯也，前之所謂費也。前言君子之道以人道言，此言鬼神之德以天道言。人道其用也，故先言用之費，而體之隱者即在費之中；天道其體也，故先言體之微，而用之顯者亦不出乎微之外。言固各有當也，"體物而不可遺"，《章句》以爲體物猶《易》所謂幹事。木非幹不立，築非幹易傾，幹字釋體字最有力。此是指鬼神之顯處示人，人之齊明盛服，鬼神未嘗使之，而若有使之者，洋洋如在，鬼神精爽，直與人之齊明相接。《章句》謂此即其體物而不可遺之驗也。蓋前此所說鬼神無所不包，此又就無所不包之中，提出當祭祀之鬼神來說，是又指鬼神之最顯處示人，然此其顯也，必有所以顯者，末斷之曰微之顯，誠之不可揜也。夫鬼神無聲無形於天下之物，如之何其體之於天下之人？又如之何其使之顯然一至誠之不可揜如此也？凡物之終始，莫非陰陽合散之所爲；而陰陽合散，莫非真實無妄之理。後世此理不明，有瀆鬼神於佛老，而競爲淫祀，以徼福者，一何怪誕不經至此哉。嗚呼！使天下後世而皆知天命之性，則知佛氏之空者非性矣；皆知率性之道，則知老氏之無者非道矣；皆知鬼神之誠，則知後世之淫祀之幻妄者非誠矣。朱子以爲思慮之遠，信哉！②

---

① 《中庸輯略》卷上，第十六章，48—50頁，《朱子全書外編》第一册。

② 《四書通·中庸通》，《通志堂經解》第15册，418—419頁。

○景星曰：此章本説天地之鬼神，恐彼鬼神人或不曉，却於全體中指出祭祀者以示之，使人因此而識其大者，又以見所祭祀之鬼神，亦不過陰陽二氣之往來感通爾，其理亦無二也。又，誠只是箇實理，鬼神只是實理發見之不可揜護者，《中庸》言誠自此始，誠字以天道言，鬼神本是氣形而下者，誠本是氣形而上者，有是氣必有是理，太極不離乎陰陽也，故即鬼神而誠在焉，故總結之曰“誠之不可揜如此”。[①]

○船山曰：天地之功用，造化之迹，謂之“鬼神”。又，鬼神之德非耳目之所可及，而獨與心相感。使人畏敬者心之動，發見昭著者心之喻。蓋鬼神者二氣之良能，而心者人之良能也。心爲大體，無所遺，故不可遺。耳目則知性情之發而不知性情之藏，知功效之迹而不知功效之繇，小體也，其遺多矣。故自耳目言之，則爲隱；自心言之，則爲不可揜也。又，若二氣之良能，其動滿盈，其理各得，其信無毫髮之爽，其妙曲盡而微至，其靈赫然昭著而感物之哀樂也深，性情功效粲然不欺，而豈漚之類哉！故知空虚無物之中，冲漠無朕之際，乃仁義禮知之都，哲謀肅乂之府，特耳目窮而昧者不察爾。不然，天下之性情功效惡從而盛，以貞之萬世而合符不爽如此哉！[②]

○又曰：此言君子之道費，而贊鬼神之德者，以鬼神之德本如此，而君子之窮神知化以與鬼神同吉凶，及修祀典、盡仁孝以與鬼神相陟降，則皆其道之所察也。又，此“誠”字初見於篇，即“哀公問政”章誠字。鬼神實有此極盛之德，是天道之誠；人之實盡敬，實不射以事鬼神，是人道之誠。道之實有不可須臾離，必見必顯者，天道如此。君子之實存養於不睹不聞，省察隱微者，人道如此。總之，《中庸》誠字對虚字，不對僞字。天道固無僞不僞，君子之誠身亦不但不僞而已。此處要分明。[③]

○又曰：於鬼神内摘出祭祀一段説，是從弗見弗聞中略示一可見可聞之迹。及至到祭祀上，却得通箇消息。又，是他一時精氣凝聚，散亂

---

① 《大學中庸集説啓蒙·中庸》卷上，景印文淵閣《四庫全書》第204册，1038頁。

② 《禮記章句》卷三十一，《中庸》第十六章，《船山全書》第四册，1270—1273頁。

③ 《四書箋解》卷二，《中庸》，“鬼神之爲德”章，《船山全書》第六册，137—138頁。

之心不生，便懔乎如將見之，如將聞之，而信不遺者之真不可遺也。若到聖賢地位，齊明盛服以修其身，出門使民，皆以承祭之心臨之，則不但於祭祀時見其洋洋，而隨舉一物，皆於其不可見者，雖不以目見而亦見之；不可聞者，雖不以耳聞而亦聞之矣。[①]

○又曰：則請合小大於一源，溯費隱之一致而言之焉。又，且姑未言誠之爲德，而於夫子之論鬼神者，著費隱小大之合，即以徵誠爲盛德之原焉。又，萬物之消長亦已著矣，而不有其微焉者乎？天地之化育有其體矣，而不有其用焉者乎？若此者所謂鬼神者也。其往來也無心，而自有其靈爽，則有性情矣；其生殺也無迹，而固有其成能，則有功效矣；是鬼神之德也。又，萬物各有其體，而居於體之中，以使成物之體，則鬼神之能體之也，無物不有其生，無物不有其死，無物不有其所成之功能，無物不有其無方之變化，皆鬼神之體之也，無有遺焉者矣。又，而此之不遺者，則盡天下無形之境、無聲之時，而皆其性情功效之實有者焉，則豈不極盛矣乎？又，君子之道費而隱，豈不與鬼神合德乎？乃所以在君子而費有其隱焉，在鬼神而微則必顯焉，則唯誠而已矣。誠者，隱之所以不托於虛，而費之所以不侈於博也。唯有德乃有其道，故於此言德言誠，而天人之藴可漸進而明矣。[②]

○吕留良曰：到極虚處，無非至實，故虛實只是一箇。世間無空，空處即天也，天即物也。曰體物，則無非是矣，不可謂體空又體物，體有形又體無形，如此，則是有無已判成兩也。故曰《大易》不言有無，言有無，諸子之陋也。且其看“物”字只作形器之屬，不知事即物也，天地間變化遷流與人事動作云爲，皆物也。此有何形？然無非鬼神之所體也。有形、有聲者必有隕落、消寂，而隕落消寂，即是實有，鬼神窮年世而無壞滅，以有隕落消寂者故。又，謂鬼神之精靈，即在人心敬畏處見則得，謂人心外更無鬼神則不可。引《詩》言“不可度，矧可射”，亦正證嘆鬼神使人畏敬恍惚之妙，非戒人之詞也。要之通章原只在理上

① 《讀四書大全説》卷二，《中庸》第十六章，《船山全書》第六册，505—506頁。

② 《四書訓義》（上）卷三，《中庸》二，第十六章，《船山全書》第七册，146—148頁。

説，不在心上説，即末節“誠不可揜”“誠”字，亦止謂陰陽合散無非實者，指實理，不指實心也。鬼神使人盡其誠，鬼神之理誠也；人以誠格鬼神之誠，人心之誠也：兩邊道理缺一邊，便不見下“誠”字全義。祭祀之鬼神，鬼神之一；鬼神之誠，誠之一。又，蓋鬼神之德無非實有，其實有者乃誠也，天地之化，只是鬼神，其實有是化者誠也。鬼神之德，只在氣上説。誠是理上事，鬼神是氣上事。鬼神只氣耳，所以爲鬼神即理也，此中分際不知其二，即不知其一。《易》曰，“一陰一陽之謂道”；《記》曰，“一動一静者，天地之間”，陰陽動静之妙，全在四箇“一”字上。看鬼神亦只是此理：全在屈伸至反處，最是天地間靈機妙用，極杳冥恍惚事，却無非實者，乃所謂誠也。“夫微之顯，誠之不可揜”九字，是統言鬼神之理，因祭祀指出，不止説祭祀也。天地間風吹草動，無一非鬼神；人身上動止云爲，無一非鬼神，《中庸》從祭祀指出鬼神，從鬼神指出“誠”字，其旨甚精，若粘煞祭祀，則受訓詁之蔽矣。全部“誠”字有二義，在天地爲實理，在人爲實心，此處“誠”字兼二義言。而必有此實心，實理始爲我有。鬼神，氣也，人心亦氣也，天地之氣惟鬼神最奇幻，人之氣惟心最神靈，皆若杳冥恍惚不可測，而其實只一理爲之，誠而已矣。然則天地間孰非誠之爲乎？此是《中庸》第一箇“誠”字，却從鬼神説起，煞有妙義。神明不測，就人心内言，爲下半部“誠”字張本。聖學件件歸實有，任靈奇恍惚，皆爲日用。誠者，實也，有也。舉天下事物之實有，皆可信，惟鬼神最渺茫難信，此處看得實有，則天下無事物非此理矣，此《中庸》言“誠”，發端於鬼神意也。《中庸》至此章方露“誠”字，鬼神從上章“高遠”來，蓋高遠莫高遠於鬼神，鬼神亦實理所爲，則無所不實矣。此章是兼費隱言，從體説到用，從用指出體，不似他章但言用而體在其中。前後章俱從費指隱，此章指“微之顯”於合散往來處看，故曰兼費隱。此下三章皆推庸行之極至，庸行從“子臣弟友”節來，正是人道之費處，其本則在“誠”也，故“哀公問政”章達道九經歸於一誠，亦是包費隱言也。[1]

---

① 《四書講義》卷二十五，《中庸》二，中册，558—563頁。

○汪紱曰：此章以鬼神明道之不可離，其言鬼神處，皆是言道。次節不見不聞即道之隱，體物不遺即道之費；承祭祀節即魚躍鳶飛、上下察意；而引《抑》詩，又以言道之充塞，無間無時不然。首節“爲德”及末節“誠”字，即皆指理之所以然者，言之而示人也。蓋屈伸往來者，氣；而氣之所以屈伸往來者，理。理氣相與爲體，而造化無窮矣，所謂“一陰一陽之謂道”也。而以理主氣，以氣載理，其斡運之間，則明命鬼神，所謂“精氣爲物，遊魂爲變”也。故獨指其理言，則謂之道，而在人則謂之性；獨指其氣言，則漢儒所謂魂魄，在人則知覺運動；指理氣之間相合以動者言，則謂之鬼神，在人則所謂心者，人之神明也。故此章言鬼神，合理與氣言，以畢顯道之體用，不只指屈伸往來之氣而以言道也。又，性情本人事，而借以言鬼神性情，猶人之所得乎天云也；功效猶行道，而有得於心者云也，借人之爲德者以言鬼神之爲德，故云“猶言”。又，而鬼神則在形而上下交會之間，載是理以行變化而形形，故形聲之所見即鬼神及道之所見，鬼神之體物不遺即道之無物不有也。既無形與聲矣，而知其有鬼神，知其爲道者，則仍不過即其可見可聞者，而思其所當然以求其所以然之理，則鬼神與道亦不外乎見聞而得之焉已耳。且惟其無形與聲，故能爲物物之體。有是性情，故有是功效；有是功效，則知其有是性情。《易》曰“神也者，妙萬物而爲言也”，亦此之謂也。又，如者非有無恍惚之謂，乃祭祀時實有是理氣流動，充滿於上於旁，但本不見不聞而已，儼然有見有聞。故曰，如若謂不必其在，而吾心以爲如在，則非體物之謂矣。體物處俱是鬼神之德，鬼神之德即天地之理，畏敬者畏敬其理，奉承者奉承其理。體物不遺，即道之無物不有而不可離也；畏敬奉承，便合下動人以慎獨不疚工夫在。所謂聰明正直者，鬼神之德而不可干也。天下固必無非理之鬼神也。祭祀不只言享人鬼，天地山川百物皆有秩祀，蓋鬼神流動兩間，直是無間不入，皆天地之理氣之所爲。又，然天地間只是此氣，蓋分言之，則天神地祇人鬼有異號；合言之，則只此一氣之流行。天氣陽來而生生，故曰神；地氣陰順而承天，故曰祇；人死氣歸，故曰鬼。其實一物也。故孔子既曰“人死歸土”，又曰“其氣發揚於上，爲昭明焄蒿悽愴。此百物之經也，神之著也”，所以見鬼神之一義也。人死鬼之歸也，而昭明焄蒿悽愴，則又鬼之神矣。人方死時，遊魂爲變，又是自物體而復於不見不聞，夾縫中則亦有此昭明焄蒿悽愴處，鬼神不只在此，而此處正好體認。又，但祭祀只一事，而孔子嘗云“使民如承大祭”，則是凡事皆當懔以齊明承祭之心，亦可見矣。是祭祀節就應事接物上言道之不可離，而警人以慎獨之學，致和以不離道之功也。是“神之格思”節就事物未交時言道不可離，而動人以戒懼之學，致中以不離道之功也。又，微即未發之中，而顯即中節之和，鬼神雖天道之流行，未著在人之心性上，幽明少異，而其理初無二致，故知鬼神即可以知道，而於道亦當不敢有須臾之離矣。又，神姦生若山川之魑魅魍魎，等等，然此亦自人生人事失其中和而沴氣應之，則神姦惑人。故有道之朝不聞妖孽，而孝友之宅不召魑狐，幾見忠厚正大之國家而忽有神鬼怪異之事，此所以云致中和而天地位萬物育也。又，是人以姦事神，而神又安得而不姦於人也，故曰神姦之生自淫祀也，是豈神之非道有然哉，亦人自爲之已耳。嗟乎！惟知鬼神之即道焉，則庶乎可不爲之惑矣！又，前後六章皆言費而未言隱，前三章以費之小者言，後三章以費之大者言，而此章體物不遺則包小大於其中。此章與費而隱章相應，亦即與首章道不可離、大本達道相發。蓋以後章將言道之高遠，故此章扼要一總，而即以鬼神發高遠之端，以見全體之密也。庸行、格天、治國、指掌，亦以體物不遺莫非此道，天地鬼神聖人之道一而已耳。①

〇鄭玄曰：體，猶生也。可，猶所也。不有所遺，言萬物無不以鬼神之氣生也。明，猶潔也。洋洋，人想思其傍僾之貌。齊，本亦作“齋”。傍，謂左右也。僾，音愛（案：仿佛之意）。格，來也。矧，況也。射，厭也。思，皆聲之助。言神之來，其形象不可億度，而知事之盡敬而已，況可厭倦乎！又，言神無形而著，不言而誠。

〇孔穎達曰：此一節明鬼神之道，無形而能顯著誠信，中庸之道與鬼神之道相似，亦從微至著，不言而自誠也。又，體，猶生也。言鬼神

① 《四書詮義》上，卷三，《中庸》，《叢書集成三編》第10册，431—437頁。

之道，生養萬物，無不周遍，而不有所遺。言萬物無不以鬼神之氣生也。又，明，猶絜也。言鬼神能生養萬物，故天下之人齊戒明絜，盛飾衣服，以承祭祀。又，言鬼神之形狀，人想像之，如在人之上，如在人之左右。想見其形也。又，此《大雅·抑》之篇，刺厲王之詩。詩人刺時人祭祀懈倦，故云神之來至，以其無形，不可度知，恒須恭敬，况於祭祀之末可厭倦之乎？言不可厭倦也。記者引詩，明鬼神之所尊敬也。又，言鬼神之狀微昧不見，而精靈與人爲吉凶，是從微之顯也。又，言鬼神誠信，不可揜蔽，善者必降之以福，惡者必降之以禍。又，此鬼神即與《易·繫辭》云"是故知鬼神之情狀，與天地相似"，以能生萬物也。案：彼注："木、火之神生物，金、水之鬼終物。"彼以春夏對秋冬，故以春夏生物，秋冬終物，其實鬼神皆能生物、終物也，故此云"體物而不可遺"。此雖説陰陽鬼神，人之鬼神亦附陰陽之鬼神，故此云"齊明盛服，以承祭祀"，是兼人之鬼神也。①

〇劉彝曰：故"使天下之人齊明盛服，以承祭祀"：不遺其覆載之德，而祀乎天地也；不遺其照臨之功，而祀乎日月也；不遺其仁義之道，而祀乎堯舜也；不遺其生育之恩，而祀乎祖先也；不遺其變化之勤，而祀乎四時風霆雷雨山川丘陵也。故曰"洋洋如在其上，如在其左右"，以言乎無所入而不仰乎鬼神之功，無所至而不沐乎鬼神之德也。

〇胡瑗曰：鬼神以形言之則天地，以氣言之則陰陽，以主宰言之則鬼神。

〇林光朝曰：子思作《中庸》而有及於鬼神之事，是其窮理至此，有得於此矣。人多見子路問鬼神之事則疑之，不知當時發此一問，亦子路窮高極遠，見到此方有此問，孔子答之以未知生、未事人，則往往以爲鬼神又道德之别一事，不可學也。今人不會此意，只説能事人便能事鬼，失之遠矣。殊不知孔子之言，謂子路不可躐等，須學至此，然後可以知此也。此乃子路之幼學，其後燔臺結纓，想子路亦知之矣。然則子思之言，可謂深於道德性命之理，然後能形容此言也，如致中和一事，

① 《禮記正義》卷第六十，《中庸》第三十一，下册，2004—2005 頁。

則知天地之位，萬物之育。孝一事，則知其通神明，光四海，皆學之極到處，然後能知而言也。

〇蔡淵曰："誠之不可揜"，"誠"字恐是指人之成德而言也。[①]

〇黎立武曰：《書》曰："鬼神無常，饗饗于克誠。"此六經言誠之始也。《中庸》一書以誠爲本，亦首於事鬼神明之。首章戒不睹懼不聞，蓋言君子存誠，無時不然，非有所爲也。乃若常人之情，其於祀鬼神也，則亦視無所見，聽無所聞，然陳器設衣，體物而不遺，齊明盛服，承祭而如在，莫敢不盡其誠，是雖有爲而然，然隱而見，微而顯，道一而已，豈非誠之至歟![②]

〇蔣伯潛曰：此段是以鬼神喻道，並非專論鬼神。[③]

〇謹案：關於鬼神，吕留良以爲，"謂鬼神之精靈，即在人心敬畏處見則得，謂人心外更無鬼神則不可"。而陳淳《性理字義》謂鬼神應有四種看法。一爲鬼神本意，即鬼神是陰陽伸屈之意。二爲在人氣之伸者爲神，屈者爲鬼，生者氣之伸，死者氣之屈，子孫祖宗同屬一氣，故可祭祀以誠感通。三爲淫祀，即非其鬼而祭之。四爲妖怪。其實三四同一項，在人當祀不當祀耳。自漢以來，第二三四項成爲儒家主論。第一項則宋代理學家之新義，始創之者，乃張載也，亦即，造化之迹，以陰陽流行著見於天地間者言之。良能，言二氣之往來，是自然能如此。天地間無物不具陰陽，陰陽無所不在，則鬼神亦無所不有。《禮運》言"人者，陰陽之交，鬼神之會"，説得亦親切。此真聖賢之遺言，非漢儒所能道也。《中庸》所謂"體物而不遺"者，言陰陽二氣爲物之體，而無不在耳。天地間無一物不是陰陽，則無一物不具鬼神。《易》曰："精氣爲物，遊魂爲變，故知鬼神之情狀。"言陰精陽氣聚而生物，乃神之伸也，而屬乎陽。魂遊魄降，散而爲變，乃鬼之歸也，而屬乎陰。鬼神情狀，大概不過如此。古人祭祀，以魂氣歸於天，體魄歸於地，故或求

---

① 《禮記集説》卷一百二十八，《中庸》第三十一，《通志堂經解》第13册，382—383頁。其中，關於"未能事人，焉能事鬼"，林光朝所言似微有不安。或可參閱本章"謹案"中的相關辨析。

② 《中庸分章》，景印文淵閣《四庫全書》第200册，728頁。

③ 《中庸讀本》，18頁，《語譯廣解四書讀本》。

諸陽，或求諸陰。《樂記》謂“明則有禮樂，幽則有鬼神”，鬼神即是禮樂道理。以樂祀神，樂聲發揚，屬陽。以禮祀鬼，禮是定底物，屬陰。故《樂記》説：“樂者敦和，率神而從天；禮者别宜，居鬼而從地。”夫子謂“吾不與祭，如不祭”，蓋緣誠意既不接，幽明便不交。大概古人祭祀，須是有此實理相關，然後三日齋，七日戒，以聚吾之精神。吾之精神既聚，則所祭者之精神亦聚，必自有來格底道理。人與天地萬物，皆是兩間公共一箇氣。子孫與祖宗，又是就公共一氣中有箇脈絡相關係，尤爲親切。謝上蔡曰：“祖考精神，便是自家精神。”故子孫能極盡其誠敬，則已之精神便聚，而祖宗之精神亦聚，便自來格。大凡不當祭而祭，皆曰淫祀。淫祀無福，由脈絡不相關之故。大抵“妖由人興”。凡諸般鬼神之旺，都是由人心興之。人以爲靈則靈，不以爲靈則不靈。人以爲怪則怪，不以爲怪則不怪。蓋端人正士有精爽清明，鬼神魑魅自不敢近，所謂“德重鬼神欽”。鬼神之所以能動人者，皆由人之精神自不足故耳。總而言之，“敬鬼神而遠之”，此一語極説得圓而盡。如正神，能知敬矣，又易失之不能遠；邪神，能知遠矣，又易失之不能敬。須是都要敬而遠，遠而敬，始兩盡幽明之義。文公《論語解説》：“專用力於人道之所宜，而不惑於鬼神之不可知。”此語示人極爲親切。“未能事人，焉能事鬼？”須是盡事人之道，則盡事鬼之道斷無二致。所以發子路者深矣。[①]

此中，有兩點需要再做些補充，其一、“人與天地萬物，皆是兩間公共一箇氣。子孫與祖宗，又是就公共一氣中有箇脈絡相關係，尤爲親切”，所以，首先是家庭及家族的祭祖禮儀，令全體成員勿忘自家先祖，慎終追遠，繼往開來，世世代代，賡續不絶。誠如《中庸》本章所説：“使天下之人齊明盛服，以承祭祀。洋洋乎！如在其上，如在其左右。《詩》曰：‘神之格思，不可度思！矧可射思！’夫微之顯，誠之不可揜如此夫。”這是我們當下每個家庭及家族亟須逐漸自覺恢復以至復興的

① 參閲陳淳《北溪字義》卷下，“鬼神（魂魄附）”辭條，56—67頁；韋政通主編《中國哲學辭典大全》，“鬼神”辭條，446—449頁。

緊迫事務。此外，從家族説上去，還該有我們整個中華民族及始祖伏羲、炎黄以及孔子，等等，以至於今乃至以後世世代代的中華民族，亦是公共一氣中較家族更爲廣大的一箇脈絡相關係者，亦爲親切。這點於我們當今尤其具有極其重大的意義，因爲《中庸》第十九章説“明乎郊社之禮、禘嘗之義，治國其如示諸掌乎”，此即劉彝所謂“不遺其覆載之德，而祀乎天地也；不遺其照臨之功，而祀乎日月也；不遺其仁義之道，而祀乎堯舜也；不遺其生育之恩，而祀乎祖先也；不遺其變化之勤，而祀乎四時風霆雷雨山川丘陵也”。足見祭禮之重要，而王政“所重：民、食、喪、祭”。“慎終追遠，民德歸厚矣。”朱子以爲，“慎終者，喪盡其禮。追遠者，祭盡其誠”。“蓋終者，人之所易忽也，而能謹之；遠者，人之所易忘也，而能追之；厚之道也。故以此自爲，則己之德厚，下民化之，則其德亦歸於厚也”。[①] 此以令人們皆能體會到“畏天命，畏大人，畏聖人之言”，以及“慎終追遠，民德歸厚矣”的至理。祭祀天地，咱們首都北京仍然存有天壇地壇作爲祭祀場所，國家的祭禮可以在此舉行。惟祭祀先祖，歷史上帝王的傳承有譜系，存在帝王的祖廟及帝陵，今日已無皇權、皇室的祖陵祖廟，國家領導人亦不是世襲傳位，不可能以其先祖作爲國家祭祖的儀式，那麼，又當如何來復興“祀乎其先”的“宗廟之禮”呢？倘若我們都認同承襲與延續的是華夏五千多年的文化與文明的傳統，是中華民族的後裔的話，那麼我們就正該祭祀中華民族的始祖與先人，從伏羲、炎帝、黄帝、顓頊、帝嚳、帝堯、帝舜、禹、湯、文武、周公、孔子，以及歷朝歷代做出傑出貢獻的偉大領導人，等等，他們都無愧於中華民族的始祖與先人，理當永遠成爲華夏祭祖的對象，接受我們世世代代後人的祭祀、紀念與敬仰，以達國家治國乃至平天下，“其如視諸掌乎”的可能。

其二、説到“敬鬼神而遠之”，此出自《論語・雍也》第二十章：樊遲問知。子曰：“務民之義，敬鬼神而遠之，可謂知矣。”問仁。曰：“仁者先難而後獲，可謂仁矣。”朱子以爲：夫子主張“專用力於人道之

---

① 《論語・堯曰》第一章，《學而》第九章。《四書章句集注》，50頁。

所宜，而不惑於鬼神之不可知，知者之事也。先其事之所難，而後其效之所得，仁者之心也。此必因樊遲之失而告之”，因爲“人多信鬼神，惑也。而不信者又不能敬，能敬能遠，可謂知矣”。因而吕氏以爲，“當務爲急，不求所難知；力行所知，不憚所難爲”。[①] 此夫子既因樊遲之失而告之，則樊遲或者不能敬鬼神，或者時時以鬼神爲意而不能遠之。分析來看，樊遲之失多半屬後者，所以夫子特别提醒他，平日當著重“務民之義，敬鬼神而遠之”。這與夫子提醒子路“未能事人，焉能事鬼”，“未知生，焉知死”的道理是一致的。也就是朱子所講：“問事鬼神，蓋求所以奉祭祀之意。而死者人之所必有，不可不知，皆切問也。然非誠敬足以事人，則必不能事神；非原始而知所以生，則必不能反終而知所以死。蓋幽明始終，初無二理，但學之有序，不可躐等，故夫子告之如此。程子曰：‘晝夜者，死生之道也。知生之道，則知死之道；盡事人之道，則盡事鬼之道。死生人鬼，一而二、二而一者也。或言夫子不告子路，不知此乃所以深告之也。’”[②] 所以，夫子並不是不要知鬼神、事鬼神以至近鬼神，而是强調，學之有序、行之有等，我們當首要明知生之道，盡事人之道，方才可能真正知死之道與盡事鬼神之道，而萬不可躐等。同樣，始終如一地敬鬼神，這必是夫子所要求的，就如同我們該始終如一地“畏天命，畏大人，畏聖人之言”一般。然而我們却並不是時時處處都必須遠鬼神，像“祭如在，祭神如神在”[③]，“如在其上，如在其左右”，等等，此時的我們不但不能遠鬼神，反倒非接近親近鬼神不可，否則，我們如何可能具體入微地實現“祖考精神，便是自家精神”？又如何可能真實明白“鬼神之道，便是君子之道”，以及“天地造化，皆是鬼神”等等的道理呢？况且，夫子還始終强調，“君子之於天下也，無適也，無莫也，義之與比”。亦即聖人之學，“於無可無不可之間，有義存焉”[④]。《中庸》第二章亦强調“君子之中庸也，君子而

---

① 《四書章句集注》，89—90頁。

② 《論語·先進》第十一章，《四書章句集注》，126頁。

③ 《論語·季氏》第八章，《八佾》第十二章，《四書章句集注》，173、64頁。

④ 《論語·里仁》第十章，《四書章句集注》，71頁。

時中”。所謂“君子而時中”，與《易傳》所謂“中重于正，正者未必中”之意同。正者且是分別箇善惡，中則是恰好處。而程子就此説到了“權”，也就是“義”，所謂“萬物無一物失所，便是天理時中”。而義也就是“天理所宜者，即是當然而然，無所爲而然也”。而“天理所宜”，就是天理之公。就是“凡事皆公天下之大義而爲之”[①]。因而儒家既不偏執於出世，亦不偏執於入世；既不偏執於宗教，亦不偏執於非教；既不偏執於有神，亦不偏執於無神；既不偏執於一神，亦不偏執於多神；既不偏執於遠鬼神，亦不偏執於近鬼神；等等，而是在其中，始終堅守天理大公，因時因地所宜，也就是義的原則，“君子而時中”，譬如尤其當齋戒祭祀之時，就該敬鬼神而近之，當然絶不可以是淫祀，絶不可以是“非其鬼而祭之”；而當平日恪盡人事之時，就該敬鬼神而遠之，等等。此誠如朱子所説：“鬼神事自是第二著。那個無形影，是難理會底，未消去理會，且就日用緊切處做工夫。子曰：‘未能事人，焉能事鬼！未知生，焉知死！’此説盡了。此便是合理會底理會得，將間鬼神自有見處。若合理會底不理會，只管去理會没緊要底，將間都没理會了。”亦即：“待日用常行處理會得透，則鬼神之理將自見得，乃所以爲知也。”[②] 再者，所謂對待邪神，亦是既要遠，又要敬。我想邪神亦屬於自然，一如天災，或者亦該如夫子“迅雷風烈，必變”那樣行事。但是，對此，又有無敬而近之的情形呢？或者，如丁紀所言，“人有幸而生於文王之家，有不幸而生爲紂王之子者，而皆可爲孝子。若果有‘十惡不赦’之父，人皆視其爲魔，人之子亦當知其確然爲人；爲人，則必有其本然之善，而其所以至於‘十惡不赦’者，以其本然之善不免敗於其惡德也。人之子則當發父之潛善幽德，以除父之惡於萬一，此正孝子之行也。發父之善德而除其惡，不亦可合於‘三年無改’之義乎”[③]！人之子不但不得因爲其父之罪惡而與其父斷絶關係，而且，無論其父生前死後，都必須與其父共同地擔待起父之罪惡，同其父以至爲其父贖

① 《北溪字義》卷下，“義利”辭條，53 頁。

② 《朱子語類》卷第三，《鬼神》，第一册，33 頁。

③ 《論語讀詮》，19 頁。

罪。所以，在祭祀時，即使旁人皆視之爲邪神邪鬼，人之子仍然該虔誠地祭祀自己的父親以及先祖，敬而近之，不得失却了敬意。否則，如何可能“鬼神之道，便是君子之道”呢？

子曰：“舜其大孝也歟！德爲聖人，尊爲天子，富有四海之内。宗廟饗之，子孫保之。故大德必得其位，必得其禄，必得其名，必得其壽。故天之生物，必因其材而篤焉。故栽者培之，傾者覆之。《詩》曰：‘嘉樂君子，憲憲令德！宜民宜人；受禄于天；保佑命之，自天申之！’故大德者必受命。”

〇上第十七章。朱子曰：此由庸行之常，推之以極其至，見道之用廣也。而其所以然者，則爲體微矣。後二章亦此意。又，子孫，謂虞思、陳胡公之屬。又，舜年百有十歲。又，材，質也。篤，厚也。栽，植也。氣至而滋息爲培。氣反而游散則覆。又，《詩·大雅·假樂》之篇。假，當依此作嘉。憲，當依《詩》作顯。申，重也。又，受命者，受天命爲天子也。①

〇又曰：侯氏所謂孔子不得其常者善矣，然又以爲天於孔子固已培之，則不免有自相矛盾處。蓋德爲聖人者，固孔子之所以爲栽者也。至於禄也、位也、壽也，則天之所當以培乎孔子者，而以適丁氣數之衰，是以雖欲培之而有所不能及爾，是亦所謂不得其常者，何假復爲異説以汩之哉！②

〇又曰：《中庸》之天之生物栽培傾覆，只是一理。此亦非是有物

---

① 《中庸章句》第十七章，《四書章句集注》，26頁。其中，胡炳文以爲，“庸行之常”筆誤，當作“庸德之行”，蓋上章言庸德，而此章言舜大德，下章言周公文武之德，皆由庸德推之，以至於極者也。（《四書通·中庸通》，《通志堂經解》第15册，419頁）

② 《中庸或問》上，《朱子全書》第六册，579—580頁。末句大概指楊氏“更接老聃之言”云云。而陳淳對此則以上天賦質厚薄來做解釋，認爲：“聖人得氣至清，所以合下便能生知；賦質至粹，所以合下便能安行。如堯、舜，既得其至清至粹，爲聰明神聖；又得氣之清高而稟厚，所以貴爲天子，富有四海。至於享國皆百餘歲，是又得氣之最長者。如夫子，亦得至清至粹，合下便生知安行，然天地大氣到那時已衰微了，所以夫子稟得不高不厚，止栖栖爲一旅人；而所得之氣又不甚長，止僅得中壽七十餘歲，不如堯、舜之高。”（《北溪字義》卷上，“命”辭條，2頁）

使之然。但物之生時自節節長將去，恰似有物扶持也，及其衰也，則自節節消磨將去，恰似箇物推倒它。理自如此。唯我有受福之理，故天既佑之，又申之。董仲舒曰：“爲政而宜于民，固當受禄于天。”雖只是叠將來説，然玩味之，覺他説得自有意思。又，《嘉樂詩》下章又却不説其他，但願其子孫之多且賢耳。此意甚好，然此亦其理之常。若堯舜之子不肖，則又非常理也。[①]

〇程子曰：天之報應，皆如影響，得其報者，是常理也，不得其報者，非常理也。天命不可易也，然有可易者，唯有德者能之。如休養之引年，世祚之祈天永命，常人之至於聖賢，皆此道也。（伊川）

〇張子曰：德不勝氣，性命於氣；德勝其氣，性命於德。窮理盡性，則性天命，命天德，氣之不可變者，獨死生修夭而已。故論死生則曰“有命”，以言其氣也；語富貴則曰“在天”，以言其理也。此“大德”所以“必受命”。

〇吕大臨曰：中庸之行，孝弟而已。如舜之德位，皆極流澤之遠，始可謂盡孝。又，命雖不易，惟至誠不息，亦足以移之。此“大德”所以“必受命”，君子所以有性焉，不謂命也。

〇侯仲良曰：位禄名壽必得者，理之常也；不得者，非常也。得其常者，舜也；不得其常者，孔子也。舜自匹夫而有天下，“栽者培之”也；桀自天子而爲匹夫，“傾者覆之”也。天非爲舜、桀而存之也，理固然也。故曰“大德必受命”，必言其可必也。[②]

〇胡炳文曰：前言父母之順，在於“宜爾兄弟，樂爾妻帑”，不過目前之事，費之小者也；此言孝之大，在於“宗廟享之，子孫保之”，則極其流澤之遠，費之大者也。前言費之小，則曰“居易以俟命”，學者事也；此言費之大，則曰“大德必受命”，聖人事也。“栽者培之”，是言有德者天必厚其福，可爲居易者勸；“傾者覆之”，是言不德者天必厚其毒，可爲行險者戒矣。此傾字即是險字，物之傾者必覆，人之險者

① 《朱子語類》卷第六十三，《中庸》二，第十七章，第四册，1552—1553頁。

② 《中庸輯略》卷上，第十七章，51—52頁，《朱子全書外編》第一册。

獨不思夫禄位名壽自有必得之理，而吾獨欲求其不當得者，而得之何哉？末所引《詩》專爲栽者培之而言也。[①]

〇景星曰：此泛言理之必然，自孔子有德而不得位，言乃氣數之變也。以理言之則必然，以數言之則不必然，理者其常也，數者其變也。又，此言費之大，正當備萬物全體言，今獨舉孝之一事，可見全體不是總萬事言，是就庸行推及其至以爲言者也。庸行之常説孝之一事，推之以極其至，説大孝及德爲聖人以下之事。[②]

〇船山曰："故天之生物"云云，於此益見陰陽合散之幾，無心而有理矣。又，大德必受命，莫之致而自至，天之微也。舜之夔夔齊栗盡孝以凝命，聖人之微也。下二章備論幽明禮樂之故，推及於義之難明，皆以著君子道用之隱。[③]

〇又曰：此下三節言君子之道至於格天受命，制禮作樂，合幽明於一理，成帝王之大業，皆備焉，所以爲費之大，而其所以然者則隱也。又，此章只以大孝爲本。大孝自以怨慕、齊栗、順親、允若言。"德爲聖人"以下，皆孝道之所致。又，須知此有三層：大孝是一層，德是一層，尊富饗保是一層。[④]

〇又曰："舜其大孝也歟！"止此一句是實贊其德，下面俱是説道用之廣。舜之所以爲舜者，一"孝"盡之矣，所以"造端乎夫婦"而"察乎天地"也。[⑤]

---

① 《四書通·中庸通》，《通志堂經解》第15册，419頁。

② 《大學中庸集説啓蒙·中庸》卷上，景印文淵閣《四庫全書》第204册，1039—1041頁。

③ 《禮記章句》卷三十一，《中庸》第十七章，《船山全書》第四册，1273—1274頁。

④ 《四書箋解》卷二，《中庸》，"舜其大孝"章，《船山全書》第六册，138—139頁。《虞書·大禹謨篇》："帝初于歷山，往于田，日號泣于旻天，于父母，負罪引慝，祇載見瞽瞍，夔夔齋慄，瞽亦允若。"《書集傳》注曰："舜耕歷山，往于田之時，以不獲順於父母之故，而日號泣呼于旻天，于其父母，蓋怨慕之深也"。"自負其罪，不敢以爲父母之罪"。"自引其慝，不敢以爲父母之慝也"。"舜敬其子職之事，以見瞽瞍也"，"莊敬戰慄之容"，"舜之敬畏小心，而盡於事親者如此"。"舜以誠孝感格，雖瞽瞍頑愚，亦且信順之，即孟子所謂'厎豫'也"。(《書集傳》卷一，29頁，《朱子全書外編》第一册）有關舜之大孝，《孟子·萬章上》第一章亦專門討論過，朱子還特别予以肯定，説"此章言舜不以得衆人之所欲爲己樂，而以不順乎親之心爲己憂。非聖人之盡性，其孰能之？"(《四書章句集注》，307—308頁）

⑤ 《讀四書大全説》卷二，《中庸》第十七章，《船山全書》第六册，506—507頁。

〇又曰：君子之道，合乎鬼神之德而本於父母之順，則孝者，固君子率性之同然，而不可須臾離者也。又，同爲子而能以孝稱，同其孝而能以大稱，蓋亦難矣。惟舜其大孝也與！終身之慕，不離乎赤子之真；底豫之休，遂極於天下之化。斯則可以當大孝而無歉乎！惟其孝之大也，則德以是全，而福亦以是備矣。又，乃其所以必得者何故？則於此可以見天心之應乎物者矣。又，夫孝，庸德也，而其至也則爲大德。德自全而福自應，赫赫天命，且在日用對越之中。道之費也，極於至大而無外，不可見乎！①

〇吕留良曰：章意由庸行之常推之以極其至，舉舜做箇樣子。自古以來，聖人止有帝舜渾純是一孝做成底，以孝做到聖人，以孝做到天子，以孝做到富有四海，宗廟饗，子孫保，故所謂“大德”“令德”，皆專指孝而言，如此説來方合章意。大德必受命，通章即此一意推詳反覆，以見庸德之極，其用廣如此。“德爲聖人”，此“德”字與後“德”字異，即下節“必得其名”“名”字之意，言其以孝成聖人之名也，與尊富饗保並列，爲賓爲目者也，直当平舉，不當特提；故下文“德”字上加一“大”字，便是“大孝”替身語，與此“德”字分别矣。餘下二“德”字仿此，與受命對看，爲主爲綱者也。如此，首句是庸行之常，下五句是極其至，只合平看，總是舜之大孝所致。此章專就舜説，下章專就周家説，總以明庸行之至，以見道之費，虞周都是引證耳，雖大意未嘗不關通，然各自話頭。凡庸行之常苟能充之至其極，皆可以爲聖人而受天命，此是《中庸》以“道不遠人”勉人之意。二帝三王受命得其正，即後之孔孟不受命，漢唐來非大德而受命，亦自有其理，須看得透徹，不然，反與“必”字刺謬矣。《中庸》説出必得之理，指示人從庸德用力，以極大道之費。命即在德内。氣數之命即在性命中，德有淺深，則命有厚薄，惟人自取耳，程子所謂“如修養之引年，世祚之祈天永命，常人之至於聖賢，皆是也”。②

---

① 《四書訓義》（上）卷三，《中庸》二，第十七章，《船山全書》第七册，150—152頁。
② 《四書講義》卷二十六，《中庸》三，中册，565—571頁。

〇汪紱曰：此下三章以費之大者言，所以爲不及者勉也。此章言庸行之常而盡之以受天命，故舉舜之大孝以爲法。孝即前子臣弟友庸德之一事，然德以孝爲本，而事君亦孝之推；事兄即以愛親者愛之，信友又兄弟之推；故舉一孝而庸德盡矣。大孝者，盡孝之量而無少遺憾也。舜之所以爲大孝者，以其德爲聖人也。晚邨謂以大孝致此五者，是德遇反在大孝之外，其意欲看重孝字，而不知其反看狹孝字矣。且先另有一孝之事，而後以致此五者，孝舍立德尊養，大字亦殊少據也。以爲聖人之德皆一至性，所推堯舜之道孝弟而已，理固可通。然天下顧有至性而未能盡合於中庸，反至爲孝德之瑕玷者，此又何以言之？且言舜之孝尤全憑立德，其烝烝乂、不格姦，以致底豫而天下化者，以其有以喻親於道故也，反諸身不誠，不順乎親矣。然則以德爲聖人爲正大孝之事，夫何庸疑，而必云孝致德爲聖人乎？知吕説爲未然也。然五句平列，而以德爲聖人句居先，德自較重於遇。又，以下却是只承德爲聖人句來，若竟以大德二字當大孝，字面則亦非也。又，此章大意言舜之孝德爲聖人，舜以德孝尊富饗保，舜以尊養孝，又皆能有以盡其量而無餘，此所以稱大孝。然舜之尊養饗保，實皆舜之德爲聖人所致，蓋大德有必獲福之理，則舜之尊養孝者，皆舜之以德孝而已。反覆言德必獲福，則以見人之欲孝其親者，宜首務於自修其德也。又，君子言理不言數，大德而有不受命者，則亦聖人之有所不能，而天地之有所憾者矣。①

〇鄭玄曰：保，安也。名，令聞也。材，謂其質性也。篤，厚也。言善者天厚其福，惡者天厚其毒，皆由其本而爲之。栽，讀如“文王初載”之載。栽，猶殖也。培，益也。今時人名草木之植曰栽，築墻立板亦曰栽。栽，或爲“滋”。覆，敗也。憲憲，興盛之貌。保，安也。佑，助也。

〇孔穎達曰：此一節明中庸之德，故能富有天下，受天之命也。又，師説云：舜禪與禹，何言保者？此子孫承保祭祀，故云“保”。周時陳國是舜之後。又，如孔子有大德而無其位，以不應王録，雖有大德

① 《四書詮義》上，卷三，《中庸》，《叢書集成三編》第10册，437—440頁。

而無其位也。案：《援神契》云："丘爲制法主，黑緑不代蒼黄。"言孔子黑龍之精，不合代周家木德之蒼也。《孔演圖》又云"聖人不空生，必有所制以顯天心。丘爲木鐸，制天下法"是也。而夫子不長壽，以勤憂故也。又，言天之所生，隨物質性而厚之。善者因厚其福，舜、禹是也；惡者因厚其毒，桀、紂是也。故四凶黜而舜受禪也。又，言道德自能豐殖，則天因而培益之。若無德自取傾危者，天亦因而覆敗之也。又，案：《詩·大明》云："文王初載，天作之合。"彼注云："載，識也。"言文王生，適有所識，天爲之生配，謂生大姒。此"載"爲栽殖者，載容兩義：亦得爲識，亦得爲殖。又，此《大雅·嘉樂》之篇，美成王之詩。嘉，善也。憲憲，興盛之貌。詩人言善樂君子，此成王憲憲然有令善之德。案：《詩》本文"憲憲"爲"顯顯"，與此不同者，《齊》《魯》《韓詩》與《毛詩》不同故也。又，宜民，謂宜養萬民。宜人，謂宜官人。其德如此，故受福于天。佑，助也。保，安也。天乃保安佑助，命之爲天子，又申重福之。作記者引證大德必受命之義，則舜之爲也。①

〇宣繒曰：大孝惟於舜見之。《書》與《孟子》論舜之孝，皆言孝之始；《中庸》論舜之孝，則言孝之終。蓋《書》與《孟子》指其事親之實，《中庸》則發明其用功之大。

〇蔡淵曰：大孝、大德、大道，皆以天道而爲言；達孝、達德、達道，皆以人道而爲言。②

〇毛奇齡曰：文輝謂材與篤俱兼美惡言。又，馮氏謂受命即是得位，然不必鑿指作天子。惟《孔演圖》云"聖人不空生，必有制以顯天心。丘爲木鐸制天下法"，即是天命。此語與《論語》封人之語相合。然則受命亦但云佑命自天已耳。③

〇陈柱曰：然可必者，道之常；不可必者，時之變。孔子道其常，

① 《禮記正義》卷第六十，《中庸》第三十一，下册，2005—2007頁。

② 《禮記集説》卷一百二十八，《中庸》第三十一，《通志堂經解》第13册，384—385頁。

③ 《續禮記集説》卷八十七，《中庸》，《續修四庫全書》第102册，538頁。

欲以禍福勸善也；不可言其變者，不欲以禍福自沮也。故賢者不惑於鬼，而不肖者有所畏乎神。

〇馬其昶云：此立教之聖人，致極中和之驗。①

〇謹案：關於德福一致的難題。这裏涉及哲學上的所謂“圓善”問題，亦即“德福一致”問題的解决。德國大哲康德劃德行與幸福爲兩界，德行屬於實踐理性的自由領域，其圓滿可取决於覺悟者自己，我們無論如何隨時隨地都可以踐履善行與德行。但幸福却屬於理論理性的自然領域，能否獲取則不一定取决於我們的願望，以至在現實中往往還多半不能獲得我們的德行所配享的幸福。② 康德最終不得不把這個難題的解决寄託於“神之此在”與我們的“靈魂不朽”的純粹實踐理性公設上。

不過《大學》與《中庸》既彰顯了“止於至善”及“盡性立誠之教”，此爲“終教”，亦爲“圓教”，那麽，今儒牟宗三先生就認爲：“圓教必透至無限智心始可能。如是，吾人以無限智心代上帝，蓋以無限智心之人格神化爲情執故，不如理故。無限智心不對象化而爲人格神，則無限智心始落實。落實云者，人能體現之之謂。人能體現之，始見其實

---

① 《中庸通義　中庸注参》，25 頁。

② 在我看來，幸福是有層次的，大致説來不外乎以下四類，即享樂層面的幸福；榮譽利益層面的幸福；精神層面（比如審美活動）的幸福；純粹精神層面的幸福。這之中除了純粹精神層面的幸福僅僅依憑極善的德行，也就是説可以始終伴隨後者而來，因而我願意稱它爲“至福”外，其他三類，從精神層面的幸福到榮譽利益層面的幸福直至享樂層面的幸福，所依待的其他先决條件會依次遞增、逐漸增多。所有這些條件，依康德，都位於自然的而非自由的領域。要想它們也成爲德行所配享的幸福，就不僅僅是德行自身的事情了。於是我們看到自由與自然的分離，終於釀成了德行與幸福難成一致的難題，這就是圓善問題。或者我們可以問：當我忠實地踐履了我的道德責任之時，我可以希望什麼？應當説，我所希望的幸福並非一切幸福，而僅僅是圓善中的幸福，亦即德行所配享的幸福。因此，幸福在此是有所限定的，它必須受到德行的限定。而凡是以幸福爲動機的行爲，就都不是單純出於義務或責任的行爲，因而就不是德行，其結果無論怎樣都談不上德行所配享的幸福；反之，凡不是德行所配享的幸福，譬如孔子所説的“損者三樂”，即“樂驕樂，樂佚游，樂宴樂”，（《論語·季氏》第五章）等等，就更不是圓善中的幸福，而是會嚴重損害德行的逸樂，因而必須毫無保留地清除出去。所以，我首先可以希望的惟有“至福”！它是僅僅以德行，尤其僅僅以極善的德行爲先决條件，並且必然伴隨德行，尤其伴隨極善的德行而來的。所謂“孔顔樂處”就不僅僅體現了，而且是非常充分地體現了德行與至福的和諧一致。正是因此我才説：德行即至福！（詳情請參閱陸沉《人?!——紀念康德逝世 200 周年》，四川大學哲學系主編《思與問》，263—300 頁，成都：巴蜀書社，2006 年）

義。對象化而爲人格神只是情識崇拜祈禱之對象，其實義不可見。實義不可見，吾人不能知其於德福一致問題之解决將有何作用。無限智心能落實而爲人所體現，體現之至於圓極，則爲圓聖。在圓聖理境中，其實義完全得見：既可依其自律而定吾人之天理，又可依其創生遍潤之作用而使萬物（自然）有存在，因而德福一致之實踐（真實可能）亦可得見：圓聖依無限智心之自律天理而行即是德，此爲目的王國；無限智心於神感神應中潤物、生物，使物之存在隨心轉，此即是福，此爲自然王國（此自然是物自身層之自然，非現象層之自然，康德亦説上帝創造自然是創造物自身之自然，不創造現象義的自然）。兩王國'同體相即'即爲圓善。圓教使圓善爲可能；圓聖體現之使圓善爲真實的可能。"[①]譬如大舜，子曰："舜其大孝也歟！德爲聖人，尊爲天子，富有四海之内。宗廟饗之，子孫保之。故大德必得其位，必得其禄，必得其名，必得其壽。故天之生物，必因其材而篤焉。故栽者培之，傾者覆之，《詩》曰：'嘉樂君子，憲憲令德！宜民宜人；受禄于天；保佑命之，自天申之！'故大德者必受命。"

當然，我們必須得强調，"舜其大孝也歟……"，此乃常理；倘若，譬如聖人孔子，不得其位、其禄、其壽，則非常理，亦即朱子所謂，此"天之所當以培乎孔子者，而以適丁氣數之衰，是以雖欲培之而有所不能及爾，是亦所謂不得其常者"也。而陳淳對此則以上天賦質厚薄來做解釋，認爲："聖人得氣至清，所以合下便能生知；賦質至粹，所以合下便能安行。如堯、舜，既得其至清至粹，爲聰明神聖；又得氣之清高而稟厚，所以貴爲天子，富有四海。至於享國皆百餘歲，是又得氣之最長者。如夫子，亦得至清至粹，合下便生知安行，然天地大氣到那時已衰微了，所以夫子稟得不高不厚，止栖栖爲一旅人；而所得之氣又不甚長，止僅得中壽七十餘歲，不如堯、舜之高。"概言之，德福一致是常理，德福不一致則非常理。雖然，却如汪紱所言，"君子言理不言數，大德而有不受命者，則亦聖人之有所不能，而天地之有所憾者矣"。雖

① 牟宗三著《圓善論》，332—333頁，臺北：臺灣學生書局，1985年。

然，程子亦强調，“天之報應，皆如影響，得其報者，是常理也，不得其報者，非常理也。天命不可易也，然有可易者，唯有德者能之。如休養之引年，世祚之祈天永命，常人之至於聖賢，皆此道也”。張子亦以爲，“德不勝氣，性命於氣；德勝其氣，性命於德。窮理盡性，則性天命，命天德，氣之不可變者，獨死生修夭而已。故論死生則曰‘有命’，以言其氣也；語富貴則曰‘在天’，以言其理也。此‘大德’所以‘必受命’”。亦如吕大臨所言，“命雖不易，惟至誠不息，亦足以移之。此‘大德’所以‘必受命’，君子所以有性焉，不謂命也”。亦如吕留良所言，“《中庸》説出必得之理，指示人從庸德用力，以極大道之費。命即在德内。氣數之命即在性命中，德有淺深，則命有厚薄，惟人自取耳”。或者，我們甚至可以説，德福一致之常理，“當每個人都實現自己的人之所以爲人後，便會成爲實境。這看起來雖然竟似只比康德所説好上那麽一點，但已迥然有别的是，倘若一定還要用助成這個詞，則天地之助成力量，已毫無保留地全然貫注於人，這個實境，每個人之德行，皆在親手打造它，將它帶到地面上來，雖然繫於所有人其實意味着在己惟成德之一事。”[①] 這裏所謂實境，不就是《中庸》所謂“致中和，天地位焉，萬物育焉”，“君子篤恭而天下平”嗎！此既是儒家對於人的充分肯定，亦是對於人的永恒的鞭策與鼓勵。對此，我們在船山那裏甚至還可以讀到，人對於自己，對於親人，以至“人對於宇宙的責任意識”，亦即：

> 孔子曰：“未知生，焉知死。”則生之散而爲死，死之可復聚爲生，其理一轍，明矣。《易》曰：“精氣爲物，遊魂爲變。”遊魂者，魂之散而游於虚也，爲變，則還以生變化，明矣。又曰：“屈信相感而利生焉。”伸之感而屈，生而死也；屈之感而伸，非既屈者因

① 有四川大學中國哲學2008級儒家哲學研究生李秋莎女士，在修習了我的“康德道德哲學”課程之後，完成其課業論文《“德福一致”劄記：〈圓善論〉讀後》，認爲，牟宗三先生大體而言，是順着陽明學來談的，或許其回應恐有失康德的本意而難以構成對康德的真正應對。至少我們還可以順着朱子學來回應圓善問題，這才是本於儒家之規模基址，對康德意味下的德福一致的究極回應。詳請參閲其未刊稿。

感而可復伸乎！又曰："形而上者謂之道，形而下者謂之器。"形而上，即所謂清通而不可象者也。器有成毁，而不可象者寓於器以起用，未嘗成，亦不可毁，器敝而道未嘗息也。以天運物象言之，春夏爲生，爲來，爲伸，秋冬爲殺，爲往，爲屈，而秋冬生氣潛藏於地中，枝葉槁而根本固榮，則非秋冬之一消滅而更無餘也。車薪之火，一烈已盡，而爲焰，爲煙，爲燼，木者仍歸木，水者仍歸水，土者仍歸土，特希微而人不見爾。一甑之炊，濕熱之氣，蓬蓬勃勃，必有所歸；若盦[①]蓋嚴密，則鬱而不散。汞見火則飛，不知何往，而究歸於地。有形者且然，況其絪緼不可象者乎！未嘗有辛勤歲月之積，一旦悉化爲烏有，明矣。故曰往來，曰屈伸，曰聚散，曰幽明，而不曰生滅。生滅者，釋氏之陋説也。儻如散盡無餘之説，則此太極渾淪之内，何處爲其翕受消歸之府乎？又云造化日新而不用其故，止此太虚之内，亦何從得此無盡之儲，以終古趨於滅而不匱邪？且以人事言之，君子修身俟命，所以事天；全而生之，全而歸之，所以事親。使一死而消散無餘，則諺所謂伯夷、盗蹠同歸一丘者，又何恤而不逞志縱欲，不亡以待盡乎！惟存神以盡性，則與太虚通爲一體，生不失其常，死可適得其體，而妖孽、災眚[②]、姦回、濁亂之氣不留滯於兩間，斯堯舜周孔之所以萬年，而《詩》云"文王在上，於昭于天"，爲聖人與天合德之極致。[③]

有學者認爲：船山"'全而歸之'的論述，顯示出思想中一種根深蒂固的意識，即人對於宇宙的責任意識，而所有的意義都是建構在這一責任意識上的：即人對於宇宙的原生生態的保持和净化，是一件具有根本意義的事情；人要以善生善死來承擔起他對宇宙的這種責任。船山把這樣一種意識作爲其整個思想的基礎和目標，來發展古典儒家的'事天'之説"，事天即事親，不但"天人合一"，而且"天親合一"，天道

① ān，古盛食物的器具。
② shěng，災異。
③ 《張子正蒙注》卷一，《船山全書》第十二册，21—22 頁。

與孝道爲一。“所以，對宇宙和生命的‘原始反終’，其根本目的是使我們能够確認‘善’是本性所固有，‘爲善’，是我們天生的責任，認識到生命爲真實，死亡不可怕”。[①] 人之好善惡惡自孝悌始，及其至也乃爲“大孝”，亦即船山所謂，“君子之道，合乎鬼神之德而本於父母之順，則孝者，固君子率性之同然，而不可須臾離者也”。“同爲子而能以孝稱，同其孝而能以大稱，蓋亦難矣。惟舜其大孝也歟！終身之慕，不離乎赤子之真；底豫之休，遂極於天下之化。斯則可以當大孝而無歉乎！惟其孝之大也，則德以是全，而福亦以是備矣”。“乃其所以必得者何故？則於此可以見天心之應乎物者矣”。“夫孝，庸德也，而其至也則爲大德。德自全而福自應，赫赫天命，且在日用對越之中。道之費也，極於至大而無外，不可見乎”。所以，人的善惡好壞必皆取决於自己，人不僅要對自己負責，更要對親人家庭家族負責，而且也要對自己的民族、國家，以至於世界、人類，甚至對整個宇宙負責，人之善生善死就是在承擔這全部的責任，誠如孟子所言：“盡其心者，知其性也。知其性，則知天矣。存其心，養其性，所以事天也。殀壽不貳，修身以俟之，所以立命也。”[②] 人不但净化與完善自己，幫助與教化他人，與大家一道創造德福一致常理得以落實的社會與國家，創造德福一致常理得以落實的世界，而且以此，即使死後，從個人的角度亦不破壞不玷污宇宙的原生生態，而維護與保持其净化，以至少有利於整個氣數氣運之由衰轉盛以至長盛不衰，讓“大德者必受命”與德福一致之常理落實於天下。這就是《中庸》第二十二章所謂“唯天下至誠，爲能盡其性；能盡其性，則能盡人之性；能盡人之性，則能盡物之性；能盡物之性，則可以贊天地之化育；可以贊天地之化育，則可以與天地參矣”的意義。

以此反觀康德，他儘管也説過，德福一致之實現有賴於世間所有人的德行圓滿，不過他却認爲那是完全不可能的事情，因爲他絶對不敢相信與承認“天地之助成力量，已毫無保留地全然貫注於人”了。於是，

---

① 陳來著《詮釋與重建——王船山的哲學精神》，40、296、299頁，北京：北京大學出版社，2004年。

② 《孟子·盡心上》第一章。

康德及其整個西方注定地要與人性之無上美好及其可以達成的至上境界失之交臂，康德畢竟是西方的哲人，圓善除了交給神，就不好再有其他的可能。而在中國，圓善却必定有真實的可能，且無須依賴一位人格神的設立，此正體現出了中國文化，尤其儒家文化精神的特出之處！

子曰："無憂者其惟文王乎！以王季爲父，以武王爲子，父作之，子述之。武王纘大王、王季、文王之緒，壹戎衣而有天下，身不失天下之顯名，尊爲天子，富有四海之内，宗廟饗之，子孫保之。武王末受命，周公成文武之德，追王大王、王季，上祀先公以天子之禮。斯禮也，達乎諸侯大夫，及士庶人。父爲大夫，子爲士，葬以大夫，祭以士；父爲士，子爲大夫，葬以士，祭以大夫。期之喪達乎大夫，三年之喪達乎天子，父母之喪無貴賤一也。"

○上第十八章。朱子曰：此言文王之事。《書》言"王季其勤王家"，蓋其所作，亦積功累仁之事也。又，言武王之事。纘，繼也。大王，王季之父也。《書》云："大王肇基王迹。"《詩》云："至于大王，實始翦商。"緒，業也。戎衣，甲胄之屬。壹戎衣，《武成》文，言一著戎衣以伐紂也。又，言周公之事。末，猶老也。追王，蓋推文武之意，以及乎王迹之所起也。先公，組紺以上至后稷也。上祀先公以天子之禮，又推大王、王季之意，以及於無窮也。制爲禮法，以及天下，使葬用死者之爵，祭用生者之禄。喪服自期以下，諸侯絶，大夫降；而父母之喪，上下同之，推己以及人也。[1]

---

① 《中庸章句》第十八章，《四書章句集注》，26—27 頁。而喪服，即五服：斬衰（cuī，案：孝子喪服也）、齊（zī）衰、大功、小功、緦（sī）麻。據《儀禮經傳通解》續卷第一，《喪服》一，《喪禮》一，喪服之制的形成，是在夏禹以下三王之世，用唐、虞白布冠、白布衣爲喪服矣（案：唐虞以上吉凶同服，唯有白布衣、白布冠而已）。死者既喪，生人制服服之者，貌以表心，服以表貌。斬［案：不緝（qī），不縫衣邊］衰貌若苴（jū，案：麻有子曰苴，苴是惡色），齊（案：緝，縫衣邊）衰貌若枲（xì，案：無子曰枲，枲是好色），大功貌若止，小功、緦麻，容貌可也。哀有淺深，故貌有此不同，而布亦有精粗也。"斬衰裳，苴絰（dié，服喪頭上或腰間繫的麻帶）、杖、絞帶、冠繩纓、菅（jiān，草也）屨者。"凡服，上曰衰，下

〇又曰：文王自公劉太王積功累仁，至文王適當天運恰好處，此文王所以言無憂。如舜大德，而禄位名壽之必得，亦是天道流行，正得恰好處耳。又，如堯舜與湯武真箇争分數，有等級。只看聖人説“謂《韶》盡美矣，又盡善也；謂《武》盡美矣，未盡善也”處，便見。又，所謂追王，武王時恐且是呼喚作王，至周公制禮樂，方行其事，如今奉上册寶之類，然無可證，姑闕之可也。禮家載祀先王服衮冕，祀先公服鷩冕，鷩冕諸侯之服。蓋雖上祀先公以天子之禮，然不敢以天子之服臨其先公，但鷩冕、旒玉與諸侯不同。又，“親親長長”，“貴貴尊賢”。夏商而上，大概只是親親長長之意。到得周來則又添得許多貴貴底禮數。上世想皆簡略，未有許多降殺貴貴底禮數。凡此皆天下之大經，前世所未備。到得周公搜剔出來，立爲定制，更不可易。又，“三年之喪，達於天子”，《中庸》之意，只是主爲父母而言，未必及其它者。所以下句

曰裳。麻在首，在要（即腰），皆曰絰。絰之言實也，明孝子有忠實之心，故爲制此服焉。斬三升布以爲衰裳，不言裁割而言“斬”者，取痛甚之意。“三年之喪如斬，期（jī，一周年）之喪如剡（yǎn，削）”。斬衰先斬布而作之，疏（即粗也）衰先作之後齊之也。苴麻爲首絰［案：象緇布冠之頍（kuǐ，固冠髮飾）項］、要絰（案：象大帶），又以苴竹爲杖，苴麻爲絞帶（案：象革帶）。以六升布爲冠，又屈一條繩爲武（案：即冠卷，古時冠上的結帶），垂下爲纓（案：冠系也）。然爲父所以杖竹者，父者子之天，竹圓亦象天。竹又外内有節，象子爲父亦有外内之痛。又竹能貫四時而不變，子爲父哀痛亦經寒温而不改，故用竹也。爲母杖桐者，桐之言同，内心同之於父。外無節，象家無二尊，屈於父。爲之齊衰，經時而有變。又削之使方者，取母象於地故也。哀痛致病，杖所以扶病，病從心起，故杖之高下以心爲斷也。“居倚廬，寢苫（shān，居喪時睡的草墊）枕塊（即土塊），哭晝夜無時。歠（chuò，喝）粥，朝一溢米，夕一溢米。寢不説（即脱）絰帶。既虞（案：既葬反，日中而虞），翦屏柱楣，寢有席，疏食，水飲，朝一哭，夕一哭而已。既練（案：小祥之祭曰練，即父母去世一周年的祭禮），舍外寢，始食菜果，哭無時。”“三年之喪，二十五月而畢。”“爲父者何以斬衰？父至尊也。喪父三年。”“事親有隱而無犯，左右就養無方，服勤至死，致喪三年。”凡此以恩爲制。“事君有犯而無隱，左右就養有方，服勤至死，方喪三年。”方喪，資於事父。凡此以義爲制。“事師無犯無隱，左右就養無方，服勤至死，心喪三年。”心喪，戚容如父而無服也。凡此以恩義之閒爲制。凡親有冥造之功，又有生育之惠，故懷哀戚之痛，同君衰服之限。君則徒有榮身顯親之事，而無冥造生育之功，故唯服粗衰表盡哀戚。師則既無親之冥造，又無君之榮顯，故無服。然恩愛成己有同於親，故不爲制服而戚容如喪父也。有親恩君義，故云以恩義之閒爲制。此外，尚有“疏衰裳齊”三年者；“齊衰三年”；“齊衰杖期”；尤其，“父在爲母，然子心喪猶三年，父必三年然後娶，達子之志也”。以及“齊衰不杖期”；“齊衰三月”；“殤大功九月七月”；“大功正服九月”；“繐衰既葬除之”；“殤小功五月”；“小功正服五月”；“緦麻三月”，等等。總之是五服越往後則恩越輕，服喪之意亦越輕，像“緦麻三月”，“布衰裳而麻絰帶，緦則絲也，五服之内輕之極”。（詳請參閲《朱子全書》第三册，1205—1307頁）

云："父母之喪，無貴賤一也。"因言：大凡禮制欲行於今，須有一箇簡易底道理。又，左氏説禮，皆是周末衰亂不經之禮，無足取者。又，某嘗言左氏不是儒者，只是箇曉事該博、會做文章之人。若公穀二子却是箇不曉事底儒者，故其説道理及禮制處不甚差，下得語恁地鄭重。公穀便是"多其訊"。没緊要處，也便説道某言者何？某事者何？又，《書》言"太王肇基王迹"，則到太王時，周家已自强盛矣。故先儒皆以爲自虞芮質成之後，爲受命之元年。[①]

〇吕大臨曰：期之喪有二：有正統之期，爲祖父母者也；有旁親之期，爲世父母、叔父母、衆子昆弟、昆弟之子是也。正統之期，雖天子、諸侯莫敢降；旁親之期，天子、諸侯絶服而大夫降。所謂"尊不同"，故或絶或降也。大夫雖降，猶服大功，不如天子、諸侯之絶服，故曰"期之喪達乎大夫"也。三年之喪爲父爲母，適孫爲祖爲長子爲妻而已，天子達乎庶人一也。父在，爲母及妻，雖服期，然本爲三年之喪，但爲父爲夫屈者也。故與齊衰期之餘喪異者，有三服而加杖，一也；十一月而練（案：喪服，用於小祥，故稱小祥之祭曰練），十三月而祥（案：此爲小祥，而父母死後二十五個月而後祭爲大祥），十五月而禫[②]，二也；夫必三年而後娶，三也。父母之喪，則齊疏之服，饘粥之食，自天子達於庶人。蓋子之事親，所以自致其誠，不可以尊卑變也。

〇游酢曰：武王之事，非聖人所優爲也，故曰"一戎衣而有天下，身不失天下之顯名"。謂之"不失"，則與"必得"異矣，乃如其道，則"尊爲天子，富有四海之内，宗廟享之，子孫保之"，與舜未始不同也。又，《泰誓》、《武成》皆證文王未自稱王。且武王觀政于商，而須暇之五年，非僞爲也。使紂一日有悛心，則武王當與天下共尊之，必無牧野之事。

---

① 《朱子語類》卷第六十三，《中庸》二，第十八章，第四册，1553—1556頁。《詩·大雅·緜》："虞芮質厥成，文王蹶厥生。"《毛傳》："質，成也。成，平也。蹶，動也。虞芮之君，相與争田，久而不平，乃相謂曰：'西伯，仁人也，盍往質焉？'乃相與朝周。"

② dàn，祭名，喪家除服之祭。

〇楊時曰：武王之武，蓋聖人之不幸者，非其欲也。

〇侯仲良曰：中庸之道，參差不同，聖人之時中，當其可而已。文王三分天下有其二，以服事殷，此文王之中庸也；舜以匹夫而有天下，此舜之中庸也；武王"纘大王、王季、文王之緒，一戎衣而有天下"，此武王之中庸也。武王末年方受天命而有天下，未及有作，周公成文、武之德，追王先公之禮，喪葬之制，皆古先所未有也。此又周公之時中也。①

〇胡炳文曰：文王父作子述，人倫之常也；舜之父子，人倫之變也。舜惟順於父母可以解憂，此《中庸》所以曰"無憂者其惟文王乎"。又，上章於舜言"德爲聖人"，於武不言；舜"必得其名"，武"不失天下之顯名"；舜性之而以揖遜有天下，武反之而又以征伐得天下也。然"宗廟享之，子孫保之"，則與舜無異，蓋舜有大德，武由世德，故下文不獨曰周公成武王之德，而以"成文武之德"兼言也。又，堯舜有不得於其子，舜禹有不得於其父，湯有不得於其孫，周家自大王以至周公，世世修德，古所無也，周公追王之禮特以義起，古所無也，所以《中庸》特表而出之。此段須看《章句》"推"字與"及"字，周公推文武之意，以及大王王季，於是始行追王之禮；又推大王之意，以及組紺以上至后稷，於是祀以天子之禮；又推此及諸侯大夫及士庶人，使各得以行喪祭之禮，孝心上下融徹，禮制上下通行，此周公所以謂之"達孝"也。此章之末數"達"字，所以有下章之首一"達"字。②

〇景星曰：蓋以上有王季之賢者爲其父，下有武王之聖者爲其子，爲父者既積其功德於前，爲子者又述其事業於後，中間爲文王者，又何所憂乎？自大舜、文、武、周公四聖，人觀之獨文王可以當無憂二字，如羑里之囚，若可憂也，亦只是文王一身上事，此却是言一家上事。又如舜父頑子不肖，堯之子丹朱，禹之父鯀，湯無子立太甲，非伊尹幾壞，由此觀之，亦唯文王可以無憂。又，言武王之事以贊之，與贊舜語

① 《中庸輯略》卷上，第十八章，53—56頁，《朱子全書外編》第一册。

② 《四書通・中庸通》，《通志堂經解》第15册，419頁。

同，此但言“不失天下之顯名”一句爲異，舜必得名，武王不失名，語有輕重。反之不若性之之純，征伐不若揖遜之順，亦論《韶》《武》之意。雖然顯名亦聖德也，但必得者不至於或失，不失者疑於失而能不失，此爲少異耳。又，然祭禮殺於下而上致其隆，喪禮詳於下而上有所略。若夫父母之喪，則自天子至庶人，賤無加隆，貴無降殺，孟子所謂三代共之者是也，“斯禮也，達乎諸侯大夫，及士庶人”，此是自上達下。“期之喪”至“達乎天子”，此是自下達上。能推吾愛親之心，制爲喪祭之禮，以通乎上下，使人人得以致其孝，故謂之“達孝”。①

〇船山曰：三年之喪：天子爲王后、世子；諸侯爲天子，自爲其夫人、世子。然雖俱三年，而居食之節有不同者，唯達焉不降爾，父母之喪則一也。父在爲母服齊衰期，十三月而祥，十四月而禫，十五月而除。②

〇又曰：《春秋傳》“王一歲而有三年之喪二焉”，謂后與世子也，故曰“達乎天子”。然其飲食居處衣服之制則有差殺，故僅曰“達”。父母之喪，哭踊倚廬，苴麻飦鬻，則天子與庶人無别，故曰“無貴賤一也”。③

〇又曰：此章歷敘周家世德之盛，以見道之費。言文王無憂者，見世德之積累，可以無憂，非文王之未備乎大業也，而上承父作，下啓子述，則道亦在焉，非文王之德，則亦無以紹先業而起後功也。按《竹書》，王季已受西伯之命，天下已漸歸周，故曰“父作之”。④

〇又曰：“憂”字有兩義：有事不遂志而可憂者，在文王固有之，《繫傳》言“作《易》者其有憂患”之謂也；有事在可爲而不必勞其憂思者，則此言“無憂”是也。天命未至，人事未起，不當預計天下之何以治、何以教，而但守先德以俟。故武王之纘緒克商，周公之制禮作樂、憂勤以圖成者，皆文王之所不爲，而非其不足以體道之廣，乃唯文

---

① 《大學中庸集説啓蒙·中庸》卷上，景印文淵閣《四庫全書》第204册，1041—1042頁。

② 《禮記章句》卷三十一，《中庸》第十八章，《船山全書》第四册，1275頁。

③ 《四書稗疏·中庸》，《船山全書》第六册，21—22頁。

④ 《四書箋解》卷二，《中庸》，“無憂”章，《船山全書》第六册，139頁。

王宜然耳。[①]

〇又曰：夫周之王也，文王始之，武王定之，周公成之，而一代之治道極隆焉。又，聖人各有其時而各盡其道，則君子之道固有非聖人所可盡知盡能者。而上通天命，下協民情，前以承祖宗久遠之休，後以立百世損益之則，道之費也，斯不亦極至大而無外乎？[②]

〇吕留良曰：此章言文武周公能盡中庸之道以見費之大者。“無憂”是就境遇上説，文王非公子封君，靠前後成功者也，其身於中庸之道，固無所不盡而又得作述之盛如此，故云，猶曰“無爲而治者其舜也與”，而益見聖人盡道之至也。兩“之”字，是指文王而言。“纘緒”二字，最易説壞。要之，武王亦不願有天下者，直是時至事起，天人交迫，莫之爲而爲。故專指翦商一事不得，然却脱離不得，肇基王迹兼德功而言，即翦商亦言其理勢自然之道，非圖謀神器也。若欲避翦商之説，而專指周家忠厚積累仁德而言，則其緒直自后稷來，何以獨始於太王哉？使紂不至無道，武王終守侯服，其纘緒未嘗不光大也。“有天下”亦只不過“纘緒”中一事耳。如此看，方見武王能盡中庸之道。武王之不同乎文者，時也，非德也。周公當時只盡其道之所當爲，爲文武之所不及爲，故云。太王王季，其功德本自當王，上世禮法簡略，不曾有此義例，周公能盡中庸之道，上體天理，下當人心，而特創立此制，直從道理上生來，爲萬世不易之大法，不是體貼文武孝思，尊崇其私親也，故不入“達孝”章，而於此發之，原不關“孝”字事。此未言及文王，以武王已王文王也。上承“大孝”，下起“達孝”，此章是過脈處。周公成文武德，其經緯制作甚廣，追王崇祀，乃其大者，以孝爲制作之本也。[③]

〇汪紱曰：此章言家庭之近而推之以治天下也。章内纘緒、成德亦上章德爲聖人之孝。但上章推而上之以至盡頭，有無少偏倚、無少差謬意；此章推而廣之以滿其量，有其守不失、無適不然意。亦兩相經緯

---

① 《讀四書大全説》卷二，《中庸》第十八章，《船山全書》第六册，508頁。
② 《四書訓義》（上）卷三，《中庸》二，第十八章，《船山全書》第七册，153—156頁。
③ 《四書講義》卷二十六，《中庸》三，中册，571—575頁。

也。夫子贊周家世德，蓋有嘆其盛之意，非單贊文王無憂。又，要之，祭葬喪禮皆一孝德之所推，而親親貴貴皆人心之所同然，禮法非有加於人，道在則然，周公亦品節之，以使人一率由於道耳。文王之德足以廣於天下而勢未能，武王纘文之德可以廣於天下而年未及，周公制禮，則以文武所未及者而成之。又，上章大德得天以道，原於天命之性，人心即天心，故能盡其性，則與天合而受天命也；此章德及天下以率性者，天下之達道，人同此心，故推己及人，則盡人之性，而治國運諸掌也。而皆本之於孝，所謂仁者人也，親親爲大，反身不誠，不順乎親也。盡親親之仁，庸行而達之天下，道之用廣矣；至性情之地，人心同然之故，則其體微矣，亦至隱存焉也。①

〇鄭玄曰：聖人以立法度爲大事，子能述成之，則何憂乎！堯、舜之父子則有凶頑，禹、湯之父子則寡令聞。父子相成，唯有文王。又，纘，繼也。緒，業也。戎，兵也。衣，讀如"殷"，聲之誤也。齊人言"殷"，聲如"衣"。虞夏商周，氏者多矣。今姓有衣者，殷之冑與？壹戎殷者，壹用兵伐殷也。《尚書》依字讀，謂一著戎衣而天下大定。又，末，猶老也。追王大王、王季者，以王迹起焉。先公，組紺以上至后稷也。葬之從死者之爵，祭之用生者之禄也。言大夫葬以大夫，士葬以士，則追王者，改葬之矣。謂旁親所降在大功者，其正統之期，天子、諸侯猶不降也。大夫所降，天子諸侯絶之，不爲服，所不臣，乃服之也。承葬祭説期、三年之喪者，明子事父以孝，不用其尊卑變。又，組紺，大王之父也，亦曰諸盩②。

〇孔穎達曰：此一節明夫子論文王、武王聖德相承，王有天下，上能追尊大王、王季，因明天子以下及士庶人葬祭祀之禮。又，言文王以王季爲父，則王季能制作禮樂，文王奉而行之；文王以武王爲子，武王又能述成文王之道，故無憂也。又，言武王能纘繼父祖之業以王天下也。言一用兵伐殷而勝之也。案：《尚書·武成》云"一戎衣"，謂一著

① 《四書詮義》上，卷三，《中庸》，《叢書集成三編》第10册，440—443頁。
② zhōu。

戎衣而滅殷。此云“一”者，以經武王繼大王、王季、文王三人之業，一用滅殷，對三人之業爲一耳。由三人之業，故一身滅之。鄭必以“衣”爲“殷”者，以十一年觀兵于孟津，十三年滅紂，是再著戎服，不得稱“一戎衣”，故以衣爲殷，故注云“齊人言‘殷’聲如‘衣’”。又，美周公之德也。言周公尊崇先公之禮，非直天子所行，乃下達於諸侯、大夫、士、庶人等，無問尊卑，皆得上尊祖父，以己之禄祭其先人，猶若周公以成王天子之禮祀其先公也。又，謂正統在三年之喪，父母及適子並妻也。達乎天子者，言天子皆服之。不云“父母”而云“三年”者，包適子也。天子爲后服期，以三年包之者，以后卒必待三年然後娶，所以達子之志，故通在三年之中。是以昭十五年《左傳》云，穆后崩，太子壽卒，叔向云：“王一歲而有三年之喪二焉。”是包后爲三年也。直云“達乎天子”，不云“諸侯”者，諸侯旁親尊同則不降，故《喪服・大功》章云“諸侯爲姑、姊妹嫁於國君者”是也。又，唯父母之喪，無問天子及士庶人，其服並同，故云“無貴賤一也”。又，謂文王受命十一年，武王觀兵於孟津，白魚入王舟，是老而受命。受命後七年而崩。故鄭注《洛誥》“文王受赤雀，武王俯取白魚，皆七年”是也。案：《詩・頌・閟宫》云：“大王居岐之陽，實始翦商。”是“王迹起”也。《周本紀》云：“亞圉卒，子太公叔類立。太公卒，子古公亶父立。”又《世本》云：“亞圉雲生太公組紺諸盩。”則叔類、組紺、諸盩是一人也。而先公之中，包后稷也，故云“組紺以上至后稷也”。案：《司服》云：“享先王則衮冕，先公則鷩冕。”以后稷爲周之始祖，祫祭於廟，當同先王用衮，則先公無后稷也。故鄭注《司服》云“先公，不窋至諸盩”。若四時常祀，惟后稷及大王、王季之等，不得廣及先公。故《天保》云：“禴祠烝嘗，于公先王。”是四時常祀，但有后稷、諸盩以下。故鄭注《天保》云：“先公，謂后稷至諸盩。”此皆盡望經上下釋義，故不同，或有至字誤也。云“則追王者，改葬之矣”者，以大王、王季身爲諸侯，葬從死者之爵，則大王、王季只得爲諸侯葬禮，不得言追王從天子法，故知追王之時，而更改葬用天子禮。案：《大傳》云“武王追王大王亶父、王季歷”，此云“周公追王”，不同者，武王既伐紂，追王布告天下，周公追而改葬，故不同也。熊氏云：“此對天子、諸侯，故云‘期之喪達乎大夫’，其實大夫爲大功之喪得降小功，小功之喪得降緦麻，是大功、小功皆達乎大夫。”熊氏又云：“天子爲正統之喪，適婦大功，適孫之婦小功。”義或然，但無正文耳。《喪服傳》云：“始封之君不臣諸父、昆弟，封君之子不臣諸父而臣昆弟。”但不臣者，皆以本服服也。[1]

○周諝曰：文王雖可以無憂，而未嘗無憂。可以無憂者，以其有父之作，而有子之述；未嘗無憂者，以其天人之責在於己。故《書》曰“自朝至于日中昃，不遑暇食”。

○胡瑗曰：上言舜以匹夫積德而有天下，此言周家累世積德而有天下，以爲天子。凡父能作之，或無子以述成之；子能述之，或無父以倡始之。堯、舜之子則朱、均，舜、禹之父則瞽、鯀，三聖父子之間不令如此。唯文王以王季爲父，以武王爲子。王季作之，文王述成之；文王作之，武王述成之。上有賢父，下有聖子，夫何憂哉？聖人非其道，非其義，殺一不辜而得天下，不爲也。武王仗大義誅殘賊而有天下，身不失天下之顯名，而又尊爲天子。

○陸佃曰：“壹戎衣”，一掛戎衣伐殷也。湯十一征自葛始，文王專征伐，其服戎衣屢矣。“身不失天下之顯名”者，嫌於失之，是以言之。舜言“德爲聖人”，此言“名”者，各以其宜言言之也。周之受命本在文王，末在武王，此經不言追王文王者以上，言周公成文武之德，追王之意，文王與焉故也，《大傳》則言武王之事而已。

○黄裳曰：舜言“德爲聖人”，而武王不言者，其避文王歟？此亦周公思兼三王，以施四事，不及文王之意，然而功之爲盛也，不足以德言。

○游桂曰：中庸之道，常患乎失其傳，夫無失其傳之憂，其唯文王乎！即文王而言之，居其前者，常患乎無以授之，而文王以王季爲父，則王季授之矣；其居後者，常患乎無以承之，而文王以武王爲子，則有

---

① 《禮記正義》卷第六十，《中庸》第三十一，下册，2007—2010 頁。

以承之矣。此所謂父作子述也。至於此武王用中之效，始大見於天下，身享其報，則其道之相承，而格於天心矣，以一戎衣而有天下，言其得之之易也，以臣伐君而不失顯名，既有其位，又有其禄，既有其祖，又有其後，此所謂報之厚全，美而可觀也。

○喻樗曰："父作之，子述之"，文、武之心一也。大勳未集，其勢然也；"壹戎衣而有天下"，亦其勢然也。堯、舜，湯、武，易地而皆然也，然則曰"予有慚德"，何也？聖人之不得已也！何爲不得已？曰天命也，其可已乎？非湯、武，天下之禍寧止？如夏殷之季而已哉！當是時，猶有管叔、蔡叔、霍叔也，猶有武庚、淮夷也，故曰"予弗順天，厥罪惟均"，然則湯武之事，其心可知矣。如此，故"身不失天下之顯名"。孔子曰"湯、武革命，順乎天而應乎人"，孟子曰"天吏也"，學者其可信矣！不然，安有"尊爲天子，富有四海之内，宗廟饗之，子孫保之"，乃與舜同稱哉？《禮》曰"後世雖有作者，虞帝不可及已"，言時不同也。

○于有成曰：詩人謂文王"不識不知，順帝之則"，天下豈足以動其心哉！夫子論武王"尊爲天子，富有四海之内，宗廟饗之，子孫保之"，與舜同。至於"德爲聖人"，則不與，蓋求之文王則天其人，武王則人其天矣。其曰"纘大王、王季、文王之緒"，是述於後者。文王未始違乎天，故其緒不息，而有以得天下，不然使武王不循其序，文王之志荒矣。故大王、王季、文王，皆無取天下之心，而自有以得天下之實；武王纘大王、王季、文王之緒，雖有以得天下之實，亦未始有取天下之心，然則皆天也。[①]

○毛奇齡曰："壹戎衣"即《康誥》"殪戎殷"，言滅大殷也。殪壹，衣殷，聲之轉也。[②]

○馬其昶云：有其德無其位，亦可以盡孝之量，故立教之聖人，不

---

① 《禮記集説》卷一百二十九，《中庸》第三十一，《通志堂經解》第13册，386—387頁。

② 《續禮記集説》卷八十七，《中庸》，《續修四庫全書》第102册，538頁。

必皆受命者。[1]

子曰："武王、周公，其達孝矣乎！夫孝者：善繼人之志，善述人之事者也。春秋修其祖廟，陳其宗器，設其裳衣，薦其時食。宗廟之禮，所以序昭穆也；序爵，所以辨貴賤也；序事，所以辨賢也；旅酬下爲上，所以逮賤也；燕毛，所以序齒也。踐其位，行其禮，奏其樂，敬其所尊，愛其所親，事死如事生，事亡如事存，孝之至也。郊社之禮，所以祀上帝也；宗廟之禮，所以祀乎其先也。明乎郊社之禮、禘嘗之義，治國其如示諸掌乎。"

〇上第十九章。朱子曰：達，通也。承上章而言武王、周公之孝，乃天下之人通謂之孝，猶孟子之言達尊也。又，上章言武王纘大王、王季、文王之緒以有天下，而周公成文武之德以追崇其先祖，此繼志述事之大者也。下文又以其所制祭祀之禮，通於上下者言之。又，祖廟：天子七，諸侯五，大夫三，適士二，官師一。宗器，先世所藏之重器，若周之赤刀、大訓、天球、河圖之屬也。裳衣，先祖之遺衣服，祭則設之以授尸也。時食，四時之食，各有其物，如春行羔、豚、膳、膏、香之類是也。又，宗廟之次：左爲昭，右爲穆，而子孫亦以爲序。有事於太廟，則子姓、兄弟、群昭、群穆咸在而不失其倫焉。爵，公、侯、卿、大夫也。事，宗祝有司之職事也。旅，衆也。酬，導飲也。旅酬之禮，賓弟子、兄弟之子各舉觶於其長而衆相酬。蓋宗廟之中以有事爲榮，故逮及賤者，使亦得以申其敬也。燕毛，祭畢而燕，則以毛髮之色別長幼，爲坐次也。齒，年數也。又，踐，猶履也。其，指先王也。所尊所親，先王之祖考、子孫、臣庶也。始死謂之死，既葬則曰反而亡焉，皆指先王也。亦皆繼志述事之意也。又，郊，祀天。社，祭地。不言后土者，省文也。禘，天子宗廟之大祭，追祭太祖之所自出於太廟，而以太

[1] 《中庸通義　中庸注參》，83 頁。

祖配之也。嘗，秋祭也。四時皆祭，舉其一耳。禮必有義，對舉之，互文也。示，與視同。視諸掌，言易見也。此與《論語》文意大同小異，記有詳略耳。[①]

〇又曰：昭之爲言，明也，以其南面而向明也。其讀爲韶，先儒以爲晉避諱而改之，然《禮》《書》亦有作佋字者，則假借而通用耳。北向者，取其深遠，故謂之穆。蓋群廟之列，則左爲昭而右爲穆，祫祭之位，則北爲昭而南爲穆也。昭常爲昭，穆常爲穆。昭者祔，則穆者不遷，穆者祔，則昭者不動。此所以祔必以班，尸必以孫，而子孫之列，亦以爲序。宗廟之制，但以左右爲昭穆，而不以昭穆爲尊卑。一世自爲一廟，則昭不見穆，穆不見昭，而内有以各全其尊。必大祫而會於一室，然後序其尊卑之次，則凡已毁未毁之主，又畢陳而無所易。周制原本五廟，太祖后稷與二昭二穆。到文王親盡當祧[②]，而别立一廟，謂之文世室，而爲六廟矣。而武王親盡當祧亦然，而謂之武世室，而爲七廟矣。自是以後，則穆之祧者藏於文世室，昭之祧者藏於武世室，而不復藏於太廟矣。[③]

〇又曰："旅酬"，是客先勸主人，主人復勸客，客又勸次客，次客又勸第三客，以次傳去。如客多，則兩頭勸起。"導飲"，主人酌以獻

---

① 《中庸章句》第十九章，《四書章句集注》，27—28頁。《論語·八佾》第十一章：或問禘之説。子曰："不知也。知其説者之於天下也，其如示諸斯乎！"指其掌。朱子曰："先王報本追遠之意，莫深於禘。非仁孝誠敬之至，不足以與此，非或人之所及也。而不王不禘之法，又魯之所當諱者，故以不知答之。示，與視同。指其掌，弟子記夫子言此而自指其掌，言其明且易也。蓋知禘之説，則理無不明，誠無不格，而治天下不難矣。聖人於此，豈真有所不知也哉？"又，趙伯循曰："禘，王者之大祭也。王者既立始祖之廟，又推始祖所自出之帝，祀之於始祖之廟，而以始祖配之也。成王以周公有大勳勞，賜魯重祭。故得禘於周公之廟，以文王爲所出之帝，而周公配之，然非禮矣。"（《四書章句集注》，64頁）關於郊祀，一説凡天神爲祀，地祇爲祭，人鬼爲享。（《三禮辭典》，752頁）又，所謂"四時皆祭"，《詩·小雅·天保》："禴祠烝嘗，于公先王。"《傳》：宗廟之祭，春曰祠，夏曰禴，秋曰嘗，冬曰烝。（《詩集傳》，《朱子全書》第一册，551頁）

② tiāo。

③ 《中庸或問》下，《朱子全書》第六册，581—583頁。所謂"祔"，祭名。新死者與祖先合享之祭。止哭之次日，奉死者之神主祭於祖廟，謂之祔祭。祭畢，仍奉神主還家，至大祥（死後兩周年）後，始遷入廟。而所謂"别於宗者"，太廟中，群昭群穆不失其倫，然凡賜爵，則昭與昭齒，穆與穆齒。

賓，賓酬主人曰酢。主人又自飲，而復飲賓曰酬。其主人又自飲者，是導賓使飲也。又，《周禮》旅酬六尸。杜佑乃謂古無女尸，女尸乃本夷虜之屬，後來聖人革之。又，燕時擇一人爲上賓，不與衆賓齒，餘者皆序齒。又，游氏説郊社之禮，所謂“惟聖人爲能享帝”；禘嘗之義，謂“惟孝子爲能享親”，意思甚周密。又，自是天神高而在上，鬱鬯之酒感它不著。蓋灌鬯之酒却瀉入地下去了，所以只可感人鬼，而不可以交天神也。又，“世”與“太”字，古多互用，如太子爲世子，太室爲世室之類。又，太祖居中，坐北而向南。昭穆以次而出向南。大率論廟制，劉歆之説頗是。①

〇吕大臨曰：此章言“達孝”所以爲中庸。武王、周公所以稱“達孝”者，能成文王事親之孝而已。父爲昭，子爲穆，父，親也，親者邇則不可不别也；祖爲昭，孫亦爲昭，祖爲穆，孫亦爲穆，祖尊也，尊者遠則不嫌於無别也。故孫可以爲王父尸，子不可以爲父尸，此昭穆之别於尸者也。又，此昭穆亦别於祔者，亦别於宗者。又，祭則貴貴，貴貴則尚爵；燕則親親，親親則尚齒，其義一也。天下之大經，親親、長長、貴貴、尊賢而已。人君之至恩，下下而已。一祭之間，大經以正，至恩已宣，天下之事盡矣。“事上帝”者，所以立天下之大本，道之所由出也；“祀乎其先”者，所以正天下之大經，仁義之所由始也。

〇游酢曰：大孝，聖人之絶德也；達孝，天下之通道也。要其爲人倫之治則一也。故繼志述事之末，亦曰“孝之至也”。“事死如事生”，以慎終者言之；“事亡如事存”，以追遠者言之。惟聖人爲能饗帝，孝子爲能饗親。饗帝，一德也；饗親，一心也。又，仁孝之至，通乎神明，而神祇祖考安樂之，則於郊社之禮，禘嘗之義，始可以言明矣。夫如是，則於爲天下國家也何有？②

〇饒魯曰：“達孝”是承上章三“達”字而言，言其孝不特施之家，又能達之天下。如斯禮達乎諸侯大夫，及士庶人，是自上達下；“期之

① 《朱子語類》卷第六十三，《中庸》二，第十九章，第四册，1556—1558 頁。
② 《中庸輯略》卷下，第十九章，59—63 頁，《朱子全書外編》第一册。

喪達乎大夫，三年之喪達乎天子”，是自下達上。能推吾愛親之心而制爲喪祭之禮，以通乎上下，使人人得致其孝，故謂之達孝。如所謂德教加於百姓，刑于四海，此天子之孝是也。又，“春秋修其祖廟”四句，特費之小者。至於序昭穆、序爵、序事、序齒、下爲上，則又親親、長長、貴貴、尊賢、慈幼、逮賤之道，此便是治天下之經。敬其所尊，敬也；愛其所親，仁也；事死亡如生存，誠也。盡是三者，孝也。仁孝誠敬指心而言，是又天下之本，一祭祀之間，而治天下之道具於此，故結之曰明乎此者，治國其如示諸掌乎，豈非指費之大者而言歟。

○胡炳文曰：“踐其位，行其禮，奏其樂”，述事之大者也；“敬其所尊，愛其所親”，繼志之大者也。前章由武王周公繼志述事之孝，而及禮制之通乎上下者；此章言禮制之通乎上下者，而説歸武王周公繼志述事之孝。章首曰“其達孝矣乎”，此結之曰“孝之至也”無餘藴矣。又，蓋上章與此章，上文專以宗廟之禮言，此則兼以郊禘之禮言。周公制爲禮法，未嘗不通上下之情，亦未嘗不嚴上下之分。祀先之禮通上下可得行，祀上帝惟天子得行之，故特先後而言之，曰此“所以祀上帝也”，曰此“所以祀乎其先也”，名分截然不可犯也。明乎郊社之禮，胡爲先郊而後社，郊祭天惟天子得行之，社則自侯國以至於庶人各有社，上下可通行也。明乎禘嘗之義，胡爲先禘而後嘗，禘大祭惟天子得行之，嘗宗廟之秋祭上下可通行也。前章末言三年之喪，惟庶人得以通乎天子，必有父也；此章末言郊禘之祭，諸侯不得以通乎天子，必有君也。但言周公之制禮如此，而不足於魯之意自見，此所以爲聖人之言也。又，上自費隱章至此，爲第三大節。[①]

○景星曰：上章舜之孝就德上言，如天之不可名，故曰大；此就事上言，天下稱之無異辭，故曰達。看來此三章要通看，前章只是父母順而已，到舜便説大孝，舜只是孝一家，到武王也只是舜之孝，到周公又便推得闊了。此與前章雖皆兼言武王周公，其實主周公而言，蓋謂武王有天下，然後周公得以制禮故也。又，只就祭祀一事中，而推極之至於

① 《四書通·中庸通》，《通志堂經解》第15册，420頁。

郊天禘祖乃其至大者，非聖人大孝其孰能之，此《章句》所以爲費之大者歟。又，修者只是灑掃整飭，常使嚴潔之謂。或曰黝堊之謂。古注謂修，掃糞也。又，宗廟之禮一節，禮意至爲周密，當看五“所以”字。序昭穆，主生者而言，所以明同姓之尊卑。序爵，所以合同姓異姓之貴賤。序事，又所以分别群臣之賢否，賢者既有事，則不賢者亦自能勸。然宗廟之中既以有事爲榮，則事不及之者不能無耻，則又有序爵以安其心，執事者既榮，無事有爵而在列者，及賤而役於廟中者，皆得與旅酬之禮。至此，賢與不賢皆恩禮之所逮也，此是合同姓異姓通言者也。至祭禮已畢，尸既出，異姓之臣皆退，獨燕同姓，則以毛髮之色别長幼爲坐次，此是親親之禮，又厚於疏遠者也。此可見制禮之意，恩意周遍，仁至義盡，而禮文燦然。序昭穆，親親也；序爵，貴貴也；序事，尊賢也；逮賤，慈幼也；序齒，長長也。此五者治天下之大經，一祭之間大經以正，至恩以宣，天下之事盡矣。又，此通上三章皆言孝之一事而不及他，舜之孝盡其養生之道，武王周公之孝盡其事死之道，合三章，孝之道備矣，皆聖人止至善之實，故曰費之大。曰敬，曰仁，曰慈，必皆如此而後爲能盡全體，舉孝以見例。[①]

〇船山曰：祖有功，宗有德。始封者必爲祖，則唯七廟五廟三廟者爲有祖廟，二廟則一王考一考，而一廟唯有禰廟，不得稱祖矣。此言宗者，言合大宗小宗於廟中也。宗禮行於廟中，在太廟則以大宗序同姓，在群廟則以小宗序所出者之子孫也，則袒免以外皆從乎賓矣。此大宗小宗别爲一義，而不同於祖功宗德之説也。[②]

〇又曰：總以此章之旨，謂武王、周公盡其孝之道，而創制立法，推行上下，無不各俾盡其性之仁孝；於以見道用之廣，而夫婦所知能之理，（孝）極其至而察乎上下。故末復以郊禘之義明而治國無餘藴者終之。[③]

---

① 《大學中庸集説啓蒙·中庸》卷上，景印文淵閣《四庫全書》第204册，1043—1046頁。

② 《四書稗疏·中庸》，《船山全書》第六册，22頁。

③ 《讀四書大全説》卷二，《中庸》第十九章，《船山全書》第六册，511—512頁。

〇又曰：由夫子之言觀之，武王、周公以因心之孝，惟前人之志事是繼是述，而敬愛之廣被啓禮文之詳備，郊禘之精意爲平治之本原，則君子之道，自父母之順，以極鬼神之德，無有二致，其極乎至大而無外，益著明矣。然其所以然者，則固隱也，其能然者則誠也。請進而備論，以反之約焉。[①]

〇吕留良曰："達孝"與"天下歸仁"同例，非欲盡理純，不足以當歸仁；非德盛道行，盡倫盡制，不足以當達孝。蓋此理本非武、周之所獨，自武、周實有其道，而天下之言孝者歸焉，猶之仁爲天下所共有，故"一日克復"，則"天下歸仁"，"達"字根源在此。"夫孝者"三字，不粘住武、周，正見此理横天塞地，凡爲孝子，皆當如此，武、周特其最耳。如此方見"達"字之義。王制之備，萬世由之不能易，此武、周之所謂達也，若只就征誅上説，如何盡得"達"字！盡倫備物，禮制明備，仁至義盡，即是繼述之善。在諸侯時盡諸侯之禮，在天子時盡天子之禮，此則事勢有不同耳。使武、周終身侯服，亦是善繼善述，非必爲天子而後謂之善也。故繼述不當主易侯而王上立説。郊與社對舉，指天地也，非天子不祭天，而諸侯以下皆得祭社。禘者，五年之大祭。嘗者，四時之祭之一。禮不王不禘，而嘗則通於上下，祠礿嘗蒸之名，皆因時物生成取義。禘與祫確是二禮，王者有禘、有祫，諸侯只有祫而無禘。《禮大傳》曰："禮不王不禘，王者禘其祖之所自出，而以其祖配之。"此言天子有極尊之大祭，天子以下所無也。曰"諸侯及其太祖"，"及"者，牽連以下之詞，與"配"不同，即大祫也，亦諸侯極尊之大祭，諸侯以下所無也。故下曰"大夫有大事，省於其君，干祫及其高祖"，言大夫無祫，有功德而君賜之，乃得祫及高祖。然云"干祫"者，謂非禮之常也。禘取尊遠，祫取合祖。合祭曰祫，祫非祭之名也，故《記》云祫禘、祫嘗、祫烝。聖人制祭祀之禮，義甚精微，到"上帝""其先"，其義乃盡。《中庸》因時祭説至此，直從"鬼神盛德"章來，與下章"達道""九經"歸於"明誠"作樞紐，不僅鋪陳祭祀制度

① 《四書訓義》（上）卷三，《中庸》二，第十九章，《船山全書》第七册，162頁。

也。"達孝"意上已了結，此就盡制之極，推廣以見武、周盡中庸之道之費也。①

〇汪紱曰：此章亦上章之意，但上章言周之世德，此章則又表武、周之孝，而仁孝之至以享帝，亦即大孝得天；仁孝之推以治國，亦即推己及人。是亦總上二章意，爲費之大者作總收也。繼志述事以道言，不以事迹言。蓋文王有安天下之志，而武王能遂之，雖服事征誅異，其安天下同也；文王有教天下之德，而武、周能成之，雖諸侯天子異，其教天下同也。故謂之善。其實此二章，未必夫子一時之言，夫子意中未必實承上章，但繼述所指要不外纘緒成德，下文祭祀之禮，亦不外追王上祀之禮，子思引以相次，則二章正相足矣。繼述獨舉祭祀言者，以祭祀上通於先王祖考，下通之子孫臣庶，其繼志述事之孝尤爲明顯而親切也。又，但祖有追遠之意，宗有統族之義，故通於上言祖，通於下言宗。又，子思引此，則見以孝之至而治國以視掌，禮明樂備，皆一孝之所發，則費之大者亦不過以庸行之常推之以及其至耳，所以爲不肖者勉也。家庭繼述亦卑邇也，享帝享親治國如視掌，則高遠之至矣，而其所以然者，則至隱存焉。武周繼述先王志事，故有禘嘗；武周繼述天地志事，故有郊社。"維天之命，於穆不已"，"於乎不顯，文王之德之純"，是即文即天；武周之仁孝誠敬，亦一天之神也，禮明樂備，亦一天之化也。治國天下只一串事矣。②

〇鄭玄曰：修，謂掃糞也。宗器，祭器也。裳衣，先祖之遺衣服也。設之，當以授尸也。時食，四時祭也。又，序，猶次也。爵，謂公、卿、大夫、士也。事，謂薦羞也。以辨賢者，以其事別所能也，若司徒羞牛，宗伯共雞牲矣。《文王世子》曰："宗廟之中，以爵爲位，崇德也。宗人授事以官，尊賢也。"旅酬下爲上者，謂若《特牲饋食之禮》賓弟子、兄弟之子各舉觶於其長也。逮賤者，宗廟之中以有事爲榮也。燕，謂既祭而燕也。燕以髪色爲坐，祭時尊尊也，至燕親親也。齒亦年

---

① 《四書講義》卷二十六，《中庸》三，中册，575—583頁。

② 《四書詮義》上，卷三，《中庸》，《叢書集成三編》第10册，443—448頁。

也。又，踐，猶升也。其者，其先祖也。踐，或爲“纘”。又，社祭地神。不言后土者，省文。又，示，讀如“寘諸河干”之寘。寘，置也。物而在掌中，易爲知力者也。序爵、辨賢、尊尊、親親，治國之要。

○孔穎達曰：以前經論文王、武王聖德相承，此論武王、周公上成先祖，修其宗廟，行郊社之禮，所以能治國如置物掌中也。又，人，謂先人。若文王有志伐紂，武王能繼而承之。《尚書·武成》曰：“予小子其承厥志。”是“善繼人之志”也。又，言文王有文德，爲王基，而周公制禮以贊述之。故《洛誥》云：“考朕昭子刑，乃單文祖德。”是“善述人之事也”。此是武王、周公達孝之事。又，事，謂薦羞也。序，謂次序所供祭祀之事，若司徒奉牛，司馬奉羊，宗伯共雞，是分别賢能，堪任其官也。又，旅，衆也。逮，及也。謂祭末飲酒之時，使一人舉觶之後，至旅酬之時，使卑者二人各舉觶於其長者，卑下者先飲，是下者爲上，賤人在先，是恩意先及於賤者，故云“所以逮賤也”又，踐，升也。謂孝子升其先祖之位，行祭祀之禮也。又，若能明此序爵、辨賢、尊親，則治理其國，其事爲易，猶如置物於掌中也。[①]

○劉彝曰：言其孝德，幽則達於鬼神，明則達於庶士，莫不用夫中庸以濟其美，故曰“武王、周公，其達孝矣乎”。“善繼人之志”者，謂大王、王季、文王之志，在乎率人民於中和也，贊天地之化育也，而武王、周公善行斯道，以繼其志而益光大之。“善述人之事”者，謂三王之事業存於禮樂政刑也，武王善能述而行之於天下也，周公善能述而載之於六官也，著成萬世帝王之大法，使大王、王季、文王之緒業垂諸方策，而仁於無疆，則聖子神孫所以昭顯乎親者，其有大於此乎！

○周諝曰：孝之爲孝一也，然於舜則言大，於武王、周公則言達，何也？蓋德爲聖人之類，非通乎天下之所可行者也，故曰大；武王、周公之孝，則在乎繼前人之志，述前人之事，而可以通乎天下者也，故曰

---

① 《禮記正義》卷第六十，《中庸》第三十一，下册，2010—2012頁。《洛誥》云：“予旦以多子越御事，篤前人成烈，答其師，作周孚先。考朕昭子刑，乃單文祖德。”注曰：“周公言我以衆卿大夫及治世之臣，篤厚文武成功，以答天下之衆也。”“言成我明子儀刑，而殫盡文王之德。蓋周公與群臣篤前人成烈者，所以成成王之刑，乃單文祖德也。此周公以治洛之事自效也。”（《書集傳》，195頁，《朱子全書外傳》第一册）

達。雖然特以迹言耳，以心言之則易地皆然。

〇方慤曰："敬其所尊"者，尊其祖而敬之也；"愛其所親"者，親其禰而愛之也。"事死如事生"者，主人道言之也，《論語》所謂"祭如在"是也；"事亡如事存"者，主神道言之也，《論語》所謂"祭神如神在"是也。[①]

〇《日講四書解義》曰：凡前人有志未逮而成就之爲繼，不必前人有此志，而吾之所存合天則，隔世相感，是爲善繼人之志；前人有事可法而遵行之爲述，不必前人有此事，而吾之所爲當可，則易地皆然，是爲善述人之事。此所以因時隨分一酌乎理，而推四海傳萬世而爲達孝也。[②]

〇毛奇齡曰：裳衣，先祖之遺衣服，然亦有兩項：一則授尸，一則設之座上以爲魂衣。又，嘗禘之説亦有二説，皆據經以爲解者。禘有三禘：一是大禘，五年之祭；一是吉禘，三年喪畢之祭；一是時祭，即礿禘（案：或爲"祠"）嘗蒸之祭。此指時祭言。又，治國如示掌只是達孝之意。

〇陳佑曰：繼人述人兩"人"字指先王，此四"其"字合下五"其"字，但指祭言，不指先王。

〇章大來曰："指諸掌"，示諸掌者，此非有物不可矣。[③]

〇顧炎武曰：達孝者達於上下，達於幽明，所謂孝弟之至，通於神明，光於四海，無所不通者也。

〇馬其昶曰：列引文、武、周之大孝，至於格天受命，饗帝饗親之盛，皆不過充其孝之量而已。此自誠而明者之事，教之所由生也。[④]

哀公問政。子曰："文武之政，布在方策。其人存，則其政舉；其人亡，則其政息。人道敏政，地道敏樹。夫政也者，

---

① 《禮記集説》卷一百二十九，《中庸》第三十一，《通志堂經解》第13册，388—389頁。

② 《日講四書解義》卷二，《中庸》上，景印文淵閣《四庫全書》第208册，50頁。

③ 《續禮記集説》卷八十七，《中庸》，《續修四庫全書》第102册，542—543、547—548頁。

④ 《中庸通義　中庸注參》，83、85頁。

蒲盧也。故爲政在人，取人以身，修身以道，修道以仁。仁者人也，親親爲大；義者宜也，尊賢爲大；親親之殺，尊賢之等，禮所生也。[在下位不獲乎上，民不可得而治矣！案：鄭氏曰：此句在下，誤重在此。]故君子不可以不修身；思修身，不可以不事親；思事親，不可以不知人；思知人，不可以不知天。(以上第一節)

天下之達道五，所以行之者三：曰君臣也，父子也，夫婦也，昆弟也，朋友之交也：五者天下之達道也。知、仁、勇三者，天下之達德也，所以行之者一也。或生而知之，或學而知之，或困而知之，及其知之一也；或安而行之，或利而行之，或勉強而行之，及其成功一也。[子曰：案二字衍文]好學近乎知，力行近乎仁，知恥近乎勇。知斯三者，則知所以修身；知所以修身，則知所以治人；知所以治人，則知所以治天下國家矣。(以上第二節)

凡爲天下國家有九經，曰：修身也，尊賢也，親親也，敬大臣也，體群臣也，子庶民也，來百工也，柔遠人也，懷諸侯也。修身則道立，尊賢則不惑，親親則諸父昆弟不怨，敬大臣則不眩，體群臣則士之報禮重，子庶民則百姓勸，來百工則財用足，柔遠人則四方歸之，懷諸侯則天下畏之。齊明盛服，非禮不動，所以修身也；去讒遠色，賤貨而貴德，所以勸賢也；尊其位，重其祿，同其好惡，所以勸親親也；官盛任使，所以勸大臣也；忠信重祿，所以勸士也；時使薄斂，所以勸百姓也；日省月試，既廩稱事，所以勸百工也；送往迎來，嘉善而矜不能，所以柔遠人也；繼絶世，舉廢國，治亂持危，朝聘以時，厚往而薄來，所以懷諸侯也。凡爲天下國家有九經，所以行之者一也。(以上第三節)

凡事豫則立，不豫則廢。言前定則不跲，事前定則不困，

行前定則不疚，道前定則不窮。（以上第四節）

在下位不獲乎上，民不可得而治矣；獲乎上有道：不信乎朋友，不獲乎上矣；信乎朋友有道：不順乎親，不信乎朋友矣；順乎親有道：反諸身不誠，不順乎親矣；誠身有道：不明乎善，不誠乎身矣。（以上第五節）

誠者，天之道也；誠之者，人之道也。誠者不勉而中，不思而得，從容中道，聖人也。誠之者，擇善而固執之者也。博學之，審問之，慎思之，明辨之，篤行之。有弗學，學之弗能弗措也；有弗問，問之弗知弗措也；有弗思，思之弗得弗措也；有弗辨，辨之弗明弗措也；有弗行，行之弗篤弗措也。人一能之己百之，人十能之己千之。果能此道矣，雖愚必明，雖柔必强。”（以上第六節）

〇上第二十章。朱子曰：此引孔子之言，以繼大舜、文、武、周公之緒，明其所傳之一致，舉而措之，亦猶是耳。蓋包費隱、兼小大，以終十二章之意。章内語誠始詳，而所謂誠者，實此篇之樞紐也。又按：《孔子家語》亦載此章，而其文尤詳。“成功一也”之下，有“公曰：子之言美矣！至矣！寡人實固，不足以成之也”。故其下復以“子曰”起答辭。今無此問辭，而猶有“子曰”二字；蓋子思删其繁文以附于篇，而所删有不盡者，今當爲衍文也。“博學之”以下，《家語》無之，意彼有闕文，抑此或子思所補也歟？[①]

〇景星曰：朱子以爲皆孔子之言。饒魯以爲孔子對哀公之語，至“不可以不知天”而止，後皆子思推衍告學者之辭，其間項目雖多，然大意不過兩節而已。又，朱子合作一章，亦自有深意。又，金華金先生又謂自“仁者人也”以下皆子思之言，雜引孔子之言反覆推明之，知與雙峯之言頗相似。[②]

---

① 《中庸章句》第二十章，《四書章句集注》，32 頁。

② 《大學中庸集説啓蒙·中庸》卷下，景印文淵閣《四庫全書》第 204 册，1048—1049 頁。

〇吕留良曰：全章重在“修身”，下面“達道”“達德”“九經”“明誠”之理，皆從第三節發源，“取人”句不過因上文生來，做過渡引子耳，意不重也，身不專爲取人而修。因而“身”之包舉甚大，所及甚廣。[①]

〇汪紱曰：此章所言達道，即道不遠人，卑邇之道也，費之小者也；爲天下國家，即大孝受命，達孝制禮，費之大者也。凡此皆費也。而誠者天之道，則隱矣。所以包費隱、兼小大，以總上七章，而終第十二章之意。且以孔子之論政，紹舜、文、武、周之統也，而所谓知即大舜之問察，仁即颜子之服膺，勇即子路之自勝困勉擇執，而道以行以明，則前十一章之意又於此一結束矣。章内語誠始詳，而誠字實此篇樞紐。蓋誠者天之道，已徵於鬼神之不可揜，以後十三章皆言誠。以前罕見誠字，而莫非一誠，天命之性，率性之道，誠也；戒懼存養，慎獨省察，誠之也。大舜、顔淵、子路，達德之誠也；大孝、達孝、禮樂、九經，達道之誠也。是全書不外一誠字而已。[②]

〇第一節“哀公”至“知天”。朱子又曰：哀公，魯君，名蔣。又，方，版也。策，簡也。息，猶滅也。有是君，有是臣，則有是政矣。又，敏，速也。蒲盧，沈括以爲蒲葦是也。以人立政，猶以地種樹，其成速矣，而蒲葦又易生之物，其成尤速也。言人存政舉，其易如此。又，爲政在人，《家語》作“爲政在於得人”，語意尤備。人，謂賢臣。身，指君身。道者，天下之達道。仁者，天地生物之心，而人得以生者，所謂元者善之長也。言人君爲政在於得人，而取人之則又在修身。能修其身，則有君有臣，而政無不舉矣。又，人，指人身而言。具此生理，自然便有惻怛慈愛之意，深體味之可見。宜者，分別事理，各有所宜也。禮，則節文斯二者而已。又，爲政在人，取人以身，故不可以不修身。修身以道，修道以仁，故思修身不可以不事親。欲盡親親之仁，必由尊賢之義，故又當知人。親親之殺，尊賢之等，皆天理也，故

① 《四書講義》卷二十七，《中庸》四，中册，589 頁。
② 《四書詮義》上，卷三，《中庸》，《叢書集成三編》第 10 册，460 頁。

又當知天。[①]

〇又曰：蒲盧之爲果蠃，他無所考，且於上下文義，亦不甚通，惟沈氏之説，乃與“地道敏樹”之云者相應，故不得不從耳。而《夏小正》十月玄雉入於淮爲蜃，其傳曰“蜃者，蒲盧也”。但此亦傳文耳，其他蓋多穿鑿不足據信，疑亦出於後世迂儒之筆，或反取諸此而附合之，决非孔子所見夏時之本文也。且又以蜃爲蒲盧，則不應二物而一名，若以蒲盧爲變化，則又不必解爲果蠃矣。况此等瑣碎，既非大義所繫，又無明文可證，則姑闕之，其亦可也，何必詳考而深辯之耶？[②]

〇又曰：“修道以仁”，修道，便是説上文修身之道，自“爲政在人”轉説將來。仁是築底處。然聖賢言“仁”字處，便有箇溫厚慈祥之意，帶箇愛底道理。下文便言“親親爲大”。仁便有義，如陽便有陰。親親尊賢，皆仁之事。親之尊之，其中自有箇差等，這便是義與禮。親親，在父子如此，在宗族如彼，所謂“殺”也；尊賢，有當事之者，有當友之者，所謂“等”也。道是泛（疑是“統”字）説，仁是切要底。

---

① 《中庸章句》第二十章，《四書章句集注》，28—29頁。所謂“文武之政，布在方策”，乃孔子花費了極大的心血，由文武上溯至堯舜等，而我們今日還能見到的典籍，亦即方策尚有，今本《逸周書》《尚書》《詩經》《周易》《周禮》《竹書紀年》等傳世文獻中的不少篇章，屬於孔子所説的“方策”，其包含了豐富的“周政”内容。還有一些新出土文獻，是以往我們從未見到的周初文獻，如清華簡有關文王遺言的《周訓篇》，是反映“周訓”内容的重要“方策”。這些文獻資料中有大量關於“文武之政”的記載，等等，而成就了孔子治國平天下之王道仁政的政治理想，所謂“仲尼祖述堯舜，憲章文武”等等是也。（詳情可參閱曲阜師範大學楊洪娥的碩士論文《“文武之政”与孔子的政治理想》）而據《論語·子張》第二十二章載：衛公孫朝問於子貢曰：“仲尼焉學？”子貢曰：“文武之道，未墜於地，在人。賢者識其大者，不賢者識其小者，莫不有文武之道。夫子焉不學？而亦何常師之有？”這裏的“文武之道”，還有“文武之政”，以及“文武之學”，乃是華夏由三皇五帝歷經夏商再到文武周公的道、政、學三統合一的道統，到了晚周孔子時代，則成了“其人亡，則其政息”，這個道統再不能直接相傳。而所謂“未墜於地，在人”云云，子貢應當是在强調，惟孔子通過重建道學即學統而承傳“文武之道”以及“文武之政”，亦即承傳華夏文明的道、政、學三統合一的道統。此正如胡炳文所説：“夫子以前傳道統者，皆得君師之位，而斯道以行；夫子以後傳道統者，皆不得君師之位，而斯道以明。故明堯舜禹湯文武之道者，夫子《六經》之功；而明夫子之道者，曾子《大學》、子思《中庸》之功也。”（《四書通·中庸通·中庸朱子序》，《通志堂經解》第15册，411頁）這點也爲《中庸》第三十章，所謂“仲尼祖述堯舜，憲章文武；上律天時，下襲水土。辟如天地之無不持載，無不覆幬，辟如四時之錯行，如日月之代明。萬物並育而不相害，道並行而不相悖，小德川流，大德敦化，此天地之所以爲大也”，等等所證實。

② 《中庸或問》下，《朱子全書》第六册，586頁。

根本在修身，然修身得力處，却是知天。知天，是知至、物格，知得箇自然道理。既知天了，這裏便都定，這事也定，那事也定。知人，只如“知人則哲”之“知”，不是思欲事親，先要知人。只是思欲事親，更要知人。若不好底人與它處，豈不爲親之累？知天，是知天道。知天是起頭處。能知天，則知人、事親、修身，皆得其理矣。聞見之知與德性之知，皆知也。只是要知得到，信得及。如君之仁，子之孝之類，人所共知而多不能盡者，非真知故也。[①]

○程子曰：惟能親親，故“老吾老以及人之老，幼吾幼以及人之幼”；惟能尊賢，故賢者在位，能者在職。惟仁與義盡人之道，則謂之聖人。（伊川）

○吕大臨曰：有文武之心，然後能行文武之政，無文武之心，則徒法不能以自行也，故曰“其人存則其政舉，其人亡則其政息”。又，所謂道者，合天地人而言之，所謂人者，合天地之中所謂人者而言之，非梏乎有我之私也。故非有惻怛之誠心，盡至公之全體，不可謂之仁也。親親大矣，所大者，行仁之本也。親親之中，父子首足也，夫妻判合也，昆弟四體也，其情不能無殺也。尊賢之中，有師也，有友也，有事我者也，其待不能無等也。

○侯仲良曰：能由文武之道，行文武之政，是亦文武而已。又，人之道，天理也。盡天理，則道盡矣。[②]

○胡炳文曰：下文“爲天下國家有九經”即“文武之政”也，此則就九經提起修身、親親、尊賢三者爲綱。論修身則曰道曰仁，歸宿在一仁字；論親親尊賢則曰仁曰義，歸宿在一天字。孔門言仁惟“仁者人也”一句最切，《章句》釋之又切，饒魯謂此人字與鬼對，深得《章句》之意。蓋死曰鬼，生曰人。人之所以爲人者，以其生也，既生而謂之人，此身便自具此生理，滿腔子便純是天地生物之心，人而自絶其生理，獨不思夫吾之此身人之身也，此身本自具此生理而自絶之，何哉？

---

① 《朱子語類》卷第六十四，《中庸》三，第二十章，第四册，1559—1560頁。

② 《中庸輯略》卷下，第二十章，64—66頁，《朱子全書外編》第一册。

“天”字諸家多不從上文“禮所生”來説，惟《章句》以爲親親之殺，尊賢之等，皆天理也。蓋本《虞書》“天秩有禮”，秩者尊卑貴賤等級隆殺之品秩也，此所謂等殺即《書》所謂秩，此所謂天即天秩之天。學而知天則能明其所以然者，修身親親尊賢必能盡其所當然者矣。上文“修道以仁”即是率性之道，此天字即是天命之性，但天命之性是渾然者，此從等殺上説是粲然者，然其粲然者即其渾然者，亦非有二天也。①

〇景星曰：“修身以道，修道以仁”兩句，只是言修身當以五達道爲本，修道又當以仁爲本。蓋道是泛言義理，公共之名；仁是直指人心，親切之妙。《章句》謂能仁其身，則有君有臣，而政無不舉。“仁其身”三字，包括“修身以道，修道以仁”兩句，説“以仁”，則身與仁爲一矣。又，前節仁字自身上説歸心，以仁之全體言；此自身上説到親親，以愛之理言。此偏言之仁，與前小異。觀《章句》人身惻怛等語，可見此尊賢後於親親。觀下文“思事親，不可以不知人”一句，似尊賢不當在親親之先。朱子《語録》之意却不是，思欲事親先要知人，只是思欲事親，更要知人，譬如與不肖人交處，豈不辱身及親，此意是不知人，則不能盡親親之道，是尊賢常在親親之後。下文《章句》變不可以不四字，爲又當二字，止有此意。又，此節當逆看，根本在修身上，然修身得力處，却只在知天上，知天便是物格知至，只是知得箇自然道理。能知天，則知人事親修身皆得其理矣。若事親知人等殺不明者，只是不知天故也。②

〇船山曰：此節既結上文，抑與“知斯三者”一節相爲終始。此但言舉政之道不可以不然，乃知其不可以不然而終不能然者，未得所以能然之實而致功也。知以吾三近之德修身而治人，則天人皆知，而誠身順親，仁義禮之無不舉矣，人道之所以能敏政也。③

〇又曰：此章之迷誤，在錯將“文武之政”四字作法祖説，不知

① 《四書通・中庸通》，《通志堂經解》第15册，421頁。

② 《大學中庸集説啓蒙・中庸》卷下，景印文淵閣《四庫全書》第204册，1049—1050頁。

③ 《禮記章句》卷三十一，《中庸》第二十章，《船山全書》第四册，1280頁。

“文武之政”二句，是撇開不論之意。但須知何以文武存而舉，文武亡而息，雖有方策，人不能行，則唯不知敏之者在人之道而不在政，若政則一舉即行，猶蒲盧之易生，何難之有！此下便極言“人道”，不言政矣。此“人道”二字，自仁義禮推之智仁勇，又推之好學力行知恥，而總之以一，一者誠也。此“人道”即後“誠之者人之道也”，首尾原是一意。又，仁義禮是人性中所有之理，知仁勇是性中所具之良能，知仁勇所以行仁義禮者也。又，仁義禮之仁，乃愛之理，知仁勇之仁，乃心之德。又，此只論理之當然。修身、事親、知人、知天之工夫，則在知仁勇、好學力行知恥，故下文云“知斯三者”云云。切不可於此下工夫語。①

〇又曰：“修身以道”，只說得修身邊事；“修道以仁”，則修身之必先正心誠意者也。又，道者，學術事功之正者也。學術事功之正，大要在五倫上做去。又，若仁者，則心學之凝夫天理者也，其與三達德之仁，自不相蒙。三達德之仁言天德，此仁言聖學。亦彼以性言而此以理言也。又，親親是天性之仁見端極大處。又，“仁”字說得來深闊，引來歸之於人，又引而歸之於“親親”，乃要歸到人道上。“親親”“尊賢”，自然不可泯滅，與自然不顛倒之節文者，人道也；而尊親在此，等殺在此，修道修身者以此，故知人道之敏政也。《中庸》此處，費盡心力寫出，關生明切，諸儒全然未省。又，仁義之相得以立人道，猶陰陽之並行以立天道。人道中既有仁，則義自顯也。而仁義之施，有其必不容不爲之等殺者，則禮所以貫仁義而生起此仁義之大用也。又，若統論之：則知天者，仁、知之品節者也；知人者，知、仁之同流者也。故曰“修道以仁”，而不勞曰以義、以禮也。又，人道有兩義，必備舉而後其可敏政之理著焉。道也，（修身以道。）仁也，義也，禮也，此立人之道，人之所當修者。仁也，知也，勇也，此成乎其人之道，而人得斯道以爲德者。道者，天與人所同也，天所與立而人必繇之者也。德者，己所有也，天授之人而人用以行也。然人所得者，亦成其爲條理，（知

① 《四書箋解》卷二，《中庸》，“哀公問政”章，《船山全書》第六册，141—143 頁。

以知，仁以守，勇以作。）而各有其徑術，（知人道，仁凝道，勇向道。）故達德而亦人道也。以德行道，而所以行之者必一焉，則敏之之事也。故此一章，唯誠爲樞紐。又，“誠”爲仁義禮之樞，“誠之”爲知仁勇之樞，而後分言“誠者天之道”，“誠之者人之道”。須知天道者，在人之天道，要皆敏政之人道爾。又，事親亦須知以知之，仁以守之，勇以作之。知人亦然，知天亦然。又事親亦須好學以明其理，力行以盡其道，知恥以遠於非。[①]

○又曰：其所以爲費之主、隱之實者，則一言以蔽之曰誠。由天道及人道，夫子與哀公論政之説備其全矣。又，夫修道以仁，而仁之爲用可得而言矣。仁者，即夫人之生理，而與人類相爲一體者也。相爲一體，故相愛焉。而愛之所施，惟親親爲大；一本之恩，爲吾仁發見之不容已者，而民之仁，物之愛，皆是心之所函也。乃仁者人也，而立人之道，則又有義矣。義者，即吾心之衡量，而於事物酌其宜然者也。酌其宜然，必有尊焉。而尊之所施，惟尊賢爲大；尚德之誠，爲吾義發見之不可苟者，而事之經，物之制，皆是理之所包也。乃是親親之仁，尊賢之義，行焉而又自有其條理者，則親親之殺出焉。有臣之者，而抑有友之者，有友之者，而必有師之者，隆替必有其差。若是者蓋天理自然之節文，親疏上下，爲吾心不容昧之品裁，而因以生其等殺也。則等殺之立，何莫非無心之固有，而修道者之所必資者乎？夫道建而政成矣，而惟仁、義、禮乃以修道，則政之所自敏可知矣。[②]

○吕留良曰：身而性之，則所取爲禹、皋；身而反之，則所取爲伊、吕；身而假之，則所取爲管、狐；身而詐力，則所取爲鞅、斯，此修身所以必以道以仁，而知人又不可不知天也。又，義從仁中推出，作兩片看；從仁義推出禮，成三件；又從義禮上推出知，成四件；合來只是一箇仁，不是仁之道理有未全，要此三者輔濟爲用也。又，“禮”字即是“理”字，其本則天也。異端之學，只要打破理字，其原只是不知

① 《讀四書大全説》卷三，《中庸》第二十章，《船山全書》第六册，514—519 頁。

② 《四書訓義》（上）卷三，《中庸》二，第二十章，《船山全書》第七册，171—173 頁。

天，告子、釋氏、象山、陽明等皆是不求事理當然之極則，故曰“本心不本天”，近日無忌憚者，直敢道程朱性即理之非，其蔽悖總不外是。又，有仁必須有義，不是知人便了却事親，到知天是親與人盡頭，固不止爲知人而知天，然亦只了得箇“知”字，“修”字工夫正有在。釋氏講見性普度，亦言仁也，惟其本心而不知天，故五倫可顛倒由我，親賢俱平等不分，下梢一路差去，直至大不仁而不知耳。欲盡親親之仁，必由尊賢之義，須從仁義交關道理上看，則明通開闊。①

〇汪紱曰：通章只以明人存政舉一句，而尤重人存二字爲政舉之本。蓋哀公所問在紀綱法度上，夫子“文武之政，布在方策”二句已將政字提開，單責在人上，意謂政莫備於文武方策，所載可考而知，無煩臣言，只是要人去行耳。故章内言政處，只九經一段，而九經仍以修身居首，其前後則皆言修身之事，不及於政。儒者舍學術無事功，非天德無所謂王道，治平天下不過修身之全量而已。爲政，正學中一事耳，學與政豈有二道哉！人存人亡，以盡性體道，言所謂《關雎》《麟趾》之意也，全盡天德乃謂之人；不然，則人道有虧，名雖爲人而實已亡矣。又，修身原不專爲取人，亦不專爲舉政，乃自家合當事。然欲取人舉政，則非修身者不能，乃益見君身之重矣。修身以道，道即率性之道，爲善去惡之事，明道不可不精，已起下文知字；修道以仁，仁即天命之性，戒慎誠正之功，存仁不可不一，已起下文仁字。以其渾全言之則曰仁，以其真實言之則曰誠，有二名無二情。又，仁者人也，既是人便必全體此理，以見原無欠闕以達道，由是出率性焉已耳。此仁字亦舉全體，下句親親爲大，乃於全體中指出發用最大處，言不可將親親看狹。則親親亦實一端而可盡全體，故曰爲大。仁以親親爲大，天命之一本，其用情最真切。又，義字從道字生來，在物爲道，親義信序别，各具一當然之則也。處事爲義，我之修道則必具裁制之宜，以使之格中其則也。仁體義用，仁體統義，零星其實，體用一源，非有二也。體仁以仁，精義以知，義字已起下達德知字之端。尊賢爲大，又於義中指出爲

① 《四書講義》卷二十七，《中庸》四，中册，590—593頁。

用最大者言之也。又，大概先修身，而後能得人，此修身在大綱處説；能尊賢，而後親親修身之道可盡，此修身在細密處説。修身親親以爲得人之本，此尊德性事也；尊賢以資親親修身之益，此道問學事也。蓋存仁以親親爲本，精義以尊賢爲大。親親以立體，修身之本；尊賢以盡道，修身之輔。要之，以完一仁無疑於葛繞也。親親之殺即仁之推，尊賢之等即義之別，二者皆天理自然之節。等殺即禮。此禮字兼性分制度在，性分，等殺之本，然自然制度，則從性分而品節之，爲禮之用也。節者天地之序而人序之，文者天地之章而人章之，非節其大過，文其不及之謂。又，修身事親，即下文誠身，仁之事也；知人知天，即下文明善，知之事也。大抵此段語意謂，欲舉政須要人存，而欲得人須先修身，修身者不過盡此人倫之道，而欲盡道須以吾性之仁爲本，此從外步步説向内；以此仁修道，先自親親始，而要得事親盡道，又必由尊賢之義，此自内説向外；親親之殺、尊賢之等皆天理，故欲曉得尊賢事親之道，又須是自家先曉得我天性之本然，此則内外合一處。總之，内外相資，體用相足；仁以立知之體，知以盡仁之用；仁以踐知之實，知以開仁之先也。①

〇鄭玄曰：方，版也。策，簡也。息，猶滅也。敏，猶勉也。樹，謂殖草木也。人之無政，若地無草木矣。敏，或爲“謀”。蒲盧，蜾蠃，謂土蜂也。《詩》曰：“螟蛉有子，蜾蠃負之。”螟蛉，桑蟲也。蒲盧取桑蟲之子去而變化之，以成爲己子。政之於百姓，若蒲盧之於桑蟲然。蒲盧，並如字。《爾雅》云：“蜾蠃，蒲盧。”即今之細腰蜂也。一名蠮螉。蜾，音果，本亦作“蠃”，音同。蜂，字亦作“蠭”同。螟蛉，桑蟲也。又，在於得賢人也。取人以身，言明君乃能得人。又，人也，讀如“相人偶”之人，以人意相存問之言。又，言修身乃知孝，知孝乃知人，知人乃知賢不肖，知賢不肖乃知天命所保佑。

〇孔穎達曰：“哀公”至“一也”，此一節明哀公問政於孔子，孔子答以爲政之道在於取人修身，並行達道有五，行之者三。首言文王、武

① 《四書詮義》上，卷二，《中庸》，《叢書集成三編》第10册，448—452頁。

王爲政之道，皆布列在於方牘簡策。雖在方策，其事久遠。此廣陳爲政之道。其人，謂賢人。舉，猶行也。存，謂道德存在也。若得其人道德存在，則能興行政教，故云“舉”也。息，滅也。其人若亡，謂道德滅亡，不能興舉於政教，若位無賢臣，政所以滅絶也。敏，勉也。言爲人君當勉力行政。樹，殖草木也。言爲地之道，亦勉力生殖也。人之無政，若地無草木，地既無心，云“勉力”者，以地之生物無倦，似若人勉力行政然也。蒲盧取桑蟲之子以爲己子，善爲政者化養他民以爲己民，若蒲盧然也。又，言君行善政，則民從之。故欲爲善政者，在於得賢人也。明君欲取賢人，先以修正己身則賢人至也。言欲修正其身，先須行於道德也。言欲修道德，必須先修仁義。仁，謂仁恩相親偶也。言行仁之法，在於親偶，欲親偶疏人，先親已親，然後比親及疏，故云“親親爲大”。宜，謂於事得宜，即是其義，故云“義者宜也”。若欲於事得宜，莫過尊賢，故云“尊賢爲大”。又，五服之節，降殺不同，是親親之衰殺。公卿大夫，其爵各異，是“尊賢之等”。禮者，所以辨明此上諸事，故云“禮所生也”。又，言思念修身之道，必先以孝爲本，故云“不可以不事親”。既思事親，不可不先擇友取人也。欲思擇人，必先知天時所佑助也。謂人作善，降之百祥，作不善，降之百殃，當舍惡修善也。①

○沈清臣曰：《論語》一書，首以學，而次以政，蓋言學然後爲政也。夫子所謂“學而時習”，豈誦習云乎哉？致知、格物、正心、誠意之學也；以之臨政，豈非治國、平天下之事乎？《中庸》自“天命之謂性”，充而爲周公之達孝，皆聖學之妙也，爲政之道雖寓乎其間，曾未標目之也，至此以“哀公問政”繼之，亦本末先後之序也。

○真德秀曰：道之與仁非有二致，然聖人之教人，既曰“志於道”矣，又必曰“依於仁”也。曰“修身以道”矣，又必曰“修道以仁”也。蓋道者衆理之總名，而仁者一身之全德。志乎道而弗他，可謂知所

---

① 《禮記正義》卷第六十，《中庸》第三十一，下册，2012—2014 頁。鄭注孔疏本將“天下”至“一也”歸入了本節，故如此説。另外，鄭注孔疏關於“蒲盧”之解釋實爲牽强，不取。

嚮矣；仁則其歸宿之地，而用功之親切處也。思昔聖賢言仁，何莫非要至於"仁者人也"？"仁，人心也"，則直舉其全體以示人，學者尤當深味也。夫人之所以爲人者，以其有是仁也，有是仁而後命之曰人，不然則非人矣。仁者，心之生理，人而不仁，則喪其所以爲心，猶粟穀焉，生意不存，枵然死物耳，此孟子言仁之至要也。

○吕祖謙曰："思修身，不可以不事親"，此隱之於心固安。"思事親，不可以不知人；思知人，不可以不知天"，此兩句若非《中庸》道出來，如何思量得到？若隨文解義也説得，若要真實者，看得於心果與，否則非易事。《大學》言自致知格物以至平天下，此雖難知，然隱之於心，猶自見得實有是理。若知人知天，則真是難見。古人立言句句真實，又非可以移換增損也，須見得灼然，移換增損得不得方盡。①

○黎立武曰：《中庸》始言率性修道，此言"修道以仁"，則性者仁而已矣。嗟夫微言緒絶而復傳者，賴有此書存焉。修道謂教，仁之用也，故曰"修道以仁"。天命謂性，仁之體也，故曰"仁者人也"。中庸之道一言以蔽之，曰仁而已。又，夫仁以親親爲大，義以尊賢爲大。親親者，父子、夫婦、昆弟之道也，殺之則親疏有間，而禮生焉；尊賢者，君臣、朋友之道也，等之則師友異待，而禮生焉。②

○章大來曰：禮即中庸之道無過不及者，况《中庸》《禮記》凡五達九經無非是禮。③

○陈柱曰：此儒家於法治人治兼重之中，而尤重人治之旨，可見。又，仁從人從二，由己以推及於人人之謂也。又，義字從羊從我，善己以及人也。

○戴震曰：必盡乎仁，盡乎義，盡乎禮，然後于道無憾。"修道以仁"者，略辭，兼義禮乃全乎仁，分言之，由仁而親親，由義而尊賢，由禮而生殺與等。親親尊賢及其等殺，即道中之事。

○康有爲曰：蓋仁者無所不愛，而行之不能無斷限分别之得宜者，

---

① 《禮記集説》卷一百三十，《中庸》第三十一，《通志堂經解》第13册，391—393頁。

② 《中庸分章》，景印文淵閣《四庫全書》第200册，729頁。

③ 《續禮記集説》卷八十八，《中庸》，《續修四庫全書》第102册，551頁。

義也。仁從内出，故尚親親；義從外定，故尚尊賢；禮則節文斯二者。[①]

〇蔣伯潛曰：想以孝事親，必須知尊賢之義，庶幾取友必端，可以輔仁，故"不可以不知人"。[②]

〇第二節"天下"至"家矣"。朱子曰：達道者，天下古今所共由之路，即《書》所謂五典，孟子所謂"父子有親、君臣有義、夫婦有别、長幼有序、朋友有信"是也。知，所以知此也；仁，所以體此也；勇，所以强此也；謂之達德者，天下古今所同得之理也。一則誠而已矣。達道雖人所共由，然無是三德，則無以行之；達德雖人所同得，然一有不誠，則人欲間之，而德非其德矣。程子曰："所謂誠者，止是誠實此三者。三者之外，更别無誠。"又，知之者之所知，行之者之所行，謂達道也。以其分而言：則所以知者知也，所以行者仁也，所以至於知之成功而一者勇也。以其等而言：則生知安行者知也，學知利行者仁也，困知勉行者勇也。蓋人性雖無不善，而氣稟有不同者，故聞道有蚤莫，行道有難易，然能自强不息，則其至一也。吕氏曰："所入之塗雖異，而所至之域則同，此所以爲中庸。若乃企生知安行之資爲不可幾及，輕困知勉行謂不能有成，此道之所以不明不行也。"又，"好學近乎知"等，此言未及乎達德而求以入德之事。通上文三知爲知，三行爲仁，則此三近者，勇之次也。吕氏曰："愚者自是而不求，自私者殉人欲而忘反，懦者甘爲人下而不辭。故好學非知，然足以破愚；力行非仁，然足以忘私；知耻非勇，然足以起懦。"又，斯三者，指三近而言。人者，對己之稱。天下國家，則盡乎人矣。言此以結上文修身之意，起下文九經之端也。[③]

〇又曰：生而知者，生而神靈，不待教而於此無不知也；安而行者，安於義理，不待習而於此無所咈也。此人之稟氣清明，賦質純粹，

---

① 《中庸通義　中庸注參》，86—90頁。其中，康有爲所謂"仁從内出"與"義從外定"，但願不會是在追隨告子的"仁内義外"説。

② 《中庸讀本》，27頁，《語譯廣解四書讀本》。

③ 《中庸章句》第二十章，《四書章句集注》，29—30頁。

天理渾然，無所虧喪者也。學而知者，有所不知，則學以知之，雖非生知，而不待困也；利而行者，真知其利而必行之，雖有未安，而不待勉也。此得清之多，而未能無蔽，得粹之多，而未能無雜，天理小失，而能亟反之者也。困而知者，生而不明，學而未達，困心衡慮，而後知之者也；勉强而行者，不獲所安，未知其利，勉力强矯而行之者也。此則昏蔽駁雜，天理幾亡，久而後能反之者也。此三等者，其氣質之禀，亦不同矣，然其性之本，則善而已。故及其知之而成功也，則其所知所至，無少異焉，亦復其初而已矣。又，故今以其分而言，則三知爲智，三行爲仁，所以勉而不息，以至於知之成功之一爲勇；以其等而言，則以生知安行者主於知而爲智，學知利行者主於行而爲仁，困知勉行者主於强而爲勇。又通三近而言，則又以三知爲智，三行爲仁，而三近爲勇之次，則亦庶乎其曲盡也歟！[①]

〇又曰："生知安行"，以知爲主；"學知利行"，以仁爲主；"困知勉行"，以勇爲主。又，《論語》説"仁者安仁，知者利仁"與《中庸》説"知仁勇"，意思自别。生知安行，便是仁在知中。學知利行，便是仁在知外。既是生知，必能安行，所以謂仁在知中。若是學知，便是知得淺些了，須是力行，方始至仁處，所以謂仁在知外。又，三知都是知，三行都是仁，三近都是勇。生知安行好學，又是知；學知利行力行，又是仁；困知勉行知耻，又是勇。又，勇本是没緊要物事，然仁知了，不是勇，便行不到頭。[②]

---

① 《中庸或問》下，《朱子全書》第六册，586—587頁。

② 《朱子語類》卷第六十四，《中庸》三，第二十章，第四册，1560—1561頁。既説"以其分而言：則所以知者知也，所以行者仁也，所以至於知之成功而一者勇也"，又説"以其等而言：則生知安行者知也，學知利行者仁也，困知勉行者勇也"，而再涉及"未及乎達德而求以入德之事"者，則又説"通上文三知爲知，三行爲仁，則此三近者，勇之次也"，（《中庸章句》第二十章，《四書章句集注》，29—30頁）對此該做怎樣的理解呢？依照朱子這裏的一段話，即："生知安行，便是仁在知中。學知利行，便是仁在知外。既是生知，必能安行，所以謂仁在知中。若是學知，便是知得淺些了，須是力行，方始至仁處，所以謂仁在知外。"由此，我們知道，説"生知安行者知也"，其"知"乃爲"仁在知中"之"知"；而説"學知利行者仁也"，而其"仁"乃是"仁在知外"之"仁"。若生知安行爲上，學知利行爲次，困知勉行又其次，那麽，孔子又接著説的好學力行知耻者是否就是對困知勉行的補充説明呢？吕留良以爲是的，因爲他講："聖人望人主意，在困知勉行。三'近'字是逆從困勉到學利而

○程子曰：大凡於道，擇之則在乎知，守之則在乎仁，斷之則在乎勇。人之於道，患在不能擇，不能守，不能斷。又，一者誠也。止是誠實此三者，三者之外，更別無誠。又，縱使孔子是生知，亦何害於學？生而知固不待學，然聖人必須學。又，氣清則才善，氣濁則才惡，禀得至清之氣生者爲聖人，禀得至濁之氣生者爲愚人。然此論生知之聖人，若夫學而知之，氣無清濁，皆可至於善，而復性之本。孔子所言"上知下愚不移"，亦無不移之理，所以不移只有二，自暴自棄是也。（伊川）

○張子曰："天下之達道五"，其生民之大經乎！蓋謂仁者以生知以安行此五者，知者以學知以利行此五者，勇者以困知以勉强行此五者。

○吕大臨曰：故好學非知，然足以破愚；力行非仁，然足以忘私；知恥非勇，然足以起懦。知是三者，未有不能修身者也。天下之理一而已，小以成小，大以成大，無異事也。舉斯心以加諸彼，遠而推之四海

後求上同於生安，不是順從生安與學利分界説，如此方講得好學力行知耻用力猛厲。"事實上，無論在《中庸》，還是在《孔子家語》中，這話的確是孔子對魯哀公説的，魯哀公聞知了"文武之政"之美，却仍然擔心自己"實固，不足以成之也"，於是便有了孔子"三近"之言。是孔子鼓勵哀公做困知勉行的工夫。類似的，後來孟子亦對齊宣王説過"故王之不王，非挾太山以超北海之類也；王之不王，是折枝之類也。老吾老，以及人之老；幼吾幼，以及人之幼。天下可運於掌。《詩》云：'刑于寡妻，至于兄弟，以御于家邦。'言舉斯心加諸彼而已。故推恩足以保四海，不推恩無以保妻子。古之人所以大過人者無他焉，善推其所爲而已矣"云云，這類鼓勵的話語。（《孟子·梁惠王上》第七章）以及孟子還曾對滕文公也反復説過，而後來滕文公由此也的確曾努力地實行王道仁政。但無論魯哀公，抑或齊宣王，其終究都没能這樣去做。夫子還曾講過："生而知之者，上也；學而知之者，次也；困而學之，又其次也；困而不學，民斯爲下矣。"（《論語·季氏》第九章）大約人之氣質不同，有此四等。如果説爲上者即聖人，譬如孔子；其次者即賢人，譬如顔子；又其次者，即尚未及賢人的修爲者，譬如孔門的其他多數弟子。他們困知勉行，好學力行知耻，經過足够的努力，是可以進達於賢者的，譬如孔門的子貢、曾子等，滕文公亦當屬此列。而未有真實地好學力行知耻者，如魯哀公、齊宣王等，那就只有降格爲"民斯爲下矣"，甘願做"唯上智與下愚不移"中的下愚了。依據孔子另一番教誨，即："聖人吾不得而見之矣，得見君子者斯可矣；善人吾不得而見之矣，得見有恒者斯可矣。"（《論語·述而》第二十五章）那麼，我們是否可以得出：生之安行者，上也，聖人也；學知利行者，次也，賢人也（亦即此處的君子也）；困知勉行者，又其次也，善人也；好學力行知耻者，再其次也，有恒者也；困而不學勉而不行，民斯爲下矣。我們再依據孟子所説"民之爲道也，有恒産者有恒心，無恒産者無恒心"，（《孟子·滕文公上》第三章）那就得首先讓民有恒産，再輔之以教育教化，提升其成爲有恒者。而"無恒産而有恒心者，惟士爲能"，（《孟子·梁惠王上》第七章）對本就爲有恒者的士，那就要進一步促使他們成爲善人，以至於成爲君子賢人，等等。所以，我們可以説，所謂好學力行，人只要下决心再不做困而不學勉而不行者，就必已是好學力行知耻者，就也已是困知勉行者了。這就好比孔子所説"我欲仁，斯仁至矣"，"求仁而得仁"，等等。

而準，久而推之萬世而準。故一身修而知所以治人，知所以治人而所以治天下國家，皆出乎此也。此者何？中庸而已。[①]

〇胡炳文曰：《虞書》曰"五教"，曰"五典"，未嘗列五者之目，至此則曰"天下之達道五"，始列其目言之。蓋曰"天叙有典"，是言天命之性，不離此五者；曰"敬敷五教"，是言修道之教，不離此五者；此曰"達道"，是言率性之道，不離此五者。夫子對哀公先君臣，孟子論人倫先父子。

〇黄氏云，此章當一部《大學》，《大學》以修身爲本，此章自首至此皆以修身爲要；上文言修身而曰不可不知天者，即《大學》逆推修身之工夫至於格物致知者也；此言修身而曰治人治天下國家者，即《大學》順推修身之功效，至於家齊國治天下平者也。[②]

〇景星曰：天下之人皆在五倫之中，惟朋友一倫所交最廣，除却君臣父子夫婦長幼外，皆入朋友之倫，故《大學》言"與國人交，止於信"，此言朋友之交，皆是指道合之人説。達道本於達德，達德又本於誠，誠者，達道達德之本，而一貫乎達道達德者也。三德不誠，則知必鑿，仁必姑息，勇必血氣，甚而要君，兼愛作亂亦有之。知仁勇三者，知屬知，仁屬行，勇是勇於知，勇於行，仁知非勇便行不到此。仁字是行，仁義禮三字皆有可爲之事，皆屬行，而仁足以包之，故止曰仁。知則無可爲之事，但别是非而已，獨屬知而爲仁之根柢，故首曰知。蓋仁爲心德之元，知爲心德之貞，知爲仁之根柢者，即此不生於元，而生於貞之謂也，先知後行，進學之序也。又，生知安行，以知爲主，此第一等人；學知利行，以仁爲主，此第二等人；困知勉行，以勇爲主，此第三等人。勇只是知之徹透，行之成功，便是下曰及其知之成功則一。又，達德是天命之本然，入德是學問之工夫，學問之功至，斯有以全天命之本然。又，一説"子曰"二字非衍文，謂上兩節子思之言，此引孔子之言以足其意，與孟子引孔子曰"其義則丘竊取之矣"文勢同。又，

① 《中庸輯略》卷下，第二十章，67—69頁，《朱子全書外編》第一册。

② 《四書通·中庸通》，《通志堂經解》第15册，421頁。

蓋修身不過知行二事，既知知仁勇三者，則修身之道得矣，三“所以”字各指其理而言也。①

○船山曰：天之明於人爲知，天之純於人爲仁，天之健於人爲勇，是其主宰之流行化生，人物爲所命之理而凝乎性焉，然人之與物，雖有偏全、大小、明暗、醇疵之不同，而皆有之矣。唯此好學、力行、知恥之心，則物之所絶無而人之所獨也，抑天之所未有，而二氣五行之精者凝合爲人而始有也。天地之生人爲貴，貴此而已。天有道而人能弘之，弘此而已。又，故以此三者修身而身修，以此三者治人而人治，不可勝用也。盡其心則性盡而道弘矣。又，聖人之性焉、安焉者，性此、安此而已矣。其曰“勇之次”者，則以見自聖人以至於愚柔之資，皆此三者爾，所謂“人皆可以爲堯、舜”也。②

○又曰：虚喝“一也”，要歸誠上，此一章之脈絡。“所以行之者一也”，知仁勇也。誠知，誠仁，誠勇，知仁勇乃行。③

○又曰：若“修身以道，修道以仁”，則曰修。修者，品節之謂：以道爲準，而使身得所裁成；以仁爲依，而使道得所存主也。亦有不以道修身者，如文、景之恭儉，而不足與於先王之典禮。亦有不以仁修道者，如蘇威之五教，非果有惻怛愛民之心，而徒以强民也。又，生知者，“誠明”也；安行者，“至誠”也；學知者，“明誠”也；利行者，“誠之爲貴”也；困知、勉行者，“致曲”也。又，所以謂知有行者，如博學屬知，而學之弗博不措，則行矣。至於仁之有知，尤爲顯别。顔子之服膺弗失者，其擇乎中庸者也。若勇之亦有知者，則固曰“知恥近乎勇”矣。又，唯是好學、力行、知恥之三心者，人則或至或曲，而莫不見端以給用，莫不有之，而亦各自知此爲吾好學之心，此爲吾力行之心，此爲吾知恥之心也。則即此三者以求之，天德不遠，而所以修身者不患無其具矣。又，唯有得於知，故遇學知好；唯有得於仁，故於行能

① 《大學中庸集説啓蒙·中庸》卷下，景印文淵閣《四庫全書》第204册，1051—1054頁。

② 《禮記章句》卷三十一，《中庸》第二十章，《船山全書》第四册，1283—1284頁。

③ 《四書箋解》卷二，《中庸》，“哀公問政”章，《船山全書》第六册，143頁。

力；唯有得於勇，故可耻必知；性之驗於心也。[①]

〇又曰：若其知好學者即智之見端，力行者即仁之見端，知耻者即勇之見端，則所以修身之方，即因所好以不息於學，而知日生；資其力以不已於行，而仁日固；就所知必以去其耻，而勇日彊；以之行於達道之中，而修身之理盡在此矣。又，乃此好學、力行、知耻之心，則人所必有之善幾，而爲人道之至切者。揆其原，則由一真之所發；究其極，乃爲德行之有實；則莫不載夫所以行之一也。此乃人道所存之實，而以之舉政，又豈别有以舉之哉？[②]

〇吕留良曰：君臣、父子、夫婦、昆弟、朋友五者，無論衰亂之時，暴棄之人，必不能離，即匪類異物，無此五者，亦不可以生成，故曰"天下之達道"。纔有父子，便有親；有夫婦，便有别；有昆弟，便有序，故曰道。五倫中夾入朋友，四件不相及之處，又皆此一倫濟之。又，聖人望人主意，在困知勉行。三"近"字是逆從困勉到學利而後求上同於生安，不是順從生安與學利分界説，如此方講得好學力行知耻用力猛厲。上三"知"爲智，三行爲"仁"，此三"近"爲勇之次，勇即在知行上見。[③]

〇汪紱曰：達道有五，而夫婦兄弟之愛由父母而推；君臣又因事親慈衆而推，朋友又兄弟之推，所以親親爲大。父子之親仁也，君臣之分義也，夫婦之别知也，兄弟之序禮也，朋友之交信也，要之不外一仁，故曰修道以仁。知以開仁之先，勇以强仁之力。知即生理之中正，勇即生理之剛健，仁即所謂純粹精者，三德合只一仁。一即此理，性中此理，真實無妄，本天道之本然，但氣拘物蔽，則雜而僞，人當先有以盡之，乃實有是德，而後能實行人倫之道也。一即誠，然此不曰誠而曰一者，以對上三五字面而云然也。一即誠，誠即仁，總是此生理不可失落

① 《讀四書大全説》卷三，《中庸》第二十章，《船山全書》第六册，520—522頁。所謂"蘇威之五教"，據説，蘇威乃隋大臣，字無畏，京兆武功（今屬陝西）人，號蘇綽子。隋文帝時歷任納言、民部尚書、尚書右僕射（yè）等職。曾奏請减輕賦役，制定律令格式，等等。（參閲《辭海》，561頁，上海：上海辭書出版社，1979年）

② 《四書訓義》（上）卷三，《中庸》二，第二十章，《船山全書》第七册，176—177頁。

③ 《四書講義》卷二十七，《中庸》四，中册，593—595頁。

些子，故曰修道以仁。又，生安亦用學利工夫，若舜之問察，孔子之信好是也。若以質而廢學，則陸王之良知，鮮不失矣。困勉亦有生安處，即仁者人也，性無不善。蓋生安者，誠無不明，故謂之知；學利雖氣稟稍次，然一向便肯學利，是他性分之無私，故謂之仁；困勉亦是他性分中有此力量做去，故謂之勇。此與《繫辭傳》以知屬天，仁屬地同義，以性兼氣質而言也。又，自章首至此，從舉政歸本修身，從修身事件説到入德工夫，而指以知所用功，步步退縮至開門下手，頭頭借勢，從知修身推出知治天下國家，回應政舉，爲一段結束。以上皆言人存之功，以下乃言舉政之事。①

〇鄭玄曰：達者常行，百王所不變也。困而知之，謂長而見禮義之事，己臨之而有不足，乃始學而知之。此達道也。利，謂貪榮名也。勉强，耻不若人。言有知、有仁、有勇乃知修身，則修身以此三者爲基。

〇孔穎達曰：謂君臣、父子、夫婦、昆弟、朋友之交，皆是人間常行道理，事得開通，故云“達道”也。又，言知、仁、勇人所常行，在身爲德，故云“天下之達德也”。言百王用此三德，以行五道。五事爲本，故云“道”；三者爲末，故云“德”。若行五道，必須三德。無知不能識其理，無仁不能安其事，無勇不能果其行，故必須三德也。又，言百王以來，行此五道三德，其義一也，古今不變也。又，謂無所求爲，安静而行之。又，謂貪其利益而行之。行此五事，得其榮名，於己無害，則利而行之也。故《論語》云“知者利仁”是也。又，或畏懼罪惡，勉力自强而行之。又，皇氏云：“所知所行，謂上五道三德。”今謂百行皆然，非唯三五而已也。又，“子曰”至“家矣”，前文夫子答哀公爲政須修身知人，行五道三德之事。此以下夫子更爲哀公廣説修身治天下之道有九種常行之事，又明修身在於至誠，若能至誠，所以贊天地動蓍龜也。博厚配地，高明配天。此一節覆明上“生而知之，學而知之，困而知之”。覆前文“或學而知之”，若能好學，無事不知，故云“近乎知”也。又，覆前文“或利而行之”，以其勉力行善，故“近乎仁”也。

① 《四書詮義》上，卷三，《中庸》，《叢書集成三編》第10册，452—454頁。

又，覆前文“困而知之”及“勉强而行之”，以其知自羞耻，勤行善事，不避危難，故“近乎勇”也。前經“生而知之”不覆説者，以其生知，自然合聖，故不須覆説也。①

〇方慤曰：孔子云：“生而知之者，上也；學而知之者，次也；困而學之者，又其次也。”即此知之事也；孟子曰：“堯舜性之也，湯武身之也，五霸假之也。”即此行之事也。《表記》曰：“仁者安仁，知者利仁，畏罪者强仁。”亦此之意。知之存乎心，故曰“及其知之一也”；行者見乎事，故曰“及其成功一也”。

〇喻樗曰：人倫之道五，天下之理盡於此矣，然自天子至於庶人，未有不須友以成者，故五者朋友爲急。苟非朋友，則君臣未信之諫，以爲謗也；父子責善之離，至於賊恩也；兄弟至於鬩；夫婦至於怨。四者其道甚大，何自而講之？講而後明，明而後行者，其誰哉？

〇鄭耕老曰：中庸之道本無二也，知其幾也，仁其量也，勇其力也。近之爲言要也，知無所不知，好學好問，則知愈廣矣，此爲致知之要；仁無所不濟，力行則不爲私奪，不爲利回，則仁愈固矣，此爲克濟之要；勇無所不任，耻於不善，則斷然爲善矣，此爲勝任之要。有此三者，其何理之不燭，何善之不充？聖人所以爲人倫之至者，有此而已矣；君子不可不知其端也，能躬行於吾身，則國家天下無餘事，治身治人，豈有二道也哉！

〇晏光曰：大抵人倫之五者，天下之所共由，故曰達道；知、仁、勇之三者，天下之所同得，故曰達德。達道之五者：君臣之道行於朝廷，父子、夫婦、昆弟之道行於閨門，朋友之道行於鄉黨，推而行之大概有三矣，此非行之者三乎？達德之三者：知之德則不惑，仁之德則不

① 《禮記正義》卷第六十，《中庸》第三十一，下册，2013、2015—2016頁。其中，“或利而行之”，鄭注爲“利，謂貪榮名也”，孔疏爲“謂貪其利益而行之。行此五事，得其榮名，於己無害，則利而行之也”。或許説之稍過。觀朱子所注“學知利行，便是仁在知外”（《朱子語類》卷第六十四，《中庸》三，第二十章，第四册，1560頁），以仁爲目的，可以説是“行仁义”，而尚未達到聖人生之安行，“由仁义行”。再看朱子對《論語·里仁》第二章“知者利仁”的解釋，雖也説“利，猶貪也”，然却是“蓋深知篤好而必欲得之也”，並未説到“利益”“榮名”等等上，“學知利行”本已是賢人所爲，鄭注孔疏之説配不上賢人，故不取。

憂，勇之德則不懼，三者雖不同，其歸於修身則一而已，非行之者一乎？

○譚惟寅曰：天下之達道，即中庸之道也；天下之達德，即中庸之德也。道出於天命之性，而所以行此道者，知、仁、勇也。知則見道明，仁則守道固，勇則進道速，此三德者，行道之器也。所以行之者三，即此知、仁、勇之謂也。所以行之者一，何也？一者，本心之實理也，理該萬殊，皆同一本，故總謂之一也。達道五，一一皆有實理，無實理則非道也；達德三，一一皆有實理，無實理則非德也。道有五名而實理則一，德有三名而實理則一，所以行之者一，即實理是也。何以見實理之爲一也？天命之性即理之所在也。

○林垌曰：好學力行知恥，雖未足以盡三德之要也，故以近爲言。聖人設教：未嘗以難者，輕語乎人；亦未嘗以難者，重絶乎人。如剛毅木訥，則曰"近仁"，忠恕則曰"違道不遠"，皆此意也。

○顧元常曰：嗚呼！夫子之告哀公，本以答爲政之問也，而詳及於學，學其政之本歟！

○施氏曰：可以由之一身，不可與天下共由，非達道；可以得之一身，不可與天下同得，非達德。知者不惑，則明足以見之；仁者不憂，則静足以守之；勇者不懼，則動足以行之。所以行五者，必以知、仁、勇，是不以天廢人也；所以行三者，必以誠，是不以人滅天也。[①]

○毛奇齡曰：古時五倫只父母兄弟子五者，其曰五教只父義母慈兄友弟恭子孝五者，以倫重天合，君臣父子夫婦皆人合也。[②]

○陈柱曰：好學力行知恥，三者之中，知恥其尤要者也。達而在上，德不及堯舜，吾之恥也；窮而在下，道不及孔孟，吾之恥也。萬事皆以誠爲本，至誠以知恥爲本。[③]

○蔣伯潛曰："所以行之者一也"，按何孟春訂注的《孔子家語》

---

① 《禮記集説》卷一百三十，《中庸》第三十一，《通志堂經解》第13册，394—396頁。

② 《續禮記集説》卷八十八，《中庸》，《續修四庫全書》第102册，552頁。這裏將"父子"亦説成是"人合"，令人有些費解。

③ 《中庸通義　中庸注参》，32—33頁。

"一也"之下，有"一者誠也"句，正與朱子相合。王引之《經義述聞》説"一"是衍文。"所以行之者也"，正與上文"所以行之者三"相應，不當有"一"字；此因下文"所以行之者一也"句而衍。《史記·通津侯傳》"智、仁、勇，此三者，天下之通德，所以行之者也"，《漢書·公孫弘傳》"仁、智、勇三者，所以行之者也"，皆無"一"字。鄭玄《禮記注》於下文"所以行之者一也"句注"一，謂當豫也"，於此句不釋"一"字，則鄭注本無"一"字可知。理由也很充分。又，有關之後以爲衍文的"子曰"二字，翟灝《四書考異》説："按《漢書·公孫弘傳》此間有"故曰"二字；"子"字或是"故"字之誤。[①]

○第三節"凡爲"至"一也"。朱子曰：經，常也。體，謂設以身處其地而察其心也。子，如父母之愛其子也。柔遠人，所謂無忘賓旅者也。此列九經之目也。吕氏曰："天下國家之本在身，故修身爲九經之本。然必親師取友，然後修身之道進，故尊賢次之。道之所進，莫先其家，故親親次之。由家以及朝廷，故敬大臣、體群臣次之。由朝廷以及其國，故子庶民、來百工次之。由其國以及天下，故柔遠人、懷諸侯次之。此九經之序也。"視群臣猶吾四體，視百姓猶吾子，此視臣視民之别也。又，九經之效。道立，謂道成於己而可爲民表，所謂皇建其有極是也。不惑，謂不疑於理。不眩，謂不迷於事。敬大臣則信任專，而小臣不得以間之，故臨事而不眩也。來百工則通功易事，農末相資，故財用足。柔遠人，則天下之旅皆悦而願出於其塗，故四方歸。懷諸侯，則德之所施者博，而威之所制者廣矣，故曰天下畏之。又，九經之事。官盛任使，謂官屬衆盛，足任使令也，蓋大臣不當親細事，故所以優之者如此。忠信重禄，謂待之誠而養之厚，蓋以身體之，而知其所賴乎上者如此也。既，讀曰餼。餼禀，稍食也[②]。稱事，如《周禮·槀人職》曰"考其弓弩，以上下其食"是也。往則爲之授節以送之，來則豐其委積以迎之。朝，謂諸侯見於天子。聘，謂諸侯使大夫來獻。王制

---

① 《中庸讀本》，27—29 頁，《語譯廣解四書讀本》。

② 案：官府發給的糧食。

“比年一小聘，三年一大聘，五年一朝”。厚往薄來，謂燕賜厚而納貢薄。又，一者，誠也。一有不誠，則是九者皆爲虚文矣，此九經之實也。①

〇又曰：齊明盛服，非禮不動，則内外交養，而動静不違，所以爲修身之要也。凡此九經，其事不同，然總其實，不出乎修身、尊賢、親親三者而已。敬大臣，體群臣，則自尊賢之等而推之也；子庶民，來百工，柔遠人，懷諸侯，則自親親之殺而推之也；至於所以尊賢而親親，則又豈無所自而推之哉？亦曰修身之至，然後有以各當其理而無所悖耳。又，親親而不言任之以事者，此親親、尊賢並行不悖之道也。苟以親親之故，不問賢否，而輕屬任之，不幸而或不勝焉，治之則傷恩，不治則廢法，是以富之貴之，親之厚之，而不曰任之以事，是乃所以親愛而保全之也。若親而賢，則自當置之大臣之位，而尊之敬之矣，豈但富貴而已哉！又，夫勞於求賢，而逸於得人，任則不疑，而疑則不任，此古之聖君賢相，所以誠意交孚，兩盡其道，而有以共成正大光明之業也。又，柔遠人之爲無忘賓旅。《書》言“柔遠能邇”，而又言“蠻夷率

---

① 《中庸章句》第二十章，《四書章句集注》，30—31頁。既然説是“仁者人也，親親爲大；義者宜也，尊賢爲大；親親之殺，尊賢之等，禮所生也”，却爲什麼又説是“欲盡親親之仁，必由尊賢之義”，甚至“蓋先尊賢，然後能親親”？而夫子講“故君子不可以不修身；思修身，不可以不事親；思事親，不可以不知人；思知人，不可以不知天”，又講“知所以修身，則知所以治人”，可是在講“凡爲天下國家有九經”時，却説“修身也，尊賢也，親親也”云云，這是爲什麼呢？或許是，若單從費之小者來講，則就爲修身與親親，尚不先及尊賢，或者説尊賢尚未成爲主要考慮的事；但若從費之大者來講，也就是從治國平天下來講，尊賢就成爲主要考慮的事情了，甚至在親親當中也必須首先引入尊賢之事，也就是朱子所强調的“親親而不言任之以事者，此親親、尊賢並行不悖之道也。苟以親親之故，不問賢否，而輕屬任之，不幸而或不勝焉，治之則傷恩，不治則廢法，是以富之貴之，親之厚之，而不曰任之以事，是乃所以親愛而保全之也。若親而賢，則自當置之大臣之位，而尊之敬之矣，豈但富貴而已哉！”故此在天下國家之九經中，把尊賢擺在了親親之前。（《中庸或問》下，《朱子全書》第六册，588頁）因而才有伊川所説：“‘尊賢也，親親也’，蓋先尊賢，然後能親親。夫親親固所當先，然不先尊賢，則不能知親親之道。”（《中庸輯略》卷下，第二十章，70頁，《朱子全書外編》第一册）以及邵淵所説：“九經之目其先後固自有序，然尊賢先於親親，柔遠人先於懷諸侯者，蓋禮義由賢者出，不知尊賢則不能盡親親之道；外寧則無内憂，遠人未柔則諸侯不可懷，此九經之序也。”（《禮記集説》卷一百三十一，《中庸》第三十一，《通志堂經解》第13册，399—400頁）再有胡炳文所説：“章首修身之後繼以親親，而此繼以尊賢，蓋尊賢尤與修身相關，修身則道成於己，尊賢則見道分明而無疑。”（《四書通・中庸通》，《通志堂經解》第15册，422頁）

服”，則所謂柔遠，亦不止謂服四夷也。①

〇程子曰：“尊賢也，親親也”，蓋先尊賢，然後能親親。夫親親固所當先，然不先尊賢，則不能知親親之道。(伊川)

〇楊時曰：自修身推而至於平天下，莫不有道焉，而皆以誠意爲主，苟無誠意，雖有其道，不能行也。故《中庸》論“天下國家有九經”，而卒曰“所以行之者一”。一者何？誠而已。蓋天下國家之大，未有不誠而能動者也。然而非格物致知，烏足以知其道哉？《大學》所論誠意正心修身治天下國家之道，其原乃在乎物格推之而已。若謂意誠便足以平天下，則先王之典章文物皆虚器也。故明道先生嘗謂，有《關雎》《麟趾》之意，然後可以行周官之法度，正謂此耳。②

〇胡炳文曰：道即前五者天下之達道；立是吾身於此五者各盡其道，而民皆於吾身取則也。《章句》以爲即是“皇建其有極”，皇極建而九疇敍，君道立而九經行，其旨一也。章首修身之後繼以親親，而此繼以尊賢，蓋尊賢尤與修身相關，修身則道成於己，尊賢則見道分明而無疑。《章句》曰此九經之效也，道立是修身之效，以下皆道立之效。又，前二章説祭祀之禮，此章從親親尊賢等殺處説禮，禮字極精微，今又就

① 《中庸或問》下，《朱子全書》第六册，587—589頁。

② 《中庸輯略》卷下，第二十章，70—74頁，《朱子全書外編》第一册。所謂《關雎》《麟趾》之意，實指《周南》十一篇歌頌文王之詩也，亦即：《關雎》舉起全體而言也，《葛覃》《卷耳》言其志行之在己，《樛木》《螽斯》美其德惠之及人，皆指其一事而言也。其詞雖主於后妃，然其實則皆所以著明文王身修家齊之效也。至於《桃夭》《兔罝》《芣苢》則家齊而國治之效。《漢廣》《汝墳》則以南國之詩附焉，而見天下已有可平之漸矣。若《麟之趾》則又王者之瑞，有非人力所致而自至者，故復以是終焉，而序者以爲《關雎》之應也。又，周，國名。南，南方諸侯之國也。周國本在禹貢雍州境内岐山之陽。后稷十三世孫古公亶甫始居其地，傳子王季歷，至孫文王昌，辟國寖廣。於是徙都于豐，而分岐周故地以爲周公旦、召公奭之采邑，且使周公爲政於國中，而召公宣布於諸侯。於是德化大成於内，而南方諸侯之國，江、沱、汝、漢之間，莫不從化，蓋三分天下而有其二焉。至子武王發，又遷于鎬，遂克商而有天下。武王崩，子成王誦立。周公相之，制作禮樂，乃采文王之世風化所及民俗之詩，被之筦弦，以爲房中之樂，而又推之以及於鄉黨邦國。所以著明先王風俗之盛，而使天下後世之修身、齊家、治國、平天下者，皆得以取法焉。蓋其得之國中者，雜以南國之詩，而謂之《周南》。言自天子之國而被於諸侯，不但國中而已也。其得之南國者，則直謂之《召南》(十四篇)。《小序》曰：“《關雎》《麟趾》之化，王者之風，故繫之周公。南，言化自北而南也。《鵲巢》《騶虞》之德，諸侯之風也，先王之所以教，故繫之召公。”斯言得之矣。(《詩集傳》，《朱子全書》第一册，401—402、411頁)

修身上説禮，尤爲嚴密。只看此一禮字，上下三章文不相屬，而意實相承。如此齊明，是潛心以居，對越上帝，盛服是正其衣冠，尊其瞻視，皆静而敬也，即首章戒慎存養之事；非禮不動，動而敬也，即首章慎獨省察之事。自修身而推之尊賢親親，此敬也；自尊賢親親而推之貴賤親疏大小遠近，無不在一敬心流行中。如《堯典》載堯“克明俊德”，以至“於變時雍”，必先一欽字。《臯陶謨》自身修至邇可遠在兹，必先一慎字。《論語》言“修己以安百姓”，必先一敬字。《章句》曰此言九經之事也，敬豈非事之最先者乎，聖賢之學未有不先由乎敬而能至於誠也。又，修身不實，則欲得以間理；尊賢不實，則邪得以間正；親親不實，則疏得以間親；推之莫不皆然。[①]

○景星曰：此節言九經之目，然亦不出上文修身尊賢親親三者。又，遠人非四夷，如商賈賓旅遠來者也，若謂四夷，不應在諸侯之上。又，財用是兩字，財是貨財，用是器用，德之所施者愽（同“博”）貼。又，“天下畏之”舉四海内外總言，懷之以德，則諸侯誠服，中國爲一家，臣民無不愛仰，則四隅海表夷狄異類莫不畏服，故曰“天下畏之”。又，“齊明盛服”是静而未接事之時，“非禮不動”是動而已接事之時，是動静交養，如此所以爲修身之要。此二句正是存養省察工夫，即首章戒懼慎獨之事。又，“尊其位，重其禄”此獨言未任以事，宗族中主於養者。其有才德者，則自隨所宜而用之矣，若上下文賢與大臣士條内者是也。又，爲，猶治也。前三德行之者一，所以實其德；此九經行之者一，所以實其事。[②]

○船山曰：“一”，猶言無異道。擇善而後知所誠，固執而後無不誠，《大學》所謂“無所不用其極”也。[③]

○又曰：“尊其位、重其禄”二其字，指諸父昆弟。“同其好惡”，乃我之好惡推以同之，非諸父昆弟之好惡亦好惡之。諸父昆弟不必皆

① 《四書通·中庸通》，《通志堂經解》第15册，422頁。

② 《大學中庸集説啓蒙·中庸》卷下，景印文淵閣《四庫全書》第204册，1054—1056頁。

③ 《禮記章句》卷三十一，《中庸》第二十章，《船山全書》第四册，1286頁。

賢，其好惡豈可同哉！又，“一”字是一樣之意，猶言無所不用其極，無一不誠則一於誠也。[①]

〇又曰：若五達道之事，則“親親”爲盡父子兄弟之倫，“敬大臣”“體群臣”“子庶民”爲盡君臣之倫，“尊賢”“懷諸侯”爲盡朋友之倫。事各有施，效各有當。君於盡倫之外，自有建極之德；民於明倫之外，亦自有會極之猷。又，而其君爲失道之君，國爲無道之國，則唯君之好惡不裁於禮而無可遵之道也。所謂“賓旅”者，賓以諸侯大夫之來覲問者言之，旅則他國之使修好於鄰而假道者。又如失位之寓公，與出亡之羈臣，皆旅也。唯其然，故須“嘉善而矜不能”。[②]

〇又曰：今夫爲天下國家，則固繁有其政矣。文武集百王之大法，而著之方策者不一也。乃以要言之，則所以盡人道之常而爲之綱維者有九。又，夫以其序而修明之，而其效遂臻乎文武之盛，其事則盡舉乎方策之所留，則凡爲天下國家者，以此九經括之矣。[③]

〇吕留良曰：“九經”是夫子絶好一幅畫壁圖也，自有宇宙以來，合下便須如此，非可以私意增損措置於其間，所以不謂之“九政”而謂之“九經”。“經”字乃經常之經，與“五達道”“三達德”同例，皆孔子之言。“賢”與“大臣”不同，乃師友不臣、人君就學論道者也，故“不惑”在道理上講，不指事務及人臣之賢否邪正也。能敬則君心一而信任專，志清明而邪不入，故臨事不迷眩。“天下”，三代天子未嘗獨得天下，只諸侯歸服，便是有天下，看文王三分有二，何嘗盡入版圖？“畏”，守禮奉法，納於軌物，道德一，風俗同，乃所謂畏也。天子諸侯原從天下生來，其事本乎天理而權勢亦即在其中。以上臨下出於仁，以下奉上出於義，上仁則下義，故懷畏相應如此，其實懷中具振肅之用，畏中得忠愛之情，理勢未嘗相離也。“九經”各有本分，聖人各還其天理之當然，而天下國家自治，非欲自利天下國家而後爲此九經也。忠信重禄，是天理上事，不是人主可以私意顛倒豪傑也。《中庸》下箇“子”

① 《四書箋解》卷二，《中庸》，“哀公問政”章，《船山全書》第六册，144—145頁。

② 《讀四書大全説》卷三，《中庸》第二十章，《船山全書》第六册，524頁。

③ 《四書訓義》（上）卷三，《中庸》二，第二十章，《船山全書》第七册，177—180頁。

字，便包得一篇《西銘》在。下節“豫”字正豫此“一”，原雙承兩“一也”而言，猶《大學》自修始誠意，而齊家治國平天下亦止推此好惡之實也。前“一也”是修身之一，此“一也”是治人之一，行有兩層，一只此一。[①]

〇汪紱曰：修身復列九經者，修己治人，一理一事也。然下文以“齊明盛服”言修身，則九經修身有刷磨渣滓至細至密意，前“修身以道”以大綱言也。修身尊賢親親三者，又九經中之綱領。尊賢知也，親親仁也，達之朝廷國天下，勇也。修身工夫無可止之候，修纔有閒，便立政無本。修身則賢可勸，而尊賢則身益修，理明而事由是治，身修則無私，而能親親，而親親則道亦篤，能愛而天下一體，故三者相因爲九經綱領。亦依舊是“爲政在人”三節話頭，益見學術以外無事功，而修身舉政非兩事矣。唐虞三代，君臣拜稽碩畫，昌言洋煌盈耳，國治安得不隆，未聞奸權竊柄。暴秦以降，尊君如天，卑臣如犬，君臣之義絶，而僭亂相仍所由，朱子《或問》中及《所上孝宗封事》皆深切致意於兹矣。又，前曰“修身以道”，此曰“修身則道立”，能行道而身以修，亦身修而道以盡。道者，“天下之達道”，以身先之，天下無不觀感矣，故以爲九經之效也。尊賢親親而不惑不怨，修身之資，敬大臣以下，則皆修身之推，而會歸有極也。又，修道盡倫也，此言踐形也，五倫五事相爲經緯，不盡倫何必言踐形，形有未踐則倫亦有未盡，非兩事也。故盡倫猶大綱也，孝弟忠信之人，其視聽言動心思，容或有未盡禮處，至形無不踐，則渣滓盡融，細密必檢，修身事必至此，方無遺憾，故以此列九經之事中，事業愈宏，修身當愈密，又臨民出治於斯爲尤切也。然存養省察總以完全此生理，非存養省察則私欲雜僞而不仁矣，何以行道！則總之不外“修身以道，修道以仁”二語也。又，自爲天下國家復約到一言政舉，必本於人存，又以啓下誠身之端而詳言其工夫也。[②]

〇鄭玄曰：體，猶接納也。子，猶愛也。遠人，蕃國之諸侯也。不

---

① 《四書講義》卷二十七，《中庸》四，中册，595—600頁。

② 《四書詮義》上，卷三，《中庸》，《叢書集成三編》第10册，454—457頁。

惑，謀者良也。不眩，所任明也。同其好惡，不特有所好惡於同姓，雖恩不同，義必同也。尊重其禄位，所以貴之，不必授以官守，天官不可私也。官盛任使，大臣皆有屬官所任使，不親小事也。忠信重禄，有忠信者重其禄也。時使，使之以時。日省月試，考校其成功也。既，讀爲"餼"。餼廩，稍食也。《稾人職》曰："乘其事，考其弓弩，以下上其食。"

○孔穎達曰："凡爲"至"畏之"，此夫子爲哀公説治天下國家之道有九種常行之事，論九經之次目也。體，謂接納。言接納群臣，與之同體也。又，謂招來百工也。又，覆説行九經則致其功用也。又，謂修正其身，不爲邪惡，則道德興立也。又，以賢人輔弼，故臨事不惑，所謀者善也。眩亦惑也。以恭敬大臣，任使分明，故於事不惑。前文"不惑"，謀國家大事。此云"不眩"，謂謀國家衆事。但所謀之事，大小有殊，所以異其文。又，群臣雖賤，而君厚接納之，則臣感君恩，故爲君死於患難，是"報禮重"也。子，愛也。言愛民如子，則百姓勸勉以事上也。百工，典財用也。君若賞賚招來之，則百工皆自至，故國家財用豐足。遠，謂番國之諸侯。四方，則番國也。懷，安撫也。君若安撫懷之，則諸侯服從，兵强土廣，故天下畏之。又，"齊明"至"侯也"，此一節説行九經之法。齊，謂整齊。明，謂嚴明。盛服，謂正其衣冠。是修身之體也。此等非禮不動，是所以勸修身。又，謂授以大位，重多其禄。位崇重而已，不可任以職事。好，謂慶賞。惡，謂誅罸。言於同姓既有親疏，恩親雖不同，義必須等，故不特有所好惡。尊位重禄以勉之，同其好惡以勵之，是"勸親親也"。官盛，謂官之盛大，有屬臣者，當令任使屬臣，不可以小事專勞大臣，大臣懷德，故云"所以勸大臣也"。既廩，謂飲食糧廩也。言在上每日省視百工功程，每月試其所作之事，又飲食糧廩稱當其事，功多則廩厚，功少則餼薄，是"所以勸百工也"。又，諸侯國内有亂則治討之，危弱則扶持之。又，言同姓之親，既非賢才，但尊重其禄位，榮貴之而已，不必授以官守也。又，若《周禮》六卿，其下各有屬官，其細碎小事，皆屬官爲之，是"不親小事也"。又，以"既"與"廩"連文，又與"餼"字聲同，故讀"既"爲

“餼”。稍食者，謂稍給之，故《周禮》“月終均其稍食”是也。又，案：《周禮·夏官》稾人掌弓矢之材，其職云“乘其事”，乘，謂計筭其所爲之事；“考其弓弩”，謂考校弓弩之善惡多少；“以下上其食”，下，謂貶退；上，謂增益。善者則增上其食，惡者則減其食故也。[1]

〇方慤曰：爲民父母者，君也。故於庶民曰“子百姓”，舉其政之成，庶民言其類之衆，百姓貴而少，庶民賤而多。以庶民之賤，猶且子之，則百姓之貴可知；以百姓之貴，猶且知勸，則庶民之賤可知。百姓庶民亦互言之爾。

〇周諝曰：先庶民而後百工，抑末也。言工不言商者，爲工者尚且來之，則其通有無於道路者可知矣。遠人先於諸侯者，其猶序《六月》之詩，以《蓼蕭》先於《湛露》，蓋示其柔遠能邇之意。群臣者，兼士言之也，果上之人有以體察之，則其所謂見危授命，見得思義者出焉，故曰“報禮重”。《詩》曰“四國于蕃，四方于宣”，言四方以對四國，則四方爲四國之外；言天下以對四方，則天下爲四方之内。又，然是數者皆言勸，唯修身與柔遠人、懷諸侯不言之者，蓋修身無意於勸而勸自存，故曰大人正己而物正；遠人責之略則勸，莫得以言；諸侯責之詳則勸，不足以言。行之者一致，一也。

〇馬晞孟曰：治天下國家之道，必有以致其要，亦必有以致其詳。故修身者，所以致其要也；而九經者，所以致其詳也。夫身者，政之大本，身立則政立，故先修身。而賢者修身之輔也，故繼以尊賢。修身則内有所守，尊賢則外有所正，内外之德成，然後可以有爲於天下。

〇陸佃曰：不眩，見道者也，非直不惑而已，蓋道不可以聲音貌象求焉，以目求之則眩矣，以耳聽之則眩矣。

〇游桂曰：孔子曰：“老者安之，朋友信之，少者懷之。”孔子之學，聖人之學，而其道，則君天下之道也。《中庸》所言：親者親之，大臣敬之，群臣體之，庶民子之，百工來之，遠人柔之，諸侯懷之，是

---

① 《禮記正義》卷第六十，《中庸》第三十一，下册，2016—2019頁。這裏孔氏解“齊，謂整齊”，存疑。

孔子三言之推也，言天下國家之人，親疏遠近、賢否大小之不齊，無不得其所也。

○晏光曰：箕子陳《洪範》則有九疇，子思作《中庸》則有九經，事雖不同，其取於九數則一而已。《洪範》九疇：一曰五行者，本於天道，故曰惟天陰隲下民也；《中庸》九經：一曰修身者，本於人道，故曰凡爲天下國家也。

○晉陵錢氏曰：修身、尊賢、親親，一家之經；敬大臣、體群臣、子庶民，一國之經；來百工、柔遠人、懷諸侯，天下之經。

○真德秀曰：或謂《大學》先言誠意正心而後修身，《中庸》九經之序乃自修身始，何邪？曰"齊明盛服，非禮不動"，此所謂敬也，敬則意誠心正在其中矣。

○陳祥道曰：此即文武之政也，其要惟一，其别有九，而其序則《堯典》所謂"欽明文思"至於"黎民於變時雍"，夫子所謂"修己以敬"至於"安百姓"也。

○邵淵曰：九經之目其先後固自有序，然尊賢先於親親，柔遠人先於懷諸侯者，蓋禮義由賢者出，不知尊賢則不能盡親親之道。外寧則無内憂，遠人未柔則諸侯不可懷，此九經之序也。

○顧元常曰：此夫子平日之議論，而子思子記録於此。雖然就九經而論之，言之先後，誠有大旨，然非必曰次第始終斷斷不易，使人循序而行之也。得其大旨於講明之初，而遇事接物，兼舉並行，各得其當，則庶幾無負聖人之訓矣。帝舜有庳之封，尊其位重其禄之謂也；同其好惡，均其休戚之謂也，遇其所喜則有慶賀，遇其所憂則有弔恤之類是也。①

○毛奇齡曰：此遠人有二項：一是《論語》"遠人不服"之遠人，即蕃國諸侯，如西旅、貢獒、越裳、獻雉類；一是"遠者來"之遠人，即商賈行旅，如《孟子》商賈藏王市，行旅出王途類。又，不惑是不疑

① 《禮記集説》卷一百三十一，《中庸》第三十一，《通志堂經解》第 13 册，398—400 頁。

於道德，不眩謂不亂於政事，何爲不可也。古理皆作條理解，《中庸》“文理”“温而理”皆是，即《繫辭》“窮理理於義”，亦是窮蓍數之理，理蓍數之義。惟《孟子》以理義聯稱，而漢儒《樂記》遂有天理人欲之記，然空言可混，以之釋九經難矣。

〇毛文輝曰：《周禮》與《尚書》牴牾，世遂謂《尚書》《周禮》俱僞，此六經之厄也。從來禮文不畫一，所貴窮經者，理會而貫通之如此。[①]

〇蔣伯潛曰：“來百工”之“來”，就是《孟子》“勞之來之”之“來”，字亦作“徠”，是勸勉的意思。（此王引之《經義述聞》説，與下文“所以勸百工也”正相應。）鄭注“一謂當豫也”，據齊召南《中庸注疏》考證，所當豫者，就是這個“誠”。[②]

〇第四節“凡事”至“不窮”。朱子曰：凡事，指達道達德九經之屬。豫，素定也。跲，躓也。疚，病也。此承上文，言凡事皆欲先立乎誠，如下文所推是也。[③]

〇又曰：所謂前定，先立乎誠也。先立乎誠，則言有物而不躓（案：文辭晦澀也）矣，事有實而不困矣，行有常而不疚矣，道有本而不窮矣。[④]

〇張子曰：“事預則立”，必有教以先之，盡教之善，必精義以研之，“精義入神”，然後立斯立，動斯和矣。又，“博學於文”者，只要得“習坎”“心亨”。蓋人經歷險阻艱難，然後其心亨通。博文者皆是小德應物，不學則無由知之。故《中庸》之欲“前定”，將所以應物也。

〇吕大臨曰：豫，素定也。素定者，先事而勞，事至而佚，既佚則且無所事其憂。不素定者，先事而佚，事至而憂，雖憂而亦無所及於事。故素定者事皆有成，言有成説，事有成業，行有成德，道有成理。用而不括（案：閉也，塞也，礙也），動而有功，所謂“精義入神以致

---

① 《續禮記集説》卷八十八，《中庸》，《續修四庫全書》第102册，555—556、562頁。

② 《中庸讀本》，30頁，《語譯廣解四書讀本》。

③ 《中庸章句》第二十章，《四書章句集注》，31頁。

④ 《中庸或問》下，《朱子全書》第六册，590頁。

用”，則精義者，豫之謂也。能定然後能應，則能定者，豫之謂也。擬之而後言，議之而後動，擬議以成其變化，則擬議者，豫之謂也。致用也，能應也，成變化也，此所以無“跲”“困”“疚”“窮”之患也。

〇游酢曰：豫者，“前定”之謂也。惟至誠爲能定，惟前定爲能應。故以言則必行，以事則必誠，以行則無悔，以道則無方。誠定之效如此，故繼“九經”言之。①

〇胡炳文曰：上文言五達道、三達德、九經之所以行，此則總言凡事之所以立。立與行自分體用，蓋曰是誠也，非一朝一夕之故，戒懼慎獨養之者有素矣，如此則先立乎誠，而後事可立，可立則可行矣。②

〇景星曰：誠以素定爲言者，若曰此誠也，非一朝一夕之故，自戒懼慎獨養之有素者也。此豫字非是先見，乃是先定，可以先定者，由於知之至也。言行就人身言，事以事物言，道則兼三者而言。③

〇船山曰：立天下之大本而後素無不定，所以戒慎乎其所不睹，恐懼乎其所不聞。④

〇又曰：“一”是誠，“豫”却不是誠。後云“不明善不誠乎身”，則此豫是明可知。“前定”只是前明其理以待用。⑤

〇又曰：“豫”之爲義，自與“一”不同。一者，誠也；誠者，約天下之理而無不盡，貫萬事之中而無不通也。豫則凡事有凡事之豫，而不啻一矣；素定一而以臨事，將無爲異端之執一耶？一者，徹乎始終而莫不一。豫者，修乎始而後遂利用之也。一與豫既不可比而同之，則横渠之説爲不可易矣。横渠之所云“精義入神”者，則明善是已。夫朱子

---

① 《中庸輯略》卷下，第二十章，75—76 頁，《朱子全書外編》第一册。其中，張子所謂“習坎”“心亨”，即《易·習坎》：坎下坎上。習謂重習。他卦雖重，不加其名，獨坎加習者，見其重險，險中復有險，其義大也。卦中一陽上下二陰，陽實陰虚，上下無據，一陽陷於二陰之中，故爲坎陷之義。卦之所言，處險難之道。“習坎有孚，維心亨，行有尚。”陽實在中，爲中有孚信。維心亨，維其心誠一，故能亨通。至誠可以通金石，蹈水火，何險難之不可亨也？行有尚，謂以誠一而行，則能出險，有可嘉尚，謂有功也。不行則常在險中矣。（《周易程氏傳》卷第二，《二程集》第三册，843—844 頁）

② 《四書通·中庸通》，《通志堂經解》第 15 册，422 頁。

③ 《大學中庸集説啓蒙·中庸》卷下，景印文淵閣《四庫全書》第 204 册，1057 頁。

④ 《禮記章句》卷三十一，《中庸》第二十章，《船山全書》第四册，1287 頁。

⑤ 《四書箋解》卷二，《中庸》，“哀公問政”章，《船山全書》第六册，145 頁。

其能不以明善爲豫乎？又，夫明善，則擇之乎未執之先也，所謂素定者也。誠則成物之始，而必以成物之終也。不息則久，悠久而乃以成物，純亦不已，而非但取其素定者而即可以立事。是誠不以豫爲功，猶夫明善之不得以一爲功，而陷於異端之執一也。故以前定言誠，則事既有所不能，而理尤見其不合。又，夫朱子之以誠爲豫者，則以《中庸》以誠爲樞紐，故不得不以誠爲先務。而樞紐之與先務，正自不妨異也。以天道言，則唯有一誠，而明非其本原。以人道言，則必明善而後誠身，而明以爲基，誠之者擇善而固執之。是明善乃立誠之豫圖，審矣。又，張子顯然以明善爲豫，正開示學者入德之要，而求之全篇，求之本文，無往不合。朱子雖不取其説，而亦無以折正其非，理之至者不可得而易也。①

〇又曰：夫言、行、事各有其道，分之而道在，合之而道一，亦惟豫也。則道之爲經爲緯者，定於事各一道之前，道雖分殊，而皆存於理一之内，豈至變化之難齊乎，不窮也。故析而爲五，詳而爲九，序次相成而爲三，皆非所以爲豫也。唯所以行之者一，則未發而爲天下之大本，已發而爲天下之達道，以率性之功，凝天命之實，則事皆繼起，而德爲本原，斯則所謂豫，而爲事之所自立也。②

---

① 《讀四書大全説》卷三，《中庸》第二十章，《船山全書》第六册，525—528 頁。

② 《四書訓義》（上）卷三，《中庸》二，第二十章，《船山全書》第七册，180—181 頁。船山有關“豫”的辨析是針對朱子所講“所謂前定，先立乎誠也”而來的，終究是在於“明善”抑或“立誠”，孰爲“豫”，爲“前定”，爲先的問題，其實也就是《大學》所謂“格物致知”與“誠意正心”孰先孰後的問題。這點我們在《大學》就已經明晰了的，它們實際上並不嚴格地分判先後，孰先孰後其實皆可，關鍵在於它們必是相輔相成的。不過在把它們推達至善的時候，則必是“物格而后知至，知至而后意誠，意誠而后心正”，等等。況且船山還曾專門針對“后”與“後”做過辨析，爲什麼説“物格而后知至”云云，其實前面“知止而后有定”等也是，“后”者始得之意，乃以效之必然者言之，並非簡單的“前後”之“後”的意思。而“欲”字則已有一截工夫矣，但不得純全，故須下截工夫以成之。（《四書箋解》，卷一，《大學》，《經》，《船山全書》第六册，109—110 頁）如此我們再來理解《大學》八目之序，三綱領也一樣，就不是先做好前面再做後面，而幾乎可以説是同時發生與進行的，只是從結果或效果上看，在先的没做好，在后的就也做不好。朱子也是這樣看的，他説：“《大學》自致知以至平天下，許多事雖是節次如此，須要一齊理會。聖人亦是略分箇先後與人知，不是做一件净盡無餘，方做一件。”而是“規模合下皆當齊做”。（《朱子語類》卷第十五，《大學》二，《經》下，第一册，311 頁）

〇吕留良曰："豫"之爲説，非謂凡事要先圖先慎也，先圖先慎，止講得一事，天下哪有事事先圖先慎之理？惟能擇善固執而豫得此一，則天下凡事之理皆本此而行，無不知之明處之當，故曰"先立乎誠"，不是豫其事也。道德九經必本於誠，而誠必豫乃得，下文"擇善""固執""學""問""思""辨""行"，正豫此誠也。《中庸》"前定"，即下文"擇""執"，聖賢前定在理上。①

〇汪紱曰：修道舉政俱在事用上，而明善存身工夫則須在平日，平日無擇執工夫，此心僞妄已慣，則臨事却誠不來，故貴於豫。能豫此一，則凡事皆實而立；不豫此一，則凡事皆虚而廢也。豫，訓素定。則下四個前定，皆此一豫字。皆是前定一誠。②

〇鄭玄曰：一，謂當豫也。跲，躓也。疚，病也。人不能病之。

〇孔穎達曰："凡爲"至"不窮"，此一節明前九經之法，唯在豫前謀之，故云"所以行之者一也"。一，謂豫也。又，將欲發言，能豫前思定，然後出口，則言得流行，不有躓蹶也。困，乏也。言欲爲事之時，先須豫前思定，則臨事不困。又，人若行不豫前先定，人或不信，病害之。既前定而後行，故人不能病害也。又，言欲行道之時，豫前謀定，則道無窮也。③

〇項安世曰：言誠而必曰豫者，教人素學之也，知之素明，行之素熟，而後出之則不窮矣。自"事豫"以上言政，自"事豫"以下言學。

〇沈清臣曰：豫者，動之微，吉之先見者也。《易》"坤下震上"爲豫，其象曰"雷出地奮，豫"，是元氣有事之初也。夫子於六二斷之曰"君子見幾而作，不俟終日"，即吾性情有事之始，喜怒哀樂未發之際也。其幾，間不容髮，君子於是知其所處，則事無有不立矣。否則，鮮有不敗，故曰"不豫則廢"。凡言也事也行也，莫不欲豫，前定即豫也，前定則不跲不困不疚。然道之前定將如何邪？天命之性至虚極静，其體

① 《四書講義》卷二十七，《中庸》四，中册，600—601頁。

② 《四書詮義》上，卷三，《中庸》，《叢書集成三編》第10册，457—458頁。

③ 《禮記正義》卷第六十，《中庸》第三十一，下册，2019—2020頁。鄭注孔疏本之所以把"凡爲"句置於此一節，就在於其將"所以行之者一也"之"一"，解爲"凡事豫則立"之"豫"了。

本無窮也，惟其本體無窮，故其用亦無窮也，故終之曰“道前定則不窮”。然則前定之義，果何如也？孟子所謂“必有事焉而勿正，心勿忘，勿助長也”，學者宜思之。

○俞仲可曰：言之前定，非擇言之謂也，易其心而後語也，故不跲；事之前定，非逆計之謂也，能定而後能應也，故不困；行之前定，非詳慮之謂也，安其身而後動，何疚之有；道之前定，非預期之謂也，本立而道生，何窮之有。欲其知一，則告之以豫；欲其知豫，又告之以定。聖人教人，拳拳之意如此。

○于有成曰：凡言、行與事固貴前定，而“易有太極”，在天地先，道固未嘗不前定也。生生之謂易，道豈有窮也哉？窮則變，變則通，是道無窮也，此乃以道前定，則不窮。爲言何與？蓋此所謂道因人而言也，楊、墨之於仁義，惟其不前定，故其窮至於無父無君，楊、墨不足言也；伯夷、柳下惠其於道也，非無定見，而定於前者，與夫子或異，要其終，卒至於隘與不恭，亦未免於有窮焉，不至如楊、墨之害道耳；孔子曰“我則異於是，無可無不可”，此孔子所謂道前定也；孟子曰“乃所願，則學孔子也”，此孟子之所謂道前定也。豫之彖曰“豫之時義大矣哉”，於斯可見矣。

○周處約曰：自此以上言用，自此以下言體。中庸之道言其用，見於修身、齊家、治國、平天下；語其體，則本之於誠，《中庸》所謂明善、誠身，即《大學》所謂致知、格物、正心、誠意。《大學》之書由體起用，故先言致知、格物、正心、誠意，而後及於修身、齊家、治國、平天下；《中庸》之書即用明體，故先言修身、齊家、治國、平天下，而後本於誠身、明善。先後雖殊，相爲表裏，所謂一以貫之也。將言“誠之道”，必先言所謂“豫”者，蓋非一朝一夕之積，如雷在地中爲復，至四陽大壯，然後奮發而出天地之間，温温乎其和可知，是乃所謂豫。聖人致中和至於天地位、萬物育，亦豈一朝一夕之積哉！其道蓋前定矣。凡事蓋總言之，言能前定，則不跲；事能前定，則不困；行能前定，則不疚。泛天下國家其道可不前定乎？道而不能前定，則用之有時而窮矣，非所謂豫也。故下文“在下位不獲乎上，民不可得而治”，反本造約，卒歸於誠身明善，由明善以誠身，由誠身以順親信友，由信友以獲乎上，素位而行，得志澤加於民，非豫之至，能若是乎？不然，如溝澮之水乍盈乍涸，其廢也可立而待，烏在其爲不窮邪？孟子之學得於子思，故其論誠亦云。[①]

○《日講四書解義》曰：但凡天下之事如達道、達德、九經之類，能先立乎誠，則凡事皆有實意，自能成立；苟非先立乎誠，則事皆虚僞，必至廢壞。如人之言語能先立乎誠，不肯妄發，則言爲德言，自然順理不至窒礙；人之行事能先立乎誠，不肯妄動，則事皆有主，迎機導窾[②]不至窘困；身之所行者能先立乎誠，則中倫中理，光明正大，何疚之有；道之當然者能先立乎誠，則左右逢原，泛應曲當，何窮之有。苟其不誠，則言、事、行、道無施而可，是以凡事必須先立乎誠也。[③]

○陈柱曰：前定，即豫也。今謂準備。[④]

○蔣伯潜曰："跲"，俞樾《群經評議》據張參《五經文字説》當作"㑣"，就是老子"將欲㑣之"的"㑣"字，是閉塞的意思。（案："㑣"即"歙"字，收斂，收縮，與"張"相對。）[⑤]

○第五節"在下"至"身矣"。朱子曰：此又以在下位者推言素定之意。反諸身不誠，謂反求諸身而所存所發，未能真實而無妄也。不明乎善，謂未能察於人心天命之本然，而真知至善之所在也。[⑥]

○程子曰：人患事繫累，思慮蔽固，只是不得其要，要在明善。明善在乎格物窮理，窮至於物理，則漸久後，天下之物皆能窮，只是一理。（伊川）

○楊時曰：明善在致知，致知在格物。號物之多至於萬，則物蓋有不可勝窮者，反身而誠，則舉天下之物在我矣。《詩》曰："天生烝民，

---

① 《禮記集説》卷一百三十一，《中庸》第三十一，《通志堂經解》第13册，400—401頁。

② kuǎn，法也。

③ 《日講四書解義》卷三，《中庸》下，景印文淵閣《四庫全書》第208册，58頁。

④ 《中庸通義 中庸注参》，98頁。

⑤ 《中庸讀本》，33頁，《語譯廣解四書讀本》。

⑥ 《中庸章句》第二十章，《四書章句集注》，31頁。

有物有則。”凡形色具於吾身者，無非物也，而各有則焉，反而求之，則天下之理得矣。①

〇胡炳文曰：中庸之道通上下皆當行也，故上言尊賢，此則言信乎朋友；上言親親，此則言順親；上言修身，此則言誠身；其道一也。先儒云此一章當一部《大學》，誠身是包《大學》誠意、正心、修身三節而言。心是所存，意是所發，故《章句》釋誠身必兼所存所發而言。善即是天命之性，故《章句》以人心天命之本然者釋之。上文曰知天，而此曰明善，天命無有不善，而學者當知夫至善之所在，是即《大學》所謂格物致知也。天不可不知，善不可不明，又見三德必以知爲先也。②

〇景星曰：自章首以來皆言上之率下，至此却主下事上説，而以在下位者推言上文素定之意，可見中庸之道通上下皆當行者也。四有道字，謂有法也，與《大學》八條目逆推一節工夫，意思正相似。十六章首言誠，至此再言，前言天理之實，此言人心之實。③

〇船山曰：“天命”，天之命我者也。凝乎心而至善有恒，萬物皆備於我，於己取之而已，故格物致知，非逐物而失己也。④

〇又曰：此相承處，亦是《中庸》文字如此，實則“不誠乎身”，君民親友無一而可意，此不可，彼亦不可。⑤

〇又曰：《中庸》説“君子之道費而隱”，費必依隱，而隱者必費。若專求誠於内心，則打作兩片，外内不合矣。⑥

〇又曰：斯道也，且居昊天罔極之先，是豫也，爲萬善始基之主，是一也，則誠是已。誠極乎天地萬物之理，而凝之者身；誠動於上下朋友之際，而先所感通者親。所存者仁義禮之全體，無有不實；所發者知仁勇之大用，無有不真，則身以誠矣。又，誠者誠於善之謂也。善之量

① 《中庸輯略》卷下，第二十章，77—78頁，《朱子全書外編》第一册。

② 《四書通·中庸通》，《通志堂經解》第15册，422頁。

③ 《大學中庸集説啓蒙·中庸》卷下，景印文淵閣《四庫全書》第204册，1057—1058頁。

④ 《禮記章句》卷三十一，《中庸》第二十章，《船山全書》第四册，1287頁。

⑤ 《四書箋解》卷二，《中庸》，“哀公問政”章，《船山全書》第六册，145頁。

⑥ 《讀四書大全説》卷三，《中庸》第二十章，《船山全書》第六册，528頁。

極乎至大，善之辨又極乎至微，不知善之所至，而未滿其充實之光輝，非誠也。不知善之所察，而未審其毫釐之疑似，非誠也。則不明乎善，而即其所不明之處爲不誠之區，於形色天性之真弗能踐焉，不誠乎身矣。然則明善者，豫之極也；而誠身者，一之實也。故曰所以行之者一也，豈徒在下位者之爲然哉！爲天下國家而舉九經行達道之政，以此而已矣。①

〇吕留良曰："順"者，即底豫允若之謂，有以諭之於道，心與之一而未始有違，孝之至也，非父賢從而賢，父不肖從而不肖之謂順。信乎友，亦不是便於與之交遊往還，乃因其大節而信其平生。而信人者，更須先明乎善，乃不爲僞妄所誤。②

〇汪紱曰：上節言凡事皆要前定，暗含一誠字；此節則借在下位者而言，其不可不前定，以明推出誠字。一反一正，蓋一意翻作兩層也。③

〇鄭玄曰：獲，得也。言臣不得於君，則不得居位治民。又，言知善之爲善，乃能行誠。

〇孔穎達曰：此明爲臣爲人，皆須誠信於身，然後可得之事。又，言臣欲得君上之意，先須有道德信著朋友。又，言明乎善行，始能至誠乎身；能至誠乎身，始能順乎親；順乎親，始能信乎朋友；信乎朋友，始能得君上之意；得乎君上之意，始得居位治民也。④

〇吕本中曰：此章一句緊一句，漸漸入來，蓋明善乃理之極，雖堯、舜、禹、湯、文、武、周公、孔子，所以相繼者，亦不過明善，於明善之外，更無所加損，故曰"不明乎善，不誠乎身矣"，止是要從近處看。今之人其於事親從兄事上，交友之際，固有時乎中理，然有時又差了，蓋雖到九分九釐，盡有一毫差，則併前都差。如行九十九里，忽差路頭，則都不濟事。此所以要明善，明善要明得盡。（居仁）

---

① 《四書訓義》（上）卷三，《中庸》二，第二十章，《船山全書》第七册，181－182頁。
② 《四書講義》卷二十七，《中庸》四，中册，601頁。
③ 《四書詮義》上，卷三，《中庸》，《叢書集成三編》第10册，458頁。
④ 《禮記正義》卷第六十，《中庸》第三十一，下册，2020－2021頁。

○顧元常曰：所謂善者何如哉？孟子曰“萬物皆備於我矣”，又曰“仁，人之安宅也；義，人之正路也”。曰“萬物皆備”，稱其善也；曰“安宅”，曰“正路”，喻其善也。善之爲言美也，窮天地，亘萬世，所謂事物皆於此乎出，譬如枝葉之生於本根。是故事物有大小，而此善無大小；事物有高下，而此善無高下；事物有變遷，而此善無變遷；事物有彼此，而此善無彼此。非有氣也，而氣皆於此乎出；非有形也，而形皆於此乎生。故有行焉，而人莫能禦，是謂正路；有居焉，而人莫能移，是謂安宅。不疾而速，不行而至，自得於我，無羨於彼，是謂萬物皆備。事物莫之能及也，故謂之善。伏羲之爲《易》，堯、舜、禹之相傳以“中”，箕子之言“皇極”，孔子之言“仁”，惟此善也。子思子之爲是書，始明之以天命之性，中目之以至誠，末以爲“上天之載”，異時孟子又明之以“仁義”，亦惟此善也。能明此善，則知身果不可以不誠。

○周諝曰：信乎朋友，是内足以自信，而外則足以取信，此上之所以獲而民可得而治也。故孔子之教止於信，而漆雕開之學，亦主於信。

○沈清臣曰：上既言“事豫則立”至“道前定則不窮”之義，此復申以“明善”推而至於民可得而治，蓋一理也，特子思欲理明而事切，故諄諄反覆言之，能明乎善即所謂豫也。性之至善，自本自根，無昏迷之間，人僞一萌，則失先見之明，而善不復見矣。惟於喜怒哀樂未發之時，即事而明，不爲物感，則性善明矣。明乎至善則一，性之間，無一毫人僞，皆天理之自然，以之修身則誠，以之事親則順，以之交朋友則信，以之在下位則必獲乎上，以之在上位則必得乎民，無所往而不當矣。[①]

○毛奇齡曰：明道所始原在慎獨，慎獨之功則惟知而後行，惟擇而後能守，誠爲事之豫，明又爲誠之豫也。[②]

○蔣伯潛曰：這一段説“明善誠身”爲“治民”之本，和《大學》

---

① 《禮記集説》卷一百三十二，《中庸》第三十一，《通志堂經解》第 13 册，402—403 頁。

② 《續禮記集説》卷八十八，《中庸》，《續修四庫全書》第 102 册，564 頁。

以“致知”“誠意”爲“治平”之本，是同一道理。①

〇第六節“誠者”至“必强”。朱子曰：此承上文誠身而言。誠者，真實無妄之謂，天理之本然也。誠之者，未能真實無妄，而欲其真實無妄之謂，人事之當然也。聖人之德，渾然天理，真實無妄，不待思勉而從容中道，則亦天之道也。未至於聖，則不能無人欲之私，而其爲德不能皆實。故未能不思而得，則必擇善，然後可以明善；未能不勉而中，則必固執，然後可以誠身，此則所謂人之道也。不思而得，生知也。不勉而中，安行也。擇善，學知以下之事。固執，利行以下之事也。又，誠之之目：學、問、思、辨，所以擇善而爲知，學而知也。篤行，所以固執而爲仁，利而行也。程子曰：“五者廢其一，非學也。”又，君子之學，不爲則已，爲則必要其成，故常百倍其功。此困而知，勉而行者也，勇之事也。又，明者擇善之功，强者固執之效。吕氏曰：“君子所以學者，爲能變化氣質而已。德勝氣質，則愚者可進於明，柔者可進於强。不能勝之，則雖有志於學，亦愚不能明，柔不能立而已矣。蓋均善而無惡者，性也，人所同也；昏明强弱之稟不齊者，才也，人所異也。誠之者所以反其同而變其異也。夫以不美之質，求變而美，非百倍其功，不足以致之。今以鹵莽滅裂之學，或作或輟，以變其不美之質，及不能變，則曰天質不美，非學所能變。是果於自棄，其爲不仁甚矣！”②

〇又曰：蓋擇善所以明善，固執所以誠身。擇之之明，則《大學》所謂物格而知至也；執之之固，則《大學》所謂意誠而心正身修也。知至，則反諸身者將無一毫之不實；意誠心正而身修，則順親、信友、獲上、治民，將無所施而不利，而達道達德，九經凡事亦一以貫之而無遺矣。又，誠之爲義，姑以其名義言之，則真實無妄之云也。若事理之得此名，則亦隨其所指之大小，而皆有取乎真實無妄之意耳。蓋以自然之理言之，則天地之間，惟天理爲至實而無妄，故天理得誠之名，若所謂

① 《中庸讀本》，34 頁，《語譯廣解四書讀本》。

② 《中庸章句》第二十章，《四書章句集注》，31—32 頁。

天之道、鬼神之德是也。以德言之，則有生之類，惟聖人之心爲至實而無妄，故聖人得誠之名，若所謂不勉而中、不思而得者是也。至於隨事而言，則一念之實亦誠也，一行之實亦誠也，是其大小雖有不同，然其義之所歸，則未始不在乎實也。又，學之博，然後有以備事物之理，故能參伍之以得所疑而有問；問之審，然後有以盡師友之情，故能反復之以發其端而可思；思之謹，則精而不雜，故能有所自得而可以施其辨；辨之明，則斷而不差，故能無所疑惑而可以見於行；行之篤，則凡所學、問、思、辨而得之者，又皆必踐其實而不爲空言矣。此五者之序也。又，言誠爲此篇之樞紐也。誠者，實而已矣。天命云者，實理之原也。性其在物之實體，道其當然之實用，而教也者，又因其體用之實而品節之也。不可離者，此理之實也。隱之見，微之顯，實之存亡而不可揜者也。戒謹恐懼而謹其獨焉，所以實乎此理之實也。中和云者，所以狀此實理之體用也。天地位，萬物育，則所以極此實理之功效也。中庸云者，實理之適可而平常者也。過與不及，不見實理而妄行者也。費而隱者，言實理之用廣而體微也。鳶飛魚躍，流動充滿，夫豈無實而有是哉！道不遠人以下，至於大舜、文、武、周公之事，孔子之言，皆實理應用之當然。而鬼神之不可揜，則又其發見之所以然也。聖人於此，固以其無一毫之不實，而至於如此之盛，其示人也，亦欲其必以其實而無一毫之僞也。蓋自然而實者，天也，必期於實者，人而天也。誠明以下累章之意，皆所以反復乎此，而語其所以。至於正大經而立大本，參天地而贊化育，則亦真實無妄之極功也。卒章尚絅之云，又本其務實之初心而言也。内省者，謹獨克己之功；不愧屋漏者，戒謹恐懼而無已；可克之事，皆所以實乎此之序也。時靡有争，變也；百辟刑之，化也；無聲無臭，又極乎天命之性、實理之原而言也。蓋此篇大指，專以發明實理之本然，欲人實此理而無妄，故其言雖多，而其樞紐不越乎誠之一言也，嗚呼深哉！①

---

① 《中庸或問》下，《朱子全書》第六册，591—595頁。謹案：其中“參（sān）伍”或“參五”，三也，五也，錯綜比較，以爲驗證。

〇又曰：《中庸》言天道處，皆自然無節次；（不思不勉之類。）言人道處，皆有下功夫節次。（擇善與固執是二節。）言天道，如至誠之類，皆有“至”字。“其次致曲”，却是人事。“久則徵”，是外人信之。古注説好。又，聖賢所説工夫，都只一般，只是一箇“擇善固執”。《論語》則説“學而時習之”，《孟子》則説“明善誠身”。只是隨他地頭所説不同，下得字來各自精細，真實功夫只是一般。須是盡知其所以不同，方知其所以同也。又，《中庸》言“慎思之”。思之粗淺不及，固是不慎；到思之過時，亦是不慎。所以他聖人不説深思，不説別樣思，却説箇“慎思”。又，《中庸》第二十章，舊時只零碎解。某自初讀時，只覺首段尾與次段首意相接。如云“政也者，蒲盧也。故爲政在人，取人以身；修身以道，修道以仁”。便説“仁者，人也，親親爲大。義者，宜也，尊賢爲大”。都接續説去，遂作一段看，始覺貫穿。後因看《家語》，乃知本來只一段也，是孔子一時間所説。《中庸》三十三章，其次第甚密，古人著述便是不可及。此只將別人語言鬬湊成篇，本末次第終始總合，如此縝密！①

〇周子曰：誠者，聖人之本。大哉乾元，萬物資始，誠之源也。乾道變化，各正性命，誠斯立焉，純粹至善者也。元亨，誠之通；利貞，誠之復。又，聖，誠而已矣。誠，五常之本，百行之源也。

〇程子曰：誠者天之道，敬者人事之本。敬者用也，敬則誠。（明道）又，不勉不思亦有大小深淺，至於曲藝，亦有不勉不思者。所謂“日月至焉”與“久而不息”者，所見規模雖略相似，其意味氣象迥別，須心潛默識，玩索久之，庶幾自得。學者不學聖人則已，欲學之，須熟玩味聖人之氣象，不可只於名上理會，如此只是講論文字。（伊川）又，以無思無慮而得者，乃所以深思而得之也。以無思無慮爲不思而自以爲得者，未之有也。又，大凡所受之才，雖加勉强，止可少進，而鈍者不可使利也，惟理可進。除是積學既久，能變得氣質，則“愚必明”，“柔必强”。（伊川）

---

① 《朱子語類》卷第六十四，《中庸》三，第二十章，第四册，1564—1566頁。

〇張子曰：性通極於無氣，其一物耳；命稟同於性，遇乃適然焉。人一己百，人十己千，然有不至，猶難語性，可以言氣；行同報異，猶難語命，可以言遇。

〇謝良佐曰：誠是實理，不是專一。尋常人謂至誠，止是專一。實理則"如惡惡臭，如好好色"，不是安排來。

〇楊時曰：《論語》之教人，凡言恭敬忠信所以求仁而進德之事，莫非誠也。《論語》示人以入之之方，《中庸》言其至也。蓋《中庸》子思傳道之書，不正言其至，則道不明。[①]

〇饒魯曰："不勉而中"，安行之，仁也；"不思而得"，生知之，知也；"從容中道"，自然之勇也。今有百鈞，於此一人談笑而舉之，力有餘也；一人竭蹷而不能舉，力不足也。然則聖人之於道也，衆皆勉强而已，獨從容，非天下之大勇乎？擇善近知，固執近仁，而勇在其中。論誠者，則先仁而後知，以成德之序言也；論誠之者，則先知而後仁，以入德之序言也。又，人言知之非艱，行之惟艱。要之，知最艱，學、問、思、辨四者方做得箇知，若知得却只消行去。

〇胡炳文曰：《章句》曰此承上文誠身而言，蓋自此以前直言誠者二：十六章言"誠之不可揜"，是以天道言誠；上文曰誠身，是以人道言誠。所以於此總兩者言之，曰誠者，天之道；誠之者，人之道。而下數章又以天道人道分言之也。又，前曰"鮮能"，曰"不可能"，此能百倍其功，則"果能此道矣，雖愚必明"，亦可謂知矣，充之而義精可也；"雖柔必强"，亦可謂仁矣，充之而仁熟可也。以此見得中庸非不可能，能之者在乎人，人之所以能之者，在乎勇。又，"舉而措之亦猶是"者，蓋上章所述舜、文、武、周公，皆是舉而措之之事，此引孔子之言，謂所傳一致，使得舉而措之，則亦猶是爾。然第十七章言舜，第十八章十九章言文、武、周公，第二十章述夫子之言，猶是分而言之；至三十章合而言之，曰"仲尼祖述堯舜，憲章文武"，則愈見其所傳之一致矣。[②]

① 《中庸輯略》卷下，第二十章，79—84頁，《朱子全書外編》第一册。

② 《四書通·中庸通》，《通志堂經解》第15册，422—423頁。

〇景星曰：擇善謂致察事物之理，明善謂同明吾心之理，合内外而言之，擇善即是格物，明善即是知至，善不擇則有誤認人欲爲天理，執不固則天理有時奪於人欲。又，此前皆言知仁勇，學者入德之事；此下兼言仁知勇，聖人成德之事。如下章盡性，仁也；前知，知也；無息，勇也。博厚，仁也；高明，知也；悠久，勇也。如地之持載，仁也；如天之覆幬，知也；如日月代明，四時錯行，勇也。却自此不勉不思始焉。又，學問是資之於人，思辨是求之於己，蓋學須要自得，故雖學問，又須思辨，而注於心，見得真實分曉，然後力行，庶幾踐其實而不爲空言，故曰五者廢其一非學也。又，《中庸》一書至此方説出學者下手處大要：三達德爲入道之門，而誠爲之本；學問五者乃誠之之目，所以誠之者，惟欲盡五達道爾。知之實，行之實，勉之實，則達德之實體立，而達道之實用行矣。又，變化氣質與《大學》言氣稟物欲有不同，氣質稟於有生之初，物欲染於有知之後，氣質美染欲輕，不美染欲重，氣質變則物欲以消，此則就重處説。又，此章説孔子能盡中庸之道，以明道統之傳，與《論語·堯曰》歷敘堯舜禹湯文武之事，兩以孔子答子張問政繼之同意。又，誠爲一篇樞紐，鎖盡一篇《中庸》。①

〇船山曰："此則所謂人之道"，既已爲人則必務乎此，雖聖人亦以此而盡其人道，好問好察，拳拳服膺，皆聖功也。又，欲反其同，即以其所同者反之。好學、力行、知耻，人之與聖人同者也。以此三者合而

① 《大學中庸集説啓蒙·中庸》卷下，景印文淵閣《四庫全書》第204册，1058—1062頁。《論語·堯曰》第一章："堯曰：'諮！爾舜！天之曆數在爾躬。允執其中。四海困窮，天禄永終。'舜亦以命禹。(湯)曰：'予小子履，敢用玄牡，敢昭告于皇皇后帝：有罪不敢赦。帝臣不蔽，簡在帝心。朕躬有罪，無以萬方；萬方有罪，罪在朕躬。'周有大賚，善人是富。'雖有周親，不如仁人。百姓有過，在予一人。'謹權量，審法度，修廢官，四方之政行焉。興滅國，繼絶世，舉逸民，天下之民歸心焉。所重：民、食、喪、祭。寬則得衆，信則民任焉，敏則有功，公則説。"第二章：子張問於孔子曰："何如斯可以從政矣？"子曰："尊五美，屏四惡，斯可以從政矣。"子張曰："何謂五美？"子曰："君子惠而不費，勞而不怨，欲而不貪，泰而不驕，威而不猛。"子張曰："何謂惠而不費？"子曰："因民之所利而利之，斯不亦惠而不費乎？擇可勞而勞之，又誰怨？欲仁而得仁，又焉貪？君子無衆寡，無小大，無敢慢，斯不亦泰而不驕乎？君子正其衣冠，尊其瞻視，儼然人望而畏之，斯不亦威而不猛乎？"子張曰："何謂四惡？"子曰："不教而殺謂之虐；不戒視成謂之暴；慢令致期謂之賊；猶之與人也，出納之吝，謂之有司。"

用之，則弗措矣。氣質者與生而俱，非性之德無以變之，則終於愚柔矣。愚柔者以變化氣質，聖人以馴至聖功而達天德，不可有二用，有二用則終不可得而同也。①

○又曰："天之道"，言天之所以立人之道而人性中固有之天道。又，在天之德無有不誠，則不可謂天爲誠。誠原與不誠相對，在人始可名之曰誠，亦須落在知仁勇上，誠仁，誠知，誠勇，謂之誠身。仁義禮固然之實性，則在人之天道也。②

○又曰：北溪分"天道之本然"與"在人之天道"，極爲精細。其以孩提之知愛、稍長之知敬爲在人之天道，尤切。知此，則知"誠者天之道"，盡人而皆有之。又，北溪雖是恁樣分别疏明，然學者仍不可將在人之天道與天道之本然，判爲二物。乃此所云"誠者天之道"，未嘗不原本於天道之本然，而以其聚而加著者言之，則在人之天道也。天道之本然是命，在人之天道是性。性者命也，命不僅性也。若夫所謂"誠之者人之道"，則以才而言。才者性之才也，性不僅才也。惟有才，故可學。"擇善而固執之"，學也。其以擇善而善可得而擇，固執而善可得而執者，才也。（此人道敏政之極致。）有是性固有是才，有是才則可以有是學，人之非無路以合乎天也。有是才必有是學，而後能盡其才，人之所當率循是路以合乎天也。人之可以盡其才而至於誠者，則北溪所謂忠信，其開示藴奥，可謂深切著明矣。擇善固執者，誠之之事。忠信者，所以盡其擇執之功。弗能弗措，而己百己千，則盡己以實之功也。雖愚，而於忠信則無有愚；雖柔，而於忠信則無有柔者。又，繇明而誠者，誠之者也。明則誠者，人之道也。惟盡己以實，而明乃無不用，則誠乃可得而執。是以統天下之道於一，而要人事於豫也。豫斯誠也。又，聖人可以言誠者，而不可以言天道。非謂聖人之不能如天道，亦以天道之不盡於聖人也。又，其然，則此一誠無妄之理，在聖人形器之中，與其在天而爲化育者無殊。表裏融徹，形色皆性，斯亦與天道同名

① 《禮記章句》卷三十一，《中庸》第二十章，《船山全書》第四册，1288—1290頁。

② 《四書箋解》卷二，《中庸》，"哀公問政"章，《船山全書》第六册，145—146頁。

爲誠者，而要在聖人則終爲人道之極致。又，“不思而得，不勉而中”，在人之天道所發見，而非爲聖人之所獨得。“擇善而固執”，君子之所學聖，而非聖人之所不用。所以然者，則以聖人之德合乎天道，而君子之學依乎聖功也。故自此以後十三章，皆言聖合天，賢合聖，天人一理，聖賢一致之旨。又，君子者，擇聖人之所擇，執聖人之所執而已。又，聖人體天道之誠，合天，而要不可謂之天道。君子凝聖人之道，盡人，而要不可曰聖人。然盡人，則德幾聖矣；合天，則道皆天矣。此又後十三章所以明一致之旨也。又，故朱子曰：“不賴勇而裕如。”如賴勇矣，則千古無從容之勇士。子之語大勇曰：“雖千萬人，吾往矣。”是何等震動嚴毅，先人奪人，豈談笑舉鼎之謂哉？又，實則學之弗能，則急須辨；問之弗知，則急須思；思之弗得，則又須學；辨之弗明，仍須問；行之弗篤，則當更以學問思辨養其力；而方學問思辨之時，遇著當行，便一力急於行去，不可曰吾學問思辨之不至，而俟之異日。[①]

〇又曰：夫誠所以充乎萬理，周乎萬事，通乎萬物者，何也？則所謂人道敏政致此而極也。夫人之有道，因其有性，則道在性之中；而人之有性，因乎天之有命，則性又在天之内。人受此理於天，天固有其道矣，誠者，則天之道也。二氣之運行，健誠乎健，而順誠乎順；五行之變化，生誠乎生，而成誠乎成。終古而如一，誠以爲日新也；萬有而不窮，誠以爲富有也。唯天以誠爲道，故人得實有其道之體。乃誠爲天之道，則道之用非天所爲功，而存乎人，於是有誠之者焉。有是心以載是德，故誠可存也；有是才以備是道，故誠可發也。誠之未著於未有是理之中，而森然有理之可恃；誠之或虧於不盡善之中，而確然有善之不易；此則命之所凝也，性之所函也，以起人生之大用而爲事理之所依也，人之道也。又，統夫子告君之言思之，九經之事，達道之修，極乎詳密，而天下國家無不於是以治，此費之包乎小大者也。而誠之爲體，藏乎上天未命之先，誠之爲用，限極於不見不聞之内，則費不終費而有其隱，隱不終隱而有其費。故人道必敏政，而誠之之學，故在擇執之顯

① 《讀四書大全説》卷三，《中庸》第二十章，《船山全書》第六册，530—536頁。

功。故曰“君子之道費而隱”，至此而其理盡矣。乃歸原於誠之之德，則所謂“聖者能之”，此也；所謂“君子中庸”者，此也。而舜之智，顔子之仁，君子之勇，所以異於均天下、辭爵禄、蹈白刃者，唯誠而已矣。請進而詳誠之之説。[①]

○吕留良曰：“誠”只一誠耳，由生初迄成功無或二也，但中間多一番功夫轉折，分出天人耳。“博學”“審問”“慎思”“明辨”“篤行”，聖人不全靠此五件做成，然聖人用功亦究竟離此五件不得。便降至“困勉”，只就其中加百倍之功，也離此五件不得，故知五者是徹上徹下工夫。“此道”只指百倍其功，與諸“道”字没交涉，亂拈天道人道者皆誤。[②]

○汪紱曰：明善誠身，通體要明誠，擇善固執，逐事物用功，所以積累而成通體。夫子意重誠之，而必先言天道者，標出此理源頭，以見非由外鑠，人人所當自盡，所謂知天者，知此而已。學、問、思、辨、行，不可廢其一；然博、審、慎、明、篤，是惟精惟一工夫，故最吃緊；五之字皆指事理，不外達道中事事物物之理，即吾性之理。故物格於外而知至於内，修於外而德成於中也，然必本之以好學力行之心，則亦所謂修道以仁也夫。此節屬學利，下節屬困勉，此勇之事也。又，要之則在天實有此知、仁、勇之德，所謂天命之性也；擇執以實之，而達道以行，所謂率性之道非由外合也；道修於身，而九經達於天下，則修道之教亦在其中矣；修身以道，倫事莫非此道，有物有則，所謂無物不有，無時不然，而不可須臾離也；修道以仁，齊明盛服，非禮不動，則存養省察之功是矣；至於不勉不思，未發之中無少偏倚矣；而從容中道，則發皆中節，和之至也；推之九經而政無不舉，則天地位，萬物育矣。子思引此章，爲此篇中權一大結束，又與首章之旨一一環映，讀者宜深長思也已。[③]

○鄭玄曰：言誠者，天性也。誠之者，學而誠之者也。因誠身説有

① 《四書訓義》（上）卷三，《中庸》二，第二十章，《船山全書》第七册，182—185頁。
② 《四書講義》卷二十七，《中庸》四，中册，602—603頁。
③ 《四書詮義》上，卷三，《中庸》，《叢書集成三編》第10册，458—460頁。

大至誠。又，此勸人學誠其身也。果，猶决也。措，置也。

○孔穎達曰："誠者"至"者也"，前經欲明事君先須身有至誠，此經明至誠之道，天之性也，則人當學其至誠之性。是上天之道，不爲而誠，不思而得，若天之性有生殺，信著四時，是"天之道"。又，言人能勉力學此至誠，是人之道也；不學則不得，故云"人之道"。又，謂不勉勵而自中當於善，不思慮而自得於善，從容閒暇而自中乎道，以聖人性合於天道自然，故云"聖人也"。又，謂由學而致此至誠，謂賢人也。言選擇善事而堅固執之，行之不已，遂致至誠也。又，以前經云欲事親事君先須修身，有大至誠，故此説有大至誠。大至誠，則經云"誠者，天之道也"，聖人是矣。又，"博學"至"必强"，此一經申明上經"誠之者，擇善而固執之"事。又，謂身有事不能常學習，常須勤力學之。措，置也。言學不至於能，不措置休廢，必待能之乃已也。以下諸事皆然。果，謂果决也。此勸人學誠其身也。[①]

○周諝曰：愚之對者知，而不言知，柔之對者剛，而不言剛，何也？蓋言其性則愚，不止乎知，而必至於明者；言其才則柔，不止於剛，而必爲强者也。何以言之？莊周嘗謂使知者求之不得，然後使明者求之，是明對知爲重；臯陶之九德，則强出於剛，是剛對强爲次。

○項安世曰：學之於古，問之於今，思之欲其契於心，辨之欲其合於道，行之則爲我有矣。

○陸九淵曰："欲修其身者，先正其心；欲正其心者，先誠其意；欲誠其意者，先致其知；致知在格物"。自《大學》言之，固先乎講"明"矣。自《中庸》言之，學之弗能，問之弗知，思之弗得，辨之弗明，則亦何所行哉？未嘗學、問、思、辨，而曰吾唯篤行而已，是冥行者也。自《孟子》言之，則事蓋未有無始而有終者，講明之未至，而徒恃其能力行，是猶射者不習於教法之巧，而徒恃其有力，謂吾能至於百步之外，而不計其未嘗中也。故曰其至，爾力也；其中，非爾力也。講明有所未至，則雖才質之卓異，踐履之純篤，如伊尹之任，伯夷之清，

① 《禮記正義》卷第六十，《中庸》第三十一，下册，2021—2023頁。

柳下惠之和，不思不勉，從容而然，可以謂之聖矣，而顧有所不願學，拘儒瞽生，又安可以其硜硜之必爲而傲知學之士哉？

〇沈清臣曰：性一也，語其無所不在，則曰道；語其有一而未形，則曰中；語其真實而明妙，則曰誠；其歸皆性也。《中庸》之説其始曰性，其中曰中，及其終也，又變其目曰誠。命名雖有不同，其出於性則一也。特有毫釐之辨耳，夫誠一也，有即事而誠，當機而會，所謂天之道也；有因學問而復明，人之道也。天之道，舜之大智是也；人之道，顏子之拳拳服膺是也。子思又以誠之者之事，必待夫指入之路，學、問、思、辨與行以下是也。《易》曰“舉而措之”，又曰“禮義有所措”，措之爲言，處其所當安之義也。知夫誠之所在，則得夫博學、審問、慎思、明辨、篤行之力至於有所措，則至夫誠矣，與從容中道，其歸一揆也。故人一己百，人十己千，果能此道，蓋必然之理。果者，决也，决然能是道者也。

〇晏光曰：博學者，學之廣，欲其强記；審問者，問之詳，欲其多聞；所以外資諸人也。慎思者，精思其意旨；明辨者，辨白其是非；所以内資諸己也。資諸人者，既致其廣大；資諸己者，又盡其精微。然後繼之以篤行之，則“非苟知之，亦允蹈之也”。《易》曰“學以聚之，問以辨之”，而終於“仁以行之”。楊子曰“學以治之，思以精之”，而卒於“不倦以終之”，與此同意。

〇蔡淵曰：不勉而中，不思而得，先言仁後言智；擇善而固執之，先言智後言仁。亦可見聖人君子之德（案：此處有闕文）而不亂。又，“雖愚必明”，求智之事也；“雖柔必强”，求仁之事也。[①]

〇黎立武曰：要知道體微妙，古人難言之，故曰“見乎隱”，“顯乎微”，曰“費而隱”，曰“於穆不已”，曰“不顯”，曰“無聲無臭”，惟聖人生知安行，以至悠久不息。下此者必資學、問、思、辨、篤行之功，聖賢引而不發，欲學者深造而自得之也。然得有難易，存乎資質之

---

① 《禮記集説》卷一百三十二，《中庸》第三十一，《通志堂經解》第 13 册，405－406 頁。

高下，功力之淺深。惟知之明，則擇之審；守之固，則行之力。此《乾》九二“學、聚、問、辨”，而進乎九三進德修業，知至知終之事也。《中庸》之教至誠身而備矣，教之至則化矣。此以下皆誠而化之事。[①]

○《日講四書解義》曰：夫誠身之道固有天人安勉之殊，然自古聖人雖神靈天亶[②]，未有不加省治而坐臻純備者，所以堯舜相傳必致嚴人心道心之辨，文王致頌惟克盡緝熙敬止之修，其要在乎存天理，遏人欲，不敢恃其徇齊之質，而孜孜黽勉自同下學，人主誠不可不知也。[③]

○唐蔚芝曰：凡人之於學問，必視之如身心性命，始終不舍，而後可底於成。“人一能之”云云，非言其效也，乃言其志也。[④]

○杜維明曰：“誠”可以恰當地譯作“sincere”（真誠），然而“sincerity”必須經過種種變異，才能包含“誠”的多重意涵。譬如“truth”（真理）或“true”（真實、忠實），以及“reality”（實在），等等。無論怎樣，誠，其意旨在於表明天道之實然與人道之應然。誠都確定地指向了人的真實存在，這種真實存在不僅是自我認識的基礎，而且也是人同天合一的根據。而同樣“明”，其方便的譯法即“enlightenment”，而同時亦可譯作“brilliance”（光明）、“intelligence”（聰明）、“clarity”（明晰），等等。所謂“功夫”的“明”，意味著一種教育過程，但實質上是一種自我啓迪或昭明的過程。而誠作爲“本體”，其本性就是自我昭明，因爲正是誠乃學者的道德决心得以成爲教育之充分與必要條件的本體論基礎。[⑤]

○謹案：《中庸》第十二章，子思提出“君子之道費而隱”，朱子以爲，亦即，君子之道“用之廣”與“體之微”，以再度申明首章道不可離之意。胡炳文則進一步補充道，“《中庸》言道字皆自率性之道説來，此所謂君子之道即是率性之道。費，用之廣也，是説率性之道；隱，體

---

① 《中庸分章》，景印文淵閣《四庫全書》第200册，731頁。

② dǎn，厚。

③ 《日講四書解義》卷三，《中庸》下，景印文淵閣《四庫全書》第208册，60頁。

④ 《中庸通義　中庸注參》，100—101頁。

⑤ 《中庸洞見》（中英文對照本），89—97頁。

之微也，是説天命之性。纔説費，隱即在其中，纔説率性之道，天命之性即在其中，非有二也”。而景星以爲，“費隱以太極陰陽之理氣分體用兼事理言，用則事之當然，體則理之所以然”。“費隱是就天地人物上言道之用”。“以見此道充塞乎天地，自違道不遠，以極乎達孝，隨處致察，以全中庸之道”。船山却以爲，自此以下至“哀公問政”章，皆言中庸之道，以申明難能之意。謂之“君子之道”者，君子以此道體中庸之全體大用也。“故君子之道，事之所至，理必至焉。近而不略，遠而不遺，大而不缺，小而不忽，豈不至費矣乎？乃其用之費也，皆有所以然之理，本乎天而不可以人之意見測之，根於性而不可以習聞習見之數求之；不睹之中有其形焉，不聞之中有其聲焉。則其費也，皆有隱者存矣”。鄭耕老即以爲，“無一事一物而遺乎此理者，豈不費乎？舉天下行之，而鮮有知其道，豈不隱乎？唯費而隱乃爲君子之道”。而陈柱就以爲，“君子之道，謂中庸之道也”。或者，這也就正是陳知柔所强調的，“此一章最切吾體中庸之道，只在日用之間，而不可他求。雖在日用之間，而有至微至妙之理焉。‘及其至也’一語，指道之極處言也，極處即中也，在《書》爲‘皇極’，在《禮》爲‘中庸’，若過與不及，便非中矣”。而若就其終極效驗言之，君子之道固與聖人之道無異；而若就其達成該效驗的途徑而言，則聖人與天爲一，皆即爲誠者，聖人之道即天之道。而君子爲誠之者，必經擇善固執，戒懼慎獨，方可實現君子之道與聖人之道之爲一，從這個意義上講，君子之道即人之道。此即汪紱所謂，“章首不曰中庸之道，而曰君子之道者，君子二字亦跟首章戒懼慎獨君子來，言君子所必體而不離之道，見道非君子無以行，明君子而離道亦無以成其爲君子。非竟以道屬之君子，亦非以君子二字當中庸二字”。而“究之費言道之用，道之用自是率性；隱言道之體，道之體只是性。但此道在我在人在物皆是，而此以在人物之道言，不單屬君子性命上”。吕留良則强調，隱只在費中，故曰“費而隱”，以下數章都只説費而隱之意自見，非有兩片可分也。

不過，頗令人費解的是，鄭注孔疏却將“君子之道費而隱”之“費”解爲“猶佹也”，即詭異，所謂“道不費則仕”。而將“隱”解爲隱者之隱，所謂“可隱之節也”。亦即，“言君子之人，遭值亂世，道德違費，則隱而不仕。若道之不費，則當仕也”。鄭、孔如此解讀，或許並不偶然，因爲上章鄭氏就將“君子依乎中庸，遯世不見知而不悔，唯聖者能之”注爲，“言隱者當如此也。唯舜爲能如此”。所以，鄭、孔就以爲這裏也是接着在説隱退之事，於是自然便把這兩章合爲了一節。不過，鄭、孔如此一解，便使不僅本章，而且整個第三部分的主題意義，都難以統一貫通了。而且，居然還將舜之所爲與一位隱者相提並論，也實在讓人難以苟同。在《論語》中，會讀到大量的隱者，像儀封人、達巷黨人、微生畝、晨門、荷蕢者、楚狂接輿、長沮、桀溺、荷蓧丈人，等等，范氏就曾指出：“隱者爲高，故往而不反。仕者爲通，故溺而不止。不與鳥獸同群，則决性命之情以饕富貴。此二者皆惑也，是以依乎中庸者爲難。惟聖人不廢君臣之義，而必以其正，所以或出或處而終不離於道也。”而就是高於一般隱者之逸民，如伯夷、叔齊、虞仲、夷逸、朱張、柳下惠、少連，等等，“七人隱遯不污則同，其立心造行則異”，即使其最高者伯夷、叔齊，都“下聖人一等”，更遑論其他。不過，聖人於隱者却“又每有惓惓接引之意”，而於逸民等，“若使得聞聖人之道，以裁其所過而勉其所不及，則其所立，豈止於此而已哉”?[①] 所以，鄭、孔之説不能成立。況且，如鄭、孔這般解費隱者，幾乎就僅此一家。若有例外，惟姚際恒了，不過，他却因此而判定此非子思之言，他以爲，“隱字乃異端之尤。上章孔子曰‘素隱行怪’，隱與怪並言可見矣，上章方述孔子之語闢隱怪，而下章即曰‘君子之道費而隱’，謂之子思之言得乎？不必他辨矣”。他甚至由此而視《中庸》爲僞。另外，戴震以爲，“後儒以隱爲道之體，是別有所指以爲道，非聖賢之所謂道也”。却不知何指？蓋幾乎没人以爲“隱爲道之體”，其實隱僅爲體之微而已。是戴震自己没辨清嗎?

再者，夫婦能知能行的是什麽，而雖聖人亦不能知不能行的，又是

① 參閲《論語·八佾》第二十四章，《子罕》第二章，《憲問》第三十四、四十一、四十二章，《微子》第五、六、七、八章。《四書章句集注》，187—188頁。

什麽？景星以爲，“曰夫婦能知能行者，是萬分中有一分，乃費之小者也；曰聖人不知不能者，是萬分中欠一分，乃費之大者也”。“夫婦愚不肖之能知能行，此是就衣服飲食起居日用上説，最人所易見而能知行者也，舉此見道之費無所不在而不可離也”。不過，也有特别强調夫婦能知能行之開端的意義的，如船山就以爲，“道本流行於萬事萬物而不遺夫至小，故夫婦之愚不肖與知與能者，道之見端也；君子即於此而造端焉，王道本乎人情，而上達因乎下學也”。陳亮亦以爲，“‘鳶飛戾天，魚躍于淵’，鼓萬物而無乎不在者，天理也，故君子無所不至其察乎，夫婦可以與知，可以能行之地也，天地有所不知，有所不能之地也。造端於可以與知，可以能行之地，此精義入神，利用安身之事也；致察於有所不知，有所不能之地，此過此以往，窮神知化之事也。要之，可以與知，便是有所不知之端；可以能行，便是有所不能之端。君子之學動有依據，不如異端之修然，直指泛然無著也”。而吕留良則以爲，此“造”字“察”字都非用力字，“造端”對“及其至也”，“察”即與上“察”字同，謂昭著呈露也。而“夫婦”兩字，只從居室而言，聖賢學問俱從此起，此纔是“夫婦之愚，可以與知”，不是云愚人可以與知也。而“《中庸》特下‘夫婦’二字，不是泛然，天地者，造物之大夫婦也，聖人却看得此爲天理之極大極微處，戒懼慎獨正於此下手，於此能人欲净盡，天理流行，則其餘倫物，皆無難盡難通之處矣。夫婦一倫，人道之始，四倫皆從此生，故聖人於此最重。自人欲横流，於閨門衽席尤甚，無不以此事爲人欲之私，若不可以掛齒者，不知聖人正以此爲天理之正，禮義之從出，而戒懼慎獨之所必謹。從‘夫婦’二字推其極曰天地，此天地只貼夫婦本義講，極精”。張九成則尤其强調其中的戒懼慎獨之意味，即，“費當爲費用之費，雖夫婦之愚不肖，豈有無喜怒哀樂者，此所謂可以與知，可以能行者。然由戒謹不睹，恐懼不聞，以養喜怒哀樂使爲中爲和，以位天地，育萬物，雖聖人猶皇皇汲汲，自謂有所不知，有所不能焉，豈非隱乎？蓋自以爲知，自以爲能，則止矣，止非中庸也。唯若有所不知，有所不能，則戒謹恐懼，其敢一日而已乎！此理微矣，力行者能識之”。黎立武則從“率性”與“盡性”來談，即，

“道者性而已，然而有率性焉，有盡性焉。夫婦之愚不肖而能知能行者，率性而已。率性者，夫人而可能，由愚不肖推之，則‘鳶飛戾天，魚躍于淵’，萬物亦循其性之自然耳；聖人之不能知不能行者，盡性之事也。盡性者，聖人而猶病，由聖人而推之，則天地之大，人猶有憾，是天地亦有不能盡者”。唐蔚芝却以爲，“夫婦之愚可以與知，良知也；夫婦之不肖可以能行，良能也”。及其至而聖人有所不知不能，蓋物理繁賾，人工物曲之巧幻，等等。也就是説，人事至近，夫婦人倫之始，道尤不可離，夫婦再愚再不肖，可知男女以至夫婦有别，内外有别，能行夫婦終身不變之道。因爲“男女有别，然後父子親；父子親，然後義生；義生，然後禮作；禮作，然後萬物安。無别無義，禽獸之道也”。[①] 因而，夫爲妻綱，尤其，夫當爲德行上的先行者，妻緊隨效夫而行，夫義婦聽，夫唱婦隨。

不過，及其至也，天地萬物之本，道無處不在，無時不有，聖人亦有所不知不能。譬如夫子自道：“文，莫吾猶人也。躬行君子，則吾未之有得。”“若聖與仁，則吾豈敢？抑爲之不厭，誨人不倦，則可謂云爾已矣。”“君子道者三，我無能焉：仁者不憂，知者不惑，勇者不懼。”再者，樊遲請學稼，子曰：“吾不如老農。”請學爲圃。曰：“吾不如老圃。”以及博施濟衆，“修己以安百姓”，“堯舜其猶病諸”，等等。[②]，以及本篇第十三章所謂“君子之道四，丘未能一焉”一類的。這其中當然有聖人自謙而勉人者，也有的確不知不能者，如程子所言，“天下之理，聖人豈有不盡者？蓋於事有所不遍知不遍能也。至纖細委曲處，如農圃百工之事，孔子亦豈能知哉”？而侯仲良亦以爲，聖人所“不知”“不能”，如孔子問禮於老聃，訪官名於郯子，謂異世之禮制，官名之因革，所尚不同，不可强知故也。又如大德，位禄名壽，舜之必得，而孔子不得。又如博施濟衆，修己以安百姓，欲盡聖人溥博無窮之心，極天地之所覆，無不被其澤者，雖堯舜之仁，亦在所病。又如“民可使由之，不

① 《禮記·郊特牲》第十九章。

② 《論語·述而》第三十二、三十三章，《憲問》第三十章，《子路》第四章，《雍也》第二十八章，《憲問》第四十五章。

可使知之”，日用之費，民固由之矣，其道則安能人人知之？雖使堯、舜、周、孔所過者化，其化者不越所過者爾，又安能使窮荒極遠未過者皆化哉？此亦聖人之所“不能”也。而船山的表達依然頗爲辯證，即，“君子之道”而聖人“不知”“不能”者，道日新而漸已明備，時未至，事未起，論未定，理未出也。若“問禮”“問官”，聖人求知而知之，非不知；“博施”本非道之所有，非不能也。關鍵在於，汪紱以爲，聖人無論知能與否，都無妨於其爲聖人，亦即，“皆言道之費而隱在其中也，斯道率性而是，本不難知難行，故愚不肖可以與知能行，及其至而聖人有所不知不能，此亦不必在愚不肖知能之外，即如仁本人人所能知能行，而盡仁之量至於博施濟衆，則堯舜猶病，等等。蓋聖人能盡其知能於道，此所以爲聖人，而道不盡於聖人之知能，則時勢所限，要不害其爲聖”。或者，亦有林光朝以爲，“聖人以不知不能爲到處”，亦即，“聖人豈直不知不能哉？知到不知處，能到不能處，此聖人所以爲聖人也。六合之外，聖人存而不論，是不知也；寂然不動，感而遂通天下之故，此不能也”。而陳柱則以爲，“道之所至，聖人所當盡也。聖人所當盡者愈夥，故其不知不能者亦愈夥。然則聖人之所不知不能，乃聖人之所大知大能歟”。

總歸如朱子所言，“聖人不能知不能行者，非至妙處聖人不能知不能行。天地間固有不緊要底事，聖人不能盡知。緊要底，則聖人能知之，能行之”。聖者不自居爲聖，不自以爲知盡行盡，而是一刻也不止息地始終盡知盡行，否則，便不能成其爲聖。“天地之大，人猶有所憾”，亦即“道無所不在，無窮無盡，聖人亦做不盡，天地亦做不盡”。“蓋可知可能者，道中之一事，及其至而聖人不知不能。則舉全體而言，聖人固有所不能盡也。”“人所憾於天地，如覆載生成之偏，及寒暑災祥之不得其正者。”“道不遠人者，夫婦所能，丘未能一者，聖人所不能，皆費也。而其所以然者，則至隱存焉。”似也是順着子思“聖人亦有所不知”“不能”而說。或者，聖人不知不能，有聖人主動不爲者，譬如，孔子講：“索隱行怪，後世有述焉，吾弗爲之矣。”朱子以爲：“索隱行怪，言深求隱僻之理，而過爲詭異之行也。然以其足以欺世而盜名，故後世或有稱述之者。此知之過而不擇乎善，行之過而不用其中，不當强而强者也，聖人豈爲之哉!”再如，“子不語怪，力，亂，神”。朱子以爲:“怪異、勇力、悖亂之事，非理之正，固聖人所不語。鬼神，造化之迹，雖非不正，然非窮理之至，有未易明者，故亦不輕以語人也。”謝氏以爲:“聖人語常而不語怪，語德而不語力，語治而不語亂，語人而不語神。”看來，前三者，聖人並非不知，只是不語不爲。至於鬼神，除了“不輕以語人”外，或許還緣於聖人告誡子路者:“未能事人，焉能事鬼?”“未知生，焉知死?”當然，另外還有所謂淫祀與妖怪，聖人亦決不語。淫祀即“非其鬼而祭之，諂也”。而大抵妖怪乃由人心而興，“皆由人之精神自不足故耳”。因而我等當始終作“端人正士，有精爽清明，魑魅魍魎自不敢近，所謂‘德重鬼神欽’”。[①] 孟子嘗講:“知者無不知也，當務之爲急;仁者無不愛也，急親賢之爲務。堯舜之知而不遍物，急先務也;堯舜之仁不遍愛人，急親賢也。”否則，若不“急先務”，不“急親賢”，則“是之謂不知務”。朱子以爲:“知者固無不知，然常以所當務者爲急，則事無不治，而其爲知也大矣;仁者固無不愛，然常急於親賢，則恩無不洽，而其爲仁也博矣。”“此章言君子之於道，識其全體，則心不狹;知所先後，則事有序。”而豐氏以爲:“智不急於先務，雖遍知人之所知、遍能人之所能，徒弊精神，而無益於天下之治矣。仁不急於親賢，雖有仁民愛物之心，小人在位，無由下達，聰明日蔽於上，而惡政日加於下，此孟子所謂不知務也。”[②] 孟子此説，是否有益於我們真正理解子思呢?或者説，是否方爲子思之説的正解呢?再有，前引朱子所謂“緊要底”，不就正是孟子之“急先務”“急親賢”之事嗎?至於“至妙處”，聖人又豈有不知，否則，又何以可能“急先務”“急親賢”而知務呢?

那麽，何謂聖賢的“急先務”“急親賢”呢?

前面曾提及孔門弟子樊遲請學稼，子曰:“吾不如老農。”請學爲

---

① 《論語·述而》第二十章、《先進》第十一章、《爲政》第二十四章，《四書章句集注》，98頁;陳淳《北溪字義》，56—67頁。

② 《孟子·盡心上》第四十六章;《四書章句集注》，371頁。

圃。曰："吾不如老圃。"孔子明確斥責樊遲爲小人，蓋"上好禮，則民莫敢不敬；上好義，則民莫敢不服；上好信，則民莫敢不用情。夫如是，則四方之民繈負其子而至矣，焉用稼？"① 顯然，"好禮""好義""好信"等，乃聖賢之"急先務"者。再者，孟子嘗講："禹、稷當平世，三過其門而不入，孔子賢之。""禹思天下有溺者，由己溺之也；稷思天下有飢者，由己飢之也，是以如是其急也。"朱子以爲，"禹稷身任其職，故以爲己責而救之急也"②。這亦是聖賢之"急先務"者。而所謂"急親賢"，典型的莫過於孟子駁斥農家的謬説，他們稱行仁政王道的滕君"不與民並耕而食，饔飧而治"，且還"有倉廩府庫，則是厲民而以自養也，惡得賢"，因而是"未聞道也"。於是，孟子耐心地開導他們，想要其明白君子小人之别的道理，即："有大人之事，有小人之事。且一人之身，而百工之所爲備。如必自爲而後用之，是率天下而路也。故曰：或勞心，或勞力；勞心者治人，勞力者治於人；治於人者食人，治人者食於人：天下之通義也。"况且上古聖王之治，"堯以不得舜爲己憂，舜以不得禹、皋陶爲己憂。夫以百畝之不易爲己憂者，農夫也。分人以財謂之惠，教人以善謂之忠，爲天下得人者謂之仁。是故以天下與人易，爲天下得人難。""堯舜之治天下，豈無所用其心哉？亦不用於耕耳。"所謂"堯以不得舜爲己憂，舜以不得禹、皋陶爲己憂"，不就正是聖人之"急親賢"嗎。誠如朱子所言："分人以財，小惠而已。教人以善，雖有愛民之實，然其所及亦有限而難久。惟若堯之得舜，舜之得禹皋陶，及所謂爲天下得人者，而其恩惠廣大，教化無窮矣，此其所以爲仁也。"③

聖人之所以能隨時隨地做到"急先務""急親賢"，正在於聖人之大智大仁。以大舜爲例，《中庸》第六、第十七章，子思引夫子之言述説大舜，即：子曰："舜其大知也歟！舜好問而好察邇言，隱惡而揚善，執其兩端，用其中於民，其斯以爲舜乎！"朱子以爲："舜之所以爲大知

① 《論語·子路》第四章。
② 《孟子·離婁下》第二十九章，《四書章句集注》，304頁。
③ 《孟子·滕文公上》第四章，《四書章句集注》，263頁。

者，以其不自用而取諸人也。邇言者，淺近之言，猶必察焉，其無遺善可知。然於其言之未善者則隱而不宣，其善者則播而不匿，其廣大光明又如此，則人孰不樂告以善哉。兩端，謂衆論不同之極致。蓋凡物皆有兩端，如小大厚薄之類，於善之中又執其兩端，而量度以取中，然後用之，則其擇之審而行之至矣。然非在我之權度精切不差，何以與此。此知之所以無過不及，而道之所以行也。”又，子曰：“舜其大孝也歟！德爲聖人，尊爲天子，富有四海之内。宗廟饗之，子孫保之。故大德必得其位，必得其禄，必得其名，必得其壽。故天之生物，必因其材而篤焉。故栽者培之，傾者覆之，《詩》曰：‘嘉樂君子，憲憲令德！宜民宜人；受禄於天；保佑命之，自天申之！’故大德者必受命。”汪紱以爲，“此章大意言舜之孝德爲聖人，舜以德孝，尊、富、饗、保，舜以尊養孝，又皆能有以盡其量而無餘，此所以稱大孝。然舜之尊養饗保，實皆舜之德爲聖人所致，蓋大德有必獲福之理，則舜之尊養孝者，皆舜之以德孝而已。反覆言德必獲福，則以見人之欲孝其親者，宜首務於自修其德也”。舜之大仁大德首先就體現在他的大孝上。

孟子秉承子思，在表述舜之大知方面，則有：“子路，人告之以有過則喜。禹聞善言則拜。大舜有大焉，善與人同。舍己從人，樂取於人以爲善。自耕、稼、陶、漁以至爲帝，無非取於人者。取諸人以爲善，是與人爲善者也。故君子莫大乎與人爲善。”子路，賢者；大禹，學而爲聖者；大舜，生而爲聖者。故朱子以爲：“言舜之所爲，又有大於禹與子路者。善與人同，公天下之善而不爲私也。己未善，則無所繫吝而舍以從人；人有善，則不待勉强而取之於己，此善與人同之目也。”“取彼之善而爲之於我，則彼益勸於爲善矣，是我助其爲善也。能使天下之人皆勸於爲善，君子之善，孰大於此。”這裏似亦有孟子所謂“中也養不中，才也養不才，故人樂有賢父兄也。如中也棄不中，才也棄不才，則賢不肖之相去，其間不能以寸”之意，而與《中庸》大舜“執其兩端，用其中於民”之表率暗合。蓋朱子以爲：“無過不及之謂中，足以有爲之謂才。養，謂涵育薰陶，俟其自化也。賢，謂中而才者也。樂有賢父兄者，樂其終能成己也。爲父兄者，若以子弟之不賢，遂遽絶之而不能教，則吾亦過中而不才矣。其相去之間，能幾何哉?”舜之大知，依孟子，還表現在：“人之所以異於禽獸者幾希，庶民去之，君子存之。舜明於庶物，察於人倫，由仁義行，非行仁義也。”朱子以爲：“人物之生，同得天地之理以爲性，同得天地之氣以爲形；其不同者，獨人於其間得形氣之正，而能有以全其性，爲少異耳。雖曰少異，然人物之所以分，實在於此。衆人不知此而去之，則名雖爲人，而實無以異于禽獸。君子知此而存之，是以戰兢惕厲，而卒能有以全其所受之理也。”“物理固非度外，而人倫尤切於身，故其知之有詳略之異。在舜則皆生而知之也。由仁義行，非行仁義，則仁義已根於心，而所行皆從此出。非以仁義爲美，而後勉强行之，所謂安而行之也。此則聖人之事，不待存之，而無不存矣。”以及同樣表現在：“舜之居深山之中，與木石居，與鹿豕遊，其所以異於深山之野人者幾希。及其聞一善言，見一善行，若决江河，沛然莫之能禦也。”朱子以爲：“蓋聖人之心，至虚至明，渾然之中，萬理畢具。一有感觸，則其應甚速，而無所不通，非孟子造道之深，不能形容至此也。”[①] 綜上，或可謂，孟子正印證與推擴了《中庸》有關“舜其大知也歟”的論述。

而關於舜之大孝方面，孟子則更是大大豐富了《中庸》的論述。首先，孟子總述：“天下大悦而將歸己。視天下悦而歸己，猶草芥也，惟舜爲然。不得乎親，不可以爲人；不順乎親，不可以爲子。舜盡事親之道而瞽瞍厎豫，瞽瞍厎豫而天下化，瞽瞍厎豫而天下之爲父子者定，此之謂大孝。”朱子以爲：“瞽瞍至頑，嘗欲殺舜，至是而厎豫焉。《書》所謂‘不格姦亦允若’是也。蓋舜至此而有以順乎親矣。是以天下之爲子者，知天下無不可事之親，顧吾所以事之者未若舜耳。於是莫不勉而爲孝，至於其親亦厎豫焉，則天下之爲父者，亦莫不慈，所謂化也。子孝父慈，各止其所，而無不安其位之意，所謂定也。爲法於天下，可傳於後世，非止一身一家之孝而已，此所以爲大孝也。”[②] 據《書》載，

① 《孟子·公孫丑上》第八章，《離婁下》第七、十九章，《盡心上》第十六章，《四書章句集注》，241、296、298—299、360頁。

② 《孟子·離婁上》第二十八章，《四書章句集注》，293頁。

正因舜之大孝，才使其直接由平民而受舉薦，成爲堯的接班人，以至最終受堯禪讓而爲天子的。當時，四嶽舉薦道："有鰥在下，曰虞舜。""瞽子。父頑，母嚚，象傲，克諧。以孝烝烝，乂不格姦。"於是，堯帝決定："女於時，觀厥刑於二女，釐降二女於嬀汭，嬪於虞。"[1] 而且，據孟子："舜尚見帝，帝館甥於貳室，亦饗舜，迭爲賓主，是天子而友匹夫也。""堯之於舜也，使其子九男事之，二女女焉，百官牛羊倉廩備，以養舜於畎畝之中，後舉而加諸上位。故曰：'王公之尊賢者也。'"於是，"昔者堯薦舜於天而天受之，暴之於民而民受之"，亦即，"使之主祭而百神享之，是天受之；使之主事而事治，百姓安之，是民受之也。天與之，人與之，故曰：天子不能以天下與人。舜相堯二十有八載，非人之所能爲也，天也。堯崩，三年之喪畢，舜避堯之子於南河之南。天下諸侯朝覲者，不之堯之子而之舜；訟獄者，不之堯之子而之舜；謳歌者，不謳歌堯之子而謳歌舜，故曰天也。夫然後之中國，踐天子位焉"。[2] 這不正是《中庸》所謂"舜其大孝也歟"，"故大德者必受命"嗎！而這其中的過程經歷，孟子進一步具體論説道，"舜往於田，號泣於旻天"，"怨慕也"，即"怨己之不得其親而思慕也"。"帝使其子九男二女，百官牛羊倉廩備，以事舜於畎畝之中。天下之士多就之者，帝將胥天下而遷之焉。爲不順於父母，如窮人無所歸。天下之士悦之，人之所欲也，而不足以解憂；好色，人之所欲，妻帝之二女，而不足以解憂；富，人之所欲，富有天下，而不足以解憂；貴，人之所欲，貴爲天子，而不足以解憂。人悦之、好色、富貴，無足以解憂者，惟順於父母，可以解憂。人少，則慕父母；知好色，則慕少艾；有妻子，則慕妻子；仕則慕君，不得於君則熱中。大孝終身慕父母。五十而慕者，予於大舜見之矣。"朱子則特别强調："常人之情，因物有遷，惟聖人爲能不失其本心也。""舜不以得衆人之所欲爲己樂，而以不順乎親之心爲己憂。非聖人之盡性，其孰能之?"况且，孟子明確説過："親之過大而不

① 《虞書·堯典》，參閲《書集傳》，7頁。
② 《孟子·萬章下》第三、六章，《萬章上》第五章。

怨，是愈疏也；親之過小而怨，是不可磯也。愈疏，不孝也；不可磯，亦不孝也。孔子曰：‘舜其至孝矣，五十而慕。’”瞽瞍害舜，必是親之過大者，無怨慕，則愈疏，乃不孝也。再者，孟子以爲，舜之大孝還體現在，“不孝有三，無後爲大。舜不告而娶，爲無後也，君子以爲猶告也”。亦即，“告則不得娶。男女居室，人之大倫也。如告，則廢人之大倫，以懟父母，是以不告也”。朱子以爲：“舜父頑母嚚，常欲害舜。告則不聽其娶，是廢人之大倫，以讎怨於父母也。”其實，舜之異母兄弟象亦參與了害舜的謀劃與行動，舜心知肚明。不過，舜仍然如孟子所説，“象憂亦憂，象喜亦喜”，且“彼以愛兄之道來，故誠信而喜之”。朱子説：“孟子言舜非不知其將殺己，但見其憂則憂，見其喜則喜，兄弟之情，自有所不能已耳。”“舜遭人倫之變，而不失天理之常也。”程子以爲，此“人情天理，於是爲至”。而且，孟子還説：“仁人之於弟也，不藏怒焉，不宿怨焉，親愛之而已矣。親之欲其貴也，愛之欲其富也。封之有庳，富貴之也。身爲天子，弟爲匹夫，可謂親愛之乎?”只不過“象至不仁”，故“象不得有爲於其國，天子使吏治其國，而納其貢税焉，故謂之放，豈得暴彼民哉？雖然，欲常常而見之，故源源而來。‘不及貢，以政接於有庳’，此之謂也”。吴氏以爲：“言聖人不以公義廢私恩，亦不以私恩害公義。舜之於象，仁之至，義之盡也。”而面對有齊東野人語：“舜南面而立，堯帥諸侯北面而朝之，瞽瞍亦北面而朝之。”孟子則斷然否定，而明確事實是“舜之不臣堯”，蓋“堯老而舜攝也。《堯典》曰：‘二十有八載，放勳乃徂落，百姓如喪考妣，三年，四海遏密八音。’孔子曰：‘天無二日，民無二王。’舜既爲天子矣，又帥天下諸侯以爲堯三年喪，是二天子矣”。舜亦不臣瞽瞍，而是“孝子之至，莫大乎尊親；尊親之至，莫大乎以天下養。爲天子父，尊之至也；以天下養，養之至也。《詩》曰：‘永言孝思，孝思維則。’此之謂也。《書》曰：‘祗載見瞽瞍，夔夔齊栗，瞽瞍亦允若。’是爲父不得而子也”。朱子以爲，“言舜敬事瞽瞍，往而見之，敬謹如此，瞽瞍亦信而順之也。孟子引此而言瞽瞍不能以不善及其子，而反見化於其子，則是所謂父不得而子者”。甚至，舜之大孝，還極端地體現在一個設置的重大問題上，即："舜爲天子，皋陶爲士，瞽瞍殺人，則如之何?"朱子以爲是"以觀聖賢用心之所極，非以爲真有此事也"。從孟子的解答看，正應了前面總述所謂"視天下悦而歸己，猶草芥也，惟舜爲然。不得乎親，不可以爲人；不順乎親，不可以爲子"。即皋陶但知有法，"執之而已矣"，舜不得而禁。而"舜視棄天下，猶棄敝蹝也。竊負而逃，遵海濱而處，終身欣然，樂而忘天下"。朱子總結道："此章言爲士者，但知有法，而不知天子父之爲尊；爲子者，但知有父，而不知天下之爲大。蓋其所以爲心者，莫非天理之極，人倫之至。學者察此而有得焉，則不待較計論量，而天下無難處之事矣。"① 其實，這裏所討論的，也正是對孔子"父爲子隱，子爲父隱，直在其中矣"② 思想最極致的闡明。説到底，舜之大孝即舜之大德大仁，而大仁者必有大知，反之亦然。爲何不及大勇呢？或者，我們可以理解爲，朱子針對《中庸》第十一章所講："不爲索隱行怪，則依乎中庸而已。不能半塗而廢，是以遁世不見知而不悔也。此中庸之成德，知之盡、仁之至、不賴勇而裕如者，正吾夫子之事，而猶不自居也。故曰唯聖者能之而已。"其實，大仁大知者必有大勇，這也是理所當然的。那麽，何謂大勇？孟子嘗勸諫齊宣王，勿逞匹夫之小勇，而當效法文王武王之"一怒而安天下之民"之大勇。此大勇我們在舜身上亦充分見到，堯命舜攝政，舜即誅四凶，即"流共工於幽洲，放驩兜於崇山，竄三苗於三危，殛鯀於羽山，四罪而天下咸服"。程子以爲："舜之誅四凶，怒在四凶，舜何與焉。蓋因是人有可怒之事而怒之，聖人之心本無怒也。聖人以天下之怒爲怒，故天下咸服之。"③ 此不正是孟子所謂"一怒而安天下之民"之大勇嗎！而"一怒而安天下之民"，不也正是聖人之"急先務"嗎！所以，切勿妄議聖者之不知不能，所有妄議皆爲僭越。

説到底，聖者"溥博如天，淵泉如淵"的"至聖之德"，及其隨時

---

① 《孟子·萬章上》第一、二、三、四章，《告子下》第三章，《離婁上》第二十六章，《盡心上》第三十五章，《梁惠王下》第三章，《四書章句集注》，307—312、367、23 頁。

② 《論語·子路》第十八章。

③ 《虞書·舜典》，參閲《書集傳》，15 頁。

因地制宜而時中之“修道之謂教”、制禮作樂、“急先務”、“急親賢”之所作所爲等等，無論體察得或深或淺，見識得或廣或狹，知道得或多或少，或許都能眼見。而對於聖者之“肫肫其仁，淵淵其淵，浩浩其天”的“至誠之道”，則“苟不固聰明聖知達天德者，其孰能知之”。誠如朱子所說：“當以表裏觀之：‘至聖’一章説發見處，‘至誠’一章説存主處。聖以德言，誠則所以爲德也。以德而言，則外人觀其表，但見其如天如淵；誠所以爲德，故自家裏面却真個是其天其淵。惟其如天如淵，故‘日月所照，霜露所墜；凡有血氣者，莫不知尊而親之’，謂自其表而觀之則易也。惟其天其淵，故非‘聰明聖知達天德者’不足以知之，謂自其裏而觀之則難也。”我們知道子貢曾言：“夫子之文章，可得而聞也；夫子之言性與天道，不可得而聞也。”朱子以爲：“文章，德之見乎外者，威儀文辭皆是也。性者，人所受之天理；天道者，天理自然之本體，其實一理也。言夫子之文章，日見乎外，固學者所共聞；至於性與天道，則夫子罕言之，而學者有不得聞者。蓋聖門教不躐等，子貢至是始得聞之，而嘆其美也。”即使如此，子貢所見仍然是聖人之“如天如淵”處，至於“其天其淵”，則仍遠未見及。於是，我們須謹記，聖人天道爲一而不可妄議。當我們説聖人也是人時，一點也不意味着，聖人也可能有人的哪怕些微的局限性。我們千萬别忘了，有若之言：“豈惟民哉？麒麟之於走獸，鳳凰之於飛鳥，太山之於丘垤，河海之於行潦，類也。聖人之於民，亦類也。出於其類，拔乎其萃，自生民以來，未有盛於孔子也。”因而説聖人也是人，其實是僅僅意味着，如胡炳文所説：“擇之審，舜之精也；行之至，舜之一也。此所以爲舜之中也。顔淵曰：‘舜何人也，予何人也，有爲者亦若是。’”亦如孟子所説：“是故君子有終身之憂，無一朝之患也。乃若所憂則有之：舜人也，我亦人也。舜爲法於天下，可傳於後世，我由未免爲鄉人也，是則可憂也。憂之如何？如舜而已矣。若夫君子所患則亡矣。非仁無爲也，非禮無行也。如有一朝之患，則君子不患矣。”對於聖者尤其其“至誠之道”，常人不知不識，亦屬正常而無須羞耻。可尤爲可耻的是，不知而自以爲知，還大放厥詞，以小人之心度聖者之腹，十足的“小人不知天命而不畏也，狎大人，侮聖人之言”。所以，聖人教誨我們：“知之爲知之，不知爲不知，是知也。”以至，“君子有三畏：畏天命，畏大人，畏聖人之言”。孔門弟子尤其顔子、仲弓向孔子問仁。孔子答復顔子的是：“克己復禮爲仁。一日克己復禮，天下歸仁焉。爲仁由己，而由人乎哉?”“非禮勿視，非禮勿聽，非禮勿言，非禮勿動。”答復仲弓的是：“出門如見大賓，使民如承大祭。己所不欲，勿施於人。在邦無怨，在家無怨。”這裏夫子答復的内容雖不同，這尤其體現出孔子因材施教的原則。然而，弟子們最終回復孔子的却都是，某“雖不敏，請事斯語矣”。朱子以爲：“請事斯語，顔子默識其理，又自知其力有以勝之，故直以爲己任而不疑也。”甚至，“此章問答，乃傳授心法切要之言。非至明不能察其幾，非至健不能致其决。故惟顔子得聞之，而凡學者亦不可以不勉也”。而程子以爲，“顔淵事斯語，所以進於聖人。後之學聖人者，宜服膺而勿失也”。朱子又對比顔冉二者而言：“克己復禮，乾道也；主敬行恕，坤道也。顔、冉之學，其高下淺深，於此可見。然學者誠能從事於敬恕之間而有得焉，亦將無己之可克矣。”總之，顔冉二位必定是我們學者最好的榜樣，全心全意服膺聖人而毫無保留，聆聽教誨更全無絲毫猶疑，兩人皆無愧於聖人最傑出的弟子。我們今日已没了親炙聖人的機會，然而聖人所成就的經典却始終對我們開放，程子有言，讀經典“當觀聖人所以作經之意，與聖人所以用心，聖人之所以至於聖人，而吾之所以未至者，所以未得者。句句而求之，晝誦而味之，中夜而思之，平其心，易其氣，闕其疑，則聖人之意可見矣”。尤其就《論語》《孟子》而言，“學者須將《論語》中諸弟子問處便作自己問，聖人答處便作今日耳聞，自然有得。雖孔孟復生，不過以此教人。若能於《語》《孟》中深求玩味，將來涵養成甚生氣質”①！只要我們始終努力做到“戒慎乎其所不睹，恐懼乎其所不聞”，“莫見乎隱，莫顯乎微”，而“慎其獨也”，“擇善而固執之”，“博學之，審問之，慎思之，明辨之，篤行之。有弗學，學之

① 《論語·公冶長》第十二章，《季氏》第八章，《爲政》第十七章，《顔淵》第一、二章，《孟子·公孫丑上》第二章，《離婁下》第二十八章。《四書章句集注》，79、133－134、45頁。

弗能弗措也；有弗問，問之弗知弗措也；有弗思，思之弗得弗措也；有弗辨，辨之弗明弗措也；有弗行，行之弗篤弗措也；人一能之己百之，人十能之己千之。果能此道矣，雖愚必明，雖柔必强”，終有一天或許也能够學以成爲君子，以至成爲賢者，如顔回一般終身“學以至聖人之道”；甚至，倘若萬分幸運的話，終於成聖而“聰明聖知達天德者”，不僅能知聖者“溥博如天，淵泉如淵”的“至聖之德”，而且也能知聖者之“肫肫其仁，淵淵其淵，浩浩其天”的“至誠之道”。或者，最低限度我們也可以像司馬遷那樣，面對聖人而“景行行止，高山仰止。雖不能至，心向往之”。

言歸正傳，回到《中庸》本章及本段，吕留良以爲，“此章總説道體，下八章又就此章節節推明，各有本義，無一復疊。各章言做工夫處，而道之不可離自明，章句各有界分，不可混也。總是不依《章句》，便不成文字”。也就是説，隨後其下八章就都圍繞該章之意而言，其中第十三至十五這三章，以道之費小者而言。首先就“道不遠人”論説，人之踐履忠恕，落實“庸德之行，庸言之謹”，都是在實踐自身的仁義之道（第十三章）。對此，君子無論身處富貴或貧賤，夷狄或患難，在上或在下等等皆行之，始終不怨天，不尤人，“反求諸其身”（第十四章）。從自身做起，那就是“明明德”、格物致知誠意正心修身等，雖先於却不離於齊家，做好明明德，才能齊好家，而明明德恰恰首先是在齊家親親當中來做好的，而做好的最佳效果，莫過於時時處處讓“父母其順矣乎”（第十五章），等等。

第十三章“故君子以人治人，改而止”，朱子解爲，“若以人治人，則所以爲人之道，各在當人之身，初無彼此之别。故君子之治人也，即以其人之道，還治其人之身。其人能改，即止不治。蓋責之以其所能知能行，非欲其遠人以爲道也”。景星補充道，“改謂改其不合於則者，止謂不過其則也”。船山因而强調，“由此觀之，則夫人之可知可能者，即治人之道，是盡天下之人皆道之所著也，而豈遠乎哉”？吕留良則以爲，此通章總爲“道不遠人”四字發明。“以人治人，改而止”，正要人人各盡其當然，不令其遠人以爲道耳。或者，亦如汪紱所言，“君子有教，亦不過就人所當行者而品節之，使復全其性之所本有耳。‘改而止’，無多求之意也”。所以，這説的或許當是最通行的治人之道，亦即，朱子所反復强調的，“人人本自有許多道理，只是不曾依得這道理，却做從不是道理處去。今欲治之，不是别討箇道理治他，只是將他元自有底道理，還以治其人。及我自治其身，亦不是將它人底道理來治我，亦只是將我自思量得底道理，自治我之身而已”。而不獨鄭、孔僅限於針對“人有罪過”或“人有過”者吧。鄭、孔這麼説，是否未免過於拘狹了些？再就“忠恕違道不遠，施諸己而不願，亦勿施於人”而論，吕大臨以爲，“忠恕不可謂之道，而道非忠恕不行，此所以言‘違道不遠’者”。饒魯以爲，道是天理，忠恕是人事，天理不遠於人事，故曰“道不遠人”。人事盡，則可以至天理，故曰“忠恕違道不遠”。而“忠恕”，亦見《論語》，即，子曰：“參乎！吾道一以貫之。”曾子曰：“唯。”子出。門人問曰：“何謂也？”曾子曰：“夫子之道，忠恕而已矣。”朱子以爲，“聖人之心，渾然一理，而泛應曲當，用各不同”，“譬則天地之至誠無息，而萬物各得其所也。自此之外，固無餘法，而亦無待於推矣。曾子有見於此而難言之，故借學者盡己、推己之目以著明之，欲人之易曉也。蓋至誠無息者，道之體也，萬殊之所以一本也；萬物各得其所者，道之用也，一本之所以萬殊也。以此觀之，一以貫之之實可見矣”。而且，朱子還明確指出，“諸家説《論語》者，多引此章以明一以貫之之義；説此章者，又引《論語》以釋違道不遠之意。一矛一盾，終不相謀，而牽合不置，學者蓋深病之。然盡己推己，乃忠恕之所以名，而正爲此章違道不遠之事”。這樣看來，曾子“借學者盡己、推己之目”而言的忠恕，亦即程子所謂，“以己及物，仁也；推己及物，恕也，違道不遠是也”，正與本章所謂“忠恕違道不遠”之意相應，即，“斯乃下學上達之義”。然而朱子接着指出，“若動以天，而一以貫之，則不待盡己，而至誠者自無息；不待推己，而萬物已各得其所矣”，亦即程子所謂，“忠恕一以貫之：忠者天道，恕者人道；忠者無妄，恕者所以行乎忠也；忠者體，恕者用，大本達道也。此與違道不遠異者，動以天爾”[1]。於是，朱子斷定，“施諸己而不願，亦勿施於人”，此與“己所不欲，勿施於人”一般，未是自然。所以“違道不遠”，正是學者事。“我不欲人之加諸我也，吾亦欲無加諸人”，此是成德事。而胡炳文以爲，“《論語》説忠恕，是曾子借此二字形容聖人至妙處；此則是子思就此二字説歸聖道至實處”。而譚惟寅以爲，“曾子所指，誠者之事也，天之道也；子思所記，誠之者之事也，人之道也。乃學者以人求天之事也”。“以人求天，行之不已，其至則與天道爲一。學者欲求至於聖人，當自體忠行恕，而積之可也。何謂體忠行恕？下言‘君子之道四，丘未能一焉’，即夫子開示體忠行恕之微旨也。曰‘丘未能一’云者，所以示學者内不敢自欺，外薄責於人，此乃體忠行恕之微旨也”。到吕留良則明確標識出“聖人之忠恕”與“學者之忠恕”，亦即，《論語》“夫子之道”，聖人之忠恕也；此章“不欲”“勿施”，學者之忠恕也。由學者之忠恕，做到聖人，便與道合矣，故彼曰“夫子之道”，而此曰“違道不遠”也。但黎立武以爲，這裏不過是指出了“忠恕之義”與忠恕之行之别，即，“曾子教人明道者也，以全體大用之名言之，是指出忠恕之義；子思教人爲道者也，以盡已推已之事言之，是爲行忠恕者言，施己施人，蓋爲道而行忠恕者也”。船山亦以爲，此僅僅體現“教”與“政”之微别，而完全不存在聖人忠恕與學者忠恕之别，即，蓋教則即人而治之，政則以我之好惡而推之，故微有自此達彼之别耳。泥者不察，遂有聖人忠恕、學者忠恕之分，不知安、勉雖别，而爲道則一，使學者而不以聖人之忠恕爲忠恕，則直不可謂之忠恕矣。故曰：“道二，仁與不仁而已矣。”看起來頗有道理，實則並不盡然。學者知與行忠恕，知與行中庸，好也就是能知能行，“日月至焉而已矣”，以至“三月不違”，這該就是學者之忠恕、學者之中庸吧。學者要達到聖人那樣知得盡與行得盡忠恕與中庸——此即聖人之忠恕、聖人之中庸——得該付出一生的工夫，最終能否達成，都不一定，亦顔淵所言，“欲罷不能，既竭吾才，

---

① 亦參見《論語·里仁》第十五章。《四書章句集注》，72—73頁。

如有所立卓爾。雖欲從之，末由也已”。然而，學者還是必須持之以恒地、付出最大努力地、只問耕耘而不問收穫地去知與行，恰如曾子所言：“士不可以不弘毅，任重而道遠。仁以爲己任，不亦重乎？死而後已，不亦遠乎？”[①] 再就具體體忠行恕之“君子之道四，丘未能一焉：所求乎子，以事父未能也；所求乎臣，以事君未能也；所求乎弟，以事兄未能也；所求乎朋友，先施之未能也”而論，朱子指出，“夫四者固有衆人之所能，而聖人乃自謂未能者，亦曰未能如其所以責人者耳。此見聖人之心，純亦不已，而道之體用，其大天下莫能載，其小天下莫能破，舜之所以盡事親之道，必至乎瞽叟厎豫者，蓋爲此也”。景星以爲，“凡己之責人皆當然之事，能反之以自責，則恕之道行矣。三‘以’字訓用字，當重看，言責子當孝，於我便當思量用此道以事父，我恐亦未能也。君兄朋友亦然，皆不過反己自責之意，正與《大學》絜矩一節相似。夫婦之倫不可自反，故不及”。不過，夫婦之倫，或如黎立武之言，前章言“君子之道造端乎夫婦”，此言“君子之道四”，而五倫備矣。在第十五章又做了補充，所謂“妻子好合”云云。而所謂《大學》絜矩之道，即：“所惡於上，毋以使下；所惡於下，毋以事上；所惡於前，毋以先後；所惡於後，毋以從前；所惡於右，毋以交於左；所惡於左，毋以交於右。此之謂絜矩之道。”依照朱子，若將諸如“君子有諸己而後求諸人，無諸己而後非諸人”，“己所不欲，勿施於人”等，稱作“責人之恕”的話，那麼，此絜矩則稱之爲“愛人之恕”[②]。兩者間的區别正在於，責人之恕是兩摺説，而愛人之恕是三摺説，亦即責人之恕“只以己對人而言。若絜矩，上之人所以待己，己又所以待人，是三摺説，如《中庸》‘所求乎子以事父未能也，所求乎臣以事君未能也’，一類意”。也就是説，愛人之恕在責人之恕之上，對人有更爲周全的考慮，不僅要“求人”“非人”，而且更要考慮如何才可能得以成就“求人”“非人”，即朱子所言：“上之人老老、長長、恤孤，則下之人興孝、興弟、不倍，

① 《論語·子罕》第十章，《泰伯》第七章。
② 《朱子語類》卷第十六，《大學》三，傳九章“釋齊家治國”，第二册，358—359頁。

此是説上行下效。到絜矩處，是就政事上言。若但興起其善心，而不有以使之得遂其心，則雖能興起，終亦徒然。如政煩賦重，不得以養其父母，又安得以遂其善心！須是推己之心以及於彼，使之‘仰足以事父母，俯足以育妻子’，方得。”[①]

第十四章，首先，朱子明確指出，此乃“子思之言也”。凡章首無“子曰”字者放此。胡炳文以爲，“上章言道在邇，爲道而遠人者，失之；此章言道在内，願乎其外者，失之”。景星以爲，“上章就身上説，此章就位上説，比身稍開一步，下章就家上説，比此又開一步”。鄭、孔及饒魯皆以爲，“素位而行即曾子‘君子思不出其位’之意，見得子思得曾子之傳”。既然素位而行，甚至，“素夷狄，行乎夷狄”，則如張子所言，“責己者當知無天下國家皆非之理，故學至於‘不尤人’，學之至也”。亦即，“聖人之仁，不以無道必天下而棄之也”，亦如程子所言，“聖人以天下無不可有爲之人，亦無不可改過之人”，或如張敬夫所言，聖人“以天下無不可變之人，無不可爲之事也”。[②] 這也就是説，君子無論在哪裏、在任何時候，都可以做到“素其位而行，不願乎其外”。所以，朱子也以爲，張子所説，尤爲切至。吕留良以爲，這其中“‘位’字極有定，却極無定。君子素位之道，立乎位之上，故能止乎位之中，雖所處只一位，而凡位之理無不備，纔能素位而行”。而“‘不’字須斬釘截鐵始得，惟直窮到義利公私之間，此纔是‘不’字真實本領。《或問》謂無不足於吾心，此纔是‘自得’真實詮解”。再有，“怨尤病根總在‘願’字生來。要不願，先須正己念頭，一鞭辟向裏，則内邊自有汲汲處，外面無非坦坦處，故曰‘無怨’”。只是就“素”字，朱子等以爲，“素，猶見在也。言君子但因見在所居之位而爲其所當爲，無慕乎其外之心也”。而鄭、孔等以爲，素，即傃，或鄉，即向也。“鄉其所居之位而行（其）所行之事，不願行在位外之事”。不過，或者鄉或向的當下性不如“見在”或“現在”的强，而“素”恰恰是在强調其當下如

---

① 《朱子語類》卷第十六，《大學》三，傳十章“釋治國平天下”，第二册，361—362頁。

② 《四書章句集注》，185、178頁。

何如何，除非像倪思那樣解釋，即“素者，其舊所居已然者也”。亦即一向如是意。但即使這個意思，也還是不如“見在”之當下性强。再有，胡炳文還注意到，不曰君子有似乎射，而曰“射有似乎君子”，是因爲“君子無求勝之心，射不足以似之，所可似者，射有不中，不怨勝己，如君子有所不得，不怨天不尤人也”。

第十五章，景星以爲，“自費隱之後至此凡三章，十三章言修己治人，必恕以行之，十四章專言修己而不責人，此章則言自近及遠，皆近裏就實，爲學者所當用工，故曰費之小”。胡炳文則特别指出，“《章句》以‘安樂之’三字釋順字，有味。蓋上文皆言兄弟妻子相安之意，人子以父母之心爲心，必使一家安，而後父母之心安之，必使一家樂，而後父母之心樂之爾”。船山則尤其强調，“閨門之離合，每在細微曲折之中；天性之休嘉，不容有毫髮参差之隙。而夫子稱之曰，於斯時也，一家之中，和氣充盈於内外，至愛緜密於尊卑，無所拂焉，無所逆焉，而爲之父母者，不已相安於慈和之中，大慰其性生之樂，其順矣乎”。汪紱則專門結合費隱而指出，“此章越在切近處指示，而活潑生動至宜深玩，家庭之近亦至費也，而道盡於此，效臻於彼，所以然者，亦至隱存焉矣”。孔氏及郭忠孝則結合中庸而言，孔氏以爲，此“謂父母能以教令行乎室家，其和順矣乎！言中庸之道，先使室家和順，乃能和順於外，即上云‘道不遠，施諸己’也”。而郭氏以爲，“惟其自邇自卑，所以易知易從，而終於必達其成德也，反在於真積力久不息之後，所以莫能知莫能從，此中庸之難能也”。朱子則特别强調，“夫子誦此詩而贊之曰：人能和於妻子，宜於兄弟如此，則父母其安樂之矣。子思引《詩》及此語，以明行遠自邇、登高自卑之意”。

接着第十六“鬼神”章，依朱子，此乃爲承前啓後，以道之兼費隱、包大小而言，也是第十二章“鳶飛戾天，魚躍于淵”底意思，皆實理也。鬼神乃陰陽二氣之屈伸，“天地之功用，而造化之迹也”，亦即“天地萬物之屈伸往來，皆在其中”，因而“幽則有鬼神，明則有禮樂”，“鬼神之道，便是君子之道”。而“二氣之分，實一氣之運”，“天地之間，只是此一氣耳”。“以一氣言，則方伸之氣，亦有伸有屈。其方伸者，神之神；其既屈者，神之鬼。既屈之氣，亦有屈有伸。其既屈者，鬼之鬼；其來格者，鬼之神"。而"子孫祖宗同屬一氣，故可祭祀以誠感通"，"祖考精神，便是自家精神"。依程子，"鬼神只是一箇造化"。"夫天，專言之則道也，分而言之，則以形體謂之天，以主宰謂之帝，以功用謂之鬼神，以妙用謂之神，以性情謂之乾"。"鬼神之道，只恁説與賢，雖會得，亦信不過，須是自得也"。而其中關鍵就在於此一"誠"字，尤其自祭祀齋戒起的誠心誠意，集中精神，憶念祖上，並以之貫穿於祭祀活動的自始至終，"祭如在，祭神如神在"，與神靈匯通、對話。對此，黎立武特别指出，"《書》曰：'鬼神無常，饗饗于克誠。'此六經言誠之始也。《中庸》一書以誠爲本，亦首於事鬼神明之。首章戒不睹懼不聞，蓋言君子存誠，無時不然，非有所爲也。乃若常人之情，其於祀鬼神也，則亦視無所見，聽無所聞，然陳器設衣，體物而不遺，齊明盛服，承祭而如在，莫敢不盡其誠，是雖有爲而然，然隱而見，微而顯，道一而已，豈非誠之至歟"。胡炳文亦這樣看，不過，他還由此强調，"誠者，《中庸》一書之樞紐，而首於此章見之。漢儒皆不識誠字"，至程子、朱子"真實無妄之謂誠"，方誠之説盡矣。船山由此而分出"天道之誠"與"人道之誠"，亦即，"鬼神實有此極盛之德，是天道之誠；人之實盡敬，實不射以事鬼神，是人道之誠"。"君子之道費而隱，豈不與鬼神合其德？乃所以在君子而費有其隱焉，在鬼神而微則必顯焉，則唯誠而已矣"。至於二誠或"誠之二義"間的聯繫，吕留良以爲，"鬼神使人盡其誠，鬼神之理誠也；人以誠格鬼神之誠，人心之誠也：兩邊道理缺一邊，便不見下'誠'字全義"。其"在天地爲實理，在人爲實心"，"而必有此實心，實理始爲我有"。"鬼神，氣也，人心亦氣也，天地之氣惟鬼神最奇幻，人之氣惟心最神靈，皆若杳冥恍惚不可測，而其實只一理爲之，誠而已矣。然則天地間孰非誠之爲乎？此是《中庸》第一箇"誠"字，却從鬼神説起，煞有妙義。神明不測，就人心内言，爲下半部'誠'字張本"。蓋"惟鬼神最渺茫難信，此處看得實有，則天下無事物非此理矣，此《中庸》言'誠'，發端於鬼神意也"。而當整個祭祀活動結束以後，則應當"敬鬼神而遠之"，全力實現自己繼往開來的人生責任，自然，誠亦貫穿其中。而尤還該注意者，那就是切勿“非其鬼而祭之”。否則，即如汪紱所謂，“是人以姦事神，而神又安得而不姦於人也，故曰神姦之生自淫祀也，是豈神之非道有然哉，亦人自爲之已耳。嗟乎！惟知鬼神之即道焉，則庶乎可不爲之惑矣”！而“神姦生若山川之魑魅魍魎，等等，然此亦自人生人事失其中和而沴氣應之，則神姦惑人。故有道之朝不聞妖孽，而孝友之宅不召魑狐，幾見忠厚正大之國家而忽有神鬼怪異之事，此所以云致中和而天地位萬物育也”。總之，“此章與費而隱章相應，亦即與首章道不可離、大本達道相發。蓋以後章將言道之高遠，故此章扼要一總，而即以鬼神發高遠之端，以見全體之密也。庸行、格天、治國、指掌，亦以體物不遺莫非此道，天地鬼神聖人之道一而已耳”。

也就是説，此後三章，則以道之費之大者而言，亦即接續此前三章之庸行之常：修身齊家，而推之以極其至：治國平天下，以見道之用廣也。舜之大孝大德而必受命爲天子等（第十七章）。文王、武王及周公上承先王先祖之德，而終有天下，達成邦國乃至天下之大治（第十八章）。他們之所以能够成就偉業，就首要地在於他們的達孝，“善繼人之志，善述人之事”者也，尤其周公承先啓後、制禮作樂，令“周監於二代，郁郁乎文哉”，以至於後之雖百世皆當從周繼周①（第十九章）。

第十七章，朱子以爲，“此由庸行之常，推之以極其至，見道之用廣也。而其所以然者，則爲體微矣。後二章亦此意”。胡炳文則對比前三章而言，即，“前言父母之順，在於‘宜爾兄弟，樂爾妻帑’，不過目前之事，費之小者也；此言孝之大，在於‘宗廟享之，子孫保之’，則極其流澤之遠，費之大者也。前言費之小，則曰‘居易以俟命’，學者事也；此言費之大，則曰‘大德必受命’，聖人事也。‘栽者培之’，是言有德者天必厚其福，可爲居易者勸；‘傾者覆之’，是言不德者天必厚其毒，可爲行險者戒矣。此傾字即是險字，物之傾者必覆，人之險者獨

---

① 子曰：“周監於二代，郁郁乎文哉！吾從周。”（《論語・八佾》第十四章）子張問：“十世可知也？”子曰：“殷因於夏禮，所損益，可知也；周因於殷禮，所損益，可知也；其或繼周者，雖百世可知也。”（《爲政》第二十三章）

不思夫祿位名壽自有必得之理，而吾獨欲求其不當得者，而得之何哉？末所引《詩》專爲栽者培之而言也”。而汪紱以爲，“此章大意言舜之孝德爲聖人，舜以德孝尊富饗保，舜以尊養孝，又皆能有以盡其量而無餘，此所以稱大孝。然舜之尊養饗保，實皆舜之德爲聖人所致，蓋大德有必獲福之理，則舜之尊養孝者，皆舜之以德孝而已。反覆言德必獲福，則以見人之欲孝其親者，宜首務於自修其德也”。此乃“君子言理不言數，大德而有不受命者，則亦聖人之有所不能，而天地之有所憾者矣”。至於孔氏引《援神契》等而論聖人孔子不得其位，即，“丘爲制法主，黑綠不代蒼黄”。言孔子黑龍之精，不合代周家木德之蒼也。《孔演圖》又云“聖人不空生，必有所制以顯天心。丘爲木鐸，制天下法”是也。而夫子不長壽，以勤憂故也。或可聊備一説吧。馮氏及毛奇齡則以爲，“受命即是得位，然不必鑿指作天子”。而《孔演圖》所説即是天命。“此語與《論語》封人之語相合。然則受命亦但云佑命自天已耳”。亦可聊備一説吧。

第十八章，汪紱以爲，“此章言家庭之近而推之以治天下也。章内纘緒、成德亦上章德爲聖人之孝。但上章推而上之以至盡頭，有無少偏倚、無少差謬意；此章推而廣之以滿其量，有其守不失、無適不然意。亦兩相經緯也”。“上章大德得天以道，原於天命之性，人心即天心，故能盡其性，則與天合而受天命也；此章德及天下以率性者，天下之達道，人同此心，故推己及人，則盡人之性，而治國運諸掌也。而皆本之於孝，所謂仁者人也，親親爲大，反身不誠，不順乎親也。盡親親之仁，庸行而達之天下，道之用廣矣；至性情之地，人心同然之故，則其體微矣，亦至隱存焉也”。吕留良以爲，此章言文武周公能盡中庸之道以見費之大者。而侯仲良正是以“中庸之道”或者“聖人之時中”來概括文武周公之事的，亦即，“中庸之道，參差不同，聖人之時中，當其可而已。文王三分天下有其二，以服事殷，此文王之中庸也；舜以匹夫而有天下，此舜之中庸也；武王‘纘大王、王季、文王之緒，一戎衣而有天下’，此武王之中庸也。武王末年方受天命而有天下，未及有作，周公成文、武之德，追王先公之禮，喪葬之制，皆古先所未有也。此又周公之時中也”。而所謂“無憂者其惟文王乎”，景星以爲，“蓋以上有王季之賢者爲其父，下有武王之聖者爲其子，爲父者既積其功德於前，爲子者又述其事業於後，中間爲文王者，又何所憂乎？自大舜、文、武、周公四聖，人觀之獨文王可以當無憂二字，如羑里之囚，若可憂也，亦只是文王一身上事，此却是言一家上事。又如舜父頑子不肖，堯之子丹朱，禹之父鯀，湯無子立太甲，非伊尹幾壞，由此觀之，亦唯文王可以無憂”。此亦鄭玄所謂，“聖人以立法度爲大事，子能述成之，則何憂乎！堯、舜之父子則有凶頑，禹、湯之父子則寡令聞。父子相成，唯有文王”。或如胡瑗所謂，“王季作之，文王述成之；文王作之，武王述成之。上有賢父，下有聖子，夫何憂哉”？於此，船山還補充道，“言文王無憂者，見世德之積累，可以無憂，非文王之未備乎大業也，而上承父作，下啓子述，則道亦在焉，非文王之德，則亦無以紹先業而起後功也”。“夫周之王也，文王始之，武王定之，周公成之，而一代之治道極隆焉”。而“‘憂’字有兩義：有事不遂志而可憂者，在文王固有之，《繫傳》言‘作《易》者其有憂患’之謂也；有事在可爲而不必勞其憂思者，則此言‘無憂’是也。天命未至，人事未起，不當預計天下之何以治、何以教，而但守先德以俟。故武王之纘緒克商，周公之制禮作樂，憂勤以圖成者，皆文王所不爲，而非其不足以體道之廣，乃唯文王宜然耳”。以及再論及“武王之事”，楊時以爲，“武王之武，蓋聖人之不幸者，非其欲也”。或者如游酢所言，“非聖人所優爲也”，“且武王觀政于商，而須暇之五年，非僞爲也。使紂一日有悛心，則武王當與天下共尊之，必無牧野之事”。所以，吕留良亦特别强調，在此，“‘纘緒’二字，最易説壞。要之，武王亦不願有天下者，直是時至事起，天人交迫，莫之爲而爲。故專指翦商一事不得，然却脱離不得，肇基王迹兼德功而言，即翦商亦言其理勢自然之道，非圖謀神器也。若欲避翦商之説，而專指周家忠厚積累仁德而言，則其緒直自后稷來，何以獨始於太王哉？使紂不至無道，武王終守侯服，其纘緒未嘗不光大也。‘有天下’亦只不過‘纘緒’中一事耳。如此看，方見武王能盡中庸之道。武王之不同乎文者，時也，非德也”。因而説他是“壹戎衣而有天下，身不失天下之顯名”，僅爲“不失”，而非如舜那樣“必得”。再者，上章於舜言“德爲聖人”，於武不言。黃裳竟以爲，“其避文王歟”? 船山却以爲，“舜必得名，武王不失名，語有輕重。反之不若性之之純，征伐不若揖遜之順，亦論《韶》《武》之意。雖然顯名亦聖德也，但必得者不至於或失，不失者疑於失而能不失，此爲少異耳”。之所以如此説，依游桂，即，“以臣伐君而不失顯名，既有其位，又有其禄，既有其祖，又有其後，此所謂報之厚全，美而可觀也”。總之，誠如胡炳文所言，是因爲“舜性之而以揖遜有天下；武反之而又以征伐得天下也”。然而，“周家自大王以至周公，世世修德，古所無也”，故“周公推文武之意，以及大王王季，於是始行追王之禮；又推大王之意，以及組紺以上至后稷，於是祀以天子之禮；又推此及諸侯大夫及士庶人，使各得以行喪祭之禮，孝心上下融徹，禮制上下通行，此周公所以謂之‘達孝’也”。亦即，景星所謂“能推吾愛親之心，制爲喪祭之禮，以通乎上下，使人人得以致其孝，故謂之‘達孝’”。而吕留良以爲，“上承‘大孝’，下起‘達孝’，此章是過脈處。周公成文武德，其經緯制作甚廣，追王崇祀，乃其大者，以孝爲制作之本也”。還必須補充强調的是，喻樗所謂，“‘父作之，子述之’，文、武之心一也。大勳未集，其勢然也；‘壹戎衣而有天下’，亦其勢然也。堯、舜，湯、武，易地而皆然也。然則曰‘予有慚德’，何也? 聖人之不得已也! 何爲不得已? 曰天命也，其可已乎? 非湯、武，天下之禍寧止? 如夏殷之季而已哉! 當是時猶有管叔、蔡叔、霍叔也，猶有武庚、淮夷也，故曰‘予弗順天，厥罪惟均’，然則湯武之事，其心可知矣。如此，故‘身不失天下之顯名’。孔子曰‘湯、武革命，順乎天而應乎人’，孟子曰‘天吏也’，學者其可信矣! 不然，安有‘尊爲天子，富有四海之内，宗廟饗之，子孫保之’，乃與舜同稱哉? 《禮》曰‘後世雖有作者，虞帝不可及已’，言時不同也”。此外，尚有一個小問題，即所謂“壹戎衣”或“一戎衣”，鄭玄以爲，衣，讀如“殷”，聲之誤也。齊人言“殷”，聲如“衣”。虞夏商周，氏者多矣。今姓有衣者，殷之冑歟? 壹戎殷者，壹用兵伐殷也。《尚書》依字讀，謂一著戎衣而天下大定。毛奇齡甚至以爲，此即《康誥》“殪戎殷”，言滅大殷也。殪壹，衣殷，聲之轉也。孔氏却以爲，鄭必以“衣”爲“殷”者，以十一年觀兵于孟津，十三年滅紂，是再著戎服，不得稱“一戎衣”，故以衣爲殷。而此云“一”者，以經武王繼大王、王季、文王三人之業，一用滅殷，對三人之業爲一耳。由三人之業，故一身滅之。陸佃理解爲，“壹戎衣”，一掛戎衣伐殷也。是披掛戎衣之意嗎？再有，孔氏以爲，“周公追王”乃改葬之意。因爲“以大王、王季身爲諸侯，葬從死者之爵，則大王、王季祇得爲諸侯葬禮，不得言追王從天子法，故知追王之時，而更改葬用天子禮”。而《大傳》云“武王追王大王亶父、王季歷”，此云“周公追王”，不同者，武王既伐紂，追王布告天下，周公追而改葬，故不同也。

第十九章，朱子以爲，“承上章而言武王、周公之孝，乃天下之人通謂之孝，猶孟子之言達尊也”。亦即，“此繼志述事之大者也。下文又以其所制祭祀之禮，通於上下者言之”。吕大臨以爲，“此章言‘達孝’所以爲中庸。武王、周公所以稱‘達孝’者，能成文王事親之孝而已”。孔氏以爲，“以前經論文王、武王聖德相承，此論武王、周公上成先祖，修其宗廟，行郊社之禮，所以能治國如置物掌中也”。汪紱以爲，“此章亦上章之意，但上章言周之世德，此章則又表武、周之孝，而仁孝之至以享帝，亦即大孝得天；仁孝之推以治國，亦即推己及人。是亦總上二章意，爲費之大者作總收也。繼志述事以道言，不以事迹言。蓋文王有安天下之志，而武王能遂之，雖服事征誅異，其安天下同也；文王有教天下之德，而武、周能成之，雖諸侯天子異，其教天下同也。故謂之善。其實此二章，未必夫子一時之言，夫子意中未必實承上章，但繼述所指要不外纘緒成德，下文祭祀之禮，亦不外追王上祀之禮，子思引以相次，則二章正相足矣。繼述獨舉祭祀言者，以祭祀上通於先王祖考，下通之子孫臣庶，其繼志述事之孝尤爲明顯而親切也”。“子思引此，則見以孝之至而治國以視掌，禮明樂備，皆一孝之所發，則費之大者亦不過以庸行之常推之以及其至耳，所以爲不肖者勉也”。景星以爲，“看來此三章要通看，前章只是父母順而已，到舜便説大孝，舜只是孝一家，到武王也只是舜之孝，到周公又便推得闊了。此與前章雖皆兼言武王周公，其實主周公而言，蓋謂武王有天下，然後周公得以制禮故也”。“此通上三章皆言孝之一事而不及他，舜之孝盡其養生之道，武王周公之孝盡其事死之道，合三章孝之道備矣，皆聖人止至善之實，故曰費之大。曰敬，曰仁，曰慈，必皆如此而後爲能盡全體舉孝以見例”。船山亦以爲，“總以此章之旨，謂武王、周公盡其孝之道，而創制立法，推行上下，無不各俾盡其性之仁孝；於以見道用之廣，而夫婦所知能之理，（孝）極其至而察乎上下。故末復以郊禘之義明而治國無餘藴者終之”。吕留良則探索“達”字根源，而以爲，“達孝”與“天下歸仁”同例，非欲盡理純，不足以當歸仁；非德盛道行，盡倫盡制，不足以當達孝。蓋此理本非武、周之所獨，自武、周實有其道，而天下之言孝者歸焉，猶之仁爲天下所共有，故“一日克復”，則“天下歸仁”，“達”字根源在此。而《中庸》因時祭説至此，直從“鬼神盛德”章來，與下章“達道”“九經”歸於“明誠”作樞紐，不僅鋪陳祭祀制度也。“達孝”意上已了結，此就盡制之極，推廣以見武、周盡中庸之道之費也。劉彝亦著重强調孝德，亦即，“言其孝德，幽則達於鬼神，明則達於庶士，莫不用夫中庸以濟其美，故曰‘武王、周公，其達孝矣乎’。‘善繼人之志’者，謂大王、王季、文王之志，在乎率人民於中和也，贊天地之化育也，而武王、周公善行斯道，以繼其志而益光大之。‘善述人之事’者，謂三王之事業存於禮樂政刑也，武王善能述而行之於天下也，周公善能述而載之於六官也，著成萬世帝王之大法，使大王、王季、文王之緒業垂諸方策，而仁於無疆，則聖子神孫所以昭顯乎親者，其有大於此乎”！另外，順便説説本文中的一些“其”字，究爲何指？首先，“踐其位”等五個“其”字，鄭、孔明確以爲，“其者，其先祖也”。朱子以爲，“其，指先王也。所尊所親，先王之祖考、子孫、臣庶也。始死謂之死，既葬則曰反而亡焉，皆指先王也。亦皆繼志述事之意也”。先祖與先王略有别，或者，武王周公“追王”者爲先王，其他皆爲先祖，先祖亦可涵蓋先王。但無論説先祖抑或先王，後來者大多都接受。或許，惟陳佑以爲，“繼人述人兩‘人’字指先王，此四‘其’字合下五‘其’字，但指祭言，不指先王”。這種理解與處理方式倒挺簡便，免去逐一辨析之苦。不過，能否成立，姑且存疑。

接着的第二十章，乃本篇篇幅最長的一章，朱子視其爲一整章，果然，《家語》“本來就只一整段，是孔子一時間所説”。朱子以爲：“此引孔子之言，以繼大舜、文、武、周公之緒，明其所傳之一致，舉而措之，亦猶是耳。蓋包費隱、兼小大，以終十二章之意。”不過，饒魯却以爲，孔子對哀公之語，至“不可以不知天”而止，後皆子思推衍告學者之辭，其間項目雖多，然大意不過兩節而已。甚至，金華金先生以爲，自“仁者人也”以下皆子思之言，雜引孔子之言反覆推明之，知與雙峯之言頗相似。然而，吕留良堅持以爲，整個第二十章儘皆孔子之言，因爲，其中“‘九經’是夫子絶好一幅畫壁圖也，自有宇宙以來，合下便須如此，非可以私意增損措置於其間，所以不謂之‘九政’而謂之‘九經’。‘經’字乃經常之經，與‘五達道’‘三達德’同例，皆孔子之言”。從内容上論，本章把前面分别論述的《大學》八條目“格物、致知、誠意、正心、修身、齊家、治國、平天下”貫通起來説，可以説是對整個第三部分的總結。沈清臣以爲，“《論語》一書，首以學，而次以政，蓋言學然後爲政也。夫子所謂‘學而時習’，豈誦習云乎哉？致知、格物、正心、誠意之學也；以之臨政，豈非治國、平天下之事乎？《中庸》自‘天命之謂性’充而爲周公之達孝，皆聖學之妙也，爲政之道雖寓乎其間，曾未標目之也，至此以‘哀公問政’繼之，亦本末先後之序也”。而黄氏亦以爲，“此章當一部《大學》，《大學》以修身爲本，此章自首至此皆以修身爲要；上文言修身而曰不可不知天者，即《大學》逆推修身之工夫至於格物致知者也；此言修身而曰治人治天下國家者，即《大學》順推修身之功效，至於家齊國治天下平者也”。亦如周處約所言，“中庸之道言其用，見於修身、齊家、治國、平天下；語其體，則本之於誠，《中庸》所謂明善、誠身，即《大學》所謂致知、格物、正心、誠意。《大學》之書由體起用，故先言致知、格物、正心、誠意，而後及於修身、齊家、治國、平天下；《中庸》之書即用明體，故先言修身、齊家、治國、平天下，而後本於誠身、明善。先後雖殊，相爲表裏，所謂一以貫之也”。像本章中談到的“天下之達道五”：君臣、父子、夫婦、昆弟、朋友；而能够落實達道五的就是“天下之達德”三：知、仁、勇，也就是本篇第二部分特别强調的達成中庸之道的三達德；以及凡爲天下國家之九經：修身、尊賢、親親、敬大臣、體群臣、子庶民、來百工、柔遠人、懷諸侯；乃至具體“擇善而固執之”的誠之之五目：博學之，審問之，慎思之，明辨之，篤行之，其最終都不越乎“誠”之一言，或者説，其自始至終都必須貫徹“誠”之一言。船山亦大致以爲，“夫言、行、事各有其道，分之而道在，合之而道一，亦惟豫矣。則道之爲經爲緯者，定於事各一道之前，道雖分殊，而皆存於理一之内，豈止變化之難齊乎，不窮也。故析而爲五，詳而爲九，序次相成而爲三，皆非所以爲豫也。唯所以行之者一，則未發而爲天下之大本，已發而爲天下之達道，以率性之功，凝天命之實，則事皆繼起，而德爲本原，斯則所謂豫，而爲事之所自立也”。而且，所謂誠者不僅是本章，而且也是《中庸》整篇的中心樞紐。汪紱就以爲，“此章所言達道，即道不遠人，卑邇之道也，費之小者也；爲天下國家，即大孝受命，達孝制禮，費之大者也。凡此皆費也。而誠者天之道，則隱矣。所以包費隱、兼小大，以總上七章，而終第十二章之意。且以孔子之論政，紹舜、文、武、周之統也，而所谓知即大舜之問察，仁即颜子之服膺，勇即子路之自勝困勉擇執，而道以行以明，則前十一章之意又於此一結束矣。章内語誠始詳，而誠字實此篇樞紐。蓋誠者天之道，已徵於鬼神之不可揜，以後十三章皆言誠。以前罕見誠字，而莫非一誠，天命之性，率性之道，誠也；戒懼存養，慎獨省察，誠之也。大舜、顔淵、子路，達德之誠也；大孝、達孝、禮樂、九經，達道之誠也。是全書不外一誠字而已”。當然，還是朱子説得最爲全面詳盡，亦即：“言誠爲此篇之樞紐也。誠者，實而已矣。天命云者，實理之原也。性其在物之實體，道其當然之實用，而教也者，又因其體用之實而品節之也。不可離者，此理之實也。隱之見，微之顯，實之存亡而不可揜者也。戒謹恐懼而謹其獨焉，所以實乎此理之實也。中和云者，所以狀此實理之體用也。天地位，萬物育，則所以極此實理之功效也。中庸云者，實理之適可而平常者也。過與不及，不見實理而妄行者也。費而隱者，言實理之用廣而體微也。鳶飛魚躍，流動充滿，夫豈無實而有是哉！道不遠人以下，至於大舜、文、武、周公之事，孔子之言，皆實理應用之當然。而鬼神之不可揜，則又其發見之所以然也。聖人於此，固以其無一毫之不實，而至於如此之盛，其示人也，亦欲其必以其實而無一毫之僞也。蓋自然而實者，天也，必期於實者，人而天也。誠明以下累章之意，皆所以反復乎此，而語其所以。至於正大經而立大本，參天地而贊化育，則亦真實無妄之極功也。卒章尚絅之云，又本其務實之初心而言也。内省者，謹獨克己之功；不愧屋漏者，戒謹恐懼而無已；可克之事，皆所以實乎此之序也。時靡有争，變也；百辟刑之，化也；無聲無臭，又極乎天命之性、實理之原而言也。蓋此篇大指，專以發明實理之本然，欲人實此理而無妄，故其言雖多，而其樞紐不越乎誠之一言也，嗚呼深哉！”

以下再來梳理其中的一些具體問題。首先，所謂“文武之政”，具體而言，依胡炳文，“爲天下國家有九經”即“文武之政”也，此則就九經提起修身、親親、尊賢三者爲綱。陳祥道亦以爲，“此即文武之政也，其要惟一，其别有九，而其序則《堯典》所謂‘欽明文思’至於‘黎民於變時雍’，夫子所謂‘修己以敬’至於‘安百姓’也”。船山儘管以爲本章重點不當在此，甚至以爲，此章之迷誤，在錯將“文武之政”四字作法祖説，不知“文武之政”二句，是撇開不論之意。但須知何以文武存而舉，文武亡而息，雖有方策，人不能行，則唯不知敏之者在人之道而不在政，若政則一舉即行，猶蒲盧之易生，何難之有！此下便極言“人道”，不言政矣。此“人道”二字，自仁義禮推之智仁勇，又推之好學力行知耻，而總之以一，一者誠也。此“人道”即後“誠之者人之道也”，首尾原是一意。不過，他也承認，“今夫爲天下國家，則固繁有其政矣。文武集百王之大法，而著之方策者不一也。乃以要言之，則所以盡人道之常而爲之綱維者有九”。再者，據《論語·子張》第二十二章載：衛公孫朝問於子貢曰：“仲尼焉學?”子貢曰：“文武之道，未墜於地，在人。賢者識其大者，不賢者識其小者，莫不有文武之道。夫子焉不學?而亦何常師之有?”所謂“文武之道”，還有這裏的

"文武之政"，以及還該有的"文武之學"，乃是華夏由三皇五帝歷經夏商再到文武周公的道、政、學三統合一的道統，吕大臨以爲，"有文武之心，然後能行文武之政，無文武之心，則徒法不能以自行也"。或者"文武之心"即由"文武之學"而成就。侯仲良以爲，"能由文武之道，行文武之政，是亦文武而已"。到了晚周孔子時代，則成了"其人亡，則其政息"，這個道統再也不能直接相傳。而所謂"未墜於地，在人"云云，子貢應當是在强調，惟孔子通過重建道學即學統而承傳"文武之道"以及"文武之政"，亦即承傳華夏文明的道、政、學三統合一的道統。此正如胡炳文所說："夫子以前傳道統者，皆得君師之位，而斯道以行；夫子以後傳道統者，皆不得君師之位，而斯道以明。故明堯舜禹湯文武之道者，夫子《六經》之功；而明夫子之道者，曾子《大學》，子思《中庸》之功也。"而《中庸》第三十章，"仲尼祖述堯舜，憲章文武；上律天時，下襲水土。辟如天地之無不持載，無不覆幬，辟如四時之錯行，如日月之代明。萬物並育而不相害，道並行而不相悖，小德川流，大德敦化，此天地之所以爲大也。"孔子亦曾爲顏子展示"治天下之道"，即"行夏之時，乘殷之輅，服周之冕，樂則《韶》舞"，尹氏以爲，"此所謂百王不易之大法"。[①] 都無不證實惟孔子承傳了華夏的道統，而所謂"百王不易之大法"，不正是這裏的"文武之政"，具體而言，不正是"爲天下國家有九經"嗎！因爲，孔子還曾講："殷因於夏禮，所損益，可知也；周因於殷禮，所損益，可知也；其或繼周者，雖百世可知也。"亦即，"夫自修身以至於爲天下，不可一日而無禮。天敍天秩，人所共由，禮之本也。商不能改乎夏，周不能改乎商，所謂天地之常經也"。[②]

其次，如何理解"一即誠"，以及"三近"之言？自第十六"鬼神"章，首次披露"誠"，至此乃再度呈現，然而一開初就説天下之達道五、達德三，皆歸結爲"所以行之者一也"。朱子以爲，"達道者，天下古今

① 《論語·衛靈公》第十章，《四書章句集注》，165頁。
② 《論語·爲政》第二十三章，《四書章句集注》，59頁。

所共由之路”，“達德者，天下古今所同得之理也。一則誠而已矣。達道雖人所共由，然無是三德，則無以行之；達德雖人所同得，然一有不誠，則人欲間之，而德非其德矣”。所以，“所謂誠者，止是誠實此三者。三者之外，更別無誠”。對此，大家都普遍認同。但爲什麽不直接説“誠”，而要説“一”呢？船山以爲，“虚喝‘一也’，要歸誠上，此一章之脈絡”。汪紱以爲，“一即誠，然此不曰誠而曰一者，以對上三五字面而云然也。一即誠，誠即仁，總是此生理不可失落些子，故曰修道以仁”。當然，也有人譬如譚惟寅把“一”説成是“實理”，亦即，“道有五名而實理則一，德有三名而實理則一，所以行之者一，即實理是也。何以見實理之爲一也？天命之性即理之所在也”。不過，依據朱子“誠者，真實無妄之謂，天理之本然也”，説成實理，也並不爲過。蔣伯潛列出，“何孟春訂注的《孔子家語》‘一也’之下，有‘一者誠也’句，正與朱子相合”。同時，他又引王引之《經義述聞》説“一”是衍文。“所以行之者也”，正與上文“所以行之者三”相應，不當有“一”字；此因下文“所以行之者一也”句而衍。《史記·通津侯傳》“智、仁、勇，此三者，天下之通德，所以行之者也”，《漢書·公孫弘傳》“仁、智、勇三者，所以行之者也”，皆無“一”字。鄭玄《禮記注》於下文“所以行之者一也”句注“一，謂當豫也”，於此句不釋“一”字，則鄭注本無“一”字可知。理由也很充分。看來，蔣氏以爲兩可。其實，倘若説九經所以行之者一，則就必當説，五達道及三達德所以行之者一。九經也就是五達道的展開，如船山所言，“若五達道之事，則‘親親’爲盡父子兄弟之倫，‘敬大臣’‘體群臣’‘子庶民’爲盡君臣之倫，‘尊賢’‘懷諸侯’爲盡朋友之倫。事各有施，效各有當。君於盡倫之外，自有建極之德；民於明倫之外，亦自有會極之猷”。所以，三達德不僅要貫徹於五達道，而且亦要貫徹於九經當中，而“一”亦即“誠”，則必須貫穿於三達德、五達道以及全部九經當中。而且，如朱子所言，“一有不誠，則是九者皆爲虚文矣，此九經之實也”。尤其，景星以爲，“前三德行之者一，所以實其德；此九經行之者一，所以實其事”。而吕留良亦以爲，下節“豫”字正豫此“一”，原雙承兩“一也”而言，猶《大學》自修始誠意，而齊家治國平天下亦止推此好惡之實也。前“一也”是修身之一，此“一也”是治人之一，行有兩層，一只此一。所以，兩處皆可説“所以行之者一也”，而絶無問題。而且，胡炳文還特别强調由敬方能有誠，即“《章句》曰此言九經之事也，敬豈非事之最先者乎，聖賢之學未有不先由乎敬而能至於誠也”。

朱子既説“以其分而言：則所以知者知也，所以行者仁也，所以至于知之成功而一者勇也”，又説“以其等而言：則生知安行者知也，學知利行者仁也，困知勉行者勇也”，而再涉及“未及乎達德而求以入德之事”者，則又説“通上文三知爲知，三行爲仁，則此三近者，勇之次也”，對此該做怎樣的理解呢？依照朱子這裏的一段話，即：“生知安行，便是仁在知中。學知利行，便是仁在知外。既是生知，必能安行，所以謂仁在知中。若是學知，便是知得淺些了，須是力行，方始至仁處，所以謂仁在知外。”由此，我們知道，説“生知安行者知也”，其“知”乃爲“仁在知中”之“知”；而説“學知利行者仁也”，而其“仁”乃是“仁在知外”之“仁”。若生知安行爲上，學知利行爲次，困知勉行又其次，那麽，孔子又接着説的好學力行知耻者是否就是對困知勉行的補充説明呢？吕留良以爲是的，因爲他講：“聖人望人主意，在困知勉行。三‘近’字是逆從困勉到學利而後求上同於生安，不是順從生安與學利分界説，如此方講得好學力行知耻用力猛厲。”事實上，無論在《中庸》，還是在《孔子家語》中，這話的確是孔子對魯哀公説的，魯哀公聞知了“文武之政”之美，却仍然擔心自己“實固，不足以成之也”，於是便有了孔子“三近”之言。是孔子鼓勵哀公做困知勉行的工夫。類似的，後來孟子亦對齊宣王説過“故王之不王，非挾太山以超北海之類也；王之不王，是折枝之類也。老吾老，以及人之老；幼吾幼，以及人之幼。天下可運於掌。《詩》云：‘刑于寡妻，至于兄弟，以御于家邦。’言舉斯心加諸彼而已。故推恩足以保四海，不推恩無以保妻子。古之人所以大過人者無他焉，善推其所爲而已矣”云云，這類鼓勵的話語。以及孟子對滕文公也反復説過，而後來滕文公也的確由此努力地實行王道仁政。[①] 但無論魯哀公，抑或齊宣公，其終究都没能這樣地去做。所以，船山非常看重好學力行知耻三者，以爲，"唯此好學、力行、知耻之心，則物之所絶無而人之所獨也，抑天之所未有，而二氣五行之精者凝合爲人而始有也。天地之生人爲貴，貴此而已。天有道而人能弘之，弘此而已"。此乃"人所必有之善幾，而爲人道之至切者"也。再有，孔子還曾講過："生而知之者，上也；學而知之者，次也；困而學之，又其次也；困而不學，民斯爲下矣。"大約人之氣質不同，有此四等。[②] 如果説爲上者即聖人，譬如孔子；其次者即賢人，譬如顔子；又其次者，即尚未及賢人的修爲者，譬如孔門的其他多數弟子，他們困知勉行，好學力行知耻，經過足够的努力，是可以進達於賢者的，譬如孔門的子貢、曾子等，滕文公亦當屬此列。而未有真實地好學力行知耻者，如魯哀公、齊宣王等，那就只有降格爲"民斯爲下矣"，甘願做"唯上智與下愚不移"中的下愚了。依據孔子另一番教誨，即："聖人吾不得而見之矣，得見君子者斯可矣；善人吾不得而見之矣，得見有恒者斯可矣。"[③] 那麽，我們能否得出：生之安行者，上也，聖人也；學知利行者，次也，賢人也（亦即此處的君子也）；困知勉行者，又其次也，善人也；好學力行知耻者，再其次也，有恒者也；困而不學勉而不行，民斯爲下矣。我們再依據孟子所説"民之爲道也，有恒産者有恒心，無恒産者無恒心"，那就得首先讓民有恒産，再輔之以教育教化，提升其成爲有恒者。而"無恒産而有恒心者，惟士爲能"[④]，對本就爲有恒者之士，就要進一步促使他們成爲善人，以至於成爲君子賢人，等等。所以，我們可以説，所謂好學力行，只要下决心再不做困而不學勉而不行者，就必已是好學力行知耻者，就也已是困知勉行者了，因爲誠如吕大臨所言，"故好學非知，然足以破愚；力行非仁，然足以忘私；知耻非勇，然足以起懦"。這也就好比孔子所説"我欲仁，斯仁至矣"，"求仁

---

① 《孟子・梁惠王上》第七章、《滕文公上》。

② 《論語・季氏》第九章，《四書章句集注》，174 頁。

③ 《論語・述而》第二十五章。

④ 《孟子・滕文公上》第三章，《梁惠王上》第七章。

而得仁”，等等。

再次，是親親而尊賢，還是尊賢而親親？既然説是“仁者人也，親親爲大；義者宜也，尊賢爲大；親親之殺，尊賢之等，禮所生也”，却爲什麽又説是“欲盡親親之仁，必由尊賢之義”，甚至“蓋先尊賢，然後能親親”呢？而夫子講“故君子不可以不修身；思修身，不可以不事親；思事親，不可以不知人；思知人，不可以不知天”，又講“知所以修身，則知所以治人”，可是在講“凡爲天下國家有九經”時，却説“修身也，尊賢也，親親也”云云，這是爲什麽呢？或許是，若單從費之小者來講，則就爲修身與親親，尚不先及尊賢，或者説尊賢尚未成爲主要考慮的事務；但若從費之大者來講，也就是從治國平天下來講，尊賢就成爲主要考慮的事情了，甚至在親親當中也必須首先引入尊賢之事，也就是朱子所强調的“親親而不言任之以事者，此親親、尊賢並行不悖之道也。苟以親親之故，不問賢否，而輕屬任之，不幸而或不勝焉，治之則傷恩，不治則廢法，是以富之貴之，親之厚之，而不曰任之以事，是乃所以親愛而保全之也。若親而賢，則自當置之大臣之位，而尊之敬之矣，豈但富貴而已哉！”典型的，就是我們前面提及的，大舜“之於弟也，不藏怒焉，不宿怨焉，親愛之而已矣。親之欲其貴也，愛之欲其富也。封之有庳，富貴之也。身爲天子，弟爲匹夫，可謂親愛之乎”？只不過“象至不仁”，故“象不得有爲於其國，天子使吏治其國，而納其貢稅焉，故謂之放，豈得暴彼民哉？雖然，欲常常而見之，故源源而來。‘不及貢，以政接於有庳’，此之謂也”。[①] 故此在天下國家之九經中，把尊賢擺在了親親之前。因而才有伊川所説：“‘尊賢也，親親也’，蓋先尊賢，然後能親親。夫親親固所當先，然不先尊賢，則不能知親親之道。”以及邵淵所説：“九經之目其先後固自有序，然尊賢先於親親，柔遠人先於懷諸侯者，蓋禮義由賢者出，不知尊賢則不能盡親親之道；外寧則無内憂，遠人未柔則諸侯不可懷，此九經之序也。”再有胡炳文所説：“章首修身之後繼以親親，而此繼以尊賢，蓋尊賢尤與修

① 《孟子·萬章上》第三章。

身相關，修身則道成於己，尊賢則見道分明而無疑。”此外，晏光對比九經與九疇，而以爲，“箕子陳《洪範》則有九疇，子思作《中庸》則有九經，事雖不同，其取於九數則一而已。《洪範》九疇：一曰五行者，本於天道，故曰惟天陰隲下民也；《中庸》九經：一曰修身者，本於人道，故曰凡爲天下國家也”。而楊時則特别補充强調了格物致知之重要，亦即，“自修身推而至於平天下，莫不有道焉，而皆以誠意爲主，苟無誠意，雖有其道，不能行也。故《中庸》論‘天下國家有九經’，而卒曰‘所以行之者一’。一者何？誠而已。蓋天下國家之大，未有不誠而能動者也。然而非格物致知，烏足以知其道哉？《大學》所論誠意正心修身治天下國家之道，其原乃在乎物格推之而已。若謂意誠便足以平天下，則先王之典章文物皆虚器也。故明道先生嘗謂，有《關雎》《麟趾》之意，然後可以行周官之法度，正謂此耳”。另外，再順便説説，九經中“來百工也”之“來”，“柔遠人也”之“遠人”，何謂？一般以爲，來謂招來之意。但蔣伯潛却以爲，“來百工”之“來”，就是《孟子》“勞之來之”之“來”，字亦作“徠”，是勸勉的意思。（此王引之《經義述聞》説，與下文“所以勸百工也”正相應。）遠人，鄭、孔等以爲，“蕃國之諸侯也”。而朱子等以爲，“柔遠人，所謂無忘賓旅者也”。毛奇齡綜合二者，而以爲，“此遠人有二項：一是《論語》‘遠人不服’之遠人，即蕃國諸侯，如西旅、貢獒、越裳、獻雉類；一是遠者來之遠人，即商賈行旅，如《孟子》商賈藏王市，行旅出王途類”。所謂“柔遠人則四方歸之”，周諝引《詩》曰“四國于蕃，四方于宣”，而“言四方以對四國，則四方爲四國之外；言天下以對四方，則天下爲四方之内”。

再有，“豫”，“前定”何謂？鄭、孔將屬上節的末句“凡爲天下國家有九經，所以行之者一也”歸到了本節首句，因而以爲，“一謂當豫也”。蔣伯潛據齊召南《中庸注疏》考證，所當豫者，就是這個“誠”。朱子雖未像鄭、孔直接把“一”聯繫到“豫”上，而是僅僅以爲，首句“凡事，指達道達德九經之屬。豫，素定也”。因而，“此承上文，言凡事皆欲先立乎誠”。而“所謂前定，先立乎誠也”。但之前的張子在談到“豫”時，就提到“精義入神”，“博學於文”。而吕大臨就以爲，“精義者，豫之謂也”，“擬議者，豫之謂也”，等等。而到了船山，他就明確以爲，“一”是誠，“豫”却不是誠。後云“不明善不誠乎身”，則此豫是明可知。“前定”只是前明其理以待用。而且，“一與豫既不可比而同之，則横渠之説爲不可易矣。横渠之所云‘精義入神’者，則明善是已。夫朱子豈能不以明善爲豫乎”？於是船山爲我們提出了“明善”抑或“立誠”究竟孰爲“豫”，爲“前定”，爲先的問題。或者，這也就是《大學》所謂“格物致知”與“誠意正心”孰先孰後的問題。這點我們在《大學》中就已經明晰了，它們實際上並不嚴格地分判先後，孰先孰後其實皆可，關鍵在於它們必是相輔相成的。不過在把它們推達至至善的時候，則必是“物格而后知至，知至而后意誠，意誠而后心正”，等等。况且船山還曾專門針對“后”與“後”做過辨析，爲什麽説“物格而后知至”云云，其實前面“知止而后有定”等也是，“后”者始得之意，乃以效之必然者言之，並非簡單的“前後”之“後”的意思。而“欲”字則已有一截工夫矣，但不得純全，故須下截工夫以成之。[①] 如此我們再來理解《大學》八目之序，三綱領也一樣，就不是先做好前面再做後面，而幾乎可以説是同時發生與進行的，只是從結果或最終效果上看，在先的没做好，在後的就也做不好。而朱子也是這樣看的，他説：“《大學》自致知以至平天下，許多事雖是節次如此，須要一齊理會。聖人亦是略分箇先後與人知，不是做一件净盡無餘，方做一件”，而是“規模合下皆當齊做”。[②] 實際吕留良也是這樣看的，即，“豫”之爲説，非謂凡事要先圖先慎也，先圖先慎，止講得一事，天下哪有事事先圖先慎之理？惟能擇善固執而豫得此一，則天下凡事之理皆本此而行，無不知之明處之當，故曰“先立乎誠”，不是豫其事也。道德九經必本於誠，而誠必豫乃得，下文“擇善”“固執”“學”“問”“思”“辨”“行”，正豫此誠也。《中庸》“前定”，即下文“擇”“執”，聖賢前定在理上。看看這豈不是明善與立誠互爲其根嗎。另外，于有成專以孔子孟

---

① 《四書箋解》，卷一，《大學》，《經》，《船山全書》第六册，109—110頁。

② 《朱子語類》卷第十五，《大學》二，《經》下，第一册，311頁。

子來説“道前定”，即孔子曰“我則異於是，無可無不可”，此孔子所謂道前定也；孟子曰“乃所願，則學孔子也”，此孟子所謂道前定也；豫之彖曰“豫之時義大矣哉”，於斯可見矣。沈清臣則專説學者之前定，即“然則前定之義，果何如也？孟子所謂‘必有事焉而勿正，心勿忘，勿助長也’，學者宜思之”。

再有，朱子以爲，“此又以在下位者推言素定之意”。孔氏以爲，“此明爲臣爲人，皆須誠信於身，然後可得之事”。胡炳文以爲，“中庸之道通上下皆當行也，故上言尊賢，此則言信乎朋友；上言親親，此則言順親；上言修身，此則言誠身；其道一也”。“上文曰知天，而此曰明善，天命無有不善，而學者當知夫至善之所在，是即《大學》所謂格物致知也。天不可不知，善不可不明，又見三德必以知爲先也”。程子亦以爲，“要在明善。明善在乎格物窮理，窮至於物理，則漸久後，天下之物皆能窮，只是一理”。楊時亦强調，“明善在致知，致知在格物”。而“明善”之“善”，則“所謂善者何如哉？”對此，顧元常以爲，“伏羲之爲《易》，堯、舜、禹之相傳以‘中’，箕子之言‘皇極’，孔子之言‘仁’，惟此善也。子思子之爲是書，始明之以天命之性，中目之以至誠，末以爲‘上天之載’，異時孟子又明之以‘仁義’”，亦惟此善也。能明此善則知，身果不可以不誠”。汪紱以爲，“上節言凡事皆要前定，暗含一誠字；此節則借在下位者而言，其不可不前定，以明推出誠字。一反一正，蓋一意翻作兩層也”。蔣伯潛對此做出概括，即，“這一段説‘明善誠身’爲‘治民’之本，和《大學》以‘致知’‘誠意’爲‘治平’之本，是同一道理”。其實，終究來講，還是明善與立誠，孰先孰後的問題。不過，上面已有説明，故不再贅述。

再有，這裏明確闡明“誠者，天之道”，亦聖人之道，與“誠之者，人之道”之間的分别與關聯，以爲下面整個第三部分張目。胡炳文以爲，“《章句》曰此承上文誠身而言，蓋自此以前直言誠者二：十六章言‘誠之不可揜’，是以天道言誠；上文曰誠身，是以人道言誠。所以於此總兩者言之，曰誠者，天之道；誠之者，人之道。而下數章又以天道人道分言之也”。或者，亦即景星所言，“此前皆言知仁勇，學者入德之事；此下兼言仁知勇，聖人成德之事”。而“《中庸》一書至此方説出學者下手處大要：三達德爲入道之門，而誠爲之本；學問五者乃誠之之目，所以誠之者，惟欲盡五達道爾”。若就誠之者之“擇善”與“明善”論，即“擇善謂致察事物之理，明善謂同明吾心之理，合内外而言之，擇善即是格物，明善即是知至，善不擇則有誤認人欲爲天理，執不固則天理有時奪於人欲”。再者，饒魯以爲，“論誠者，則先仁而後知，以成德之序言也；論誠之者，則先知而後仁，以入德之序言也”。而且，就誠之之目論，“要之，知最艱，學、問、思、辨四者方做得箇知，若知得却只消行去”。其實，誠如吕留良所言，“‘誠’只一誠耳，由生初迄成功無或二也，但中間多一番功夫轉折，分出天人耳”。故知誠之五者即“是徹上徹下工夫”。汪紱亦以爲，“學、問、思、辨、行，不可廢其一；然博、審、慎、明、篤，是惟精惟一工夫，故最吃緊；五之字皆指事理，不外達道中事事物物之理，即吾性之理”。沈清臣則特别辨析道、中、誠，而歸結爲性，即，“性一也，語其無所不在，則曰道；語其有一而未形，則曰中；語其真實而明妙，則曰誠；其歸皆性也。《中庸》之説其始曰性，其中曰中，及其終也，又變其目曰誠。命名雖有不同，其出於性則一也”。而船山則尤重對天之道與人之道間的關聯展開辨析，譬如，所謂人之道，“既已爲人則必務乎此，雖聖人亦以此而盡其人道，好問好察，拳拳服膺，皆聖功也”。而天之道，“言天之所以立人之道而人性中固有之天道”。其“未嘗不原本於天道之本然，而以其聚而加著者言之，則在人之天道也”，乃“盡人而皆有之”。而“聖人可以言誠者，而不可以言天道。非謂聖人之不能如天道，亦以天道之不盡於聖人也”。此則或許言天道之理之必然與當然，落於實際則或有不盡然，而惟由聖人能成就其盡善盡美，因而“人能弘道”，首先是聖人能弘道，聖人“致中和，天地位焉，萬物育焉”。總之，“統夫子告君之言思之，九經之事，達道之修，極乎詳密，而天下國家無不於是以治，此費之包乎小大者也。而誠之爲體，藏乎上天未命之先，誠之爲用，限極於不見不聞之内，則費不終費而有其隱，隱不終隱而有其費。故人道必敏政，而誠之之學，故在擇執之顯功。故曰‘君子之道費而隱’，至此而其理盡矣。乃歸原於誠之之德，則所謂‘聖者能之’，此也；所謂‘君子中庸’者，此也。而舜之智、顔子之仁、君子之勇，所以異於均天下、辭爵禄、蹈白刃者，唯誠而已矣。請進而詳誠之之説”。而且，餘下十三章，則“皆言聖合天，賢合聖，天人一理，聖賢一致之旨”。“聖人體天道之誠，合天，而要不可謂之天道。君子凝聖人之道，盡人，而要不可曰聖人。然盡人，則德幾聖矣；合天，則道皆天矣”。

自誠明，謂之性；自明誠，謂之教。誠則明矣，明則誠矣。

〇上第二十一章。朱子曰：子思承上章夫子天道、人道之意而立言也。自此以下十二章，皆子思之言，以反覆推明此章之意。又，自，由也。德無不實而明無不照者，聖人之德。所性而有者也，天道也。先明乎善，而後能實其善者，賢人之學。由教而入者也，人道也。誠則無不明矣，明則可以至於誠矣。①

〇又曰：“自誠明，謂之性”，此“性”字便是“性之”也。“自明誠，謂之教”，此“教”字是學之也。此二字却是轉一轉説，與首章“天命之謂性，修道之謂教”二字義不同。又，“自誠明，謂之性。”誠，實然之理，此堯舜以上事。學者則“自明誠，謂之教”，明此性而求實然之理。經禮三百，曲禮三千，無非使人明此理。此心當提撕喚起，常自念性如何善？因何不善？人皆可爲堯舜，我因甚做不得？立得此後，觀書亦見理，静坐亦見理，森然於耳目之前！②

〇程子曰：君子之學，必先明諸心，知所往，然後力行以求至，所謂自明而誠也。故學必盡其心，知其性，然後反而誠之，則聖人也。

〇張子曰：“自誠明”者，先盡性，以致於窮理也。謂先自其性理會來，以至於理。“自明誠”者，先窮理，以致於盡性也。謂先從學問

① 《中庸章句》第二十一章，《四書章句集注》，32—33頁。
② 《朱子語類》卷第六十四，《中庸》三，第二十一章，第四册，1566—1567頁。

理會，以推達於天性也。①

〇胡炳文曰：此性即天命之性，人物所同；此則性之者也，聖人所獨。此教即修道之教，但教是聖人事，此則由教而入，學者事也。

〇饒魯曰：此章指人道可至於天道，合天人而一之也。下章至誠盡性章言天道。致曲章言人道，而末合之曰"唯天下至誠爲能化"。此下二章又分别天道人道，到至誠無息章，只説天道，不説人道，蓋人道至此與天道一。②

〇景星曰：首章性教字實，此性教字虚。天命之性是人物所同得之本然，此是全其性，聖人所獨者也。修道謂教是聖人所立之教，教之則也，此是學者從聖人之教，由其教而學者也。要之，前是性教之本，此是全其性遵其教。③

〇船山曰："聖人之德"，要其成而言也。"賢人之學"，推其始而言也。聖人行造其極，而以明爲德之盛，故伯夷、伊尹、柳下惠集義之力均於孔子，而孔子知言之功爲生民以來之未有，自誠而明，其明同於天矣。賢人之學以格物致知爲始而以修其身，格致皆以修也。蓋格物致知者至善之極則，聖人以此爲德之至盛，而學者之始事必自此始焉，所謂知止爲始也。下學上達，其致合一，無繩墨之可改，彀率之可變也。又，"天道"，命也；"人道"，性也。"天道"，命之理；"人道"，性之德也。命之理者，知、仁、勇，凝乎性矣。性之德者，好學、力行、知耻，生乎心矣。知、仁、勇之足乎性，故好學、力行、知耻之不厭不倦，聖人之同天不息也。好學、力行、知耻之盡其心，而知、仁、勇以之充實而無妄，賢人之心能盡性也。人道之始未至於天道，而天道之極致必不舍乎人道。又，此章之意本以明誠明之合。此下十二章，皆互相呼應，以著天人合德之理，作聖之功。④

---

① 《中庸輯略》卷下，第二十一章，85 頁，《朱子全書外編》第一册。

② 《四書通・中庸通》，《通志堂經解》第 15 册，423 頁。

③ 《大學中庸集説啓蒙・中庸》卷下，景印文淵閣《四庫全書》第 204 册，1062－1063 頁。

④ 《禮記章句》卷三十一，《中庸》第二十一章，《船山全書》第四册，1291－1292 頁。

〇又曰：自此章至“其孰能知之”，皆言能中庸之人所以能體中庸費隱之道，以終“唯聖者能之”之意。聖者有二：一則所性而安，爲“誠者”；一則由教而入之君子，爲“誠之者”。所性而安者，全體天道而合於天；由教而入者，克盡聖功而合於聖，則亦聖者矣。故天道人道相間而言之，言其合也，大指則歸重人道。故於此章始分言之，繼合言之。又，此教字亦學字之意。學所以求明，所明者即其性之實理，是教乃以由明而誠也。切須識得誠字，乃由中達外，篤實充周，不睹不聞，以至喜怒哀樂之已發，皆確然不易之定理，無有一理之不備；若有不足處，便有虚枵，則誠不至矣。切不可立一僞字相對。到此聖功上，不是與詐僞小人相較。①

〇又曰：要此一節文字，自分兩段。上二句以理言，下二句以事言。於理而見其分，則性原天而教自人。於事而著其合，則合天者亦同乎人，而盡人者亦同乎天。又，愚欲於兩段相承之際爲之語曰：聖人之盡性，誠也；賢人之奉教，明也。“誠則明矣”，教斯立矣。“明則誠矣”，性斯盡矣。如此，則轉合明而可以破此章之疑。又，明雖在天所未有而聖必有，（“自誠明”“明”字屬聖人説。）在賢必用，（“明則誠矣”“明”字屬賢人説。）中庸所以要功於誠，而必以明爲之階牖也。②

〇又曰：“誠”者天之道，而聖人不思不勉而中道，則亦曰誠者，是聖人與天而通理也。“誠之”者人之道，而擇善固執則誠乎其身，是賢人與聖而同德也。故分之則有異名，而合之則爲一致，故曰一也。又，夫自其所執者而言則曰“誠”，自其能擇者而言則曰“明”。又，學者未至於聖，則由明善而誠身，故曰豫也；已極乎明，則誠明合致，而天人交盡，故曰一也。故夫子重言人道之敏，示人以聖學也。由此觀之，中庸不可能，而唯聖者能之，自誠明之道著矣。唯聖者能之，而又曰君子中庸，自明誠之道著矣。則請詳性教之盛德大業，以見天人之

① 《四書箋解》卷二，《中庸》，“自誠”章，《船山全書》第六册，146—147頁。
② 《讀四書大全説》卷三，《中庸》第二十一章，《船山全書》第六册，538—540頁。

合焉。[①]

〇吕留良曰：未發亦誠明，已發亦誠明，明誠之未發已發亦然。末兩句同一“則”字，上“則”字快、直，下“則”字遲、曲，世間除却生安一二人，其餘皆“自明誠”者也。但有求明一法，無遽求誠。不明而誠，所誠皆錯，悍然自以爲是而不知其非，卑弱者終爲俗學，其高强者必一折而仍入於象山陽明矣，可不慎與![②]

〇汪紱曰：此章上二句重“誠”字、“明”字，言其得力所由；下二句重“明”字、“誠”字，言其效之必至。然不重上二句分别性教之殊，而重下二句見其成功之一，不重性之者之生安異於衆，而重由教入者之盡人以合天也，謂之性，謂之教，與篇首天命之性、修道之教“性”“教”字同而稍異：天命之性以賦予言統人物，此性字單指聖人不假修習，内兼有生安之質在；修道之教是聖人教人事，此教字以賢人由教而入。言此稍不同，然只同是這性、教也。誠即仁，明即知，與“著則明”“明”字大異，與“明善”“明”字正同。又，此章承上章天道人道之意，而立言專要標一誠字，爲以下十二章作冒。以前多言中和，而以後言誠者，實理之誠，在天即命，在人即性，在物即道。天地本然之中和，一誠也；實心之誠，在人則盡性未發之中也；實事之誠，在事則率性之道，中節之和也。君子之中庸亦一誠而已，不誠無所謂中和，不中和亦無所謂誠矣，其致一也。子思之意尤重人道邊，而天道屬之聖人者，以所性之天道無虧，故聖即天道。聖人如此，則人道必當用功如此；聖人能此，則人道用功亦可至此。以下十二章俱當以人道承天道連看，不可劃分兩對也。誠即仁，明即知，無不明，無不誠，即勇。以下十二章不離三達德：盡性章性之仁，前知章性之知，無息章性之勇，而致曲有誠則亦能盡性之仁，成己成物則亦能盡性之知，修德凝道以至於不驕不倍，則亦能盡性之勇，此八章一截；仲尼章兼知仁勇，亦性之勇，而至聖章又分言性之知，至誠章又分言性之仁，末章爲己仁之始，

① 《四書訓義》(上)，卷四，《中庸》三，第二十一章，《船山全書》第七册，187—188頁。

② 《四書講義》卷二十八，《中庸》五，中册，605—606頁。

知幾知之端至於篤恭而天下平，則又勇之至也。曰曲，曰物，曰優優禮儀，皆費之小者也；曰參贊，曰博厚高明，曰洋洋發育，皆費之大者也。其用皆費也，其體皆隱也。致曲盡性之功不外静存動察，此十三章蓋合道德以申明首章戒懼存養、慎獨省察之功之詳，而末章乃明結言之，以終首章之意也。[①]

〇鄭玄曰：自，由也。由至誠而有明德，是聖人之性者也。由明德而有至誠，是賢人學以成之也。有至誠則必有明德，有明德則必有至誠。

〇孔穎達曰：此一經顯天性至誠，或學而能，兩者雖異，功用則相通。説學而至誠，由身聰明，勉力學習，而致至誠，非由天性，教習使然，故云“謂之教”。又，是誠則能明，明則能誠，優劣雖異，二者皆通有至誠也。[②]

〇譚惟寅曰：自誠而明者，性合天道，自然開廓明達，如人安居本舍，坐觀庶事，故曰“誠則明矣”；自明而誠者，先明乎善，然後反身而誠，如人出外復歸，先須辨認本舍，然後入而居之，故曰“明則誠矣”。“謂之性”者，聖人之事；“謂之教”者，學以成聖之事。唯能自明而誠，即能自誠而明矣，此相終始之説也。

〇顧元常曰：“誠則明矣”，譬如太虚纖翳不生，萬象呈露；“明則誠矣”，晨光既升，陰邪屏息，大虚湛然。

〇蔡淵曰：自“哀公問政”至“明則誠矣”，蓋夫子之言，而子思述之。上以結修道與教與達德達道之事，下以起聖人君子天人之道而備論之也。[③]

〇康有爲曰：然聖性之誠明，雖不待教，而累世積仁積智，亦自教來，則教爲重也。[④]

---

① 《四書詮義》上，卷四，《中庸》，《叢書集成三編》第10册，461—462頁。

② 《禮記正義》卷第六十，《中庸》第三十一，下册，2023頁。

③ 《禮記集説》卷一百三十二，《中庸》第三十一，《通志堂經解》第13册，406頁。

④ 《中庸通義　中庸注參》，102頁。康有爲之説存疑。

唯天下至誠，爲能盡其性；能盡其性，則能盡人之性；能盡人之性，則能盡物之性；能盡物之性，則可以贊天地之化育；可以贊天地之化育，則可以與天地參矣。

○上第二十二章。朱子曰：言天道也。又，天下至誠，謂聖人之德之實，天下莫能加也。盡其性者德無不實，故無人欲之私，而天命之在我者，察之由之，巨細精粗，無毫髮之不盡也。人物之性，亦我之性，但以所賦形氣不同而有異耳。能盡之者，謂知之無不明而處之無不當也。贊，猶助也。與天地參，謂與天地並立爲三也。此自誠而明者之事也。①

○又曰：蓋嘗竊論之，天下之理，未嘗不一，而語其分，則未嘗不殊，此自然之勢也。蓋人生天地之間，稟天地之氣，其體即天地之體，其心即天地之心，以理而言，是豈有二物哉？故凡天下之事，雖若人之所爲，而其所以爲之者，莫非天地之所爲也。又况聖人純於義理，而無人欲之私，則其所以代天而理物者，乃以天地之心，而贊天地之化，尤不見其有彼此之間也。若以其分言之，則天之所爲，固非人之所及，而人之所爲，又有天地之所不及者，其事固不同也。②

○又曰："唯天下至誠爲能盡其性"，且如仁，能盡父子之仁，推而至於宗族，亦無有不盡；又推而至於鄉黨，亦無不盡；又推而至於一國，至於天下，亦無有不盡。若只於父子上盡其仁，不能推之於宗族，便是不能盡其仁。能推之於宗族，而不能推之於鄉黨，亦是不能盡其仁。能推於己，而不能推於彼，能盡於甲，而不能盡於乙，亦是不能盡。且如十件事，能盡得五件，而五件不能盡，亦是不能盡。如兩件事盡得一件，而一件不能盡，亦是不能盡。只這一事上，能盡其初，而不能盡其終，亦是不能盡；能盡於蚤，而不能盡於暮，亦是不能盡。就仁上推來是如此，義禮智莫不然。然自家一身，也如何做得許多事？只是心裏都有這箇道理。且如十件事，五件事是自家平生曉得底，或曾做

① 《中庸章句》第二十二章，《四書章句集注》，32—33頁。

② 《中庸或問》下，《朱子全書》第六册，595—596頁。

來；那五件平生不曾識，也不曾做，卒然至面前，自家雖不曾做，然既有此道理，便識得破，都處置得下，無不盡得這箇道理。如“能盡人之性”，人之氣禀有多少般樣，或清或濁，或昏或明，或賢或鄙，或壽或夭，隨其所賦，無不有以全其性而盡其宜，更無些子欠闕處。是他元有許多道理，自家一一都要處置教是。如“能盡物之性”，如鳥獸草木有多少般樣，亦莫不有以全其性而遂其宜。所以説“唯天下之至誠，爲能盡人物之性”，蓋聖人通身都是這箇真實道理了，拈出來便是道理，東邊拈出東邊也是道理，西邊拈出西邊也是道理。如一斛米，初間量有十斗，再量過也有十斗，更無些子少欠。若是不能盡其性，如元有十斗，再量過却只有七八斗，少了二三斗，便是不能盡其性。天與你許多道理，本自具足，無些子欠闕，只是人自去欠闕了他底。所以《中庸》難看，便是如此。須是心地大段廣大，方看得出；須是大段精微，方看得出；精密而廣闊，方看得出。

又曰：(孟子)盡心是就知上説，盡性是就行上説。能盡得真實本然之全體是盡性，能盡得虚靈知覺之妙用是盡心。盡心就所知上説，盡性就事物上説。事事物物上各要盡得他道理，較零碎，盡心則渾淪。盡心了，方能盡性。又，盡人性，盡物性，性只是一般，人物氣禀不同。人雖禀得氣濁，善底只在那裏，有可開通之理。是以聖人有教化去開通它，使復其善底。物禀得氣偏了，無道理使開通，故無用教化。盡物性，只是所以處之各當其理，且隨他所明處使之。它所明處亦只是這箇善，聖人便是用他善底。如馬悍者，用鞭策亦可乘。然物只到得這裏，此亦是教化，是隨他天理流行發見處使之也。如虎狼，便只得陷而殺之，驅而遠之。又，盡己之性，如在君臣則義，在父子則親，在兄弟則愛之類，己無一之不盡。盡人之性，如黎民時雍，各得其所。盡物之性，如鳥獸草木咸若。如此，則可以“贊天地之化育”，皆是實事，非私心之彷像也。

又曰：“贊天地之化育”，人在天地中間，雖只是一理，然天人所爲，各自有分，人做得底，却有天做不得底。如天能生物，而耕種必用人；水能潤物，而灌溉必用人；火能熯物，而薪爨必用人。裁成輔相，須是人做，非贊助而何？聖人“贊天地之化育”。蓋天下事有不恰好處，被聖人做得都好。又，只聖人之至誠，一齊具備。《中庸》於此皆分作兩截言。至誠則渾然天成，更無可說。如下文却又云“誠之者人之道”，“其次致曲，曲能有誠”，皆是教人做去。如“至誠無息”一段，諸儒説多不明，却是古注是。此是聖人之至誠，天下久則見其如此，非是聖人如此節次。雖堯舜之德，亦久方著於天下。又，《中庸》本章及第三十二章兩處説“天下之至誠”，而結語一則曰“贊”、一則曰“知”天地之化育。本章是從裏面説將出，故能盡其性，則能盡人物之性以贊天地之化育。而第三十二章是從下面説上去，“經綸天下之大經”者，如“修道之謂教”也。“立天下之大本”，是静而無一息之不中。知化育，則知天理之流行。[①]

〇程子曰：所謂“人者天地之心”，及“天聰明，自我民聰明”，止謂只是一理，而天人所爲各自有分。（明道）又，心具天德，心有不盡處，便是天德處未能盡，何緣知性知天？盡己心則盡人盡物，“與天地參”。贊化育，贊則直養之而已。（伊川）

〇張子曰：“窮理盡性以至於命”，此義儘有次序，須是窮理，便能盡得己之性，既盡得己之性，則推類又盡人之性，既盡得人之性，須是並萬物之性一齊盡得，如此然後至於天道也。學者須是窮理爲先，如此則方有學。

〇吕大臨曰：至於實理之極，則吾生之所固有者不越乎是。吾生所有既一於理，則理之所有皆吾性也。人受天地之中，其生也，具有天地之德，柔强昏明之質雖異，其心之所然者皆同。特蔽有淺深，故別而爲昏明，禀有多寡，故分而爲强柔。至於理之所同然，雖聖愚有所不異。盡己之性，則天下之性皆然，故能盡人之性。蔽有淺深，故爲昏明，蔽有開塞，故爲人物；禀有多寡，故爲强柔，禀有偏正，故爲人物。故物之性與人異者幾希，惟塞而不開，故知不若人之明，偏而不正，故才不若人之美。然人有近物之性者，物有近人之性者，亦繫乎此。於人之

① 《朱子語類》卷第六十四，《中庸》三，第二十二章，第四册，1567—1571頁。

性，開塞偏正無所不盡，則物之性未有不能盡也。己也，人也，物也，莫不盡其性，則天地之化幾矣。天地之化育猶有所不及，必人贊之而後備，則天地非人不立。故人與天地並立爲“三才”，此之謂“與天地參”。

〇侯仲良曰：若舉賢任能，使政事治而百姓和，則天地之氣和而復淳厚矣。此天下所以有資於聖賢，有賴於君相也。子思曰“贊天地之化育”，正謂是耳。若曰治亂自有數而任之，則何賴於聖賢哉？子思所以言贊化育也。《書》亦曰“祈天永命”，如此而已。[①]

〇胡炳文曰：天地能賦人物以性，不能使人物各盡其性，聖人能盡之，則可以贊天地之化育，而可與天地參而爲三矣。夫人皆立乎天地之中，則皆可參之爲三才者也。而此獨曰可與天地參，何哉？雖言聖人事，有人心者宜於此焉悟矣。[②]

〇景星曰：盡字不是用力字，只是至誠者自然明無不照之謂。若看三盡性字，似有工夫次第，然不過親疏遠近先後之别爾。此節與誠之者工夫之序不同，上説兩則能，下説兩則可以，亦要看。又，此與首章相似，至誠便是致中和，贊化育便是天地位育。此言天道也。自此以下當逐本，體認不費力處，便是天道，著力處便是人道。[③]

〇船山曰：善惡雜而待揀則謂之擇，無惡而審夫至善之所在則謂之察；存去不恒而持之無失則謂之執，無所去則存者健行之而已則謂之由。又，要之聖人無所過防於私欲之蔽，賢者必慎防之而已。又，異端但知物我同性，而不知形氣之異，是以窮大而無實，究以逆人物之性而自逆。[④]

〇又曰：凡言至誠章，皆歸到天地上去，以見誠至則合天，故曰“誠者天之道”；言人道章，皆言與聖合德，以見盡人之道則聖矣。又，要皆一誠之理，爲性之所必顯。“至誠”則體無不充，而用無不備矣。

---

① 《中庸輯略》卷下，第二十二章，86—88頁，《朱子全書外編》第一册。

② 《四書通·中庸通》，《通志堂經解》第15册，423頁。

③ 《大學中庸集説啓蒙·中庸》卷下，景印文淵閣《四庫全書》第204册，1063—1064頁。

④ 《禮記章句》卷三十一，《中庸》第二十二章，《船山全書》第四册，1292—1293頁。

“盡人之性”，則凡知愚賢不肖皆能使之各盡其才，以不失其恒性。又，“贊化育”亦就盡人物之性上説，化其不善，育其善，以助天地之功用於人物已生之後。“與天地參”，是與天地之神化參。①

〇又曰：其實則所云“言天道”者，言聖人之具體乎天道也；“言人道”者，言君子之克盡乎人道也。又，人道須是聖人方盡得。又，要其體天道者，亦以其盡人道者體之爾。又，聖則合天矣，賢則合聖矣。又，《或問》於第二十章説誠之處，推天人之本合，而其後，人遂有不誠以異乎天者，其害在人欲；至此章言至誠盡性，而以“無人欲之私”爲之脈絡。此朱子喫緊示人語，轉折分明，首尾具足，更不囫圇蓋覆。又，因我所固有之大用（誠），以行乎天所命我之本體（性），充實無雜，則人欲不得以乘之，（忮害等無所假託則不雜。）而誠無不幹乎性，性無不通乎誠矣。又，“盡心”者，盡其虚靈知覺之妙用，所謂“明善”也。“至誠”者，極至其篤實充滿之大用，所謂“誠身”也。“存心養性”者，誠之之事也。“盡性”者，事天之效也。君子學繇教入，自明而誠，則以“盡心”爲始事。聖人德與天合，自誠而明，則略“盡心”而但從“誠身”始。聖人無欲，不待“盡心”以揀乎理欲之界。賢人遏欲以存理者也，而遏欲必始於晰欲，故務“盡心”；存理必資乎察理，故務“知性”。②

〇又曰：夫天地之所以成乎其爲兩大者，唯其以二氣之闔闢，五行之運用，化育乎人物也。至誠而能贊助其德業，以司人物之生成，則有天而不可無地，有地而不可無天，有天地而不可無至誠；功相參也，則位亦相參也，成位乎中，而與上下並尊矣。觀於此，則至誠之功化即天地之功化，故曰“誠者天之道”也。③

〇吕留良曰：“盡其性”，人性、物性，各有實事，必知明處當，巨細精粗，無毫髮之不到，此之謂盡，非異端之見性了性也。其性中包得人物，是理一；其性中混不得人物，是分殊，兩者闕一邊講便不是。天

① 《四書箋解》卷二，《中庸》，“唯天下至誠”章，《船山全書》第六册，147—148 頁。
② 《讀四書大全説》卷三，《中庸》第二十二章，《船山全書》第六册，540—544 頁。
③ 《四書訓義》（上）卷四，《中庸》三，第二十二章，《船山全書》第七册，190 頁。

道人道，在知行有安勉之分，只“天下至誠”，與“其次致曲，曲能有誠”處，便自不同耳。若事物疆界節次，雖聖人亦一抹過去不得。聖人知明處當，本領於盡性中具備，而要其所爲盡處，於人於物，又自有各正之理，善推之序。化育亦是天地氣質上事，纔落氣質，便有過不及，故必賴聖人之贊，非虛論也。惟天地原有氣質之性，故人稟受於天地亦如之，知此足信程朱理氣之説，至精而無可疑。贊化育是實有其事，即無其事而事之理自在，如此看，“則可以”三字越活動，越著實。至誠實際到贊化育已盡，末二句只是從此推擬品位之同，不是這上面還有事在也。參贊不是無分，却不是贊上又有參一層，贊就功用上説，參就位分上説也。①

〇汪紱曰：史氏曰此章以誠者之仁發明天道也。誠即性也，盡性即至誠。天地生人物，陰陽合散，實理貫徹以爲終始，而聖人則以一誠成之，所謂裁成天地之道，輔相天地之宜也。天地無心而生物，聖人有心而無爲，有心所以贊之，無爲奉天而已。有天地而不能無待於聖人之贊，所以參天地也。盡其性以盡人物之性，而贊化育參天地，是則致中和，而天地位，萬物育也。盡其性，誠也；盡人物之性而贊化育參天地，明也。此固無事於存養省察，而其自然之性亦有行健不息者，亦天而已，故曰天道也，聖人之仁也。②

〇鄭玄曰：盡性者，謂順理之，使不失其所也。贊，助也。育，生也。助天地之化生，謂聖人受命在王位，致太平。

〇孔穎達曰：此明天性至誠，聖人之道也。謂一天下之内，至極誠信，爲聖人也。以其至極誠信，與天地合，故能盡其性。既盡其性，則能盡其人與萬物之性。既能盡人性，則能盡萬物之性，故能贊助天地之化育，功與天地相參。上云“誠者，天之道”，此兼云“地”者，上説至誠之理，由神妙而來，故特云“天之道”，此據化育生物，故並云“地”也。③

---

① 《四書講義》卷二十八，《中庸》五，中册，606—608 頁。
② 《四書詮義》上，卷四，《中庸》，《叢書集成三編》第 10 册，462—463 頁。
③ 《禮記正義》卷第六十，《中庸》第三十一，下册，2023—2024 頁。

〇譚惟寅曰：《詩》云“立我烝民，莫匪爾極”，此盡人之性也。《詩》云“王在靈囿，麀鹿攸伏”，“王在靈沼，於牣魚躍”，此盡物之性也。或曰：聖人在下，道不得行，盡己固可，亦安能盡人、盡物、贊化育、與天地參乎？曰：聖人有德有位，其道行乎天下；聖人有德無位，其道明乎天下。功用皆同，無二事也。

〇倪思曰：此曰盡性，孟子乃曰“盡其心者，知其性”，何也？孟子推原子思之義，又本之於心也，然盡心而合於天理，去其私心，則可以盡性矣。[①]

〇毛奇齡曰：所謂至誠即誠者也。至者，極也。盡性者，能率性爲道而於天之所命無所少歉。但人受是性而於性之德可發爲道者多見虧欠，惟至誠能盡之己性，既盡則凡人之命於天而爲生性者，皆得盡其生之理，如立、達、安、懷、賢、親、樂、利即是盡性。而於以及物，則如《尚書》“山川草木莫不寧”，《禮運》“鳥不獝[②]，獸不狘[③]”，即是盡物性。蓋盡人盡物謂之化育，則不過盡其生性之謂，故曰贊天地在此，參天地亦在此，此所謂致中和而能位天地、育萬物者，如此而已。[④]

〇蔣伯潛曰：這就是首章“致中和，天地位焉，萬物育焉”的意思。張載《西銘》所說的“乾父坤母，民胞物與”；陸象山所說的“宇宙便是吾心，吾心即是宇宙”，也是這個道理。這是儒家最偉大的哲學理想。[⑤]

其次致曲，曲能有誠，誠則形，形則著，著則明，明則動，動則變，變則化，唯天下至誠爲能化。

〇上第二十三章。朱子曰：言人道也。又，其次，通大賢以下凡誠

① 《禮記集説》卷一百三十三，《中庸》第三十一，《通志堂經解》第 13 册，408 頁。其中，譚氏所引詩句分别出自《詩・周頌・思文》《大雅・靈臺》。

② xù，鳥驚飛。

③ xuè，獸驚走。

④ 《續禮記集説》卷八十九，《中庸》，《續修四庫全書》第 102 册，568 頁。

⑤ 《中庸讀本》，38 頁，《語譯廣解四書讀本》。

有未至者而言也。致，推致也。曲，一偏也。形者，積中而發外。著，則又加顯矣。明，則又有光輝發越之盛也。動者，誠能動物。變者，物從而變。化，則有不知其所以然者。蓋人之性無不同，而氣則有異，故惟聖人能舉其性之全體而盡之。其次則必自其善端發見之偏，而悉推致之，以各造其極也。曲無不致，則德無不實，而形、著、動、變之功自不能已。積而至於能化，則其至誠之妙，亦不異於聖人矣。①

〇又曰：人性雖同，而氣禀或異。自其性而言之，則人自孩提，聖人之質悉已完具；以其氣而言之，則惟聖人爲能舉起全體而無所不盡，上章所言至誠盡性是也。若其次，則善端所發，隨其所禀之厚薄，或仁或義，或孝或弟，而不能同矣。自非各因其發見之偏，一一推之，以至乎其極，使其薄者厚而異者同，則不能有以貫通乎全體而復其初，即此章所謂致曲，而孟子所謂擴充其四端者是也。②

〇又曰：曲是逐事上著力，事事上推致其極。如事君則推致其忠，事親則推致其孝，與人交則推致其信，皆事事上推致其極。又，或仁或義，或孝或弟，更互而發，便就此做致曲工夫。又，所以就其善端之偏而推極其全。又，曲無不致，則德無不實，而明著動變積而至於能化，亦與聖人至誠無異矣。又，顔子體段已具，曾子却是致曲，一一推之，至答一貫之時，則渾合矣。又，《易》中“納約自牖”是因人之明而導之，“致曲”是因己之明而推之。又，曲不是全體，只是一曲。人能一一推之，以致乎其極，則能通貫乎全體矣。又，“曲能有誠”，有誠則不曲矣。蓋誠者，圓成無欠闕者也。③

〇程子曰：“其次致曲”者，學而後知之也，而其成也，與“生而知之”者不異焉。故君子莫大於學，莫害於畫，莫病於自足，莫罪於自

---

① 《中庸章句》第二十三章，《四書章句集注》，33 頁。

② 《中庸或問下》，《朱子全書》第六册，596—597 頁。

③ 《朱子語類》卷第六十四，《中庸》三，第二十三章，第四册，1571—1575 頁。其中，所謂“納約自牖”，即《易·習坎》：“六四，樽酒簋貳，用缶，納約自牖，終無咎。”程頤傳：“納約，謂進結於君之道；牖，開通之義。室之暗也，故設牖，所以通明。自牖，言自通明之處，以況君心所明處……人臣以忠信善道結於君心，必自其所明處乃能入也。”後遂以“納牖”謂導人於善。（《周易程氏傳》卷第二，《二程集》第三册，846—847 頁）

棄。學而不止，此湯、武所以聖也。（伊川）又，人自提孩，聖人之質已完，只先於偏勝處發，或仁或義，或孝或弟，去氣偏處發，便是致曲，去性上修，便是直養，然同歸于誠。[①]

〇胡炳文曰：有天命之性，有氣質之性。上章能盡其性者，天命之性本自完全，而聖人能全之也。此所謂致曲者，氣質有偏，故善端之發，亦不能無偏也。《章句》“德無不實”，凡三言之意，亦相承上章爲誠者言；此爲能有誠者言，必曰“曲無不致”。則德無不實者，蓋非如伯夷偏於清，極其至不過成就清之一字而已。凡所發之偏，無不推致之，如孟子所謂凡有四端者，知皆擴而充之是也。特曰端，則於其發之初即推之；曰曲，則於其發之偏悉推之爾。[②]

〇景星曰：此節工夫都在致字上，致兼知行，言曲只是一偏之善，能於此一一推致之，則貫通乎全體矣。孟子正是發明子思意，此即上章自明而誠之意。又，三誠字不同，第一誠字一曲中之誠，第二誠字積衆曲之誠，至誠則與上章之誠同矣，所謂及其成功一也。[③]

〇船山曰：誠之未至，人欲間之也。然爲“曲能有誠”者言爾，又其下者從不與天理相親，則雖人欲不蔽，誠亦不存，所謂鮮能知味者。唯陷溺未深、則三近之德猶有存者。所謂“言人道也”，具云“言自明而誠者之盡人道而可合於天道也”。[④]

〇又曰：“曲”乃一曲之善，非可云一曲之誠，誠則是全體皆真而無所歉。若其行能篤而知不誠，所行亦礙，不誠乎知則亦不誠乎仁也。其知雖徹而行不誠，則所知亦浮，不誠乎仁則亦不誠乎知也。[⑤]

〇又曰：斯道之流行者不息，而曲者據得現前一段田地，亦其全體流行之一截也。又，若此之“曲”，則大概皆循義理而行，特不能於痛癢關心之處，親切警惺，如固有之。唯此一“曲”，則實有之而無妄，

---

① 《中庸輯略》卷下，第二十三章，89 頁，《朱子全書外編》第一册。

② 《四書通·中庸通》，《通志堂經解》第 15 册，423 頁。

③ 《大學中庸集説啓蒙·中庸》卷下，景印文淵閣《四庫全書》第 204 册，1064—1065 頁。

④ 《禮記章句》卷三十一，《中庸》第二十三章，《船山全書》第四册，1293—1294 頁。

⑤ 《四書箋解》卷二，《中庸》，“其次致曲”章，《船山全書》第六册，148 頁。

苟能所擇皆善，則所信益弘，而無有不誠，遂俾形、著、明、動、變、化之效，無不捷得，足以知非乍見孺子入井之心所可幾也。又，曲者，獨於一事上灌注得者誠親切。其實此誠，元是萬行共載的。[①]

〇又曰：其次於至誠者，以不能有其誠之全也；其即次於至誠者，以其一曲之誠，不異於至誠之實也。乃其有此一曲之誠，而加之以誠之之功，因所實知者以擇乎衆善，因所實能者以執其大中而推致之，使皆如其實知實能者焉，則曲之所致無不可知也，無不可能也，無不真知真能而一無妄也。又，乃自今思之，化豈易言者哉！唯天下至誠以盡其性者盡人物之性，故在己者不思不勉也，加於物者無迹無名也。乃致曲者功化之成亦如是焉，則不得謂之致曲也，不得謂之其次也，一天下之至誠矣。[②]

〇吕留良曰："其次"對上"至"字，然除却至誠，其餘通大賢以下皆謂之次，不止説一種人也，但有能致不能致，致足與不致足之異耳。曲誠本非二件，致得一分曲，便有一分誠，致得十分曲，便有十分誠。自形而著而明，外面一步顯爍一步，却是裹面"誠"字一步充拓一步。到能化，則誠之體亦足，其用亦全，更無分别處。[③]

〇汪紱曰：此言人道之誠，亦仁也，須與上章連看。形著動變俱誠中積漸，可見明後誠之之工夫，非一明便會誠矣，此由存養省察之功而自强不息，以至中和之至者，故曰人道之仁也，至於能化則亦天矣。[④]

〇鄭玄曰：其次，謂自明誠者也。致，至也。曲，猶小小之事也。不能盡性，而有至誠於有義焉而已。形，謂人見其功也。盡性之誠，人不能見也。著，形之大者也。明，著之顯者也。動，動人心也。變，改惡爲善也。變之久，則化而性善也。

〇孔穎達曰：此一經明賢人習學而致至誠，故云"其次致曲"。曲

---

① 《讀四書大全説》卷三，《中庸》第二十三章，《船山全書》第六册，544—548頁。

② 《四書訓義》（上）卷四，《中庸》三，第二十三章，《船山全書》第七册，191—192頁。船山此處説"一曲之誠"，而他在《四書箋解》卷二，《中庸》，"其次致曲"章中却説："'曲'乃一曲之善，非可云一曲之誠，誠則是全體皆真而無所歉。"豈不自相矛盾？

③ 《四書講義》卷二十八，《中庸》五，中册，608—609頁。

④ 《四書詮義》上，卷四，《中庸》，《叢書集成三編》第10册，463頁。

謂細小之事。言其賢人致行細小之事，不能盡性於細小之事，能有至誠也。又，謂不能自然至誠，由學而來，故誠則人見其功，是“誠則形”也。初有小形，後乃大而明著，故云“形則著”也。若天性至誠之人，不能見則不形不著也。由著，故顯明；由明，能感動於衆。既感動人心，漸變惡爲善，變而既久，遂至於化。言惡人全化爲善，人無復爲惡也。又，言唯天下學致至誠之人，爲能化惡爲善，改移舊俗。不如前經天生至誠“能盡其性，與天地參矣”。又，言此次誠，不能如至誠盡物之性，但能有至誠於細小物焉而已。又，言天性至誠，神妙無體，人不見也。又，初漸謂之變，變時新舊兩體俱有；變盡舊體而有新體，謂之爲化。如月令“鳩化爲鷹”，是爲鷹之時非復鳩也，猶如善人無復有惡也。[①]

〇顧元常曰：曲之爲言，與直對立。至誠之道，自性而推之則爲直致；自學而反之，則爲致曲。《易》曰“反復其道”，子曰“克己復禮爲仁”，孟子曰“湯武反之也”，皆致曲之謂也。“曲能有誠”，即前章所謂“及其知之一也”，“及其成功一也”。“唯天下至誠爲能化”，推言化之本於至誠也。

〇譚惟寅曰：致曲之爲言，致其委曲，以求本性之實理，非直造徑達之謂也。既非生而知之，直造徑達容有所未能，當隨才識高下，專心致志，委曲以求之，求得本性，因而誠之，使有諸己，則亦與從初自誠者無以異矣。

〇真德秀曰：前章贊化育、參天地，乃至誠之極功，而其本則盡己之性而已，此聖人所以可學而至也。“其次致曲”，即學之事，曲猶曲禮之曲，蓋聖人生知安行，不待致曲，自能盡性。自大賢以下，則必於纖微委曲而用其功，即前博學、審問、慎思、明辨、篤行之意，顔子之“四勿”，曾子之“三省”，皆致曲之事也。[②]

〇《日講四書解義》曰：總之，由誠而形而著而明，即是能盡其性；由動而變而化，即是能盡人物之性，贊天地之化育。但一以自然而

① 《禮記正義》卷第六十，《中庸》第三十一，下册，2024—2025頁。

② 《禮記集説》卷一百三十三，《中庸》第三十一，《通志堂經解》第13册，409頁。

能，一以致曲而至，一則堯舜之性，一則湯武之反，語其歸宿，則同乎聖人而已矣。①

〇樓宅中曰：形、著、明諸字各有明注：《大學》"誠於中，形於外"，《孟子》"行之而不著焉"，《商書》"厥后惟明明"，《大禹謨》"四方風動"，《堯典》"黎民於變時雍"，《繫辭》"然後能化，既成萬物也"。②

〇蔣伯潛曰：按康有爲《中庸注》説："'誠'，有諸己之信也；'形''著'，充實之美也；'明''動'，充實而有光輝之大也；'變''化'，大而化之之聖也。"③

至誠之道，可以前知。國家將興，必有禎祥；國家將亡，必有妖孽；見乎蓍龜，動乎四體。禍福將至：善，必先知之；不善，必先知之。故至誠如神。

〇上第二十四章。朱子曰：言天道也。又，禎祥者，福之兆。妖孽者，禍之萌。蓍，所以筮。龜，所以卜。四體，謂動作威儀之閒，如執玉高卑，其容俯仰之類。凡此皆理之先見者也。然惟誠之至極，而無一毫私僞留於心目之間者，乃能有以察其幾焉。神，謂鬼神。④

〇又曰：至誠前知，乃因其事理朕兆之已形而得之，如所謂不逆詐，不億、不信而常先覺者，非有術數推驗之煩，臆想測度之私也，亦何害其爲一哉！⑤

---

① 《日講四書解義》卷三，《中庸》下，景印文淵閣《四庫全書》第208册，63頁。

② 《續禮記集説》卷八十九，《中庸》，《續修四庫全書》一〇二册，571頁。樓宅中所引"行之而不著焉"，出自《孟子·盡心上》第五章，孟子曰："行之而不著焉，習矣而不察焉，終身由之而不知其道者，衆也。"亦即："言方行之而不能明其所當然，既習矣而猶不識其所以然，所以終身由之而不知其道者多也。"（《四書章句集注》，350頁）似與他要表達的意思不惟不相吻合，甚至正好相反，却不知樓氏究竟著何考慮的？

③ 《中庸讀本》，38頁，《語譯廣解四書讀本》。

④ 《中庸章句》第二十四章，《四書章句集注》，34頁。

⑤ 《中庸或問》下，《朱子全書》第六册，597—598頁。子曰："不逆詐，不億不信，抑亦先覺者，是賢乎！"亦即：言雖不逆不億，而於人之情僞，自然先覺，乃爲賢也。楊氏曰："君子一於誠而已，然未有誠而不明者。故雖不逆詐、不億不信，而常先覺也。若夫不逆不億而卒爲小人所罔焉，斯亦不足觀也已。"（《論語·憲問》第三十三章，《四書章句集注》，158頁）

○又曰：在我無一毫私僞，故常虛明，自能見得。如禎祥、妖孽與蓍龜所告，四體所動，皆是此理已形見，但人不能見耳。聖人至誠無私僞，所以自能見得。且如蓍龜所告之吉凶甚明，但非至誠人却不能見也。[①]

○吕大臨曰：至誠與天地同德，與天地同德，則其氣化運行與天地同流矣。興亡之兆，禍福之來，感於吾心，動於吾氣，如有萌焉，無不前知。况乎誠心之至，求乎蓍龜而蓍龜告，察乎四體而四體應，所謂"莫見乎隱，莫顯乎微"者也。此至誠所以達乎神明而無閒，故曰"至誠如神"。"動乎四體"，如《傳》所謂"威儀之則以定命"者也。[②]

○胡炳文曰：言誠自第十六章始，彼言誠者，鬼神之所以爲鬼神；此則言聖人之至誠，聖人之所以如鬼神也。誠即是神，而子思姑以如神言，與十六章文不相屬，而意實相承也。[③]

○景星曰：前章言至誠可以參贊天地，極言聖人之功用，此章又舉至誠與鬼神合德言之。前章是就應事處言，此章是就事未形之先言，專發明聖人用處，以見聖人之道無所不至。[④]

○船山曰：愚按今《章句》本有"神，謂鬼神"一句，興國本無之，今從興國本。"神"者，即禎祥、妖孽、蓍龜、四體所見之天幾，雖無非造化之迹，而未可謂之鬼神也。[⑤]

○又曰：此章舊講多茫昧，止緣不識"至誠之道可以"六字，及"故至誠""故"字。蓋謂惟其道可以前知，故至誠之聖人前知如神也。"誠者天之道"，實有其理，故修吉悖凶，皆不爽其幾，神之吉凶與己之喜怒刑賞合一，則吉凶自我出，而何不可知！其道本自如此。"國家將興"九句，皆言神之前知也。神唯誠有其理，則著之於象，而於禎祥妖

① 《朱子語類》卷第六十四，《中庸》三，第二十四章，第四册，1575 頁。

② 《中庸輯略》卷下，第二十四章，91 頁，《朱子全書外編》第一册。

③ 《四書通・中庸通》，《通志堂經解》第 15 册，424 頁。

④ 《大學中庸集説啓蒙・中庸》卷下，景印文淵閣《四庫全書》第 204 册，1065 頁。

⑤ 《禮記章句》卷三十一，《中庸》第二十四章，《船山全書》第四册，1294—1295 頁。《中庸》本文説"至誠如神"，當意爲至誠的人如同神明一樣，故不取船山此處之説。其實船山在别處所説纔與朱子一致。

孽蓍龜動容前，出其象以示人，而無不可先知者。今至誠之聖人察其幾而前知之，則豈不與鬼神合其吉凶乎！"誠則明"，而其明則合於天之神也。[①]

〇又曰：禎祥、妖孽之必有，蓍龜、四體之先見，此是鬼神之誠。鬼神體物而不可遺，無心於知，而昭察兆見者不誣，故人得憑之以前知，斯鬼神之明也。唯"誠則明"，鬼神之誠不可揜者也，是以不待至誠，而人得因以前知。又，鬼神之爲妖爲祥，在蓍龜而見，在四體而動者，非有意想也，至誠之道也（在天之至誠）。人之用此以知鬼神之所知者，則推測之小道也。"至誠如神"，與鬼神同以至誠之道而前知之。而善爲術數、精於測度者，則藉鬼神之誠明以知之，是神自效也，非彼之能如神也。又，俗有本命元辰來告之説，亦是藉當體之鬼神。而程子所云"知不如不知之愈"，直以吾身之誠有不足，故藉乎神以爲明，而非其明也。藉乎神，則己與神爲二。令其知者一，因而知者又一，此二之説也。與神爲二，則神固誠而己不誠。己既不誠，乃以篤信夫神之區區者爲誠，其亦微矣。又，乃必如孔子，於善惡得失，如冷暖之喻於體，亦如王者之自操賞罰，酌量皆平，則輕重長短緩急宜稱，在理上分得分數清切。而氣之受成於理，爲順爲逆，爲舒爲促，爲有可變救，爲無可變救，直似明醫人又曾自療過己身此病來，及看人此病，斷不浪憂浪喜，而所以施之藥石者，一無妄投，苟嘗試焉，而未有不能生之者也。又，鬼神之體乎誠而不可揜，其道可以前知也。以理知者，無待於鬼神，而與鬼神同其吉凶也。至誠之能體乎誠，而"誠則明"，其道可以前知也。其道同，故"至誠如神"；神可以知者，無不知矣。又，《章句》云"無一毫私僞（盡己則無私，以實則無僞）留於心目之閒"一句，是透徹重圍語。私者意也，僞者襲義也。又，義理本自廣大，容不得私，本自精微，非僞所及。而禍福興亡，一受成於廣大精微之天道，則必其廣大無私、精微不僞者，然後可與鬼神合其吉凶而不爽。若此者，豈但如小注所云"能見蓍龜吉凶之至誠人"乎？故《章句》《或問》

① 《四書箋解》卷二，《中庸》，"至誠之道"章，《船山全書》第六册，148—149 頁。

而外，朱門諸子所記師言，過口成酸，讀者當知節取。[①]

○又曰：夫至誠，自誠明者也。至誠之明，天之明也；唯至誠之誠，天之誠也。一私不留於耳目，則萬象自著其隱微。天無私照，神無私佑，至誠亦無是非。至誠如神，其體如，則其用亦如矣。故曰"誠者天之道也"。[②]

○吕留良曰：道可前知，言理本如是，自蓍龜四體以上，皆指其道而言。至誠正有審幾之精與修救之妙，豈僅同讖緯術數之學哉？在天地間有實理，故至誠之道可以前知；在人有實心，則實理在我，故至誠如神也。此"善"字在氣機上説，非道理心體之善。幾在事先，理又在幾先，一路追到極平實地頭，却正是神妙不測之盡處。蓋實處是誠，虚處是神，介乎動静之間者是幾，三字須合作一件講，方是此章全理。[③]

○汪紱曰：史氏曰此章以誠者之知發明天道也。聖人知進退存亡而不失其正焉耳，所謂時乘六龍以御天者，正聖人之知，中庸之道也。至誠誠也，前知明也。言聖人之明而獨舉前知禍福言者，禍福之知，知之以理，然則前知禍福處，正其理無不明處，舉所難以甚言其明之至也。神以誠而體物不遺，聖人以誠而幾無不燭，所謂與鬼神合其吉凶也，故曰如神。[④]

○鄭玄曰：可以前知者，言天不欺至誠者也。前亦先也。禎祥、妖孽，蓍龜之占，雖其時有小人愚主，皆爲至誠能知者出也。四體，謂龜之四足：春占後左，夏占前左，秋占前右，冬占後右。《左傳》云："地反物爲妖。"《説文》作"祅"，云："衣服、歌謡、草木之怪謂之祅。"孽，《説文》作"蠥"，云："禽獸蟲蝗之怪謂之蠥。"一本"乎"作"於"。

○孔穎達曰：此由身有至誠，可以豫知前事。此至誠之内，是天生

---

① 《讀四書大全説》卷三，《中庸》第二十四章，《船山全書》第六册，549—551 頁。

② 《四書訓義》(上) 卷四，《中庸》三，第二十四章，《船山全書》第七册，193—194 頁。

③ 《四書講義》卷二十八，《中庸》五，中册，609—612 頁。

④ 《四書詮義》上，卷四，《中庸》，《叢書集成三編》第 10 册，464—465 頁。

至誠，亦通學而至誠，故前經云“自明誠，謂之教”，是賢人至誠同聖人也。言聖人賢人俱有至誠之行，天所不欺，可知前事。禎祥，吉之萌兆。祥，善也。言國家之將興，必先有嘉慶善祥也。又説禎祥者，言人有至誠，天地不能隱，如文王有至誠，招赤雀之瑞也。國本有今異曰禎，本無今有曰祥。何爲本有今異者？何胤云：“國本有雀，今有赤雀來，是禎也。國本無鳳，今有鳳來，是祥也。”《尚書》“祥桑穀共生於朝”是惡，此經云善，何得入國者，以吉凶先見者皆曰祥，别無義也。妖孽，謂凶惡之萌兆也。妖，猶傷也，傷甚曰孽。謂惡物來爲妖傷之徵。若魯國鸜鵒來巢，以爲國之傷徵。又，禍，謂妖孽。福，謂禎祥。萌兆豫來，是“禍福將至”。善，謂福也。不善，謂禍也。言至誠之道，豫知前事，如神之徵妙，故云“至誠如神”也。又，鄭以聖人、君子將興之時，或聖人有至誠，或賢人有至誠，則國之將興，禎祥可知。而小人愚主之世，無至誠，又時無賢人，亦無至誠，所以得知國家之將亡而有妖孽者，雖小人愚主，由至誠之人生在亂世，猶有至誠之德，此妖孽爲有至誠能知者出也。案：《周語》云“幽王二年，三川皆震。伯陽父曰：‘周將亡矣！昔伊、洛竭而夏亡，河竭而商亡。’”時三川皆震，爲周之惡瑞，是伯陽父有至誠，能知周亡也。又，周惠王十五年，有神降于莘。莘，虢國地名。周惠王問内史過，史過對曰：“夏之興也，祝融降于崇山；其亡也，回禄信于聆隧。商之興也，檮杌次於丕山；其亡也，夷羊在牧。周之興也，鸑鷟鳴於岐山；其衰也，杜伯射宣王於鎬。今虢多凉德，虢必亡也。”是内史過有至誠之德，神爲之出。是愚主之世以妖孽，“爲至誠能知者出也”。[①]

〇項安世曰：此一章言性者處處明白，與天無間，天之道也；下章“誠者自誠也”而下言教者處處篤實，與人無間，人之道也。

〇林光朝曰：人之精神當闃[②]寂無人之所，景物幽閒之處，内外豁然，是得其本性，少頃思慮一起，便坐不得，故曰“人生而静，天之性

① 《禮記正義》卷第六十，《中庸》第三十一，下册，2025—2026 頁。
② qù，寂静。

也”。今人終日於膠膠擾擾之地，得少頃閒静，便覺快樂，是其本性然也。况終身受用於誠者乎！且居乎環堵之室，更歷歲月之久，户外之屨，皆能逆知其爲某事，以其心静故也。以此觀之，周公、仲尼雖無天子之位，然逆定之數可以前知，故曰‘至誠之道，可以前知’。禎祥如火流爲烏，鳳鳴朝陽之類，妖孽如三川之震，夷羊在牧之類，故可以前知也。如堯有九年之水，湯有七年之旱，此皆逆定之數，爲堯、湯者能爲之先具爾，烏能使之必無也？“見乎蓍龜”，謂人有吉凶禍福之事，盡見於蓍龜。四體者，謂吉凶禍福，盡見於人之俯仰屈伸之際。

〇郭忠孝曰：自君子觀之謂之知幾，自衆人言之謂之前知，《易》曰：“知幾，其神乎！”

〇譚惟寅曰：胡不觀諸《易》乎“寂然不動，感而遂通天下之故”。寂然不動者，存養之力也；感而遂通者，前知之驗也。此章重處全在至誠，而前知之説特以明其效驗，非如俗學專尚神怪，而不知理之所在也。

〇周處約曰：禎祥非必甘露醴泉，如“思皇多士，生此王國”，“維嶽降神，生甫及申”，則周室將興可知矣；妖孽非必石言神降，如“婦有長舌，維厲之階”，“人之云亡，邦國殄瘁”，[①] 則周室將亡可知矣。况假之於蓍龜，動之於四體，禍福將至，有顯然之理乎。

〇顧元常曰：至誠之道極天下之清明，清明天德也，惟秉天德，故能知天數，故曰“至誠之道，可以前知”。“至誠如神”，鬼神之靈於事先知，固也，而至誠者實似之。[②]

〇毛文輝曰：《章句》以人之四體當之極是，《春秋》多此等，如晉惠受玉惰，楚屈瑕舉趾高，周成肅公受脤不敬，晉厲公步高而視遠，晉郤錡乞魯師，郤犨受衛君享而皆傲無禮類。[③]

〇陈柱曰：國家之禎祥，莫大于聖人；國家之妖孽，莫大于

① 文中所引詩句分别出自《詩·大雅·文王》《崧高》，第三、四句皆出自《瞻卬》。

② 《禮記集説》卷一百三十三，《中庸》第三十一，《通志堂經解》第13册，410頁。

③ 《續禮記集説》卷八十九，《中庸》，《續修四庫全書》第102册，572頁。

人獸。[1]

〇蔣伯潛曰：所謂“禎祥”“妖孽”，亦不專指麟鳳之瑞，物怪之妖而言。豐年厚俗，義士仁人，也都是國家的禎祥；水旱之災，澆漓之俗，奸慝貪殘之人，也都是國家的妖孽。[2]

誠者自成也，而道自道也。誠者物之終始，不誠無物。是故君子誠之爲貴。誠者非自成己而已也，所以成物也。成己，仁也；成物，知也。性之德也，合外内之道也，故時措之宜也。

〇上第二十五章。朱子曰：言人道也。又，道也之道，音導。言誠者物之所以自成，而道者人之所當自行也。誠以心言，本也；道以理言，用也。又，天下之物，皆實理之所爲，故必得是理，然後有是物。所得之理既盡，則是物亦盡而無有矣。故人之心一有不實，則雖有所爲亦如無有，而君子必以誠爲貴也。蓋人之心能無不實，乃爲有以自成，而道之在我者亦無不行矣。又，誠雖所以成己，然既有以自成，則自然及物，而道亦行於彼矣。仁者體之存，知者用之發，是皆吾性之固有，而無内外之殊。既得於己，則見於事者，以時措之，而皆得其宜也。[3]

〇又曰：所謂“誠者物之終始，不誠無物”者，以理言之，則天地之理，至實而無一息之妄，故自古至今，無一物之不實，而一物之中，自始至終，皆實理之所爲也；以心言之，則聖人之心，亦至實而無一息之妄，故從生至死，無一事之不實，而一事之中，自始至終，皆實心之所爲也。此所謂誠者物之終始者然也。苟未至於聖人，而其本心之實者，猶未免於間斷，則自其實有是心之初，以至未有間斷之前，所爲無不實者；及其間斷，則自其間斷之後，以至未相接續之前，凡所云爲，皆無實之可言，雖有其事，亦無以異於無有矣。是則所謂不誠無物者然

---

① 《中庸通義　中庸注參》，36 頁。
② 《中庸讀本》，39 頁，《語譯廣解四書讀本》。
③ 《中庸章句》第二十五章，《四書章句集注》，33—34 頁。

也。以是言之，則在天者本無不實之理，故凡物之生於理者，必有是理，方有是物，未有無其理而徒有不實之物者也。在人者本無不實之心，故凡物之出於心者，必有是心之實，乃有是物之實，未有無其心之實而能有其物之實者也。[①]

〇又曰：誠者，是箇自然成就底道理，不是人去做作安排底物事。道自道者，道却是箇無情底道理，却須是人自去行始得。這兩句只是一樣，而義各不同。又，"誠以心言"者，是就一物上説。凡物必有是心，有是心，然後有是事。又，實有是理，故有是人；實有是理，故有是事。又，實理者，合當决定是如此。爲子必孝，爲臣必忠，决定是如此了。又，"誠者物之終始"，猶言"體物而不可遺"，此是相表裏之句。從頭起至結局，便是有物底地頭，著一些急不得。

又曰：誠有主事而言者，有主理而言者。蓋"不誠無物"，是事之實然。至於參贊化育，則便是實然之理。又，且看他聖人説底正文語脈，隨"誠者物之終始"，却是事物之實理，始終無有間斷。自開闢以來，以至人物消盡，只是如此。在人之心，苟誠實無僞，則徹頭徹尾，無非此理。一有間斷，則就間斷處，即非誠矣。如聖人至誠，便是自始生至没身，首尾是誠。顔子不違仁，便是自三月之初爲誠之始，三月之末爲誠之終；三月以後，便不能不間斷矣。"日月至焉"，只就至焉時便爲終始，至焉之外即間斷而無誠，無誠即無物矣。不誠，則"心不在焉，視不見，聽不聞"，是雖謂之無耳目可也。且如"禘自既灌而往不欲觀"，是方灌時誠意存焉，即有其祭祀之事物；及其誠意一散，則雖有升降威儀，已非所以爲祭祀之事物矣。又，"誠者，物之終始"，來處是誠，去處亦是誠。誠則有物，不誠則無物。且如而今對人説話，若句句説實，皆自心中流出，這便是有物。若是脱空誑誕，不説實話，雖有兩人相對説話，如無物也。又，"誠者，物之終始"，此固泛説。若是"不誠無物"，這箇"不"字，是誰不他？須是有箇人不他，方得。又，此兩句通理之實、人之實而言。又，做萬物看亦得，就事物上看亦得。

---

① 《中庸或問》下，《朱子全書》第六册，598—599頁。

物以誠爲體，故不誠則無此物。終始，是徹頭徹尾底意。又，誠，實也。且如人爲孝，若是不誠，恰似不曾，誠便是事底骨子。又，誠，只是實然之理，其主於事而言，“不誠無物”是也；主於理而言，“贊天地化育”之類是也。又，“誠者，物之終始”，指實理而言；“君子誠之爲貴”，指實心而言。

又曰：蓋成己、成物，固無内外之殊，但必先成己，然後能成物，此道之所以當自行也。又，自成己言之，盡己而無一毫之私僞，故曰仁；自成物言之，因物成就而各得其當，故曰知。此正與“學不厭，知也；教不倦，仁也”相反。然聖賢之言活，當各隨其所指而言，則四通八達矣。仁，如“克己復禮”皆是；知，如應變曲當皆是。又，“克己復禮爲仁”，豈不是成己？“知周乎萬物而道濟天下”，豈不是成物？仁者，體之存；知者，用之發。又，“成己，仁也”，是體；“成物，知也”，是用。“學不厭，知也”，是體；“教不倦，仁也”，是用。又，“學不厭”，所以成己，而成己之道在乎仁。“教不倦”，所以成物，而成物之功由乎知。又，須是仁知具，内外合，然後有箇“時措之宜”。①

〇程子曰：學者不可以不誠，不誠無以爲善，不誠無以爲君子。修學不以誠，則學雜；爲事不以誠，則事敗；自謀不以誠，則是欺其心而

---

① 《朱子語類》卷第六十四，《中庸》三，第二十五章，第四册，1576—1581頁。子曰：“回也，其心三月不違仁，其餘則日月至焉而已矣。”亦即：仁者，心之德。心不違仁者，無私欲而有其德也。日月至焉者，或日一至焉，或月一至焉，能造其域而不能久也。程子曰：“三月，天道小變之節，言其久也，過此則聖人矣。不違仁，只是無纖毫私欲。少有私欲，便是不仁。”尹氏曰：“此顔子於聖人，未達一間者也，若聖人則渾然無間斷矣。”（《論語·雍也》第五章，《四書章句集注》，86頁）子曰：“禘自既灌而往者，吾不欲觀之矣。”亦即：禘，王者之大祭也。王者既立始祖之廟，又推始祖所自出之帝，祀之於始祖之廟，而以始祖配之也。成王以周公有大勳勞，賜魯重祭。故得禘於周公之廟，以文王爲所出之帝，而周公配之，然非禮矣。灌者，方祭之始，用鬱鬯之酒灌地，以降神也。魯之君臣，當此之時，誠意未散，猶有可觀，自此以後，則浸以懈怠而無足觀矣。蓋魯祭非禮，孔子本不欲觀，至此而失禮之中又失禮焉，故發此嘆也。（《八佾》第十章，《四書章句集注》，64頁）據錢穆，禘，周制，舊天子之喪，新天子奉其神主入廟，必先大祭於太廟，上自始祖，下及歷代之祖皆合祭，謂之禘。又稱吉禘。禘者，諦也。遇合祭，列祖先後次序，當審禘而不亂。又每五年一禘祭，爲常祭中之大者，亦在太廟，爲合祭，與群廟之各别之祭不同，亦與郊天之祭不同。諸侯惟不當郊天，然亦有禘祭。此章之禘，乃指五年之禘祭。（錢穆著《論語新解》，62—63頁，北京：生活·讀書·新知三聯書店，2002年）

自棄其志；與人不以誠，則是喪其德而增人之怨。今小道異端亦必誠而後得，而况欲爲君子者乎？故曰學者不可以不誠。雖然，誠者在知道本而誠之耳。（伊川）又，古之學者爲己，其終至於成物。今之學者爲物，其終至於喪己。（伊川）又，"時措之宜"，言隨時之義，若"溥博淵泉而時出之"。（伊川）

〇吕大臨曰：子貢曰："學不厭，智也；教不倦，仁也。"學不厭所以成己，此則成己爲仁；教不倦所以成物，此則成物爲智。何也？夫盡性以成己則仁之體也，推是以成物則智之事也，自成德而言也。學不厭所以致吾知，教不倦所以廣吾愛，自入德而言也。此子思、子貢之言所以異也。

〇楊時曰：知合乎内外之道，則禹、稷、顏子之所同可見。蓋自誠意正心推之，至於可以平天下，此内外之道所以合也。故觀其意誠心正，則知天下由是而平，觀天下平，則知非意誠心正不能也。兹乃禹、稷、顏回之所以同也。

〇侯仲良曰："誠者非成己而已也，所以成物也"猶言"能盡其性則能盡人之性，能盡人之性則能盡物之性"者也。①

〇胡炳文曰：此誠字即是天命之性，是物之所以自成；此道字是率性之道，是人之所當自行。物之所以自成，是全不假人爲；人之所當自行，爲之全在乎人。"誠以心言，本也；道以理言，用也。"專爲人之所當自行者而言，所以朱子曰誠者自成，且是懸空説此一句。蓋凡天下之物有此實理方成此物，若人之所當自行者，無此實心，如何能實此理？故《章句》提起心之一字言之。愚謂誠有以實理言者，有以實心言者。以實理言，誠即道也，似不必分本與用；以實心言，必實有是心，然後能實有是理。况誠者物之所以自成，本下文"誠者物之終始"，泛指物之所以自成者言也；誠以心言，本下文"不誠無物，君子誠之爲貴"，專指人之有以自成者言也。泛指在物者，則以物之所以自成者爲本，而以人之所當自行者爲用；亦可專指在人者，如下文《章句》所謂人之心

① 《中庸輯略》卷下，第二十五章，92—94 頁，《朱子全書外編》第一册。

能無不實，乃爲有以自成，而道之在我者亦無不行矣。若是，則以心之誠爲本，而道之行爲用，又何疑之有！又，“不誠無物”當連下一句。蓋在天者無不實之理，故曰“誠者物之終始”；在人者或有不實之心，故曰“不誠無物”，而君子以誠之爲貴。又，子貢曰：“學不厭，知也；教不倦，仁也。”與此言仁知若異。朱子以子貢之言主於知，子思之言主於行，故各就其所重而有賓主之分。蓋知主知，仁主行，學與教皆以知言，故先知後仁，知爲體，仁爲用；成己成物皆以行言，故先仁後知，仁爲體，知爲用。二者互爲體用，愈見其皆性中之所有，而無有内外之殊者矣。“時措之宜”，此一時字即時中之時。“性之德”是未發之中，“時措之宜”是發而合乎時中之中。①

〇景星曰：此成己成物，誠之者事；下文悠久成物，誠者之事。此章本言人道，亦先仁後知者，蓋全章大意則是入德，至是成己成物，則德成矣，亦猶致曲章言至誠能化之意。蓋學而至此，亦不異於聖人，故亦先行後知。章内兩“自成”不同，一自然之自，一自己之自，或曰皆自己之自。②

〇船山曰：雖曰天地萬物無非誠之所成，而皆備於我，則人統之矣。又，“誠”，就其凝於知覺虚靈之中，故謂之心。又，己之有事皆不能絶物而孤行，物必有受之者，而所成之物皆與己酬酢而非疏遠强附者，故成己之德自然及物，非異端之離物爲己而不能及，與不論情勢之當及與否而概欲攝度之，非即其自成者而自然及也。③

〇又曰：“自成”乃所謂誠身成己之德也。又，“物之終始”物字，乃事也。“成物”之物，謂人也，與“盡物之性”物字不同。“誠者物之終始”，言凡事皆徹底是一實之理，成始成終。“不誠無物”，是一有不誠則所爲不成。故君子在己有必當爲之事，則必擇善固執以盡其實理而後已，乃可成。④

① 《四書通·中庸通》，《通志堂經解》第15册，424頁。
② 《大學中庸集説啓蒙·中庸》卷下，景印文淵閣《四庫全書》第204册，1068頁。
③ 《禮記章句》卷三十一，《中庸》第二十五章，《船山全書》第四册，1295—1296頁。
④ 《四書箋解》卷二，《中庸》，“誠者自成”章，《船山全書》第六册，149—150頁。

〇又曰：誠麗乎物以見功，物得夫誠以爲幹。萬物皆備之誠心，乃萬物大成之終始。誠不至而物不備於我，物不備則無物矣。又，是其自成者即誠也，人而天者也；自道者即道也，身而性焉。惟天道不息之妙，必因人道而成能，故人事自盡之極，合諸天道而不貳。此繇教入道者所以明則誠焉，而成功一也。又，故朱子以心言誠，以理言道，（《章句》已云"性即理也"。）則道爲性所賅存之體，誠爲心所流行之用。又，若以生死而言，則必全而生之，全而歸之，而後爲誠之終。又，故愚於此，以理事雙説，該盡此七句之義，而"性"字之釋，則既可與性道之性一例，亦可以"堯、舜性之也"之性爲擬。猶夫"唯天下至誠爲能化"，即爲"不思不勉"之至誠，亦即"致曲有誠"之至誠也。[①]

〇又曰：盡乎誠之體，則自極乎誠之用也。夫自明誠者，必先明乎誠之所以然，與誠之之道所當然，而因以致其擇之之功。又，是物之固然，皆因誠而立。但人於事物之至，其知之當明、處之宜當者，一不以實心體之，則萬象在而非我之可用，萬變不恒而非我之能爲，無物矣。乃其所以能盡其誠者，道也，道則在乎自道矣。故君子知物之因誠而立，而必由吾自道以誠之，故盡乎誠之之人道，善必擇之精，執必守之固，以實體此道，而復其萬物皆備之誠體焉。又，夫其能成己者，乃純全天理於一心，而私蔽不足以間之，仁也；其能成物者，乃周知天理之咸備，而變化有以宜之，知也。[②]

〇吕留良曰：蓋誠在物爲實理，而在人爲實心，人必有此實心，則實理方成，而事理亦得。要知自道工夫，全在誠上用功，不在道也。這"物"字包攝甚闊，非對人而稱之物，乃兼人而言也。蓋天下原多自然成就之物，不待人力安排，然其道必不能自行，故道必責重之人。老莊之自然，猶陽明所揭良知之"良"字，不過欲打滅學慮之苦，理義之障耳。若朱子所指自然，乃萬物所以自成之理，與彼説有空實之别，相去天淵。物無不誠却不能道道，人心有不誠而能道道，故道專屬之人，而

---

① 《讀四書大全説》卷三，《中庸》第二十五章，《船山全書》第六册，553—557頁。

② 《四書訓義》（上）卷四，《中庸》三，第二十五章，《船山全書》第七册，195—197頁。

其工夫只在去其不誠，而物之道亦自人道之，此末節所以成物也。“自成”句兼人物，“自道”句專在人説。“而道”之“道”，理也；“自道”之“道”，行也。自成須人自行，故誠道分開不得，説自成則自道在其中。上句兼人物空説，却有誠之之人在内；下句專就人言，却有自成成物在内。即以性言，亦是實有其性之謂誠，非誠即性也。天道人道“道”字與此章“道”字迥別，亂括不得。兩“自”字指本然之理，兼責當然之功。在物爲誠，在人須誠之，而自道即在此。“不誠”句注中專就人心説，正與首節誠以心言相照。仁知見處是德，本即是性，故曰“性之德”。此仁知是指成己成物之道理言，不向工夫推論。言仁知爲吾性之固有，道理不分内外，故能誠之而自得於己，則自然及物，以時措之事爲無所不當耳。“道”字非“性道”之道，亦並非“自道”之道。“性”字實，與“合外内”相應；“道”字虚，與“德”字相應。仁知雖爲性德合外内，然不實有諸己，常人豈便能時措皆宜。[①]

〇汪紱曰：此章言人道能至於誠，則亦能如聖人之明，亦人道之知也。首句標出道理本源，次句乃責成人用功。誠者人物各得之實心，道者事物昭著之實理，實心即大本之中，實理即達道之用。此二句皆且懸空據道理説，以見人不可不誠之意，當側重自道。其實“誠之爲貴”便是自道，“合外内之道”“道”字亦即自道之道也。誠之者擇善以窮其實理以自成其知，固執以踐其實事以自成其仁，静存以不淆其誠之體，動察以無乖乎道之用，道其道而誠成，成於誠而道亦盡也。人物同然此理，即自成即成物，纔成己便成物。要之，成己邊功多，成物邊無事，君子原只一成己，而做出事來則不止成己，都會成物，故以成物屬用之發。而此又由存養省察之功以至於至誠而明以全者，故曰人道之知也，至于時措之宜則亦天矣。[②]

〇鄭玄曰：言人能至誠，所以自成也。有道藝，所以自道達。物，萬物也，亦事也。大人無誠，萬物不生。小人無誠，則事不成。以至誠

① 《四書講義》卷二十八，《中庸》五，中册，612—617頁。

② 《四書詮義》上，卷四，《中庸》，《叢書集成三編》第10册，465—467頁。

成己則仁道立，以至誠成物則知彌博。此五性之所以爲德也，外内所須而合也。外内，猶上下。時措，言得其時而用也。

〇孔穎達曰：言誠者是人五性之德，則仁、義、禮、知、信，皆由至誠而爲德。又，言至誠之行，合於外内之道，無問外内，皆須至誠。於人事言之，有外有内；於萬物言之，外内猶上下。上，謂天。下，謂地。天體高明，故爲外；地體博厚閉藏，故爲内也。是至誠合天地之道也。措，猶用也。言至誠者成萬物之性，合天地之道，故得時而用之，則無往而不宜，故注云："時措，言得其時而用也。"①

〇胡瑗曰：學其所未能，行其所未至，思其所未得，是所以自成於己也；修其道，以自引導其自小賢至於大賢，自大賢至於聖人，是自道達其身也。合内外之道者，外則成於物，内則成於己，皆本至誠相合而行。

〇晁以道曰：誠與道一體而二名也，其所以率性則一也，皆無待於外者也。

〇馬晞孟曰：夫成己者，自愛之至，所以爲仁也；成物者，知周乎萬物，所以爲知也。仁與知同出於德性，而有得於己，故曰"性之德也"。仁由於内以成己，知由於外以成物，合而言之，所以爲内外之道也。然措之必宜其時也：蓋當其成己，則不可以不知其成物之時，當其成物，則不可以不知其成己之時。措之宜也。

〇張九成曰：有始無終，有終無始，皆非誠也。成己即是成物，以己與物同一源也。使止知成己而不成物，楊朱之爲我也；止知成物不知成己，墨翟之兼愛也。自人而觀之，己者内也，物者外也；自誠而觀之，己與物一體而已，合外内而無所擇者，此誠也。

〇喻樗曰：君子之於誠，自成而已；其於道，自道而已。非由外鑠我也，我固有之也，生乎由是，死乎由是，蓋終始不渝，然後可以言誠。不誠則無物，何以使人觀而化與夫動天地感鬼神哉？是故君子誠之

① 《禮記正義》卷第六十，《中庸》第三十一，下册，2027—2028 頁。鄭注孔疏本本將本章末句"故時措之宜也"歸入了下一章（節），却不及《章句》義理通暢。

爲貴也。君子豈自成己而已哉！使天下之民匹夫匹婦莫不被其澤，百穀草木莫不蕃廡，鳥獸魚鼈無不咸若，則君子之志也。人皆以成物爲仁，君子則曰：成己者，仁也；成物者，知也。使吾之誠未至，則未能正心而修身，其何以成哉？必意誠而後心正，心正而後身修，身修而後家齊，家齊而後國治，國治而後天下平，此成物之知，舜所以爲大知也與！當是時，視人如我，視我如人，天地即我，我即天地，所謂"合内外之道也，故時措之宜也"，聖人之能事畢矣。

〇王安石曰：以實於己者言之，則爲誠；以誠而行之，則曰道。其實一理也。是理也，本與生俱生，非由外鑠，使人能反身而誠，則是誠也，豈非自成也！人能率此以行之，則是道也，豈非自道乎！使自外而爲之，則非誠道矣。

〇譚惟寅曰：誠自成也，道自道也。蓋明爲己之學也，天命之性己所固有，誠者實此者也，實有諸己，故曰自成；道者行此者也，力行由己，故曰自道。"自"云者，言非他求，皆自己分内事也，誠與道皆己所固有，非由外求。故言其自成，則命之曰誠；言其自道，則命之曰道。要皆自己性命之理，無二致也。凡可名言者皆物也，只如天命之性，雖己所固有，儻不能反身而誠，實有諸己，則固有之性亦墮於虚無中矣，所謂不誠無物者如此。"故君子誠之爲貴"，言貴乎實有諸己也。夫天理一也，仁者體此，知者知此，禮者履此，義者宜此，信者有此，故仁知道德與時措之宜，皆以誠爲本。亦猶孟子言仁義禮知之端而不及信，明人之有是四端，無不以信爲本也。此章雖不言義與禮，如所謂時措之宜，則義與禮在其中矣。即此論之，則堯舜之孝弟，夫子之忠恕，子思之言中庸，孟子之言仁義，皆一出於誠而已，所謂一以貫之，其在是歟！①

〇黎立武曰：誠者盡己之性，故曰"自成"；"率性之謂道"，故曰"自道"。此所以成己盡己之性矣，推之於人於物，皆所謂盡性也；率性謂道矣，修之爲教爲化，皆所以成物也。有天地而萬物生焉，天地所以

① 《禮記集説》卷一百三十三，《中庸》第三十一，《通志堂經解》第13册，412頁。

終萬物、始萬物者，其功在《艮》，《艮》反身之義也，君子反身而誠有取於《艮》，故曰“誠者物之終始”。凡物之自形自色皆在吾仁中，則孰有出吾性外？身如日之光，有色皆燭日入光，晦色非其色矣，如鑑之明，有形皆照鑑，昏明隱形失其形矣，故曰“不誠無物”。宇宙間惟己與物耳，民胞物與，氣均體同，苟有我之私一萌，物我異矣，何者？誠不存也。誠而不存，失其爲我，何有於物，故曰“一日克己復禮，天下歸仁焉”，故曰“萬物皆備於我，反身而誠，樂莫大焉”。本體爲仁，仁先成己，變體爲知，知能及物，仁知備而性之德全，己物兼盡而内外之道合。己内也，物外也，何合焉？物因誠而有，誠因物而形，己物一致焉，無彼此，無物我，斯合矣。若夫“時措之宜”，妙用固如此也。①

○《日講四書解義》曰：何則成己？非他，克己復禮，無一毫私僞，所謂仁也；成物非他，知明處當，使各得其所，所謂知也。仁知二者，本吾性中固有之德，命之於天，有何外内之分乎？既無外内之分，將見其措諸施爲，己立立人，己達達人，一以貫之，無不得其當矣。可見仁知之道，得則俱得，物我一理，成不獨成，總在盡自道之功，以完自成之理，一人皇建有極，則天下之人自然遵道遵路，經綸參贊，孰有外於此哉！②

○毛奇齡曰：經明云“誠者，物之終始”，子曰“未知生，焉知死”，則死之理即生之理，不惟同此一理，且實有此理。《易·繫》明言，原始反終，知生知死，只一彌綸天地之道，盡之所爲誠也。物生有時，死有時，若不誠則無候矣。生物旋死，死物旋生，若不誠不旋生矣。

○毛文輝曰：“物之終始”即是成物，《易》曰“萬物之所以成終而成始者也”，始亦成，終亦成也，若無誠則終自敗矣。③

○杜維明曰：既然誠作爲人的終極實在必然地包含明，則仁也就必然導致智慧。智與仁的不可分割性規定了“性”之本質。因而，在這個

① 《中庸分章》，景印文淵閣《四庫全書》第 200 册，732—733 頁。

② 《日講四書解義》卷三，《中庸》下，景印文淵閣《四庫全書》第 208 册，64 頁。

③ 《續禮記集説》卷八十九，《中庸》，《續修四庫全書》第 102 册，573—574 頁。

意義上，向著主體性（即誠實的、真正的、實在的人性）運動的內在過程和向著客觀性（即一般事物）運動的外在過程是統一的，結合在一起的。這使得《中庸》能够得出結論説，如果我們能够及時地體現誠的原理，則我們所做的一切就將都是合適的。[①]

故至誠無息。不息則久，久則徵，徵則悠遠，悠遠則博厚，博厚則高明。博厚，所以載物也；高明，所以覆物也；悠久，所以成物也。博厚配地，高明配天，悠久無疆。如此者，不見而章，不動而變，無爲而成。天地之道，可一言而盡也：其爲物不貳，則其生物不測。天地之道：博也，厚也，高也，明也，悠也，久也。今夫天，斯昭昭之多，及其無窮也，日月星辰繫焉，萬物覆焉。今夫地，一撮土之多，及其廣厚，載華嶽而不重，振河海而不洩，萬物載焉。今夫山，一卷石之多，及其廣大，草木生之，禽獸居之，寶藏興焉。今夫水，一勺之多，及其不測，黿鼉、蛟龍、魚鼈生焉，貨財殖焉。《詩》云："維天之命，於穆不已！"蓋曰天之所以爲天也。"於乎不顯，文王之德之純！"蓋曰文王之所以爲文也，純亦不已。

○上第二十六章。朱子曰：言天道也。又，既無虚假，自無間斷。久，常於中也。徵，驗於外也。又，此皆以其驗於外者言之。鄭氏所謂"至誠之德，著於四方"者是也。存諸中者既久，則驗於外者益悠遠而無窮矣。悠遠，故其積也廣博而深厚；博厚，故其發也高大而光明。悠久，即悠遠，兼内外而言之也。本以悠遠致高厚，而高厚又悠久也。此言聖人與天地同用。又，"博厚配地"等，此言聖人與天地同體。又，見，猶示也。不見而章，以配地而言也。不動而變，以配天而言也。無爲而成，以無疆而言也。又，"天地之道"以下，復以天地明至誠無息之功用。天地之道，可一言而盡，不過曰誠而已。不貳，所以誠也。誠

① 《中庸洞見》（中英文對照本），103頁。

故不息，而生物之多，有莫知其所以然者。言天地之道，誠一不貳，故能各極所盛，而有下文生物之功。又，昭昭，猶耿耿，小明也。此指其一處而言之。及其無窮，猶十二章及其至也之意，蓋舉全體而言也。振，收也。卷，區也。此四條，皆以發明由其不貳不息以致盛大而能生物之意。然天、地、山、川，實非由積累而後大，讀者不以辭害意可也。又，《詩·周頌·維天之命》篇。於，嘆辭。穆，深遠也。不顯，猶言豈不顯也。純，純一不雜也。引此以明至誠無息之意。程子曰："天道不已，文王純於天道，亦不已。純則無二無雜，不已則無間斷先後。"①

○又曰：此章所謂至誠無息，以至於博厚高明，乃聖人久於其道，而天下化成之事，其所積而成者，乃其氣象功効之謂，若鄭氏所謂"至誠之德，著於四方"者是已，非謂在己之德，亦待積而後成也，故章末引《文王》之詩以證之，夫豈積累漸次之謂哉？②

○又曰：悠，是自今觀後，見其無終窮之意；久，是就他骨子裏說，鎮常如此之意。或者說，悠是據始以要終，久是隨處而常在。③

○程子曰：子在川上曰："逝者如斯夫，不舍晝夜。"自漢以來儒者不識此義，此見聖人之心"純亦不已"也。"純亦不已"，此乃天德也。有天德便可語王道，其要只在慎獨。（明道）

○吕大臨曰：有如是廣博，則其勢不得不高，有如是深厚，則其精不得不明，此之謂"博厚則高明"。又，今夫人之有良心也，莫非受天地之中，是爲可欲之善，不充之，則不能與天地相似而至乎大，大而不化，則不能不勉不思與天地合德而至於聖。然所以至於聖者，充其良心，德盛仁熟而後爾也。④

○胡炳文曰：蓋所謂至誠無息者即生生之易也。又，上文論聖人之事，而以天地之道明之，天地與聖人混乎爲一而不見其分；此引《詩》而釋之曰天之所以爲天，文王之所以爲文，若見其分，而結之以"純亦

① 《中庸章句》第二十六章，《四書章句集注》，34—36頁。

② 《中庸或問》下，《朱子全書》第六册，600頁。

③ 《朱子語類》卷第六十四，《中庸》三，第二十六章，第四册，1583頁。

④ 《中庸輯略》卷下，第二十六章，95—97頁，《朱子全書外編》第一册。

不已”，則又見其混。上文言聖人之“至誠無息”，而於天地之道曰“不貳”；此言天命之“於穆不已”，而於聖人之德則曰“純”，又互而言之也。純則不貳，不貳所以誠，此文王之所以爲文也，此天之所以爲天也，宜看本文“所以”字及《章句》“所以”字。

○饒魯曰：前章論誠者之仁，而即繼之以誠之者之仁；言誠者之知，而即繼之以誠之者之知。此章論誠者之勇，而下章不復以誠之者之勇言，何也？曰誠者不勉而中，不思而得，若無以見其爲勇者，故前章特以從容中道言其勇，此章特以悠久不息著其勇；若夫誠之者則非勉無以行，非思無以知，而所謂勇者已存乎思勉之中，故前章言其擇善固執，此章言其由致曲以進於有誠，由其自誠而推以成物，皆舉仁與知以見其非勇不能，而不復别以勇言也。説誠之之功至此，則人道已盡，而其至誠無息固將與天地爲一，所謂誠則明，明則誠，又奚可以差等言邪。[①]

○景星曰：上二至誠章一言仁，一言知，此專言勇。又，悠遠悠久亦自勇言，博厚亦因仁言，高明亦因知言，此雖非正意亦通，然悠久寓於高厚之中，猶勇在仁知之内。又，久是久於中，悠是久於外，故《章句》言兼内外。悠是自今觀後，見其無終窮之意；久是就他骨子裏説，見其鎮常如此。又，謂天地山川非積累而大，聖人生知安行亦非積累而成，故曰讀者不以辭害意，此謂聖人之德悠久而自然昭著，非始微而後著也。又，此章但言聖人純亦不已，而隱然見學者之不可以不自强不息。[②]

○船山曰：存諸中者未能充實，物至事起乃仿理以行，謂之虚假。又，“常於中”，謂仁之熟也。又，“無爲”者，謂其所成者不見其爲也。又，“貳”，間也。“不貳”，即不息也。又，而在人則先言無虚假，而後言無間斷，無息者不息其誠也，立體致用之辭當然也。在天則先言不貳，後言所以誠，不貳，天之實也。誠則就人之德以言天也，凡其不貳

① 《四書通·中庸通》，《通志堂經解》第15册，425頁。

② 《大學中庸集説啓蒙·中庸》卷下，景印文淵閣《四庫全書》第204册，1068—1069、1071頁。

者皆誠也，於用見體之辭當然也。實則一而已矣。又，“無先後”者，天而已矣。《易》曰“群龍無首”，人不得以首尾測天也。聖人合天，合其無間斷者耳。雖云無二，而本末始終，條理不紊，因其條理一以貫之，斯無二矣。倘亦以先後爲礙而去之，凌躐浮游，必不能至於天而祇失其人理，此異端之所以賊道，不可不察也。①

〇又曰：此章言至誠所存，與天同其純一，故所發與天同其廣運。又，至誠所徵之功，固是帝王事，然如孔子，亦何嘗不有覆載成物之功，則亦不宜説煞帝王。又，天不可以誠言，其“不貳”則與至誠之無息者同也。貳非二也，乃間雜之謂。又，前於天言“不貳”，於至誠言“無息”，此節於天言“不已”，於文王言“純”，交互見意。總以言“至誠無息”之道與天同，故其徵之盛亦與天之“生物不測”同。②

〇又曰：天之所以爲天者不可見，繇其博厚、高明、悠久而生物不測也，則可以知其誠之不貳。至誠之所存者非夫人之易知，（唯聖知之。）繇其博厚、高明、悠久之見於所徵者，則可以知其誠之不息。此自用而察識其體。《中庸》確然有以知之，而曰“故至誠無息”，“故”字須涵泳始見。又，所謂徵者，即二十二章盡人物之性之事，以及二十七章發育峻極、禮儀威儀之事，亦即三十一章見而敬、言而信、行而説之事。悠遠、博厚、高明，即以狀彼之德被於人物者，無大小久暫而無不然也；則至誠之一言一動一行，皆其悠遠之徵。文王之時，周道未成，而德之純也，已與天同其不已。又，一二者數也，壹貳者非數也。壹，專壹也。貳，閒貳也。又，若《中庸》之言“不貳”也，則“元亨利貞”，“時乘六龍”而“大明終始”，固無所不誠，而豈但二哉？又，且誠之不至而有貳焉者，以不誠閒乎誠也。又，故至誠之合天也，仁亦不貳，義亦不貳，三百三千，森然無閒，而洗心於密。又，繇忠恕者，曾子之所得於一，而聖人非執忠恕以爲一。天地之道，可以在人之誠配，而天地則無不誠，而不可以誠言也。（云“誠者天之道”，以在人之

① 《禮記章句》卷三十一，《中庸》第二十六章，《船山全書》第四册，1297—1300頁。

② 《四書箋解》卷二，《中庸》，“故至誠”章，《船山全書》第六册，150—152頁。

天言耳。）又，至誠之所以必徵爲博厚、高明、悠久者，惟其得乎天地一言可盡之道，以誠至而無息。一言而盡，配以聖人之至誠；爲物不貳，配以聖人之無息。又，至誠者，以其表裏皆實言也。無息者，以其初終不閒言也。表裏皆實者，抑以初終無閒，故曰“至誠無息”，而不曰至誠則不息。①

〇又曰：至誠之德，與天通理，其體同也，其用亦同也；而體用之所以同者，則誠之至而成始成終，無乎不至者也。又，然則心之息不息，一因乎誠之至不至，故至誠則無息矣。又，不息則此理既現，又有彼理以繼之，萬理不窮，皆以一理而通之，則有徹乎聖德之已成，而其心不異乎立誠之始，蓋愈久而愈篤也，不息則久矣。又，不息而久之徵，以之發而爲言、爲行、爲動，情以此不匱，才以此不測，量以此無涯，蓋實理之中自具此畢至之成能，而至誠以其無息者該而存焉，時而出焉，而豈有一德之不備者乎？是所謂誠者天之道也，而可思其與天地合德之實矣。又，然則天地之道，以不貳而自成其不測，而所以不貳者，唯此一言而盡之真理。則至誠之德，以不息而自有其徵，而所以不息者，乃此至誠無不至之實心，可以知天地，可以知至誠，可以知至誠與天地合一之原矣。又，然天唯以此一言可盡之道，故不貳而成不測之化；至誠唯此一誠無妄之德，故不息而成配天之業。天與至誠皆於無息而合德，故曰“誠者天之道”也。②

〇吕留良曰：此章大旨只至誠無息與天地同，言聖人與天地同用，自宜在功業上説。貞觀之治唐太宗，其體不誠，故其功用亦全不是。通章止完“至誠無息”四字。天地之無息可見而誠難見，故指出不貳，不貳即誠也。至誠之誠可信而無息難信，故結出不已，不已即無息也。③

〇汪紱曰：前章至誠盡性前知，則仁之至，知之盡矣，此章則承上四章，而以言天道之勇也。故至誠無息者，惟其仁至知盡，故不賴勇之

① 《讀四書大全説》卷三，《中庸》第二十六章，《船山全書》第六册，558—561頁。

② 《四書訓義》（上）卷四，《中庸》三，第二十六章，《船山全書》第七册，199—205頁。

③ 《四書講義》卷二十八，《中庸》五，中册，617—621頁。

功而爲勇之至也。惟至誠故自無息，若不顯亦臨，無射亦保，亹亹翼翼，緝熙敬止，乃自然而然，非有意於持守之矣。徵只是發見聖人，一發見便有首出庶物、萬國咸寧的規模氣象，象朞月已可，三年有成。而博厚則必待悠遠所積，如有王者，必世而後仁也。博厚仁也，高明知也，悠久勇也，徵之悠遠博厚高明，而至於載物覆物成物，配乎天地，則中和之至，而天地位萬物育也，而修道之教在其中矣。即天地以明至誠，言天地實意在聖人也。然須知博也云云，不以天地形體言，天地形體豈真以誠一所徵，而大氣磅礴，化育流行，充塞彪炳兩閒無隙者，則皆此誠之通復矣。最終，末節合天地聖人以言之，以復歸本於一誠也。言聖人必言天者，天是此理源頭，而聖人與天合德，即所謂天道也。前言天地生物之盛，小德之川流也，乾道變化，各正性命，是亦和也，此復歸本於維天之命，於穆不已，則又大德敦化，大本之中矣。蓋剛健中正，纯粹至精，一元通復，品物流形，天地之生物只是一誠。誠無可徵，徵之不已；誠無可徵，於穆而已，於穆之理不已，故生物亦不已。是於穆不已者，天之所以爲天也，可一言而盡者，此也。聖人之所以爲聖人者，亦至誠而已矣。無二無雜，所以誠也，内久而外悠，皆誠，故不息也。純亦不已，聖人純而已，豈有心於不已哉！前言聖人之功用至其盛矣，此復結之以純亦不已，見聖人之合天者，以此，體立而後用有以行也。①

〇鄭玄曰：徵，猶效驗也。此言至誠之德既著於四方，其高厚日以廣大也。徵，或爲“徹”。又，後言“悠久”者，言至誠之德，既至博厚高明，配乎天地，又欲其長久行之。又，言其德化與天地相似，可一言而盡，要在至誠。又，言至誠無貳，乃能生萬物多無數也。貳，本亦作“佴”，音二。又，此言其著見成功也。又，此言天之高明，本生昭昭；地之博厚，本由撮土；山之廣大，本起卷石；水之不測，本從一勺。皆合少成多，自小致大。爲至誠者，亦如此乎！昭昭，猶耿耿，小明也。振，猶收也。卷，猶區也。昭，本亦作“炤”，義同。華嶽，本

① 《四書詮義》上，卷四，《中庸》，《叢書集成三編》第10册，467—470頁。

亦作"山嶽"。鮫，本亦作"蛟"。又，天所以爲天，文王所以爲文，皆由行之無已，爲之不止，如天地山川之云也。《易》曰"君子以愼德，積小以成高大"，是與？慎，如字，一本又作"順"。

○孔穎達曰：言至誠之德，所用皆宜，無有止息，故能久遠、博厚、高明，以配天地也。又，則上經"悠遠"在"博厚""高明"之上，此經"悠久"在"博厚""高明"之下者，上經欲明積漸，先悠久，後能博厚、高明；此經既能博厚、高明，又須行之長久，故反覆言之。又，言聖人之德，如此博厚、高明、悠久，不見所爲而功業章顯，不見作動而萬物改變，無所施爲而道德成就。又，言聖人之德，能同於天地之道，欲尋求所由，可一句之言而能盡其事理，正由於至誠，是"壹言而盡也"。又，言聖人行至誠接待於物，不有差貳，以此之故，能生殖衆物，不可測量，故鄭云"言多無數也"。"天地"至"不已"，此一節明至誠不已，則能從微至著，從小至大。斯，此也。昭昭，狹小之貌。言天初時，唯有此昭昭之多，小貌爾，故云"昭昭之多"。此以下皆言爲之不已，從小至大。然天之與地，造化之初，清濁二氣爲天地，分而成二體。元初作盤薄穹隆，非是以小至大。今云昭昭與撮土，卷石與勺水者何？但山或壘石爲高，水或衆流而成大，是從微至著，因説聖人至誠之功，亦是從小至大。以今天地體大，假言由小而來，以譬至誠，非實論也。又，所引《詩》者，《周頌·維天之命》文也。《詩》稱"維天之命"，謂四時運行所爲教命。穆，美也。"於穆不已"者，美之不休已也。此詩之本文也。又，引《周頌·文王》之詩。純，謂不雜。顯，謂光明。詩人嘆之云"於乎不光明乎"，言光明矣。"文王之德之純"，謂不已也。言文王德教，不有休已，與天同功。又，《易》曰："君子以慎德，積小以高大。"此《易·升卦》之象辭。案：《升卦》，巽下坤上，木生於地中，升進之義，故爲《升》也。[①]

○林光朝曰：物者事物之物，今人做一件事徹頭徹尾，若不是誠，如何恁地做得此，君子所以有貴於誠也，如《易》所謂"貞固足以幹

---

① 《禮記正義》卷第六十，《中庸》第三十一，下册，2028—2031頁。

事”同意。故天地之道可一言而盡者，惟實理而已。天地之爲物也，正體不變，純一而不雜也。太極既判以來，至於今日，正體未嘗變，故四時行焉，百物生焉，生生不窮之實理何嘗有間斷耶！《易》曰“乾，元、亨、利、貞”，“坤，元、亨、利、牝馬之貞”，是天地之貞體不變也。貞體不變，即所謂至誠無息也，此其所以不貳也，萬象森羅，皆從一中出。若得這一字，則天清地寧，以至聖人之道可默識而心通矣。蓋《易》謂太極生兩儀，兩儀生四象，四象生八卦。自有太極便有兩儀、四象、八卦。不是有兩儀方有四象，四象方有八卦。今繫《易》如此云云者，蓋欲發揮古語，使其辭暢故也，故理義無害。今欲説下文聖人非由一朝一夕之積，故以天地山水爲言，是發揮古説者也。文王之德之純，至純亦不已云者，以言聖人非由一朝一夕之積，其所由來者久矣，故亦無窮已也。

〇顧元常曰：此章子思子之於道，極其稱贊之辭也。夫有是理謂之至誠，則至誠云者，子思子所以名此道也。由是曰無息，曰久，曰徵，曰悠遠，曰博厚，曰高明，皆稱贊之辭也。

〇錢子是曰：人見其章也，而實不見也；人見其變態萬狀也，而實不動也；人見其無所不成也，而實未嘗有所爲也。舜受堯禪，庶務衆職，從頭整頓，若不勝其繁矣，而曰無爲。禹乘四載八年於外，三過其門而不入，若不勝其多事矣，而曰行其所無事。文王受命伐犬戎，伐密須，敗耆國，伐邗伐崇而又作邑遷都，若不勝其擾擾矣，而曰不識不知。嗚呼！此豈囿形泥象者所可知哉！

〇周謂曰：言天地而復言山與水者，天地之所結者莫大乎山，而所融者莫大乎水，故復言之，以喻其悠久之道也。山非無貨財，以興寶藏爲主；水非無寶藏，以殖貨財爲主。①

〇黎立武曰：“維天之命，於穆不已”，忠也；“乾道變化，各正性命”，恕也。天之忠恕即《乾》之中庸，即《乾》之誠化，即乾元之仁，

① 《禮記集説》卷一百三十四，《中庸》第三十一，《通志堂經解》第13册，415－416頁。

惟至誠盡性，參天地，贊化育，天道在聖人矣。[①]

〇毛奇齡曰：至誠之配天地如此，然但舉文王者，所以起仲尼不爲天子而亦與天地同大之意。[②]

〇蔣伯潛曰："於乎不顯"之"不"同"丕"（意爲大）。[③]

大哉聖人之道！洋洋乎！發育萬物，峻極于天。優優大哉！禮儀三百，威儀三千。待其人而後行。故曰苟不至德，至道不凝焉。故君子尊德性而道問學，致廣大而盡精微，極高明而道中庸。温故而知新，敦厚以崇禮。是故居上不驕，爲下不倍，國有道其言足以興，國無道其默足以容。《詩》曰"既明且哲，以保其身"，其此之謂與！

〇上第二十七章。朱子曰：言人道也。又，峻，高大也。此言道之極於至大而無外也。又，優優，充足有餘之意。禮儀，經禮也。威儀，曲禮也。此言道之入於至小而無閒也。又，至德，謂其人。至道，指上兩節而言也。凝，聚也，成也。又，尊者，恭敬奉持之意。德性者，吾所受於天之正理。道，由也。温，猶燖温之温，謂故學之矣，復時習之也。敦，加厚也。尊德性，所以存心而極乎道體之大也。道問學，所以致知而盡乎道體之細也。二者修德凝道之大端也。不以一毫私意自蔽，不以一毫私欲自累，涵泳乎其所已知，敦篤乎其所已能，此皆存心之屬也。析理則不使有毫釐之差，處事則不使有過不及之謬，理義則日知其所未知，節文則日謹其所未謹，此皆致知之屬也。蓋非存心無以致知，而存心者又不可以不致知。故此五句，大小相資，首尾相應，聖賢所示入德之方，莫詳於此，學者宜盡心焉。又，倍，與背同。興，謂興起在位也。《詩·大雅·烝民》之篇。[④]

---

① 《中庸分章》，景印文淵閣《四庫全書》第200册，732頁。

② 《續禮記集説》卷八十九，《中庸》，《續修四庫全書》第102册，577頁。

③ 《中庸讀本》，43頁，《語譯廣解四書讀本》。

④ 《中庸章句》第二十七章，《四書章句集注》，36頁。

〇又曰：大抵"尊德性"等此五句，承章首道體大小而言，故一句之内，皆具大小二意。如德性也，廣大也，高明也，故也，厚也，道之大也；問學也，精微也，中庸也，新也，禮也，道之小也。尊之，道之，致之，盡之，極之，道之，温之，知之，敦之，崇之，所以修是德而凝是道也。以其於道之大小無所不體，故居上居下，在治在亂，無所不宜。此又一章之通旨也。①

〇又曰："大哉聖人之道!"此一段，有大處，做大處；有細密處，做細密處；有渾淪處，做渾淪處。又，即春生夏長、秋收冬藏便是聖人之道。不成須要聖人使他發育，方是聖人之道。"峻極于天"，只是充塞天地底意思。又，"禮儀三百，威儀三千，優優大哉!"皆是天道流行，發見爲用處。又，聖人將那廣大底收拾向實處來，教人從實處做將去。聖人雖説本體如此，及做時，須事事著實。又，"極高明"是言心，"道中庸"是言學底事。立心超乎萬物之表，而不爲物所累，是高明；及行事則恁地細密，無過不及，是中庸。又，若能不以一毫私意自蔽，則其心開闊，都無此疆彼界底意思，自然能"致廣大"；惟不以一毫私欲自累，則其心峻潔，决無污下昏冥底意思，自然能"極高明"。又，私意是心中發出來要去做底。今人説人有意智，但看此"意"字，便見得是小，所以不廣大。私欲是耳目鼻口之欲，今纔有欲，則昏濁沉墜，即不高明矣。又，"尊德性、致廣大、極高明、温故、敦厚"，皆是説行處；"道問學、盡精微、道中庸、知新、崇禮"，皆是説知處。又，"極高明"須要"道中庸"，若欲高明而不道中庸，則將流入於佛老之學。又，"敦厚以崇禮"，厚是資質恁地樸實，敦是愈加他重厚，此是培其基本。又，"温故"，只是存得這道理在，便是"尊德性"。"敦厚"，只是箇樸實頭，亦是"尊德性"。又，温故自知新，"而"者，順詞也。敦厚者又須當崇禮始得。"以"者，反説上去也。又，自"尊德性"至"敦厚"，凡五件，皆是德性上工夫；自"道問學"至"崇禮"，皆是問學上工夫。須是横截斷看。問學工夫，節目却多；尊德性工夫甚簡約。上面一截便是

---

① 《中庸或問》下，《朱子全書》第六册，601頁。

一箇坯子，有這坯子，學問之功方有措處。又，爲學纖毫絲忽，不可不察。若小者分明，大者越分明。如《中庸》説“發育萬物，峻極于天”，大也；“禮儀三百，威儀三千”，細也。“尊德性、致廣大、極高明、温故、敦厚”，此是大者五事；“道問學、盡精微、道中庸、知新、崇禮”，此是小者五事。然不先立得大者，不能盡得小者。此理愈説愈無窮，言不可盡，如“小德川流，大德敦化”，亦此理。千蹊萬壑，所流不同，各是一川，須是知得，然其理則一。又，蓋能尊德性，便能道問學，所謂本得而末自順也。其餘四者皆然。本即所謂“禮儀三百”，末即所謂“威儀三千”。“三百”即“大德敦化”也，“三千”即“小德川流”也。又，聖賢之學，事無大小，道無精粗，莫不窮究無餘。至如事之切身者，固未嘗不加意；而事之未爲緊要，亦莫不致意焉。所以《中庸》所言五句十件事，無些子空闕處。又，“尊德性而道問學”本是兩事，細分則有十事。其實只兩事，兩事又只一事。只是箇“尊德性”，却將箇“尊德性”來“道問學”，故言。又，“尊德性、道問學”一段，“博我以文，約我以禮”，兩邊做工夫都不偏。又，“尊德性而道問學”一句是綱領。此五句，上截皆是大綱工夫，下截皆是細密工夫。“尊德性”，故能“致廣大、極高明、温故、敦厚”。“温故”是温習此，“敦厚”是篤實此。“道問學”，故能“盡精微、道中庸、知新、崇禮”。其下言“居上不驕，爲下不倍。國有道，其言足以興；國無道，其默足以容”。舉此數事，言大小精粗，一齊理會過，貫徹了後，盛德之效自然如此。又，“大哉聖人之道！洋洋乎發育萬物，峻極于天！”是言道體之大處。“禮儀三百，威儀三千”，是言道之細處。只章首便分兩節來，故下文五句又相因。“尊德性”至“敦厚”，此上一截，便是渾淪處；“道問學”至“崇禮”，此下一截，便是詳密處。道體之大處直是難守，細處又難窮究。若有上面一截，而無下面一截，只管道是我渾淪，更不務致知，如此則茫然無覺。若有下面一截，而無上面一截，只管要纖悉皆知，更不去行，如此則又空無所寄。如有一般人實是敦厚淳樸，然或箕踞不以爲非，便是不崇禮。若只是去理會禮文而不敦厚，則又無以居之。所以“忠信之人可以學禮”，便是“敦厚以崇禮”。又，《中庸》自首章以下，多是對説將來。不知它古人如何做得這樣文字，直是恁地整齊！某初看《中庸》，都理會不得云云。只管讀來讀去，方見得許多章段分明。蓋某癖性，讀書須先理會得這樣分曉了，方去涵泳它義理。後來讀得熟後，方見得是子思參取夫子之説，著爲此書。自是沉潛反覆，逐漸得其旨趣，定得今《章句》一篇。其擺布得來，直恁麽細密！①

〇程子曰：《中庸》言“禮儀三百，威儀三千”，方是説“優優大哉”，又却非如異教之説，須得如枯木死灰以爲得也。又，“極高明而道中庸”，非是二事。中庸，天理也，天理固高明，不極乎高明，不足以“道中庸”，中庸乃高明之極。

〇張子曰：“尊德性而道問學，致廣大而盡精微，極高明而道中庸”，皆逐句爲一義，上言重，下語輕。“尊德性”猶“據於德”，德性須尊之。道，行也。問，問得者；學，行得者，猶學問也。“尊德性”須是將前言往行、所問所知以參驗，恐行有錯。“致廣大”須“盡精微”，不得鹵莽。“極高明”須道中庸之道。

〇吕大臨曰：道之在我者，德性而已，不先貴乎此，則所謂問學者，不免乎口耳爲人之事而已。道之全體者，廣大而已，不先充乎此，則所謂精微者，或偏或隘矣。道之上達者，高明而已，不先止乎此，則所謂中庸者，同污合俗矣。温故知新，將以進吾知也；敦厚崇禮，將以實吾行也。知崇禮卑至于成性，則道義皆從此出矣。居上而驕，知上而不知下者也；爲下而倍，知下而不知上者也。國有道，不知言之足興，知藏而不知行者也；國無道，不知默之足容，知行而不知藏者也。是皆一偏之行，不蹈乎時中。惟明哲之人，知上知下，知行知藏，此所以卒“保其身”者也。②

〇饒魯曰：《章句》“極於至大而無外”，即前章“語大，天下莫能載焉”之意；“入於至小而無間”，即前章“語小，天下莫能破焉”之意。又，此章三節，首言吾道之大，而所以體之者在乎德；次言德根於

① 《朱子語類》卷第六十四，《中庸》三，第二十七章，第四册，1584—1591頁。

② 《中庸輯略》卷下，第二十七章，98—99頁，《朱子全書外編》第一册。

性，而所以存養者在乎敬，所以充積者在乎學；末言道全德備，則其所以施之於用者，無適而不宜。考之一篇之中，其論學問之道，綱目備而首尾詳，未有過於此章者也。

〇胡炳文曰：讀此者往往因陳氏謂存心是力行工夫，遂疑高明、温故、知新屬知，殊不知《章句》但曰存心致知，未嘗曰力行致知。朱子不曰尊德性所以力行，而必曰存心，何也？《大學·補傳》取程子《或問》十二節，即致知之事，末後五節所以涵養本原之地，即存心之事也。若謂存心便是力行，下文有曰非存心無以致知，謂之非力行無以致知，可乎？大抵先要看本文“大”字與“尊”字，道體至大，心體本亦至大，尊之則能存此心之大，所以能極乎此道之大。恐未便説到力行處，竊以爲存心不過是存其心體之本然者，致知是欲推極夫事理之當然者。心體本自廣大，不以私欲蔽之，即謂之致；心體本自高明，不以私欲累之，即謂之極；已知者温之，而涵泳之味深；已厚者敦之，而持守之力固；此皆存其心之本然者也。然心之廣大，自具精微之理，不學則於理便易有毫釐之差；心之高明，自有中庸之則，不學則於事易有過不及之謬；故之中有無限新意，不學則不能新，雖温故亦不能以盡精微；敦厚之外有多少節文，不學則不能崇禮，雖敦厚亦不能以道中庸。中庸即是精微之極致，究其極，一而已矣，凡此皆推極夫事理之當然者也。蓋道體極於至大而無外，非淺陋之胸襟所能容，所以不可不存夫心體之本然者；道體入於至細而無間，非粗踈之學問所能悉，所以不可不極夫事理之當然者。要之，存心不大，故用力不自蔽不自累足矣，涵泳乎此敦篤乎此足矣，不必於其中又分知與行，若致知工夫其中却自兼行而言，非十分細密不可也。或曰書以“中庸”名，自第二章以後提起中庸言者凡七，皆孔子之言也，中庸之道在知與行，子思於此，以道中庸偏爲學問致知之事，何也？愚謂首章子思所言未發之中也，即此所謂德性是也；戒慎恐懼即此所謂恭敬奉持之意，其引孔子言中庸皆已發之中也，擇而行之莫先於致知，此以道中庸屬學問之事何疑。曰尊德性以下皆有“而”字，見得存心致知是兩事，末於敦厚崇禮不曰“而”，而曰“以”，何也？愚謂下“而”字則重在下股，謂存心不可以不致知；下

"以"字則重在上股，謂非存心無以致知也。[①]

○景星曰：此道即率性之道，謂雖天下所共由，而非聖人不能盡，故獨歸聖人。亦猶前章道雖愚夫愚婦可知可行，而非君子不能知行也。又，言道之極於至大，指其形於氣化者言。又，言道之入於至小，指其形於人事者言。又，費隱章言天地之道，道之體也；此言聖人之道，聖人之功業，言道之用也。又，至德便是人，至道便是發育萬物之類。又，夫道之爲體，其大無外，其小無内，君子之學既能尊德性以全其大，便須道問學以盡於小。此君子指學者説。德性是受於天者，尊之即存養本原之謂；學問是資於人者，道之即推極事理之謂。此二事正程子所謂"涵養須用敬，進學則在致知"之謂也。然非尊德性則不能道問學，既尊德性不可不道問學。尊、致、極、温、敦五字爲存心工夫，道、盡、道、知、崇爲致知工夫。又，首言尊德性而道問學，致廣大而盡精微，則先行而後知；繼言極高明而道中庸，温故而知新，敦厚以崇禮，則先知而後行。欲盡修德凝道工夫，則知行二者當先後交勉而並進。又，明哲只是曉天下之事，順理而行，自然災害不及其身，非見幾知微之謂也。明哲總上修德凝道言，保身總上不驕不倍足以興容言。[②]

○船山曰：言人道者至此章而歸於德，言天道者至三十章而歸於德，蓋前此諸章之歸墟而君子之道近裏切己之實際也。又，"發明"，廣大也。"峻極"，高明也。又，"至小無間"，精微中庸也。又，"故學之"，"復習之"，雖格物之功，而心恒識乎理而不忘，則實存心之切務也。孔子之默識，伊尹之克念，顔子之服膺，皆此也。非此而言存心，釋氏所謂"三喚主人"者耳。君子之學盡人道以異於禽獸者，此而已矣。禽獸有新而無故，故犬牛皆謂之性，而爲不德之性。德者得於心也。釋氏不知，謗之曰法執，曰我所，曰知見雜毒，欲毁人而禽爾。姚江王氏譏"傳不習乎"爲曾子未聞道之言，其率獸食人久矣。又，"存

---

① 《四書通·中庸通》，《通志堂經解》第15册，425頁。詳亦可參閲《大學研讀》"格物致知"傳章。

② 《大學中庸集説啓蒙·中庸》卷下，景印文淵閣《四庫全書》第204册，1072—1075頁。

心之屬”，正心誠意也。“致知之屬”，致知格物也。此《大學》《中庸》合符之教也。“去私意之蔽而涵泳其所已知”，正心也。“去私欲之累而敦篤其所已能”，誠意也。又，日知其所未知，析理益精，知之至也。節文日謹，處事益密，物之格也。又，此篇首章先存養而後省察，末章先省察而後存養，《大學》既云“欲正其心者先誠其意，欲誠其意者先致其知，致知在格物”，是修身之功以正心爲主，三者爲輔矣。又云“物格而后知至，知至而后意誠，意誠而后心正”，是身修之功以物格爲始，心正爲成，此學者之所疑也。乃《大學》固云“在止於至善”，而《章句》云“知止爲始，四者一之未盡，不可謂至善，學焉而偏有主，不可謂知止”，故於此云“大小相資，首尾相應”，其義著矣。夫四者於入德之始，求備而不偏，固學者之所難，而夫子已曰“先難”，孟子已曰“大匠不爲拙工改廢繩墨，羿不爲拙射變其彀率”，未有恤其難而故爲之偏致者也。“學者所宜盡心”，盡此之謂也。然則學之固無其序乎？非無序也，四者各自以漸而進，而非急其一而姑置其三也。又，此節所謂“道凝”也。“凝”者，保聚於已而不輕動之意，德盛待位與時而後行也。驕倍而不足興，不足容，則雖習於聖人之道，而涼德之功不足以載之。①

〇又曰：蓋“發育萬物”即下所謂“廣大”，絶去已私，而以廓然大公之理待人物，則人物皆發起於善，而得遂其長育。“峻極于天”即下“高明”，人欲净盡，不下與流俗相雜，而物莫能蔽，則超出物表，而與天同其虚明。此聖人之道之體，待君子致之極之，而後凝以行也。“禮儀”則中庸之定則，“威儀”則精微之密用。此聖人之道之用，待君子盡之道之，而後凝以行也。“尊性”“道學”之功，必與聖人之道相應，而後其“至德”與“至道”相符。此亦誠之者與天道之聖合德之意。又，惟有至德者，求盡於已而大明於時位之宜，然後道凝，而或行或不行皆合於中也。②

---

① 《禮記章句》卷三十一，《中庸》第二十七章，《船山全書》第四册，1300—1304頁。

② 《四書箋解》卷二，《中庸》，“大哉聖人”章，《船山全書》第六册，153—154頁。

〇又曰：此章以君子修德而言，故須上引聖道之大，以著其功之所自準，而其後但以凝道爲要歸，而更不言行道。凝也者，道之有於心也。行也者，道之措於事也。有於心而後措於事，故行在凝之後。待第二十九章言本身、徵民，而後言行。則方其修德，固以凝爲期，而未嘗期於行也。又，要此以聖道之大者爲言，而優優之大用，又必德位相資而後可行者。故於“精微”盡之，“中庸”道之，“新”知之，“禮”崇之，使斯道體驗於己，而皆有其條理，則居上可以行，而爲下則雖不行而固已凝矣。此子與顔淵論治，所以可損益四代之禮樂，而非以爲倍，亦凝也而非行也。至於孔子作《春秋》，而行天子之事，則固在從心不逾矩之餘，變化達天，而非君子修德凝道之所至。是以《中庸》言聖，必推其合天，言君子則但推其合聖，亦自然不可齊之分數也。蓋此章所謂道，與第十三章、十五章言“君子之道”者不同。此聖人盡性參天、創制顯庸之大用，必時位相配，而後足以行。非猶夫子臣弟友，隨地自盡之道，無日無地而可不行，則必以力行爲亟也。而“道中庸”者，但顔子之拳拳服膺而即然，非必如大舜之用中於民；“崇禮”者，孔子之學三代而即然，非必周公之成德也。①

〇又曰：天以其誠而命乎人，故誠者爲天之道；人能誠身以合乎天，故誠之者爲人之道。乃道者，天所固然，而人所當然者也。又，故其以學問致其知者，不得任意營爲，而必遵古之所制，酌今之所宜。又，蓋言保身者，身以載道，道重而身不得輕，亦身安而後道乃可行，故君子甚重乎其凝之也。又，君子修其至德，而聖人之道備在君子矣。②

〇吕留良曰：看下文一“待”字，可知數千五百年無人行，聖人之道長在。聖人之道之妙，正就三千三百上見。“温”“敦”字，是已精加精意。非敦厚無以崇禮，而敦厚者又不可以不崇禮，此以上四句每句中都有兩意。“明哲”是見得事物道理分明，“保身”是所行必無危殆之

① 《讀四書大全説》卷三，《中庸》第二十七章，《船山全書》第六册，561—565頁。

② 《四書訓義》（上）卷四，《中庸》三，第二十七章，《船山全書》第七册，207—211頁。

道，固非見幾趨避，先占便宜之謂，亦不單就無道默容言也。[1]

〇汪紱曰：前言致曲能化，成己成物，則人道亦仁至知盡，無不誠無不明矣；此章合下二章，又承上章至誠之勇，而言君子以戒懼慎獨、擇善固執之功，而體聖人之道，以至於不倍不驕，則亦不息之功而爲人道之勇也。盡精微，極高明，皆知也；致廣大，道中庸，皆仁也；温故知新，敦厚崇禮，皆勇也。以體用言之，則尊德性仁也，道問學知也，而尊之道之者則勇也。蓋知仁勇德性之本，然而不加以問學之功，則又無以去夫氣質之拘，以盡其德性之量；問學之事，人所共由，而不先之以尊德性，則又無以爲問學之地，而其所問學者不過章句之末，爲人之事而已矣。而言人道之勇，故言工夫爲加詳焉，前章所謂致曲，所謂誠之，皆不外是以爲功也，其實生安之聖亦未嘗不以此自居，若孔子十五志學，而立，不惑，以至知命，耳順，從心，所可見也。二者廢其一，皆無以修德凝道，一於尊德性則流而異學，一於道問學則流而俗學矣。朱子居敬立本，即尊德性也，致知踐實，則道問學也，故博文約禮，兩臻其至，大小畢盡而爲聖人。若象山之立大，則看來似尊德性，而以讀書窮理爲外養，則既廢問學之功矣。又謂主敬存誠皆爲妄見，則其所以尊德性者，果安在哉！蓋廢問學而專言尊德性者，其弊必至於此，此直是異端而爲儒者之賊，乃吴草盧顧謂，陸氏之學尊德性爲多，朱子之學道問學爲多。亦多見其謬矣。[2]

〇鄭玄曰：育，生也。峻，高大也。言爲政在人，政由禮也。凝，猶成也。又，德性，謂性至誠者。道，猶由也。問學，學誠者也。廣大，猶博厚也。温，讀如“燖温”之温，謂故學之孰矣，後時習之，謂之温。又，興，謂起在位也。保，安也。

〇孔穎達曰：“大哉”至“凝焉”，此一節明聖人之道高大，苟非至德，其道不成。洋洋，謂道德充滿之貌，天下洋洋然。育，生也。峻，高也。言聖人之道高大，與山相似，上極于天也。優優，寬裕之貌。聖

① 《四書講義》卷二十九，《中庸》六，中册，623—626頁。

② 《四書詮義》上，卷四，《中庸》，《叢書集成三編》第10册，470—473頁。

人優優然寬裕其道。又，《周禮》有三百六十官，言“三百”者，舉其成數耳。《儀禮》行事之威儀，雖十七篇，其中事有三千。言三百、三千之禮，必待賢人，然後施行其事。凝，成也。古語先有其文，今夫子既言三百三千，待其賢人始行，故引古語證之。苟，誠也。不，非也。苟誠非至德之人，則聖人至極之道不可成也。俗本“不”作“非”也。又，“故君”至“崇禮”，此一節明君子欲行聖人之道，當須勤學。前經明聖人性之至誠，此經明賢人學而至誠也。謂君子賢人尊敬此聖人道德之性，自然至誠也。言賢人行道，由於問學。謂勤學乃致至誠也。廣大，謂地也。言賢人由學能致廣大，如地之生養之德也。而盡精微，謂致其生養之德。既能致於廣大，盡育物之精微，言無微不盡也。高明，謂天也。言賢人由學，極盡天之高明之德。道，通也。又能通達於中庸之理也。又，言賢人由學，既能温尋故事，又能知新事也。又，言以敦厚重行於學，故以尊崇三百、三千之禮也。又，“是故”至“謂與”，此一節明賢人學至誠之道，中庸之行，若國有道之時，盡竭知謀，其言足以興成其國。興，謂發謀出慮。若無道之時，則韜光潛默，足以自容其身，免於禍害。此《大雅·烝民》之篇，美宣王之詩。言宣王任用仲山甫，能顯明其事任，且又哲知，保安全其己身。言中庸之人亦能如此，故云“其此之謂歟”![①]

〇于有成曰：前論聖人之道必歸於禮，次論君子求聖人之道亦必歸於禮。君子尊德性有若茫昧者矣，未始無道問學之實；致廣大有若浩渺者矣，未始無盡精微之要；極高明有若超出於無外者矣，未始無道中庸之常。以尊德性，致廣大，極高明，是上達者之事也；君子猶且道問學，盡精微，道中庸，盡心於下學之事。猶未已也，温故而知新，其心愈小，不自以爲窮神知化；敦厚以崇禮，其道愈降，不自以爲超出無形。以君子之求道，一本於其實，而不爲嶄絶崖異者，如此學者其可不三復斯章，有以見中庸之道，誠非異端之所可共論也！此章前後相爲表裏，宜反覆玩味之。

① 《禮記正義》卷第六十至六十一，《中庸》第三十一，下册，2032、2037—2038頁。

〇奚士達曰：既崇禮而且加之以篤厚焉，於以見古人務學之實，如此欲觀吾夫子者，觀諸《鄉黨》一書，則其敦厚崇禮之氣象，可以見其爲學矣。彼以禮爲聖人之爲忠信之薄者，烏足以語此！①

〇《日講四書解義》曰：修凝之君子知其道至大，其功至難。吾所受於天之理曰德性，則必恭敬奉持，戒慎恐懼以極其尊之之功；而所以輔成其德性者曰問學，又必格物致知精察體驗，以盡其道之之事。然是尊與道非可以一端盡也，蓋德性本自廣大，有以蔽之斯狹小矣，惟祛其私意以推致夫本原，而廣大之中，原非空疏無物，必由問學以晰其事理之精微，而勿使有毫髪之謬焉；德性本自高明，有以累之斯卑暗矣，惟去其私欲以上達昭融，而高明之内，原非詭僻不經，必由問學以率乎日用之中庸，勿使有過不及之弊焉；德性之已知本我，故物則勿忘勿助，涵泳以温之，而又由問學以充拓理義，俾見其日新之詣焉；德性之已能本極醇厚，則不雕不琢，培養以敦之，而又由問學以體尚節文，俾底於日崇之域焉。夫如是，尊德性以植問學之本，又道問學以滿德性之量，則修德之功既至，而至道有不凝者乎？所以君子知修凝之功，全在存心致知二者。心不存則私欲錮蔽，大本已失，固無一而可心存；而知不致則天下事事物物皆得扞格我聰明，眩惑我耳目，是非顛倒，黑白混淆，此心雖存，安能擴充其功用而建無窮之盛德大業哉！聖賢示人入德之方，莫切要於此矣。②

〇陈柱曰：聖人之道，中庸之道也；中庸之道，至誠之道也。

〇康有爲曰：故，古也。德性者，天生我明德之性，附氣質之中，而昭靈不昧者也。粗者爲和氣，精者爲神明。古稱明德，後世稱爲義理之性，或言靈魂，或言性識，諸説之名不同，其發明此實則一也。尊者，以奉持德性爲主也。然人間世與接爲搆，事理物理，無盡也。非假途問學，雖生知之聖，亦不能通其名物象數，况其他乎？故以問學爲道路也。由此達彼，非由道路不能通至，故尊德性而不道問學，猶人終身

① 《禮記集説》卷一百三十四，《中庸》第三十一，《通志堂經解》第13册，418頁。

② 《日講四書解義》卷三，《中庸》下，景印文淵閣《四庫全書》第208册，68—69頁。

整潔一室，而不覽天下山川之美。若道問學而不尊德性，則終身徬徨道路，則絕無一日家室之安。且足迹不出户庭者，廣廈之敷陳必俗，堂室之結構不奇；終身不歸家室者，雖遊覽時或有懽，然而棲皇必嗟羈旅。故二者合之則雙美，離之則兩傷。此孔子之正道，子思所親傳，學者守此，自不至惑於歧途也。既知尊德性、道問學之正軌，則德性患於褊陋，學問患於隘陋，故貴廣大焉。德性則一體萬物，學問則博極古今，庶幾致廣大矣。凡廣大者每患粗疏，故德性則含元吐精，通微合漠；學問則精義入神，微妙難識，庶幾盡精微矣。德性每患於卑污，學問亦苦於濁下，又貴高明焉。德性如青天蒼蒼，白日明明；學問如登峰造極，燃燭照犀，亦庶幾極高明矣。凡人高明者每患偏奇，故德性則履中和之極，蹈規矩之常；學問則發人道之中，順天理之正，庶幾道中庸矣。然天人進化，無有窮盡，不可守舊以自安；凡已過之故迹，可温尋考驗以證其得失；凡未著之新理，可深思力索，以知其變通。若夫由德性問學而施之於行，則務本於仁，而敦加其厚，必崇夫禮而節之以文，此言孔子之聖，無所不備。①

〇楊少涵曰：尊德性即是尊崇天命之性，是從未發之性上做工夫，是先天工夫；道問學即是博學於禮，是從本體之發用上做工夫，是後天工夫。同理，廣大、高明、故、厚等同德性一樣，都是指天命之性而言，都是從道德本體來説的，那麼致廣大、極高明、温故、敦厚等亦同尊德性一樣，都屬於先天工夫的序列。與此相對，精微、中庸、新、禮等，也同問學一樣，都是指禮而言，於是盡精微、道中庸、知新、崇禮等，也同道問學一樣，都屬於後天工夫的序列。②

子曰："愚而好自用，賤而好自專，生乎今之世，反古之道。如此者，烖及其身者也。"非天子，不議禮，不制度，不考文。今天下車同軌，書同文，行同倫。雖有其位，苟無其

① 《中庸通義　中庸注參》，37、112—113頁。

② 《中庸哲學研究》，238—241頁。

德，不敢作禮樂焉；雖有其德，苟無其位，亦不敢作禮樂焉。子曰："吾説夏禮，杞不足徵也；吾學殷禮，有宋存焉；吾學周禮，今用之，吾從周。"

〇上第二十八章。朱子曰：承上章爲下不倍而言，亦人道也。又，烖，古災字。反，復也。禮，親疏貴賤相接之體也。度，品制。文，書名。今，子思自謂當時也。軌，轍迹之度。倫，次序之體。三者皆同，言天下一統也。又，鄭氏曰："言作禮樂者，必聖人在天子之位。"杞，夏之後。徵，證也。宋，殷之後。三代之禮，孔子皆嘗學之而能言其意；但夏禮既不可考證，殷禮雖存，又非當世之法，惟周禮乃時王之制，今日所用。孔子既不得位，則從周而已。[①]

〇又曰：當是之時，周室雖衰而人猶以爲天下之共主，諸侯雖有不臣之心，然方彼此爭雄，不能相尚，下及六國之未亡，猶未有能更姓改物，而定天下於一者也。則周之文軌，孰得而變之哉？[②]

〇又曰：有位無德而作禮樂，所謂"愚而好自用"；有德無位而作禮樂，所謂"賤而好自專"。居周之世，而欲行夏殷之禮，所謂"居今之世，反古之道"，道即指"議禮、制度、考文"之事。議禮所以制行，故"行同倫"；制度所以爲法，故"車同軌"；考文所以合俗，故"書同文"。又，此之謂書名，是那字底名。又，"考文"者，古者人不甚識字，字易得差，所以每歲一番，使大行人之屬巡行天下，考過這字是正與不正。這般事有十來件，每歲如此考過，都匝了，則三歲天子又自巡狩一番。須看它這般做作處。[③]

〇侯仲良曰：末引夫子言，明三代之禮皆可沿革也。宋、杞不足徵，吾言則不言，周禮今用之，則吾從周，此孔子之時中也。顔淵問爲邦，子曰："行夏之時，乘殷之輅，服周之冕，樂則韶舞。"此沿革之大旨也，通天下、等萬世不弊之法也。使孔子而有位焉，其獨守周之文而

① 《中庸章句》第二十八章，《四書章句集注》，36—37頁。

② 《中庸或問》下，《朱子全書》第六册，601頁。

③ 《朱子語類》卷第六十四，《中庸》三，第二十八章，第四册，1592—1593頁。

不損益乎？①

○胡炳文曰：孔子所學周禮即周公所制之禮，第十八、十九章言周公制周之禮，有其位而有其德也；此章言孔子從周之禮，有其德無其位者也。章末數語較之《論語》有二疑，《語》曰："夏禮吾能言之，杞不足徵也；殷禮吾能言之，宋不足徵也。"此曰"杞不足徵"，而"有宋存焉"，豈非以春秋之時杞去夏已遠，而宋去殷猶未遠歟？杞文獻不足，宋或典籍散遠而文籍猶有存歟？或先哲凋謝，而賢者猶有存歟？《語》曰"如用之，則吾從先進"，此曰"今用之，吾從周"，豈不以周禮至春秋之時，已非復周公制作之舊，"如用之"者，孔子設言其或用禮樂，則如此；"今用之"者，孔子明言，天下之所通用者，今如此也。孔子雖不欲狥時俗之弊，而亦不敢不循時王之制也，此所以爲孔子之時中也。②

○景星曰：此承上章末意而引此言，自用自專者皆非明哲之道也。如下文有位無德而作禮樂，即是"愚而好自用"；有德無位而作禮樂，即是"賤而好自專"；居周之世而欲用夏殷之禮，則是反古之道。又，議禮如有虞氏貴德而尚齒，夏后氏貴尊而尚齒，商人貴爵尚齒，周人貴親尚齒之類。制度考文如《虞書》同律度量衡之類。車同軌，應制度；書同文，應考文；行同倫，應議禮。譬如，古者車軌皆闊六尺六寸，或不依此制車，亦杌棿不可行，故曰同軌。倫，次序之禮。次序如等威節文之類，禮如辨上下，定民志，君臣父子貴賤尊卑之禮，天子制禮，通上下共行之，故曰同倫。又，從周與《論語》所言不同。彼之所從，從西周之文盛者也，即從先進之意；此之所從，從當時之制者也。以此觀之，使聖人得位，必作禮樂而不專於從周；以彼觀之，則夫子斟酌禮樂雖兼四代，要其從前代者，必不多於從周也。二者兼言，並行而不相悖，此可見孔子雖不欲徇時俗之弊，而亦不敢不循時王之制，此所以爲

---

① 《中庸輯略》卷下，第二十八章，102—103頁，《朱子全書外編》第一册。

② 《四書通·中庸通》，《通志堂經解》第15册，426頁。其實，如孔穎達所説："此云'杞不足徵'，即宋亦不足徵；此云'有宋存焉'，則杞亦存焉。互文見義。"（《禮記正義》卷第六十一，《中庸》第三十一，下册，2041頁）此正可解胡氏之疑。

孔子之時中也。又，夏禮曰“説”，殷禮曰“學”，蓋孔子殷人也，則宋猶能用殷禮未盡壞，但非當世所用耳。《中庸》所記聖言，過於《論語》之精。[①]

〇船山曰：聖人備百王之道而必守爲下之義以從時，於此而可見凝道者之氣象，亦可以知至德之藏矣。[②]

〇又曰：在孔子之必從周者，以時也。孔子即大用於當時，亦不得擅改周制。必若周公居鼎革之際，方得成其制作之功。若能説夏禮，便純用夏禮，既學殷禮，便純用殷禮，方是反古。[③]

〇又曰：夫欲定一王之大典，而爲天下之共遵，則有三焉：德也，位也，時也。三者缺一焉，不足以乘權而建極矣。又，夫夫子於夏於殷，説之學之，而所從唯周，則夫子之時爲之，亦文、武之位爲之也。唯夫子亦從時王之制，故道大而不足爲累，德至而道益以凝。然則君子修德之極功，以義命自安，而道凝於己，亦與聖人時措之宜同其消息，不可見乎！[④]

〇吕留良曰：今天下之所以同軌文倫，從天子來，天子者，即下文注所謂“聖人在天子之位”，蓋指文武周公也。子思自謂當時，乃今天下不制考議之時，不指制考議之天子也。若子思時之天子，正是有位無德，不敢作禮樂之人，亦在爲下不倍義例中，豈議禮制度考文者乎？今天下之所以同軌文倫，而尊如時君，聖如孔子，皆不敢作禮樂，正爲今天下之禮度文皆從文武周公來，所以大同一統如此之盛，雖有當更定者，而時無德位並隆之人，皆當守不倍之義，雖時君不敢以愚而自用，雖孔子不敢以賤而自專也。[⑤]

〇汪紱曰：此章言爲下不倍，以見人道之勇，蓋惟修德凝道者，乃

---

① 《大學中庸集説啓蒙·中庸》卷下，景印文淵閣《四庫全書》第 204 册，1075—1076 頁。

② 《禮記章句》卷三十一，《中庸》第二十八章，《船山全書》第四册，1305 頁。

③ 《讀四書大全説》卷三，《中庸》第二十八章，《船山全書》第六册，566 頁。

④ 《四書訓義》(上) 卷四，《中庸》三，第二十八章，《船山全書》第七册，212—215 頁。

⑤ 《四書講義》卷二十九，《中庸》六，中册，626—628 頁。

能不倍。周制車六尺六寸，書文用篆籀，倫即文武所議之禮。惟君子修德凝道，則於理無不明而又無私心以行之，是以能盡爲下之道而一無所倍，非第不敢作禮樂之謂也。然孔子之用周禮，從先進，亦可見不倍之一端矣。然或謂欲人以孔子之從周爲法則，亦非章意。君子本修凝來自能不倍，非猶待效法者也，若孔子者乃正不倍其人耳。①

〇鄭玄曰：反古之道，謂曉一孔之人，不知今王之新政可從。又，此天下所共行，天子乃能一之也。禮，謂人所服行也。度，國家宫室及車輿也。文，書名也。今，孔子謂其時。又，言作禮樂者，必聖人在天子之位。徵，猶明也。吾能説夏禮，顧杞之君不足與明之也。吾從周，行今之道。

〇孔穎達曰："子曰"至"樂焉"，上經論賢人學至誠，商量國之有道無道，能或語或默，以保其身。若不能中庸者，皆不能量事制宜，必及禍患。又因明己以此之故，不敢專輒制作禮樂也。又，此謂尋常之人，不知大道。若賢人君子，雖生今時，能持古法。故《儒行》云"今人與居，古人與稽"是也。俗本"反"下有"行"字，又無"如此者"三字，非也。今，謂孔子時。車同軌，覆上"不制度"，書同文，覆上"不考文"。"行同倫"，倫，道也。言人所行之行，皆同道理。覆上"不議禮"。當孔子時，禮壞樂崩，家殊國異，而云此者，欲明己雖有德，身無其位，不敢造作禮樂，故極行而虚己，先説以自謙也。又，徵，成也，明也。孔子言：我欲明説夏代之禮，須行夏禮之國贊而成之，杞雖行夏禮，其君暗弱，不足贊而成之。宋行殷禮，故云"有宋存焉"。但宋君暗弱，欲共贊明殷禮，亦不足可成，故《論語》云"宋不足徵也"。此云"杞不足徵"，即宋亦不足徵；此云"有宋存焉"，則杞亦存焉。互文見義。既杞、宋二國不足明，已當不復行前代之禮，故云"吾從周"。案：實際上，孔子是諸侯禮法則從周，身之所行，雜用殷禮也。②

---

① 《四書詮義》上，卷四，《中庸》，《叢書集成三編》第 10 册，473—475 頁。

② 《禮記正義》卷第六十一，《中庸》第三十一，下册，2038—2041 頁。鄭注孔疏本將"子曰：'吾説夏禮'"云云，歸給了下節，故然。於是所謂"王天下有三重焉"就順理成章地成了"夏殷周三王之禮，其事尊重，若能行之，寡少於過矣"。似亦可以獲得稍後的"考諸三

〇周諝曰：愚言其性，賤言其分。上以道揆，故議禮以順其時，制度以齊其政，考文以一其道。下以法守，故於禮也執之而已，於度也謹之而已，於文也守之而已，此先王之盛時，所以同四海於一堂之上者也。春秋之衰世，上無道揆，下無法守，而猶有車同軌，書同文，行同倫者，蓋其理出於性命，而本在於人心者，雖虐政不能泯，又况先王之遺風流澤猶或有未息者哉。

〇郭忠孝曰：孔子作《春秋》必書“王正月”，意者天下無王，則禮樂制度綱紀文章或幾乎息矣。“王正月”，無亦從周之義也。

〇陳祥道曰：今天下“車同軌”，工非不信度也；“書同文”，史非不信書也；“行同倫”，朝非不信道也。然而禮樂不達乎天下者，德位不並，無以知禮樂之情故也。

〇晉陵錢氏曰：案：《論語》云“夏禮吾能言之，杞不足徵也；殷禮吾能言之，宋不足徵也。文獻不足故也”。又《禮運》篇云“我欲觀夏道，是故之杞，而不足徵也，吾得《夏時》焉；我欲觀殷道，是故之宋，而不足徵也，吾得《坤乾》焉”。三者不同，當是先後言之，蓋夫子欲兼三代，酌文質之中，而不能自專，故曰“吾從周”。

〇劉彝曰：今天下車同軌者，古者天子、公、侯、伯、子、男、士、庶人，宗廟、宫室、車旗、冠冕、衣裳、器用、城邑、井賦，自貴逮賤，皆有等降，居其位，守其制，不敢踰也。上而陵下謂之偪，下而陵上謂之僭，故制度行而天下莫敢縱其情，則五材之用足於天下矣。今孔子之時，天下之車乃器物之顯而用乎外者也，貴賤同其軌法無等降焉，

王而不繆”的佐證。不過，本節的議禮、制度、考文，及其行同倫、車同軌、書同文就無法獲得照應了。況且，夫子明明説了“吾學周禮，今用之，吾從周”，是不復行前二代之禮。而所謂“考諸三王而不繆”，實則也就是“周監於二代，郁郁乎文哉！吾從周”之意，此亦爲孔子從周的主要原委。另外，據孔穎達，末句或當爲：“吾學夏禮，有杞存焉，杞不足徵也。吾學殷禮，有宋存焉，宋不足徵也。”或者如《論語·八佾》第九章：子曰：“夏禮吾能言之，杞不足徵也；殷禮吾能言之，宋不足徵也。文獻不足故也，足則吾能徵之矣。”或者如《禮運》篇云：“我欲觀夏道，是故之杞，而不足徵也，吾得《夏時》焉；我欲觀殷道，是故之宋，而不足徵也，吾得《坤乾》焉。”而晉陵錢氏以爲，三者之所以不同，當是先後言之，蓋夫子欲兼三代，酌文質之中，而不能自專，故曰“吾從周”。

則僭偪公行，而制度之道亂矣。書同文者，古者禮樂征伐自天子出，而號令臣民俾遵乎大中，無敢過與不及也，是以君出號令以首政教，而公、侯、伯、子、男奉而行之，所以承流宣化，齊天下之不齊，一天下之不一，故《典》《謨》《誥》《誓》之文，非貴爲天子，不可得以專之也。今孔子之時，夷狄稱王，子男稱公，天子醜於諸侯，《典》《謨》《誥》《誓》之文，得以行於小國，故曰書同文也。行同倫者，古者天子祭天地七廟，公侯祭境内山川五廟，則其下者遞以等降，莫不隨其位以行其禮也，是君臣、父子、兄弟、夫婦、朋友之交，性與道雖同，禮與位必異，則其行也，不可得以貴賤同倫矣。今季氏陪臣也而旅於泰山，三家卿廟也而以《雍》徹，臣道失其位，而中失其措，人亂其倫可知也。孔子傷其時之如是，又嘆時之天子雖有其位，而無其德，不可以作禮樂焉。己雖有其德而見棄於時，又無其位，不可以作禮樂焉。天時自然德位相背，非聖人無意於生靈也，既不得救於其時，乃將從周之禮述而明之於後世，以俟聖王而興之也。

〇新安顧氏曰：今之天下周之天下也，四海一統，則車同軌矣；詩書之訓家傳人誦，則書同文矣；文武之道未墜於地，則行同倫矣。此文武周公之所建置者也：使上之人而能持循也，則治平自可致；使下之人而能持循也，則德行自可成，何必他求哉！聖人之作《春秋》也，期望時王惟曰守文王之法度。語門弟子，一則曰“吾從周”，二則曰“吾從周”，謂夫君子之行所宜爾也。雖然有位而無德，當盡夫己之所爲；有德而無位，當聽夫天之所爲。蓋己之所爲者，性也；天之所爲者，命也。性之盡，則居位而改作，若帝王禮樂不相沿[①]襲，而不爲妄命之聽，則若大舜有天子之薦，周公相成王之治，有所改作而不爲僭，斯又夫子言外之意。[②]

① 同“沿”。

② 《禮記集説》卷一百三十五，《中庸》第三十一，《通志堂經解》第13册，419—420頁。其中，劉氏有關“今天下車同軌，書同文，行同倫”的説法，異于通常的解釋。再有，“新安顧氏”，引用名録中亦未曾找到，而“新定顧氏”倒是多次出現。不知是不是將“新定顧氏”誤寫作了“新安顧氏”？若是的話，那就該是“顧元常”了。但未經確證，故仍維繫原狀，而特此注明。

〇陈柱曰：此道字指禮樂法度等而言，非指古聖人之道而言也。然古聖之道雖當復，而古代之禮樂法度等則或有不可復，蓋禮樂法度等隨時變者也。此可見儒家之學，並非完全復古。孔子既而自知其言之必不用也，不忍天下之紛亂崩裂，而自傷其賤而在下，不能統一，故制作六經，以待後世而已。

〇徐紹楨曰：反，當讀“小人反中庸”之“反”，言愚自用，賤自專，乃至於乖背古道，故災及其身也。①

〇蔣伯潛曰：按許慎《説文解字序》説七國之時，“車涂異軌，律令異法，衣冠異制，文字異形”，且老莊申韓楊墨諸子，異學蠭起，正是車不同軌，書不同文，行不同倫，與此處所説相反。本篇所以如此説者，不過因春秋之末，東周之共主尚存而已。這是作者的一種曲筆。又，《論語》講“宋不足徵”，而此却講“有宋存焉”，《史記》言子思居宋，作《中庸》，故諱之。（閆若璩説，見《四書釋地》）②

王天下有三重焉，其寡過矣乎！上焉者雖善無徵，無徵不信，不信民弗從；下焉者雖善不尊，不尊不信，不信民弗從。故君子之道：本諸身，徵諸庶民，考諸三王而不繆，建諸天地而不悖，質諸鬼神而無疑，百世以俟聖人而不惑。質諸鬼神而無疑，知天也；百世以俟聖人而不惑，知人也。是故君子動而世爲天下道，行而世爲天下法，言而世爲天下則。遠之則有望，近之則不厭。《詩》曰：“在彼無惡，在此無射；庶幾夙夜，以永終譽！”君子未有不如此而蚤有譽於天下者也。

〇上第二十九章。朱子曰：承上章居上不驕而言，亦人道也。又，吕氏曰：“三重，謂議禮、制度、考文。惟天子得以行之，則國不異政，家不殊俗，而人得寡過矣。”又，上焉者，謂時王以前，如夏、商之禮雖善，而皆不可考。下焉者，謂聖人在下，如孔子雖善於禮，而不在尊

---

① 《中庸通義　中庸注參》，38—39、114 頁。

② 《中庸讀本》，46—47 頁，《語譯廣解四書讀本》。

位也。又，此君子，指王天下者而言。其道，即議禮、制度、考文之事也。本諸身，有其德也。徵諸庶民，驗其所信從也。建，立也，立於此而參於彼也。天地者，道也。鬼神者，造化之迹也。百世以俟聖人而不惑，所謂聖人復起，不易吾言者也。又，知天知人，知其理也。又，動，兼言行而言。道，兼法則而言。法，法度也。則，準則也。又，《詩·周頌·振鷺》之篇。射，厭也。所謂此者，指本諸身以下六事而言。①

〇又曰：三王，以迹言者也，故曰不謬，言與其已行者無所差也。天地，以道言者也，故曰不悖，言與其自然者無所拂也。鬼神無形而難知，故曰無疑，謂幽有以驗乎明也。後聖未至而難料，故曰不惑，謂遠有以驗乎近也。動，舉一身兼行與言而言之也。道者，人所共由，兼法與則而言之也。法謂法度，人之所當守也；則爲準則，人之所取正也。遠者悦，其德之廣被，故企而慕之；近者習，其行之有常，故久而安之也。②

〇又曰：此天地只是道耳，謂吾建於此而與道不相悖也。又，固"龜從，筮從"，"與鬼神合其吉凶"，然不專在此，只是合鬼神之理。③

〇程子曰：理則天下只是一箇理，故推至四海而準，須是質諸天地，考諸三王不易之理。故敬則只是敬此者也，仁是仁此者也，信是信此者也。

〇吕大臨曰：君子之道，必無所不合而後已，有所不合，僞也，非誠也。故於身、於民、於古、於天地、於鬼神、於後世無不合，是所謂誠也，非僞也，物我、古今、天人之所同者也。④

〇胡炳文曰：朱子謂此段須先識取聖人功用之大及其氣象規模廣闊處，蓋大而議禮制度，小而考文，莫不有以新天下之視聽而能一天下之心，徵諸庶民而庶民合，建質天地鬼神而天地鬼神合，前聖之已往，後

---

① 《中庸章句》第二十九章，《四書章句集注》，36—37頁。

② 《中庸或問》下，《朱子全書》第六册，602—603頁。

③ 《朱子語類》卷第六十四，《中庸》三，第二十九章，第四册，1593頁。

④ 《中庸輯略》卷下，第二十九章，104頁，《朱子全書外編》第一册。

聖之未來，無不合者，其功用如此弘大悠遠，而其本領只在人主一身上。前章曰“有其德”，此曰“本諸身”，《章句》曰“本諸身者，有其德也”。前章言無德位而作禮樂，其終也災必逮身；此言有德有位而作禮樂，其始也必本諸身。事有不本諸身而爲之者，其末也災不遠身鮮矣。又，引《詩》“在彼無惡，在此無射”，“以永終譽”，徵諸民也；“庶幾夙夜”，本諸身也。①

〇景星曰：此君子指上文王天下者而言，故以“故”字起之，道即三重之事，本諸身以下六句，只是本諸身一句，是致力處，應上章有其德三字，下面五句皆就徵驗上説。言有位之君子，行此三重之道，必本於此身之有德，則自有下五者之應；若五者不應，是身無其德也，則當用力以修其德。又，鬼神天理之至，知之則無疑；聖人人道之至，知之則不惑。又，行已見於事，有成迹可效，故曰法；言未見於事，未有迹可據，但可爲準而行之，故曰則。②

〇船山曰：有其德，有其位，可以行矣，而必謹之言、行、動，慎之夙夜，以先自治而後治人，所以爲不驕而凝道也。魯兩生曰“禮樂必百年而後興”，深於言凝道者與！③

〇又曰：“王天下”乃受命創業之天子，德、位、時皆備者。又，“本身”以下，皆慎重以不輕制作。“本”“徵”“考”“建”“質”“俟”，俱是工夫字。必如此詳謹，而不恃時位之隆遂輕於行，所謂“不驕”也。“本諸身”，必身之所可爲者乃爲之。“徵諸民”，度民之所可從。“考三王”，以稽其同異而損益之。“建天地”，立天時地利爲準則。“質鬼神”，以享祀百神，而昭告之必得其理。“無疑”，信其來格也。“俟後聖”，有作者必不能廢我之憲典。“不惑”，不憂其可暫而不可久。④

〇又曰：質以其所贊乎造化者爲禮、爲度、爲文，非抑鬼神之所伸而揚鬼神之所屈。質以其對越乎靈爽者，則以禮、以度、以文，而有事

① 《四書通·中庸通》，《通志堂經解》第15册，426頁。

② 《大學中庸集説啓蒙·中庸》卷下，景印文淵閣《四庫全書》第204册，1077—1078頁。

③ 《禮記章句》卷三十一，《中庸》第二十九章，《船山全書》第四册，1307頁。

④ 《四書箋解》卷二，《中庸》，“王天下”章，《船山全書》第六册，154頁。

乎鬼神，伸者可迎其來，屈者可紹其往。君子之以其三重之道質之於鬼神，以證其得失，蓋無異於三王之有其成憲而可考。其質之而無疑也，乃以毅然行其三重；而即或損造化之有餘，益造化之不足，亦無憂其心迹之差，蓋不異於庶民之有好惡而可徵。《中庸》此語，原非虛設，果有其可質之理，果有其質之之事。[①]

〇又曰：君子道凝而爲下不倍，未可以行而不輕於行也。若其有其德，居其位，乘其時而居上矣，則道行矣。乃德已至，猶必以德性、問學極深研幾者爲深謹慎重之心，而斟酌以盡道之致。故其行也，亦必其凝也，而一以不驕者行之，乃以功化及於天人遠邇，而聖人之道待之以行，則君子亦聖人矣。又，夫欲行道於天下，而定制作之經，則議禮也，制度也，考文也，三者其至重者也。禮明而品節定，大以盡人倫之至，小以悉物則之宜；度審而規制一，大以正上下之等，小以利生民之用；文正而音義通，大以合義理之安，小以防命令之僞；故三者天下之至重者也。又，夫前王不能治後世之人心，處士不能操百姓之刑賞，則修明"三重"，以制禮作樂，爲民寡過，責在王天下之君子，不容辭矣。又，由此觀之，則君子之道凝於己而不驕，乃以得位乘時而行聖人之道於天下，非其德性、問學之功體備夫至德者而能然乎？然則君子所以道合乎聖者，唯其德之合也。推原及此，而自明誠者之明則無不誠，其理爲無可易，所以由人道以合天道，而静存動察，以體天命、率性道，皆實有必致之功，俱可見矣。而至誠之合天，不抑可於其德而推之哉！[②]

〇吕留良曰：總之聖學無疑惑在理上，他説無疑惑在心上。信理則從戒慎恐懼明善誠身來，故不驕；信心則自用自專，生今反古，直至無忌憚，正與不驕相反，此毫釐之辨也。知天而鬼神在其中，知人而百世聖人出其内耳。[③]

〇汪紱曰：此章言居上不驕，即修德凝道君子乘時得位，以行其發

① 《讀四書大全説》卷三，《中庸》第二十九章，《船山全書》第六册，567—568頁。

② 《四書訓義》(上) 卷四，《中庸》三，第二十九章，《船山全書》第七册，217—221頁。

③ 《四書講義》卷二十九，《中庸》六，中册，628—630頁。

育經曲於天下，而事業之徵，又不異於聖人之至誠無息者也。君子以德行道，則其制作禮樂，皆莫非天理之當然，精微之至盡，而未嘗雜以一毫私己强人之念，是則君子之依乎中庸而人道之勇也。三重即議禮制度考文，即品節發育經曲之道之實迹也。古者時月日律度量衡五禮五器，天子皆以時協之同之修之，而天下無不畫一，此爲治天下之大經大法，以養以教皆不外此，非徒大一統之規模已也，故能寡過。君子制作之盡善處，即一至誠之徵；其寡過處，即一覆載成物。此合上二章只連作一氣，與無息章對看。

又，以上三章言聖人之道其大無外，其小無内，而必待修德君子有以凝之。要之，自行其道而己不倍，亦知也，不驕亦仁也，而由修德凝道以致之，則人道之勇也，不驕不倍則亦天矣。抑知天人只入手有分，至於成功則一，《中庸》正要著其成功之一。①

○鄭玄曰：三重，三王之禮。上，謂君也。君雖善，善無明徵，則其善不信也。下，謂臣也。臣雖善，善而不尊君，則其善亦不信也。徵，或爲"證"。又，知天、知人，謂知其道也。鬼神，從天地者也。《易》曰："故知鬼神之情狀，與天地相似。"聖人則之，百世同道。又，用其法度，想思若其將來也。又，射，厭也。永，長也。

○孔穎達曰："子曰"至"者也"，以上文孔子身無其位，不敢制作，二代之禮，夏殷不足可從，所以獨從周禮之意。因明君子行道，須本於身，達諸天地，質諸鬼神，使動則爲天下之道，行則爲後世之法，故能早有名譽於天下。蓋孔子微自明己之意。又，言爲君王有天下者，有三種之重焉，謂夏殷周三王之禮，其事尊重，若能行之，寡少於過矣。上，謂君也。言爲君雖有善行，無分明徵驗，則不信著於下，既不信著，則民不從。下，謂臣也。言臣所行之事，虽有善行而不尊敬於君，則善不信著於下，既不信著，則民不從。故下云"徵諸庶民"，謂行善須有徵驗於庶民也。皇氏云："無徵，謂無符應之徵。"其義非也。又，言君臣爲善，須有徵驗，民乃順從，故明之也。又，言君子行道，

① 《四書詮義》上，卷四，《中庸》，《叢書集成三編》第10册，475—478頁。

先從身起，是“本諸身”也。徵，驗也。諸，於也。謂立身行善，使有徵驗於庶民。繆，亂也。謂己所行之事，考校與三王合同，不有錯繆也。悖，逆也。言己所行之道，建達於天地而不有悖逆，謂與天地合也。質，正也。謂己所行之行，正諸鬼神，不有疑惑，是識知天道也。此鬼神是陰陽七八九六之鬼神，生成萬物者。此是天地所爲，既能質正陰陽，不有疑惑，是識知天道也。又，以聖人身有聖人之德，垂法於後，雖在後百世，亦堪俟待後世之聖人，其道不異，故云“知人也”。又，以經云“知天”“知人”，故鄭引經總結之云“知其道”者。以天道陰陽，生成萬物，今能正諸陰陽鬼神而不有疑惑，是知天道也；以聖人之道，雖相去百世，其歸一揆，今能百世以待聖人而不有疑惑，是知聖人之道也。又，案：《易·繫辭》云：“精氣爲物，游魂爲變。”鄭云：“木火之神生物，金水之鬼成物。”以七八之神生物，九六之鬼成物，是鬼神以生成爲功，天地亦以生成爲務，是鬼神之狀與天地相似。又，以前世聖人既能垂法，以俟待後世聖人，是識知聖人之道，百世不殊，故“聖人則之，百世同道”也。又，言聖人之道，爲世法則，若遠離之，則有企望思慕之深也；若附近之，則不厭倦。言人愛之無已。又，引《周頌·振鷺》之篇，言微子來朝，身有美德，在彼宋國之内，民無惡之；在此來朝，人無厭倦。故庶幾夙夜，以長永終竟美善聲譽。言君子之德亦能如此，故引《詩》以結成之。①

〇郭忠孝曰：上章審禮之時，此章言稽古之治。所謂三重者，言三王之至重也，蓋時更三代，政歷三王，有以見王道之大備也，然而不能無過與不及之差，則在所損益者也。孔子酌三王之道，明三王之制，觀其告顔子亦曰夏之時，殷之輅，周之冕，蓋可見矣。上焉者，出於三代之前，故遠而無徵；下焉者，出於三代之後，故近而不尊。必也本諸身，徵諸庶民，考三王，建天地，質鬼神，百世以俟聖人，舍此道何

① 《禮記正義》卷第六十至六十一，《中庸》第三十一，下册，2039—2043頁。其中，鄭玄兩次説“徵，或爲‘證’”，此兩處“證”字，景印文淵閣《四庫全書》本（第116册，374頁上）和中華書局《十三經注疏》本（1634頁上、中）皆然。不知何故，上海古籍本（2040頁）以及影印南宋越刊八行本（1446頁）皆爲“登”字，不取。或可説爲“證”字省筆，也未可知。

以哉？

○晏光曰：觀太史公之論夏之政尚忠，忠之敝，小人以野，則不能無過矣；故殷人承之以敬，敬之敝，小人以鬼，則不能無過矣；故周人承之以文，文之敝，小人以僿[①]，則不能無過矣。又當救之以忠。是三重之道，皆不免有過，唯寡而已。上焉者過乎忠質文者，鴻荒之世聖人惡之，故雖善無徵，有所不可從矣；下焉者不及乎忠質文者也，所謂同乎流俗，合乎污世，故雖善不尊，有所不足從矣。然則可從者，其三重乎？君子之道不特信於既往，亦信於將來，以知人之所爲，無以異乎己也；不特信於在明，亦信於在幽，以知天之所爲，無以異乎人也。蓋知己則知人，知人則知天，此所以先言本諸身也。

○蔡淵曰：三重謂有德有位與徵諸庶民三者。上焉者有其位而無其德，不能證諸庶民也；下焉者有其德而無其位，不得證諸庶民也。蓋有位有德又能證諸庶民，三者皆備然後可以王天下而寡過，故曰三重。君子之道本諸身，徵諸庶民，則有備乎三重者矣。故可以考三王而不繆，以至百世以俟聖人而不惑。[②]

○毛奇齡曰："三重"，唐陸氏釋文舊本有訓德位時作三重者，似較近理，識者參之。[③]

○陈柱曰：上爲夏殷之禮，下爲周之禮也。周禮有徵，而春秋之世，周之禮制已不爲時君所尊重，故民亦不信從也。又，近今之制度，亦有善者，而作者非聖，而民不尊之，斯所以當考諸三王而多從周也。

○唐蔚芝曰：天行之理，千古不變，而人事則日新而月異，要各有窮變通久之理，皆後聖之責也。生斯世者，因時制宜而已。[④]

仲尼祖述堯舜，憲章文武；上律天時，下襲水土。辟如天

① shì，不忠誠。

② 《禮記集説》卷一百三十五，《中庸》第三十一，《通志堂經解》第13册，421—422頁。關于"三重"，郭氏、晏氏皆解爲夏、商、周三代三王。而蔡氏則解爲有德有位與徵諸庶民三者，以及下面毛氏亦持此看法，可資參考。

③ 《續禮記集説》卷八十九，《中庸》，《續修四庫全書》第102册，582頁。

④ 《中庸通義　中庸注參》，39—40、116頁。

地之無不持載，無不覆幬，辟如四時之錯行，如日月之代明。萬物並育而不相害，道並行而不相悖，小德川流，大德敦化，此天地之所以爲大也。

〇上第三十章。朱子曰：言天道也。又，祖述者，遠宗其道。憲章者，近守其法。律天時者，法其自然之運。襲水土者，因其一定之理。皆兼内外該本末而言也。又，錯，猶迭也。此言聖人之德。又，悖，猶背也。天覆地載，萬物並育於其間而不相害；四時日月，錯行代明而不相悖。所以不害不悖者，小德之川流；所以並育並行者，大德之敦化。小德者，全體之分；大德者，萬殊之本。川流者，如川之流，脈絡分明而往不息也。敦化者，敦厚其化，根本盛大而出無窮也。此言天地之道，以見上文取辟之意也。①

〇又曰：以天地言之，則高下散殊者，小德之川流；於穆不已者，大德之敦化。以聖人言之，則物各付物者，小德之川流；純亦不已者，大德之敦化。又，由其書之有得夏時贊《周易》也，由其行之有不時不食也，迅雷風烈必變也，以至於仕止久速之皆當其可也，而其所以律天時之意可見矣。由其書之有序《禹貢》述《職方》也，由其行之有居魯而逢掖也，居宋而章甫也，以至於用舍行藏之所遇而安也，而其襲水土之意可見矣。若因是以推之，則古先聖王之所以迎日推策，頒朔授民，而其大至於禪授放伐，各以其時者，皆律天時之事也。其所以體國經野，方設居方，而其廣至於昆蟲草木各遂其性者，皆襲水土之事也。使夫子而得邦家也，則亦何慊於是哉！②

〇又曰："下襲水土"是所謂"安土敦乎仁故能愛"，無往而不安。又，大德是敦那化底，小德是流出那敦化底出來。這便如忠恕，忠便是做那恕底，恕便是流出那忠來底。如中和，中便是"大德敦化"，和便是"小德川流"。自古亘今，都只是這一箇道理。又，此章言"仲尼"至"水土"，是言聖人功夫。"譬如"至"代明"，是言聖人之德如天地。

---

① 《中庸章句》第三十章，《四書章句集注》，37—38頁。

② 《中庸或問》下，《朱子全書》第六册，603頁。

“萬物”至“敦化”，是言天地之大如此。言天地，則見聖人。①

〇游酢曰：中庸之道，至仲尼而集大成，故此書之末以仲尼明之。道著於堯、舜，故“祖述”焉；法詳於文、武，故“憲章”焉。體元而亨，利物而正，一喜一怒，通於四時，夫是之謂“律天時”。修其教不易其俗，齊其政不易其宜，使五方之民各安其常，各成其性，夫是之謂“襲水土”。“上律天時”，則天道之至教修；“下襲水土”，則地理之異宜全矣。故博厚配地，“無不持載”，高明配天，“無不覆幬”，變通“如四時之錯行”，照臨“如日月之代明”。小以成小，大以成大，動者植者，皆裕如也，是謂“並育而不相害”。或進或止，或久或遠，無可無不可，是謂“並行而不相悖”。動以利物者智也，故曰“小德川流”；静以裕物者仁也，故曰“大德敦化”。言川流，則知敦化者仁之體；言敦化，則知川流者智之用。②

〇胡炳文曰：“中”之一字，堯舜始發之，自堯舜至文武相傳只是此中，天時水土亦只此中。於堯舜曰“祖述”，而於文武則曰“憲章”，於天時曰“上律”，而於水土曰“下襲”，便見夫子之時中，遠宗其道，法不在乎道之外，近守其法，道皆寓乎法之中，此兼内外該本末而言也。律天時，如“不時不食”是末，夫子聖之時是本；襲水土，如居魯而逢掖，居宋而章甫是末，安土敦仁是本，此兼内外該本末而言也。又，聖人之德則會夫陰陽之全，“小德川流”，是其粲然者也；“大德敦化”，是其渾然者也。渾然者所以並育並行，而粲然者已包於其中；粲然者所以不害不悖，而亦不過自渾然中流出，故粲然者全體之分，即所謂率性之道，即所謂時中之中；渾然者萬殊之本，即所謂天命之性，即所謂未發之中。“大德敦化”四字，即是首章“大本”二字。《章句》以爲“根本盛大而出無窮”，即首章《章句》所謂“天下之理皆由此出”也。始以天地喻夫子，終謂夫子即天地，且不曰天地之大，而曰“天地之所以爲大”，夫子其即太極矣乎。③

---

① 《朱子語類》卷第六十四，《中庸》三，第三十章，第四册，1593—1594頁。

② 《中庸輯略》卷上，第三十章，106頁，《朱子全書外編》第一册。

③ 《四書通·中庸通》，《通志堂經解》第15册，426—427頁。

○景星曰：且以堯舜之道言之，精一執中之傳，内也本也；禮樂刑政之設，末也外也。文武之法亦然。此只是見聖人能盡中庸之道，精處粗處皆如此。又，祖述憲章同於前聖，即“考諸三王而不繆”；上律下襲同於天地，即“建諸天地而不悖”。又，此皆就孔子全體之德上説，不必泥於行事之迹，持載即前章博厚之至，覆幬即高明之至，錯行代明即悠久之至。又，此章與二十六章相表裏。前章首言聖人至誠與天地同，下止言天地盛大，以見聖人之盛大；此章中言聖人與天地同，末止言天地之大，以見聖人之大。前章引《文王》之詩結之，以證群聖人；此以孔子行事起之，以集群聖人。皆是以天地形容聖人之德也。①

○船山曰：此章本言聖德之合天，而君子作聖之功亦自此可推也。②

○又曰：第一節言聖人之道之全備完善，與末句“天地之大”相應，即言聖道之大。第二節乃言有聖人之德乃備聖人之道，則第一節止虚敘作案，引起下文，若曰“仲尼之道祖述堯舜”云云者，以有“如天地之無不持載”云云之德也。即言聖德之全。第三節乃以“大德”“小德”指出“譬如”之實在。即就天地以證上意。一章血脈之貫有如此。③

○又曰：於堯、舜曰道，於文、武曰法，言道言法，則皆非德也。述其道，明其法，則亦仲尼之道也。故“祖述”“憲章”“上律”“下襲”者，道也；其爲斟酌帝王律天襲地之統紀，以咸宜而不息者，德也。其統之也，則如無不覆載之咸備無缺，四時之具以成歲，日月之昱乎晝夜，仲尼敦化之德也。其紀之也，則如天所覆、地所載之品彙各成，四時之各正其序，日月之各行其陸，仲尼之川流之德也。凡此一章，皆已見天道、聖道，其大也一本於德，與二十七章意略相同。彼言君子之所以凝聖道者在修德，以聖人之道原繇聖德而凝；此言聖人之能合天道也

① 《大學中庸集説啓蒙·中庸》卷下，景印文淵閣《四庫全書》第204册，1079—1081頁。

② 《禮記章句》卷三十一，《中庸》第三十章，《船山全書》第四册，1308—1309頁。

③ 《四書箋解》卷二，《中庸》，“仲尼祖述”章，《船山全書》第六册，154—155頁。

唯其德，以天之所以爲大者，原依天德而成。《中庸》三支，皆始乎道，而極乎德。“中庸其至矣乎”以下八章，言道也；至“君子依乎中庸，遯世不見知而不悔”，則以見行道明道者唯聖德也。“道不遠人”以下，皆言道也；至“哀公問政”一章，始推知、仁、勇爲行道之德，而一本於誠，於以見自子臣弟友，（五達道。）以至天人制作，（九經。）其修之者唯德也。“唯天下至誠爲能盡其性”以下，皆言道也；（天地、聖人、君子之道。）至二十七章而後言君子之凝此著、明、變、化，成己成物之至道，本於尊性道學之德；至此而後言聖人之備此盡人物、參天地、博厚高明悠久之道，本於川流、敦化之德。德至而道乃以至，德大而道乃以大也。故末章一歸重於德，而始推德之自入，以明致中和而以位以育之本，終贊德之所極，以著静存動察、盡性至命之功。全篇大義，以德爲基，以誠爲紐，其旨備矣。①

〇又曰：夫其所以該古今，合上下，而道無所遺也，唯其德之有以括之而無餘也，殆譬如天地乎？兩間之所有，皆持載之，皆覆幬之；而仲尼之德，統衆有於一致之中，而道乃以咸周也。又，夫天地之小德大德，於萬物四時日月而見也。聖人之小德大德，將何如哉？請進而言聖人之德。②

〇吕留良曰：“道”指日月四時運行度舍。德本無大小，大小即在川流敦化處見，川流即大德之支節，敦化即小德之全體，原只是一件。“敦”字正在“化”字上見，非化則亦不知其爲敦，非其化之敦則亦無從知其爲大德也。説天地不必更添仲尼，仲尼即在“所以爲”三字内也。③

〇汪紱曰：子思首章既立言，而遂以仲尼曰開中庸之端；次言三達德，又以孔子之“依乎中庸，遯世不見知而不悔”結之；次言達德之費隱，復以子曰“道不遠人”開章，而又以孔子之論政繼舜文武周之統；又即夫子天道人道之意以立言，而此復歸之夫子祖述憲章。蓋全書直以

---

① 《讀四書大全説》卷三，《中庸》第三十章，《船山全書》第六册，568—570頁。

② 《四書訓義》（上）卷四，《中庸》三，第三十章，《船山全書》第七册，223—224頁。

③ 《四書講義》卷二十九，《中庸》六，中册，630—632頁。

孔子成百王之統，而當位育參贊之實也。道不外法，法不離道，堯舜、文武一而已矣。上律下襲與祖述憲章，亦非二事。蓋以此一章統收上九章。古今此德此道，而孔子與之吻合而純亦不已，故備古聖天地於一身。

又，此章及無息章，皆先言聖人，後言天地，即天地以明聖人。然無息章言聖人功用之大，其言天處亦詳於功用，而本體不過數語；此章言聖人道德之大，其言天處亦只言道德，非言功用。意旨各有屬也，然存爲道德，發爲事功，則非有二矣。人道自成章與修凝章，皆先懸説道理，而後言人道用功，然意旨自異：自成章“誠”字便是德性，其言自道，却欲人行道以實其性；修凝章先言聖人之道，下言工夫，却欲人修德以凝此道。蓋心之道無形，物之道有據，非行道無所爲修德；道之體無爲，心之德有用，非修德則道又無以得於己。此内外體用之所以合一也，言道言德，或錯或綜舉，可以得其要矣。[1]

〇鄭玄曰：此以《春秋》之義説孔子之德。孔子曰：“吾志在《春秋》，行在《孝經》。”二經固足以明之。孔子祖述堯舜之道而制《春秋》，而斷以文王、武王之法度。《春秋傳》曰：“君子曷爲爲《春秋》？撥亂世，反諸正，莫近諸《春秋》。其諸君子樂道堯舜之道與？末不亦樂乎堯舜之知君子也？”又曰：“是子也，繼文王之體，守文王之法度。文王之法無求而求，故譏之也。”又曰：“王者孰謂？謂文王也。”此孔子兼包堯、舜、文、武之盛德而著之《春秋》以俟後聖者也。律，述也。述天時，謂編年四時具也。襲，因也。因水土，謂記諸夏之事，山川之異。又，聖人制作，其德配天地如此，唯五始可以當焉。幬亦覆也。小德川流，浸潤萌芽，喻諸侯也。大德敦化，厚生萬物，喻天子也。幬，或作“燾”。

〇孔穎達曰：“仲尼”至篇末“以色”，此一節明子思申明夫子之德與天地相似，堪以配天地而育萬物，傷有聖德無其位也。又，祖，始也。言仲尼祖述始行堯舜之道也。憲，法也。章，明也。言夫子發明文

---

[1] 《四書詮義》上，卷四，《中庸》，《叢書集成三編》第10冊，478—480頁。

武之德。律，述也。言夫子上則述行天時，以與言陰陽時候也。襲，因也。下則因襲諸侯之事，水土所在。此言子思贊揚聖祖之德，以仲尼修《春秋》而有此等之事也。又，言褒貶諸侯善惡，志在於《春秋》；人倫尊卑之行，在於《孝經》。言《春秋》《孝經》足以顯明先祖述憲章之事。又，言治亂世者，《春秋》最近之也。又，聖漢之初，豈不亦愛樂堯舜之知君子也？案：何休云："得麟之後，天下血書魯端門曰：'趨作法，孔聖没。周姬亡，彗東出。秦政起，胡破術。書記散，孔不絶。'子夏明日往視之，血書飛爲赤烏，化爲白書。漢當繼大亂之後，故作撥亂之法。"是其事也。又，是子，謂嗣位之王。在喪未合稱王，故稱"是子"。嗣位之王，守文王之法度，文王之法度無所求也，謂三分有二，以服事殷。謂在喪之内，無合求金之法度，今遣毛伯來求金，是無求而求也，故書以譏之。又，武王道同，舉文王可知也。又，案：《合成圖》云："皇帝立五始，制以天道。"《元命包》云："諸侯不上奉王之正則不得即位，正不由王出不得爲正。王不承於天以制號令則無法，天不得正其元，則不能成其元也。"五始者：元年，一也；春，二也；王，三也；正月，四也；公即位，五也。此《春秋》元年，即當《堯典》"欽若昊天"也。《春秋》四時，即當《堯典》"日中星鳥""日永星火""宵中星虚""日短星昴"之類是也。《春秋》獲麟，則當《益稷》"百獸率舞，鳳皇來儀"是也。此皆祖述堯舜之事。又，諸夏之事，謂諸侯征伐、會盟所在之地。山川之異，若僖十四年"沙鹿崩"，成五年"梁山崩"之屬是也。又，"譬如"至"大也"者，此明孔子之德，與天地日月相似，與天子、諸侯德化無異。又，言孔子所作《春秋》，若以諸侯小德言之，如川水之流，浸潤萌芽，若以天子大德言之，則仁愛敦厚，化生萬物也。又，言夫子之德，比並天地，所以爲大，不可測也。[①]

① 《禮記正義》卷第六十一，《中庸》第三十一，下册，2043、2046－2048頁。所謂"五始"者，公羊家所説的《春秋》章法。即元年、春、王、正月、公即位。《漢書·王褒傳》《聖主得賢臣頌》："記曰：共惟《春秋》法五始之要，在乎審己正統而已。"注："元者氣之始；春者，四時之始；王者，受命之始；正月者，政教之始；公即位者，一國之始；是謂五始。共，讀曰恭。"《春秋》是我國最早的編年體史書。所謂編年體，就是"系日月而爲次，列時歲以相續"。它是按年、月、日有次序地記載史事的史書。這些次序的編排就是元年、春、

○林光朝曰：自鴻荒茫昧之時，道即在人日用飲食之間，無人摘出。道之大原，堯舜始發之，仲尼祖述之者，述其道統所自出也。憲章文武者，謂夫子取文武之世爲甚近，文武之道，夫子躬行憲法之於身，昭昭然常章著也。律天時，謂隨時出處，可以速則速，可以久則久，可以仕則仕。非律天時，安能如此？襲水土，謂五方之俗，皆能諳識，當時之齊之楚之宋之衛，非襲水土，何以如此？如四時之錯行者，夫子之時也，如焚石爍金之時，一陰之所生，固陰沍寒之時，一陽之所生，陰中生陽，陽中生陰，此之謂錯行也。如日月之代明者，夫子之道，如日往則月來，寒往則暑來，此之謂代明也。

○馬晞孟曰："祖述堯舜，憲章文武"，體人道也；"上律天時"，體天道也；"下襲水土"，體地道也。人道成於堯舜，備於文武，故於堯舜則祖述之，於文武則亦憲章之，蓋堯舜帝道之盛者也，文武王道之備者也。天之變通在於時，故於時則上律之；地之發育在於水土，故於水土則下襲之。律言其所法也，襲言其因之也。天地人之道備於我，故辟如天地無不持載，無不覆幬，言其體也；如四時之錯行，如日月之代明，言其用也。天地之育萬物，孔子與之並育而不相害；天地之行道，孔子與之並行而不相悖。此孔子之道，其妙至於神而不可測，泯然與天地爲一體矣。小德出而成物，則如川之流；大德體而成己，其妙至於敦化。[①]

○陈柱曰：此孔子兼包堯、舜、文、武之盛德，而著之《春秋》以俟後聖者也。律，述也。述天時，謂編年四時具也。

○馬其昶曰：孔子不必得位而能配天地，其德大也。[②]

○蔣伯潛曰："小德川流"，即指"並行不悖"之諸子之道，如川之流，以海爲歸，所謂諸子俱出於《六藝》，各得一察焉以自好，終殊塗

王、正月、公即位等五事開始記載。〔隋〕牛弘《請開獻書之路表》："孔子以大聖之才……正五始而修《春秋》，闡十翼而宏《易》道。"《舊唐書·肅宗紀》："《春秋》五始，義在體元，惟以紀年，更無潤色。"

① 《禮記集説》卷一百三十五，《中庸》第三十一，《通志堂經解》第 13 册，423 頁。

② 《中庸通義　中庸注参》，120—121 頁。

而同歸。“大德敦化”，指孔子之道，如天地之化育萬物。①

唯天下至聖，爲能聰明睿知，足以有臨也；寬裕温柔，足以有容也；發强剛毅，足以有執也；齊莊中正，足以有敬也；文理密察，足以有别也。溥博淵泉，而時出之。溥博如天，淵泉如淵。見而民莫不敬，言而民莫不信，行而民莫不説。是以聲名洋溢乎中國，施及蠻貊；舟車所至，人力所通；天之所覆，地之所載，日月所照，霜露所隊；凡有血氣者，莫不尊親，故曰配天。

〇上第三十一章。朱子曰：承上章而言小德之川流，亦天道也。又，聰明睿知，生知之質。臨，謂居上而臨下也。其下四者，乃仁義禮知之德。文，文章也。理，條理也。密，詳細也。察，明辯也。又，溥博，周遍而廣闊也。淵泉，静深而有本也。出，發見也。言五者之德，充積於中，而以時發見於外也。又，“溥博如天”以下，言其充積極其盛，而發見當其可也。又，“舟車所至”以下，蓋極言之。“配天”，言其德之所及，廣大如天也。②

〇又曰：“至聖、至誠”，只是以表裏言。至聖，是其德之發見乎外者，故人見之，但見其“溥博如天，淵泉如淵，見而民莫不敬，言而民莫不信”，至“凡有血氣者莫不尊親”，此其見於外者如此。至誠，則是那裏面骨子。經綸大經，立大本，知化育，此三句便是骨子；那箇聰明睿知却是這裏發出去。至誠處，非聖人不自知；至聖，則外人只見到這處。又，仁義禮智之禮智是通上下而言，睿知是充擴得較大。爐中底便是那禮智，如睿知，則是那照天燭地底。“聰明睿知，足有臨也”之“臨”字，大概是有過人處，方服得人。若臨天下，便須强得天下方得。又，“文理密察”，此是聖人於至纖至悉處無不謹審。文是文章，如物之文縷；理是條理。每事詳密審察，故曰“足以有别”。又，當以表裏觀

① 《中庸讀本》，50 頁，《語譯廣解四書讀本》。

② 《中庸章句》第三十一章，《四書章句集注》，39 頁。

之："至聖"一章説發見處，"至誠"一章説存主處。聖以德言，誠則所以爲德也。以德而言，則外人觀其表，但見其如天如淵；誠所以爲德，故自家裏面却真箇是其天其淵。又，上章是以聖言之，聖人德業著見於世，其盛大自如此。下章以誠言之，是就實理上説，"其淵其天"，實理自是如此。①

〇饒魯曰：《章句》以四者爲仁義禮知之德，如此則只是四德，於溥博之下文言五者之德何？此章專説小德，就五者而論，則聰明睿知又是小德之大德，聰屬耳，明屬目，知屬心，睿則能思，知則能知，思屬動魂之爲也，知屬静魄之爲也。心者魂魄之合，魂能知來，有所未知，則思索而知之，陽之靈也；魄能藏往，其已知則存而記之，陰之靈也。一陰一陽相爲配對。

〇胡炳文曰：《中庸》言仁義禮知凡二，第二十章言親親之仁，尊賢之義，等殺之禮，知天之知，而曰不可不知。此章則仁義禮知之本於生知者也，惟其生知，故此德充積於中者，自然以時發見於外，充積極其盛，故發見自然當其可。《章句》既曰以時發見，又曰當其可，只是形容一時字，即所謂時措之宜，即所謂時中之中也。②

〇景星曰：此言達而在上之大聖人，其盛德之全體大用如此，唯堯舜可以當之。又，聰明睿知是生知安行之資，首出庶物者也，就中分出仁、義、禮、知四者之德言之。又，"溥博淵泉"四字，是總形容上文五德之體段，"而時出之"，只是當用仁則仁出，當用義則義出。又，篇内兩言"配天"，前以德業之高明與天同，此以德業之廣大與天同，"尊親"二字極言敬信説也。又，此章言小德，條理分明，人所易見，故曰凡有血氣莫不尊親；下章言大德，即無聲無臭者，故曰非聖人其孰能知之。此是自内説出外，下章是自外説入内。③

〇船山曰：德者，性之撰，誠之實也。待事而德顯，仁義禮知之名

---

① 《朱子語類》卷第六十四，《中庸》三，第三十一章，第四册，1594—1596 頁。

② 《四書通·中庸通》，《通志堂經解》第 15 册，427 頁。

③ 《大學中庸集説啓蒙·中庸》卷下，景印文淵閣《四庫全書》第 204 册，1081—1083 頁。

乃立焉，而此諸德者静不昧而動資之用，具諸性而生於心者也。故能知發强剛毅爲義之德，則知義之非外矣；能知齊莊中正爲禮之德，則知禮之非後起矣。故喜怒哀樂未發之時，仁義禮知無象可見，無功可名，而此諸德者並育並行於中，昭澈具在，所謂“活潑潑地”者也。①

〇又曰：此章“至聖”雖言臨天下云云，然承上章，則仲尼亦然。蓋有君天下之德，則雖不在帝王之位，而固無所歉。後言“聲名洋溢”，“莫不尊親”，仲尼爲萬世師亦然。固不必黏煞仲尼，然如時文開口即説帝王，亦非。只還他“至聖”爲是。②

〇又曰：人欲凈盡，天理流行，則以之知，不待困學；以之行，不待勉强也。又，“睿知”之知，乃静中見理，感則能通，其辨在昭昏，而不在是非也。③

〇又曰：唯至聖爲能聰焉，而所聽之臧否無疑也；爲能明焉，而所視之得失無蔽也；爲能睿焉，而思之所入，無徵之不審也；爲能智焉，而的之所喻，無理之不昭也。又，夫然，而天下之至聖，其德天德也，其積於中者天之藏也，其發於外者天之化也，其感通有生之類者，亦猶人之戴天也，故曰“配天”。天之所以爲天者，此不害不悖之小德，而至聖之所以爲聖者，亦如是而已矣。④

〇吕留良曰：有此耳目心思，便賦此聰明睿知之理，凡人之所同然者也。但氣偏欲蔽，不能完其固有，大賢以下，修以復之，然其爲聰明睿知全於學力者，理雖合一，而其神敏超異之妙，有非人力之所及者，故曰“唯天下至聖爲能”也。此章言小德川流，然必説到溥博淵泉者，猶言“恕”便離不得“忠”之意也。“血氣”二字所該極廣，禽獸草木都在内，方是體信達順之效。⑤

〇汪紱曰：此章合下章連上章作一氣看。蓋川流而不害不悖者，天

---

① 《禮記章句》卷三十一，《中庸》第三十一章，《船山全書》第四册，1309—1310 頁。

② 《四書箋解》卷二，《中庸》，“唯天下至聖”章，《船山全書》第六册，156 頁。

③ 《讀四書大全説》卷三，《中庸》第三十一章，《船山全書》第六册，571 頁。

④ 《四書訓義》(上) 卷四，《中庸》三，第三十一章，《船山全書》第七册，226—228 頁。

⑤ 《四書講義》卷二十九，《中庸》六，中册，632—634 頁。

地之小德；而容、執、敬、别之以時出者，即聖人之小德也。發强剛毅等十六字皆以性體言，所謂德性而爲容、執、敬、别之本。聰明睿知"知"字以質之清明言，仁義禮知四德皆具於中；文理密察之"知"單以幹事之理言，生質中所具之一德也。生質兼理氣，四德專以理。此章步步從内推向外，從大分到小，蓋小德在性體中，雖有條件分析之理，却無從見得，要待發之爲道，而小德川流處方始見，故以用之發言之小德，是從合而分，從體而用，内邊發機動處也。而於中節之和時看來，則見一道中有一小德做主，道在事物德在我，我應之爲體物之應，我爲用足以臨、容、執、敬、别。雖稍涉用，仍在體中爲至聖之小德，而非道見言行之萬端。雖至粉碎，至變動，亦仍是德。直至民莫不敬、信、説，則是物我相合恰好不易處，方見是道。德實道虚，率性而已也。臨、容、執、敬、别，皆至聖本領，而至聖未必皆臨其足以有然，只於德决之耳。祖述憲章，臨者在孔子，而敦仁安土，精義入神，禮卑法地，知崇效天，仁義禮知，具見律襲中事，故所謂至聖者，一孔子其人耳。至聖，聖人之明也，天道之知也。①

〇鄭玄曰：言德不如此不可以君天下也。蓋傷孔子有其德而無其命。又，言其臨下普遍，思慮深重，非得其時，不出政教。又，如天，取其運照不已也。如淵，取其清深不測也。尊親，尊而親之。

〇孔穎達曰："唯天"至"别也"者，此又申明夫子之德，聰明寬裕，足以容養天下，傷其有聖德而無位也。又，言夫子寬弘性善，温克和柔，足以包容也。發，起也。執，猶斷也。言孔子發起志意，堅强剛毅，足以斷决事物也。"溥博"至"配天"者，此節更申明夫子蘊蓄聖德，俟時而出，日月所照之處，無不尊仰。溥，謂無不周遍。博，謂所及廣遠。以其浸潤之澤，如似淵泉溥大也。既思慮深重，非得其時，不出政教，必以俟時而出。②

〇王安石曰：聰明者，先聰明於己，而後聰明於天下。睿，則

① 《四書詮義》上，卷四，《中庸》，《叢書集成三編》第 10 册，480—482 頁。
② 《禮記正義》卷第六十一，《中庸》第三十一，下册，2044—2045、2048 頁。

《書》之“思曰睿”；知，則《易》之“知周萬物”。有聰明而無睿知，以行則不可，《書》曰“無作聰明亂舊章”，獨任聰明，則亂舊章矣，故全此四者，然後可以有臨於天下也。寬則寬大，裕則有餘，温則温良，柔則《書》之“柔而立”是也，《易》曰“容保民無疆”，是有此四者，然後可以有容於天下也。發者，遇事而發其端緒；强者，若上文“强哉矯”之强；有執，非子莫之謂，若擇善而固執之之謂也。中者，處中道；正者，守之以正。守正而不處中道，則不可；處中道而不守正，亦不可；二者必在相須，足以有敬於天下。常人論敬，不過指敬鬼神，敬祭祀而言，未嘗有言敬天下之民，此言聖人亦不敢輕天下之民也，能敬於民，民亦敬於上。文理者，人倫之理；密，謹嚴也；察，明察也。雖有文理，不加密察，則制度文法必有亂於天下；既以謹嚴明察，則足以有别於天下，則天下之人亦自知有别矣。溥博者，廣大也；淵泉者，深浚也。上能有此五者之德，而又上下能察乎天地，然須時而出之，若上文“君子時中”，又曰“時措之宜”是也。苟時可以温柔，而反用剛毅，則不可；時可以剛毅，而反用温柔，則亦不可。此言中庸之道，所貴者應時而已。

○胡瑗曰：兼聽之謂聰，善視之謂明，智慮深遠之謂睿，有知之謂智，寬裕則不暴，温柔則不猛，故可涵容天下之人。發謂奮發，强能任事，剛則不撓，毅則果敢，故能臨事固執而不回。齊，潔也；莊，端莊也；中正則不諂；足以保其敬之道。文理者，言動之間有文理，如枝葉葩華是其文，經理條貫是其理，密而不洩，察而能辨，君子身既文理，然後從己之身，觀人之身，密察而不洩其機，故足以有别於天下。溥言溥遍，博言廣博，時出之者，以時發見，出其政教號令，溥博如天高之不可窮，淵泉如淵深之不可測，發見於政教，民皆敬之，言而民皆信之，行而民皆説之，是以聲名洋溢，莫不尊而親之。

○譚惟寅曰：夫所謂天下至聖者，其蓄養成就極大而不可度，極深而不可測。極大則溥博是也，謂其不可度，故以如天言之；極深則淵泉是也，謂其不可測，故以如淵言之。如天如淵，形容之意止矣。其不可度，不可測之處，終不可得而言，其可得而言者，特時出之用耳。蓋其盛德充實，輝光發越乎外，見於應事而不可揜，有此“聰明睿知”等五者可得而言。至其溥博之大，淵泉之深，不可以常知測度，唯有如天如淵可以形容之耳。唯其德之至盛如此，故一行之見，民莫不敬；一言之出，民莫不信；血氣之屬，莫不尊親，則不特民而已，禽獸蟲魚皆知所依歸矣。語盛德至此，非天固莫能盡其形容，故止言配天，不及其他。至矣哉！非吾夫子爲天下之至聖，其孰能與此？

○項安世曰：臨者，“知及之”也；容者、執者，“仁能守之”也；敬者，“莊以莅之”也；别，“動之以禮”也，皆自隱而費也，故自天而淵，自淵而見。又，此章言至聖，言其德之著見於外者，其費如此；下章至誠，言其德之根本於内者，其隱如此。

○吕祖謙曰：文理密察，初非爲秘密之密，觀察之察也，謂如《易傳》中“以形體謂之天，以主宰謂之帝，以功用謂之鬼，以妙用謂之神，以性情謂之乾”等語，銖分粒剖，各有攸當，而未嘗有割裂阢隉之病，析理精微如此，乃可謂之文理密察耳。

○錢子是曰：此足以形容集大成之妙矣，溥博如天，大無不包也；淵泉如淵，澄然不動也。喜怒哀樂未發之先，安有許多名號，溥博而已，淵泉而已；及其時出之，則曰有臨，曰有容，曰有執，曰有敬，曰有别，互見迭出，變化無方，參錯縱横，自然中節，非是聰明睿知而下五者，臨時逐項安排出來也。人皆有是心，心皆具是理，惟至於聖，方盡此妙，所謂配天，於是乎在非待到莫不尊親處，方謂之配天也，下面是其效自如此。

○邵甲曰：聖人者，道之極也。唯天下至聖，則中庸之道融會於心，而衆美萬善迭形於外。故言其聰明睿知，則洞然無蔽，足以有臨焉；言其寬裕温柔，則恢乎不迫，足以有容焉；言其發强剛毅，則卓乎不撓，足以有執焉；其齊莊中正也，肅然穆然，而足以有敬；其文理密察也，燦然秩然，而足以有别。舉天下之盛德，無踰此數者，聖人悉兼而有之，是非聖人容心於爲此，復用力於爲彼也，道體渾融，全體具在，隨感而應，衆善自形，故自其全體言之，則溥博也，淵泉也，何善不該，何美不具；自其形見者言之，當其有臨則爲聰明睿知，當其有容則爲寬裕温柔，以至發强剛毅也，齊莊中正也，文理密察也，皆時出之也。上章所言“辟如四時之錯行，如日月之代明”，正謂此也。夫惟聖人之德，其大無外，而溥博如天；其深莫測，而淵泉如淵。故時而出之，備道全美。“見而民莫不敬，言而民莫不信，行而民莫不説”者，此心同此理同故也。人心感乎如此，則聲名聞望自邇及遠，始也洋洋乎中國久也，施及於蠻貊又其久也，盡舟車所至之境，極人力所通之處，窮天覆之所及，罄地載之所容，凡日月照臨之下，霜露飄隊之所，血氣心知之屬，莫不尊之如神明，親之如父母，謂之配天，不亦宜乎！聖人非蘄乎聲名之顯赫也，明效大驗自若是其不可揜也。上章云“此天地之所以爲大”，此章止云“配天”，舉其最大者言之也。①

○馬其昶曰：此言孔子能盡其性，且能盡人物之性也。②

唯天下至誠，爲能經綸天下之大經，立天下之大本，知天地之化育。夫焉有所倚？肫肫其仁！淵淵其淵！浩浩其天！苟不固聰明聖知達天德者，其孰能知之？

○上第三十二章。朱子曰：承上章而言大德之敦化，亦天道也。前章言至聖之德，此章言至誠之道。然至誠之道，非至聖不能知；至聖之德，非至誠不能爲，則亦非二物矣。此篇言聖人天道之極致，至此而無以加矣。又，經，綸，皆治絲之事。經者，理其緒而分之；綸者，比其類而合之也。經，常也。大經者，五品之人倫。大本者，所性之全體也。惟聖人之德極誠無妄，故於人倫各盡其當然之實，而皆可以爲天下後世法，所謂經綸之也。其於所性之全體，無一毫人欲之僞以雜之，而天下之道千變萬化皆由此出，所謂立之也。其於天地之化育，則亦其極誠無妄者有默契焉，非但聞見之知而已。此皆至誠無妄，自然之功用，夫豈有所倚著於物而後能哉。又，肫肫，懇至貌，以經綸而言也。淵淵，静深貌，以立本而言也。浩浩，廣大貌，以知化而言也。其淵其

---

① 《禮記集説》卷一百三十五，《中庸》第三十一，《通志堂經解》第13册，424—425頁。
② 《中庸通義　中庸注參》，112—113頁。

天，則非特如之而已。又，固，猶實也。鄭氏曰：“惟聖人能知聖人也。”①

〇又曰：聰明睿智者，生知安行而首出庶物之資也；容執敬别，則仁義禮知之事也。經綸之爲致和，立本之爲致中，知化之爲窮理以至於命。游氏以上章爲言至聖之德，下章爲言至誠之道者，得之。②

〇又曰：從上文來，經綸合是用，立本合是體。“知天地之化”，是與天地合。天地化育，如春夏秋冬，日月寒暑，無一息之差。知化者，真知其必然。所謂知者，言此至誠無僞，有以默契也。又，自家都是實理，無些欠闕。經綸自經綸，立本自立本，知化育自知化育，不用倚靠他物事然後能如此。所謂“爲仁由己，而由人乎哉”之意，他這道更無些空闕。經綸大經，他那日用間底，都是君臣父子夫婦人倫之理，更不必倚著人；只是從此心中流行於經綸人倫處，便是法則。此身在這裏，便是立本。“知天地之化育”，則是自知得飽相似，何用靠他物？又，“夫焉有所倚”？聖人自是無所倚。若是學者，須是靠定一箇物事做骨子，方得。聖人自然如此，它纔發出來，便“經綸天下之大經，立天下之大本”。③

〇游酢曰：（第三十一至三十二章）“聰明睿智”，聖德也；“寬裕温柔”，仁德也；“發强剛毅”，義德也；“齊莊中正”，禮德也；“文理密察”，智德也。溥博者，其大無方；淵泉者，其深不測。或容以爲仁，或執以爲義，或敬以爲禮，或别以爲智，惟其時而已，此所謂“時出之”也。夫然，故外有以正天下之觀，内有以通天下之志，是以見而民敬，言而民信，行而民悦，自西自東，自南自北，莫不心悦而誠服，此“至聖”之德也。“天下之大經”，五品之民彝也。凡爲天下之常道，皆可名於經，而民彝爲大經。“經綸”者，因性循理而治之，無汩其序之謂也。“立天下之大本”者，建中於民也。“淵淵其淵”，非特“如淵”而已，“浩浩其天”，非特“如天”而已，此“至誠”之道也。德者其用

---

① 《中庸章句》第三十二章，《四書章句集注》，39—40頁。

② 《中庸或問》下，《朱子全書》第六册，603—604頁。

③ 《朱子語類》卷第六十四，《中庸》三，第三十二章，第四册，1596—1597頁。

也，有目者所共見，有心者所共知，故“凡有血氣者莫不尊親”。道者其本也，非道同志一，莫窺其奧，故曰：“苟不固聰明聖知達天德者，其孰能知之?”蓋“至誠”之道，非“至聖”不能知，“至聖”之德，非“至誠”不能爲，故其言之序，相因如此。[①]

○饒魯曰：上章至聖從生知之知發出來，猶是有所憑藉；此章至誠本無聲臭，果何所倚哉？又，上文大經是道，大本是性，性乃大經之本也，天地化育是命，又大經大本之所從出也；此則“肫肫其仁”是説道，而“淵淵其淵”是説性，“浩浩其天”是説命。問性命如何分天淵?曰性是成之者，性指已定之理而言也；命是繼之者善，指理之流行而賦於物者而言也。二者有動静之分，故一屬地，一屬天。自聖人言之，則静定而存主處，即是性；應用而流行處，即是命。其與天地之理一也，故曰其淵其天。前章曰如天如淵，猶是聖人與天地相比並；至此則曰其天其淵，則聖人與天地爲一矣。

○胡炳文曰：大經是道，大本是性，化育是命。首章由造化説聖人，故曰命，曰性，曰道，由體之隱達於用之費也；此章言聖人之所以爲敦化，則曰道，曰性，而後曰命，由用之費而原其體之隱也。前曰贊化育，此曰知化育。贊云者，至誠之功，有補於天地；知云者，至誠之心，無閒於天地也。前章以時出之，是小德之川流，是時中之中；此章大本，是大德之敦化，是未發之中。首章曰“中者，天下之大本”，此則揭以立之一字，大本是所性之全體，本無一毫人欲之僞以雜之也，立字不是用力字。前章以時出之，則爲時中，凡天下之人皆得以知之；此章大本之中，渾然在中者也，非聰明聖知達天德者，孰能知之?[②]

○景星曰：肫肫、淵淵、浩浩三者，皆是形容誠之體段如此。又，前言聖之極，此言誠之極。蓋聖者，誠之用，表也；誠者，聖之體，裏也。聖以德言，是專指其在人者言之，則天在天，淵在地，人猶與天淵有間，故曰如天淵；誠以道言，則通指其在天地人者言之，故聖人即天

① 《中庸輯略》卷下，第三十二章，108 頁，《朱子全書外編》第一册。

② 《四書通·中庸通》，《通志堂經解》第 15 册，427 頁。

淵，天淵即聖人，故曰其天淵。又，葉氏曰：至聖指發用神妙言，至誠指大經大本之實理言。非至聖無以顯至誠之全體，非至誠無以全至聖之妙用。又，蓋《中庸》一書，前但言君子之道，至此始言聖人之道。前但言達德達道，至此始言至德至道，至德即至聖之德，至道即至誠之道。又，況言至德至道之始，則曰“苟不至德，至道不凝焉”；言至德至道之終，則曰“苟不固聰明聖知達天德者，其孰能知之”?①

〇船山曰：聖人之所以必知者，道之所自察，裁成輔相之所自起，有默契則有默成，其功大矣。又，人倫既日用之理，立本知化皆默成之功，誠至而自與天地合其德矣。又，天即其主宰以爲流行，流行降命而爲人之性，則性之與命，命之與天，有先後大小之别，而其實一也，盡其理之至則通復而合於主宰，故不但如之而已。又，有其德，乃能知其德。②

〇又曰：“肫肫”“淵淵”“浩浩”是誠之至。滿腔盡是慈愛人物的太和，是肫肫之仁。喜怒哀樂未發之時，密藏之天理，静深以備萬理，是淵淵之淵。其心體之昭徹，容光必照，萬化萬理無不包涵洞燭，是浩浩之天。要皆誠之至也。又，“聰明聖智達天德”是小德；固然實有，皆至誠無妄，則是大德。小德亦是化，大德乃所以敦之。凡小德皆大德之所貫注。又，唯聖人能知聖人，唯有聖人之誠乃知聖人之德，非孔子知堯舜之謂。子思豈自謂聖人乎！③

〇又曰：然朱子於此，則已多費轉折，而啓後人之疑。是其爲疵，不在存游氏瓜分道、德之説，而在輕用康成“唯聖知聖”之膚解。康成之於禮，其得當者不少，而語及道、德之際，則豈彼所能知者哉？因仍文句，而曰“唯聖知聖”，則其訓詁之事畢矣。朱子輕用其説，而又曲爲斡旋之，則胡不直以經綸、立本、知化爲聖人之化，而以至誠之不待有倚而自肫肫、淵淵、浩浩者爲敦化之德之爲安乎？④

---

① 《大學中庸集説啓蒙・中庸》卷下，景印文淵閣《四庫全書》第204册，1084—1086頁。
② 《禮記章句》卷三十一，《中庸》第三十二章，《船山全書》第四册，1311—1312頁。
③ 《四書箋解》卷二，《中庸》，“唯天下至誠”章，《船山全書》第六册，157頁。
④ 《讀四書大全説》卷三，《中庸》第三十二章，《船山全書》第六册，577頁。

〇又曰：誠者天之道，而智仁勇之真體斯在；誠之者人之道，而智仁勇之大用以起。聖人合天以誠，而功化即與天合；而天不可易及，誠則可以自盡，下學者又將有所循以至之。則請要歸於人道之所致功，而使下學者得以依中庸而無過不及之差，又豈有天人之異乎？①

〇吕留良曰：以上二章總極言聖人天道之盡致。必到人欲净盡，此心與天體不二，方是默契處。經綸之仁，正在遠近親疎、物我内外分明也。但看三代以上聖人，制産明倫，以及封建兵刑，許多佈置，雖纖微久遠，無所不盡，都只看天下後世人類區處箇妥當，不曾有一事一法，從自己富貴及子孫世業上，起一點永遠占定，怕人奪取之心，這便是"肫肫其仁"。看古聖人心體是何等，此處看得真天德王道一以貫之矣。人人有此天，時時有此天，只是浩浩歸於至誠，可知有多少品量在。此是下半部《中庸》結語。天人誠明之理，反覆詳盡，至是忽結以非其人莫知，却不是《中庸》自贊，聖人之道，實有非言語所能窮者，雖日聞至論，到自得處其意味微妙，又自不同。《中庸》開此一層境界，喫緊爲人領會，似乎極高，却又極實，只看"固"字"達"字，逼纘人道盡頭處，真箇老婆心切。"至聖"章説發見處，自表而觀，其知則易，故凡有血氣，莫不尊親。"至誠"章説存主處，自裏而觀，其知則難，故非"聰明聖智達天德者"弗能知也。此章言聖人天道之極致，則已兼二義，至聖即在至誠内，所謂非二物也。②

〇汪紱曰：前章推到功用，以知之發言，步步從内推向外，則聖人功用與天地異事而相參，故曰如曰配，更於功用上推出敬、信、説一層及人之事德之所被者，人所共見，故末節曰莫不尊親；此章推入性命，以仁之存言，步步從外推向裏，則聖人天地同此性命焉而無間，故曰其仁其淵其天也，更於心性上推到化育一層達天處，去道之所以然，人不易知，故此皆曰"苟不固聰明聖知達天德者，其孰能知之"。前章容、執、敬、别之事，不外此章經綸大經；前章仁義禮知之德，亦即此章大

① 《四書訓義》（上）卷四，《中庸》三，第三十二章，《船山全書》第七册，232頁。
② 《四書講義》卷二十九，《中庸》六，中册，634—638頁。

本之性，所言原無二理。但前章分言仁義禮知等，故是言小德川流；此章合儱説個大經大本而歸之一誠，故是言大德敦化。大德小德非有二德，或在德内微有體用之分，又不可謂分不得體用矣。其實至誠至聖非有兩人，未有至聖而不至誠者，亦未有至誠而非至聖者，非必以上章至聖來知此章至誠也。惟聖人知聖人，所謂先聖後聖其揆一者，堯舜文武於孔子遙遙千百年，必待孔子而後能祖述憲章，正所謂惟聖知聖也。祖述憲章，則大經盡大本立矣；上律下襲，則默契天地之化育。然則所謂至誠者，亦孔子其人焉耳。至誠，聖人之誠也，天道之仁也。

又，此篇首言三達德爲入道之門，次言道之費隱而該乎大小，必以三德行之。至此三章則以至聖至誠收三達德，而以川流敦化收道之大小，莫不尊親者即費，而孰能知之者其隱，一篇之義完矣至矣。然説到至盡地位，又恐人目爲高遠，故下章復以人道立言，自爲已知幾之始，推之以極其至，以示人知所用功，而不至自絶於中庸之道之外也。①

〇鄭玄曰：至誠，性至誠，謂孔子也。大經，謂六藝而指《春秋》也。大本，《孝經》也。又，安有所倚？言無所偏倚也。人人自以被德尤厚，似偏頗者。肫肫，讀如"誨爾忳忳"之忳。忳忳，懇誠貌也。肫肫，或爲"純純"。又，言唯聖人乃能知聖人也。《春秋傳》曰："末不亦樂乎堯舜之知君子。"明凡人不知。

〇孔穎達曰："夫焉"至"其天"者，以前經贊明夫子之德，此又云夫子無所偏倚，而仁德自然盛大也。倚，謂偏有所倚近。言夫子之德，普被於人，何有獨倚近於一人。言不待有偏頗也。肫肫，懇誠之貌。仁，謂施惠仁厚。言又能肫肫然懇誠行此仁厚爾。淵，水深之貌也。言夫子之德，淵淵然若水之深也。又，言夫子之德，浩浩盛大，其若如天也。所謂"誨爾忳忳"，此《大雅·抑》之篇，刺厲王之詩。言詩人誨爾厲王，忳忳然懇誠不已，厲王聽我，藐藐然而不入也。又，上經論夫子之德大如天，此經論唯至聖乃知夫子之德。苟，誠也。固，堅固也。言帝（或當爲"苟"）誠不堅固聰明睿聖通知曉達天德者，其誰

① 《四書詮義》上，卷四，《中庸》，《叢書集成三編》第10册，482—486頁。

能識知夫子之德？故注引《公羊傳》云“堯舜之知君子”者，言有堯舜之德乃知夫子，明凡人不知也。[1]

○司馬光曰：此以後復論孔子有至誠之德，人莫能知，亦莫能揜。經猶綱也，删《詩》《書》，定禮樂，作《春秋》，贊《易》道，是能經綸天下之大綱，立天下之大本，知天地之化育也。

○馬晞孟曰：大本者，性之始，所謂中德也。大經者，性之成，所謂庸德也。唯至誠無息，則於大本有以立之，於大經則有以經綸之。極中庸之效，有以知天地之化育，然後能贊之也。夫焉有所倚者，言其不蔽於一曲也。肫肫其仁，盡人道也；淵淵其淵，盡地道也；浩浩其天，盡天道也。

○陳祥道曰：經，常也。大經大常，所謂庸也；大本，所謂中也；天地化育，所謂和也。方言至誠，先庸後中、和，蓋惟至誠爲能體常，能體常則中立而和達也。夫是三者，皆誠以爲之，而不倚乎一偏，則無所不備也。故肫肫然，其仁之純全也；淵淵然，其淵之幽深也；浩浩然，其天之廣大也。而三才之道，非果聰明聖知達天德者，其孰能知此。於至聖言如天如淵，於至誠言其天其淵，如則有二，其則一而已。

○晏光曰：天下大經者，理之常；天下大本者，性之中；天地化育者，命之正。能窮理，則能經綸天下之大經；能盡性，則能立天下之大本；能至於命，則能知天地之化育。唯天下至誠則能窮理盡性而至於命，其於三者之道，全之盡之矣。又豈倚於一偏乎，故曰“夫焉有所倚”。肫肫者，純之至，復性之初，純而不雜，故曰“肫肫其仁”。淵淵者，深之至，左右逢原，若泉始達，故曰“淵淵其淵”。浩浩者，大之至，浩然之氣塞乎天地，故曰“浩浩其天”。前言“贊天地之化育”，此

---

① 《禮記正義》卷第六十一，《中庸》第三十一，下册，2044、2048—2049頁。其中，孔穎達所説“言帝誠不堅固聰明睿聖通知曉達天德者”中的“帝”字，上海古籍本（2048頁）與中華書局的《十三經注疏》本（1635頁下）皆然，惟景印文淵閣《四庫全書》本爲“苟”字（第116册，378頁上），不知孰是孰非？然而，“帝”字在此却略顯突兀，而“苟”字雖通，但既已注明“苟，誠也”，爲何跟着又直接用“苟誠”？不過，同樣在上海古籍本（2032頁）亦出現過“苟誠非至德之人”字樣，因此可以斷定這裏當是“苟誠”，而非“帝誠”，而“帝誠”之“帝”當是“苟”字之誤。

言“知天地之化育”，蓋贊者輔相以道，知者默契於心，唯心爲能會道，既能知之，必能贊之，相爲表裏而已。前言“溥博如天，淵泉如淵”，今言“淵淵其淵，浩浩其天”。蓋如天如淵者，與《易》言“與天地相似”同意；其天其淵者，與《易》言“與天地準”同意。

○譚惟寅曰：所謂天下至誠者，積夫形、著、明、動、變、化之效，而極乎博厚、高明、悠久之道者也。是以能經綸天下之大經，其倫則三綱，其用則九法，天下萬世之所行此，所謂大經也。經綸猶條理，大經以爲民紀，使有條而不紊也；是以能立天下之大本，至中而不倚，至正而不偏，天下萬理之所自出，此所謂大本也。立者，建極之謂，建立大本以爲民極，使不至於墮廢也；是以能知天地之化育，四時所以運行，萬物所以化生，天地功用者有不能自已，此所謂化育也。知者明其所以然也，明化育之所以然，蓋裁成輔相之道，得參乎其閒故也。此三者皆聖人所以立人之道，而成位乎天地之閒者，其在我則廣大而無私，其於物則曲成而不遺，尚安有所偏倚哉！

○邵淵曰：天下至聖，其極至於配天，若夫天下至誠，又不止是。天下之大經待之而經綸，則顯攝運用之也；天下之大本待之而立，大本人之性也，立則不使之失其固有也；天地之化育待之而知，化育造化萬物者也，知則明其消息之理也。“肫肫其仁，淵淵其淵，浩浩其天”，兼三者而備之，則所以經綸，所以立，所以知，皆其運量閒爾，其者指誠而言，仁與天、淵皆其所自有之物，非如天如淵比也。君子欲知此理，惟固聰明聖知，而德與天爲一者能之，固如《易》“成性存存”之義。

○邵甲曰：上章言天下至聖，此章言天下至誠，明至誠所以爲至聖也。誠者，天之道，謂之至誠，則純乎天理，無纖毫人爲之僞者也。故天下之大經，唯至誠爲能經綸之；天下之大本，唯至誠爲能立之；天地之化育，唯至誠爲能知之。何謂經綸天下之大經？疆理天下，綱紀四方，使尊卑小大各循其分，内外遠近咸得其宜，所謂立綱陳紀，爲萬世法程是也。何謂立天下之大本？開明天理，扶植民彝，使人知有禮則生，無信不立，于以正萬化之原，建無窮之基，所謂“立我烝民，莫匪爾極”是也。何謂知天地之化育？仰觀俯察而幽明之故可通，原始反終而死生之説可明，凡大道化生之機，元氣發育之妙，無不洞見於方寸，所謂通乎晝夜之道而知是也。言大經大本而遂及於天地之化育，明此道與天地貫通無閒，經綸大經，植立大本，非知化育者不能。苟化育之妙未能深知，則其所經綸，其所植立，欲無遺憾，不可得也。觀隆古帝王功用宏博，與天地參，後世雖號爲賢君，設施淺陋，終不足以望古，則唯天下至誠然後能之，信不誣矣。①

○《日講四書解義》曰：蓋至誠至聖本無二理，以發於外者觀至聖，故凡有血氣者，莫不尊親；以存於中者觀至誠，故非至聖不能知也。①

○王應麟曰：注："大經，《春秋》也；大本，《孝經》也。"蓋溺於緯書"志在《春秋》，行在《孝經》"之言，其説疏矣。

○毛遠宗曰：大經即達道九經之屬，經者分之，綸者合之也。大本即中爲大本也。其仁以大經言，猶敦厚也，其淵以本言，其天以化育言。②

○陈柱曰：大經者，六經也。孔子之道，具乎六經。又，而指《春秋》也。大本，《孝經》也。

○馬其昶曰：化育天命之性也。姚永樸謂即《周易》是已。③

○謹案：依朱子，第二十一章乃"子思承上章夫子天道、人道之意而立言也。自此以下十二章，皆子思之言，以反覆推明此章之意"。也就是説，此是子思接着上章始詳言"誠"，《中庸》之中心樞紐，所謂實理之本然，真實無妄之謂也，由其"誠者，天之道也；誠之者，人之道也"而立言，亦即："自誠明，謂之性"而"誠則明矣"乃天之道也；

① 《禮記集説》卷一百三十六，《中庸》第三十一，《通志堂經解》第13册，427—428頁。"天下至聖"與"天下至誠"，二者必相爲表裏，其義一統。亦即前者言至聖之德，後者言至誠之道。"然至誠之道，非至聖不能知；至聖之德，非至誠不能爲，則亦非二物矣"。(《中庸章句》，《四書章句集注》，39頁）但邵淵似以爲有高下之别，妥否？其實説二者有本末内外之别，可矣。若硬説高下之别，則至聖之德，天下人們或多或少地能見能識，而至誠之道那就不一定了。

① 《日講四書解義》卷三，《中庸》下，景印文淵閣《四庫全書》第208册，75頁。

② 《續禮記集説》卷八十九，《中庸》，《續修四庫全書》第102册，587頁。

③ 《中庸通義　中庸注参》，42、123頁。

“自明誠，謂之教”而“明則誠矣”乃人之道也。“誠則無不明矣，明則可以至於誠矣”。汪紱則强調，“以前多言中和，而以後言誠者，實理之誠，在天即命，在人即性，在物即道。天地本然之中和，一誠也；實心之誠，在人則盡性未發之中也；實事之誠，在事則率性之道，中節之和也。君子之中庸亦一誠而已，不誠無所謂中和，不中和亦無所謂誠矣，其致一也”。或者，亦如張子所謂，“‘自誠明’者，先盡性，以致於窮理也。謂先自其性理會來，以至於理。‘自明誠’者，先窮理，以致於盡性也。謂先從學問理會，以推達於天性也”。而其中，“此‘性’字便是‘性之’也”。而“此‘教’字是學之也。此二字却是轉一轉説，與首章‘天命之謂性，修道之謂教’二字義不同”。或者，如胡炳文所言，首章“性即天命之性，人物所同，此則性之者也，聖人所獨”。首章“教即修道之教，但教是聖人事，此則由教而入學者事也”。或如景星所言，“首章性教字實，此性教字虚”。“要之，前是性教之本，此是全其性遵其教”。而就末兩句同一“則”字，吕留良以爲，“上‘則’字快、直，下‘則’字遲、曲”。而且，他還特别强調，必明而誠，倘若“不明而誠，所誠皆錯，悍然自以爲是而不知其非，卑弱者終爲俗學，其高强者必一折而仍入於象山陽明矣，可不慎歟”。所以，朱子尤其强調，“經禮三百，曲禮三千，無非使人明此理。此心當提撕唤起，常自念性如何善？因何不善？人皆可爲堯舜，我因甚做不得？立得此後，觀書亦見理，静坐亦見理，森然於耳目之前”。而對於本章，船山以“聖人之德”與“賢人之德”做辨析，即，“‘聖人之德’，要其成而言也。‘賢人之德’，推其始而言也。聖人行造其極，而以明爲德之盛，故伯夷、伊尹、柳下惠集義之力均於孔子，而孔子知言之功爲生民以來之未有，自誠而明，其明同於天矣。賢人之學以格物致知爲始而以修其身，格致皆以修也。蓋格物致知者至善之極則，聖人以此爲德之至盛，而學者之始事必自此始焉，所謂知止爲始也。下學上達，其致合一，無繩墨之可改，彀率之可變也”。譚惟寅的表述却頗爲形象，即：“自誠而明者，性合天道，自然開廓明達，如人安居本舍，坐觀庶事，故曰‘誠則明矣’；自明而誠者，先明乎善，然後反身而誠，如人出外復歸，先須辨認本舍，然後入而居之，故曰‘明則誠矣’。”顧元常則表達爲：“‘誠則明矣’，譬如太虚纖翳不生，萬象呈露；‘明則誠矣’，晨光既升，陰邪屏息，大虚湛然。”

自此以下十二章，皆子思反復推明此章之意也。其中第二十二、二十四、二十六、三十、三十一、三十二計六章，皆專言天道與聖人之道。我們知道子貢曾言：“夫子之文章，可得而聞也；夫子之言性與天道，不可得而聞也。”① 又有：“子罕言利與命，與仁。”② 像性與天道、命，夫子罕言，是學不躐等之意。仁，夫子却並不罕言，而是罕許人以仁。孟子正是在夫子言仁以及《大學》“明明德”與《中庸》“天命之謂性”等的基礎之上，進一步明確得出與確證了人性本善的道理。至於命與天，夫子亦間或言之，譬如子曰：“天生德於予，桓魋其如予何？”再如，子畏於匡。曰：“文王既没，文不在兹乎？天之將喪斯文也，後死者不得與於斯文也；天之未喪斯文也，匡人其如予何？”再有，子曰：“不怨天，不尤人。下學而上達。知我者其天乎！”以及子曰：“道之將行也歟？命也。道之將廢也歟？命也。”還有，堯曰：“諮！爾舜！天之歷數在爾躬。”等等。③ 然而，到了子思却爲什麽就會專言性與天道了呢？④ 這主要恐怕在於，夫子在，“無行而不與二三子者”，言教身教以及六經之教，弟子總有覺悟之時。子思則去聖遠而異端起矣，故懼夫愈

---

① 《論語·公冶長》第十二章。

② 《論語·子罕》第一章。

③ 《論語·述而》第二十二章，《子罕》第五章，《憲問》第三十七、三十八章，《堯曰》第一章。

④ 陸桴亭亦言：“夫子之言性與天道不可得聞，却聞之於子思。《中庸》一書，真性與天道之極致也。然大旨俱自孔子《易·系》來，故曰：《易》與《中庸》相表裏。”（《思辨録輯要》卷二九，條一六）再者，丁紀解朱子“次讀《中庸》，以求古人之微妙處”，説道：“至於讀《中庸》，乃知《論語》别有要妙，爲聖人真實底子；故此所謂‘古人’，不是泛指，乃指古聖人、指由《論語》所見孔子而言。”“《中庸》言道言誠，乃《論語》至深之包含、至高之結晶”。［參閲丁紀《大學在四書序列中的位置》，《四川大學學報（哲學社會科學版）》，2014年第1期，55、56頁］朱子弟子黄榦亦曾認爲：“子思之著書，所以必言夫道之體用者，知道有體用，則一動一静，皆天理自然之妙，而無一毫人爲之私也。知道之有體，則凡數術辭章非道也；有用，則虚無寂滅非道也。知體用爲二，則操存省察，皆不可以不用力；知體用合一，則從容中道，皆無所用其力也。善言道者，未有加於此者也。”然“其源流可考也，孔子之學，傳之曾子，曾子傳之子思，子思傳之孟子，皆此道也。”

久而愈失其真也。所以子思言天道，言聖人之道，充分揭示至聖之德與至誠之道，以及聖者繼天立極、制禮作樂，並以此教化、導引與促成大賢及以下者終究也能够由人道而復歸天道，乃至與天道爲一，“可以贊天地之化育”，“可以與天地參矣”。因而子思言天道，却始終緊密聯繫著人道論説，而言人道則更是必對舉天道而言，從不離人道論天道，亦不離天道説人道。本篇第三大段，即第四、五部分，就是這樣來集中論述天道與人道的，儘管我們可以依朱子，説若干章著重言天道，若干章主要言人道，等等，然而我們却需注意，天道與人道是始終不相離的，由天道下及人道，再由人道上達與復歸天道，乃至天道與人道合一，這之中本就與天道爲一的聖者及聖人之道的作用，是分不開離不得的。所以，子思論天道又是完全與聖人之道並舉的。亦即，如汪紱所言，“子思之意尤重人道邊，而天道屬之聖人者，以所性之天道無虧，故聖即天道。聖人如此，則人道必當用功如此；聖人能此，則人道用功亦可至此。以下十二章俱當以人道承天道連看，不可劃分兩對也”。而且，“致曲盡性之功不外静存動察，此十三章蓋合道德以申明首章戒懼存養、慎獨省察之功之詳，而末章乃明結言之，以終首章之意也”。

從第二十二章起，蓋聖人“自誠明”，其德之實，天下莫能加也，故聖人至誠，能盡己性，德無不實而無一毫人欲之私，則能盡人性，盡物性，贊天地化育，與天地參矣。而常人之稟氣昏濁，本來，依朱子言，“天與你許多道理，本自具足，無些子欠闕，只是人自去欠闕了他底。所以《中庸》難看，便是如此。須是心地大段廣大，方看得出；須是大段精微，方看得出；精密而廣闊，方看得出”，因而欲盡人之性固離不開聖者制禮作樂之教化。而物之稟氣偏塞，雖無用教化，然盡物性，處之各當其理，隨他天理流行發見處存之使之，“它所明處亦只是這箇善，聖人便是用他善底。如馬悍者，用鞭策亦可乘”，以助成其也最大限度地體現與呈現天道天理，此亦是教化，“是隨他天理流行發見處使之也。如虎狼，便只得陷而殺之，驅而遠之”，也就是説，“人在天地中間，雖只是一理，然天人所爲，各自有分，人做得底，却有天做不得底”，尤其，天地化育本身所不及者，非聖者以贊不得以成。亦即，

“聖人‘贊天地之化育’。蓋天下事有不恰好處，被聖人做得都好”。以至於人之内心和諧，人與人和諧，進而人與自然萬物、與天地和諧，豈非贊化育而與天地參矣。而《中庸》本章及第三十二章兩處説“天下之至誠”，而結語一則曰“贊”、一則曰“知”天地之化育。本章是從裏面説將出，故能盡其性，則能盡人物之性以贊天地之化育。而第三十二章是從下面説上去，“經綸天下之大經”者，如“修道之謂教”也。“立天下之大本”，是静而無一息之不中。知化育，則知天理之流行。若再就孟子所謂“盡心”與《中庸》所謂“盡性”而論，朱子指出，“盡心是就知上説，盡性是就行上説。能盡得真實本然之全體是盡性，能盡得虚靈知覺之妙用是盡心。盡心就所知上説，盡性就事物上説。事事物物上各要盡得他道理，較零碎，盡心則渾淪。盡心了，方能盡性”。然而於聖人，無論盡心、盡性，景星以爲，其“盡字不是用力字，只是至誠者自然明無不照之謂。若看三盡性字，似有工夫次第，然不過親疏遠近先後之别爾”。實際，“此與首章相似，至誠便是致中和，贊化育便是天地位育。此言天道也。自此以下當逐本，體認不費力處，便是天道，著力處便是人道”。亦是船山所謂，“其實則所云‘言天道’者，言聖人之具體乎天道也；‘言人道’者，言君子之克盡乎人道也”，“人道須是聖人方盡得”，“要其體天道者，亦以其盡人道者體之爾”。聖人之道與天道雖然同一，然而從“贊”“參”言，則可見其略相異處，朱子講，“盡己之性，如在君臣則義，在父子則親，在兄弟則愛之類，己無一之不盡。盡人之性，如黎民時雍，各得其所。盡物之性，如鳥獸草木咸若。如此，則可以‘贊天地之化育’，皆是實事，非私心之仿像也”。或如毛奇齡所謂，“而於以及物，則如《尚書》‘山川草木莫不寧’，《禮運》‘鳥不獝，獸不狘’，即是盡物性”。或者亦如胡炳文所言，“天地能賦人物以性，不能使人物各盡其性，聖人能盡之，則可以贊天地之化育，而可與天地參而爲三矣”。亦如汪紱所言，“天地無心而生物，聖人有心而無爲，有心所以贊之，無爲奉天而已。有天地而不能無待於聖人之贊，所以參天地也”。以及亦如吕留良所言，“化育亦是天地氣質上事，纔落氣質，便有過不及，故必賴聖人之贊，非虚論也”。故“贊化育是實有其事”。而“參贊不是無分，却不是贊上又有參一層，贊就功用上說，參就位分上說也”。對此，譚惟寅特引《詩》而論，即，“《詩》云‘立我烝民，莫匪爾極’，此盡人之性也。《詩》云‘王在靈囿，麀鹿攸伏’，‘王在靈沼，於牣魚躍’，此盡物之性也”。而且，他還强調，“聖人有德有位，其道行乎天下；聖人有德無位，其道明乎天下。功用皆同，無二事也”。而蔣伯潛則由衷地贊嘆道，“這就是首章‘致中和，天地位焉，萬物育焉’的意思。張載《西銘》所説的‘乾父坤母，民胞物與’，也是這個道理。這是儒家最偉大的哲學理想”。

而第二十四章，“至誠之道，可以前知”，孔子曾講：“不逆詐，不億不信，抑亦先覺者，是賢乎！”[①] 這之中的關鍵就在於“誠”，“誠則明”，明則能先覺。賢者尚且能够如此，又更何况聖者之至誠呢！朱子以爲，聖人至誠而無一毫私僞，所以自能見得。且如禎祥、妖孽與蓍龜及四體所動所告之吉凶甚明，皆是此理已形見，但非至誠人却不能見也。因爲，即如吕大臨所言，“至誠與天地同德，與天地同德，則其氣化運行與天地同流矣。興亡之兆，禍福之來，感於吾心，動於吾氣，如有萌焉，無不前知。况乎誠心之至，求乎蓍龜而蓍龜告，察乎四體而四體應，所謂‘莫見乎隱，莫顯乎微’者也。此至誠所以達乎神明而無閒，故曰‘至誠如神’”。其實，胡炳文亦以爲，“言誠自第十六章始，彼言誠者，鬼神之所以爲鬼神；此則言聖人之至誠，聖人之所以如鬼神也。誠即是神，而子思姑以如神言，與十六章文不相屬，而意實相承也”。亦如船山所言：“神唯誠有其理，則著之於象，而於禎祥妖孽蓍龜動容前，出其象以示人，而無不可先知者。今至誠之聖人察其幾而前知之，則豈不與鬼神合其吉凶乎！‘誠則明’，而其明則合於天之神也。”“至誠如神，其體如，則其用亦如矣。故曰‘誠者天之道也’。”或者，亦如汪紱所言，“神以誠而體物不遺，聖人以誠而幾無不燭，所謂與鬼神合其吉凶也，故曰如神”。而譚惟寅則以爲，“此章重處全在至誠，而前知之説特以明其效驗，非如俗學專尚神怪，而不知理之所在也”。實

① 《論語·憲問》第三十三章。

際上，此與前章同言至誠、天道，但景星以爲，“前章言至誠可以參贊天地，極言聖人之功用，此章又舉至誠與鬼神合德言之。前章是就應事處言，此章是就事未形之先言，專發明聖人用處，以見聖人之道無所不至”。吕留良則特重其中關鍵術語的辨析，他以爲，“此‘善’字在氣機上説，非道理心體之善。幾在事先，理又在幾先，一路追到極平實地頭，却正是神妙不測之盡處。蓋實處是誠，虚處是神，介乎動静之間者是幾，三字須合作一件講，方是此章全理”。或者，此所謂“虚處是神”，是否同船山所説一致，即，“‘神’者，即禎祥、妖孽、蓍龜、四體所見之天幾，雖無非造化之迹，而未可謂之鬼神也”。不過，就連船山自己也並未堅持這一看法，而是後來一直也將“神”説爲“鬼神”了。再有，所謂“四體”，鄭、孔以爲，“謂龜之四足：春占後左，夏占前左，秋占前右，冬占後右”。亦即龜之四體。朱子却以爲，“謂動作威儀之閒，如執玉高卑，其容俯仰之類”。亦即人之四體。朱子之前的吕大臨，以及之後的毛文輝等也都這樣看。毛氏還列舉了《春秋》中的例證，亦即，“如晉惠受玉惰，楚屈瑕舉趾高，周成肅公受脤不敬，晉厲公步高而視遠，晉郤錡乞魯師，郤犨受衛君享而皆傲無禮類”，云云。另外，關於歷史上有至誠之德者預判前知禎祥、妖孽等出現及其結果的事件，孔氏、林光朝等做出了好些列舉，可以參閲。而周處約、蔣伯潜以爲，“所謂‘禎祥’‘妖孽’，亦不專指麟鳳之瑞，物怪之妖而言。豐年厚俗，義士仁人，也都是國家的禎祥；水旱之災，澆漓之俗，奸慝貪殘之人，也都是國家的妖孽”，等等。

因而再有第二十六章之“至誠無息”，朱子謂“既無虚假，自無間斷”。亦即：“此章所謂至誠無息，以至於博厚高明，乃聖人久於其道，而天下化成之事，其所積而成者，乃其氣象功效之謂，若鄭氏所謂‘至誠之德，著於四方’者是已，非謂在己之德，亦待積而後成也，故章末引《文王》之詩以證之，夫豈積累漸次之謂哉?”此即程子所謂，“天道不已，文王純於天道，亦不已。純則無二無雜，不已則無間斷先後”。“子在川上曰：‘逝者如斯夫，不舍晝夜。’自漢以來儒者不識此義，此見聖人之心‘純亦不已’也。‘純亦不已’，此乃天德也。有天德便可語王道，其要只在慎獨”。胡炳文以爲，“論聖人之事，而以天地之道明之，天地與聖人混乎爲一而不見其分；又引《詩》而釋之曰天之所以爲天，文王之所以爲文，若見其分，而結之以‘純亦不已’，則又見其混。言聖人之‘至誠無息’，而於天地之道曰‘不貳’；又言天命之‘於穆不已’，而於聖人之德則曰‘純’，又互而言之也。純則不貳，不貳所以誠，此文王之所以爲文也，此天之所以爲天也”。也就是説，“於穆不已”，是言天道之“至誠無息”，而“純亦不已”却是言聖人之“至誠無息”。而本章既以天道言聖人之道，又以聖人之道言天道，兩者互文。不過，饒魯却曾斷言，“到至誠無息章，只説天道，不説人道，蓋人道至此與天道一”。或者説，此是尤以天道來言説聖人之道。像朱子《章句》所説，“此言聖人與天地同用”，“此言聖人與天地同體”。亦如船山所説，“《易》曰‘群龍無首’，人不得以首尾測天也。聖人合天，合其無間斷者耳”。“至誠之德，與天通理，其體同也，其用亦同也；而體用之所以同者，則誠之至而成始成終，無乎不至者也”。亦如吕留良所説，“此章大旨只至誠無息與天地同，言聖人與天地同用，自宜在功業上説”。亦如汪紱所説，“即天地以明至誠，言天地實意在聖人也”，“前言聖人必言天者，天是此理源頭，而聖人與天合德，即所謂天道也”。亦如黎立武所説，“天之忠恕即《乾》之中庸，即《乾》之誠化，即乾元之仁，惟至誠盡性，參天地，贊化育，天道在聖人矣”。亦如毛奇齡所説，“至誠之配天地如此，然但舉文王者，所以起仲尼不爲天子而亦與天地同大之意”，等等，都無不明確在表明這點。再有，景星以爲，“上二至誠章一言仁，一言知，此專言勇”。因爲，“悠遠悠久亦自勇言，博厚亦因仁言，高明亦因知言，此雖非正意亦通，然悠久寓於高厚之中，猶勇在仁知之内”。而汪紱亦以爲，“前章至誠盡性前知，則仁之至，知之盡矣，此章則承上四章，而以言天道之勇也。故至誠無息者，惟其仁至知盡，故不賴勇之功而爲勇之至也”。當然，既言天道之勇，亦就是言聖人之勇也。

自第三十章起再又接連三章言天道。這甚至可以説，《中庸》言聖人天道之極致，莫過於這三章。因爲第三十章明確表述的是“仲尼”，所以這三章都可視爲是對聖人孔子以及由此而對所有聖人的贊頌。對此，汪紱結合《中庸》全篇來概括，最爲精當，即："子思首章既立言，而遂以'仲尼曰'開中庸之端；次言三達德，又以孔子之'依乎中庸，遯世不見知而不悔'結之；次言達德之費隱，復以子曰'道不遠人'開章，而又以孔子之論政繼舜、文、武、周之統；又即夫子天道人道之意以立言，而此復歸之夫子祖述憲章。蓋全書直以孔子成百王之統，而當位育參贊之實也。""道不外法，法不離道，堯舜、文武一而已矣。上律下襲與祖述憲章，亦非二事。""蓋以此一章統收上九章。古今此德此道，上下亦此德此道，而孔子與之吻合而純亦不已，故備古聖天地於一身"。而"此章及無息章，皆先言聖人，後言天地，即天地以明聖人。然無息章言聖人功用之大，其言天處亦詳於功用，而本體不過數語；此章言聖人道德之大，其言天處亦只言道德，非言功用。意旨各有屬也，然存爲道德，發爲事功，則非有二矣"。景星也以爲，"此章與二十六章相表裏。前章首言聖人至誠與天地同，下止言天地盛大，以見聖人之盛大；此章中言聖人與天地同，末止言天地之大，以見聖人之大。前章引《文王》之詩結之，以證群聖人；此以孔子行事起之，以集群聖人。皆是以天地形容聖人之德也"。而游氏也强調指出，"中庸之道，至仲尼而集大成，故此書之末以仲尼明之"。朱子以爲，第三十章"是言聖人功夫"，"言聖人之德如天地"，"言天地之大"，而"言天地，則見聖人"。也就是説，"以天地言之，則高下散殊者，小德之川流；於穆不已者，大德之敦化。以聖人言之，則物各付物者，小德之川流；純亦不已者，大德之敦化"。胡炳文稱"小德川流"，是其粲然者也；"大德敦化"，是其渾然者也。而"粲然者全體之分，即所謂率性之道，即所謂時中之中；渾然者萬殊之本，即所謂天命之性，即所謂未發之中"。但吕留良却特别指出，"德本無大小，大小即在川流敦化處見，川流即大德之支節，敦化即小德之全體，原只是一件"。而船山却以爲，"凡此一章，皆已見天道、聖道，其大也一本於德，與二十七章意略相同。彼言君子之所以凝聖道者在修德，以聖人之道原繇聖德而凝；此言聖人之能合天道也唯其德，以天之所以爲大者，原依天德而成"。再有，鄭、孔以爲，

“此以《春秋》之義説孔子之德”。“孔子兼包堯、舜、文、武之盛德，而著之《春秋》以俟後聖者也”。“言《春秋》《孝經》足以顯明先祖述憲章之事”。因而，鄭玄以爲，“律，述也。述天時，謂編年四時具也”。但孔氏却以爲，“言夫子上則述行天時，以與言陰陽時候也”。朱子的看法亦與此相近，即，“律天時者，法其自然之運”。游酢以爲，乃“體元而亨，利物而正，一喜一怒，通於四時”，“則天道之至教修”。馬晞孟則以爲，乃“體天道也”，蓋“天之變通在於時，故於時則上律之”。相應的，他還將祖述憲章視爲“體人道也”，將“下襲水土”視爲“體地道也”。林光朝以爲，“律天時，謂隨時出處，可以速則速，可以久則久，可以仕則仕，非律天時，安能如此”。胡炳文雖承認林説爲本，但又補充了末，即，“律天時，如‘不時，不食’是末，夫子聖之時是本”。以上意義，或可取朱子爲中心，其餘皆可與之相通而含攝。

緊接的第三十一、三十二章，汪紱以爲，當連第三十章作一氣看。朱子以爲，第三十一章，“承上章而言小德之川流，亦天道也”。而第三十二章，亦“承上章而言大德之敦化，亦天道也。前章言至聖之德，此章言至誠之道。然至誠之道，非至聖不能知；至聖之德，非至誠不能爲，則亦非二物矣。此篇言聖人天道之極致，至此而無以加矣”。“當以表裏觀之：‘至聖’一章説發見處，‘至誠’一章説存主處。聖以德言，誠則所以爲德也。以德而言，則外人觀其表，但見其如天如淵；誠所以爲德，故自家裏面却真箇是其天其淵”。前者，如饒魯所言，“猶是聖人與天地相比並”，後者，“則聖人與天地爲一矣”。上述，實際上已包含朱子對游氏看法的肯定，同時，朱子亦肯定了鄭氏“惟聖人能知聖人”的看法。恰在這點上引來船山的反對，他以爲，“唯聖人能知聖人，唯有聖人之誠乃知聖人之德，非孔子知堯舜之謂。子思豈自謂聖人乎”！“然朱子於此，則已多費轉折，而啓後人之疑。是其爲疵，不在存游氏瓜分道、德之説，而在輕用康成‘唯聖知聖’之膚解”。“朱子輕用其説，而又曲爲斡旋之，則胡不直以經綸、立本、知化爲聖人之化，而以至誠之不待有倚而自肫肫、淵淵、浩浩者爲敦化之德之爲安乎”？然而，我們若以“内聖外王”説做比，至聖之德即外王，至誠之道即内聖。所謂“自誠明，謂之性”，“誠則明矣”。（第二十一章）以及兩個“唯天下至誠”章，（即第二十二、三十二章）即是其内聖的方面。外王，亦即至聖，正如朱子所説，“是其德之發見乎外者，故人見之”，是“外人只見到這處”。亦如景星所説，“此言達而在上之大聖人，其盛德之全體大用如此，唯堯舜可以當之”。亦即，“言小德，條理分明，人所易見，故曰凡有血氣莫不尊親”。“此是自内説出外”。所以便有第三十一章所述的人所能見的效應。亦如邵甲所言，“上章所言‘辟如四時之錯行，如日月之代明’，正謂此也”。或亦如胡炳文所言，“前章以時出之，則爲時中，凡天下之人皆得以知之”。或又如吕留良所言，“‘至聖’章説發見處，自表而觀，其知則易，故凡有血氣，莫不尊親”。然而，若言及内聖，亦即至誠之道，却是朱子所言，“非聖人不自知”。亦即，如胡炳文所言，“此章大本之中，渾然在中者也，非聰明聖知達天德者，孰能知之”？亦如景星所言，此“言大德，即無聲無臭者，故曰非聖人其孰能知之”。“是自外説入内”。或如項安世所謂，“言其德之根本於内者，其隱如此”。又如吕留良所謂，此“説存主處，自裏而觀，其知則難，故非‘聰明聖智達天德者’弗能知也”。以至，“以上二章總極言聖人天道之盡致。必到人欲净盡，此心與天體不二，方是默契處”。此亦必定如汪紱所言，“惟聖人知聖人，所謂先聖後聖其揆一者，堯舜文武於孔子遥遥千百年，必待孔子而後能祖述憲章，正所謂惟聖知聖也。祖述憲章，則大經盡大本立矣；上律下襲，則默契天地之化育。然則所謂至誠者，亦孔子其人焉耳。至誠，聖人之誠也，天道之仁也”。就即便不説生知安行的聖人，那也必定是“其次致曲”章（第二十三章）之所謂不異於聖人者，方才可以盡知以至盡能。那麽，近於聖人者呢，譬如孔門弟子顔回，於夫子之言無所不悦，而喟然嘆曰：“仰之彌高，鑽之彌堅，瞻之在前，忽焉在後。夫子循循然善誘人，博我以文，約我以禮。欲罷不能，既竭吾才，如有所立卓爾。雖欲從之，末由也已。”譬如子貢，在孔子死後，發自肺腑地贊嘆道：“仲尼，日月也，無得而踰焉。”“夫子之不可及也，猶天之不可階而升也。夫子之得邦家者，所謂立之斯立，道之斯行，綏之斯來，動之斯和。其生也榮，其死也哀，如之何其可及也。”[①] 譬如亞聖孟子，他視孔子爲“聖之時者也”，“集大成也者”，“可以速而速，可以久而久，可以處而處，可以仕而仕”，“自有生民以來，未有孔子也”。[②] 再來看子思，他對聖人之道與聖人之德的贊揚，即：“大哉聖人之道！洋洋乎！發育萬物，峻極于天。優優大哉！禮儀三百，威儀三千。”（第二十七章）以及“仲尼祖述堯舜”章（第三十章），“唯天下至聖”章（第三十一章），“唯天下至誠”章（第三十二章），等等，由此，我們能否這樣講，顔淵、子貢、子思等，於至誠之道所自然呈現的至聖之德，亦即内聖外王之外王方面，所謂如天如淵方面近乎盡知，而於至誠之道本身，亦即内聖方面，恐怕就難以盡知了，更遑論處於他們之下的人呢，譬如孔門中的曾晳，被朱子稱做“狂者”，“未必能爲聖人之事，而能知夫子之志。故曰浴乎沂，風乎舞雩，咏而歸，言樂而得其所也。孔子之志，在於老者安之，朋友信之，少者懷之，使萬物莫不遂其性。曾點知之，故孔子喟然嘆曰‘吾與點也’”。“曾點、漆雕開，已見大意”。所謂“已見大意”，自然是不盡知，至於行，其又遠不可與顔淵、曾子相比擬。也就是説，儘管“見處極高，只是工夫疏略”，“其實細密工夫却多欠闕，便似莊列。如季武子死，倚其門而歌，打曾參仆地，皆有些狂怪”。[③] 所以，鄭玄及朱子説“惟聖人能知聖人也”，並非不能成立，只不過聖人不止生之安行者，還當包括由學知利行而成就的不異於聖人者。他們終究是能够全知盡行聖人之道的。以及還有近於全知盡行者，譬如“其心三月不違仁”的顔回等。再有“其餘則日月至焉而已矣”的困知勉行者，好學力行知耻者，等等，他們尚遠未達到全知盡行，典型的如子路等，就老是要表現出對於聖人、對於至誠之道、對於君子之道等的遲疑與遊移。

另外，順便説説，第三十二章出現的“大經”“大本”，究爲何意？朱子主要依據游氏而以爲，“大經者，五品之人倫。大本者，所性之全

---

① 《論語·子罕》第十章，《子張》第二十四、二十五章。

② 《孟子·萬章下》第一章、《公孫丑上》第二章。

③ 《論語·先進》第二十五章，《四書章句集注》，130—132頁；《朱子語類》卷第四十，《論語·先進下》，第三册，1026—1027頁。

體也。惟聖人之德極誠無妄，故於人倫各盡其當然之實，而皆可以爲天下後世法，所謂經綸之也。其於所性之全體，無一毫人欲之僞以雜之，而天下之道千變萬化皆由此出，所謂立之也”。而且，“經綸之爲致和，立本之爲致中，知化之爲窮理以至於命”。以及，“經綸大經，他那日用間底，都是君臣父子夫婦人倫之理，更不必倚著人；只是從此心中流行于經綸人倫處，便是法則。此身在這裏，便是立本”。聖人自然如此，它纔發出來，便“經綸天下之大經，立天下之大本”。胡炳文則將此概括爲，“大經是道，大本是性，化育是命”。並與首章做比較，即，“首章由造化説聖人，故曰命，曰性，曰道，由體之隱達於用之費也；此章言聖人之所以爲敦化，則曰道，曰性，而後曰命，由用之費而原其體之隱也”。故“首章曰‘中者，天下之大本’，此則揭以立之一字，大本是所性之全體，本無一毫人欲之僞以雜之也，立字不是用力字”。而汪紱的解釋較爲特别，但亦不出朱子之意，即，“前章容、執、敬、别之事，不外此章經綸大經；前章仁義禮知之德，亦即此章大本之性，所言原無二理。但前章分言仁義禮知等，故是言小德川流；此章合儱説個大經大本而歸之一誠，故是言大德敦化”。尤鄭、孔把“大經”“大本”説得實在，落在具體的經典上，即，“大經，謂六藝而指《春秋》也。大本，《孝經》也”。對此，王應麟提出批評，以爲是“溺於緯書‘志在《春秋》，行在《孝經》’之言，其説疏矣”。此外，還有一些宋儒的説法亦頗具代表性，譬如馬晞孟、陳祥道、晏殊等以爲，大本者，性之始，性之中，所謂中德也。大經者，性之成，理之常，所謂庸德也。再如譚惟寅以爲，所謂天下至誠者，“是以能經綸天下之大經，其倫則三綱，其用則九法，天下萬世之所行此，所謂大經也；經綸猶條理，大經以爲民紀，使有條而不紊也。是以能立天下之大本，至中而不倚，至正而不偏，天下萬理之所自出，此所謂大本也；立者，建極之謂，建立大本以爲民極，使不至於墮廢也”。而邵甲以爲，“何謂經綸天下之大經？疆理天下，綱紀四方，使尊卑小大各循其分，内外遠近咸得其宜，所謂立綱陳紀，爲萬世法程是也。何謂立天下之大本？開明天理，扶植民彝，使人知有禮則生，無信不立，于以正萬化之原，建無窮之基，所謂‘立我烝民，莫匪爾極’是也”。而且，他還特别聯繫“知化育”來説二者，即，“言大經大本而遂及於天地之化育，明此道與天地貫通無閒，經綸大經，植立大本，非知化育者不能。苟化育之妙未能深知，則其所經綸，其所植立，欲無遺憾，不可得也”。不過，總的來講，我以爲，還是朱子之説足以囊括此所有衆説。

再有，通常説聖人與天道爲一，這是不錯的。首要的，他們皆爲“誠者”以至“至誠者”，像孔子所説，“誠者，天之道也”，“誠者不勉而中，不思而得，從容中道，聖人也”。（第二十章）其實，孟子也講，“是故誠者，天之道也”，“至誠而不動者，未之有也”。朱子以爲，“誠者，理之在我者皆實而無僞，天道之本然也”。而孟子亦贊美孔子“不爲已甚者”。楊氏以爲：“言聖人所爲，本分之外，不加毫末。非孟子真知孔子，不能以是稱之。”孟子又贊美大舜“明於庶物，察於人倫，由仁義行，非行仁義也”。朱子以爲：“在舜則皆生而知之也。由仁義行，非行仁義，則仁義已根於心，而所行皆從此出”，“所謂安而行之也。此則聖人之事，不待存之，而無不存矣”。[①] 再有，子曰：“予欲無言。”子貢曰：“子如不言，則小子何述焉？”子曰：“天何言哉？四時行焉，百物生焉，天何言哉？”而孔子平日也的確如天道一般，“無行而不與二三子者”。[②] 再者，作爲天道的“鬼神之爲德，其盛矣乎”，“夫微之顯，誠之不可揜如此夫”；（第十六章）而作爲聖人，其“至誠之道，可以前知”，而“至誠如神”。（第二十四章）尤其在“至誠無息”章，天道與聖人亦是完全一致，所以講“萬物並育而不相害，道並行而不相悖，小德川流，大德敦化，此天地之所以爲大也”。（第三十章）而聖人“肫肫其仁，淵淵其淵，浩浩其天”。（第三十二章）我們甚至可以講，《中庸》説天道也就是在説聖人，而説聖人也同樣是在説天道。只是我們須同時注意，同樣是在説聖人與天道“至誠無息”等時，表述上却會略有差異，譬如子思講：“《詩》云：‘維天之命，於穆不已！’蓋曰天之所以爲

---

① 《孟子·離婁上》第十二章，《離婁下》第十、十九章，《四書章句集注》，287、296—297、299頁；

② 《論語·陽貨》第十九章、《述而》第二十三章。

天也。‘於乎不顯！文王之德之純！’蓋曰文王之所以爲文也，純亦不已。”（第二十六章）朱子以爲，“以天地言之，則高下散殊者，小德之川流；於穆不已者，大德之敦化。以聖人言之，則物各付物者，小德之川流；純亦不已者，大德之敦化”。“於穆不已”，説天道之“至誠無息”，而“純亦不已”却是説聖人之“至誠無息”。這也就提示出了聖人與天道除了爲一外，至少還存在某些不同。

首先，“天命之謂性”，天地萬物皆受天之命，亦即天以陰陽五行化生萬物，氣以成形，而性亦即理亦賦焉。聖人亦在其中，只不過人物之正通偏塞之别，以及聖人與常人之清明純粹與渾濁駁雜之别，却不會没有。於是我們讀到，子曰：“天生德於予，桓魋其如予何？”子畏於匡。曰：“文王既没，文不在兹乎？天之將喪斯文也，後死者不得與於斯文也；天之未喪斯文也，匡人其如予何？”堯曰：“諮！爾舜！天之歷數在爾躬。允執其中。四海困窮，天禄永終。”舜亦以命禹。[①] 子曰：“舜其大孝也與！德爲聖人，尊爲天子，富有四海之内。宗廟饗之，子孫保之。故大德必得其位，必得其禄，必得其名，必得其壽。故天之生物，必因其材而篤焉。故栽者培之，傾者覆之。《詩》曰：‘嘉樂君子，憲憲令德！宜民宜人；受禄于天；保佑命之，自天申之！’故大德者必受命。”（第十七章）所以，孔子感嘆：“莫我知也夫！”“不怨天，不尤人。下學而上達。知我者其天乎！”[②] 於是“聖希天，賢希聖，士希賢”[③]，所以，子曰：“大哉堯之爲君也！巍巍乎！唯天爲大，唯堯則之。蕩蕩乎！民無能名焉。巍巍乎！其有成功也；焕乎！其有文章。”[④] 以及前面説到的孔子講“予欲無言”，等等，皆爲“聖希天”。而“賢希聖，士希賢”，則如景星所言：“《中庸》一書，前但言君子之道，至此始言聖人之道。前但言達德達道，至此始言至德至道，至德即至聖之德，至道即至誠之道。”“况言至德至道之始，則曰‘苟不至德，至道不凝焉’；

① 《論語·述而》第二十二章、《子罕》第五章、《堯曰》第一章。
② 《論語·憲問》第三十七章。
③ 周敦頤撰《通書·志學第十》，《周敦頤集》，22頁，北京：商務印書館，2009年。
④ 《論語·泰伯》第十九章。

言至德至道之終，則曰‘苟不固聰明聖知達天德者，其孰能知之’?”由士而達成君子之道，進而終究成就聖人之道，這即是“士希賢”而“賢希聖”。

再者，在第十七章及其“集説”與“謹案”當中，已曾涉及的“氣數”問題，孔子與大舜同爲聖人，大舜得位，得禄，得名，得壽，以至於受命，孔子却僅得名受命。我們當然肯定大舜之必得，乃是天道之常理，而孔子之不必得却僅爲非常理，是由於適丁氣數之衰的原因。因而我們認可“死生有命，富貴在天”的至理，而顔淵死。子曰：“噫！天喪予！天喪予!”伯牛有疾，子問之，自牖執其手，曰：“亡之，命矣夫！斯人也而有斯疾也！斯人也而有斯疾也!”甚至，公伯寮愬子路於季孫。子服景伯以告，曰：“夫子固有惑志於公伯寮，吾力猶能肆諸市朝。”子曰：“道之將行也與？命也。道之將廢也與？命也。公伯寮其如命何!”[①] 孟子亦是坦然認命的，其弟子樂正子嘗舉薦孟子於魯平公，却因嬖人臧倉阻撓，平公未見孟子。孟子却道：“行或使之，止或尼之。行止，非人所能也。吾之不遇魯侯，天也。臧氏之子焉能使予不遇哉?”朱子以爲，此“言聖賢之出處，關時運之盛衰。乃天命之所爲，非人力之可及”也。同理，孟子因未能在齊實現王政而去齊，亦道：“夫天，未欲平治天下也；如欲平治天下，當今之世，舍我其誰也？吾何爲不豫哉?”朱子以爲：“言當此之時，而使我不遇於齊，是天未欲平治天下也。然天意未可知，而其具又在我，我何爲不豫哉？然則孟子雖若有不豫然者，而實未嘗不豫也。蓋聖賢憂世之志，樂天之誠，有並行而不悖者，於此見矣。”所以，孟子尤其强調“立命”，即：“盡其心者，知其性也。知其性，則知天矣。存其心，養其性，所以事天也。殀壽不貳，修身以俟之，所以立命也。”强調“正命”，即：“莫非命也，順受其正。是故知命者，不立乎岩牆之下。盡其道而死者，正命也。桎梏死者，非正命也。”强調“求在我者也”，即：“求則得之，舍則失之，是求有益於得也，求在我者也。求之有道，得之有命，是求無益於得也，求在外

---

① 《論語·顔淵》第五章、《先進》第八章、《雍也》第八章、《憲問》第三十八章。

者也。”也就是説，孟子是將性與命分得十分清楚，即：“口之於味也，目之於色也，耳之於聲也，鼻之於臭也，四肢之於安佚也，性也，有命焉，君子不謂性也。仁之於父子也，義之於君臣也，禮之於賓主也，智之於賢者也，聖人之於天道也，命也，有性焉，君子不謂命也。”此正張子所謂“養則付命於天，道則責成於己”。[①] 不過，雖然有命，却仍然一如曾子所説：“士不可以不弘毅，任重而道遠。仁以爲己任，不亦重乎？死而後已，不亦遠乎？”[②] 這也就叫作“君子素其位而行，不願乎其外。素富貴，行乎富貴；素貧賤，行乎貧賤；素夷狄，行乎夷狄；素患難，行乎患難；君子無入而不自得焉。在上位不陵下，在下位不援上，正己而不求於人則無怨。上不怨天，下不尤人。”（第十四章）在這方面，孟子以爲大舜亦是典範，即：“舜之飯糗茹草也，若將終身焉；及其爲天子也，被袗衣，鼓琴，二女果，若固有之。”朱子以爲，此“言聖人之心，不以貧賤而有慕於外，不以富貴而有動於中，隨遇而安，無預於己，所性分定故也”[③]。或者，這也是“命”。像聖人孔子，即便“滔滔者天下皆是也”，“天下之無道也久矣”，仍然“天將以夫子爲木鐸”，而“知其不可而爲之者”也！依胡氏所説：“晨門知世之不可而不爲，故以是譏孔子。然不知聖人之視天下，無不可爲之時也。”[④] 於是聖人“致中和，天地位焉，萬物育焉”，（第一章）聖人“篤恭而天下平”，（第三十三章）聖人“贊天地之化育”，（第二十二章）因爲朱子强調，“天下事有不恰好處，被聖人做得都好”了，“人在天地中間，雖只是一理，然天人所爲，各自有分，人做得底，却有天做不得底。如天能生物，而耕種必用人；水能潤物，而灌溉必用人；火能熯物，而薪爨必用人。裁成輔相，須是人做，非贊助而何”？蓋聖人“自誠明”，其德之實，天下莫能加也，故聖人至誠，能盡己性，德無不實而無一毫人欲之

---

① 《孟子·梁惠王下》第十六章，《公孫丑下》第十三章，《盡心上》第一、二、三章，《盡心下》第二十四章，《四書章句集注》，227、253、378 頁。

② 《論語·泰伯》第七章。

③ 《孟子·盡心下》第六章，《四書章句集注》，374 頁。

④ 《論語·微子》第六章、《八佾》第二十四章、《憲問》第四十一章，《四書章句集注》，159 頁。

私，則能盡人性，盡物性，贊天地化育，與天地參矣。而常人之禀氣昏濁，則欲盡人之性固離不開聖者制禮作樂之教化，以使天下之人耳目之視聽無非禮也，手足之舞蹈無非樂也。而物之禀氣偏塞，雖無用教化，然盡物性，處之各當其理，隨他天理流行發見處存之使之，以助成其最大限度地體現與呈現天理，此亦是教化，蓋乃天地化育本身所不及者，非聖者以贊不得以成。以至於人之内心和諧，人與人和諧，進而人與自然萬物與天地和諧，豈非贊化育而與天地參矣，豈非“天地位焉，萬物育焉”。

這就是説，基於天之氣數的原因，天道之常理往往不能落實於天地萬物當中，甚或不能落實於聖人身上，因而現實常常處於一種非常理狀態當中，那麽，於此，聖人何爲，我們又當何爲？聖人孔子即使不得位，不得禄，不得壽，也始終如一地盡其性，盡人之性，盡物之性，贊天地之化育，與天地參矣。而我們經由聖人“修道之謂教”的教化，亦終身地明明德而盡己之性，並同聖人一道地新民而盡人之性，一道地贊天地之化育，與天地參矣。於是，我們追隨聖人不僅明明德於己，明明德於家，明明德於國，明明德於天下，不僅新己，新人，新天下，新天地萬物，而且，我們實際上是在同聖人一道力促天之氣數由衰轉盛，力促天道之常理落實於天地之間。惟如此，我們才可能真實地做到“存，吾順事；没，吾寧也”。何以爲寧？追隨聖人，盡自身完全的人生責任，終身“好善如好好色，惡惡如惡惡臭”，“内省不疚，無惡於志”，以至“不動而敬，不言而信”，“君子篤恭而天下平”，而“純亦不已”，生前，我們盡力乎純粹清明，死後，我們復歸於天地陰陽大氣，再不帶去一絲渾濁駁雜，亦令天之氣數盡可能的純粹清明而由衰轉盛，實現我們對整個寰宇的責任，此足以爲寧。

説過了聖人與天道，我們再來進一步説説“聖人之法”，“天道行而萬物順，聖德修而萬民化”，天道無心而聖人有意，因而必有聖人之法，初步考慮，根本上至少有三個方面：

其一，執守中庸中和之道。子思《中庸》開篇首章即言“中和”，即：“喜怒哀樂之未發，謂之中；發而皆中節，謂之和。中也者，天下之大本也；和也者，天下之達道也。致中和，天地位焉，萬物育焉。”在《中庸章句序》中，朱子也明確講，“自上古聖神繼天立極，而道統之傳有自來矣”，堯之所以授舜“允執厥中”，而舜之所以授禹“人心惟危，道心惟微，惟精惟一，允執厥中”。順便説説，堯舜之間一言足矣，皆生而爲聖者；而舜授禹必益之以三言，蓋禹學而爲聖者也。且“夫堯、舜、禹，天下之大聖也。以天下相傳，天下之大事也。以天下之大聖，行天下之大事，而其授受之際，丁寧告戒，不過如此。則天下之理，豈有以加於此哉?”而《論語》也的確記載：“堯曰：‘咨！爾舜！天之歷數在爾躬。允執其中。四海困窮，天禄永終。’舜亦以命禹。”[①]所謂“中者，無過不及之名”。而“允執厥中”或“允執其中”，那就是始終執守中庸中和之道，而所謂“中也者，天下之大本也”，那就是《中庸》後面所謂“知、仁、勇三者，天下之達德也，所以行之者一也”，那就是“誠”。而“和也者，天下之達道也”，亦即“曰君臣也，父子也，夫婦也，昆弟也，朋友之交也：五者天下之達道也”。以及“凡爲天下國家有九經，曰：修身也，尊賢也，親親也，敬大臣也，體群臣也，子庶民也，來百工也，柔遠人也，懷諸侯也”。而“凡爲天下國家有九經，所以行之者一也”，亦歸結爲“誠”。（第二十章）於是“大本”“達道”以至整篇《中庸》，其樞紐實爲“誠”者。所謂中和，也就是由中庸而時中，亦即孔子所説：“君子中庸，小人反中庸。君子之中庸也，君子而時中；小人之（反）中庸也，小人而無忌憚也。”（第二章）朱子以爲：“中庸者，不偏不倚、無過不及，而平常之理，乃天命所當然，精微之極致也。惟君子爲能體之，小人反是。”“君子之所以爲中庸者，以其有君子之德，而又能隨時以處中也。小人之所以反中庸者，以其有小人之心，而又無所忌憚也。蓋中無定體，隨時而在，是乃平常之理也。君子知其在我，故能戒謹不睹、恐懼不聞，而無時不中。小人不知有此，則肆欲妄行，而無所忌憚矣。”孔子亦嘗贊美大舜，即：“舜其大知也與！舜好問而好察邇言，隱惡而揚善，執其兩端，用其中

① 《論語·堯曰》第一章。

於民，其斯以爲舜乎！”（第六章）胡炳文以爲：“執兩端是不主於一，用中是卒用其一。擇之審，舜之精也；行之至，舜之一也。此所以爲舜之中也。”反之，如孟子所批評的子莫，不滿楊子“爲我”，亦不願墨子“兼愛”，故而“執中，執中爲近之，執中無權，猶執一也。所惡執一者，爲其賊道也，舉一而廢百也”。子莫之“執中無權，猶執一也”，與“舜之精”“舜之一”，完全不可同日而語。正如朱子所説：“爲我害仁，兼愛害義，執中者害於時中，皆舉一而廢百者也。”“道之所貴者中，中之所貴者權。”① 孔子亦贊揚顔子，即：“回之爲人也，擇乎中庸，得一善，則拳拳服膺而弗失之矣。”（第八章）朱子以爲：“顔子蓋真知之，故能擇能守如此，此行之所以無過不及，而道之所以明也。”再譬如，“禹、稷當平世，三過其門而不入，孔子賢之。顔子當亂世，居於陋巷。一簞食，一瓢飲。人不堪其憂，顔子不改其樂，孔子賢之。孟子曰：‘禹、稷、顔回同道。禹思天下有溺者，由己溺之也；稷思天下有饑者，由己饑之也，是以如是其急也。禹、稷、顔子易地則皆然。’”誠如朱子所謂“聖賢之心無所偏倚，隨感而應，各盡其道。故使禹稷居顔子之地，則亦能樂顔子之樂；使顔子居禹稷之任，亦能憂禹稷之憂也”，“聖賢心無不同，事則所遭或異；然處之各當其理，是乃所以爲同也”。這也就是尹氏所謂：“當其可之謂時，前聖後聖，其心一也，故所遇皆盡善。”② 此亦正是中庸中和之道之時中。而孟子在對比“伯夷，聖之清者也；伊尹，聖之任者也；柳下惠，聖之和者也”之後，明確稱夫子爲“聖之時者也”，亦即“可以速而速，可以久而久，可以處而處，可以仕而仕”，“孔子之謂集大成。集大成也者，金聲而玉振之也。金聲也者，始條理也；玉振之也者，終條理也。始條理者，智之事也；終條理者，聖之事也。”朱子以爲：“孔子仕、止、久、速，各當其可，蓋兼三子之所以聖者而時出之，非如三子之可以一德名也。”“孔子集三聖之事，而爲一大聖之事；猶作樂者，集衆音之小成，而爲一大成也。”“三子之

① 《孟子·盡心上》第二十六章，《四書章句集注》，364 頁。

② 《孟子·離婁下》第二十九章，《四書章句集注》，304 頁。

行，各極其一偏；孔子之道，兼全於衆理。所以偏者，由其蔽於始，是以缺於終；所以全者，由其知之至，是以行之盡。三子猶春夏秋冬之各一其時，孔子則大和元氣之流行於四時也。”① 故而孔子尤其强調：“君子依乎中庸，遁世不見知而不悔，唯聖者能之。”（第十一章）吕留良以爲：“聖學大段全在‘依乎中庸’内，‘遁世不見知而不悔’，正是‘依乎中庸’達天自得之妙。”

其二，維護人倫之常尤其孝悌之道。孟子明確講：“聖人，人倫之至也。”以至，“堯舜之道，孝弟而已矣。”② 而在關於舜之大孝方面，孟子也的確大大豐富了《中庸》所引用的孔子的論述。孔子贊揚“舜其大孝也與!”（第十七章）也贊揚文武周公，即：“無憂者其唯文王乎！以王季爲父，以武王爲子，父作之，子述之。武王纘大王、王季、文王之緒。壹戎衣而有天下，身不失天下之顯名。尊爲天子，富有四海之内。宗廟饗之，子孫保之。武王末受命，周公成文武之德，追王大王、王季，上祀先公以天子之禮。”“期之喪達乎大夫，三年之喪達乎天子，父母之喪無貴賤一也。”（第十八章）“武王、周公，其達孝矣乎！夫孝者：善繼人之志，善述人之事者也。”“踐其位，行其禮，奏其樂，敬其所尊，愛其所親，事死如事生，事亡如事存，孝之至也。郊社之禮，所以祀上帝也，宗廟之禮，所以祀乎其先也。明乎郊社之禮、禘嘗之義，治國其如示諸掌乎。”（第十九章）孔子還明確講：“父在，觀其志；父没，觀其行；三年無改於父之道，可謂孝矣。”有人詢問孔子：“子奚不爲政?”孔子答道：“《書》云：‘孝乎惟孝，友於兄弟，施於有政。’是亦爲政，奚其爲爲政?”更無須再説，大舜甚至在事親與天下之間，毅然决然首選事親了。而典型的反面例證，莫過於衛君出公輒，爲保王位居然拒父蒯聵入境。弟子冉有想知道：“夫子爲衛君乎?”子貢却向夫子發問，兄弟讓國的“伯夷、叔齊何人也?”孔子不僅答復説他們乃“古之賢人也”；而且肯定他們“求仁而得仁，又何怨”。於是子貢、冉有明

① 《孟子·萬章下》第一章，《四書章句集注》，320—321頁。
② 《孟子·離婁上》第二章、《告子下》第二章。

白："夫子不爲也。"一如朱子所説："蓋伯夷以父命爲尊，叔齊以天倫爲重。其遜國也，皆求所以合乎天理之正，而即乎人心之安。既而各得其志焉，則視棄其國猶敝蹤爾，何怨之有？若衛輒之據國拒父而惟恐失之，其不可同年而語明矣。"伯夷叔齊兄弟讓國，踐行孝悌之道，維護天倫之常，堪爲典範。反之，蒯聵出公輒父子争位，置人倫孝道於不顧，父不父子不子，亦君不君臣不臣。想齊景公問政於孔子。孔子對答道："君君，臣臣，父父，子子。"朱子以爲："此人道之大經，政事之根本也。"[①] 説的正是人倫之常尤其孝悌之道也。若我們再進一步説，周人自始祖后稷，尤其自大王直至文武周公以來，世代修德，終究天命所歸，建立起一統天下的周朝。其中有兩位功不可没却幾乎鮮爲人知的人物，那就是大王的長子泰伯與次子仲雍，這兄弟倆爲了順隨父王的心願而出走荊蠻，讓他們的三弟季歷及其兒子文王繼承了王位，以至"武王纘大王、王季、文王之緒。壹戎衣而有天下"。（第十八章）那爲啥孔門子貢不問泰伯仲雍何人也呢？可能正是因爲孔子所説："泰伯，其可謂至德也已矣！三以天下讓，民無得而稱焉。"所謂"無得而稱"，一如朱子所説："其遜隱微，無迹可見也。""夫以泰伯之德，當商周之際，固足以朝諸侯有天下矣，乃棄不取而又泯其迹焉，則其德之至極爲何如哉！蓋其心即夷齊扣馬之心，而事之難處有甚焉者，宜夫子之嘆息而贊美之也。"[②] 無論伯夷叔齊，還是泰伯仲雍，孔子皆贊美有加，足見人倫之常及孝悌之道，聖人何其看重。亞聖孟子亦然，他嘗一針見血地指出齊人陳仲子僞賢小廉之本質，即："仲子，不義與之齊國而弗受，人皆信之，是舍簞食豆羹之義也。人莫大焉亡親戚、君臣、上下。以其小者信其大者，奚可哉？"朱子以爲：此"言仲子設若非義而與之齊國，必不肯受。齊人皆信其賢，然此但小廉耳。其辟兄離母，不食君禄，無人道之大倫，罪莫大焉。豈可以小廉信其大節，而遂以爲賢哉？"所以，孟子還講："事孰爲大？事親爲大；守孰爲大？守身爲大。不失其身而

① 《論語・學而》第十一章、《爲政》第二十一章、《述而》第十四章、《顔淵》第十一章，《四書章句集注》，97、137頁。

② 《論語・泰伯》第一章，《四書章句集注》，102—103頁。

能事其親者，吾聞之矣；失其身而能事其親者，吾未之聞也。孰不爲事？事親，事之本也；孰不爲守？守身，守之本也。”朱子以爲：“事親孝，則忠可移於君，順可移於長。身正，則家齊、國治、而天下平。”[①] 故上至君王，下及庶民，皆如有子所説：“其爲人也孝弟，而好犯上者，鮮矣；不好犯上，而好作亂者，未之有也。”朱子以爲：“此言人能孝弟，則其心和順，少好犯上，必不好作亂也。”又“言君子凡事專用力於根本，根本既立，則其道自生。若上文所謂孝弟，乃是爲仁之本，學者務此，則仁道自此而生也”。而程子以爲：“孝弟，順德也，故不好犯上，豈復有逆理亂常之事。德有本，本立則其道充大。孝弟行於家，而後仁愛及於物，所謂親親而仁民也。故爲仁以孝弟爲本。論性，則以仁爲孝弟之本。”[②] 而有本無本，就猶如孟子評“仲尼亟稱於水”，所説：“原泉混混，不舍晝夜。盈科而後進，放乎四海，有本者如是，是之取爾。苟爲無本，七八月之間雨集，溝澮皆盈；其涸也，可立而待也。故聲聞過情，君子恥之。”亦如鄒氏所説：“孔子嘗以聞達告子張矣，達者有本之謂也。聞則無本之謂也。然則學者其可以不務本乎?”既務本，則孝親事親，再一個重大方面，那就是親喪，也就是“三年之喪”問題。關於親喪，孟子甚至以爲：“養生者不足以當大事，惟送死可以當大事。”因而朱子以爲：“事生固當愛敬，然亦人道之常耳；至於送死，則人道之大變。孝子之事親，舍是無以用其力矣。故尤以爲大事，而必誠必信，不使少有後日之悔也。”[③] 孔門弟子對此偶或有疑問，孔子的回答却總是斷然而毋庸置疑的。如子張問：“《書》云：‘高宗諒陰，三年不言。’何謂也?”孔子即答復道：“何必高宗，古之人皆然。君薨，百官總己以聽於冢宰三年。”儘管如胡氏所説：“位有貴賤，而生於父母無以異者。故三年之喪，自天子達。子張非疑此也，殆以爲人君三年不言，則臣下無所禀令，禍亂或由以起也。孔子告以聽於冢宰，則禍亂非

① 《孟子·盡心上》第三十四章、《離婁上》第十九章，《四書章句集注》，266－267、290 頁。

② 《論語·學而》第二章，《四書章句集注》，48 頁。

③ 《孟子·離婁下》第十八、十三章，《四書章句集注》，298、297 頁。

所憂矣。”再者，尤其，宰我居然懷疑三年太久，而問：“三年之喪，期已久矣。君子三年不爲禮，禮必壞；三年不爲樂，樂必崩。舊穀既没，新穀既升，鑽燧改火，期可已矣。”猶有甚者，當孔子啓發他：“食夫稻，衣夫錦，於女安乎？”他則大言不慚地答道“安”。於是，孔子便直截了當地告訴宰我：“女安則爲之！夫君子之居喪，食旨不甘，聞樂不樂，居處不安，故不爲也。今女安，則爲之！”並嚴厲警告道：“予（即宰我）之不仁也！子生三年，然後免於父母之懷。夫三年之喪，天下之通喪也。予也有三年之愛於其父母乎？”而且，范氏以爲：“喪雖止於三年，然賢者之情則無窮也。特以聖人爲之中制而不敢過，故必俯而就之。非以三年之喪，爲足以報其親也”。故曾子講：“慎終追遠，民德歸厚矣。”朱子以爲：“慎終者，喪盡其禮。追遠者，祭盡其誠。民德歸厚，謂下民化之，其德亦歸於厚。蓋終者，人之所易忽也，而能謹之；遠者，人之所易忘也，而能追之：厚之道也。故以此自爲，則己之德厚，下民化之，則其德亦歸於厚也。”[①] 所以，我們就能完全理解孟子對於“齊宣王欲短喪”的强烈不滿了，以及對於弟子公孫丑有爲短喪回護之問，即：“爲期之喪，猶愈於已乎？”而嚴厲地批評道：“是猶或紾其兄之臂，子謂之姑徐徐云爾，亦教之孝弟而已矣。”亦如朱子所謂：“教之以孝弟之道，則彼當自知兄之不可戾，而喪之不可短矣。”“此章言三年通喪，天經地義，不容私意有所短長。示之至情，則不肖者有以企而及之矣。”或許這就正是孟子初見宣王時，便“退而有去志，不欲變，故不受也。繼而有師命，不可以請。久於齊，非我志也”的根本原因吧。相比較而言，滕文公，其在世子時，就主動拜見孟子，聆聽“孟子道性善，言必稱堯舜”，後又在孟子的督導與幫助下，恪盡孝道，克服重重阻撓，堅持爲父王行三年之喪，開創了一個實踐王政的良好開端。故尤其爲孟子所首肯，一如朱子所説：“當時諸侯莫能行古喪禮，而文公獨能以此爲問，故孟子善之。又言父母之喪，固人子之心所自盡

---

① 《論語·憲問》第四十三章、《陽貨》第二十一章、《學而》第九章，《四書章句集注》，160、182、50頁。

者。蓋悲哀之情，痛疾之意，非自外至，宜乎文公於此有所不能自已也。”亦如林氏所説：“孟子之時，喪禮既壞，然三年之喪，惻隱之心，痛疾之意，出於人心之所固有者，初未嘗亡也。惟其溺於流俗之弊，是以喪其良心而不自知耳。文公見孟子而聞性善堯舜之説，則固有以啓發其良心矣，是以至此而哀痛之誠心發焉。及其父兄百官皆不欲行，則亦反躬自責，悼其前行之不足以取信，而不敢有非其父兄百官之心。雖其資質有過人者，而學問之力，亦不可誣也。及其斷然行之，而遠近見聞無不悦服，則以人心之所同然者自我發之，而彼之心悦誠服，亦有所不期然而然者。人性之善，豈不信哉?”而宣王所爲實難望文公之項背也。其實，在這方面，孟子自身亦爲我們做出了榜樣，孟子葬母，亦非常明確，他説：“古者棺槨無度，中古棺七寸，槨稱之。自天子達於庶人。非直爲觀美也，然後盡於人心。不得，不可以爲悦；無財，不可以爲悦。得之爲有財，古之人皆用之，吾何爲獨不然？且比化者，無使土親膚，於人心獨無恔乎？吾聞之君子：不以天下儉其親。”朱子以爲：“送終之禮，所當得爲而不自盡，是爲天下愛惜此物，而薄於吾親也。”以至於嬖人臧倉以“孟子之後喪踰前喪”爲由，沮止魯平公見孟子。既然不是“前以士，後以大夫；前以三鼎，而後以五鼎”，而是“謂棺槨衣衾之美也”，那就是“非所謂踰也，貧富不同也”。孟子前喪父，貧窮而不得“棺槨衣衾之美也”，今日喪母則富裕而得“棺槨衣衾之美也”。這豈不就是“君子：不以天下儉其親”嗎!① 綜上，維護人倫之常尤其孝悌之道，乃爲不可或缺的聖人之法。

其三，“述而不作，信而好古”。孔子嘗坦言：“述而不作，信而好古，竊比於我老彭。”朱子以爲：“孔子删《詩》《書》，定《禮》《樂》，贊《周易》，修《春秋》，皆傳先王之舊，而未嘗有所作也，故其自言如此。蓋不惟不敢當作者之聖，而亦不敢顯然自附於古之賢人；蓋其德愈盛而心愈下，不自知其辭之謙也。然當是時，作者略備，夫子蓋集群聖

---

① 《孟子·盡心上》第三十九章，《公孫丑下》第四十六、四十七章；《滕文公上》第一、二、三章，《梁惠王下》第十六章，《四書章句集注》，368—369、255—257、248 頁。

之大成而折衷之。其事雖述，而功則倍於作矣，此又不可不知也。”① 孔子還説：“文武之政，布在方策。其人存，則其政舉；其人亡，則其政息。”（第二十章）子思則明確肯定：“仲尼祖述堯舜，憲章文武，上律天時，下襲水土。”（第三十章）朱子以爲：“祖述者，遠宗其道。憲章者，近守其法。律天時者，法其自然之運。襲水土者，因其一定之理。皆兼内外該本末而言也。”子貢也曾明確講：“文武之道，未墜於地，在人。賢者識其大者，不賢者識其小者，莫不有文武之道。夫子焉不學？而亦何常師之有？”② 前面也論述過，孟子亦尤其稱“孔子，聖之時者也。孔子之謂集大成”。這正充分體現出孔子“述而不作，信而好古”之風。

華夏晚周“禮壞樂崩”，道、政、學三統合一之道統分裂，從而令道統再也不可能直接傳承，於是諸子百家皆不預設道統的宗旨與目標而紛紛另謀出路，這一被後世譽爲“哲學的突破”的思潮，實則會令我華夏連續性的世界式的文明從此亦中止斷裂，所幸惟聖人孔子及其儒家堅持“述而不作，信而好古”的做法，全然反諸子之道而行之，以志在恢復先王仁政王道的傳統，爲此，孔子删《詩》、敍《書》、訂《禮》、正《樂》、贊《易》而成就的“上五經”，完整展示出“先王之陳迹”中的“所以迹”，亦即王道道義。尤其同時孔子作《春秋》，寓褒貶，以代行現實不明的賞罰。雖然褒貶與賞罰其義一也，然而賞罰足勵當世，而褒貶則足以垂憲百代。就這樣通過復興道學與重建學統，而令華夏自古以來的道、政、學三統合一之道統，重新獲得了繼續傳承的可能。而我們今日經歷了近兩個世紀的所謂西學東漸以至西化之風甚囂塵上，國人亦是一度重蹈昔日諸子百家的覆轍，令華夏文明再次面臨中止斷裂的危機。而在肯定没有聖人，或許也没有賢人的時代，我們如何可能接續孔子所重建的道學學統，令道、政、學三統合一的道統，令華夏五千多年的文化與文明的傳統不得在我們的手上中斷以至消亡？這是擺在我們面

① 《論語·述而》第一章，《四書章句集注》，93頁。

② 《論語·子張》第二十二章。

前極其重大而嚴峻的問題，我們該如何應對呢？我們與其或者毫無根底，或者摒棄根底地瞎碰亂撞，而行所謂“創造”“創新”，倒毋寧本著孔子“述而不作，信而好古”的教誨，重返與重建我們的根底，那就是首先重返與重建“四書五經”之學統。因爲道、政、學三統合一之道統，其中“道”當然爲聖人與“天道”，以及天地人世間的“王道”；“政”即爲包含德、禮、政、刑之“仁政”；而“學”則必定是關於聖人天道、王道仁政之學，也就是經由孔子、朱子而成就的“四書五經”之學。而且，“功未成則樂未作，而用先王之樂；治未定則禮未制，而用先王之禮”。承繼聖人之法，倡明聖人之道，復興道、政、學三統合一之道統，乃吾輩之天職。而我們的全部工作與努力也皆志在於斯。①

總之，所謂聖人之道，乃成就至善的“内聖外王”之道，與天道爲一的聖人之道，以及人皆可學而至的聖人之道；而所謂“聖人之法”，乃從執守中庸中和之道，維護人倫之常尤其孝悌之道，以及“述而不作，信而好古”，以成就“聖人之道”、成就“王道仁政”的“聖人之法”。而無論“聖人之道”，還是“聖人之法”，自古以來聖賢皆一脈相承，雖在具體做法上每個時代因時因地制宜而有所不同，然而對於每位聖賢來講，則是易時易地盡悉皆然的。如所謂“舜生於諸馮，遷於負夏，卒於鳴條，東夷之人也。文王生於岐周，卒於畢郢，西夷之人也。地之相去也，千有餘里；世之相後也，千有餘歲。得志行乎中國，若合符節。先聖後聖，其揆一也。”范氏以爲：“言聖人之生，雖有先後遠近之不同，然其道則一也。”其實，豈止先聖後聖，即使先聖後賢，譬如禹、稷、顏子，“禹、稷當平世，三過其門而不入，孔子賢之。顏子當亂世，居於陋巷。一簞食，一瓢飲。人不堪其憂，顏子不改其樂，孔子賢之。孟子曰：‘禹、稷、顏回同道。禹思天下有溺者，由己溺之也；稷思天下有飢者，由己飢之也，是以如是其急也。禹、稷、顏子易地則皆然。’”朱子以爲：“聖賢之道，進則救民，退則修己，其心一而已

① 詳請參閲拙作《“述而不作，信而好古”——我們今日如何可能傳承道、政、學三統合一之道統》，《切磋七集——四川大學哲學系儒家哲學合集》，88－112頁。以及本書前面《中庸“題解”“謹案”》。

矣。”“聖賢之心無所偏倚，隨感而應，各盡其道。故使禹稷居顔子之地，則亦能樂顔子之樂；使顔子居禹稷之任，亦能憂禹稷之憂也。”或者先賢後賢，譬如曾子、子思，“曾子居武城”，寇來而走避遠害；“子思居於衛”，寇來而欲與君死難。孟子却説：“曾子、子思同道。曾子，師也，父兄也；子思，臣也，微也。曾子、子思易地則皆然。”尹氏以爲：“或遠害，或死難，其事不同者，所處之地不同也。君子之心，不繫於利害，惟其是而已，故易地則皆能爲之。”孔氏以爲：“古之聖賢，言行不同，事業亦異，而其道未始不同也。學者知此，則因所遇而應之；若權衡之稱物，低昂屢變，而不害其爲同也。”等等，豈不都是若合符節，其揆一也，易時易地皆然嗎？[①] 然而，當下一些特别主張經學的學人，他們所説的“聖人之法”，却是真要從聖人成就的“六經”或“五經”當中，尋求到聖人爲後世頒定的現成具體的運作之法，如同漢代儒者及歷代經學家所認爲的那樣。因爲他們對於人可能學以至聖人之道不以爲然，因而惟有考慮五經中的聖人之法及其轉化爲制度建構的可能性而已。他們甚至認爲，只有當新的聖人出現，才必創立一代新法，而舊五經之法不過明日黄花，已陳芻狗，等等。[②] 不過，倘若如此，却不知即使聖聖相傳的道統還有無可能？或者唯餘下道統之聖賢相傳的可能性了嗎？這是一個問題，是每位學人都不得不面對與思索的問題。好在來日方長，但願大家都能够通過進一步深入地研習聖人經典，逐漸彌合這之中的分歧，共同爲中華道、政、學三統合一的道統的重建與復興，爲中華文化與文明的重建與復興而奮鬥不已。

綜上，汪紱以爲，《中庸》“此篇首言三達德爲入道之門，次言道之費隱而該乎大小，必以三德行之。至此三章則以至聖至誠收三達德，而

① 《孟子·離婁下》第一、二十九、三十一章，《四書章句集注》，294、304、306頁。

② 參閲陳壁生《理教與經教之間——朱子政治哲學中的帝王、士大夫與庶民》，《切磋七集》，16—30頁。還記得丙申年冬月十八（2016—12—16）周五下午川大儒門的切磋研討，那次是主要同中大老師的一次座談，主題就是“聖人之道與聖人之法”，之前亦覺得這個題目有些突兀，却還是硬着頭皮草擬了一份發言提綱，從由至善所成就的“内聖外王”之道，與天道爲一的聖人之道，以及人皆可學而至的聖人之道等方面談“聖人之道”；以及從執守中庸中和之道，維護人倫之常尤其孝悌之道，以及“述而不作，信而好古”三方面談“聖人之法”。後來，戊戌年三月《切磋七集》出版後，讀到陳壁生教授的這篇大作，方纔明白，這個中的由來。

以川流敦化收道之大小，莫不尊親者即費，而孰能知之者其隱，一篇之義完矣至矣。然説到至盡地位，又恐人目爲高遠，故下章復以人道立言，自爲已知幾之始，推之以極其至，以示人知所用功，而不至自絶於中庸之道之外也”。

以上主體論説了天道與聖人爲一，其實，天道亦與人道並列，而《中庸》第二十三、二十五、二十七、二十八、二十九計五章，則主要言人道。亦即大賢以下凡誠有未至者，該如何知如何行中庸之道的問題。我們知道，《中庸》第一大段，即第一、二部分，特别强調指出，中庸之道惟聖者能之。而第二十二章言“天下至誠”，亦惟聖者能之。惟聖者至誠，方可知並知得盡、行並行得盡中庸之道。那麽大賢以下的人呢，也就是所謂“誠之者”、“自明誠”者、“致曲”者呢？這就是我在第一大段結束時就指出的，第二十三章便是專來回答此一問題的，在那裏我特别以曾子爲例來加以説明。此亦如朱子所言，“蓋人之性無不同，而氣則有異，故惟聖人能舉其性之全體而盡之。其次則必自其善端發見之偏，而悉推致之，以各造其極也。曲無不致，則德無不實，而形、著、動、變之功自不能已。積而至於能化，則其至誠之妙，亦不異於聖人矣”。亦即，雖然“曲不是全體，只是一曲。人能一一推之，以致乎其極，則能通貫乎全體矣”。至於具體做法，那就是孟子所説的擴充四端以致乎其極，或如第二十章所指出的，在聖者“修道之謂教”的教化之下，“擇善而固執”，“博學之，審問之，慎思之，明辨之，篤行之。有弗學，學之弗能弗措也；有弗問，問之弗知弗措也；有弗思，思之弗得弗措也；有弗辨，辨之弗明弗措也；有弗行，行之弗篤弗措也；人一能之己百之，人十能之己千之”，包括真德秀所指出的，顔子之“四勿”，曾子之“三省”，皆致曲之事也，等等，最終亦能達成至誠，達成與聖者“知之一也”以至“成功一也”的至善境界。此中，“曲”字，朱子以爲，“一偏也”。“是逐事上著力，事事上推致其極”，“或仁或義，或孝或弟，更互而發，便就此做致曲工夫”，“‘致曲’是因己之明而推之”，“所以就其善端之偏而推極其全”。也就是所謂“苟日新，日日新，又日新”。曲即善端之偏，或者説，一偏之善，而能一一將其推致其極，達於至善，貫通乎全體，即爲致曲工夫。但鄭、孔却以爲，“曲，猶小小之事”，或“細小之事”，“言其賢人致行細小之事，不能盡性於細小之事，能有至誠也”，以及“言此次誠，不能如至誠盡物之性，但能有至誠於細小物焉而已”。譚惟寅則是將之與生而知之者之“直造徑達”做對比，即，“致曲之爲言，致其委曲，以求本性之實理，非直造徑達之謂也。既非生而知之，直造徑達容有所未能，當隨才識高下，專心致志，委曲以求之，求得本性，因而誠之，使有諸己，則亦與從初自誠者無以異矣”。真德秀亦是與聖人生知安行做對比，而以爲，“‘其次致曲’，即學之事，曲猶曲禮之曲，蓋聖人生知安行，不待致曲，自能盡性。自大賢以下，則必於纖微委曲而用其功”，即“致曲之事也”。譬如，我們曾以曾子爲例，説曾子以孝道著稱，當他踐行孝道而推至其極，不僅養口體，而且養志，不僅順服，而且不義知諫，以至“吾日三省吾身”，最終懂得夫子一貫之道，乃“忠恕而已矣”，此即曾子將自己一偏之善推致其極，達於至善，貫通乎全體也。再譬如子貢以言語著稱，當他最終明白“夫子之不可及也，猶天之不可階而升也。夫子之得邦家者，所謂立之斯立，道之斯行，綏之斯來，動之斯和。其生也榮，其死也哀，如之何其可及也”時，此即是子貢致曲而致乎其極，通貫乎全體矣。[①] 所以，僅如鄭、孔把致曲説成是“致行細小之事”，不僅似乎有些略顯拘執了，而且，還最終首要封殺了學知利行者“不異於聖人”之可能。再者，關於“誠”字，景星以爲，本章“三誠字不同，第一誠字一曲中之誠，第二誠字積衆曲之誠，至誠則與上章之誠同矣，所謂及其成功一也”。船山似不同意，而以爲，“‘曲’乃一曲之善，非可云一曲之誠，誠則是全體皆真而無所歉”。但他又在别處用了這個“一曲之誠”，即，“其次於至誠者，以不能有其誠之全也；其即次於至誠

---

① 《孟子·離婁上》第十九章載：“曾子養曾晳，必有酒肉。將徹，必請所與。問有餘，必曰‘有’。曾晳死，曾元養曾子，必有酒肉。將徹，不請所與。問有餘，曰‘亡矣’。將以復進也。此所謂養口體者也。若曾子，則可謂養志也。事親若曾子者，可也。”程子曰：“子之身所能爲者，皆所當爲，無過分之事也。故事親若曾子可謂至矣，而孟子止曰可也，豈以曾子之孝爲有餘哉?”(《四書章句集注》，291 頁)《論語·學而》第四章、《里仁》第十五章、《子張》第二十五章。

者，以其一曲之誠，不異於至誠之實也。乃其有此一曲之誠，而加之以誠之之功，因所實知者以擇乎衆善，因所實能者以執其大中而推致之，使皆如其實知實能者焉，則曲之所致無不可知也，無不可能也，無不真知真能而一無妄也”。一曲之誠，不能有其誠之全，那麽，又在何種意義上可以説其“不異於至誠之實”呢？或許，朱子的話，“‘曲能有誠’，有誠則不曲矣。蓋誠者，圓成無欠闕者也”，看起來有利於船山，實際却多半只能在吕留良所説的意義上來加以理解，亦即，“曲誠本非二件，致得一分曲，便有一分誠，致得十分曲，便有十分誠”。“自形而著而明，外面一步顯爍一步，却是裏面‘誠’字一步充拓一步”，“到能化，則誠之體亦足，其用亦全，更無分别處”。而所謂一曲之誠，也就是“致得一分曲，便有一分誠”之意，而所謂“誠者，圓成無欠闕者也”，也就是“致得十分曲，便有十分誠”之意。或者，亦如汪紱所言，“此言人道之誠，亦仁也，須與上章連看。形著動變俱誠中積漸，可見明後誠之之工夫，非一明便會誠矣，此由存養省察之功而自强不息，以至中和之至者，故曰人道之仁也，至於能化則亦天矣”。

第二十五章，開首“誠者自成也，而道自道也”，朱子以爲，“言誠者物之所以自成，而道者人之所當自行也。誠以心言，本也；道以理言，用也”。胡炳文以爲，“此誠字即是天命之性，是物之所以自成；此道字是率性之道，是人之所當自行。物之所以自成，是全不假人爲；人之所當自行，爲之全在乎人”。故景星以爲，“章内兩‘自成’不同，一自然之自，一自己之自，或曰皆自己之自”。此正是在突顯與强調人之主體性，亦即，胡瑗所謂，“學其所未能，行其所未至，思其所未得，是所以自成於己也；修其道，以自引導其自小賢至於大賢，自大賢至於聖人，是自道達其身也”。所以，吕留良以爲，“蓋誠在物爲實理，而在人爲實心，人必有此實心，則實理方成，而事理亦得。要知自道工夫，全在誠上用功，不在道也。這‘物’字包攝甚闊，非對人而稱之物，乃兼人而言也。蓋天下原多自然成就之物，不待人力安排，然其道必不能自行，故道必責重之人”。“物無不誠却不能道道，人心有不誠而能道道，故道專屬之人，而其工夫只在去其不誠，而物之道亦自人道之，此末節所以成物也。‘自成’句兼人物，‘自道’句專在人説。‘而道’之‘道’，理也；‘自道’之‘道’，行也。自成須人自行，故誠道分開不得，説自成則自道在其中。上句兼人物空説，却有誠之之人在内；下句專就人言，却有自成成物在内。即以性言，亦是實有其性之謂誠，非誠即性也”。“兩‘自’字指本然之理，兼責當然之功。在物爲誠，在人須誠之，而自道即在此”。而“言仁知爲吾性之固有，道理不分内外，故能誠之而自得於己，則自然及物，以時措之事爲無所不當耳”。汪紱亦以爲，“此章言人道能至於誠，則亦能如聖人之明，亦人道之知也”。而此章首“二句皆且懸空據道理説，以見人不可不誠之意，當側重自道。其實‘誠之爲貴’便是自道，‘合外内之道’‘道’字亦即自道之道也。誠之者擇善以窮其實理以自成其知，固執以踐其實事以自成其仁，静存以不淆其誠之體，動察以無乖乎道之用，道其道而誠成，成於誠而道亦盡也。人物同然此理，即自成即成物，纔成己便成物”。因而，朱子以爲，“天下之物，皆實理之所爲，故必得是理，然後有是物。所得之理既盡，則是物亦盡而無有矣。故人之心一有不實，則雖有所爲亦如無有，而君子必以誠爲貴也”。而“如聖人至誠，便是自始生至没身，首尾是誠。顔子不違仁，便是自三月之初爲誠之始，三月之末爲誠之終；三月以後，便不能不間斷矣。‘日月至焉’，只就至焉時便爲終始，至焉之外即間斷而無誠，無誠即無物矣”。“且如而今對人説話，若句句説實，皆自心中流出，這便是有物。若是脱空誑誕，不説實話，雖有兩人相對説話，如無物也”。再如，曾元贍養其父曾参，飯後却不如實稟告菜餚之有餘無餘，養口而未養志，孝而未順未敬，則於孝道何有！僅僅能養，“至於犬馬皆能有養，不敬，何以别乎”？再者，“自成己言之，盡己而無一毫之私僞，故曰仁；自成物言之，因物成就而各得其當，故曰知。此正與‘學不厭，知也；教不倦，仁也’相反”。其實正相反而相成，蓋“‘學不厭’，所以成己，而成己之道在乎仁。‘教不倦’，所以成物，而成物之功由乎知”。胡炳文再深究之，即，“朱子以子貢之言主於知，子思之言主於行，故各就其所重而有賓主之分。蓋知主知，仁主行，學與教皆以知言，故先知後仁，知爲體，仁爲用；成己成物皆以行言，故先仁後知，仁爲體，知爲用。二者互爲體用，愈見其皆性中之所有，而無有内外之殊者矣”。而就“成己”與“成物”言，朱子以爲，“誠雖所以成己，然既有以自成，則自然及物，而道亦行於彼矣”。“蓋成己、成物，固無内外之殊，但必先成己，然後能成物，此道之所以當自行也”。而程子以爲，“古之學者爲己，其終至於成物。今之學者爲物，其終至於喪己”。或亦如汪紱所言，“要之，成己邊功多，成物邊無事，君子原只一成己，而做出事來則不止成己，都會成物，故以成物屬用之發”。但若像張九成指出的那樣，“使止知成己而不成物，楊朱之爲我也；止知成物不知成己，墨翟之兼愛也”。則無論成己，還是成物，雙雙不成。此誠如《解義》所説，“己立立人，己達達人，一以貫之，無不得其當矣。可見仁知之道，得則俱得，物我一理，成不獨成，總在盡自道之功，以完自成之理，一人皇建有極，則天下之人自然遵道遵路，經綸參贊，孰有外於此哉”。而喻樗亦指出，“此成物之知，舜所以爲大知也與，當是時，視人如我，視我如人，天地即我，我即天地，所謂‘合内外之道也，故時措之宜也’，聖人之能事畢矣”。或者亦如現代學人杜維明所言，“如果我們能够及時地體現誠的原理，則我們所做的一切就將都是合適的”。成己，即及時地體現誠的原理也。蓋即王安石所謂，“使人能反身而誠，則是誠也，豈非自成也”。再者，譚惟寅特别指出，此章言仁知，“雖不言義與禮，如所謂時措之宜，則義與禮在其中矣。即此論之，則堯舜之孝弟，夫子之忠恕，子思之言中庸，孟子之言仁義，皆一出於誠而已，所謂一以貫之，其在是歟”。

自第二十七章起連續三章再言人道，汪紱以爲，“前言致曲能化，成己成物，則人道亦仁至知盡，無不誠無不明矣；此章合下二章，又承上章至誠之勇，而言君子以戒懼慎獨、擇善固執之功，而體聖人之道，以至於不倍不驕，則亦不息之功而爲人道之勇也。盡精微，極高明，皆知也；致廣大，道中庸，皆仁也；温故知新，敦厚崇禮，皆勇也。以體用言之，則尊德性仁也，道問學知也，而尊之道之者則勇也”。“而言人道之勇，故言工夫爲加詳焉，前章所謂致曲，所謂誠之，皆不外是以爲功也”。在朱子看來，章首“大哉聖人之道！洋洋乎發育萬物，峻極于天！”是言道體之大處。“禮儀三百，威儀三千”，是言道之細處。如此便分兩節來，故“入德之方”十事“尊德性而道問學，致廣大而盡精微，極高明而道中庸。温故而知新，敦厚以崇禮”又相因，“尊德性，所以存心而極乎道體之大也。道問學，所以致知而盡乎道體之細也。二者修德凝道之大端也。不以一毫私意自蔽，不以一毫私欲自累，涵泳乎其所已知，敦篤乎其所已能，此皆存心之屬也。析理則不使有毫釐之差，處事則不使有過不及之謬，理義則日知其所未知，節文則日謹其所未謹，此皆致知之屬也。蓋非存心無以致知，而存心者又不可以不致知。故此五句，大小相資，首尾相應，聖賢所示入德之方，莫詳於此，學者宜盡心焉”。或者説，“尊德性而道問學”一句是綱領。五句每句的上一事皆是説行處，皆是德性上工夫，皆是大綱工夫，便是渾淪處，是大者五事，直是難守；而每句的下一事皆是説知處，皆是問學上工夫，皆是細密工夫，便是詳密處，是小者五事，又難窮究。然不先立得大者，不能盡得小者。“蓋能尊德性，便能道問學，所謂本得而末自順也。其餘四者皆然”。但最終，十事其實只兩事，兩事又只一事，只是箇“尊德性”，却將箇“尊德性”來“道問學”。而“以其於道之大小無所不體，故居上居下，在治在亂，無所不宜。此又一章之通旨也”。胡炳文則問道：“朱子不曰尊德性所以力行，而必曰存心，何也?”於是，他以爲，“存心不過是存其心體之本然者，致知是欲推極夫事理之當然者”。“蓋道體極於至大而無外，非淺陋之胸襟所能容，所以不可不存夫心體之本然者；道體入於至細而無間，非粗疎之學問所能悉，所以不可不極夫事理之當然者”。因而五句中，凡“下‘而’字則重在下股，謂存心不可以不致知；下‘以’字則重在上股，謂非存心無以致知也”。而景星亦以爲，“德性是受於天者，尊之即存養本原之謂；學問是資於人者，道之即推極事理之謂。此二事正程子所謂‘涵養須用敬，進學則在致知’之謂也。然非尊德性則不能道問學，既尊德性不可不道問學。尊、致、極、温、敦五字爲存心工夫，道、盡、道、知、崇爲致知工夫”。船山亦明確指出，“‘存心之屬’，正心誠意也。‘致知之屬’，致知格物也。此《大學》《中庸》合符之教也。‘去私意之蔽而涵泳其所已知’，正心也。‘去私欲之累而敦篤其所已能’，誠意也”。汪紱還因此特別肯定朱子而批評象山等，即，“朱子居敬立本，即尊德性也，致知踐實，則道問學也，故博文約禮，兩臻其至，大小畢盡而爲聖人。若象山之立大，則看來似尊德性，而以讀書窮理爲外養，則既廢問學之功矣。又謂主敬存誠皆爲妄見，則其所以尊德性者，果安在哉！蓋廢問學而專言尊德性者，其弊必至於此，此直是異端而爲儒者之賊，乃吴草盧顧謂，陸氏之學尊德性爲多，朱子之學道問學爲多。亦多見其謬矣”。饒魯亦概括與充分肯定本章，即，“首言吾道之大，而所以體之者在乎德；次言德根於性，而所以存養者在乎敬，所以充積者在乎學；末言道全德備，則其所以施之於用者，無適而不宜。考之一篇之中，其論學問之道，綱目備而首尾詳，未有過於此章者也”。

緊接的第二十八、二十九章，汪紱仍然以爲，此連續三章“只連作一氣，與無息章對看”。其“言聖人之道其大無外，其小無内，而必待修德君子有以凝之。要之，自行其道而已不倍，亦知也，不驕亦仁也，而由修德凝道以致之，則人道之勇也，不驕不倍則亦天矣。抑知天人只入手有分，至於成功則一，《中庸》正要著其成功之一”。其中，前一章末有説“居上不驕，爲下不倍”，故朱子以爲，第二十八章承其“爲下不倍而言”，第二十九章承其“居上不驕而言”，亦皆人道也。

那麽，如何是“爲下不倍”呢？朱子以爲，“三代之禮，孔子皆嘗學之而能言其意；但夏禮既不可考證，殷禮雖存，又非當世之法，惟周禮乃時王之制，今日所用。孔子既不得位，則從周而已”。而汪紱以爲，此“言爲下不倍，以見人道之勇，蓋惟修德凝道者，乃能不倍。周制車六尺六寸，書文用篆籀，倫即文武所議之禮。惟君子修德凝道，則於理無不明而又無私心以行之，是以能盡爲下之道而一無所倍，非第不敢作禮樂之謂也。然孔子之用周禮，從先進，亦可見不倍之一端矣。然或謂欲人以孔子之從周爲法則，亦非章意。君子本修凝來自能不倍，非猶待效法者也，若孔子者乃正不倍其人耳”。侯仲良、胡炳文、景星、船山等，都肯定這當是“孔子之時中也”。而郭忠孝還指出，“孔子作《春秋》必書‘王正月’，意者天下無王，則禮樂制度綱紀文章或幾乎息矣”。此亦“無非從周之義也”。新安顧氏亦以爲，“聖人之作《春秋》也，期望時王惟曰守文王之法度。語門弟子，一則曰‘吾從周’，二則曰‘吾從周’，謂夫君子之行所宜爾也。雖然，有位而無德當盡夫己之所爲，有德而無位當聽夫天之所爲，蓋己之所爲者，性也；天之所爲者，命也”。不過，顧氏還補充道，倘若“性之盡，則居位而改作，若帝王禮樂不相沿襲，而不爲妄命之聽，則若大舜有天子之薦，周公相成王之治，有所改作而不爲僭，斯又夫子言外之意”也。此亦如侯氏所謂，顏淵問爲邦，子曰：“行夏之時，乘殷之輅，服周之冕，樂則韶舞。”此沿革之大旨也，通天下、等萬世不弊之法也。使孔子而有位焉，其獨守周之文而不損益乎？而胡氏則更明確肯定，“使聖人得位，必作禮樂而不專於從周”。不過，蔣伯潛却依據許慎所説而斷言，“七國之時，‘車涂異軌，律令異法，衣冠異制，文字異形’，且老莊申韓楊墨諸子，異學蠭起，正是車不同軌，書不同文，行不同倫，與此處所説相反。本篇所以如此説者，不過因春秋之末，東周之共主尚存而已。這是作者的一種曲筆”。而劉彝乾脆就直接以爲，本身就不該“車同軌，書同文，行同倫”，而今天這樣，那就正是禮壞樂崩的極端表現而已，因爲，“今孔子之時，天下之車乃器物之顯而用乎外者也，貴賤同其軌法無等降焉，則僭偪公行，而制度之道亂矣”。“夷狄稱王，子男稱公，天子醜於諸侯，《典》《謨》《誥》《誓》之文，得以行於小國，故曰書同文也”。君臣等“性與道雖同，禮與位必異，則其行也，不可得以貴賤同倫矣。今季氏陪臣也，而旅於泰山，三家卿廟也，而以《雍》徹，臣道失其位，而中失其措，人亂其倫可知也”。因而，“孔子傷其時之如是，又嘆時之天子雖有其位，而無其德，不可以作禮樂焉。己雖有其德而見棄於時，又無其位，不可以作禮樂焉。天時自然德位相背，非聖人無意於生靈也，既不得救於其時，乃將從周之禮述而明之於後世，以俟聖王而興之也”。而蔣氏曲筆之説恰正與劉彝之説不謀而合。再有陳柱之説亦然，即，“孔子既而自知其言之必不用也，不忍天下之紛亂崩裂，而自傷其賤而在下，不能統一，故制作六經，以待後世而已”。似有我們曾説過的，“孔子正是通過重建道學，開啓學統的方式來承傳華夏歷來道、政、學三統合一之道統”的意思。再者，“反古之道”之“反”字，朱子以爲復也。“道”字，即指“議禮、制度、考文”之事。景星以爲，“居周之世而欲用夏殷之禮，則是反古之道”。陳柱以爲，“此道字指禮樂法度等而言，非指古聖人之道而言也。然古聖之道雖當復，而古代之禮樂法度等則或有不可復，蓋禮樂法度等隨時變者也。此可見儒家之學，並非完全復古”矣。惟徐紹楨以爲，“反，當讀‘小人反中庸’之‘反’，言愚自用，賤自專，乃至於乖背古道，故災及其身也”。倘若孔氏所説，真的“俗本‘反’下有‘行’字”的話，那徐氏之説就完全不能成立了。再有，《中庸》“吾説夏禮”云云，《論語》“夏禮吾能言之”云云，以及《禮運》“我欲觀夏道”云云，三者意義一致一貫，但表述却略有側重與不同，之所以是這樣，我比較贊成孔氏與晉陵錢氏的看法，孔氏以爲，“孔子言：我欲明説夏代之禮，須行夏禮之國贊而成之，杞雖行夏禮，其君暗弱，不足贊而成之。宋行殷禮，故云‘有宋存焉’。但宋君暗弱，欲共贊明殷禮，亦不足可成，故《論語》云‘宋不足徵也’。此云‘杞不足徵’，即宋亦不足徵；此云‘有宋存焉’，則杞亦存焉。互文見義。既杞、宋二國不足明，已當不復行前代之禮，故云‘吾從周’。”而錢氏以爲，“三者不同，當是先後言之，蓋夫子欲兼三代，酌文質之中，而不能自專，故曰‘吾從周’。”而如像胡炳文、景星等的分析，似考慮過多，則不取。再順便説説，現而今不少學者沸沸揚揚地欲要“創制立法”，我不知道情勢與時運是否已經到來？不過，我可以斷定的是最高當政並非無德，但是否就真有德，是否就真不會“愚而好自用”，却還不能斷定。即使情勢與時運真的到來了，當年聖人孔子有德無位，尚且不敢“賤而好自專”，何况我們這些士人，首先真的立定住自己了嗎？有足够的教養與學養了嗎？宋代“以天下爲己任”的士人，我們能比得上他們了嗎？倘若我們都没有，都不能，那麼我們的確該好好考慮一下，我們究竟能做什麼呢？况且，千萬别忘了《中庸》的提醒：“雖有其德，苟無其位，亦不敢作禮樂焉”，因爲“下焉者雖善不尊，不尊不信，不信民弗從”。想當年聖人孔子有德無位，尚且不敢“賤而好自專”，“亦不敢作禮樂焉”，因爲“下焉者雖善不尊，不尊不信，不信民弗從”。何况當下的我們，究竟又能做什麽呢？我們該不該首要反躬自省自身的德性與德行究竟如何，從而矢志不渝地明明德，真正地立定住自己，新己方能新人，最終方能止於至善。

那麽，又如何是“居上不驕”呢？汪紱以爲，“此章言居上不驕，即修德凝道君子乘時得位，以行其發育經曲於天下，而事業之徵，又不異於聖人之至誠無息者也。君子以德行道，則其制作禮樂，皆莫非天理之當然，精微之至盡，而未嘗雜以一毫私己强人之念，是則君子之依乎中庸而人道之勇也”。而胡炳文以爲，“朱子謂此段須先識取聖人功用之大及其氣象規模廣闊處，蓋大而議禮制度，小而考文，莫不有以新天下之視聽而能一天下之心，徵諸庶民而庶民合，建質天地鬼神而天地鬼神合，前聖之已往，後聖之未來無不合者，其功用如此弘大悠遠，而其本領只在人主一身上。前章曰‘有其德’，此曰‘本諸身’，《章句》曰‘本諸身者，有其德也’。前章言無德位而作禮樂，其終也災必逮身；此言有德有位而作禮樂，其始也必本諸身。事有不本諸身而爲之者，其末也災不遠身鮮矣”。再“引《詩》‘在彼無惡，在此無射，以永終譽’，徵諸民也；庶幾夙夜，本諸身也”。再有，船山以爲，“有其德，有其位，可以行矣，而必謹之言、行、動，慎之夙夜，必先自治而後治人，所以爲不驕而凝道也”。而“由此觀之，則君子之道凝於己而不驕，乃以得位乘時而行聖人之道於天下，非其德性、問學之功體備夫至德者而能然乎？然則君子所以道合乎聖者，唯其德之合也。推原即此，而自明誠者之明則無不誠，其理爲無可易，所以由人道以合天道，而静存動察，以體天命、率性道，皆實有必致之功，俱可見矣。而至誠之合天，不抑可於其德而推之哉”！而且，吕留良還尤其强調，“聖學無疑惑在理上，他説無疑惑在心上。信理則從戒慎恐懼明善誠身來，故不驕；信心則自用自專，生今反古，直至無忌憚，正與不驕相反，此毫釐之辨也”。其中，有關經文的“三重”“上焉者”“下焉者”等的理解上還存在較大分歧。吕氏以爲，“三重，謂議禮、制度、考文。惟天子得以行之，則國不異政，家不殊俗，而人得寡過矣”。朱子以爲，“上焉者，謂時王以前，如夏、商之禮雖善，而皆不可考。下焉者，謂聖人在下，如孔子雖善於禮，而不在尊位也”。而“此君子，指王天下者而言。其道，即議禮、制度、考文之事也”。但鄭、孔却以爲，“三重，三王之禮。上，謂君也。君雖善，善無明徵，則其善不信也。下，謂臣也。臣雖善，善而不尊君，則其善亦不信也”。之後像郭忠孝、晏光、陳柱等亦都附議鄭、孔之三重，但在上、下的理解上又多有不同，郭氏以爲，“上焉者，出於三代之前，故遠而無徵；下焉者，出於三代之後，故近而不尊”。晏氏以爲，“上焉者過乎忠質文者，鴻荒之世聖人惡之，故雖善無徵，有所不可從矣；下焉者不及乎忠質文者也，所謂同乎流俗，合乎污世，故雖善不尊，有所不足從矣”。蔡淵及毛奇齡以爲，“三重謂有德有位與徵諸庶民三者。上焉者有其位而無其德，不能證諸庶民也；下焉者有其德而無其位，不得證諸庶民也；蓋有位有德又能證諸庶民，三者皆備然後可以王天下而寡過，故曰三重。君子之道本諸身，徵諸庶民，則有備乎三重者矣”。首先來看鄭、孔，他們恰是將“子曰：‘吾説夏禮’”云云，不是放在上章，而是歸給了本章的開始，於是所謂“王天下有三重焉”，便順理成章地成了“夏殷周三王之禮，其事尊重，若能行之，寡少於過矣”。似亦可以獲得稍後的“考諸三王而不繆”的佐證。不過，上章的議禮、制度、考文，及其行同倫、車同軌、書同文就無法獲得照應了。况且，夫子明明説了“吾學周禮，今用之，吾從周”，是不復行前二代之禮。而所謂“考諸三王而不繆”，實則也就是“周監於二代，郁郁乎文哉！吾從周”之意，此亦爲孔子從周的主要原委。再來看蔡氏及毛氏，針對其看法，船山以爲，“‘王天下’乃受命創業之天子，德、位、時皆備者”。若再説“有德有位與徵諸庶民三者”，豈不同語反復，况且後面展開“君子之道”六者，何以這裏只説三者，不説六者呢？至於説，上，“君也”，“出於三代之前”，“過乎忠質文者”，“有其位而無其德”者；下，“臣也”，“出於三代之後”，“不及乎忠質文者”，“爲周之禮也”等等，似乎並非不能嵌入貼上本文，然而，却明顯地在意義上難以與前後文一貫了，所以皆不取。

朱子講，“《中庸》自首章以下，多是對説將來。不知它古人如何做得這樣文字，直是恁地整齊！某初看《中庸》，都理會不得云云。只管讀來讀去，方見得許多章段分明。蓋某癖性，讀書須先理會得這樣分曉了，方去涵泳它義理。後來讀得熟後，方見得是子思參取夫子之説，著爲此書。自是沉潛反覆，逐漸得其旨趣，定得今《章句》一篇。其擺布得來，直恁麽細密”。所以，《中庸》及其《章句》，該是我們重要的研讀經典。

《詩》曰“衣錦尚絅”，惡其文之著也。故君子之道，闇然而日章；小人之道，的然而日亡。君子之道：淡而不厭，簡而文，温而理，知遠之近，知風之自，知微之顯，可與入德矣。《詩》云：“潛雖伏矣，亦孔之昭！”故君子内省不疚，無惡於志。君子之所不可及者，其唯人之所不見乎？《詩》云：“相在爾室，尚不愧于屋漏。”故君子不動而敬，不言而信。《詩》曰：“奏假無言，時靡有争。”是故君子不賞而民勸，不怒而民威於鈇鉞。《詩》曰：“不顯惟德，百辟其刑之。”是故君子篤恭而天下平。《詩》云：“予懷明德，不大聲以色。”子曰：“聲色之於以化民，末也。”《詩》曰“德輶如毛”，毛猶有倫。“上天之載，無聲無臭”，至矣！

○上第三十三章。朱子曰：子思因前章極致之言，反求其本，復自下學爲己謹獨之事，推而言之，以馴致乎篤恭而天下平之盛。又贊其妙，至於無聲無臭而後已焉。蓋舉一篇之要而約言之，其反復丁寧示人之意，至深切矣，學者其可不盡心乎！又，前章言聖人之德，極其盛矣。此復自下學立心之始言之，而下文又推之以至其極也。《詩·國風·衛·碩人》《鄭·丰》，皆作“衣錦褧衣”。褧、絅同，襌衣也。尚，加也。古之學者爲己，故其立心如此。尚絅故闇然，衣錦故有日章之實。淡、簡、温，絅之襲於外也；不厭而文且理焉，錦之美在中也。小人反是，則暴於外而無實以繼之，是以的然而日亡也。遠之近，見於彼者由於此也。風之自，著乎外者本乎内也。微之顯，有諸内者形諸外也。有爲己之心，而又知此三者，則知所謹而可入德矣。故下文引

《詩》言謹獨之事。又，《詩·小雅·正月》之篇。承上文言“莫見乎隱、莫顯乎微”也。疚，病也。無惡於志，猶言無愧於心，此君子謹獨之事也。又，《詩·大雅·抑》之篇。相，視也。屋漏，室西北隅也。承上文又言君子之戒謹恐懼，無時不然，不待言動而後敬信，則其爲己之功益加密矣。故下文引《詩》並言其效。又，《詩·商頌·烈祖》之篇。奏，進也。假，格同。承上文而遂及其效，言進而感格於神明之際，極其誠敬，無有言説而人自化之也。威，畏也。鈇，莝斫[1]刀也。鉞，斧也。又，《詩·周頌·烈文》之篇。不顯，猶言豈不顯也。此借引以爲幽深玄遠之意。承上文言天子有不顯之德，而諸侯法之，則其德愈深而效愈遠矣。篤恭，言不顯其敬也。篤恭而天下平，乃聖人至德淵微，自然之應，中庸之極功也。又，《詩·大雅·皇矣》之篇。引之以明上文所謂不顯之德者，正以其不大聲與色也。又引孔子之言，以爲聲色乃化民之末務，今但言不大之而已，則猶有聲色者存，是未足以形容不顯之妙。不若《烝民》之詩所言“德輶如毛”，則庶乎可以形容矣，而又自以爲謂之毛，則猶有可比者，是亦未盡其妙。不若《文王》之詩所言“上天之載，無聲無臭”，然後乃爲不顯之至耳。蓋聲臭有氣無形，在物最爲微妙，而猶曰無之，故惟此可以形容不顯篤恭之妙。非此德之外，又别有是三等，然後爲至也。[2]

〇又曰：承上三章，既言聖人之德而極其盛矣，子思懼夫學者求之於高遠玄妙之域，輕自大而反失之也，故反於其至近者而言之，以示入德之方，欲學者先知用心於内，不求人知，然後可以謹獨誠身，而馴致乎其極也。君子篤恭而天下平，而其所以平者，無聲無臭之可尋，此至誠盛德自然之效，而中庸之極功也，故以是而終篇焉。蓋以一篇而論之，則天命之性，率性之道，修道之教，與夫天地之所以位，萬物之所以育者，於此可見其實德。以此章論之，則所謂“淡而不厭，簡而文，温而理，知遠之近，知風之自，知微之顯”者，於此可見其成功，此章

---

① cuòzhuó，鍘刀。

② 《中庸章句》第三十三章，《四書章句集注》，39—41頁。

又申明而極言之，其旨深哉！其曰不顯，亦充尚絅之心以至其極耳，與《詩》之訓義不同，蓋亦假借而言，若《大學》敬止之例也。又，此章凡八引《詩》，自"衣錦尚絅"以至"不顯維德"，凡五條，始學成德疏密淺深之序也；自"不大聲色"，以至"無聲無臭"，凡三條，皆所以贊夫不顯之德也。①

〇又曰：《中庸》後面愈説得向裏來，凡八引《詩》，一步退似一步，都用那般"不言、不動、不顯、不大"底字，直説到"無聲無臭"則至矣。又，《中庸》首章是自裏面説出外，蓋自天命之性，説到"天地位，萬物育"處。末章却自外面一節收斂入一節，直約到裏面"無聲無臭"處，此與首章實相表裏也。又，"潛雖伏矣"，便覺有善有惡，須用察。"相在爾室"，只是教做存養工夫。又，"亦孔之昭"是慎獨意，"不愧屋漏"是戒慎恐懼意。又，"不大聲以色"，只是説至德自無聲色。今人説篤恭了，便不用刑政，不用禮樂，豈有此理！古人未嘗不用禮樂刑政，但自有德以感人，不專靠他刑政爾。又，此章到"篤恭而天下平"，已是極至結局處。所謂"不顯維德"者，幽深玄遠，無可得而形容。雖"不大聲以色"，"德輶如毛"，皆不足以形容。直是"無聲無臭"，到無迹之可尋，然後已。他人孰不恭敬，又不能平天下。聖人篤恭，天下便平，都不可測了。又，是箇幽深玄遠意，是不顯中之顯。此段自"衣錦尚絅"，"闇然日章"，漸漸收斂到後面，一段密似一段，直到聖而不可知處，曰："無聲無臭，至矣！"

又曰：《中庸》末章，恐是説只是要收斂近裏如此，則工夫細密。而今人只是不收向裏，做時心便粗了。然而細密中却自有光明發出來。《中庸》一篇，始只是一，中間却事事有，末後却復歸結於一。又，不特此也。"惟天下聰明睿智"，説到"溥博淵泉"，是從内説向外；"惟天下至誠經綸天下之大經"至"肫肫其仁"，"聰明聖智達天德"，是從外説向内。聖人發明内外本末，大小巨細，無不周遍，學者當隨事用力也。又，《中庸》"無聲無臭"，本是説天道。彼其所引《詩》，《詩》中

① 《中庸或問》下，《朱子全書》第六册，604—605頁。

自説須是“儀刑文王”，然後“萬邦作孚”，詩人意初不在“無聲無臭”上也。《中庸》引之，結《中庸》之義。嘗細推之，蓋其意自言慎獨以修德。至《詩》曰“不顯維德，百辟其刑之”，乃“篤恭而天下平”也。後面節節贊嘆其德如此，故至“予懷明德”，以至“‘德輶如毛’，毛猶有倫，‘上天之載，無聲無臭’，至矣！”蓋言天德之至，而微妙之極，難爲形容如此。爲學之始，未知所有，而遽欲一蹴至此，吾見其倒置而終身述亂矣！又，開闊中又著細密，寬緩中又著謹嚴，這是人自去做。夜來所説“無聲無臭”，亦不離這箇。自“不顯維德”引至這上，豈特老莊説得恁地？佛家也説得相似，只是他箇虚大。①

〇程子曰：學始於不欺暗室。又，不愧屋漏，便是箇持氣象。（伊川）又，不愧屋漏，則心安而體舒。（伊川）又，所謂敬者，主一之謂敬。所謂一者，無適之謂一。且欲涵泳主一之義，一則無二三矣。言敬無如《易》“敬以直内，義以方外”，須是直内，乃是主一之義。至於不敢欺不敢慢，“尚不愧于屋漏”，皆是敬之事也。（伊川）又，聖人修己以安百姓，“篤恭而天下平”。惟上下一于恭敬，則天地自位，萬物自育，氣無不和，四靈何有不至。此體信達順之道，聰明睿智皆由是出，以此事天享帝。又，君子之遇事無巨細，一于敬而已。簡細故以自崇，非敬也；飾私智以爲奇，非敬也。要之，無敢慢而已。《語》曰：“居處恭，執事敬，雖之夷狄不可棄也。”然則“執事敬”者，固爲仁之端也，推是心而成之，則“篤恭而天下平”矣。（伊川）又，聖人之言依本分，至大至妙事，語之若尋常，此所以味長。釋氏之説，纔見得些，便驚天動地，言語走作，却是味短，只爲乍見。如《中庸》言道，只消道“無聲無臭”四字，總括了多少釋氏言非黄非白、非鹹非苦费多少言語。（伊川）又，《中庸》之説，其本至於“無聲無臭”，其用至於“禮儀三百，威儀三千”。自“禮儀三百，威儀三千”，復歸於“無聲無臭”，此言聖人心要處，與佛家之言相反，儘教説無形迹無色，其實不過“無聲無臭”，必竟有甚見處，大抵語論閒不難見。張子厚嘗謂，佛如大富貧

① 《朱子語類》卷第六十四，《中庸》三，第三十三章，第四册，1598—1601頁。

子。橫渠論此一事甚當。(伊川)

○侯仲良曰：自“衣錦尚絅”至“無聲無臭，至矣”，子思再敍入德成德之序也。又，子思之書《中庸》也，始於“寂然不動”，中則“感而遂通天下之故”，及其至也，“退藏於密”，以神明其德，復於天命，反其本而已。其意義無窮，非玩味力索，莫能得之。[①]

○胡炳文曰：首章是一篇體要，末又舉一篇之要而約言之，故《章句》發明此章多與首章相應。此曰自下學立心之始言之，又曰古之學者爲己，故其立心如此。首章説性、道、教，以爲原其所自，無一不本於天而備於我，學者知之，則其於學知所用力而自不能已矣。夫於學知所用力而自不已者，爲己之學也，此所以爲下學立心之始也。且立心以爲爲己之學，但當求其在我者而已，何以文之著爲哉！文非本也，所以惡其文之著者，蓋欲深求其本於天而備於我者也。《中庸》分君子小人而言者凡二，第二章言“君子中庸，小人反中庸”，是其爲君子小人者，可見於行事之際；此則言其所以爲君子小人者，已見於立心之始。又，“篤恭而天下平”，即首章致中和，而天地位，萬物育也，特首章是致其中而後致其和，此謂之篤恭者已致其和，而益致其中也。又，所引《詩》一曰“衣錦尚絅”，已有不顯之意，二曰潛伏，三曰屋漏，皆不顯之地，四曰無言，以至下文曰不大，曰無聲無臭，則形容不顯之至矣。夫德顯而百辟刑之，宜也不顯而天下自平，其妙殆有不可測者。要之，中者性之德，不顯之德即未發之中，戒慎恐懼是於喜怒哀樂未發之時而敬也，此時而敬是不顯其敬，此所以爲至德之淵微，而有自然之應也。又，此章八引《詩》，當作四節看，節節意相承。第一節承上章極致之言，恐學者騖於高遠，首引“尚絅”之詩，言下學立心之始，結之以“知微之顯”。第二節承知微之顯之語，引“潛雖伏矣，亦孔之昭”以實之，自慎獨説歸戒慎恐懼，而結之以“不動而敬，不言而信”。第三節

① 《中庸輯略》卷下，第三十三章，110—112頁，《朱子全書外編》第一册。其中，伊川所謂“四靈何有不至”，亦即《禮記·禮運》所説：“四靈以爲畜，故飲食有由也。何謂四靈？麟、鳳、龜、龍，謂之四靈。故龍以爲畜，故魚鮪（wěi，鱘魚）不淰（shěn，魚駭貌）；鳳以爲畜，故鳥不獝；麟以爲畜，故獸不狘；龜以爲畜，故人情不失。”（《禮記正義》卷第三十一，中册，932—933頁）

承不言不動之語，引《詩》云“無言”，“不顯”，以極其效如此。第四節承不顯之語，三引《詩》至於“無聲無臭”，以形容不顯之妙。至如此，朱子又恐學者因無聲無臭之語而又騖於高遠也，故結之曰“非此德之外，有此三等，然後爲至也”。蓋所引之《詩》似有等級，然其妙非杳冥昏默之謂，非虚無寂默之謂也，故必提起德之一字言之。首章曰道，此章曰德，道字説得廣闊，德字説得親切，德者得此道於心而能説者也。首章開端一天字，原其所自也，此道之在我者，無不本諸天也；此章結末一天字，要其所成也，德之成則能不失其道之在我者，即不失其本諸天者也。至此則我本於天，天備於我，又不過即其初天命之性爾，是無聲無臭之天即吾不顯之德，而不顯之德即吾渾然未發之中者也。子思子首章獨提此一中字，即周子所謂“無極而太極也”；末又約而歸之於此，即周子所謂“太極本無極也”。子思始引夫子之言曰“中庸之德，其至矣乎”，衆人之所可至也；此言中庸之極功，故以不顯之德贊其至，聖人之所獨至也。然聖人之所以爲德之至者，不過敬之至而已，敬者聖學之所以成始而成終也，故此書以慎獨戒慎終始焉。又，須看“極致”“馴至”四字。極致者，上達之事也；馴至者，下學而上達之事也。天理不離乎人事，下學人事即所以上達天理，雖其妙至於無聲無臭，然其本皆實學也。此書開示學者之始事，則始之以天；深期學者之終事，則亦終之以天。其始也學者知之，則知所用力自不能已矣；其終也學者可不盡心乎！朱夫子教人深意始終備見，學者宜敬勉焉。[①]

○景星曰：不待言動而後敬信，此静時工夫，即首章戒懼於不睹不聞之事。首章由内説向外，故戒懼先於謹獨；此章自外説向内，故謹獨先於戒懼。上文是致謹於人所不見之處，此是致謹於己所不見處，即《大學》之正心。又，上文不言動而敬信，是出於己者；此不賞怒而勸威，是加於人者。又，不顯其敬自厚於敬，不見於言動之間。篤恭是致中和，天下平即天地位，萬物育。又，首章言人各有性道之本，然而不可以不學，學則有以體是道而全其性；此章言人知爲己之學而致戒慎之

① 《四書通·中庸通》，《通志堂經解》第15册，427—428頁。

功，則德成於己，而人化其德之成也，則有以全其人心天命之本然。又，然不如訓“載”爲始，尤爲的當，如《書》“朕載自亳”之載言。上天之始，無極而太極之初也，又何聲可聞，何臭可接哉？[①]

〇船山曰：“志”者，素所欲正之心。心欲正而意不誠以欺其心，則心惡其意矣。故於此而知《大學》之言“心”，程子之言“持其志”，皆以静所存者言之，非異端之以覺了能知者爲心也。又，無聲無臭之中有載焉，天之所以爲天也。川流之小德，敦化之大德，澈於無聲無臭之中而無間也。無聲無臭而載存焉，斯以爲至矣，非以無聲無臭爲載而可謂之至也。[②]

〇又曰：唯上天之所以化育者，於“無聲無臭”之中，有“保合太和”以生變化之事，然後可以擬存養省察者之篤恭也。又，“載”，事也，乃生成運行之事，無聲無臭中自有密用，亦人不能見聞之極致耳。存養省察乃盡性之功，盡性則至於命而達於天，繳回首章天命率性之本旨。[③]

〇又曰：末章唯言德而更不及道，所以爲歸宿之地，而見君子之得體夫中庸者，實有德以爲之體也。又，故“奏假無言”者，省察之極功，而動誠之至也；“不顯惟德”者，存養之極功，而静正之至也。然則所云“上天之載，無聲無臭”者，一言其“不動而敬，不言而信”之德而已矣。又，約而言之，德至於敬信，德至於“不動而敬，不言而信”，則誠無息矣，人合天矣，命以此至、性以此盡、道以此修、教以此明而行矣。故程子統之以敬，而先儒謂主敬爲存誠之本。（在動曰“敬”，在言曰“信”，一也。）則此章於誠之上更顯一“篤恭”，以爲徹上徹下居德之本。又，誠者所以行德，敬者所以居德。無聲無臭，居德之地也；不舍斯謂敬矣。化之所敦，行德之主也；無妄之謂誠矣。（盡己以實則無妄。）無妄者，行焉而見其無妄也。無聲無臭，無有妄之可

---

① 《大學中庸集説啓蒙·中庸》卷下，景印文淵閣《四庫全書》第 204 册，1087—1089 頁。

② 《禮記章句》卷三十一，《中庸》第三十三章，《船山全書》第四册，1313—1316 頁。

③ 《四書箋解》卷二，《中庸》，“衣錦”章，《船山全書》第六册，157—159 頁。

名也。無有妄，則亦無無妄。故誠，天行也，天道也；敬，天載也，天德也。君子以誠行知、仁、勇，而以敬居誠，聖功極矣。《中庸》至末章而始言"篤恭"，甚矣其重言之也！①

○又曰：中庸之道，至矣極矣。君子依之，與聖同功；聖人體之，與天同理。乃要其所以能然者，一歸乎德。故自明誠者知德而修之，則爲至德，而道以凝；自誠明者體德而敦之，則爲天德，而道以盛。然則欲從事乎道者，必以德爲本矣。又，君子，體道者也。誠明之，誠行之，而其道建焉。所率悟性以修者，求之於不見不聞之地，闇然而藏之；而存諸中者厚，則發諸外者盛，其闇然之内美日章也。又，唯内盡誠然之實，止此日用之常爲，淡矣；止此大經之必盡，簡矣；止此不遠人而易從之理，温矣。終身由之而不窮，且禮樂於此而以行，人物受治而各正，則不厭也，文也，理也，何一非爲己者在中之美哉？又，如此，則德在近也，即循其近以求之；德有自也，即求其自以謹之；德在微也，即從其微以治之。而君子實有諸己之德，可不妄於所從入矣。又，君子所以自意而發於事物，無一念之邪，以成乎純一之德，而人不可及者，其惟此人所不見而己所獨知之地乎！斯則體至和於已發之時，而正情以順性之德者也。又，此言燕息之際，事無所涉，念無所起，乃君子存理之密，不於此而或忘也。故君子之存養其心者，嚴謹而不使此心之或懈，動焉而敬者此也，而不動之際若常見賓承祭之肅穆，則天理之森然不可假者存矣；真實而不使此心之有僞，言焉而信者此也，而不言之際常有是非可否之定理，則天理之誠然不可忘者存矣。斯則見大中於未發之時，而養性以凝天之命者也。又，是故君子惟此無動無静，純乎天理，則存諸内者不見修爲之迹，徵諸外者祇存肅穆之容，念之相因，心之相續，篤厚其恭而已矣；而百辟奉爲典型，五服易其風化，天下平矣。夫至於天下之平，而君子之功化極矣。乃君子唯一篤恭而德至焉，則闇然之章爲極盛而不可加，而爲己獨謹之德亦極乎至而不可易，抑豈非下學之所可馴至者？而豈有他道哉！夫德至於篤恭，則君子也而

---

① 《讀四書大全説》卷三，《中庸》第三十三章，《船山全書》第六册，578—583頁。

聖人矣，誠之者即誠矣；聖也而天矣，誠者即天之道矣。又，夫至於無聲無臭，則天之所以爲天者在此，而篤恭者亦即於此而純其德焉，斯可以著不顯篤恭之極至矣。大哉，此篤恭乎！天以之而爲天，聖以之而爲聖，而下學者但從闇然之中而入之，以幾乎存養省察之至密，則其心量亦且如此。小德之川流者，在此而已；大德之敦化者，在此而已；誠者，誠此而已；明者，明此而已。是何也？君子中庸之道本之於性，而性即天。故未發之中爲天下之大本，中節之和爲天下之達道，無非此無聲無臭之真理。因所知則見爲智，因所行則見爲仁，因所恒持則見爲勇，乃以發見於所修之道，極於至大而無外、至小而無閒者，皆以此爲隱矣。唯聖者爲能盡其功化，而君子所依之道，下學者亦必於此而入德。此合生安、學利、困勉於一途，而内聖外王之無二理。不明不行，民鮮久矣！吾唯敬述其傳，以俟君子云爾。[1]

○吕留良曰：首章從天順説下來，此章從人倒説上去，故入手處更説得分曉。“風”字就一“身”而言，猶風度風流風采之風也。看《中庸》首章，從天命説來，則戒懼在前，而慎獨在後，此章從下學入德説起，則慎獨在前，而戒懼在後，節次分明如此，如之何其可紊也？慎獨是零碎工夫，戒懼是統體工夫，其實戒懼包得慎獨，慎獨只在界頭更加謹耳，非謂先做慎獨，後做戒懼也。慎獨從每事每念發端，隱微處省察精明，不使有絲毫夾帶，所謂“内省不疚”也。到事事省察、念念省察，工夫精密，更無愧怍之端，乃所謂“無惡於志”。此兩句微分省察，到純熟時動静只成一片，於戒慎涵養著力，則下節不動而敬，不言而信，又與“無惡於志”有分。“相在爾室”節，與首章“戒慎恐懼”節對，是主敬之全體，兼動静而言，不言不動而敬信，則言動之敬信可知，舉盡頭處言也。“潛雖伏矣”二節，是天德工夫，不言而信不動而敬，是工夫到極處。“奏假無言”二節，是王道功效；“篤恭而天下平”，是功效到極處。入德以慎獨爲主，一慎獨足以直達篤恭，成德却以無時

① 《四書訓義》（上）卷四，《中庸》三，第三十三章，《船山全書》第七册，235—240頁。

不敬爲至，故戒慎恐懼足以括慎獨。[①]

〇汪紱曰：入德之事大要在爲己知幾，爲己以開誠之始，知幾以發明之端。爲己，己便是誠心，而要到至誠，先須從爲己著脚。言“衣錦尚絅”，便是言古之學者立心爲己。然有是爲己之心，又須先要知幾，則用工不錯，乃能有如是致功，如是得效。以至，入德統接爲已知幾。顧首章先言静存，而此章先言動察者，首章不專主學者事，静存動察生安不廢，但生安者非用力於爲，而由教人者爲尤切耳。而從天命源頭説下，自命而性，自性而情，故工夫亦先説静時。此章專就下學言，則下學工夫大段要緊在慎獨，猶《大學》之先誠意而後正心，此用功之序也。首章先静後動是動静交致其功，而用力稍不同，静時不敢放弛，却又不可太用力。若動時省察，則内念方萌，已好把捉，直須靠實用力緊抱天理，斫斷欲根，一直做去，又不可只如静時涵養只在有意無意閒也。此章先動後静是循次細密加功。爲已君子“知微之顯”，故既能戒慎恐懼於獨知矣，然無時不然，不待獨知而後敬信也，即不動不言至静之地亦必敬必信而無閒其功，是爲己之功益加密矣。不顯篤恭“無聲無臭”仍是一“衣錦尚絅”，中庸工夫全從爲己之心著脚，若所爲雖善而所安不然，便終是的然而亡。子思於篇終揭出此意，真喫緊教人深切之至矣。

又，首章主於明道，言道本如是，故人之用功當如是；此章教人入德，言人能用功如是，則與天道一。首章言道在性情，人不可不致其功，乃責成人意；此章言道不難行，聖人可學而至，乃勉勵人意也。“無聲無臭”是説到天處，然天命之性，此天即在人性中，爲己則不失其天，知幾則認此天得定，故工夫到全盡處，則與天一。大概通篇當倒看，爲己之心，是下學貼起初入門處，正首章總注所云，學者反求於心而自得之者也，自得之便是知幾。讀《中庸》者當從此入手，爲己工夫貫徹首尾，只要闇然自信得過，不可有遷耳。爲己收全篇誠身之仁，知幾收全篇明善之知，而自謹獨以至篤恭即勇至矣。民勸民威天下平盡費

① 《四書講義》卷二十九，《中庸》六，中册，638—645頁。

之大小，而不見不言不動不賞不怒不顯，皆見體道在隱處，“無聲無臭”則隱之至也。爲己者人道之誠之也，而至於不顯篤恭則亦天之道矣。收束全篇，完密不漏，首尾如環，亦精妙之至矣。[①]

○鄭玄曰：言君子深遠難知，小人淺近易知。人所以不知孔子，以其深遠。禪爲絅。錦衣之美，而君子以絅表之，爲其文章露見，似小人也。又，淡，其味似薄也。簡而文，溫而理，猶簡而辨，直而溫也。自，謂所從來也。三知者，皆言其睹末察本，探端知緒也。入德，入聖人之德。又，孔，甚也。昭，明也。言聖人雖隱遁，其德亦甚明矣。疚，病也。君子自省身無愆病，雖不遇世，亦無損害於己志。又，言君子雖隱居，不失其君子之容德也。相，視也。室西北隅謂之屋漏。視女在室獨居耳，猶不愧於屋漏。屋漏非有人也，況有人乎！又，假，大也。此頌也。言奏大樂於宗廟之中，人皆肅敬，金聲玉色，無有言者，以時大平和合，無所争也。又，不顯，言顯也。辟，君也。此頌也。言不顯乎文王之德，百君盡刑之，謂諸侯法之也。又，予，我也。懷，歸也。言我歸有明德者，以其不大聲爲嚴厲之色以威我也。又，輶，輕也。言化民當以德。德之易舉而用，其輕如毛耳。又，倫，猶比也。載，讀曰“栽”，謂生物也。言毛雖輕，尚有所比，有所比則有重。上天之造生萬物，人無聞其聲音者，無知其臭氣者。化民之德，清明如神，淵淵浩浩，然後善。

○孔穎達曰：以前經論夫子之德難知，故此經因明君子小人隱顯不同之事。此《詩·衛風·碩人》之篇，美莊姜之詩。言莊姜初嫁在塗，衣著錦衣，爲其文之大著，尚著禪絅，加於錦衣之上。絅，禪也，以單縠[②]爲衣，尚以覆錦衣也。案：《詩》本文云“衣錦褧衣”，此云“尚絅”者，斷截詩文也。又俗本云“衣錦褧裳”，又與定本不同者。記人欲明君子謙退，惡其文之彰著，故引《詩》以結之。又，“君子”至“德矣”者，此一經明君子之道察微知著，故能入德。“淡而不厭”者，

---

① 《四書詮義》上，卷四，《中庸》，《叢書集成三編》第10册，486—491頁。

② hú，薄且輕的細帛。

言不媚悦於人，初似淡薄，久而愈敬，無惡可厭也。“簡而文”者，性無嗜欲，故簡静；才藝明辨，故有文也。“温而理”者，氣性和潤，故温也；正直不違，故修理也。又，鄭注云“睹末察本”。遠是近之末，風是所從來之末也。“可與入德矣”，言君子或探末以知本，或睹本而知末，察微知著，終始皆知，故可以入聖人之德矣。又，引《小雅·正月》之篇，斷章取義，言賢人君子身雖藏隱，猶如魚伏於水，其道德亦甚彰矣。言君子雖不遇世，内自省身，不有愆病，則亦不害於己志，言守志彌堅固也。又，引《大雅·抑》之篇，斷章取義，言君子之人，在室之中，屋漏雖無人之處，不敢爲非，猶愧懼于屋漏之神，況有人之處，君子愧懼可知也。言君子雖獨居，常能恭敬。且以君子敬懼如是，故不動而民敬之，不言而民信之。又，《商頌·列祖》之篇，美成湯之詩。詩本文云“鬷[①]假無言”，此云“奏假”者，與《詩》文異也。假，大也。言祭成湯之時，奏此大樂於宗廟之中，人皆肅敬，無有諠譁之言。所以然者，時既太平，無有争訟之事，故無言也。引證君子不言而民信。又，《周頌·列文》之篇，美文王之德。引之者，證君子之德猶若文王，其德顯明在外，明衆人皆刑法之。又，《大雅·皇矣》之篇，美文王之詩。予，我也。懷，歸也。言天謂文王曰：我歸就爾之明德，所以歸之者，以文王不大作音聲以爲嚴厲之色，故歸之。記者引之，證君子亦不作大音聲以爲嚴厲之色，與文王同也。又，“子曰”至“至矣”此一節是夫子之言。子思既説君子之德不大聲以色，引夫子舊語聲色之事以接之。言化民之法，當以德爲本，不用聲色以化民也。若用聲色化民，是其末事，故云“化民，末也”。又，《大雅·烝民》之篇，美宣王之詩。輶，輕也。言用德化民，舉行甚易，其輕如毛也。倫，比也。但言德之至極，本自無體，何直如毛！毛雖細物，猶有形體可比並。載，生也。又讀爲“栽”者，是言其生物也。言天之生物，無音聲，無臭氣，寂然無象而物自生。言聖人用德化民，亦無音聲，亦無臭氣，而人

---

① zōng，奏。

自化。是聖人之德至極，與天地同。①

○項安世曰：此一章自其用功於隱至發見於費者而總言之，其末復歸於隱，正與本篇自“天命之謂性”至“苟不固聰明聖知達天德者，其孰能知之”相對，蓋以一章具一篇之義也。

○譚惟寅曰：《中庸》之書始以慎獨，終以慎獨。始以慎獨者，欲立其本，以應事於外；終以慎獨者，極其大歸而合理於天，則淵淵浩浩之體，可以心識不可以説盡也。

○三衢周氏曰：自此以下凡八引《詩》，或疑其無序，不知所以證修身、齊家、治國、平天下，與夫誠者、誠之者，其説甚明，第學者未深考爾，苟明其序，則一篇之意燦然矣。

○方慤曰：君子仰不愧於天，俯不怍於人，故内省察而不疚焉，以其不疚，故“無惡於志”，言心之所之，未始有惡也。爲善於顯明之中者易，爲善於幽隱之中者難，故“君子之所不可及者，其唯人之所不見乎？”經曰“戒慎其所不睹”與此同意。動而敬，言而信，賞而勸，怒而威，末矣；唯不動而敬，不言而信，不賞而勸，不怒而威，然後爲至怒，必以鈇鉞爲言者，先王之所以飾怒是也。“篤恭”謂篤厚於恭也，“不大聲以色”，言化民以德也，“無聲無臭”，言化民以道也。聲之化民則聞而化，色之化民則見而化，聲色非不可以化民也，特非化民之本爾。

○張九成曰：子思《中庸》大抵以戒慎不睹，恐懼不聞，爲入德之階，故言之重，辭之復，何止三致意乎，縱横反覆，無非此理而已。既言闇然日章之理矣，言内省不疚之理矣，今又言“君子所不可及者，其唯人之所不見乎”，故舉《詩》不愧屋漏以證之。

○晏光曰：淡者所以合乎天，不厭者所以通乎人，淡而不厭，則天人兼備矣；簡者居其實而略，文者摭其華而詳，簡而文，則華實相副矣；温者以仁存心，理者以義制事，温而理，則仁義並行矣。盡此三道者，全德之人也。入德蓋由君子之道而入聖人之德也。説者謂篤恭者，

① 《禮記正義》卷第六十一，《中庸》第三十一，下册，2044－2045、2049－2052頁。

厚於恭而無所薄之謂也。此説非矣，是不知經者之談。《表記》不云乎君子“篤以不揜，恭以遠耻”，則篤也恭也，分而爲二矣。蓋篤以篤實在内，言其德也；恭以恭遜在外，言其行也。“有覺德行，四國順之”，此天下所以平歟！

〇邵甲曰：“載”字訓詁不同。《文王》詩云：“上天之載，無聲無臭。”説《詩》者曰“載，事也”。釋《中庸》者音“栽”，謂天之造生萬物也。以愚觀之，俱所未安。載猶地載神氣之載，言上天所載之道，無聲無臭也。①

〇黎立武曰：末凡八引《詩》以明之，曰“不愧屋漏”者，謹獨之功也；曰“奏假無言”者，戒不睹懼不聞之驗也；曰“不顯惟德”，則猶顯也；“不大聲色”，則微矣；“德輶如毛”，則愈微矣；曰“衣錦尚絅”，則猶見也；潛之伏，則隱矣；“無聲無臭”，則愈隱矣。嗚呼！“夫子之言性與天道，不可得而聞也”，至矣。云者其於中庸之德，固有不容言者歟。②

〇《日講四書解義》曰：《中庸》一書章首即言天原其所自也，見道之本於天也；章末復言天要其所成也，見德之成，則能不失其道之本乎天者也。子思前此既極贊至誠至聖之德，恐學者求之高遠而反失之，故復自下學立心至近者言之，以示入德之方，至於慎獨戒懼而馴致篤恭天下平，此成德自然之效，中庸之極功也。然則王天下之君子，安可不敬德修道，以臻於聖神功化之極哉！③

〇毛奇齡曰：此復自不睹以進至不已不顯，由聖學以極聖道，由聖德以訖聖化，而總以無聲臭盡之。無聲無臭即不睹不聞也，聖學在是，聖道、聖德、聖化俱在是也，此《中庸》始終一慎獨也，慎獨，誠也。

〇毛遠宗曰：耳目無睹聞即是耳鼻無聲臭，特睹聞以學言，聲臭以

---

① 《禮記集説》卷一百三十六，《中庸》第三十一，《通志堂經解》第13册，431—432頁。其中，“三衢周氏”亦在衛湜《禮記集説名氏表》中找不到。再有，尤可注意者，像方慤等似乎將涵養與省察視爲了一事。

② 《中庸分章》，景印文淵閣《四庫全書》第200册，736頁。

③ 《日講四書解義》卷三，《中庸》下，景印文淵閣《四庫全書》第208册，77頁。

治化言耳。[1]

○康有爲曰："君子闇然而日章"，言孔子不欲希世而道自行。"小人的然而日亡"，言諸子急於媚世而道終滅也。[2]

○蔣伯潛曰：按《詩經・衛風・碩人》篇"衣錦褧衣"，又《鄭風・丰》篇"衣錦褧衣，裳錦褧裳"，均與此所引不同。故毛奇齡《四書賸言》，説所引的是逸詩。康有爲《中庸注》，説所引的是《魯詩》。俞樾據孔穎達《禮記正義》，説有俗本作"衣錦褧裳"，以爲"尚"字是"裳"字的假借字，本作"衣錦尚絅"是撮舉《鄭風・丰》"衣錦褧衣，裳錦褧裳"二句之辭。《説文・日部》引《齊風・雞鳴》篇"東方明矣，朝既昌矣"，亦撮舉其辭曰"東方昌矣"，正與此同例。（見《古書疑義舉例》"古人引書每有增減例"）照俞説，這句是説衣裳爲錦製的，都有絅衣絅裳了。"的然"之"的"，錢大昕説當作"旳"[3]，"明也"。（見《十駕齋養新録》）正是"闇然"的反面。"知遠之近，知微之顯，知風之自"，俞樾《古書疑義舉例》説："此三句，自來不得其解。若謂遠由於近，微由於顯，則當云'知遠之由於近，知微之由於顯'，文義方明。不得但云'遠之近，微之顯'也。且'風之自'句，義不一例。'微之顯'句，已與第一句不倫。既云'遠之近'，則當云'顯之微'矣。今按此三'之'字，皆連及之詞。'知遠之近'者，知遠與近也。'知微之顯'者，知微與顯也。整個此句猶《易・繫辭傳》云：'君子知微知彰，知柔知剛，萬夫之望也。'然則'知風之自'當作何解？風讀爲凡，風字本從凡聲，故得通用。自者，'目'字之誤。《周官・宰夫職》：'二曰師，掌官成以治凡。三曰司，掌官灋以治目。'鄭注曰：'治凡，若月計也。治目，若今之日計也。'然則'凡之與目'，事有鉅細，故以對言，正與遠近微顯一例。"按俞氏此解，比前人所解好得多。"可與入德"之"與"，作"以"字解。"奏"，作進字解。"假"，假之通借字。假音格，作至字解。"不"發聲，無義。"不顯"就是"顯"的意思。"不大聲以

---

① 《續禮記集説》卷八十九，《中庸》，《續修四庫全書》第102册，588頁。

② 《中庸通義　中庸注參》，125頁。

③ dì。

色”之“以”，作“與”字解。[①]

○謹案：最終第五部分，亦即第三十三章，朱子以爲，“子思因前章極致之言，反求其本，復自下學爲己謹獨之事，推而言之，以馴致乎篤恭而天下平之盛。又贊其妙，至於無聲無臭而後已焉。蓋舉一篇之要而約言之，其反復丁寧示人之意，至深切矣，學者其可不盡心乎”。“前章言聖人之德，極其盛矣。此復自下學立心之始言之，而下文又推之以至其極也”。又强調，“承上三章，既言聖人之德而極其盛矣，子思懼夫學者求之於高遠玄妙之域，輕自大而反失之也，故反於其至近者而言之，以示入德之方，欲學者先知用心於内，不求人知，然後可以謹獨誠身，而馴致乎其極也。君子篤恭而天下平，而其所以平者，無聲無臭之可尋，此至誠盛德自然之效，而中庸之極功也，故以是而終篇焉。蓋以一篇而論之，則天命之性，率性之道，修道之教，與夫天地之所以位，萬物之所以育者，於此可見其實德。以此章論之，則所謂‘淡而不厭，簡而文，温而理，知遠之近，知風之自，知微之顯’者，於此可見其成功，此章又申明而極言之，其旨深哉！其曰不顯，亦充尚絅之心以至其極耳，與《詩》之訓義不同，蓋亦假借而言，若《大學》敬止之例也”。而“此章凡八引《詩》，自‘衣錦尚絅’以至‘不顯維德’，凡五條，始學成德疏密淺深之序也；自‘不大聲色’，以至‘無聲無臭’，凡三條，皆所以贊夫不顯之德也”。或者説，“《中庸》後面愈説得向裏來，凡八引《詩》，一步退似一步，都用那般‘不言、不動、不顯、不大’底字，直説到‘無聲無臭’則至矣”。而“《中庸》首章是自裏面説出外，蓋自天命之性，説到‘天地位，萬物育’處。末章却自外面一節收斂入一節，直約到裏面‘無聲無臭’處，此與首章實相表裏也”。“直到聖而不可知處，曰：‘無聲無臭，至矣！’”“《中庸》一篇，始只是一，中間却事事有，末後却復歸結於一”。朱子還特别提醒學者，“《中庸》‘無聲無臭’，本是説天道。彼其所引《詩》，《詩》中自説須是‘儀刑文王’，然後‘萬邦作孚’，詩人意初不在‘無聲無臭’上也。《中庸》引之，結

---

① 《中庸讀本》，54—55、57 頁，《語譯廣解四書讀本》。

《中庸》之義。嘗細推之，蓋其意自言慎獨以修德。至《詩》曰‘不顯維德，百辟其刑之’，乃‘篤恭而天下平’也。後面節節贊嘆其德如此，故至‘予懷明德’，以至‘“德輶如毛”，毛猶有倫，“上天之載，無聲無臭”至矣！’蓋言天德之至，而微妙之極，難爲形容如此。爲學之始，未知所有，而遽欲一蹴至此，吾見其倒置而終身述亂矣”。黄榦亦以爲，“雖皆以體用爲言，然首章則言道之在天，由體以見於用；末章則言人之適道，由用而歸於體也。其所以用功而全夫道之體用者，則戒懼、謹獨，與夫知、仁、勇三者，及夫誠之一言而已。是則一篇之大指也”。項安世亦以爲，“此一章自其用功於隱至發見於費者而總言之，其末復歸於隱，正與本篇自‘天命之謂性’至‘苟不固聰明聖知達天德者，其孰能知之’相對，蓋以一章具一篇之義也”。胡炳文亦追隨朱子，闡明八引《詩》之説，頗得朱子精髓，即，“此章八引《詩》，當作四節看，節節意相承。第一節承上章極致之言，恐學者騖於高遠，首引‘尚絅’之詩，言下學立心之始，結之以‘知微之顯’。第二節承知微之顯之語，引‘潛雖伏矣，亦孔之昭’以實之，自慎獨説歸戒慎恐懼，而結之以‘不動而敬，不言而信’。第三節承不言不動之語，引《詩》云‘無言’，‘不顯’，以極其效如此。第四節承不顯之語，三引《詩》至於‘無聲無臭’，以形容不顯之妙。至如此朱子又恐學者因無聲無臭之語而又騖於高遠也，故結之曰‘非此德之外，有此三等，然後爲至也’。蓋所引之《詩》似有等級，然其妙非杳冥昏默之謂，非虚無寂默之謂也，故必提起德之一字言之。首章曰道，此章曰德，道字説得廣闊，德字説得親切，德者得此道於心而能説者也。首章開端一天字，原其所自也，此道之在我者，無不本諸天也；此章結末一天字，要其所成也，德之成則能不失其道之在我，即不失其本諸天者也。至此則我本於天，天備於我，又不過即其初天命之性爾，是無聲無臭之天即吾不顯之德，而不顯之德即吾渾然未發之中者也。子思子首章獨提此一中字，即周子所謂‘無極而太極也’；末又約而歸之於此，即周子所謂‘太極本無極也’。子思始引夫子之言曰‘中庸之德，其至矣乎’，衆人之所可至也；此言中庸之極功，故以不顯之德贊其至，聖人之所獨至也。然聖人之所以爲德之至者，不過敬之至而已，敬者聖學之所以成始而成終也，故此書以慎獨戒慎終始焉”。總之，“此書開示學者之始事，則始之以天；深期學者之終事，則亦終之以天。其始也學者知之，則知所用力自不能已矣；其終也學者可不盡心乎！朱夫子教人深意始終備見，學者宜敬勉焉”。同時，胡氏還强調，“《中庸》分君子小人而言者凡二，第二章言‘君子中庸，小人反中庸’，是其爲君子小人者，可見於行事之際；此則言其所以爲君子小人者，已見於立心之始”。而譬如孔子講“君子喻於義，小人喻於利”“君子求諸己，小人求諸人”“君子有三畏：畏天命，畏大人，畏聖人之言。小人不知天命而不畏也，狎大人，侮聖人之言”云云，亦皆是或者“立心之始”，或者“行事之際”矣。此正如三衢周氏所言，“自此以下凡八引《詩》，或疑其無序，不知所以證修身、齊家、治國、平天下，與夫誠者、誠之者，其説甚明，第學者未深考爾，苟明其序，則一篇之意燦然矣”。而吕留良以爲，“首章從天順説下來，此章從人倒説上去，故入手處更説得分曉”。同時，他重點對首章及本章所説的“慎獨”與“戒懼”做出詳細辨析，即，“看《中庸》首章，從天命説來，則戒懼在前，而慎獨在後，此章從下學入德説起，則慎獨在前，而戒懼在後，節次分明如此，如之何其可紊也？慎獨是零碎工夫，戒懼是統體工夫，其實戒懼包得慎獨，慎獨只在界頭更加謹耳，非謂先做慎獨，後做戒懼也。慎獨從每事每念發端，隱微處省察精明，不使有絲毫夾帶，所謂‘内省不疚’也。到事事省察、念念省察，工夫精密，更無愧怍之端，乃所謂‘無惡於志’。此兩句微分省察，到純熟時動静只成一片，於戒慎涵養著力，則下節不動而敬，不言而信，又與‘無惡於志’有分。‘相在爾室’節，與首章‘戒慎恐懼’節對，是主敬之全體，兼動静而言，不言不動而敬信，則言動之敬信可知，舉盡頭處言也。‘潛雖伏矣’二節，是天德工夫，不言而信不動而敬，是工夫到極處。‘奏假無言’二節，是王道功效；‘篤恭而天下平’，是功效到極處。入德以慎獨爲主，一慎獨足以直達篤恭，成德却以無時不敬爲至，故戒慎恐懼足以括慎獨”。而汪紱則主要從“静”與“動”以至“静存”與“動察”的角度辨析本章之意，即，“顧首章先言静存，而此章先言動察者，首章不專主學者事，静存動察生安不廢，但生安者非用力於爲，而由教入者爲尤切耳。而從天命源頭説下，自命而性，自性而情，故工夫亦先説静時。此章專就下學言，則下學工夫大段要緊在慎獨，猶《大學》之先誠意而後正心，此用功之序也。首章先静後動是動静交致其功，而用力稍不同，静時不敢放弛，却又不可太用力。若動時省察，則内念方萌，已好把捉，直須靠實用力緊抱天理，斫斷欲根，一直做去，又不可只如静時涵養只在有意無意閒也。此章先動後静是循次細密加功。爲己君子'知微之顯'，故既能戒慎恐懼於獨知矣，然無時不然不待獨知而後敬信也，即不動不言至静之地亦必敬必信而無閒其功，是爲己之功益加密矣。不顯篤恭'無聲無臭'仍是一'衣錦尚絅'，中庸工夫全從爲己之心著脚，若所爲雖善而所安不然，便終是的然而亡。子思於篇終揭出此意，真喫緊教人深切之至矣"。船山則特别進一步從"德"與"道"的角度加以論述，即，"末章唯言德而更不及道，所以爲歸宿之地，而見君子之得體夫中庸者，實有德以爲之體也"。"約而言之，德至於敬信，德至於'不動而敬，不言而信'，則誠無息矣，人合天矣，命以此至、性以此盡、道以此修、教以此明而行矣。故程子統之以敬，而先儒謂主敬爲存誠之本。(在動曰'敬'，在言曰'信'，一也。)則此章於誠之上更顯一'篤恭'，以爲徹上徹下居德之本"。"中庸之道，至矣極矣。君子依之，與聖同功；聖人體之，與天同理。乃要其所以能然者，一歸乎德。故自明誠者知德而修之，則爲至德，而道以凝；自誠明者體德而敦之，則爲天德，而道以盛。然則欲從事乎道者，必以德爲本矣"。以及，"夫德至於篤恭，則君子也而聖人矣，誠之者即誠矣；聖也而天矣，誠者即天之道矣"。而"夫至於無聲無臭，則天之所以爲天者在此，而篤恭者亦即於此而純其德焉，斯可以著不顯篤恭之極至矣。大哉，此篤恭乎！天以之而爲天，聖以之而爲聖，而下學者但從闇然之中而入之，以幾乎存養省察之至密，則其心量亦且如此。小德之川流者，在此而已；大德之敦化者，在此而已；誠者，誠此而已；明者，明此而已。是何也？君子中庸之道本之於性，而性即天。故未發之中爲天下之大本，中節之和爲天下之達道，無非此無聲無臭之真理。因所知則見爲智，因所行則見爲仁，因所恒持則見爲勇，乃以發見於所修之道，極於至大而無外、至小而無間者，皆以此爲隱矣。唯聖者爲能盡其功化，而君子所依之道，下學者亦必於此而入德。此合生安、學利、困勉於一途，而内聖外王之無二理。不明不行，民鮮久矣！吾唯敬述其傳，以俟君子云爾”。

總之，亦如汪紱所説，《中庸》“首章主於明道，言道本如是，故人之用功當如是；此章教人入德，言人能用功如是，則與天道一。首章言道在性情，人不可不致其功，乃責成人意；此章言道不難行，聖人可學而至，乃勉勵人意也。‘無聲無臭’是説到天處，然天命之性，此天即在人性中，爲己則不失其天，知幾則認此天得定，故工夫到全盡處，則與天一。大概通篇當倒看，爲己之心，是下學貼起初入門處，正首章總注所云，學者反求於心而自得之者也，自得之便是知幾。讀《中庸》者當從此入手，爲己工夫貫徹首尾，只要闇然自信得過，不可有遷耳。爲己收全篇誠身之仁，知幾收全篇明善之知，而自謹獨以至篤恭即勇至矣。民勸民威天下平盡費之大小，而不見不言不動不賞不怒不顯，皆見體道在隱處，‘無聲無臭’則隱之至也。爲己者人道之誠之也，而至於不顯篤恭則亦天之道矣。收束全篇，完密不漏，首尾如環，亦精妙之至矣”。所以，我們甚至可以説，子思《中庸》專言性與天道，却實際上也真實而概要地給出了何以讓天命之“仁”貫通天人的完整答案。也就是説，聖者在“天命之謂性，率性之謂道”的自然教的基礎之上，“修道之謂教”而立起人文教，大賢以下者則在聖者之典範及人文教的關照、引領與教化之下，始終“擇善而固執之”，“尊德性而道問學”，“博學之，審問之，慎思之，明辨之，篤行之”，甚至“人一能之己百之，人十能之己千之”，庶幾成就“至聖之德”與“至誠之道”，終究“能盡其性”，以及“盡人之性”，“盡物之性”，以至“贊天地之化育”而“與天地參矣”，亦即“君子篤恭而天下平”，“致中和，天地位焉，萬物育焉”。

我們已經反復表明，《中庸》從頭到尾是一個完整的體系，尤其末章與首章實相表裏，完密不漏，首尾如環，精妙之至。不過，這在鄭、孔注疏當中難見明確的指示。以末章呼應首章的“戒懼”與“慎獨”爲例，首先，在首章，鄭、孔皆直接引入了小人君子的對比以及他人是否睹聞作解，於是致使戒懼與慎獨幾無區别。這種在精微義理上通常會出現的誤解與錯誤，鄭、孔亦無一例外。而末章，面對本該相應的兩節，鄭、孔却又引入了“隱遁”、“隱居”、“不遇世”、有人無人，以及民敬民信，等等作解，於是就再難將末章與首章一以貫之了，更毋庸説實相表裏、完密不漏、首尾如環了。鄭、孔似對隱遁、隱居等有特别的敏感，譬如第十一章“君子之道費而隱”，也是將“隱”解爲“隱而不仕”，於是便也導致了對於該章義理理解上的偏差。如果説鄭、孔的偏差是受到上一章“素隱行怪”的影響的話，這也就難怪他二人甚至將這兩章歸結爲了一章。那麼，所謂民敬民信，可能也是由於第三十一章“見而民莫不敬，言而民莫不信”云云而使然。殊不知彼處所説的恰恰是爲天下所見的“至聖之德”，而此處所要表達的却是君子自身何以涵養出“至誠之道”來。只有君子自身真實地做到“不動而敬，不言而信”，亦即無論動抑或静，言抑或默，而始終一貫地敬畏、篤信天道天理，方纔可能會有“見而民莫不敬，言而民莫不信”云云，即至聖之德的可能性。亦如景星所言，“不待言動而後敬信，此静時工夫，即首章戒懼於不睹不聞之事。首章由内説向外，故戒懼先於謹獨；此章自外説向内，故謹獨先於戒懼。上文是致謹於人所不見之處，此是致謹於己所不見處，即《大學》之正心”。可見，當戒懼與慎獨的義理層次未能釐清，至誠之道與至聖之德的義理層次同樣難以釐清。或許，這於鄭、孔也並非偶然，其實在《大學》“誠意”章與“正心”章上，二人同樣也未能把握與闡釋出其中的精微義理，等等。所以，讀《大學》與《中庸》，終該首讀朱子的《大學章句》與《中庸章句》，這必將令學者在把握理解義理尤其精微義理方面，始終走在康莊大道上。

後　記

《大學中庸研讀》實際是脱胎於《禮記儒家通論十篇研讀》，後者是我2013年申報的國家社科基金西部項目（13XZX015），課題完成時間幾經推遲，還有項目題目也申請做了變更，成爲“《大學》《中庸》研讀”與“《禮記》儒家通論八篇研讀”，在此要特别感謝項目主持機構的理解、支持與批准，令我終於能在2020年初完成了該課題，五月經全國哲學社會科學工作辦公室審核准予結項（結項證書號：20202539）。於是著手聯係出版事宜，幾經周折，最終確定由四川大學出版社出版。然而，由於出版費用普遍大幅提高，原來項目資金所預留的出版費遠不足够了，就連僅先出版《大學中庸研讀》，也還差一大截，迫不得已，只好向學校再申請出版資助，以補齊出版費用的不足部分。感謝學校很快就批准了申請，因而出版合同得以正式簽署，出版工作也得以展開。

不禁令我想起這年年初庚子年春節期間，我們初次遭遇新冠病毒侵襲，武漢全城封城，成都雖然没有封城，但無數宿舍小區都或長或短地反復封禁過，平時無故不許外出。不僅親人不能像往年那樣時時團聚，一度連晚上散步都不行了。人們普遍擔心甚至恐懼被病毒感染，可長期關在家中，又幾乎要發瘋。我還好，既然哪都不能去，就只有待在家中全力以赴地寫作，正是在這期間我最後終於完成了我的國家課題——《大學中庸研讀》與《禮記儒家通論八篇研讀》兩部專著，前者八十餘萬字，後者一百多萬字。雖然時不時、有時甚至半夜三更會被通知去院内做核酸檢測，期間還至少三次注射新冠疫苗，這些都是國家政府爲了防疫抗疫，爲了全體百姓免遭病毒侵襲感染及其嚴重傷害，而免費提供給大家的。這樣的狀態幾乎持續了近三年，直到 2022 年底，國家才全面放開。然而，這時幾乎全民，就連我的剛出生兩月的小孫子，也都不幸被感染，著實讓大家擔心憂慮了好一陣。好在大家都普遍注射了新冠疫苗，且當時病毒毒性大爲減弱，所以大家都很快挺了過來，我那小孫子也只發燒了兩天多，就緩解了下來。足見國家及民衆堅持近三年的全面防疫抗疫，功夫没有白費。當然，還是有一些人没能扛過這次普遍感染，不幸遺憾地走了。不過，比起世界其他各國，當我們中國武漢及湖北初次遭遇新冠病毒，人們紛紛湧向醫院尋求救治，幾乎令整個城市醫療係統難以應對、近乎崩潰，在這危急時刻，國家及時出手，很快調集舉國力量支援武漢，支援湖北，初步遏制住了病毒大規模傳播擴張的勢頭，尤其中醫力量大規模介入，中西醫結合，大大提高了新冠治愈率，降低了其傳染率及死亡率。相反，世界上多數國家遭遇新冠時，却完全没有我們這般幸運，他們不僅没有我們中國特色社會主義舉國體制及中醫藥抗疫的優勢，而且不少國家早早就放棄抗疫，甚至將其稱作“群體免疫”。個别超級大國居然付出了一百多萬人的生命代價，也還遠没能控制住疫情。然而，偏偏國内一些崇洋媚外的所謂“精英”，最初還要自作聰明地吹捧其爲“更高級的人道主義”，甚至僅憑傳聞閉門造車編撰出來的系列言論，實際構成對中國抗疫的詆毁，爲美西方集團誣陷我國遞去了刀子。

而我中華民族防疫抗疫的偉大鬥争，可歌可泣，注定會永載史册。庚子年，在我中華近代史上，至少前面的三個庚子年，都災難深重，六十年前的庚子年天災饑荒，一百二十年前的庚子年八國聯軍侵華，一百八十年前的庚子年英帝國對我發起鴉片戰争，等等。我們一步一步走到今天，是何等不易啊！庚子年春節，我開始籌謀這篇《後記》，腦海裏時時回響起《天佑中華》的歌詞及旋律：

我是多麼的幸運，降生在你的懷裏
我的血脈流淌著，你的神奇和美麗
那温暖的情義，那芳香的回憶
你對我的滋養感動天和地
從來不曾放棄你，因爲希望埋在心底
追尋自由的勇氣，多少年雲湧風起
幸福時没忘記，痛苦中舉著你
我的靈魂緊緊跟著你呼吸
天佑中華，天佑中華
風雨壓不垮，苦難中開花
真心祈禱，天佑中華
願你平安昌盛生生不息啊

你就是我我是你，我和你合爲一體
在東方巍然屹立，迎接新世界晨曦
聽大海的潮汐，看高山的雲起
我們用心凝聚飛翔的羽翼
天佑中華，天佑中華
風雨壓不垮，苦難中開花
真心祈禱，天佑中華
願你平安昌盛生生不息啊
天佑中華，天佑中華
祥雲飄四方，榮耀傳天下
真心祈禱，天佑中華
願你平安昌盛生生不息啊
真心祈禱，天佑中華
這是我對你最深沉的表達

這是我當時心情的真實寫照。這三年欽明書院實體教學轉入了綫上，也没有被耽擱，按照既定的學研計劃，院生與院師一道在前面研讀了《大學》《論語》（己亥年）之後，又接著研讀了《詩經》《書經》（庚子年），《周子》《二程子》（辛丑年），《孟子》《中庸》（壬寅年），《儀禮》（癸卯年），等等。在這之中，尤其多虧了院生鄧曉可，任教於成都中醫藥大學，院生李秋莎，任教於貴州大學，等，毫不懈怠地積極參與，才得以令書院實體教學持續至今。而我在書院的學研過程中，寫有一些研讀札記，尤其關於《孟子》《中庸》的研讀札記，又補充進了正待出版的《大學中庸研讀》當中。雖然我因該書的出版時間一再延宕對編輯頗爲不滿，但能利用這段時間對該書做出進一步的修訂與補充，也還算有所補償。最近，2023 年年末在對該書清樣的校對過程中，又不禁令我回想起，最初，2020 年，本書出版聯係事務是由我們的學生何然在幫忙做，她時任中華書局編輯，正是她最後向我力薦川大出版社，因爲也正是我們的學生張宇琛在此擔任編輯，她認爲，“如果川大社這邊由宇琛師妹負責的話，編校方面的品質也會有保障的”。目前，當初步完成清樣校對後，對此，我更是深信不疑了。本書主體部分“題解”尤其“集説”，從譬如《四庫全書》《續修四庫全書》《通志堂經解》《叢書集成》等等中，搜集羅列了大量前人的各種論説，不少未經標點的原文，光明句讀就得反復斟酌，耗費時日。不曾料想，宇琛她會看得如此仔細，逐一校對，連録入文字的一點小差池，也未放過。尤其，指出其中尚存疑的問題，而且好些處還甚爲緊要，幾經反復琢磨，除個别地方仍然保持外，多數處的確是我的失誤，也欣然接受改正過來。有宇琛這般認真負責精益求精的編校把關，的確本書的品質會得到很好的保障。爲此，不但我曾經的不滿完全烟消雲散，而且，我還得深深地感謝宇琛，也謝謝何然的舉薦。以後，若能再獲得出版資助的話，我很愿意邀請宇琛繼續做我的《禮記儒家通論八篇研讀》或者《禮記儒家通論十篇研讀》的編輯，後者是在前者的基礎上增加通論禮教之《仲尼燕居》與通論詩教之《孔子閒居》兩篇，就放在原《八篇研讀》的開篇《學記研讀》與第二篇《樂記研讀》之間，這樣便“學教”“禮教”“詩教”與

“樂教”就都齊了。在促成出版以及出版事務聯絡上，海軍老師也幫忙不少，再有，之前海軍老師幫助録制的“經典”硬盤，裹面包含了幾乎我所運用的全部經典文獻，對我的研讀與寫作提供了莫大的幫助與便宜。後來硬盤用壞了，海軍老師還又幫我重新録制了一盤。樣書校對期間來到西安居住，圖書資料不在身邊，很是不便，有時實在没有辦法了，還是只有求助海軍老師，而海軍老師却總是有求必應的。還有平日同海軍老師、同丁元軍老師，以及和大家的交流中，尤其丁老師的《論語讀詮》《大學條解》等，都給予了我許多有益的啓示。在此，也一並致謝。

最後，感謝我的家人。我的兒子在獲得博士學位後，没有再繼續做學問，而是選擇了從政，這是他的志向，我表示理解和尊重。况且，儒家歷來主張經世致用，安邦定國，立德立功立言，何謂立德，豈非《大學》明明德，亦即格物致知誠意正心修身之功夫。何謂立功，豈非新民，亦即齊家治國平天下之功夫。何謂立言，岂非把立德立功做到極致，以至止於至善而不朽。只是我和他媽希望他能不僅“立業”，而且“成家”，結婚生子，過上正常人的日子。兒子果然不負我們期望，終於結婚娶了媳婦，兒媳很賢惠，他們不久就生下兒子，虎年出生，小名嘯嘯，現在已經兩歲多了。我當了爺爺，兒子他媽成了奶奶，我們的親家也喜得外孫兒。孩子出生，他外婆幫助照顧，出力頗多。兒子兒媳還得工作，我們大家都得支持他們，幫助帶孫子。他們將再生倆娃，我們還是要繼續支持帶娃。而他們的第二個娃也於甲辰年冬月底又幸運降生，是個女娃，小名叫端端。又是全家人，她父母、外婆外公、奶奶爺爺等整月地忙碌。端端主要由她父母與外婆照料，奶奶爺爺則全力照看老大嘯嘯。現今端端也滿兩月了，兄妹倆健康成長。在雍宸曾聽一位同樣帶孫子的奶奶説到“托舉”，令我印象深刻，亦即以我們老一代人的餘生托舉起兒孫兩代人的生命，尤其盡全力爲孫兒輩的養育與成長保駕護航。而且我也認爲，這就是正常人的正常生活，我願天下人都能過上正常人的正常生活。帶孫子其實不輕鬆，主要是他奶奶操心操勞，我做輔助。累，太累了，我只能行有餘力，則以勉强讀書寫作，尤其感謝他奶奶的理解與支持，讓我還能完成該書，同時堅持欽明書院實體教學，所以，本書的出版也有他奶奶的一份功勞。

庚子年正月（2020 年 2 月）於成都武侯西物苑始筆
癸卯年冬月（2023 年 12 月）於成都武侯西物苑完稿
臘月（2024 年 1 月）於成都武侯西物苑再修訂
甲辰年寒月（2024 年 11 月）於西安曲江五典坡雍宸又修訂
乙巳年正月（2025 年 2 月）於西安曲江五典坡雍宸再次修訂

圖書在版編目（CIP）數據

大學中庸研讀 / 高小强著. -- 成都 : 四川大學出版社, 2025.7

ISBN 978-7-5690-5775-1

Ⅰ. ①大… Ⅱ. ①高… Ⅲ. ①儒家②《大學》一研究③《中庸》一研究 Ⅳ. ①B222.15

中國版本圖書館 CIP 數據核字（2022）第 203570 號

書　　名：大學中庸研讀
　　　　　Daxue Zhongyong Yandu
著　　者：高小强

選題策劃：盧麗洋　張宇琛
責任編輯：張宇琛
責任校對：毛張琳
裝幀設計：墨創文化
責任印製：李金蘭

出版發行：四川大學出版社有限責任公司
　　　　　地址：成都市一環路南一段 24 號（610065）
　　　　　電話：（028）85408311（發行部）、85400276（總編室）
　　　　　電子郵箱：scupress@vip.163.com
　　　　　網址：https://press.scu.edu.cn
印前製作：四川勝翔數碼印務設計有限公司
印刷裝訂：四川省平軒印務有限公司

成品尺寸：160mm×230mm
印　　張：52.75
字　　數：841 千字

版　　次：2025 年 7 月 第 1 版
印　　次：2025 年 7 月 第 1 次印刷
定　　價：398.00 圓

ISBN 978-7-5690-5775-1

9 787569 057751 >

掃碼獲取數字資源

四川大學出版社
微信公衆號